MANAGEMENT ACCOUNTING
Seventh Edition

管理会計

第七版

櫻井通晴
Sakurai Michiharu

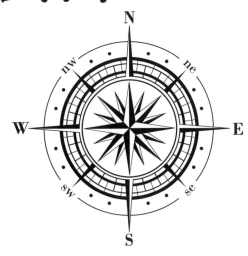

同文舘出版

第七版への序

　2015年に本書の第六版を上梓してからわずか3年余の間に，日本の経済，社会，ビジネスの環境は劇的に変化した。本書との関係で注目すべき最も大きな変化は，3つある。
　第1は，数多くの日本の製造業が高品質な工場を海外に移転してしたため，マザー工場として位置づけられてきた日本の工場や設備が老朽化した。そのような要因もあって，優良企業における品質不良が続出した。第2は，中国はここ数年さらなる飛躍的な発展を遂げている。国民総生産高やAIなどの先端技術で，わずか10年ほどの間に日本は中国に大きく水をあけられた。品質管理では，日本に代わって東南アジア諸国の製品品質が大幅に改善され，東南アジア製の製品品質は著しく向上した。第3に，逆に，日本企業はこの10年間，国内の設備投資，人材育成，研究開発投資を怠ってきたことにより，近年ではその歪みが品質不良，革新的な新製品の不在といった形で随所に現れ始めてきた。
　本書『管理会計 第七版』は，以上で述べたような日本企業の現状分析に立脚した，日本企業が有する課題を明らかにするとともに，日本企業に内在する課題を改善するための具体的な方策を世に問うべく上梓した。第七版の際立った特徴は，次の5点にある。
　第1は，AI（人工知能）の管理会計への適用に向けて，管理会計担当者は何を目指すべきかを明らかにした。第2は，管理会計の若手研究者による実証研究の成果を数多く紹介することで，内容の充実を図った。第3は，日本企業における劣化した品質管理の現状と課題を明らかにするとともに，その処方箋を提示した。第4は，京セラのアメーバ経営の現状と課題を明らかにするとともに，アメーバ経営の長所だけでなく問題点をも明らかにした。第5に，宅配業者によって惹起させられている物流革命の現状を明らかにした。
　本書の構成を簡潔に述べたい。本書は全6部からなる。第1部では，管理会計の基礎を述べた。第1章では，管理会計が企業価値を創造するための経営者

のツールであることを明らかにした。第2章では，管理会計の基礎概念を述べた。続いて第3章では，キャッシュ・フロー経営について考察した。第4章では，IFRS（国際財務報告基準）と経済基盤の典型的な発展モデルとの関係から，日本の「原価計算基準」の問題点を指摘した。そして第5章においては，内部経営管理者の立場から企業評価と財務諸表分析の基礎を概説した。

第2部では，利益管理をテーマの中心にした議論を展開した。中長期経営計画がトップとミドルの経営計画に深く関連するのに対して，予算管理は現場の業務活動のマネジメント・コントロールに関連する。第6章では中長期経営計画について述べ，第7章では，理論と実務的な立場から予算管理を考察した。第8章では，利益管理のプロセスで頻繁に活用されてきた損益分岐点分析の活用方法を中心に述べ，第9章では損益分岐点分析を会計制度のなかで行える仕組みである直接原価計算について論究した。

第3部では，原価管理のための管理会計を考察した。第10章では，標準原価計算の果たすコスト・コントロールに焦点をおいて，その役割と限界を述べた。続く第11章では，標準原価計算のもつ限界を克服するツールの1つとして，原価企画について述べた。原価企画はトヨタ自動車およびその関係会社によって生み出された，日本の誇る戦略的な原価管理の手法である。一方，次の第12章で考察するABCは，アメリカで生み出された製品戦略と原価低減および予算管理のためのツールである。第13章ではコスト・品質の戦略的コスト・マネジメントの課題を，近年の日本製品の品質劣化との関係で考察した。そして第14章では，販売促進費，物流費および本社費を企業がどのように管理すべきかについて，理論と現場サイドからの提案を行った。

第4部では，経営意思決定のための管理会計を概説した。第15章では経営意思決定の基礎概念を説明するとともに，設例をもとに，業務的意思決定の諸問題を考察した。第16章では戦略的意思決定の1つとしての設備投資の意思決定を考察した。リスク対応についても，いくつかの提案を行った。第17章では，戦略的・戦術的価格決定の課題に取り組んでいる。

第5部では，戦略策定のための管理会計を考察した。第18章では，戦略の基礎概念から各種の主要なツールまでを，できるだけわかりやすく紹介した。本章の理解を前提としたうえで，第19章では，企業がバランスト・スコアカード

を活用して，いかにしてそれを戦略の策定と実行に役立たせるかを述べた。第20章では，知的財産，ブランド，コーポレート・レピュテーションの概念整理とマネジメントを扱い，インタンジブルズの戦略を考察した。

第６部では，２種類のテーマ（本書の第５部までに考察しきれなかったテーマと，管理会計の新たな展開）に取り組んだ。第21章と第22章では，いずれも組織にかかわる管理会計上の課題を取り上げた。具体的には，第21章では事業部制の業績評価を，そして第22章では組織再編と分権化の管理会計を考察した。JALを短期間で見事なまでに再生させた京セラのアメーバ経営の長所と課題については，この章で述べた。第23章では，EVA（経済的付加価値）を深堀りし，併せてEVA導入の留意点を中心に述べた。なお，本章では２つの補論を付して，コーポレートガバナンス・コードで政府関係機関が企業に８％のROE目標を強いることの問題点を指摘するとともに，日本の低い労働分配率の現状と課題について述べた。第24章では，管理会計におけるITの役割として，ソフトウェア原価計算やIT投資戦略，クラウド，ソーシャルメディアなどを取り上げた。第25章では，AIの会計，内部監査，会計士監査での現状を述べるとともに，管理会計へのAIの適用，および適用にあたっての留意点を指摘した。最後の第26章では，今後の日本企業の持続的発展に欠かすことのできない，研究開発費の管理会計について考察した。

本書の概要は，以上のとおりである。では，本書を通じて著者が読者に最も伝えたかったことは何なのか。それは，次の３つの点である。

第１に，管理会計の実務で最も大切なことは何かと問われるならば，「経営の可視化」（見える化）である。経営の可視化によってはじめて問題点を明確に把握できる。経営を可視化するには，どんぶり勘定ではなく「セグメンテーション」が肝要である。事業や商品をセグメンテーション（区分）するには「測定」が必要である。管理会計の世界では，"測定されないものは管理できない"ということを銘記すべきである。

第２に，企業の目的は，企業価値の創造にある。では，企業価値とは何か。大多数の日本の経営者が考えている企業の本来的な価値は，アングロサクソン流の理論が教えるような株主価値や経済価値だけではない。企業が将来にわたって持続的発展を図るには，経済価値に加えて，顧客価値，社会価値および組

織価値を高めることの必要性を強調した。いわゆる江戸時代に近江商人が唱えたという「三方良し」の考え方である。

　第3に，経営には効率を上げることは重要である。しかし，効率を上げるために企業本来の目的を見失ってはならない。現代の企業にとって重要なことは，企業目的を効率的かつ効果性に達成することである。本書で「効果性重視の経営」というとき，短期的な利益に目が奪われて持続的発展に必要な「効果性」を軽視してはならないということである。

　本書の改訂にあたっては，数多くの研究者・実務家から貴重なご意見をいただいた。最も多くのご意見をいただいたのは，毎週月曜日の午後に，専修大学の生田校舎において行っている「管理会計研究会」の研究者と実務家の仲間からのものである。とくに研究会の責任者，専修大学の伊藤和憲教授からは数々の貴重な提言と示唆を頂いた。専修大学の青木章通教授，岩田弘尚教授，谷守正行准教授，明治大学の﨑章浩教授，東京国際大学の奥倫陽教授からも，ほぼ毎回のように数々の貴重なご意見を頂いた。財務省財務総合政策研究所客員研究員（独立行政法人　都市再生機構理事兼務）の大西淳也氏は，ご多忙な時間を割いてほぼ毎回研究会に参加頂き貴重なご意見を頂戴した。北海学園大学の関谷浩行准教授および防衛省の本間正人氏は勤務の関係から研究会には参加できなかったが，全章に渡って事前に有意義なご意見を頂戴した。そのほか，名前を列記できないが数多くの先生，経営者および大学院生からも貴重なご意見を頂戴した。記して，これらの仲間の一人ひとりに心より感謝の意を表したい。

　最後に，同文舘出版社長の中島治久氏および取締役編集局長の市川良之氏には構想から完成まで，本書の完成をご支援頂いた。お二人の励ましがなければこの度の改訂が実現することはなかったであろう。心より感謝している。

　本書の読者としては，企業経営者，大学院生，会計学研究者，コンサルタント，公認会計士試験受験者，学部生，とくにゼミ生を想定している。本書が日本企業の持続的な発展とコーポレート・レピュテーションの向上に聊かでも寄与できるのであれば，著者の存外の慶びとするところである。

　2019年　初春

櫻　井　通　晴

●目　次●

第七版への序

第1部　管理会計の基礎

第1章　経営者のための管理会計 ―――――――――― 5

1　企業の経営者と管理会計 ……………………………………… 5
　1　企業の目的　5
　2　企業価値が日本の経営者にとってもつ含意　5
　3　経営者の機能　6
　4　経営計画と統制 ― マネジメント・コントロール　8

2　企業における管理会計の役割 ………………………………… 9
　1　企業と会計　9
　2　会計についての2つの見解　9
　3　企業会計の2つの領域　10
　4　財務会計と管理会計の特徴　11
　5　管理会計の基本的前提　12

3　日本企業のガバナンス体制と内部統制 …………………… 15
　1　日本の株式会社のコーポレート・ガバナンス体制　15
　2　内部統制組織　17
　3　内部統制は管理会計の対象範囲に含まれるか？　17
　4　J-SOX法による内部統制とリスク管理　18

4　経営組織と管理会計の担当組織 …………………………… 19
　1　組　織　形　態　19
　2　経　営　組　織　20
　3　ライン・スタッフ，委員会組織　20
　4　稟議制度，職能別分権制　21

5　管理会計の担当組織　21
　　6　経営企画室，経理部，財務部の関係　23
　　7　経理関係担当者の給料 ── 日米比較　25
　5　管理会計担当者の倫理規範 …………………………………………… 26
　　1　専門的能力　27
　　2　機密保持　27
　　3　誠実性　27
　　4　客観性　28
　6　管理会計の体系と本書の構成 ………………………………………… 29
　　1　過去から現在までの主要な管理会計体系　29
　　2　本書における管理会計の体系　30
　　3　本書の構成　31
　参考1　会社は誰のものか ………………………………………………… 38

第2章　企業価値創造のための管理会計―――――――――――39

　1　現代企業における企業価値創造の意義 ……………………………… 39
　　1　企業価値は経済価値とイコールなのか　39
　　2　DCF法による企業価値測定の妥当性　41
　　3　企業価値は経済価値,社会価値(顧客価値を含む),組織価値からなる　43
　2　企業価値創造のための効果性重視の経営 …………………………… 45
　　1　環境の変化にともなう企業目標と管理会計手法の変化　45
　　2　効果性重視の経営 ── 経済性，能率，効率との関係で　48
　　3　ポスト工業化社会における管理会計への役割期待　50
　　4　21世紀でのインタンジブルズの重要性　51
　　5　統合報告と企業価値　52
　3　責任会計制度 …………………………………………………………… 54
　　1　責任会計制度における責任センター　54
　　2　責任センター　54
　　3　責任センター概念の展開　57

4　業績評価基準の選択 ………………………………………………… 58
1　業績評価における階層性　58
2　日米企業における伝統的な財務業績評価の方法　59
3　企業価値の創造と業績評価の方法　64

参考2　企業価値とは何か ……………………………………………… 73

第3章　キャッシュ・フロー経営 ─────────────── 75

1　近代会計学とキャッシュ・フロー …………………………………… 75
1　発生主義とキャッシュ・フロー　75
2　発生主義アプローチとキャッシュフロー・アプローチ　75

2　キャッシュ・フロー計算書 …………………………………………… 78
1　キャッシュ・フロー計算書の様式　78
2　間接法と直接法　79
3　財務会計のグローバル・スタンダード化への背景　81

3　キャッシュ・フロー情報利用の歴史的沿革 ………………………… 82
1　管理会計成立当時の利益情報　82
2　1930年代における利益管理のためのキャッシュ・フロー情報　82
3　1960年代における設備投資意思決定　83
4　現代におけるキャッシュ・フロー情報　83

4　フリー・キャッシュフローとキャッシュ・フロー投資利益率 …… 85
1　伝統的概念 ― 自己金融　85
2　フリー・キャッシュフロー　87
3　キャッシュ・フロー投資利益率（CFROI）　88

5　キャッシュ・フロー情報の活用方法 ………………………………… 89
1　EBITDA　89
2　キャッシュ・フロー情報と業績評価　90
3　キャッシュ・フロー情報と意思決定・戦略の策定　91

第4章 原価計算の基礎と「原価計算基準」の現代的意義 ── 97

1 原価計算の意義 … 97
1. 原価計算とは何か　97
2. 原価計算対象とは　98
3. 原価計算の目的　98
4. 原価計算の適用領域　99
5. 本書での原価計算の考察対象の限定　100

2 原価概念と原価の分類 … 100
1. 操業度，固定費と変動費の分類　100
2. 管理可能費と管理不能費　101
3. 製品原価と期間原価　101
4. 原価要素と原価の構成要素　102
5. 製造原価要素の分類　102
6. 伝統的な原価の概念とコストとの異同　103

3 原価計算制度における製品原価算定の手続き … 104
1. 原価計算制度と特殊原価調査　104
2. 製品原価計算のステップ　105
3. 個別原価計算　105
4. 製造間接費の配賦と生産量の増減　107
5. 総合原価計算　108
6. 平均法における計算原理　112

4 原価計算とディスクロージャー … 112
1. 製造原価明細書と財務諸表　113
2. 総原価の計算と売価　114

5 「原価計算基準」(「基準」) の現代的意義と課題 … 114
1. 経済モデル ── 経済基盤の変容と「基準改定」の必要性　115
2. 「基準」を放置することによる会計基準，税務との不整合性　117
3. 防衛省の「訓令」に及ぼす「基準」の影響　121
4. 「基準」のあり方を巡って現実的な解決法を探る　122

第5章　企業評価と財務諸表分析 ─────────── 129

1 企業価値の評価………………………………………………………129
  1 企業価値の評価になぜ経済価値の測定が必要か　129
  2 将来キャッシュ・フローの現在価値の測定　130
2 財務諸表分析の基礎データとなる財務諸表……………………132
  1 損益計算書　132
  2 貸借対照表　134
3 財務諸表分析………………………………………………………136
  1 収益性分析　136
  2 安全性の分析　140
  3 生産性の分析　147
  4 成長性分析　150
  5 投資収益性の分析　151
参考3　日本の生産性は，世界的に見て高いのか低いのか ……………162

第2部　利益管理のための管理会計
── 経営計画とコントロールのための会計1

第6章　中長期経営計画，利益計画，目標管理 ─────── 165

1 経営戦略と中長期経営計画………………………………………165
  1 経営理念，ビジョン，中長期経営計画　165
  2 中長期経営計画の役割　166
  3 中長期経営計画の展開のプロセス　168
  4 中長期経営計画情報の自発的な外部ステークホルダーへの開示　169
2 利益計画の意義とその設定………………………………………170
  1 長・中・短期の利益計画　170
  2 中長期経営計画の更新期間とその方法　171
  3 利益計画における費用・収益計画　172
  4 利益計画の策定過程　173

3 利益計画における目標利益 …………………………………………………174
  1 企業が目標とする利益——利益の極大化か多元的目的か　175
  2 目標利益の指標　176
  3 IFRSを前提にした目標利益における利益概念　178
  4 目標利益の求め方　179
4 利益目標を補足する非財務業績の目標 ……………………………………181
  1 非財務業績とは何か　181
  2 非財務業績指標がなぜ必要か　182
  3 非財務業績指標のマネジメントコントロール・システムへの統合　183
  4 財務業績と非財務業績の目標値の設定　183
  5 顧客ロイヤリティと顧客満足の罠　184
  6 従業員満足は先行指標となる非財務業績　186
5 目標管理の現状と課題 …………………………………………………………189
  1 目標管理とは何か　189
  2 目標管理の問題点は何か　190
  3 リコーはいかにして目標管理の形骸化を防いだか？　191
  4 知識創造型人材を育成するには目標管理は有効か　193

第7章　企業予算によるマネジメント・コントロール ── 199

1 利益計画と企業予算 ……………………………………………………………199
  1 利益計画の本質と企業予算　199
  2 利益計画と予算編成の関係　200
2 予算管理の意義，目的，体系 …………………………………………………201
  1 企業予算と予算管理　201
  2 予算管理の目的　202
  3 予算の体系　203
3 予算編成の手続き ………………………………………………………………205
  1 予算編成のアプローチ　205
  2 経常予算編成の基礎　206

3　予算編成の手続き　208
　　4　経常予算編成の具体的な手続き　209
　　5　損益予算編成の手続き　209
　　6　資金予算編成の手続き　211
　　7　資本予算編成の手続き　212
　4　予算統制の方法とその限界……………………………………213
　　1　変 動 予 算　213
　　2　基本予算と実行予算　214
　　3　予算差異分析の方法　214
　　4　予算差異分析の限界　217
　5　予算管理を活かすための動機づけ，参加，組織文化…………218
　　1　予算モチベーションと行動科学に基づく予算統制論　218
　　2　予算管理と動機づけ　220
　　3　参加的予算管理　221
　　4　予算管理による組織能力の構築　222
　6　マネジメントコントロール・システムの運用と組織文化………224
　　1　会計によるコントロールの限界とコントロール・パッケージ　224
　　2　マルミ＝ブラウンが提唱する「パッケージとしてのMCS」とは何か　225
　　3　マルミ＝ブラウンの「パッケージとしてのMCS」の特徴　227
　　4　日本企業における「パッケージとしてのMCS」の必要性　227
　7　脱予算管理の妥当性……………………………………………228
　　1　脱予算管理の意義と予算管理の役割　228
　　2　予算管理の問題点とその克服のための方策　229
　　3　日本企業は脱予算管理の主張にいかに対応すべきか　230
　　4　脱予算管理が必要とされる企業　233

第8章　損益分岐点分析による収益性の検討　——239

　1　損益分岐点分析の経営への活用…………………………………239
　　1　損益分岐点分析とCVP分析　239

2　限　界　利　益　239
　　　3　損益分岐点図表　240
　　　4　算式による損益分岐点の分析　241
　2　損益分岐点分析の展開と前提 …………………………………………244
　　　1　固定費，変動費の増減　245
　　　2　目標利益売上高の算定　246
　　　3　一定の目標売上高利益率を達成するための売上高　247
　　　4　投資利益率と損益分岐点分析　248
　　　5　法人税と目標利益　249
　　　6　感度分析の損益分岐点分析への適用　250
　　　7　安全余裕率　252
　　　8　損益分岐点の位置　253
　　　9　業務レバレッジ　254
　　　10　営業外収益，費用の分析　254
　　　11　損益分岐点分析の前提　255
　3　固定費・変動費の態様と原価分解 ……………………………………256
　　　1　経済学と会計学における原価態様の仮定　256
　　　2　原　価　分　解　257
　参考4　限界利益か貢献利益か，直接原価計算か変動費原価計算か……262

第9章　直接原価計算による利益管理 ─────── 263

　1　直接原価計算の意義 ……………………………………………………263
　　　1　直接原価計算とは何か　263
　　　2　直接原価計算の損益計算書　264
　　　3　直接原価計算の特徴　264
　2　全部原価計算と直接原価計算の利益 …………………………………265
　　　1　営業利益に差が出るのは固定製造原価の差　266
　　　2　全部原価計算と直接原価計算とで利益が異なる理由　267
　3　直接原価計算の機能 ……………………………………………………268

1　利益計画への活用　269
　　　2　経営意思決定への活用　270
　　　3　原価管理への役立ち　272
　　　4　公表財務諸表と直接原価計算　273
　4　**標準直接原価計算** ……………………………………………………274
　　　1　標準直接原価計算の意義，目的，様式，有用性　274
　　　2　標準直接原価計算の目的　275
　　　3　標準直接原価計算の様式　275
　　　4　標準直接原価計算の計算例　276
　　　5　標準直接原価計算の実務的な有用性　279
　5　**キャパシティ・コストと貢献利益法** ……………………………279
　　　1　キャパシティ・コストとは何か　279
　　　2　セグメント・マージンと貢献利益法　281
　6　**スループット会計** ……………………………………………………284
　　　1　TOCによる伝統的会計（原価管理システム）の批判　284
　　　2　スループットとは何か　285
　　　3　スループットは直接原価計算の発展形　286
　　　4　スループット会計システムが日本の管理会計に対してもつ意義　288

第3部　原価管理のための管理会計
── 経営計画とコントロールのための会計 2

第10章　標準原価計算によるコスト・コントロール ── 297
　1　**標準原価計算による原価管理の意義** ……………………………297
　　　1　標準原価計算とは何か　297
　　　2　標準原価計算による能率管理　298
　　　3　標準原価計算の目的　299
　　　4　IFRSにおける標準原価計算の扱い　299
　　　5　標準原価の種類　300
　2　**標準原価の設定** ………………………………………………………301

    1　標準直接材料費の設定　301
    2　標準直接労務費の設定　302
    3　標準製造間接費の設定　302
    4　習熟曲線と経験曲線　303
  3　原価差異分析 ……………………………………………………………304
    1　直接材料費の差異分析　304
    2　直接労務費の差異分析　305
    3　製造間接費の差異分析　306
  4　標準原価計算の特徴と限界 ……………………………………………309
    1　標準原価計算の特徴　309
    2　標準原価計算の原価管理上の限界　310
    3　現在でも多くの企業が標準原価計算を活用している理由　312
    4　IFRSによって提起される「基準」との関係　312

第11章　原価企画による戦略的コスト・マネジメント────319

  1　原価企画生成の沿革と背景 ……………………………………………319
    1　原価企画誕生の背景　319
    2　管理会計の手法としての原価企画　320
  2　原価企画の目的と特徴 …………………………………………………321
    1　原価企画の目的　321
    2　標準原価計算との比較で見た原価企画の特徴　322
    3　英語での呼称から見た原価企画の特徴　325
  3　原価企画，原価改善，原価維持の体系 ………………………………326
    1　革新，改善，維持　326
    2　原価企画と原価改善，原価維持との関係　327
  4　原価企画の推進方法 ……………………………………………………329
    1　原価企画のフェイズと委員会の役割　329
    2　中長期経営計画の原価企画への統合　330
    3　原価企画の担当組織　331

  4　原価企画の展開方法　332
 5　原価企画のための原価概念…………………………………332
  1　許 容 原 価　332
  2　成 行 原 価　333
  3　目 標 原 価　334
  4　原価見積もりのためのコスト・テーブル　336
 6　目標原価の設定方法……………………………………………337
  1　目標原価の設定方法　338
  2　絶対値原価方式か差額原価方式か　340
  3　目標原価達成度の分析　341
 7　VEによる原価低減……………………………………………341
  1　VEの意義　342
  2　VEの方法　342
  3　VEの適用領域　344
  4　社内・社外VE　346
  5　アイデア提案と実施提案　346
  6　テアダウン　347
 8　目標原価設定と分析の実際的手続………………………………347
  1　目標原価の設定　347
  2　生産移行活動　349
  3　事 後 評 価　349
 9　原価企画が適する企業…………………………………………350
  1　適用可能な産業の種類　350
  2　多品種小量生産に最適　351
  3　製造業以外での原価企画の適用　352
 10　原価企画の課題…………………………………………………354
  1　長期にわたる創発の努力　354
  2　バイヤーとサプライヤーの関係　354
  3　海外への原価企画の移転　356
  4　コンカレント・エンジニアリングの導入　357

5　原価改善，原価維持の研究促進　358
　　6　人間性の充足　358
　　7　原価企画のハイブリッド版の展開　359
　　8　原価企画の今後の課題　359

第12章　ABCによる製品戦略，原価低減，予算管理　──── 367

1　ABCの意義と目的　……………………………………………367
　　1　ABC誕生の背景と目的　367
　　2　伝統的な製品原価の計算方法　368
　　3　ABCによる製品原価計算の基本原理　368
　　4　ABCにおける製造間接費の計算方法の特徴　369

2　ABCの基礎概念　………………………………………………370
　　1　活　　動　370
　　2　原価計算対象　371
　　3　原価作用因　372
　　4　資源消費のモデル　373

3　ABMによる原価低減　…………………………………………374
　　1　ABM成立の背景と目的　374
　　2　ABMとは何か　375
　　3　ABMの目的はプロセスの改善にある　376
　　4　原価作用因分析のための支援の原価の階層性　377
　　5　ABMの日本企業にとっての意味　379
　　6　業務的ABMと戦略的ABM　381

4　ABBの意義，目的と作成方法　…………………………………382
　　1　ABBの意義と目的　382
　　2　ABBの目的と編成ステップ　382
　　3　ABBの特徴と留意点　383

5　ABBによるホワイトカラーの生産性向上　……………………384
　　1　伝統的予算の限界とABB　384

2　ABBがホワイトカラーの生産性向上に役立つ理由　386
6　ABC, ABM, ABBの特徴……………………………………………387
　　1　ABC, ABM, ABBの発展　387
　　2　設例によるABC, ABM, ABBの関係　388
7　ABC導入における留意事項………………………………………391
　　1　ABCシステムの設計　391
　　2　機能, プロセス, 活動, タスクの関係　392
8　ABCは, 日本の経営にどんな影響を及ぼしてきたか…………394
　　1　将来の日本企業にとってABCのもつ管理会計上の意義　394
　　2　ABCと効果性重視の経営　395

第13章　コスト・品質の戦略的コスト・マネジメント ―― 401

1　コスト・マネジメントの意義とその変遷…………………………401
　　1　コスト・マネジメントの意義　401
　　2　コスト・マネジメントの構成要素　402
　　3　企業価値創造のための戦略的コスト・マネジメント　403
2　戦略的コスト・品質のマネジメント………………………………405
　　1　品質原価計算　405
　　2　ライフサイクル・コスティング　408
　　3　環境管理会計とCSR戦略　411
3　日本的現場管理の手法とその特徴, 変遷…………………………416
　　1　在庫管理　417
　　2　設備管理ツールとしてのTPM　419
　　3　日本の品質管理と欧米諸国の逆襲　419
　　4　リーン・マネジメント　424
　　5　方針管理　425
　　6　現場力の弱体化と対策　428
　　7　データ改ざん・無資格検査などによる日本企業の品質低下　430
　　8　品質低下がなぜ日本企業に目立ってきたのか　431

9　日本企業の現状をいかに分析すべきであるか　432

第14章　販売促進費，物流費，本社費の管理 ──── 439

 1　営業費管理会計の重要性 ……………………………………………439
 　1　営業費管理の意義　439
 　2　営業費管理の特質　440
 　3　営業費管理のための原価分類　440
 2　販売促進費の管理 ……………………………………………………441
 　1　販売促進費管理の要点　441
 　2　販売促進費管理における割当型予算　442
 　3　販売促進費管理と貢献利益法　442
 　4　顧客収益性分析と顧客満足の視点　443
 　5　サービス提供原価が高い顧客と低い顧客の管理　445
 　6　販売促進費の管理 ─ 交際費，広告宣伝費，PR　447
 　7　PR効果の測定　449
 3　物流費の管理 …………………………………………………………450
 　1　物流費管理の要点　451
 　2　物流費効率化とVE，ABC/ABM　451
 　3　具体的な物流費（輸送費，保管費，包装費）の管理　452
 　4　宅配業者が直面する管理会計上の課題　454
 4　一般管理費の管理 ……………………………………………………457
 　1　一般管理費管理の要点　457
 　2　ホワイトカラーの生産性向上　457
 　3　一般管理費の分析　460
 5　営業費分析と損益計算書の様式 ……………………………………461
 　1　営業費分析における全部原価法　461
 　2　営業費分析における貢献利益法　463
 　3　営業費分析へのABCの適用　464
 　4　IFRSによって変わる販売促進費管理の方法　466

5　営業費管理と企業価値の創造　　467

第4部　経営意思決定のための管理会計

第15章　経営意思決定会計 ─────────────────── 473
1　意思決定会計の意義と区分 …………………………………… 473
　　1　意思決定とそのプロセス　　473
　　2　意思決定のプロセスと情報の活用　　474
　　3　意思決定会計の区分　　475
2　増分分析の意義と留意点 ……………………………………… 476
　　1　増分分析の意義　　476
　　2　配賦問題と意思決定　　476
　　3　増分分析における減価償却費　　477
3　意思決定のための原価 ………………………………………… 478
　　1　意思決定のための原価概念　　478
　　2　意思決定に用いられる原価の種類　　478
4　業務的意思決定の事例 ………………………………………… 481
　　1　加工か販売か　　481
　　2　自製か購入か　　482
　　3　新製品の追加または旧製品の廃棄　　484
5　プロダクト・ミックスの意思決定とLP ……………………… 487
　　1　2製品，販売上の1つの制約条件下での組合せ　　487
　　2　2製品，生産上の1つの制約条件下での組合せ　　488
　　3　2製品，販売・生産上の多くの制約条件下での組合せ　　489
　　4　多品種，多数の制約条件下での組合せ　　492
6　意思決定とリスク ……………………………………………… 495
　　1　不確実性下の意思決定　　496
　　2　期待値によるリスクの検討　　496
　　3　分散によるリスクの検討　　497

4　期待効用　498

第16章　戦略的意思決定と設備投資意思決定 ─────── 503
1　設備投資意思決定の意義 …………………………………………503
　　1　経営戦略の意義　503
　　2　戦略的意思決定における管理会計の役割　504
　　3　設備投資意思決定とその区分　505
　　4　設備投資モデルの決定と実行のプロセス　505
　　5　設備投資意思決定の特徴　506
2　設備投資意思決定における基礎概念 …………………………507
　　1　設備投資計画案とキャッシュ・フロー　507
　　2　経済命数，減価償却費　508
　　3　現在価値概念と利子算出表　508
　　4　資本コスト　510
3　設備投資の経済性計算 …………………………………………512
　　1　原価比較法　512
　　2　投資利益率法　514
　　3　回収期間法　515
　　4　内部利益率法　518
　　5　現在価値法　521
　　6　内部利益率法と正味現在価値法の比較　523
　　7　設備投資意思決定における税金問題　526
　　8　DCF法の意義の高まりと今後の設備投資評価のあり方　528
　　9　投資案件と設備投資評価方法の選択　530
4　リスクの評価とリアルオプション ……………………………531
　　1　設備投資意思決定におけるリスク評価の方法　532
　　2　リアルオプション　534
5　FA，CIM設備投資の採算計算 ………………………………535
　　1　工場自動化の3つのレベル　535

2　工場自動化の特徴　536
　　3　工場自動化の効果の見積もり　537
　　4　CIM設備のコストの見積もり　538
　　5　CIM投資の採算計算モデル　539
　6　プロジェクト・コントロール……………………………………541
　　1　進捗度統制と事後監査　542
　　2　設備投資の採算計算と評価のあり方　542

第17章　戦略的・戦術的価格決定　――――――――――――549

　1　経済学における価格決定モデル……………………………………549
　　1　経営者と価格決定　549
　　2　需要と価格　550
　　3　価格，生産量の決定　551
　　4　経済モデルの限界　553
　2　会計モデルによる価格決定（全部原価法）………………………554
　　1　価格決定問題への会計モデルの特徴　554
　　2　全部原価法　555
　　3　総原価法　556
　　4　加工費法　558
　　5　目標投資利益率法　560
　　6　売上(高)利益率法　562
　3　会計モデルによる価格決定（部分原価法）………………………564
　　1　直接原価計算法　565
　　2　増分分析法　566
　　3　会計モデルの限界と価格決定における考慮事項　566
　4　価格戦略の選択……………………………………………………569
　　1　すくい上げ価格と浸透価格　569
　　2　需要の価格弾力性と弾力的価格決定　570
　　3　追随価格　571

4　セグメント別価格　571
5　再販制度と価格　572
6　その他 ── せり売買，フェイズアウト・プライシング，ロングテール　572
5　現実の価格決定の類型と会計モデルの適用　…………………………………573
1　確定価格契約と原価加算契約　573
2　短期価格決定と長期価格政策　576
3　導入期，成長期，成熟期，衰退期の価格決定　576
4　新製品と既存製品の価格決定　578
5　完全独占的製品と完全競争的製品の価格決定　579
6　公共調達に関する価格決定と契約形態　580
7　レベニューマネジメント　580

第5部　戦略策定のための管理会計

第18章　経営戦略の管理会計への役立ち ── 589
　1　経営戦略の意義と必要性 …………………………………………………………589
1　経営戦略とは何か　589
2　戦略のもつ5つのP　590
3　競争優位の戦略　592
4　日本企業の経営戦略への取り組み　593
5　業務効率化の限界と経営戦略の必要性　594
　2　計画的戦略と創発戦略 ……………………………………………………………595
1　意図された構想と実現されたパターン　595
2　診断的コントロールシステム　596
3　インタラクティブ・コントロールシステム　597
4　ダブルループの学習プロセス　598
　3　管理会計における経営戦略上の諸問題 …………………………………………600
1　戦略策定と実行のプロセス　600
2　戦略的意思決定と戦略　601

3　戦略的管理会計　602
　　4　戦略的マネジメント・コントロール　605
　　5　サイモンズの戦略論　607
　　6　マネジメント・コントロール概念の変容と管理会計　609
4　経営戦略策定のための手法……………………………………………610
　　1　管理会計の主な対象は企業戦略と事業戦略　610
　　2　管理会計における戦略技法の活用方法　611
5　資源ベースの戦略論とアウトソーシング……………………………621
　　1　競争戦略から資源ベース・アプローチへ　621
　　2　資源ベースの戦略論　622
　　3　アウトソーシングの多様化とその管理　623
　　4　契約の明確化とSLA　627
　　5　アウトソーシング等の管理会計へのインパクト　628

第19章　バランスト・スコアカードによる戦略マネジメント ── 637

1　バランスト・スコアカードと企業価値の創造…………………………637
　　1　多様なステークホルダーを満足させる企業価値創造のシステム　637
　　2　バランスト・スコアカードの経営への役立ち　638
　　3　知的戦略の強化への役割　639
2　バランスト・スコアカードとは何か……………………………………640
　　1　バランスト・スコアカードにおける"バランス"とは　640
　　2　4つの視点とその業績評価尺度　641
　　3　GE社の重要な結果指標　642
　　4　バランスト・スコアカードにおける因果関係　643
　　5　遅行指標と先行指標　644
3　戦略の策定と実行のためのマネジメント・システム…………………645
　　1　ビジョン，戦略の個々の業績評価尺度への落とし込み　645
　　2　戦略テーマ，戦略目標，目標値，実施項目　647
　　3　戦略マップ　648

4　中長期経営計画とバランスト・スコアカードの統合　650
4　バランスト・スコアカードの業績評価への役立ち……………………652
　　1　バランスト・スコアカードによる業績評価　652
　　2　目標管理制度とバランスト・スコアカードとのリンク　654
　　3　バランスト・スコアカードを報酬に結びつけることの効果　655
　　4　成果給の適用における留意点　656
5　経営品質への役立ち……………………………………………………657
　　1　経営品質とは何か　657
　　2　日本経営品質賞と経営品質　658
　　3　方針管理と経営品質　658
　　4　バランスト・スコアカードによる経営品質の向上　660
6　バランスト・スコアカードが有効な適用領域…………………………660
　　1　すべての組織体への適用可能性　660
　　2　会社全体かSBUへの適用か　661
　　3　客観的で公正な業績評価制度を求める企業　661
　　4　統合的な経営システムを望む企業　661
　　5　統合報告へのバランスト・スコアカードの適用　661
　　6　長期的な企業価値の創造を望む企業　662
　　7　"効果性重視の経営"を指向する企業　662

第20章　インタンジブルズの戦略マネジメント―――667

1　現代におけるインタンジブルズ管理の重要性…………………………667
　　1　商品自体が無形物の複合体　667
　　2　企業価値の創造が戦略によって決定づけられる　667
　　3　戦略マップなどのマネジメント・ツール　668
2　インタンジブルズとは何か……………………………………………669
　　1　インタンジブルズをもって知的資本だとする見解　669
　　2　「インタンジブルズの管理と報告のためのガイドライン」　671
　　3　インタンジブルズに知的資産とその他の資産の存在　672

4　本書におけるインタンジブルズの位置づけ　677
3　超過収益力のバリュー・ドライバーは何か……………………………678
　　1　知的収益力の本体は知的資産とレピュテーション　679
　　2　管理会計の立場からするインタンジブルズの分類　680
　　3　知的なインタンジブルズ　680
　　4　ブランド・レピュテーションに関連するインタンジブルズ　683
4　知的なインタンジブルズの管理会計からするマネジメント………686
　　1　知的なインタンジブルズのマネジメントの特徴　686
　　2　キャプランとノートンによるインタンジブルズの分類　688
　　3　インタンジブルズ管理の留意点　689
　　4　インタンジブルズから最大の企業価値を創造するための方策　689
5　レピュテーションに関連するインタンジブルズ……………………692
　　1　コーポレート・レピュテーションと企業価値の向上　692
　　2　CSRはレピュテーション・マネジメントに役立つ　694
　　3　レピュテーション・マネジメントの具体的な方策　694
参考5　コーポレート・レピュテーションの国際会議に参加して……705

第6部　管理会計の展開

第21章　事業部制による業績管理会計　709

1　わが国の事業部制組織……………………………………………………709
　　1　分権化と事業部制　709
　　2　職能別事業部制　711
　　3　事業部制の長所と短所　712
2　事業部の業績評価…………………………………………………………713
　　1　事業部制における責任会計　714
　　2　投資利益率の有効性とデュポン・チャートシステム　714
　　3　投資利益率の落し穴（その1）―短期志向の経営　716
　　4　投資利益率の落し穴（その2）―事業部長の評価には不適　716

        5　投資利益率の代替的な業績評価基準　717
　　3　本社費・共通費の事業部への配賦……………………………………723
　　　1　本社費・共通費の性格　723
　　　2　純利益か貢献利益か　723
　　　3　本社費配賦の方法　726
　　4　社内資本金制度と社内金利制度………………………………………728
　　　1　投資ベースの3つのタイプ　728
　　　2　社内金利制度の生成と発展　729
　　　3　社内金利の対象とその算定　730
　　　4　社内金利と社内資本金制度のケーススタディ　731
　　　5　事業の選択と集中のための社内資本金制度　733
　　5　社内振替価格の設定……………………………………………………734
　　　1　市価基準　734
　　　2　原価基準　736
　　　3　協定価格基準　737

第22章　組織再編と分権化の管理会計 ――― 741

　　1　組織再編の経営上の意義………………………………………………741
　　　1　組織再編の必要性　741
　　　2　独占禁止法，連結納税制度の整備　742
　　　3　組織再編の管理会計上の意義　743
　　　4　パナソニックグループの事業再編と管理会計システム　744
　　2　持ち株会社の会計と管理………………………………………………746
　　　1　持ち株会社の意義と組織形態　746
　　　2　持ち株会社設立の目的　747
　　　3　持ち株会社の管理会計　748
　　3　会社分割の管理会計上の意義…………………………………………749
　　　1　なぜ会社分割か　749
　　　2　会社分割の形態　750

3　会社分割の管理会計　750
　4　カンパニー制 ··· 752
　　1　カンパニー制の経営上の意義と特徴　752
　　2　カンパニー制の特徴　752
　　3　カンパニー制の業績評価　753
　　4　カンパニー制か分社化か　754
　5　流通業における部門別・商品別業績評価 ······················· 755
　　1　業績評価の対象　756
　　2　部門別業績評価会計　756
　　3　商品別業績評価会計　757
　　4　DPPとPOS情報の結合　758
　6　ミニ・プロフィットセンターと京セラのアメーバ経営 ········· 759
　　1　ミニ・プロフィットセンターとは　759
　　2　住友電工ほかのラインカンパニー制　760
　　3　セーレンのライン採算制組織　762
　　4　京セラのアメーバ経営　764
　　5　京セラのアメーバ経営の飛躍的発展と現状　766
　7　IFRSの導入がグループ経営の戦略に及ぼす影響 ············· 768
　　1　企業グループと企業結合　769
　　2　連結子会社に対する投資　770
　　3　特別目的事業体に対する投資　771
　　4　関連会社への投資　772
　　5　買収した企業の減損の扱いと経営・管理会計へのインパクト　772

第23章　EVAによる経営効率の向上 ──── 779

　1　EVAの経営上の意義 ··· 779
　　1　日本企業にとってのEVAの意義　779
　　2　経常利益への批判とEVAへの関心の高まり　780
　2　EVAとは何か──算式，株主価値，個別か共通の資本コストか ····· 781

    1　EVAの算式上の特徴は何か　781
    2　EVAは株主価値の向上に役立つ　783
    3　資本コストは共通の資本コストか個別資本コストによるべきか　784
  3　EVAは経常利益，RIとどこが違うのか ……………………………………785
    1　RIがなぜROIよりすぐれているのか　785
    2　経常利益や残余利益ではなく，なぜEVAか　786
  4　社内金利制度とEVAとは両立が可能か ……………………………………788
    1　カンパニー制と社内金利制度　789
    2　EVAと社内金利制度との関係　789
  5　EVAが適する企業と利用上の留意点 ……………………………………791
    1　EVAが適する企業　791
    2　EVAの留意点　792
  6　EVAとBSCの統合システム ……………………………………795
    1　なぜ統合システムか　795
    2　PCA（関西電力版EVA）による資本効率の向上　796
  補論1　コーポレートガバナンス・コードの制定とROEの活用 ………802
  補論2　日本の低い労働分配率の現状と課題 ………………………807
  参考6　経常利益，残余利益，EVAの関係 ………………………808

第24章　IT投資戦略とコスト・マネジメント ——— 809

  1　ソフトウェア原価計算 ……………………………………………………809
    1　受託開発ソフトウェアを前提にしたソフトウェア原価計算　809
    2　汎用パッケージソフトウェアの原価計算　812
    3　ソフトウェア開発業者の製造原価明細書　814
  2　IT投資の評価とコスト・マネジメント ……………………………………814
    1　ITの発展とC／Sシステムの登場　814
    2　C／Sシステムのアーキテクチャー　815
    3　IT投資の評価とマネジメント　816
    4　IT投資評価の基本的なアプローチ　816

    5 情報システム化投資の採算計算表　818
    6 ネットワークやコミュニケーション技術の導入効果　820
    7 ERP活用の投資評価　821
  3 インターネット・ビジネスにおける価格決定……………………………824
    1 情報の価格決定要素　824
    2 インターネットでの情報の価値と価格　825
    3 収穫逓増の法則　826
  4 クラウドと投資効果の評価……………………………………………826
    1 クラウドとは何か　826
    2 クラウドのサービスモデルと提供対象　827
    3 クラウドの技術的特徴と管理会計上の特徴　828
    4 クラウドの適用事例　829
    5 クラウドの問題点　831
    6 クラウドの将来と投資効果　831
  5 ソーシャルメディアの戦略的活用………………………………………832
    1 ソーシャルメディアとは何か──産業メディアとの違い　832
    2 ソーシャルメディアの種類と目的　833
    3 戦略的レピュテーションリスク・マネジメントの領域　833
    4 戦略的レピュテーションリスク・マネジメントに何が必要か　834
    5 ソーシャルメディアによるレピュテーション毀損の典型的事例　835

第25章　AIの管理会計への適用────────────843

  1 AIが現代の会計と管理会計において果たす役割………………………843
  2 人工知能(AI)とは何か……………………………………………………844
  3 機械学習と深層学習（ディープラーニング）の意義……………………845
  4 AIの会計，会計士監査，内部監査への適用と課題……………………847
    1 クラウド会計ソフトへのAIの活用　847
    2 会計士監査へのAIの活用　849
    3 内部監査へのAIの活用　853

    5　AIの管理会計への適用と課題……………………………………854
        1　AIの不正検知機能を活用した契約原価データへの適用　855
        2　予実管理，標準原価差異分析へのAIの適用　855
        3　中長期経営計画と設備投資意思決定へのAIの適用　856
    6　AI適用に向けてのビッグデータ，データ・アナリティクスの役割……857
    まとめ………………………………………………………………………858

第26章　研究開発費の管理会計 ───────────── 863

    1　研究開発費管理の意義……………………………………………863
        1　研究開発効率化の重要性　863
        2　研究開発活動の区分　864
        3　研究開発費の会計基準　866
        4　IFRSによる研究開発費の会計　867
    2　研究開発費管理への管理会計の貢献…………………………869
        1　研究開発費の増大と管理会計についての誤解　869
        2　研究開発費の性質と管理の方法　871
        3　わが国における研究開発費の管理会計　872
    3　研究開発組織のあり方……………………………………………874
        1　プロフィット・センター型組織の構築　875
        2　研究開発組織の形態　875
        3　マトリックス組織　878
        4　オープン・イノベーション　879
    4　戦略的中長期経営計画における研究開発費の位置づけ………880
        1　戦略的中長期経営計画の重要性　881
        2　経営戦略に基づく研究開発　881
        3　プロジェクト別の中長期経営計画　882
        4　経営戦略，中期計画と予算編成　883
    5　研究開発費の予算管理……………………………………………884
        1　研究開発費予算の策定アプローチ　884

2　研究開発費予算の決定方法　885
　　3　プロジェクト別研究開発費予算　886
　　4　ゼロベース予算　887
　　5　予算の運用と弾力性　888
　6　研究開発費の評価 …………………………………………………………889
　　1　研究開発費の評価における焦点　889
　　2　事前評価，中間評価，事後評価　890
　　3　費用効果分析　891
　　4　費用効果分析における研究成果の測定　892
　　5　費用効果分析のケース・スタディ　893
　　6　研究開発費管理における効果性重視の経営　898
　参考7　IFRSにおける研究開発費の会計処理（一部は要約）…………905

[付録1]　複利現価表 ……………………………………………………………907
[付録2]　年金現価表 ……………………………………………………………908

索　　引 ……………………………………………………………………………909

※EVAは，米国Sterm Stewart社の登録商標です。

管 理 会 計
〔第七版〕

第1部　管理会計の基礎

　第1部では，5つの章で管理会計の基礎を考察する。第1章では，管理会計が経営者の経営管理に役立てる学問であることを明らかにしたうえで，管理会計の意義や目的，基本的前提，IFRS（国際財務報告基準）との関係，ガバナンス体制，コーポレートガバナンス・コード，管理会計の担当組織，倫理規範などを考察している。管理会計の体系では，戦略の策定，経営意思決定，マネジメント・コントロール，業務活動のコントロールからなるとしている。

　企業価値は経済価値だけでなく，顧客価値，社会価値，組織価値からなる。第2章では企業が企業価値をいかにして測定するか，効率性，経済性，効果性をいかに高めるかについての概念の整理をしている。責任会計制度の概念を明らかにし，企業価値との関係で，業績評価基準に関する検討も行っている。

　第3章では，キャッシュ・フロー経営のあり方を考察している。キャッシュ・フロー経営がこれだけ重視されるようになった最大の理由は，M&Aの増大により"ウソをつかない"キャッシュ・フローが，企業評価にとってそれだけ重要性をもつに至ったからだともいえる。また，管理会計上でのキャッシュ・フローの展開を歴史的に述べることで，その有効性を論証している。

　第4章では，IFRSと「原価計算基準」との関係で，管理会計を理解する上で必要と思われる原価計算の基礎を述べている。次いで，原価計算とディスクロージャーとの関係で，製造原価明細書の役割と限界を明らかにする。そのうえで，経済基盤の発展モデルをもとにして，歴史的な観点から，ソフト化・サービス化型やインタンジブルズ型経済モデルを欠いた「原価計算基準」と防衛省の加工費配賦に係わる「訓令」の問題点を指摘し，今後のあり方を提言する。

　第5章では，M&Aなどのための企業評価と，内部経営管理者のための財務諸表分析について述べる。財務諸表分析では，三菱電機の例をもとに収益性分析，安全性分析，生産性分析，成長性分析，投資収益性分析を管理会計との関係から考察する。さらに，管理会計における事務諸表分析の意義について述べる。

　最後に，「参考」として，「会社は誰のものか」の実態を明らかにしている。

第 1 章

経営者のための管理会計

1 企業の経営者と管理会計

　企業は，企業価値の創造を主要な目的としながら，適正利益の確保を図りつつ，持続的な存続，成長，発展を続けている組織体である。経営者は，この企業目的を達成するために，戦略の策定，種々の経営上の意思決定および経営活動を行う。管理会計とは，戦略を策定し，経営意思決定，マネジメント・コントロール (management planning and control[1])，および現場活動のコントロールを通じて，経営者を支援するための会計のことをいう。

1　企業の目的

　従来，**企業** (business) の目的は一般に利潤極大化にあると考えられていた。これを企業目的に関する**利潤極大化**の仮説という。しかし，企業は利益さえあげていればそれで事足りるとする時代は終わった。企業はすぐれた製品を適正な価格で市場に提供し，従業員に仕事と生活を保証し，経営者の育成を図り，内外のステークホルダー (stakeholder; 利害関係者) に利益を公正に分配する必要がある。企業には，環境保全や身障者の雇用など，社会的責任の遂行も求められる。企業の主要目的は，日本では「株主利益の増大」ではなく，「**企業価値の創造**」[2] にあるとする経営者が多い。管理会計でもまた，企業目的を企業価値の創造ないし増大に求める見解が多くの経営者の支持を集めている。

2　企業価値が日本の経営者にとってもつ含意

　日本でも一部の研究者やコンサルタントは，欧米型の企業価値概念（企業の価値は株主価値の多寡によって決まる）を支持している。しかし，日本の多くの経営者は，企業をもって，次のような多元的目的をも考えながら適正利益を

追求している組織体であるとする見解を支持している。
(1) 生産性を向上させ，経営資源の効率的な活用を図る。
(2) マーケットシェア（市場占有率）を高め，売上高を増加させることにより，市場での安定した地位を確保する。
(3) 経営の革新と技術の開発に努め，高品質の製品を廉価で社会に提供する。
(4) 人材を育て，企業・社会に貢献できる経営者・従業員を育成する。
(5) 従業員の生活を安定させ，不安を除き，仕事を通じて生きがいを与える。
(6) 工場が環境破壊など反社会的な行動を引き起こさないように，地域社会との良好な関係を保つなど，社会的責任を果たす。

最近，**CSR**（corporate social responsibility；企業の社会的責任）に積極的に取り組む企業が多くなった。以上から，企業の究極的な目的は，多元的な目的を勘案しながら企業価値を創造し，長期的に満足しうる適正利益を獲得することで，**組織の持続的発展**を図ることにあると考えられる。

3 経営者の機能

経営者（management）の機能は，企業価値の創造という上述の企業目的を達成すべく，ビジョンと戦略を策定し資源配分に関する意思決定を行い，経営活動を行うことにある。経営活動は，職務上で果たす機能からいえば，経営のために行われるマネジメント・プロセスからなる諸活動とされる。

経営活動は，基本的に，ビジョン（組織体の目的や目標を導き将来のあり方を示す挑戦目標）をもとに戦略を策定し，策定された戦略に基づいて戦略を実行する。戦略を実行するにあたっては，計画（plan）を設定し，実施（do）し，実施結果をチェック（check）し，是正のための行動（action）をとるというマネジメント・プロセスの循環からなる。このプロセスを**PDCA**（ピー・ディー・シー・エー）のマネジメント・サイクルという[3]。チェックと是正のための行動は，ほぼ狭義のコントロール概念に相当する。

経営者の役割は，企業価値の増大に向けて，適切な戦略を策定し，策定された戦略に従って経営上の意思決定を行い，経営計画を設定し，業務活動を監督・指揮し，業績を評価することにある。この関係をマネジメント・サイクルと関連づけて図解すれば，図1-1のようになる。

図1-1　経営活動とマネジメント・サイクル

```
理念，ビジョン，経営戦略        マネジメント・サイクル（例：予算管理）
                              Plan      Do       Check     Action
経営理念 → ビジョン → 経営戦略 → 計画 → 実施 → チェック → 行動
                         ↑      戦略の創発                    │
                         │          フィードバック            │
                         └──────────────────────────────────┘
                       予算編成　業務活動　差異分析　是正措置
```

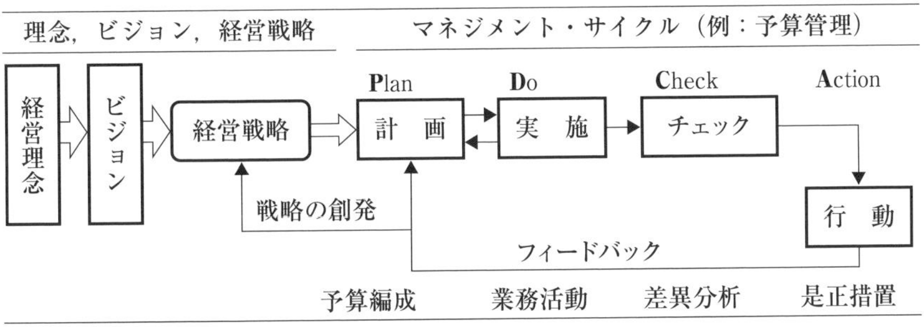

出典：著者作成。

　図1-1で，企業は経営理念を念頭において，ビジョンを実現するために経営戦略を策定する。策定された戦略は，PDCAのマネジメント・サイクルに従って実行に移される。ただし，戦略の策定と戦略の実行は概念的にはともかく，実行面では切り離すことはできない。戦略は，一旦策定されたらそれで決まりというわけではなく，現場から創発された戦略修正のアイデアによって最終的に確定的な戦略として実行されていく。

　経営戦略に立脚した中期経営計画に基づいて設定される利益計画（または事業計画）をもとに予算が編成される。業務活動が実施されると，そのチェック機構として，差異分析が行われる。差異分析の結果から**是正措置**（corrective action）の行動がとられ，その結果は次期の計画にフィードバックされる。

　計画の設定過程では種々の意思決定が行われる。**経営意思決定**とは，経営上の代替案からの選択をいう。経営意思決定は，多数の経営活動（代替案）のうちから１つの案を選択する過程である。

　以上を要するに，経営者は企業目的を遂行するために，いわゆる経営管理を行う。ここで経営管理とは，経営理念とビジョンに基づいて戦略を策定し，策定された戦略に基づいて中期経営計画（通常は３年）を設定し，戦略的・戦術的な意思決定を行うとともに，多くの企業では中期計画に基づいて利益計画を設定し，利益計画に基づいて予算を編成し，編成された予算に従って経営活動の指揮をとり，実績を検討・評価し是正措置をする。策定された戦略を実行するためにもたれるのが，PDCAのマネジメント・サイクルである。

4　経営計画と統制―マネジメント・コントロール

　企業では，策定された戦略を受けて経営計画と統制が行われる。経営計画と統制は，**マネジメント・コントロール**といわれる。マネジメント・コントロール機能は，概念上，計画設定と統制に区分して説明することができる。

(1)　**計画設定**　　計画設定（planning）とは，目的を達成するためにとられるべき一連の行動を意識的に決定することをいう。管理会計目的のため，計画設定はプロジェクト計画と期間計画に区分することができる。

　①　**プロジェクト計画**　　プロジェクト計画（project planning；個別計画）とは，将来の活動に関する意思決定に到達するプロセスをいう。個々の独立の事項について行われる随時的な**経営意思決定**である。例えば，新しい工場を建設するか否かの計画は，典型的なプロジェクト計画である。

　②　**期間計画**　　期間計画（period planning）とは，企業または企業の特定のセグメント（例えば，事業部）の将来の総合的活動についての計画を，経営者が特定期間にわたって組織的に設定するプロセスのことをいう。

　一例をあげれば，工場の建設計画はプロジェクト計画であるのに対し，建設した工場で本年度の予算（通常は1年）を編成するのは期間計画である。

(2)　**統制**　　統制（control；コントロール）とは，計画に従って行われた経営活動を監視していくことである。先の例でいえば，予算の編成は期間計画であるが，実際の活動が予算どおり実施されているかをチェックするために，編成された予算と実績を対比させた予算差異分析を行うのは，統制機能に属する。最近では，統制の語に代えて，コントロールと表現することが多くなった。

　以上，プロジェクト計画，期間計画および統制の機能のうち，期間計画と統制は，概念的にはともかく現実には切り離しえない。そこで，期間計画と統制を合わせて，**マネジメント・コントロール**（management planning and control；経営計画とコントロール）といわれる。マネジメント・コントロールは業績管理のために実施されることから，その会計を**業績管理会計**と称し，プロジェクト計画からなる**意思決定会計**と対峙させることもある。

　管理会計は，戦略を策定し，経営意思決定とマネジメント・コントロール，および現場の業務活動のコントロールを通じて，経営者を支援する。

2 企業における管理会計の役割

　会計（accounting）とは，主に投資家や経営者の行う意思決定のために，企業など組織体の経済的データを，主として貨幣尺度を用いて測定し，伝達するシステムである。企業のために行われる会計は，企業会計と呼ばれる。企業会計は，企業の実態を伝達する**ビジネスの言語**（language of business）の役割を果たしている。

1　企業と会計

　会計は，経理部とか経理部長の語に見られるように，実務界では経理ともいわれており，会計と経理は同意語に近い。計理と表現されたこともあった。会計は**財務**（finance）とも代替的に用いられるが，財務は一般に資金と深いかかわりがある。ただし，生産，販売，財務というようなときの財務は，会計や資金を含む包括的な意味が含意される。

　会計は，官庁，公益法人，学校法人，医療法人など，非営利の組織体にも適用される。環境会計，社会会計，社会責任会計という領域もある。しかし，会計が最もよく利用され，また研究が進んでいるのが，株式会社を主体とする企業に適用される**企業会計**（business accounting）である。本書では，特別の断わりがない限り，会計といえば企業会計を意味するものとする。

2　会計についての2つの見解

　会計とは何かについて，これまで多くの研究者や団体が種々の見解を表明してきた。そのなかでも，代表的な2つの見解が注目される。

(1) アメリカ公認会計士協会（AICPA）による会計の定義

　基礎データを貨幣に限定し，会計機構を簿記に結びつけ，会計をもって**記録，分類，集計するための技術**であるとする。これは会計情報の提供者の立場から会計をみようとしたものだといえる。この立場から会計を定義づけているアメリカ公認会計士協会［AICPA, 1940］の定義を見ると，次のとおりである。

「会計とは，財務的な性質—少なくとも一部は—を有する取引および出来事を，意味ある方法で，また貨幣の名目で，記録，分類，集計し，その結果を解釈するアート（art；技術）である」

(2) アメリカ会計学会（AAA）による会計の定義

基礎データを貨幣だけでなく物量を含む**経済的データ**にまで拡張し，会計をもって意思決定のための**測定と伝達**の手段であると定義づける見解である。これは会計を情報利用者の立場から見た見解である。会計が企業だけでなく，政府，大学，病院など非営利組織にも活用されるとしている。この見解は，1966年のアメリカ会計学会［AAA, 1966, p.1］発表の「基礎的会計理論」（A Statement of Basic Accounting Theory；ASOBAT）と題する報告書以降，通説となっている見解で，会計は次のように定義づけられている。

「会計とは，意思決定のために，組織体の経済的データを，主として貨幣尺度を用いて測定，伝達するシステムである」

これら２つの主張を図示すれば，表1-1のようになる。上記２つの見解のうち，学界ではアメリカ会計学会の見解が一般にも広く受け入れられてきた。

表1-1　会計についての２つの見解

代表的機関	アプローチ	役割	データ
AICPA	情報提供者の立場	記録・分類・集計	貨幣
AAA	情報利用者の立場	測定・伝達	経済的データ

出典：著者作成。

情報利用者の立場が強調されすぎると，利用者は不要な情報まで要求することがある。そこで，情報利用者の立場は強調されるべきではあるが，システム設計者の立場も考慮に入れて，情報の価値との関係でコストに見合った便益が得られるものでなければならない。

3　企業会計の２つの領域

会計が果たす役割から企業会計を区分すれば，会計学は本質的に次のように

相互に関連する2つの領域—財務会計と管理会計—に区分することができる。

財務会計（financial accounting）とは，期間損益計算を行って配当可能利益を算定するとともに，投資意思決定に必要かつ有用な情報を，投資家，債権者など，多様な**ステークホルダー**に提供する会計である。ここでステークホルダーとは，企業を取り巻く利害関係者のことをいう。財務会計にとって固有の課題は，一定時点における財政状態，一定期間における経営成績，キャッシュ・フローおよび資本の変動に関する情報を，定期的に外部のステークホルダーに開示して**会計責任**（accountability；アカウンタビリティ）を果たすことにある。会計責任に関してはさまざまな見解があるが，ここでは，受託された資金を経営者が効率的・効果的に運用する責任のことであると定義づけておこう。

管理会計（management accounting, managerial accounting）では，戦略の策定，経営意思決定とマネジメント・コントロール，および現場活動のコントロールを通じて経営者を支援する。管理会計は企業内部の経営者を支援することから，**内部報告会計**とも称される。

4 財務会計と管理会計の特徴

財務会計の役割は，貸借対照表，損益計算書，キャッシュ・フロー計算書，株主資本等変動計算書などの**財務諸表**（financial statements）[4]をステークホルダーに提供することにある。財務会計では，配当可能利益を算定し，主に財務情報をステークホルダーに開示する。財務諸表はステークホルダーの利害調整の結果から作成されるので，金融商品取引法，会社法，税法，SEC（米国証券取引委員会）基準，IFRS（国際財務報告基準）などの法規制が必要となる。

管理会計の役割は，戦略を策定し，経営意思を決定し，マネジメント・コントロールと業務活動のコントロールを行うことで，経営者を支援することにある。管理会計情報としては，予算報告書，中期経営計画書，原価分析や顧客別収益性分析報告書など，過去・現在・将来に関する内部報告書が，企業の必要性に基づいて任意に作成される。管理会計では戦略の策定や経営意思決定に必要な未来データも活用される。

財務会計と管理会計との関係は，従来ほど明確な区分が難しくなっている。両者の特徴を明らかにすれば，表1-2のようになる。

表1-2 財務会計と管理会計の特徴

視点	財務会計	管理会計
情報の利用者	外部[4]のステークホルダー	企業内部の経営管理者
主な利用目的	ディスクロージャー	経営戦略の策定
	スチュワードシップ	各種の経営意思決定
	配当可能利益の算定	マネジメント・コントロール
報告書の種類	財務諸表	予算,中長期経営計画など
情報の特性	客観性,信頼性	目的適合性,有用性,迅速性
法規制の有無	会社法,金融商品取引法	不要

出典:著者作成。

財務会計では1990年代後半の会計ビッグバンと2006年施行の会社法以降,投資家への情報提供が重視されてきた。最近,**IFRS**(International Financial Reporting Standards;国際財務報告基準)のコンバージェンス[5]が進展している。IFRSでは,会計責任に基づく配当可能利益の算定という会計がもつ本来的な機能が後退し,**情報提供(ディスクロージャー)機能**が重視される。例えば,CGMA(Chartered Global Management Accountant)[6]では,会計責任に代えてスチュワードシップ[7](受託者責任)の語が重視されている。加えて,客観性や信頼性に代えて目的への適合性や忠実な表現という要請が強まってきた[8]。

なお,**日本での会計基準**は,日本基準の他に,国際会計基準,米国基準,および修正国際基準がある。日本基準を採用する企業が最も多い(3,376社;2018年)が,国際会計基準は189社,米国基準13社,修正国際基準の採用企業はナシ,である[9]。

5 管理会計の基本的前提

会計学には,**会計公準**(accounting postulate)が設けられてきた。会計公準とは,会計上の慣行ないし基本的前提のことをいう。以下では,アメリカ会計学会の報告書[AAA, 1961]とIFRSを出発点にして,会計公準—企業実体,継続企業,貨幣的評価—を使って,管理会計の基本的前提を明らかにする。

(1) 実体概念

財務会計上の実体概念の主体は，**企業実体**（business entity）である。企業実体とは，個々の企業はその企業所有者から離れた別個の存在であって企業自体が独立の資産，負債，資本をもつ存在であり，会計単位となることを意味する。連結財務諸表では，連結対象となる企業集団が企業実体となる。

IFRSでは，製品／サービス，顧客などの事業セグメント別区分を外部報告会計の目的にも活用できるとする，マネジメント・アプローチが採用されている（IFRS 8.BC 9-17）。これを受けて，日本でも「企業会計基準」第17号の「セグメント情報に関する会計基準」（最終改正は2009年）において，IFRSの基準に沿ったマネジメント・アプローチを採用している。マネジメント・アプローチとは，「経営意思決定を行い，業績を評価するために，経営者が企業を事業の構成単位に分別した方法」（「会計基準」17.45）をいう。マネジメント・アプローチで区分された**事業セグメント**も，財務会計上の実体となる。

管理会計における実体は，企業実体をも含め，表1-3に示すように，製品・サービス実体，プロジェクト実体，責任実体に細分される。つまり，以下の実体に関する収益性やコストの分析なども，管理会計の重要な課題となる。

表1-3　管理会計上の実体概念

①	製品・サービス実体	製品・サービス別，製品系列別の収益性の検討および原価分析も管理会計では重要である。
②	プロジェクト実体	設備投資計画など，プロジェクト別の利益管理，原価管理などもまた管理対象になる。
③	責任実体	子会社，事業部，工場，部門，課，係など，責任区分（セグメント）別の計画と統制も管理会計の対象になる。

出典：著者作成。

(2) 継続企業の概念

財務会計では，企業は予期しうる将来において清算するとは考えられておらず，意図している企業活動を実行するに足る十分な期間，安定して企業を継続するという**継続企業**（going concern；ゴーイングコンサーン）の公準がもた

れている。継続企業から，決算の概念が導かれる。財務会計では継続的な企業活動の流れを，1年，四半期（ただし，金融商品取引法適用の非上場企業では四半期または中間決算）という会計期間に区切って決算を行っている。

　IFRSでは，「財務諸表を作成するにあたり，経営者は企業が継続企業として存続し得る能力を評価しなければならない」（IAS 1.25）とされている。企業は清算，取引停止，他にこれらに代わる手段がない場合を除き，継続企業に基づいて財務諸表を作成しなければならない。そして，不確実性に重大な懸念が生じたときには，企業は不確実性の内容を開示しなければならない。

　管理会計における測定・伝達の対象は，確定した会計期間に限定されない。例えば，予算管理では1年，半年だけでなく，月別の分析も必要になる。原価計算期間は1カ月である。また，管理会計ではプロジェクトの収益性計算もまた会計実体として検討されるから，設備投資のプロジェクトなどでは，5年とか10年というプロジェクトの経済命数が計算上の会計期間になる。

(3) 貨幣的評価の概念

　財務会計では，貨幣尺度を用いて収益と費用によって期間損益計算が行われ，経営成績や財政状態が測定される。仮にIFRSが導入されても，「キャッシュ・フロー情報を除いては，発生主義会計に基づいて財務諸表を作成しなければならない」（IAS 1.27）。利益は，収益から費用を差し引いて算定される。キャッシュ・フロー計算書も作成される。ただ，最近では環境報告書や統合報告書[10]など，貨幣数値を補足する情報の重要性が高まってきた。

　管理会計でも，貨幣による測定はもちろん重要ではある。しかし，管理会計情報では貨幣だけに限定することなく，個数や重量など物量による測定を無視してはならない。例えば自動車会社で，自動車が何台売れたかとか，来月は何台売れるだろうという情報は，管理会計にとっては重要な情報である。

　管理会計では，期間損益計算だけではなく，プロジェクト別あるいは製品別の収益性も測定される。その計算で，発生主義に基づく収益マイナス費用イコール利益という財務会計の計算機構を排除するわけではない。しかし，管理会計では，一定の目標利益を得るにはいくらの収益をあげ，いくらの費用が許容できるかの算式（例えば，目標利益＝予定収益－許容費用）が活用される。ま

た，プロジェクト別の経営意思決定のためには，発生主義会計から得られたデータよりはキャッシュ・フローのほうが適切な情報となる。以上，財務会計と対比させて管理会計の基本的前提をまとめれば，表1-4のようになる。

表1-4 財務会計と管理会計の基礎概念

基礎概念	財務会計	管理会計
実体	企業実体 セグメント別計算	製品・サービス実体，プロジェクト実体 責任実体
継続企業	決算期間（1年） 四半期決算（四半期）	予算期間（1年，四半期，1カ月） 原価計算期間（1カ月） 設備投資計画（5年や10年など）
貨幣的評価	貨幣	貨幣，物量など非財務情報

出典：著者作成。

3 日本企業のガバナンス体制と内部統制

コーポレート・ガバナンス（corporate governance；企業統治）とは，一般に，企業の経営が法令に違反するなど，間違った戦略や行為をしないように監督する組織，制度，仕組みのことを意味する。端的にいえば，「会社が方向づけられ，管理されるシステム」［OECD, 2004, p.11］であるとか，「企業経営を規律するための仕組み」［経済産業省, 2005, p.53］ということができる。

1 日本の株式会社のコーポレート・ガバナンス体制

日本企業のガバナンス体制は，図1-2を参照されたい。コーポレート・ガバナンスに不可欠の機関は，株主総会である。**株主総会**は会社の最高の意思決定機関である。毎年1回，一定の時期に定時株主総会が開かれる。株主総会では，取締役，監査役の選任や解任などの決定が行われる。株主総会で選任された取締役によって，**取締役会**が構成される。取締役会で選任された代表取締役が会社を代表して業務を執行する。監査役会設置会社（図1-2は監査役会設置会社が前提。2015年からは監査等委員会設置会社も認められた）では，株主総会で

図1-2 株式会社におけるコーポレート・ガバナンス

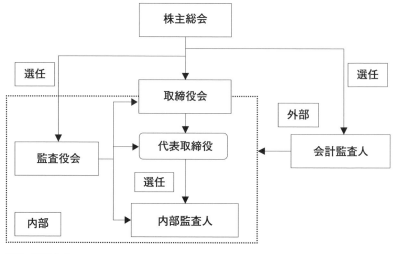

出典：著者作成。

選任された監査役は，取締役会および代表取締役の業務執行を監査する。

原則として**取締役の任期**が2年，**監査役の任期**は4年である。**委員会設置会社**[11]は，報酬委員会，指名委員会および監査委員会からなる。

大会社では，監査役会の監査のほかに，外部の**会計監査人**（公認会計士または監査法人）による会計監査が義務づけられている。さらに，代表取締役によって選任された**内部監査人**が，内部監査を担当する。2008年度からは内部統制報告書の内閣総理大臣への報告が義務づけられている。

日本政府（具体的には，東証と金融庁）は，東証の上場規制として，2015年に，基本原則（5），補充原則（38）からなる**コーポレートガバナンス・コード**を発表した。対象は，東証一部，二部上場企業である。コードの効果は非常に高かった。例えば，東証1部企業の独立取締役の選任比率は2015年7月14日時点で前年の62%から88%に上昇した［藤田，2016, p.11］。なお，コードの理論的支柱の1つとなっている「伊藤レポート」では，中長期的なROE向上を推奨しているが，その是非については第23章の参考を参照されたい。

2 内部統制組織

内部統制組織（internal control system）とは，元来の意味で，整然たる会計組織を備えて正確な会計記録を作成するとともに，内部監査組織により経常的な監査を行い，会計記録の信頼性を確保することを意味する。内部統制組織は，具体的には，内部牽制組織と内部監査からなる。

内部牽制組織（internal check system）とは，不正・誤謬の発生を防止するよう仕組まれた組織をいう。人による内部牽制と機械による内部牽制からなる。人による内部牽制は，会計帳簿係と現金出納係を区分することで，両者の共謀がない限り，不正を防ぐことができる。機械化は意図的な不正の一部や単純なミスを防ぐことができることから，内部牽制機能を高めることができる。

内部監査（internal audit）は，**アメリカ内部監査協会**によって，以下のように定義された。「内部監査とは，組織体の運営に関し価値を付加し，また改善するために行われる，独立にして，客観的なアシュアランスおよびコンサルティング活動である。内部監査の存在意義は，組織体の目標に役立てることにある。このため，リスクマネジメント，コントロール，ガバナンスの各プロセスの有効性の評価し，改善を内部監査としての体系的手法と規律順守の態度をもって行う」［IIA, 2014：日本内部監査協会, 2014, p.8］。

内部監査の業務は，会計監査，業務監査，経営監査からなる。まず，**会計監査**では，会計記録の正確性を吟味するとともに，会計処理の適否と不正・誤謬の存否を検討する。**業務監査**では，業務の実態を調査・モニタリングし，業務活動の有効性と効率性，および適法性をチェックする。**経営監査**は，経営者の監査（audit of management）であるとする見解と，経営者のための監査（audit for management）とする解釈とがある。また，経営者への助言と勧告をすべきだとする見解と，経営トップへの助言や勧告はムリだとする意見とがある。実務では，内部監査の機能を会計監査と業務監査に限定している企業が多い。

3 内部統制は管理会計の対象範囲に含まれるか？

1950年代から1960年代にかけて，内部統制は管理会計の一部とみなされることもあった［産業合理化審議会, 1951, p.1］。しかし，内部統制が管理会計の一

部であるという当時の一部の見解は，現在では通用しない。

内部統制がなぜ管理会計の範疇に属さないのか。その理由は，先の定義で見たように，内部統制の目的は**アシュアランス**と**コンサルティング活動**にあるからである。また内部統制の存在意義は，リスクマネジメント，コントロール，ガバナンスの各プロセスの有効性の評価にある。他方，管理会計の目的と存在意義は，戦略の策定，意思決定とマネジメント・コントロール，および業務活動のコントロールを通じて**経営者を支援**することにある。

4　J-SOX法による内部統制とリスク管理

2001年，アメリカのエネルギー会社エンロン社の破綻を端にして，アーサーアンダーセンの不正会計処理が発覚し，ワールドコムなどの企業ともども破綻した。そこで，2002年に，ブッシュ大統領の署名の下，SOX法（Sarbanes-Oxley Act；サーベンス・オクスリー法／企業改革法）が成立した。SOX法に基づく内部統制は**COSO**（Committee of Sponsoring Organizations of the Treadway Commission；トレッドウェイ委員会支援組織委員会）に基づいている。

内部統制は，広義で，業務の有効性と効率性，財務報告の信頼性，関連する法規への順守という目的の達成に関して，合理的な保証の付与を意図した企業の取締役会，経営者および社員によって行われるプロセス［COSO, 1992］と定義づけられた。しかしその後，COSOの定義は，次のように変更された。

「**内部統制**とは，業務活動，報告，コンプライアンスという目的に関して，合理的な保証の付与を意図した企業の取締役会，経営者および社員によって行われるプロセスである」［McNally, 2013, p.3］[12)]。

2008年度からは，アメリカのSOX法に倣って，**日本版SOX法**（J-SOX法）「財務報告に係る内部統制の評価及び監査の基準」が実施されている。日本で内部統制の目的は，①業務の有効性及び効率性，②財務報告の信頼性確保，③事業活動にかかわる法令の順守，および④資産の保全からなるとされた。

COSOは2004年に，フレームワーク編と適用技法編に分けて，「**全社的リスクマネジメント**」［COSO（F），2004；COSO（A），2004］を発表した。その後，2017年には，その改訂版ともいえる「COSO全社的リスクマネジメント―戦略

およびパフォーマンスとの統合—」[COSO, 2017] を発表した。COSO 2017年版の特徴は、リスクの**戦略とパフォーマンスとの統合**にある。

わが国企業で今後最も重視すべきリスクは、**ガバナンス**、**人間性の尊厳**（パワハラ、セクハラ、長時間労働）、**サイバーセキュリティ**である。

4　経営組織と管理会計の担当組織

企業活動を遂行していくために、企業には、購買、製造、販売、経理、研究開発などの職務を担当する職能別組織（部門）が設けられている。購買部、製造部、販売部、経理部などがそれである。部門はさらに課、係などに細分化される。これらの経営組織は、会社の組織図によって表される。

1　組織形態

企業の組織形態は、企業のおかれた環境のなかで、効率性・効果性の面から見て最もよく業務運営がなされる組織形態が選択される。組織形態は戦略、企業規模、業種、環境などによって決まってくる。つまり、チャンドラーが指摘しているように、「**組織は戦略に従う**」[Chandler, 1962, p.14]。また、組織は戦略によって規定づけられるが、軽部 [2014, pp.38-56] の指摘しているように、戦略もまた組織によって異なることも銘記すべきである。

(1) 職能別組織

零細企業では、社長1人ですべての業務をこなすことができる。しかし、事業規模が大きくなると、専門的知識や技術・ノウハウを高めるために、**職能別組織**（functional organization）が必要になる。職能別組織では、販売部、製造部、経理部、研究開発部、広告宣伝部といった職能別に組織がつくられる。

職能別組織では、トップ・マネジメントの意思がミドル・マネジメントを経て比較的容易にロワーの管理者に伝達される。軍隊式組織のように直線的な縦の命令系統で統率されるから、マネジメントがしやすい。その反面、権限がトップに集中していて専門性が活かされないとか、現場の創意工夫が活かされにくいという欠点がある。経営の多角化が進んで複数の事業を営んでいる企業で

は，経営トップが1人で適切な意思決定を下すことができなくなる。

(2) 事業部制組織

事業部制組織（divisional organization）によれば，各事業部はあたかも独立の企業であるかのように活動できるので，本社の経営者は企業戦略に専念することができるようになる。アメリカでは1921年に**デュポン**，日本では1933年に松下電器産業（現・**パナソニック**）によって事業部制が初めて導入された。事業部制組織は，企業の活動を製品別，地域別，顧客別に区分し，それぞれが利益責任をもった独立性の高い組織である。詳細は第21章を参照されたい。

2 経営組織

経営組織は，仕事の種別に従って部門，課などに細分化されるとともに，階層に従って，次の3つの階層に区分される。

(1) **トップ・マネジメント**　社長・専務・常務などの役員
(2) **ミドル・マネジメント**　部長級の部門管理者
(3) **ロワー・マネジメント**　課長・監督者などの現場管理者

管理会計との関係では，トップ・マネジメントは，主に組織を変革し戦略を策定し戦略の実行を統括する。他方，ミドル・マネジメントは経営活動に関する意思決定とマネジメント・コントロールを，そしてロワー・マネジメントは業務的な活動のコントロールを主な役割とする。

3 ライン・スタッフ，委員会組織

経営活動の遂行に関連して，経営組織はラインとスタッフに分けられる。ラインは経営活動の執行を担当するのに対し，スタッフはラインが経営活動を効率的に執行できるように，ライン部門に対して専門的な支援・助言を行う。

製造部，販売部および購買部などはライン部門であるのに対して，経営企画部，経理部および財務部などはスタッフ部門である。管理会計を担当する経営企画部や経理部がスタッフと解されるのは，これらの部門が製造部や販売部などの執行的な経営活動の効率的・効果的な遂行のために，予算，決算および経営計画の作成などの仕事を通じてライン部門に対して専門的な支援・助言を行

っているからである。経営企画部，戦略企画部，あるいは経理部には，ただ単に専門的事項に直接関連した助言や提言を行うだけでなく，トップの全社的な経営管理機能を補佐するゼネラル・スタッフとしての役割がある。

管理会計の効果をあげるために，必要に応じて各種の**委員会組織**が設けられる。典型的な委員会には，予算委員会，原価管理委員会，中長期経営計画委員会などがある。委員会における最も重要な機能は，調整にある。例えば，予算委員会は，部門予算案の調整，総合予算案の審議，予算の変更，設備予算の支出に関する審議，予算実績比較および差異分析などの任務をもつ。

4　稟議制度，職能別分権制

日本の集団的意思決定の典型として，稟議制度がある。**稟議制度**では，ある問題を抱えた直接の担当者がその問題の処理方法を起案し，直属の上司がこれを評価し，認可する意味で捺印する。稟議は，担当者―課長―部長―担当役員と上がっていき，決裁内容によっては，社長までもち込まれることもある。

稟議制度には長所と短所がある。**長所**としては，相対的に低い階層に判断を委ねているという点で，漸進的な改善が可能になる。日本的な根回しという意味で，衆知を集めることもできる。**短所**としては，多くの人々が1つの決定にかかわるので効率性が失われること，時間がかかりすぎること，および集権的すぎることにある。そこで，予算制度の積極的活用や，職能別組織における権限の委譲，部長権限の明確化，重要な意思決定には稟議制度を残して即決を必要とする重要性の低い意思決定事項にはフラットな組織を適用するなど，稟議制度の長所を活かしながら，その短所を補う工夫が必要になる。

5　管理会計の担当組織

従来，アメリカでコントローラー（controller）といえば，一般に管理会計を担当するバイスプレジデント[13]であり，日本では**経理部長**がこれに相当していた。しかし最近では，管理会計を担当する部門として，経理部のほかに**経営企画部（室）**ないし経営戦略部（室）をおき，これらの部門に管理会計の職能の相当部分を担当させている企業が多く見られるようになった。

実際の組織として，**シャープ**（2018/4/1）では，管理本部の下に財務部，経

理部，経営管理部，内部統制部，総務部が並列されている。**三菱電機**（2018/4/1）では，執行役社長・専務・常務のもとに，経営企画室，経理部，財務部などが並置されている。

図1-3は，経営企画部の他に財務統括本部（その最高責任者はCFO）をもち，財務統括本部のもとに経理部と財務部をもつ企業を想定した。

図1-3　経営企画部・経理部・財務部の組織

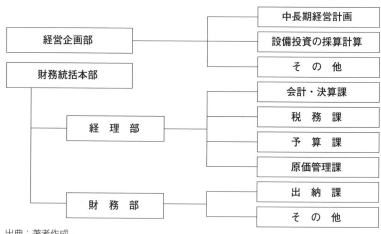

出典：著者作成。

組織が大きくなると，組織図も複雑になる。例えば，**日立製作所**（2018/4/1）では，社長のもとに経営会議とグループ戦略会議がもたれている[14]。社長直属では，グループ・コーポレート，コスト構造改革機能，経営企画・計画機能，財務機能，人材機能，エグゼクティブサポート機能，渉外・CSR・環境戦略機能，法務・リスクマネジメント，IT戦略機能，情報セキュリティマネジメント，マーケティング・営業戦略機能，サプライチェーンマネジメント戦略機能，プロフェッショナル・サービス部門，研究開発機能が設けられている。さらに，各事業別の組織が設けられている。

㈱日本総研によって行われた**経営企画部の実態調査**によれば，経営企画部の主要な役割は，①中期経営計画，ビジョンの策定・設定，管理，②予算の編成

と統制，③特命プロジェクトの推進［日本総研, 2016, pp.1-30］にある。名称は経営企画部（59％）の他に，企画部（8％），経営管理部（6％），経営戦略部（5％）などがある。経営企画部が最も時間をかけているのは，①企画立案と②企画計画の推進である。逆に，情報収集や定型的な資料の作成は減少傾向にある。経営企画部門とトップとのコミュニケーションの頻度は，平均で週に2回弱で，毎日は14％であった。なお，調査は2015/12～2016/1に日経リサーチによって郵送調査で実施され，回収数は874社（回収率12％）であった。

経理部には一般に，会計・決算課，税務課，予算課，原価管理課などがおかれている。予算や原価管理などの管理会計も実践される。経理部の職務は，パナソニックのように管理会計に強い企業と，日常の決算業務と税務申告など伝統的な会計の仕事が中心の企業とがある。課を設けないで，各セクションをグループとして構成している企業も多くなった。その目的は，多層的な組織をフラットな組織にして現場に近いところで迅速な意思決定を行わせ，下位マネジャーの登用で，組織に活力を取り戻し，経営を効率化することにある。

内部監査課は経理部から独立させ，社長直属の部門とする。その理由は，経理部長のもとでは，経理部長の経理方針や結果を批判しにくいからである。

6 経営企画室，経理部，財務部の関係

経営企画室，経理部，財務部の関係は，企業の規模，産業の種類，経営者の方針，企業文化，経済の状況などに応じて異なるが，わが国でそれらの関係は，表1-5に見るように，概ね3つのタイプに分類することができる。

表1-5 経営企画室，経理部，財務部の関係

タイプ1	タイプ2	タイプ3
経営企画室	経営企画室	経営企画室
経理本部	経理部	財務本部
経理部		経理部
財務部	財務部	財務部

出典：著者作成。

第1のタイプは，経営企画室の他，経理本部のなかに経理部と財務部を含めている企業である。西澤［1995, p.31］によれば，日本企業の約4割が財務機能とコントローラー機能を包含して，経理部と呼んでいたという。これを"広義の経理部"と呼ぶ［井上, 1981, p45］こともある。この種の企業は，会計業務と資金管理業務はもともと表裏の関係にあるので，同一部門で連携して仕事を行うことにはそれなりのメリットがある［宮崎, 1981, p.51］と考えられる。

日本の経理組織では，従来，経理部と財務部とに明確に区分されていなかった。著者の調査［櫻井, 1997, p.5］によれば，経理部ですべての経理・財務の業務を行っているパターンが38％と最も多かった。売掛金の回収は，欧米では一般に経理部が行うが，日本では通常，販売部で行われる。現業重視である。

第2のタイプは，経営企画室の他，経理部と財務部が明確に区分されている企業である。財務は資金と同義に近い形で用いられている。その意味では，財務部の代わりに資金部の名称を用いているある鉄鋼会社も，このタイプに属する。内部牽制機能を重視する立場からは，帳簿を預かる経理部と，資金を司る財務部とは明確に区分すべきだということになる。

経理部と財務部が並列的に設けられている場合，財務部は資金の調達と運用を担当する。経理部と財務部がおかれている場合，経理部には財務諸表の作成や税務など過去のデータの報告を主な仕事とする企業と，パナソニックのように経理部を経営管理部と解して，経理部には管理会計を中心とする役割を付与

表1-6　経理部と財務部の関係

経　理　部	財　務　部
経営計画とコントロール	資本の調達と運用
決算（年度・四半期・月次）	出納業務，資金計画の作成
予算管理・原価管理	投資決定，ポートフォリオの分析
政府・関係機関への財務報告	証券会社対応とＩＲ関係資料の作成
タックスマネジメントと税務報告	投融資
設備投資の経済性評価と分析	金融機関との関係と長期資金計画

出典：著者作成。

している企業とがある。経理部と財務部との関係は，表1-6のようになる。

第3のタイプは，タイプ2とは別に，財務本部（財務部）のなかに経理部を含める企業である。このタイプの企業は，財務の用語を1つの企業の中で広狭2つの意味で用いていることが少なくない。1990代年後半以降，わが国ではCEO（chief executive officer；最高経営責任者）に対応させて，経理と財務を包括する最高財務責任者として，**CFO**（chief financial officer；最高財務責任者）をおく企業が多く見られるようになった。

CFOは，伝統的な意味における財務部長の役割だけでなく，経理部長の上位に位置する経理・財務の最高責任者として位置づけられる。例えば，設備投資の経済性計算は，技術者中心ではなく，経理・財務専門の専門的な担当者をおく日本企業が多くなってきている。

表1-6で，経理部の本来の役割は，経営計画とコントロールにより経営者を支援することにある。その点で，資本の調達と運用を効率的・効果的に行う役割をもつ財務部とは異なる。決算の業務は経理部のもとにおかれるが，出納業務や資金計画は財務部の役割である。予算管理や原価計算は経理部の役割である。他企業の合併と買収（merger and acquisition；M&A）のための投資決定やポートフォリオの分析などは財務部の役割である。

設備投資の経済性評価と分析については，1970年代までは技術部が主導する企業が多かったが，最近では財務部の支配下のもとで，実務的には経営企画室ないし経営戦略室が行うことが多くなってきている。政府や関係機関への会計関連の報告は経理部の責任で行われることもあるが，大企業の財務部では証券会社との対応やIR対応を行う。タックスマネジメントと税務報告は経理部の仕事であるが，投資決定と融資の実行は財務部の役割である。金融機関との関係と長期資金計画の作成は，財務部の責任で行われる。

7　経理関係担当者の給料―日米比較

会計・財務分野のプロフェショナルに特化した世界最大手の人材紹介会社，ロバート・ハーフ（Robert Half）の給与ガイド［Nobles, 2014, p.6］[15]では，各国の経理・財務関係の給与水準が掲示されている。会計専門職の職務と給与水準は表1-7のとおりである。

表1-7　会計専門家の報酬（米国；2013年度ロバート・ハーフの給与ガイド）

地　位	職務の内容	給　与
経理部長	財務諸表の作成，監査人との対応，海外の決算資料の報告	82,750～199,000ドル 8,500～14,500千円
財務アナリスト	財務データのチェック，数値の実質的内容の分析	38,000～114,000ドル 5,200～9,200千円
システムアナリスト	コンピュータシステム活用の会計システムの応用	44,250～107,250ドル 6,120～14,000千円
税務の専門家	節税対策のプロ	41,500～114,750ドル 7,000～20,000千円
内部監査人	会計基準と規制に準拠した方法の選択と実施	42,500～171,750ドル 5,200～14,000千円
コストアナリスト（原価計算担当者）	典型的には製造業の原価データの作成と分析	41,000～103,750ドル 5,000～7,000千円

注：給与の上部はアメリカ，下部は日本。大企業が対象。
出典：著者作成。

　2013年度のアメリカで給与の高い順から表示すれば，経理部長（controller），ビジネスアナリスト，財務アナリスト，税務の専門家，内部監査人，コストアナリストの順であった。日本では，経理部長，税務の専門家，財務アナリスト，内部監査人，業務のアナリストの順であった。ただし，この表の見方について一言付け加えておこう。日本企業では一般に，職務によって給与水準が異なるわけではない。加えて，日米で職務の呼称が異なっているので，単純な比較ができないこともある。以上から，表1-7はあくまでも参考程度に留めておく必要があることを付け加えておきたい。

5　管理会計担当者の倫理規範

　会計担当者の行動は，社会的にも多大な影響を及ぼす。そのため，管理会計担当者といえども，一定の倫理規範に従って会計処理を行うべきだとの見解が，少なくともアメリカでは支配的になりつつある。IMA（Institute of Management Accountants；管理会計担当者協会）の倫理規範［NAA, 1987,

1990] を参考にして，管理会計担当者が順守すべき倫理規範を考察しよう。

1　専門的能力

ビジネススクール修了の専門家を多数抱えたアメリカ企業とは違って，職務のローテーションが頻繁に行われるわが国の管理会計担当者は，一般に，管理会計の**専門的能力**（competence）に欠ける傾向がある。専門的知識の修得は，管理会計担当者にとって必須の条件である。次の能力が要請される。
 (1) 知識と技能の不断の開発によって，専門的能力を保持すること。
 (2) 関連法規，規制，専門基準に従って，専門的職務の遂行を図ること。
 (3) 資料と情報の的確な分析によって，完全かつ明確な報告書と勧告書を作成すること。

1990年代後半以降，わが国でも，欧米型の昼間および夜間のビジネススクールやアカウンティング・スクールも設けられるようになってきた。外国のMBA取得者も多くなった。そのため，日本の経営者の管理会計に関連する専門的知識も近年では大いに高まってきている。

2　機密保持

機密保持（confidentiality）は，財務会計だけでなく，管理会計でも重要な倫理規範である。競争会社を利するような行為を慎むべきである。
 (1) 職務上知りえた機密情報は，法律上の公開義務がない限り，他人に漏らしてはならない。
 (2) 部下の機密保持にも，責任をもって対応すること。
 (3) 職務上知りえた情報を，第三者を通じて，非倫理的・違法な利益を得る目的で利用するような行為をしないこと。

3　誠　実　性

会計人には，とくに**誠実性**（integrity）が要請される。誠実性は，洋の東西を問わず，人間として必要な要件でもある。
 (1) 利害の衝突を回避し，利害衝突の原因と回避方法を関係者に教えること。
 (2) 倫理的に見て職務の遂行に障害となるような活動には従事しないこと。

(3) 後で問題になりそうな贈り物，接待などは断ること。
(4) 企業の法的・倫理的目的の達成を阻害するような行動を慎むこと。
(5) 自己の専門的知識では，責任ある判断や行動をとりえないような限界や制約がある場合には，その旨を相手に正直に告げること。
(6) 有利な情報と専門的判断だけでなく，不利な情報も伝えること。
(7) 専門家としての名誉を傷つけるような行為や支援をしないこと。

CGMA（Chartered Global Management Accountant；勅許グローバル管理会計担当者[16]）は，誠実性と倫理は管理会計担当者の有すべき資質の1つであるとして，次のように述べている。「戦略の実行において，管理会計担当者は自らの行動を会社の価値観に従わせる。会社のコアバリューは，戦略上の意思決定を実施する際のフィルターを提供する。意思決定に際して，誠実性と倫理は意思決定上の誤りを犯さないために重要な役割を演じることができよう」[CGMA, 2017, p.12]。

4 客 観 性

管理会計担当者は，科学的知見や事例にかかわる情報，業界動向などに関して，客観的な事実に基づく情報を上司および関係部署に提供しなければならない。また，必要な情報を社内で適切に開示する必要がある。
(1) 情報を公正かつ客観的に伝達すること。
(2) 必要と思われる情報はすべて洩らさずに開示すること。

以上，**倫理**（ethic；エシックス）上の問題は，**コンプライアンス**（compliance；法令順守）と裏腹の関係にある。倫理は管理会計担当者にとってだけでなく，企業経営者，内部監査人，監査役，公認会計士にとってもコンプライアンスに反する行為を行わないための制度上の規律として表明している。

しかし，制度だけでは不十分である。個々人が職務の遂行にあたって常に管理会計担当者としてもつべき規律を順守することが肝要である。

倫理上の問題が生じたときには，直属の上司と相談するのが一番である。直属の上司が倫理上の問題を起こしているときには，その上の上司と相談すべきである。では，トップ（CFO）が問題を起こしているときには，管理会計担当者はどのような態度をとるべきであるか。

経営トップによる不祥事が起きたとき、従来は、上司の指示に従って徹底的に隠すことが会社のためになると考えられていたこともあるが、現在では**内部通報制度**を通じてコーポレート・ガバナンスを正していくことが究極的には会社のためになるとする見解が強くなってきている。しかし不正に立ち向かうには、強い意志と決断力が必要となる。現代の日本の会計担当者は、これらの誘惑にいかに打ち勝つかという新たな課題が提起されている。

以上、アメリカで議論されてきた倫理上の問題は相当幅広く、専門的能力を含む意味で使用されている。その意味では、倫理上の問題は、管理会計担当者の倫理規範というよりは、管理会計担当者の心構えとか管理会計担当者のコンプライアンスのあり方と表現すべきかもしれない。

6　管理会計の体系と本書の構成

最後に、管理会計の体系とからめて、本書の構成を述べておこう。管理会計は、「経営戦略を策定[17]し、経営上の意思決定とマネジメント・コントロールおよび業務活動のコントロールを通じて経営者を支援する会計である」。過去、多くの体系論が提唱されてきたが、本書では管理会計を、戦略策定のための管理会計、経営意思決定のための管理会計、利益管理のための管理会計―経営計画とコントロールのための会計1―、原価管理のための管理会計―経営計画とコントロールのための会計2―として体系づけている。

1　過去から現在までの主要な管理会計体系

管理会計の体系は、生産財務会計、営業管理会計、財務管理会計という**領域別体系**、および標準原価計算や予算統制といった**計算手法**から始まった[18] [McKinsey, 1924；溝口, 1950, p.30；櫻井, 1981, pp.89-107]。

次いで、**計画会計**、**統制会計**という経営管理機能に基づく体系論が多くの支持を集めた[Goetz, 1949；松本, 1967, pp.22-24]。計画会計は、個別計画と期間計画に区分される[AAA, 1955；青木, 1970, pp.57-64]。しかし、1960年代後半から1970年代になると、①計画と統制は必ずしも明確には区分できないことが明らかにされてきた。加えて、②戦略的計画の重要性が高まってきた。以

上から，アンソニーの提唱した体系−**戦略的計画**，**マネジメント・コントロール**，**オペレーショナル・コントロール**−が数多くの研究者および経営者の支持を集めるに至った［Anthony, 1965；青木, 1984, pp.21-35］。

一方，1980年代から1990年代の初めにかけての日本の管理会計では，管理会計が役立つ目的から，バイヤー［Beyer, 1963］による**意思決定会計**，**業績管理会計**の体系を支持する研究者［鍋島, 1969, pp.21-25；松本, 1969, pp.9-29］の見解が，上述のアンソニーの見解と並んで，多くの実務家の支持を得てきた。

最近のアメリカの体系論では，一方では，アンソニーとゴビンダラジャン［Anthony and Govindarajan, 2007, p.7-12］による，①戦略形成，②マネジメント・コントロール，③タスク・コントロール[19]といった管理会計本流の体系を後継する体系として，研究者・実務家の支持を集めている。

他方，**マルミ=ブラウン**［Malmi and Brown, 2008, pp.287-300］が提唱した新たな管理会計体系は，現在の管理会計の諸問題を解決する上で，数多くの貴重な解決策を提供している。マルミ・ブラウンでは，マネジメント・コントロールの概念を広く解釈して，①文化によるコントロール（価値観やクラン・コントロールを含む），②計画設定（長期計画と業務計画），サイバネティック・コントロール（予算の他，非財務測定システム），報酬と報奨，③アドミニストラティブ・コントロール（ガバナンス，組織，方針と手続）からなるとしている。彼らの管理会計体系のもつ意義と課題については，後述する[20]。

2　本書における管理会計の体系

現代の日本企業では，**戦略の重要性**が日増しに高まりつつある。戦略策定のためのツールである戦略マップ[21]が多くの企業によって適用されるようになったのは，企業間競争の激化から企業環境が大きく変化してきたためである。

管理会計において，経営戦略は戦略の策定と戦略の実行に区分される。策定された**戦略の実行**は，経営意思決定のための会計，マネジメント・コントロール（management planning & control; P&C），および業務活動のコントロール（operational control, task control）のための会計を通じて実行に移される。ただ，管理会計の中核は，現代の企業においても予算管理を中核とするマネジメント・コントロールのための会計にあることに変わりはない。

経営意思決定のための会計は，戦略的意思決定と業務的意思決定からなる。管理会計における戦略的意思決定の中心的課題は，設備投資計画における意思決定である。業務的意思決定のための会計では，会計機構とは直接は結びつかない特殊原価（機会原価や増分原価など）や貨幣の時間価値を含めたうえでの計算が用いられる。

マネジメント・コントロールのための会計と業務活動のコントロールは概念的には区別できるが，現実の企業経営においては，それぞれを明確に区別することは困難であるしムリに区分することは現実的でもない。その目的は，いずれも効率性と効果性（有効性）の観点から，利益管理と原価管理のために実施される。そのため本書では，マネジメント・コントロールのための会計を，利益管理のための管理会計と原価管理のための管理会計として体系づけている。

3　本書の構成

管理会計は，伝統的な体系のうえに新たな環境の変化を統合したものでなければならない。以下では本書の構成を述べよう。

第1部（第1章～第5章）では管理会計の基礎を概観する。第2部と第3部には機能別の観点を取り入れて，経営計画とコントロールのための管理会計を考察する。第2部（第6章～第9章）では利益管理会計を，そして第3部（第10章～第14章）では原価管理会計を，生産と営業管理会計の課題を中心に考察する。第4部（第15章～第17章）では経営意思決定会計を対象とする。第5部

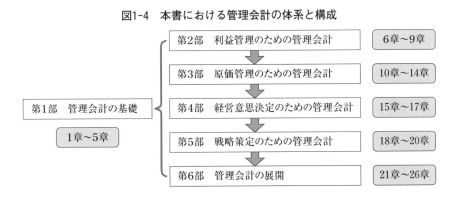

図1-4　本書における管理会計の体系と構成

（第18章～20章）では経営戦略策定のための管理会計を取り上げている。最後に，第6部（第21章～第26章）では管理会計の新しい展開を考察する。本書は，このような観点から，図1-4の体系によって執筆している。

　本書では，戦略の策定，経営意思決定，マネジメント・コントロール，業務活動のコントロールの体系ではなく，逆に，経営計画とコントロール，経営意思決定，戦略策定および管理会計の展開の順序で執筆している。その理由は2つある。1つには，歴史的な発展過程に従ったことと，いま1つは，読者にとって最も馴染みの深い予算管理や標準原価計算から学習するのが自然であると思われるからである。

注

1) アンソニー（Robert N. Anthony）は，planning（計画）とcontrol（統制）とは切り離せないという理由から，計画と統制を併せて，management control（マネジメント・コントロール）と命名した。
2) 企業価値の概念については，第2章を参照されたい。
3) CGMA［2017, p.21］では，業績管理システムが，戦略，計画，実行，検閲からなるとしている。一見すると，PDCA（計画，実施，統制，行動）に代わり得るユニークな概念とも思える。しかし，CGMAの概念フレームで，①戦略を業績管理システムのなかで位置づけること，および②統制に代えて検閲（review）で説明することには，管理会計では違和感がある。なぜなら，計画と統制は対の概念である。例えば，標準原価計算は"計画と統制"に役立つ管理会計のツールである。以上の理由から，本書では，戦略と業績管理システムとの関係に関するCGMAの見解を採用しない。
4) 財務諸表は主に外部のステークホルダーに提供される。株主のほか，従業員や取引先などにとっても貴重な情報源である。
5) コンバージェンス（convergence；収斂）とは，IFRSの全面導入（adoption；アドプション）ではなく，自国の基準をIFRSに歩み寄らせていくことである。
6) CGMA（Chartered Global Management Accountant）には，まだ定訳はない。著者は，"勅許グローバル管理会計担当者"と表現すべきだと考えている。その理由は以下の通りである。この報告書の作成は英国が主導して進められていると考えられるからである。Charteredと表現されたのは，そのためである。日本で公認会計士と称されるのは，日本では国（大蔵省；当時）が付与した会計士だからである。一方，米国では，証書を与えたcertified public accountantのこと，英国では，国王が与えた勅許会計士（chartered accountant）と呼ばれている。

7) スチュワードシップ（stewardship；受託者責任）とは，経営者が株主に負う責任のことをいう。株主であるプリンシパルから受託された資本の管理・運用を任された経営者（エージェント）は，善良な管理者として資産を効率的に運用するとともに，株主から受託された資本を維持し，その果実である利益を極大化する責任が与えられる。この責任が，受託資本の管理責任（スチュワードシップ）である。アングロサクソン系の国（英米）では有力な見解である。ただ，日本では経営者が株主にのみ責任をもつというよりも，多様なステークホルダーに責任を有すると考える会計責任を重視するという国民性が強かった。ただ，日本でも株主重視の社会風潮が日々強まってくるとともに，会計責任に代えてスチュワードシップが重視される傾向を種々の文献から読み解くことができる。

8) 旧IFRSの概念フレームワークでは，財務会計の質的特性として，目的適合性と信頼性が措定されていた。2011年の改正概念フレームワークでは，「信頼性」に代えて「表現の忠実性」に変更された。表現の忠実性よりは信頼性を支持する見解〔万代，2012, pp.54-57〕もある。

9) 日本基準では，リストラ関連費用など一時的要因は特別損失で処理できる。また，のれんは20年で償却できる。国際会計基準（IFRS）は特別償却の概念ものれん代の償却も認めていない。米国基準ではのれん代の定期償却ナシ。また，持合い株の評価損益が最終損益に反映される。修正国際基準は，日本の経営者・研究者の意向を反映させて，のれん代の償却を認めていることの他，株式売却益を損益に反映できる。2019年3月期には，三菱重工業，京セラ，日本電信電話，NTTドコモなどがIFRSを導入した。さらに，トヨタ，ソニーなどが国際会計基準の導入を検討するなど，国際会計基準への増加傾向が顕著に見られる。今後は日本基準と国際会計基準の2つに収斂する可能性が大である。

10) 環境報告書も統合報告も，有価証券報告書とは違って，任意報告書である。統合報告と企業価値の関係については，第2章を参照されたい。

11) 上場企業のガバナンス制度の仕組みは，①監査役会設置会社，②指名委員会等設置会社，③監査等委員会設置会社の3通りある。日本取締役会の調査によると，2018年3月26日現在において，指名委員会等設置会社（上場会社）は71社である。

12) 新しい定義において，業務活動は旧定義の業務活動の有効性と効率性，報告は旧基準の財務報告の信頼性，コンプライアンスは旧基準の関連する法規への順守に該当する。

13) Vice presidentを直訳すれば，副社長となる。しかし，バイスプレジデントの実態は，日本でいえば，部長クラスといったニュアンスで受け取られている。それゆえ，これを副社長と訳すのは誤りである。

14) 日立製作所は，2021年度を目途に，グループ会社を4割削減する。その目的は，

800社を超えるグループ会社を統合・清算することで，世界大手の利益水準にすべく収益構造を改革するためである［日経新聞，2018/4/14］。

15）著書は2014年出版であるが，ノーブルスの記述内容は2012年版である。そこで，2013年の数値はＨＰを参照して更新している。Robert Half Finance & Accounting Salary Guide 2013とRobert Half Technology Salary Guide参照。

16）日本の公認会計士は，米国ではCertified Public Accountant，英国ではChartered Accountant（勅許会計士）と表現される。つまり，日本では大蔵省（現財務省）が付与した会計士，米国では証書を授与された会計担当者，英国では国王が認定した会計専門家ということである。以上から，日本語としてなじみが薄い感じはするが，勅許グローバル管理会計担当者と表現した。

17）1990年代の前半までは，戦略の策定は経営トップの役割であると考えられてきた。管理会計における戦略の役割を大きく変えた最も大きな要因の1つは，戦略マップの普及にある。キャプランも，1992年の著書『戦略バランスト・スコアカード』で，戦略は経営者の役割であると明示している。戦略マップは戦略を可視化することが2004年に上梓された『戦略マップ』によって明らかになってきた。戦略の構想は経営トップから指示されても，管理会計を担当する経営戦略室では戦略の策定に関与する。著者もある大病院での経営企画部長（非常勤）の経験から，管理会計が戦略にまで関与することの必要性を痛感した。日本の多くの中堅以上の企業では，いまや現実問題として管理会計担当者は戦略の策定に関与しているし，関与すべきであると考えている。

18）溝口［1950, p.306］によれば，（日本で初めて）「『管理会計』の名を冠した著書として，青木茂男『管理会計』（東洋書館，1950年（初版）），長谷川安兵衛『管理会計』（中央経済社，1950年）がある」という。長谷川安兵衛著（古川栄一校訂）［1950］では，主に標準原価計算と予算統制が論じられている。他方，青木茂男『管理会計 改訂増補』（東洋書館，1952年）では，標準原価計算と予算統制に加えて，経営分析，内部監査，内部統制，コントローラー部なども考察されている。なお，溝口［1950］では，標準原価計算と予算統制に加えて，生産管理会計に大きなページが割かれている。

19）業務活動のコントロールのことを，アンソニーはoperational control，その弟子のゴビンダラジャンは，task controlと呼称している。著者はアンソニーの見解を支持している。その理由は，現場の業務（製造）活動は現場の作業員が行っているが，日本の現場作業員は米国とは違って，タスク（task; 課された仕事）を実施するだけでなく，オペレーショナルな（operational）業務活動を実施しているとするアンソニーに類似する見解をもっているからである。

20）本書の第18章の経営戦略の管理会計への役立ちにおいて，本体系の意義と体系

を述べる。
21）戦略マップは，バランスト・スコアカードで活用される。詳細は，第19章を参照されたい。

参考文献

AAA（American Accounting Association）, Tentative Statement of Cost Concepts Underlying Reports for Management Purposes, 1955.（青木茂男監修・櫻井通晴訳『A.A.A.原価・管理会計基準―原文・訳文・解説―［増補版］』中央経済社, 1981年, pp.18-29, pp.68-70, pp.115-145）。

AAA（American Accounting Association）, Report of the 1961 Committee on Management Accounting, 1961.（英文も右記の著書に収録。青木茂男監修・櫻井通晴訳『A.A.A.原価・管理会計基準―原文・訳文・解説―［増補版］』中央経済社, 1981年, 原文pp.43-57, 翻訳pp.175-205）。

AAA（American Accounting Association）, *A Statement of Basic Accounting Theory*, 1966.（飯野利夫訳『基礎的会計理論』国元書房, 1969年, p.2）。

AICPA, *Accounting Research Bulletins*, No. 7, Reports of the Committee on Terminology, October 1940.

Anthony, Robert N., *Planning and Control Systems, A Framework for Analysis*, Harvard University Press, 1965.（高橋吉之助訳『経営管理システムの基礎』ダイヤモンド社, 1967年）。

Anthony, Robert N. and Vijay Govindarajan, *Management Control Systems*, 12th ed., McGraw-Hill Irvin, 2007.

Beyer, Robert, *Profitability Accounting for Planning and Control*, Ronald Press, 1963.

CGMA（Chartered Global Management Accountant）, *Grobal Management Accounting Principles,―Effective Management Accounting: Improving Decisions and Building Successful Organizations*, 2017.（青木雅明・間普　崇・松田康弘訳『グローバル管理会計原則』国際公認職業会計士協会, 2018年）。

Chandler Jr., Alfred D., *Strategy and Structure ―Chapters in the History of the American Industrial Enterprise―*, The M.I.T. Press, 1962.（有賀裕子訳『組織は戦略に従う』ダイヤモンド社, 2004年）。戦略，組織などの訳語は，訳者の訳語を尊重して，原典の内容を著者の責任で変えてある。

COSO（Committee of Sponsoring Organizations of the Treadway Commission）, *Internal Control ? Integrated Framework, Executive Summary*, 1992.（鳥羽至英・八田進二・高田敏文共訳『内部統制の統合的枠組み―理論篇―』白桃書房,

1996年, p.4)。

COSO (Committee of Sponsoring Organizations of the Treadway Commission), *Enterprise Risk Management— Integrated Framework, Executive Summary Framework—*, September 2004.（八田進二［監訳］／みすず監査法人［訳］『全社的リスクマネジメント―フレームワーク』東洋経済新報社, 2006年)。

COSO (Committee of Sponsoring Organizations of the Treadway Commission), *Enterprise Risk Management— Integrated Framework, Application Framework*, September 2004.（八田進二［監訳］／みすず監査法人［訳］『全社的リスクマネジメント―適用技法―』東洋経済新報社, 2006年)。

COSO (Committee of Sponsoring Organizations of the Treadway Commission), *Enterprise Risk Management, Integrating with Strategy and Performance*, 2017。八田進二・橋本尚・堀江正之・神林比洋雄監訳／日本内部統制研究会COSO-ERM研究会『COSO全社的リスクマネジメント―戦略およびパフォーマンスとの統合―』同文舘出版, 2018年)。

Goetz, Billy E., *Management Planning and Control; A Managerial Approach to Industrial Accounting*, McGraw-Hill, 1949.（今井忍・矢野宏訳『経営計画と統制』日刊工業新聞社, 1963年)。

IIA (The Institute of Internal Auditors), *Internal Standards for the Professional Practice of Internal Auditing*, 2014.

Malmi, Teemu and David A. Brown, Management Control Systems as a Package— Opportunities, Challenges and Research Directions—, *Management Accounting Research*, Vol.19 Issue 4, 2008.

McKinsey, James O., *Managerial Accounting*, Arno Press, 1924 (Reprint ed., 1979).

McNally, J. Stephen, The 2013 COSO Framework & SOX Compliance, One Approach to an Effective Transition, *Strategic Finance*, June 2013, p.3.

NAA (National Association of Accountants) Statement on Management Accounting, Standard of Ethical Conduct for Management Accountants, in *Management Accounting*, January 1987.（また，倫理行為規範の特集号，June 1990 Issue of the Management Accounting. を参照のこと)。

Nobles, Tracie, Brenda Mattison and Ella Mae Matsumura, *Horngren's Financial & Managerial Accounting*, 4th ed., 2014, p.6.

OECD, *OECD Principles of Corporate Governance*, 2004.

Yoshimori, Masaru, Whose Company Is It ?, The Concept of the Corporation in Japan and the West, *Long Range Planning*, Vol.28, No.4, pp.33-43, August 1995.

青木茂男『管理会計』東洋書館, 1952年。(初版は1950年)。
青木茂男『新訂 管理会計論』国元書房, 1970年。(初版は1958年)。
青木茂男『新版 現代管理会計論』国元書房, 1984年。(初版は1976年)。
井上一彦「期待される経理部の行動と役割」『企業会計』Vol.33 No.2, 1981年。
軽部　大「日本企業の戦略志向と戦略計画プロセス」『一橋ビジネスレビュー』Vol.62 No.1, 2014年。
経済産業省『コーポレート・ガバナンス及びリスク管理・内部統制に関する開示・評価の枠組みについて―構築及び開示のための指針―(案)』企業行動の開示・評価に関する研究会, 2005年7月13日。
櫻井通晴『アメリカ管理会計基準研究』白桃書房, 1981年。
櫻井通晴編著『わが国の経理・財務組織』税務経理協会, 1997年。
鍋島　達責任編集『意思決定会計論』中央経済社, 1969年。
西澤　脩『日本企業の管理会計』中央経済社, 1995年。
日本内部監査協会「内部監査基準(平成26年6月改定)」『月刊 監査研究』第40巻第6号, 2014年。
㈱日本総合研究所「経営企画部門の実態―874社に聞いたアンケート調査―」2016年6月。
長谷川安兵衛著, 古川栄一校訂『管理会計』中央経済社, 1950年。
藤田　勉『コーポレートガバナンス改革時代のROE戦略―効用と限界―』中央経済社, 2016年。
松本雅男『管理会計概論』春秋社, 1967年 (初版は1964年)。
松本雅男責任編集『業績管理会計論』中央経済社, 1969年。
宮崎利江「経理教育のあり方を考える」『企業会計』Vol.33 No.2, 1981年。
万代勝信「日本における概念フレームワーク」『會計』第181巻第4号, 2012年。
溝口一雄『経営管理会計』国元書房, 1950年。
吉森　賢「会社はだれのものか―企業概念の日米欧比較(1)アメリカ, イギリス」『横浜経営研究』Vol.19 No.1, 1998年。

参考1

会社は誰のものか

　会社は誰のものか。吉森［Yoshimori,1995］によると，日独仏英米の5カ国の388人の経営者に基づく質問票調査の結果は下記のとおりであった。

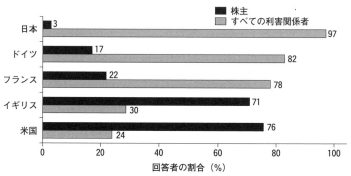

出典：Yoshimori［1995.p.34］をもとに著者作成。数値は四捨五入。

　吉森［1998］は企業の概念を3つに分類している。それは，①株主利益中心のアメリカ・イギリスを中心とする一元的利益概念，②ドイツ，フランスにおける資本と労働の利益均衡を実現しようとする二元的利益概念，③日本企業のように従業員を中心的利害関係者としつつ他の利害関係者の長期的利益をも考慮する多元的企業概念である。この調査によって，この仮説が日独仏英米の5カ国の経営者，管理者に対する質問票調査の結果によって検証されたという。

　以上，多くの日本の経営者は企業が株主のためにのみあるのではなく，ステークホルダーのための存在であるとする見解が強い。そのため，企業価値についても株主が重視する経済価値だけでなく，顧客価値，社会価値，および組織価値を含む包括的な概念であると考えられる。とはいえ，吉森調査が行われた1990年代と現代とでは，日本の社会は大きな変化を遂げており，株主重視の進んだ日本の経営者の意識が当時と全く同じであるとは考えにくい。

第2章
企業価値創造のための管理会計

1 現代企業における企業価値創造の意義

企業の究極的な目的は，多元的な諸目的を勘案しながら，企業にとって長期的に満足しうる適正な利益を獲得することで永続的な企業の存続，成長，発展を図ることにある。この目的を達成するため，企業には**企業価値の創造**（value creation）が求められる。経営者の機能は，企業価値創造を主要目的として有効な戦略を策定し，資源配分に関する意思決定を行い，経営活動を行うことにある。管理会計の役割は，経営者が戦略の策定と資源配分に関する意思決定を効果的に実施し適切に業績を評価できるように，経営者を支援することにある。

1 企業価値は経済価値とイコールなのか

欧米の経営者は，企業価値のことを，一般には，(1)株式の時価総額，(2)利益，または(3)DCF法[1]を使って将来のキャッシュ・フローを現在価値に引きなおしたものだとする見解のいずれかだと考えている［櫻井, 2011, pp.59-84］。図2-1は，諸説あるなかで，欧米での通説を図解したものである。

図2-1 欧米での企業価値の通説

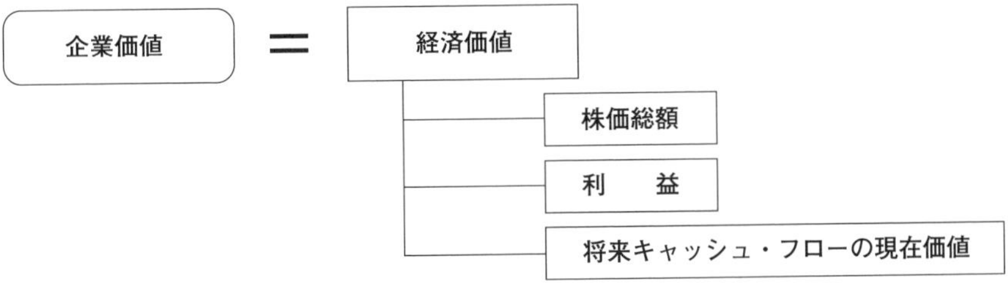

```
企業価値 ＝ 経済価値 ┬ 株価総額
                    ├ 利　　益
                    └ 将来キャッシュ・フローの現在価値
```

出典：著者作成。

(1) 株価総額による企業価値の測定

株価操作がない限り「**株価は財務業績を映し出す鏡**」である。それゆえ，企業価値は，株式の時価総額によってその概要を知ることができる。日本経済団体連合会［2006, p.1］が『企業価値の最大化に向けた経営戦略』のなかで，「企業価値そのものは具体的に計測することが難しい。そこで便宜上，実際に把握できる株式時価総額の動向を通じて企業価値の増減を測る」としたのは，株式の時価総額が企業価値の近似値を表すと考えられているからに他ならない。

合併や買収（mergers and acquisitions; M&A）でも株価総額が決定的な役割を果たす。証券市場が効率的である限り，企業の業績が株価に反映されるからである。例えば，株式時価総額が300億円，帳簿上の資産価値（純資産）を250億円であるとすると，超過収益力は50億円になる。この超過収益力は，会計学では"**のれん**"と呼ばれている。式2-1を参照されたい。

$$超過収益力（のれん）＝ 株式の時価総額 － 純資産 \quad (2\text{-}1)$$

式2-1で，株式の時価総額は便宜的に企業価値として用いられている。であるとすれば，企業価値はどんな局面においても株式の時価総額で評価されるといってよいのであろうか。株価は心理的要因によっても変動する。企業におけるコンプライアンス（compliance；法令遵守）の浸透によって近年ではあまり見られなくはなったが，悪質な商行為や情報操作によって株式時価総額の引き上げを図る経営者もいる。

(2) 利益による企業価値の測定

利益（例；利益の総額，一株当たり利益×株式総数）をもって企業価値とする見解［Copeland et al., 2000, pp.73-87］もある。株価などに比べたら，会計上の利益は，たしかに"客観的"ではある。しかし，**キャッシュ・フローが真実**（truth）を表しているのに対して，会計上の**利益はオピニオン**（opinion；意見）であるとする見解が有力である。会計上の利益は利益操作の結果であることもある。それゆえ，過去の会計上の利益をもって企業価値と考える見解は，必ずしも多くの経営者の支持者を得るには至っていない。

(3) DCF法による企業価値の測定

企業価値は，将来の期待キャッシュ・フローを，そのリスクを反映する一定の資本コストで，**正味現在価値法**（net present value；**NPV**）[2] を用いて，現在の価値（現在価値）に割り引いたものであるとする見解が，多くの研究者および経営者の支持を集めている。例を使って説明しよう。

投下資本を200億円，資本コスト 6 %，年々のキャッシュ・フロー（収益の予測値）を， 1 年目150億円， 2 年目100億円， 3 年目50億円であるとすると，正味現在価値の計算プロセスは表2-1のようになる。

表2-1　正味現在価値の計算（現在価値への割引）（単位：億円）

年	キャッシュ・フロー	現価係数	現在価値
0	−200	1	−200
1	150	0.9434	142
2	100	0.8900	89
3	50	0.8396	42
正味現在価値			73

DCF法によるとき，企業価値の増加額は，以上の計算のように73億円（273−200）である。このことから，企業の価値（企業価値）が73億円増加したといえよう。

2　DCF法による企業価値測定の妥当性

われわれの調査［青木ほか，2010, p.192］[3] によれば，日本の典型的な経営者は，企業価値が経済価値だけを含意するとはみない。しかも，**伊藤忠商事**の売上高，利益を大幅に押し上げた立役者である岡藤正広［2014, p.55］氏は，企業価値というと株主価値を連想する人が多いが，企業価値は株主価値だけではないと断言し，「企業は株価を上げるために意図的に"化粧"することがあるが，株価さえ高ければよいという企業のエゴは捨てるべき」だとも述べている。

欧米の経営者とは違って，日本企業には短期的な利益のみを追求するだけでなく，従業員の安定した職場の確保，顧客や社会への貢献を重視する経営者が

多い［Yoshimori, 1995, pp.33-43；吉森, 1998, pp.44-45］。企業の合併と買収（M&A）などを除けば，企業価値が将来のキャッシュ・フローを現在価値に引き直したものであるとする欧米での通説を，日本企業の経営者がそのまますべてのケースで受け入れるべきかについては，議論の余地がある。その理由は，以下の3点に集約できる。

第1に，キャッシュ・フローが真実を表すといっても，将来の収益（キャッシュ・フロー）の予測が適正であるかについて疑問の余地がないとはいえない。経営者の恣意性によって，将来の収益予測が歪められる可能性を否定することができないからである。

第2に，仮に収益の計数的な予測が適正になされても，計量化できない要素（ブランド価値，企業の評判，経営者と従業員の潜在的な能力など）が影響を及ぼす将来の価値を的確に測定することはできない。その理由は，DCF法による企業価値の計算要素としてすべての**バリュー・ドライバー**（value driver）[4]を"測定"することが困難だからである。コープランドほか［Copeland et al., 2000］をもとに作成した図2-2を参照されたい。

図2-2 包括的に企業価値を表す経営指標

ブランドなどの無形の要素もまたバリュー・ドライバーを通じて企業の現在価値に影響を及ぼすから，すべての要因を計量化できるとする見解がある。しかし，無形のバリュー・ドライバーと企業価値との間には，図2-2で見るように，間接的な関係しか認められないということである。

第3に，企業の価値は経済価値だけではなく，社会価値や組織価値も含まれるとする見解［肥本ほか, 1994, p.24］がある。経済同友会『21世紀宣言』［2000, No.2000-14］でも，「経営者の基本的使命は，たゆまぬ効率性の追求とイノベーションによって，経済的価値を創造・提供すること」であることを認めつつ，

企業のなすべき努力に「経済性」だけでなく,「社会性」,「人間性」を重視する価値観が必要だとしている。ここで述べられている社会性は社会価値に,人間性は組織価値の向上に影響を及ぼす。

M&Aや事業の譲渡を受けるときの事業の評価には,DCF法による将来キャッシュ・フロー測定が有用である。なぜなら,社会価値や組織価値の計量化は困難であるため,DCF法による将来キャッシュ・フローの測定による経済価値をもって企業価値と見做して事業評価を行うからである。しかし,株主に顔が向けられている経営財務論とは違って,経営者のための学問体系である管理会計では,社会価値や組織価値を可視化することに大きな意義がある[5]。

以上から,企業の評価目的ではなく,本来の意味での企業の価値を創造するためには,株価,利益,および将来キャッシュ・フローの現在価値などの**経済価値**だけでなく,経営者や従業員の潜在的な能力,商品開発力,ブランド価値などのような計量化が困難な要素からなる**顧客価値**,**社会価値**,および**組織価値**を総合的に高める努力をすべきであると考えられるのである。

3　企業価値は経済価値,社会価値(顧客価値を含む),組織価値からなる

企業の目的は,経済価値の増大だけを意図するのではなく,顧客価値,社会価値,および組織価値からなる企業価値を高めることにある。図2-3を参照されたい。

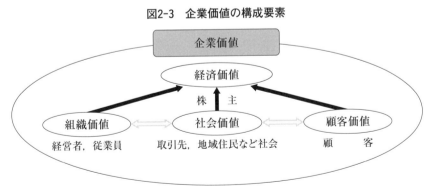

図2-3　企業価値の構成要素

出典：著者作成。

経済価値（economic value）の増大によって最も恩恵を受けるのは，株主である。経済価値を高めるために，従来は経常利益や営業利益の増大を重視する日本の経営者が多かった。しかし最近では，株主重視の社会的な趨勢が高まってきたことから，ROE（return on equity；自己資本利益率）やEVA®（economic value added；経済的付加価値）といった株主指向の指標を重視する企業が増えてきた。

顧客価値（customer value）とは，企業が高品質の商品，行き届いたサービスを顧客に適正な価格で提供することで顧客満足（customer satisfaction）が図られ，その結果，顧客が適正と認める価値のことをいう。顧客満足は，良質で適正な商品・サービスを顧客に提供することによって高められる。

社会価値（social value）は，ステークホルダーが与える企業の評価である。社会価値は企業内部の経営者の努力と外部ステークホルダーによって高められる。社会の秩序を守り，仕入先との良好な関係，社会貢献，地域社会，寄付，環境保護，コンプライアンス意識の向上などによって社会価値が高められる。

組織価値（organizational value）は，企業の内部ステークホルダーである経営者と従業員が自己実現のできる組織[6]としての価値である。組織価値向上の主役は，**経営者と従業員**である。組織価値を高めるには，組織風土，経営者のリーダーシップ，従業員の仕事への熱意，倫理観，チームワーク，従業員のやる気，ビジョンと戦略の整合性などが必要になる。コーポレート・ガバナンスを高め，コンプライアンスを順守することも，組織価値を高める。

社会価値（顧客価値を含む）や組織価値は，経済価値の向上に貢献するのか。この疑問を明らかにするために，われわれは過去2度にわたってアンケート調査を行った。その結果，組織価値が社会価値に有意な影響を及ぼすこと，社会価値が顧客価値に影響を及ぼすこと，および顧客価値が経済価値に影響を及ぼすことを実証［伊藤ほか，2011，pp.15-40］した。

具体的にわれわれが2011年に実施した調査では，共分散構造分析を使って組織価値，社会価値，経済価値の間には因果関係があることと，コーポレート・レピュテーション（企業の評判）が経済価値を高めることを明らかにした。続く2013年調査［伊藤ほか，2014，pp.1-24］では，まず，探索的因子分析を使って，日本企業では企業価値を高める要因として顧客価値の果たす役割が高いこ

とを発見した。次に、共分散構造分析を使って、組織価値、社会価値、顧客価値、経済価値の間にはハッキリした因果関係が存在することを検証した。その発見・検証の結果は、2013年の9月の日本会計研究学会［伊藤ほか，2014, pp.1-13］，および2014年8月に行われたアメリカ会計学会（アトランタで開催）での年次大会において発表した。図2-4を参照されたい。

図2-4 企業価値（組織・社会・顧客・経済価値）の因果関係

内部ステークホルダー　　　外部ステークホルダー　　　　　　株　主

出典：著者作成。

著者達が行った過去の分析のように，顧客は外部ステークホルダーの一員であるから，顧客価値を社会価値に含めることも可能である。しかし，顧客はステークホルダーのなかでも特別な意味がある。最近ではレベニューマネジメント[7]による顧客収益性分析が管理会計で大きな役割を果たすようになったことからも，顧客価値を社会価値とは区別することには十分な意味がある。

2　企業価値創造のための効果性重視の経営

現代の企業は，企業価値創造の経営が求められている。企業価値創造では，ただ単に株主のために将来キャッシュ・フローを増大させるだけではなく，顧客に優れた価値提案を行い，サプライヤーとの間で新しい共生関係を模索し，地球環境の保護を図り，労働時間の短縮を通じて従業員の生活の質を高める必要がある。企業がこれらの価値を創造しながら永続的な企業の存続，成長，発展を図りえたとき，後述する意味での**効果性重視の経営**を行ったといえる。

1　環境の変化にともなう企業目標と管理会計手法の変化

わが国の主要な企業目標は，時代とともに変化してきた。**戦後から1960年**頃までは，少ない資源を効率的に活用するために，経済性を高め粗悪品のレッテ

ルを貼られていた日本製品の品質向上と，能率の向上が期待された。その結果，この時代にはアメリカからQC（品質管理）を導入し，予算統制（第7章）とともに，標準原価計算（第10章）が多くの企業で経営に活用された。

　1960～1973年の高度成長期には，日本の多くの企業は大量生産によって規模の経済とシェアの拡大を図った。そこで，売上高，成長性，市場占有率などの量的拡大が企業の経営者の心を支配した。売上高や生産規模の拡大と操業度の上昇が利益の増大をもたらすことが明瞭に理解できる**損益分岐点分析**（第8章）や**直接原価計算**（第9章）がもてはやされた。拡張投資の結果が企業の利益にどのような影響を及ぼすかを可視化する設備投資の経済性計算（第16章）などの**戦略的意思決定**もまた管理会計で盛んに議論されるようになった。

　1973年の石油危機は日本の産業構造を大幅に変更させた。エネルギー消費型の重化学工業から加工組立型産業への転換である。**石油危機以降**は，多品種少量生産のもとでの**範囲の経済**[8]を目指し，多少のコスト増大を覚悟のうえで製品の多品種化と品質の向上によって量的拡大を達成しようとした。トヨタやパナソニックによって代表される加工組立型産業に属する一部の企業では，経営効率だけでなく，経営の効果性（有効性）を高めるための管理会計ツールが積極的に導入されていった。JITやTQC（現在はTQMに名称変更）など業務コントロールの手法（第13章）が世界的に認められてきたのもこの時期であった。

　1980年代には，工場の自動化（FAやCIM）によって，効率的な生産を可能にし，製品の品質も世界的な評価を得た。この頃になると，トヨタで開発された**原価企画**（第11章）が多くの日本企業に拡がり，日本企業の存在感を高めるのに大いに役立った。その結果，日本は世界からジャパン・アズ・ナンバーワンと評されるようになった。バブル経済は企業に土地，株式による不労所得をもたらして所得水準も世界一になったが，それにより一部の経営者にイノベーションと効率的・効果的な経営の必要性を忘れさせてしまった。

　1991年から始まったバブル崩壊は，日本経済に構造的な不況をもたらした。そのため，1990年代の管理会計の主要な課題は，バブルの時代に膨張した間接費をいかに削減するかにおかれた。BPR（リエンジニアリング）のための手法として登場した**ABC**（第12章）が日本企業に普及したのはそのためである。

　1990年代の後半以降になると，海外の機関投資家の増大とともに株主重視の

経営が多くの日本企業で取り上げられ，**EVA**（第23章）を業績評価の指標として用いる企業が増えた。他方，中国や東南アジアの台頭は，管理会計において戦略の策定（第18章）の果たす役割を高まらせた。加えて，情報技術の発展と研究開発の重要性の高まりは，IT投資戦略（第24章），研究開発投資（第26章）を経営上の重要なテーマに押し上げた。「選択と集中」を旗印に，経営効率化と戦略的経営を目的として，事業部制（第21章）だけでなく組織再編と分権化（第22章）が多くの企業で行われた。この時代には，**ミニプロフィット・センター**として，住友電工グループでのラインカンパニー制や京セラのアメーバ経営が注目を集めるようになった。

2000年代以降，多くの企業は戦略策定の必要性を強く意識するようになった。この頃になって，**バランスト・スコアカード**（BSC）（第19章）が戦略の策定と実行のために日本でも多くの企業で実践されるようになった。2000年代も半ばになると，企業価値創造の主体が機械・設備などの有形財に代わり，競争優位を確保するうえで，無形財である**インタンジブルズ**（intangibles；無形の資産）（ブランド，特許権，顧客情報，データベース，従業員のスキルやモティベーションなど）が企業価値の創造に多大な貢献をすることが明らかになってきた。インタンジブルズのなかでも，**コーポレート・レピュテーション**（corporate reputation；企業の評判）（第20章）もまた企業の収益を大きく変動させる要因であることが理論的に解明されるようになってきた。

2010年代以降には，日本の多くの製造業が海外進出した結果，日本国内の産業は，バブル崩壊以降，停滞が続いており，わが国の国民総生産（GDP）は近年ではほぼゼロ成長に近い状況が続いている。破綻した日本航空の再生に管理会計手法としてのアメーバ経営が貢献したことが一躍世間の脚光を浴びた。一方では，ホテル，航空会社などの競争の激しいサービス産業において，**レベニューマネジメント**による顧客収益性分析（第17章）が，収益管理の新たな手法として注目されるようになってきた。レベニューマネジメントとは，一定のキャパシティ制約下において収益を最大化する方法である。いま1つの動向としては，**統合報告**における管理会計の役割が増大したことが特筆されよう。今後は，**人工知能**（Artificial Intelligence; AI）の活用による生産性の向上によって，減少し続けるわが国の労働力不足をいかに補填できるかも注目される。

以上，戦後から現在までの特徴と典型的な管理会計の手法を述べてきた。各年度に典型的な管理会計手法あげるとすれば，表2-2のようになろう。

表2-2　経済環境の変化と典型的な管理会計手法の変遷

年代	戦後〜1960年	1960〜1973年	1973〜1990年	1991〜2000年	2001〜2010〜2018年
特徴	能率向上	量的拡大	現場の効果性	株主・効率重視	戦略的経営＋効率・顧客重視
典型的手法	標準原価計算　予算統制	直接原価計算　設備投資計画	原価企画　JIT, TQC, VE	BPR, ABC, EVA　ミニプロフィットセンター	バランスト・スコアカード　アメーバ経営　レベニューマネジメント，統合報告, AI

出典：著者作成。

2　効果性重視の経営 ― 経済性，能率，効率との関係で

企業価値とは何かいうとき，基本的には2つの見解がある。企業価値イコール経済価値と解する見解と，企業価値には経済価値だけではなく顧客価値，社会価値，組織価値を包含するという見解である。本書は後者の見解に立脚し，企業価値は，経済価値（例：利益，キャッシュ・フロー，株価）だけでなく，顧客価値（例：高品質の商品，行き届いたサービス，顧客満足），社会価値（例：社会貢献，環境保護，地域社会との共生），および組織価値（例：リーダーシップ，優秀な人材，チームワーク）からなるとしている。

企業価値を創造するには，効率だけではなく**効果性**（有効性）を高める必要がある。経済性と効率の向上は，効果性を達成するうえでの重要な要因の1つ[Hofer and Schendel, 1978, p.2]である。経済性，効率性，効果性の測定に関して述べれば，**経済性**は，経営資源の計画値に対する実績値で測定される。**効率性**（能率）は，インプットに対するアウトプットの関係で測定され，**効果性**は，アウトプットが企業目的にいかに貢献したかによって測定される。

図2-5は，ウイルコックスとリー[Willcocks, 1994, p.20；Lee, 1987, pp.64-73]を参考に作成した管理会計の主要目的と企業価値創造との関係図である。

図2-5　管理会計の主要目標と企業価値の創造

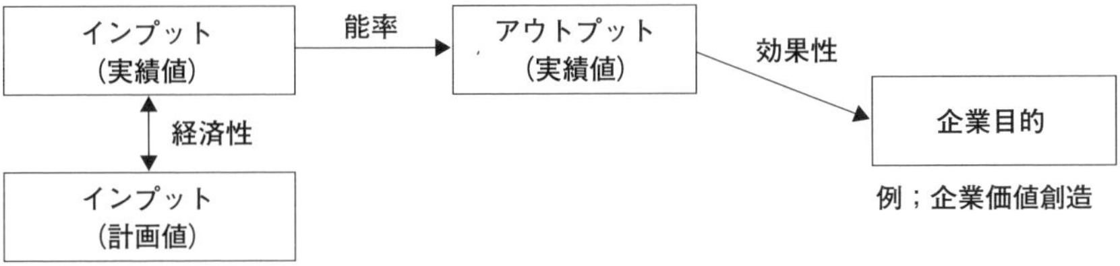

```
┌──────────┐      能率     ┌──────────┐    効果性    
│ インプット │─────────────▶│ アウトプット│─────────────▶┌──────────┐
│ (実績値) │              │ (実績値) │              │ 企業目的  │
└──────────┘              └──────────┘              └──────────┘
     ↕ 経済性                                        例；企業価値創造
┌──────────┐
│ インプット │
│ (計画値) │
└──────────┘
```

出典：著者作成。

　図2-5との関係で，**経済性**（economy）は，計画値に比較して実際値をできるだけ低く抑えることで達成される。収益性の向上は，より少ない費用でより多くの売上高をあげることによって達成できるが，収益性を高めるためには経済性の追求が欠かせない。**予算統制**がこの目的に役立つ。

　能率（efficiency）の良し悪しは，インプット（投入量）に対するアウトプット（産出量）の関係で表される。一定のアウトプットに必要なインプットを減少させれば，減少させた分だけ能率が向上する［青木・西澤，1973，p.29］。アウトプット一定のもとでインプットを可能な限り小にするには，標準の活用が最適［武村，1999，p.213］である。管理会計において，能率を向上させるために用いられてきたのは，**標準原価計算**である。

　効率の英語表現は，能率の訳語と同じefficiencyであるが，一般用語としての効率はムダの排除というニュアンスが強い。一方，経営学で効率とは，ある特定の目的への達成度を意味する。例えば，組織体の主要な目的を利益の増大と考えるならば，投下資本に対する利益の比率が高まれば効率的な経営を行っている（投資効率が優れている）といえる。よく知られた効率の概念は，投資効率，業務効率，経営効率である。**ABC**（Activity-Based Costing；活動基準原価計算）の主目的は業務効率の向上にある。経営効率を高めるためには，今後わが国の経営者には，**スピードの経済**[9]も求められる。

　効果性（effectiveness）は，有効性とも表現される。組織目的に対する達成度［Barnard, 1938（1962 ed.），pp.236-240］を意味する。効果性を重視することは，企業の主要目的の1つである経済価値の向上だけでなく，顧客価値，社会価値，組織価値も重視されることで，単なる効率向上とは区別される。管理

会計との関係では，**原価企画**（Target Costing）は経営効率を高めるためのツールとしても活用されるが，日本的な経営環境のなかで市場のニーズ（顧客満足）を取り入れ，サプライヤーとの共生，技術・生産・経理部門など部門間の調整を図ることで，経済価値だけでなく顧客価値，社会価値，組織価値をも同時に高めうる。同様に，バランスト・スコアカード（Balanced Scorecard; BSC）もまた，財務業績の向上という組織目的に向けて，組織成員の学習・成長，業務プロセスの改善，顧客価値を高めていく。

効率と効果性との関係について，組織の内部構造の変化は一般に効率に大きな影響を及ぼすのに対し，効果性は環境に関する変化によって影響を受ける［Hofer and Schendel, 1978］。効果性を高めるためには，ステークホルダーの「満足を図りながら……全体としての企業システムを継続的に維持する」［森本, 1994, p.25］必要がある。

企業は今後，生産性の向上を通じて経営資源の効率的な活用を図るだけではなく，顧客満足を高め，市場での安定した地位を確保することが必要である。また，技術革新を通じて高品質の製品を廉価で提供することも肝要である。それには，企業・社会に貢献できる優れた人材を育成し，労働時間の短縮を通じて従業員の生活の質を高め，サプライヤーとの間で新しい共生関係を模索し，顧客満足も今まで以上に重視し，株主の利益にも配慮し，地球環境の保護を図るなど，社会との共生を心がけていくことも重要である。

企業がこれらの社会的な責任を果たしながら企業の主要な目的である企業価値を高めて企業の持続的な存続，成長，発展を図りえたとき，企業は真に**効果性重視の経営**を行っているといえる。

3　ポスト工業化社会における管理会計への役割期待

20世紀は，一言で特徴づければ，工業化の時代であった。工業化を目指して各国がしのぎを削り，企業は品質のすぐれたものを安くつくることに精魂を傾けた。工業化社会では，**収穫逓減の法則**（土地や生産への資本と労働の追加的投下は，一定点を越えると逓減的割合にしか増加しないとする経済法則）が働く。日本の製造業は，品質管理によって最高の品質の製品を，徹底した原価管理で製品を低コストで提供することで，工業化社会における覇者となりえた。

しかし，時代は今やポスト工業化社会に向かいつつある。ポスト工業化社会の主役は情報技術（IT）を活用した産業である。ポスト工業化社会では，**収穫逓増の法則**[10]が働く。ソフトウェア開発では，パッケージソフトの多く，例えばマイクロソフトのWindowsはその典型である。

2012年，わが国でもAIのビジネスへの本格的な活用が始まった。その主役は，機械学習（machine learning）と深層学習（deep learning；ディープ・ラーニング）である。そのインパクトは会計学にも及び，2017年から，AIの会計士監査への試験的適用が始まっている。クラウド会計ソフトは，今後ビッグデータさえ揃えばAIが大きな力を発揮することになる。内部監査は現在，AIの活用に向けて準備段階にある。AIの波は，早晩，管理会計にも影響が齎されると予測されている。AIの現状と課題は，本書の第25章を参照されたい。

工業化社会では，均一化された労働力で多くの企業が利益を享受できた。しかし，ポスト工業化社会の勝者はたった1人で，あとは無数の敗者ということも起こりうる。ポスト工業化社会では，優れた製品を廉価で製造するだけでは経済的な勝者にはなりえない。そこで，合併や買収（M＆A），サプライチェーン，戦略的アライアンス，アウトソーシングなど，戦略に基づく経営が必要になってくる。以上から，現代の管理会計では，従来日本企業が得意とした原価低減活動だけではなく，戦略的マネジメントが必要になってきたといえる。

4　21世紀でのインタンジブルズの重要性

工業化社会では，企業は原材料を購入して，機械・設備などの有形資産を使って原材料を製品に変換して価値を創造する。これまでは管理会計は主に有形資産を有効にマネジメントできる概念や手法が活用されてきた。自動車，電気製品，船舶などは典型的な有形固定資産である。他方，特許権，商標権などの知的財産，ブランド，研究開発の成果，顧客情報の蓄積，企業への信頼などは，会計学では**インタンジブルズ**[11]といわれている。

インタンジブルズとは，特許権や商標権などの知的財産，ブランドやコーポレート・レピュテーションなどのオフバランスの無形資産，および人的資産，情報資産，組織資産などのように将来の経済的便益はあっても企業が測定・支配することの困難な資産を含意する。企業価値創造の機会は，有形資産のマネ

ジメントからインタンジブルズを使った知識ベースの戦略のマネジメントに移行してきた。その結果，有形資産とインタンジブルズが企業価値創造に果たす役割が，アメリカにおいて1980年代から1990年代にかけて図2-6のように変化した［Olve et al., 1999, pp.26-32；Sullivan, 2000; Kaplan and Norton, 2004, p.4］[12]。同様の現象は，日本においても見られるところである。

図2-6 有形資産と無形資産との比率

```
無形資産                    無形資産
(20%)                      (70%)

有形資産
(80%)                      有形資産
                           (30%)

1978年                     1998年
```

出典：著者作成。

伊藤・加賀谷［2001, p.50］は，実証研究によって，1999年度には価値創造企業の源泉となる企業価値の半分以上がインタンジブルズ（無形資産）で占められていることを実証した。

梅田［2018］は，企業価値創造のためのマネジメントのあり方について詳細に考察している。とくに注目されるのは，インタンジブルズの管理における戦略の役割について論じられていることである。

5　統合報告と企業価値

国際統合報告評議会（International Integrated Reporting Council；IIRC）は，**統合報告**（Integrated Reporting; IR)[13] を，次のように定義づけている。

「外部環境との関連で，組織の戦略，ガバナンス，パフォーマンスおよび将来の予測について，いかに短期，中期，長期にわたる企業価値の創造を図っていくかに関する簡潔なコミュニケーション」［IIRC,2013 p.7］である。

統合報告の主目的は，財務資本の提供者に対して，組織が長期にわたっていかに企業価値を創造していくのかを説明することにある。しかし，統合報告は

財務資本の提供者だけでなく，従業員，顧客，サプライヤー，地域社会，立法者，規制当局，政策立案者などすべてのステークホルダーに有用である。

統合報告は，企業の戦略，想定されるリスクと機会，財務業績とそれを補足する非財務情報，ガバナンスに関する情報を，環境要因，市場の動向，社会的な背景を反映させて1つにまとめた任意の企業報告書であるといえる。

統合報告のビジネスモデルでは，企業価値の創造プロセスが，株主からの拠出資本（**財務資本**）だけでなく，製品の生産・サービスの提供（**製造資本**），インタンジブルズなど（**知的資本**），従業員（**人的資本**），社会との繋がり（**社会・関係資本**），環境資源とプロセス（**自然資本**）という6つの資本の有効活用を通じて，企業がアカウンタビリティをいかに果たしているかをステークホルダーに明瞭かつ誠実に伝えることが期待されている［IIRC, 2013, pp.11-12］。

統合報告では，以上で見たような多様な資本の活用によっていかに企業価値が創造されるかが示されている。

統合報告は，基本的には財務会計の問題と考えられがちである。しかし，その内容は**管理会計と深い関係**がある。伊藤［2016, pp.19-37］は，管理会計の視点から企業の戦略策定への情報利用と，企業価値創造プロセスでの情報開示に焦点を当てて，統合報告に基づくステークホルダー・エンゲージメント（スケートホルダーとの対話）での有効性を主張している。ポーターとクラマー［Porter and Kramer, 2011, pp.62-77］もまた統合報告の思想と類似した**共有価値**（shared value）を主張している。しかし，IIRCの企業価値観はポーターとクラママーの共有価値とは全く違って，経済価値とCSRの和集合に近い。この点に関して伊藤は，IIRCの企業価値観は櫻井［2015, p.41］の企業価値概念の拡張された価値観であると述べている。

統合報告と管理会計の接点の1つは，スミス［Smith, 2017］において示されている。スミスは，管理会計担当者は，戦略的意思決定を支援する**戦略的管理会計担当者**にならなければならないと指摘している。管理会計担当者が戦略思考になるには，統合報告書を作成すればそれで終わりというわけではなく，統合報告書に基づいてステークホルダーとの対話を行い，その情報を戦略的計画に活かしていかなければならない。以上から伊藤［2018, pp.1-14］は，戦略管理会計としての管理会計担当者の果たすべき役割の意義を高く評価している。

管理会計の立場から，統合報告に見られるインタンジブルズの情報開示，情報利用のあり方を考察した著書［西原, 2018］が上梓されている。同書［西原, 2018, pp.139-166］で例示されているエーザイの事例も示唆に富んでおり，企業人にとっても，この著書は管理会計の立場から統合報告を理解する上でたいへん参考になる研究成果の1つであると評しうる。

3　責任会計制度

　管理会計は，対象とする目的から，戦略の策定と実行のための会計の他，業績管理会計と意思決定会計に区分することができる。業績管理のための会計（業績管理会計）は，管理会計のうちでも最も重要な領域の1つに属する。業績管理を効果的に行うためには，**マネジメント・コントロール**（management planning & control；経営統制[14]）システムが必要となる。予算制度を中核とする業績管理システムは，責任会計制度に立脚する。

1　責任会計制度における責任センター

　責任会計（responsibility accounting）とは，会計システムを管理上の責任に結びつけ，職制上の責任者の業績を明確に規定し，もって管理上の効果をあげうるように工夫された会計制度である。経営者は，責任会計を実施するために，責任会計制度における経営組織上の構成単位である**責任センター**（responsibility center；責任中心点）の業務活動に責任をもつ。責任会計では，責任センターに焦点を向けて，管理可能下にある業績の結果（実績）を計画値（予算）と対比・測定する。

2　責任センター

　典型的な責任センターは，原価センター，利益センター，投資センターである。その他，費用センターや収益センターが設けられることもある。

(1)　原価センター

　原価センター（cost center；コスト・センター）は，自己の管理下にあるセ

グメント（一般には**部門**）で発生した原価についてのみ責任を負う組織である。例えば，製造部長はすぐれた品質の製品をできるだけ低コストで生産する責任（原価責任）はあっても，利益責任を問われることはない。

原価センターは，あらゆる組織体において共通に存在し，管理会計報告の核である。内部報告では原価を管理可能費と管理不能費とに区別し，管理者には管理可能費だけの責任が負わされる。

(2) 利益センター

利益センター（profit center；プロフィット・センター，利益責任単位）とは，原価責任だけでなく，アウトプットである収益の責任をも評価対象に含められ，式2-2におけるように，両者の差額としての利益によって業績が評価される。**事業部**は，典型的な利益センターである。その結果，事業部長は自己の事業部の原価をいかに引き下げたかではなく，利益責任が問われる。

$$収益 － 費用（原価） ＝ 利益 \tag{2-2}$$

事業区分を利益センターとすることによって得られるメリットは大である。それは，人間はだれでも原価を削減することよりも利益の増大に大きな喜びを感じるからである。例えば，スーパーマーケットの家電製品売場を利益センターとして扱えば，店長は利益をあげるためにあらゆる努力を惜しまないであろう。その際，留意すべきことが2つある。

第1は，自己の利益のために他部門の利益を犠牲にしてはならない。例えば，あるスーパーがそれぞれの売場で共通した広告宣伝が必要な場合には，広告の重複が生じないように他の売場と協調しつつ自部門の広告活動を行う必要がある。要するに，部門利益と全社利益との**目標整合性**を図る必要がある。

第2は，当該部門だけでなく，最終的には本社費や部門共通費を回収した利益が必要だということである。先の例で，店長は本社費や建物の減価償却費などの部門共通費を管理することができない。しかし，家電部門の利益の測定では，本社費や共通費のうち応分のコストを負担しなければならないため，その分の収益とコストを可視化させる仕組みを組み込んでおかなければならない。

(3) 投資センター

投資センター（investment center；投資中心点）では，経営者が原価と収益だけでなく，投資額も管理する[15]。事業区分を投資センターとして扱うことにより，使用資本の効率的利用も業績評価の対象になる。すなわち，式2-3から明らかなように，投資センターでは，利益だけでなく利益を生みだすのに利用された投下資本の利用度ないし**投資効率**が測定・評価される。その投下資本の利用度が，**投資利益率**（return on investment；**ROI**）である。

$$投資利益率 = \frac{利\ 益}{投\ 資\ 額} \times 100 \qquad (2\text{-}3)$$

総資産利益率（return on asset；ROA）や自己資本利益率[16]（return on equity；ROE）は，分母を総資産，自己資本のいずれにするかの違いでしかない。個々のプロジェクトの資本効率を測定するには，プロジェクト別の投資利益率が用いられる。資産をいかに有効に利用しているかの測定には，総資産利益率が適する。自己資本の投資効率の測定には，自己資本利益率の使用がよい。

1970-1980年代には，管理会計研究者の多くはROIに代わってRI（residual income；残余利益）を推奨したが，大多数の企業ではROIを使い続けていた。その議論に1つの波紋を投げかけたのが，ベネット・スチュアート3世［Stewart, 1991］が考案し，スターン・スチュアート社が1990年代にRIの発展形として"売り出した"EVAである。EVAは，税引後営業利益から加重平均資本コストを差し引いて算定される。その詳細は，本書の第23章を参照されたい。

以上，3つの責任センターにおける業績評価を述べてきた。それぞれの責任センターでの評価の関係は，図2-7で図示されている。

原価センターでは，"原価"の低減が中心的なテーマになる。利益センターでは，収益との関係で"利益"をいかに増大させるかに焦点が当てられる。投資センターでは，利益を"投資"額と関係づけて，投資効率を向上させることに最大の関心が向けられる。このようにみると，投資センターにおける投資利益率は，原価低減，利益増大，投資効率の向上を総合的に表現できる総合的な評価指標であることが理解できよう。

図2-7 責任センターと評価の重点

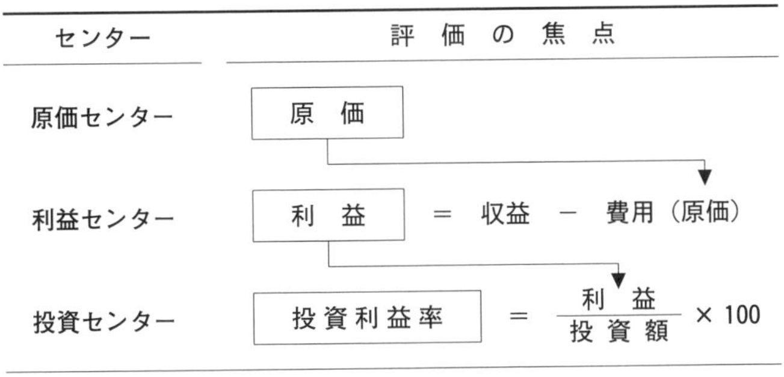

センター	評価の焦点
原価センター	原 価
利益センター	利 益 ＝ 収益 － 費用（原価）
投資センター	投資利益率 ＝ 利益／投資額 × 100

出典：著者作成。

3 責任センター概念の展開

　責任センターの概念としては，原価センター，利益センター，投資センターの他に，費用センター，収益センター［Anthony and Govindarajan, 1998, pp.132-134］，および擬似プロフィット・センターが利用されることもある。

(1) 費用センター

　費用センター（expense center）は，インプットの要素である費用は貨幣額で測定されるものの，そのアウトプットは貨幣で測定されることのない，原価センターの一種である。費用センターには，2種類のものが区別される。
　第1は，**技術費用センター**（engineered expense center）である。典型的な技術費用センターは，工場の製造活動にみられる。製造部の生産する製品は収益として認識することも可能ではあるが，一般に，業績評価のために収益と費用の対応はなされない。同様に，倉庫活動，物流活動なども技術費用センターとなる。
　第2は，**自由裁量費用センター**（discretionary expense center）である。典型的な自由裁量費用センターは，基礎研究開発の活動にみられる。研究開発センターが提供するアウトプットは計量化が困難なものも多く，費用との対応関係を見つけるのが困難である。同様に，一般管理活動や支援活動もまた自由裁量費用センターとして特徴づけることができる。

(2) 収益センター

収益センター（revenue center）では，アウトプットは貨幣額で算定されるものの，費用についてはそれを収益と対応させない。販売店や販売部は典型的な収益センターである。例えば，店長や販売部長は自己の権限と責任において収益を増大させる責任がある。

(3) 擬似プロフィット・センター

日立や東芝など，日本の工場でよくみられるような，工場に利益責任を与えた**擬似プロフィット・センター**は，仕切価格による計算上の収益と工場のコストとが対応されるため，利益センターの一種となりうる。**京セラのアメーバ組織**も，プロフィット・センターとして運営することで効率的な運営を図ろうとすることでは，擬似プロフィット・センターともいえる。では，なぜプロフィット・センターにするのか。それは，人間だれでも，コストを引き下げろと命じられるよりも，利益を引き上げることに大いなる喜びを感じるからである。

4　業績評価基準の選択

企業がどれだけ企業価値を創造したかは，業績評価システムで測定される。業績評価の尺度は，階層によって異なる。一般論としては，企業で階層が高ければ高いほど共通の言語で表現できる財務尺度が用いられることが多くなるのに対し，下部になればなるほど非財務尺度が多く用いられるようになる。

1　業績評価における階層性

企業における業績評価においては，どの階層を評価対象にするかによって評価尺度が異なる。企業の階層と主要な業績評価尺度は図2-8で表示できる。なお，工場の製造活動を前提に評価尺度を想定していることに留意されたい。

市場における自社製品の強みを評価するにあたっては，**コア・コンピタンス**（core competence）が何であるかを確認する必要がある。なぜなら，コアとなる市場での競争力は，品質，売価，サービス，機能・性能，ライフサイクル・コストなどによって決まる［Johnson, 1990, pp.69-71］からである。

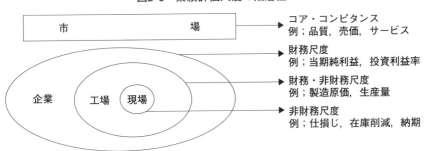

図2-8 業績評価尺度の階層性

出典：著者作成。

企業レベルでは，経営成績を総合的に評価する必要がある。これには当期純利益，投資利益率（ROI），EVA，キャッシュ・フローなど，主に財務尺度が含まれる。マーケット・シェアが用いられることもある。

工場レベルでは，財務的な尺度だけでなく，非財務的な尺度も頻繁に用いられる。工場レベルでは製造原価，品質，生産性，生産量が評価尺度になる。

現場レベルでは，もっぱら具体的でわかりやすい非財務尺度を用いるのがよい。例えば，仕損じの削減，在庫削減，納期短縮化，良品の増加，クレーム減少，原材料の節減などである。

以上でみたように，企業における業績評価はどこを対象にするかによって異なる。以下では企業と事業レベルを中心とした業績評価のあり方を考察する。

2　日米企業における伝統的な財務業績評価の方法

企業および事業の財務業績評価の方法には，日米の経済的・制度的・社会的な相違が反映される。日米の業績評価の方法には大きな違いがみられる。

(1)　日本企業における伝統的な財務業績評価の特徴とその問題点

日本企業は従来，利益だけでなく，非計量的な情報を含む総合的な評価を行うことで世界的な評価を得てきた。総合評価には，次の利点がある。

①長期的な視野に立って経営を行える，②すぐれた品質が確保できる，③総合力をもった経営者の養成ができる。その反面，①あいまいな基準によるため

個人の業績と報酬を明確に関連づけられない,②個人の能力を十分に引き出すことができない,といった欠点がある。

総合評価によるといってもその中心は財務尺度になる。多くの日本企業が用いてきた財務尺度は,**経常利益**［青木, 1975, p.259；櫻井・伊藤, 1998, p.115；園田, 1996 p.125；鳥居, 1999, p.71］であった。式2-4を参照されたい。営業利益は,税引前の営業利益である。

$$経常利益 = 営業利益 - (営業外費用 - 営業外収益) \quad (2\text{-}4)$$

日本企業が経常利益を好んで用いてきたのはなぜか。第1に,経常利益は損益計算書から直接入手できるから,入手が簡単で理解しやすい。第2に,公表財務諸表との整合性がある。第3に,日本企業の資本構成は銀行借入れを主体としていたから,銀行への金利を控除した後の利益が示されることに合理的な理由が見いだせる。要するに,自己資本の不足に悩む経営者と金融機関[17]の立場からするとき,経常利益は高度成長期における日本の経営者にとって合理性に富む優れた業績評価指標であった。

とくに金融機関から見ると,営業利益から金利を差し引いた残余の利益を容易に知り得る経常利益は,極めて好都合な財務指標であった。もちろん,銀行からの借入金に頼らざるを得ない中小企業にとっては,現在でもその有用性は当時となんら異なるところはない。

しかし,経常利益によるときは,①投資効率が明らかにはならない。②配当金や留保利益の機会原価(当該資金を他の目的に投下したら得られる利益)など,株主のための数値が考慮されない。③経常利益は日本固有の概念であるために,グローバル性に欠ける。例えば,会計基準として国際会計基準(IFRS)や米国基準(US GAAP)を採用している企業では,経常利益が使えなくなる。

(2) **アメリカ企業における業績評価の特徴とその問題点**

アメリカの企業で最も多く用いられてきた財務尺度は,**投資利益率**(return on investment；ROI)であった。式2-3は式2-5で表現されるように,売上利益率だけでなく資本回転率をも考慮できる。それゆえ,投資効率を考慮できるという点で,優れた総合的な業績評価尺度であるとされてきた。

$$\text{投資利益率} = \frac{\text{利益}}{\text{投資額}} \times 100$$

$$= \frac{\text{利益}}{\text{売上高}} \times \frac{\text{売上高}}{\text{投資額}} \times 100 \qquad (2\text{-}5)$$

　　　　　　　↑　　　　　　↑
　　　　　（売上利益率）　（資本回転率）

　投資利益率は理論的には，最高の業績評価尺度であると思われがちである。しかし，アメリカの主要な管理会計研究者［Solomons, 1965, pp.128-151；Mauriel and Anthony, 1966, pp.98-105；Dearden, 1969, p.126; Reece and Cool, 1978, pp.29-30, p.42］は，投資利益率の利用に批判的であった。それは，次の理由による。①積極的な投資活動を行うと投資利益率が低下する，②研究開発投資の効果はすぐには現れないから，事業部長は積極的な研究開発投資をしにくくなる。それゆえ，③経済全体が沈下する危険性がある。さらに，④四半期毎に業績を評価される企業では経営が短期的視野になりがちだからである。

　1970年代から1980年代にかけてのアメリカの支配的な研究者は，成長戦略の観点からは欠点のある投資利益率に代えて，**残余利益**（residual income；RI）を用いるべきだとしてアメリカの業績評価の実務を批判し続けてきた。残余利益は式2-6で算定される。

$$\text{残余利益} = \text{管理可能利益} - \text{加重平均資本コスト} \qquad (2\text{-}6)$$

　式2-6で，管理可能利益は，利子控除前営業利益である。税金について，外部報告では税引後営業利益が妥当であるが，経営者は税金を管理できないから，内部報告（管理会計）では税引前利益が用いられるべきだというのがソロモンズ［Solomons, 1965, p.64］の見解である。ただ，最近の日本では税金も管理すべきであるとする意識が広まってきている。

　加重平均資本コスト（weighted average cost of capital；略称，WACC，ワック）は，企業を運営するために資本を利用することから生じるコストである。加重平均資本コストは，企業の最低必要利益ないし希望利益を表す。加重平均資本コストには，配当，利子，および留保利益に対する機会原価が含まれる。

　残余利益は，日本の経営者が好んで用いてきた経常利益（式2-4参照）と類

似する。しかし，資本コストとしての観点から検討すると，経常利益と残余利益との間には，次のような3つの違いがある。
(1) 営業外費用と営業外収益の主要な費目が支払利息と受取利息である場合には，経常利益でも資本コストとして支払金利の近似値（営業外費用－営業外収益）が使われるといえなくはないが，受取利息控除後の正味の支払利息が使われている。一方，残余利益では資本コストの一要素として支払金利そのものが用いられている。
(2) 残余利益では，金利だけでなく，配当金と留保利益に対する機会原価を含む，加重平均資本コストが用いられる。留保利益は企業の経営者にとってはコストの支払不要な資本である。留保利益に機会原価としてのコストを付加するのは，株主の立場からすれば，一定の期待利益を要求するからである。
(3) 経常利益に比べれば，残余利益の概念には曖昧さが少ない。残余利益に配当金と留保利益のコストが加味されているのは，米国では株主重視の姿勢が貫かれているからである。

以上，日本の支配的な研究者は経常利益の利用に批判的であったが，大多数の経営者は経常利益を業績評価の基準として活用してきた。一方，米国の研究者は投資利益率に代えて残余利益を用いるべきだと繰り返し主張してきたにもかかわらず，経営者は投資利益率の利用を使い続けてきたのである。

【設　問】

関東商事は現在，経常利益を主要な業績評価指標として用いている。最近，上場している当社株式の20％以上が外国人投資家によって所有されるに及んで，業績評価基準をアメリカン・スタンダードたる自己資本利益率か残余利益に変えようと計画している。なお，分子の利益は当期純利益を用いる。

問1　下記の資料をもとに損益計算書を予算・実績対比の形で作成しなさい。
問2　経常利益，自己資本利益率，残余利益を計算しなさい。加えて，算定した3つの指標をもとに，当社の業績を評価しなさい。（単位は億円）。

資料

費　目	予　算	実　績
売　上　高	1,000	950
売　上　原　価	600	610
販　管　費	200	220
営業外収益	30	30
営業外費用	40	44
特　別　損　失	10	10

追加情報と説明

法人税等の税率：40％
販　管　費：販売費・一般管理費
　　　　　　の一般的な略称

	予　算	実　績
借　入　金：	300億円	500億円
自　己　資　本：	500億円	400億円

資本コスト：10％

〔解　答〕

問1　損益計算書

費　目	予　算	実　績	差　異
売　上　高	1,000	950	−50
売上原価	600	610	−10
売上総利益	400	340	−60
販　管　費	200	220	−20
営業利益	200	120	−80
営業外収益	30	30	0
営業外費用	40	44	−4
経常利益	190	106	−84
特別損失	10	10	0
税引前当期純利益	180	96	−84
法人税等	72	38.4	＋33.6
当期純利益	108	57.6	−50.4

問2

経常利益：予算190億円に対して，実績は106億円に減少した。その理由は，売上高の減少，売上原価，販売費および一般管理費，営業外費用の増加による。

自己資本利益率：**予算**　108億円／500億円×100＝21.6％

実績 57.6億円／400億円 × 100 = 14.4％

当期純利益は減少したが，自己資本もまた少なかったので，自己資本利益率の減少率はそれほど大きくはなかった。

残余利益：予算 200億円 −（800億円 × 0.1）= 120億円
　　　　実績 120億円 −（900億円 × 0.1）= 30億円

管理可能利益を営業利益として算定した。その結果，売上高の減少，売上原価，販売費および一般管理費，営業外費用の増加が残余利益の減少を導いた。なお，財務会計では税引後の営業利益が使われるので，残余利益は予算72億円，実績18億円になる。

予算 200億円×（1-0.4）−｛800億円×（1-0.4）×0.1｝= 72億円
実績 120億円×（1-0.4）−｛900億円×（1-0.4）×0.1｝= 18億円

3　企業価値の創造と業績評価の方法

1990年代になると，アメリカでは企業価値創造のための業績評価の指標として，EVAが多くの企業で使われるようになった。EVAは次の算式で算定される。式2-7を参照されたい。

　　　EVA＝税引後営業利益−加重平均資本コスト　　　　　　　　(2-7)

EVAは，**税引後営業利益**（net operating profit after tax; NOPAT）から加重平均資本コストを差し引いて算定される業績評価指標である。式2-6と比較して，残余利益との類似性に注目してほしい。

加重平均資本コストには，借入金や社債といった他人資本に対する支払利息だけでなく，資本金に対する配当金や留保利益の自己資本に対する機会原価としてのコスト[18]が使われることは，残余利益と異なるところはない。ただ，EVAは残余利益とは違って，①営業利益には明確に税引後営業利益が使われる。②研究開発費は費用として処理するのではなく，償却される。③のれんは償却しない。④引当金，準備金は実際に支出がされるまでは費用計上されない，といった違いが見られる。

【設 問】

先（p.24）の設問を使って，EVAを計算しなさい。ただし，借入金を負債と読み替えて，無利息の負債（買掛金）は予算・実績とも100億円である。

［解 答］

予算　200億円×（1−0.4）−（800億円−100億円）×（1−0.4）×0.1 ＝　78億円

実績　120億円×（1−0.4）−（900億円−100億円）×（1−0.4）×0.1 ＝　24億円

EVAが提唱されると，急速に欧米諸国に普及していった。1993年から1995年前後にかけて欧米諸国への講演の際に欧米の経営者から最もよく質問されたのは，EVAの日本での普及度であった。その質問に対して，著者は次の趣旨の返事をした。第1に，日本企業の資本構成は欧米の企業とは違って自己資本比率が低いので，資本コストとして配当金や内部留保について計算上の金利を算定する必要性が英米ほど高くはない。第2に，EVAは本質的に株主価値創造のための業績評価指標である。英米諸国で多くの企業がEVAを採用するのには合理的な理由がある。しかし，日本の会社では株主だけでなく，従業員や顧客，銀行など多様なステークホルダーを重視する。それゆえ，日本企業ではEVAの普及度は欧米より低い。

多くの日本企業がEVAを採用するようになったのは，1990年代後半以降から2000年代以降のことである。その理由は，次の3点にある。

第1には，1975年前後には17％前後まで低下した自己資本比率が年々上昇し，2016年には日本で初めて日本の上場企業全体で40％を超えた。アメリカの主要500社の平均32％と比較しても，高い水準である[19]。

第2に，増配などの株主提案をする海外の投資ファンドが相次ぎ，日本の企業経営に与える投資家の影響力が大きくなってきた。株主重視の姿勢を打ち出している日本企業の数は，20年ほど前とは様変わりしている。

第3に，日本企業で株主重視の風潮が高まってきただけでなく外国人持ち株比率の増加は英米型のマネジメント方式導入の必要性をも高まってきている。

以上のように，現在では日本の企業でも外国人持ち株比率が高い会社ではとくに，EVAを導入する企業が増加してきた。ただ，グローバル化の進んだ大

企業を除けば，欧米に比べて日本企業への普及度は決して高くはない。その理由は，EVAといえどもいくつかの問題点があるからである。EVAの現代における日本企業に対してもつ意義と課題については，第23章で考察する。

注

1) DCF法（discounted cash flow method；割引キャッシュ・フロー法）は，将来のキャッシュ・フローを現在の価値に還元する方法である。現在の価値に還元する理由は，現在の貨幣の価値と将来の価値とは異なるから，一定時点（通常は現在時点）に合わせる必要があるためである。表2-1で確認されたい。

2) 正味現在価値法では，将来獲得するキャッシュ・フローを現在の価値に引き直して算定する。現在の価値に引き直すのには，資本コスト（加重平均資本コスト）が用いられる。詳しくは，第16章を参照されたい。

3) 青木ほか［2010, pp.191-215］の調査は，2009年1月5日から2月10日にかけて，郵送によるアンケート用紙を送付する形で実施した。調査対象は，東証第1部上場企業のなかから1062社を選定し，アンケート用紙をCSR・IR担当，広報，経営企画，財務，監査役の順で，部長クラスの責任者に個人名で送付した。124社から有効回答があった。調査は，「企業価値は経済価値かそれとも社会価値，組織価値を含むか？」とした。経済価値との回答は14社（11.5%），経済価値，社会価値，経済価値との回答は108社（88.5%）であった。

4) 企業価値に影響を及ぼす要因。一般には，企業価値を向上させる要因のことをいう。

5) 管理会計との対比でいえば，財務論の中心的なテーマは，主に貸借対照表における貸方側（エクイティ・ファイナンスや融資など資金の調達）にある。資本市場が発達し，エクイティ・ファイナンスが中心のアメリカの財務論が株主志向であることは納得できる。他方，管理会計の中心的なテーマは，有効な工場建設，過不足のない原材料の仕入れ，商品の販売など，調達された資金の運用に関係する。貸借対照表でいえば，その借方側が管理会計の主要な課題となる。工場の建設には，地域住民の同意が必要となる。原材料の仕入れにはサプライヤーとの有効な関係を無視することはできない。商品の販売には，顧客満足が必要となる。生産効率をあげるには，従業員のモティベーションを高める必要がある。このように，管理会計ではすべてのステークホルダーとの関係を勘案して資源配分の意思決定を行う経営者への情報提供が主要な役割となる。したがって，財務論の一部でア・プリオリに受け入れられている「株主利益を追求することは，他のステークホルダーの利益を害することはない。したがって，株主の利益を第一目標にすべきだ」とする主張は，管理会計では必ずしもすんなりと受け入れられている

わけではないのである。なお，最近では貸借対照表の借方の課題である金融商品の運用が行われているが，これらの多くは管理会計を担当する経営企画部や経理部ではなく，経営財務を担当する財務部の責任である。なお，最近では米国並みに経理部と財務部を統括するCFO（財務担当役員）がおかれている企業も多くなってきたことは，前章で述べたとおりである。

6）マズロー（Maslow）の自己実現理論によれば，人間の基本的欲求は，低次の生理的欲求から高次の自己実現欲求まで，5つのピラミッド階層からなるとされる。

　　1．自己実現欲求（self-actualization）
　　2．承認（他人から評価されたい）の欲求（esteem）
　　3．社会的（友情・家族・愛情）欲求（love/friendship）
　　4．安全の欲求（safety）
　　5．生理的欲求（physiological needs）

　本文で，自己実現できる組織と表現したのは，上記のマズローの見解の最上位を求める人間の心理を述べたモノである。

7）レベニューマネジメントは，かつてはイールド・マネジメントといわれていた。需要が集中する季節・時間帯の価格を割高にして需要を抑制し，需要が減少する季節や時間帯には割安にして需要を喚起することで利益の増大を図る手法のことをいう。航空機の座席やホテルの客室の予約など，有限のキャパシティを予約販売する際にしばしば用いられてきた戦略である。米国では1980年代にホテルなどで用いられてきていたが，最近では顧客の価値観の変化によって，日本の顧客もその戦略を受け入れるようになってきた。

8）規模の経済（economy of scale）は，規模を拡張することで利益の増大を図ろうとする。スケール・メリットを図ることである。大量生産によってスケール・メリットが得られる。一方，範囲の経済（economy of scope）とは，多品種少量生産であっても，企業が複数の事業を展開することで経営資源の共有化を図ったり，シナジー効果を得ることで利益を向上させることをいう。

9）スピードの経済（economy of speed）とは，製品の開発，生産，販売の回転速度を上げることによって得られる経済的な効果をいう。他社に先駆けた製品の開発と生産，生産から販売までのリードタイムの短縮などを意味する。スピードの経済によって，企業は競争優位の源泉を勝ち取ることができる。もちろん，投資効率も向上する。さらには，後発企業にありがちな売れ残りなどによる販売上の損失の回避にも役立つ。

10）収穫逓増の法則は，新古典派経済学の学説の1つ。産出量が生産要素の増加率以上に増加する現象をいう。業界で一度デファクト・スタンダードになれば，わ

ずかな投下資源でも大きな利益が得られる。
11) 会計学研究者の多くは無形資産と呼ばないで，なぜインタンジブルズと称するのか。インタンジブルズは無形資産（intangible assets）のような資産性のある特許権，地上権，著作権だけではなく，財務会計学上の定義からでは資産と認めがたいが無形のものを含むからである。ブランドやコーポレート・レピュテーションなどは厳密には無形資産とは言い難いが，欧米では一般（会計学者以外）には資産として論じられている。これらは典型的なインタンジブルズである。
12) オルブほか［Olve et al., 1999, pp.26-32］は，有形資産と無形資産の比率が1982年の62％から1992年には38％に低下したという。サリバン［Sullivan, 2000］は1978年には80対20であったものが1998年には30対70と完全に逆転したと述べている。キャプランとノートン［Kaplan and Norton, 2004, p.4］は，無形資産が企業価値の75％をも創造しているという。ただし，論者によって無形資産の定義が異なることに留意されたい。
13) 統合報告の母体となる国際統合報告委員会（IIRC；その後，審議会に名称を変更）は，2006年にチャールズ皇太子が正式に呼びかけたプロジェクトの一環として2010年に設立された。日本語訳は，日本公認会計士協会が，IIRCの許可を得て作成されHPで公表されている。統合報告は財務会計の領域に属するが，管理会計とも深い関係がある。
14) 業績評価システムを機能から見ると，計画と統制（P&C）からなる。しかし，計画と統制とは概念としては切り離せたにしても，現実には切り離すことは難しい。そのため，アンソニー［Anthony, 1965］は，両者の不可分の関係を明示するため，management planning and controlのことをmanagement control（マネジメント・コントロール）と表現した。
15) アメリカで投資センターといえば，投資利益率が意味［Heitger and Matulich, 1986, p.453］される。しかし，残余利益やEVAも投下資本に対する資本コストを考慮しているという意味からすれば，これらも投資センターの評価基準といえよう。
16) return on equityのequityは，持分を意味する。では，現在の日本で持分とは何を意味するか。従来の会計関係の基準では，資本の部は，純資産＝自己資本＝株主資本であった。しかし，2006年の会社法制定とこれに前後する会計基準の改正で，上記の関係は成立しなくなった。株主資本（資本金＋資本剰余金＋利益剰余金＋自己株式）と自己資本（株主資本＋評価・換算差額等；ただし，評価・換算差額等は個別貸借対照表に限る。連結では，その他の深津利益累計額）が異なる概念として定義づけられたことで，現在では株主資本利益率に代えて，自己資本利益率と呼称すべきものとなった。

17) 経常利益は，営業利益から金利を加減して算定する。ということは，銀行などの金融機関にとって，極めて好都合な業績評価指標である。戦後の日本経済の成長期には，多くの日本企業は自己資本比率が極めて低く，銀行からの借入金に頼らざるを得なかった。銀行にしてみれば，営業利益から銀行等からの金利を差し引いた利益がいくらかが一目でわかったため，非常に都合の良い業績評価指標であった。

18) 留保利益は，機会原価として，資本コストに含められる。なぜ留保利益が資本コストなのか。なかなか理解できないことである。そこで，立場を変えて，株主の立場で考えてみたらどうであろうか。株主であれば，仮に金利が外部（金融機関）に金利が支払われなくても，仮にそれが資本金であろうが借入金であろうが，資本に色がついているわけではないから，留保利益であっても一定以上の収益をあげて欲しいと考える。それが，留保利益に計算上のコストとしての機会原価を含める理由である。

19) 自己資本利益率が上昇したのには種々の理由があるが，最大の理由は，国内での投資先を見つけることができず，外国への投資に回すか，自己資本としてため込んでいくしかないことにあろう。

　自己資本比率が高くても，自己資本利益率が高ければ文句はないが，日本企業の投資利益率は8.7％で，世界標準の10％以上を下回っている［日本経済新聞，2017/6/18］。つまり，日本企業は，株主から預かった資本の活用効率が悪いということになる。

参考文献

Anthony, Robert N., *Planning and Control Systems, A Framework for Analysis*, Harvard University Press, 1965.（高橋吉野助訳『経営管理システムの基礎』ダイヤモンド社, 1968年）。

Anthony, Robert N. and Vijay Govindarajan, *Management Control Systems*, 9th ed., Irwin-McGrawHill, 1998.

Barnard, Chester I., *The Functions of the Executive*, Harvard University Press, 1938.（山本安次郎・田杉　競・飯野春樹訳『新訳版　経営者の役割』ダイヤモンド社, 1968年, pp.246-250）。

Copeland, Tom, Tim Koller and Jack Murrin（McKinsey & Company, Inc.）, *Valuation, Measuring and Managing the Value of Companies*, 3rd. ed., Wiley, 2000.（マッキンゼー・ファイナンス・グループ訳『企業価値評価：リバリュエーション―価値創造の理論と実践―』ダイヤモンド社, 2002年, pp.517-518）。この箇所は英文がない。訳者まえがきでは，"筆者による書き下ろし"であるとされている。

筆者が誰であるかは不明である。なお，数字に誤りがあったので，著者の判断で数字を変えた。

Dearden, John, The Case against ROI Control, *Harvard Business Review*, May-June 1969, Vol. 47 Issue 3.

Heitger, Lester E. and Serge Matulich, *Managerial Accounting*, 2nd ed., McGraw Hill, 1986.

Hofer, Charles W. and Dan Schendel, *Strategy Formulation: Analytical Concepts*, 1978.（奥村昭博・榊原清則・野中郁次郎訳『ホファー・シェンデル戦略策定―その理論と手法―』千倉書房，1981年，p.4）。

IIRC (International Integrated Reporting Council), *Integrated Reporting* ⟨IR⟩, 2013.

Johnson, Thomas H., Performance Measurement for Competitive Excellence, in (Kaplan, Robert S., *Measures for Manufacturing Excellence*), Harvard Business School Press, 1990.

Kaplan, Robert S. and David P. Norton, Strategy Maps, *Converting Intangible Assets into Tangible Outcomes*, Harvard Business School Press, 2004.（櫻井通晴・伊藤和憲・長谷川惠一監訳『戦略マップ』ランダムハウス講談社，2005年，p.26, 38）。

Lee, John Y., *Managerial Accounting Changes for the 1990s*, McKay Business Systems, 1987.（門田安弘・井上信一訳『90年代の管理会計』中央経済社，1989年，pp.115-127）。

Mauriel, John J. and Robert N. Anthony, MisEVAluation of Investment Center Performance, *Harvard Business Review*, March-April 1966.

Olve, Nils-Goren, Jan Roy and Magunus Wetter, *Performance Drivers, A Practical Guide to Using the Balanced Scorecard*, Wiley, 1999.

Porter, M. E. and M. R. Kramer., The Big Idea: Creating Shared Value. How to Reinvent Capitalism: and Unleash a Wave of Innovation and Growth, *Harvard Business Review*, Vo.89, Issue1/2, pp.62-77, 2011.（編集部訳「経済的価値と社会的価値を 同時実現する 共通価値の戦略」『Diamond ハーバード・ビジネス・レビュー』第36巻第6号, pp.8-31, 2011年）。

Reece, James S. and William R. Cool, Measuring Investment Center Performance, *Harvard Business Review*, Vol.56 Issue 3, 1978.

Smith, Sean Stein, *Strategic Management Accounting: Delivering Value in a Changing Business Environment Through Integrated Reporting*, Business Expert Press, LLC, 2017.（伊藤和憲・小西範幸監訳『戦略的管理会計と統合報告』

同文舘出版, 2018年)。

Solomons, David, *Divisional Performance : Measurement and Control*, Financial Executives Research Foundation, 1965.（櫻井通晴・鳥居宏史監訳『事業部制の業績評価』東洋経済新報社, 2005年, pp.98-103, pp.174-179, pp.218-219)。

Stewart Ⅲ, G. Bennett, *The Quest for Value—A Guide for Senior Managers—*, HarperBusiness, 1991.（日興リサーチセンター/河田　剛・長掛良介・須藤亜里訳『EVA（経済的付加価値）創造の経営』東洋経済新報社, 1998年)。

Sullivan, Patrick H., *Value-Driven Intellectual Capital, How to Convert Intangible Corporate Assets into Market Value*, John Wiley & Sons, 2000.（森田松太郎監修『知的経営の真髄―知的資本を市場価値に転換させる手法―』東洋経済新報社, 2002年, pp.14-34)。サリバンは, 知的資産という表現が1990年代に彗星のごとく現れたとしている。

Willcocks, Leslie, *Information Management, The Evaluation of Information Systems Investments*, Chapman & Hall, 1994.

Yoshimori, Masaru, Whose Company Is It, The Concept of the Corporation in Japan and the West, *Long Range Planning*, Vol.28, No.4, 1995.

青木章通・岩田弘尚・櫻井通晴「レピュテーション・マネジメントに関する経営者の意識―管理会計の視点からのアンケート調査結果の分析―」日本会計研究学会スタディ・グループ最終報告書『インタンジブルズの管理会計研究―コーポレート・レピュテーションを中心に―』第69回全国大会, 於・東洋大学, 2010年9月8日。

青木茂男・西澤　脩『財務管理』企業経営通信学院, 1973年。

青木茂男『関係会社の管理と会計』税務研究会出版局, 1975年。（関係会社での業績評価で, 期間利益は49％で, 反面, ROIはわずか17％)。

伊藤和憲・伊藤克容・新村秀一・櫻井通晴「レピュテーション・マネジメントに関する調査結果の分析―実証研究による調査を主目的として―」『専修商学論集』第93号, 2011年。

伊藤和憲・関谷浩行・櫻井通晴「コーポレート・レピュテーションによる財務業績への影響」『会計プログレス』No.15, 日本会計研究学会, 2014年。

伊藤和憲「統合報告書に基づく価値創造プロセスの比較研究」『専修商学論集』2016年。

伊藤和憲「統合報告の戦略的管理会計への役立ち：Smith (2017) に基づいて」『専修商学論集』2018年。

伊藤邦雄・加賀谷哲之「企業価値と無形資産経営」『一橋ビジネスレビュー』第100号, 2001年。

梅田　宙『企業価値創造のためのインタンジブルズ・マネジメント』専修大学出版局, 2018年。

岡藤正広「企業価値とは株主価値だけではない」『DIAMONDハーバード・ビジネス・レビュー』第39巻 第12号, 2014年。

経済同友会『21世紀宣言』No. 2000-14, 2000年。

櫻井通晴・伊藤和憲「構造的不況下における管理会計制度」『専修経営学論集』第65号, 1998年。(期間利益58%, 売上利益率27%, 投資利益率5%)。

櫻井通晴『コーポレート・レピュテーションの測定と管理—「企業の評判管理」の理論とケース・スタディ—』同文舘出版, 2011年。

櫻井通晴『管理会計（第六版）』同文舘出版, 2015年。

園田平三郎「アンケート調査資料の分析と解説」『会計学研究』日本大学商部会計学研究所, 第8号, 1996年。(利益額では, 経常利益22%に対し, 営業利益19%, 売上利益11%, 限界利益12%, 残余利益8%となっている)。

武村　勇『企業目的と組織行動（改訂版）』森山書店, 1989年。

鳥居宏史「日本企業の伝統的管理会計情報の利用に関する分析」『原価計算研究』Vol.23, No.2, 1999年。

日本経済団体連合会「企業価値の最大化に向けた経営戦略」2006年3月22日。

西原利昭『統合報告におけるインタンジブルズの情報開示と情報利用』専修大学出版局, 2018年。

肥本英輔・清水正道・万代善久「21世紀型企業の新しい経営指標」『マネジメント21』第4巻 第1号, 1994年。

森本三男『企業社会責任の経営学的研究』白桃書房, 1994年。

吉森　賢「企業はだれのものか—企業概念の日米欧比較（1）アメリカ, イギリス」『横浜経営研究』Vol.19 No.1, 1998年。

参考2

企業価値とは何か

　日本企業の経営者が企業価値についてどんな意識をもっているか。日本会計研究学会のスタディ・グループ「インタンジブルズの管理会計研究―コーポレート・レピュテーションを中心に―」(青木・岩田・櫻井, 2010, pp.191-215) は，2009年1月から2月にかけて，上場第一部企業のレピュテーション関係担当者に郵送調査を行った。企業価値に関する質問と回答を要約すると，以下のとおりであった。

1　コーポレート・レピュテーションは企業価値を創造するか？
　　① 創造しない　　　　　　　　　　　　　0社（　0％）
　　② 創造する　　　　　　　　　　　　　41社（100％）
2　経済価値というとき，何を想定するか？（複数回答）
　　① 株価　　　　　　　　　　　　　　　62社（ 50％）
　　② 利益　　　　　　　　　　　　　　　58社（ 47％）
　　③ 将来のキャッシュ・フローの現在価値　74社（ 60％）
3　企業価値は経済価値だけかそれとも社会価値，組織価値をも含むか？
　　① 経済価値　　　　　　　　　　　　　14社（ 12％）
　　② 経済価値，社会価値，組織価値　　　108社（ 88％）

　以上から，日本の主要企業の経営者は，コーポレート・レピュテーションなどの無形資産も企業価値を創造すると考えていること，経済価値をキャッシュ・フロー，株価，利益を想定していること，欧米人とは違って企業価値を経済価値とイコールの関係では考えていないことが判明した。

調査の方法：調査対象は上場第1部企業。回答者は経営企画部長（役員），財務部長（役員），CSR，IR担当役員，知財担当役員，監査役等。調査票送付企業は1,062社，回答数は124社（回収134社，回収率12.6％），調査対象日は2009年1月4日～2月10日。

第3章 キャッシュ・フロー経営

1 近代会計学とキャッシュ・フロー

　近代会計学は発生主義に立脚している。管理会計でも，基本的にはその例外ではない。管理会計では，業績評価のためには発生主義に基づいて算定された損益と資産との関係で，企業の経営活動の成果を評価する。しかし，経営意思決定，戦略の策定，および企業価値評価のためには，発生主義に基づく期間損益計算の結果は必ずしも意図した結果をもたらさない。これらの目的のためには，キャッシュ・フロー情報の活用が必要になる。

1 発生主義とキャッシュ・フロー

　発生主義（accrual basis）とは，費用および収益を，キャッシュ・フローではなく"発生"という事実に基づいて認識する基準である。発生主義に基づいて算定された会計上の利益は，経営管理に必要となる現金収支に基づいて算定された正味のキャッシュ・フローとは異なる[1]。

　財務会計では現金の支出・収入と費用・収益とを厳然と区別し，収益から費用を差し引いて損益（利益）を算定する。その理由は，発生主義に基づく損益の計算は，期間損益計算という企業会計の目的にとって極めて合理的だからである。ところが問題は，期間損益の計算結果は財務諸表の作成や経営活動の業績評価のためには合理的であっても，経営意思決定，戦略の策定，企業価値の評価などへの役立ちには限界があることにある。

2 発生主義アプローチとキャッシュフロー・アプローチ

　損益計算書で利益がでているからといって，それがそのまま企業の手元に余裕資金が豊富であることを意味しない。期間損益計算による計算結果は，発生

主義に基づいて収益から費用を控除した結果であるにすぎない。それだからこそ,「**勘定合って,銭足らず**」(勘定のうえでは利益が出ていても,キャッシュ・フローが不足している)や「**黒字倒産**」(決算上は黒字であるが,キャッシュ・フローの不足で倒産する)といった状況が生まれるのである。

発生主義による利益とキャッシュ・フローが違う理由は,例えば,売上代金が遅れて入金されたり,原材料の支払代金が次期以降になされたりするからである。発生主義では,売上も仕入もキャッシュ・フロー(現金の流れ)とは関係なく,売上や仕入れという事実の発生に基づいて計上される。

簡単な例を用いて,発生主義アプローチとキャッシュフロー・アプローチとの違いを明らかにしよう。コープランド等［Copeland et al., 1994］を参考にして,A社とB社という架空の企業を用いて説明する。表3-1では,2つの企業の長期利益計画として予想損益計算書が描かれている。この利益計画情報を見せられたとき,管理会計担当者であれば,A,Bいずれの企業に投資するべきであろうか。

表3-1　A社とB社の長期利益計画

(単位:万円)

<A社>	1年目	2年目	3年目	4年目	5年目	6年目	合　計
売上高	2,000	2,100	2,200	2,400	2,600	2,900	14,200
費　用							
現金支出費用	1,400	1,490	1,580	1,760	1,940	2,210	10,380
減価償却費	400	400	400	400	400	400	2,400
純利益	200	210	220	240	260	290	1,420

<B社>	1年目	2年目	3年目	4年目	5年目	6年目	合　計
売上高	2,000	2,100	2,200	2,400	2,600	2,900	14,200
費　用							
現金支出費用	1,400	1,490	1,580	1,760	1,940	2,210	10,380
減価償却費	400	400	400	400	400	400	2,400
純利益	200	210	220	240	260	290	1,420

合計額では利益も期待成長率も同じであるから，投資家はＡ社とＢ社に優劣なく同じように投資しようとするであろう。長期利益計画設定の過程でも，経営者はこの利益計画からは両社になんらの問題点を発見できないであろう。

表3-2は，2つの企業の予想キャッシュ・フロー表を示している。Ａ社は3年ごとに残存価額ゼロで取り替える必要のある製造設備を使っている。一方，Ｂ社では設備を毎年取り替えなければならない。6年にわたってみれば総額では同じであるが，年々の製造設備はＡ社の1/3のキャッシュ・フローで済む。加えて，Ｂ社では棚卸資産の管理が比較的うまくいっている。

予想キャッシュ・フロー表によるとき，情報利用者はどちらに投資するであろうか。違いは極めて僅差にすぎないが，Ｂ社の正味現在価値[2]の方が大である。そのため，現代の管理会計担当者であればＢ社に投資しようとする。なぜなら，経営者はできるだけ早くキャッシュを入手したいと思うからである。

表3-2　Ａ社とＢ社の予想キャッシュ・フロー

(単位：万円)

<Ａ社>	1年目	2年目	3年目	4年目	5年目	6年目	合計
純利益	200	210	220	240	260	290	1,420
（＋）減価償却費	400	400	400	400	400	400	2,400
（－）売上債権増	－200	－36	－6	30	45	－26	－193
（－）棚卸資産増	－300	10	－20	40	45	－20	－245
（－）資本的支出	－1,200	0	0	－1,200	0	0	－2,400
キャッシュ・フロー	－1,100	584	594	－490	750	644	982

<Ｂ社>	1年目	2年目	3年目	4年目	5年目	6年目	合計
純利益	200	210	220	240	260	290	1,420
（＋）減価償却費	400	400	400	400	400	400	2,400
（－）売上債権増	－280	－22	－8	－41	－18	－41	－410
（－）棚卸資産増	－20	6	－8	11	－12	－5	－28
（－）資本的支出	－400	－400	－400	－400	－400	－400	－2,400
キャッシュ・フロー	－100	194	204	210	230	244	982

長期利益計画において，A社とB社のキャッシュ・フロー表を提示された経営者は，A社では在庫管理と設備投資計画を見直さなければならないと判断するであろう。なぜなら，年度によって過大な在庫を有しており，また，事業によって一概にいえない面はあるが，年度によってバラツキのある大きな投資が行われているからである。

以上の例から，発生主義アプローチにはいくつかの弱点のあることが理解できよう。発生主義アプローチでは，利益を生み出すのに必要な投資や貨幣支払のタイミングが考慮されない。そのため，会計上の利益だけでは投資家にとって有用な情報が不足している。さらに，経営者にとって経営に有用な情報が提供できない。A社ではB社と同水準の売上や利益を生み出すのにより多くの資本を集中的に投資しているから，資金繰りに影響してくる。これは将来キャッシュ・フローの現在価値で可視化できる。資本コスト率を10％として現在価値を計算すると，B社に比べてA社の正味現在価値は小さいことがわかる。

2　キャッシュ・フロー計算書

　日本企業は，1999年4月1日以降に開始する事業年度から，**連結キャッシュ・フロー計算書**（consolidated cash flow statement）の作成が義務づけられた。財務報告の目的が配当可能利益を算定するためだけにおかれているのであれば，連結キャッシュ・フローの必要性はないから，キャッシュ・フロー計算書の義務づけは，わが国が投資家による意思決定のための情報開示を重視する姿勢を示唆している。IFRSが導入された結果，投資家のための経済実態をさらにより的確に反映できるように，また経営者による意思決定にあたっての恣意性を排除するために，キャッシュ・フロー情報はさらに重視されるようになった。

1　キャッシュ・フロー計算書の様式

　日本企業が発表する財務諸表は，従来，主要な財務諸表として損益計算書と貸借対照表の2本だけで済まされていた。現在の決算書では，これらに加えて連結キャッシュ・フロー計算書も必要になった。キャッシュ・フロー計算書を略式の損益計算書との関係で示せば，表3-3と表3-4のようになる。

表3-3 損益計算書

(単位：億円)

売上高	2,000
売上原価	1,100
売上総利益	900
販管費（注1）	300
営業利益	600
営業外収益	50
営業外費用	250
経常利益	400
法人税等	200
税引後利益	200

（注1）販売費および一般管理費の略語。

表3-4 キャッシュ・フロー計算書

(単位：億円)

税引後利益（注2）	200
減価償却費	120
売掛金増加	−20
営業キャッシュ・フロー	300
工場設備購入	−100
投資キャッシュ・フロー	−100
借入金返済	−80
増資	70
財務キャッシュ・フロー	−10
現金・現金同等物期末残高	190

（注2）営業キャッシュ・フローは間接法。

　表3-4から理解できるように，キャッシュ・フロー計算書は，**営業活動**によるキャッシュ・フロー，**投資活動**によるキャッシュ・フロー，**財務活動**によるキャッシュ・フローの3区分で表示される。

2　間接法と直接法

　表3-4のキャッシュ・フロー計算書を参照されたい。キャッシュ・フロー計算書（略式）では**間接法**（税引後の当期純利益に，必要な調整項目を加減して表示する方法）を用いているが，**直接法**（主要な取引ごとに収益総額と支出総額を表示する方法）によることもできる。

　間接法では，損益計算書の税引後利益（200億円）から営業キャッシュ・フローの計算が始まっていることに留意されたい。

【設　例】

　京都産業は現金1,250万円の資本で，2001X年度に新規事業をスタートした。1年の営業活動を経過した後の損益計算書の作成資料と要約貸借対照表が次頁のとおり作成された。与えられた資料をもとに，略式の「営業活動によるキャッシュ・フロー」計算書を，直接法と間接法で作成しなさい。

資 料
(単位：万円)

損益計算書			貸借対照表			
売 上 高	2,000		現金預金	1,450	支払手形	350
売上原価	1,000		受取手形	100	買 掛 金	200
販 管 費	220		売 掛 金	200	資 本 金	1,250
営業外費用	80		棚卸資産	300	当期純利益	250
経常利益	700			2,050		2,050
特別損失	200					
税引前当期純利益	500					
法人税等	250					
当期純利益	250					

〔解 答〕

●**直接法**（単位：万円）

売 上 高	2,000−(100+200)=	1,700
仕 入 高	1,300−(350+200)=	750
販 管 費		220
営業外費用		80
特別損失		200
法人税等		250
差 引		200

●**間接法**（単位：万円）

当期純利益		250
受取手形(増)	−100	
売 掛 金(増)	−200	
棚卸資産(増)	−300	
支払手形(増)	350	
買 掛 金(増)	200	−50
		200

期末の現金預金(1,450)−期首の現金預金(1,250)＝当期の現金預金の増(200)

直接法の解答で，売上高（2,000）から受取手形（100）と売掛金（200）が差し引かれているのは，売上高は収益ではあっても当期のキャッシュ・インフローの額は受取手形と売掛金を差し引いた金額だからである。同様に，仕入高（1,300）から支払手形（350）と買掛金（200）が差し引かれているのは，仕入高は期間損益計算では費用処理されても，当期のキャッシュ・アウトフローの額は仕入高から支払手形と買掛金を差し引いた金額だからである。**間接法**の解答で，当期純利益から受取手形，売掛金，棚卸資産が差し引かれているのは，

発生主義会計の場合,資産の増加は利益の増加になるが,キャッシュ・フローが増加したわけではないからである。しかも,経営という立場からすると,受取手形は不渡り,売掛金は貸し倒れ,棚卸資産はデッド・ストック(死蔵品)のリスクがある。それゆえ,受取手形,売掛金,棚卸資産の増加は手放しでは喜べないのである。

IFRSでは,間接法も許容されているが,直接法によれば将来のキャッシュ・フローの予測に役立つ情報が含まれているから,「直接法を使った営業活動からのキャッシュ・フロー報告を推奨する」(IAS 7.19) としている。

3 財務会計のグローバル・スタンダード化への背景

キャッシュ・フロー計算書が財務報告に取り入られたことによって,日本の企業会計制度もグローバル・スタンダードに一歩近づいた。今後,IFRSが多くの企業によって導入されることになると,この流れは加速される。では,なぜ金融庁はキャッシュ・フロー情報の制度化を急いだのであろうか。

日本企業のエクセレント・カンパニーでの,外国法人等による株式所有が40％を超える企業が多くなってきた。平均値でみても,現在すでに全株式の30.1％(2016年3月末)は外国法人等によって所有されている。これら外国法人等の多くは,報告された利益に極めて敏感に反応する機関投資家である。ということは,日本企業も彼らの要求に合った形で会計制度を変えていく必要がある。2000年から連結財務諸表,連結キャッシュ・フロー計算書,税効果会計,研究開発費会計,金融商品会計が"会計ビッグバン"の名のもとに実施されてきたのは,株式市場国際化の動向が最も大きな要因になっている。日本企業による海外への進出企業も相変わらず増加(2016年度には1.7％の増加)傾向にある。さらに,最近では企業価値創造の経営が求められてきているが,欧米流の企業価値重視の経営とは,キャッシュ・フローの増大を志向した経営でもある。

過去,染谷恭次郎早稲田大学教授による生涯の主張でもあった主要な財務諸表の1つとしての**資金計算書**［染谷,1952, p.33, 1983, p.162］が,キャッシュ・フロー計算書として現代的に形を変えて制度化されたことは,証券国際化と企業価値の増大を求める社会的な変化という背景があった。IFRSの企業の増加は,証券投資,企業評価,新規事業への投資,M＆Aなどの戦略的な情報として,

キャッシュ・フロー情報の意義を高めることが予想できる。

連結キャッシュ・フロー計算書の制度化とIFRSの導入によって，管理会計は今後どのように変わるべきかの検討が，われわれに課された喫緊の課題である。その目的のため，以下で管理会計の領域でキャッシュ・フロー情報がこれまでどのように活用されてきたかを概観［櫻井, 1997, pp.16-25］する。

3　キャッシュ・フロー情報利用の歴史的沿革

　管理会計は，企業内部の経営者のために，経営管理を目的とする会計である。つまり，管理会計の立脚点は"会計"にある。そのため，管理会計は基本的には，発生主義に基づく期間損益計算の計算構造を基礎にしている。従来の管理会計の主要な情報は会計上の利益であって，キャッシュ・フロー情報は財務会計上の利益を補足するための情報として用いられてきた。

1　管理会計成立当時の利益情報

　管理会計の成立当初（1920年代）に，業績管理を目的とする予算管理や標準原価計算などが主要な計算手法であった時代には，業績評価のためには会計上の数値と結びついた**責任会計制度**としてもつことが合理性をもっていた。そのため，会計上の利益が管理会計の主要な情報源とされていた。なぜなら，売上原価，棚卸資産の評価，減価償却費の計算など発生主義に基づいた計算をすることによって初めて費用として認められる費用概念は，もともと現金主義に基づく計算上の欠点を補うものとして考案されてきたものだからである。

　しかし，経営者による意思決定や経営戦略への支援が管理会計上の重要な課題となるに及んで，会計上の利益の限界が認識されてきた。その結果，利益概念を補足する1つの会計領域が，**資金会計**［鎌田, 1995, p.19, p.57; 鎌田, 2017］として，管理会計とは別個の会計領域として，成立・発展することになる。

2　1930年代における利益管理のためのキャッシュ・フロー情報

　管理会計の世界でキャッシュ・フロー経営に最初に挑戦を挑んだ管理会計の技法は，1937年に誕生した**直接原価計算**であった。利益とキャッシュ・フロー

とで最も大きな違いを生じるのは棚卸資産である。全部原価計算によれば，棚卸資産が大きければ利益が増えるのでそれだけ経営がすぐれていると判断される[3]。しかし，1930年代の不況の時代に，在庫をもつことは経営を大きく圧迫することを経営者は直感的に知っていた。そこで経営者は，利益が在庫ではなく売上の増大によって生み出されるような計算システムの構築を求めた。そのようなニーズから生み出されたのが直接原価計算であった。

直接原価計算は，棚卸資産の計算構造を可能な限りキャッシュ・フローに近づけることによって，発生主義会計の枠組みのなかで経営者の思考に合致させようと試みた利益管理システムであると評価することができる。

3　1960年代における設備投資意思決定

1960年代以降になると技術革新が盛んになり，大型の設備投資が活発に行われるようになった。そのため，プロジェクト別採算計算の必要性が高まってきた。責任会計制度とは異なり，プロジェクト別の意思決定では発生主義会計に基づいた計算を行うことは妥当ではない。その理由は，会計上の約束事（慣行）から算定された**減価償却費は埋没原価**[4]となるが，発生主義の場合には減価償却費の計算が行われるため，その計算結果が経営上の意思決定を誤らせる危険性があるからである。

そこで，**設備投資意思決定**（本書第16章参照）にあたって合理的な評価によろうとするときには，何年でキャッシュ・フローが回収できるかを計算する回収期間法やDCF法（割引キャッシュ・フロー法）など，プロジェクト別のキャッシュ・フロー情報を用いるのが合理的である。このようなことから，1960年代以降，管理会計におけるキャッシュ・フロー情報の活用は，徐々にではあるが一段と進展することになったのである[5]。

4　現代におけるキャッシュ・フロー情報

1970年代から1980年代にかけて所得水準が上昇した結果，モノ余り現象が一般化した。同時に，わが国は世界でもトップクラスの所得水準を享受できるようになり，企業はゼロサムゲームのなかでの競争を強いられてきた。製品のポートフォリオを事業単位（事業体）の評価と結びつけて評価することの必要性

も高まってきた。その目的のために活用される**PPM**（product portfolio management）では，キャッシュ・フロー情報を主要な情報源としている。また，コスト引き下げも企業内での原価低減活動のみでは競争優位を確保できなくなり，諸外国を含む企業間の価値連鎖のなかでの企業の戦略策定が要請されてきた。会計制度の異なる他国の損益データとの比較が困難になると，キャッシュ・フロー投資利益率などキャッシュ・フロー情報の果たす役割が増大した。

1990年代以降になると，わが国経済はグローバリゼーションの波を直接に受けるようになり，海外への事業展開が一般的になるとともに，海外・国内を問わず，**M&A**（mergers & acquisitions；合併と買収）がごく一般的な現象になった。会計上の利益は，粉飾の可能性を捨てきれない。そのため，M&Aでは将来キャッシュ・フローを現在価値に引き直したDCF情報が企業価値評価のための主要な情報源となる。その結果，管理会計担当者には戦略策定（本書第18章参照）のためのキャッシュ・フロー情報の重要性がさらに高まった。

イギリスではブロムウィッチとビマーニの戦略的管理会計［Bromwich, 1990, pp.27-46; Bromwich and Bhimani, 1994, pp.125-149］，アメリカではシャンクとゴビンダラジャンの戦略的原価分析［Shank and Govindarajan, 1989］や戦略的コスト・マネジメント［Shank and Govindarajan, 1993］と題する著書の出現は，経営者が管理会計に経営戦略への関与を求め始めた1980年代後半から1990年代初頭における企業環境の変化の反映である。戦略を策定するためには，キャッシュ・フロー情報が主要な経営判断の材料になる。

1990年代の後半から21世紀になると，連結キャッシュ・フロー計算書の制度化がキャッシュ・フロー情報の役割をさらに増加させた。M&Aが日常化し，会社分割が解禁されるに及んで，企業価値の測定にDCF法で計算されたキャッシュ・フローの現在価値情報の意義はますます高まりつつある。

バブル崩壊後，しばらくの間は過剰債務が経営の業績回復の足枷になっていたが，その後に行われた業務改革の効果や景気の回復で財務の改善が急速に進んだ。結果，21世紀になると，上場企業の財務内容も目に見えて改善されてきた。2017年には，日経新聞（電子版）[6]によると，手元資金が有利子負債額を上回る実質的な無借金経営が60社増え，初めて2000社を超えた。この傾向は中小企業でも見られる現象となっている。財務省「法人企業統計調査季報」によ

れば，中小企業では無借金企業の方が借入金のある企業に比べて経常利益率が高く，無借金企業の利益率の高さが確認できるという。とはいえ，ビジネスの立場からいえば，獲得した利益を抱え込むだけで借入金を減らしても，企業が積極的な投資を行わなければ企業の将来は先細りになる。負債の利用には，自己資本利益率を高めるという効果（レバレッジ効果）もある。以上のように考えるならば，管理会計の焦点の1つは，潤沢なキャッシュ・フローをいかに有効に活用していくかに移行してきているといえる。

以上みたとおり，管理会計への役割期待は，歴史的に，責任会計制度に基づく業績管理から，設備投資などのプロジェクト別の経営意思決定，戦略の策定，企業価値評価へとその重点を移行しつつある。それにつれて，管理会計上の基礎概念も，発生主義に基づく利益からキャッシュ・フロー情報への重点移行が見られる。管理会計担当者は，管理会計情報の意思決定や戦略策定への活用が増すにつれて，キャッシュ・フロー経営の意義が増大しつつあることを十分に認識し，管理会計の基礎概念や管理会計の本質そのものの変革が求められ始めてきていることをも理解する必要がある。

4　フリー・キャッシュフローとキャッシュ・フロー投資利益率

過去において，多くの日本企業はメインバンクを中心にして株式の持ち合いを行い，含み資産に基づく経営を行ってきた。バブル崩壊後，銀行が経営難に陥り，コーポレート・ガバナンスの議論の高まりとともに，株主重視の経営が尊重されるようになった。さらに，株主の投資戦略のためだけではなく，経営者による戦略の策定のためにもキャッシュ・フロー経営が尊重されるようになってきた。その際に最も重視されるのが，フリー・キャッシュフローとキャッシュ・フロー投資利益率（CFROI）である。

1　伝統的概念 ── 自己金融

フリー・キャッシュフローの類似概念がこれまで日本企業に全く存在しなかったと考えるのは，大きな間違いである。日本の経営者はこれまでにも慎重な投資活動をする必要がある場合，自己金融の範囲内で投資活動を行ってきた。

自己金融（selbstfinanzierung）とは，留保利益と減価償却費による資金調達のことをいう。式3-1を参照されたい。

$$\text{自己金融} = \text{留保利益} + \text{減価償却費} \qquad (3\text{-}1)$$

　資金の調達を外部金融と内部金融（企業内部で調達される資金）に区分するならば，増資や借入金は外部金融，留保利益と減価償却費は内部金融である。留保利益も減価償却費もいずれも支出をともなわない調達源泉であるから，自己金融は最も安全性に叶った調達源泉である。

　自己金融のうちの**留保利益**（利益留保）は，企業のあげた利益のうち社内に留保される分である。利益処分項目のうち配当は社外に流出するが，利益準備金，任意積立金，次期繰越利益金などは社内に留保される。後者が留保利益である。外部金融によって資金を調達（例えば，増資）すると，外部に資本コスト（増資であれば，配当金）が支払われる。対して，留保利益は，形式的には何ら資本コストをともなわない。そのため，留保利益は最も安定した資金源泉になるとされる。

　減価償却費は現金支出をともなわない費用である。つまり，過去の資産取得の時点でキャッシュ・フロー計算書に算入されているので，当期のキャッシュ・フロー計算には影響させてはならない。それゆえ，**非現金支出費用**の1つであるとされる。もちろん，減価償却が行われたからといってその分だけ資金が増加するわけではない。しかし，固定資産に運用されていた資金が減価償却を通じてその一部が売上高の相手科目である売掛金や受取手形などの流動資産に形を変え，その売掛金等の回収を通じて再び使途を選びうる資金になると考えることができる。その意味で，減価償却費が資金源泉になるとされる。

　減価償却費は毎期の減価償却額に限定されて活用される。そのため，無限に"調達"しうるわけではなく，その"調達額"には一定の限界がある。

　自己金融では，投資活動の結果に基づくキャッシュ・フローの減少分を計算要素に含めていない。そのため，自己金融は必ずしも経営者が株主のために自由に使えるキャッシュ・フローを表していない。

2　フリー・キャッシュフロー

　1991年のバブル崩壊以降日本の中小企業は，資金の不足と同時にグローバリゼーションへの対応が求められるようになった。さらに，資金に余裕のある企業では，M&Aなどの目的のために対象企業の企業価値を適切に評価することの必要性も増えてきたし，株主の地位も高まってきた。その結果，フリー・キャッシュフロー導入に関する議論が高まってきた。

　フリー・キャッシュフロー（free cash flow）とは，適切な資本コストで割り引いたときに正味現在価値がプラスになるすべての代替的投資案（収益性のある投資案）に資金を投入したあとで残存する超過キャッシュ・フローのことである。フリー・キャッシュフローというときのフリーとは，経営者が自由に決定できるという意味である。換言すれば，フリー・キャッシュフローとは，経営者が運用先を自由に決定できるキャッシュ・フローのことである。

　簡単には，式3-2のように，フリー・キャッシュフローは，営業キャッシュ・フローから投資キャッシュ・フローを差し引いて算定することができる。

フリー・キャッシュフロー
　　＝営業キャッシュ・フロー － 投資キャッシュ・フロー　　　(3-2)

　フリー・キャッシュフローの概念には定説がない。議論の中心は，生産能力維持のための設備投資と戦略的な投資に区分すべきか否かである。厳密に考えれば，生産能力維持のための投資は企業を存続するために避けられない投資であるのに対して，戦略的投資はフリー・キャッシュフローの使途として位置づけるべきである。ただ，生産能力維持のための投資が戦略的投資か否かはキャッシュ・フロー計算書からは知りえない。そこで，厳密性を犠牲にして，代理変数として，キャッシュ・フロー計算書における投資キャッシュ・フローを用いることがある。

　税引後営業利益を200億円であるとして，表3-4での仮設例を用いてフリー・キャッシュフローを計算すると，表3-5のようになる。

表3-5　フリー・キャッシュフローの算定

税引後営業利益	200	
＋非金支払費用（例；減価償却費）	120	
－運転資本増減（例；棚卸資産，売上債権，買掛債務）	－20	
営業キャッシュフロー		300
－資本的支出（例；設備投資）	－100	－100
フリー・キャッシュフロー		200

　上記の計算プロセスから，自己金融との違いが，フリー・キャッシュフローでは投資額（資本的支出）が差し引かれていることの他，留保利益ではなく資本コスト控除前の税引後営業利益が用いられていることが分かるであろう。さらに，投資額が差し引かれていることから，"経営者が自由に決定できる"ということの意味が，経営者が株主などのステークホルダーに配分可能なキャッシュ・フローであるということも理解できよう。

3　キャッシュ・フロー投資利益率（CFROI）

　EVAでは，減価償却費の概念を用いて財務業績が測定される。しかし，減価償却費が発生主義に基づく会計上の仮定による計算であることに批判がある。一方，CFROIは経営財務論で使われている各種の手法を使った，企業の財務的な業績を評価する指標である。

　キャッシュ・フロー投資利益率（cash flow return on investment；CFROI）とは，キャッシュ・フロー基準でみた投資利益率（ROI）のことをいう。投下資本からいくらの利益を生み出したかをキャッシュ・フローでみる指標である。CFROIは比率なので，絶対値を利用することに対する批判を回避することができる。CFROIは，式3-3で算定される［Black et al., 2001, pp.78-79］。

$$\text{CFROI} = \frac{\text{税引後営業キャッシュ・フロー}}{\text{粗資産合計}} \qquad (3\text{-}3)$$

式3-3で，分母の**粗資産合計**にはインフレの影響も考慮に入れる。このため，初期投資額は物価調整率で調整する。この物価調整率調整後の投資額に償却資産（建物，構築物，機械設備などの有形固定資産の他，無形固定資産を含む）を加えて粗資産合計を算出する。

分子の**税引後営業キャッシュ・フロー**は，税引後営業利益に非現金費用とその他の調整項目を加算した金額である。算定式は，式3-4のようになる。

$$
税引後営業キャッシュ・フロー = 税引後営業利益 + 減価償却費 + その他調整項目 \qquad (3\text{-}4)
$$

CFROIなどのキャッシュ・フロー情報は，日本でも三共（現・第一三共株式会社）がこれを用いて企業価値を増大させたことなどから，多くの企業がCFROIを業績評価の指標として用いるべきだとする見解［前川, 1999］もある。ただしCFROIは，機関投資家による企業評価や長期にわたる事業の評価に用いるのが適しているものの，すべての企業の業績評価に等しく適用すべきかという段になると，更なる検討が必要となろう。

5　キャッシュ・フロー情報の活用方法

業績評価のためには，責任会計制度に基づいて標準原価計算や予算管理などが行われる。そのためには総勘定元帳と統合された発生主義会計のシステムに基づいて管理会計システムをもつのが望ましい。なぜなら，期間損益計算と整合性を保つことによって業績評価がより合理的に行われるからである。ところが，棚卸資産や売上債権の管理，プロジェクト別の意思決定，M&Aなどの戦略策定のためには，キャッシュフロー・アプローチの方が経営者にすぐれた情報を提供することができる。

1　EBITDA

EBITDA（earnings before interest, taxes, depreciation and amortization；支払利息・税金・減価償却控除前利益）は，日本企業で**イービッドディーエー**

とかイービットダーと呼ばれている。EBITDAは，支払利息，税金，減価償却費控除前の利益である。異なる国の企業を比較するにあたって，会計基準や税率の違いが現れないので，経済実態に即した業績比較ができる。つまり，日本の会計基準や税率は海外と異なるので，営業利益は減価償却方法や税率の違いによって計上される利益が異なる。そこで，海外企業との比較をしようとするときには会計基準の違いによって利益が異ならないような評価基準が求められる。式3-5の算式を参照されたい。

$$\text{EBITDA} = \text{税引前利益} + \text{減価償却費} + \text{支払利息} \tag{3-5}$$

EBITDAは証券アナリストや機関投資家によって企業評価に用いられ，客観性の高い評価基準とみられがちである。しかし，収益的支出として当期の費用として処理すべき支出を資本的支出（設備投資）として処理することにより，投資家に対して誤ったメッセージを与えたワールドコム（2002年7月にチャプター・イレブンを適用）の例がある。それは，EBITDAが多いと企業の長期的な成長要因である設備投資に積極的な企業であるという印象を投資家に与えるので，恣意的にEBITDAが高いように会計操作が行われる危険性があるからである。それゆえ，EBITDAの活用と評価にあたっては，適用領域の選定において慎重な検討が必要である。

2　キャッシュ・フロー情報と業績評価

フリー・キャッシュフロー，CFROI，EBITDA からは，利益ベースの情報に比較すると，客観性の高い情報が得られる。なぜなら，キャッシュ・フロー情報はいずれも会計手法や会計基準の影響が極力排除された客観性の高い情報だからである。

会計上の利益は**オピニオン**（opinion）を含むといえるのに対して，キャッシュ・フローが**真実**（truth）を表していると考えられる。そのため，客観性の高い情報が得られるという利点がある。しかも，上場企業では連結キャッシュ・フロー報告書の提出が義務付けられている。そのため，キャッシュ・フロー情報の活用は本格化している。以上のような理由から，キャッシュ・フロー

情報を積極的に活用しようとしている企業が少なくない。

しかし，キャッシュ・フロー情報をもって全能であると考えてはならない。キャッシュ・フロー情報は，減価償却費を費用として認識・測定することで利益が平準化されることがないので，業績評価に用いることには問題がある。典型的な問題点を1つ例示しよう。経済誌［週間ダイヤモンド, 1999, p.41］が，嘗てフリー・キャッシュ・フローのベスト100社とワースト100社を掲載したことがある。このときのベストは丸紅で，ワーストのナンバー・ワンはトヨタ自動車であった。しかし，この結果から丸紅の業績が最もよくてトヨタの業績が最悪と判断してはならない。丸紅は当時投資活動を控えたがゆえにキャッシュ・フローが余り，逆にトヨタは将来の発展に備えて積極的な投資活動をしたがゆえに自由に処分できるキャッシュ・フローがマイナスになっていたにすぎない。現在のトヨタの好業績は，当時からのたゆまぬ積極的な投資活動の結果であるといえるからである。

3 キャッシュ・フロー情報と意思決定・戦略の策定

わが国の経営者がこれまで発生主義会計を前提とした利益概念を基礎にして業績評価を行ってきたのには，それなりの合理的な理由がある。しかし，棚卸資産，売上債権管理，設備投資意思決定，戦略の策定，企業評価においては，発生主義に基づく利益概念の欠陥が強く現れるため，キャッシュ・フロー情報が有効である。

(1) 棚卸資産と売上債権管理

発生主義会計のもとでは，棚卸資産や売上債権の増加は利益の増加となる。しかし，経営者の観点からすると，これらの資産の増加は経営にとってマイナスの要因になりうる。キャッシュ・フロー情報によれば，棚卸資産が増加すると，資金繰りが苦しくなるなど経営上のマイナス面をさらけ出してくれる。それゆえ，棚卸資産や売上債権の分析にあたっては，キャッシュ・フロー情報を併せて利用する必要がある。

経営という立場からキャッシュ・フローを増加させるためには，棚卸資産を極力減少させる必要がある。また，販売した商品や製品の売上債権の回収期間

を短縮する努力がなされなければならない。

(2) 設備投資などの意思決定

設備投資意思決定の場合，発生主義に基づく損益は経営意思決定を誤らせる危険性がある。そのため，設備投資意思決定では，キャッシュ・フロー情報が活用される。なぜなら，減価償却費の計算には企業会計原則や税法など一定の仮定をもとにした計算が行われているので，合理的な意思決定ができなくなるからである（詳しくは，本書第16章を参照されたい）。

経営効率を高めるためには，投資効率の悪い設備投資にはできるだけ投資を行わないことが必要である。成長期にある事業には積極的な投資活動を行っても，大きな成長が見込めない設備投資には，投資額を自己金融やフリー・キャッシュフローの範囲内に限定するなどの配慮も必要になろう。

(3) 戦略の策定

戦略の策定には，キャッシュ・フロー情報を用いた方が効果的なケースが少なくない。例えば，PPM（product portfolio management；製品ポートフォリオマネジメント）のほか，M&Aのための企業評価，会社分割に関する戦略の策定などには，キャッシュ・フロー情報が有用である。その理由は，企業によって会計方針が異なるし，発生主義による会計情報はしばしば累積的な損失を隠蔽する[7]から，妥当な企業価値の評価には適さないからである。

(4) 企業評価とキャッシュ・フロー

企業評価に当たっては，将来の収益性，純資産，株価などが重要な判断材料になる。将来の収益性は，将来獲得される期待キャッシュ・フローの現在価値で算定される。管理会計担当者は，M&Aを専門とする財務担当者とともに，株価は適正であるか，純資産のなかに不良資産が含まれていないか，将来キャッシュ・フローを算定した基礎データそのものに誤りや恣意的な判断が含まれていないかを検討する必要がある。

純資産が株価総額と比べて多額であることをもって有利な企業買収であると信じて企業を買収したところ，買収した資産に不良資産が多額に含まれていた

ために，買収に失敗したとする企業が実に多い。企業買収で成功事例の多くはしばしば外部に向けて語られるが，失敗事例では企業内で伏せられてしまうこともある。最も注意すべきことは，棚卸資産のなかにデッドストック（死蔵品）が含まれていないか，ソフトウェアなどの無形資産のなかに異常に価値の低いものが含まれていることはないか，売掛金のなかに不良債権が含まれていないか，預り金や立替金の処理は適正であるかについて，キャッシュ・フロー計算書とも照合しながら，綿密に検証することが望まれる。

注

1) 発生主義とキャッシュ・フローとで異なるのは何か。売掛金・買掛金などの売上債権と買入債務，前払費用と未収収益，減価償却費，仕入原価と売上原価などである。

2) 現在価値の概念とその計算方法は第16章で述べる。加重平均資本コスト率（略して資本コスト率）を10％としてA社とB社の現在価値を手計算で計算したプロセスを示すと，下記のとおり，A社は424万円，B社は646万円になる。計算では本書巻末［付録1］の複利現価表を用いる。

A社 　$-1,100 \times 0.9091 + 584 \times 0.8264 + 594 \times 0.7513 + (-490) \times 0.6830 + 750 \times 0.6209 + 644 \times 0.5645 = -1,000 + 483 + 446 + (-335) + 466 + 364 = 424$

B社 　$-100 \times 0.9091 + 194 \times 0.8264 + 204 \times 0.7513 + 210 \times 0.6830 + 230 \times 0.6209 + 244 \times 0.5645 = -91 + 160 + 153 + 143 + 143 + 138 = 646$

3) 伝統的な原価計算である全部原価計算では，全部の製造原価が計上される。他方，直接原価計算では，変動製造原価だけが棚卸資産に計上される。A社とB社を想定してみよう。A社では全部原価計算を採用しているが，B社では直接原価計算を採用していると仮定しよう。両者とも同じ生産量を生産して，生産量の半分が売れ残ったとする。棚卸資産価額は，直接原価計算を採用しているB社では固定費の分だけ少なく表示される。逆に，全部原価計算では，棚卸資産が大きくなるので，それだけ利益が大きく表示される。それだけ経営が優れていると判断されてしまう可能性がある。これは不合理である。

なお，現在の会計制度では，直接原価計算を制度としての原価計算としては認めていない。直接原価計算は経営管理目的のためにのみ許容されているにすぎないので，期中に直接原価計算を採用していても，期末には全部原価計算に修正しなければならない。詳しくは，本書の第9章を参照されたい。

4) 意思決定に関係のない原価。なお，埋没原価は，時代によっては，回収不能の原価と解されることもあった。

5）理論的には，管理会計において経営意思決定や戦略の策定にはキャッシュ・フロー情報の有用性が高いことが知られている。しかし，実務を見ると，現実には相変わらず発生主義に基づく伝統的な会計データをもとに判定している企業が多いし，アンケート調査でもその傾向が明確に表れている。例えば，日本管理会計学会［2018, p.78］の調査によれば，予算原案作成上での部門の基本的目標は，売上高（76%），売上利益率（52%），本社費配賦後利益（28%），管理可能利益（21%）に続いて，キャッシュ・フローは16%でしかなかった。経年的に見ても，1992年には21%であったのが，2012年には5％も低下している。日本の2010年代は，バブル崩壊直後とは違って，カネ余りの時代だということもあろう。とはいえ，徐々にではあるが，キャッシュ・フロー情報の活用が増加傾向にある。

6）日本経済新聞 電子版「実質無借金，上場企業の5割超 財務体質を強化 12年度末時点」（2013/6/2）。なお，2003年と2012年の間にほぼ10%と驚異的な増加を示している。また，手元資金が有利子負債を上回った企業（金融を除く上場企業）は，12年度で，1,749社に達した。12年度末の上場企業の手元資金は，3月期決算で過去最高となった。このことは，現在の日本企業が有利な投資先を見出し得ないことを意味している。

7）発生主義が損失を隠蔽する2つの事例を述べよう。著者は，大学卒業後，恩師の紹介で，成長著しい化学メーカーに4年間勤務した。当社では，他社に先だってポリプロピレンの新鋭の生産設備をドイツのヘンケル社から購入して，ドイツから数人の技術者がきて大規模な設備を建設した。しかし，期待していた歩留まりの製品を生産できなかった。歩留まりは通常98%前後であるが，どんな対策を打っても60~70%の歩留まりに終始した。本来であれば，原価とすべきであるが，当社では，それを長期前払費用として処理した。その会計処理の担当者は入社直後の著者であった。意に反して長期前払費用として処理せざるをえなかったことで当社を退任して，大学院への道を選んだ。

　いま1つの事例は，東芝のクライシスである。著者は，子会社であるWECがのれん代を即時償却したにも関わらず，日本の会計基準に従って，資産に計上したことによる。当時の東芝の幹部が，誠実に費用処理すれば，現在の惨状はなかったと著者は考えている。詳細は，櫻井［2016, pp.114-115］を参照されたい。

参考文献

Black, Andrew, Philip Wright and John Davies, *In Search of Shareholder Value*, Price Waterhouse, 2nd ed., 2001.（初版は，井手正介監訳『株主価値追求の経営』東洋経済新報社，1998年，p.67）。

Bromwich, Michael, The Case for Strategic Management Accounting: The Role of

Accounting Information for Strategy in Competitive Markets, *Accounting, Organization and Society*, Vol.15, No.1/2, 1990.

Bromwich, Michael and Bhimani, *Management Accounting, Pathways to Progress*, 1994.（櫻井通晴監訳，松島桂樹・伊藤和憲・青木章通・山田義照訳『現代の管理会計―革新と斬新―』同文舘出版, 1998年）。

Copeland, Tom, Tim Koller and Jack Murrin, *Valuation : Measuring and Managing the Value of Companies*, 2nd ed., John Wiley & Sons, Inc., 1994, pp.71-72.（伊藤邦雄訳『企業評価と経営戦略―キャッシュフロー経営への転換―』日本経済新聞社, 1999, p.67）。なお，第5版（2010年）がMcKinseyの名前で，著者はTim Koller, Mark Goedhart, David Wesselsによって出版されている。翻訳の方は，本田桂子氏の監訳で，第4版（2006年）がある。さらに，2015年には第6版が，その翻訳は2016年に出版されている。

Shank, John K. and Vijay Govindarajan, *Strategic Cost Analysis : The Evolution from Management to Strategic Accounting*, Irwin, 1989.

Shank, John K. and Vijay Govindarajan, *Strategic Cost Management : The New Tool for Competitive Advantage*, The Free Press, 1993.（種本廣之訳『戦略的コストマネジメント』日本経済新聞社, 1995年）。

鎌田信夫『資金会計の理論と制度の研究』白桃書房, 1995年, p.19, 57。本書はすぐれた歴史的・理論的研究である。良書として本書を推奨したい。

鎌田信夫『キャッシュフロー会計の軌跡』森山書店, 2017年。

日本管理会計学会・予算管理委員会編『わが国における予算制度の実態調査報告書』産業経理協会, 2005年。

櫻井通晴「キャッシュフロー経営の意義とは何か」『DIAMONDハーバード・ビジネス』1997年, August-September。

櫻井通晴「会計監査クライシス―東芝事件はなぜ防げなかったか―」『企業会計』Vol.68 No.5, 2016年。

週刊ダイヤモンド「新会計基準キーワード」『週刊ダイヤモンド』1999年10月23日。なお，ここでキャッシュ・フローは，営業キャッシュ・フローから連結事業別セグメント情報の資本の支出を控除するか，営業キャッシュ・フローから投資キャッシュ・フローを差し引いて計算（米国基準に準拠して作成されている企業）している。また，営業キャッシュ・フローは（連結当期純利益＋損益計算書上の非キャッシュ項目の調整－運転資本増加額）で計算された。対象年度は1999年3月期。

染谷恭次郎「資金運用表について―資金運用表を財務諸表の一つに加えんとする提案―」『會計』第62巻第5号, 1952年。

染谷恭次郎『財務諸表三本化の理論』国元書房, 1983年など。なお，資金運用表に代えて収支計算書の語も用いられている。

前川南加子「CFROIはこう利用する―わかりやすいEVAに比べ正確さが売り物―」『NIKKEI BUSINESS』1999年5月3日号。

第4章
原価計算の基礎と「原価計算基準」の現代的意義

1 原価計算の意義

　管理会計では，製品，サービス，ソフトウェア，プロジェクト別の原価・収益性の分析が必要になる。これらの原価計算対象の原価と収益性を測定するために，企業ではいろいろな形で原価計算が行われている。**原価計算**（cost accounting, Kostenrechnung）とは，一般に，財貨を生産し，サービスを提供するにあたり消費されたまたは消費されるであろう経済財の価値犠牲を測定するための技術，概念の総称である。現代では，原価計算は製造業に対してだけではなく，IT企業，ソフトハウス，建設業，流通業，物流，ホテル，病院，政府・自治体などの経営管理に不可欠のツールになってきた。

1　原価計算とは何か

　現代の日本には，原価計算をいかなる観点から見るかに関して，2つの見方がある。伝統的なドイツの原価計算理論をベースとした見方と，アメリカを中心とする原価計算の目的観からする見方である。

　1つの見解は，戦前・終戦直後の論調，および当時の通説を代表する「**原価計算基準**」（以下「**基準**」という）に見られるように，ドイツの原価計算の影響を受けて，原価計算をもって**給付単位あたりの原価の計算**だとする。給付単位当たりの原価というときの**給付**（Leistung）とは，経営が作り出す財貨（製品などの最終財貨だけでなく仕掛品などの中間的給付を含む）のことを指す[1]。

　いま1つの見解は，アメリカ会計学会の「原価概念および基準委員会」のように，「原価計算とは，企業の経営管理者の必要に応じて原価を測定すること」［AAA, 1951, p.176］であるとする。端的に言えば，原価計算を経営者のために行われる**マネジメントのツール**であるとする。

原価計算を計算手法としてみれば，給付単位計算である。他方，これを目的観から見れば，原価計算は経営者が製品別，プロジェクト別，セグメント別の収益性を検討するためのツールであるといえる。現在では，原価計算は一般にドイツ，アメリカ両方の見方を含む概念として説かれることが多い。

2 原価計算対象とは

　原価計算の計算対象は何か。原価計算をドイツ流に給付単位原価の計算と解するとき，**給付**の対象範囲には，一般に製品・サービス，活動が含まれる[2]。「基準」では，「給付とは，経営が作り出す財貨をいい，それは経営の最終給付のみでなく，中間的給付をも意味する。」（第1章，3（2））と規定されている。他方，アメリカの「原価計算基準審議会」では，原価計算の対象のことは原価計算対象と呼ばれている。同審議会の基準によれば，**原価計算対象**（cost objective, cost object）は，次のように定義づけられている。

　「工程，製品，ジョブ，設備投資プロジェクトなどの原価を集計し測定するために，原価データが必要とされ，準備がされる機能，組織上の小区分，契約またはその他の作業単位のことである」［CASB, 1972, p.111］。

3 原価計算の目的

　原価計算は，財務会計にも管理会計にも役立つ。財務会計への役割に関していえば，原価計算は仕掛品（製造工程に残っている未完成品）や製品原価を算定し，財務諸表を作成するため，企業にとって欠かしえない学問体系である。

　現代の原価計算に与えられている最も重要な役割は，原価計算の結果を活用して企業内部で生起する経営活動を効率的・効果的に管理することにある。管理会計への役立ちに関していえば，原価計算は，製品の販売価格を算定し，原価管理を行い，利益計画や経営意思決定に役立てるため，さらには，戦略の策定のためにも，経営者にとって不可欠のマネジメント・ツールである。このような意味での原価計算は，伝統的な原価計算と比較すると，経営原価計算と呼ぶこともできる。**経営原価計算**は経営管理者の立場から行われる原価計算［櫻井, 1981, p.46］である。原価計算の目的との関係で原価計算を位置づけるならば，図4-1のようになる。

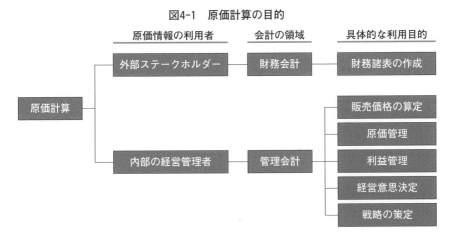

図4-1 原価計算の目的

出典：著者作成。

　原価計算は，製造業にあってはとくに，財務諸表の作成という財務会計の目的のために欠かすことができない。しかし，現代の企業にとって財務諸表の作成よりも重要な目的は，販売価格の算定，原価管理，利益管理，経営意思決定および戦略の策定を通じて，経営者を支援することにある。

4　原価計算の適用領域

　原価計算の最も重要な適用領域は，製造活動である。しかし，最近ではソフトハウスやサービス業など，非製造業における原価計算へのニーズが高まってきた。ソフトウェア原価計算は，著者の1986年の調査では，日本のソフトハウスの56.6％が継続的に原価計算を採用［櫻井ほか, 1992(b), p.202］している。

　サービス業についてみると，ホテル業では原価計算の知識が不可欠になっている。政府・自治体，および病院に対しても，原価計算がごく一般的に適用されるようになった。

　製造業では伝統的な原価計算が行われる。しかし，非製造業などでは，本書第12章で述べるABC（Activity-Based Costing；活動基準原価計算）の適用が有効である。その理由は，ABCが，売価の決定や原価管理，利益管理などマネジメントのニーズに適合した情報を提供できるからである。

5　本書での原価計算の考察対象の限定

　原価計算は，外部・内部のステークホルダー（利害関係者）に役立つ多様な情報を提供する。しかし，本章では主に管理会計の理解に必要な原価と原価計算の基礎概念と計算原理，「基準」の問題点，およびIFRSによって検討が必要となる個所に考察対象を限定する。

2　原価概念と原価の分類

　広い意味で，原価は**社会原価**[3]を包含するが，原価といえば一般に，**企業原価**（business cost）を指す。**原価計算制度**（財務会計機構と有機的に結びついて，常時継続的に行われる原価計算）において，**原価**（cost）とは，経営目的のために消費された経営資源の価値犠牲の貨幣的な測定値である。

1　操業度，固定費と変動費の分類

　操業度（Beschäftigungsgrad）とは，経営能力を一定にした場合のその能力の利用度または能力そのものをいう。営業量（volume）ともいわれる。最もよく利用される操業度は，直接作業時間，機械時間，売上高，生産量などである。操業度との関連において，原価は固定費と変動費に分類される。

　固定費（fixed cost）とは，操業度の増減にかかわらず総額では変化しない原価要素である。減価償却費，固定資産税，役員給料などは典型的な固定費である。**変動費**（variable cost）とは，操業度の増減に応じて総額で比例的に変化する原価である。原材料費，仕入原価，セールス・コミッション（販売手数料）などは，数少ない典型的な変動費である。

　準固定費は，監督者給料のように，ある操業度では固定的であるが，次の操業度において増加し，またしばらくは固定化する原価である。

　準変動費は，水道料や電力料のように，操業度ゼロにおいても一定の原価が発生し，操業度の増加とともに比例的に増加する原価である。これらの原価は，固定費と変動費に分解するか，あるいは固定費か変動費のいずれかとみなして処理する。

原価を操業度ないし原価態様との関係で図解すれば，図4-2のようになる。ただし，原価を y，操業度を x，固定費を b，単位当たり変動費を a とする。

図4-2　操業度と原価態様

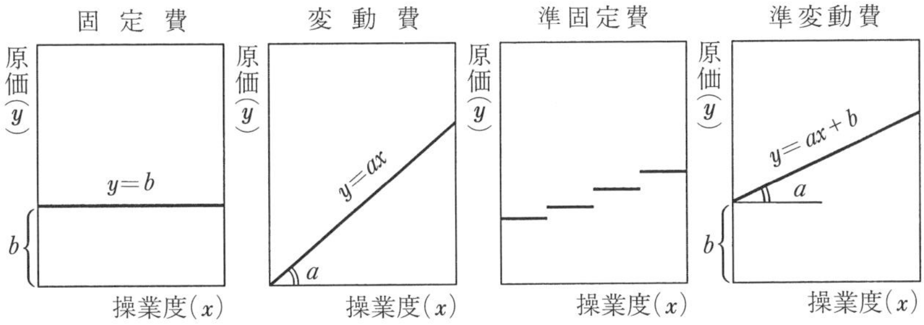

固　定　費　　　　変　動　費　　　　準固定費　　　　　準変動費

$y = b$　　　　　$y = ax$　　　　　　　　　　　　　$y = ax + b$

操業度(x)

出典：著者作成。

2　管理可能費と管理不能費

管理可能費（controllable cost）とは，責任センターのある特定階層の経営管理者によって，一定期間内に著しい影響を与えうる原価のことをいう。ある階層では管理不能であっても，階層が高くなれば管理可能費になることもある。たとえば，機械の減価償却費は現場の管理者にとっては管理不能費であるが，経営トップで投資意思決定の権限をもつ者にとっては，長期の期間をとれば，管理可能費となりうる。ただし，原価計算で管理可能費といえば，通常は，1カ月以内での管理可能性が問われる。

3　製品原価と期間原価

製品原価（product cost）とは，一定単位の製品に集計される原価をいう。製品原価は棚卸資産価額を構成する。製品原価は，直接材料費，直接労務費，直接経費，およびこれに製造間接費を加えた全部の製造原価からなる。

他方，発生した期間の収益に直接的に対応される原価を，**期間原価**（period cost）という。販売費および一般管理費は棚卸資産価額を構成せず，発生した期間の収益（売上高）に直接対応させて，期間原価として費用化される。

4 原価要素と原価の構成要素

　製品の実体を構成する直接材料費に直接労務費を加えたものを**素価**という。素価に直接経費を加えると**製造直接費**になる。原価計算では直接労務費に直接経費と製造間接費を加えたものを，**加工費**（conversion cost）という。

　製造原価（manufacturing cost）は，直接材料費，直接労務費，直接経費に製造間接費を加えたものである。販売費および一般管理費は営業費といわれる。実務では**販管費**ともいう。製造原価に営業費（販管費）を加えたものが**総原価**である。総原価に利益を加算したものが**販売価格**である。

5 製造原価要素の分類

　製造原価要素は，形態別分類，機能別分類，製品との関連で分類される。**形態別分類**で，製造原価要素は，材料費，労務費，経費に分類される。

　製造業では原材料を購入しこれを加工して原価計算対象たる製品を製造する。素材，買入部品，燃料，工場消耗品などが消費されると，**材料費**となる。**労務費**は，賃金（現場作業員の給料），給料，雑給，従業員賞与手当，福利費などである。**経費**は材料費，労務費以外の製造原価要素で，減価償却費，賃借料，保険料，電力料，外注加工賃などからなる。

　外注加工賃は，直接経費である。なぜ労務費ではなく直接経費としたのか。それは，自社で加工すべき部品または製品を，工賃の安い関係会社とか特殊な技術をもつ下請企業に材料を渡して加工させたために発生する加工先の企業が得る利益も含まれるからである。なお，外注加工賃の本質からすれば，外注工賃は労務費の色合いの強い経費である。

　機能別分類は，原価が経営上いかなる機能のために発生したかの分類である。形態別分類における材料費は，主要材料費，修繕材料費，試験研究材料費など機能別に分類される。

　原価の発生が一定単位の製品の生成に関して直接的な関係がある原価は**直接費**，でなければ**間接費**という。材料費であれば，直接材料費，間接材料費となる。労務費は直接労務費，間接労務費，経費は直接経費と間接経費とに分類される。直接費は製品に直接的に**賦課**される。間接費は製品に**配賦**される。

材料費，労務費，経費を複合して1つの費目にすることがある。動力費，修繕費，運搬費，用水費，教育訓練費，技術研究費などが典型的な**複合費**である。動力費を例にとれば，動力費は動力用燃料費（材料費），ボイラーマンの給料（労務費），動力用機械の減価償却費（経費）などからなる複合費である。

6 伝統的な原価の概念とコストとの異同

「基準」(3) によれば，「原価とは，経営における一定の給付にかかわらせて，は握された財貨又は用役（以下これを「財貨という」）の消費を，貨幣価値的に表わしたもの」（第一章 三）である。財務会計上の費用は収益との対応関係で把握される。キャッシュ・フロー会計では，貨幣の収入との関係で支出となる。以上の関係について，シュマーレンバッハ [Schmalenbach, 1963, S.11] に従って，原価，費用，支出の概念を整理すれば，次のようになる。

給付 ←——→ 原価　　原価は給付生産のために費消した経済価値
収益 ←——→ 費用　　費用は収益獲得のために費消した経済価値
収入 ←——→ 支出　　支出は現金等の通貨に結びつけて把握したもの

アメリカの原価計算では，**原価**（cost）と**費用**（expense）の区別はドイツの原価計算ほど厳格ではない。一般に**コスト**というときには，原価だけでなく費用をも含意する。

損益計算における費用と原価計算上の原価との関係で，よく知られた関係図を描くことができる。ドイツで付加原価，中性費用は，アメリカではそれぞれ機会原価，非原価といわれる。費用と原価の関係は，図4-3のようになる。

図4-3 損益計算上の費用と原価計算上の原価

損益計算	非原価	費用 ＝ 原価	
原価計算		支出原価	機会原価

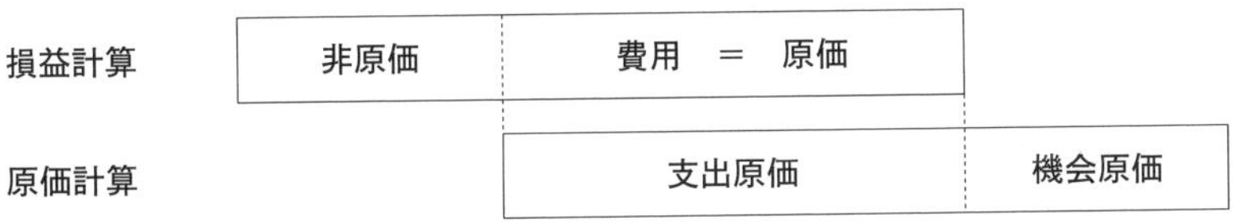

出典：著者作成。

支払利息，割引料，有価証券評価損，訴訟費，異常な貸倒損失，未稼働の建物の減価償却費は，典型的な**非原価**である。非原価でも，実務上はコストと呼ばれることがある。現代の原価計算では，財務会計と有機的に結合した支出原価だけでなく，管理会計目的のために**機会原価**も用いられる。**IFRS**では，棚卸資産に含まれない費目として，異常仕損費，（生産プロセスに必要でない）保管費用，一般管理費，販売費（IAS 2.16）が例示されている。

原価計算制度上の原価は，現金支出と結びついた支出原価である。**機会原価**（opportunity cost）とは，ある経営目的の遂行によって断念される利益であって，意思決定のために用いられる。例えば，A案を採用すると20億円の利益が見込まれる。B案ではリスクは高いが30億円の利益が見込まれるとする。経営者がA案を採用すると，断念されたB案の30億円が機会原価となる。経済学や経営財務論では機会費用，実務では機会損失[4]といわれることもある。

3　原価計算制度における製品原価算定の手続き

原価計算制度における原価の計算手続きは，2つに区分される。1つは製品原価の計算である。財務諸表を作成するためには，製品原価計算が不可欠である。いま1つは販売費および一般管理費の計算である。営業費計算ともいう。価格決定の基礎になるのは，**総原価**（製造原価＋営業費）である。

1　原価計算制度と特殊原価調査

財務諸表を作成するには，財務会計機構と結びついた原価計算制度での計算結果が必要とされる。財務会計機構と有機的に結びついて常時継続的にもたれる原価計算の体系を**原価計算制度**[5]という。他方，売価の決定，利益計画，経営意思決定など管理会計目的に必要な情報は，必ずしも財務会計機構との結合を必要としない。財務会計機構とは離れて随時断片的に計算される臨時的な計算のことは，**特殊原価調査**（special cost studies）という。

原価計算制度において**原価**は，次の4つの条件に合致していなければならない。①経済価値の消費であること，②給付ないし原価計算対象に転嫁される価値であること，③経営目的に関連していること，④正常的であること（「基準」

3）。これらの条件を満たさないときには，非原価となる。

2　製品原価計算のステップ

製品原価の計算では，原則として，原価発生額をまず費目別に計算し，次いで部門別に計算し，最後に製品別に計算する。図4-4を参照されたい。

図4-4　原価計算制度における製品原価計算のステップ

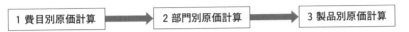

費目別原価計算は，原価の種類別計算である。原価計算は原則として材料費，労務費，経費（または直接材料費，直接労務費，直接経費，製造間接費）の区分に従って計算される。費目別原価計算は財務会計における費用計算であるとともに，財務諸表の作成には不可欠の計算手続きである。

部門別原価計算は，原価の場所別計算である。部門別原価計算における原価部門とは，原価を分類集計するための計算組織上の場所区分，ないし責任領域のことをいう。この責任領域のことを，**コスト・センター**とか原価中心点という。原価管理のためには，部門別原価計算が不可欠である。

製品別原価計算は，原価の負担者別計算である。原価要素を一定の製品単位に集計し，製品の製造原価を算定する手続きをいい，製品原価計算における第三次の計算段階である。製品別原価計算では，個別原価計算か総合原価計算のいずれかで行われる。

3　個別原価計算

個別原価計算（job order costing）は，製造指図書別に原価を計算する製品別原価計算の方法である。一般に，種類を異にする製品，プロジェクト，または非製造業のソフトウェアやサービス原価の計算に適用される。

製造指図書のことは，企業によっては製番，作番，プロジェクト別指図書（ソフトウェア業）などとも呼ばれている。製造指図書にはいろいろな種類がある。個別原価計算で用いられる**特定製造指図書**とは，個々の生産または作業につい

て個別的に発行される指図書であり、具体的な作業はこの指図書で指定される。製造指図書をもとに個別原価計算表を作成して直接材料費、直接労務費、直接経費を集計し、それに製造間接費を加えて製造原価を計算する。

製造直接費は製造指図書に賦課される。原価計算で**賦課**（direct charge）とは、製品に原価を直接的に負担させることをいい、直課ともいう。個々の帳票類から製造指図書に原価を賦課すればよい。計算手続きとしては、直接材料費と直接労務費はそれぞれ材料庫出請求書と作業時間報告書から仕掛品勘定を経由し、直接経費は個々の伝票類から原価計算表に負担させる。**仕掛品勘定**は、製品を製造するために投入されたすべての原価財の消費額を記録するための勘定である。仕掛品勘定の代わりに**製造勘定**が用いられることもある。

製造間接費はなんらかの基準に基づいて製品に**配賦**（allocation）されなければならない。配賦とは、間接費を複数の製品に割り振ることをいう。配賦は原則として予定配賦による。実際配賦は客観性が確保できるように思われるが、原価の正常性を確保するには、予定配賦によるのがすぐれている。予定配賦によれば、計算が迅速に行われるという利点もある。

配賦基準としては、直接作業時間、機械時間、直接労務費などが用いられてきた。次に、製造間接費を典型的な配賦基準である直接作業時間を用いて配賦する（**マンレート法**）ケースを例示しよう。

【設 例】

A社では第1製造部門の製造間接費が1,000,000円であった。当該部門では、X、Y、Z製品を生産し、その生産にそれぞれ2,000時間、3,000時間、5,000時間かかったことが製造指図書から知られた。配賦基準として直接作業時間が採用されているものとすると、製品別の製造間接費はいくらになるか。

〔解 答〕

　配賦率＝製造間接費額／総直接作業時間

　製造間接費配賦額＝配賦率×指図書（製品）別直接作業時間

配賦率は 1,000,000円／(2,000＋3,000＋5,000) 時間＝100円／時間と算定される。製造間接費配賦額は、それぞれ次のように算定される。

X製品　　100円／時間×2,000時間＝200,000円
Y製品　　100円／時間×3,000時間＝300,000円
Z製品　　100円／時間×5,000時間＝500,000円

労働集約的な産業においては，製造間接費の配賦は直接作業時間によるのが合理的である。なぜなら，製造間接費の多くは直接作業時間にほぼ比例して発生すると考えられるからである。しかし，ロボットを活用している工場では，ロボットの稼働に要した**機械時間**を採用するのが合理的であろう[6]。

4　製造間接費の配賦と生産量の増減

　製造間接費には固定費が多く含まれている。そのため，製品単位原価は生産量の大小によって大きく変動する。一般に，生産量が多くなると単位原価が低くなる。逆に生産量が減ると，単位原価が高くなる。このことは，景気が落ち込んで売価を引き下げなければならないときに売上高が落ちると製品の単位原価が上昇するという問題が生じることを意味する。このことを例示しよう。

【設例】
　予定どおりの能率で作業が行われるとすれば，正常生産量は5,000個で，製造間接費の実際額は1,000,000円，うち固定費は900,000円である。
　(1)　生産量が5,000個のとき，単位あたり製造間接費はいくらになるか。
　(2)　生産量が6,000個に増加すると，原価はいくらになるか。
　(3)　生産量が正常生産量の2,500個に半減すると，原価はいくらか。

〔解答〕
　変動費は，100,000円（1,000,000円－900,000円）である。それゆえ，単位当たり変動費は20円（100,000円／5,000）である。他方，単位当たり固定費は生産量の大小によって変動する。その結果，原価は以下のように変動する。
　(1)　生産量が 5,000個のとき　　900,000円／5,000＋20円＝200円／個
　(2)　生産量が 6,000個のとき　　900,000円／6,000＋20円＝170円／個
　(3)　生産量が 2,500個のとき　　900,000円／2,500＋20円＝380円／個

製造原価を算定するために製造間接費の予定配賦率を算定するには，分子は予算において算定された部門別の製造間接費予算額を用いる。分母には，予定配賦基準数値として予定操業度を決めて分母で分子を除して算定する。予定操業度には，正常操業度が適用される。**正常操業度**とは，経営における異常な状態を排除し，経営活動に関する比較的長期にわたる過去の実際数値を統計的に平準化し，これに将来の趨勢を加味した操業度のことである。

著者の調査［櫻井, 1983, p.122］によれば，調査対象718社のうち，日本の企業で個別原価計算を採用しているのは建設（79社），電気機器（53社），機械（49社），ソフトウェア業などである。日本企業の約1/3（32%）が個別原価計算を採用している。だが，日本企業に最も多く適用されているのは次に述べる総合原価計算[7]である。

5 総合原価計算

総合原価計算（process costing）とは，一定期間における生産量に対応する総製造費用を算定し，これを当該期間に生産された生産量で除してその単位原価を計算する原価計算の方法のことをいう。製鉄，化学品，自動車，家電製品など連続・反復的に生産される製品に適用される。

総合原価計算の計算は，まず1期間（通常は1カ月）を区切ってその期間の完成品数量を計算し，次にその完成品数量の生産にかかった製造原価を求め，後者を前者で除して製品の単位原価を計算する。仕掛品，すなわち，期首・期末において所定の作業を完了していない中間生産物がない場合の単位原価は，次式で求められる。

　　　単位原価 ＝ 完成品製造原価／完成品数量

現実には，**仕掛品**（工程に仕掛っていて，工程に残存している未完成品）が存在する。その場合には，期首仕掛品原価と当期製造費用の合計額が，完成品と期末仕掛品とに平均的に転化するとの仮定に基づく計算法（平均法）のほか，当期に投入した製造費用の単位原価をもって期末仕掛品原価を計算する計算法（先入先出法）で期末仕掛品原価を計算する。

【設 例】

東京工業株式会社は自動車部品を生産している。201X年10月の生産と原価資料は次のとおりであった。以下の資料をもとに期末仕掛品原価を平均法で計算し，完成品原価を計算してみよう。

資　料

期首仕掛品の数量40個，その進捗度（加工度）40％，その直接材料費500円，加工費128円。当期の直接材料の投入量210個，その原価は直接材料費2,100円，当期の加工費1,505円。完成品数量は200個であった。期末仕掛品の数量は50個で，その進捗度60％であった。

〔解　答〕

完成品原価を計算するためには，まず初めに，期末仕掛品直接材料費を式4-1のように計算する。

期末仕掛品直接材料費 ＝ {(期首仕掛品直接材料費＋当期材料費)／(期首仕掛品数量＋当期投入量)}×期末仕掛品数量　　(4-1)
　　　　　　　　　　＝ {(500円＋2,100円)／(40＋210)}×50 ＝ 520円

次に，期末仕掛品加工費を計算する。その際，当期加工数量が不明であるため，図4-5から，貸借平均の原理を応用して，分母は左辺の代りに右辺を利用する。なお，当期製造費用は，当期材料費と当期加工費からなる。

図4-5　仕掛品勘定の分解

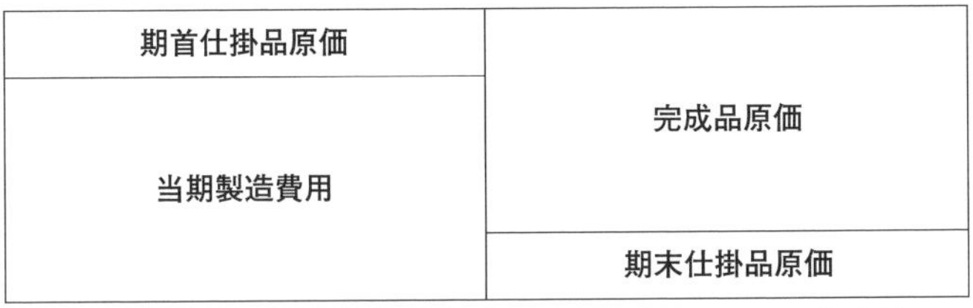

期首仕掛品原価	完成品原価
当期製造費用	
	期末仕掛品原価

期首仕掛品換算量＋当期加工数量＝完成品数量＋期末仕掛品換算量

以上から，期末仕掛品加工費は式4-2のように計算する。

　期末仕掛品加工費＝{(期首仕掛品加工費＋当期加工費)／(完成品数量
　　　　　　　　　　＋期末仕掛品換算量)}×期末仕掛品数量　　　(4-2)
　　　　　　　　　＝{(128円＋1,505円)／(200＋50×0.6)}×(50×0.6)
　　　　　　　　　＝213円

　最後に，完成品原価と完成品単位原価を計算する。図4-5から，期首仕掛品原価＋当期製造費用＝完成品原価＋期末仕掛品原価である。完成品原価を左辺に移項し，期首仕掛品原価と当期製造費用を右辺に移項すると，完成品原価は式4-3の算式で算定される。また，完成品単位原価は完成品原価を完成品数量で除して，式4-4のように算定する。

　完成品原価＝期首仕掛品原価＋当期製造費用－期末仕掛品原価　　(4-3)
　　　　　　＝(500円＋128円)＋(2,100円＋1,505円)－(520円＋213円)
　　　　　　＝3,500円
　完成品単位原価＝完成品原価／完成品数量　　　　　　　　　　　(4-4)
　　　　　　　　＝3,500円／200個＝17.5円／個

　以上の計算は，原価計算表と対照させて跡づけると理解しやすい。平均法であるから，表4-1の合計のところで単位原価を求め，その単価に期末仕掛品数量を乗じていることが理解できよう。なお，加工費の当期投入数量は，完成品から逆算して計算されていることに留意すること。

表4-1　総合原価計算表

平均法　　　　　　　　　　　　　　　　　　　　　　　　　　　(単位：円，個)

原価要素\項目	直接材料費			加工費			合計	
	数量	単価	金額	数量	単価	金額	単価	金額
期首仕掛品	40	12.5	500	16	8.0	128	15.7	628
当期投入	210	10.0	2,100	214	7.0	1,505	17.17	3,605
合計	250	10.4	2,600	230	7.1	1,633	16.93	4,233
期末仕掛品	50	10.4	520	30	7.1	213	14.66	733
完成品	200	10.4	2,080	200	7.1	1,420	17.5	3,500

〈解 説〉
1 後入先出法は，日本の会計基準でも認められていない。

従来，総合原価計算の仕掛品評価の方法としては，平均法，先入先出法，後入先出法が認められていたが，IFRSでは後入先出法は認められていない。現在では日本の会計基準でも，後入先出法は認められていない。「企業会計基準」第9号「棚卸資産の評価に関する会計基準」（6-2, 26-3, 2006年制定・2008年改正）を参照されたい。

2 完成品換算総量の意味と計算方法

期末仕掛品原価の算定は，通常，直接材料費（または原料費）と加工費に分けて行う。その理由は，直接材料費と加工費とではそれぞれ進捗度が違っているので，原価負担率が異なるからである。

進捗度のことは加工進捗度ともいわれ，仕掛品の完成度のことをいう。仕掛品数量に加工進捗度を乗じたものが**完成品換算量**である。進捗度を計算する理由は，仕掛品の完成品換算量を知り，仕掛品の完成品換算量によって原価負担率を決定するためである。

当期中に実質的にどれだけの加工がなされたかは，**完成品換算総量**を求めることで知ることができる。

例えば，期首仕掛品 20個（進捗度50%），当期（材料の）投入数量 430個，期末仕掛品 50個（進捗度40%），完成品数量 400個とすると，完成品換算総量は表4-2のようになる。

表4-2 完成品換算総量を求めるための略式計算表

	数量（個）	（進捗度%）		完成品換算量（個）
期首仕掛品数量	20	（50%）	20×0.5	10
当期投入数量	430			410（**完成品換算総量**）
合　　　計	450			420
期末仕掛品数量	50	（40%）	50×0.4	20
完成品数量	400			400

（注）完成品換算総量　$400 + 50 \times 0.4 - 20 \times 0.5 = 410$

6 平均法における計算原理

平均法は，期首仕掛品原価と当期製造費用の合計額が，完成品原価と期末仕掛品原価とに平均的に転化するとの仮定のもとに期末仕掛品原価を計算する方法である。図4-5の仕掛品勘定の借方と貸方を左右に切り離し，これをもとに平均法の計算原理を図解したのが，図4-6の平均法の計算原理である。

平均法では，借方合計の平均単位原価（＠××）をもって完成品原価と期末仕掛品原価を計算する。したがって，期末仕掛品原価は，借方合計の平均単位原価に期末仕掛品数量（加工費のときには，期末仕掛品換算数量）を乗じて計算する。実線を参照されたい。点線は，完成品原価との関係を図示している。完成品原価は，借方合計から期末仕掛品原価を差し引いて算定される。

図4-6　平均法の計算原理

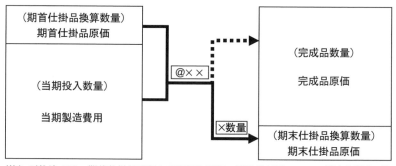

（注）平均法では，期首仕掛品原価と当期製造費用の平均単価＠××に，期末仕掛品（換算）数量を乗じて期末仕掛品原価を計算する。

出典：著者作成。

4　原価計算とディスクロージャー

製造業において，損益計算書と貸借対照表を作成するためには，原価計算によって製品原価や仕掛品原価が算定されていなければならない。つまり，ステークホルダーのためにディスクロージャー（情報開示）を目的にした財務諸表を作成するためには，原価計算が不可欠である。

1 製造原価明細書と財務諸表

製造業では，損益計算書の内訳として**製造原価明細書**[8]が作成される。製造原価報告書ともいわれる。製造原価明細書では，一般に，当期に発生した材料費，労務費，経費を合計し，それに期首仕掛品棚卸高を加え，それから期末仕掛品棚卸高を差し引いて当期製品製造原価を算定する。当期製品製造原価は損益計算書の売上原価の内訳になり，期末製品棚卸高が計算され，貸借対照表の評価額とされる。製造原価明細書の期末仕掛品棚卸高は，貸借対照表の仕掛品評価額になる。この関係を図示すれば，図4-7のようになる。

図4-7 製造原価明細書・損益計算書・貸借対照表の関係

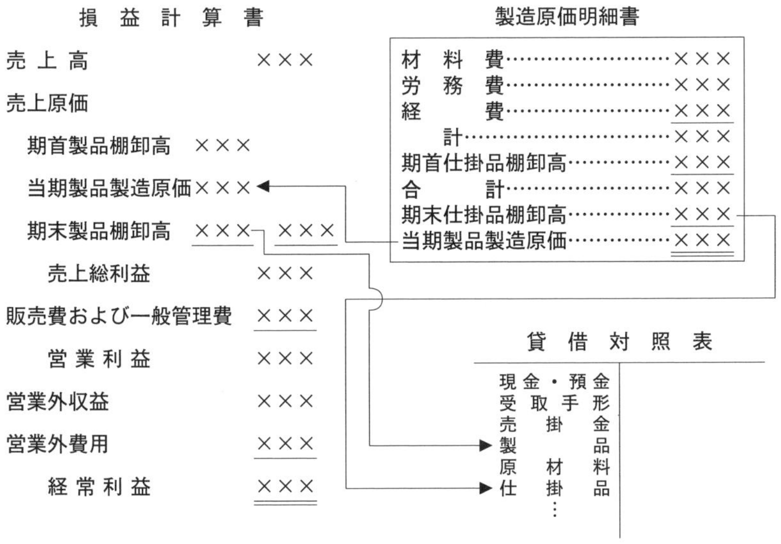

損益計算書		製造原価明細書	
売上高	×××	材料費	×××
売上原価		労務費	×××
期首製品棚卸高	×××	経費	×××
当期製品製造原価	××× ←	計	×××
期末製品棚卸高	××× ×××	期首仕掛品棚卸高	×××
売上総利益		合計	×××
販売費および一般管理費	×××	期末仕掛品棚卸高	×××
営業利益	×××	当期製品製造原価	×××
営業外収益	×××		
営業外費用	×××		
経常利益	×××		

貸借対照表
現金・預金
受取手形
売掛金
製品
原材料
仕掛品
︙

出典：著者作成。

上記のうち，製造原価明細書は，2014年3月期決算から，連結財務諸表においてセグメント情報を注記している場合には不要になった。このように制度が変更になったのは，国際会計基準（IFRS）への対応と，単体開示の簡素化を図るためである。

2　総原価の計算と売価

　財務諸表作成のためには，販売費・一般管理費の計算で費目別に計算した原価を，売上高に直接対応させて期間原価として処理する。ただし，売価算定のためには，販売費と一般管理費をセグメント別に集計し，それを製品の製造原価に配賦または賦課して総原価を計算する。次に，総原価に利益を加算して，売価を決定する基礎資料を提供する。式4-5を参照されたい。

　　　売価 ＝ 総原価 ＋ 利益　　　　　　　　　　　　　　　　　　(4-5)

　原価に利益を加算して売価を決定する方法のことを，**コスト・プラス法**（cost plus pricing）という。原価に利益を加算して売価を決定する方式のことは，**プロダクトアウト方式**，つまり"生産者の論理"に立脚している。
　防衛品など政府調達品の価格決定は客観的で公正な価格でなければならないから，コスト・プラス法が一般的である。他方，市販品では，まず売価を決め，その売価のもとで市場が支払えるコストで製品を生産する。この売価決定方式は，**マーケットイン方式**，つまり"消費者の目線"をもとに売価を決定する。戦略的コスト・マネジメントの日本的な手法として広く知られる原価企画は，マーケットイン方式による価格決定によっている。

5　「原価計算基準」(「基準」) の現代的意義と課題

　わが国の「基準」は，日本が高度成長期に突き進んでいた1962年に制定された。その「基準」が制定されてから，既に半世紀以上の歳月が過ぎた。会計基準や監査基準とは違って，原価計算の「基準」は過去これまで一度も改定されていない。その理由の1つは，「基準」制定時の1960年代の原価計算理論からみる限りにおいて，諸井［2012, p.14］[9)]が述べているように，当時としては実践規範として「『基準』の完成度がきわめて高」かったからである。しかし，半世紀以上にわたる経済基盤の変容と原価計算理論の変化と発展が，現在の「基準」では現実の問題に対応しきれなくなってきており，原価計算理論発展の足

枷にまでなっている［櫻井, 1982, pp.15-39; 櫻井, 2014, pp.1-10］現状にある。

本節では, 過去における「基準」の卓越した点は正当に評価したうえで, 現時点で見て,「基準」を現状のまま放置することが経済モデル, 会計基準と税務への不整合性, および防衛省の「訓令」及ぼす悪影響という3つの側面からそれぞれからいかなる影響と課題を残すかを考察する。

1 経済モデル─経済基盤の変容と「基準改定」の必要性

1960年代の初頭から1980年代までの日本企業は, 世界の工場として, 工業製品を生産・販売して利益を獲得するというビジネスモデルに従って成功裏に経営を行うことができた。モノ作り中心の経済は, **プロダクト型経済**として特徴づけられよう。「基準」はこのような時代背景の下で産学の衆知を集めて制定された。その事情は, 諸井［2012; 2013］が明らかにしているとおりである。

しかし, 日本が得意としてきたモノ作りは, 1991年のバブル崩壊とそれに続く急速な海外への工場の移転と韓国, 中国等の台頭によって縮小を余儀なくされ, 日本のプロダクト型経済モデルの相対的な縮小傾向が顕著になっている。

1970年代から現代に至るまで, **経済のソフト化・サービス化**の洗礼を受けて, 日本の経済構造は大きく変化した。「基準」では, 第1章において, 原価計算対象として製品の生産と用役提供を前提に規定されている。時代背景からして当然ではあるが,「基準」は製造業を前提にして制定されており,「基準」制定当時, コンピュータ・ソフトウェアは全く想定外であった。しかし, 高度情報社会を経て経済のソフト化とサービス化の洗礼を受けたいま現在, 日本経済をもってITを抜きにした議論や製造業中心の経済基盤からなるとした議論にはムリがある。さらにいえば, 近年では製造業の海外移転によって日本国内での製造業が減少して, 製造業の相対的な役割が大幅に低下した。一方では, 1990年代になるとソフトハウスのほぼ半数以上の企業がソフトウェア原価計算を継続的に実施［櫻井, 1992(b), p.202］している。ソフトウェア原価を計算した企業では製造原価計算を作成して, 連結を除く単体では,「有価証券報告書」での報告が課されている。さらに, 原価計算は, 銀行, 病院, ホテルといったサービス業でも活用されるようになった。これらは,「基準」制定当時では, 全く想定できなかったことである。

1980年前後からは，ＩＴの発展による金融商品に係るリスク分散の手法が金融工学によって開発されたことが背景になり，金融派生商品が企業収益の構造を大きく変動させる要因になった。このような経済を，**ファイナンス型経済**と特徴づけることにしよう。近年ではFinance（金融）とTechnology（技術）を組み合わせた**フィンテック**（financial technology；Fintech）が金融の世界で種々の革新を生んでいる。ただし，ファイナンス型経済は金融論や経営財務論の研究課題ではありえても，原価計算の直接の課題とはなりにくい。

　1990年代から2000年代以降になると，企業価値創造の主体が機械・設備などの有形財に代わって，無形財であるインタンジブルズの活用が競争優位を確保する上で顕著になってきた。**インタンジブルズ**（intangibles）は，一般には無形資産といわれるものを含み，①特許権や商標権などのオンバランスの知的財産，②ブランドやコーポレート・レピュテーション（企業の評判）などの無形資産，および③スキル，ネットワーク，チームワークなどのように将来の経済的便益は認められても企業が測定・支配できない無形のものを含む。ブランドやレピュテーションなどの無形資産に加えて，EV（電気自動車）やスマホ（スマートフォン）によって代表される有形資産とインタンジブルズとの複合製品もまた21世紀以降顕著に増加傾向にある。そのような経済は，**インタンジブルズ型経済**と称することができよう。

　以上，わが国の経済基盤は現在，プロダクト型経済，ソフト化・サービス化型経済，ファイナンス型経済，インタンジブルズ型経済の混合型経済モデルに移行してきている。表4-3から明らかなように，わが国の「基準」と現実の経済モデルとの乖離がハッキリと見られるようになってきた。

　原価計算の適用領域も，1960年代の初頭とは大きく変化してきた。現在では原価計算は製造業だけでなく，ソフトウェア開発，流通業，監査法人，航空産業，ホテル，地方自治体，銀行，病院などにも拡がってきている。

　今後のわが国の経済は，人工知能（AI）の活用によって，原価計算の領域においても大きく変貌することも予測される。

　たとえば，会計士監査における機械学習による伝票の不正検知は，既に始まっている［櫻井，2018，pp.5-7］。近い将来，防衛省の原価データへのAIの適用は決して夢物語ではない。「基準」はモノ作りの盛んな1960年代に制定された

表4-3 現在の経済基盤はプロダクト型，ソフト化・サービス化型，ファイナンス型，インタンジブルズ型経済の混合モデル

時代区分	経済基盤の典型的経済モデル	主要な特徴
1960年代以降	プロダクト型経済	製造業の相対的縮小
1970年代以降	ソフト化・サービス化型経済	IT企業・サービス業
1980年代以降	ファイナンス型経済	金融派生商品
1990年代以降	インタンジブルズ型経済	無形経済の増大　AI

注：時代区分は「基準」制定以降のものであり，厳密な時代区分を求めたものではない。
出典：著者作成。

という時代的制約もあって，**プロダクト型経済モデル**に対応されているにすぎず，**ソフト化・サービス化型経済，ファイナンス型経済，インタンジブルズ型経済モデル**に対応した経済モデルは全く想定されていない。

レフ［Lev, 2001, p.32］は，インタンジブルズに対応しない現代の原価計算について，「原価計算は，ほとんど専ら，工業時代の物的・労働インプットに焦点を合わせている。そのような情報システムは知識ベースの企業のマネジメントには全く不適切」であると述べている。レフのこの言葉にある"原価計算"の表現を原価計算基準に変えるならば，この言葉はそのまま「基準」への痛烈な批判だということができよう。

2　「基準」を放置することによる会計基準，税務との不整合性

「基準」は，**企業会計基準委員会**によって修正が必要になった会計基準に対応していないだけではなく，IFRSによって現行の会計基準を変更・新設すべきことにも適切に対応していない。法人税と「基準」との不整合性も目立ってきた。本項では，会計基準，IFRSおよび税法との関係で不整合性があると思われる9点に絞って，「基準」の課題を明らかにする。

(1) **後入先出法は，現在では許容されていない**

「基準」（「基準」11）では，先入先出法，移動平均法などと並んで，**後入先出法**が材料の消費価格の計算で許容されている。しかし，日本の会計基準で現

在では後入先出法は容認されていない。「企業会計基準」第9号「棚卸資産の評価に関する会計基準」(6-2, 26-3, 2006年制定・2008年改正) を参照されたい。国際会計基準 (IAS 2, IN13「LIFOの禁止」) でも認められていない。

(2) セグメント別計算の欠如

現在の経営において，セグメント別計算は，**経営を可視化**（見える化）するうえで，重要な役割を果たしている。しかし，「基準」では，セグメント別計算のアイディアが欠落している。その理由は，1960年代の初頭には日本でセグメント別計算の意義が認識されていなかったからである。具体的に述べれば，米国で，マックファーランド［McFarland, 1966, pp.39-41］がセグメント別計算の意義を述べたのが1966年，NAA［1968］によるセグメント別会計の外部報告への適用の指摘が1968年，日本で，青木［1973, pp.164-167］が部門別業績評価におっけるセグメント別計算の意義を述べたのが1973年であった。

片岡［2016, p.16］も，収益源泉に基づく原価計算対象のセグメント別計算に賛意を表明している。当然のことであるが，現代においては，「基準」制定当時には想定の範囲内にはなかったであろう京セラのアメーバ経営におけるミニ・プロフィットセンターの存在を意識した「基準」が望まれるところである。

(3) 固定製造間接費の予定配賦

「基準」では，製造間接費の計算は，固定費と変動費に分けて予定配賦率に実際の配賦基準数値を乗じて配賦する。異常な場合を除き，配賦差異は売上原価に賦課するか売上原価と期末棚卸資産に配賦する。つまり，現行の「基準」では操業度がある程度低くても原価として認められるので，余剰生産設備をもっても，危険なシグナルにはならなかった。

IFRSでは，「低い操業度のために単位当たりの製造原価を増加させることは許されない」(IAS 9.13)。IFRSのこの規定によれば，余剰生産能力をもつことが利益の減少につながるから，結果的に過剰設備を排除すべきことを経営者に認識させることが可能になる［櫻井, 2014, pp.107-110］。「基準」改定の機会が与えられれば，この規定はすぐにでも改定の必要があると思える。

(4) 減損・仕損による経営の見える化

「基準」では，仕損・減損度外視法（正常仕損・減損を無視することで正常仕損・減損費を良品に負担させる）が前提とされている。しかし，経営を可視化して環境汚染を意識的に防止するには，番場［1963, pp.187-189］の主張する仕損・減損非度外視法（正常仕損費を計算して，良品に負担させる）が望ましい。原価管理目的での非累価法の有用性［櫻井, 1981］も認識すべきである。

非度外視法は，マテリアルフローコスト会計に貢献すると想定される。詳細は，櫻井［2014, p.186, p.198］を参照されたい。

(5) ソフトウェア原価計算など，ITのマネジメント

日本の経営者は伝統的に，パッケージよりも手作りのソフトを好む傾向がある。そのため，日本のソフトハウスでは伝統的に受託開発が多く見られる。ソフトウェア原価計算は，情報サービス協会での委員会活動を通じて，日本に適合する原価計算として，日本独自に開発した方法［櫻井他, 1987］である。ERPが普及してきたとはいえ，ソフトウェア原価計算の原理は現在でも活用されている。チャージバックシステム［櫻井他(b), 1992, pp.133-151］は，米国だけでなく，日本のメインフレーマーによっても活用されている。

ソフトウェア原価計算は，価格決定にも活用される［櫻井・村上編著, 1998］。さらに，IT投資の評価も，情報処理費用の効率的活用のためにも重要である［櫻井, 2006, pp.85-157］。

「基準」は，1960年代に制定されたという時代背景もあって，ITのマネジメントを全く想定していない。そのため，多くの企業[10]で実践されてきたソフトウェア原価計算［櫻井, 1992(b), p.202］は，「基準」制定当時は考案されていなかった。当然と言えば当然で，企業への電算化に大きく貢献したIBM360の発売は，「基準」制定の2年後，1964年のことだからである。

(6) 複数の原価計算システム活用の機会増大

1962年当時はITが未発達であったので，情報処理には多大なコストがかかるという前提の下で「基準」が制定された。そのため，原価計算制度は「財務諸表の作成，原価管理，予算統制等の異なる目的が，重点の相違はあるが相と

もに達成されるべき一定の計算秩序」(「基準」二) とされた。つまり，1つの原価計算制度をもつことでそれを多くの目的に役立てようと考えた。

しかし，清水ほか [2011, p.74] の調査によれば，調査対象となった企業の半数以上（200社中109社，54.3％）がERPを採用するに至っている。その結果，「基準」制定当時とは大きく違って，会計処理のコストが相対的に大幅に減少している。手数もかからない。その結果，現在では，多くの日本企業は財務諸表作成のための制度の他に，原価管理システムや価格決定のためなど数種の原価計算システムを有している[11]。

(7) **標準原価計算はコスト・コントロールのためのツールである**

原価管理は，元来，原価計画と原価統制（cost control；コスト・コントロール）とからなる。「基準」で原価管理は，元来，原価統制と称すべきであったところを，原価管理と表現したという批判は一般にも広く受容されている。

その理由は，本来の意味での原価管理（cost management；コスト・マネジメント）は原価計画と原価統制からなるが，所与の生産設備を前提にした標準原価計算は主として原価統制に役立つにすぎないにもかかわらず，「基準」では原価管理と称されているからである。つまり，原価統制として定義づけるべきであった標準原価計算を，「基準」では原価管理と表現したため，通産省（現経済産業省）の答申「コスト・マネジメント」(1967に年発表) では，原価低減活動を含む広義の原価管理のことをコスト・マネジメントとカタカナで表現しなければならなかったのである。

(8) **原価管理の説明で，フィードバック機能の記述が欠落**

「基準」では原価管理の説明にフィードバック機能が言葉としても明示[12]されていない。その理由は，フィードバックの概念そのものの研究が，1960年代初頭の日本では十分になされていなかったからである。現代の原価管理の理論では，フィードバックへの言及は不可欠である。

(9) **法人税における「基準」との齟齬**

日本の会計実務を支配しているのは，税法であるといっても過言ではない。

たとえば,「基準」では支払利子（支払利息）は非原価項目の1つとされている（第1章五の（一））。しかし,税法上では,支払利子は必ずしもすべてが非原価というわけではない。

支払利子は,「基準」によれば非原価項目の1つであるから,原価性をもたないとされている。その結果,「基準」による限り,支払利子を棚卸資産原価に算入してはならない。しかし,法人税基本通達5-1-4によれば,製造原価に算入しないことができる費用の1つとして,借入金の利子の額が含まれている。税法で算入しないことができるということは,逆にいえば,算入してもよいということである。つまり,実務的には,一定の条件のもとではあるが,支払利子は棚卸資産原価への算入が認められているということである。

3　防衛省の「訓令」に及ぼす「基準」の影響

「基準」に前節で述べたような問題が存在したにしても,企業であれば,大問題とはならない。しかし,「基準」が存在するために課題を抱えている官庁では話が別である。それが,「基準」制定と同年度の1962年に制定され,その後,多少の手直しを経て現在に至る防衛省の「調達物品等の予定価格の算定に関する訓令」（以下「訓令」という。）［防衛基盤整備協会, 2016, pp.153-182］である。

防衛省では,防衛装備品に要した正常原価に適正利益を加算して算定する方式のことを**原価計算方式**と呼んでいる。現時点では,金額的に約6割の防衛装備品の予定価格は原価計算方式によって計算［防衛基盤整備協会, 2016, p.58］されている。原価計算方式によれば,予定価格に従って政府が防衛装備品の生産に要した合理的な原価を契約業者に補償することができることから,市価が存在しない場合には,それなりの合理的な理由があったということができる。

問題は,大蔵省（現・財務省）という最高権威の官庁から発表された,世界に類を見ない原価計算の「基準」であることもあって,原価計算の理論が変化しても,防衛省関係者が相変わらず「基準」に固執していることにある。「基準」との関係で最も大きな問題となるのは,**加工費の配賦**である。

「訓令」第35号の第63条（平成27年10月1日）では,「加工費率,加工割掛率,機械加工費率,作業量加工費率,単位加工費率（以下「加工費率等」という。）は,賃率等及び製造間接費率等の複合率として計算するものとする。ただし,

調達物品等の特殊性により直接材料費を包括して加工費率等を計算することが適当と認められる場合は，当該計算によることができる。」とする但し書きが設けられている。その理由として『防衛省 中央調達の手引（改 平成28年）』では，加工費の計算方法と題して，実務では「通常の場合，直接労務費と製造間接費とを合算して加工費として一括計算する方法をとっている場合が多い。このため経費率算定調書には，賃率及び製造間接費率を区分して表示することなく，これを複合して加工費率としている場合が多い。」[防衛基盤整備協会，2016, p.174] からだと述べ，加工比率による配賦を認めている。

加工費には，製造間接費のほかに直接労務費が含まれる。したがって，そもそも直接労務費は原価計算対象に賦課し，製造間接費だけを配賦すれば済む話である。製造間接費に直接労務費を加えた加工費を活用した加工費率を使って製造間接費を配賦する必要はないはずである。それにもかかわらず，上記の例外規定が設けられた。その結果，防衛装備品のように機械よりは人間による作業量が多い職場では，防衛装備品に製造間接費を過剰に配賦する結果になっている。この点に関しては，著者だけでなく，米国の防衛専門家からも不適切であるとの指摘を受けてきた［櫻井, 2017, p.46］。

なぜ製造間接費の配賦に加工費率を適用するのがいけないのかは，製造間接費の配賦に加工費率を用いると，防衛装備品と民生品を1つの工場で生産している企業では，結果的に民生品から防衛装備品へのコスト・シフティング［Rogerson, 1992, pp.671-690］が行われるからである。

4 「基準」のあり方を巡って現実的な解決法を探る

過去，数多くの原価計算研究者・実務家はいく度か環境の変化による経営実態や原価計算方法と「基準」との乖離を理由に「基準」を批判してきた。日本会計研究学会でも統一論題その他で「基準」の問題点を議論してきた［櫻井, 1982, pp.15-39; 櫻井, 1998, pp.254-258］。日本大学商学部会計学研究所の調査［新江, 2014, p.122］によれば，製造業の経営者の46％（回答企業数53社）の企業が「基準」を改定すべきだと回答している。清水ほか［2011, pp.73-74］では，調査対象となった企業[13]の約4割が「『基準』の記述は不十分であり，生産実態に合った改正を行うべき」だと答えている。「原価計算基準」のあり方

が議論された日本原価計算研究学会の報告会場でのアンケート調査では，88％（回答者93人中82人）の参加者が「現行『原価計算基準』を改正するか，あるいは新しい基準を策定するか，何らかの新しい原価計算についての基準が必要である」[尾畑, 2012, p.9]と答えている。著者もその多数意見に賛同する。

　以上を勘案すれば，現状のように「基準」をそのまま放置することは，現状是認型の日本的な解決法であるとはいえても，最善の解決策とはいえない。物づくりの現場の多くが海外に移転されている現状を見れば，官だけでなく，企業人の間でも新たな原価計算基準制定への熱意が従来ほどには見られないこともやむをえないかもしれない。官（企業会計審議会）も民（経団連）も「基準」の現状と将来に関心がないとすれば，現実的で次善の解決法としては，官庁主導ではなく，プライベートセクター（企業会計基準委員会）による検討なども1つの解決法として検討されるべきであろう。

注

1）シュマーレンバッハ[Schmalenbach, 1963, S.10]は，給付（Leistung）のことを「固有の経営目的から作られた価値創造（Werteschaffen）」だとしている。価値創造のことは，メレルヴィッツ[Mellerowicz, 1973, S.43]によって「活動（Tätigkeit）または活動の成果（Tätigkeitsergebnis）」だとされている。

2）給付というとき，一般に，活動（サービス）や活動の成果（製品）を含意する。一方，原価計算対象には製品・サービス，活動，プロジェクトまでが含まれる[櫻井, 1981, pp.21-38]。

3）社会原価とは，「究極的には企業の所有者またはその顧客ではなく，社会（またはその要素）が負担しなければならない外部コスト」[AAA, 1975, p.56]のことをいう。会計学における社会原価は経済学における社会費用とは違って，社会的便益との対応関係[櫻井, 1981, p.42]で定義づけられる。

4）機会原価と機会損失は別物だとする意見もある。伊藤[2013, p.39]によれば，「機会原価は原価性を有するが，機会損失は原価性をもたない」のだという。「機会損失とは，採択された代替案よりも有利な代替案が存在するにもかかわらず，これを採択しなかった場合に発生する損失」であるという。例えば，A案に代わってB案ないしC案が採択される場合に発生し，仮にB案が採択されたとすれば，100万円－80万円＝20万円が機会損失となり，その分だけ本来であれば得られたリターンが確実に減少する。それが機会損失であるという。

5）「原価計算基準」において，原価計算制度における"制度"は英語における

systemではなく，"勘定組織と結合された"とか"財務会計機構と適合した"制度という意味合いで用いられていることに留意されたい。

6）現実には，工場自動化が進んでも機械時間法が採用されていないことをアンケート調査［櫻井（a），1992, p.120］と訪問調査［櫻井, 1991, pp.107-110］を通じて明らかにした。その理由として考えられるのは，機械時間の採用は機械導入の抑制効果がある。なぜなら，機械時間が増えると原価が高くなるからである。しかし，企業が工場の自動化をするのは人件費削減のために人間に代わって産業用ロボット（機械）に仕事をさせようとするためである。結果，機械時間法を用いることによって，機械を多く使うプロセスの原価が高くなることから，ロボット化による合理化を遅らせる可能性がある。

7）総合原価計算（単純総合原価計算）は，電気機器（34社），輸送用機械（16社），繊維（13社）で多く使われている。工程別原価計算は，化学工業（39社），ガラス（10社），繊維（10社）などで使われている。組別原価計算は，化学工業（17社），機械（14社），電気機器（13社）などである。工程別組別原価計算は，化学工業（28社），鉄鋼（16社），輸送用機器（5社）などである。加工費工程別原価計算は，バルブ・紙（9社），非鉄金属（9社），輸送用機器（5社）などが目立っている。なお，等級別原価計算は繊維（7社），食料品（6社），石油・石炭（3社）などで，連産品原価の計算は石油・石炭（4社），化学工業（2社）などで使われているにすぎない。

8）旧「財務諸表準則」では，製造原価報告書と称されていた。製造原価報告書は会計人にとってなじみが深いことから，この用語が現在でもよく使われている。法的な規範性をもたない「財務諸表準則」は，「企業会計原則」（1954年）の改正でも，商法（1963年）の改正でも，改正が見送られてきた。一方，製造原価明細書は，証券取引法（現・金融商品取引法）に基づく「財務諸表等の用語，様式及び作成方法に関する規則」（最終改正は2013年）の第75条（売上原価の表示方法）第2項に基づいて作成が義務づけられている。その文言は，「前項第2号の当期製品製造原価については，その内容を記載した明細書を損益計算書に添付しなければならない」とされている。製造原価明細書も製造原価報告書も，その様式に違いはない。以上から，本書では，「金融商品取引法」に規定がある製造原価明細書の用語を用いる。なお，連結財務諸表作成会社がセグメント情報を注記している場合には，製造原価明細書の開示が免除されることになった。内閣府令第19号「財務諸表の用語，様式及び作成方法に関する規則等の一部を改正する内閣府令」（平成26年3月26日）を参照されたい。

9）諸井勝之助「『原価計算基準』について」『原価管理士だより』（第500号，2013年2月1日, p.1）では，実務規範として長期間にわたって一度も改定されな

かったのは，完成度が高かったからであると述べている。著者もこの見解に同意する。その意味から，諸井教授は「なるべく新しい解釈を加えながら幅を持たせて読むことによって『基準』の現代化を図るという方法」（諸井勝之助「『原価計算基準』制定50年」『ＬＥＣ会計大学院紀要』第10号, 2012年12月, p.14）を推奨している。

10) 1986年の調査では，有効回答数175社のうち99社（56%）が継続的に原価計算を実施，必要に応じて原価計算を実施している企業は40社（23%），「実施せず」は36社（21%）であった。

11)「基準」における原価計算制度という場合の制度の意味は，勘定組織に基づき財務諸表作成に直接結びついた原価計算を含意している。その場合の制度は1つである。しかし，この制度の意味を巡って，学界で解釈が分かれていることも事実である。制度をアメリカ流のシステムと解する見解もあるなど，決定的な見解がない。

12)「基準」（1（3））でも，差異の分析，経営管理者への報告，原価能率を増進する措置の必要性を指摘している。実によく書けていると思う。しかし，フィードバックで重要な要素と考えられる次期の標準設定への情報提供について，言葉として明示的には触れられていない。なお，次期の標準の設定はフィードバック機能の範囲を超えているとする有力な見解もある。

13) 清水ほか［2011, pp.10-18］は，訪問調査とアンケート調査によって，日本企業が「基準」に抵触しない種々の原価計算方法を工夫している実態を紹介している。回答は，「『基準』の記述は不十分であり生産実態に合った改正をすべきである」が40.5%，「原価計算を行うに当たり『基準』でとくに問題がない」は59.5%であった。

参考文献

AAA, Report of the Committee on Cost Concepts and Standards, *The Accounting Review*, April 1951.（青木茂男監修・櫻井通晴訳『A.A.A.原価・管理会計基準［増補版］』中央経済社, 1981, p.85）。

AAA, Report of the Committee on Social Costs, Supplement to vol.XLX, *The Accounting Review*, 1975.

CASB (Cost Accounting Standards Bosrd), Standard Rules & Regulations, Part-400, Definition, July 1, 1972.

Lev, Baruch, *Intangibles, Management, Measurement, and Reporting*, Brookings Institution Press, 2001.（広瀬義州・桜井久勝『ブランドの経営と会計―インタンジブルズ―』東洋経済新報社, 2001年）。

McFarland, Walter B., *Concepts for Management Accounting*, National Association of Accountants, 1966.

Mellerowicz, Konrad, *Kosten und Kostenrechnung*, Band 1, DeGruyter, 5 Auflage, 1973.

NAA, *External Reporting for Segment of a Business*, 1968.

Rogerson, William P., Overhead Allocation and Incentives for Cost Minimization in Defense Procurement, *The Accounting Review*, Vol.67, No.4, October 1992.

Schmalenbach, Eugen, *Kostenrechnung und Preispolitik*, Westdeutsher Verlag, 8 erweitere und verbesserte Auflage, bearbeitet von Dr. R. Bauer, 1963.

青木茂男『部門別業績管理会計』国元書房, 1973年。

新江　孝「日本企業の管理会計・原価計算実務に関する調査結果の分析―先行調査研究との比較―」『商学研究』第30号。

伊藤嘉博「わが国の品質管理実践革新の可能性と品質コストが果たす役割に関する考察」『早稲田商学』第434号, 2013年。

尾畑　裕「原価計算基準から原価・収益計算基準へ」『会計』第181巻 第2号, 2012年。

片岡洋人「製造間接費計算からみた『原価計算基準』への提言」『原価計算研究』Vol.40 No.1, 2016年。

櫻井通晴『アメリカ管理会計基準研究―原価計算の管理的利用から現代の管理会計―』白桃書房, 1981年。

櫻井通晴「『原価計算基準』の基本的性格と基礎概念」『会計』第122巻, 第5号, 1982年。

櫻井通晴『原価計算―理論と計算―』税務経理協会, 1983年。

櫻井通晴他『ソフトウェア原価計算―原価管理・価格決定・資産管理のために―』白桃書房, 1987年。

櫻井通晴『企業環境の変化と管理会計』同文舘出版, 1991年。

櫻井通晴（a）「わが国管理会計システムの実態―CIM企業の実態調査分析―」『専修経営学論集』第55号, 1992年。

櫻井通晴他（b）『ソフトウェア原価計算―原価管理・価格決定・資産管理のために―［増補版］』白桃書房, 1992年。

櫻井通晴『新版　間接費の管理―ABC／ABMによる効果性重視の経営―』中央経済社, 1998年。

櫻井通晴・村上敬亮編著『ソフトウェア価格決定の理論と実務』中央経済社, 1998年。

櫻井通晴『ソフトウェア管理会計―IT戦略マネジメントの構築―［第2版］』白桃書房, 2006年。

櫻井通晴『原価計算』同文舘出版, 2014年。

櫻井通晴『契約価格, 原価, 利益―管理会計の視点による防衛装備品の効率的・効果的な開発と生産―』同文舘出版, 2017年。

櫻井通晴「人工知能（AI）が会計と会計監査, 内部監査に及ぼす影響」『月刊　監査研究』第44巻第6号, 2018年。

清水孝・小林啓孝・伊藤嘉博・山本浩二「原価計算総論と費目別原価計算」『企業会計』Vol.63, No.8, 2011年。

番場嘉一郎『原価計算論』中央経済社, 1963年。

防衛基盤整備協会『中央調達の概況（平成28年度版）』防衛装備庁, 2016年。

諸井勝之助「『原価計算基準』制定50年」『ＬＥＣ会計大学院紀要』第10号, 2012年12月, p.14。

諸井勝之助「『原価計算基準』について」『原価管理士だより』第500号, 2013年2月1日, p.1。

第5章
企業評価と財務諸表分析

1　企業価値の評価

　企業評価というとき，2つの意味が含意される。1つは，M&A（合併や買収），経営統合（持ち株会社），営業譲渡などを目的として，主として企業の内部者やM&Aの専門家によって行われる評価である。企業の買収価格，譲渡価格を評価するという意味での企業価値の評価といえる。いま1つの企業評価は，典型的には銀行が融資先の企業の評価をする場合に行うような，経営者とステークホルダーによって行われる評価である。財務諸表分析とか経営分析と呼ばれているものがそれである。まず企業価値の評価について考察し，そのうえで財務諸表分析についてその要点を述べる。

1　企業価値の評価になぜ経済価値の測定が必要か

　他企業との間でM&A，経営統合，営業譲渡するには，基礎情報として，対象とする企業価値の測定が必要となる。このような目的のために企業の価値を算定するには，一般には，株式の時価総額や将来キャッシュ・フローの算定を通じた経済価値の測定が必要となる。なぜ，経済価値が測定されるのか。

　企業価値は，元来，欧米でしばしば論じられているように経済価値とか株主価値だけを意味するわけではない。企業価値の中心が経済価値であることはいうまでもないが，企業価値は，経済価値とそのバリュー・ドライバーである顧客価値，社会価値，および組織価値の総合的な表象である。ところが，利害が対立するM&Aや経営統合などの企業価値の評価にあたっては，数値に基づく**客観的な経済データ**が必要となる。そこで，企業価値を評価・測定するためには，本来の意味での企業価値の代理変数として，株価や，将来キャッシュ・フローの現在価値といったような経済価値の測定が行われるのである。

2 将来キャッシュ・フローの現在価値の測定

利害が対立する場合の企業価値の測定においては、経済価値の測定が必須である。経済価値は現在、将来の期待キャッシュ・フローを、そのリスクを反映する一定率でDCF（discounted cash flow；割引キャッシュ・フロー）法を用いて現在価値に割り引くべきだとする見解が多くの支持を集めている。DCF法には、内部利益率法、正味現在価値法などが知られているが、経済価値の測定に用いられるのは、**正味現在価値法**（net present value；NPV)[1]である。

現在価値への割引には、借入金の金利、資本金の配当、社内留保の機会原価である資本コストを加重平均した資本コストが用いられる。これが**加重平均資本コスト**（weighted average cost of capital；WACC, 通称「ワック」という）である。設例をもって説明しよう。

【設例1】

X社は現在、Y社の買収を検討している。X社はY社の買収によって、X社にはない技術も導入できる。株式の時価総額から、Y社の買収価格は200億円とされた。Y社の将来の期待キャッシュ・フローは、1年目40億円、2年目50億円、3年目70億円、4年目70億円、5年目30億円と見積もられた。加重平均資本コストが5％であるとすると、X社はY社を買収すべきであるか。

〔解　答〕

表5-1　現在価値の計算（現在価値への割引）

（単位：億円）

年	キャッシュ・フロー	現価率(注)	現在価値
0	−200	1	−200
1	40	0.9524	38
2	50	0.9070	45
3	70	0.8638	60
4	70	0.8227	58
5	30	0.7835	24
正味現在価値(NPV)			25

（注）現価率は本書巻末［付録1］の複利現価表を参照されたい。

DCF法では，正味現在価値（NPV）≧0のときには買収提案を受け入れるべきである。設例1では，NPVは25億円であるから，このケースでの買収提案を受け入れるべきであるということになる。DCF法による測定結果は，学説上，企業価値の測定として知られている。たしかに，広い意味でその計算結果は企業価値の算定結果であるといえなくはないが，厳密に考えるならば，算定された結果は企業価値ではなく，経済価値である[2]。

日本の経営者は，株主だけでなく，顧客，従業員，株主を大切にする経営を実践してきた。伊藤［2000, pp.65-75］は，このような経営を，ゴールデン・トライアングルと称している。伝統的にステークホルダーを重視してきた日本の経営者は，株主重視の経営を推進してきたアメリカの経営者の経営のスタンスとは対照的である。もちろん，最近では株主を重視すべきであるといった議論に後押しされて，日本企業でも株主価値経営[3]の姿勢を鮮明にしている企業も目立ってきたことは認めなければならない。

経済価値の中心は，株主価値[4]である。**株主価値**は，企業価値から負債価値を差し引いた金額である[5]。それゆえ，株主価値と企業価値の関係は次のように表される［Black, et al., 1998, p.48］。

> 株主価値 ＝ 企業価値 － 負債価値

仮に，負債価値の増加額を20億円，企業価値の増加額を25億円とすれば，株主価値は，5億円（25－20）になる。負債価値の増加額を40億円とすれば，株主価値は－15億円（25－40）になる。借入金の増加が自己資本利益率を高めるとする財務レバレッジ効果を別にすれば，株主価値は借入金が少ないほど高いということになる。

企業の評価には，以上で見た企業価値の評価の他，主として外部のステークホルダーによって用いられる企業の評価がある。外部評価で最も多く用いられるのは，財務諸表の分析（財務諸表分析ないし経営分析）である。財務諸表分析は管理会計に固有の評価や分析ではないが，管理会計担当者が習得しておく必要のある知識である。そこで次に，財務諸表分析のエッセンスを考察する。

2 財務諸表分析の基礎データとなる財務諸表

財務諸表 (financial statements) には，グループ全体の経営実態を映し出す連結財務諸表と，単一企業について作成する個別財務諸表とがある。連結財務諸表は，連結貸借対照表，連結損益計算書，連結株主資本等変動計算書，連結キャッシュ・フロー計算書，連結附属明細表からなる。個別財務諸表は，貸借対照表，損益計算書，株主資本等変動計算書，キャッシュ・フロー計算書，附属明細表からなる。連結財務諸表を作成・開示する企業は，個別キャッシュ・フロー計算書を省略することができる[6]。

1 損益計算書

損益計算書 (income statement, profit and loss statement ; P/L) は，企業の一定期間にわたる経営成績を表す財務諸表である。損益計算書では，式5-1の算式で利益が計算される。

$$収益 - 費用 = 利益 \qquad (5\text{-}1)$$

第1章で述べた通り，日本には現在，日本基準のほか，IFRS，SEC，日本型IFRSがある。圧倒的多数が日本基準を採用しており，国際会計基準，米国基準と続いている。修正国際基準の採用は，現在ではゼロである。**日本基準**においては，損益計算書は，営業損益計算，経常損益計算，純損益計算に区分して損益計算書が作成されている。

営業損益計算の区分では，主たる営業活動から得られた損益を表示する。結果，売上総利益と営業利益の2つの利益が計算される。売上総利益は俗に粗利といわれる。**経常損益計算**では，会社の経常的な経営活動によって生じる収益と費用を報告している。管理会計では，経営者の主たる経営活動からどれだけの利益が得られたかを知るうえで，経常損益は極めて重要な役割を果たしている。ただ，IFRSでは，経常損益の計算は前提とされていないことに留意されたい。**純損益計算**は，臨時損益を計算・表示するために設けられている。臨時

損益とは，固定資産売却損益，長期保有の有価証券の売却損益，前期損益の修正などからなる。税引前の当期純利益から法人税等を差し引いて，**当期純利益**が算定される。当期純利益は，俗に，**ボトムライン**ともいわれる。

損益計算書の1つを下記に掲示する。以下で参照しているのはA社の損益計算書である。連結財務諸表は日本基準の他にSEC基準，IFRS基準の説明も必要になるので，管理会計という立場から日本基準の**個別財務諸表**を掲載している。説明に即して，日付や数値などで多少の修正したところもある。

A社　損益計算書（2017年4月1日～2018年3月31日）

(単位：百万円)

区　分	科　目		金　額	比　率
営業 損益計算	I	売上高	2,344,563	100.0
	II	売上原価	1,852,123	79.0
		売上総利益	492,440	21.0
	III	販売費及び一般管理費	405,182	17.3
		営業利益	87,258	3.7
経常 損益計算	IV	営業外収益	62,713	2.7
		受取利息及び配当金	46,041	2.0
		雑収入	16,672	0.7
	V	営業外費用	22,452	1.0
		支払利息	6,734	0.3
		雑損失	15,718	0.7
		経常利益	127,519	5.4
純損益 計算	VI	特別利益	3,398	0.1
		固定資産売却益	3,398	0.1
	VII	特別損失	41,004	1.7
		関係会社投資等損失	37,617	1.6
		減損損失	3,386	0.1
		税引前当期純利益	89,913	3.8
	VIII	法人税，住民税及び事業税	−87	0
		法人税等調整額	34,164	1.5
		当期純利益	55,836	2.4

2 貸借対照表

貸借対照表（balance sheet；B/S）は，企業の一定時点における財政状態を表す財務諸表である。貸借対照表の貸方（右側）は，資金の調達源泉を表す。借方（左側）は，調達した資金の運用形態を表している。管理会計が主な考察対象とするのは，貸借対照表の借方（資金の運用形態たる資産）である。当然のことながら，有形資産・無形資産の如何にかかわらず，資産の管理が管理会計の主要な研究対象となる。逆に，財務管理や経営財務論の主要な対象は，主として，貸借対照表の貸方側である。貸方と借方の関係は，式5-2で示される。

$$資産 = 負債 + 純資産 \qquad (5\text{-}2)$$

貸借対照表を貸方と借方に区分して図解すれば，図5-1のようになる。

図5-1　貸借対照表の図解

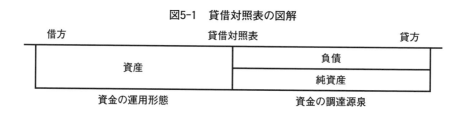

資産は，流動資産，固定資産，繰延資産に区分される。流動資産を固定資産から区分する基準には，1年基準がある。1年以内に回収される支払基準が到来すれば**流動資産**，現金化にそれ以上の年数がかかれば固定資産とする。棚卸資産には1年には回収できないものがあるが，正常営業循環過程（現金→仕入債務→棚卸資産→売上債権→現金）にあるものは，流動資産に属させる。

流動資産は，当座資産，棚卸資産，その他流動資産に区分される。**当座資産**は，現金と，現金化できる流動性（短期支払能力）の高い資産である。一方，**棚卸資産**は，現金化までに棚卸，販売というプロセスが必要な資産である。

固定資産は，有形固定資産，無形固定資産，投資その他の資産に区分される。**無形固定資産**は，実体を備えていないものの，有形固定資産と同様かそれ以上

に企業価値を創造する。特許権，実用新案権，意匠権，商標権のような知的財産権は法的な権利を有する。**のれん**（goodwill；営業権）は，償却と非償却という２つの相対立する見解がある。IFRSのような非償却・減損が理想的ではあろうが，客観的かつ適正な評価の実行可能性を考えると，著者は少なくとも日本では償却によるのが現実的ではないかと考えている。現行のように20年がよいか，それとももっと短い期間（例えば10年）が望ましいかは，更なる検討が必要であろう。**投資その他の資産**は，他の企業を支配あるいは他企業と良好な取引関係を結ぶため，長期にわたって所有する資産である。

負債（liability）は，流動負債と固定負債に区分される。１年以内に返済（借入金の場合）・償還（社債の場合）される負債が流動負債である。わが国の上場企業では，高度成長時代には自己資本比率が平均で10％台にまで低下したこともあるが，現在では平均して40％台で推移している。流動負債の中身も，高度成長の時代には台風手形（210日もの長期の支払手形）など性質の悪い流動負債もあったが，現在では中堅以上の企業の財務業績は大幅に改善されてきている。

A社　貸借対照表（2018年３月31日）

（単位：百万円）

科　目	金　額	比率(%)	科　目	金　額	比率(%)
資　産			負　債		
Ⅰ　流動資産	1,384,946	60.3	Ⅰ　流動負債	1,093,000	47.6
１　当座資産	981,430	42.8	Ⅱ　固定負債	558,698	24.4
２　棚卸資産	251,407	11.0	負債合計	1,651,759	72.0
３　その他流動資産	152,105	6.6	純資産		
Ⅱ　固定資産	910,408	39.7	Ⅰ　株主資本	632,864	27.6
１　有形固定資産	307,825	13.4	１　資本金	175,820	7.6
２　無形固定資産	13,545	0.6	２　資本剰余金	181,320	7.8
３　投資その他の資産	589,037	25.7	３　利益剰余金	275,944	12.0
			４　自己株式	-221	0
			Ⅱ　評価換算差額等	10,732	0.5
			純資産合計	643,596	28.0
資産合計	2,295,355	100.0	負債純資産合計	2,295,355	100.0

純資産には，株主資本と株主資本以外の項目が記載される。**株主資本**は，資本金の他，資本剰余金，利益剰余金からなる。自己株式は株主資本から差し引かれる。**資本金**は，会社の設立や増資に際して株主が払い込んだ資本である。株主資本以外の項目には，その他有価証券評価差額金，為替換算調整勘定，土地再評価差額金，繰延ヘッジ損益などが含まれる。

貸借対照表の1つを前頁で掲示する。A社の貸借対照表であるが，説明のため，日付など多少の修正を加えていることを了解願いたい。

3　財務諸表分析

経営者や外部のステークホルダーによって活用される財務諸表の分析のことは，**財務諸表分析**（financial statement analysis）とか**経営分析**といわれる。本章で財務諸表分析は，①収益性，②安全性，③生産性，④成長性，および⑤投資家の立場からする投資収益性，を考察する。分析のモデルとしては，一般に馴染みが深く，業績が順調なA社の個別財務諸表[7]を用いる。

1　収益性分析

企業経営における主要な経営目標は，健全な財政状態を維持しつつ，満足できる適正な利益をあげることである。これは，たとえていえば，車の運転において，安全運転を心掛けつつ，できるだけ早く確実に目的地に到着することに似ている。企業の主要な目標には，次の2つの局面がある。

1　満足しうる適正な利益をあげること。
2　健全な財政状態を維持すること。

1は収益性，2は安全性の基準である。企業は元来，利潤（利益）の獲得を目的とする組織体であるということからすれば，企業は利益があってこそ初めて企業として認められる。そこでまず，収益性の分析から考察する。

(1)　投資利益率

投資利益率（return on investment；ROI）は，投資額との関係でどれだけ

の収益性をあげたかを表し,利益を投資額で除して算定される。算式は式5-3のとおりである。

投資利益率 ＝ 利益 ÷ 投資額 × 100　　　　　　　　　　(5-3)

投資利益率にはいくつかのバリエーションがある。管理会計ではプロジェクト別,商品別,顧客別等の投資利益率が分析されるが,外部ステークホルダーのためには,資本利益率が活用される。**資本利益率**（return on capital）は,資本との関係で,企業の総合的な収益性を判定する有用な尺度である。この尺度は式5-4で表される。

資本利益率 ＝ 利益 ÷ 資本 × 100　　　　　　　　　　(5-4)

資本利益率のバリエーションには,総資産利益率（当期純利益÷総資産×100），経営資本利益率（営業利益÷経営資本×100），自己資本利益率（当期純利益÷自己資本×100）などがある。

総資産利益率（return on assets；ROA）は,事業に投下されている資産がどれだけの利益を獲得したかを示す指標である。総資産利益率は,企業の総合的な評価指標として最もよく活用される。A社の個別財務諸表から,総資産利益率を算定すると,2.4%となる。世界の有力企業と比較すれば決して褒められるわけではないが,日本企業としては決して悪いとはいえない。

　　A社　総資産利益率＝55,836百万円÷2,295,355百万円×100＝2.4%

経営資本利益率は,経営者の業績を評価するのに適する。分母の経営資本の計算では,総資産から建設仮勘定,投資その他,繰延資産を控除して求める。算式で示せば,経営資本＝総資産－（建設仮勘定＋投資その他＋繰延資産）となる。分子の利益には営業利益が用いられる。

自己資本利益率（return on equity；ROE）は,2006年の会社法制定とこれに関連する会計基準の改正前までは株主資本利益率ともいわれていた[8]。自己資本利益率は自己資本によってどれだけの利益をあげたかを示す。株主にとって関心の深い指標である。A社の自己資本利益率を算定すると,次のように8.7%となる。

A社 自己資本利益率＝55,836百万円÷643,596百万円×100＝8.7%

投資利益率は，次に示すように，売上高利益率に回転率を乗じて算定される。売上高利益率は売上収益性を表す。回転率は，1期間に投資額が何回転したかを表す。

投資利益率	＝	売上高利益率	×	回転率
⇧		⇧		⇧
利益		利益		売上高
投資額		売上高		投資額

(2) 売上高利益率

売上高利益率（return on sales）は売上利益率ともいわれ，利益の売上高に対する大きさを分析するための比率である。**売上高の収益性**を示す。式5-5で算定される。

売上高利益率 ＝ 利益 ÷ 売上高 × 100　　　　　　　　　　(5-5)

分子の利益を売上総利益（売上高－売上原価）として求めた比率は，**売上総利益率**（売上高総利益率；俗に，粗利益率ともいう）である。売上総利益率を高めるには，販売価格を上げるか，原価を低減することによって達成できる。A社の売上総利益率は，21.0%である。売上を伸ばせても，そのための営業費の活用に非効率があっては意味がない。売上営業利益率は，営業費に管理の目を向けるキッカケとなる。A社の売上営業利益率は，3.7%であった。

A社　売上総利益率＝492,440百万円÷2,344,563百万円×100＝21.0%
　　　　売上営業利益率＝ 87,258百万円÷2,344,563百万円×100＝3.7%

売上高利益率は，投資利益率に比べると投資効率を考慮していない分だけ分析指標としては劣ると考えられがちである。1980年代のことである。日本会計

研究学会の特別委員会の1人として，トヨタ自動車を訪問した。常務からの説明で，売上高利益率が価格決定に使われていることを知った先輩委員の多くは，売上高利益率の活用に批判的であった。

トヨタがなぜ売上高利益率を価格決定に使っているのかが理解できたのは，原価企画とカンバン方式（JIT）を研究した後のことである。

原価企画では，競争価格として，売上高利益率が活用される。価格決定に投資利益率を使っていた当時のアメリカの主要な自動車会社や日産自動車とは大きな違いである。売上高利益率では競争状況を加味した売上収益性は考慮されるが，投資効率までは測定できない。カンバン方式は，結果として在庫を圧縮させ，投資効率を高める。ということは，トヨタは，売上高収益性は売上高利益率で，投資効率はカンバン方式で別々に管理しているのではないか，というのが著者の導いた当時の結論である。

以上でみたように，分析比率もステレオタイプではなく，自社に適した方法を考えることが大切である。

(3) 回転率

回転率は，1期間に投資額（資本）が何回転したかということ，すなわち1期間における資本の回転速度を示す。資本回転率を算定する目的は，調達した資本がどれほど**効率的に運用**されているかを分析することにある。投下資本は一般に2期の平均値を使う。資本回転率は，売上高を投下資本で割って算定する。式5-6を参照されたい。

資本回転率 ＝ 売上高 ÷ 投下資本 　　　　　　　　　　　(5-6)

資本回転率は，年間に投下資本の何倍の売り上げを達成できたかという**資本効率**を表示する。**総資産回転率**では，損益計算書で最も大きな数値である売上高と，貸借対照表で最も大きな数値である総資産を算定する。資本回転率によって資産効率が明らかになるが，業界によって大きな違いがみられるから，分析には注意が必要である。A社の総資産回転率を計算してみよう。

A社　総資産回転率＝2,344,563百万円÷2,295,355百万円＝1倍

薄利多売のスーパーマーケットでは，売上高利益率は低くても資本回転率が高い。他方，高級専門店では，売上高利益率は高くても，資本回転率は低い。総資産回転率の高い業界には，石油，商社，小売，陸運，食品などがあげられる。逆に，総資産回転率が低い業界は，不動産，電力，鉄道・バス，医薬品などである。

棚卸資産については，しばしば**回転期間**が算定される。回転期間を算定するには，回転率での計算式の分母と分子を逆にすればよい。例えば，棚卸回転期間は，棚卸資産÷売上高×365の算式で棚卸資産回転日数を算定する。必要に応じて，商品回転日数，製品回転日数，仕掛品回転日数，原材料回転日数などが算定される。

回転率は売上債権回転率，棚卸資産回転率[9]，固定資産回転率などでも算定される。世界的に知られているトヨタの**カンバン方式**（JIT）の狙いの1つは，在庫をゼロに近づけることで棚卸資産回転率を高めることにある。

2　安全性の分析

財務の安全性は，流動性によって分析できる。**流動性**は，狭義で支払能力と同義とみることができるが，広義では資本構成や資産構成によって，財務の安全性を高めることを意味することもある。自動車の運転でいえば，スピードをあげて可能な限り早く目的地に到着するのが収益性の追求であるとすれば，追突や人身事故を起こさないように，安全運転に気をつけて走るのは，企業でいえば，安全性である。

(1)　支払能力の分析——流動比率と正味運転資本

財務分析のうちで最もよく知られているのが，**流動比率**である。これは流動資産と流動負債との割合を示す比率である。流動比率の分析によって，企業が流動負債の何倍（何％）の流動資産をもち，どれだけの支払能力があるかを分析することができる。式5-7で算定される。

　　流動比率 ＝ 流動資産 ÷ 流動負債 × 100　　　　　　　　(5-7)

流動比率は，流動資産で流動負債を支払う能力がどれくらいあるかを測定す

る分析比率である。流動比率が高いほど支払能力が高いと考えられる。元来，アメリカの銀行が融資企業の調査する1つの手法として用いたことから，銀行家比率ともいわれている。A社の流動比率を計算してみよう。

A社 流動比率 = 1,384,946百万円 ÷ 1,093,000百万円 × 100 = 126.7%

流動比率が127%前後といえば，たしかに業界平均からしても流動性に優れているとはいえない。従来は，流動比率は200%（2対1の原則）が望ましいといわれていた。では，現在でも200%が望ましいといえるのか。200%以上あれば超安全といえそうであるが，流動資産を多く抱え過ぎていることは，資金の有効利用がなされていないともいえる。

管理会計の立場からすると，流動比率が高すぎるときには，次のような検討がなされる必要がある。

(1) キャッシュ・マネジメントが適切になされていないのではないか。
(2) 売上債権のなかに，不良資産が含まれていないか。
(3) 棚卸資産にデッドストック（死蔵品）が含まれていないか。

要するに，流動比率が高すぎるときも低すぎるときにも，管理会計の立場からはさらなる検討が必要だということである。

支払能力は，**正味運転資本**（正味運転資金）からも知ることができる。流動資産を流動負債で割った比率は流動比率になるが，流動資産から流動負債を引くと，正味運転資本が算定される。

正味運転資本は，（固定負債＋自己資本）−固定資産でも算定できる。資金運用表の原理[10]は，式5-8（1,2）からなる。

$$\text{正味運転資本} = \text{流動資産} - \text{流動負債} \qquad (5\text{-}8(1))$$
$$= (\text{固定負債} + \text{自己資本}) - \text{固定資産} \qquad (5\text{-}8(2))$$

理解を深めていただくために，貸借対照表の形式から，流動比率と正味運転資本との関係を図5-2で図解してみよう。図解からも，正味運転資本が，①−②，または（④＋⑤）−③で算定されることが明らかになる。図5-2との関係で運転資本の意味をご理解いただきたい。

図5-2　貸借対照表の分解図

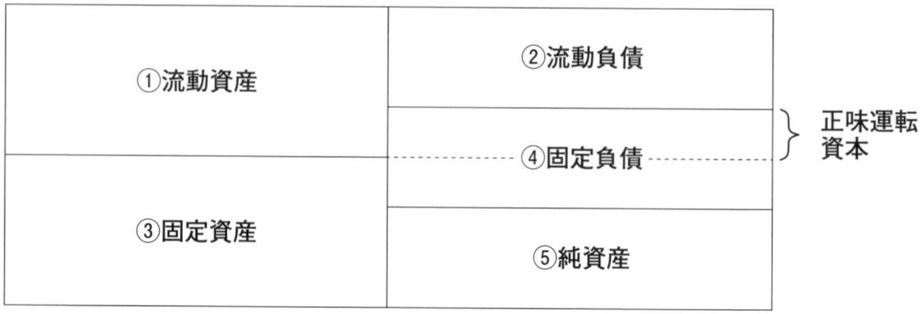

①流動資産	②流動負債	┐
	④固定負債	├ 正味運転資本
③固定資産	⑤純資産	┘

流動比率＝①÷②×100　　　正味運転資本＝①－②

　運転資金とか運転資本というとき，日本の経営者はアメリカの経営者と同様に，運転資金＝正味運転資金と解しているのかというと，そうではない。流動資産総額をもって運転資金であるとする見解もあるが，買掛金や短期借入金は早々に返済しなければならないから，この見解に与することはできない。

　日本では，現金および現金同等物（預金など）をもって運転資金とする見解が多くの日本の経営者によって支持されている。この見解は，短期借入金・貸付金も常識の範囲内にあり，企業間信用の借方と貸方とのバランスがとれていて，比較的短期的な運転資金を含意する（運転資金というときには一般に短期の資金が課題となる）限りにおいて，現金および現金同等物をもって運転資金と解するのには，それなりの意義があると思われる。

　さらに，資金との関係でいえば，次に述べる当座比率は，現金および現金同等物を重視する日本の経営者の考え方に対応しているように思われる。

(2) 短期支払能力の分析

　流動資産は，**当座資産**（現金預金，受取手形，売掛金など）と**棚卸資産**（商品，原材料，貯蔵品など）からなる。棚卸資産は販売されなければ現金化できないため，短期の支払能力は乏しい。棚卸資産には死蔵品[11]もある。在庫には保管料，金利，品質低下のコストがかかるから，製品，原材料，仕掛品などの棚卸資産はできるだけゼロに近づけるのが望ましい。そこで短期の支払能力の判定には，流動資産から棚卸資産などを差し引いた分析が必要となる。それ

が当座比率である。**酸性試験比率**[12]ともいう。式5-9の算式で算定される。

$$当座比率 = 当座資産 \div 流動負債 \times 100 \qquad (5\text{-}9)$$

当座資産の算定には，一般に，次の3つのうち，いずれかの算式が使用される［渋谷，2011，p.44］。①流動資産－棚卸資産－前払費用，②現金預金＋売上債権＋市場性ある有価証券，または③流動資産－棚卸資産。貸借対照表の省略された数値を補ったうえで，A社の当座比率を計算すると，次のようになる。

A社 当座比率＝981,430百万円÷1,093,000百万円×100＝89.8%

当座比率は100%以上が理想である。A社の当座比率は理想の100%以下ではあるが，70%以上あるから，決して悪いとはいえない。大橋［2005，p.61］が述べているように，弱小の中小企業とは違い，「今日の独占的な大企業では，銀行を中心に企業集団を形成し，系列融資をとおしてその規模を拡大してきた。こうしたもとでは，支払準備としての資金を多額に保有する必要はなく，とくに資金需要が大きい場合には，個々の企業では最低の準備をし，緊急の事態には銀行からの融資をあおぐことになる」。分析に当たっては，旧財閥に属するA社は，まさにそういった企業の典型であることを考慮すべきである。

(3) **資本構成の分析比率**

企業の資本構成は，自己資本（または総資産）と他人資本との比率として算定される。安全性の観点からは，自己資本が多いことが望ましい。資本構成は負債比率（式5-10）か自己資本比率（式5-11）で算定される。

$$負債比率 = 負債 \div 自己資本 \times 100 \qquad (5\text{-}10)$$
$$自己資本比率 = 自己資本 \div 総資本 \times 100 \qquad (5\text{-}11)$$

負債比率でいうときの負債は，有利子負債を指す。この負債比率が低下するということは，企業の経営の安定性が増すことを意味する。一般には負債比率

は100％未満が望ましいとされている。しかし，**財務レバレッジ**（financial leverage）[13] を考慮すると，負債が多ければ，それだけ自己資本利益率を向上させる効果がある。

自己資本比率が高まれば，経営の安定性は増す。日本の主要企業（上場企業）の自己資本比率は，経済成長が著しかった1970年代には平均17％前後まで落ち込んだこともあるが，1991年のバブル崩壊以降，日本企業は資本構成の高度化を図ってきた結果，最近では一定規模以上の企業では40％前後にまでに改善されてきている。ただ，全産業を見たとき，とくにサービス業の資本構成はまだまだ改善の余地が大きい。

2006年の会社法施行により，従来の「資本の部」は「純資産の部」に代わった。であれば，分子の自己資本に代えて純資産とすべきようにも思える。しかし，自己資本には非支配株主持分と新株予約権は含まれないので，自己資本は純資産とは異なる。

個別財務諸表では，自己資本＝株主資本＋評価換算差額である。仮に連結財務諸表を前提にすれば，自己資本＝純資産－非支配株主持分－新株予約権として計算するので，注意が必要である。

では，A社の資本構成はどうなるか。A社の純資産には非支配株主持分も新株予約権も含まれていないので，純資産＝自己資本となる。自己資本比率を計算した結果は，次のように，28.0％になる。

A社 自己資本比率＝ 643,596百万円 ÷ 2,295,355百万円 ＝ 28.0％

企業の安定性を重視すれば，自己資本比率が高いほど望ましい。しかし，資本コストを勘案すると，現在の状況では借入金の方がコスト有利である。財務レバレッジも有利に働く。このような観点からすると，安全性に全く不安がなければ，自己資本比率が低いことは，決して悪い選択肢ではない。

1991年のバブル崩壊以降の状況は，過剰な設備投資を抱えている製造業では借入金ではなく，自己資本比率を高めようとしている。一方，事業拡張のために外部資金が必要な事業では，自己資本比率は相変わらず低い水準にある。また，農林水産業や造船業でもまた自己資本比率が低い。

⑷ 自己資本と固定資産との関係比率

企業の資本調達源泉とその運用形態との間に適切な関係が保たれているかを算定するための分析も必要になる。固定資産を購入する資金を流動負債で充てることは経営の安全性を失わせる。固定資産は，自己資本の範囲内で充てるのが最も望ましい。図解すれば，調達源泉と運用形態との間には，理想的には(A)の関係が保たれることが望ましい。しかし，固定負債であっても返済期間が長いことからすれば，(B)も決して悪いとはいえない。

図5-3 固定比率（A）と固定長期適合率（B）

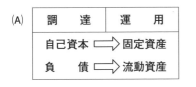

出典：著者作成。

資本調達源泉と運用形態との（A）の関係を分析する目的のために用いられるのが，固定比率である。式5-12で算定される。

$$\text{固定比率} = \text{固定資産} \div \text{自己資本} \times 100 \qquad (5\text{-}12)$$

固定比率は，100%を超えないことが理想とされる。では，A社の固定比率はどうか。次の計算結果から見るように，A社の固定比率は100%を大きく超えている。

A社 固定比率 = 910,408 ÷ 643,596 = 141.5%

固定資産をすべて自己資本で賄わなくても，固定負債であれば，ある程度まで安定的な資金として活用できる。そこで，固定比率を補足する分析指標として活用されているのが，**固定長期適合率**（図5-3の(B)を参照されたい）である。固定比率も固定長期適合率も，低い方が経営の安定性が高いと判断できる。固

定長期適合率は，式5-13で測定される。

固定長期適合率 ＝ 固定資産 ÷（自己資本＋固定負債）× 100　　（5-13）

A社の固定長期適合率はどうか。固定長期適合率も，100％以下であれば問題がないとされる。以上から，A社の固定長期適合率では，適正と判断される。

A社　固定長期適合率＝910,408÷(643,596＋558,698)×100＝75.7％

流動比率・当座比率と固定比率・固定長期適合率との関係を明らかにしておこう。狭義での企業の流動性が高まれば，基本的に自己資本も固定負債も大きくなる。それゆえ，流動比率・当座比率が高まれば，固定比率・固定長期適合率とも比率は小さくなる（安定性が高まる）といってよい。

企業の安定性を高めるには，自己資本を充実させることが望ましいと思われがちである。しかし，①資本コストの側面から見れば，現在の日本の現状では負債の資本コストが自己資本よりもはるかに安い。②借入金ではなく自己資本を増加させると，自己資本利益率が相対的に低下する。そこで，他人資本をテコ（leverage；レバレッジ）にして，自己資本利益率を高めようとすることがある。それゆえ，財務担当者は，財務の安定性だけでなく，コスト面での有利性，および財務レバレッジを総合的に比較検討したうえで，固定比率・固定長期適合率の関係を最も妥当と思われる水準にもっていくことが肝要である。

(5)　インタレストカバレッジ

インタレストカバレッジ・レシオ（interest coverage ratio）は，インタレストカバレッジともいわれ，企業の金融費用（支払利息と割引料）の支払能力を示す指標である。インタレストカバレッジは式5-14で表され，社債の格付けや金融機関の審査にも活用される。

インタレストカバレッジ＝（営業利益＋受取利息・配当金）÷支払利息・割引料
　　　　　　　　　　　　　　　　　　　　　　　　　　　　　　　（5-14）

インタレストカバレッジが高いほど支払能力が高い。無借金経営に近づくと

分母がゼロに限りなく近くなるので,倍率は大きな数値になる。銀行からの多大な借入金利子に苦しんだバブル崩壊以降,日本企業の多くは無借金経営を志向してきた。加えて,最近の低金利の現状もあって,インタレストカバレッジは大いに改善されてきている。

インタレストカバレッジは,支払利息の何倍の利益(利益には受取利息,配当金を含む)を創出しているかを評価する。これに対して,**売上高支払利息率**{(支払利息・割引料−受取利息)}÷売上高 は,売上高に対する支払利息の比率として算定される。現在のように多くの主要大企業の資金の余裕がある時代とは違って,資金が逼迫していた時代には,経験則として,売上高支払利息率が5%を超えている企業は危険な企業とされた時代もある。現代でも,資金的に逼迫した企業の分析では,売上高支払利息率の活用が大いに役立つ。

3 生産性の分析

生産性(productivity)は,一般に,企業への投入量(インプット)と産出量(アウトプット)との関係として算定される。基本式は,式5-15で表される。

$$\text{生産性} = \text{産出量} \div \text{投入量} \tag{5-15}$$

(1) 労働生産性

労働生産性(labor productivity)は,生産量÷従業員数または作業時間 で算定される。労働生産性は,**付加価値労働生産性**が意味されることもある。

付加価値(value added)とは,企業活動によって一定期間に新たに付け加えられた価値のことである。ステークホルダーとしての投資家,従業員,債権者,賃貸者,政府に対して,配当金,給料,利子,家賃,法人税等が支払われる。

付加価値の概念は,企業がステークホルダーにいかほど貢献したかを明らかにする。付加価値の算定には,加算法か控除法が用いられる。付加価値算定の一般的な算式[14]は下記のとおりである。

加算法:粗付加価値額=当期純利益[15]+人件費+金融費用+賃借料+租税

公課＋減価償却費

控除法：付加価値額＝売上高－（直接材料費＋買入部品費＋外注工賃＋補助材料費）

(2) 付加価値労働生産性

付加価値労働生産性は単に労働生産性ともいわれる。付加価値をアウトプット，従業員数をインプットとして算定される。1人当たり付加価値額として算定される。式5-16を参照されたい。

付加価値労働生産性 ＝ 付加価値額 ÷ 従業員数　　　　　(5-16)

付加価値を利用した生産性の比率には，労働生産性の他，**資本生産性**（付加価値額÷総資本），**設備投資率**（付加価値額÷（有形固定資産－建設仮勘定）），**労働装備率**（有形固定資産÷従業員数），**付加価値率**（付加価値額÷売上高×100）などがそれぞれの目的のために活用される。

(3) 労働分配率

付加価値のうち，人件費の占める割合を，**労働分配率**という。労働分配率は人件費を付加価値で割って算定する。式5-17を参照されたい。

労働分配率 ＝ 人件費 ÷ 付加価値　　　　　(5-17)

組合の賃金交渉には必須の分析比率である。日本企業における最近の傾向では，株主重視の掛け声が高まっているなかで，振り子は従業員に対する給与よりは株主への配当金に振られている。バブル崩壊以前と比べると，従業員の教育費への支出も減少している。著者には，振り子が株主に向けられ過ぎていないかとの危惧を感じざるを得ない。国内景気を上向かせるには，主として余剰資金を抱えて株式投資をしている資産家に配当を回すよりは，労働分配率を上げて株式を購入する余裕のない個人（平均的なサラリーマン）の給料を上げることの方が効果的ではないかとする意見もあろう。加えて，将来の優秀な社員

を育成するために，是非とも社員教育への支出を削らないで欲しいと願う。なお，総務省『消費者物価指数』と厚生労働省『毎日勤労統計』によると，1990年以降，実質賃金は概ねマイナスの傾向が続いている。また，「伊藤レポート」[2017, pp.15-19] では，人材投資の額は1998年以降毎年減り続け，現在では1998年当時の1/3以下でしかないという。

付加価値は，実務的には，粗利益（売上総利益）の近似値を表すと考えられている。そのため，粗利益のうち人件費にどれだけ回したかを表す指標として，労働分配率を計算することもある。その他，日銀方式，財務省方式，経産省方式など，発表される省庁等の組織によって付加価値の内容が異なるし，財務省方式のように会計基準・法規の変更とともに年度によって異なった算式が用いられることがある。

(4) 1人当たり売上高，1人当たり利益

企業であれば，売上収益が必要である。1人当たり売上高は，企業の稼ぎ高を算定できる。この情報には非常に示唆に富む情報が含まれている。**1人当たり売上高**は，式5-18のように，売上高を従業員数で割って算定する。

$$1人当たり売上高 = 売上高 \div 従業員数 \quad (5\text{-}18)$$

A社の1人当たり売上高を算定しよう。**単独決算**の情報から，売上高は2,344,563百万円，従業員数は28,808人であるから，1人あたり売上高は81.8百万円であることが分かった。そこで次に，**連結情報**で計算してみた。連結では，売上高は3,639,468百万円，従業員数は117,314人，1人当たり売上高は31.0百万円／人であった。

A社　単独1人当たり売上高＝2,344,563百万円 ÷ 28,808人
　　　　　　　　　　　　＝81.8百万円／人
A社　連結1人当たり売上高＝3,639,468百万円 ÷ 117,314人
　　　　　　　　　　　　＝31.0百万円／人

連結売上高には，海外の工場から得られた利益など，貨幣価値の異なる数値が含まれる。1人当たり連結売上高がなぜ単独の半分以下なのか，といった疑問が生じる。連結に大きな影響を与えたのは，補足情報で述べられている"為替変動の売上高への影響"も大きく関係しているであろう。ただ，為替変動の売上高への影響だけで連結1人当たり売上高が少ない理由とすることは納得できるものではない。無駄な投資をしていないか。全面的な洗い直しも必要である。

企業の主要な目的は，売上を上げることではなく，利益にある。そこで，1人当たり利益を計算してみよう。A社の単独決算では，当期純利益は55,836百万円である。それゆえ，単独1人当たり利益は1.9百万円/人であった。では，連結ではどうか。A社の連結決算では，当社株主に帰属する当期純利益は112,063百万円，1人当たり利益は1.0百万円/人であった。下記の計算結果を参照されたい。

　　A社　単独1人当たり利益＝55,836百万円 ÷ 28,808人＝1.9百万円/人
　　A社　連結1人当たり利益＝112,063百万円 ÷ 117,314人＝1.0百万円/人

連結1人当たり利益もまた，単独決算の約半分でしかない。その理由を解明するために，同業他社でも同様な問題を抱えているのかなど，この数値をもとに計量的・定性的要因の分析を行うことも肝要である。売上高との関係で為替変動について述べたことは，利益についても同じことがいえそうである。

4　成長性分析

成長性は，成長の傾向（高成長，低成長，安定成長），期間比較，伸び率などによって測定・分析される。成長性の分析対象としては，売上高，利益，資本，資産などが取り上げられる。

(1)　売上高成長性

成長性の分析として，前期との対比によって売上高成長性を分析するときの算式を示そう。式5-19がそれである。

売上高成長性 ＝（当期売上高 − 前期売上高）÷ 前期売上高　　　(5-19)

A社の売上高成長性を検討してみよう。前期売上高が2,333,873百万円，当期売上高が2,344,563百万円であるから，売上高成長性は0.5%になる。売上高成長性は微増といえる。

A社　売上高成長性 ＝（2,344,563百万円 − 2,333,873百万円）÷ 2,333,873百万円
　　　　　　　　 ＝ 0.5%

(2) 経常利益伸び率

経常利益の成長性の算定には，経常利益の伸び率が使われる。式5-20が経常利益伸び率の算定式である。

経常利益伸び率 ＝（当期経常利益 − 前期経常利益）÷ 前期経常利益　　(5-20)

A社の経常利益伸び率を計算してみよう。以下の計算結果から明らかなように，経常利益伸び率は5.5%であった。

A社　経常利益伸び率 ＝（127,519百万円 − 120,835百万円）÷ 120,835百万円
　　　　　　　　　　＝ 5.5%

例示には経常利益の伸び率をあげたが，売上総利益，営業利益，当期純利益であろうとも，計算方式の原理は異なるところはない。

5　投資収益性の分析

株主の立場からすると，株主は自らが投資した資本によってどれだけの利益をあげることができたかを知りたいと願うであろう。株主が，自分の投資した資本がどれだけ有効に活用されているかを判定するためには，**自己資本利益率**が有用である。突っ込んだ投資収益性の分析としては，(1) 1株当たり利益，(2)株価収益率，および(3)株価純資産倍率も有用である。

(1) 1株当たり利益

企業は資本提供者である株主を満足させる必要がある。株主の立場から，株式の投資効率を検討するために，1株当たり利益が用いられる。**1株当たり利益**（earnings per share；EPS）は，株主への配当原資である当期純利益を発行済株式数で除して求める。分母の利益は当期純利益を用いることから，1株当たり当期純利益ともいう。式5-21を参照されたい。

$$\text{1株当たり当期純利益} = \text{当期純利益} \div \text{発行済株式総数} \quad (5\text{-}21)$$

当期純利益が増加すれば1株当たり利益は上昇し，減少すれば下落する。それゆえ，1株当たり利益は，企業の収益力を見る際に活用される。当期純利益は年度によって異なるから，短期の資産運用を志向する株主にとっては，1株当たり利益はとくに有用な指標である。

(2) 株価収益率

株価だけでは株式の価格がほんとに高いか否かが分からない。株価の妥当性を評価するには，会社が得る利益額との関係で分析する必要がある。株価の収益性を示すには，**株価収益率**（price earnings ratio；PER）の分析が有用である。株価収益率は，株価が1株当たり利益の何倍かを示す指標である。式5-22を参照されたい。

$$\text{株価収益率} = \text{株価} \div \text{1株当たり当期純利益} \quad (5\text{-}22)$$

株主にとって，会社の利益と株価の関係から，当該株価の割安感・割高感を知る上で株価収益率は便宜である。利益が減ると，株価収益率は増加する。業界の平均値と比較して株価収益率が高い時には，その株価は割高だと判断される。この比率は，同業他社との比較にも有効である。

【設 例】

投資収益性の分析を例示してみよう。X社とY社の利益（当期純利益），株

式数，および株価を(1), (2), (3)と仮定すると，1株当たり利益と株価収益率は(4), (5)のように算定される。

	項　　目	X 社	Y 社
(1)	当期純利益	20,000,000円	5,000,000円
(2)	株　式　数	100,000株	40,000株
(3)	株　　価	4,000円	2,000円
(4)	1株当たり利益＝(1)／(2)	200円	125円
(5)	株価収益率＝(3)／(4)	20倍	16倍

株価収益率は，企業の成長性が期待されれば高くなる。逆に，成熟産業は低い。急成長が期待できる新興企業では，株価収益率が非常に高くなることもある。以上，株価収益率は収益性面からの評価［青木, 2012, p.475］に適する。

(3) **株価純資産倍率**

株価純資産倍率（price book-value ratio；PBR）は，株価収益率と同様に，純資産と株価との関係から，株価の割安感・割高感をみるのに有効な指標である。株価収益率との違いは，利益ではなく純資産（自己資本[16]）が用いられることである。1株当たり純資産額に対して，株価が何倍まで買われているかを表した指標である。式5-23で算定される。

株価純資産倍率 ＝ 株価 ÷ 1株当たり純資産額　　　　(5-23)

一般にPBRが1倍であるとき株価が解散価値と等しいとされ，それ以下だと割安株として扱われる。50％以下だと，インタンジブルズ[17]を多く抱えている目に見えない資産の豊富な企業と見做される。式5-23で，**純資産額**は，貸借対照表上の純資産の部から少数株主持分と新株予約権等を除去した金額である，**自己資本**（『会社四季報』では株主持分と表示）を意味する。なお，式5-23の1株当たり純資産額は，純資産を発行済株式数で割ったものである。式5-24を

参照されたい。

1株当たり純資産額＝純資産÷発行済株式数　　　　　　　(5-24)

　例をもって説明しよう。純資産を100億円，発行済株式数を1,000万株と仮定すると，1株当たり純資産は1,000円になる。株価が800円であれば，0.8倍，株価が1,500円であれば，1.5倍になる。以下に，計算プロセスを示しておこう。

1株当たり純資産額	100億円÷1,000万株＝1,000円/株
株価純資産倍率（株価800円）	800円/株÷1,000円/株＝0.8倍
株価純資産倍率（株価1,500円）	1,500円/株÷1,000円/株＝1.5倍

　株価純資産倍率は，**1倍が基準値**になる。1倍以下になると株価の割安感がでてくる。この点に関して，越智［2014, pp.90-96］は，日本企業の平均値が1倍以下であることに関して，「長期間続いた1倍割れの状況は，『失われた20年』という成長期待消失の象徴」であると述べている。株価純資産倍率が1倍以下の期間が続いた理由として，自己資本利益率が低いことと，企業経営におけるガバナンスの欠如の2つをあげている。

　日本企業の利益率の低さはこれまでも多くの識者によって指摘されてきたとおりである。今後の展開としては，アベノミクスの一環として実施されようとしているインフレの上昇と数兆円にものぼる年金資金[18]の株式購入が株価純資産倍率にどのような好影響を及ぼしたかは，よくウオッチしておいて批判的に検討を加える必要がある。

　株価純資産倍率は，株価収益率とは違って，分母に利益ではなく純資産が用いられる。利益に比べると，純資産のボラティリティ（価格の変動性）は少ない。そのため，長期保有を目的とした投資先の決定，企業のM&Aなどの目的に用いるのに適している。

　本章を閉じるに先立って，管理会計における経営分析の位置づけについて述べておく必要があろう。世界最初の著書であるマッキンゼーによる『管理会計』

(*Managerial Accounting*, 1924) では，管理会計に経営分析を含めていた。しかし，1950年代後半から1970年代にかけて，アメリカ会計学会から発表された管理会計に関連する一連の報告書において，**管理会計がプランニング・アンド・コントロール（マネジメント・コントロール）に役立つ会計**であることが確立［櫻井，2014，pp.1-26］されたことから，学問的には，財務諸表分析を管理会計に含めている著書は，一部を除いては見られなくなった。

学術論文でも，財務諸表分析に関連した論文は，厳密にいえば，管理会計の範疇には入らない。しかし，実際問題として，大学によっては経営分析の科目が設置されていないところもある。管理会計担当者にとっても，財務諸表分析が無関係とか不要であるとはいえない。

戦略を策定し，策定された戦略に従って計画を設定し，必要な経営意思決定の結果と設定された計画に従って業務活動のコントロールを実施するには，企業の現状を的確に分析することで企業の現状と課題を認識しておかなければならない。戦略の策定と実行のためにも，必要に応じて経営意思決定を行って優れた業績評価を行うためにも，管理会計担当者は的確な財務状況を把握しておくことが肝要である。最近のアメリカの管理会計の著書にもチラホラと経営分析の章がおかれているのは，このような背景があるからであろう。

以上の理由から，管理会計の基礎として財務諸表分析を本書に含めた。なお，本書では，企業の事例では年度を変えてA社の個別財務諸表をモデルにさせていただいた。ディスクロージャーのためには連結重視の時代ではあるが，大多数の企業の管理会計担当者の立場を熟慮した結果，個別財務諸表を例示に活用することにした[19]。連結財務諸表の分析を欲する読者には，経営分析の専門書をお薦めしたい。

注

1）正味現在価値（NPV）法とか内部利益率（IRR）法は，事業への投資の収益性を事前に判断する手法である。資金はすべて借入金で，金利を10%と仮定して1年後の1,000万円を現在の価値（現在価値）に引きなおせば，909万円（$1{,}000 \times 1/(1+0.1)$）になる。もちろん企業は，借入金だけでなく社債や資本金，留保利益などの資金を活用して営業を行う。それゆえ，金利（借入金，社債の対価）だ

けでなく配当金（資本金の対価）などを加重平均した資本コスト（加重平均資本コスト）で割り引いて正味の現在価値を測定する。その値が正味現在価値である。言い換えれば，将来のキャッシュ・フローを現在の価値に引きなおした正味の値が正味現在価値である。

2）DCF法による将来キャッシュ・フローの現在価値は，無形の価値のすべてを含むから，経済価値であるとともに企業価値であるという主張がある。われわれの研究（[伊藤ほか, 2014]）では，組織価値が社会価値に，社会価値が顧客価値に，顧客価値が経済価値に影響を及ぼしていることを実証した。将来得られるであろうキャッシュ・フローの現在価値は顧客価値，社会価値，組織価値によって影響を受けるものの，DCF法で得られた結果は，それらすべての価値を含むものではない。

3）アーサーアンダーセンは，株主価値経営を推奨してきた。それによれば，「株主価値経営とは，自社の株を購入し，自社のビジネスの将来性を自らリスクを取って投資してくれた株主に対して，その投資に見あった見返りを還元すること」[アーサーアンダーセン, 1999, p.24] であるという。皮肉なことに，株主価値経営を推奨していたアーサーアンダーセン自体は2002年に解散した。

4）コープランドほか [Copeland, et al., 2000, pp.3-4] は，ステークホルダーではなく株主のための企業価値の創造に焦点をあわせるのには，2つの理由があるという。1つは，多くの先進国では，株主がトップ・マネジメントの経営活動に支配的な影響を及ぼしている。株主重視の経済は他の経済システムよりもよりすぐれた業績をあげていると思えるし，それによって経営の主導権が株主にあるからといって，他のステークホルダーの利益が害されるとも思えないからであるという。コープランドほかの理解は以上の通りであるが，問題は第2の理由のほうにある。株主重視の経営によって本当に他のステークホルダーの利益が害されていないかである。

　日本の経営者で，株主価値については，いかなる見解をもっているのか。総合商社の4位に甘んじていた伊藤忠商事を2年で3位に押し上げた立役者の代表取締役である岡藤正広（現会長CEO）氏 [2014, pp.54-56] は，株主価値だけが企業価値をつくるわけではないと述べている。日本にはこのような見解をもつ経営者が多い。

　なお，2017年度の当期純利益は三菱商事（4,402億円）に次いで，伊藤忠は第2位（4,003億円），3位は三井物産（3,061億円），4位は丸紅（1,553億円）であった。売上高では丸紅（7.1兆円），三菱商事（6.2兆円）に次いで，伊藤忠商事は第3位（5.5兆円），第4位は三井物産（4.3兆円）であった。ちなみに会計基準は，いずれの企業も国際会計基準を採用している。

5）会計主体論において，資本主理論に立脚すれば，資産－負債＝純資産で，純資産（自己資本）が所有者持分である。本章での説明は，このような前提から導かれる。一方，企業主体理論では，企業と所有主を完全に独立した存在とみなす。したがって，この見解に立脚すれば，負債と純資産の区別は不要となるはずである。とはいえ，獲得された資産が利害関係者に配分されるまでは資本提供者が獲得された資産の請求権を有しているので，完全に負債と純資産の区分が不要だとはいえない。
6）「企業内容等の開示に関する内閣府令」第三号様式・47aでは「…（連結財務諸表を作成している場合にはキャッシュ・フロー計算書を除く）…」と規定している。
7）連結重視の時代である。ディスクロージャーのためには，連結が優先されなければならない。しかし，連結では，日本基準の他に，SEC基準，IFRS基準，（今後は，もしかして）日本型IFRS基準などの説明も必要になる。管理会計でも連結財務諸表は重視されなければならないが，現場管理には個別財務諸表も重要である。比較可能性を考えると，このように多くの基準があることは，異常な状況にも思える。連結・個別のいずれをとっても問題はあるが，ここでは管理会計という立場から個別財務諸表を用いることにした。
8）2006年の会社法改正では，株主資本と自己資本とが異なる値として，明確に定義づけられた。それに伴って，自己資本利益率が用いられるに至った。
9）棚卸資産回転率の分母は，売上高ではなく，利益を含まない売上原価を用いることもある。回転率ではなく，回転期間（回転日数）を算定することもある。
10）正味運転資本の増加原因と減少原因に区別して，下記のように整理してみよう。

正味運転資本の増加	正味運転資本の減少
流動資産の増加	流動資産の減少
流動負債の減少	流動負債の増加
固定負債の増加	固定負債の減少
自己資本の増加	自己資本の減少
固定資産の減少	固定資産の増加

　以上をもとにして，資金運用表の原理を説明するための標準様式を作成してみよう。資金運用表は，資金の源泉と資金の使途に区分して，資金の源泉から資金の使途を差し引いて作成する。加えて，正味運転資本の増加（減少）原因も明らかにしよう。

正味運転資本が増加・減少した要因（単位：円）

	正味運転資本の増加		正味運転資本の減少	
増減の原因	流動資産の増加	700,000	流動資産の減少	300,000
	流動負債の減少	800,000	流動負債の増加	200,000
運転資本の増減	固定負債の増加	1,000,000	固定負債の減少	200,000
	自己資本の増加	1,500,000	自己資本の減少	1,000,000
	固定資産の減少	500,000	固定資産の増加	800,000

　以上を前提にして，資金運用表の標準形式を作成したのが，下記の資金運用表である。

資金運用表の原理とその雛型（単位：円）

```
Ⅰ　資金の源泉
　1　固定負債の増加　　1,000,000
　2　自己資本の増加　　1,500,000
　3　固定資産の減少　　　500,000　　3,000,000
Ⅱ　資金の運用
　1　固定負債の減少　　　200,000
　2　自己資本の減少　　1,000,000
　3　固定資産の増加　　　800,000　　2,000,000
　　差引；正味運転資本の増加　　　　1,000,000
Ⅲ　正味運転資金増減の原因
　1　流動資産の増加　　　700,000
　2　流動負債の減少　　　800,000　　1,500,000
　3　流動資産の減少　　　300,000
　4　流動負債の増加　　　200,000　　　500,000
　　差引；正味運転資本の増加　　　　1,000,000
```

　管理会計では，資金運用表は資金計画表として作成し，資金の運用を効率的・効果的に活用することができる。フリー・キャッシュフロー（本書の第3章を参照されたい）は経営者が自由に活用できるキャッシュ・フローを表すので，結果的に経営者がいくら活用できるかが明らかになる。一方，資金運用表は，1年次ないし中長期の資金計画で効率的・効果的な活用が期待できる。

11) デッドストック（dead stock；死蔵品）ともいわれており，販売・活用されずにしまい込まれている在庫品。
12) 当座比率は酸性試験比率（acid test ration）ともいわれるが，それはアルカリ性・酸性をリトマス紙で判定するのに類似するからである。100%以上が理想と

されてきたが，何パーセントが妥当かは状況（景気変動，業種，企業の大小）によって異なる。

13) 財務レバレッジ（financial leverage）は，借入金や社債などの負債を梃子（レバレッジ）として使って，自己資本利益率を上昇される方策をいう。仮に，自己資本8億円，借入金2億円，当期純利益1億円の企業のROEは12.5%（1億円／8億円×100）であるとしよう。借入金を4倍の8億円にして自己資本を2億円に引き下げれば，利益は同じ1億円でも，梃子の原理から，ROEは50%（1億円／2億円×100）になる。

　ROEを上げるために（有利子）負債を増やすのは負債過多となりリスクが高まるので，一見すると本末転倒に思えるが，四半期決算とコーポレートガバナンス・コードでROEの目標を8％と設定されたことから，証券アナリストからROEの上昇をせっつかれている日本企業の優れた経営トップでも，株主重視のために財務レバレッジを上げることに汲々としている企業が多くなったようである。ROE＝当期純利益÷自己資本×100であるが，財務レバレッジ＝総資本÷自己資本×100となる。

14) 付加価値は，日本では，企業が事業活動で生み出した価値がステークホルダーにどのように配分されたかを示すものとして使われてきた。加算法では減価償却費を含む（粗付加価値）ことも，含まない（純付加価値）場合もある。

　日銀方式では，経常利益＋人件費＋金融費用＋租税公課＋減価償却費である。控除法は発表機関で構成要素が異なる。中小企業庁方式では，粗付加価値＝生産高－外部購入高で算定する。

　アメリカでvalue addedといえば，ABC（活動基準原価計算）などでは価値を付加する生産的な活動を意味する。日本のような意味で用いられるのは稀でしかない。なお，ヨーロッパには付加価値税がある。日本で付加価値が重視されるのは，企業はアングロサクソンの世界での考え方のような株主のもの（株主資本主義）というよりは，株主だけでなくすべてのステークホルダーのもの（ステークホルダー資本主義）という考え方が強いからであると著者は考えている。

15) 加算法で，利益としては，当期純利益の他，経常利益ないし利払後事業利益として算定されるべきだとする見解もある。経常利益として計算するときには，純金融費用（金融費用－金融収益）に含めるべき金額を精査すべきである。

16) 現在の会社法（2006年以降）では，株主資本，自己資本，純資産の間には，次の関係がある。株主資本（資本金＋資本剰余金＋利益剰余金＋自己株式），自己資本（株主資本＋その他（その他有価証券評価差額金など）），純資産（自己資本＋少数株主持ち分＋新株予約権）。つまり，ここで純資産とは自己資本を含意するので，現在のネーミングが妥当だとは，著者には思えない。

17) インタンジブルズは，無形資産といっても完全な間違いではない。インタンジブルズの正しい意味は，本書 第20章の第2節を参照されたい。
18) 約130兆円の年金資金の運用は，年金積立金管理運用独立行政法人によって，国内債権（35%）の他，国内株式（25%），外国債券（15%），外国株式（25%）など，ハイリスク・ハイリターンへの運用に決定（2014年10月31日以降）された。
19) 現代は，連結重視の時代である。ディスクロージャー目的ではそのとおりである。しかし，管理会計担当者の観点からすると，役員を除いて，多くの経営者が関与するのは個別財務諸表である。経営分析のケースとして連結・個別のいずれにするかを検討する折には，少なくとも次のことを考慮する必要がある。①連結財務諸表だと，三菱電機のようにグローバルに展開する企業でSEC基準やIFRSを採用している企業があるので，日本基準，SEC基準，IFRS基準のいずれでも問題がある。修正国際会計基準の採用が決定されれば，個別財務諸表を加えて，4つの選択肢がある。ただし，②SEC基準，IFRS基準によるときには，財務会計上の説明が必須である。③日本基準でも，連結財務諸表だと，包括利益の説明が必要になる。④加えて，企業会計委員会から次々と新たな会計基準が発表されて，基準自体が修正・修正で追われている。⑤大多数の日本企業は日本基準によっている。以上を勘案した結果，本章では個別財務諸表を例示に使用したのである。

それにしても，4つもの財務諸表が日本で使われている事態は，企業の比較可能性を失わせしめることの他，専門家でないと財務諸表を容易には理解しにくいなど，異常な事態といわざるをえない。

参考文献

Copeland, Tom, Tim Koller and Jack Murrin (McKinsey & Company, Inc.), *Valuation—Measuring and Managing the Value of Companies—*, 3rd ed., 2000.

Black, Andrew, Philip Wright and John E. Bachman with John Davies, (Price Waterhouse), *In Search of Shareholder Value—Managing the Drivers of Performance—*, Price Waterhouse, 1998, p.48.（井出正介監訳，鶴田知佳子・村田久美子訳『株主価値追求の経営』東洋経済新報社，1998年，p.53）。

青木茂男『要説 経営分析［四訂版］』森山書店，2012年。

アーサーアンダーセン『株主価値重視の企業戦略』東洋経済新報社，1999年。

伊藤レポート2.0「持続的成長に向けた長期投資（RGS・無形資産投資）研究会報告書」2017年10月26日。
www.meti.go.jp/press/2017/10/20171026001/20171026001-1.pdf

伊藤和憲・関谷浩行・櫻井通晴「コーポレート・レピュテーションと企業価値・財

務業績への影響―世界から賞賛される企業になることを祈念して―」『会計学研究』第40号, 2014年。

伊藤邦雄『コーポレート・ブランド経営』日本経済新聞社, 2000年。

大橋英吾『経営分析』大月書店, 2005年。

大津広一『戦略思考で読み解く 経営分析入門』ダイヤモンド社, 2009年。

岡藤正広「企業価値とは株主価値だけではない」『DIAMONDハーバード・ビジネス・レビュー』第30巻 第12号, 2014年。

越智信仁「PBR1倍割れと『負のインタンジブルズ』を巡る試論」『企業会計』Vol.66 No.7, 2014年。

櫻井通晴「現代の管理会計にはいかなる体系が用いられるべきか？―マネジメントコントロール・システムを中心に―」『経営学論集』第99号, 2014年。

渋谷武夫『ベーシック経営分析』中央経済社, 2011年。

日本生産性本部《http://www.jpc.jp/intl_comparison/》「労働生産性の国際比較 2017年度版」2018年2月5日。

参考3

日本の生産性は，世界的に見て高いのか低いのか

　日本生産性本部［2017/12/20, p.4］によれば，OECDデータに基づく2016年の日本の1人当たり労働生産性（労働者1人当たり付加価値）は，81,777ドル（834万円／購買力平価（PPP）換算）であった。OECD加盟35カ国中21位であった。主要先進7カ国ででは最下位。なぜそんなに低いのか。米国と比較すると，就業1時間当たり生産性は，化学（143.2%）や機械（109.6%）などは高いが，サービス業で極端に低い（49.9%）。

　アイルランド（第1位）の1人当たり労働生産性が突出して高いは，極めて低い法人税で各国から企業を呼び寄せていることによる。第2位のルクセンブルクは，低い法人税と，誘致した生産性の高いグローバル企業，生産性の高い金融業，不動産業，および鉄鋼業などがGDP（Gross Domestic Product；国内総生産）の半分近くを占めていることによる。

　IMF World Economic Outlook Databaseの2015年10月によれば，2010年と2020年（予測）のドル単位での名目GDP（10億ドル）は，次のとおりである（日本生産性本部http://www.jpc.jp/intl_comparison/「労働生産性の国際比較 2017年度版」2018/02/05）。

表1　GDPの国別予測（2000年と2020年（予測値）の比較）

順位	国別	2000年
1	米国	10,284.8
2	日本	4,731.0
3	ドイツ	1,955.7
4	英国	1,548.8
5	フランス	1,372.5
6	中国	1,205.3
12	インド	476.6

順位	国別	2020年
1	米国	22,294.1
2	中国	17,100.1
3	日本	4,746.9
4	ドイツ	4,004.9
5	英国	3,852.0
6	インド	3,443.6
7	フランス	2,940.2

　2000～2020年の間に，中国の名目GDP18倍，インド7倍，韓国3.4倍，英国2.5倍，米国2.1倍，フランス2.1倍，ドイツ2.0倍，日本は1.0倍であった。表1は，日本の政府・企業経営者が日本の進むべき方向性を考えるキッカケにされたい。

第2部　利益管理のための管理会計
── 経営計画とコントロールのための会計1

　第2部と第3部では，管理会計の核ともいえる「経営計画とコントロールのための会計」を考察する。第2部では，利益管理のための管理会計を主題として，実務を踏まえた議論を展開する。

　第6章では，中長期経営計画と利益管理・目標管理を考察する。この章では経営理念，ビジョン，中長期経営計画の果たしている役割，利益計画の設定方法や目標利益，企業価値との関係を考察する。利益目標では，IFRSとの関係で投資利益率を補足する指標として総資産包括利益率の有効性についても敷衍している。

　第7章では，管理会計の中核ともいえる予算管理について考察する。利益計画と予算管理との関係に触れた後，予算管理の意義と現状について考察する。予算編成と予算統制の手続きについてもしっかりと述べる。運用面では，参加的予算管理とゼロベース予算について考察している。予算統制とその限界について述べた後，最後に，脱予算管理の意義とその問題点を指摘している。

　第8章では，損益分岐点分析について考察する。企業は利益計画を設定する過程で，また予算管理との関係で損益分岐点分析の必要性が生じることがしばしば起こる。そこでこの章では，損益分岐点の分析方法を述べることで，読者が利益計画において損益分岐点分析が自由に駆使できるように記述している。具体的には，損益分岐点売上高の計算方法，目標利益達成のための売上高の算定方法，一定の目標売上利益率や投資利益率を達成するための算定法，感度分析の損益分岐点分析への適用，およびオペレーティング・レバレッジなどについて説明し，最後に損益分岐点分析の前提について言及している。

　第9章では，直接原価計算による利益管理について考察する。直接原価計算は何かを述べた後，全部原価計算との対比において，直接原価計算の利益の算定方法を述べる。直接原価計算が管理会計だけでなく財務諸表の作成にも役立ちうることを明らかにする。原価分解について触れた後，標準直接原価計算の役割を考察する。さらにキャパシティ・コストと貢献利益法を説明した後，スループット会計が日本のビジネスに対して持つ意義を明らかにする。

第6章
中長期経営計画, 利益計画, 目標管理

1　経営戦略と中長期経営計画

　企業では，経営理念に従って，長期ビジョンが作られる。長期ビジョンに従って戦略が策定される。戦略は，環境との適応を図りながら，企業の技術力などの内部資源を企業目的の達成に結集させる。戦略に基づいて，中期経営計画が樹立される。中期経営計画に基づいて短期の利益計画が樹立され，利益計画に基づいてボトムアップを基調とする予算管理が実施される。

1　経営理念，ビジョン，中長期経営計画

　企業にとって，**経営理念**は企業の社会的使命（mission；ミッション）[1]を簡潔かつ明確に表現したものである。経営理念は一般に，社是，社訓，社歌，綱領などで表現される。一般には抽象的なものが多いが，経営理念は経営活動の具体的な路線を明確化して企業行動を方向づける羅針盤の役割を果たす。

　創業の精神をもつ企業もある。**リコー**の創業の精神は，「人を愛し，国を愛し，勤めを愛す」で表現される人・国・勤めを愛する「三愛精神」である。リコーの使命は，「世の中に役立つ新しい価値を生み出し，提供し続けることで，人々の生活の質の向上と持続可能な社会づくりに積極的に貢献すること」である。リコーの目指す姿は，「世のなかにとって，なくてはならない信頼と魅力のブランドであり続ける」ことであり，リコーの価値観は，「顧客機転で発想し，高い目標に挑戦し続け，チームワークを発揮してイノベーションを起こす高い倫理観と誠実さを持って仕事に取り組む」ことである。

　経営理念とは違って，**ビジョン**（vision）は戦略的な目標であり，企業の目的や目標を導く企業の将来のあり方を示す。つまり，企業のおかれた戦略的なポジションや企業環境を勘案したうえで示した挑戦的な目標である。

中長期経営計画は，企業の戦略に従って，最も効率的な資源配分ができるように樹立される。中長期経営計画の性格は一般に革新的で，単なるビジョンではなく数字によって裏づけられた計画である。中長期経営計画には設備投資計画，要員計画，新製品開発計画，新市場開発計画などのようにプロジェクト計画に属するものがある。同時に，それらの中長期プロジェクト計画を総合した中長期利益計画がある。中長期利益計画は，中長期の利益目標を達成すべき計画であって，中長期プロジェクト計画を総合する期間計画である。

　1960年代から70年代初め頃までは，多くの日本企業が**長期経営計画**を導入していた。しかし，将来の予測が難しくなった1973年の石油危機以降，わが国では長期経営計画をもつ企業は少なくなり，最近では，長期経営計画に代えて，長期ビジョンと**中期経営計画をもつ企業**[2]が少なくない。崎教授を委員長とした企業予算制度研究会［2018, pp.42-48］が明らかにした1992年から2012年までの10年ごとの調査結果によれば，長期経営計画を策定している日本の主要企業は，この20年間で50％から19％に激減している。他方，中期経営計画を作成している企業は71％から87％に増加している[3]。

2　中長期経営計画の役割

　日本の企業のなかには，ビジョンに近い意味での長期経営計画をもつ企業もある。しかし，少なくとも現時点で見る限り，日本企業の典型的な経営計画では，長期のビジョンに基づいて，中期経営計画がもたれる。

　長期ビジョン（long-range vision）は，長期の予測に基づいて描かれ，不確実性も大きい。実行可能性の高い細かい数字というよりは，企業の目的や目標を導く企業の将来のあり方を示したものである。ビジョンを設定する方法は，通常，トップ・ダウン方式による。戦略的な長期ビジョンと，業務執行的な活動が主体である短期利益計画との両者をつなぐ橋渡し的役割を付与された機構が必要になる。これが中期経営計画である。

　中期経営計画は，通常3年計画としてもたれる実行性の高い計画で，石油危機以降，わが国の環境変化の激しい企業に広く普及［日本生産性本部，1982］してきた。長期ビジョン（通常は10年）が経営目標と経営戦略との関係において本社レベルの問題として作成されるのに対して，中期経営計画では現実の設

備投資計画や要員計画などのプロジェクト計画をにらみながら，主に製品別に問題解決的な計画として積みあげて設定される。

中期経営計画は，主として事業部などが中心となって，やや数値に重点のある計画として設定される。通常は3年にわたる全社的な目標と，製品別目標を設定する。具体的な目標項目としては，売上高，製品ミックス，新製品の比率，目標利益額，資本構成，設備投資額，要員の数などについて枠が示される。この目標が各事業部へのガイドラインの役割を果たす。リコー［中村, 2000；村上, 2000, pp.19-28］を参考にして作成した図6-1を参照されたい。

図6-1 中期経営計画の展開プロセス

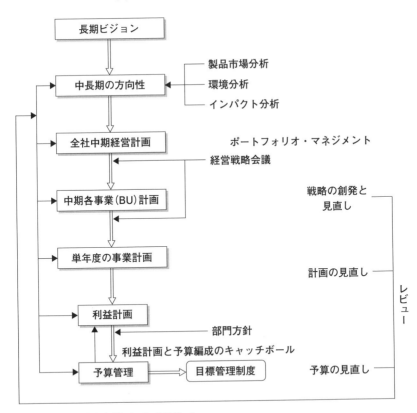

出典：中村・村上を参考にして，著者作成。

福嶋ほか［2013, pp.3-21］は，中長期経営計画など，経営計画が総資産利益率（return on assets; ROA）に及ぼす影響を与えるかを調査した。その結果，経営計画をもつ企業のROAが高いことを実証した[4]。

3　中長期経営計画の展開のプロセス

図6-1で見た通り，中長期の方向性に関しては，企業では通常，まず初めに製品市場分析，環境分析，インパクト分析を行って，顧客・市場のニーズ，経済社会環境・競争状況，および製品市場や環境の変化が自社にどんなインパクトを及ぼすかを分析する。

　製品市場分析では，**4P**（Price, Place, Promotion, Product）と，**3C**（Company, Competitor, Customer）分析を行う。これに**SWOT**分析によって企業の強み・弱み・機会・脅威を分析する。**環境分析**では，経済や政治など環境の変化を分析し，技術的動向に目を配り，戦略機会を見出すことを主眼とする分析を行う。**インパクト分析**では，自社の経営能力やコア・コンピタンス[5]を分析する。事業アセスメントの結果から基本戦略の代替案を検討し，評価し，選択した基本戦略に従って，戦略課題を検討する。中長期の製品市場分析，環境分析，インパクト分析から中長期経営計画を策定する。

　全社および事業別の中期経営計画の策定にあたっては，**プロダクト・ポートフォリオ・マネジメント**（product portfolio management；PPM）を行って，事業分野の情報をベースにした各事業の位置づけを決め，経営資源活用の優先順位を決定するのがよい。PPMの実施に当たっては，市場成長率と相対的市場占有率それぞれの高低により4つの象現（花形，金のなる木，問題児，負け犬）に分類して分析する。PPMの実施に当たっては，自社だけではなく，ビジネスパートナーの能力や認識の把握も行うことも忘れてはならない。

　中期経営計画の策定に当たっては，中長期の経営戦略の方向性を受けて，前提的な目標や基本方針，重点施策，業績の目標値などを策定する。全社中期経営計画を受けて，各事業分野では事業の基軸を決め，BU（ビジネス・ユニット）別の中期事業計画を策定する。中期経営計画では，戦略を戦略的な目標に変換し，投資計画，事業戦略，事業計画を全社レベルで展開する。

　ビジョンと中期戦略から戦略的な目標が導かれる。戦略目標は部長クラスで

具体的な実施項目として展開される。戦略目標を視野に入れながら，単年度の事業計画が樹立される。事業計画に従って利益計画が設定され，部門別の計画として予算が編成される。予算管理は，次年度における部門別のマネジメント・コントロールのためのツールである。予算は部門別の年度計画として編成される。**目標管理制度**は，予算管理制度との関係で人事部によって実施される。

レビューでは，戦略・中期経営計画・予算の実施状況を評価し，次年度の新中期経営計画に引き継ぐべき課題を明らかにする。レビューの過程で，事業のアセスメントが行われる。事業アセスメントの結果に基づいて，基本戦略の代替案（オプション）を検討し，評価し，選択した基本戦略に沿って新たな戦略課題を検討する。中長期経営計画を現実の経営で有効に活用するには，利益計画と有機的に結びつける必要がある。利益計画はさらに予算編成を経て部門の実行計画として経営に生かされていく。利益計画を確定する企業もあるが，予算編成の過程で部門の要望を受け入れた結果をもとに必要に応じて担当部門と利益計画を見直す（キャッチボールを行う）ことが望ましい。

4 中長期経営計画情報の自発的な外部ステークホルダーへの開示

中長期経営計画は従来，内部の経営管理にのみ用いられていた。しかし，増資比率の増加，外国人持ち株比率の増加，ストックオプション制度の採用などの環境の変化が，中長期経営計画情報の自発的な外部ステークホルダーへの開示を促している。中條［2011, p.59］によれば，中長期経営計画を策定している企業の64.7％が外部に公開しており，財務目標についても開示する企業が過半数を超えている。投資家への開示［中條, 2011, pp.62-69］に関しては，①業績が好調で，②利益の質が高く（経営者の裁量の小さな），③コーポレート・ガバナンスがしっかりしている会社ほど情報開示の傾向が強い。

中期経営計画の外部ステークホルダーへの開示は，決して投資家への情報開示だけを目的としているわけではない。梶原ほか［2011（b），pp.110-120］の調査によれば，開示の目的はサプライヤーからの信頼性向上，株主・投資家からの資金調達，競合企業への牽制，労働組合との円滑な交渉，金融機関からの資金調達，株価水準の適正化，顧客からの信頼性向上などを目的にしているという。ステークホルダーへの開示という意味では，**統合報告**の果たすべき役割は大きい。

2 利益計画の意義とその設定

利益計画（profit planning）は，戦略的な中長期経営計画を受けて樹立される，企業が一定の利益を実現するための全体的な総合計画である。事業計画と呼称する企業もある。利益計画は，トップ・マネジメントの基本方針や経営戦略を会計数値で表現したものである。利益計画では，経営理念とビジョンを念頭にして，企業の経営戦略と中期経営計画を勘案しながら，目前の諸条件による制約を十分考慮に入れて，次年度の目標利益をいくらにするか，いかにして実現するかを計画する。

1 長・中・短期の利益計画

経営理念を念頭において長期ビジョンをもとに経営戦略が策定され，それらをもとに，戦略的な中期経営計画が樹立される。石油危機（1973年）以降，長期経営計画をもたない企業が多くなった。そのような企業では，一般に，長期ビジョンをもとに中期経営計画を樹立することは，すでに述べた。

利益計画は総合的な**期間計画**である。期間の長短から，長期，中期，短期の利益計画が区別される。環境変化の激しい大企業でよくみられるように，長期ビジョンに加えて中期経営計画が設定されているときには，短期利益計画は一般的に中期計画の初年度を基礎にして設定される。他方，長期利益計画がもたれている場合には，短期利益計画は長期利益計画の初年度，または長期利益計画をにらみながらそれとは別途に設定される。経営環境が不透明な現代社会にあっては，短期利益計画はしばしば長期利益計画とは別途にもたれる。利益計画というとき，一般に，1年を期間とする短期利益計画が意味される。

では，日本企業の実態はどうなっているのか。梶原ほか［2011（a），p.75］（回答企業102社）では，経営計画の期間は3年の中期経営計画が最も多く79.8％，5年の長期計画は5.9％と続いている。経営ビジョンの期間は10年（58.8％）が最も多い。**産業経理協会**の委嘱を受けたアンケート調査［市野ほか，2013，pp.204-205］（回答企業180社）によれば，中期経営計画（計画期間1年超5年未満）を設定している企業が87.2％と最も多かった。短期利益計画では，65.7％

の企業が利益計画として設定している。日本大学商学部調査［川野，2014，p.71］（回答企業184社）では，中期計画の対象期間（中期計画の更新期間とその方法）は3年が最も多く，固定方式では38.0%，ローリング方式は32.6%である。次いで，4～5年ではそれぞれ7.6%，6.0%などとなっている。

2　中長期経営計画の更新期間とその方法

　中長期経営計画の更新（アップデイト）の方法には，これまで固定方式とローリング方式が知られていた。環境の変化があまり見られない状況におかれている企業は**固定方式**，環境の変化が比較的多くなり，利益計画が中長期利益計画の初年度として設けられている場合には，企業の利益計画は**ローリング方式**（rolling stone method；ころがし方式）で設けられるのが最も妥当であると考えられてきた。ローリング方式によるときには，中長期利益計画は毎年最終年度を1年分ずつ付け加え，次年度を利益計画の初年度とする方式を繰り返していくのがよい。これが従来の通説であった。

　梶原ほか［2011（a），pp.75-77］は，この通説にチャレンジして従来の理論を大きく前進させた。まず経営計画更新の方式を次の3つに大別した。
① 固定方式：計画期間が終了するまで全く更新しない方式
② 修正方式：環境変化に合わせて計画の内容や対象期間を修正する方式
③ 前進ローリング方式；毎年，計画の策定を行う方式

　アンケート調査の結果，①の固定方式は9.5%しかなく，②の修正方式が最も多く75.2%，③の前進ローリング方式は15.2%であった。ローリング方式と称されていた方式は，呼称のみから判断すると，③の前進ローリング方式と思われるが，「毎年，計画の策定を行う」（例えば3年の計画を策定している場合，毎年向こう3年の計画を策定する）ことからすると，この方法は従来から言われてきたローリング方式とは異なる。むしろ，②の修正方式こそがローリング方式であるように思われる。このような推論が正しいとすれば，この調査で日本の多くの企業は環境の変化に合わせて計画の内容や対象期間を修正していることが明らかにされたといえる。

　次に，梶原ほかは，②の修正方式（著者は，これをローリング方式と称したい）を3つに区分した。それは，②-1 期間固定・内容随時修正（残りの期間

は固定するが，計画内容は必要に応じて修正する），②-2（残りの期間は固定するが，計画内容は毎年修正する），②-3（残りの期間，計画内容ともに必要に応じて修正する）である。調査結果は，②-1 が29.5％と最も多かった。次いで，②-2 が26.7％，②-3 は19.0％であった。

以上から，現実の日本企業の経営計画修正の実態は，「残りの期間は固定するが，計画内容は必要に応じて修正」している企業が最も多いことが明らかになった。

3 利益計画における費用・収益計画

財務会計上の期間損益計算においては，利益は収益から費用を差し引いて算定される。これを算式で示せば，式6-1のようになる。

$$収益 - 費用 = 利益 \qquad (6\text{-}1)$$

式6-1では，利益は収益と費用の差額として他律的に算定されている。しかし，利益計画において，他律的に，結果として算定されるという感覚では消極的すぎる。

管理会計で行われる利益計画においては，目標利益を予定することで積極的に利益を計画し，それに向かって経営努力をしていくという態度が必要とされる。そのためには，式6-2のように予定収益（予定売上高）を最初に確定するのが一般的である。

$$予定収益 - 目標利益 = 許容費用 \qquad (6\text{-}2)$$

さらには，目標利益を予め決めておいて，式6-3のように，目標利益を達成するにはどれだけの予定収益（予定売上高）が必要で，その予定収益を達成するためにはどれだけの費用が許容されるかが決定されることもある。予定収益を目標収益とすることもある。

$$目標利益 = 予定収益 - 目標費用 \qquad (6\text{-}3)$$

費用もまた，企業間競争が激化している企業では，式6-2のように許容される費用にまで抑えるという感覚から，式6-3のように，目標費用として，利益だけでなく費用もまた計画的に管理していくことの必要性が高まってきた。

4　利益計画の策定過程

　利益計画の策定方法は企業により異なり，一般論として述べるのはむずかしい。企業によっては，ボトムアップ・アプローチとして，下から中長期経営計画を積みあげていき，それを財務的に利益計画として表現する。しかし，一般には，トップダウン・アプローチとして，戦略的な中期計画をにらみながら，あるいはその一部として，次の順序で利益計画が策定される。

(1) 経営戦略会議で目標利益を設定し，関係機関に伝達する。
(2) コントローラー部長（現代の日本でいえば，経営企画部長や経理部長に該当）で売上高を計画し，次いで費用の計画を設定する。その際，費用はしばしば変動費と固定費に区分し，利益は貢献利益方式で示される。
(3) その際，利益改善のためのプロジェクト計画が検討・策定される。必要により，目標利益を検討し直す。
(4) 資金計画との整合性を考え，総合的な期間計画としてまとめあげる。仮に，増産のため新工場の建設が計画されたときには，資金との関係をにらみながら，計画を策定していく必要がある。

　利益計画は，経営企画部が中心となって設定していく。経営計画の原案は現業部門が提出するが，経営企画部は現業部門で原案を作成してきた部門と頻繁に対話を繰り返す。その結果として作成された経営計画原案は，経営企画部が中心になって作成する。そこで重要なことは，経営戦略会議（伝統的な企業では常務会）においてトップから指示された目標利益が現実とあまりにも掛け離れたときの対応である。そのような場合には，利益計画の責任者（経営企画部長）は，経営戦略会議で現状を説明し，目標利益を現実に近づけるべきだと主張する必要がある。トップの無理な要求，逆に，現場からあげられてきた現状維持的な申告をそのまま受け入れたのでは，予算編成の段階で利益計画が画餅になってしまうからである。

3　利益計画における目標利益

　利益計画の設定では，一般に，目標利益の設定から始められる。目標利益との関係から，収益・費用の計画が樹立される。その過程で，セールス・ミックスやプロダクト・ミックスを検討したうえで各種のプロジェクト計画が決定される。さらに，資金計画との整合性をとりながら，総合的利益計画が設定される。典型的な利益計画の策定ステップは，図6-2のようになる。

図6-2　利益計画の策定ステップ

```
┌─────────────────┐
│   目標利益の設定   │←──┐
└─────────────────┘    │
         ↓              │
┌─────────────────┐    │
│   収益・費用の計画  │    │
└─────────────────┘    │
         ↓              │
┌─────────────────┐    │
│ プロジェクト計画の設定 │───┘
│  セールス・ミックス  │
└─────────────────┘
         ↓
┌─────────────────┐
│   総合的利益計画   │
│  資金計画との整合性  │
└─────────────────┘
```

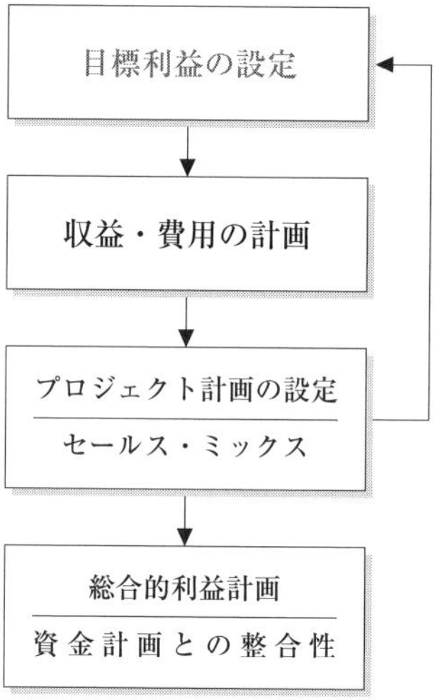

出典：著者作成。

　利益計画の策定において論点となるのは，次の事項である。①企業価値創造の内容を株主のための経済的価値に限定するか，ステークホルダーのための多元的目的とするか，②目標利益の指標として何を中心におくか，③IFRSとの関係における目標利益，④目標利益をいかにして求めるか。
　以上で述べた4つの論点のうち，まず初めに，企業価値を創造するために利益の極大化，多元的な利益目標いずれを選択すべきかについて述べよう。

1　企業が目標とする利益—利益の極大化か多元的目的か

　1980年代までのアメリカの経営者は株主の利益を重視し，典型的には**利益の極大化**を目標としてきた。この点に関して，基本的に，品質の向上や顧客へのサービス，従業員の安定した生活などを重視し，**多元的な企業目的**を追求してきた伝統的なわが国の経営者とは著しい対照をなしていた。

　経営として日米のいずれがすぐれているか。例えば，品質の向上と従業員の安定した生活を考えてみよう。品質の向上を図ろうとすると，それだけ余計に手数がかかり，工程も複雑になる。当然，当面の利益は抑えられる。しかし，長期的にみると，良い品質の製品を適正価格で販売すれば，次第にたくさん売れるようになる。また，不景気になっても可能な限り解雇を避けようとする。

　典型的な日本の経営者の行動は，一見，不合理にみえるものの，全員で経営を建て直そうということで，会社への忠誠心が生まれる。そのことから，全社をあげて品質を向上させようとする土壌が生まれる。そのことが，日本で1980年代にロボット導入がスムーズに進んだ最大の理由であったし，不況を脱却して発展の時期になると大きな企業の強みとなっていた。

　しかし，最近ではアメリカ企業だけでなくアジアの主要国では過去の日本的経営の良さを取り入れて品質の向上を図り，従業員の生活にも配慮するようになった。アメリカ企業の多くがバランスト・スコアカードを導入して多様なステークホルダーの利益を重視しようとしているのは，その1つの現れである。逆に，1990年代以降の日本では過剰品質が問題になり，過度なまでの品質向上の姿勢を是正しようとする傾向が窺える。

　その往きつく先は，2017年に突如として表面化した日産自動車，神戸製鋼，三菱自動車，三菱マテリアル（子会社），東レのハイブリッドコード，旭化成で次々に発覚した品質をないがしろにした逸脱行為である。日本の多くの企業では，トクサイ（特別採用制度）と呼ばれる慣行を悪用していることも判明した。日本科学技術連盟で行ってきたデミング大賞は2016年には日本企業が取得していたが，2015，2017年のデミング大賞は遂に東南アジアの企業が受賞し，日本企業はゼロであった。1980年代までは世界に広く知られていた高品質の日本製品というレッテルは，1997年を境にしてさらに大きく後退した。

不況の長期化とともにリストラが必須になり，余剰人員をかかえこむことが経営効率化を阻害するため，従業員への過剰な配慮には批判が加えられている現状である。しかも，現在では世界的に見て，日本の従業員の平均給与は決して高いとはいえなくなっている。さらに，コーポレート・ガバナンス論の高まりや会社は株主のためにあるとする外国人株主の急激な増加とともに，従業員よりも株主を第一に考えるべきだとの議論が高まってきた。

以上から，アメリカやアジア諸国は過去の日本の良さを取り入れる半面，最近の日本企業は1980年代前半までのアメリカ企業の経営に似てきたともいえる。しかも，グローバル・スタンダードの掛け声のもとで，アメリカ企業が過去にとってきた利益の極大を求める企業が多くなってきた。その背景には，競争の激化によって日本企業に理想的な経営をするゆとりがなくなってきたことと，年々高い配当を求める株主の声，および株主重視を後押しする東京証券取引所や金融庁の動向などもあろう。

2　目標利益の指標

米国の企業では，従来，投資利益率（ROI）の増大を利益計画の主要な目標とする企業が圧倒的に多かった［淺田，1989，p.114][6]。一方，1980年代までの典型的な日本企業では，事業部長の目標として米国企業と比較して，利益よりも相対的に売上高が重視されてきた。

現代の日本企業では，利益は種々の主要目標の1つになってきている。とはいえ，品質の向上，生産性の向上，市場占有率の確保，顧客満足，経営者と従業員の啓発，社会的責任の遂行など，利益だけでなく，多元的な要因が尊重されるべきであることはいうまでもない。

利益計画における**目標利益**として，企業はいかなる指標を用いるべきか。一般には，投資利益率，期間利益額，売上高利益率の3つが知られている。

(1) 投資利益率

理論的に最もすぐれた指標は，**投資利益率**（return on investment; ROI）である。なぜなら，投資利益率は売上収益性を表す売上高利益率（ないし売上利益率）と資本効率を表す資本回転率の積として表される最も総合的な指標だか

らである。資産効率を高めるには、**総資産利益率**が活用される。株主の力が大きい会社では、**自己資本利益率**（return on equity; ROE）が重視される。しかし、積極的な投資活動や研究開発投資、教育投資は投資利益率を引き下げるので、利益計画において自己資本利益率を過度に重視すると、将来の企業の発展に期待が寄せられる投資活動を抑制してしまう傾向がある。

著者達の1997年調査［櫻井・伊藤, 1998, p.115］（調査対象企業185社）では、利益目標を用いていた企業は投資利益率（6社；3％）、期間利益額（136社；74％）、売上高利益率（37社；20％）、その他（6社；3％）であった。投資利益率を主要な利益目標としている企業は極めて少ない。なお、日本大学での調査［日本大学商学部, 2004, p.116］でこれら3つの数値をみれば、期間利益額は93％、売上高利益率の1％に対して、投資利益率は1％でしかなかった[7]。

調査結果によって数値が大きく異なるのはなぜか。その理由の1つは、現場レベルでは売上高、売上高利益率、営業利益が有効である、事業部レベルでは経常利益や総資産利益率が、そして本社レベルでは投資利益率が重視されるからであるかもしれない。つまり、回答者が所属しているマネジメント・レベルによって重視される利益目標が異なることが関係している可能性がある。

(2) **期間利益額**

日本企業で戦後の回復期から高度成長期にかけて最も多く用いられてきたのは**経常利益**であった。十分な投資利益率が得られなくても、一定の利益さえあれば借入金によって積極的な投資をすることによってインフレによって予想外の過大な利益が得られたことがその主たる理由と考えられる。しかもわが国では経常利益の利用が、結果的に積極的な投資を促し、経済を発展させてきた。経常利益の最大の欠点は、経営効率の改善に目が届かないことにある。経常利益は日本企業特集の指標であるので、経常利益の利用は減少する可能性がある。逆に、税引後営業利益から加重平均資本コストを差し引いて算定される**EVA**（economic value added；経済的付加価値）が浸透していく可能性もある。

(3) **売上高利益率**

売上高利益率を目標利益とするときは、資本回転率との関係で妥当な売上高

利益率をあらかじめ計算しておく。売上高利益率の水準は，企業により，地域により，また経済状況や競争状態により異なる。産業経理協会の委嘱によるアンケート2002年調査[8]［山田ほか，2003，p.149］によると，利益計画において，連結ベースで最も重視される指標（第1位）は，売上高利益率（70％）であった。その他の指標では，総資本利益率（14％），財務体質の強化（5％），キャッシュ・フローの確保（1％），EVA（3％），ROE（5％）であった。この調査では，日本企業が利益計画で最も重視している経常利益や営業利益が調査項目から外されているので真の実態は不明であるが，売上高利益率が多くの企業によって活用されていることだけは確認できた。

目標利益の予算原案は利益計画作成に深く関わっている。企業予算制度研究会［2018, p.199］の調査では，予算原案作成上での部門の基本的目標3つのうちでは，売上高（75％）が最も多く，売上高利益率（52％），利益額（51％）；本社費配当後利益（28％），管理可能利益（21％），残余利益（2％）の順であった。

3　IFRSを前提にした目標利益における利益概念

IFRSとの関係で，日本基準でもすでに包括利益計算書が2011年3月31日に終了する連結財務諸表への適用が始まっている。包括利益（comprehensive income）になると，投資利益率の利用法は変化するのか。従来は投資利益率の変形として，総資産利益率や自己資産利益率が用いられてきた。今後は経営トップにとって当期純利益だけでなく包括利益も海外への投資効率や持ち合い株式の投資先選定による効率化も重要な案件になると思われるので，式6-4で算定される**総資産包括利益率**も重要な指標になる可能性がある。

総資産包括利益率 ＝ 包括利益／総資産 × 100　　　　　　　　(6-4)

目標利益を定めるにあたって，利益をどのように捉えるか。IFRSの導入を前提にすると，利益計画における利益概念には，総資産利益率（ROA），自己資本利益率（ROE），EVA，総資産包括利益，当期純利益，（企業が必要と認めれば）経常利益，および営業利益がある。

M&Aを積極的に行っている企業では，総資産包括利益率の採用は有効である。総資産の効率的利用を図るにも，**総資産包括利益率**が優れている。電力会社のような過大な設備が必要な産業では，資産効率を上げるために総資産包括利益率が有効である。しかし，包括利益には為替差損益など経営者の能力を超える要因が含まれているので，モノ作りを主体にした日本の多くの企業では，総資産包括利益率によって経営者の業績評価に用いるのには疑問がある。

株主利益を第一にする企業では，自己資本利益率が重視される。業績評価のためにEVAを用いている企業では，目標利益にもEVAを用いている。

持ち株会社でいくつかの事業会社を所有している企業は，事業会社の経営責任者の業績評価には当期純利益によるにしても，事業自体の評価には包括利益をボトムラインとすることになろう。**包括利益**では当期純利益のほかに，その他の包括利益の項目が含まれる。その他の包括利益では，為替の変動損益を表す為替換算調整勘定，先物取引やオプション取引など期末時点でのデリバティブの時価評価による差額を翌期以降に繰り延べるときに用いる繰延ヘッジ損益など，為替や株価の変動リスクに晒される損益も含まれることになる。

4 目標利益の求め方

目標利益を投資利益率として採用する場合，理論的には，加重平均資本コストを最低希望利益率として算定するのがよい。資本コストの計算方法を設例で説明しよう。その際，支払資本コストのかからない留保利益の資本コストをどうするかが問題となる。一般には，留保利益を有利な投資に回したら得られるであろう利益（機会原価，ないし計算上の利益）を計算に含める。

【設　例】

ABC社の総資本が100億円で，そのうち40億円が借入金，社債が10億円，30億円が資本金，20億円が留保利益である。個別資本コストをみると，借入金の税引前資本コスト（金利）が4％，社債の税引前資本コストが2％，資本金の実質資本コスト（配当金）が10％，留保利益の実質的な資本コスト（機会原価）が4％であるとする。また，実効税率は50％とする。その場合，加重平均資本コスト（WACC）はいくらになるか，計算しなさい。

〔解　答〕

　次に示したように，加重平均資本コストは4.7％と算定される。1990年代に花王，ソニー，パナソニックなどのエクセレント・カンパニーの資本コストは5％のところが多かった。ちなみに造船業などは2％前後，医薬品などは6～7％であった。

表6-1　目標利益算定のための加重平均資本コストの算定

資　本	金　額	構成比率	個別資本コスト	平均資本コスト
借　入　金	40億円	40％	2％	0.8％
社　　債	10億円	10％	1％	0.1％
資　本　金	30億円	30％	10％	3.0％
留　保　利　益	20億円	20％	4％	0.8％
合　　計	100億円	100％		4.7％

税引後借入金コスト　4％×(1−0.5)＝2％　　税引後社債コスト　2％×(1−0.5)＝1％

　以上から，目標資本利益率を機械的に4.7％に設定すべきであるかということになると，必ずしもそうとはならない。

　現実には，以上のようにして算定した資本コストを基礎に，経済状況や他社との競争状態やリスクなどを勘案しながら，この数字を高めたり低くしたりして目標とすべき利益を設定する。リスクを0.3％と低めに見積もって，資本コストを5％と仮定することもあろう。当然ながら，同業種での資本コスト率が分かれば，それらも参考にすることになろう。

　留保利益について，経営財務論によれば，留保利益の機会原価は配当かそれ以上ということになろう。しかし，現下の経済状況を考慮すると，希望利益率を配当や配当以上に引き上げることは現実的ではない。多くの企業が安定配当を図っていた頃とは違って，業績と連動させた配当支払いとか株価維持のために多少無理しても配当を引き上げている企業もある。そのようなことから，留保利益を配当かそれ以上にするのは望ましいとは思えない。管理会計の観点からすると，ムリに資本コストを引き上げることは，有望な投資機会を失う危険性がある。

期間利益額を目標利益とするときには，マクロ的にみて，理論的に目標利益は，5.0億円（100億円×5.0％）になる。このようなマクロ的な分析を勘案するにしても，現実には，これに過去の経験や競争状況など将来の予測を加味して経営方針として目標利益を決定する。

4 利益目標を補足する非財務業績の目標

利益計画では，目標利益の設定において少しでも多くの利益を獲得しようとする。しかし同時に，非財務目標にも目を配る必要がある。ジョンソンとキャプラン［Johnson and Kaplan, 1987］は，アメリカ経済の低迷の原因の1つを，非財務業績への配慮不足に起因させている。欧米企業に比べて日本企業は非財務業績指標の利用が活発に行われているとされてきた。とはいえ，最近の日本企業では，一部で非財務業績軽視の傾向もみられることは残念なことである。

1 非財務業績とは何か

利益目標は経営活動の結果を表す**遅行指標**（lagging indicators）である。成果指標ともいわれる。結果が出るのには，原因がある。原因となる指標が非財務業績で，良い結果を求めるのであれば将来のために良い結果をもたらすための種を早いうちに蒔いておく必要がある。結果に先行する指標という意味で，**先行指標**（leading indicators）といわれる。先行指標の多くは財務業績を向上させるための非財務業績でもある。典型的な非財務業績には，次のものがある。

表6-2 典型的な非財務業績

市場占有率の伸び率，新製品開発比率，特許権出願件数，リサイクル率，工場の稼働率（ホテルでは空室率），スループット（原材料の仕入れから製品納入までの期間），生産計画の達成度，業務改革の遂行度，製品の品質（クレームの件数，仕損数など），納期順守率，顧客満足度，従業員満足度など

出典：著者作成。

非財務業績指標は，製造業，ホテル，政府・自治体，病院など組織形態の如何によって異なる。管理会計では非営利組織の業績評価も行われるようになったが，独立行政法人など非営利組織の業績評価では，組織のミッションの達成度を**成果**（outcome；アウトカム）[9]で表現することも多くなった。企業のどの機能を対象にするかによっても非財務業績指標は異なってくる。生産活動，販売活動，開発，経理，購買ごとに指標の取り方を検討する必要がある。

2 非財務業績指標がなぜ必要か

企業の経営者の経営行動，意思決定，経営戦略の策定と実行に効果的な情報を提供し影響を与える手段として，業績評価に非財務業績を活用すべきだとする論調が高まってきた。その理由は，非財務業績指標が先行指標であることや，企業は必ずしも利益だけを追求する組織ではないからである。

非財務業績指標には，次の欠点がある。①非財務業績を向上させるためのコストが増加する。②利益目標であれば単一目標であるため複数の事業目標を表現できるが，非財務目標を掲げるときには複数の目標間でのトレードオフが問題になる。③非財務業績は財務業績の指標として顕在化するまでにはタイムラグがある。④評価が難しいこともあって，経営者が非財務業績に目をむけない傾向にある。しかし，逆に，企業が利益目標など**財務業績を過度に重視する**ことの**弊害**には次の事由がある。

第1に，これまでしばしば指摘されてきたのは，①財務指標だけで経営の良し悪しを判断すると，品質の悪化を招く危険性がある。さらに，②顧客満足を忘れ，顧客へのサービスが劣化する危険がある。③株主にのみ目が注がれる結果，従業員の満足の向上を怠り，会社にとっては宝ともいえる多くの優秀な従業員を失ったという話は，しばしば耳にする財務業績重視の弊害である。

第2に，過去のアメリカ企業が1980年代に経験したように，投資利益率（ROI）を重視しすぎると，次の欠点がある。①研究開発投資が疎かになる。②リスクは高いが企業の将来にとって有望な市場を失う危険性が高い。加えて，③従業員の教育訓練に対する投資活動を疎かにすることになりがちで，優秀な従業員を引きとめることができないために，将来の持続的成長への懸念を増大させる。

非財務業績は，財務業績による評価が有する以上の固有の欠点を補足することができる。独立行政法人などでは，非財務業績の活用は必須である。

以上から，企業の持続的発展を図るには，経営のマネジメントコントロール・システムに非財務業績指標を適切に組み込むことが必要である。

3　非財務業績指標のマネジメントコントロール・システムへの統合

企業のマネジメントコントロール・システムに非財務業績指標を組み込むには，3つの方法がある。

第1は，予算に組み込む。しかし，財務業績を中心とする予算編成と統制のプロセスでは，非財務業績の指標を継続的な管理に結びつけにくい。

第2は，中期経営計画において非財務業績の目標を掲げる。一般的には，目標値とかKPI（key performance indicators；重要な業績指標）として中期目標に掲げる。

第3に，PDCAのマネジメントサイクルを前提としたマネジメントコントロール・システムのなかで継続的なシステムとしてもつには，バランスト・スコアカードが理想的である。

バランスト・スコアカードを活用すれば，財務の視点だけでなく，顧客の視点，内部ビジネス・プロセスの視点，学習と成長の視点から戦略を策定し業績評価を通じて戦略の実行状況をモニターできる。具体的には，市場占有率の伸び率，顧客定着率，顧客満足度，クレームの削減件数，新製品の市場への投入率，新製品の市販の時期，従業員満足度，優秀な職員の保有率，専門職の利用可能性などの非財務業績の目標が設けられ，経営活動を継続的にモニターする。

4　財務業績と非財務業績の目標値の設定

非財務業績指標の選定にあたっては，選定した業績評価指標が経済価値，顧客価値，社会価値，組織価値と高い相関関係をもっていることを確認する必要がある。一般的にいえば，長期目標の実行は先行指標で管理するが，短期目標の実行は遅行指標である成果指標で管理する。

財務指標を重視しすぎると，経営が近視眼的になりがちである。逆に，非財務業績を重視しすぎると株主利益に反するとの批判を受けることになる。財務

指標の選定に当たっては改善の余地があるか否かを確認し，3か月か6か月後には必ず見直すべきである。

目標値の設定に関して，**沖電気**の三品氏［2002, pp.1-32］によれば，目標値には次の3つのタイプがあるという。

① **マイルストーン型目標**　経営目標や事業目標から，将来の布石として，長期的なビジョンから求められる目標値を設定する。

② **ベンチマーキング型目標**　スピードなど，競争優位を図る戦略的な目標値を設定する。

③ **現状改善型目標**　過去の実績を勘案して，改善的な目標値を設定する。

目標値は，以上のような特性を勘案して，最適なものを設定する。

企業によっては実際にしばしばみられる現象であるが，期の前半は無為に過ごし，期の後半になってはじめて成果をあげようと躍起になる事例がみられる。このような事態を避けるためには，期の前半から綿密なチェックを行い，早めに手をうつことで，**問題の芽を早期に発見**［方針管理事例研究会, 1989］することも大切である。

業績評価のための指標は，実績が目標よりも高ければそれだけで経営がうまくいっていると判断すべきであるか。顧客満足度について検証してみよう。一般に，顧客満足度が高ければすぐれた経営が行われていると判断される。事実，顧客満足と顧客維持との間には相関関係があるとする数多くの調査結果がある。フォーネル［Fornell, 2002］は，四半期ごとにウォール・ストリート・ジャーナル紙に掲載される全米顧客満足度指数（ACSI）を用いれば，顧客満足度と株主価値との相関関係が保たれるという。だが，顧客満足度が高いといっても，本当に売上高や利益が増大するとはいえない。

5　顧客ロイヤリティと顧客満足の罠

顧客満足が得られると，一般には，**顧客ロイヤリティ**が高まると想定することができる。鈴木［2008, pp.91-109］の研究によれば，顧客ロイヤリティが高まれば顧客との長期の信頼関係が築かれ，取引回数が増加する。加えて，取引金額が増加し，長期の取引関係を保つことができる。結果，顧客ロイヤリティは財務業績を高め，企業価値を増大させる。図6-3を参照されたい。

図6-3 顧客満足，顧客ロイヤルティ，企業価値の関係

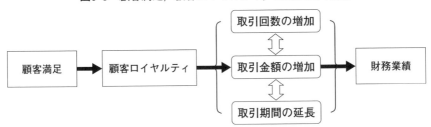

出典：鈴木［2008, pp.91-109］をもとに，著者作成。

　顧客満足が顧客ロイヤリティを高め，最終的には財務業績が向上するのであれば，顧客ロイヤリティを高めるべく，顧客に関連する非財務業績を多用するべきだとする声が上がりそうである。しかし，顧客に関連する非財務業績には顧客ロイヤリティと深い関係にある指標（**顧客満足関連指標**）と，顧客収益性に関係する指標（**顧客収益性指標**）とが区別されるべきである。顧客満足志向指標が顧客ロイヤリティと関連するのに対して，顧客収益性指標は顧客からの収益性に関連する指標である。表6-3を参照されたい。

表6-3 顧客満足関連指標と顧客収益性指標

顧客満足関連指標		顧客収益性指標	
顧客ロイヤリティ	顧客対応時間	市場占有率	マーケティング費用
顧客満足度	顧客定着率	新規顧客数	顧客当たり売上高
クレイム件数	ブランドイメージ	顧客別収益性	従業員当たり顧客数
顧客の評価点	欠陥ゼロ	失った顧客数	顧客当たりコスト
リピート客	サービスの質	接客時間	取引の持続期間

出典：著者作成。

　松岡［2006, pp.106-126］の研究によれば，イットナーとラーカー［Ittner and Larker, 1998, p.8］の実証研究の結果から，顧客満足が最大を100と仮定す

ると，70に至るまでは顧客維持率が上昇し続けたがその点を超えると上昇しなくなったこと，また顧客満足が67から70の間で顧客維持率が大幅に上昇することを発見した。加えて，顧客満足度の増大は，既存顧客1人当たりの取引量を増大させるのではなく，新規顧客の獲得を通じて間接的に財務指標に影響を与えることを明らかにした［Ittner and Larker, 1998, p.17］。さらに，スミスとライト［Smith and Wright, 2004, p.187］の研究結果から，近年のマーケティング研究が顧客満足と顧客ロイヤリティを区別していること，および商品を購入する意図は，顧客満足ではなく顧客ロイヤリティに密接に関係していることを明らかにしている。

顧客満足の罠（customer satisfaction trap）とは，企業が顧客を満足させているにもかかわらず，高い顧客満足度と連動しているはずの売上高，収益性，顧客ロイヤリティが一向に良くならない状態を指している。

バラットバーグほか［Blattberg et al., 2001］によれば，1988年と1989年にマルコム・ボルドリッジ賞で好成績をあげた20社の調査では，顧客満足度は上昇したものの顧客維持率は変わらないか降下したという結果があった。別の調査結果では，調査対象企業の90%以上の企業が顧客満足度を測定し改善するプログラムをもっているが，顧客満足が売上高や利益の増加に繋がったと回答した企業はわずか2%でしかなかったという。ある著名なIT企業の社長から著者が質問を受けたことがある。「わが社はIT企業のなかでは数年続けて顧客満足度が最高位であった。それにもかかわらず，収益力ではIBMに敵わない。これはなぜであろうか」と。率直に答えるのは失礼であると考えたので，その社長の質問には率直には答えられなかったのであるが，収益力は当面の顧客満足度だけで決まるのではなく，企業のもつブランド力やコーポレート・レピュテーションによっても大きな影響を受けるからである。そのことは，社長も十分にわきまえた上での質問であると理解した。

6　従業員満足は先行指標となる非財務業績

従業員満足は，短期的には財務業績に結び付かないが，長期的には企業の競争優位を高める典型的な先行指標である。キャプランとノートン［Kaplan and Norton, 1996, p.129］によれば，従業員との関連で最も重要な業績評価指

標は，従業員満足度，従業員の定着率，従業員の生産性であるという。これにイネーブラー（enabler；支えるもの）として，スタッフの能力，技術のインフラ，組織風土が重要な要因になる。これらの関係は，図6-4で表される。

図6-4　従業員満足と成果との関係

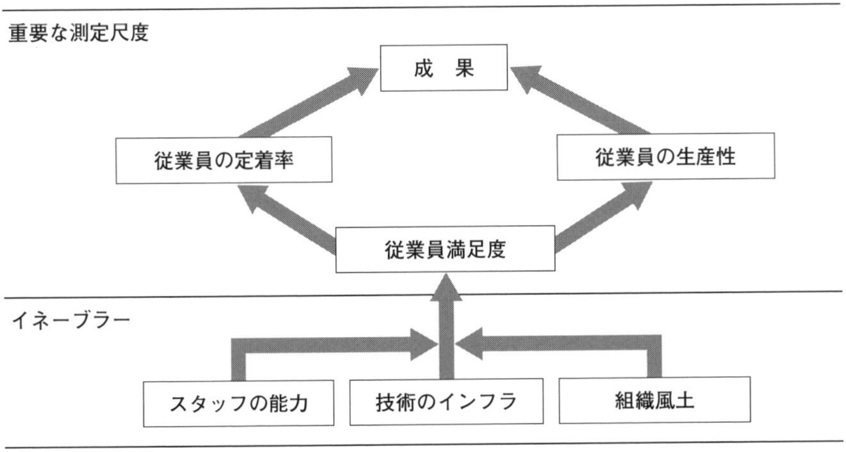

重要な測定尺度

```
              成　果
              ↑   ↑
     従業員の定着率   従業員の生産性
              ↑   ↑
              従業員満足度
                 ↑
       ┌─────────┼─────────┐
```

イネーブラー

| スタッフの能力 | 技術のインフラ | 組織風土 |

出典：Kaplan and Norton［1996, p.129］.

　1990年代以降の不況の継続化で，わが国では不況対策としてリストラが一般化してきた。株式市場は，累積赤字を背負った企業に対して，これらのリストラ対策を歓迎するかにみえる。2000年以降になると，多くの日本企業が中国，東南アジア，米国などで新鋭設備の工場を建設し，1960年代に建築した日本国内でのいわゆるマザー工場が陳腐化した。品質管理の専門家は工場移設建設とともに海外に移住し，日本国内には品質専門の社員が枯渇し，大学からも品質専門の研究者が減少傾向にある。しかし，日本企業がほんとにこのような欧米型の荒っぽい経営方式を今後もとり続けていくことが長期的にみて妥当なものといえようか。企業がどんなに追い込まれようとも，最も大切なことは，従業員が喜んで働ける環境を整備することである。**従業員満足度**は，一般に表6-4の指標によって測定することができる。

表6-4　従業員満足度と関連した指標

給　　料	福利厚生施設	コミュニケーション
昇　　進	労働強度	環境整備
よき組織風土	安　　全	教育システム
不満の解消	職場定着率	ストレスの有無

　従業員は，知的資産の源泉である。従業員がもつスキルや知識は，企業にとってなにものにも変え難い資産である。とりわけ，研究開発型の企業，ソフトハウス，ベンチャー・ビジネスにとってすぐれた人材は"人財"ともいわれるように，企業にとって財産である。
　顧客について，顧客満足度を上げるだけでは企業の収益には結びつかないことは先に述べた。同様に，従業員満足度を上げれば成果が現れると考えるべきではない。従業員満足を成果と結びつけ，最終的には財務業績に結びつける工夫と努力が必要になる。表6-5は典型的な業績評価尺度である。

表6-5　従業員の成果と関連する尺度

給料水準	特許取得件数	教育・訓練の回数／時間
平均年齢	勤続年数	動機づけ指標（点数）
欠勤率	資格（英語検定）	リーダーシップ指標（点数）
離職率	正規社員の比率	効率的な作業／時間

　長期の不況に喘ぐ日本企業は，教育研修の費用を大幅に削減してきた。従業員の多くは，サービス残業で疲弊している。過去，日本企業は優秀な社員を欧米に留学させて日本経済の再建と発展に彼らが大きな役割を果してきたが，最近では留学生たちが自社に戻らないといった状況もあって，留学費用も大幅にカットする企業が多くなってきた。アジア諸国の経営者が日米を中心に優秀な経営者の卵を諸外国に留学させているのと対照的である。教育訓練費や社員満足度は"プロセス"尺度であるため，直ちには経営に悪影響として現れない。

しかし，長期的には日本の国際競争力を確実に弱めるであろう。

5　目標管理の現状と課題

目標管理は，目標設定への個々人の参画および自己コントロールを目的として，組織目標と整合性のある個人目標を掲げて，企業にとっても望ましい目標を設定し，それに従って自己をコントロールしていく管理の方式である。経営目標をトップ・ダウンで下へ割り付けるようなやり方も表面的には目標管理のようにみえるが，それは目標管理ではない。グループや個々人の能力に完全な自由を与え，組織の目標と整合性のあるグループや個人の目標をもって自己コントロールを行ってはじめて本来の意味での目標管理がもたれているといえる。目標管理は，経営計画の枠組みのなかで，予算管理を通じて実践される。

1　目標管理とは何か

目標管理（management by objective ; MBO，目標による管理）は，わが国ではドラッカーによる著書『現代の経営』（ダイヤモンド社, *The Practice of Management*, by P.F. Drucker, 1954）によって触発されて，主として1960年代以降，多くの企業が成果連動型の報酬制度として導入してきた。

目標管理の導入によって日本企業が経営方式を大いに改善できたことは誰しも認めるところである。しかし，最近では多くの従業員や経営者から目標管理は形骸化しているとする声も聞かれる。では，目標管理の形骸化により，目標管理の意義が失われてしまったのか。

著者達は，わが国の実態をアンケートで調査するため，東証一部上場企業300社への郵送調査を行い，107社から回答を得た［青木・櫻井, 2003, pp.126-128］[10]。表6-6はその質問と回答内容である。

【質　問】　貴社では，目標管理（MBO）を実施していますか？「はい」と答えた方にお聞きします。MBOは社内でうまく機能していますか（1は「ほとんど機能していない」，5は「大変うまくいっている」）。

本調査では，目標管理は回答企業の8割以上で導入されていた。規模によっ

表6-6 目標管理の実施状況

実施の有無

	度数	パーセント
はい	89	83.2
いいえ	16	15.0
無回答	2	1.8
合計	107	100.0

機能の程度

	度数	パーセント
1	3	3.4
2	9	10.1
3	52	58.4
4	24	27.0
5	1	1.1
合計	89	100.0

て導入状況が異なるが，大企業では約8割，中小も含めると日本企業では約半数が目標管理を導入しているとする厚生労働省の調査結果［厚生労働省, 2002, pp.28-31］とも整合性がある。これらの調査から，目標管理はわが国で完全に定着しているとみてよい。だが，目標管理への満足度（機能の程度）についてみると，目標管理の評価は中程度（3）と回答した企業が最も多く，これに（2）と（1）を回答した企業をあわせると，7割の企業は普通かあまり満足していない。逆に，最もすぐれていると評価した企業はわずか1社しかなかった。この回答結果から，目標管理は日本企業に深く浸透しているにもかかわらず，現状では改善の余地があることが明らかになった。

2　目標管理の問題点は何か

　目標管理は，設定した目標をどれだけ達成できたかを測定して個人の業績を可視化するためのツールである。目標管理は形骸化しているといわれながらも，現実には多くの企業は成果連動型の業績評価に近づけるために，目標管理を活用している。個別企業の事例に関しては，星野［2003, pp.26-28］が，主に1990年代以降に目標管理制度を導入した企業として，富士通，日本IBM, NEC, ゼクセル（現ボッシュ エレクトロニクス），SCSK[11]の事例をあげて能力主義の日本企業への浸透を記述している。このように目標管理制度の導入は日本企業に確実に進んではいる。

　目標管理には問題点や批判もある。第1に，部分最適になりビジョンや戦略が目標管理に落とし込まれていない。第2に，評価に客観性がない。第3に，

表6-7　目標管理・評価制度の問題点

問　題　点	回答値（％）
(1) 評価者間の評価基準の統一が困難	70
(2) 目標設定の基準があいまい	62
(3) 目標達成度の評価基準が不明確	44
(4) 目標管理制度と評価制度がうまく連動していない	25
(5) 目標面接や評価など管理者の負担が大きい	23
(6) 評価結果やプロセスをフィードバックしにくい	12
(7) 目標達成のプロセスの評価が軽視されている	11

上司と担当者の"にぎり"で決まり部分最適に陥る，第4に，人事部所管の目標管理と経営企画部との間に壁がある等である。厚生労働省統計情報部［2002, pp.28-31］の調査による目標管理制度の問題点は，表6-7のとおりである。

いかにすぐれた制度にも，必ず問題点は存在する。経営者に託されているのは，問題点の把握とその克服のための継続的な努力である。

3　リコーはいかにして目標管理の形骸化を防いだか？

リコーの経営計画は，基本的に6年の長期経営計画，3年の中期経営計画，1年の短期経営計画からなる。長期経営計画は中期経営計画の指針となることを狙いとして設定されている。長期経営計画は経営計画というよりもビジョンに近い。長期経営計画には，その経過や実績についてのレビューはない［村上，2000, pp.19-28］。

中期経営計画では，長期経営戦略の方向性を受けて，前提的な目標や基本方針，重点施策，業績の目標値などを策定する。中期経営計画では個々の戦略を戦略目標に変換し，投資計画，事業戦略，事業計画を全社レベルで展開する。中期経営計画は一般には3年の計画であるが，企業環境の変化が激しければ随時見直していく。このシステムをリコーでは"経営システム"と呼んでいる。経営システムでは，目標管理／業績評価制度と業績連動型の報酬制度が構築されている。

図6-5は，中期経営計画が担当者にいかに落とし込まれるかのオリジナルの

図6-5 経営階層と戦略・成果指標，先行指標の関係

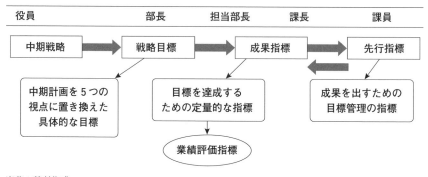

出典：著者作成。

図表をもとにして著者が図解したものである。中期計画を5つの視点に変えた指標とは，財務，顧客，プロセス，学習と成長，環境である。成果指標にはCSF（主要な成功要因）が，先行指標にはKPI（重要な業績指標）が用いられる。

新制度の狙いは，部門業績連動の報酬制度で企業を活性化するだけでなく，目標管理と方針管理の仕組みを変えて経営の質を高めることにある。そのうえで，①ポートフォリオ管理の徹底，②適切な業績評価指標の設定，③目標管理の仕組みと評価の仕組み，④業績評価の賞与への反映，の活動に取り組んだ。目標管理，方針管理を見直すにあたり，最初に行ったのは，バランスト・スコアカードを利用して事業部と部門別の指標の設定から実施したことである。バランスト・スコアカードを活用した目標の設定と評価を行った結果，目標管理の仕組みに以下の変更が加えられた。

第1に，目標値の設定については，各部門の中期戦略の概要と年度方針をベースにして，各指標の目標値について審議する。

第2に，目標を立案するための事業計画立案プロセスもまた，方針や施策と財務目標がリンクするような形に変更されている。

第3に，制度の名称も，目標管理から戦略的目標管理制度と改め，評価が中心ではなく，あくまでも目標による管理に強調点をおいている。

以上の変更を加えた結果，リコーでは，その後の目標管理の運用が円滑に行われるようになった。

4 知識創造型人材を育成するには目標管理は有効か

これまでの日本の人材育成は，**OJT**（on-the-job-training；企業内教育・訓練）を柱に，問題対処型の貢献を前提にした人材育成がなされてきた。所与の技術条件のなかで均一な製品を生産するには，この人材育成の方式はそれなりに効果を上げてきた。しかし，現在企業が求めている人材はこのような人材ばかりではなく，知識創造型の人材である。

知識創造型の人材を育成するには，OJTだけでなく，職場を離れての**OFF-JT**による一般化された知識や技能の教育・訓練も必要となる。最近の日本企業の人材育成では，経済の低迷と業績低下の影響もあって，海外への社員の派遣や社外での教育研修への人材派遣が激減している。これでは知識創造型の人材は育たない。AI（人工知能）の研究では，米国と並んで中国が大きな勢力になりつつあるが，それは惜しみなくAIの育成に資金と人材を投入してきた結果である。

知識創造型の人材育成は，企業だけでなく国家の顧客満足度指標，販売価格の低下，顧客当たり契約数，顧客訪問回数戦略にも依存することは間違いがないが，それでは，目標管理はこのような人材の育成に貢献するのだろうか。

目標管理は，従業員が組織目標を擦り合わせることで目標への内発的モチベーションを高める。守島［2011, pp.24-37］は知識創造を高める要因として，①内発的モチベーション（例；目標管理などによる自律的なチャレンジ），②ていねいな人材評価，③リスクの分散（例；成果主義，短期的成果の重視），④情報多様性（例；ブレーンストーミングやホンダのワイガヤ[12]など），⑤対人間相互作用（健全な人間関係），⑥良質の経験（例；ジョブローテーション）という6つの仮説を取り上げて実証研究を行った。調査は（独）労働政策研究所の「企業戦略の人材マネジメントに関する総合調査」（2005年）で，2,251人が対象とされた。回帰分析によるリッカートスケールの調査結果は，③のリスクの分散（短期的成果の重視）を除いて，すべての項目で有意な影響を及ぼしていることが発見された。

目標管理における従業員目標の重視は，部門を超えたコミュニケーションの強化，計画的ローテーションの重視，社員の多面的評価に次いで有意な結果が

みられた。要するに，目標管理は知識創造型人材育成にも有効であることが発見されたのである。

注

1) ミッションを英語で表現すれば，What you do である。他方，ビジョンは Where you want to go である。例えば，"すばらしいホテル・サービスを提供すること"はミッションであるが，ビジョンは"世界一のホテルになること"［櫻井, 2008, p.350］である。

2) 中期経営計画は，石油危機以降，急速にわが国企業に普及した。計画期間が5年から3年に短縮された［日本生産性本部, 1982, p.15］。同様に，経営戦略の重要性も，石油危機以降強調されるようになった。その理由は，将来の予測が困難になり，市場競争が激しくなったため，経営戦略の意義が高まったためである。

　山田ほか［2003, pp.124-125］によれば，長期経営計画を策定している企業は，1992年は50％であったが，2002年には20％に減少している。一方，中期経営計画は，1992年は71％であったものが，2002年には87％に増加している。

　梶原ほか［2011（a），p.75］が調査（有効回答企業102社）した経営計画の期間では，3年が最も多く，79.4％である。これは中期経営計画とみなしてよい。一方，長期経営計画に相当する5年と回答した企業は，5.9％であった。1年（7.8％），4年（3.9％），2年（2.9％）などもあった。

3) 製造業の業務形態からみて，中期経営計画の策定とのあいだで，導入企業に違いがみられるか。企業予算制度研究会［2018, pp.59-60］によれば，個別受注生産主体の業務形態の中期経営計画の採用企業（40％）は，見込生産主体の企業（20％）の倍であった。その理由として，市場や消費者の急速な変化を予測する必要のある見込み生産形態の企業の方が，中期経営計画の策定に困難が伴うからだと推論している。

4) 梶原武久・新井康平・福嶋盛宣・米満洋平の4教授は，2011年の論文「経営計画が企業業績へ与える影響についての経験的な検証」『KOBE UNIVERSITY』2011-39, pp.1-14.において，「経営計画を策定する際に企業が選択する項目がどのようにROIに影響をするのかを探求」する論文を発表している。そこでは，研究方法とサンプルの概要，質問票に含まれる変数，財務数値，分析結果などが詳細に報告されている。日本管理会計学会しに掲載されたこの論文は，以上の分析をもとにして，同じ研究目的で実施されたものである。両論文を読むことで，その意味を詳細に知ることができる。

5) コア・コンピテンス（core competence）は，文字通り，コア（中核的）となるコンピテンス（強み）であるが，コア・コンピテンスというときには，とくに

他社が真似のできない，自社の核となる技術や能力のことを含意する。
6) 淺田［1989, p.114］による日米の調査によれば，アメリカでは利益計画で資本利益率を1番目に重視する企業は20社，2番目は12社，第3番目は16社であった。一方，日本企業は1番目が1社，2番目が1社，3番目が2社にすぎなかった。調査対象会社（回収企業数）は，アメリカが80社，日本が256社であった。この調査によって，アメリカと比較して日本企業がいかに資本利益率を重視しないかがハッキリわかるであろう。
7) 1996年調査では，期間利益は39%，売上高利益率9%に対して，投資利益率は4%であった。
8) 調査対象は，協会会員企業の601社と非加盟企業の396社であった。回収は163社（回収率16.3%）であった。調査の詳細は『産業経理』に掲載された論文［山田庫平ほか, 2003］を参照されたい。
9) 企業における成果（outcome）指標には，顧客関係では，市場占有率，顧客獲得率，顧客定着率，顧客満足度，学習と成長尺度には，従業員満足度，従業員定着率などがある。独立行政法人や官僚組織での成果指標は，その組織のミッションが何かによって異なる。情報処理試験であれば，試験の受験者，合格者が成果指標になる。
10) 本調査は，青木章通専修大学教授（当時：東京経済大学専任講師）と共同で，2003年1月4日から2月19日にかけてわが国の東京証券取引所第一部上場企業（製造業，電力・ガス，金融業）に郵送による調査を実施した。導入企業の数が限られているので，回答者には戦略の策定や原価管理，品質管理などバランスト・スコアカードとは間接的な関連しかもたない事項についても答えていただいた。経営企画室の室長や部長など，企業の経営戦略の最高責任者を対象に300社に調査票を送付した。回収（率）は107社（35.7%）であった。業種別にみると，電力・ガス業界製造業が18社中11社（61.1%），製造業が233社中81社（回収率34.8%）であるのに対して，金融業は49行中10行（20.4%）しかなかった。業種について無回答の企業が5社あった。規模別にみると，従業員数1千人未満の企業が16社，1千人以上1万人未満の企業が70社，1万人以上の企業が21社であった。
11) CSKは2011年に住友情報システム（SCS）が吸収合併した。新会社はSCSK。住友情報システムが存続会社となる。著者は，CSKのコンピュータ・サービスと呼ばれている時期に，恩師 青木茂男先生からの紹介で，大川功社長の下においてほぼ2年をかけて当社に事業部制（およびそれに伴う管理会計制度）を導入した。事業部制の導入後には，店頭株市場，上場第二部，上場第一部と発展を重ねていって現在に至っている。
12) ホンダで行われた3日3晩の合宿は，ワイワイガヤガヤと活発に議論するブレ

ーンストーミング（集団で，アイデアをだしあうことで発想の誘発を期待する技法）と理解されるところから，ワイガヤと呼ばれるようになった。このワイガヤがイノベーションを創りだす装置の1つであると一般にも理解されるようになった。

参考文献

Blattberg, Robert C., Gary Getz and Jacquelyn S. Thomas, *Customer Equity, Building and Managing Relationships as Valuable Assets*, Harvard Business School Publishing, 2001.（小川孔輔・小野譲司監訳『顧客資産のマネジメント』ダイヤモンド社, 2002年, pp.80-81）。

Fornell, Claes, Good Customer Strategy Makes Shareholder Value High, *Harvard Business Review*, July 2002.（編集部訳「顧客満足と株主価値の良循環」Diamond Harvard Business Review, July 2002, pp.68-75）。

Ittner, Christopher D. and David F. Larcker, Are Nonfinancial Measures Leading Indicators of Financial Performance? An Analysis of Customer Satisfaction, *Journal of Accounting Research*, Vol.36, Supplement 1998.

Johnson, R. Thomas and Robert S. Kaplan, *Relevance Lost: The Rise and Fall of Management Accounting*, Harvard Business School Press, 1987.（鳥居宏史訳『レレバンス・ロスト―管理会計の盛衰―』白桃書房, 1992年）。

Kaplan, Robert S. and David P. Norton, *The Balanced Scorecard－Translating Strategy into Action－*, Harvard University Press, 1996, p.129.（吉川武男訳『バランス スコアカード―新しい経営指標による企業変革―』生産性出版, 1997年, p.172）。

Smith, Rodney E. and William F. Wright, Determinants of Custromer Loyalty and Financial Performance, *Journal of Management Accounting Research*, Vol.16, 2004.

青木章通・櫻井通晴「戦略，業績評価および経営品質に関する日本企業の経営行動」『東京経済大学会誌』東京経済大学, 2003年。

淺田孝幸「予算管理システムの日米企業比較について（2・完）」『企業会計』Vol.41, No.5, 1989年。

市野初芳・井上博文・大槻晴海・山田庫平「企業予算制度の基礎的事項に関する分析」『産業経理』Vol.73, No.2, 2013年。

梶原武久・新井康平・福嶋盛宣・米満洋平（a）「日本企業の経営計画の実体（上）」『企業会計』Vol.63, No.11, 2011年。

梶原武久・新井康平・福嶋盛宣・米満洋平（b）「日本企業の経営計画の実体（下）」

『企業会計』Vol.63, No.12, 2011年。

川野克典「日本企業の管理会計・原価計算の現状と課題」『商学研究』第30号, 2014年。

企業予算制度研究会［編］『日本企業の予算管理の実態』中央経済社, 2018年。

厚生労働省統計情報部「目標管理制度の実施状況」『月刊　人事労務』日本人事労務研究所, No.159, 2002年5月。

櫻井通晴・伊藤和憲「構造的不況下における管理会計制度」『専修経営学論集』第65号, 1998年。

櫻井通晴『バランスト・スコアカード―理論とケース・スタディ―（改訂版）』同文舘出版, 2008年。

鈴木研一「固定収益会計の現状と課題」『経営論集』第55巻第4号, 2008年。

中條祐介「中期経営計画情報の自発的開示行動とその企業特性」『會計』第180巻第6号, 2011年。

中村　高（プロシーディング）「リコーにおける戦略的目標管理導入について」2000年5月27日。

日本生産性本部『企業予算の実証研究』1982年。

日本大学商学部会計学研究所『会計学研究』第17号, 2004年。

福嶋誠宣・米満洋己・新井康平・梶原武久「経営計画が企業業績に与える影響」『管理会計学』第21巻 第2号, 2013年。

方針管理事例研究会『方針管理運営の手引き』1989年。

星野優太『日本企業の業績評価と報酬システム―理論と実証―』白桃書房, 2003年。

松岡孝介「顧客満足および顧客ロイヤルティと財務業績の関係に関する実証研究」『大阪大学経済学』Vol.55 No.4, 2006年。

三品政治「沖電気工業㈱におけるバランススコアカードの活用方法について」（説明資料）2002年7月。

村上清治「リコーにおける経営計画」『Business Research』2000年5月。

守島基博「知識創造を支える人材マネジメント」『一橋ビジネス・レビュー』第59巻第1号, 2011年。

山田庫平ほか「企業予算制度の基礎的事項に関する分析」『産業経理』Vo.63, No.1, 2003年。

第7章 企業予算によるマネジメント・コントロール

1 利益計画と企業予算

　利益計画は戦略的な中・長期経営計画を受けて樹立される企業の全体的な総合計画である。利益計画はまたトップ・マネジメントの基本方針や経営戦略を会計数値で表現したものである。企業予算（business budget）[1]は，利益計画で示された基本的枠組みをもとに，部門責任者による参加を求めながら，企業全体として整合性のある業務執行計画として編成される。

1 利益計画の本質と企業予算

　多くの日本企業では，一般には年次の利益計画に基づいて企業予算が策定される[2]。企業によっては，事業計画に利益計画の役割をもたせ，利益計画を策定しないところもあるし，日本の大企業では極めてわずかではあるが，予算管理制度をもたない企業もある。

　利益計画は，トップ・マネジメントの基本方針や経営戦略を会計数値で表現した計画である。それは，企業の経営戦略に基づく中期経営計画を柱にしながら，経営戦略会議で予算スタッフの助力を得て，経済予測，市場調査，過去の実績データ，競争企業の状況などをもとに，企業全体の基本的な経営戦略ないし経営方針を会計数値で表現したものといえる。したがって，企業における個々の部門の意思が利益計画に直接反映されていないことが少なくない。なおここで経営戦略会議とは，経営全体に関して社長を補佐する審議機関であって，社長，副社長，専務，常務，執行役員などから構成されている。類似の組織は，過去においては，"常務会"[3]とか重役会といった形でもたれていた。

　企業予算は，利益計画で示された基本的枠組みをもとに，部門責任者による参加を求めながら，企業全体として整合性のある業務執行計画として編成され

る。企業予算は，**責任会計に基づくマネジメントコントロール・システム**であることに，その本質が見出される。

2 利益計画と予算編成の関係

　利益計画と予算編成の関係について，2つの見解がある。第1は，利益計画は予算編成の過程そのものに直接織り込ませて設定されるべきであって，予算編成自体が利益計画設定の具体的手段であるとする。つまり，企業予算は，企業の基本的目標に照らして計画を立てることを可能にするという意味で，利益計画にほかならないと考える見解である。日本の中小企業や大企業でも環境変化がほとんどない企業あるいはアメリカの企業では，このように利益計画と予算編成を一体化しようとする見解が一般的である。

　第2は，経営首脳部（経営戦略会議など）を中心にしてあらかじめ利益計画をたて，それから予算編成方針を求め，それに基づいて各部門を中心にして部門予算を編成する。利益計画と部門予算との擦り合わせの過程で利益計画の実現が困難であることが明らかになれば，予算編成の過程で利益計画変更の提案がされる。この見解では，利益計画と予算編成とが段階的に区分されている。日本の多くの大企業ではこの方式に基づく予算編成の方式をとる。

　以上2つの見解のうち，第1の方式では，部門の実情を利益計画に反映しにくい。つまり，トップ・マネジメントの意向がそのまま業務執行計画に織り込まれてしまい，現場の声を経営に反映しにくいという欠点がある。経営のやり方が基本的にはトップダウン方式であるアメリカとは違って，ボトムアップ方式による慣行が稟議制度を通して確立されてきたわが国では，なかなかこうした経営方法をとりにくい面がある。

　第2の見解のように，利益計画と予算編成を段階的に区分すれば，部門責任者は経営首脳部に現場の声をより効果的に反映させることができるようになる。このような理由から，利益計画と予算編成に関する2つの見解のうち，日本企業では第2の見解がより適切なものと考えられてきた。

　それでは，現時点で見る日本の実態はどうか。企業予算制度研究会編 [2018, pp.47-49] による調査では，1992年には最も多かった「短期利益計画を予算編成の基礎としている」企業（39%）は，2002年には2位（27%）に転落した。

首位（46％）は，「短期利益計画を予算としている」である。それが2012年調査になると，「短期利益計画を予算としている」がハッキリと首位（59％）に立ち，「短期利益計画を予算編成の基礎としている」企業は35％でしかなかった。つまり，予算編成での対話を重視する第2の見解に基づく企業が減少し，第1の見解に立脚するアメリカ型の予算管理方式に近づきつつあるということである。その理由には2つの要因が考えられる。

1つは，利益計画と予算の現場との**キャッチボール**（擦り合わせ，予算調整）には時間とコストがかかるので，経済の長期低迷を味わった現代の日本企業にはそれだけの余裕がなくなってきたからである。いま1つは，近年の現場との擦り合わせは予算管理ではなく利益計画設定の段階で経営企画部によって行われるようになり，日常業務を主な業務とする経理部のもとにある予算担当者による現場との擦り合わせは，従来ほどには重視されなくなったとも考えられる。なお，企業予算制度研究会編［2018, p.48］は，短期利益計画と予算編成とが一体化してきた可能性を指摘している。

2　予算管理の意義，目的，体系

利益計画では，企業の全体的な活動が主に財務的な資料をもとに総合的に計画される。利益計画の結果をもとに，予算が編成される。予算管理は，計量的に表示された包括的で公式の計画（予算編成）と統制（予算統制）からなる。

1　企業予算と予算管理

予算は企業だけに固有のものではない。よく知られている予算は，国家予算や地方自治体等の予算である。これら非営利組織の予算では，予算額は一般に，特定の支出額の権威づけと支出限度額を表す。しかし，本書での主要な研究対象は非営利組織の予算ではなく，企業予算である。

企業予算は，企業の経営活動の計画を計量的に表現した**マネジメント・コントロールの手段**である。予算は，当該年度の経営活動の計画設定，調整，統制という役割をもち，設定された予算には国家予算と違って弾力性がある。過去の実態調査をみると，わが国の大企業では97％（有効回答企業；158社）の企

業［櫻井, 1992, p.129］が総合的な予算制度をもち，部分的な予算制度を加えると，予算制度のない企業はごくわずかにしかすぎなかった。企業予算制度研究会編［2018, p.195］の調査でも，大多数の企業（182社中180社；99%）が予算制度をもち，予算制度をもたない企業は，2社でしかなかった。企業予算はいまや日本企業の経営で完全に定着しているといってよい。

予算制度をもたない会社の1社は，NTTである。1985年にNTTの初代社長に就任した真藤恒社長は，電電公社時代の硬直化した予算をみて，予算に弾力性を付与するために，事業計画に名称と内容を改めた。また，大川功氏が1968年に創業したコンピューターサービス株式会社（SCSKの前身）では，事業計画は有していたものの，予算制度はなかった。しかし，2011年の住商情報システム株式会社を存続会社として株式会社CSKとの合併に伴うSCSK株式会社への商号変更と同時期に，予算制度をもつに至った。

企業予算には，**計画設定**，**調整**，**統制**という経営管理上の機能がある。企業予算では次年度（または四半期）の販売量，生産量，在庫量が企業の総合的な観点から計画される。計画設定の過程で生産量，販売量などについて部門間の調整がなされ，資金の裏づけが与えられる。設定された予算は，事後に実績と比較分析され，差異が算定され，必要に応じて是正措置がとられる。予算によるこのような管理の実施は，一般に，**予算管理**（budgeting, budgetary planning and control）と呼ばれる。

2 予算管理の目的

予算管理は，主に次の3つを目的［Horngren, 1978, pp.148-150；Anthony and Welsch, 1977, pp.490-491］としてもたれる。それは，①計画設定を公式化するため，②調整と伝達を行うため，および③動機づけと業績評価のためである。簡潔にいえば，予算には計画，調整，統制の機能があるといえる。

(1) 計画設定と責任の公式化

予算管理の最も重要な目的は，利益計画の責任を明確な形で公式化することにある。予算編成の過程で，経営者は将来企業にどんな変化が生じ，そのような変化に対していかなる手段をとるべきかが認識できるようになる。

(2) 調整と伝達

調整とは，個々の管理者の目標が会社全体の目標と整合性をもつように，企業の経営資源をバランスよく活用することである。具体的には，予算担当者はトップから与えられた利益計画を部門管理者からボトムアップ方式で提供された目標値との調整を行うとともに，部門間の調整を行う。例えば，計画された販売量を工場で生産するには，販売計画との調整を図り，作業員の手配を図り，生産に必要な資金を用意しなければならない。

予算管理はまた，企業の目的を全部門に伝達するための手段でもある。個々の担当者は予算管理を通じて自己が企業から何を期待されているかを知りうる。

(3) 統制─動機づけと業績評価

予算管理の統制機能を高めるには，組織参加者の**動機づけ**が必要である。統制を行う主目的は，**業績評価**にある。組織参加者が動機づけられて自由活発な雰囲気にあれば，企業目的が予想以上に達成される。そのような雰囲気は，経営層が部門管理者の仕事をしっかりと理解し，部門管理者に予算編成に自由に参加させることによって醸し出される。

予算管理は業績評価の手段になりうる。しかし，予算は外的な要因によって影響されることが多いため，科学的な予算編成が困難なだけでなく，未達成の際のいいわけが多くなると，予期したほどの成果が得られない。

3 予算の体系

予算管理の方式には企業の種類，規模の相違，経営者の方針などにより多様性があり，これを1つの確定的なモデルとして表すことは困難である。会計的視点からすると，予算は一般に，次の3つからなる。

　①損益予算（業務予算，operating budget）
　②資金予算（cash budget）
　③資本支出予算（capital expenditure budget）

予算の体系は企業によって異なる。図7-1は，日本のある鉄鋼会社が採用する予算体系をもとに，他の企業の予算体系とを比較・分析したうえで，著者が作成したものである。

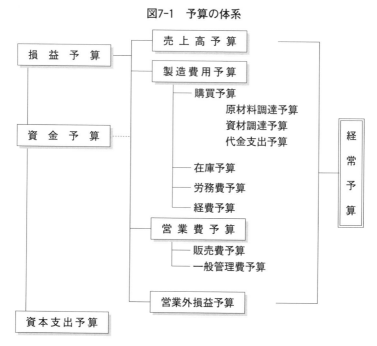

図7-1 予算の体系

出典：著者作成。

　図7-1で，**損益予算**は業務予算ともいわれ，収益・費用および棚卸資産の変動を含む次年度の業務計画を貨幣的に表現した予算である。損益予算は，売上高予算，製造費用予算，営業費予算，営業外損益予算などからなる。

　資金予算は，次年度の資金の源泉・使途および残高を示した予算である。現金収支予算のほか，資金計画表，信用予算などがこれに属する。広く財務予算という場合には，そのなかに投融資予算が含まれることもある。しかし，投融資はとくにその重要性が大であるために，資本支出予算に含められる。資金予算は損益予算との関連で編成されるので，点線で示してある。損益予算と資金予算を総称して経常予算という。

　資本支出予算は資本予算ともいい，主に固定資産の取得に関するプロジェクト計画からなる。この設備予算のほか，投融資予算が含められることもある。予算委員会とは別に，投融資委員会が設けられる。資本支出予算では，戦略的

な意思決定が重要な役割を果たしている。そのため，資本支出予算には予算という名前は付けられているものの，本書では戦略的意思決定の問題として扱うことにする。以下，本章では経常予算を中心に考察する。

3 予算編成の手続き

予算管理は，予算編成と予算統制からなる。予算編成は利益計画そのものであるという見解もある。しかし，わが国では一般に，利益計画がトップダウンの計画として設定されるのに対して，予算編成は一般にボトムアップで，部長の責任で部門予算として編成されるとする見解が支配的である。

1 予算編成のアプローチ

予算編成は，米国では当初，トップが決定した予算を一方的に伝達する**トップダウン予算**（top-down budgeting；天下り型予算）で行われてきた。トップダウン予算とは予算課が社長名で一方的に予算を査定して現場に強制する方式で，現代でもしばしばみられる予算の編成方式である。しかし，この方式によると，部門管理者にはトップへの不満や不信感が高まり，予算が従業員によって無視される傾向がある。

トップダウン予算とは全く逆に，現場管理者に部門予算を主体的に編成させ，これを総合して包括的予算を編成する方式もある。これは**ボトムアップ予算**（bottom-up budgeting；積上げ型予算）と呼ばれている。日本の多くの企業は原則的にはこの方式によってきた。この予算編成方式によれば，現場管理者は実情に合った予算を編成することが可能である。ただ，ボトムアップ予算では担当者の声を吸い上げるにはたしかに好都合ではあるが，利益計画との整合性が欠けることがある。そのため，資源の有効活用が十分に図られないし，経営方針を実現しようとするトップの意向を的確に反映することもできない。

現実には，トップによって設定された利益計画に基づき，その範囲内で現場部門によって自主的に予算が編成される。利益計画を実現するために予算委員会を通じて，また予算担当者がトップと現場部門の間に立って利益計画と現場の希望との調整を図る。経営幹部と現場部門とのこのキャッチボールの過程に

おいて，利益計画を達成するための種々の改善策や改革案が提案される。この方法は**折衷式**と呼ばれ，最も理想的な予算編成の方式である。青木［1977, p.33］は，このプロセスを概ね図7-2のように図示（矢印とキャッチボールを加筆）している。

図7-2　予算編成の方式

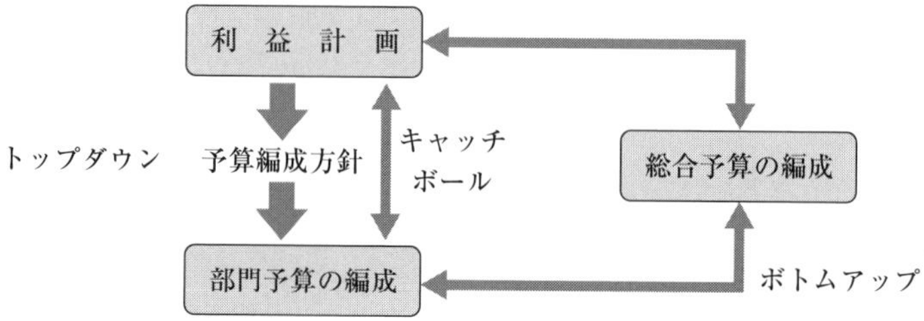

```
            利 益 計 画
              ↕ ↕
トップダウン  予算編成方針  キャッチ    総合予算の編成
              ↓ ↓         ボール
            部門予算の編成              ボトムアップ
```

出典：青木［1977, p.33］に加筆。

　企業予算制度研究会編［2018, p.48］によれば，利益計画を予算編成の基礎としている企業は全体の3割強（35％）であった。多くの企業（59％）は，利益計画を予算として活用していた。また，利益計画とは別個に予算を編成している企業がごくわずか（6％）見られた。以上の結果を見る限りにおいて，図7-2に見られるようなキャッチボールが実施できる企業実践は理想ではあるが，現在では必ずしも多くの企業がそれだけの時間的な余裕があるわけではないことが分かる。

2　経常予算編成の基礎

　経常予算は，経済状況，主製品の販売予測，業界の動向，競争企業の動向を勘案して，通常は，年1回または半年に1回編成される。予算原案で重視されるのは，売上高のほか，売上高利益率，原価引き下げ目標，営業利益，投資利益率などである。事業部では，本社費配賦後の利益が重視される。高度成長期に比較すると，成長率は重視されなくなり，それに代わって投資効率重視の姿勢が鮮明になってきている。一般に，予算見積は各月ごとになされ，それらを積み上げて年次予算が編成される。予算の業績管理のための実効性を高めるに

は，適宜，当初予算を点検・修正していく必要がある。

当初予算の点検・修正の方法として，多くの企業では，過去の実績を加味した**ころがし予算**（rolling stone budget, rolling budget；ローリング予算）を活用している。ころがし予算はローリング予算ともいい，将来の特定の月，四半期，年単位で新たな予算を設定し，逆に，終了した月，四半期，年単位の予算を外していく予算運用の方式［Horngren et al., 2000, p.182］である。

予算の点検・修正はいつ行われるか。産業経理協会からの委嘱による調査結果［平井ほか，2013, pp.202-203］（調査対象企業；184社）によると，6カ月ごと（33.7％）が最も多く，1カ月ごと（16.8％），3カ月ごと（13.6％），2カ月ごと（1.1％）と続いている。この結果を1992年調査と比較すると，1カ月ごと（38.2％），3カ月ごと（20.2％），6カ月ごと（18.5％），2カ月ごと（0％）であるから，定期的な点検・修正に日本企業は相当ネガティブになっていることがわかる。同様の調査結果は横田ほか［2013, p.81］の調査（調査対象企業；255社）でも得られている。当初予算を修正しない企業16％，必要に応じて修正する企業69％に対して，ローリング予算を実施する企業は15％でしかなかった。

予算の点検・修正に日本企業がネガティブになったのは，なぜか。その理由には3つの要因が想定される。

第1は，企業環境の変化に対応させた業績評価を行うためには予算の修正が重要な意味をもつが，逆に，予算修正をすると当初の利益計画との乖離があいまいになる。そこで，当初計画との対応における業績評価を重視するがゆえに，予算の修正にネガティブになったともいえる。

第2に，横田ほか［2013］の調査では，固定業績契約による評価（実績をあくまでも事前に設定された予算目標とのみ比較して業績評価）を行っている企業が16％あったが，そのうち当初予算を修正しない企業が33％もあった。要するに，当初の利益計画との対比によって管理者の業績評価を行っている企業が多くなったと想定することができる。

第3には，1990年代以降の日本は失われた20年を経験した。その結果，毎年修正するだけの人的な余裕がなくなったことが関係している可能性もある。

経常予算と会計機構との結びつきは密接で，予算の編成にあたっては財務会計機構と経営管理のシステムが併せて理解されていなければならない。経常予

算編成の最終成果として，見積損益計算書と見積貸借対照表が作成される。

従来の経常予算の編成は勘と経験だけに頼っていた。しかし企業によっては，シミュレーション，リニア・プログラミング（linear programming；線形計画法），ゼロベース予算[4]の活用により，経常的ではないが必要に応じて予算編成に科学性を付与しようとする企業もみられる。近いうちには，予算管理のためにAI（artificial intelligence；人工知能）の機械学習を活用した企業が現出するであろうことも，十分に予測することができる。

3 予算編成の手続き

予算編成の手続きとしては，まず経営戦略会議から予算課を通じて予算編成の方針が社長の名において各執行部門に示達される。その際，予算編成方針の具体的内容は，利益計画の決定事項に基づいて，予算課が作成する。

各執行部門の長は，予算編成方針に基づき，予算ヒヤリングを行って調整した結果から部門予算案を作成し，予算課に提出する。このように，現業部門の参加を求めながら，部門責任者が所管部門の予算案を編成していく方法が，前述したボトムアップ法を柱にした**折衷法**である。この方式によれば，衆知を集め，関係者の創意と工夫が織り込まれて編成されるとともに，従業員は参加意識をもつことにより予算の実施に責任を感じるようになる。

逆に，予算課が予算案を天下り的に作成するやり方もある。このトップダウン方式によれば予算が迅速に作成されるものの，すでに述べたように，現場の実情にそぐわなくなるという欠点がある。

各部門から提出された予算案は，そのまま最終決定されることはなく，予算編成方針に照らして集計，調整され，提出，検討，再検討が繰り返される。そして，最終的に総合予算案としてまとめあげられる。

まとめあげられた総合予算案は，**予算委員会**において企業全体の立場から審議され，必要な修正が加えられて，これが承認される。予算委員会は各部門の責任者と経理部長から構成され，その委員長は経理部長や経営企画部長が担当する。予算委員会は社長ないし経営戦略会議の諮問機関であり，その主要な機能は，各部門を企業全体の立場から調整する調整機能にある。

作成された予算原案は経営戦略会議に付議され，最終的に社長が承認して決

定する。最後に，決定された予算は，予算課を通じて社長の名において関係部門に伝達される。

4 経常予算編成の具体的な手続き

経常予算編成の手続きは，企業により多様性はあるが，経常予算は一般に次の手順によって編成する。

(1) 予算編成方針が，経営戦略会議から経理部予算課を通じて，各執行部門に伝達される。
(2) 予算編成方針に基づき，各執行部門は部門予算案を作成し，予算課に提出する。
(3) 予算課は，提出された部門予算案を集計・調整し，総合予算案にまとめあげる。
(4) 予算課は予算委員会を開き，予算編成方針と利益計画との関係から総合予算案を検討し，最終結論が出るまで審議を繰り返し，予算原案を作成する。
(5) 作成された予算原案は，経営戦略会議に付議され，社長の名において最終的に決定する。
(6) 決定された予算は予算課を経由して，各執行部門に伝達される。

以上の手続きを図示すると，次ページの図7-3のようになる。なお，上記の経常予算編成の手続きは，企業規模や企業の経営方針の如何によって異なってくる。

5 損益予算編成の手続き

本項では，製造業を前提にした損益予算編成の手続きを述べよう。損益予算の編成にあたっては，現代の企業では売上高の多寡やセールス・ミックスが企業の業務活動の性格を規定することになるから，予算編成においては，最初に販売予算を編成する。販売に関連する予算のうちで主要なものは，売上高予算と販売費予算（とくに販売促進費）である。売上高予算では経済予測，市場調査，販売分析を基礎にして，予算期間の売上高を予測する。販売費予算は，販売促進費，物流費，および販売管理費等に分けて編成する。

図7-3 予算の編成手続き

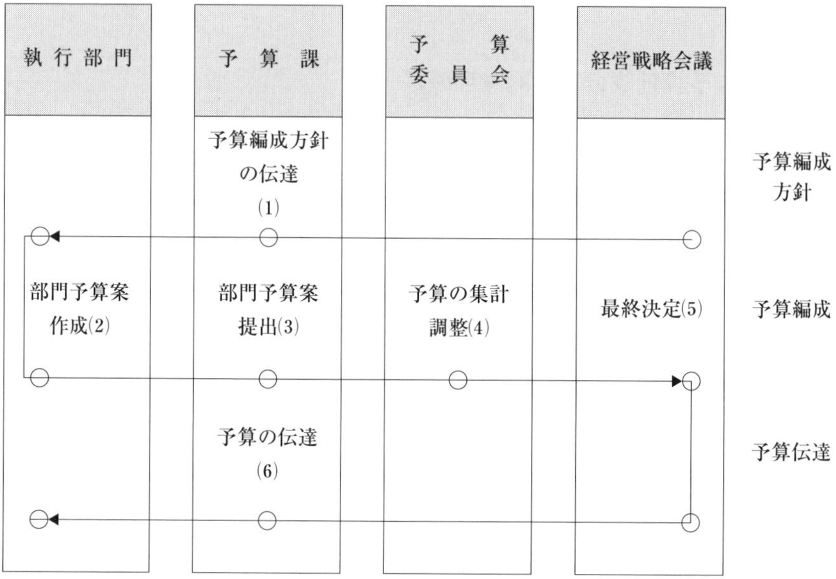

執行部門	予算課	予算委員会	経営戦略会議	
	予算編成方針の伝達(1)			予算編成方針
部門予算案作成(2)	部門予算案提出(3)	予算の集計調整(4)	最終決定(5)	予算編成
	予算の伝達(6)			予算伝達

出典：著者作成。

　売上高予算が編成されると，それに基づいて生産計画が確定される。生産計画はまず数量で示され，期首在庫と売上数量との関係から，式7-1のように期末の在庫数量が決定される。JIT（ジャスト・イン・タイム）が重視されている現代の経営では，期末在庫の決定は重要な決定事項の1つである。

　　期末在庫 ＝ 期首在庫 ＋ 生産数量 － 売上数量　　　　　　　(7-1)

　製造費用予算は，このようにして確定された生産計画をもとに，直接材料費，直接労務費，直接経費および製造間接費といったように個々の原価要素別に製造原価が積み上げられる。直接材料費予算が編成されたならば，材料費の所要量が決定されるから，購買予算が編成される。最後に，一般管理費予算と営業外費用・収益予算が編成される。予算編成の過程で経営効率化の方策が検討されたり，営業外収益については財テクの内容が吟味されたりする。

　IFRSを導入している企業は，包括利益計算書まで作成する。ただ，現場の

管理責任は当期純利益までであり，包括利益の項目を管理するのは本部レベルが妥当であろう。また，"その他の包括利益"の管理責任は，ハイレベルの財務部の責任におかれることになろう。

6 資金予算編成の手続き

資金予算は財務予算とも呼ばれ，運転資本予算，現金収支予算，信用予算を内容としている。運転資本の計画のためには，資金計画表が作成される。**資金計画表**では，資金の源泉から資金の使途を差し引いて，運転資本の増減額が計算される。そこでは，借入金の返済計画，増資計画，固定資産や在庫への投資計画が資金面から検討される。

現金収支計画については，**資金繰計画表**が，1カ月ないし3カ月を単位として作成される。前期繰越高に収入を加えて，支出を差し引くことによって，収支過不足が明らかにされる。過不足を処理して，翌期の繰越高が算定される。以上の資金計画から，資金に余裕のある企業は，財テクへの資金投下量やその具体的な内容が検討される。

現金収支予算の編成においては，資金繰計画をその編成過程に織り込んでいく。編成にあたっては，次の3つのことに留意する必要がある。

第1は，損益予算との相互関連性を保つことが肝要である。損益予算では発生主義に基づいて費用，収益の認識と測定が行われる。他方，現金収支予算では現金収支そのものが把握されるため，両者の調整が必要になる。

第2に，現金収支予算では，最も一般的には，見積損益計算書を作成して現金収支予算を導く。この方法は見積損益計算書が完備されている場合には簡単かつ適切な方法であるが，現金有高以外の貸借対照表項目を無視しているため，在庫の累積状況，売掛金の回転率などを考慮することができない。そこで，純益の分析からスタートして，運転資本の分析方法を適用する**純益修正法**を適用することもある。逆に，損益予算とは関わらせずに，独自に現金収支予算を作成することもある。この方法は**非統合法**といい，精度は高くないが，簡単に求められる利点がある。

第3に，現金収支予算の編成は，ただ機械的に，予算期間中の収支額を表示することに止まってはならない。資金繰り計画である以上，予算編成の過程で

代金回収の手段，方法を検討したり，現金収支額削減の方策を考えたり，取引のタイミング，手形サイトの考慮などがなされるべきである。

7 資本予算編成の手続き

資本予算（capital budgeting, capital expenditure budgeting）は，経常予算とは違って，企業の経営構造変革に関する重大な決定事項である。そのため，経常予算とはいくつかの点で編成手続きが異なる。

資本予算を発案する実質的な主体が現業部門であるにしても，資本予算の最終責任者は部門責任者ではなく当該組織の最高責任者（社長，事業部長など）である。事業の性格によっても異なるが，原案も予算課からではなく技術部とか技術開発部等によって作成されて予算委員会に提出されることもある。予算案は経営戦略会議での承認を経て，最終的には取締役会で正式に決定される。

資本予算では，3つの課題が検討される。1つは，**設備投資の経済性計算**（investment justification）である。本書では，その詳細を第16章で考察する。第2は，意思決定のプロセスが考察される。いま1つは，長期資金予算に関連する。

資本予算の実施にあたっては，日本企業の伝統的な慣行として，**稟議**（リンギ）が求められる。稟議は金額のいかんによって承認を得るべきレベルが異なる。金額が大きいほどトップに近づく。予算のほかに稟議が求められることに関して，それは屋上屋を架すという批判もある。その批判点を多少具体的に述べれば，1960年代の欧米の理論礼賛の時代には，稟議制度は批判に晒された。1980年代に日本的経営が世界から注目されるようになると，集団的意思決定の利点が評価されるようになった。その後，現代では，稟議制度の持つ煩瑣な手続きなどにしばしば批判の目が向けられている。

しかし，資本予算での決定事項は一件当たりプロジェクトの支出金額が大きくなるだけでなく，設備投資計画などでは企業の将来に及ぼす影響が大である。それゆえ，資本予算との関連ではとくに，日本的経営の特徴の1つとして知られる集団的意思決定の特徴をもつ**稟議制度**には，それなりの価値が認められるべきであると考える。

4　予算統制の方法とその限界

　企業予算のことは，従来，**予算統制**（budgetary control）と呼ばれていた。計画，調整，統制という予算がもつ経営管理機能のうち，とくに統制機能が重視されていたからである。しかし今日では，予算のもつ総合的な利益計画機能や部門間の調整機能が重視されてきており，そのため，予算による経営管理機能を表すためには，予算のもつ計画設定，調整，統制の機能を含む**予算管理**の語が使用されるようになってきた。そして，予算統制といえば，予算のもつコントロール機能に限定して使われるようになってきている。

1　変動予算

　予算に統制機能を付与するため，しばしば変動予算がもたれる。固定予算が計画された特定の操業度を前提にした予算であるのに対して，**変動予算**（flexible budgeting）は，予算期間に予期される範囲内の種々の操業度に対応して算定された予算をいい，弾力性予算ともいわれる。

　変動予算は，算定方法を基準にして，実査法と公式法に区別される。**実査法**は，基準操業度を中心にして，予期される範囲内にある種々の操業度を一定間隔に設け，各操業度に応じて複数の製造間接費予算を算定する方法である。一方，**公式法**は，製造間接費を固定費と変動費に分類し，固定費は操業度の増減にかかわりなく一定とし，変動費は操業度との関係で変動費率をあらかじめ測定しておき，実際操業度が判明した段階でこれに各操業度の数値を乗じて算定する。操業度単位当たり変動費をa，固定費をb，操業度をx，予算額をyとすると，公式法による予算額は，式7-2で表される。

$$y = ax + b \qquad (7\text{-}2)$$

　変動予算が適用されるのは，原価が固定費と変動費からなり，操業度によって単位原価が異なるという特徴をもつ製造間接費についてである。変動予算によって予算のコントロール性は高まるが，利益計画機能は弱まる。そのため，

実務では理論でいわれているほど変動予算の採用企業は多くはない。

2　基本予算と実行予算

　予算編成の時点で前提とされていた環境条件が不変であれば，当初の予算がその期間を通して適用される。この予算を**基本予算**という。しかし，現実には基本予算で前提としていた環境条件は変化するのが普通である。

　予算のもつコントロール機能を高めるためには，状況の変化に応じて当初の予算を修正する必要がある。そのためにもたれる**修正予算**は，実行予算とも呼ばれる。**実行予算**は，四半期別または月次にローリング方式で修正していく。基本予算と実行予算の関係は，図7-4のように示される。

図7-4　基本予算と実行予算

予算の種類	対象期間	予算の性格	編成方式
基本予算	1年（半年）	計画調整　機能	部門予算の積上げ
実行予算	四半期（月次）	統制機能	生産，販売条件の変化への修正

出典：著者作成。

　予算の弾力性を保持するために，実行予算の短縮化を図るか，それとも予算の適時点検・修正を図るかに関しては，企業予算制度研究会編［2018, p.201］の調査（7つのうち3つの複数回答）では，実行予算の短縮化（14％）よりは予算の適時点検・修正を行う企業（72％）が多かった。その他の回答では，臨時的予算外支出（33％），予備費を設定している企業（26％），予算の流用（19％）など，企業によって種々の工夫していることが窺われた。

3　予算差異分析の方法

　予算制度における業績評価の方法として，予算と実績とを比較し，その差異

の分析が行われる。これが**予算差異分析**である。以下で，主要な差異分析である売上高と製造費用の差異分析法を述べよう。

(1) 売上高差異分析

売上高差異は，実際売上高と予算売上高との差額で，通常，次式のように販売価格差異と販売数量差異とに分析される。

販売価格差異 ＝（実際販売価格 － 予算販売価格）× 実際販売数量
販売数量差異 ＝（実際販売数量 － 予算販売数量）× 予算販売価格

売上高差異は，収益に関する差異である。そのため，原価に関する差異である標準原価差異とは逆に，実際値から予算額を差し引いていることに注意されたい。

【設　例】

ABC社の予算によれば，キーホルダーの販売価格@250円，販売数量10,000個であった。拡販のため，販売価格を@220円に引き下げたにもかかわらず，販売数量は11,000個にしか増加しなかった。予算差異を分析しなさい。

〔解　答〕

販売価格差異＝（220円－250円）×11,000個 ＝ －330,000円（不足）
販売数量差異＝（11,000－10,000）×250円　 ＝　250,000円（超過）
　合　　計　　　　　　　　　　　　　　　　－80,000円（不足[5]）

上記で，8万円だけ実績が予算に達しないことが判明した。このことから，損益への影響が8万円のマイナスに止まったと解してはならない。なぜなら，販売数量差異の25万円は，その額だけ予算と比較して売上が増加したことを示すものではあっても，それだけ利益が増加したわけではないからである。

仮に，原価がいずれのケースでも1個当たり150円であるとすれば，販売数量差異の損益への影響は，次のように10万円になる。

（250円－150円）×（11,000－10,000）＝100,000円（有利）

同様に，販売価格の低下が損益に及ぼす影響は，結論こそ同じ33万円になる

にしても，計算の方式は，次のようになる。

{(220円 − 150円) − (250円 − 150円)} × 11,000 = −330,000円（不利）

販売数量と販売価格の損益への影響は，合計で23万円（100,000 − 330,000）の損失となる。

(2) 製造費用の差異分析

製造費用の差異分析は，直接材料費，直接労務費，および製造間接費についてなされる。差異分析は部門別になされ，差異額は予算原価と実際原価との差額で示される。標準原価計算の差異分析の方法の違いは，予算差異分析では直接費でも製造量差異が現れることにある。製造間接費の差異分析法は後述する標準原価計算と基本的に異ならない。まず直接費についてその分析法を示そう。

① 直接材料費差異分析

価格差異 = (予定価格 − 実際価格) × 実際数量

製造量差異 = (予定生産量の標準数量 − 実際生産量の標準数量) × 予定価格

数量差異 = (実際生産量の標準数量 − 実際数量) × 予定価格

② 直接労務費差異分析

賃率差異 = (予定賃率 − 実際賃率) × 実際作業時間

製造量差異 = (予定生産量の標準作業時間 − 実際生産量の標準作業時間)
　　　　　　× 予定賃率

時間差異 = (実際生産量の標準作業時間 − 実際作業時間) × 予定賃率

上記で，**製造量差異**は，予定生産量と実際生産量の違いから生じる差異である。標準原価計算でいえば，本質的には操業度差異と類似の性質をもつ。

【設　例】

ABC社の予算によれば，キーホルダーの生産量10,000個のときの原料価格は@150円，直接材料消費量は30,000kgであった。実績は，生産量14,000個で，原料価格は@170円，直接材料消費量は40,000kgであった。予算差異を分析しなさい。

〔解　答〕

価 格 差 異 = (150円 − 170円) × 40,000kg　　　= − 800,000円（不利）
製造量差異 = (30,000kg − 42,000kg) × 150円 = − 1,800,000円（不利）
数 量 差 異 = (42,000kg − 40,000kg) × 150円 =　　 300,000円（有利）
合　　　計　　　　　　　　　　　　　　　　− 2,300,000円（不利）

　上記計算で，実際生産量において許容される標準消費量の算定方法を説明しよう。予算での生産量10,000個のとき，消費量は30,000kgであるから，実際生産量14,000個のときは，比例式（10,000：30,000 = 14,000：x）が成り立つ。したがって，x = 42,000kg（30,000 × 14,000／10,000）となる。

4　予算差異分析の限界

　予算差異分析は，企業予算制度研究会編［2018, p.201］によれば，大多数の会社が毎月実施（86％）し，差異分析を実施していない企業（0％）はなかった。
　予算の基礎となる資料は，環境条件の影響を受けやすい。設定の方法も，科学的に立てにくい。予測できない原因に基づく差異であったりすることもある。そのため，しばしば多額の差異が発生し，それを分析しても業績の尺度とはなしえないことが多い。以上から，予算差異分析は，理論的に考えられているほどの効果をあげていないというのが現実である。
　それでは，予算差異分析は不要であるかというと，そうではない。予算差異を分析すると，そのフィードバック情報が利益管理に役立つし，分析をするという事実が管理者に与えている心理的影響を無視してはならない。差異分析の効果を上げるためには，原価数値を科学的に設定することも必要である。標準原価計算（本書の第10章参照）は，そのような配慮がなされた原価管理を主目的とする経営上のツールである。さらに，予算統制というと，一般には事後コントロールが含意される。しかし，「覆水盆に返らず」である。予算管理では事後コントロールだけでなく，むしろ事前コントロールに留意すべきである。
　そこで次節では，予算差異分析の限界を克服するための事前管理として知られている動機づけ，参加に加えて，すぐれた組織文化の醸成の必要性について述べる。

5 予算管理を活かすための動機づけ,参加,組織文化

予算管理は,管理会計における**マネジメントコントロール・システム**の中心的な手法である。予算管理は業績評価のシステムであるから,組織参加者は上位者の評価を通じてプレッシャーを受けることになる。予算は人間を通じて運用・管理される。そのため,予算の運用においては,人間行動への配慮が必要となる。そのために必要となるのが,動機づけ管理,予算への参加,およびマネジメント・コントロールの運用に適した組織文化の醸成である。さらに,最近の研究では,組織能力を高めることで,戦略的行動の促進を増強することが明らかになってきている。

1 予算モチベーションと行動科学に基づく予算統制論

予算管理の運用にあたっては,社会心理学や行動科学を活用して,組織参加者の**動機づけ**(motivation;モチベーション)を高める必要がある。上位者から高い目標達成のためのプレッシャーがかけられても,人間は長期にわたって持続的に最高の成果が得られるわけではない[Argyris, 1953, pp.97-110]。現代人はとくに,罰せられるよりも目標を達成した時の達成感と上司から称賛を受けることの満足感によって最もよく動機づけられる。

歴史的に見れば,企業予算は当初,科学的管理法や管理原則論の影響下にある古典的予算統制に基づいて構築されていた。予算統制の世界に初めて人間関係論の意義を説いたのは,**アージリス**であった。3つの企業の実態調査をもとにアージリスが引きだした結論は,次の4つであった[Argyris, 1953, p.108]。

第1に,予算統制での圧力は従業員を団結させ,工場管理者に緊張状態を引き起こす。第2に,会計担当者は,現場作業員の失敗発見によって成功観をもつ傾向がある。第3に,予算をトップ・マネジメントによる評価に用いると,工場管理者は自分の工場のことだけを考えて行動するようになり,会社全体のことを考えなくなる。第4に,予算が上からの権威を押し付けるための圧力手段として運用されると,責任のなすり合いになる。

以上から,アージリスはこの問題の解決のために,従業員による予算への参

加の重要性を指摘した。石塚［1968, p.23］は，このアージリスの功績によって，「予算による統制の古典的なモデルには修正」が施され，「予算管理は人間による人間の管理」であることが明らかにされたと指摘している。

人間関係論や社会心理学から予算管理におけるモチベーションの必要性を説いたのはアージリスであった。その研究は，行動科学（behavioral science）によって発展させられた。予算編成の方法には，トップダウン予算，ボトムアップ予算，交渉型予算の3つがある［Raghunandan et. al., 2012, p.112］ことはよく知られているが，3つの方法のうちどのアプローチを選ぶかは，リーダーシップ・スタイルと組織の性格によって異なる。行動科学に依拠して予算編成のあり方を追求した代表的な研究者がホフステッドとホップウッドであった。

ホフステッド［Hofstede, 1968, p.17］は，オランダの5つの会社での実態調査を行って予算編成のあり方を研究した。その結果，①参加がコミュニケーションの改善を通じて優れた標準の設定を可能にし，②間違った情報や望ましくない活動を減少させ，③自治の欲求，帰属欲求，達成欲求を満足させることで動機づけられると結論付けた。

ホップウッド［Hopwood, 1973］は，予算と実績比較という会計情報による業績評価は管理会計に逆効果を齎すのではないかとの問題意識を抱いて，実態調査を通じて予算編成への参加の効果を調査した。まず，予算編成の方法を，**予算拘泥型**（短期的な予算達成能力に重点を置く）と**利益意識型**（長期的な組織目標との関係で業務の有効性を高める）に区分した。次に，予算拘泥型企業の場合の仮説を打ち立てた。その仮説では，①職務上の緊張が高まり，②上司や同僚との対人関係が悪化し，③会計記録の歪曲・曲解，そして④逆機能的な意思決定を導くことが多いとした。従業員による予算編成への参加によってこれら4つの悪影響は改善されると推論した。そしてこのことを検証するために，シカゴに本社をもつ企業の製造事業部の従業員を対象にした質問調査を実施して，自らの仮説を実証した。

以上，ホフステッドとホップウッドの残した研究成果は，安国［1977, p.243］が述べているように，実証的な研究によって予算参加の研究が精緻なモデルとして構築されたことにあるといえよう。

2　予算管理と動機づけ

　動機づけ理論と行動科学の研究成果を取り入れて，後世に長く残る独自の予算管理の理論を築いたのが，**アンソニー**と**ウェルシュ**であった。アンソニーとウェルシュ［Anthony and Welsch, 1977, p.460］によれば，個々の個人的な目標はニーズとして表現される。ニーズには物的なニーズと心理的なニーズとがある。給料が高ければ，**物的なニーズ**は満たされる。しかし人間にはその他に，**心理的なニーズ**がある。それは，次のようなものである。自己の能力と実績を認めてもらいたい，グループの一員として認められたい，個人としての価値を認められたい，生活の安全・安定を確保したい，行動や判断の自由を認めてもらいたい，達成感を味わいたい，などである。それでは，経営者は組織参加者の心理的なニーズをどのようにして動機づけるのがよいのか。

　第1に，予算編成に組織参加者を参加させ，**納得できる目標**を設定することである。組織参加者にとって不合理に思える高い目標が与えられると，組織参加者は達成しようとする意欲を失ってしまう。予算差異分析の方法も，現場の担当者が納得できる方法で行われないときには，動機づけを失ってしまう。参加的予算管理の意義と必要性については，後述する。

　第2に，経営者と現場管理者，現場管理者と担当者，スタッフとライン，本部と事業部との間にある意識や価値観のズレを克服するために，**目標整合性**を図る必要がある。経営者は，少しでも業績を向上させようとする。他方，現場の管理者や現場の担当者は，業績向上の意欲は上位経営者とは違ったものとなる。実際に業務を担当する者は，会社の目的と自らの都合や生活を大切にすべきかの葛藤に苦しむ［青木, 1980, pp.44-50］ことになる。そこで，管理者と担当者との間でコンフリクトが生じる。これらのコンフリクトが生じることを十分に認識したうえで，予算管理を運用することが肝要である。

　第3に，**報酬，報奨制度**を公平かつ適切に運用する。わが国の最近の調査では，部門管理者への予算による業績評価結果の報酬，報奨制度への反映の程度は企業によって違いがある。企業予算制度研究会編［2018, p.203］の調査では，賞与（7点評価で，5.10），昇進（7点評価で，4.35），昇給（7点評価で，4.29）において業績評価結果を反映させていた。

多くの日本企業では，**目標管理**（MBO）が予算制度との関連において実践されている。目標管理には，自らが受容できる目標をもつことで達成感が得られるという利点がある。しかし，それが報酬と適切に関連付けられていないときには，組織参加者の間で不満が募り，意図した成果を得ることができない。

第4に，予算管理担当者は，**組織スラック**（organizational slack）の存在を意識すべきである。組織スラックとは，組織運営に必要なもの以上に余剰資源（人員，設備，資金など）を抱えることである。組織運営には，多少の緩みや弛みの存在が必要である。例えば，ある事業目的を遂行するのに20名の人員が必要であるとしよう。このようなときに，22名の人員の予算要求がされるのが普通である。2名がスラックである。いま1つの例では，例えば，年間500台の車が販売されると考えているディーラーの責任者は，少な目の450台と予算申請することで，期末には50台のプラスの差異を意図することもある。

予算担当者は，これらの人間心理の存在を十分に理解して経営を行っていくことが望まれる。

3 参加的予算管理

仕事にやりがいを与え，個人によって組織参加者の尊重欲求や自己実現欲求を満たすための1つの方法は，組織管理者や現場管理者を方針決定や意思決定に参加させることである。**参加的予算管理**（participative budgeting）とは，予算のもとで業務に責任のある管理者が，予算編成に関する意思決定への参加が許されることを意味する。参加的予算管理の利点を，行動科学の観点からみると，次の3つに集約することができる。

(1) 仕事にやりがいを与え，管理者に責任感をもたせる。
(2) 自らが参加して決めた予算であるから，自らの目標として喜んで受け入れる可能性が増す。
(3) 経営者と現場管理者，機能を異にする管理者間におけるコミュニケーションを高め，円滑な仕事ができるようになる。

以上から考えると，わが国では日本人の国民性からいって，参加的予算管理の長所は大である。しかし，参加的予算管理には，上記のようなメリットのほか，次のようなデメリットないし限界もある。

(1) 参加は，国民性，文化水準，所得水準，地域性，あるいは個人によって異なり，必ずしもすべての状況で有効に働くとはかぎらない。
(2) 参加的予算管理を導入したからといって，それだけで希求水準が高まるとはいえない。企業内にやりがいをもたせるような環境が作られていなければならない。
(3) 真の参加ではなく，**擬似参加**では意味がない。例えば，予算委員会に参加を許しても，トップだけしか発言ができないような雰囲気であっては，参加がないのと同じである。
(4) 参加が許されているだけでなく，参加して発言したらその発言内容を会社がしっかりと受け止めて，手続きとして実施に移すといった会社側の誠実な姿勢と行動が確保されていることが必要である。

参加的予算管理のテーマは，1970年代に盛んに議論され，日本企業に導入された。議論が盛んに行われたのは，日本が高度成長を誇っていた時代のことである。失われた20年を経て，国際競争が激化している現在の日本企業は，従来のような余裕が失われている。その結果，日本企業の組織構造も変化した。近年の日本企業の大きな課題として，東南アジア諸国との競争にキャッチアップすべく，現場作業員の多くが派遣社員によって担われている。派遣社員への報酬・報奨制度は，努力して優れた成果をだしたからといっても報酬に変わりがないとしたら，参加的予算管理の意味がなくなってきている。

それでも従来のままの形で動機づけや参加的予算管理が実施されるべきなのか，それとも新しい時代に適応した検討が必要であるのか。心理学や文化を含む非財務情報の果たす役割を検討することの意義は大きいように思われる。

4 予算管理による組織能力の構築

サイモンズ［Simons, 1995, p.61］によれば，利益計画と予算は，標準原価計算や目標管理と並んで，**診断的コントロール・システム**（diagnostic control system）の1つとして活用される[6]。診断的コントロール・システムとは，意図した戦略を実行するためのシステムのことで，次の3つの特徴によって他のシステムとは区別される。それは，第1に，プロセスのアウトプットを測定する能力を備えている。第2に，実績を比較できる標準（予算）が存在する。第

3に,標準（予算）からの差異を是正する能力をもつ。

　診断的コントロール・システムの目的は,決定的な重要性をもつパフォーマンス変数の目標達成を監視［Simons, 1995, p.71］することにある。

　近年の予算管理への役割期待は,イノベーションの促進,環境変化への適用を促す上での貢献に期待が高まってきている。予算管理を活用した事業戦略の進め方としては,予算管理を診断的コントロール・システムとしてのみ持つのではなく,とくに**双方向型コントロール・システム**（interactive control system; インタラクティブ・コントロール・システム）の特徴を生かしながら活用していく必要がある。なぜなら,診断的コントロール・システムが上級管理者のための注意力を保持する仕掛けの役割を果たすのに対して,双方向型コントロール・システムは注意力を促す仕掛けとしての役割を果たしうるからである。その理由は,双方向型コントロール・システムは戦略的不確実性に対応できるので,経営者は現代の予算管理に必要とされるボトムアップ方式の**創発型戦略**を導くことができるからである［Simons, 1995, p.98］。

　日本の企業では,予算管理において診断的コントロール・システムと双方向型コントロール・システムを活用することでイノベーションの創出や戦略的行動の促進が可能になるのか。その検証のため,堀井［2013, pp.86-95］は,わが国の経営企画担当役員（もしくは担当部署）への郵送質問調査により,予算の作りこみが組織学習を促進するとともに組織能力を活用・構築しうるかを,共分散構造分析によって実証した。加えて,仮説・検証型の研究の結果,堀井［2013, pp.93］は,ファブレス企業であるバッファローの事例をもとに,編成段階における「予算の作り込み」[7]や期中におけるタイトな予算コントロールが,①組織学習を促進すること,②予算コントロールによる組織学習の促進は予算目標の固定化によって増強されること,③予算コントロールによって既存組織能力の活用・新組織能力の構築が図られること,④予算目標の固定化のもとでは,予算コントロールそれ自体が既存組織能力の活用を促進する一方で予算コントロールが戦略・行動計画の頻繁な改訂を引き起こし,それによって組織学習の促進・新組織能力の構築がなされることを明らかにした。

　堀井の研究の意義は,予算管理における組織学習が戦略的行動を引き起こし,さらには,期中における環境の変化によって予算編成当初の前提が崩れたとし

ても固定的に堅持される予算目標はその意義を失うことなく戦略的行動の促進を増強することを明らかにしたことで高く評価されるべきであろう。

6　マネジメントコントロール・システムの運用と組織文化

　管理会計において，予算管理は，責任会計制度に基づくマネジメントコントロール・システムの中心的存在として位置づけられてきた。しかし，伝統的な**マネジメントコントロール・システム**（management control system；MCS）のあり方を巡っては，数多くの批判的研究が発表されてきた。その代表的な主張の1つが，マルミ＝ブラウン［Malmi and Brown, 2008, pp.287-300］によって提唱された「**パッケージとしてのMCS**」である。マルミとブラウンによれば，ABC（Activity-Based Costing），BSC（Balanced Scorecard），バリューベースト・マネジメント（VBM；企業価値創造型経営），原価企画など新しい管理会計の手法の導入と運用にあたっては，組織文化を中心とする非財務情報を含めたパッケージとしてMCSを運用すべきだと主張する。それでは，「パッケージとしてのMCS」とは何か。

1　会計によるコントロールの限界とコントロール・パッケージ

　アンソニー［Anthony, 1965, pp.22-68］が提唱したMCSは，心理学や行動科学の要素が考慮されているとはいえ，その中心は会計によるマネジメント・コントロールのシステムを主体にして理論が構築されていた。しかし，会計によるコントロールは企業のコントロール・システムの一部でしかない。企業経営者は会計以外のコントロール手段を使って経営を行っている。そのような会計以外のコントロールをも含むMCSが，「パッケージとしてのMCS」である。

　新江・伊藤［2010, pp.150-160］，福嶋［2011, pp.79-96］は，文献的研究によって，コントロール・パッケージの研究を行っている。

　マルミ＝ブラウンに繋がる「パッケージとしてのMCS」の代表的な研究として，次の3つをあげよう。

　オーウチ［Ouchi, 1979］は，行動，成果，クランというコントロール手段をあげている。ここで**クラン・コントロール**とは，組織成員に共有される価値

観や心情に基づくコントロールをいう。

　サイモンズ［Simonz, 1995］は，コントロール・レバーとして，信条のシステム，事業境界システム，**診断型のコントロール・システム**，双方型のコントロール・システムをあげている。診断型のコントロール・システムは，企業の成果を監視し，標準原価計算のように事前に設定された業績評価基準からの乖離を測定するシステムである。他方，**双方型のコントロール・システム**は，ボトムアップ方式の創発型戦略を導くために活用される。

　マーチャントほか［Merchant and Van der Stede, 2007］は，コントロールの対象となる基準をもとに，結果，行動，人事，文化によるコントロールを提示した。**人事によるコントロール**では，その成否いかんによって自らを抑制し働く意欲を起こさせる。**文化によるコントロール**は，組織に共有された規範や価値観によるコントロールである。

2　マルミ=ブラウンが提唱する「パッケージとしてのMCS」とは何か

　マルミとブラウンは，オオウチ以降の論者によって提唱されてきた会計以外のコントロールをも含む「**パッケージとしてのMCS**」を提唱した。その「**パッケージとしてのMCS**」には，①文化によるコントロール，②計画設定とサイバネティック・コントロール，③報酬と報奨，④アドミニストラティブ・コントロール（administrative control）[8]を柱とするコントロール・システムである。図7-5を参照されたい。

図7-5　マルミ=ブラウンの提唱「パッケージとしてのMCS」

文化によるコントロール					
クラン		価値観			シンボル（理念，ビジョン）
計画設定		サイバネティック・コントロール			報酬と報奨
長期計画	活動計画	予算	財務測定システム	非財務測定システム	混合測定システム
アドミニストラティブ・コントロール					
ガバナンス構造		組織構造			方針と手続

出典：Malmi and Brown［2008, p.291］を一部修正。

① 文化によるコントロール

図7-5で，文化によるコントロールとは，組織文化のことをいう。**組織文化**（organizational culture）とは，「従業員によって共有され，従業員の思想と行動に影響する傾向にある一連の価値観，信念，および社会規範」[Flamholtz, et al., 1985, p.158]のことである。クランとは，サブカルチャーとか個々のグループの文化のことである。価値観によるコントロールは，従業員の行動に影響を及ぼす。理念やビジョンからなるシンボルは，明確な文化を表現するために目に見える形で表現されるのが望ましい。これらの文化を考慮に入れた予算管理が必要である[9]。

② 計画設定とサイバネティック・コントロール

図7-5で，**計画設定**は，コントロールに先立って行われる事前のプロセスである。長中期経営計画に関連して，経営者は戦略的プロジェクトの具体的な活動計画を設定する。予算管理の重要な機能は，計画設定とコントロールにある。**サイバネティック・コントロール**とは，標準を使ってフィードバックループが表示され，システムの業績を測定し，実績を標準と比較し，システムにおける不利差異に関する情報をフィードバックし，システムの行動を修正するプロセスである。従業員の行動を目標に向けさせ，実績との差異に対して**責任会計**を設定するには，サイバネティック・システムが必要となる。予算のコントロール・システムでは，財務的な測定だけでなく，非財務尺度もまた重要な役割を果たす。

③ 報酬と報奨

図7-5で，**報酬と報奨**のコントロールは，組織目標との整合性を図ることによって個人とグループを動機づけ，業績を高めることに焦点が当てられる。報酬と報奨が公正に与えられるならば，明確な報酬と報奨制度がない場合に比べて業績が高まるという基本的な認識がある。

④ アドミニストラティブ・コントロール

アドミニストラティブ・コントロールのシステムは個人とグループを組織化し，行動をモニターし，タスクや行動の方法を明示するプロセスを通じて従業員の行動を導く。このシステムは，コーポレート・ガバナンス，組織構造，および手続きと方針からなる。

3 マルミ=ブラウンの「パッケージとしてのMCS」の特徴

　マルミとブラウンの提唱する「パッケージとしてのMCS」は，文化によるコントロールやガバナンス構造までを含む広義のコントロール概念からなる。

　それでは，なぜパッケージとしてのマネジメントコントロール・システムが提案されたのか。その理由としてマルミとブラウンは，ABC，BSC，VBM，原価企画などの研究と実務の進展によって，従来の会計中心のコントロール・システムでは管理会計を適切に説明できなくなったからだと指摘している。

　伊藤（克）［2013, pp.80-92］は，組織変化におけるマネジメント・コントロールの役割を考察するという視点から，組織文化によるコントロールを他のコントロールから区別すべきだと述べている。その理由として伊藤（克）は，「組織文化によるコントロールは，現代の企業環境のもとでは，非常に有力なコントロール手段であるが，組織変化の局面では，容易に変更できず，感性が強く働くため，『改革の抵抗勢力』となってしまう可能性が高い」からだという。同感できる見解である。

4 日本企業における「パッケージとしてのMCS」の必要性

　伝統的なマネジメント・コントロールの概念は，基本的には，アンソニーのマネジメント・コントロールのフレームワークに立脚してきた。戦略的計画とは違って，マネジメント・コントロールは，その根拠として，**社会心理学**［Anthony, 1965, p.60］に立脚している。マネジメント・コントロールの中核は**計画とコントロール**からなる［Anthony, 1965, p.62］。

　マルミ=ブラウンの「パッケージとしてのMCS」は，日本における多くの製造業において，新たな枠組みに基づく予算管理を必要とする状況が現出している。それゆえ，わが国の企業経営者はこれまで以上に新たな意味でのマネジメントコントロール・システムの概念に基づく経営が必要とされてきている。

　堀井［2015, pp.23-44］が近著『戦略経営における予算管理』で紹介しているような製品の生産に関しては，自社工場をもたず，協力工場に生産を委託するファブレス体制の企業では，会計責任の概念もまた，伝統的な意味とは違った捉え方［堀井, 2015, pp.28-29］が必要となる。その結果，予算管理のあり方

もまた，当該企業に属した新たな概念に基づく方式が求められる。

さらに加えて，現代のビジネスでは，ホテル産業，航空機産業，流通業などサービス産業の相対的な役割が大きくなってきた。このような産業でもまた，マルミ=ブラウンが描くようなMCSが求められてきている。

以上，マルミ=ブラウンの「パッケージとしてのMCS」は，今後の管理会計理論に多大な貢献を果たすことが期待されているといえよう。

7　脱予算管理の妥当性

予算管理に関する近年の動向について，3つの傾向が顕著である。第1は，動機づけ，参加に加え，組織文化の果たす役割を重視する見解である。第2は，**活動基準予算**（Activity-Based Budgeting；ABB）のように企業予算の精緻化を推進する動向である。第3は，伝統的な予算の運営スタイルについて否定的な立場に立って，これを廃止または大きな改革・修正をしようとする動きである。本節では，これら3つの傾向のうち，第3の**ビヨンド・バジェッティング**（Beyond Budgeting; 脱予算管理[10]）の動向を述べるとともに，日本企業の経営者のとるべき立場を考察する。

1　脱予算管理の意義と予算管理の役割

ホープとフレーザーの著書*Beyond Budgeting*の訳書のタイトルは『脱予算経営』ないし脱予算管理である。脱予算管理では，手間とコストのかかる予算をやめるか大幅に変革して，時代に即した新しいマネジメント・コントロールのシステムに代えるべきだとする主張がなされている。欧州を中心として現れてきた主張で，とかく問題の多い予算を排除して，経営にスピード感を与え，戦略に基づく効率的な経営を追求しようとする主張である。

予算不要論が出現した背景には，バランスト・スコアカードが予算に代わって用いられるのではないかという期待感と経営の効率化を求める経営のニーズ，ホテル業界・航空会社などレベニュー・マネジメントを必要とする企業の出現によって伝統的な予算管理の方法では対応しきれなくなってきたこと，および利益計画に予算編成の機能を代替させている企業などがあるためである。

2 予算管理の問題点とその克服のための方策

　予算管理をもてば数々のすぐれた利点がある。それにもかかわらず，過去，幾多の欠点が指摘されてきた。脱予算管理で最も問題としているのは，ほぼ3つの欠点に集約できる。以下では，脱予算管理論者があげている3つの主要な批判点と，日本の予算管理の現状を述べてみたい。

(1) 予算は弾力性に欠ける

　第1は，予算は**弾力性**が欠けるという指摘である。たしかに弾力性が欠けることはこれまでにも数多くの論者によって指摘されてきた。だが，特定の支出額の権威づけと支出限度額を表す国家予算とは違って，企業予算には弾力性を付与するための数々の工夫がなされてきたことも事実である。

　稟議によって許容できる**予算の流用**，**実行予算**の編成，**変動（弾力性）予算**，**ローリング予算**，**複数予算の編成**など数々の工夫がなされてきている。それにもかかわらず，予算には弾力性が欠けているという理由から，制度としての予算を用いていない企業もないとはいえない。

(2) 予算管理には手間暇がかかる

　第2に，予算編成とコントロールには**手間とコスト**がかかるという批判がある。企業で予算管理と原価計算を担当した著者の経験によれば，手間と時間がかかるという批判はたしかに同意できる。最も時間がかかるのは，トップからおりてきた利益計画との調整である。予算管理担当者は部門管理者と何度も知恵を出しあうことによって，新たな戦略を創発する。このプロセスのことを日本の企業では"キャッチボール"と呼んでいる。

(3) 予算管理は，激しい変化にキャッチアップできない

　第3に，現代の環境が激動する競争環境の下では，予算管理は変化の激しい経営の速度にはついていけないという批判がある。たしかにその側面を否定することはできない。1990年代以降，企業間競争は激化し環境はさらに不確実性を増してきた。そこで，多くの日本企業は，予算編成の期間を1年単位から6

カ月や3カ月に予算期間を短縮してきていることが調査[11]によって明らかになっている。加えて，10年後の調査［平井ほか，2013, p.203］によって，当初予算の点検・修正も適宜行われている。

それでは，予算期間の短縮が財務業績にいかなる影響をもたらすか。早川ほか［2018, pp.67-78］の実証研究の結果によれば，予算期間の短縮は財務業績にプラスの影響を及ぼすことが明らかにされた。加えて，予算期間が短い場合には，予算を修正しないことが財務業績に正の影響を与えることも明らかにされた。

3　日本企業は脱予算管理の主張にいかに対応すべきか

予算の非弾力性，余分な手間とコスト，市場の急激な変化に追いついていけないといった脱予算管理の主要な主張は，過去これまでも何度となく論じられてきた問題である。加えて，予算と報酬とのリンク（過度にリンクさせることが業績を低下させる）といった問題についても賛否両論がある。

(1) 日本企業に内在するボトムアップ経営

脱予算管理が想定する伝統的な予算管理［Hope and Fraser, 2003, p.5］では，コントロールの結果のフィードバックは想定されている。しかし，ミッションステートメントから戦略的計画，予算編成，予算案までは上から下に直線で示されている。予算編成のプロセスからの創発や現場の声はないというトップダウン経営の方式で予算管理がなされている。他方，日本企業では予算の編成をトップダウンで実施している企業は，日本大学商学部の調査［川野，2014, p.73］でも9.6%（調査対象企業；187社）とわずかでしかない。ボトムアップ21.4%，あるいは両方式の併用69.0%が一般的である。

脱予算管理は，組織文化がトップダウン方式で運営されている企業においては最も困難なく導入できる。しかし，日本企業の多くは欧米企業とは違ってボトムアップで経営が推進されている。欧米の予算管理では日本で頻繁に行われる部門間調整やキャッチボールにはほとんど時間が費やされていないことに，日本と欧米の経営者との著しい相違点を見出すことができる。以上から，脱予算管理は日本企業よりも欧米経営者の経営方式により合致した経営方式であるように思われる。

(2) 利益計画を実現するための責任会計制度と結合した予算管理

　脱予算管理の主張では，戦略的計画から直接的に予算編成［Hope and Fraser, 2003, p.5］がなされており，日本企業で実施されている**利益計画や責任会計制度**は考慮されていない。日本の企業でも，トップ・マネジメントが強いリーダーシップをもつ中小企業，製造部門，営業部門，資金管理部門の部門間調整が必要とならない業種などにおいては，脱予算管理が適する。2011年までのSCSKなどは日本では数少ないトップダウン型経営の典型例であった。しかし，そのような会社であっても，利益計画に対して予算が果たしている計画，調整，統制機能を付与する仕組みを構築する必要はある。具体的には，予算が持つ責任会計制度の仕組みを再構築して組織と会計制度を統合させることで，適正な業績評価制度の仕組みを再構築していく必要がある。

　ただ，競争が激化して経営環境が不安定な企業では，当初設定した戦略や予算が有効でない場合もある。そのような企業では，変化する環境に適合した戦略にあわせて弾力的に対応できるマネジメント・システムが必要になる。中川［2011, pp.75-89］の調査で，市場の変化が激しい時には予算以外のシステムの利用を考える企業が60％もあるという事実は，企業がおかれている環境によって予算の意義が変わる1つの証左であるといえる。

(3) 予算制度に弾力性を付与するための努力

　日本企業の経営者は，予算制度に弾力性がないと嘆く前に，予算に弾力性を付与する努力を行うことが必要である。1970年代にインフレが日本経済を直撃したとき**日立製作所**が試みた**複数予算**はその1つの試みである。**変動予算**も，予算に弾力性を付与しようとする試みとして有用である。企業予算では**予算の流用**が弾力的にできる仕組みの構築も必要となろう。予算の編成において，**ローリング予算**の方式を上手に活用することも必要となろう。予算をあたかも既得権と考えない**組織文化の醸成**も必要になろう。

　数多くの企業で実践されている実行予算の活用も予算に弾力性を付与するには欠かしえない。1990年代に**東芝の川崎工場**にアメリカの主要企業のコントローラー15名をお連れしたところ，日米間で予算管理の仕組み自体には変わりがないものの，東芝では弾力性を付与する細かな配慮という点で，日米の両国間

に大きな違いがあるのを発見した。脱予算管理を主張する人々の意見に耳を傾けたる前に，まずは予算に弾力性を付与する工夫を行うことを推奨したい。

(4) 四半期決算の及ぼす予算管理への影響

2006年度から四半期開示されるようになった決算短信との関係を述べておきたい。**決算短信**は，良かれ悪しかれ投資家に対して企業の情報の迅速な提供を目的として制度化された。決算短信には，次期の売上高や利益の予想も含まれる。経営者による投資家に対するコミットメントの意味合いもある。この制度は，予算のデータをもとに決算短信を作成する場合には，志村［2007, pp.139-163］が述べているように，予算不要論とは逆の方向，つまり予算の精緻化に向かわせる可能性もなくはない。このように考えるならば，脱予算管理の論理は容易には日本企業に受け入れられるとは思えない。

(5) 予算のもつ調整機能の活用

アメリカの予算管理論によると，基本的には予算には計画設定と統制の機能があるとする。一方，わが国では，アメリカの通説にあるように予算には計画設定と統制の役割があるとする説と，予算には計画，調整，統制の役割があるとする説とが対立してきた。著者は予算管理における調整機能を不可欠な機能であると考えるがゆえに，後者の立場を支持してきた。

予算の調整過程における利益計画と予算編成の間の**キャッチボール**もまた，予算の有効活用には極めて重要である。ただ，激化している企業間競争を背景に，日本の多くの企業では以前のように予算の調整のために多くの人材を投入する余裕がなくなってきたことも考慮されるべきである。

(6) 投資家への業績予想開示への予算の活用

1960年代から1980年代にかけて，管理会計研究者から予算の外部開示が議論されたことがある。外部ステークホルダーへの予算情報の開示は，過去にも議論された課題である。伊藤（博）［1969, pp.32-34］，および「予算情報の開示と監査」のタイトルのもとで予算情報を考察している千代田［青木, 1986, pp.48-54］，鳥羽［青木, 1986, pp.54-60］，秋月［青木, 1986, pp.60-64］などが

参考になる。ただ，従来の議論と比較して最近の論調には，投資家からの強い情報要請に応えるものとして議論されていることに大きな特徴がある。

予算情報の開示を初めて提案したのは，1972年のSEC通達である。日本では，日本証券経済研究所から『上場会社における業績予想開示の在り方に関する研究会報告書』（2011年7月29日）が発表されるに及び，予算の開示が再び議論になりだしている。ただ，外部ステークホルダーへの報告という意味では，**統合報告**の果たすべき役割の方により大きな期待が寄せられている。

4 脱予算管理が必要とされる企業

脱予算管理は，当初は予算管理を廃止するという論調であった。しかし最近では，予算管理そのものを廃止するのではなく，予算が抱える種々の問題点を克服して，環境変化に適応させて予算を弾力的に運用するべきだとする論調に変ってきた。現代において脱予算管理が適する会社の条件は，次の4つの条件が考えられるように思われる。

第1は，**自由闊達な雰囲気の中で，最先端のイノベーションを生み出そうとしている企業**。グーグルのような，ITの最先端にあって世界でも最先端のイノベーションを起こそうとしている企業においては，マネジメント・コントロールはイノベーションの阻害要因にすらなる。例えば，グーグルでは，「予算へのプレッシャーはなく，報酬はインセンティブの一部にしかなっていない。」［横田・金子, 2014, pp.217-219］。具体的な数値目標もない。このような企業にあっては，脱予算管理が現実味を帯びてくる。

第2は，**生産・販売・在庫・資金の調整の必要性が低い企業**。脱予算管理を2005年から実施しているスタットオイル社のボグネス氏が所属するような石油会社は，機能別組織を調整することの必要性が低い。先に述べたグーグルのような会社もまた，明示された戦略に従ってマネジメント・コントロールを行うということもないから，生産・販売・在庫・資金の調整の必要性も低い。予算による調整といった余分な仕事は必要がない。ネットワーク関連のIT企業などでは，予算の役割も変化してきている。

第3は，**株主からのプレッシャーや，規則・規制で縛られていないこと**。上場企業では近年，予測情報の開示が東証によって求められている。そのことも

あって，予算制度と連動させて開示情報の精度を高めようとしている企業では，予算の精度を高めなければならない。他方，スタットオイル社のような非上場会社にはその制約がない。

　最後に一言。わずか4年間であるが，1960年代の初めに企業で働いてきた（4年間のうちの最後の2年間は，1つの工場の原価計算，予算管理，長期経営計画を担当した）者の1人として最近しばしば感じることがある。当時，日本企業は鉄鋼，家電製品，自動車を軸に自由闊達な企業組織のなかで数多くのイノベーションを起こしうる環境にあった。企業でも従業員は自己研修などでも自由闊達な活動が可能であった。ところが1990年代以降の現在の日本は，韓国，中国など強力な競争企業の台頭，長引いた円高，人材育成よりは株主を重視する流れのなかで，革新的な新製品が生まれにくい環境におかれるようになってきている。そのような環境の中で，今後，わが国の予算管理をいかに活用すべきであるか。本章を閉じるにあたって，日本のすべての企業の経営陣が，日本企業の再生のために管理会計でも中心的な課題である予算管理のあり方を再考すべき時期にあるように思われてならない。

注

1) 国家予算との対比で，企業の予算は企業予算といわれる。歴史的には，予算の著書が初めて上梓された1922年当時の予算の名称は予算統制（budgetary control）であった。統制機能に重点が置かれていたからである。1950年代から1960年代にかけて，ハーバード大学のアンソニーおよびテキサス大学のウェルシュは企業予算の発展に大きな貢献を果たしたが，それらの研究の結果，予算の計画機能が重視されるようになった。計画と統制という機能に焦点を当てた名称としては，近年では予算管理（budgetary planning and control）と称され，その名称が一般化している。

2) 柴田・熊田［1988, p.8］によれば，東証第一部回答企業355社中（調査対象は745社），予算制度をもたない企業は，わずか2社にすぎなかったという。ただ，著者の調査［櫻井, 1992, p.129］では，東証第一部回答企業58社中（調査対象は344社），予算をもたない会社は5社であったが，利益計画のみ22社，利益計画イコール予算としている企業は21社にものぼった。

3) 従来，常務会と呼ばれていた社長，副社長，専務，常務を中心とするインフォ

ーマルな会議は，最近では経営戦略会議とか経営会議と呼ばれて，関連する執行役員を含めたもっと戦略性の高い会議に変貌しつつある。
4）企業の諸活動を目的志向のプログラムに分類し，プログラム別に予算を編成し，支出を再評価する予算の編成方法である。責任中心点のプログラムをディジション・パッケージに区分し，既得権を認めず，どの予算案もゼロから出発（ゼロベース）する。研究開発費や販売促進費のようなポリシー・コストの管理に適する。
5）標準原価計算における差異分析では，原価差異は有利（＋），不利（－）で表現される。しかし，予算管理では，予算そのものが標準原価が持つほどの科学性に欠ける。そのため，予算差異分析では超過（＋），不足（－）の表現が使われてきた。ただ，最近では標準原価計算の目的が財務諸表の迅速・簡潔な算定と結びつけて設定され，科学性に富むとは言い難いケースも目立ってきた。であるとすれば，予算差異分析であっても，有利・不利の用語を用いることが適切である企業・ケースもあろう。
6）サイモンズ［Simons, 1995, p.153］によれば，事業戦略のコントロールは，信条のシステム，境界のシステム，診断的コントロール・システム，双方向型コントロール・システムの強みを統合することで達成することができると述べている。
7）"作り込み"といった表現は，最近では原価企画における原価の作り込み，予算の作り込み，品質の作り込みなど，随所で見かけるようになった。それらの明確な定義はないが，一般に，予算編成における作り込みとは，編成プロセスにおける組織的側面である予算の調整機能を重視する表現である。硬直的な組織とは対照的に，部門縦横断的な双方向のコミュニケーション（お互いのインタラクション）において，新たな戦略やアイディアが生まれることを期待する活動のことが含意される。
8）アドミニストラティブ・コントロール（administrative control）はマネジメント・コントロールと何が違うのか。アドミニストレーションというときには，目標の決定に責任をもち，目標達成の全般的な活動の有効性を監視するプロセスを指す。他方，マネジメント・コントロールというときのマネジメントは，既定の目標を実現するための活動を指揮するプロセスのことをいう。以上のことからすると，マルミ＝ブラウンが述べているアドミニストラティブ・コントロールは，戦略的計画の管理を含意していると思われる。
9）著者は，全面的にマルミ＝ブラウンの見解を支持しているわけではない。著者であれば，キーティングとジェブロンスキー［Keating and Jablonsky, 1990］が財務組織への適用を試みた，命令と統制（command and control），準拠性（conformance），競争的チーム（competitive team）のアプローチを採用したい。このアプローチを用いた日本での研究には，櫻井［1997］を参照されたい。なお，

組織文化と管理会計に関しては，近藤［2013, pp.119-125］の研究が参考になる。
10) Beyond Budgetingの訳語について，日本への導入当初は脱予算管理とか脱予算経営［清水, 2009, pp.27-35；森沢, 2009, pp.36-28］と呼ばれていた。しかし，最近ではBeyond Budgetingが目指すのは脱予算管理ではなく，予算修正と解すべきだとする論調が目立ってきている。
11) 2002年調査は，日本管理会計学会が財団法人産業経理協会からの委嘱を受けて実施された。その前の1992年調査では安達和夫などによる分析が行われた。調査の詳細は『産業経理』に掲載された論文（『産業経理』Vol.63, No.1, 2003, pp.125-151）を参照されたい。

参考文献

Anthony, Robert N., *Planning and Control Systems －A Framework for Analysis－*, Harvard University, 1965.（高橋吉之助訳『経営管理システムの基礎』ダイヤモンド社, 1968年, pp.27-81）。

Anthony, Robert N. and Glenn A. Welsch, *Fundamentals of Management Accounting*, Revised ed., Richard D. Irwin, Inc., 1977.

Argyris, Chris, Human Problems with Budgets, *Harvard Business Review*, Jan./Feb., 1953, Vol.31, Issue 1.

Flamholtz, E., Das T. and A. Tsui, Toward and Integrative Framework of Organizational Control, *Accounting Organizations and Society*, Vol.10 No.1.

Hofstede, G. H., *The Game of Budget Control*, Koninklijke Van Forcus & Comp. N.V., Assen, TheNetherland, 1968.（藤田忠監訳『予算統制の行動科学』ダイヤモンド社, 1976年）。

Hopwood, A. G., *An Accounting System and Managerial Behavior*, Saxon House Lexinton Books, 1973.

Hope, Jeremy and Robin Fraser, *Beyond Budgeting, How Managers Can Break Free from the Annual Performance Trap*, Harvard Business School Press, 2003.（清水　孝監訳『脱予算経営』生産性出版, 2005年, pp.57-110）。

Horngren, Charles T., *Introduction to Management Accounting*, 4th ed., Prentice-Hall, 1978.

Horngren, Charles T., Srikant M. Datar and George Foster, *Cost Accounting, A Managerial Emphasis*, 10th ed., Prentice-Hall, 2000.

Keating, Patrick J. and Stephen F. Jablonsky, *Changing Roles of Financial Management, Getting Close to the Business*, Financial Executives Research Foundation, 1990.

Malmi, Teemu and David A. Brown, Management Control System as a Package－Opportunities, Challenges and Research Directions－, *Management Accounting Research*, 19, 2008.

Merchant, Kenneth and David T. Otley, A Review of the Literature on Control and Accountability, *Handbook of Management Accounting Research*, Edited by Chrisopher S. Chapman, Anthony G. Hopwood and Michael D. Shields, 2007.

Ouchi, W. G., A Conceptual Framework for the Design of Organizational Control Mechanisms, *Management Science*, 25, 1979.

Raghunandan, Moolchand, Narendra Ramgulam and Koshina Raghunandan －Mohammed, Examining the Behavioral Aspects of Budgeting with particular emphasis on Public Sector/Service Budgets－, *International Journal of Business and Social Science*, Vlo.3 No.14, July 2012.

Simons, Robert, *Levers of Control －How Managers Use Innovative Control Systems to Drive Strategic Renewal－*, Harvard Business School Press, 1995.（中村元一・黒田哲彦・浦島文恵訳『ハーバード流「21世紀経営」4つのコントロール・レバー』産能大学出版部, 1998年）。

青木茂男先生古稀記念出版委員会『予算管理ハンドブック』中央経済社, 1986年。

青木茂男『企業の予算制度』ダイヤモンド社, 1977年。

青木茂男『管理会計研究』中央経済社, 1980年。

新江　孝・伊藤克容「マネジメント・コントロール概念の再検討―コントロール手段の多様化をめぐる問題を中心に―」『原価計算研究』Vol.34, No.2, 2010年。

石塚博司「企業予算論の新展開(1)」『早稲田商学』No.203, 1968年。

伊藤　博「予算公開に関する一考察」『會計』第96巻第4号, 1969年。

伊藤克容「組織変化におけるマネジメント・コントロールの役割」『會計』第184巻第6号, 2013年。

川野克典「日本企業の管理会計・原価計算の現状と課題」『商学研究』第30号, 2014年。

企業予算制度研究会編, 山田庫平委員長他『日本企業の予算管理の実態』中央経済社, 2018年。

近藤大輔「組織文化と管理会計の研究―定量的調査を行った先行研究のレビュー―」『企業会計』Vol.65, No.2, 2013年。

櫻井通晴「わが国管理会計システムの実態；CIM企業の実態調査分析」『専修経営学論集』第55号, 1992年。

櫻井通晴編著『わが国の経理・財務組織』税務経理協会, 1997年。

清水　孝「脱予算経営の概念とわが国企業の取組み」『企業会計』Vol.61, No.11,

2009年。
柴田典男・熊田靖久「わが国企業の予算管理制度：実態調査と今後の課題」『企業会計』Vol.44, No.4, 1988年。
志村　正「予算不要論の問題点」, 櫻井通晴・伊藤和憲編著『企業価値創造の管理会計』同文舘出版, 2007年。
中川　優「戦略不確実性と予算管理システム」『會計』第180巻第3号, 2011年。
早川　翔・妹尾剛好・新井康平・安酸健二・横田絵里「予算期間と予算修正の方法が財務業績に与える影響—探索的研究—」『原価計算研究』Vol.42, No.2, 2018年。
平井裕久・小田康治・崎章浩・成松恭平「予算編成に関する分析」『産業経理協会』Vol.73, No.3, 2013年。
福嶋誠宣「コントロール・パッケージ概念の検討」『管理会計学』第20巻　第2号, 2012年。
堀井悟志「組織能力構築における予算管理の役割」『原価計算研究』Vol.37, No.1, 2013年。
堀井悟志『戦略経営における予算管理』中央経済社, 2015年。
森沢　徹「超予算経営モデルへの突破口：『トラスト』の再構築」『企業会計』Vol.61, No.11, 2009年。
安国　一「第2章　予算編成における参加」, 青木茂男先生古希記念出版委員会『予算管理ハンドブック』中央経済社, 1986年, p.243。
横田絵里・妹尾剛好・高田朝子・金子晋也「日本企業における予算管理の実態調査—予算編成に関する分析—」『企業会計』Vol.65, No.2, 2013年。
横田絵里・金子晋也『マネジメント・コントロール』有斐閣, 2014年。

第8章 損益分岐点分析による収益性の検討

1 損益分岐点分析の経営への活用

損益分岐点分析[1]は，典型的には，利益計画のプロセスにおいて活用される。経営者は利益目標を設定し，その目標を達成するための利益計画を作成する。利益計画設定の過程で，経営者はさらに損益分岐点分析を活用して，目標利益を達成するためにはどれだけの売上高と生産高が必要となり，コストはどれだけ引き下げなければならないかを計画する。

1 損益分岐点分析とCVP分析

損益分岐点分析（breakeven analysis）とは，狭義で，**損失**と**利益**が**分岐**する（つまり，利益がゼロになる）点を算定するための分析を意味する。広義では，損益分岐点を算出する過程を通じて**原価・操業度・利益**（C-V-P）の関係を分析することをいう。

C-V-P分析（cost volume profit analysis）とは，操業度が変化すると原価と利益がどのように変化するかの分析を可能にする分析法をいい，分析にあたってはほぼ必然的に損益分岐点の算定が行われる。広義の損益分岐点分析とCVP分析とはほぼ同義である。本書では，損益分岐点分析をやや狭義で捉える[2]。

2 限界利益

売上高から変動費を差し引いた利益を，**限界利益**（marginal income）または**貢献利益**（contribution margin）という。限界利益から固定費を差し引いて，営業利益が算定される。限界利益を売上高で除した数値は限界利益率（または貢献利益率）である。次ページを参照されたい。

売 上 高 － 変動費 ＝ 限界利益（または貢献利益）
限界利益 － 固定費 ＝ 営業利益
限界利益 ÷ 売上高 ＝ 限界利益率（または貢献利益率）

仮の数字を使って分析に便利な損益計算書で表せば，表8-1のようになる。ただし，左では限界利益，右の損益計算書では貢献利益を使用した。また，限界（貢献）利益率の40％（500,000／1,250,000）は，括弧内に表示した。

表8-1　損益計算書

（単位：万円）

売上高	1,250,000 （100％）		売上高	1,250,000 （100％）	
変動費	750,000		変動費	750,000	
限界利益	500,000 （40％）		貢献利益	500,000 （40％）	
固定費	400,000		固定費	400,000	
営業利益	100,000		営業利益	100,000	

3　損益分岐点図表

損益分岐点図表は**利益図表**（profit graph）ともいわれ，売上高が変化するにつれて原価と利益がどのように変化するかをグラフ上で表した図表である。一般的な損益分岐点図表は，図8-1のように表される。しかし，企業によっては限界利益が明示できる，図8-2のようなグラフを描くこともある[3]。

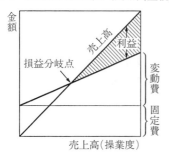

図8-1　直線型利益図表（変動費重視）

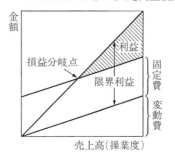

図8-2　直線型利益図表（固定費重視）

限界利益図表を描いて，多品種の製品組合せの意思決定に用いることもある。図8-3は，原点から縦軸のマイナス方向に固定費額をとり，横軸に売上高線を描き，固定費の値から売上高線に向けて限界利益線を引くことにより，限界利益と営業利益を共に表示することができる。

製品種類がA，B，Cで，限界利益率を高率の順に並べるとA，B，Cの順になるとすれば，図8-3のように限界利益率の高い順に作図することにより，各製品の利益全体に対して果たしている貢献度を知ることができる。

図8-3 限界利益図表

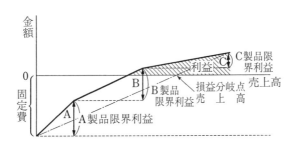

図8-3は，多品種企業における製品組合せの意思決定において，どの製品をどれだけ売れば利益がどれだけ増えるかといった情報を得ることができる。

著者は，大学院生の時代に，全国展開をしている靴店の経営戦略の検討を依頼された。その折に，限界利益図表を用いて，収益性の高い順から婦人靴（A），紳士靴（B），子供靴（C）に区分表示することにより，収益性の分析に活用したことがある。

4 算式による損益分岐点の分析

売上高から費用を差し引いて，利益が算定される（式8-1）。費用は変動費と固定費に分解されるから，売上高，費用，利益の間には，式8-2の関係が成り立つ。次に，式8-2の変動費と固定費を右辺に移行すれば，式8-3が導かれる。損益分岐点売上高とは，左辺の売上高と右辺の費用（変動費と固定費）が分岐する（利益がゼロになる）点である。式8-4がそれである。

売上高 − 費用 = 利益　　　　　　　　　　　　　　　　　　　(8-1)
売上高 − (変動費 + 固定費) = 利益　　　　　　　　　　　　　(8-2)
売上高 = 変動費 + 固定費 + 利益　　　　　　　　　　　　　　(8-3)
損益分岐点売上高 = 損益分岐点の変動費 + 固定費 + 利益（0円）(8-4)

【設　例】
　ある企業の次年度の製品の販売価格を@200円／本，単位当たり変動費を@80円／本，固定費を2,400,000円とする。損益分岐点売上数量はいくらか。

〔解　答〕
　損益分岐点売上数量をXとすれば，式8-4に設例の数値を代入して，次のように算定される。

$$200X = 80X + 2,400,000 + 0$$
$$(200 − 80)X = 2,400,000$$
$$120X = 2,400,000$$
$$X = 20,000$$

　損益分岐点売上数量は20,000本と算定された。販売価格から単位当たり変動費を差し引いた利益である120円／本は，単位当たり限界利益（200円／本 − 80円／本 = 120円／本）である。その単位当たり限界利益で固定費を除して，損益分岐点売上数量を算定することもできる。式8-5が損益分岐点売上数量を求める一般式である。

$$損益分岐点売上数量 = \frac{固定費}{単位当たり限界利益} \quad (8-5)$$

【設　例】
　式8-5を使って，先の設例の損益分岐点売上数量を求めなさい。

〔解　答〕

$$損益分岐点売上数量 = \frac{2,400,000}{200-80} = 20,000$$

以上の計算により，損益分岐点売上数量は20,000本と算定された。

損益分岐点売上数量ではなく，金額としての損益分岐点売上高も算式で求めることができる。損益分岐点売上高を求めるには，式8-5における単位当たり限界利益に代えて限界利益率にすればよい。式8-6がそれである。ここで限界利益率は，すでに述べたとおり，限界利益を売上高で除して算定する。

$$損益分岐点売上高 = \frac{固 \ 定 \ 費}{限界利益率} \tag{8-6}$$

【設　例】

式8-6を使って，先の設例の損益分岐点売上高を求めなさい。また，参考までに，損益分岐点売上高をYとして求めなさい。

〔解　答〕

$$損益分岐点売上高 = \frac{2,400,000}{1-80/200} = \frac{2,400,000}{0.6} = 4,000,000$$

分母で（$1-80/200$）としたのは，限界利益率を算定するためである。限界利益率は1から変動費率（$80/200$）を差し引いて次式のように算定される。

$$限界利益率 = 1 - 変動費率 = 1 - 0.4 = 0.6$$

損益分岐点売上高を数学的に求めてみよう。損益分岐点売上高＝損益分岐点の変動費＋固定費＋利益（0）だから，損益分岐点売上高をYとすると，損益分岐点の変動費は売上高に変動費率を乗じたものであるから，

$$Y = \frac{80}{200}Y + 2,400,000 \qquad \therefore Y = 4,000,000$$

となり，損益分岐点売上高 Y＝4,000,000円となる。

損益分岐点売上高は400万円と求められた。限界利益率は，次のように算定することもできる。まず，販売価格200円から単位当たり変動費80円を差し引いて単位当たり限界利益120円を算定する。次いで，単位当たり限界利益を販売価格で除する（120円／200円）ことで，限界利益率0.6を算定する。

限界利益率は（1－変動費率）である。また，変動費率は変動費／売上高で求められる。これらのことから，**損益分岐点売上高を算定するための最もよく知られている式8-7が導かれる。**

$$損益分岐点売上高 = \frac{固定費}{1 - \dfrac{変動費}{売上高}} \tag{8-7}$$

【設 例】
　計画売上高が1,000,000円，変動費は500,000円，固定費700,000円とすると，損益分岐点売上高はいくらになるか。式8-7で求めよ。

〔解　答〕

$$損益分岐点売上高 = \frac{700,000}{1 - 500,000／1,000,000} = \frac{700,000}{0.5} = 1,400,000$$

損益分岐点売上高は140万円と算定された。つまり，140万円販売すれば，利益がトントンになる。

2　損益分岐点分析の展開と前提

　損益分岐点分析は，原価・操業度・利益の関係を分析することで，遊休している，または遊休する可能性のある固定費を効果的に活用して資金を回収することができる。固定費を効率的・効果的に活用するために，企業経営者は損益分岐点分析を有効に活用すれば，経済価値を高めることが可能である。

1 固定費, 変動費の増減

　装置産業である鉄鋼業や石油化学工業は, 固定費が多い産業である。遊園地や映画館, 教育産業, ホテルも固定費が多い。この種の産業においては, 損益分岐点の位置が高くなる。固定費が増えれば, 一般に, その固定費を回収するために売上高など操業度を上げなければならなくなり, 経営が不安定になる。

【設　例】

　前の設例で, 固定費が200,000円増えて900,000円になると, 損益分岐点売上高はいくらになるか。

〔解　答〕

　分子の固定費70万円に20万円を加算して,

$$損益分岐点売上高 = \frac{700,000 + 200,000}{0.5} = 1,800,000$$

と計算すればよい。この例では, 限界利益率は50％である。それゆえ, 固定費が増えることにより, 増加した固定費 20万円の倍（40万円）だけ売上高を増加させなければならないことが明らかになろう。

　次に, 変動費が変化したとき, 損益分岐点売上高はどう変化するか。この計算は比較的簡単で, 式8-7の変動費に増減した変動費を加減すればよい。

【設　例】

　前の設例で, 変動費が200,000円減少（ただし, 固定費は 700,000円）し, その結果, 変動費が300,000円（変動費率は30％）になったとき, 損益分岐点売上高はいくらになるか。

〔解　答〕

　分母（限界利益率）が0.7（1 − 300,000円／1,000,000円）になり, 700,000円／0.7を計算すると, 損益分岐点売上高は1,000,000円になる。

2 目標利益売上高の算定

損益分岐点売上高さえあれば,企業はそれで事足りるとするわけにはいかない。企業は一定の利益を必要とするから,経営者は目標利益がいくら必要になるかを計算し,それを計画しなければならない。では,一定の目標利益を得たいときの売上高はどのように算定したらよいか。結論から先にいえば,式8-8のように,式8-7の固定費に目標利益を加算すればよい。

$$目標利益売上高 = \frac{固定費 + 目標利益}{1 - \dfrac{変動費}{売上高}} \quad (8\text{-}8)$$

【設 例】

計画売上高1,000,000円,変動費500,000円,固定費700,000円という前の設例では,200,000円の赤字である。100,000円の利益を出すには,売上高はいくらなければならないか。

〔解 答〕

$$目標利益売上高 = \frac{700,000 + 100,000}{1 - 500,000/1,000,000} = 1,600,000$$

目標利益を達成するための売上高は,目標利益を固定費の増加と同じように扱えばよい。この設例では,分子は800,000円になる。計算の結果,目標とすべき売上高は160万円になる。損益計算書で計算の妥当性を確認しよう。

表8-2 損益計算書

売上高	1,600,000 (円)
変動費	800,000
限界利益	800,000
固定費	700,000
営業利益	100,000

表8-2の損益計算書で，限界利益以降は，固定費でも目標利益でも，計算上はそれらを分子の固定費に加算すればよいことが明らかになろう。なぜなら，固定費プラス営業利益の合計値が800,000円であれば，その内訳がいずれであろうとも（例えば，固定費500,000円と目標営業利益300,000円であっても），計算結果に変わりがないからである。

3　一定の目標売上高利益率を達成するための売上高

わが国では，利益計画における目標利益として売上高利益率を活用する企業が多い[4]。一定の目標売上高利益率を達成するためには，売上高はいくら必要か。そういった決定には，式8-9で算定すればよい。

$$\text{目標売上高利益率の売上高} = \frac{\text{固定費}}{1 - \left(\dfrac{\text{変動費}}{\text{売上高}} + \text{目標売上高利益率}\right)} \quad (8\text{-}9)$$

【設　例】

計画売上高1,600,000円，変動費率50％，固定費600,000円である。目標売上高利益率を20％にするには，売上高はいくら必要か。

〔解　答〕

$$\text{目標売上高利益率の売上高} = \frac{600,000}{1 - (800,000 / 1,600,000 + 0.2)} = 2,000,000$$

目標売上高利益率20％を達成するための売上高は，200万円である。これを表8-3で，損益計算書の形式で確認しよう。売上高を100とすると，営業利益は，求めていた値である20％になる。

表8-3　損益計算書

売上高	2,000,000　（円）	(100%)
変動費	1,000,000	
限界利益	1,000,000	
固定費	600,000	
営業利益	400,000	(20%)

(別　解)

目標利益率の売上高＝固定費＋目標利益率売上高での変動費＋目標利益
$x = 600{,}000 + 0.5x + 0.2x$　ただし，$x =$ 目標利益率（20％）の売上高
$x(1 - 0.5 - 0.2) = 600{,}000$　∴　$x = 2{,}000{,}000$

4　投資利益率と損益分岐点分析

　日本企業の多くの利益計画において，売上高利益率は期間利益額や資本利益率と並んで，目標利益の設定に活用されている[5]。顧客価値を大切にする日本企業は好んで売上高利益率を用いるが，米国企業では株主重視に繋がる指標として，投資利益率が用いられる。**投資利益率**（return on investment；ROI）は，売上高利益率に資本回転率を乗じて算定する。式8-10を参照されたい。

$$投資利益率 = 売上高利益率 \times 資本回転率 \qquad (8\text{-}10)$$

$$\left[\frac{利益}{投資額}\right] \quad \left[\frac{利益}{売上高}\right] \quad \left[\frac{売上高}{投資額}\right]$$

　仮に，C社の使用資本（投資額）は1億円であると仮定する。現在の売上高は5,000万円，利益は200万円であるとする。固定費は2,300万円，変動費は2,500万円である。投資利益率は2％しかない。次期の利益計画で，目標投資利益率5％を達成したい。目標利益率の5％を達成するにはいくらの売上高が必要になるか。原価構成は次期も変化がないと仮定する。

　この目標投資利益率を達成するための売上高を算定するためには，まず①現状の売上高，原価，利益の関係を整理し，②目標利益を算定し，最後に，③目標投資利益率の売上高を算定するとよい。

　①　売上高（5,000万円）
　　　　＝固定費（2,300万円）＋変動費（2,500万円）＋利益（200万円）
　②　目標利益＝1億円×0.05＝500万円
　③　目標売上高＝（2,300万円＋500万円）／0.5＝5,600万円

　以上から，目標売上高は5,600万円と算定された。ただし，著者は個別のプロジェクトにおいてまで投資利益率の活用を推奨しているわけではない。その

理由は，投資利益率は主に株主が望む値ではあっても，顧客のニーズや市場の動向から割り出したマーケットインの思想ではなく，プロダクトアウトの立場からの目標利益だからである[6]。

5 法人税と目標利益

企業は，実際には税金を支払わなければならない。そこで，これまでの設例のような税引前利益ではなく，税引後目標利益を達成するためにはどんな計算が必要となるかが問われることになろう。パッケージソフトの販売を行っているA社の来年度の見積損益計算書は，下記のとおりであったと仮定する。固定費には，製造原価だけでなく，固定販管費および営業外損益が含まれているものとする。表8-4でA社の損益計算書で示されたような税引前利益6,000万円ではなく，税引後利益の3,600万円を得るには，いくらの売上高と販売量をあげなければならないかを計算してみよう。税率は40％と仮定した。

表8-4　A社　損益計算書
(単位：万円)

売上高（600×40）	24,000
変動費（360×40）	14,400
限界利益	9,600
固定費	6,000
税引前利益	3,600

税引前利益は，売上高から変動費と固定費を差し引いて算定できる。したがって，損益計算書から明らかなように，税引前利益は式8-11で算定される。

$$売上高 - (変動費 + 固定費) = 税引前利益 \qquad (8\text{-}11)$$

次に，法人税を計算要素に含めた場合の算式を検討してみよう。法人税が考慮対象になると，税引後目標利益は税引前利益から税金を差し引いて算定される。式8-12を参照されたい。

税引後目標利益＝税引前利益－（税引前利益×税率）
　　　　　　　＝税引前利益×（１－税率）　　　　　　(8-12)
税引前利益＝税引後目標利益／（１－税率）
∴　売上高－（変動費＋固定費）＝税引後目標利益／（１－税率）　(8-13)

以上の式8-13にA社の数値を代入すると，目標利益を考慮したうえでの売上数量は，次のように，50単位ということになる。ただし，税金を考慮した上での目標利益を達成するための売上数量をMとする。

600M－360M－6,000＝3,600／（１－0.4）
600M－360M－6,000＝6,000
　　　　240M＝12,000　　　　∴　M＝50単位

売上数量の50単位は，売上高では30,000万円（600×50）となる。検算のために，これを表8-5において損益計算書で表してみよう。

表8-5　A社　損益計算書
（単位：万円）

売上高（600×50）	30,000
変動費（360×50）	18,000
限界利益	12,000
固定費	6,000
税引前利益	6,000
法人税（6,000×0.4）	2,400
税引後利益	3,600

検算；式8-13を使用

30,000－（18,000＋6,000）
＝3,600／0.6

解き方は多様である。この問題ではEldenburg, et al.［2012, pp.100-102］とHorngren, et al.［1994, pp.70-72］を参考にした。

6　感度分析の損益分岐点分析への適用

感度分析（sensitivity analysis）は，ビジネス上のある条件を変えることで最終成果（例；利益）がどのように変化するかを検証できる。感度分析は，"what if"（もしそうなったら）といった問題に応えてくれる手法だといってよい。

　著者が体験した例で説明しよう。ある大学病院の経営企画部長（非常勤）を経験したときのことである。バランスト・スコアカードを導入して財務体質を改善することが著者に課されたミッションであった。その1つの戦略テーマである病棟の建築計画に当たって，**PFI**（private finance initiative；民間の外部資金を活用した資金調達）と，自己金融と借入金で資金調達を行うことのいずれが有利かの選択的意思決定がこの問題に対する著者の課題であった。現在は北海学園大学経営学部准教授の関谷浩行氏が非常勤で担当してくれ，ほぼ20年にわたる長期資金計画を作成した。PFIでは，病棟に商業施設を併設すると収益はあがるものの，商業施設から得られる利益には税金がかかる。PFIの契約では経営権が50年にわたって**SPC**（special purpose company；特別目的会社）に移行するというリスクも大きい。他方，調達資金の一部に借入金で調達するとなると，金利が発生する。借入資金をいくらにするのが妥当か，借入金の金利をさらに安い資源（私学共済）を使うとどうなるか，社債（学校債）を発行すると結論がどう変わるかなど，条件を変えて分析する必要があった。そこで，われわれは感度分析を行った。現在では，市販のスプレッドシートを活用すれば，簡単に解を導くことができる。

　損益分岐点分析においても同様にスプレッドシートで解くことができる。スプレッドシートをもとにケースを作成しているビマーニほか［Bhimani, et al., 1999, pp.248-249］を参考に，感度分析のB社のケースを検討しよう。

　B社では，販売価格は単位当たり200千円である。固定費を2,000千円，2,500千円，3,000千円と変化させた場合，単位当たり変動費をそれぞれ100千円，120千円，140千円と変化させた場合の感度分析を行っている。上段の0, 1,000, 1,500, 2,000は営業利益，その下の数値は固定費，変動費を変えた時の原価総額である。感度分析を行った利益計画の計算結果は，表8-6を参照されたい。

　例えば，固定費を2,000千円，単位当たり変動費を100千円とする。営業利益1,000千円を獲得するには，6,000千円（200千円／個×30個）の売上高が必要である。

　感度分析には2つの側面がある。1つは，安全余裕率である。安全余裕率とは，後述するように，予算売上高が損益分岐点売上高を上回る超過分がどれだ

表8-6　利益計画のための感度分析スプレッドシート

(単位：千円)

固定費 (総額)	単位当たり 変動費	販売価格を200千円とすると営業利益はどう変化するか			
		0	1,000	1,500	2,000
2,000	100	4,000	6,000	7,000	8,000
	120	5,000	7,500	8,750	10,000
	140	6,667	10,000	11,667	13,333
2,500	100	5,000	7,000	8,000	9,000
	120	6,250	8,750	10,000	11,250
	140	8,333	11,667	13,333	15,000
3,000	100	6,000	8,000	9,000	10,000
	120	7,500	10,000	11,250	12,500
	140	10,000	13,334	15,000	16,667

けあるかの問題である。販売価格200千円，固定費3,000千円，単位当たり変動費140千円で，売上数量が75単位であるとき，予定売上高は15,000千円である。営業利益は，1,500千円になる。損益分岐点売上数量と売上高は，それぞれ50単位（3,000／(200－140)）と，10,000千円（3,000／(60/200)）である。

いま1つは，不確実性認識の問題である。ここでの不確実性とは，実際の金額が一連の仮定から乖離する可能性の問題である。このように見ると，感度分析はリスクへの対応策の1つと考えることができる。

7　安全余裕率

計画売上高と損益分岐点売上高との関係から，企業の安全性を示す指標として，安全余裕率が用いられる。安全余裕率（margin of safety ratio）はM／S比率ともいわれ，一般に式8-14で算定される。安全余裕率が高ければ，それだけ経営の安全性が高いことを示す。

$$\text{安全余裕率} = \frac{\text{計画売上高} - \text{損益分岐点売上高}}{\text{計画売上高}} \times 100 \qquad (8\text{-}14)$$

【設　例】

損益分岐点売上高は1,200,000円である。計画売上高が2,000,000円と設定されたとき，安全余裕率がいくらになるかを算定しなさい。

〔解　答〕

損益分岐点売上高は1,200,000円で計画売上高は2,000,000円だから，安全余裕率は，次の計算のように，40％となる。

$$安全余裕率 = \frac{2,000,000 - 1,200,000}{2,000,000} \times 100 = 40\%$$

8　損益分岐点の位置

企業の安全性を示す指標として，**損益分岐点の位置**が算定される。これは将来の企業の安全性を示す指標で，損益分岐点売上高と現在の売上高との比率で表される。算式は式8-15のように表される。損益分岐点の位置が低ければ，それだけ安全性が高いということになる。

$$損益分岐点の位置 = \frac{損益分岐点売上高}{現在の売上高} \times 100 \tag{8-15}$$

【設　例】

損益分岐点売上高を1,500,000円，現在の売上高が2,000,000円とすると，損益分岐点の位置はいくらになりますか。

〔解　答〕

損益分岐点の位置は次式のように，75％と算定され，安全性が高いと評価される。

$$損益分岐点の位置 = \frac{1,500,000}{2,000,000} \times 100 = 75\%$$

損益分岐点の位置が高いということは，経営の安定性が低いと判定される。固定費が高くて市況が悪いために損益分岐点の位置が高いこともある。固定費を大幅に削減し，損益分岐点の位置を下げると，売上高が減っても利益が出やすくなり，不況への抵抗力は強まる。

損益分岐点の位置との関係で，固定費の採算ラインについて触れておこう。企業の安全性を示す指標としては，業種によって異なり目安でしかないが，企

業の安全性を示す指標として，上述の損益分岐点の位置ないし**損益分岐点比率**（損益分岐点売上高÷現在の売上高×100）が企業で用いられることがある。あくまでも目安であるが，90％以上は危険で注意が必要，90％以下はまず安全，80％以下は安全圏内，70〜80％はやや優良，70％以下は優良とされている。

9　業務レバレッジ

経営財務論の領域では，**財務レバレッジ**（financial leverage）がよく知られている。財務レバレッジとは，企業の資本構成において用いられている負債との関係のことをいう。資本調達方法として，負債の利用が自己資本利益率に及ぼす効果のことを，**レバレッジ効果**という。負債比率が高まれば，レバレッジ効果（＝梃子の効果）により，自己資本利益率（ROE）が高まる。

財務レバレッジとの対応関係で，管理会計では，コストを削減し利益を増大する方策の1つとして，**業務レバレッジ**（operating leverage）が知られている。総コストに比較して固定費の比率が高まれば，レバレッジ効果が高まる。大量生産と大量販売が可能である限りにおいて，変動費との関係で固定費を相対的に増大させることで，利益を増大することが可能となる。ただし，固定費が増大すれば損益分岐点の位置が高くなるので，経営は相対的に不安定になることに留意しなければならない。

10　営業外収益，費用の分析

損益分岐点分析では，通常，営業利益までが分析対象になる。その理由は，製造原価と販売費，一般管理費が主要な管理対象となるからである。

営業外費用が分析の対象になれば，それは固定費の増加項目に含める。営業外収益は，固定費から差し引く。決して売上収益に含めてはならない。なぜなら，営業外収益は一般に，売上数量との比例関係が見出せないからである。

日本基準では，販売インセンティブは売上から控除することの他，販売費で処理する実務も行われている。しかし，IFRSでは，収益は値引きおよび割戻しを考慮後の公正価値で測定されなければならない（IAS 18.9）[7]。そのため，企業が数量割引や販売奨励金を顧客に与える場合，それらが実質的に販売価格の減額であるときは，これを割引ではなく，値引きや割戻しとして扱い，売上

高から控除しなければならない。結果，損益分岐点分析では，販売費が減少するとともに，売上高も減少する。

　研究開発費は，現在の日本の会計基準では，すべて費用として処理しなければならない。しかし，IFRSでは，一定の条件を満たして製造活動のための開発費は棚卸資産に計上される（本書第25章参照）。それゆえ，損益分岐点分析では開発費の償却部分に相当する金額だけ変動売上原価が増加する。

11　損益分岐点分析の前提

　損益分岐点分析は簡単で，理解しやすい。そのため，企業では管理会計手法のうち最もよく用いられるツールである。しかし，簡単であるということは，逆にいえば，損益分岐点分析では種々の前提条件がおかれていることを意味する。それらの前提には，概ね次のもの［Titard, 1983, pp.276-277］がある。
(1)　原価は，正確に固定費と変動費に分類できる。しかし現実には，固定費と変動費の分類は，理論で説かれるほどには簡単ではない。
(2)　売価は，売上数量のいかんにかかわらず一定と仮定されている。しかし現実には，経済理論が教えるように，売上高を増大させるには売価を引き下げなければならないなど，収益曲線は非線形である。
(3)　固定費と変動費について，費用関数は正常操業圏内では線型である。しかし現実には，生産量が大幅に減少したりすることもある。そのような場合には，損益分岐点分析で正しい解を求めるのは困難である。
(4)　損益分岐点分析では操業度の変化だけが原価に影響を与えるとされ，その他の要因は無視されている。生産性も能率も不変であると仮定されている。しかし現実には非線形であることが多い。例えば，動力費は動力の供給量と時間だけではなく，室内の気温によっても大きく作用される。夏よりも冬の方が動力費が嵩むことはすべての現代人が経験することである。非線形下での損益分岐点分析については，櫻井［1981, pp.396-398］を参照願いたい。
(5)　生産数量と売上数量は等しいと仮定されている。このことは，損益分岐点分析では，期首・期末在庫量に大きな変化がないことが前提とされていることを意味する。

3 固定費・変動費の態様と原価分解

損益分岐点分析と次章で述べる直接原価計算では，原価の固定費と変動費への区分が決定的な重要性をもつ。第4章で図解して説明したとおり，**固定費**（fixed costs）とは，操業度の増減にかかわらず総額では変化しない原価である。**変動費**（variable costs）とは，操業度の増減に応じて総額で比例的に増減する原価である。固定費・変動費に区分できない原価は何らかの方法で原価を分解するか，さもなければ固定費か変動費のいずれかに区分する。大切なことは，一貫性をもってその区分方法を継続的に適用することである。

1 経済学と会計学における原価態様の仮定

経済学と会計学とでは，原価態様の仮定が異なっている。経済学では，変動費用（可変費用；以下変動費用とする）の増減は直線では表されず，平均変動費用は曲線で変化すると仮定されている。図8-4を参照されたい。他方，会計学では，変動費は操業度と正比例的な関係で増加すると仮定されている。それゆえ，変動費線は直線で描かれる。会計学における原価態様は，図8-5を参照されたい。

管理会計では，経済学から数多くの概念が取り入れられている。しかし，会計学上の概念は，経済学の概念と全く同じというわけではない。会計学で変動

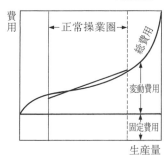

図8-4 経済学上の原価態様

出典：著者作成。

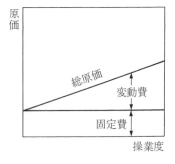

図8-5 会計学上の原価態様

費について経済学のような認識に立たないのはなぜか。それは，会計学では現実を直視するから，操業度が異常に高かったり低かったりするのは現実的でないとみるからである。そのため，会計学では図8-4のような**正常操業圏**の仮定を設け，経済学の原価態様の仮定を，図8-5のように直線で表されると割り切っているのである。

2　原　価　分　解

原価分解は，操業度との関係で，一定期間の原価を固定費と変動費に分割することをいい，費用分解ともいわれる。原価分解は一般に，勘定科目法，統計的方法，工学的方法などの方法で行われる。

(1)　**勘定科目法**

勘定科目法は勘定科目を精査し，各勘定に示される原価の類型に従って原価を分解する。勘定科目の精査には，会計担当者のすぐれた判断，知識，経験が要求される。**個人別判定法**とか**勘定科目精査法**もいわれる。簡単でコストがかからない半面，恣意的になるという欠点がある。

(2)　**統計的方法**

統計的方法は，過去における原価の動きを最も合理的に説明しうるような原価と操業度との間の直線的関数関係を推定しようとする方法である。式8-16で表される。ただし，x＝操業度，b＝固定費，a＝操業度単位当たりの変動費，y＝原価の総額，を示すものとする。

$$y = ax + b \tag{8-16}$$

過去原価の統計的分析による原価分解の方法としては，①高低点法，②散布図表法，③最小二乗法が知られている。簡潔に説明しよう。

①　**高低点法**　2つの異なった操業度（一般に高点と低点）における原価の比較からその原価態様を推定する方法をいい，数学的分解法とも呼ばれている。

高低点法は簡単に適用できるという利点がある。しかし，採択した2つの操業度は必ずしも全体の代表値であるとはいえないから，この方法から求められた結果の信頼性は低い。

図8-6 高低点法の仮定

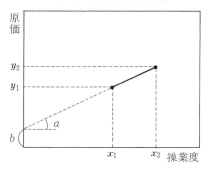

図8-6のように算定される。ただし，固定費（b），単位当たり変動費（a）は，次の式8-17によって算定する。

$$a = \frac{y_2 - y_1}{x_2 - x_1} \qquad \begin{aligned} b &= y_2 - ax_2 \\ &= y_1 - ax_1 \end{aligned} \qquad (8\text{-}17)$$

② **散布図表法** 散布図表法は図表法とかスキャター・チャート法などとも呼ばれ，過去の原価データをグラフに記入し，散布させた各点の中央に目分量で直線を引き，これから変動費率と固定費額を推定する方法である。図8-7で，単位当たり変動費は回帰直線ないし趨勢線の勾配から求められ，また固定費の額は回帰直線が縦軸と交差する点から求められる。

図8-7 散布図表

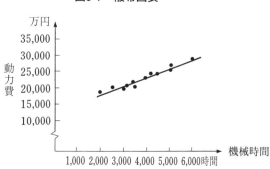

散布図表法に正確性を要求するのは無理である。しかし，散布図表法は簡単で理解しやすいため，実務で使うにはすぐれている。

③ **最小二乗法**（method of least squares）　散布図表法で回帰直線を描くには，直観によらねばならない。諸点を客観的に1本の直線で表すためには，最小二乗法による必要がある。**最小二乗法**とは，誤差の二乗和を最小にするように，パラメータ値を決める推定法をいう。Σx，Σyをxとyの合計値，観察値の数をnとすると，次の連立方程式が導かれる。

$$\begin{cases} a=\dfrac{n\Sigma xy-\Sigma x\Sigma y}{n\Sigma x^2-(\Sigma x)^2} \\ b=\dfrac{\Sigma y}{n}-a\dfrac{\Sigma x}{n} \end{cases} \text{または} \begin{cases} a=\dfrac{\Sigma(x-\bar{x})(y-\bar{y})}{\Sigma(x-\bar{x})^2} \\ b=\bar{y}-a\bar{x} \end{cases} \quad (8\text{-}18)$$

以上から，a，bの値は前頁のいずれかの式で求めることができる。ただし，$\bar{x}$はxの平均値，$\bar{y}$はyの平均値，aは操業度単位当たり変動費，bは固定費を表す。

最小二乗法は個人的偏見や経験を計算から排除されているから，数学的意味からは正確にみえる。しかし，原価はただ1つの変数ではなく，複数の変数で変化する（例えば，動力費は機械時間だけでなく温度差によっても変化する）。異常値があっても，散布図表法では目視できるが，最小自乗法ではそうはいかない。数学の実務への適用は理論で考えるほど容易ではない。実務でうまく活用できるか否かは，理論的な妥当性とは別問題である。

(3) **工学的方法（IE法）**　工学的研究（例えば，動作時間研究）を基礎にして作業者の作業内容を測定し材料の所要量を科学的に分析した結果をもとに，問題となっている製品その他の原価計算対象のインプット・アウトプット関係を確立する。過去の資料が得られない**新製品**の素価（直接材料費と直接労務費）の測定などにおいて最もよくその効果を発揮する。

以上，原価分解の方法を述べてきたが，読者は原価分解を綿密に行えば，原価を変動費と固定費に区分する上での問題点がすべて解決できると考えてはならない。実務では，変動費と固定費の明確な区分は困難だからである。

注

1) ヘンリー・ヘスが現在の損益分岐点分析にほぼ等しい図表を考案して，原価・収益および利益（costs, receipts and profits）の関係を示したのは，1903年のことであった。その後，損益分岐点分析が現在とほぼ同じ形で発展されたのは，ネッペル，ラウテンストラッハ，ウィリアムズの3人の工業技術者であった。1930年代になって損益分岐点分析はようやく技術者の手から会計専門家へと拡がっていった［Harris, 1936, p.502］。1930年代の後半になると，これが直接原価計算に基づく損益計算書で表現されるようになった。
2) 損益分岐点分析は損益分岐分析ともいう。最近の海外の文献などではCVP分析と表現されることが多い。
3) 日本企業では，図8-1が活用されていることが多い。一方，アメリカでは図8-2の活用が多い。固定費の管理が比較的難しく，変動費こそが管理の中心であるような企業では図8-1が適している。しかし，変動費の管理可能性が低く，固定費を低減したら損益がどうなるかを知りたい企業にとっては，図8-2が適している。
4) 企業予算制度研究会編［2018, p.199］によれば，予算原案作成上で，部門の基本的目標を3つずつ回答して頂いた結果は，売上利益率が最も多く（52%），原価引き下げ（21%），売上高成長率（10%），資本利益率（5%），投資利益率（4%）と続いている。
5) 上記の注4を参照されたい。
6) 投資利益率は，企業（とくに株主）が望む評価指標ではあっても，顧客が望むものではない。1970年代に，投資利益率を活用したがゆえに日本企業との競争に敗れたとする有力な見解［Monroe, 1979, p.126, p.216］がある。
7) 2014年制定のこの基準は，2018年1月にIFRS 15に変更され，内容も若干変化した。留意されたい。

参考文献

Bhimani, Alnoor, Charles T. Horngren, Srikant M. Datar and George Foster, *Management and Cost Accounting*, Financial Times Prentice Hall, 4th ed., 1999.

Eldenburg, Leslie, Liang-Hsuan, Leslie G. Eldenburg and Susan K. Wolcott, *Cost Management, Measuring, Monitoring, and Motivating Performance*, 2nd Canadian ed., 2012.

Harris, Jonathan N., What Did We Earn Last Month?, *NACA Bulletin*, Vol.17 No.10, January 15, 1936.

Horngren, Charles T, George Foster and Srikant M. Datar, *Cost Accounting−A Managerial Emphasis−*, 8th ed., Prentice-Hall, 1994.

Monroe, Kent B., *Pricing : Making Profitable Decisions*, McGraw-Hill, 1979.

Titard, Pierre L., *Managerial Accounting, An Introduction*, Dryden Press, 1983.

青木茂雄『新版 現代管理会計』国本書房, 1984年。

企業予算制度研究会［編］『日本企業の予算管理の実態』中央経済社, 2018年。

櫻井通晴『経営原価計算論―新しい原価計算体系の探求［増補版］』中央経済社, 1981年。

櫻井通晴『原価計算［理論と計算］』税務経理協会, 1983年。

参考 4

限界利益か貢献利益か，直接原価計算か変動費原価計算か

　売上高から変動費を差し引いた利益は，英語ではmarginal income，日本語では限界利益の名称が定着してきた。しかし近年，アメリカの支配的な研究者が，経済学でmarginal costとは，「生産量を1単位増加するときにかかる総費用の増加分」を意味するから，生産量の増加によって変化する変動費のことを限界利益と称するのは妥当ではなく，固定費と利益に貢献するという意味での貢献利益（contribution margin）と呼ぶべきであると主張した。その影響もあって，日本でも限界利益に代えて貢献利益と呼ぶ研究者も現れた。ただ，限界利益の概念はすでに経営学や実務の分野で完全に定着している。そこで本書では，第9章の貢献利益法の項でも述べているように，"売上高－変動費"のことを限界利益と呼んでいる。

　直接原価計算は，アメリカ英語のdirect costingの訳語である。イギリスでは伝統的にmarginal costingといわれてきた。しかし，近年，アメリカの一部の研究者は，直接原価計算は直接費による原価計算でなくて変動費による原価計算だという理由から，direct costingはvariable costingと称されるべきだと主張した。そのため，日本でもこの主張を支持する見解がある。しかし，直接原価計算といえども，変動費と固定費を明確に区分して変動製造原価だけで製品原価を計算しているわけではない。準変動費や準固定費をいかに数学的に区分しようとしても，ムリである。変動費を直接原価，固定費を期間原価と称するのも，原価を明確に固変分類できないためである［青木，1984，pp.204-205］。さらに，変動費のなかには直接労務費のように日本企業では明確に固定費であっても計算上は変動費扱いして直接原価に含めている企業もある。わが国の原価計算研究でも，このような原価は直接原価と称することによって問題の解決を図ろうとする論者も少なくない。本書では，過去に積み上げてきた先人の努力に敬意を払って，変動原価計算ではなく直接原価計算の用語を引き続き使用している［櫻井，1981，pp.442-446；櫻井，1983，pp.356-357］。

第9章

直接原価計算による利益管理

1 直接原価計算の意義

　全部原価計算は財務会計において原価計算制度として認められている原価計算であることから，伝統的原価計算ともいわれる。全部原価計算では，全部の製造原価が製品原価となる。一方，直接原価計算では，変動製造原価だけで製品原価を計算し，固定製造原価は期間原価として処理される。そのため，売上高と製品原価との関係が明確になることで経営者の感覚に合致し，損益分岐点分析や利益計画への活用および適切な経営上の意思決定が可能になる。

1　直接原価計算とは何か

　原価計算制度として認められている**全部原価計算**（absorption costing）では，全部の製造原価をもって製品原価を計算する。全部原価計算だと利益が販売数量と生産量の関数として決定される。そのため，販売数量の増加は計算上では必ずしも利益の増加要因とはならない。逆に，生産量を増やせば，たとえ期末に在庫が残っていても利益が増加する。なぜなら，在庫が増加すると貸借対照表上の棚卸資産が増加し，計算上では見かけ上の利益が増加するからである。在庫が増えると財務諸表上で利益が増加したようにみえるのは，経営者の思考に合致しない。直接原価計算によれば，このような欠点が排除される。

　直接原価計算（direct costing）では，原価を変動費と固定費に区分し，変動製造原価だけをもって製品原価とする。棚卸資産に算入されるのは，変動製造原価だけである。これを会計システムのなかで計算し，損益計算書の様式で報告する[1]。変動費だけで製品原価を計算するので，直接原価計算のことを**変動（費）原価計算**（variable costing）と呼ぶこともある。

　直接原価計算によれば，全部原価計算でこれまでしばしば問題にされてきた

ような製造間接費の配賦に恣意性が介入するという問題点が解決できるし，利益が売上高と対応関係をもつため，経営者の思考に合致する。

2 直接原価計算の損益計算書

　全部原価計算の損益計算書は，まず，売上高から売上原価を差し引いて売上総利益（粗利益）を算出する。次いで，その売上総利益から販売費・一般管理費（販管費）を差し引いて営業利益を算出する。

　直接原価計算の損益計算書は，一般に，売上高から変動費（直接原価）を差し引いて限界利益（貢献利益）を算出し，限界利益から固定費（期間原価）を差し引いて営業利益を計算する。直接原価計算において，損益計算上の表現として，変動費の代わりに直接原価，固定費の代わりに期間原価の表現が用いられることもある。その理由は，現実問題としてすべての原価を明確に変動費と固定費に区別することは困難だからである。

　直接原価計算に基づく損益計算書を全部原価計算のそれと対比の形で表示すると，表9-1，2のようになる。数値は仮定の金額である。

表9-1　損益計算書（全部原価計算）
（単位：円）

売　上　高	1,000
売上原価	750
売上総利益	250
販売費・一般管理費	150
営業利益	100

表9-2　損益計算書（直接原価計算）
（単位：円）

売　上　高	1,000
変　動　費	550
限界利益	450
固　定　費	350
営業利益	100

　表9-1，2では，期首・期末とも棚卸資産はないと仮定している。期首・期末とも在庫がなければ，全部原価計算と直接原価計算の利益は同じになる。

3 直接原価計算の特徴

　直接原価計算は，財務諸表の作成目的ではなく，経営者のニーズに応えるために行われる。全部原価計算との対比において，**直接原価計算**（および損益分

岐点分析）の**特徴**を箇条書きすれば，次のようになる。

(1) 直接原価計算では，製造原価だけでなく，販売費・一般管理費も含めて原価はすべて**変動費と固定費に区分**される。その理由は，変動費と固定費に区分することが損益分岐点分析などの分析に有効だからである。

(2) 直接原価計算は，全部原価計算とは違って原価計算制度としては認められていないが，**勘定組織には組み込まれる**。損益分岐点分析でも原価を変動費と固定費に区分するものの，勘定組織に組み込まれることはない。

(3) 直接原価計算では，**変動製造原価だけが製品原価**とされる。固定製造原価は，販売費・一般管理費とともに期間原価として処理され，当期の収益に直接対応される。この関係は表9-3のように表される。

表9-3 製品原価と期間原価

財務諸表上の区分	製品・収益との対応関係	範　囲	
		全部原価計算	直接原価計算
製品原価	原価を製品に対応	全部の製造原価	変動製造原価
期間原価	原価を収益に対応	販売費・一般管理費	固定製造原価 販売費・一般管理費

出典：著者作成

(4) **損益計算書での表示**に特徴がある。その形式は，売上高から変動費を差し引いて限界利益を計算し，その限界利益から固定費を差し引いて営業利益を表示する。限界利益から個別固定費を差し引いた利益は，共通固定費と利益に貢献しているという意味で，貢献利益と呼ばれる。売上高から変動売上原価を差し引いた利益は，**製造差益**とも称される。

2　全部原価計算と直接原価計算の利益

直接原価計算では，固定製造原価を製品に負担させない。換言すれば，固定製造原価は当期の費用として処理されるから，全部原価計算のように棚卸資産原価にはならない。そのため，全部原価計算と直接原価計算とでは，期首と期末の棚卸資産の差額だけ営業利益が異なる。

1　営業利益に差が出るのは固定製造原価の差

　全部原価計算でも直接原価計算でも，販売費・一般管理費は変動費・固定費のいかんにかかわらず，期間原価扱いされる。変動製造原価は，いずれのシステムでも製品原価として扱われる。両計算システムで利益に差が出てくるのは，固定製造原価である。
　全部原価計算では，固定製造原価は製品原価とされ，棚卸資産原価を構成する。一方，直接原価計算では当期の費用として処理される。その結果，予定配賦を前提とする限り，売上数量と生産数量が異なるときには，全部原価計算と直接原価計算とでは在庫高に配賦された固定製造原価の分だけ棚卸資産原価が異なり，またその分だけ利益が相違する。これを設例で示そう。なお，売上数量と生産数量が同一で期首棚卸資産がない限り，両者の利益は同じになる。

【設　例】

　次の資料をもとに，全部原価計算と直接原価計算の損益計算書を作成してみよう。ただし，全部原価計算の製造間接費配賦は，予定配賦による。当期の実際操業度は予定操業度と同じ。固定費は製造上の固定費と営業上の固定費に区分する。損益計算書では，直接原価計算と対比できるように，全部原価計算でも変動費と固定費に分けて表示することにしよう。

資　料

(1) 売上　　数量　1,000個　　売価　　170千円/個　　売上高　170,000千円
(2) 生産量　　　　1,100個
(3) 原価　　変動費　　　　　　　　　　　　固定費
　　　　　　直接材料費　　35千円/個　　　固定製造原価　　22,000千円
　　　　　　直接労務費　　16千円/個　　　固定営業管理費　55,000千円
　　　　　　変動製造間接費　9千円/個
　　　　　　合　計　　　　60千円/個
　　　　　　変動販売費　　24千円/個
(4) 棚卸高　期首製品棚卸高　なし　　　　期末製品棚卸高　100個

〔解　答〕

損益計算書（全部原価計算）			損益計算書（直接原価計算）		
		（単位：千円）			（単位：千円）
売　上　高　@170×1,000		170,000	売　上　高　@170×1,000		170,000
売上原価			変動売上原価		
期首製品棚卸高	0		期首製品棚卸高	0	
変動製造原価	66,000		変動製造原価	66,000	
@60×1,100			@60×1,100		
固定製造原価配賦額	22,000		期末製品棚卸高	6,000	
@20×1,100			@60×100		
期末製品棚卸高	8,000	80,000	変動売上原価計		60,000
@80×100			製造差益		110,000
売上総利益		90,000	変動販売費		24,000
販売費・一般管理費			限界利益		86,000
変動販売費	24,000		固定費		
固定販売費・管理費	55,000		固定製造原価	22,000	
原価差異調整	0		固定販売費・管理費	55,000	
営業利益		11,000	営業利益		9,000

（注1）　固定製造原価配賦率；22,000千円／1,100＝20千円。

（注2）　製造単位原価；（単位当たり変動費60千円＋固定配賦率20千円）＝80千円。

（注3）　当期製品製造原価を変動製造原価と固定製造原価配賦額に区分したのは，両者の違いを明らかにするためである。

　営業利益の差は2,000千円（11,000千円−9,000千円）だけ直接原価計算の方が少ない。その理由は，期末製品棚卸資産が，直接原価計算の方が2,000千円（8,000千円−6,000千円）だけ少ないからである[2]。

2　全部原価計算と直接原価計算とで利益が異なる理由

　全部原価計算と直接原価計算とで利益が異なるのは，期首・期末の棚卸資産に違いがあるからである。その理由は，直接原価計算では固定製造原価の負担額が異なるからである。仮設例を用いて，もう少し詳しく説明しよう。

　全部原価計算によって計算した棚卸資産の額には，当該期間中に発生した（ま

たは発生が予定されている）固定製造原価が製品原価に算入される。他方，直接原価計算では変動製造原価しか製品原価に算入されないから，その差額が全部原価計算と直接原価計算との利益の差となる。

製造間接費が予定配賦率で計算されているときには，全部原価計算では固定費率に当期の配賦基準数値を乗じて固定製造間接費が計算される。他方，直接原価計算では固定製造間接費はすべて期間原価として処理されるから，予定配賦率が用いられている場合の全部原価計算と直接原価計算の利益の相違（Vp）は，式9-1または式9-2で算定される。

$$Vp=全部原価計算による利益-直接原価計算による利益$$
$$=固定製造原価／予定生産量×（当期生産数量-当期売上数量） \quad (9\text{-}1)$$
$$=製品単位当たり固定製造原価×在庫量の当期増加数量 \quad\quad (9\text{-}2)$$

$$Vp=22{,}000千円／1{,}100×(1{,}100-1{,}000)=2{,}000千円 \quad または，$$
$$=20千円×100=2{,}000千円$$

上式から明らかなように，全部原価計算と直接原価計算の利益の差は，単位当たり固定製造原価に在庫量の当期増加数量を乗じて算定される。

なお，先の仮設例では，直接労務費は変動費として扱われ，製造原価上の固定費は製造間接費だけからなると仮定されている。直接労務費を変動費として扱ったのは，支払賃金は固定給であっても，消費賃金は生産量のいかんによって変動すると仮定されているからである[3]。

3　直接原価計算の機能

直接原価計算は，管理会計目的と財務会計目的の両目的に役立つ。前者は利益計画，経営意思決定，原価管理に役立つ。後者は，損益計算書や貸借対照表など財務諸表の作成目的への役立ちである。直接原価計算そのままでは財務諸表として認められないが，期末に固定費調整をすることで，売上原価の算定や棚卸資産の評価に活用することができる。図9-1ではこの関係を描いている。

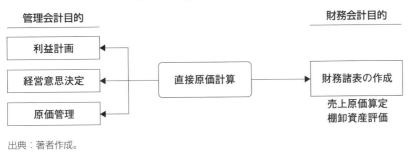

図9-1 直接原価計算の機能

1 利益計画への活用

　直接原価計算は，利益計画のために考案されたともいえる。利益計画では，一定期間における費用，収益，利益の関係において目標利益をいかに獲得するかが検討される。その際，直接原価計算では，原価を変動費と固定費に区分しているため，損益分岐点分析などCVP関係の分析に有効である。さらに，利益は販売量に対応するので，経営者の感覚に合致する。

【設　例】
　来期の利益計画で，売価1,000万円，単位原価900万円（変動費400万円，固定費500万円），売上数量1,000個（生産品はすべて販売される）の販売を計画している。現在の利益は，100,000万円（1,000,000万円−900,000万円）である。この企業が，特別注文500個を1個当たり700万円で引き合いを受けた。生産設備に余裕はある。この注文を引き受けるべきであるか。

〔解　答〕
　設例では，単位原価900万円の製品を1,000万円で販売しているので，単位当たり100万円の利益がある。しかし，単位当たり900万円の製品を700万円で販売すれば，単位当たり200万円の損失が生じるかにみえる。しかしそれは誤りである。追加注文品の売価（700万円）は変動費（400万円）よりも高い。直接原価計算の知識があれば，追加注文を受けたときの増分利益は次のように計算

され，引き合いには応諾すべきだということになる。

損益計算書

増分収益（700万円×500）	350,000万円
増分原価	
変動費（400万円×500）	200,000万円
増分利益	150,000万円

追加注文を受けたときの損益計算書を作成すれば，納得できるであろう。増分分析については，本書の第15章を参照されたい。以下は，直接原価計算の形式で損益計算書を作成したときの損益である。

直接原価計算に基づく損益計算書

（単位：個，万円）

項　　目	利益計画の数値		追加注文分	合　　計
売　上　高	1,000×1,000	1,000,000	350,000	1,350,000
変　動　費	400×1,000	400,000	200,000	600,000
限　界　利　益		600,000	150,000	750,000
固　定　費	500×1,000	500,000	—	500,000
営　業　利　益		100,000	150,000	250,000

追加注文を引き受ければ，150,000万円の利益が増加する。とはいえ，この計算結果だけから結論を急いではならない。追加的に考慮すべき事項は，①差別価格が他の既存顧客にスンナリと受け入れられるか，②生産能力には余裕があっても販売能力にも余力があるか，③衰退期にある製品（償却が終わっていると推定できる）か成長期の製品か，④スポットでの注文は引き受けても，継続的に引き受けることが可能か，などによって結論は異なってくる。

2　経営意思決定への活用

変動費は通常，意思決定の結果変化する。例えば，生産量を増加させれば，

直接材料費は増加する。他方，固定費は短期的には変化しない。例えば，生産量を増加させても，減価償却費がすぐに変化することはない。

成熟製品や過剰生産能力に悩む経営者にとって，変動費（変動製造原価＋変動販売費）の回収は絶対に必要な条件である。直接原価計算によれば，限界利益以上の利益さえ得られれば，固定費に変化がない限り企業全体の利益を増加させることが明らかになる。それゆえ，直接原価計算は，短期的な業務上の経営意思決定にとって有効である。

具体的には，製品組み合わせ（プロダクト・ミックス），操業度政策，価格政策などに効果的である。ここでは，製品組み合わせの設例を使った直接原価計算による経営意思決定への役立ちを説明しよう。

【設 例】

ある企業では，A，B，C製品を生産・販売しており，生産余力がある。次年度の損益計算書を全部原価計算で示すと，次のとおりであった。固定費は使用資本の比率で配賦されている。どの製品の売上を増加させたらよいかを検討しなさい。ただし，変動費は製品A，B，Cそれぞれ，600万円，3,600万円，2,400万円であり，他はすべて共通固定費である。

全部原価計算に基づく損益計算書

(単位：万円)

	製品A	製品B	製品C	合　計
売上高	1,500	6,000	3,000	10,500
原価	1,200	4,500	3,000	8,700
営業利益	300	1,500	0	1,800

〔解　答〕

売上高利益率は，製品Aは20％，製品Bは25％，製品Cは0％である。このデータからすると，製品Bに販売努力を向けるべきかにみえる。しかし，直接原価計算を活用すれば，次のように書き表すことができる。

直接原価計算に基づく損益計算書

(単位：万円)

	製品A	製品B	製品C	合　計
売上高	1,500	6,000	3,000	10,500
変動費	600	3,600	2,400	6,600
限界利益	900	2,400	600	3,900
固定費				2,100
営業利益				1,800

　限界利益率を計算すると，製品Aは60％（900万円／1,500万円），製品Bは40％（2,400万円／6,000万円），製品Cは20％（600万円／3,000万円）である。このデータから，販売努力は限界利益率の最も大きな製品 A の販売増加に向けられるべきであることがわかる。

3　原価管理への役立ち

　直接原価計算は責任会計に基づく原価管理にも有効である。表9-4と表9-5を比較されたい。なお，在庫ゼロと仮定したため，全部原価計算でも直接原価計算でも利益は同じになる。

表9-4　全部原価計算 損益計算書

売上高	1,000,000 円
売上原価	600,000
売上総利益	400,000
販管費	100,000
営業利益	300,000 円

表9-5　直接原価計算 損益計算書

売上高	1,000,000 円
売上原価	
変動製造原価	150,000
固定製造原価	450,000
売上総利益	400,000
販管費	
変動販売費	70,000
固定販管費	30,000
営業利益	300,000 円

　表9-4では，原価の内訳が**可視化**されていない。表9-5の直接原価計算に基づく損益計算書によれば，原価の構成が変動費と固定費として可視化される。必

要に応じて,固定製造原価と固定販売費・一般管理費の内訳を,マネジド・コストやコミッテッド・コスト[4]に区分することもできる。このことを通じて原価管理に役立つ。では,なぜ原価管理に役立つのか。

変動費は,現場管理者が日常的な現場管理のなかで管理ができる,管理可能費である。固定費のうち,マネジド・コストは保守要員の人員配置の変更のように,現場管理者より高い職位にある課長や部長などの権限ではじめて管理可能である。他方,固定費でも,コミテッド・コストは,新しい機械の導入のように,トップ・マネジメントの決定によって長期の時間をかけない限り短期での管理は難しい。これらの原価は管理不能費とされている。

以上のように,直接原価計算では,計算制度のなかで,経営階層との関係で管理可能費を識別して,原価の性質によって管理することが可能になる。

4 公表財務諸表と直接原価計算

直接原価計算が種々の内部経営管理目的に有用であることについては,ほぼ定説になっており,疑問の余地がない。他方,外部報告に役立つかどうかについては激しい論争があり,定説はない。論点になるのは,以下の諸点である。

(1) **売上高との対応関係** 直接原価計算によれば,販売価格を一定とする限り,利益が売上高に対応して変化する。そのため,経営者の思考に合致する。他方,利益は努力に対する成果であるから,企業努力は販売活動だけではなく生産活動との二元的活動の成果とみなすべきであり,利益が売上高だけに対応して変動する直接原価計算は妥当ではないとする主張もある。

(2) **計算に介在する恣意性** 直接原価計算によれば,全部原価計算につきものの製造間接費の配賦にともなう恣意性を排除することができると主張される。他方,直接原価計算においても,原価の変動費と固定費への区分において,相当の恣意性が介入するのではないかとする反論もある。

(3) **適正な期間損益計算** 直接原価計算を採用する企業があると,実質的には同じ成果を得ていても,全部原価計算を採用している企業とは利益が違ってくる。その結果,伝統的な意味での期間損益計算がゆがめられる。

(4) **資産の本質論争** 未来原価を回避できる変動費のみに資産性を付与し,未来原価を回避できない固定費には資産性を付与すべきではない(マープル

[Marple, 1956, pp.492-497] の**未来原価回避説**) とする直接原価計算擁護論がある。また，変動費こそが資産を構成する関連原価であるとする直接原価計算（ホーングレン・ソーター [Horngren and Sorter, 1962, pp.393] による**関連原価説**) の擁護論がある。他方，財務会計からは，資産の本質はそのサービス・ポテンシャル（用役潜在性）にあるから，変動費・固定費のいかんにかかわらず，サービス・ポテンシャルがあるものは資産に計上すべきだとする見解（ブラメット [Brummet, 1957, pp.55-56] による**伝統的な会計理論**) がある。

　以上，直接原価計算にも全部原価計算にも，擁護すべき十分な理由がある。しかし，現在では会計基準も税法も，期末調整をして全部原価計算に修正しない限り，直接原価計算をそのままの形では外部報告用としては認めていない。

　「原価計算基準」では，直接原価計算は原価計算制度として許容されていない。ただし，期末に固定費を全部原価計算に調整すれば，財務諸表作成のためにも活用することができる。

　IFRSにおいても，棚卸資産には変動費だけでなく固定費も含めなければならない（IAS 2.12）。ただ，開発費に資産性が付与され，また販売促進費の一部が売上高から控除されることなどから，IFRSの導入によって限界利益率が変わることはある。期末調整の計算方法 [櫻井, 1978, pp.195-239] は詳細にわたるので，本書では脚注でその要点のみ纏めておく[5]。

4 標準直接原価計算

　1960年代に直接原価計算の4つの新たな展開が見られた。第1は，標準直接原価計算である。第2は，キャパシティ・コストの会計である。第3は，貢献利益法である。第4は，スループット会計である。TOCを信奉する論者からの異論があろうとは思われるが，スループット会計は直接原価計算の発展形の1つと見るのが妥当であると著者は考えている。

1 標準直接原価計算の意義，目的，様式，有用性

　標準原価計算への道が開かれたのは，1910~30年代であった。一方，直接原価計算が提唱されたのは1936年である [Harris, 1936]。**標準直接原価計算**

(standard direct costing) は，標準原価計算と直接原価計算の結合形態として，ギレスピーとライトの2人が，同じ年に，標準直接原価計算に関わる著書［Gillespie, 1962, pp.13-37; Wright, 1962, pp.12-21］を上梓したことで，標準直接原価計算が一躍注目されることになった。

標準直接原価計算は，形の上では，標準原価計算と直接原価計算とが結合した原価計算方式である。標準直接原価計算の本質をいかにみるべきかについては，3つの見解がある。①標準原価計算が発展して標準直接原価計算へと発展したとする見解，②直接原価計算が基礎になってそれに従来からの標準原価計算が結合されたとする見解，および③標準原価計算と直接原価計算のいずれかが重視されるべきではなく，両者の結合と考えるべきだとする見解である[6]。

以上の見解にはいずれも正しいともいえるが，そのなかでも標準原価計算と直接原価計算の結合ないし統合であるとする見解が一般に支持されている。

2 標準直接原価計算の目的

標準原価計算は能率管理を主目的に発展してきた。それは，標準原価計算が差異分析による**コスト・コントロール**に役立つからである。標準原価計算はまた，棚卸資産の評価に役立つとともに，科学的に算定された未来原価としての性格から，価格決定にも有用な情報を提供する。

直接原価計算では原価が固定費と変動費に区分表示されるから，販売価格を一定とする限り，コスト・売上高・利益の関係（CVP関係）が明示され，経営意思決定に有用な限界利益概念が用いられる。加えて，利益が売上高に対応する。それゆえ，直接原価計算は企業の**利益計画**の設定に有用な情報を提供する。

以上から明らかなように，標準直接原価計算は標準原価計算の主要な目的であるコスト・コントロールと，直接原価計算の主要な目的である利益計画や意思決定などの機能を併せ有している手法だといえる。

3 標準直接原価計算の様式

標準直接原価計算では，標準直接材料費，（変動費扱いされた）標準直接労務費および標準変動間接費は，全部原価計算と同様，製品原価として処理される。具体的には，売上高から変動製造原価が差し引かれて，標準製造差益が算定

される。そこから標準変動販売費が差し引かれて標準（販売）限界利益が算定される。その標準限界利益から標準固定費を差し引いて標準営業利益が算定される。さらに，原価差額が加減されて直接原価計算に基づく実際営業利益が算定される。その実際営業利益から固定費の調整を行い，全部原価計算に基づく営業利益を算定することができる。

棚卸資産（製品と仕掛品）は，標準変動製造原価（標準直接材料費＋標準直接労務費＋標準変動間接費）をもって算定される。固定製造間接費は販売費や一般管理費と同じように，期間原価として当期の費用とされる。

4 標準直接原価計算の計算例

標準直接原価計算は内部の経営管理のために設けられているので，その様式には確定的なものはない。経営管理にいかに有用であるかが判断基準になる。

【設　例】

専修工業㈱は，標準直接原価計算を導入している。20X1年4月度の原価計算について，次の資料をもとに，次の問いに答えなさい。

問1　固定費の期末調整処理の計算を示しなさい。
問2　固定費調整後の標準直接原価計算による損益計算書を示しなさい。

資　料

1　標準原価

（1）製造原価

標準製品原価表　　　　　　　　（単位：円）

費　　目	標準数量要素	標準価格要素	合計
直 接 材 料 費	標準消費量　44個	標準価格　　@ 20	880
直 接 労 務 費	標準作業時間 6時間	標準賃率　　@210	1,260
変動製造間接費	標準作業時間 6時間	標準配賦率　@ 60	360
合　　　計			2,500

（注）直接労務費は変動費として扱う。

	間接労務費（固定費）			17,100円
	固定製造経費（固定予算の数値から算定）			87,100円

(2) 販売費および一般管理費

　　販売費

　　　　変動販売費　　　　　　　　　　　　　　　　　　　　　　@85円

　　　　固定販売費（固定予算の数値から算定）　　　　　　　16,900円

　　　　一般管理費（全額固定費）　　　　　　　　　　　　　　31,000円

2　実際原価

	(1)	直接材料費	8,400個	@ 19円	159,600円
	(2)	直接労務費	1,300時間	@210円	273,000円
	(3)	変動製造間接費	1,300時間	@ 58円	75,400円
	(4)	間接労務費（固定費）			予算に同じ
	(5)	固定製造経費			予算に同じ
	(6)	販売費実際額	32,500円（うち，固定費は16,900円）		
	(7)	一般管理費実際額			予算に同じ

3　製品に関するデータ

	前期繰越高	30個
	当期生産量	200個
	当期売上高	220個（売価　@4,000円）
	期末在庫高	10個

　前期繰越製品の製造原価は3,200円/個（うち，固定費部分は700円/個）であった。期末製品の評価は平均法による。

〔解　答〕

問1　固定費の期末調整処理の計算

	前期繰越製品の固定費	700円×30＝	21,000円
	当期製品の固定費	17,100円＋87,100円＝	104,200円
	合　　　計		125,200円

　以上の計算から，前期繰越製品と当期製品の固定費は，125,200円であるこ

とが明らかになった。評価法は平均法だから，前期と当期の固定費の単位原価に期末の在庫数量の10個を乗じると，期末繰越製品の固定費が算定される。

125,200円×10／(200＋30)＝5,443円（期末繰越製品の固定費）

期末繰越製品の固定費は5,443円で，期首繰越製品の固定費は21,000円であるから，期首と期末の固定費の差額は下記のように計算される。

5,443円－21,000円＝－15,557円（固定費の在庫品減少分）

この固定費の差額が全部原価計算と直接原価計算の利益の差額になる。この数値は，損益計算書では固定費調整額として表現している。

問2　標準直接原価計算の損益計算書

専修工業㈱

					計算過程（単位：円）
Ⅰ	売　上　高			880,000	4,000×220＝880,000
Ⅱ	標準変動売上原価				
	1　期首製品棚卸高		75,000		2,500×　30＝　75,000
	2　当期変動製造原価		500,000		2,500×200＝500,000
	合　　　計		575,000		
	3　期末製品棚卸高		25,000	550,000	2,500×　10＝　25,000
	標準製造差益			330,000	
Ⅲ	標準変動販売費			18,700	85×220＝　18,700
	標準限界利益			311,300	
Ⅳ	標準固定費				
	間接労務費	17,100			
	固定製造経費	87,100			
	販　売　費	16,900			
	一般管理費	31,000		152,100	
	標準営業利益			159,200	
Ⅴ	原価差額				
	直接材料費差異	16,400			(880×200)－159,600＝16,400
	直接労務費差異	－21,000			(1,260×200)－273,000＝－21,000
	変動製造差異	－3,400			(360×200)－75,400＝－3,400
	変動販売費差異	3,100		－4,900	⎰　85　×220＝18,700
	実際営業利益（直接原価計算）			154,300	⎱32,500－16,900＝15,600
Ⅵ	固定費調整額			15,557	3,100
	営業利益（全部原価計算）			138,743	

5 標準直接原価計算の実務的な有用性

　標準直接原価計算の存在意義ないし有用性に関しては，議論がある。実務的な有用性を主張する見解では，標準直接原価計算は元来が予定原価計算を前提にしており，予定原価が標準原価の一種であるから，標準直接原価計算をもつことは当然の帰結であるとする。

　直接原価計算が適する産業は固定費の高い装置産業である。典型的には大量生産型の化学産業では直接原価計算を採用している企業が多い。他方，標準原価計算が適する産業は能率管理が必要とされる加工組立型産業である。このように直接原価計算と標準原価計算の適する産業が異なるのであるから，両者を統合することの意義は高くないとする意見がある。ただ，近年の加工組立型産業では，工場が高度に自動化されている。そのような工場では，能率管理の必要性は大幅に低下している。

　以上のことを勘案すれば，標準直接原価計算の実務的な有用性を一般論として議論するのは生産的でなく，標準直接原価計算による計算の迅速化・簡素化によるメリットなども考慮に入れて，個々の企業の特性によって標準直接原価計算の採用の可否を決定すべきだということになる。

5　キャパシティ・コストと貢献利益法

　固定費は，**操業度**との関連で原価を区分した場合の変動費に対する呼称である。固定費を管理するには，その発生源泉の究明が不可欠である。**キャパシティ・コスト**（capacity cost：経営能力費）は，原価をその**発生源泉**から区分した場合の，**アクティビティ・コスト**（activity cost；活動原価）に対する用語である。アクティビティ・コストとは，何らかの活動をすることから発生する原価である。**キャパシティ・コスト**は，物的・人的・組織的キャパシティを準備し維持することに関連して発生する原価のことをいう。

1　キャパシティ・コストとは何か

　キャパシティ・コストの概念が一般に注目されるに至ったのは，アメリカ会

計人協会が調査報告書39号で，*Accounting for Costs of Capacity*［NAA, 1963］を発表してからである。この概念が注目されるに至った経済的背景は，1950年代後半以降の急速な技術革新によってもたらされた物的・人的能力の増大にある。いわばその受け皿として，直接原価計算による固定費を一括表示する損益計算書の様式が，キャパシティ・コスト概念を企業の経営管理に役立てようとする経営者の活動を促した結果生み出されたものと考えることができる。

原価を**発生源泉**からみると，固定費は経営能力を準備し維持するために生じる原価である。その意味から，固定費は**キャパシティ・コスト**として捉えることができる。他方，変動費はその発生原因から見ると，アクティビティ・コストということができる。両者の関係は，図9-2のようになる。

図9-2　固定費とキャパシティ・コストの関係

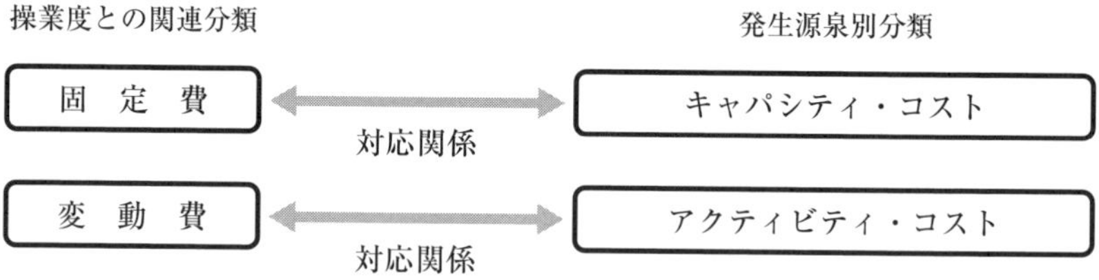

操業度との関連分類		発生源泉別分類
固　定　費	⇔ 対応関係	キャパシティ・コスト
変　動　費	⇔ 対応関係	アクティビティ・コスト

出典：著者作成。

アクティビティ・コストは，経営活動の結果として発生する。一方，経営能力の準備と維持のために発生するキャパシティ・コストは，その性質から，コミッテッド・コストとマネジド・コストに区分される。

① **コミッテッド・コスト**

コミッテッド・コスト（committed cost）は，減価償却費，固定資産税，役員給料，賃借料，火災保険料のように**物的・人的・組織的キャパシティ**を準備することから発生する原価である。コミッテッド・コストは短期的には管理が難しい原価であることから，**中長期経営計画**で管理することが求められる。

コミッテッド・コストは，物的設備，人的資源，組織の活用によって発生する。**物的設備費**（例；減価償却費）の多くは，設備投資計画による戦略的な意思決定の結果発生する原価である。一旦コストの発生原因が生じると，長期に

わたってコストの発生が持続する。そのため，物的なキャパシティ・コストは設備投資計画で管理するのに適する。**人的資源**に関するキャパシティ・コストは役員など人的資源との長期雇用契約によって発生する。一旦役員を雇用すれば，短期的には人件費の削減（解雇）が困難である。そこで，長期的な観点から設定された**要員計画**が必要になる。また，**組織**に関連したキャパシティ・コストがある。例えば，組織を変革すると，その組織やシステムを使用している限り，当該ソフトウェアのメインテナンス・コストを持続的に管理する必要が生じる。それらはコミッテッド・コストとして管理する。

② マネジド・コスト

マネジド・コスト（managed cost）は，広告宣伝費や交際費のように経営者のポリシー（方針）によって決まるポリシー・コスト（policy cost）と，監督者給料のように経営能力を維持することから発生するオペレーティング・コスト（operating cost）からなる。

マネジド・コストを管理するには**予算管理**が効果的である。予算管理といっても，**ポリシー・コスト**には**割当型予算**が適する。なぜなら，研究開発費，広告宣伝費，交際費といった経営者の方針によって決まるポリシー・コストは，経営者が必要な部署にトップダウン方式で割り当てて決定するタイプの予算で管理するのが有効だからである。

他方，動力費や修繕費といった**オペレーティング・コスト**は，企業のキャパシティの維持に不可欠の原価であるため，**変動予算**が適している。

2　セグメント・マージンと貢献利益法

1960年代に，直接原価計算に関連して，もう1つの発展がみられた。それが貢献利益法である。**貢献利益**（contribution margin）のことは貢献差益ともいわれ，固定費とセグメントの利益にいかに貢献しているかを示す利益概念の1つである。ここで**セグメント**とは，原価または売上高の個別的な計算を求める組織体の活動またはその一部をいい，製品，製品グループ，部門，地域，事業部，工程など管理会計で取り上げられる頻度の高いセグメントのことをいう。また，**セグメント・マージン**とは，各セグメントが全社の利益にどの程度貢献しているかを見極めるための指標である。

貢献利益が各種のセグメントの利益に貢献する典型的なタイプには，①製品や製品グループのための限界利益型貢献利益，②限界利益から個別固定費を控除した個別固定費控除型貢献利益，③部門，地域，事業部などのセグメント別貢献利益が多く見られる［櫻井，1981，pp.442-446］。以下では，この3種類の貢献利益法の利用方法を中心に，貢献利益率法の企業での活用を考察する。

(1) 限界利益型貢献利益

売上高から変動費を差し引いた限界利益をもって貢献利益と称することがある。このタイプの貢献利益のことは，**限界利益型貢献利益**と呼ぶことができよう。わが国では，表9-6のようにタイプAの他，タイプBのいずれもみられる。

表9-6 限界利益型貢献利益

(単位：万円)

タイプA		タイプB	
売上高	1,250,000	売上高	1,250,000
変動費	750,000	変動費	750,000
限界利益	500,000	貢献利益	500,000
固定費	430,000	固定費	430,000
営業利益	70,000	営業利益	70,000

(2) 個別固定費控除型貢献利益

限界利益から個別固定費を控除した利益をいう。**個別固定費**とは特定のオペレーションの経営活動に固有の固定費で，多くの場合には，管理可能なマネジド・コストである。他方，共通固定費は，経営活動を中止しても発生し，短期的には管理が困難なコミッテッド・コストである。表9-7は，その典型的な様式である。

表9-7で，個別固定費は特定の製品を製造するために生じる労務費であったものとする。また，共通固定費のほとんどが建物と設備の減価償却費であったとする。20X1年は7億円の利益が出ていたものの，20X2年には1億円の赤字であった。以上の条件の下で，経営者はこの事業を中止すべきか否かの決定を迫られていると仮定しよう。

近い将来，この事業を中止すべきかの経営意思決定において，判断の基準にすべきは貢献利益であって，営業利益ではない。なぜなら，仮に事業を中止しても，コミッテッド・コストである共通固定費（建物と設備の減価償却費）は発生し続けるからである。

表9-7　個別固定費控除型貢献利益

（単位：万円）

項　目	20X1年	20X2年
売上高	1,250,000	1,000,000
変動費	750,000	600,000
限界利益	500,000	400,000
個別固定費	150,000	130,000
貢献利益	350,000	270,000
共通固定費	280,000	280,000
営業利益	70,000	-10,000

(3)　セグメント・マージン型貢献利益

　セグメント別の利益をいう。ここでセグメントとは，事業部，部門，製品など管理会計上の実体をいい，責任実体と製品実体がこれに該当する。表9-8では，事業部別の損益に貢献利益を適用しており，ここで貢献利益は，本社費と営業利益に対する貢献額を表す。売上高から差し引かれるのは変動費ではなく，事業部で発生した全部原価である。

表9-8　セグメント・マージン型貢献利益

（単位：万円）

項　目	全　社	A事業部	B事業部	C事業部
売上高	1,250,000	250,000	700,000	300,000
原　価	900,000	150,000	560,000	190,000
貢献利益	350,000	100,000	140,000	110,000
本社費	250,000			
営業利益	100,000			

6　スループット会計

　TOC（theory of constraints；制約理論）は，1980年代にゴールドラット（E. M. Goldratt）［Goldratt and Cox, 1986］によって構築された経営哲学である。物理学者であるゴールドラットは，企業の目的が現在と将来にわたってお金を儲けることであるとしている。TOCは営利企業のようなあらゆるシステムには少なくとも1つの制約があるので，その制約を排除することでいかにキャッシュ・フローを増大させてお金を儲けることができるかに向けられる。TOCにおける会計の核が，**スループット会計**（throughput accounting）である。

1　TOCによる伝統的会計（原価管理システム）の批判

　ゴールドラットによれば，生産システムで最も大切なことは3つある。それは，キャッシュ・フローの増大，業務費用の削減，在庫削減である。TOCからの伝統的会計に対する批判は，これら3つのことの達成に障害となる制約の排除に向けて構築されている。その障害の最たるものは，原価管理システム［稲垣, 1997, p.27］であり，その攻撃の中心が全部原価計算である。

　全部原価計算では，固定費を棚卸資産に含めて計算する。そのことが計算上の利益をあげるために経営者に在庫を増大させようとするインセンティブが働くとして批判されてきた。しかし，全部原価計算の批判者ですら認識していなかったことは，在庫を過大に保有することによって生じる問題の範囲が極めて大であり，在庫維持費がかかるといった問題は氷山の一角にすぎないということである，とゴールドラットは主張する。

　ゴールドラットは会計や原価計算をもって生産性向上の敵であると見ているので，原価計算という表現は使っていない。しかし，管理会計の碩学，ホーングレンほか［Horngren et al., 2003, p.669］は，ゴールドラットの原価計算に関する記述を**スループット原価計算**（throughput costing）のほかに，**超直接原価計算**[7]（super-variable costing）と特徴づけている。その理由は，ゴールドラットが当初，スループットを算定するために売上高から差し引くべき原価を，「真の変動費」である直接材料費に限定していたからである。

2 スループットとは何か

ゴールドラットは，スループット原価計算が直接原価計算と関連があるとは一切述べていない。しかし，全部原価計算では在庫を増やすことがあたかも経営者の成績がすぐれていると受け取られかねない不合理性があることを指摘する点など，スループット原価計算と直接原価計算とには著しい類似点が見られる。スループット会計システムは，3つの基本構造からなる。

① スループット
② 業務費用（operating expenses）
③ 資産（または，在庫）

スループットは，システムが売上高を通じて貨幣（増分キャッシュ・フロー）を生み出す**比率**（rate）である。ゴールドラットは，スループットのことを「企業に入る（on its way in）貨幣」であるとも表現している。**業務費用**は，システムが棚卸資産をスループットに変えるのに消費するすべての貨幣であり，「企業からでていく（on its way out）貨幣」である。**資産**ないし在庫は，販売を意図してシステムが購入するのに投資するすべての貨幣である。これは「システムに止まっている（still in the system）貨幣」である。これには販売されるべき財貨だけでなく，売却しようとすれば売却できる購入品（例えば，消耗品，建物，設備など）も含まれる。つまり，在庫には棚卸資産だけでなく，売却可能な建物や設備も含まれる。この関係は，図9-3 [Srikanth and Umble, 1997, p.55] のように示される。

図9-3 スループット会計の基本構造

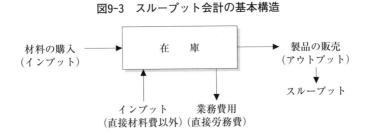

出典：Srikanth and Umble, 1997, p.55をもとに作成。

以上から，企業が収益性を高めるには，スループットを増加させるとともに資産を減少させ，業務費用（直接労務費，製造間接費，および販売費・一般管理費）を削減すればよいことが理解できよう。それにもかかわらず，伝統的な全部原価計算では，逆に，資産（典型的には在庫）を増加させることがあたかも利益を増加させることのように表されると，ゴールドラットは批判する。

スループットの定義を定式化すれば，スループットは（売上高 − 直接材料費）と表される。売上高から直接材料費のほかにエネルギー費を差し引くべきだとする見解や，「完全な変動費（純粋な変動費；著者挿入）」を差し引くべきだとする見解［高橋, 2008, p.247］もある。企業はそのおかれている状況によってどれを差し引くべきかを使い分けている。ただ，ゴールドラットの当初の見解から判断する限りにおいて，スループットと利益は次式で算定される。

$$スループット = 売上高 − 直接材料費 \qquad (9\text{-}3)$$
$$利益 = スループット − 業務費用 \qquad (9\text{-}4)$$

米国における直接原価計算では，直接労務費は変動費として扱われてきた。それは現場の作業員への労務費の支払が日本のように月給ではなく時間給で支払われることと関係している。スループット会計では，直接労務費を日本のように固定費として扱っている。これが修正された直接原価計算である。

3　スループットは直接原価計算の発展形

伝統的な直接原価計算とスループット会計の相違点と類似点は，いくつかみられる。主要な異同点は，下記の4つである。

(1)　**スループット**（限界利益；著者加筆[8]）を導くのに，直接材料費などキャッシュ・フローに関係するコストだけが差し引かれる。直接原価計算でも，限界利益の算定には少なくとも直接材料費が差し引かれる。

(2)　スループット会計では，当期のキャッシュ・フローをともなわない一部の変動間接費は**業務費用**に含ませている。一方，直接原価計算ではこれらのコストは変動間接費として売上高から差し引かれる。

(3)　直接労務費は日本における経営実務と同じように，業務費用として扱わ

れる。換言すれば，**直接労務費の扱い**に関して，アメリカの経営・研究者にとっては変動費扱いであるが，スループット会計では固定費として扱われる。著者［櫻井, 1979, pp.69-77］もまた，日本企業における直接労務費は固定費として扱うべきだと考えている。その理由は，日本企業では，アメリカの現場作業員とは違って，賃金は時間払いではなく月給で支払われるし，景気が悪化したからといって簡単に一時解雇することは困難だからである。もっとも，最近では日本企業でも比較的簡単に解雇できる派遣社員を雇用することが多くみられるようになったことは事実である。

(4) スループット会計には**在庫の積み増し**を排除するようなインセンティブを与えていることや，排除すべき制約を特定していることなどに直接原価計算には見られない特徴がみられる。

ゴールドラットは，1995年に著書 *The Theory of Constraints and its Implications for Management Accounting*『TOCとその管理会計上の意義』を上梓している。その著書でゴールドラットは序文のみ執筆し，本文は北欧の女性研究者であるノリーンほかによって執筆されている。同書には，スループット会計が伝統的な直接原価計算，修正された直接原価計算との対比において，損益計算書の形で表されている。表9-9 ［Goldratt et al., 1995, pp.12-14］を参照されたい。

表9-9 直接原価計算とスループット会計の損益計算書

伝統的な直接原価計算		修正された直接原価計算		純粋なスループット会計	
売上高	××	売上高	××	売上高	××
変動費	××	変動費	××	変動費	××
直接材料費	××	直接材料費	××	直接材料費	××
直接労務費	××				
変動間接費	××	変動間接費	××		
限界利益	××	限界利益	××	スループット	××
固定費	××	固定費	××	業務費用	××
営業利益	××	営業利益	××	営業利益	××

以上から，著者は，スループット原価計算は直接原価計算の発展形態の1つとして位置づけることができると考えている。企業目的を明示的に"金儲け"と規定してそのもとで理論構築をしているところや，伝統的な会計システムが在庫の増大を助長しているとの主張は，以前から繰り返し直接原価計算において主張されてきたところではあるが，直接原価計算の素養のない技術者や経営者の共感を呼ぶところなのであろう。

4 スループット会計システムが日本の管理会計に対してもつ意義

スループット会計システムは，1990年代のわが国の管理会計研究に多大な影響を及ぼした[9]。いまこそ，その正しい評価をすべき時期がきたと思われる。

TOCと管理会計との日本での対応の特徴として，佐藤［2011, p.77］は3つのアプローチが見られるという。①ゴールドラットの基本的原理を強調するグループ，②TOCをクライアントに役立つようにゴールドラットの原理を拡張解釈するグループで，コンサルタントに見られるアプローチ，③TOCと管理会計・原価計算との関係を総体的に取り上げるアプローチである。本書では③の立場から，TOCのうちでも管理会計に直接関連するスループット会計に限定して考察している。

スループット会計に対する著者の見解は，ABCとの関係で上梓した著書［櫻井, 1998, pp.150-153］で述べた。その内容は，以下のとおりである。

第1に，ゴールドラットは，当初，スループットのことを，「システムが売上高を通じて貨幣を生み出す**レート**（rate；早さ，比率）である」と定義づけた。著者を含めてわが国の研究者は，この定義にあるレートにこだわった。なぜ金額ではなくレートなのか，日本の会計学研究者には理解できなかったからである。しかし，ゴールドラットは1990年になって，*The Haystack Syndrome*と題する著書［Goldratt, 1990, p.20］を上梓し，そこで彼の解答を用意した。すなわち，「**スループット**とは，実際にいつ購買したかにかかわらず，販売された製品に投入されベンダーに支払った金額を販売価格から差し引いた」ものだと定義づけた。要するに，ゴールドラットは，管理会計の用語でいえば，当初から限界利益（スループットないし貢献利益）は売上高から変動費を差し引

いたものであるといっていたにすぎない。

　第2に，日本では，**直接労務費**は固定費ないし期間原価だというのが通説である。一方，米国の原価計算理論で支配的な見解は，直接労務費が変動費だとされている。著者はそれが，現場の作業員への賃金の支払形態が日本では月給制であるのに対して，米国では時間給制度が一般的であるからだと考えていた。ただ，標準原価計算では，支払賃金が固定給であっても消費賃金は変動費として扱うのが一般的である。日本の研究者および実務家の多くが信じているように，ゴールドラットは直接労務費が固定費だと考えていたから，スループットを売上高から直接材料費を差し引いたものと定義づけたのであろう。

　それでもまだ疑問は残る。その疑問は，直接原価計算では売上高から差し引くべきコストには直接材料費だけでなく変動間接費なども含まれる。それにもかかわらず，ゴールドラットがなぜ売上高から差し引くべきコストを直接材料費に限定したのか，である。

　ゴールドラットは1990年の著書［Goldratt, 1990, p.20］において，売上高から差し引くべきコストは，直接材料費だけではなく，購入部品，外注費，販売員へのコミッション，関税，自家輸送の輸送費であると修正した。日本でも原価計算で多くの議論がなされてきたが，限界利益は，売上高から直接材料費だけでなく購入部品，外注費，販売員コミッション等を差し引いた利益だとされていた。この点に関しても，ゴールドラットは（米国での通説ではなく）日本の研究者・実務家が当然と考えていた直接原価計算の理論に依拠していたのではないかと考えることができる[10]。

　第3に，線形計画法に類似する**プロダクト・ミックスの意思決定**［櫻井，1998, pp.150-153］もまたゴールドラットはTOCで行っている。しかし，この点に関して，キャプランとクーパー［Kaplan and Cooper, 1998, pp.164-167］は，キャプランたちが既述していた線形計画法の例題と，その後にゴールドラットがTOCで行った計算構造との類似性［櫻井，2009, p.249］を指摘している。

　以上を要するに，原価計算や原価管理を毛嫌いしたゴールドラットは，管理会計の専門用語を用いず独特の表現を用いてスループット会計を論じていたために，日本の一部の実務家と研究者によって神秘的に思われていたのではないか。しかしその理論は，いまにして思えば，**直接原価計算の焼きまわし**であっ

たともいえる。とはいえ、スループット会計の残したものもある。

　スループット会計で最も強調されるのは、在庫が必ずしもキャッシュ・フローの増大に直結しないという点である。しかしながら、直接原価計算においてもまた、全部原価計算において在庫の増大があたかも利益を増大させるがごとく計算されることの不合理性が指摘された。ただ、直接原価計算の議論ではキャッシュ・フローの意義をスループット会計ほどには強調していなかった。さらに、従来の直接原価計算は、JIT（just-in-time；かんばん方式）と結びつけて論じることもなかった。JITの理論が確立[11]されている現代では、技術者にとってスループット会計が在庫ゼロを目指すJITの思想にも繋がることになる。これらの点で、スループット会計には現代的意義が認められるといえよう。

　最後になったが、現在、日本企業はどの程度まで直接原価計算を活用しているかを述べておこう。日本大学の商学部［川野, 2014, p.62］でほぼ10年おきに継続的に行われている調査（2012年調査の有効回答企業は186社）によると、直接原価計算を実施している企業は37.1％と3割以上の企業が直接原価計算を実施している。2002年調査（36.7％）に比較しても大きな変化が見られない。非製造業よりも製造業での利用が近年上昇しているという。

　直接原価計算を活用しているかという質問が、全部原価計算の代わりに期中の計算システムとして直接原価計算を経常的に活用しているのか、それとも必要に応じて直接原価計算を活用することも含むのかは、調査結果だけからは明らかではない。とはいえ、この調査結果を見る限りにおいて、直接原価計算は、日本企業において相変わらず根強い人気を保っているといえよう。

注

1 ）直接原価計算の本質は何か。第1に、原価を変動費と固定費に区分するという見解がある。しかし、損益分岐点分析でも変動予算でも固変分類や固変分解をするが、直接原価計算とはいわない。第2に、損益計算書において変動費・固定費の区分を行って、限界利益や貢献利益を算定するのが直接原価計算だという論者がいる。しかし、貢献利益法でも限界利益や貢献利益の区分は行う。第3に、変動製造原価をもって製品原価の計算を行うのが直接原価計算だとする。著者は、以上の3つがいずれも直接原価計算の特徴を表していると考えている。そのうち

でも，直接原価計算の本質的な特徴は，変動製造原価をもって製品原価を計算する第3の見解にあるのではないかと考えている。
2）全部原価計算に基づく損益計算書では，読者の便宜のために変動製造原価と固定製造原価に分けて，固定製造原価では配賦の手続きが見える形で表示した。ただ，全部原価計算では変動費と固定費に分けることはないので，誤解のないように願いたい。
3）日本の原価計算理論で直接労務費が変動費として扱われているのは，支払賃金は固定給であっても，消費賃金は生産量のいかんによって変動すると仮定されているからであると説明される。しかしながら，わが国の経営慣行を前提とすれば，直接労務費は固定費［櫻井，1979, pp.69-77］である。なお，著者が訪れたアメリカ，ドイツの工場では，例外なく現場作業員の労務費は作業時間を基準にして支払われていた。アメリカでは賃金は原則として金曜日に支払われていた。以上から，少なくともアメリカとドイツでは，賃金が変動費扱いされるのは理にかなっている。
4）マネジド・コストとコミッテッド・コストについては，第5節を参照されたい。
5）直接原価計算の期末修正の方法は，下記のとおり行われる。以下では，一括調整法，科目別調整法，標準直接原価計算法について述べる。

期中に直接原価計算を採用している企業も，期末には全部原価計算に調整計算しなければならない。詳細は本文で紹介した論文を参照していただくことにし，ここでは要点をまとめた著書［櫻井，1978, pp.195-239; 櫻井，1983, pp.349-35］を活用した。調整計算においては，①式の応用または②式によって全部原価計算に基づく利益を算定する。

$$\text{全部原価計算と直接原価計算との営業利益の差} = \text{全部原価計算で期末棚卸資産に含まれるべき固定製造原価} - \text{全部原価計算で期首棚卸資産に含まれるべき固定製造原価} \quad \cdots\cdots ①$$

これを変形すれば，

$$\text{全部原価計算による営業利益} = \text{直接原価計算による営業利益} + \text{全部原価計算で期末棚卸資産に含まれるべき固定製造原価} - \text{全部原価計算で期首棚卸資産に含まれるべき固定製造原価} \quad \cdots\cdots ②$$

直接原価計算を継続的に採用している企業であれば，期首棚卸資産の額はすでに全部原価計算に調整してある。そこで問題は，期末棚卸資産の額をどのようにして計算するかである。その方法には，(1)一括調整法と(2)科目別調整法がある。また，(1)と(2)が実際原価計算を基準にする調整計算法であるのに対し，(3)標準直接原価計算法は，(1)(2)とは若干異なった手法で調整計算しようとする方法である。

　(1)　**一括調整法**　税法における原価差額の調整の方法を応用したやり方で，一括して調整する方法であり，③式によって算定する。

$$\text{期末棚卸資産中の固定製造原価} = \frac{\text{当期固定製造原価}}{\text{変動売上原価} + \text{期末の製品・半製品、仕掛品の直接原価の合計額}} \times \text{期末の製品・半製品、仕掛品の直接原価の合計額} \quad \cdots ③$$

(2) **科目別調整法**　科目ごとに，また異なる評価法ごとに期末棚卸資産を算定しようとする方法である。算式は次のとおりである。

① 平　均　法

$$\text{期末仕掛品固定費} = \frac{\text{期首仕掛品の固定製造原価} + \text{当期固定製造原価}}{(\text{期首仕掛品換算数量} + \text{当期完成品換算総量})^{*1)}} \times \text{期末仕掛品換算数量} \quad \cdots ④$$

$$\text{期末製品固定費} = \frac{\text{期首製品の固定製造原価} + \text{当期製品の固定製造原価}^{*2)}}{\text{期首製品数量} + \text{当期完成品数量}} \times \text{期末製品数量} \quad \cdots ⑤$$

② 先入先出法

$$\text{期末仕掛品固定費} = \frac{\text{当期固定製造原価}}{\text{当期完成品換算総量}^{*3)}} \times \text{期末仕掛品換算数量} \quad \cdots ⑥$$

$$\text{期末製品固定費} = \frac{\text{当期完成品の固定製造原価}}{\text{当期完成品数量}} \times \text{期末製品数量} \quad \cdots ⑦$$

＊１）期首仕掛品換算数量＋当期完成品換算数量＝完成品数量＋期末仕掛品換算数量だから，右辺の式でも可。
＊２）当期製品の固定製造原価＝期首仕掛品の固定製造原価＋当期固定製造原価－期末仕掛品の固定製造原価。
＊３）完成品数量から逆算してもよい。

(3) **標準直接原価計算法**　全部原価計算と直接原価計算の利益の差は，⑧式によって簡単に調整できる。

$$\text{全部原価計算による営業利益} - \text{直接原価計算による営業利益} = \text{固定製造原価の原価標準} \times (\text{当期生産数量} - \text{当期売上数量}) \quad \cdots ⑧$$

標準原価を実際原価に調整するのには，通常の原価差額の処理法を用いればよい。

6) なぜ，このような論争が起きたのか，そして，なぜ，著者が標準直接原価計算と呼称しているかについて，説明する必要があろう。著者は，2つの呼称が使われている直接の原因は，標準原価計算に重点がおかれたギレスピー [Gillespie, 1962] と，直接原価計算に重点が置かれたライト [Wright, 1962] によって，標準直接原価計算が同じ1962年に執筆されていることが大きかったのではないか考えている。本音を言えば，著者はライトの主張に強くひかれた。ただ，通商産業

省の産業構造審議会が答申（1966年12月）した『コスト・マネジメント』では，ギレスピーが使っていた標準直接原価計算と呼称しているので，本書でもその呼称に従うべきではないかと判断した。

7) ホーングレンは，直接原価計算のことをvariable costingと称している。その延長線上で，super-variable costingと表現した。ただ，variable costingという表現は必ずしも日本の多くの管理会計研究者の合意がなされているわけではない。

8) ゴールドラットは限界利益という表現を使うことはない。直接原価計算とスループット会計にはこのような用語の違いがいくつかある。しかし，著者の解釈では，本質的に見る限りにおいて，スループットと限界利益とをほぼ同義と考えてよいと思う。

9) 1983~1984年のバージニア工科大学（VPI）への留学中，親友の内部監査研究者，レオ・ハーバード教授の薦めで，ゴールドラッドによる*The Goal*を通読した。それ以来，ゴールドラッドの理解が極めて"難解"な著書とその理論には深い関心を抱いてきた。

10) 現在とは違って，一部のアメリカ人研究者による1980年代における日本企業の隆盛と日本研究者への羨望の眼差しを無視してはこの違いの本質を見失うように思う。著者はゴールドラットと面識はないが，彼は日本企業の管理会計をしっかりと研究しており，とくにトヨタの大野耐一氏を心から尊敬していたという話をしばしば聞いた。

11) 現時点で見ると，トヨタの生産方式は，リーン生産方式，Toyota Way（トヨタウエイ），トヨタ生産方式（TPS）などと呼ばれている。河田［2009］を参照されたい。

参考文献

Brummet, R. L., *Overhead Costing*, University of Michigan, 1957.（染谷恭次郎訳『間接費計算』森山書店，1959年，pp.77-78）。

Gillespie, Cecil, *Standard and Direct Costing*, PrenticeHall, 1962.

Goldratt, Eliyahu M. and J. Cox, *The Goal*, North River Press, 1986.（三本木亮訳・稲垣公夫解説『ザ・ゴール』ダイヤモンド社，2001年，p.418, pp.460-464.）。

Goldratt, Eliyahu M., *The Haystack Syndrome, Sifting Information Out of The Data Ocean*, North River Press, 1990.

Goldratt, Eliyahu M. (Forward), Eric Noreen, Debra Smith and James T. Mackey, *The Theory of Constraints and its Implications for Management Accounting*, North River Press, 1995.

Harris, J. N., What Did We Earn Last Month, *NACA Bulletin*, Vol.17 No.10, 1937.

Horngren, C. T. and G. H. Sorter, Asset Recognition and Economic Attributes—The Relevant Costing Approach—, *The Accounting Review*, Vol.37 No.3, 1962.

Horngren, Charles T., Srikant M. Datar and George Foster, *Cost Accounting, A Managerial Emphasis*, 11th ed., Prentice Hall, 2003.

Kaplan, Robert S. and Robin Cooper, *Cost & Effect, Using Integrated Cost Systems to Drive Profitability and Performance*, Harvard Business School Press, 1998. （櫻井通晴訳『コスト戦略と業績管理の統合システム』ダイヤモンド社, 1998年）。

Marple, Raymond P., Try This on Your Class, Professor, *The Accounting Review*, Vol.31 No.3, 1956.

NAA, Research Report No.39, *Accounting for Costs of Capacity*, 1963. （アメリカ会計士協会編, 染谷・新井・藤田訳『キャパシティ・コストの会計』日本生産性本部, 1965年）。

Srikanth, Mokshagundam L. and M. Michael Umble, *Synchronous Management*, Spectrum Publishing Company, 1997.

Wright, Wilmer, *Direct Standard Costs, Decision Making and Control*, McGraw-Hill, 1962.

稲垣公夫「"よみがえるアメリカ製造業"の秘密兵器 TOC（Theory of Constraints）制約条件の理論とは何か」『JMAマネジメントレビュー』Vol.3, No.5, 1997年。

河田信編著『トヨタ 原点回帰の管理会計』中央経済社, 2009年。

川野克典「日本企業の管理会計・原価計算の現状と課題」『商学研究』第30号, 2014年。

櫻井通晴「直接原価計算における期末調整」『専修経営学論集』専修大学学会, 第26号, 1978年。

櫻井通晴「直接原価計算における直接労務費の取り扱いについて―直接労務費は直接原価か期間原価か―」『産業経理』Vol.39, No.4, 1979年。

櫻井通晴『経営原価計算論［増補版］』中央経済社, 1981年。

櫻井通晴『原価計算《理論と計算》』税務経理協会, 1983年。

櫻井通晴『新版 間接費の管理』中央経済社, 1998年。

櫻井通晴『管理会計 第四版』同文舘出版, 2009年。

佐藤康男「製品原価計算とスループット会計」『経営志林』第48巻 第1号, 2011年。

高橋 賢『直接原価計算論発達史-米国における史的展開と現代的意義』中央経済社, 2008年。

第3部　原価管理のための管理会計
― 経営計画とコントロールのための会計2

　第3部では，原価管理のための管理会計が主題である。原価管理といえば，1960年前後の日本では，標準原価計算によるコスト・コントロールを意味していた。それは，戦後の復興期には，いかにして少ない資源ですぐれた製品を生産するかが最も重要な課題であったからである。これが第10章の課題である。

　第11章では，トヨタ自動車が開発した原価企画を考察する。原価企画は，自動化された現代の工場に最適なツールである。標準原価計算とは違って，原価企画は生産の前段階で実施される戦略的コスト・マネジメントの手法である。しかも，市場の要請を取り入れたマーケットインのアプローチによっている。管理会計の手法はほとんどすべてアメリカから導入されていたが，原価企画は日本が初めて世界に向けて本格的に発信した管理会計手法で，日本人の誇りでもある。

　一方，米国では第12章で述べるABCが提唱された。米国経済を復活させた"秘密兵器"だとも称されて，期待が大きかった。当初は製品戦略に活用されたが，その後，原価低減や予算管理にも活用されるようになった。日本では1990年代初頭の不況期にリエンジニアリングの手法として活用された。

　コスト・品質の戦略的コスト・マネジメントの課題として，第13章では，品質原価計算，ライフサイクル・コスティングなどの欧米流の管理手法に加えて，環境管理会計・CSR戦略といった新しい課題を考察している。また，在庫管理，TPM，品質管理，リーン・マネジメント，方針管理など，日本の現場管理の手法を，欧米の手法との対比において検討している。とくに，近年の日本企業による品質不良の原因と対策を議論している。

　第14章では，販売促進費，物流費，本社費といった営業費の管理と分析を考察対象にしている。焦点は，顧客収益性分析と顧客満足，ＰＲ効果の測定，物流費の管理，貢献利益法による営業費分析，ホワイトカラーの生産性向上と，販売促進費の有効活用に向けられている。本章では，宅配業者の抱える現状と課題を解明することで宅配業者の世界で生じている物流革新と問題点を浮き彫りにしている。最後に，IFRSによって変わる販売促進費の管理について述べる。

第10章 標準原価計算によるコスト・コントロール

1 標準原価計算による原価管理の意義

　原価管理には2つの意味がある。1つは，狭義の原価管理，コスト・コントロールと，いま1つは，広義の原価管理，コスト・マネジメントである。「原価計算基準」（以下，「基準」）で定義づけられている原価管理は，コスト・コントロール（cost control；原価統制）を含意する。標準原価計算の主要な目的は，狭義での原価管理，すなわち**コスト・コントロール**にある。

1　標準原価計算とは何か

　標準原価計算（standard costing）とは，原価の流れのどこかの時点[1]で標準原価を組み入れ，標準原価と実際原価を比較して原価差異を計算分析し，かつその結果を関係者に報告する会計システムである。標準原価計算には，標準原価分析と標準原価計算制度とがある。**標準原価分析**は統計資料や原価管理目的のためだけに用いられ，財務会計機構のらち外でもたれる統計的分析である。

　「基準」において，標準原価計算は，実際原価計算制度と並んで原価計算制度として位置づけられている。

　標準原価計算制度は，「基準」において，「製品の標準原価を計算し，これを財務会計の主要帳簿に組み入れ，製品原価の計算と財務会計とが，標準原価をもって有機的に結合する原価計算制度である。標準原価計算制度とは，必要な計算段階において実際原価を計算し，これと標準との差異を分析し，報告する計算体系である」（「基準」2）と定義づけられている。

　以上のように，「基準」における標準原価計算制度は，標準原価計算システムよりもやや限定的に，財務会計機構と有機的に結びつけた実践規範として定義づけていることに特徴がある。

2　標準原価計算による能率管理

　原価管理といえば，本来であれば，原価計画と原価統制が含まれる。しかし，「基準」において，原価計算制度が果たす原価管理を，「原価の標準を設定してこれを指示し，原価の実際の発生額を計算記録し，これを標準と比較して，その差異の原因を分析し，これに関する資料を経営管理者に報告し，原価能率を増進する措置を講ずることをいう」(「基準」1 (3))と定義づけた。「基準」における標準原価計算の主要な目的である能率管理は，所与の設備，人的組織を前提にした原価の管理，つまり**コスト・コントロール**にある[2]。

　標準原価計算制度による能率管理の方式を**PDCA**（Plan-Do-Check-Action）のマネジメント・サイクル[3]で表せば，図10-1のようになる。

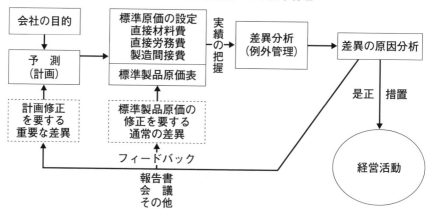

図10-1　標準原価計算による能率管理

出典：著者作成。

　標準原価の設定は，Planに相当する。次いで，Doに相当する生産が行われたら，実際原価が算定される。原価差異の算定と差異分析が行われ，原価差異の原因分析が行われる。これはCheckの部分に相当する。差異分析の結果をもとに，経営活動について是正措置が行われる。例えば，社員教育の不徹底により仕損じがたくさん出たと結論づけられたら，社員教育を徹底する。この是正

措置ないし，Corrective Actionは，会計担当者ではなくラインの担当者の役割である。当期の結果は，次期の標準設定の参考にするために，会議や報告書の形を通じて，次期の標準原価の設定に向けてフィードバックする。

3 標準原価計算の目的

標準原価計算の目的は何かと問われるならば，標準原価は科学的管理法[4]に基づいて科学的に設定されているので，第1に**コスト・コントロール**にある。第2に，**予算編成**や価格決定など**経営意思決定**にも科学的な基礎データを提供す。第3に，**財務諸表の作成**に役立てられる。

標準原価計算など**コスト・コントロール**手段のメカニズムは，次の手段に効果的なように工夫されなければならない。

(1) **コミュニケーション**（伝達）手段
(2) **モチベーション**（動機づけ）手段
(3) **業績評価**手段

日本の「基準」(40)では，標準原価計制度の目的を，(1)原価管理，(2)真実の原価として棚卸資産と売上原価の算定，(3)予算とくに見積財務諸表の作成，(4)記帳の簡略化と迅速化に役立つとしている。

4 IFRSにおける標準原価計算の扱い

IFRSでは，標準原価計算は棚卸資産との関係で記述されている。そのことから，IFRSにおける規定は財務諸表作成との関連で規定されているといえる。

IFRSで，標準原価計算は「計算結果が原価（実際原価；著者加筆）に近似する限り，簡便法として使用が認められる」(IAS 2.21)。この基準が設けられるに至った経緯を簡単に述べておこう。IFRSでは先に，「歴史的原価計算制度のもとでの棚卸資産の取り扱い」と表現していた。しかし，数人の委員から，これでは標準原価計算などの測定方法を許容しないと解釈できるのではないかとする批判的な意見がだされた。その結果，その文言が消去され（BC 4-5），現在の内容に変更されるに至ったのである。

科学的な検証を経た標準原価は，原価計算の理論からすれば，歴史的原価よりもより**真実の原価**[5]に近い。しかしIFRSでは，標準原価は簡便法としてで

しか認められない。そのことから，IFRSでは実際原価こそが真実の原価だと表明しているかにも思える。それは，過去，管理会計に比べて「客観性」や「検証可能性」が強調されてきた財務会計では，1つの立場を代弁するものと解釈できよう。しかし，原価計算研究者にとって今後の対応で最も大切なことは，IFRSが標準原価をもって真実の原価として認めているか否かよりも，財務会計目的のためにそもそも標準原価と実際原価のいずれをもって真実の原価であるかを，原価計算研究者の立場から公的な見解を表明することであろう。

5　標準原価の種類

標準原価は，改訂の頻度，標準の厳格度，および計算の範囲を基準にして，以下のように区分される。

(1)　**改訂の頻度**　　基準標準原価，当座標準原価

基準標準原価とは，期待される原価と実際原価との比較尺度になりうるように設定された標準原価で，経営の基礎条件の変化がない限り，価格が変わっても改訂されない。しかし，基準標準原価は他企業との経営比較には役立っても，能率管理には役立たない。

当座標準原価とは，作業条件や価格要素の変化を反映させて，必要に応じて毎期改訂される標準原価である。当座標準原価は能率管理に役立つ。標準原価といえば，一般に当座標準原価を指す。

IFRSにおいても，「標準原価は定期的に見直し，必要があれば，その時々の状況に照らして改訂される」(IAS 2.21) と規定することで，棚卸資産に用いられる標準原価は当座標準原価であるべきことを示唆している。

(2)　**標準の厳格度**　　理想，現実的，正常標準原価，見積（予定）原価

理想標準原価とは，技術的に達成可能な最大操業度のもとにおいて最高の能率を表す最低の原価をいう。達成が困難であるため，現場作業員がやる気を失ってしまう。原価差異が大きすぎて，棚卸資産評価にも不向きである。

現実的標準原価とは，良好な能率のもとにおいて，その達成が期待されうる標準原価をいう。達成しようとすれば達成できるので，能率管理に役立つ。差異もあまり大きくないので，棚卸資産評価にも用いられる。

正常標準原価とは，経営における異常な状態を排除し，比較的長期にわたる

過去の実際数値を統計的に平準化し，これに将来の趨勢を加味して決定された標準原価である。棚卸資産評価や長期価格決定に役立つ。

IFRSで，「標準原価は，材料費・消耗品費，労務費，能率と操業度について，正常な水準で設定されなければならない」(IAS 2.21) とされている。

見積数量に見積価格を乗じた**見積原価**は「科学的に」予定された原価ではない。そのため，見積原価は理論的には標準原価とはいえない。しかし，実務上は予定原価と呼ばれて財務諸表作成や予算編成のために一種の標準原価として用いられている。

(3) **計算の範囲**　標準全部原価計算，標準直接原価計算

標準原価計算といえば，通常，**標準全部原価計算**が意味される。**標準直接原価計算**は標準原価計算のもつ原価管理機能と直接原価計算のもつ利益計画・経営意思決定機能をあわせて発揮させうるシステムである。

2　標準原価の設定

標準原価の設定において，直接材料費と直接労務費は生産に必要な単位当たりの標準数量に標準価格を乗じて算定する。製造間接費は，一定期間の予算額として算定する。製品原価算定のためには，標準製造間接費配賦率（標準配賦率）に標準作業時間を乗じて製造間接費配賦額を算定する。

1　標準直接材料費の設定

直接材料の種類ごとに製品単位当たりの標準消費量と標準価格を決め，両者を乗じて式10-1のように算定する。

$$標準直接材料費 = 標準消費量 \times 標準価格 \tag{10-1}$$

標準消費量は，標準的な歩留り計算，製作品の設計図，テスト・ラン，あるいは過去の実績データを活用して科学的に決定する。他方，標準価格は，予定価格または正常価格として設定する。

2 標準直接労務費の設定

直接作業の区分ごとに,製品単位当たりの標準直接作業時間と標準賃率を定め,両者を乗じて式10-2のように算定する。

$$標準直接労務費 = 標準直接作業時間 \times 標準賃率 \tag{10-2}$$

標準直接作業時間は,動作時間研究,テスト・ラン,過去の経験に基づく見積もり,あるいは過去の実績データを活用して科学的に決定する。他方,標準賃率は,予定賃率または正常賃率による。

なお,石油精製業や鉄鋼業のような装置産業,および加工組立型産業であっても工場自動化の進んだクォーツの時計工場やオーディオ製品の生産などでは,直接工といえども製品に自らが直接手を加えることはほとんどない。すなわち,**直接工賃金は間接費化**している。それは,作業内容が監視的で保守の仕事が多くなってきたからである。しかも,正社員の賃金の支払形態が固定的(わが国製造業の95％以上は月給制度)である。このような企業では,製造間接費と同様な方式で標準直接労務費の設定が行われたり,標準製造間接費と併せて標準加工費として設定・管理が行われたりしているところもある。

3 標準製造間接費の設定

標準製造間接費は直接費の場合とは異なり,単位当たりではなく予算の形式で部門別に設定される。部門別製造間接費の標準とは,一定期間において各部門で発生すべき製造間接費の予定額をいう。部門別製造間接費標準は固定予算か変動予算のいずれかで設定される。変動予算を利用している企業は,理論でいわれているほど多くはない[6]。いずれの場合でも部門別の予定配賦率を算定し,それに許容標準配賦基準数値を乗じて以下のように設定する。

$$部門別予定配賦率 = 部門別製造間接費予定額 / 部門別予定配賦基準数値 \tag{10-3}$$

$$標準製造間接費 = 部門別予定配賦率 \times 許容標準配賦基準数値 \tag{10-4}$$

製造間接費予定額は，一般に，予算を利用する。配賦基準数値として最もよく用いられてきたのは，直接作業時間である。最近では機械化が進み，直接機械時間も多くなってきている。

標準原価計算は一般にスタッフ部門で設定されるが，前田［2011, pp.105-115］はトヨタでの研究から，現場によって設定することの必要性を示唆している。

4 習熟曲線と経験曲線

習熟曲線（learning curve；学習曲線）とは，生産に必要な作業時間が，作業活動の繰り返しに従ってほぼ定率で減少していくという経験則から導かれた曲線をいう。この場合，習熟の度合いを示す率を習熟率という。

製造作業，工程，手続きの反復によって能率の増大が得られるが，これは習熟効果と呼ばれている。これは資源の投入量（したがって，製造原価）に著しい効果を及ぼす。習熟効果は式10-5で表される。

$$Y = aX^{-b} \tag{10-5}$$

ただし，$Y = X$単位に必要な累積的平均作業時間，$X =$ 累積生産数量，$a =$ 最初の生産に必要な作業時間，$b =$ 習熟指数とする。また，習熟指数のbは，式10-6から求められる。ただし，$k =$ 生産数量を100％増加したときに単位当たりで必要とされる資源の減少率である。

$$b = \frac{\log(1-k)}{\log 2} \tag{10-6}$$

習熟曲線の適用例はこれまで航空機の生産，紡績業などにおいて認められてきた。航空機生産における習熟率は80％であるとされている。つまり，1機目の直接作業時間が100時間であるとすると，2機目は80時間（100×0.8），4機目は64時間（80×0.8）……と減少していく。原価要素では，直接労務費において習熟効果が認められている。それゆえ，標準原価の設定には習熟効果を考慮に含めることが必要である。

適用業種との関係でみると，習熟曲線は原価の見積もりに科学性を与えるため，労働集約型製品の入札価格算定の基礎として活用することができる。

経験曲線（experience curve）は，新製品の開発から生産を続行していくに従って製品系列別の総原価が減少していく事実を示す。直接労務費だけではな

く，直接材料費や製造間接費，および営業費にも低減効果が認められる。これは，生産の続行により革新的な技術革新が起きたり，新材料を使うこと，あるいは新しい生産方法が開発されるためである。

習熟曲線については相当な精度で習熟効果を認めることができる。一方，経験曲線については，個別製品について一般的な経験則を発見することはむずかしい。その理由は，原価は作業時間だけでなく，技術革新，新素材の開発，新しい製造方法などによって大きく変化するが，その変化の予測が困難だからである。

習熟効果や経験効果が存在するところでは，初期に生産された製品に比べると，現在生産されている製品の方が低い原価で生産できる。それゆえ，標準原価の設定段階で，習熟効果と経験効果を組み込むことが必要である。

3　原価差異分析

原価差異分析の一般的な特徴は3つある。差異分析では，原価要素別の直接材料費，直接労務費，製造間接費に3区分して分析すること，原価差異を価格と数量という2つの要素に分けて計算すること，製造間接費の差異分析には固定費が含まれるので，予算との対比も行われることである。

1　直接材料費の差異分析

標準直接材料費は，価格差異（消費価格差異）と数量差異（消費量差異）とに分け，式10-7, 10-8のように分析する。

$$価格差異 = （標準価格 - 実際価格）\times 実際数量 \qquad (10\text{-}7)$$
$$数量差異 = （標準数量 - 実際数量）\times 標準価格 \qquad (10\text{-}8)$$

【設　例】
　X製品の原料の標準価格を380円，標準消費量を1,240kgとする。実際価格が350円，実際消費量1,305kgであるとすると，原価差異はいくらになるか。

〔解　答〕

価格差異＝（380円－350円）×1,305＝　39,150円（有利）
数量差異＝（1,240－1,305）×380円　＝－24,700円（不利）
　　原価差異合計　　　　　　　　　　　14,450円（有利）

　価格差異は受入時点で分析することがある。これを受入価格差異といい，式10-9で分析する。

受入価格差異＝（標準材料受入価格－実際材料受入価格）×実際材料受入数量
　　　　　　　　　　　　　　　　　　　　　　　　　　　　　（10-9）

　原価管理のためには，できるだけ早く分析する必要がある。そのため，価格差異は受入時点で受入価格差異として分析する方が望ましい。

2　直接労務費の差異分析

　直接労務費の差異は，賃率差異と作業時間差異とに分析される。分析方法の原理は直接材料費の場合と同じで，消費価格を賃率，消費数量を作業時間に代え，式10-10，11-11で分析する[7]。

賃率差異＝（標準賃率－実際賃率）×実際作業時間　　　　　（10-10）
作業時間差異＝（標準作業時間－実際作業時間）×標準賃率　（10-11）

【設　例】

　X製品の標準賃率を1,200円，標準作業時間を3,600時間とする。実際賃率が1,250円，実際作業時間は3,500時間であった。原価差異はいくらか。

〔解　答〕

賃率差異＝（1,200円－1,250円）×3,500　　＝－175,000円（不利）
作業時間差異＝（3,600－3,500）×1,200円　＝　120,000円（有利）
　　原価差異合計　　　　　　　　　　　　　　－55,000円（不利）

3　製造間接費の差異分析

　標準製造間接費の差異分析は，固定予算の場合と変動予算の場合とで異なる。理論的にいえば変動予算がすぐれているが，実務では固定予算を採用する企業の方が多い。まず初めに，固定予算によるときの差異分析法を，例を使って説明しよう。

【設　例】
　正常操業度200時間（生産量100個のとき），そのときの予算額を2,000,000円とし，実際生産量90個のときの実際作業時間を190時間，製造間接費実際発生額を2,300,000円とする。以上から，製造間接費の差異分析をしなさい。

〔解　答〕
　製造間接費の差異分析は，図解法か計算式かのいずれかによる。まず初めに，図解法で説明する。最初に計算すべきは，許容標準作業時間（実際生産量で許容される標準作業時間）と標準配賦額である。次に，実際作業時間における配賦額を算定する。これは，先に算定した標準配賦率に実際作業時間を乗じて算定する。

　　　許容標準作業時間　　　　　　200時間／100×90＝180時間
　　　標準配賦額の計算
　　　　標準配賦率　　　　　　　　2,000,000円／200＝＠10,000円
　　　　標準配賦額　　　　　　　　＠10,000円×180＝1,800,000円
　　　実際作業時間における配賦額　＠10,000円×190＝1,900,000円

　製造間接費差異の総額は，標準配賦額から製造間接費実際発生額を差し引いて算定される。つまり，1,800,000円－2,300,000円＝－500,000円（不利）。
　以上のデータから，標準原価差異を図解すれば，図10-2のようになる。

図10-2 固定予算による差異分析

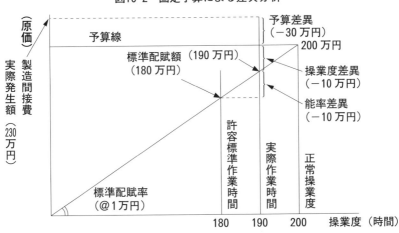

出典:著者作成。

固定予算では,予算線が操業度線と平行(変動予算では,予算線が操業度につれて右上がりする)線として示される。参考までに,以下で計算式10-12から10-14を示しておく。著者の経験では,計算式で分析をするのではなく,図解法をよりよく理解するために計算式を活用する程度にとどめておくことがよい。

能率差異＝(標準配賦率×許容標準作業時間)−(標準配賦率×実際作業時間)
　　　　＝標準配賦率×(許容標準作業時間−実際作業時間)　　(10-12)
操業度差異＝(標準配賦率×実際作業時間)−製造間接費予算額
　　　　　＝標準配賦率×(実際作業時間−正常作業時間)　　(10-13)
予算差異＝製造間接費予算額−製造間接費実際発生額　　(10-14)

以上の計算式を使って,上記の計算式を活用して設例の固定予算に基づく標準原価差異を計算しよう。その場合の製造間接費の差異は次のように分析される。

能率差異 = (10,000円 × 180) − (10,000円 × 190) = −100,000円（不利）
操業度差異 = (10,000円 × 190) − 2,000,000円　 = −100,000円（不利）
予算差異 = 2,000,000円 − 2,300,000円　　　　 = −300,000円（不利）
　　原価差異合計　　　　　　　　　　　　　　−500,000円（不利）

なお，本例では，固定予算を前提としたため，図10-2における予算線は，操業度のいかんにかかわらず一定である。しかし，このような条件が近似的に妥当するのは，変動費が非常に少ないか，環境条件がほとんど変化しない企業である。これらの条件が妥当しない企業では，変動予算によらなければ合理的ではない。つまり，計算の合理性を追求するのであれば，操業度の変化に応じて予算線を変化させる必要がある。

【設　例】
　固定予算差異分析の先の例で，予算額2,000,000円のうち，変動費が800,000円，固定費が1,200,000円であるとする。変動予算に基づく差異分析を行いなさい。差異分析は3分法によること。

〔解　答〕
　変動予算差異分析を行うためには，変動費率（800,000円/200時間 = @4,000円）を計算した上で，許容標準作業時間と実際作業時間での予算額を以下のとおり計算する。その理由は，変動予算では製造間接費が変動製造間接費と固定製造間接費からなると仮定されているからである。

　許容標準作業時間での予算額　　@4,000円 × 180 + 1,200,000円 = 1,920,000円
　実際作業時間での予算額　　　　@4,000円 × 190 + 1,200,000円 = 1,960,000円

　差異分析の方法には2分法，3分法のほか4分法［櫻井, 1981, pp.324-327］があるが，日本企業で一般に用いられている3分法を示しておく。次頁の図10-3のように，差異分析の結果はすべて不利差異になる。

図10-3　変動予算による差異分析

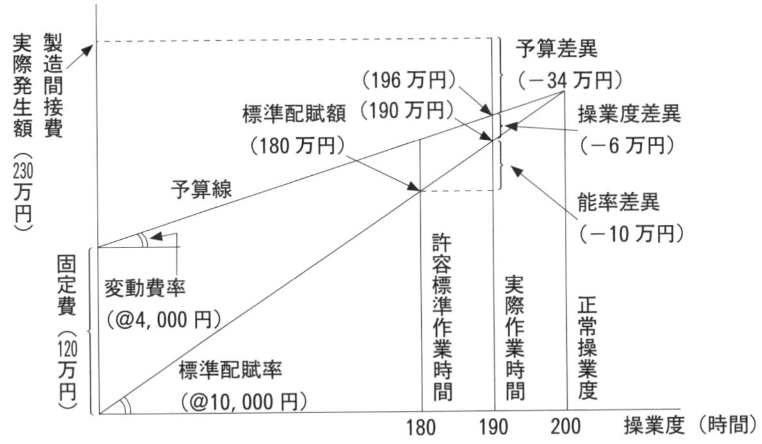

製造間接費
実際発生額（230万円）
予算差異（−34万円）
（196万円）
標準配賦額（190万円）
操業度差異（−6万円）
（180万円）
予算線
能率差異（−10万円）
固定費（120万円）
変動費率（@4,000円）
標準配賦率（@10,000円）
許容標準作業時間
実際作業時間
正常操業度
操業度（時間）
180　190　200

出典：著者作成。

$$\begin{aligned}
能\ 率\ 差\ 異 &= @10{,}000円 \times 180 - @10{,}000円 \times 190 &&= -100{,}000円 \\
操業度差異 &= @10{,}000円 \times 190 - @4{,}000円 \times 190 + 1{,}200{,}000円 &&= -\ 60{,}000円 \\
予\ 算\ 差\ 異 &= @4{,}000円 \times 190 + 1{,}200{,}000円 - 2{,}300{,}000円 &&= -340{,}000円 \\
原価差異合計 &&&\underline{-500{,}000円}
\end{aligned}$$

4　標準原価計算の特徴と限界

　標準原価計算は，**科学的管理法**（scientific management）の1つの成果として，1930年代以降，製造業における現場作業員の能率向上に大きな役割を果たしてきた。しかし，1980年代以降の産業用ロボットの導入と品質への関心の高まりは，原価管理手段としての標準原価計算の意義を低下させている。

1　標準原価計算の特徴

　コスト・コントロールとは，所与の条件のもとでの原価の引下げを意味する。標準原価計算は標準を設定して，その目標に向かって原価引下げの努力をさせるのであるから，標準原価計算はまさにコスト・コントロールのためには最適

の手段であるといえる。では，標準原価計算はどんな企業に適するのか。

第1に，標準原価計算による管理（以下，標準原価管理）は，生産の標準化が行われ，生産条件のあまり変わらない企業，および技術革新によって作業条件がそれほど大きくは変化しない時代に適した技法である。次々と技術革新が行われる企業にあっては，生産条件が変化し，標準の設定が追いつかない。

第2に，大量生産が行われている企業も，標準原価計算の適する企業である。家庭用電池の生産はこの典型例である。逆に，個々に製品が異なる場合で，多品種少量生産が中心となっている企業は，標準の設定が困難になる。

第3に，労働集約的な企業に標準原価管理を適用すると，最も効果的である。なぜなら，標準原価計算はもともと現場作業員の能率管理のために考案されたものであり，現場作業員の能率管理には最適と考えられているからである。したがって，ロボットの活用が増え，自動化が進展すると，標準原価計算のもつコスト・コントロール機能は低下する。

2 標準原価計算の原価管理上の限界

標準原価計算は，わが国では戦後の経済回復期から1960年代初頭にかけて，原価管理の中心的な手法として多くの企業に普及した。一方では，コンピュータの発達で，財務会計的な側面では手続きの簡素化に大いに役立つツールとして認識されるようになる。他方，現代では次のような**原価管理上の限界**が露呈されるようになってきた。

第1に，1970年代から1980年代にかけて工場自動化が進展し，機械・設備の更新が相次いで行われた結果，標準の設定を頻繁に行わなければならなくなり，また，**標準原価の設定**自体も難しくなってきた［櫻井，1991, pp.314-315］。そのため，ハイテク企業ではとくに，生産条件一定という標準原価計算の条件に合わなくなったとする認識が一般化されてきた。

第2に，標準原価計算は現場作業員の能率管理に適した手法である。しかし，工場の自動化により現場から作業員がほとんどいなくなってしまった工場では，標準原価計算によって能率管理をする主な対象がいなくなった。そのため，製造過程で原価引下げの余地がなくなった企業すらある。なぜなら，自動化された工場では，産業用ロボットは人間とは違って，良いソフトさえあれば文句を

いわず，指示されたとおりに働いてくれるからである。

　その結果，自動車産業，家電製品など加工組立型産業の多くの企業においては，管理の対象は，いかにして良いソフトを制作するか，いかに最新の設備を導入するか，研究開発をいかに効果的に実施するか，企画・設計段階における管理をどのようにやるかといった問題に移行しており，製造段階で適用される標準原価計算の原価管理に占める役割が低下してきた。加えて，近年の製造業の海外移転は，この傾向に拍車をかけてきている。

　標準原価計算の役割に関して，李［1999, pp.165-167］による研究がある。それによれば，まずは傍証として，日本大学会計学研究所のアンケート調査の結果から，現代の日本企業の96%は厳しいタイトネスを使用していないことを指摘している。そのうえで，実証研究の結果では，材料消費量におけるタイトネスでは自動化が直接材料費標準の意味を失なわしめるという仮説は支持されなかったものの，CIM環境では，作業時間と操業度に関する限り，**標準原価計算による能率管理の必要性が低下**したとする主張が支持されたという。加えて，作業時間と操業度に関しては，原価目標値の水準は，「理論的な数値」から「過去の実績平均値」に移行しているという。

　第3に，品質との関係で2つの問題が生じる。1つは，標準原価計算を厳格に適用しようとすると，**粗悪な品質の製品**が生産される可能性がある。標準原価計算では価格差異と数量差異に分けて分析が行われる。例えば，購買管理者は差異分析の結果，プラス（有利）の価格差異がでれば管理者の業績評価は高まるから，品質が多少悪くても，価格差異がプラスになるような購買活動を行わないとはいえない。一方，現場の管理者は，仕損じが発生しない程度に生産を上げれば業績評価の結果は良くなるので，**品質を無視してまでも生産量を増加**しようとする者がでないとはいえない。

　第4に，標準原価計算では，正常な仕損じを良品の原価に含めて製品原価を計算する。その結果，**正常な仕損じの存在**が見落とされてしまう。その正常な仕損じでも年間を通じれば相当な額になる。加えて，時間の経過とともに，技術の発達によって本来は標準を改訂すべきであるにもかかわらず標準原価を見直さないため，ムダが許容されることもある。第13章で述べる**マテリアルフローコスト会計**は，その点に着目して材料のムダを排除しようとする。

3 現在でも多くの企業が標準原価計算を活用している理由

　標準原価計算の原価管理上の限界が明らかになってきた現在，現代の製造業においてもつ標準原価計算の必要性が減少したといえるのであろうか。日本企業の実態をみてみよう。

　清水ほか［2011（b），p.73］の調査結果によれば，なんと約6割（58.5%；回答企業200社）の企業が標準原価計算を採用しているという。日本大学商学部の調査結果［川野，2014，p.61］でも，製造業に限れば，1993～1994年調査の64.0%（非製造業は21.5%）に比較しても増加傾向にあり，現在でも68.1%（非製造業は21.4%）の企業が標準原価計算を採用しているという。では，どんな目的に活用されているのか。清水ほかの調査結果によれば，標準原価計算採用の目的は，製品原価等の計算（84.6%；回答企業117社）が最も多く，以下，原価統制（78.6%），製造予算編成（56.4%），記帳の迅速化・簡略化（55.6%）と続いている。

　以上要するに，標準原価計算は製造現場で生じている経営上の生起事項を測定することで現場活動を可視化し，経営を効率化するうえですぐれたツールである。そのため，日本の多くの製造業では標準原価計算を活用している。しかし，その主目的は，原価統制から製品原価の算定や記帳の迅速化・簡略化に重点が移行している。標準原価計算はITによる財務諸表作成に適していることも，多くの企業が標準原価計算を活用している理由の1つであるといえる。

4 IFRSによって提起される「基準」との関係

　IFRSとの関係についても述べておかねばならない。今後，学会や論壇などで論点となるのは，少なくとも以下の4点である。

　第1は，「基準」では，標準原価が真実の原価として認められている。IFRSでは「標準原価計算の計算結果が実際原価と近似するならば，便宜的に標準原価計算を許容する」とする文言から，現行の「基準」の解釈のように，標準原価計算こそが**真実の原価**だといえるのかが問題となる。

　第2には，IFRSでは「標準原価は材料費・消耗品費，労務費，能率と操業度について，正常な水準で設定されなければならない」とされている。この基

準の文言が日本の「基準」でいう正常原価[8]だけでなく，現実的標準原価をもって"正常な水準"の範疇に入れてよいのかが検討される必要がある。

　第3は，「基準」では，標準原価の改訂に関して，次のように規定している。「標準原価は，原価管理のためにも，予算編成のためにも，また，たな卸資産価額および売上原価算定のためにも，現状に即した標準でなければならないから，常にその適否を吟味し，機械設備，生産方式等生産の基本条件ならびに材料価格，賃率等重大な変化が生じた場合には，現状に即するようにこれを改訂する」（「基準」42）。一方，IFRSでは，標準原価計算の改訂に関して，「標準原価は定期的に見直しされ，必要に応じてその時々の状態を勘案して改訂される」（IAS 2.21）と明示されている。両者の違いは，「基準」では重大な変化が生じた場合には改訂すべしとなっているのに対し，IFRSでは定期的な見直しとその時々の状況の変化を勘案した改訂が必要だとしていることにある。であるとすると，標準原価の改訂頻度は年1回でも許容されるかが問題となろう。

　第4に，「基準」のように，正常な原価差異であれば売上原価として処理できるのか，それとも，正常な原価差異であっても，IFRSのように売上原価と期末棚卸資産に配賦しなければならないかが議論される必要があろう。

　以上の議論すべき課題に関して，著者は，次のように考えるのであるが，読者からの建設的な意見があれば，是非とも伺いたいところである。

　第1は，IFRSが標準原価をもって真実の原価と解するのを否定するか否かの解釈論よりも，そもそも標準原価と実際原価のいずれをもって真実の原価[5]［岡本，1963, pp.46-47］であるかが議論されなければならないと思われる。

　第2は，「基準」によれば，正常（標準）原価とは，「経営における異常な状態を排除し，経営活動に関する比較的長期にわたる過去の実際数値を統計的に平準化し，これに将来のすう勢を加味した正常能率，正常操業度および正常価格に基づいて決定された原価」（「基準」4(1)）をいう。一方，現実的標準原価は，「良好な能率のもとにおいて，その達成が期待されうる標準原価をいい，通常生ずると認められる程度の減損，仕損，遊休時間等の余裕率を含む原価であり，かつ，比較的短期における予定操業度および予定価格を前提として決定され，これら諸条件の変化に伴い，しばしば改訂される標準原価である」（「基準」4(1)）と規定されている。

両者の定義は表現こそ違え，いずれも標準原価の範疇に属するといえる。であるとすれば，「基準」にいう現実的標準原価は正常な原価の範疇に入ると著者は考えているのであるが，そのような解釈でよろしいのだろうか。

第3は，理論的には，「基準」制定当時の1960年代とは違って，現代社会では経営環境の変化が著しいことを勘案すれば，IFRSの規定は当然である。標準原価は技術や流行の変化が激しい業種か否かによっても変わるため，年何回の改訂が必要かというよりは，個々に判断すべき問題であると思われる。とはいえ，清水ほか［2011（b），p.76］によるわが国の実態では，原価標準の改訂頻度に関して，年1回（41.9％）と必要に応じて（12.3％）に対して，半期に1回（36.7％），四半期に1回（3.6％），毎月（2.6％）が相当数になっており，改訂の頻度の増加は実務的にも実証されたといえる。

第4に，上記の清水調査によれば，配賦差異を常に売上原価に賦課する企業は12.0％しかなく，常に売上原価と期末棚卸資産に配賦している企業が意外に多い。その比率は，71.8％にものぼっている。（税法の規定[9]に従っていると答えた企業は11.1％）。このことからすると，すでに多くの日本企業は売上原価と期末棚卸資産に配賦していることになる。

現代でも，標準原価計算を原価管理や原価改善に活用している企業も少なくない。しかし，多くの企業は，装置産業では1960年代以降のプロセス・オートメーションの発展によって，加工組立型産業では1980年代以降のファクトリー・オートメーション（FA）の活用によって，標準原価計算が人間の作業能率を向上させるという役割は大幅に低下したとするのが，学界の定説になっている。では，なぜ企業は標準原価計算を活用しているのか。それは，標準原価計算によれば，財務諸表の作成が迅速かつ最小のコストによって可能になるからであろう。とすると，企業としては標準原価のレベルも達成可能な水準とコストで設定することで済ますことができる。であれば，1960年代のようにムリに高い標準原価を設定する必要もなくなり，財務諸表の作成にも適した水準の標準原価が一般的になってきたと想定することができるように思われるのである。

いずれの問題も軽々に結論を出すよりも「日本原価計算研究学会」や「日本会計研究学会」などでの活発な議論が必要であるように思われる。

以上，本章では，管理会計の立場から標準原価計算を考察してきた。詳細な標準原価計算に関心のある読者は，櫻井［1981, pp.275-367］を参照されたい。

注

1）「原価計算基準」でいう"どこかの時点"とはどこを指すのか。勘定記入の方法には，シングル・プラン，パーシャル・プラン，および修正パーシャル・プランがある。シングル・プランは仕掛品勘定の借方・貸方いずれも標準原価で記入する方法で，原価財の投入（インプット）時に原価差異が算定・分離される。つまり，標準原価の組み入れ時点は原価財の投入時である。パーシャル・プランは借方に実際原価，貸方に標準原価が記入される。原価差異が算定・分析されるのは，製品の完成（アウトプット）時である。つまり，標準原価は製品の完成時点に組み入れられる。修正パーシャル・プランでは，パーシャル・プランと同様，仕掛品勘定の借方までは実際原価で記入し，貸方側は標準原価で記入する。借方の実際原価を厳密な意味での歴史的原価ではなく，標準価格×実際消費量とするところが，パーシャル・プランと異なる。詳細は［櫻井, 2014, pp.268-270］。

2）標準原価計算に基づく原価統制は，所与の条件下での原価の引き下げであるから，本来であれば，「原価計算基準」において，原価統制かコスト・コントロールとすべきであった。しかし，大蔵省企業会計審議会（当時）は，原価管理と呼称した。そのため，通商産業省産業合理化審議会では，本来の用語である原価管理の語を用いる代わりに，「コスト・マネジメント」と題して1966年に答申した。そしてコスト・マネジメントとは，「利益管理の一環として，企業の安定的発展に必要な原価引き下げの目標を明らかにするとともに，その実施のための計画を設定し，これが実現を図る一切の管理活動」と定義づけたのであった。

3）ここで述べているマネジメント・サイクルは，一般に，PDCAとして日本の経営者に親しまれている。アメリカから移植したPDS（plan-do-see）─計画（plan），実施（do），実施結果の評価（see）─に対して，現在の日本では，PDCAが一般的になった。

4）1900年代の初頭，アメリカのフレデリック・W・テイラーとその後継者が生み出した経営管理の手法である。当時の"能率屋"の手法を"成り行き"管理と呼んで，自らの手法を"科学的"管理と命名した。後継者にはガントやギルブレスがいる。課業管理に基づく差別的出来高給制度では，能率を上げると当時の能率屋が賃率を引き下げて，従業員による組織的怠業を繰り返していた事態に対応したものである。1日になすべき仕事量である課業（task：タスク）をしっかりと決めて，良い仕事をした者には差別的な割増賃金を与えた。この課業を決定するために，ストップウォッチを使って時間動作研究を行って，作業員の標準的な作

業時間を決めた。標準原価計算は、この科学的な作業時間の標準化が基礎になっている。

5) 岡本［1963, pp.47-67］は、真実の原価といえば、過去においては歴史的原価を指すこともあったが、そのような見解は時代とともに崩壊を続け、価格計算・損益計算型の標準原価概念が原価の正常性を表すものと考えられてきたとして、ドイツ、アメリカの原価計算を考察している。原価の正常性を保証する最善の手段が標準原価計算である。

6) 日本大学商学部の調査（有効回答企業72社）［新江, 2014, p.114］では、固定予算77.8%、公式法変動予算11.1%、実査法変動予算9.7%であった。清水ほか調査（有効回答企業183社）［清水, 2011(a), p.87］では、固定予算69.0%、公式法変動予算20.5%、実査法変動予算2.0%であった。

7) 直接労務費の差異分析でなぜ賃率差異が大きくなるかを検討しよう。標準賃率1,500円、標準時間300時間、実際賃率1,700円、実際時間320時間と仮定して差異分析をしてみよう。理論的には、標準直接労務費（SC；1,500円×300＝450,000円）と実際直接労務費（1,700円×320＝544,000円）の差異（－94,000円）は、純粋な賃率差異（RV；－60,000円）と時間差異（HV；－30,000）とに区分し、混合差異（MV；－200×20＝－4,000）は賃率差異と時間差異に負担させるべきである（図10-注1参照）。しかし、"実務"を重視する原価計算では、混合差異をすべて賃率差異に負担させて、現場管理者の努力の成果がハッキリと現れる作業時間差異を純粋な差異として、現場管理者に提示するのである（図10-注2参照）。ただし、SC＝標準原価、RV＝賃率差異、HV＝時間差異、HV＝混合差異。

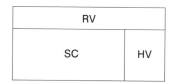

図10-注1　理論的方法　　　図10-注2　実務的方法

出所：著者作成。

8)「基準」における正常原価は、正常標準原価と称するべきだとする意見は多くの研究者の支持を得ている。

9) 総差異が標準原価等の概ね1％を超えるときには売上原価と棚卸資産に配賦し、1％相当額以内におさまっている時には売上原価に賦課することができる。

参考文献

新江　孝「日本企業の管理会計・原価計算実務に関する調査結果の分析—先行調査研究との比較—」『商学研究』第30号，2014年。

岡本　清「原価概念の正常化—米国原価計算史研究の一視角—」『會計』第84巻第2号，1963年。

川野克典「日本企業の管理会計・原価計算の現状と課題」『商学研究』第30号，2014年。

櫻井通晴『経営原価計算論　新しい原価計算体系の探究［増補版］』中央経済社，1981年。

櫻井通晴『企業環境の変化と管理会計—CIM構築—』同文舘出版，1991年。

櫻井通晴『原価計算』同文舘出版，2014年。

清水　孝・小林啓孝・伊藤嘉博・山本浩二「わが国原価計算実務に関する調査」『企業会計』Vol.63, No.9, 2011年(a)。

清水　孝・小林啓孝・伊藤嘉博・山本浩二「わが国原価計算実務に関する調査」『企業会計』Vol.63, No.10, 2011年(b)。

前田　陽「トヨタ自動車における原価維持の研究」『産業経理』Vol.71, No.3, 2011年。

李　健泳「標準原価管理の実証分析」門田安弘・浜田和樹・李　健泳編著『日本のコストマネジメント—日本企業のコスト構造をいかに変えるか—』同文舘出版，1999年。

第11章 原価企画による戦略的コスト・マネジメント

1 原価企画生成の沿革と背景

　原価企画（target costing）は，製品の企画・設計段階を中心に，技術，生産，販売，購買，経理など企業の関係部署の総意を結集して原価低減と利益管理を図る，トヨタおよびトヨタグループで独自に開発された戦略的コスト・マネジメントの手法である。1980年代に価値観の多様化，ライフサイクルの短縮化，競争の激化を反映して，自動車など日本の加工組立型産業に急速に幅広く普及した。その後現在では，原価企画は製造業だけでなくサービス業にも浸透するなど，世界的にも広く活用されている管理会計手法の1つである。

1 原価企画誕生の背景

　原価企画の実質的な活動は，わが国では1973年の石油危機以前からも実践されてきた［丸田, 2011, pp.48-58］。しかし，当時の原価企画は，主にVE手法を使って目標原価の達成を図ることに主体[1]がおかれ，現在のように戦略的コスト・マネジメントのツールとして活用されていたわけではなかった。

　現在のような形で原価企画が行われるようになったのは，石油危機以降である。実態調査［櫻井, 1992, pp.55-74, pp.145-148］の結果からも，1970年代以降に原価企画の利用が急増していることが明らかである。1980年代初頭から本格化した工場の自動化は，生産段階における直接工を大幅に削減させた。直接工の減少は直接労務費の差異分析の意義を相対的に低下させ，加工組立型産業における原価管理手段としての標準原価計算の重要性を低下させた。

　その結果，日本の主要企業での原価管理の重点は，製品の企画・設計段階での原価低減に移行した。加工組立型産業では，原価決定に際し，80％前後の原価は生産の上流で決まってしまうからである。図11-1を参照されたい。

図11-1 原価管理の源流管理への移行

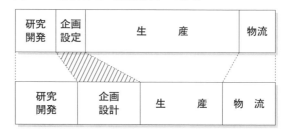

出典：著者作成。

　図11-1は，経営上の重要度の面から，製品の研究開発と企画設計という源流（上流段階）での原価管理の重要度の高まりを図示したものである。

2　管理会計の手法としての原価企画

　1980年代後半から1990年代になると，原価企画は経営戦略と連動され，中長期経営計画から導かれた目標利益を達成するためのツールとしての役割が強調されるようになってきた。例えば，日産自動車において，「目標原価が，収益計画と合理性のある販売価格およびマーケットが要求する商品性に基づいて設定」［海老坂, 1990, pp.32-33］されるようになったのは，その1つの表れである。著者の調査［櫻井, 1992, pp.145-148］によれば，上場企業の経理部長のうち半数近く（45％）が管理会計の一技法として原価企画を活用しており，技術者の技法として認識している者はわずかに全体の5分の1にとどまった。

　原価企画は原価管理のためだけでなく利益管理のツールでもある。田中［1990, p.36］は，「単なる原価企画（開発設計段階での原価の作り込みと原価有効性の高揚を図る方法展開）の時代から利益企画（profit engineering）の時代に入ってきた」と述べている。現在の原価企画の特徴は，第1に原価企画の**戦略的コスト・マネジメント**［小林, 1993, p.30］機能が高く評価されてきたことである。第2に，原価企画の戦略的視点から行われる**総合的利益管理**の機能が注目されるようになってきている。

　以上のような原価企画の発展の結果として，研究者のなかにも原価企画に関する諸問題の解明が，「管理会計研究者の重要な課題の1つ」［近藤, 1990,

pp.64-78〕であるとする見解を表明する論者が現われた。本書は，著者の従来からの主張〔櫻井，1988, pp.17-23；櫻井，1991, pp.2-17；櫻井，1994（a），pp.14-23〕の延長線上で，原価企画をもって戦略的に原価低減を実現することを通じて企業価値を創造する手法として位置づけている。

2　原価企画の目的と特徴

　原価企画とは，製品の企画・設計段階を中心にして，技術，生産，販売，購買，経理など企業の関係部署の総意を結集して原価低減と利益管理を図る，戦略的コスト・マネジメントの手法〔櫻井，1988, p.19〕である[2]。原価企画における原価低減活動は企画・設計という生産の上流で行われ（源流管理），原価企画の結果，革新が促進されることで，企業価値を創造させることができる。

1　原価企画の目的

　原価企画の主要目的は，総合的な原価低減にある。同時に，原価企画は経営戦略を実現するための利益管理の手段としても大きな効果が発揮できる。

(1) 戦略的コスト・マネジメント

　原価企画では，製品またはサービスを機能との関係で検討するVE（value engineering；価値工学）を活用することによって，機能や品質との関係で理想の原価低減を実現する。また，原価企画による原価低減活動は，原価が実際に発生する前の，製品の企画段階，つまり生産の上流段階で実施される。このように生産の上流段階で行われる管理のことは，**源流管理**といわれる。

　従来，原価管理というと，原価が実際に発生するウエイトが高い製造部門における原価管理が重視されていた。しかし，製品の多様化，ライフサイクルの短縮化の著しい今日の企業活動においては，生産が始まってからの管理よりもコスト決定度合いの高い企画開発，設計，試作段階での原価低減活動がより効果的になってきた。

　図11-2は，原価の発生を決定づける段階（コスト決定曲線として図示）と，原価が現実に発生する段階（コスト発生曲線として図示）を表している。この

図は，コスト発生を決定づけるのはコストの実際に発生する段階ではなく，コスト決定段階であることをわれわれに教えてくれる。

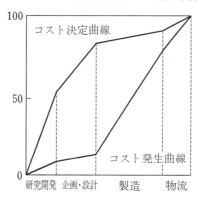

図11-2　コスト決定曲線とコスト発生曲線

(2) **戦略的な総合的利益管理**[3]

原価企画では，目標売上高と許容原価との関係から目標利益を達成するための計画が設定される。原価低減の諸活動は，企業が経営戦略として設定した目標利益を達成することを目的として，戦略的な総合的利益管理のツールとして活用できる。

2　標準原価計算との比較で見た原価企画の特徴

原価企画は，標準原価計算と比較すると遥かに革新的である。これを論証するために，原価企画の特徴を標準原価計算と対比して特徴づけてみよう。

(1) **生産の上流段階で適用**

標準原価計算が適用されるのは，生産が始まってからである。生産過程で適用される標準原価計算とは違って，**生産の上流段階**（upstream）で原価管理を行えば，それだけ大きな原価低減が実現できる。標準原価計算との対比で原価企画の適用領域を措定すれば，図11-3［櫻井, 1988, p.20］のようになる。

図11-3 原価企画の適用は，生産プロセス（広義）の上流過程

出典：著者作成。

　原価企画は，企画・設計といった生産の上流段階で戦略性を組み込んで原価が作り込まれる（源流管理）ので，原価管理の効果が大きい。原価を大幅に引き下げるためには，生産が始まってからでは遅すぎる。製品の企画・設計段階でならば，原価が大幅に低減される可能性が大きい。

(2) 原価低減の管理手法

　原価企画の主要な目的は，標準原価計算とは違ってコスト・コントロールではなく，原価低減にある。生産の上流段階で原価管理が実施されるということは，それだけ経営構造を変革する余地が大きい。コスト・コントロールは，所与の条件のもとでの原価の引き下げである。原価を現状から大きく離れないようにすることから，原価維持ともいわれる。原価維持を図るのが標準原価計算の役割である。一方，**原価低減**というとき，製品の企画段階から製品の機能そのものを見直して市場との関係で戦略的に大幅に原価を引き下げる。原価企画では，まさにその原価低減のための管理手法である。

(3) 市場志向の現場管理技法

　標準原価計算は技術志向の管理技法であるが，必ずしも市場志向であるとはいえない。プロダクトアウトの手法であるといえる。一方，原価企画は技術志向であるとともに，**市場志向**（マーケットイン）のアプローチでもある。このことは，市場の状況から予定販売価格を決定し，次いで目標利益との関係から許容原価が導かれ，一方，技術者の現状見積もり（成行原価[4]）を基礎にVEの活用によって原価低減活動を行い，許容原価との擦り合わせから目標原価が導かれる関係を考えれば明らかになろう。

　近藤［1990］が指摘しているように，標準原価計算がプッシュ方式に基づく

技術志向の技術であるのに対して、原価企画は**プル方式**に基づく市場志向の技術であるともいえる。1990年代のドイツ自動車業界で一般的に見られた[5]ような、原価によって価格が決定づけられる方式とは異なり、トヨタの価格決定の方式は、図11-4から明らかなように、原価が価格を決定づけるのではなく、市場で受け入れられる販売価格が原価を決定づける。原価企画はまさに市場志向の管理会計のツールである。

図11-4　原価企画における価格決定の方式

| 伝統的な価格決定 | 実際原価 ＋ 利　益 ＝ 販売価格 |
| 原価企画の価格決定 | 予定販売価格 － 目標利益 ＝ 許容原価 |

出典：著者作成。

(4) 戦略的な利益管理のツール

標準原価計算は所与の技術的条件のもとでの基準値内に原価を維持することに特徴がある。その意味では、業務的ないし戦術的な問題が中心課題となる。

原価企画が市場志向の特徴をもつということは、原価企画には外部の競争環境や顧客のニーズを勘案して、戦略的な経営計画の策定が可能であることを含意する。事実、原価企画は、**戦略的な利益管理**のツールとしても実施される。

(5) 経営工学的な性格

標準原価計算でもIE（industrial engineering）[6]が活用されるなど、生産技術との繋がりを無視しえないが、原価企画は設計仕様や生産技術を活用した手法である。そのため、伝統的な会計アプローチがかなり後退し、**経営工学**的な性格が色濃くなっている。原価企画では主にVEを用いて、原価低減が図られる。VEは、製品改革だけでなく業務改善に活用される。

(6) 部門間協力

原価企画では、原価企画の担当部門（原価企画部）をコーディネータとして、

販売，購買，技術，生産，および経理の協力が不可欠である。それだけ総合管理の手法としての性格が強いということである。標準原価計算でも技術や製造部門との協力が必要であるが，原価企画の比ではない。

(7) 多品種小量生産

標準原価計算は量産型の生産方式に適用するのが最も効果的である。一方，原価企画は自動車産業や家電産業のように，加工組立型の産業における**多品種小量生産**の生産方式に最もよく適合する。

3 英語での呼称から見た原価企画の特徴

原価企画を直訳すれば，Cost PlanningとかCost Projectということになる。そのため，わが国の研究者および経営者は当初，原価企画にコスト・プランニング（cost planning；原価計画）の語をあててきた。しかし，わが国で原価計画といえば，通産省（現・経済産業省）答申の「コスト・マネジメント」との関係で，「長期にわたる企業の安定的成長という全体の目的との関連において，将来とりうるいくつかのやり方を比較・考慮して，相対的に最も原価の低いやりかたを選択すること」という固有の意味が与えられている。

また，Cost PlanningやCost Projectという呼称では，原価企画がもつ目標への挑戦的な意味を伝えることはできない。

そこで，CAM-I（Computer-Integrated Manufacturing）[7]の最高責任者であったブリムソン（Jim Brimson）氏と話し合った結果，原価企画に**Target Costing**の語をあてたのである。この点に関して，いくつか留意すべきことがある。

第1に，原価企画は伝統的な意味での原価計算とは異なる。財務諸表上の製品原価の算定とは直接に結びついてはいない。しかし，製品原価計算への役立ちがみられないからといって計算構造をもたないと解すべきではない。原価企画には**固有の計算構造**がある。

第2に，目標原価は成行原価や見積原価とは違って**規範性の強い原価**である。しかし，著者は目標原価をもって必達とかコミットメントのような強い意味を付与すべきであるとは考えない。目標原価は一種の挑戦目標である。したがっ

て，環境や条件が異なれば，目標もまた変化せざるをえない。そのように理解することが，逆機能を回避して技術者の疲弊を和らげるためにも必要である。田中［1995, pp.16-17］が述べているように，「努力目標であるからには……到達可能なレベルの原価でなければならない。少なくとも，開発設計者等が挑戦的努力をあきらめてしまうレベルの原価であってはならない」のである。

原価企画など日本の管理会計を主としてアメリカ［Sarkurai, 1989, pp.37-67］，ドイツ［Sakurai, 1997, pp.46-81］，ブラジル［Sakurai, 1997, pp.49-75.］に紹介してからすでに四半世紀以上経過した。原価企画はいまや**戦略的コスト・マネジメントの手法の1つとして**，日本の管理会計の中心的手法の1つに位置づけられるに至っている。

3 原価企画，原価改善，原価維持の体系

コスト・マネジメントの体系において，原価統制に対立する意味では，原価企画は原価計画（コスト・プランニング）に位置づけられる。原価企画の本質的な特徴は，戦略的コスト・マネジメントにある。本節では，トヨタグループで一般的なコスト・マネジメントの体系によって原価企画を特徴づける。

1 革新，改善，維持

わが国の経営で，革新，改善，維持は主要な機能を果たしている。**革新**（innovation）とは，新技術や設備への投資の結果もたらされる劇的な変革のことをいう。日本語として**改善**（improvement）というときには，日常的な改善だけでなく経営構造の変革をも意味する。しかし，革新とは違って，管理会計における改善は，現在の努力の結果として現状においてなされる日常的な活動の改善活動のことをいう。**維持**（maintenance）とは，現在の技術，経営および業務上の標準（ないし標準原価）を維持することに向けた活動をいう。

トヨタグループにおいて原価管理の体系は，①革新のための**原価企画**，②改善のための**原価改善**，③原価の維持を意図した**原価維持**に区分されてきた。新製品開発のために実施される原価企画の結果を受けて，予算管理とTQM[8]を使った原価改善，標準原価計算による原価維持の活動が行われる。

2 原価企画と原価改善,原価維持との関係

　原価企画,原価改善,原価維持の体系は,製品別の革新,改善,維持の活動を実現するための戦略的コスト・マネジメントの体系のなかで位置づけることができる。原価企画は,製品の企画・設計段階における原価低減と利益管理に役立つツールである。原価企画との関係において,原価改善と原価維持は,次のように位置づけられる。図11-5［櫻井,1994（b），p.21］を参照されたい。

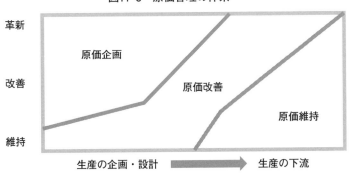

図11-5　原価管理の体系

出典：著者作成。

(1) 原価企画と原価改善との関係

　原価改善とは,既存の製品の製造,販売段階で行われる原価低減活動のことをいう。原価改善では,現在の努力の結果として現状においてなされる原価低減の活動を意味する。原価改善は,製品別の原価改善活動と,費用の構成要素別の原価低減活動とに区分される。

　原価改善の活動を進めていくためには,部品,製品の標準化,統一化を図り,購入品のVEを徹底させ,設備,間接部門の効率化を図る必要がある。

　一般に,直接材料費と直接労務費は製品別に**VE**[9]，**JIT**（just-in-time; かんばん方式）および**TQM**（total quality management）活動を通じて管理するのに適している。他方,製造間接費は**予算管理**を主体として,これにTQC,TPM等を活用して全員の知恵を結集して費目別に原価引き下げを図っていく

のに適する。

製品別の原価低減活動としては，不採算製品の検討，新製品の原価低減活動を通じて，工数低減および資源使用量の低減を図っていく。他方，費目別には，省力化，省資源，省エネの諸活動が行われ，作業員の節減，材料費管理，水道，ガスなどのムダの排除が徹底的に行われる。

原価改善の活動は企業ごとに異なるが，図11-6は，（トヨタ系列の）自動車会社における原価企画活動と原価改善活動の関係図である。

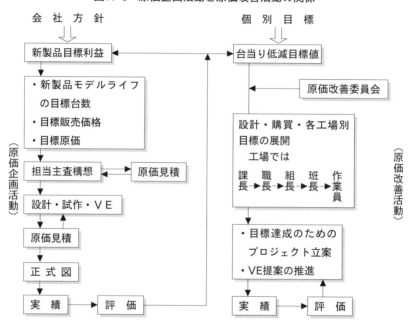

図11-6　原価企画活動と原価改善活動の関係

出典：トヨタ系列のD社の資料をもとに著者作成。

(2) 原価維持の内容

原価維持（cost maintenance）とは，現在の技術，経営および業務上の標準原価を維持することに向けた活動のことをいう。具体的には，製品原価を構成する価格要素と数量要素について標準値を決め，この標準値から各要素が大き

く離れないように管理することが原価維持の活動である。

新製品の場合には，原価企画で示された目標原価を実現することが原価維持となる。既存の製造段階における原価維持システムとしては，**標準原価計算**による管理システムが存在する。標準原価計算システムは，実際原価が標準原価を達成し，これを維持することを目的としている。

原価維持の活動としては，部門費管理，生産性管理，単価管理，設備管理の側面から原価低減活動が行われる。**部門費管理**では，部門別・費目別予算と実績との対比により，業務の改善を図る。**生産性管理**としては，工数低減，付加価値生産性の向上を中心テーマにした改善努力が行われる。**購入部品の単価管理**では，コスト・テーブルを作り，外注価格の交渉で活用する。**外注価格の引下げ**には，多くの企業が**コスト・テーブル**を活用している。現場ではVE検討会がもたれ，徹底した原価低減活動が行われる。また，定期的に単価の改定を行う。**設備管理**では，設備稼働率を上げるため，設備立ち上げ時の管理を徹底させ，設備費の適切な費用管理を行っていく。

4 原価企画の推進方法

原価企画は，製品の企画・設計段階から全社の総知を集めた組織的な活動としてもたれる。そのため，競争力のある製品とすべく開発目標値を定め，原価企画の各フェイズにおけるフォローを確実に行っていくことが肝要である。

1 原価企画のフェイズと委員会の役割

開発から設計を経て，量産に移行するまでには，企業によって種々のやり方がある。その手続きには定まった方式があるわけではないが，X社が採用している方法は，次のとおりである。

まず，新商品を企画する段階で，中長期経営計画との関係から，開発費，設備投資計画，要員計画の大枠が決定される。製品開発の段階では，品質と原価を勘案して競争力のある製品を作り込んでいく。

製品開発委員会では，原価企画部長あるいは開発室長を中心に，商品企画，開発・設計，製造・技術，購買など，各機能代表の参加により開発商品の検討

を行う。

　原価企画委員会では，開発の流れの節目，節目で，活動経過と進捗状況が報告され，実績の承認とその後の活動の検討が行われていく。第０次原価企画委員会では，目標利益の設定，目標原価の検討，原価企画チームの編成などが行われる。製品開発のプロセスを第１次，第２次，第３次と進めていくごとに，進捗状況を原価企画委員会でレビューしていく。

　レビューの結果は，事業部レベルの開発推進会議や全社レベルの経営会議で審議され，承認後に量産に移行する。原価企画のフェイズとその内容をＸ社の事例で示せば，図11-7のとおりである。

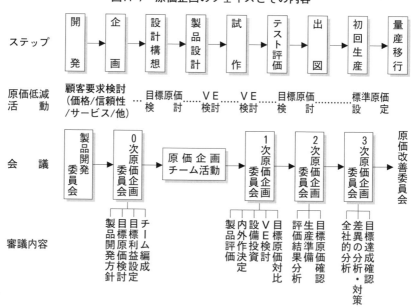

図11-7　原価企画のフェイズとその内容

出典：トヨタ系列のD社の資料をもとに著者作成。

2　中長期経営計画の原価企画への統合

　企業の業績は，内部・外部の環境の変化によって多大な影響を受ける。それ

ゆえ，企業は経営戦略に密接に関連した中長期経営計画をもつ必要がある。
　中期経営計画は，新製品計画の樹立に最適である。原価企画は経営戦略を中期経営計画に統合するための機構を提供する。それゆえ，両者の統合は原価企画を成功させるためには最も重要な必要条件である。事実，実務でも中期経営計画を原価企画に統合している日本企業は数多い。
　中期経営計画の期間は，通常3年である。中期経営計画ではいくつかのプロジェクト計画が樹立されるが，新製品開発プロジェクトで最も重要な計画は新製品開発計画である。**新製品開発計画**では技術部門ないし開発部門によって原案が作成される。経営企画部門が新製品開発計画を含むこれらのプロジェクト計画を調整し，公式の中期経営計画に統合していく。原価企画部門の部長は技術担当の部長と事前に打ち合せを行い，技術者の側から提出された原案の理解を深めていくことが重要である。

3　原価企画の担当組織

　原価企画を担当する特別の組織としては，原価企画部の他，総合利益管理室，企画管理部などの名称が用いられる。自動車産業などのように原価企画が企業のコスト・マネジメントにとって決定的な重要性をもつようなところでは，原価企画を担当する特別の組織（**原価企画部**）をもつことが多いし，またそれが望ましい。原価企画導入の中心部門としては，設計，商品企画，経理，技術および開発などである。
　原価企画を成功させるためには，経営組織もまた，職能別ではなく，諸職能―開発，企画，設計，製造，販売，経理など―を横に結合したマトリックス組織として，製品別に運用されるのが望ましい。原価企画全体の調整は，**プロダクト・マネジャー**（PM）によって行われる。自動車会社におけるPMは，**主管**（日産自動車）とか**主査**（チーフ・エンジニア；**CE**）などと呼ばれている。PMの基本的な役割は，企画・設計から製造・販売に至る製品のライフサイクル全体のプロセスを調整することにある。現在のトヨタで主査が果たしている役割については，小林［2017］が，トヨタでの自らの経験をもとに設計者の立場から詳細かつ多面的に解説している。
　ある自動車会社では，40年ほど前から原価企画を導入している。当初は，原

価企画がどうしてもうまくいかなかった。そこで，**商品別の主管制度**を設けてみた。そのことにより，責任体制が明確になり，大きな成果をあげることができた。この会社では，事業部制による経営組織を採用している。仕切価格制度を採用しており，販売は販売部長が責任者になり，生産面は工場長が責任者になって，生産部門から販売部門に内部振替価格を用いて販売するという組織を採用し，それぞれの利益を競い合うようにして業績をあげている。

4 原価企画の展開方法

原価企画による製品開発では，開発段階で各フェイズに複数の機能が関与ししかも後段階の活動が前段階の活動終了の前から始まることに著しい特徴が認められる。これを，リレー式に対して，**ラグビー型の製品開発**（オーバーラップ型）方式と呼ばれる。

ラグビー型の製品開発では，開発のプロセスが全体的で重複的な特徴をもつ。開発のフローはフェイズごとに区切るのではなく，オーバーラップしていることに特徴がある。「クロスファンクショナルであり，かつオーバーラップする製品開発方式」［日本会計研究学会，1996, p.31］であり，異なる機能別分野からの参画者からなるチームで構成されるのが原価企画の組織面での特徴である。

5 原価企画のための原価概念

原価企画では，許容原価，成行原価（見積原価，基準原価ともいう），目標原価という3種類の原価がしばしば用いられる。そこで，これらの原価を簡単に定義づけ，これら3つの関係を明らかにしよう。

1 許容原価

許容原価は予定販売価格から目標利益を差し引いて算定された原価である。図11-8を参照されたい。競争価格から導かれた理想的な原価である。次に示す式のように算定される。仮に，新型テレビの販売価格を20万円，目標売上利益率を20％とすれば，許容原価は16万円になる。許容原価はトップ・マネジメントから指示された希望原価であるから，一般に厳しくなりがちである。

図11-8 目標原価の導出の関係式

予定販売価格 ― 目標利益 ＝ 許容原価

20万円 －（20×0.2＝）4万円 ＝ 16万円

出典：著者作成。

　許容原価は利益計画の枠組みのなかで，売価との関係で計算されるので，貢献利益での形式で表示されることがある。その際，許容原価の算定では，総原価を算定し，また計算制度に組み込まないまでもライフサイクル・コストまで算定する。その理由は，環境コストへの配慮など，製品ライフサイクル全体のなかで製品開発を検討する機会をもちうるからである。

　企業によっては，販売価格の代わりに**工場仕切価格**（一種の振替価格）が用いられる。その際，工場仕切価格から目標利益を差し引き，単位当たり総原価を算出する。総原価から本社割（事業部管理費，一般管理費，販売管理費および基礎研究費）を差し引き，許容製造原価が算出される。

　許容原価の種類としては，実態調査［櫻井，1992, pp.145-148］の結果によれば，総原価（ただし，製造原価に研究開発費とか販売直接費だけを加算するときもある）が最も多い。その他，製造原価や変動製造原価も用いられる。しかし，許容原価が価格決定に活用されることを勘案すれば，単位当たりで算定される許容原価は総原価によるのがすぐれている。

2　成行原価

　成行原価とは，改善目標を含まない現状原価としての見積原価である。企業によっては**見積原価**とか**基準原価**と呼ばれる。成行原価は技術者による原価見積もりの出発点として活用される。

　原価の見積もりには，次の2つの面が要求［西口，1989, pp.26-29］される。第1は，対象となる設計そのものが目標を満たしているかであり，第2は，原価見積もり通りの値で生産できるという目標値としての面である。開発の初期から中期の段階では第1の側面が強く，生産準備・生産段階では第2の側面が必要となる。開発の初期段階で用いられる成行原価は，生産準備段階では原価

改善の結果として目標原価に近づけられていく。

成行原価は現状をベースにした基準的な原価であり，目標原価の出発点となる一種の見積原価である。許容原価が製品単位当たりで設定されるのに対して，成行原価は機能別，費目別，部品別，部門別に設定される。

許容原価はトップ・マネジメントから指示された希望原価であるので，一般に厳しくなりがちである。他方，現状をベースにして，技術者によって積み上げて成行原価が見積もられる。成行原価はVEによる原価低減が行われる前の基準的な原価である。許容原価が製品単位当たりで設定されるのに対して，成行原価は機能別，費目別，部品別，部門別に設定されるから，目標原価もこれらの分類基準に従って細分される。原価企画の活動は，VEによる原価低減活動によって，許容原価と成行原価との間のギャップを埋めていく活動であるともいえる。許容原価と成行原価との差額が，原価低減の目標になる。

3 目標原価

目標原価は，成行原価に改善目標を加え，その結果を利益計画から導かれた許容原価と擦り合わせ，達成可能ではあるがレベルの高い挑戦目標として設定された原価である。開発の初期段階で成行原価に目標値を与えていって，目標原価を作り込んでいく。

最終的な目標原価を作り込んでいくためには，トータルとしての目標では不十分である。個別の目標原価にブレークダウンし，それを個別の実施部門に割り付けて実施，達成していくことが必要である。それには，目標原価を機能別，部品別，担当者別，原価費目別に分解していく必要がある。

目標原価の費目分類は，研究開発費，企画・設計費，製造原価の他，据付工事費，物流費，販売促進費，一般管理費など機能別になされる。製造原価は材料費，労務費，経費といった財務会計上の分類ではなく，基本的には材料費と加工費に区分し，次のように分類するのが一般的である。

　直接材料費（購入部品費，内作部品費，型代に区分）
　直接加工費（直接労務費，直接設備費，直接経費）
　間接加工費（間接労務費，間接設備費）
目標原価のレベルについて，達成不能なほど高い理想水準で設定すべきだと

する意見がある。そこで革新が行われる可能性が高まるからである。ただ，目標原価はある程度までは高いレベルでもたれるべきであるにしても，必達目標として現場担当者に高いレベルでの目標を与えて，しかもそれを業績評価にも繋げることは，社員の疲弊を考えると，賛成できない。

トヨタの設計者は，原価低減に効果的なレベルは，より厳しい標準と頑張れば達成できるレベルのいずれが妥当だと考えているのか。小林［2017, p.96］によれば，より厳しい目標（32%）に対して，頑張れば達成できるレベル（40%），どちらともいえないは27%であった。ある回答者（無記名）の意見にあるように，原価目標自体の決め方がロジカルではなくやらされ感が残るようであれば，動機づけという観点から，達成できないような高い目標を与えることは必ずしも優れた方策とはいえない［小林, 2017, p.99］といえる。

目標原価の展開方法については，純利益法によるだけでなく，貢献利益によるなどの工夫がなされる必要がある。例えば，日産自動車［海老坂, 1990］は表11-1に示したような損益計算書で目標原価を展開している。

商品貢献利益における原価は，変動製造原価（直接材料費，直接経費，直接労務費）と個別の製品に直課（賦課）が可能な直接固定費（減価償却費，開発費）である。以上の商品貢献利益から共通固定費（修繕費，一般経費）を差し引いたものが利益になる。この共通固定費を差し引く前の商品貢献利益が，主

表11-1　損益計算書

売　　上　　高	5,000,000円
材　　料　　費	2,100,000円
材料費限界利益	2,900,000円
直　接　経　費	600,000円
直接労務費	800,000円
減価償却費（モデルサイクル定額）	700,000円
開　発　費（モデルサイクル定額）	300,000円
商品貢献利益	500,000円

管（プロダクト・マネジャー）の責任利益とされる。

【設　例】
　中期経営計画で，新車のＺ車の予定販売価格は600万円，目標売上利益率は15％と計画された。その仕様で技術者が現状の技術を前提で原価を見積もったところ，585万円になった。60万円までは原価引下げが可能であるが，525万円が生産準備までの段階ではもはや原価低減の余地のないギリギリの原価になった。許容原価，成行原価および目標原価はいくらになるか。

〔解　答〕
　　　許容原価　　600万円 －（600万円×0.15）＝510万円
　　　成行原価　　585万円
　　　目標原価　　525万円

　目標原価の設定までに時間はかかるものの，現場の要請と経営の要請との間のキャッチボールによって現実的な目標原価を設定できるので，コスト・マネジメントのためにはこの方法が最も理想的な方法である。目標原価は，図11-7で示したとおり，０次から第３次の原価企画委員会で，目標原価の検討，対比，確認，達成確認を行っていく。
　目標原価は，許容原価と成行原価とのギャップを埋めるように設定される。許容原価はトップの希望の表現であるから，達成困難な目標になりがちである。他方，成行原価は目標値が入っていない現状原価である。そこで，可能な限り成行原価を許容原価に近づけるように目標原価を設定する。目標原価が設定されたからといって，原価管理の活動はそれで終了というわけではない。次には，原価維持の活動として，直接材料費，直接労務費，製造間接費について費目別にコス・コントロール活動を行い，学習効果を高めることで原価低減を図り，量産効果を期待する。

4　原価見積もりのためのコスト・テーブル

　適正な原価を見積もるためには，コスト・テーブルが整備，活用される必要

がある。**コスト・テーブル**とは，原価を迅速かつ正確に評価できるように，使用目的を予定し，さまざまな特性や要素（例えば，加工方法や加工精度，あるいは材料の使用量や部品の生産量）に対応して発生する原価を見積もり，それを図表にまとめたものである。

コスト・テーブルの種類としては，用途によって，設計時点で経済性を判断する設計のためのコスト・テーブル，材料や部品調達に有効な購買のためのコスト・テーブル，加工や組立などの製造方法とその原価を明らかにした製造のためのコスト・テーブルなどがある。また，粗精度によって，詳細見積もりのコスト・テーブルの他，概算見積もりのコスト・テーブルがある。

コスト・テーブルは当初，購入部品の価格を適正に見積もり，購入原価を適正なレベルに維持することを目的として開発・活用された。しかし，現在では，コスト・テーブルは単なる購入部品価格表ではないとされている。部品として購入する場合にも，その部品がどの材料を用いて，購入先でどのように加工され，それに利益がいくら加算されているかを，できるだけ正確に推計するためのツールである。

デンソー（旧社名は日本電装）では，コスト・テーブルをもって「原価を決定・構成する諸要素（材料所要量，加工工程，加工設備，加工時間，加工費率など）のそれぞれについて標準を設定し，それを手順化された要領にしたがって組み合わせ，積み上げることによって標準原価を求める」［西口, 1989, pp.26-29］ためのツールであるとしている。

6 目標原価の設定方法

販売可能性や利益計画との関係から設定される許容原価，技術者目線で設定される成行原価，VE検討など原価低減の成果を含めた目標原価の設定に関して，種々の課題がある。第1の課題は，目標原価の設定である。目標原価の典型的な設定方法には，積上げ法，割付法，および統合法［田中, 1987, pp.23-25；1989, pp.20-21］がある。第2の課題は，目標原価を絶対値で設定するか，それとも差額で設定するかの問題である。第3の課題は，目標原価達成度の分析である。まず初めに，目標原価の設定に関して述べることにしよう。

1 目標原価の設定方法

目標原価の設定方法として,以下では,①積上げ法,②割付法,統合法について,それぞれの特徴を明らかにする。

(1) 積上げ法

積み上げ法とは,現状の技術レベル,生産設備,納期,生産量などを勘案して,自社の技術レベルに基づいて目標原価を設定する方法である。技術者が現行の製品原価を出発点として新規に追加される機能の実現に必要な原価を追加し,また排除できる原価を控除して,新製品の原価をボトムアップ的に積み上げていく。積上げ法によるときには,目標原価は図11-9のように導かれる。

図11-9 積上げ法による目標原価の設定

出典:著者作成。

企業によっては,まず成行原価に一定の原価低減率を掛けて目標原価を算定する。その後,VE検討を行って見積原価をもとに目標原価を算定する。どのような手続きをとるかは,取り扱っている製品や原価低減への経営者のポリシーなどによって決まる。なお,積上げ法によるとき,技術者の視点が多く取り入れられる。技術志向の原価企画である。しかしこの方法では,原価企画を戦略と結びつけた総合的な利益管理の手段として活用することは難しくなる。

(2) 割付法

割り付け法とは,競合製品の販売価格を参考にして,当該製品で一定の利益を確保するために必要となる目標原価を設定する方法である。原価企画を中期計画と連動させ,利益計画から導かれた目標利益との関係で目標原価をトップダウン的に割り付ける。この方法によるとき,目標原価は式11-1で算定される。

$$\boxed{予定販売価格} - \boxed{目標利益} = \boxed{目標原価} \quad (11\text{-}1)$$

出典:著者作成。

　割付法によるとき,市場の動向とトップの意向を反映した市場志向性の強い原価企画として活用することができる。その反面,技術者の観点を目標原価に反映することが難しくなる。

(3) **統合法**

　統合法とは,現実性を重視した技術上の要請と,利益計画との関連性を重視した経営上の要請を統合した方法である。技術者の要請とトップの意向が反映された結果が得られやすい。この方法では,目標原価は一般に,次のような形で導かれる。図11-10は,統合法に基づく目標原価の設定である。

図11-10　統合法に基づく目標原価の設定

予定販売価格 − 目標利益 = 許容原価
許容原価 → 目標原価
成行原価 → 目標原価（原価低減活動）→ 標準原価（生産開始）

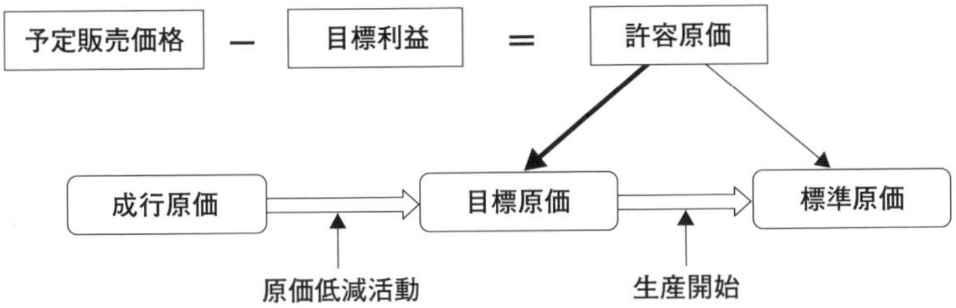

出典:著者作成。

　市場目線の許容原価と技術者目線の成行原価との擦り合わせは,VE検討によって目標原価を許容原価に近づけることによって行われる。目標原価が決まってもさらに生産開始後には標準原価計算による原価維持活動が行われる。なお,目標原価が算定されてからVE検討によって,さらなる原価低減が行われる企業もある。図11-10は確定的なものではなく,いくつかの方法のうちの1つの方法として理解されるべきである。

著者は当初から**統合法の有効性**を主張してきた。その理由は，目標原価の設定までに時間はかかるものの，現場の要請と経営の要請との間の"キャッチボール"によって現実的な目標原価を設定でき，最も理想的な方法だと考えたからである。調査［小林ほか(b)，1992，p.77］によれば，統合法による設定がわが国では圧倒的に多くなっている。そこで以下では，統合法を前提として原価企画の機構を述べていきたいと思う。統合法によるときには，後述するコスト・テーブルの果たす役割がとくに大きくなる。

統合法においては，目標原価は許容原価と成行原価（見積原価）とのギャップを埋めるように設定されていく。すなわち，許容原価はトップ・マネジメントの希望の表現であるから達成困難な目標になりがちである。他方，成行原価はいまだ当期の目標値が入っていない現状原価である。そこで，0次原価企画委員会において，成行原価を可能な限り許容原価に近づけるように目標原価を設定する。目標原価をレベルの相当高い挑戦目標とするため許容原価イコール目標原価とする企業もあるが，既述したとおり，目標原価は高レベルではあっても達成可能な実現性の高い努力目標として設定すべきである。

2 絶対値原価方式か差額原価方式か

類似製品の開発では，差額原価だけを原価企画の対象にするのが合理的である。乗用車のモデルチェンジでは，現行のモデルの原価を固定し，新型モデルの原価の差額だけを計算する。この原価見積もりの方法のことは，差額見積［田中（隆），1990，pp.18-19］と呼ばれていた。それではトヨタでの現状はどうか。

小林［2017，pp.63-64］によれば，原価企画を絶対値で設定すべきか差額のみで設定すべきかに関しては，いくつかの議論があるという。トヨタで絶対値原価方式とは，すべての目標原価を最初から積み上げて原価企画を設定する方法である。他方，現行モデルとの差額のみを目標として提示する方法を差額方式と呼ぶ。トヨタでは1998年から2000年にかけて徐々に絶対値方式に移行したが，2011年からは車両の目標原価の設定のみに差額方式を復活させたという。

差額方式の利点は，①手間が省ける，②原価の変化がハッキリと分かる，③設計活動の原価低減効果が可視化されることにある。トヨタが2011年から差額原価方式に変更したのは，車両の目標原価の設定に絶対値原価方式を適用した

ことによって，広告宣伝費や一般管理費といった固定費は販売数が高まれば高まるほど原価が低減されるため高めの販売台数を企画して目標利益が高まるような計画を立てたものの，現実には目標の販売数量が予定を下回り，目標利益を達成できなかったことによる。以上の理由から，現在のトヨタでは，車両の目標原価設定には差額原価方式によるが，部品の目標原価設定には絶対値原価方式を採用している[10]。

3　目標原価達成度の分析

　目標原価が許容原価に達しなかった場合には，事前と事後で適切な対策がとられる。事前の対策では，部品の共有化，新材料の活用など更なる検討が行われる。事後の対策としては，①標準原価計算を用いてコスト・コントロールを行う。通常，標準原価計算を使った**原価維持活動**を実施することによって，原価維持段階で，2～5％の原価管理が可能である。②生産の継続によって，**学習効果**が得られる。つまり，生産を継続すれば次第に生産に慣れ，生産方式を改善することで生産性を向上させることができる。③生産量が増加するに従って，**量産効果**が得られる。この場合の量産効果は，生産数量を増加させることによって単位当たり固定費が低減できるからである。

　新製品が量産に移行した段階で，原価企画はひとまず完了する。一般に，目標原価の達成が期待されている量産の段階で，企画された目標が計画通り進行しているかどうかを分析するため，立ち上がりから一定期間（1年ぐらい）経過した後で，フォローアップが行われる。原価低減の成果が測定・分析され，是正措置がとられる。その結果は，次の原価低減活動にフィードバックされる。

7　VEによる原価低減

　開発設計というプロセスは，製品という有形物を作るのではなく，顧客が要求する機能を具体的な形に作り込む活動である。このプロセスで，VEが活用される。VEはGE社のマイルズによって1949年に**価値分析**（value analysis；VA）の名で完成された。VEとVAとの関係と違いについては諸説ある。現在ではVEの語が用いられている。VEは製品やサービスの機能を研究することに

よって，その価値を向上させる手法ないし思想である。

1 VEの意義

VEとは，「最低のライフサイクル・コストで，必要な機能を確実に達成するために，製品やサービスの機能的研究に注ぐ組織的努力である」〔産能大学VE研究グループ, 1998, p.29〕[11]。言い換えれば，VEとは，製品やサービスの**価値**を，それが果たすべき**機能**とそのためにかける**コスト**との関係で把握し，システム化された手順によって価値の向上をはかる手法のことをいう。

価値をV，機能（F）から得られる**効用**をU，コストをCとすれば，価値は少ないコストで大きな効用を得ることによって高められる。この関係は，式11-2で表されるVを大にすることだといえよう。

$$V（価値） = \frac{U（機能から得られる効用）}{C（コスト）} \quad (11\text{-}2)$$

VEは製造業だけでなく，建設，物流などにも適用されている。羽田空港の新設ターミナルへの引っ越し作戦に，日立物流はVEを適用した。トラックの回転率を上げることで使用台数を2割程度削減した。また，人件費の高い夜間作業を減らして人件費を削減した。加えて，段ボールの梱包を繰り返して使用できるプラスチック容器に換えることで梱包費を削減した。結果的に，コストを2割程度削減することができた。

首都圏の大手安売り**紳士服チェーン**では，商品輸送の際，これまで箱に折り畳んで入れていたのを，コンテナにハンガー掛けの状態で積み込む方法を取り入れた。その結果，一度に大量の輸送が可能になるうえ，到着後のアイロン掛けの手間が減り，コストは2割以上削減できた。VEはこのようにあらゆる領域に適用されるようになってきている。

2 VEの方法

VEにおける価値とは，マイルズによれば，「適切な使用価値および貴重価値を生み出すために，製品を購入または製造するにあたり，費されなければなら

ない最低の金額」[Miles, 1961, p.3] のことをいう。

価値には経済的価値，美的価値，道徳的価値，社会的価値がある。経済的価値には，次の4つの価値が区別される。

① 使用価値（use value；効用，作用，サービスを果たす特性）
② 貴重価値（esteem value；貴重性の価値）
③ コスト価値（cost value；物を生産するために必要とされる労働，材料，製造間接費その他のコストの合計）
④ 交換価値（exchange value；交換によって他の物が調達できる特性）

VEでは，経済的価値，そのうちでも主に，①使用価値と，②貴重価値の研究を通して，組織的にコストを低減させようとすることに特徴がある。

1つの例として，**ネクタイピン**を考えてみよう。ただ単に使用価値だけを考えれば，なにも高価なネクタイピンを購入しなくても，1本で数円単位かそれ以下で購入できるゼムクリップで十分に用を足すことができる。ネクタイピンにあえて高額な支出をするのは，購入者がネクタイピンによって得られる使用価値だけではなく，その貴重価値を重視するからにほかならない。仮に，ゼムクリップが1本3円であるとする。3円出せば，ネクタイをとめるという基本的機能，つまり使用価値を得ることができる。ネクタイピンを仮に5,000円とすれば，ネクタイピンとゼムクリップの差は，4,997円である。この差がまさに，貴重価値に相当すると考えることができよう。現に，最近ではネクタイピンをしている若者を見ることが少なくなった。それは，ネクタイピンが多分に貴重価値を高めるためで，使用価値を高めるためではなかったからである。

われわれは現在，豊饒のなかに生きているため，知らず知らずのうちに本来の価値を考えずに企業内でも数多くのムダなことをしていることがある。産業によっては，年々デラックス化やラグジュアリー化の傾向がある。そのため，外装や内装に必要以上の金額をかける傾向がある。このようにみていくと，われわれは意外に不必要なことを企業にもち込んでいることがわかる。

VEは，企業における価値，それに必要な機能の組織的研究を通じて，資材費などのコストを引き下げようとする技術ないし思想であるといえる。

VEを実施する場合には，問題解決にあたって対象とされる物の果たしている価値を要領よく検討して，確実に目標に到達できる科学的手順を踏むことが

要請される。第一歩は，次の質問に対して回答を求めることである。
- ① その品物は何か（品物の選択）
- ② その品物の機能は何か（機能の研究）
- ③ それはいくらかかっているか（コストの調査）
- ④ 他に代替品はないか（代替品の探究）
- ⑤ あるとすれば，それはいくらか（コストの比較）

VEでは，以上のような基本的態度をもって研究を進めていく。VEにおける作業計画は，一般に評価，思索，分析，業者との折衝，技術的研究，現状の要約と総括からなる。VEの成功には，経営者の熱意と強力な支持，経営者間の協力体制，および従業員1人ひとりの強い原価意識が不可欠である。

3　VEの適用領域

VEを適用領域との関係で区分［日本バリュー・エンジニアリング協会，1992］すると，商品企画段階で適用される0 Look VE，商品化段階（開発と設計）で適用される1st Look VE，製造段階で適用される2nd Look VEがある。段階別にVEの役割について述べよう。

① 商品企画段階のVE（0 Look VE）

新製品開発のためのプロセスでは，何を，どのように，どうつくるかが検討される。商品企画段階で適用される0 Look VEは，何をつくるかを決めるプロセスで適用される。**マーケティングVE**ともいわれる。

この段階では，製品コンセプトを機能，性能，仕様などの具体的な数値に変換するプロセスが対象になる。この段階で基本構想が作成される。目標原価の見直し，機能の追加と削除，および日程の修正もこの段階で行われる。

② 商品化段階のVE（1st Look VE）

商品化段階で1st Look VEとして行われるVEには，2つの局面がある。それは，開発段階のVEと，設計段階のVEである。これらの段階では，生産現場を意識し，生産の効率化を検討する［菅，1991，p.33］。つまり，生産段階で行われるIEとリンクするように，省力化，自動化，標準化などの観点からの検討が行われる。

A　開発段階のVE　製品開発段階で適用されるVEである。この段階で，

どうつくるかが決定される。開発VEともいわれる。企業によって開発の意味が異なるが，ここで**開発段階のVE**とは，基本設計段階でのVEということもできよう。開発技術者主導のVEである。

B　設計段階のVE　設計に対する要求である設計仕様書をもとに，達成すべき諸機能と機能別目標原価を満足する価値の高い設計案を創造し，製造仕様を決定する過程に適用されるVEである。**詳細設計段階でのVE**ということもできよう。この段階で，部品仕様も作成される。

③　**製造段階のVE（2nd Look VE）**

製品の量産開始以後に実施されるVEで，購買や製造段階で実施される。外注，購買，製造部門主導のVEである。この原価低減活動は，**原価改善**と呼ばれている。小林［1993, p.30］によれば，「量産開始後の少なくとも一定の期間における原価改善活動は，原価企画活動のフォローアップとして位置づけられる」としている。この段階では，材質の改善，部品の形状の変更，加工方法の改善，作業手順の見直しなどを機能面から点検し，機能を落とさずにコストを削減する。なお，製造段階では製造技術者によるIEも行われるが，IEでは生産性向上，製造品質の向上など製造面での作り込み活動が行われる。

以上，企業における原価の作り込みは，そのほとんどが製品の開発段階で決定される。マーケティングから量産に至る原価の機能別責任の推移［岩橋, 1989, p.10］は，図11-11のようになる。機能別責任はマーケティング，エンジニアリング，生産を通じて明確に区分されているのではなく，傾斜的に責任が

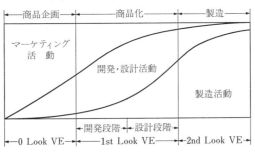

図11-11　開発の進行とVE活動

出典：岩橋［1989, p.10］を参考に，著者作成。

移行されながら開発が進められていく。VE活動もまた，上述の区分に基づくVEが並行的に実施されることに留意すべきである。

0 Look VEでは機能を創造し，コストを設定できる。1st Look VEでは，一定の制約のもとで機能を向上し，原価低減を図ることになる。それが2nd Look VEになると，機能の向上もむずかしくなり，主に原価引下げの活動に焦点が向けられる。つまり，0 Look VE→1st Look VE→2nd Look VEと川下になるほど，原価低減の余地が少なくなる。

以上から，できるだけ早い段階でVEの適用を行うべきだということが理解されよう。しかし現実には，実務家の立場からすると，過去，各企業が適用してきたVE技法の焦点［石松，1987, p.30］は，残念ながら，2nd Look VEに向けられているとしている。ただ，現在ではその問題点は解決されていて，VE技法は期待通り上流工程で実施されるようになってきている企業が多い。

4 社内・社外VE

VEは社内と社外で行われる。社内関係では，トップダウンとボトムアップの両面から行われる。トップダウン方式では，全社共通テーマによる相互改善（例えば，設備稼働率の向上，省エネ，技術資料の整備と有効利用），一貫効率化のための長期的取り組み（例えば，自動化，無人化），適用別VE（例えば，製品VE，物流VE，事務VE），および個々のコストダウン活動（例えば，部品，ユニットレベルの設計，購買のコストダウン）のそれぞれから取り組まれる。一方，ボトムアップ方式としては，個人ベースからの設計，製造，事務手続きなどのVE提案活動が行われる。

社外関係では，関係会社VE，協力会社VE，および取引先VEが行われる。とりわけ重要なのは，協力会社との関係で行われるVE活動である。

5 アイデア提案と実施提案

開発，設計の段階や製造の段階で，VEを適用することによって発見した代替案を，あらかじめ定められた手続きに従って上位の責任者に提示し，その実施を働きかける活動を，VE提案という。

VE提案は，VEアイデア提案とVE実施提案とからなる。提案の内容は，製

造関係が最も多い。ある企業では，1年間の改善効果を金額的にみたところ，製造改善70％，経費改善12％，設計改善9％，事務改善5％，ソフト改善その他4％であった。企業によっては，改善によって得られる利益が大である。VEは兼任で行うのが原則で，通常，アイデア提案には報奨金が渡される。

　VEを運営するうえで，いくつかの工夫が必要になる。VE提案実例集を定期的に発行することは，作業員にVE改善の着眼点を与えるのに適している。工場見学や研究会，展示会を定期的に行って参加させ，強化月間を設ける。なによりも，管理職の指導による提案の質の向上が図られる必要がある。

6　テアダウン

　最後に，VEではテアダウン（tear down）の成果が活かされることに触れておかなければならないであろう。テアダウンはリバース・エンジニアリングともいわれ，競合他社の製品を分解して，他社の製品を学習することである。具体的には，自社の製品や機械装置と他社の競合製品を分解し，部品の原材料（材料や数量），加工時間，組立時間，部品の共通化・標準化，品質／性能，製造工程の改善，製造原価構成などを比較して改善目標を発見する。テアダウンによって，競合他社の製品レベル，すなわち，使用している部品や加工技術，原価構造などを探求し，原価企画と原価改善の方向性を知ることができる。

8　目標原価設定と分析の実際的手続

　原価企画の全体像のなかで，具体的に目標原価をどのように設定し，VE活動を通じてどのように達成していくのか。以下で示す著名な自動車会社であるX社の事例は，読者の便宜のために目標原価の設定と達成のプロセスを示すために仮設例として著者が作成したものである。

1　目標原価の設定

　X社は新製品Aの開発を企画している。対象となる新製品は新型自動車である。製品開発委員会で新製品Aの開発方針が決定された。新車Aを開発するためのプロジェクト・チームが編成された。責任者には，技術出身であるがセー

ルスエンジニアとして評価の高い部長格の甲氏が任命された。

製品開発委員会において，1台当たりの予定販売価格として500万円の車を生産，販売することが決定された。目標原価の設定では，マーケットインの視点に立脚した市場志向の立場から，予定販売価格－目標利益＝許容原価（原価低減活動の結果から目標原価を導く）という目標原価設定の方式を採用した。目標利益には，中期経営計画から導かれた20％の売上利益率が用いられた。500万円の20％で，目標利益は100万円と設定された。許容原価は予定販売価格の500万円から目標利益の100万円を差し引いて，400万円と算定された。

企画・設計部門を中心としてVE担当部門，購買部門，原価管理部門，販売部門などからなる原価企画のチームが編成され，各々のチーム活動が始まった。希望する仕様をもとに，現状における技術水準から算出した成行原価が，技術者によってコスト・テーブルを活用しながら積み上げられた。

このようにして積み上げられた成行原価は，460万円であった。これでは許容原価に60万円達しない。目標原価は，0次の原価企画委員会において，達成可能ではあるが相当厳しい値である410万円に設定された。

VEによる原価改善が何回となく加えられていった。その結果は，第1次，第2次の原価企画委員会にかけられて，さらに検討が加えられていった。エンジンで6万円，ボディで11万円，内装で13万円，シャフトで2万円，……と原

図11-12　原価企画のプロセス

予定販売価格	－	目標利益	＝	許容原価
5,000,000円	－	1,000,000円（＝5,000,000円×0.2）	＝	4,000,000円

ユニット	成行原価 金額	（原価低減） VE活動	目標原価
エンジン	800,000円	60,000円	740,000円
ボディ	1,800,000円	110,000円	1,690,000円
内装	1,200,000円	130,000円	1,070,000円
シャフト	210,000円	20,000円	190,000円
…………	…………	…………	…………
合　計	4,600,000円	500,000円	4,100,000円
			標準原価 4,000,000円

出典：著者作成。

価低減を実現していった。原価低減がなしうるギリギリの線は，420万円である。これでは目標原価には10万円達しない。そこで第3次の原価企画委員会でさらに検討を加えた結果，量産に入ってからの工数削減，物流費の管理，量産効果，学習効果などによってさらに10万円の原価低減がなされることが判明した。そこで，400万円を標準原価とした。

以上から，新型自動車Aの標準原価を400万円とすることが確定された。図11-12を参照されたい。

2　生産移行活動

生産に移行する前に，原価改善のための活動が行われた。VE活動が中心になったが，目標原価を達成すべく，技術部門や購買部門が主体となって原価低減活動を行った。標準原価が確定すると，生産段階において標準原価が意図したとおり達成されるように，生産移行計画が実施に移された。すなわち，工場および仕入先で生産設備の準備が日程通り進められているかを確認し，新型自動車Aの販売価格，部品価格，材料消費量，工数などが最終的に確定された。

生産の準備段階が終了し，いよいよ量産体制に入った。幸いにして，VEによる原価低減の活動は順調である。

新型自動車Aが量産に移行した。車自体の人気からみた滑り出しは好調である。ただ，景気が当初の予想を下回り，販売台数が落ち込んだ。当初の計画では月間売上台数を2万台と見積もったのであるが，高い前人気にもかかわらず，実際には1万6千台しか販売できなかった。販売台数の落ち込みによる生産台数の減少，未回収の固定費の影響が心配である。とはいえ，当面の車全体の販売台数の落ち込みからすれば，この車Aがかなり健闘しているとはいえる。そこで，製造段階での原価維持の活動に期待がかけられた。

3　事後評価

新型自動車Aの本格生産にともなって，製造活動と購買活動が行われた。そこで1か月の生産が終った段階で実績を測定し，原価企画の結果やプロセスを目標値と対比して実績を評価した。

差異分析の結果では，2つの問題が浮び上がってきた。第1は，景気の落ち

込みによる素材費や部品価格の下落により，材料費が1台当たり25万円低減した。経費節減による成果はわずか2万円にすぎなかったが，この27万円が有利差異に貢献した。その反面，第2に，販売数量の落ち込みが激しく，量産効果を実現できないばかりか生産の落ち込みによる単位当たり固定費の上昇によって加工費が35万円上昇した。製造段階での原価引下げ効果はほとんどみられなかった。以上の結果，目標原価より実際原価は8万円の原価上昇に終わった。つまり，当月の実際原価は418万円になった。

第3次原価企画委員会では，前月の実績値である実際原価をいかにして410万円以下に引き下げるかに議論の焦点が当てられた。その結果，販売の落ち込みを最小限に留めるため，生産の余剰要員の130名を製品Aの販売促進にまわすことが検討され，近々，トップの最終決定を仰ぐことになった。

9　原価企画が適する企業

原価企画は，すべての企業に適用が可能であるわけではない。最も効果的なのは，何千から何万という部品からなる自動車を生産する**加工組立型産業**である。さらにまた，最近の研究によって，製造業だけではなく，建設業やソフトウェア開発，さらには外食産業などのサービス産業にも適用できることが明らかになってきた。

1　適用可能な産業の種類

加工組立型産業では，モデルチェンジのつど，原価企画による検討が必要となる。一般に，製品と部品の種類が多岐にわたるため，モデルチェンジのつど，新製品（モデルチェンジ品）の企画と設計が行われるからである。このため，加工組立型産業では，比較的早くから原価企画が導入されてきた。

他方，**装置産業**では，製品の多様化が進んできたとはいえ，加工組立型産業に比べて，少品種大量生産の傾向は依然残されている。また，この種のプロセスで付加価値を生み出す産業では，「製品設計で目標水準に到達するのは至難の業」［永長，1980, p.20］という理由から，原価企画が定着しにくい状況にある。また，原価企画における原価低減に欠かしえないVEの適用局面は少ない。こ

のような理由から，化学工業や鉄鋼業などの装置産業では製品の多様化は進展しているが，一般に，原価企画の導入が困難である。

1988年調査［櫻井・伊藤，1989, p.71］では，装置産業でも原価企画の導入を積極的に検討しつつある企業も現れていることを発見した。小林ほか［1992（a），pp.88-89］による調査でもまた，装置産業における原価企画の活用を発見している。ただ，これらの産業における原価企画は設計段階における原価低減活動よりも大型機械設備の設置による量産効果を期待したりVEの活用がそれほど活発でないなどの点で，固有の原価企画とはその方式を異にする。

2 多品種小量生産に最適

大量生産においては，製品の企画・設計はそれほど頻繁に行われることはない。他方，多品種小量生産においては，企画・設計の重要性が高まる。原価企画が製品の企画・設計段階で適用されることからすれば，原価企画が**多品種小量生産**において効果的なことは容易に想像がつくであろう。

製品種類が多品種になると，品質の維持と保証のために，チェックすべき項目や特性が多くなるので，品質管理のための仕事量が増加する。これに対しては，生産に従事する人間が総掛かりで，品質を作り込んでいく方式（TQM）が有効になる。また，製品種類の変換が頻繁に行われるようになると，フィードバック情報に基づく是正措置（標準原価計算はその典型）よりも，計画に重点をおいた原価引き下げのほうが効果的になる。さらに，加工組立型の産業では技術進歩が非常に早いので，最初から価格低減を想定した原価管理が必要になる。これらの特徴は，いずれも原価企画に適する。

多品種小量生産の前提として，製品のライフサイクルだけでなく，設備のライフサイクルもまた短縮化されている。1980年代の後半に工場自動化の進んだ企業における設備の回収期間をアンケート調査で調査したところ，3年と5年（3～5年で78％）［櫻井・Huang, 1988, p.60］が最も多かった。大型投資を避けて，ミニ投資になる傾向もみられた。なお，この数値は景気の絶頂期のもので，1991年バブル崩壊以降の失われた20年以降の低成長下の経済にあえぐ企業にあっては，セミナーを通じて参加者の動向を調査すると，設備のライフサイクルが長期化している傾向がハッキリとみられる。

3 製造業以外での原価企画の適用

　企画・設計が決定的な重要性をもつ建築業でも，原価企画が適用されている。木下［2011, pp.43-50］は株式会社希望社の事例を用いて，**建設設計**においても原価企画が適用されているという事例を報告している。基本設計と実施設計の段階でＶＥが適用されて，実施設計後に提示した詳細な見積建築費は96％に削減されているという。

　原価企画は，ソフトウェア原価管理のためにも有用である。その理由は，ソフトウェア開発の企画・設計段階における原価管理が重要性をもつからである。

　ソフトウェア原価管理では，製造業でみられるような形でのVEによる原価低減は行われない。形を変えたVEに加えて，モジュールの流用が図られる。ソフトウェア技術者は一般に，過去に類似のソフトウェアの開発作業を行っても，それとは全く別に最初から開発作業を進めようとしがちである。しかし，原価管理の立場からすれば，過去の努力の成果はできるだけ活用すべきである。そこで，ソフトウェアの個々のモジュールをパッケージ化し，必要に応じてそれを再利用（流用）することによってコストの低減が可能になる。

　以上，ソフトウェア原価企画は，基本的にはハード原価企画と同じであるが，その細目においては，必ずしも同じではない。日本電気が活用しているソフトウェア原価企画のアプローチが日本電気の的井［1987, p.7］によって示されているので，以下でそれを紹介する。図11-13を参照されたい。

　ソフトウェアの原価管理において，見積原価は工業製品における原価管理で説明した成行原価に相当する。目標販売価格，目標利益，許容原価の関係は製造業の原価企画の方式が活用される。製造業とソフトウェア原価管理との最大の違いは，製造業ではVEが活用されるのに対して，ソフトウェア開発の場合にはモジュールの流用が図られる点にある。

　近年では，加工組立型の製造業は当然のことであるが，その他にも，建設業やソフトウェア，サービス業，病院，ホテル，外食産業などにも原価企画の適用が盛んに試みられるようになった。田坂［2010, 217-228］は，製造業とサービス業との相違点をあげ，生産前の活動と量産活動の区分の困難性はあってもいずれも原価低減活動であること，原価企画に不可欠なVEについても概念的

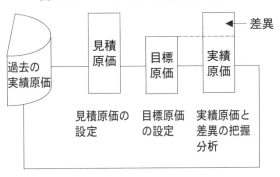

図11-13 ソフトウェア原価管理の流れ

出典：的井［1987, p.7］。

に適用可能であるとしている。荒井［2010, p.59］もまた，病院における総合診療計画の開発におけるVEの適用可能性を指摘している。

　岡田［2010, pp.63-78］はサービス生産性向上運動の一環としてのサービス原価企画の研究を実施している。本調査では，趣旨に賛同して協力してくれた高業績事業者18社の調査結果から，すべての高業績事業者が「サービス原価企画だと見做してよいと思われる活動」を行っていたという。それら一連の活動は，①効果性のサイエンス（価値中心の「原価，価格，価値」の設計），②効率性のサイエンス（原価中心の「原価，価格，価値」の）設計，③統合のアート（VE的思考によるヒトの決断），および④仮説検証とサービス進化，が見られたという。

　秋山［2017, pp.51-63］は，在宅サービス介護事業におけるサービス・リエンジニアリングと関連させて，VE的アプローチを，V（価値）を向上させるために「C（コスト）を上昇させ，それ以上にS（サービス）を向上させる」ための方策を検討している。つまり，将来のサービスのVEのあるべき姿として，V，C，Sとの関係で考察している。このように考えるのであれば，サービスの原価企画も整合性をもって説明が可能になるであろう。

　原価企画を適用するというとき，心すべきことは，何をもって原価企画と称するかである。原価企画の特徴には，①市場志向の経営アプローチ（予定販売価格－目標利益＝目標原価），②企画・設計などでの源流管理，③ＶＥ検討，

④戦略的コスト・マネジメントなどの特徴がある。2010年以降の原価企画研究の方向性は，サービスへの適用に向けて拡張され続けていると期待される。

10　原価企画の課題

　原価企画は加工組立型産業における有効な原価低減の手法として，トヨタを中心とするわが国の製造業において独自に開発，活用されてきた手法である。原価企画は1980年代に日本企業に広く普及した結果，いまや成熟段階に達してきたといえる。日本企業に大きな福音をもたらしてきた原価企画にも，いまでは解決を要する課題も明らかになってきた。それには，①長期にわたる創発の努力，②バイヤーとサプライヤーとの関係，③海外への原価企画の移転，④コンカレント・エンジニアリング，⑤原価改善，原価維持と研究促進，⑥人間性の充足，⑦原価企画のハイブリッド版の展開，および⑧原価企画の今後の課題がある。本節では，以上8つの観点から原価企画の課題を述べる。

1　長期にわたる創発の努力

　原価企画の効果的な運用には，完成品組立メーカーと部品メーカーの長期にわたる，よく練られたサプライヤーの管理体制，明確な戦略ビジョンが必要である。1980年代の日本の自動車産業における競争力の源泉とされているものにトヨタのブラック・ボックス部品取引方式（ブラック・ボックス方式）がある。
　ブラック・ボックス方式とは，藤本［1997, pp.189-236］によれば，「自動車メーカーの要求する仕様（スペック）や基本設計に基づいて部品サプライヤーが部品の詳細設計等を行うという取引パターン」のことをいう。
　原価企画が効果的に実施されるためには，このような**システムの創発**が必要とされる。同時に，新たな課題も生まれている。ブラック・ボックス方式は日本の自動車産業の強さの根源でもあった重要な課題であるので，次に項を改めてバイヤーとサプライヤーとの関係として考察する。

2　バイヤーとサプライヤーの関係

　原価企画におけるバイヤーとサプライヤーとの関係について，日本では，市

販品メーカーの他に，貸与図メーカー，承認図メーカーが存在する。**市販品メーカー**とは，一般に見られるバイヤーとサプライヤーの関係である。

サプライヤーが製造する部品には，2種類のタイプ［浅沼，1990, p.17］が見られる。1つは，中核企業が供給する図面に従って，外部のサプライヤーが製造する部品である。いま1つが，サプライヤー自身が作成し，中核会社が承認する図面に従って外部のサプライヤーが製造する部品である。第1の図面は，**貸与図**（drawings supplied），第2は**承認図**（drawings approved）と呼ばれる。

貸与図メーカーとは，既に設計が終了した仕様に従って製造した部品を生産して，完成品メーカーに納入するサプライヤーのことである。貸与図メーカーでは，中核となる企業が提供する図面に従って，サプライヤーが製造する。欧米では，市販品メーカーと貸与図メーカーが多いとされている［日本会計研究学会，1996, p.85］。逆に，日本におけるサプライヤーの特徴は，貸与図メーカーが有力であるとされている。

承認図メーカーとは，サプライヤー自身が図面を作成して，バイヤーが承認した図面に従って製造する部品メーカーのことをいう。日本における製品開発の特徴は，サプライヤー自身が図面を作成し，完成品メーカーの承認を得て部品の開発が行われてきたことにある。この部品開発の方法は，承認開発と呼ばれている。**承認開発**によれば，完成品メーカーは，①自社内の開発業務量をその分だけ減少させることができる。②完成品メーカーが生産するよりも，規模の経済と範囲の経済による量産効果が期待できる。③社内に部品担当のエンジニアを抱え込む必要も減少させる。加えて，④部品メーカーにとって，商品の技術に関する開発能力や知識を高めることができる。ただし，承認図による部品調達を行うときには，部品メーカーとの密接な情報共有が必要になる。

承認図メーカーは，完成品メーカーの開発・設計段階から共同でデザインインを行うことが容易になる。**デザイン・イン**（design-in）は，仕様が固まった後で競合他社と競争することでは価格競争に陥りがちなので，上流プロセスで顧客のニーズを組み込んで顧客と共同開発する方式である。自動車業界では，部品メーカーは完成品メーカーと共同でデザインインすることによって，製品の開発に参加し，開発期間の短縮や製品の機能・性能の向上を図ってきた。

承認図メーカーは，情報共有は技術面だけでなく，原価低減の方法について

も完成品メーカーと情報共有を行う。完成品メーカーと承認図メーカーとの関係は，系列関係を前提にしていることが一般的である。ただ，部品メーカーが下請け部品メーカーである場合には，完成品メーカーからの原価低減，納期，品質のプレッシャーを受けることになる。

完成品メーカーにとって，承認図メーカーを活用することによるメリットは大きい。ただし，このようなバイヤーとサプライヤーとのインタラクションの将来の可能性について，諸藤［2013, pp.212-223］は，系列関係を取りやめる企業の存在などによって減少している。加えて，海外進出している日本企業では進出先の文化と契約に即した新たな方式を編み出しているとしている。

3 海外への原価企画の移転

著者の経験によれば，日本企業に比べて，欧米企業には原価企画の導入を困難にしてきた次のような3つの要因があった。第1に，販売価格は原価に一定の利益を加算して算定される傾向が強かった[12]。第2に，経営組織は縦組織として形成されており，その結果，部門間協調が図りにくい[13]。第3に，VEの実施には現場技術者や現場製造マンの継続的な改善努力を必要とするが，現場の協力が日本企業ほど容易には得られない。これらの特徴が日本的な形での原価企画の欧米への移転を困難にしてきたように思われる。

最近の欧米企業（とりわけ，米国企業）では，いずれの特徴も独自の手法の開発により急速に改善の兆しがみえてきた。例えば，米国では後述するコンカレント・エンジニアリングの開発がある。部門間協調にしても，米国企業ではTQMの実施を通じて急速に改善しつつある。さらに，改善活動はリエンジニアリングと結びつけて米国企業はこれに積極的に取り組みつつある。このように，すべての企業において上述の3つの要因が現在でもそのままの形で残存していると考えるのは間違いである。

原価企画は，1980年代から1990年代の初めまでは，日本企業のお家芸であった。日本企業の優位性を確保するためには，原価企画を海外にそのまま移転すべきかについて，躊躇する気持ちが全くないわけではなかった。当初，VEについての紹介を著者が意識的に避けたのは，原価企画の紹介によって日本企業の競争力低下をおそれたからである。とはいえ，現代のように企業がグローバ

ル化した時代には，自社とか日本だけがすぐれた技法を独占することは許されなくなってきたし，それは日本の長期的発展にとってもプラスにはなるとは思われない。かつて欧米の研究者および企業が果たしてきたように，わが国で開発された先端的な技術や概念を世界の国々の企業と共有し，わが国はさらにその上をいく手法を編み出していくという積極的な姿勢が求められている。そのことが，国としてのレピュテーションを高めるからである。

海外企業への原価企画導入の1つの実例として，加登［1997］を中心とするチームによるイタリアのMagneti Marelli社への原価企画導入の実体験がある。これらの活動が，原価企画の発展に大きく貢献したように思われる。

4 コンカレント・エンジニアリングの導入

コンカレント・エンジニアリング（concurrent engineering）は，開発と設計，設計と製造が同時並行的に進められるもので，アメリカ企業の欠陥である部門間に横たわっていた垣根を取り払い，設計の観点から製品開発を再検討した。サイマルテニアス・エンジニアリング（simultaneous engineering）ともいう。ラグビー方式と同意義で捉える見解もある。

原価企画に足りないところがあるとすれば，日本企業はコンカレント・エンジニアリングの導入であろう。ただ，コンカレント・エンジニアリングは多様な意味で用いられていることに留意されたい。

事例の1つとして，ある自動車部品会社の実例を紹介しよう。当社では，コンカレント・エンジニアリングのことを「開発の設計段階から，開発部門を中心に，生産部門の関連諸部門が有機的に連携を図り，**品質・コスト・デリバリー**（quality, cost, delivery；**QCD**）の目標を達成するときの活動を行うことである」と定義づけている。コンカレント（同時の）とかサイマルテニアス（同時の）というからには，コンカレント・エンジニアリングは同期化が含意されるが，同社では設計開発，生産技術開発，設備計画の3者の同期化を意味する。

原価企画は，その発展の歴史をみてもまだまだ改善の余地がある。コンカレント・エンジニアリングは外から原価企画を見直す1つのすぐれた機会になりうると思われる。

5 原価改善, 原価維持の研究促進

　原価低減の効果を上げるためには, 原価改善と原価維持の有効活用が前提となっている。しかし, 門田［1994, pp.219-256］の研究などわずかな例外を除けば, 原価企画に比較して原価改善と原価維持に関する本格的研究は必ずしも十分ではない。

　今後, 原価改善の充実を図るためには, 製造間接費の管理に効果をあげているABM（Activity-Based Management；活動基準管理, 次章で考察）の原価改善への応用［門田, 1999, p.152］を図るなど, 原価改善の研究促進とその充実を図っていく必要がある。また, 原価維持の充実を図るには, 標準原価計算の現代的役割を研究し, その改善に努力することもまた必要になるのではないかと考えられる。それらの研究に関しては, 田坂［2008, pp.75-104］によるすぐれた研究が参考になる。

6 人間性の充足

　原価企画の実施が, VEによる原価低減を中心として, 協力企業と企業内の従業員に過度の負担を強いる危険性がある。メーカーからサプライヤーへの価格引き下げ要請は, すでにギリギリの原価構造で操業しているサプライヤーの利益構造をさらに圧迫する。これらサプライヤーは中小企業も多く, 乾いた雑巾をさらに絞るような要求がその経営をさらに圧迫することになる。世にいうところの"下請けいじめ"もみられなくはない。企業内でも, 引き続く原価引き下げの過度の要請がストレスとなり, 設計担当者を中心にして現場の技術担当者に過度な緊張を強いている例がみられる。

　目標原価を厳しく設定してしかもそれを必達目標とすることは, 業務効率を高めることにはなる。しかしそのことは逆に, 従業員の疲弊を強めることに通じる。わが国企業は今後, 従来のようにがむしゃらに利益追求に走ることよりも, 企業の持続的発展を通じて企業価値を創造し, あわせて関係者の生活の質を向上していくことが求められている。

　原価企画をわが国で今後有効に活用していくためには, 原価低減を図ると同時に, 人間性の尊重にも十分に配慮してその運用が図られなければならない。

効率の追求だけでなく，**効果性重視の経営**が望まれるということである。

7　原価企画のハイブリッド版の展開

　原価企画というとき，トヨタで実施されてきた原価企画と，トヨタ以外の企業で実施されてきた原価企画とは，名称は同じであってもその実態は大きく異なる。特定の研究者は別として，1980年代には，特定の研究者を除けば，トヨタの原価企画の実態はブラック・ボックスでしかなかった。著者による原価企画の研究もその例外ではなかった。そのため，本章の内容は，トヨタに関しては特定の研究者による研究を手掛かりとしたが，ダイハツ，いすゞ，日産自動車，ゼクセルなどトヨタ以外の日本の自動車関連企業の訪問によって得られた知見，および欧米諸国や日本での原価企画の講演などで得られた知見などをもとに執筆している。

　その意味では，トヨタの小林［2017］が明らかにしているように，原価企画が時代によって変化してきたと同じように，本章で述べてきた原価企画はそのプロトタイプではなく，そのハイブリッド版だともいえる。

8　原価企画の今後の課題

　最後に，原価企画の将来性について，著者には，2つの暗雲が立ち込めているように思われる。1つは，日本企業は金型の製造に関しては，他国では真似のできない職人技による製造技術をもっていた。これこそが日本企業の秘めたる優位性の1つであると考えてきた。それがいまや**3次元CAD**[14]と**3Dプリンター**の出現によって，原価企画にも影響を及ぼす設計段階での日本企業の競争優位性が保てるかという問題が生じてきた。

　いま1つは，原価企画の前提が，完成品組み立てメーカーと部品メーカーとの関係が**日本固有の部品取引方式の関係**で高品質で廉価な製品を生産できるというものであった。しかし，グローバリゼーションの進展と国際競争の激化によって世界的な部品共有化が進み，日本企業といえども伝統的な日本企業の強みである承認図方式を捨てて大量生産によって生産された低価格の市販品の部品の使用を余儀なくされる可能性もある。

　とりわけ新興国市場では低価格品が求められるために，国際競争においては

従来日本が得意としてきた方式では苦戦が予想される。これに対して田坂［2014, pp.167-189］がいくつかの提言を行っている。それの1つの解決策が，現地適用品を使用するための「現地基準」と，オリジナルな部品を取り入れた「自社基準」を区別して生産するという方式である[15]。

以上で述べてきた課題は，喫緊の問題としてわれわれに迅速な解答を求めている。これらの課題に日本企業はどう応えていくべきか。産官学が真剣に取り組むべき課題が提起されているように思われる。

注

1) 小林［2017, p.3］によれば，トヨタの社内では原価企画のルーツを1937年においているという。原価企画の入り口は目標原価を控除方式（予定販売価格－目標利益＝目標原価）で設定する点にあるといってもよいが，この考え方をトヨタ自動車の創業者である豊田喜一郎が，創業後間もない1937年には既に示していたからだという。主査制度の下で製品開発と一体となって利益を生み出している仕組みが原価企画なのだという。ただ，以上のように一般にもよく知られている控除方式と主査（現在はCE：チーフ・エンジニア。ただし，日産では主管という）制度だけをもって原価企画のルーツだとすれば，原価企画を創出した企業の見解とはいえ，唐突感が拭いきれない。

　　一方，1959年のパブリカの開発段階に市場志向の価格・原価計算の枠組みが形成されたことをもって原価企画の起源であるとしている論者もいる。丸田がいうように，1950年代には松下電器（現・パナソニック）をはじめ，日本コロムビア，日立製作所，久保田鉄工，東芝，日産自動車，東京重機工業その他でも原価企画が行われていたという。ただし，当時は原価企画という名称もVE／VAが使われていた形跡も見当たらない［丸田，2011, pp.55-56］。原価企画にはいくつかの側面があるが，VA／VEなど原価低減の手法は不可欠であると考えられる。結局は，何をもって原価企画と呼ぶべきかを明らかにすることが求められるであろう。また，日産自動車でも1950年代に原価企画が導入されていたとする見解があるが，緻密な標準原価計算を中心に原価低減活動を行っていた日産自動車に，経理担当の役員の交代を見計らって原価企画の意義を説くとともに，著者が同社に原価企画を導入して頂いたのは，1980年代後半のことであった。日産自動車には，トヨタとは違って，総合的利益管理の意味合いの強い原価企画が導入された。

2) 門田［1994, p.8］は，原価企画を，「顧客の要求を満たす品質をもった製品を企画し，中長期利益計画で必要とされる目標利益を所与の市場環境条件の中で達成するために，新製品の目標原価を決定し，要求・品質・納期を満たしながら，

目標原価を製品の設計上で達成するようにとりはからう全社的活動」であると定義づけている。櫻井［1994 (a), p.17］に基づく定義は，本文の通りである。他方，日本会計研究学会［1996, p.23］では，「製品の企画・開発にあたって，顧客ニーズに適合する品質・価格・信頼性・納期等の目標を設定し，上流から下流に及ぶすべてのプロセスからの目標原価の同時的達成を図る，総合的利益管理活動」と定義づけている。

　門田，日本会計研究学会，櫻井の定義の最大の違いは，「目標原価を…達成する…全社的活動」（門田），「総合的利益管理活動」（日本会計研究学会），「原価低減と利益管理を図る…戦略的コスト・マネジメントの手法」（櫻井）にある。ただし，それぞれの定義は研究対象（トヨタかいすゞやダイハツなどそれ以外の企業か）と時代的背景を背負っており，原価企画への期待感がそれぞれの定義にも現れているように思われる。なお，最近ではサービス業での原価企画までが議論されるようになってきたが，トヨタの原価企画だけをもって，これこそが原価企画だと称することはますます困難になってきた。なお，関［2016, pp.112-124］は原価企画の成立要件として，①目標原価に基づく源流管理，②社内・社外を問わない協力関係，③（VEなどの）支援ツールであるとしたが，1937年に始まったとされているトヨタでの原価企画がこの成立要件を満たしているかは疑問である。なぜなら，原価企画は時代とともに変化（進化）してきたからである。

3）コスト・マネジメントの目的は，究極的には利益の向上にある。それゆえ，戦略的コスト・マネジメントは利益管理と抵触することはない。なお，注1）で述べた通り，日産自動車が導入したのは，総合的利益管理を強く志向した原価企画であった。

4）成行原価は，基礎原価とか基準原価とも呼ばれていた。しかし著者は科学的管理法の父フレデリック・テイラー（Frederick Winslow Taylor）が命名した成行管理のイメージを与えるために，これに思い切って成行原価（drifting cost）の語を与えた。目標原価とは違って技術者が原価を積み上げたものである。ただ，現実的には成行原価も，コスト・テーブルを使ってより現実的な原価として活用されることから，全く科学的でないとは言い切れない。

5）1990年代の初頭，ホルバッハ教授の推薦を得て，ドイツで3回に亘って原価企画の講演をした。その折，原価企画における市場志向の管理会計手法に大きな驚きを隠さないドイツの経営者の反応から，原価企画には市場志向性が強いこと，そしてそれは顧客を大切にしてきた日本特有の価値観が潜んでいることに気づかされた。

6）塩澤清茂［1968, pp.20-22］によれば，IEの起源に関しては，1910年代のF.W.Taylor（1856-1915）によって創始された科学的管理法を出発点とする説が

有力であるという。IEの定義は諸説あるが，アメリカIE協会（1956年）では，「IEは工学のうちで，人・材料・設備の統合されたシステムの設計・改善・設置を対象とする。IEでは，統合された方式を設計・改善およびその結果を明示し，予測・評価するために工学上の分析や設計の原則・技法，数学，自然科学などを活用する」と定義づけている。日本IE協会は現在，「IEは，人間，材料および設備が一体となって機能を発揮するマネジメント・システムの設計，改良，設置をすることである。……」と定義づけている。要するにIEは，経営上の問題解決に適用される工学的アプローチであるといってよい。

7）CAM−I（呼称；ケーマイ）は，製造業・サービス業，政府機関，コンサルタント，学界，業界の専門団体からなる国際的なコンソーシアムである。

8）TQM（total quality management）は1980年代に生み出された品質管理の手法。アメリカで統計的品質管理の手法であるQC（quality control）が生み出された。日本では，全員参加の品質管理の手法として1960年代にTQC（total quality control）を生み出した。TQCが改善を意図したのに対して，TQMは組織改革そのものを目指すことにその特徴がある［土屋，2000, p.18］。

9）VEは直接材料費の管理にのみ適用可能と考えられがちであるが，後述する紳士服チェーンの事例のように，現在では労務費の削減にも効果を発揮している。

10）トヨタが差額原価方式を採用する根本的な理由は，突き詰めて考えれば，絶対値方式では固定費の問題が出てくるためであるように思われる。であるとすれば，この問題は当該固定費を目標原価の設定でどう扱うべきかに議論が集中してくる可能性はあろう。

11）日本バリュー・エンジニアリング協会から，3つの定義が発表されている。第1は，1992年の日本バリュー・エンジニアリング協会［1992, p.1］の定義である。それによれば，「最低の総コストで，必要な機能を確実に達成するために，組織的に，製品，またはサービスの機能の研究を行う方法」と定義づけられている。第2は，日本バリュー・エンジニアリング協会のＨＰに基づくもので，本文で"言い換えれば"以降の内容である。本文とは表現を若干変えてある。第3は，産能大学ＶＥ研究グループ著『新・ＶＥの基本』に基づく定義である。

　日本バリュー・エンジニアリング協会に問い合わせた（2014/5/30）ところ，担当者から，正式には，産能大学ＶＥ研究グループの定義を使って欲しいとのことであった。

12）ドイツのフランクフルトで原価企画の講演をした時のことである。出席者の1人が日本とドイツの価格決定に関するスタンスの違いを述べ，ドイツではコストに利益を加算する価格決定方式（コストプラス方式）であるところが日本の自動車メーカーとの根本的な違いであると述べていた。ただしそれは1993年のことで

ある。いまでは，ドイツの自動車業界の管理会計にも大きな改善がなされていると思われる。なお，過去，日本企業は米国だけでなくドイツ企業にも多くのことを教えて頂いた。その感謝の気持ちも込めて，米国とドイツの研究者，実務家には知見の多くを話す方針であった。

13) 1990年のことであるが，フルブライト上級研究員として滞在していた時，ハーバード大学のビジネス・スクールの学生（同時にGMの社員）が私の研究室に訪ねてきたことがある。キャプランの紹介であった。聞いてみると，GMでは原価企画の導入に失敗したという。各部門が煙突のように縦軸になっていて，横のつながりが見えなかった。これでは原価企画の導入はムリだと直感した。

14) 3次元CADに関しては，一般社団法人コンピュータソフトウェア協会の主催（実施団体は一般社団法人 コンピュータ教育振興協会）で「CAD利用技術者試験センター」が3次元CAD利用技術者試験を実施している。担当責任者（高部氏；TEK:03-3560-8440）によると，残念ながら，この3次元3Dはアメリカが先行し，ビジネスソフトもアメリカ製を活用しているという。3次元CADは3Dプリンターに直接つながっている。

15) 新興国向けの原価企画では，低価格競争に耐えうる製品設計が必要である。そこである部品メーカーでは，現地基準と自社基準をギリギリまで検討したうえで区別し，他社メーカーとの差別化を図っているA社の事例が紹介されている。根本的な解決策とはいえないにしても，この問題に対する1つの解決策になろう。

参考文献

Miles, Lawrence D., *Techniques of Value Analysis and Engineering*, McGraw-Hill, 1961.

Sakurai, Michiharu, Target Costing and How to Use it, *The Journal of Cost Management*, Vol.3 No.2, 1989.

Sakurai, Michiharu, *Integratives Kosten-Management, Stand und Entwicklungs-Tendenzen des Controlling in Japan*, Verlag Vahlen, 1997. (Sakurai, Michiharu, *Integrated Cost Management―A Companywide Prescription for Higher Profits and Lower Costs―*, Productivity Press, 1996.のドイツ語訳；訳者はHike Panzner氏)．

Sakurai, Michiharu, *Gerenciamento Integrado de Customs*, Editora Atlas. A., Sao Paulo, 1997. (Sakurai, Michiharu, *Integrated Cost Management―A Companywide Prescription for Higher Profits and Lower Costs―*, Productivity Press, 1996.のブラジル語訳；訳者はAdalberto Ferreira Das Neves氏).

秋山　盛「居宅サービス介護事業におけるサービス・リエンジニアリング―デイサ

ービスが目指すべき方向性の探究―」『原価計算研究』Vol.41 No.1, 2017年。

浅沼萬里「日本におけるメーカーとサプライヤーとの関係―「関係特殊的技能」の概念の抽出と定式化―」『經濟論叢』第145巻 第1,2号, 1990年。

荒井 耕「日本医療界における診療プロトコル開発活動を通じた医療サービス原価企画の登場：その特質と支援ツール・仕組みの現状」『原価計算研究』Vol.34 No.1, 2010年。

石松康男『設計・製造原価管理と原価改善』日刊工業新聞社, 1987年。

岩橋聡夫「開発設計活動における原価企画活動とコストテーブル」『経営実務』第426号, 1989年。

海老坂外幸「新車開発段階における原価管理」『経営実務』第438号, 1990年。

岡田幸彦「サービス原価企画への役割期待―わが国サービス分野のための研究教育に求められる新たな知の体系の構築に向けて―」『會計』Vol.177 No.1, 2010年.

加登 豊「原価企画の海外移転に関する予備的考察」『国民経済雑誌』第175巻 第6号, 1997年。

管 康人「事務器事業における原価企画活動」『IE Review』1991年。

木下和久「建築設計における原価企画活動―希望社建築事例の分析―」『メルコ管理会計研究』Vol.4, Issue 2, 2011年。

小林哲夫ほか（a）「原価企画の実態調査」『企業会計』Vol.44, No.5, 1992年。

小林哲夫ほか（b）「原価企画の実態調査」『企業会計』Vol.44, No.6, 1992年。

小林哲夫『現代原価計算論―戦略的コスト・マネジメントへおアプローチ―』中央経済社, 1993年。

小林英幸『原価企画とトヨタのエンジニアたち』中央経済社, 2017年。

近藤恭正「原価管理の変貌―技術志向パラダイムから市場志向パラダイムへ―」『會計』第137巻第4号, 1990年。

櫻井通晴「ハイテク環境下における原価企画（目標原価）の有効性」『企業会計』Vol.40, No.5, 1988年。

櫻井通晴・Philip Y. Huang「FA工場における管理会計制度の実態」『専修経営学論集』第46号, 1988年。

櫻井通晴・伊藤和憲「産業の種類と管理会計実践」『専修経営学論集』第48号, 1989年。

櫻井通晴『企業環境の変化と管理会計』同文舘出版, 1991年。

櫻井通晴「わが国管理会計システムの実態―CIM企業の実態調査分析―」『専修経営学論集』1992年。

櫻井通晴（a）「原価企画の管理会計上の意義（1）」『税経通信』Vol.49 No.3, 1994年。

櫻井通晴（b）「原価企画の管理会計上の意義（2・完）」『税経通信』Vol.49 No.5, 1994

年。
産能大学VE研究グループ著（土屋裕監修）『新・VEの基本『価値分析の考え方と実践プロセス』』産能大出版部, 1998年。
塩澤清茂「インダストリアル・エンジニアリング」（太田哲三・黒沢清・佐藤孝一・山下勝治・番場嘉一郎監修『原価計算辞典』中央経済社, 1968年）。
関洋平「原価企画の成立条件―サービス業での取り組みに基づく再検討―」『原価計算研究』Vol.40 No.2, 2016年。
永長繁樹「原価計算の必要条件」『経営実務』第316号, 1980年。
田坂公『欧米とわが国の原価企画研究』専修大学出版局, 2008年。
田坂公「原価企画の新展開と課題：サービス業への適用可能性」『久留米大学商学研究』Vol.16 No.2, 2010年。
田坂公「新興国市場における原価企画の留意点―先進国市場との比較の観点から―」『商学編論纂』第55巻 第4号, 2014年。
田中雅康「製品開発におけるコスト・エンジニアリングの方法展開」『企業会計』Vol.39, No.2, 1987年。
田中雅康「日本企業の新製品開発における原価管理」『企業会計』Vol.41, No.2, 1989年。
田中雅康「原価企画から利益企画への発展」『経営実務』第439号, 1990年。
田中雅康『原価企画の理論と実践』中央経済社, 1995年。
田中隆雄「自動車メーカーにおける新製品開発と目標原価―トヨタの原価企画―」『企業会計』Vol.42 No.10, 1990年。
土屋元彦『「品質管理」と「経営品質」経営改革：進化の軌跡と展望』生産性出版, 2000年。
西口二三夫「当社における原価企画活動の展開」『経営実務』第426号, 1989年。
日本会計研究学会『原価企画研究の課題』森山書店, 1996年。
日本バリュー・エンジニアリング協会『VE用語の手引―VE Terminology―』日本バリュー・エンジニアリング協会, 1992年。
藤本隆宏『生産システムの進化論―トヨタ自動車にみる組織能力と創発プロセス―』有斐閣, 1997年。
的井保夫「ソフトウェアと原価管理」『経営実務』第398号, 1987年。
丸田起大「原価企画の形成と伝播―1950年代を中心に―」『原価計算研究』Vol.35, No.1, 2011年。
諸藤裕美『自律的組織の管理会計―原価企画の進化―』中央経済社, 2013年。
門田安弘『価格競争力をつける 原価企画と原価改善の技法』東洋経済新報社, 1994年。

門田安弘「製造改善Ⅰ　原価改善の意義とメカニズム」門田安弘・浜田和樹・李健泳編著『日本のコストマネジメント―日本企業のコスト構造をいかに変えるか―』同文舘出版, 1999年。

第12章
ABCによる
製品戦略, 原価低減, 予算管理

1　ABCの意義と目的

　ABC（Activity-Based Costing；活動基準原価計算）[1]とは，資源，活動および原価計算対象の原価と業績を測定し，もって業務を改善するための経営のツールである。ABCでは，活動に計算過程の焦点を当て，業務プロセスにおいて製品やサービスなどの原価計算対象がこれらの活動をどれだけ必要とするかによって，原価が原価計算対象に跡づけられる。広義で，ABC実施の目的は間接費の合理的で正確な原価算定を通じて，①製品戦略，②原価低減，および③予算管理に活用することにある。

1　ABC誕生の背景と目的

　伝統的な原価計算は，大量生産を前提にしていた。そのため，活動ではなく直接作業時間や機械時間などの**操業度関連の配賦基準**を使って製造間接費を配賦しても，比較的合理的な製品原価を算定することができた。

　しかし，消費者のニーズが多様化して多品種少量生産が進み，産業用ロボットが多く用いられるような現代の工場では，現実には手数とコストのかかる多品種少量生産品には少ない間接費しか配賦されず，逆に大量生産品には余分の間接費が配賦されるといった伝統的な原価計算の欠点が表面化してきた。

　クーパー（Robin Cooper）とキャプラン（Robert S. Kaplan）は，そのような恣意的な計算を排除すべくABCを提唱した。ABCでは，製品多様化によって増加した間接費は，活動を基準とした原価割り当ての基準である**原価作用因**を使って製品に適切に負担させることができる。ABCによれば，製品原価が正しく算定され，適切な製品別収益性分析，原価低減，および予算管理が可能になる。つまり，ABCは**製品戦略**に役立つ手法として登場した。

2 伝統的な製品原価の計算方法

伝統的な原価計算の主目的は，財務諸表を作成するための製品原価の算定におかれる。そのため，原価計算では，3段階にわたって製造間接費の配賦が行われる。図12-1を参照されたい。

図12-1 伝統的な製造間接費配賦の方法

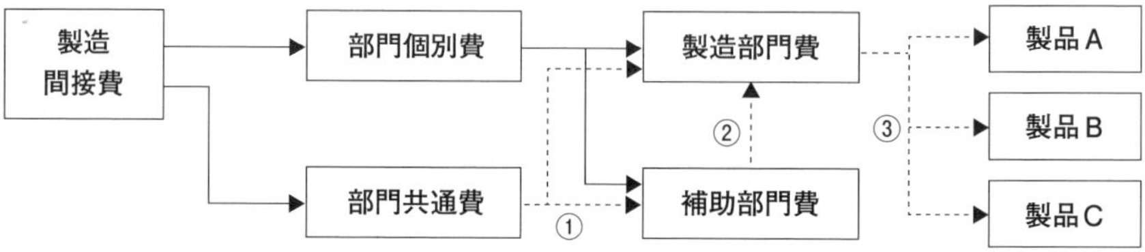

```
                ┌─→ 部門個別費 ──┐   ┌─→ 製造部門費 ─┐   ┌→ 製品A
製造間接費 ──────┤                ├──→│      ↑ ②     ├─③┼→ 製品B
                └─→ 部門共通費 ──┘   └─→ 補助部門費 ─┘   └→ 製品C
                              ①
```

(注) 実線は賦課，点線は配賦。
　　①部門共通費の配賦，②補助部門費の配賦，③製造間接費の製品への配賦。
出典：著者作成。

　第1段階では，製造間接費のうち，部門個別費は各部門に賦課する。部門共通費は配賦基準（例えば，共用している建物であれば占有面積）によって製造部門と補助部門に配賦（**部門共通費の配賦**；図の①参照）する。

　第2段階では，製品は補助部門を通過しないため，補助部門に配賦された製造間接費は，製造部門に配賦（**補助部門費の配賦**；図の②参照）する。

　第3段階では，製造部門に集計された製造間接費は，直接作業時間や機械時間など操業度関連の配賦基準を使って，製品に配賦する。この配賦は製品別原価計算の手続きの1つ（**製品への配賦**；図の③参照）として行う。

3 ABCによる製品原価計算の基本原理

　伝統的な原価計算では製造間接費は部門別に計算される。一方，ABCでは，「**製品が活動を消費し，活動が資源を消費する**」という基本理念をもとに原価が計算される。そのためABCでは，資源の原価を活動に割り当て，活動をもとに原価計算対象に原価を割り当てる。このことを敷衍しよう。

　製造間接費を製品に負担させる方法には，①**工場別の総括配賦法**（plant-wide

allocation），または②**部門別配賦法**が用いられてきた。わが国の「原価計算基準」（以下，「基準」と略称する）では，「個別原価計算における間接費は，原則として部門間接費として各指図書に配賦する」（第2章第4節33（1））とされている。それゆえ，1960年代中葉以降は製造間接費の配賦には部門別配賦が一般的に行われてきた。

ABCでは，活動または活動センターが原価集計の単位になる。資源の原価は，①**資源作用因**（resource driver；リソースドライバー）を用いて活動に原価を割り当てる。他方，コスト・プールである活動に集計された製造間接費は，②**活動作用因**（activity driver；アクティビティドライバー）に基づいて製品やサービスなどの原価計算対象に割り当てる。ABCで**コスト・プール**とは，原価の集計場所のことである。以上の関係は，図12-2のように図示される。

図12-2　ABCの基本原理

出所：著者作成。

4　ABCにおける製造間接費の計算方法の特徴

ABCでは，製造間接費は部門ではなく資源作用因を用いて活動を単位としたコスト・プールに集計するが，これは伝統的原価計算における製造間接費配賦の第1段階に相当する。一般に，コスト・プールには，工場，部門，活動または活動センターのいずれかが用いられる。

製造間接費を**工場**に一括して配賦する方法が**総括配賦法**である。総括配賦法は計算が簡単ではあるが不正確であり，原価管理にも役立たない。

工場よりは**部門**のほうが，正確な原価の算定ができる。従来，製造間接費の配賦には部門別配賦法が最も理論的にすぐれているとされてきた。「基準」で部門原価計算を原則としたのはそのためである。

ABCでは，**活動**（または活動センター）が原価集計の単位になる。ABCでは，

2段階にわたって原価を原価計算対象に負担させる。

第1段階では，資源作用因を用いて資源の製造間接費X，Y，Zが活動に割り当てられる。活動センターに性質の異なる活動がある場合には，活動センターを細分してそれをコスト・プールとする。例えば，パンチプレスの部門に機械作業と手作業の活動があれば，パンチプレスの部門を機械作業と手作業に区分する。第2段階では，コスト・プールに集計された製造間接費は，活動作用因にもとづいて製品に割り当てられる。以上の関係を図示すれば，図12-3のようになる。

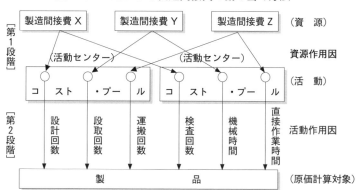

図12-3 ABCによる製造間接費の割り当て方法

出典：著者作成。

2 ABCの基礎概念

ABCを理解するには，その基礎概念の把握が必須である。そこで，以下ではABCの基礎概念として，活動，原価計算対象，原価作用因，および資源消費のモデルについて考察する。

1 活　動

ABCの中核は，「活動」に焦点を当てた原価計算にある。**活動**（activity）とは，ある機能を遂行するのに必要となる行為のことをいう。企業には多様な

活動がある。例えば，営業部門では受注処理，顧客への訪問，見積書の作成，集金，苦情処理，社内のミーティングなどの活動が，購買部門では納入業者の選定，発注，検収，社内運搬などの活動がある。

活動の項目数を決定するに当たっては，費用対効果を考慮すべきである。活動の決定にあたって考慮すべき事項は，次の3つである。

(1) **正確な原価情報をどの程度まで必要とするか**

活動ごとにそれと対応している原価作用因があるので，作業活動の項目数を多く（細かく）設定すればするほど，一般に正確性は高まる。

(2) **測定費用がどこまで容認できるか**

活動を細分化するにつれて，測定費用が高くなる。活動をどこまで細分化するかは，費用対効果を検討して決定する。

(3) **情報技術（IT）をどの程度活用するか**

アメリカで多数の原価作用因をもった原価計算システムを構築しようという発想が生まれてきたこと自体，ITの活用を前提としていた。いかに廉価な情報処理費用で原価計算システムを活用できるかが，ABC導入のカギとなる。

2 原価計算対象

原価計算の計算対象のことを原価計算対象という。典型的な原価計算対象は製品である。給付とも呼ばれる。従来，原価計算といえば，主に製造業の製品を原価計算の対象としていた。しかし，近年の経営では，病院の患者，ホテルの顧客，建設工事，政府・自治体などの原価算定も必要になった。

原価計算対象（cost objective）とは，目的の「達成に経済的犠牲を必要とする組織体の対象または補助対象であり，経済的努力の結果から得られる望ましい成果」［NAA, 1974, p.9］のことをいう。ペイトンとリトルトン［Paton and Littleton, 1940］のいう「努力」に対する「成果」に対応するといえなくはない。ドイツの原価理論との関係では，原価は努力の結果として得られた「成果」である**給付**に対応する。原価計算対象には，**製品・半製品**および**サービス**だけでなく，**活動**，**顧客**，**プロジェクト**も含まれる。詳細は［櫻井，1981, pp.21-38］を参照されたい。

3　原価作用因

　伝統的な原価計算では，製造間接費を配賦するにあたり，しばしば恣意的な配賦基準を用いる。ABCによれば，製造間接費をその発生原因と最もよく関連づけられるように工夫されている。その製造間接費に変化を引き起こさせる要因が，**原価作用因**（cost driver；コスト・ドライバー）である。

　CAM-I[2]（非営利の国際コンソーシアム）によれば，**作用因**（driver；ドライバー）とは，"因果要因"または"活動のアウトプット"であり，**原価作用因**とは，「活動の原価に変化を及ぼす要因」[Raffish and Turney, 1991, p.53]のことをいう。現在，原価作用因は，「原価を発生させる要因」[Brimson and Antos, 1994, p.68]とか「特定の活動における原価の発生を引き起こす要因」[Lewis, 1995, p.128]であると解されている[3]。

　原価作用因について，クーパー[Cooper, 1988, p.45]は当初，「活動基準原価計算システムで用いられる配賦基準が原価作用因」であるとしていた。しかし現在では，キーズ[Keys, 1994, p.33]のように，「配賦基準は原価の原因ではないので，配賦基準を原価作用因と呼ぶのは正しくない」とする見解が支配的である。単純に配賦基準と同一視する見解のほか，本質論まで立ち入り，経営学的に原価発生の原因となる事象として捉えようとする見解[伊藤，1992, pp.48-50]があるなど，論者によって見解の相違がみられる。

　原価作用因をめぐる見解の相違は，クーパーのようにABCの目的が製造間接費の配賦方法の改善によって製品戦略への役立ちを目指すか，ブリムソンのようにプロセスの改善を意図するかなど，意図する目的の相違によって生じる。1989年にクーパーと著者はハーバード大学の研究室で原価作用因について議論したが，彼が当時，配賦基準と原価作用因とを同一視していたのは，当時の彼のABC提唱の意図が製品戦略のための正確な原価の算定にあったからであると考えている[4]。

　作用因には資源作用因と活動作用因がある。**資源作用因**とは，資源の原価を個々の活動に費用負担させる作用因である。資源作用因は，資源と活動を結びつけるための第1段階の作用因である[Raffish and Turney, 1991, p.57]。製造業を例にとると，資源作用因には，保守要員の作業時間，監督時間，機械の

故障時間,保守指図書の枚数,部品の利用量,生産の切り替え回数,資本投資額,固定資産価額などがある。

活動作用因とは,活動(実際には,コスト・プール)から原価計算対象に原価を負担させるための作用因である。現実には,多くの活動作用因は操業度に関連[Lewis, 1995, p.128]している。製造業での活動作用因としては,マテハン(material handling)には部品の数,品質検査には検査時間,購買活動には購入数量などが使われる。原価作用因という用語の使用は,活動作用因に限定[Raffish and Turney, 1991, pp.55-58]して用いられる[5]。

4 資源消費のモデル

ABCのモデルは資源消費のモデルである[6]。その点で,資源支出を基礎に原価の計算をする伝統的原価計算とは区別される。原材料やエネルギーといった資源については,生産量が増加すると,原材料,エネルギーの消費がほぼ比例的に増加し,支出も増加する。つまり,生産量に応じて変化する変動費や準変動費については,資源の消費と支出との間には密接な関係がある。

他方,段取費[7],設計費,保守費用など製造活動支援のための原価(**長期変動費**ともいう)は仮に需要が減少してもそれが一時的であることを期待して,すぐには減少できない。しかし,需要の急増が見込まれない限り,減少した資源消費に対応させて,いずれは資源支出を減らしていかなければならない。

長期的にみると操業度に応じて変化する原価,例えば,現場作業員の賃金は,資源支出と資源消費との間にタイムラグがある。生産量が増加すると,現場作業員の作業量が増加する。そこで企業は長期的には多くの現場作業員を雇用しようとする。その結果,資源支出が資源消費とは違ったものとなる。

設備費のような資源では,タイムラグがさらに広がる。例えば,設備は将来の生産の増加を見込んで多少の余裕を見込んでつくられる。

以上,究極的には資源の支出と資源の消費は一致するにしても,両者の間には時間的なズレが認められる。ABCでは製品の生産に必要な資源を消費の側面から把握する。別言すれば,ABCでは利用資源の原価が測定される。ABCは利用資源の原価を測定するのであって,投入された資源の原価を測定するのではない。2つの異なった原価概念は,図12-4の簡単な関係式で表される。

図12-4 資源消費と未利用のキャパシティ

| 投入資源の原価 | ＝ | 利用資源の消費原価 | ＋ | 未利用キャパシティのコスト |

出典：著者作成。

　財務会計では関係式の左側を測定する。他方，ABCでは右側の利用された資源の原価を測定することに特徴がある。なお，従来の原価計算では未利用のキャパシティというと遊休設備を含意していたが，ABCでは遊休設備だけでなく，主として人的資源の未利用をも含意していることに留意されたい。

　事例でこの概念を補足しよう。あるメーカー[8)]では1990年代の初頭にABCによる従業員の活動分析を行った結果，工場の全活動の１／５が有効に活用されていないことを発見した。これは未利用のキャパシティ・コストである。排除されるべき活動または活動の結果生じた原価であるともいえる。ABCは当初こそ製品戦略に活用された。しかし，経験を積むにつれて，ABCにはこのような資源のムダに気づかせてくれることが明らかになってきた。このような経験が主にアメリカ西海岸で，次に述べるABMを生み出すことになる。

3　ABMによる原価低減

　ABM（Activity-Based Management；活動基準管理）ないし活動基準原価管理[9)]とは，プロセス視点に立脚して活動分析，原価作用因分析および業績分析を活用して原価低減を図ろうとする経営のツールである。すなわち，顧客が受け取る価値を改善し，また価値の改善によって原価を低減し，究極的には利益を改善するためのツールである。ABMの主目的は，活動やプロセスの改善による原価低減にある。ABMはABC情報をもとに実施される。

1　ABM成立の背景と目的

　ABCは1980年代に，製品戦略（赤字製品の切り捨てなど）に基づくリストラに有効な手法としてアメリカ企業に活発に導入された。1990年代の前半になると，アメリカの経営者の多くがリストラだけでは経済の再生が困難である

ことを認識した。それは，アメリカの産業界にはプロセスの改善によって経済を再生することが大切であると考え出したことが背景にある。プロセスの改善には，後述する**リエンジニアリング**が有効である。

リエンジニアリングのために，狭義のABCからABMへの転換が必要とされた。端的に表現すれば，1980年代後半における製品戦略のためのABCから，1990年代前半における原価低減のためのABMへの転換がなされた。この転換を境に，日本でのABMへの関心が一気に高まっていった。

2 ABMとは何か

ABMとは，「顧客によって受け取られる価値およびこの価値を提供することによって達成される利益を改善する方法として，活動の管理に焦点をおく技法」[Daly and Freeman, 1997, p.22] のことをいう。この技法には，原価作用因分析，活動分析，および業績測定が含まれる。

原価作用因分析では，業績測定のために選定された原価作用因が妥当であったか否かが分析される。具体的には，資源と活動，活動と原価計算対象との間に適切な因果関係があるかを分析する。

活動分析（activity analysis）とは，組織体において実施される活動の識別と記述のことをいう。活動分析は，インタビュー，質問表，観察および過去の作業記録を基礎にして行われる。活動分析には，次のことが含まれる。ある部門でどんな活動が行われるか，活動を行っている人数，その活動を遂行するのにかかる時間，その活動から得られる効果，業務上のデータがその活動の業績を最もよく表しているかの検討，その活動が企業価値を創造するか，などである。活動分析のためには，企業にとって有益な活動と，ムダな活動を区分することが有用である。有益な活動とは，企業内外の顧客（内部顧客と外部顧客）に付加価値を生み出し，究極的には企業価値を増大させる活動のことをいう。

ABMでは，有益な活動を**付加価値活動**（value added activity），ムダな活動を**非付加価値活動**（non-value added activity）と呼ぶ。そして，非付加価値活動を絞りだす活動の分析を非付加価値分析という。

非付加価値活動の概念を，生産に関連した活動例を用いて明らかにしよう。製品に価値が付加されるのは，加工が行われているときだけである。逆に，工

場内に寝かされている製品は，製品を改善することなしに原価を発生させる。非付加価値活動の原価は，在庫維持，保管，整理，あるいは生産管理に関連して発生する。これらの原価の多くは，工場内での製品の流れをスムーズに行えるよう改善することにより排除する。以上の結果から**業績測定**が行われる。

3 ABMの目的はプロセスの改善にある

ABCとABMの本質的な相違は，ABCが製品原価算定中心で測定の視点にたつ技法であるのに対して，ABMはプロセス改善の視点に求められる。この関係については，図12-5を参照されたい。

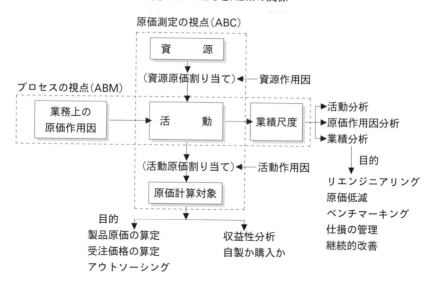

図12-5 ABCとABMの関係

出典：著者作成。

ABCでは，**原価測定の視点**が重視される。図12-5で，**原価計算対象**は，製品，顧客，サービス等と読み代えてもよい。ドイツ流に表現すれば，給付である。ABMでは**プロセスの視点**が強調される。ここでプロセスとは，日本語訳の工程ではなく，仕事のやり方と理解すべきである。

ABCとABMの関係をいかにみるかについて，アメリカでは2つの見解がある。第1は，ABMをABCの発展形態であるとする見方［Kaplan, 1992, pp.58-63］である。第2は，ABCをABMの部分集合［Raffish and Turney, 1991, pp.55-58］であるとみる。これら2つの見解は相互排他的ではなく，ABCとABMのいずれを強調するかの違いに起因する。著者は，第3の見解に立脚している。すなわち，プロセス管理を主目的とするABMは，製品原価情報の提供によって製品戦略を展開しようとするABCとは本質的に異なるパラダイムに立脚していると考える。

4　原価作用因分析のための支援の原価の階層性

原価作用因分析には，支援の原価の階層別区分が有効である。これには，工場と顧客に関する階層性の研究がみられる。イスラエルセン［Israelsen, 1993, pp.87-115］を参考に，原価作用因分析のための活動と原価作用因分析を試みたい。原価作用因分析のため，工場の製品に関連した活動を次の4つの階層に区分する。

単位レベルの活動（unit level activities）　1単位の製品が生産されるごとに単位レベルで活動が行われる。この活動レベルの活動としては，①直接工の作業，②機械の運転，③材料消費，④エネルギーの消費などがある。これらの原価作用因は操業度に関連して発生するもので，いわゆる変動費がこの範疇の原価に該当する。

バッチレベルの活動（batch level activities）　バッチレベルでは，活動はバッチ生産ごとに行われる。このレベルの活動には，①段取，②マテハン（材料，資材の社内移動），③発注処理，④品質管理などがある。これらの原価は米国で伝統的には間接費とされてきたが，バッチ処理の回数によって変化する。ABCで最も注目されてきたのが，これらの活動の原価であった。

製品支援レベルの活動（product-sustaining level activities）　製品支援レベルでは，異なるタイプの製品が生産または販売されるごとに活動が行われる。この活動には，①製品の設計書・仕様書作成，②工程管理，③技術上の変更，④製品機能の強化などがある。これらの原価を個々の製品に跡づけることは可能ではあるが，製品の生産量やバッチ回数とは関係がない。

工場支援レベルの活動（facility-sustaining level activities）　工場支援レベルでは，活動は工場の生産設備や管理に関連して行われる。このレベルの活動には，①工場長の仕事，②建物の保守，③工場の安全対策，④工場経理などがある。これらの原価は異なる製品に対して共通して発生するから，特定製品に跡づけることが困難である。共通費として処理するしかない。

以上の製品に関連した活動の4つの階層区分について，キャプランはこれがABCについての重要な理論的発展の1つであると絶賛している。この見解は，著者とクーパー准教授（当時）とが日本企業を訪問した後に，クーパー准教授によって発表されたものである[10]。この支援原価の階層化のアイディア[11]は，さらにオグイン［O'guin, 1991, pp.45-47；櫻井, 1998, pp.80-82］によって顧客原価の階層性に適用された。オグインは，活動の原価を，①注文，②顧客，③市場，④企業に区分されて顧客分析に活用した。

その後，原価作用因分析はセグメント別計算書にまで発展している。平岡［2008, pp.243-246］はこの階層別原価分析を"ABC分析に基づく製品別損益計算書"として紹介している。計算構造を理解しやすくするために，表12-1を用いて簡単な数値で製品別・階層別損益計算書を表示してみよう。

表12-1では，原価を4つの活動レベルに分類している。損益計算書では，セグメント別貢献利益法を利用している。この原価作用因分析によって，製品別意思決定が可能になる。表12-1の損益計算書について，活動と原価との関係が深く追求された結果，ABCは直接原価計算（変動原価計算）との親和性が深いとする見解［中瀬, 2011, pp.141-168］がある。たしかに親和性はある。

では，固定費と変動費の分類がなされていて，セグメント別損益計算書で限界利益が表示されていれば，直接原価計算なのか。その問いに答えるには，直接原価計算と全部原価計算の違いはどこにあるかを検討するのが早道である。直接原価計算の特徴は，次の3つに求められる。

第1に，固定費と変動費とが区分されていること。ただし，変動予算や損益分岐点分析，セグメント別損益計算書でも固定費と変動費は分類される。

第2に，限界利益ないし貢献利益を含む損益計算書であること。ただし，損益分岐点分析やセグメント別分析でも限界利益を含む損益計算書が作成される。

第3に，変動製造原価をもって製品原価を計算していること。この点が他の

表12-1 製品別・階層別損益計算書

(単位：千円)

		A製品		B製品	
I	売　上　高		3,000,000		2,000,000
II	単位レベル活動原価				
	1　主要材料費	1,000,000		700,000	
	2　直接労務費	200,000	1,200,000	150,000	850,000
	限　界　利　益		1,800,000		1,150,000
III	バッチレベル活動原価				
	1　段　取　費	200,000		140,000	
	2　マテハン費用	100,000	300,000	60,000	200,000
	バッチレベル貢献利益		1,500,000		950,000
IV	製品支援レベル活動原価				
	1　工程管理関連原価	220,000		100,000	
	2　製品設計関連原価	160,000	380,000	30,000	130,000
	製品支援レベル貢献利益		1,120,000		820,000
V	工場支援レベル活動原価				
	1　工場長他・共通費	120,000	120,000	80,000	80,000
	粗　利　益		1,000,000		800,000

出典：平岡［2008, pp.243-246］を参考に，著者作成。

計算システムと区別される，直接原価計算の本質的な特徴を表していると著者は考えている。

　以上から，製品別・階層別損益計算書は，セグメント別損益計算書ではあっても直接原価計算そのものではない。逆に，計算システムとしてのABCそのものは，全部原価計算［櫻井, 2004, p.61］の概念に立脚しているのである。

5　ABMの日本企業にとっての意味

　ABMをもって，伝統的なアメリカの会計思考に立脚するプロセスであると考えるのは誤りである。ABMには新しいパラダイムを必要とする。それには，TQM，JIT，顧客満足，時間ベースの競争，エンパワーメント（empowerment；権限委譲による経営の活性化），工場中心の経営，継続的なフローのプロセス，

およびキメこまかな製造活動などである。

ABMの目標は，標準原価計算などとは違って，能率の向上にあるのではない。ABCのように，資源配分にあるわけでもない。その目標は，プロセスの変革（たとえば，納期の短縮化，商品開発時間の短縮）を通じてスピードの経済を達成するとともに，ムダ，重複，不安定性を取り除くことで経営の効率化を図り，もって効果性重視の経営に資することにある。

では，ABMはどのような特徴をもち，ABMによって何ができるのか。これをABMの特徴として8つにまとめるならば，表12-2のようになろう。

表12-2　ABMの特徴

①	ABMの目標は資源配分ではなく，効果的な活動の実施にある。
②	顧客との関連を，活動によって分析することができる。
③	各プロセスの間の活動を合理的に連繋させることができる。
④	ムダな活動（非付加価値活動）を排除することができる。
⑤	継続的に活動やプロセスを改善，変革することができる。
⑥	活動の重複を避け，効率的な活動を行うことができる。
⑦	標準的活動を測定し,その測定結果にもとづく弾力的活動を行う。
⑧	従来の原価構成要素による内部資料の報告に代わって，活動という理解しやすい業績評価基準による報告書の作成が可能になる。

出典：著者作成。

製造工程において，遊休工程は収益を生み出さない。製造工程は，表12-3にあげた理由のいずれからも遊休化する。それゆえ，ここでも非付加価値活動を除去することが原価低減の決め手になる。

ABMを導入した企業の経験によれば，導入の過程において，会計担当者が製造工程，業務上の諸問題，および生産活動に関心を抱き始めてきており，当初は意図しなかった行動的・組織的な成果が得られている。とはいえ，ABMを民間の企業が採用するには手間とコストがかかる。それゆえ，費用対効果を考えて実施すべきである。また，固定費の原価管理のためには，単位当たり原価で管理するよりも総額で管理することの方が効果的なケースが多い。

表12-3 工程時間損失とその発生理由

工程時間の損失	理　　由
休　止　時　間	設備の故障，段取り，調整
速　　　　度	遊休と小休止が速度を落とす
品　質　上　の　問　題	工程における欠陥，材料の不良
生　産　の　平　準　化	ボトルネックの存在，他工程での失敗
注　　　　文	注文不足

出典：著者作成。

6　業務的ABMと戦略的ABM

　ABMは，キャプランとクーパーによれば，業務的ABMと戦略的ABMという2つに区分することができる［Kaplan and Cooper, 1998, pp.137-201］という。

　業務的ABMは，効率を高め，原価を低減し，資産の利用効率を上げるために利用される。業務的ABMの特徴は，事を正しく行うことだといえる。キャパシティを高めるか支出を減らし，ヒト，モノ，カネを削減することで達成できる。一般に，TQMとリエンジニアリングとともに活用して，原価の妥当性評価，改善活動の成果の測定などの目的に用いられる。

　戦略的ABMとは，収益性を高めるために，活動への需要を変更しようとすることで，**正しいことを行う**原価低減活動のことだといえる。例えば，企業が特定の製品，サービス，顧客から得る収益が，コストより低い水準で営業していることがある。戦略的ABMでは，収益性の低い活動のコスト・ドライバーを減らすことや，収益性の低い領域から撤退することで収益性を上げる。

　業務的ABMはボトムアップで実施されることが多く，企業内部で比較的短期に解決がつくケースが少なくない。他方，戦略的ABMはトップダウンで実施され，設備投資が必要になるもの，組織再編，アウトソーシングやシェアードサービスを必要とするもの，顧客や仕入れ先を巻き込んで行われるものが少なくない［浜田, 2011, p.157］。

4 ABBの意義，目的と作成方法

　ABB (Activity-Based Budgeting；活動基準予算) とは，作業の負荷と資源の必要量の見積もりを支援するためにABCの原理を活用した予算管理のことをいう。ABBは，作業間の結び付きと活動の背後にある作用因を理解するための予算管理のツールである。ABBは，企業全体にまたがる希少資源の最適配分を実現するために，企業の行う意思決定の影響を理解する上で有効である。

1　ABBの意義と目的

　伝統的な予算編成では，部門参加者の要求を積み上げて部門予算を編成し，それをもとに包括的な予算を編成する。伝統的な部門予算では粗い部門業績の測定に焦点がおかれているため，非付加価値活動までには目が届かない。
　ABBをもてば，活動別に予算原価を編成することができる。そのため，従来は前年度の実績や恣意的な予測によって編成していた予算を合理的に編成できる。ABBでは，予算編成でもまた業績評価でも，活動を基準にしたプロセス別の予算の編成と業績評価が行われる。
　ABBによれば，活動にまで細分化した分析が行われるようになるため，利益管理や原価管理に役立つ情報の提供が可能となる。

2　ABBの目的と編成ステップ

　予算の編成過程は，2つの方法で予算編成を支援する。第1は活動の組み合わせと，特定の活動を重視することによって，予算管理を経営戦略に役立てることができる。第2に，現実的な予算を編成することができるようになる。ABBでは，原価計算対象の設定から始め，以下の手続きで予算を編成する。
　(1) 売上高，製品，顧客組み合わせを計画することで，次年度の活動の潜在的な需要を予測する。
　(2) 活動に対する原価作用因を設定することで，原価計算対象別に活動をどの程度用いるかが測定できる。
　(3) 原価作用因の数量によって，関連する活動の作業水準を決定できる。

(4) 各活動の原価作用因を設定することで、必要とされる需要を満たすために必要となる努力水準を決定できる。
(5) 各活動の努力水準のいかんによって、必要とされる資源を算定できる。

3 ABBの特徴と留意点

伝統的予算では、総勘定元帳の費目別に予算が編成される。他方、ABBでは活動別に予算が編成される。例えば、購買部門では、部品リストの作成、供給者リストの作成、発注の起案、引き合い（問い合わせ）、発注、契約、発注品の受け入れ、支払条件の提示と受諾、支払などの活動別に予算が編成されている。表12-4は、購買予算の編成を事例にしてABBを設定したものである。

表12-4 購買部門のABC予算（ABB）

(単位：円)

資源	伝統的予算	ABC予算					
	部門費	リスト作成	起案	引合	契約	受入	支払
給料	1,350,000	321,000	290,000	70,000	201,000	191,000	277,000
手当	123,000	23,000	21,000	8,000	23,000	20,000	28,000
教育費	278,000	77,000	39,000	27,000	58,000	45,000	32,000
旅費	98,000	29,000	15,000	21,000	12,000	9,000	12,000
通信費	128,000	41,000	24,000	17,000	21,000	11,000	14,000
情報費	703,000	169,000	132,000	68,000	104,000	102,000	128,000
償却費	1,009,000	305,000	197,000	54,000	107,000	126,000	220,000
雑費	45,000	14,000	7,000	9,000	3,000	5,000	7,000
合計	3,734,000	979,000	725,000	274,000	529,000	509,000	718,000

出典：著者作成。

活動別に予算を編成することで、経営上の改善が可能になる。具体的には、原価管理への役立ち、部門活動の企業目的との目的整合性、戦略の具現化、キャパシティの管理、およびホワイトカラーの生産性向上に役立つ。

第1に、活動別に予算を編成することで、原価管理に役立つ情報の提供が可能になる。これは、次の理由から可能になる。1つには、これまで気がつかなかった重複した活動やムダな活動を排除することができる。なぜなら、活動が

行われていないところでコストが発生することはありえないからである。いま1つは、TQMにおけるサークル活動において、プログラム活動がやりやすくなる。その理由は、活動分析によって活動の中身が明確になるからである。

第2に、伝統的な部門別予算編成ではとかく部門それぞれの目標や理念、あるいは率直にいって部門それぞれのエゴから、各部門は互いに自部門のことだけを考えて予算原案を作成する傾向があった。ABBでは、各部門は自部門の都合だけで予算原案を作成することができなくなる仕組みとなっている。そのため、**部門間の目標整合性**が高まる。

第3に、**経営戦略**を企業の具体的な活動に具現化しやすくなる。例えば、顧客サービスを向上させるという経営戦略を設定するとき、サービス1には7％のコストを余分にかけ、サービス2には8％のコストを追加するが、サービス3についてはこれまでのサービスを中止するといったように、具体的な活動に移し換えることができる。

第4に、**キャパシティの管理**に役立てることができる。ABBでは未利用のキャパシティを明示する。それゆえ、予算と結合させることによって、ホワイトカラーの生産性向上に役立てることができる。

5 ABBによるホワイトカラーの生産性向上

一般管理部門、販売部門、研究開発部門などの間接部門は、管理が困難だと考えられてきた。それゆえ、これらの管理部門の費用は、一般に、過去の実績と予算との対比によって総額で費用を抑えるしかなかった。ABBでは、活動を通じて投入した業務内容を分析することによって効率的な管理を行い、ホワイトカラーの生産性を向上させることができる。

1 伝統的予算の限界とABB

伝統的な予算は、**責任会計**に立脚した伝統的な勘定科目に基づいて費目分類を行う。責任会計では、会計システムを経営組織に関連づけて会計処理が行われる。それゆえ、財務会計の数値が予算から簡単に集計できる。加えて、部長の責任において管理可能な数値が示されることで管理にも役立つ。しかし、伝

統的な予算は費用の算定基礎が極めてあいまいでしかない。それゆえ，科学的な根拠なしで過去の実績や恣意的な比率によらざるをえない。

ABBでは，製品を生産し販売するのに必要な活動の予算原価に焦点がおかれる［Horngren et al., 2000, p.883］。つまり，活動を基準にして費目が分類される。そのため，担当者が具体的にどんな仕事をしているかが明らかになる。

著者はカリフォルニアにある化学メーカーのクロラックス（Clorox）社の財

表12-5　経理部のABB

(単位：千円，円)

勘定科目		活動の分析			
管理費	予算	本社財務計画	見積活動原価	フルタイム換算	原価作用因
給料	33,600	1 財務分析のレビュー	4,464,000	0.30	ビル
手当	8,760	2 買収のための分析	1,632,000	0.10	ビル
雑給	120	3 事後監査	2,004,000	0.15	株主
教育訓練費	120	4 資本報告（次期）	2,004,000	0.15	ボブ
旅費交際費	1,680	5 資本報告（当期）	7,464,000	0.70	ボブ/コム
顧問料	0	6 その他プロジェクト	1,632,000	0.10	ビル/コム
雑誌購読料	120	7 競争的レビュー	2,388,000	0.20	コム
通信費	0	8 システムの保守	9,120,000	0.20	ビル
その他	1,200	9 システムの開発	34,908,000	0.70	ビル
合計	45,600	10 システムの教育	4,560,000	0.10	ビル
		合計	70,176,000		
情報システム費		本社の分析とコントロール			
システム開発	30,600	1 当期の予算編成	9,564,000	0.74	ビル/コム
ボイス通信	840	2 次期の利益計画	5,748,000	0.42	コム
計算サービス	5,880	3 当期の管理資料	1,416,000	0.12	ビル/ボブ
直接設備費	2,040	4 次期の財務予算	1,416,000	0.60	ボブ/コム
顧客サービス	240	5 特別の要求	6,660,000	0.35	ビル/コム
外部サービス	120	6 歴史的分析	864,000	0.07	内部担当者
合計	39,720	合計	25,669,000		
		活動別原価総合計	95,845,000 円	5.00	
その他費用					
事務サービス	10,680				
伝統的原価合計	96,000 千円		人数	5名	

出典：Clorox社の原データをもとに著者が加筆・修正。

務担当重役ビル・アウスファール氏[12]から，ビルが行っている経理部の分析をもとに，ABBの説明を受けた。表12-5を参照されたい。

クロラックス社の従業員数は5,600人であった。数値を多少変えた，ABBの分析資料は，表12-5のとおりである。伝統的予算は千円単位で，ABBの見積原価は円単位で示してある。（原資料では，千ドル，ドルで表示）。

表12-5の左側は，伝統的な予算管理の方式である。右側がABBによる表示である。経理スタッフは，5名である。この分析には，2〜3週間かかっているとのことである。原価作用因は，担当者のファースト・ネームが記載されている。原価作用因に担当者のファースト・ネームが使われていることに奇異な感じがしなくもないが，担当者が原価を発生した要因になっていると解していると思われる。2人で担当しているときには，2人の名前が記入されている。原価作用因として担当者の名前が掲載されているのは，原価を発生させたのは担当者という発想であろう。株主とあるのは，公認会計士（による代行）である。なお，上部のビルの名前はWilliam F. Ausfahlで，Williamは英語のニックネームのビルである。上部の1，2のビルは当時CFOであったアウスファール氏である。9，10のビルとは別人（担当者レベルのウイリアムさん）であるという。

伝統的勘定科目での金額と活動原価の合計は，一致すべきものである。ただ，活動別分析で，155千円（96,000,000円－95,845,000円）の差があるが，これは計算上の誤差である。

2　ABBがホワイトカラーの生産性向上に役立つ理由

ABBの特徴の1つは，ABBがプロセスの視点に立脚しているので，費用と活動との関係を明らかにすることができることにある。そのため，費用と活動，原価作用因との関係が可視化される。そのことによって，ホワイトカラーの生産性を向上させることができる。

伝統的予算では，予算と実績を対比して，仮に不利差異が発生したにしても，それは予算額が低すぎたか，それとも予算を超過して費用をかけたかがわかるにすぎない。不合理な仕事がなされたか否かは判明しない。どんな仕事をしたかとか，効率的な仕事をしたかどうかもわからない。ABBによれば，どこに

ムダな活動があるかが明らかになる。その結果、ムダな活動を排除することでホワイトカラーの生産性を向上させることが期待できる。

以上、ホワイトカラーの生産性向上にABBを適用すれば、経営の効率化に大きく貢献する。しかし、その際忘れてならないことが2つある。1つは、ABBの適用によって効率化のみを追求することで従業員のモラール（morale）の低下や仕事の質の低下を招いてはならない。いま1つは、ABBの実行には手間とコストがかかる。そのため、ABBを実行することによって得られる便益がコストを上回ることを見極めてから実施すべきである[13]。

6 ABC, ABM, ABBの特徴

広義のABCは、狭義のABC、ABMおよびABBを包括している。ABCの当初の目的は、アメリカの産業を支援するために、**製品戦略**のためにABCを活用することであった。それが時代とともに原価管理のためのABM、予算管理のためのABBへの発展していった。表12-6を参照されたい。

表12-6 広義のABCと狭義のABC，ABM，ABBとの関係

広義のABC	発展年度	特　徴	主要目的
狭義のABC	1988年以降	測定の視点	製品戦略
ABM	1992年以降	プロセスの視点	原価管理
ABB	1995年以降	予算の視点	予算管理

出典：著者作成

1 ABC, ABM, ABBの発展

ABCは当初、ハーバード大学（当時）のキャプランとクーパーによって、製造間接費の配賦の精緻化による製品戦略として発展した。ABCそれ自体はアメリカの主要企業、例えば、GM（ゼネラルモーターズ）などにおいて実践されていたが、戦略的コスト・マネジメントのツールとしてABCが体系づけられたのは、1988年以降のことであった。

ABMは、測定の視点を強調したABCへの批判とリエンジニアリングの普及

にともなってターニー（Peter B. B. Turney）などの実務家によって1992年前後から発展せしめられた。ABMはプロセス改善による原価低減に有効である。

ABBだけでなくABC，ABMは1995年前後には，実務家を中心にキャプランの資源消費のモデルと結びつけられて科学的な予算管理のツールとして大きく発展せしめられた。しかし，アメリカ経済が回復し成長の兆しが見えてきた2000年代に入ると，経営者の志向は，リエンジニアリングを通じて業務活動の無駄を排除するという守りの経営よりも，技術革新と戦略の策定によって新たな市場を開拓していこうとする方向に向けられるようになった。

2　設例によるABC，ABM，ABBの関係

広い意味でのABCは，製品戦略のための手法として大きく発展することになった。ABC，ABM，ABBの特徴を設例で示すことにする。

【設　例】

紀尾井化学工業の事業は好調である。このたび，従業員の募集を行って，200名の新卒者の採用を決めた。新入社員の配属先としては，経理・経営企画部門（A部門と略称），総務・人事部門（B部門と略称），技術・研究開発部門（C部門と略称），販売・購買部門（D部門と略称）に配属される。採用には2,000万円かかった。その費用は各部門に応分の負担をしてもらうことにした。現在の各部門の従業員数は，A部門は140名，B部門は100名，C部門は220名，D部門は540名である。

問1　与えられた条件をもとに，採用に要したコストを各部門に負担させると，それぞれいくらになるか。

問2　最終的には，A部門に50名，B部門に30名，C部門に40名，D部門に80名配属されたことが人事部の資料から判明した。各部門には，いくら負担させるべきであるか。

問3　採用にあたっては，部門別の最高責任者の責任で書類審査と面接をした。部門によって大きなばらつきがあり，ある部門は時間のかけすぎだとの批判が出てきた。調査したところ，A部門は40時間，B部門は10時間，C部門は110時間，D部門は40時間であることがわかった。どの部門に問題があった

のか。

問4 問3で算定したデータを問2のデータと比較し，部門Cの部長に見せたところ，部門Cの部長は，「技術・研究開発部門の社員を採用するには，事務系の社員の募集とは違った特性がある。時間＝コストがかかるのは当然である」と主張して責任を認めようとしない。そこで，採用にかかる標準的な時間（標準的な課業時間）を決定しておいて，標準時間との比較で良否を決めることになった。

調査の結果，部門A, B, C, Dの標準的な比率は2.2：1.5：4.0：2.3で，すべての部門責任者が了解した。各部門別の効率を算定して，業績を評価してみよう。

〔解　答〕

以上の仮説例は，下記のように解くことができる。

問1　伝統的な方法　　　　配賦基準；現在の従業員数

部門A	20,000,000円×(140人／1,000人)＝　2,800,000円
部門B	20,000,000円×(100人／1,000人)＝　2,000,000円
部門C	20,000,000円×(220人／1,000人)＝　4,400,000円
部門D	20,000,000円×(540人／1,000人)＝10,800,000円

コメント：　従業員数の配属先がわかっていれば，現在の従業員数を配賦基準とすることは考えにくい。この方法は合理的な費用の配分とはいえない。しかし，配賦基準そのものが恣意的で，**負担能力主義**（負担できる部門に負担させる方法，例えば，売上高がその典型）が行われている現状では，このような慣行も企業で全くないわけではない。

問2　改善された伝統的方法　　　原価作用因：採用者数

部門A	20,000,000円×(50人／200人)＝5,000,000円
部門B	20,000,000円×(30人／200人)＝3,000,000円
部門C	20,000,000円×(40人／200人)＝4,000,000円
部門D	20,000,000円×(80人／200人)＝8,000,000円

コメント： 通常はこの方法が選ばれるであろう。ABCでは，コストと原価計算対象とを合理的な因果関係で算定する。その意味では，採用者数を用いれば因果関係は高まるが，操業度関連基準であるので，厳密にはABCとはいえない。そもそもABCの発想は，多品種少量生産が主体の工場では，操業度関連の配賦基準が原価を歪めるということの反省から始まったことを想起すべきである。

問3　ABM　　　　　　　原価作用因；採用者1人当たりの時間

部門A	20,000,000円 ×（ 40時間／200時間）＝	4,000,000円
部門B	20,000,000円 ×（ 10時間／200時間）＝	1,000,000円
部門C	20,000,000円 ×（110時間／200時間）＝	11,000,000円
部門D	20,000,000円 ×（ 40時間／200時間）＝	4,000,000円

コメント： 部門Cは採用者数との比較では最も高く，人数比から見て2.75倍のコストがかかっている。逆に，部門Aは80％のコスト，部門Bはわずか3分の1の時間（およびコスト），部門Dは半額で済んでいる。部門A，B，Dはそれだけ効率性が良かったといえる。なお効率性は，1人当たり採用時間から求めた計算結果を採用者数から得た計算結果で除して算定した。

　　A　4,000,000／5,000,000 ＝ 0.8　　　B　1,000,000／3,000,000 ＝ 0.33
　　C　11,000,000／4,000,000 ＝ 2.75　　D　4,000,000／8,000,000 ＝ 0.5

問4　ABB　　　　　　　　　　　　　　　　原価作用因；標準的な作業時間

部門	標準的なコスト		実際配分コスト	原価差異
部門A	20,000,000円 ×（2.2／10）	4,400,000円	－ 4,000,000 ＝	400,000円
部門B	20,000,000円 ×（1.5／10）	3,000,000円	－ 1,000,000 ＝	2,000,000円
部門C	20,000,000円 ×（4.0／10）	8,000,000円	－11,000,000 ＝	－3,000,000円
部門D	20,000,000円 ×（2.3／10）	4,600,000円	－ 4,000,000 ＝	600,000円

コメント： 部門Bは極めて効率的な採用活動を行った。逆に，部門Cは非効率的であった。部門DとAは，効率的であった。効率性は1つの目安にはなる。

しかし，採用活動を効率的であるか否かということだけで最終的な判定を下すことはできない。最終的な目的は，**効率的**（ムダな時間をかけないで）かつ**効果的**（優秀な人材を採用）に従業員を採用することである。

7　ABC導入における留意事項

　ABCを企業に成功裏に導入するには，企業がABCの長所と短所を十分に理解し，経営管理に効果的に活用できるような基礎が形成されていなければならない。そこで以下では，システム設計の問題点，活動・プロセス・タスクなどの関係の整理，およびABCシステムと効果性重視の経営について考察する。

1　ABCシステムの設計

　ABCシステムを導入するには，原価計算システムを前提としない場合と前提とする場合とがある。業務改革（スナップショット）に活用するのであれば，原価計算システムとは関係させないでABCを導入することができる。これによって廉価な導入を図ることができる。ウッドランド株式会社（同社はFuture One Inc.によって買収された）によって発売されたWoodland ABCはその意味での代表的なパッケージ・ソフトウェアである。

　一方，継続的な原価計算システムを前提とするABCを導入するには，一般にパッケージソフトを活用する。ERP（Enterprise Resource Planning）を使って，統合原価計算システムをもつアプローチである。1990年代中葉にはSAPのR/3がグローバルスタンダードであった。外国ではこの方法が多い。手間と時間はかかるが，ABCを定着させるためにはこのシステムが理想である。

　わが国において，総勘定元帳をABCにすべて変更しようとする際の最大の問題点は，大蔵省（現財務省）が制定した「基準」との関係である。「基準」では，伝統的原価計算で行われてきた3段階の部門別配賦法を規定している。このような「基準」がなければ，財務諸表の作成と管理目的とを別々のシステムとしてもつことが可能である。例えば，テレストラ（オーストラリアの最大の通信事業者）は総勘定元帳を2つもち，1つは財務諸表作成用に，いま1つは経営管理を目的としたABCを活用している。しかし，日本には「基準」[14]に

よる制約があるため，制度としての原価計算にABC活用することできないといった問題がある。

2 機能，プロセス，活動，タスクの関係

　機能（function）は，企業内で共通の目的をもつ一連の活動の集合である。例えば，製品を生産するという機能は，原材料，機械部品を固有の次元に形を変え，完成品を得，部品や原材料を組立てる個々の活動の集合からなる。

　プロセスとは，1つ以上のインプットを用いて，顧客に価値のあるアウトプットを生み出す活動の集合である。受注処理を例にとると，受注に費やされた時間やコストをインプットとして，受注した財貨を配送することで1つのプロセスが完了する。日本語でプロセスというと，われわれは一般に工程をイメージする。たしかに，製造工程はプロセスの焦点であるから，そのことは決して間違いではない。しかし，英語でプロセスはもっと広い意味がある。プロセスには，製造や販売のような基幹プロセスのほか，段取り，マテハンといった支援プロセス，および会計・人事などのような管理プロセスがある。

　リエンジニアリングの本来的な表現は，ビジネス・プロセスをリエンジニアリングすること（business process reengineering；BPR）である。リエンジニアリングを日本語で表現すれば，業務改革がこれに最も近い表現である。ABMはリエンジニアリングのためのツールとして位置づけられる。

　プロセス原価計算（Prozesskostenrechnung）とは，ドイツにおけるABCの別称である。著者はプロセス原価計算をドイツで提唱・定着させたホルバッハ教授に，なぜ"プロセス"の用語を用いたかを尋ねたことがある。教授によれば，活動では対象が小さすぎるのでプロセスを対象にした原価計算を意図したのだと述べた。このようにプロセスの対象範囲は活動に比べて広い。ERPソフトの最大の業者にSAPジャパンがある。SAPは元来ドイツの会社であるので，そのABCソフトにはプロセス原価計算の影響が少なくない。

　活動（activity）とは，ある機能の目的を遂行するのに必要とされる行為である。例えば，原材料の注文の電話をかけること，金属部品にネジ穴を切ったりすること，部品の図面を作成することなどが活動の典型的な例である。ABCでは活動をもとに原価計算を行う。

タスク（task；課業）とは，活動の作業要素である。換言すれば，タスクとは，活動を構成する作業要素の結合である。標準原価計算の作業上の区分は，タスクである。

機能，活動およびタスクの間には階層関係がある。機能やプロセスではあまりにも総括的すぎて，正確な原価追跡が難しい。逆に，タスクではあまりにも細かすぎて，コントロールにコストがかかりすぎる。活動はその中庸に位置づけられる。このような理由から，ABCでは組織体の原価低減活動に，活動が選択されることになる。図12-6を参照されたい。

図12-6　ビジネス機能の階層関係

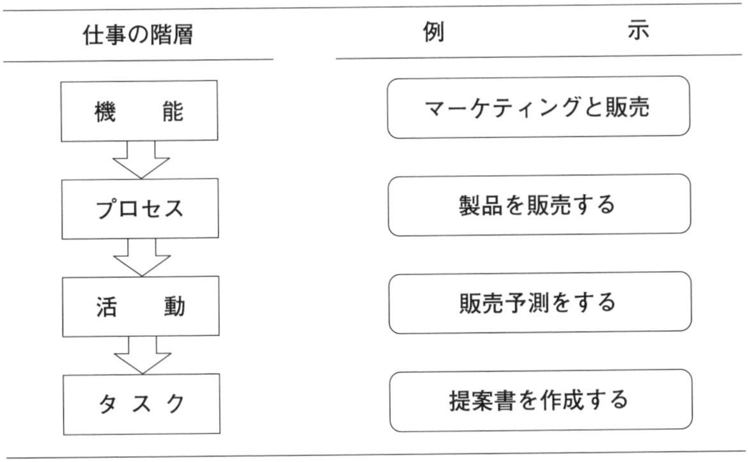

仕事の階層	例　示
機　能	マーケティングと販売
↓	
プロセス	製品を販売する
↓	
活　動	販売予測をする
↓	
タスク	提案書を作成する

出典：著者作成。

図12-6において，企業における機能の1つに販売がある。どのように売るかはプロセスに関係する。販売予測は比較的大きな括りの活動である。タスクとなると，提案書を作成することなどである。組織の対象とコスト・マネジメントの手法，例示の関係は，表12-7のようになる。

表12-7で，リエンジニアリングでは製品の販売方法（**プロセス**）が問題になる。ABC/ABM/ABBでは，販売予測の**活動**が問題とされる。標準原価計算では，提案書を何分で作成した（**課業**）かが問われる。

表12-7 プロセス，活動，タスクの関係

組織の対象	コスト・マネジメントの手法	例　　示
プロセス	リエンジニアリング	製品を販売する
活　動	ABC／ABM／ABB	販売予測をする
タスク（課業）	標準原価計算	提案書を作成する

出典：著者作成。

8　ABCは，日本の経営にどんな影響を及ぼしてきたか

　管理会計の手法は，その時代・時代におけるビジネスの要請を受けて研究者が研究を進め，それが企業にとって必要度が高ければその制度を導入し，企業のニーヅに合致しなければ導入を見送り，または導入されたツールを廃棄することもある。他国とは違って，日本では「基準」があるため，ABCを原価計算制度として活用することができない。また，企業が財務諸表目的と経営管理の点の2つの原価計算システムをもつ余裕はない。それでは，ABCは今後の日本の経営にいかなる意味をもつといえるのか。

1　将来の日本企業にとってABCのもつ管理会計上の意義

　まず，ABCの果たしてきた経営上の意義と，ABCのもつ潜在的な意義について簡単に触れておこう。ABCは元々，1980年代の後半に，製造業で日本に大きく後れを取った米国が日本企業にキャッチアップするために提唱された原価計算の手法である。キャプランから招待されたハーバード大学での学内討論会（コロキュアム）から帰国の直後の1987年に，日本の企業経営協会の会員のためにABCの講演（参加者26名）を行った。しかし，参加者からの評価は散々なもので，コンピュータでの処理もたいへん手のかかるABCは日本では不要だとする意見・見解が参加者の大勢を占めた。当時の日本ではITが遅れていて，米国のようにパソコンで簡単に処理するという発想は全くなかった。
　ところが，1991年のバブル崩壊で日本の不況が明らかになると，リエンジニアリングのための手法として多くの日本企業がこぞってABCを導入した。く

わえて，1993年を境として，日本でもC/Sシステムを導入する企業が続出した。その結果，1990年代初頭の管理会計の話題といえば，原価企画と並んでABCは最も話題をさらった管理会計手法の１つとなった。逆に，1960年代から70年代にかけて管理会計研究の中心であった標準原価計算に関する議論は，1980年代以降になると，殆ど見かけられなくなった。当然のことながら，標準原価計算に関する論文も少なくなった。このように見ると，管理会計の手法はその時々の企業その他の組織のあり様とITの発展状況によってその活用が大きく異なることが分かる。

2010年代以降の現代の日本では，ABCを必要としている多くの製造業が海外に進出していること，および「基準」の制約があってABCを経営に活用できても財務会計制度には許容されていないので，企業に取ってはABCを活用することは二重の負担になる。さらに現代では，経営者の関心は個々の企業による工場の着実な原価低減や品質向上の努力よりも，戦略的な経営のあり方や株主重視の経営に向けられている。その影響の一端は，最近の日本の有名企業による品質上の数々のトラブルの増加を見ても明らかである。品質上のトラブルは早晩表面化することになるが，原価低減活動の成果はなかなか表面に現れることはない。ABCはたしかに有効ではあっても，2種類の原価計算システムをもつだけの余裕がない企業が多い。

以上のような理由から，1990年代に比較するとABCを採用している企業は以前に比べて減少してきているのは確かである。

2 ABCと効果性重視の経営

ABCの主目的は，製品戦略にある。プロダクト・ミックスの変更による収益性の向上を目的として提唱された。その結果，アメリカでは収益性の悪い製品系列を発見して，それを切り捨てるという戦略がABCによってなされた。一方，顧客との長期的なつきあいを大切にするわが国では，仮に特定製品の収益性が一時的には低くなったとしても，すぐに顧客を切り捨てるようなことはない。管理の重点はABCよりもABMによって継続的な改善を行って，低コストで安い高品質の製品を顧客に提供しようとする企業が多かった。

バブル崩壊後のわが国企業は，少ない市場で効率性を高めていかなければな

らなくなったし，製品系列のリストラも必要になった。このようなわが国社会の変化が，バブルの崩壊以降ABCを必要としたのは必然的な結果であった。しかしながら，激しい国際競争に晒されるようになったからといって，ただちにABCを求める企業が大幅に増加したわけではない。ABCによる製品系列切り捨て政策が，顧客満足に逆行することを懸念する企業がわが国では多い。製品切り捨てによる短期的な利益の増大よりも，長期的な顧客関係を重視する立場からするコーポレート・レピュテーションの毀損による機会損失のほうが大きいと判断される場合には，長期的利益の確保を重視してきたのである。

要するに，日本的な経営では，アメリカとはひとあじ違ったやり方がとられてきたともいえる。経営が効率性だけを追求するのであるならば，ABCはたしかに有効なツールである。しかし，今後のわが国のこれからの進むべき方向性は，ひたすら効率性のみを追求して良いわけではない。本書の第1章でも述べた**効果性重視の経営**が図られねばならない。つまり，経済価値を追求するだけでなく，顧客価値，社会価値，組織価値を含む，企業価値の創造が図られねばならない。ABCは，これらの諸要因を勘案したうえで実施されなければならない。

注

1) 日本で初めてABCを紹介したのは，1988年のことである。企業経営協会で，26人の参加者にABCを講演した。しかし，反応は極めて悪かった。ある参加者は，コンピュータで処理するといっても，手数がかかりすぎるのだと批判したのが印象に残った。当時の日本ではまだパソコンの活用は企業でほとんど行われていなかった。日本はまだレガシーシステムが主体で，日本の大企業でパソコンが本格的に活用されるようになったのは，1993年前後のC/Sシステムの導入以降である。アメリカとは5年以上の遅れがあった。当初は活動志向原価計算，次いですぐに活動基準原価計算と訳出した。しかし，1992年以降，日本でもABCの普及にコンサルタントが活躍し始めたことで，現在のABCの呼称が大勢を占めるに至った。

2) 正式名称は，Consortium for Advanced Management International。製造業・サービス業，政府，コンサルタント，研究者を中心としたコンソーシアム（共同事業体）。管理会計では，ABCと原価企画を全米に広めた。

3) 中瀬［2011, pp.141-168］は原価作用因（コスト・ドライバー）に係わる4つの見解（①原価作用因の定義，とくに資源作用因と活動作用因，②資源消費と資

源支出，③原価の階層化，④ABCが全部原価概念に立脚するとする見解）について著者の見解を批判している。本節はこれらの疑問に応えるべく，別著『新版間接費の管理―ABC／ABMによる効果性重視の経営―』（中央経済社，1998年）での議論（一部は補足）を本書に収録した。結論だけでの記述では，他の読者も同様な疑問が起きることを懸念したからである。中瀬教授のご指摘をたいへんありがたく感謝している。

4）フルブライト上級研究員としてハーバード大学のビジネス・スクールに滞在していた1989年から1990年には，ロビン・クーパーと毎日のようにABCに関して議論した。当初，クーパーは原価作用因を配賦基準と同一視していた。しかし，それには著者が全面的に反対し，彼も次第に考え方を変えていった。

5）著者は，ABCを日本企業に導入する過程で，活動作用因とは違って資源作用因は原価の発生原因をもとに原価を跡づけることが困難であることに気づいた。ラフィッシュ等の見解に賛同しているのは，そのためである。

6）資源消費のモデルは，キャプランによって提唱された見解である。この見解に対しても中瀬［2011, pp.158-159］は，佐藤好孝（溝口一雄責任編集「現代原価計算全集」の第2巻『実際原価計算』同文舘出版，1975年，p.18）をもとに，このモデルを批判している。実は，著者自身も資源消費モデルに対しては中瀬教授と全く同じ疑問を抱いていた。そこで，日本の経営者はドイツの原価理論の影響もあって，「原価とは，経営における一定の給付にかかわらせて，把握された財貨または用役の消費を，貨幣価値的に表わしたもの」（「基準」三）で代表される見解が浸透しているが，それはアメリカの支出原価理論とは違って，消費原価理論に立脚しているからだとする説明をキャプランにした。これに対して，彼はアメリカでも消費をもって原価計算上の原価だとする見解に変わりはないが，自分の主張は，現在の伝統的な原価計算の理論では原価の発生原因まで追究しないので未利用のキャパシティが見過ごされる，それを突いたのが資源消費のモデルである。ABCの批判派との論争のなかで資源利用と資源提供の原価測定に違いがあることに気づき，この概念を提唱したのだと述べていた。この資源消費のモデルの詳細について，関心のある読者は拙著［櫻井，1998, pp.54-56］を参照されたい。中瀬教授の指摘は適切で，同教授には心から感謝の意を表したい。

7）段取費は日本では製品に直課しようとする努力が行われているが，アメリカでは間接費扱いである。いまにして思えば，日本で段取費を直接費として測定していたことが，段取費のコストを大幅に減少させる要因になったかもしれない。あるいは，段取費の原価管理に気づいていたために，直接費扱いにされていたのかもしれない。

8）1993年4月に，三洋電気㈱（当時）がABCを導入した。同社では日本IBMの

テキサス工場で導入されていたソフトを活用した。各種の職場から集められた5名のスタッフ（常駐ではない）が3カ月でデータを収集し、7月には人的なムダを発見した。

9）キャプランは、Activity-Based Cost Managementに拘ったが、この呼称は広まることはなかった。なぜなら、ABMは、キャプランたちではなく、日本企業多いアメリカの西海岸で提唱されたものだからである。

10）フルブライト上級研究員としてハーバード大学に留学中の1999年、R.クーパー准教授とは、HBRへの共同論文の投稿を目指して論文執筆に取り組んだ。議論の過程で、ABCは日本にも存在するとするクーパーと、それを否定する著者との見解の相違によって共同論文の発表には至らなかった。最も意見が分かれたのは、原価作用因が配賦基準だとするクーパーと、原価発生の要因だとする櫻井の見解の相違であった。日本企業の実態に関して事実をtwist（捻じ曲げる）することはできない、とクーパーに述べたのが2人のミーティングの最後になった。

11）このアイディアは、1989年にロビン・クーパーと著者が2人で新日本製鉄など日本企業を訪問した後でロビンが発表したものである。著者は英文での論文 [Sakurai, 1990, p.12] において、製造間接費を、①オペレーティング・オーバーヘッド、②サービス・オーバーヘッド、③工場間接費、④本社間接費の4つのレベルに区分した。共同論文作成の過程で、ロビンは「日本企業はABCを導入している」と主張して譲らなかったために、共同論文には至らなかったことは先に述べたとおりである。

12）William F. Ausfahl氏は、著者が交換学生として1968年にお世話になったCutter Laboratories Inc.のアシスタント・コントローラーであった。1993年にAusfahl氏を訪問した時には、日本でもお馴染みのClorox（クロラックス社）のCFOで、ナンバー2の地位にあった。

13）クロラックス社を訪問した時に、ABBの事例を誇らしげに説明してくれたのは、ビルの部下であったコントローラーであった。説明の最後に、ABBは素晴らしいが、コストと時間がかかり過ぎないかとコメントした。次に同社を訪問した時に、Professor Sakuraiがそのコメントをしてくれたが、事実、コストと時間がネックになり、経理部でのABBを取りやめたとのことである。コンサルタントとしては、Cokins, Gary M.（ゲーリー・コーキンズ）が同社を指導したとのことであるが、アグレッシブなゲーリーのことであるから、コストを無視したことは分からないではない。

14）「基準」でも、「製造に関する諸部門は、必要ある場合には、さらに機械設備の種類、作業区分等にしたがって、これを各小工程又は各作業単位に細分する」(16(1))とあるので、ABCも制度として認められるかもしれない。しかし、「基準」

全体が部門を中心に構築されていることから，現在の「基準」に問題がないとはいえない。

参考文献

Brimson, James A. and John Antos, *Activity—Based Management, for Service Industries, Government Entities, and Nonprofit Organizations—*, John Wiley & Sons, 1994.

Cooper, Robin, The Rise of Activity-Based Costing-Part One : What is an Activity-Based Cost Systems?, *Journal of Cost Management*, Vol.2, No.2, Summer 1988.

Daly, Dennis C. and Tom Freeman, *The Road to Excellence, Becoming a Process-Based Company, The CAM-I Process Management Guide*, CAM-I, 1997.

Horngren, Charles T. George Foster and Srikant M. Datar, *Cost Accounting, A Managerial Emphasis*, 10th ed., Prentice Hall, 2000.

Israelsen, Paul, *Activity-versus Variability-Based Management Accounting, A Characterization and Evaluation of Activity-Based Costing, based on the Variability Accounting System Including some Reformulations of both Systems*, DJOF, 1993.

Kaplan, Robert S., In Defense of Activity-Based Cost Management, *Management Accounting*, November 1992.

Kaplan, Robert S. and Robin Cooper, *Cost & Effect—Using Integrated Cost Systems to Drive Profitability and Performances—*, Harvard Business School Press, 1998. (櫻井通晴監訳『コスト戦略と業績管理の統合システム』ダイヤモンド社, 1998年, p.6, pp.173-230)。

Keys, David E., Tracing Costs in the Three Stages of Activity-Based Management, *Journal of Cost Management*, Winter 1994.

Lewis, Ronald J., *Activity-Based Models for Cost Management Systems*, Quorum Books, 1995.

NAA (National Association of Accounting), *Accounting Terminology, Selected Terms*; Statement Number 1-6, Statement No.8, May 17, 1974.

O'Guin, Michael C., *The Complete Guide to Activity Based Costing*, Prentice Hall, 1991.

Paton, W. Andrew and A.C. Littleton, *An Introduction to Corporate Accounting Standards*, American Accounting Association, 1940.

Raffish, Norm, and Peter B.B. Turney, Glossary of Activity-Based Management,

Journal of Cost Management, Fall 1991.

伊藤嘉博「ABCの基本概念の再検討とわが国における適用可能性」『原価計算研究』Vol.17, No.2, 1992年, pp.48-50。

櫻井通晴『アメリカ管理会計基準研究』白桃書房, 1981年。

Sakurai, Michiharu "Japanese Practices of Overhead Management"『専修大学経営研究所所報』第91号, 1990年。

櫻井通晴『新版 間接費の管理―ABC/ABMによる効果性重視の経営―』中央経済社, 1998年。

櫻井通晴編著『ＡＢＣの基礎とケーススタディ―ＡＢＣからバランスト・スコアカードへの展開―』東洋経済新報社, 2004年。

中瀬忠和「"Cost Driver"とは何を指し示すのだろうか―周回遅れのABC論―」『商学論集』第53巻第１・２号, 2011年。

浜田和樹「活動基準管理」, 淺田孝幸・伊藤嘉博責任編集『戦略管理会計』中央経済社, 2011年。

平岡秀福「ABCとABM」, 門田安弘編著『管理会計レクチャー』税務経理協会, 2008年。

第13章 コスト・品質の戦略的コスト・マネジメント

1 コスト・マネジメントの意義とその変遷

コスト・マネジメント（cost management）とは，広義の原価管理のことをいう。通商産業省（現在の経済産業省）の産業構造審議会答申「コスト・マネジメント」（1967年）の定義によれば，**コスト・マネジメント**とは「利益管理の一環として，企業の安定的発展に必要な原価引下げの目標を明らかにするとともに，その実施のための計画を設定し，これが実現を図る一切の管理活動」であるとされている。

1 コスト・マネジメントの意義

1962年に大蔵省（現在の金融庁）の企業会計審議会によって制定された「原価計算基準」（以下，「基準」）では，原価管理は標準原価計算によるコスト・コントロールとほぼ同義と解されていた。しかし，1960年代から始まる高度成長期とそれにともなう顕著な技術革新に直面して，原価の実際発生額を標準原価以下にコントロールすることを原価管理と称することは不適切になり，利益の増大を最終目的として原価を低減させることの必要性が高まってきた。

その結果，原価管理を広義でとらえられるようになり，その内容はコスト・コントロール（原価統制）だけでなく，原価計画によって原価を低減させることをも含むようになった。この見解を代表するのが，前述の通産省答申「コスト・マネジメント」である。例えば，新鋭の機械を導入することは一時的にせよ原価を引き上げるから，「基準」でいう原価管理ではない。しかし，最新鋭の機械を導入すれば，一時的には原価が増大するにしても，長期的に単位原価の引き下げと収益の増大による相対的な原価の低減が期待できるのであるから，それは広い意味で原価管理に役立つ。つまり，標準原価計算によるコスト・コ

ントロール（標準原価を設定してその標準原価以下にコストを抑える）だけでなく，原価計画を含む広義の原価管理のことが，コスト・マネジメントと解されるようになったのである。

2　コスト・マネジメントの構成要素

　コスト・マネジメントは**原価統制**（cost control；コスト・コントロール）と**原価計画**（cost planning）とからなる[1]。この関係を図解すれば，図13-1のようになる。

図13-1　コスト・マネジメントの構成要素

出典：著者作成。

(1)　**原価統制（コスト・コントロール）**

　原価統制とは，業務活動に関して，原価標準[2]が実現されるように，業務活動を指導・規制し，原価能率を増進する措置を講じることをいう。原価統制を効果的に行うためには，責任会計制度に則って，各階層の経営管理者に対してその原価責任を明確にし，執行活動の達成目標たる原価標準を伝達し，意欲づけを行う必要がある。次いで，原価標準と原価の実際発生額との差異を算定し，その原因分析を行い，その結果を経営管理者に報告し，原価効率を増進するための是正措置を講じる。加えて，次期の標準原価設定に向けて，最新の原価情報を**フィードバック**[3]する。

　要するに，標準原価計算による原価引き下げの一連のプロセスのことを，わが国では「基準」に従って原価管理と呼んできた。しかし，技術革新が進展し企業間競争が激化してくるにつれて，新鋭機械の導入によって競争に打ち勝つために設備投資計画などの原価計画の必要性が高まり，伝統的な意味での狭義の原価管理の解釈では現実の世界を説明できなくなってきたのである。

(2) 原価計画

　原価計画とは，企業の持続的発展という全体の目的との関連において，将来とりうるいくつかの代替案を比較・考量して，コストが相対的に最も低いやり方を選択することである。原価計画では，①企業環境の改善，②経営構造の改善，および③業務執行計画を通じて原価の引き下げを図る。

　企業環境の改革は，規制緩和，税制の整備，為替の安定，流通機構の改革や整備，環境保護，移転価格税制への政府の適切な対応などによって図りうる。分社化やシェアードサービス[4]などによる経営組織の変革やグローバル化への適切な対応もまた，企業環境の改善に貢献する。

　経営構造の改善とは，製品計画を軸としてこれに応じた物的設備，情報システムおよび人的組織の合理的な革新と改革を行い，経営規模を量的に拡大・質的に革新して，それによって利益をあげることを意味する。IT（情報技術）や研究開発投資を含む設備投資計画が，経営構造の改善に大きく貢献する。

　業務執行計画は資金計画によって裏付けられた業務計画である。製品設計の合理化，販売費計画，操業度政策，工場自動化の活用，ITの有効利用，研究開発費の適切な管理などによって業務の改善を図ることができる。予算管理や直接原価計算などが，業務執行計画の効果的な手法として用いられる。

3　企業価値創造のための戦略的コスト・マネジメント

　1980年代から1990年代になると，企業間競争の場はグローバルになり，競争はさらに熾烈を極めてきた。円高が日本の主要企業を直撃し，企業は海外生産を余儀なくされた。1991年のバブル崩壊とそれに続く"失われた10年"は旧来の価値観を変革するものであった。1980年代には"もはやアメリカから学ぶものはない"と豪語していた経営者の意識は"まずはアメリカのリエンジニアリングなどの経営方式を取り入れよう"というマインドに変わった。

　21世紀には，グローバル化がさらに加速した。工場の海外進出が続出し，現在では日本企業の営業利益の多くが海外で得られるようになった。日本企業の株式の約30％[5]は海外の機関投資家によって占められている。その結果，国際的にみて比較優位な製品やサービス，あるいは機関投資家は国を超えて世界を席巻するようになった。一方では，アメリカのITや金融工学を駆使した新商品，

他方では、中国を中心とするアジア諸国の廉価で良質な労働力による低コスト戦略に晒されて、日本企業は卓越した戦略で世界諸国とのコスト・品質競争に打ち勝っていかねばならない状況になってきている。

このような環境にあって、コスト・マネジメントの実施には、戦略的な視点から実施されることの必要性が高まってきた。この立場から実施されるコスト・マネジメントのことは、**戦略的コスト・マネジメント**と称することができよう。具体的には、いまや戦略的コスト・マネジメントの手法として位置づけられている原価企画、ABCおよび価値連鎖分析のほか、品質原価計算、ライフサイクル・コスティング、環境管理会計と戦略的CSR、方針管理が、戦略的経営に大きな役割を果たすことが期待されている。加えて、在庫管理、設備管理、品質管理など、日本企業の強みを活かす努力も重要性を増してきている。

過去に提案されてきたコスト・マネジメントでは、株主価値や顧客価値などのうちの1つの価値だけが強調される傾向にあった。例えば、株主価値は株主の価値増大を強調するが、他の価値を無視ないし軽視する傾向にある。しかし、単一の価値を目標とすることで、結果的には他のステークホルダーの価値を犠牲にすることもある。それは、結果的には経営の活力を減退させることになる。そこで、企業は複数の価値を統合する企業価値を目標とすることが求められるようになった。企業価値というとき、多くのアメリカ企業の経営者は株主のための経済価値を中心に考えるが、多くの日本企業はコスト・マネジメントのためにも経済・顧客・社会・組織価値を含む企業価値を目標とすることが求められてきた。図13-2を参照されたい。

図13-2　コスト・コントロールから戦略的コスト・マネジメントへの変遷

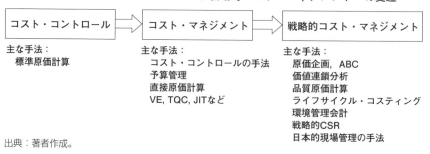

出典：著者作成。

2 戦略的コスト・品質のマネジメント

　戦略的コスト・マネジメントの手法としては，標準原価計算，予算管理，直接原価計算に加えて，戦略的な原価管理の手法である原価企画，ABC（活動基準原価計算），価値連鎖分析などがあげられよう。本節では，コストのマネジメントだけでなく，コストと品質との関連において，品質原価計算，ライフサイクル・コスティング，環境管理会計とCSR戦略を考察する。

1 品質原価計算

　品質原価計算（quality costing）とは，品質原価の測定と伝達を通じて品質改善と品質投資決定に役立てるツールのことをいう。品質原価計算における**品質原価**（quality costs）とは，一般に劣った製品またはサービスの予防その他の目的で，品質不良の発見のために要した原価のことをいう。品質原価は，次のものからなる。

(1) **予防原価**（prevention costs）　教育，訓練や品質サークル活動など，品質の劣る製品またはサービスの提供を予防するための原価。

(2) **評価原価**（appraisal costs）　仕様に合致した製品またはサービスの提供を保証し，不良品に加工を加えることがないようにするためにかかる検査やテストの原価。狭く，検査費用と解されることもある。

(3) **内部失敗原価**（internal failure costs）　製品やサービスを顧客に引き渡す前にかかる原価で，仕損など不良品であるがゆえに発生する原価。

(4) **外部失敗原価**（external failure costs）　返品，値引き，物流と補償費用など，不良品が顧客に発送・引き渡されたために生じた原価。

　以上の原価のうち，予防原価は一種の"投資"的コストである。予防原価に評価原価を加えた前2者は，経営者が自発的に投資するために発生する原価（**自発的原価**）である。これら2つは，経営者にとって管理可能な原価である。他方，失敗原価は誤りを犯した"結果"として発生する原価で，**非自発的原価**である。両者の関係は，図13-3のように表される。

図13-3 自発的原価と非自発的原価の関係

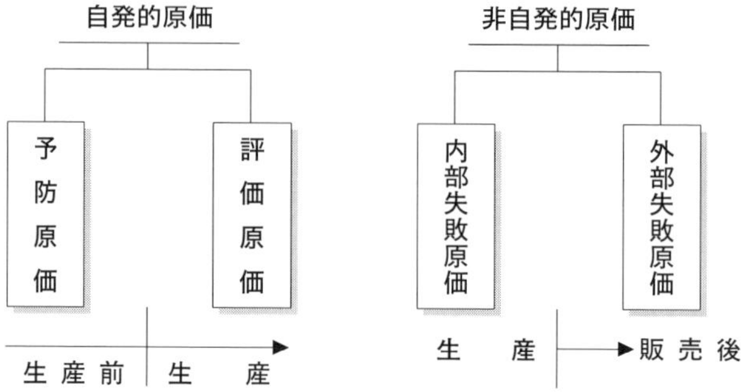

```
       自発的原価                    非自発的原価
    ┌─────┴─────┐              ┌─────┴─────┐
  予防原価    評価原価          内部失敗原価  外部失敗原価
    ├─────────┼─────────        ├─────────┼────────▶
   生産前    生産                 生産       販売後
```

出典:著者作成。

　原価の発生時点との関係で,予防原価は生産前と生産過程で発生する。評価原価と内部失敗原価は生産過程と生産後に発生する。外部失敗原価は販売後に発生する。品質を良くするためには,できるだけ前段階で管理をすることが望ましい。後工程にいけば,それだけ経営上の損失が大きくなるからである。1950年代に,ある食品会社のミルクに砒素が混入した。会社は当座の影響として返品のコストがかかっただけでなく,コーポレート・レピュテーションを大きく毀損させ,その影響はいまもなお完全に払しょくされたとは言い切れない。

　品質原価計算は品質に係わるコストを,投資の性格をもつ予防原価と評価原価(自発的原価),結果として発生する原価を内部失敗原価と外部失敗原価(非自発的原価)とに区分することにより,品質原価の可視化を行うための測定手法である。

　自発的原価と失敗原価との関係について,日米の経営者の間で考え方に基本的な違いがある。過去のアメリカの経営者は自発的原価と失敗原価のトレードオフを計算し,コストが最低の点を求めた。図13-4を参照されたい。

　最適の中間業務点とされるのが,最適点とされる。他方,1980年代には日本企業の経営者は自発的原価を大幅に支出しても最高の品質を保とうとした。図13-5は,日本企業がとってきた自発的原価と失敗原価の考え方である。失敗原価は投資としての自発的原価を増加するにつれて加速度的に減少する。自発的原価は,学習効果があるため初期投資に比べて長期的には低減傾向にある。

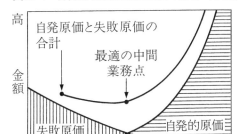

図13-4 自発的な品質原価変化の影響（米国）

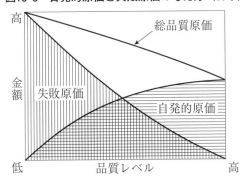

図13-5 自発的原価と失敗原価の考え方（日本）

出典：著者作成。

　1980年代の日本の多くの経営者は，TQM（当時の名称はTQC）の実施により，自発的原価を低減させた。TQCへの参加意欲も高かった。結果，比較的低いコストによって高い品質を確保できた。

　日本で誕生したTQCが**作り込み**による品質の向上を図ろうとするのに対し，品質原価計算は測定による品質ないし経営の可視化におかれているという意味で，品質原価計算は活動基準原価計算（Activity-Based Costing；**ABC**）と類似して，欧米的な特徴をもつ。いずれも「**測定されないものは管理できない**」という視点に立脚する。**測定と伝達**を主要な役割とする管理会計では，測定による問題領域の**可視化**が経営に果たす貢献は大である。

予防原価と失敗原価との間には、トレードオフ関係がある。1991年前後に始まったバブル崩壊までの多くの日本企業は、**QCサークル**と呼ばれていた小集団活動を中心に品質向上の活動を行って製品とプロセスの品質向上活動を行い、そのことが世界に冠たる日本製品イコール高品質という国際的なレピュテーションを獲得した。アメリカでは1970年代の後半から**Quality is free**（品質を高めるのにコストはかからない）の議論が起こり、予防原価に全力をあげる日本企業の総合的な品質管理活動に礼賛の声が巻き起こった。しかし、バブル崩壊とともに日本では「**過剰品質**」が問題になり、品質を向上させるためにコストをかけすぎているのではないかという声が高まった。

過剰品質の解決に多大な貢献を果たしてきたのが品質原価計算である。著者の調査［櫻井, 1992, p.157］では、日本企業で何らかの形で品質原価計算を行っていた企業は約3割（32％）にすぎなかったが、梶原［2008, p.160］によって行われた調査では、品質原価計算をもとに予防原価・評価原価と失敗原価とのトレードオフを行っている企業は調査対象の半数以上（53％）になるなど、品質原価計算の採用企業が急速に増加した。

現在、品質管理に関連して、経営者が真剣に検討しなければならない喫緊の課題がある。それは、アメリカ企業が1980年代において予防原価と失敗原価とのトレードオフ関係を測定してギリギリまで予防原価を引き下げてきたことがコスト低減には有効であったものの、結果として品質を下げてしまった。翻ってみると、現下の日本企業もまたアメリカ企業の1980年代に犯した失敗の轍を踏んでいるのではないかとの懸念が残る。

2　ライフサイクル・コスティング

生産者の**ライフサイクル**（lifecycle）といえば、一般に、研究開発から、企画・設計、製造、販売促進、物流までを意味する。原価はすべて製造業者の責任において発生する。しかし、現実のライフサイクルは製品の販売をもって終了するわけではない。ライフサイクルには、研究開発から製造、販売にいたるライフサイクルに加え、ユーザーで発生する運用、保守、処分に至る活動が含まれる。これらのユーザーで発生する**ユーザー・コスト**（user cost）を含めた全原価の統合的なマネジメントが必要である。図13-6を参照されたい。

2 戦略的コスト・品質のマネジメント

図13-6 製造業者とユーザーのライフサイクル

```
製造業者                    ユーザー
┌─────────┐              ┌─────────┐
│ 研究開発 │              │ 運　用  │
└────┬────┘              └────┬────┘
     ↓                        ↓
┌─────────┐              ┌─────────┐
│企画・設計│              │ 保　守  │
└────┬────┘              └────┬────┘
     ↓                        ↓
┌─────────┐              ┌─────────┐
│ 製　造  │              │ 処　分  │
└────┬────┘              └─────────┘
     ↓
┌─────────┐
│ 販売促進 │
└────┬────┘
     ↓
┌─────────┐
│ 物　流  │─────────────────→
└─────────┘
```

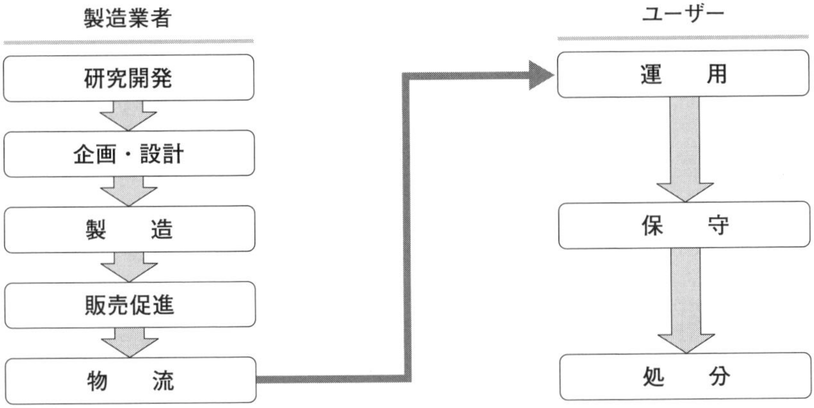

出典：著者作成。

　ライフサイクル・コスティング（Lifecycle costing）とは，「研究開発から処分にいたるまで，資産のライフサイクル全体で発生するコストを測定し，伝達するための計算のツール」[櫻井, 1991, p.154] である。図13-6は，製造業者とユーザーのライフサイクルである。

　ライフサイクル・コスティングの対象は従来，主として**航空機**や**船舶**など設備資産の効率的な取得管理の手法として活用されてきた。例えば，ヘリコプターはエンジンさえ代えれば，20~30年ほどは飛行が可能である。加えて，燃料などの高価な運用費用，操縦士の給料，保守費用および処分費用が多額に発生する。それゆえ，ヘリコプターの購入にあたっては，購入原価だけではなく，ユーザー・コストをも測定したうえで購入の決定が下される必要がある。

　ライフサイクル・コスティングの使用**目的**は，わが国ではユーザーによる設備資産の効率的な取得管理のツールとして使われてきた。現在でもユーザーにとっての役割に変化はないが，生産者にとってもライフサイクル・コスティングが大きな役割を果たすようになってきた。すなわち，製造業者は従来，製品ないし設備の製造原価とユーザーへの引き渡しにかかる原価（発送費，据え付け費用）までには大いなる関心を示すものの，それを引き渡した後にユーザー側でかかる原価にはほとんど関心を示さなかった。しかし，競争の激化，製品

のハイテク化により，製造業者の責任は，機能上，製品の仕様に合致した製品を生産すればそれで終わりというわけにはいかなくなった。グローバルな競争が激化した今日では，企業はユーザー企業や最終消費者の業績と収益性が最適になるように，設計の初期段階で製品の品質，信頼性および支援性を高めていかなければならなくなった。そこで活用されてきたのが，ライフサイクル・コスティングである。

　IT業界では，運用と保守のコストが大幅にかかる。そこで，ソフト開発では運用と保守のコストも考慮した設計が必要となる。

　自動車のユーザーにとって，燃費と故障は購入意思決定の重要な判断基準となっている。そこで，自動車メーカーでは，自動車がユーザーに渡ってからのコストまでを考慮した設計が求められる。

　原子力発電，**火力発電**，**水力発電**のいずれかを選択するといった意思決定において，電力会社は設備の建設・設置費用だけでなく，運用費用，保守費用，核燃料の廃棄コスト（処分原価）までも考慮して決定がなされなければならなくなってきた。2011年3月11日に東日本大震災によって引き起こされた**福島の原発事故**は，多くの日本人に，原子力発電には電力会社が負担せねばならない廃棄を含む膨大なライフサイクル・コストの存在を認識させた。

　ライフサイクル・コスティングは**環境問題**にも大きな光を投げかけている。地球環境の保護は世界的な潮流になってきており，製品の廃棄，回収，さらにはリサイクル・コストの一部を企業に負担させようとする動向が顕著になってきた。**PL**（product liability；製造物責任）の問題も企業にとっての大きな課題になってきた。そこで，こうしたコストの効果的な管理を行うためにも，製品の仕様やデザインと環境コストとの関連性を統合して明示的に測定・分析・伝達するシステムが必要となってきている。表13-1の製造業者の損益計算書とユーザー・コスト計算書は，この種の企業が作成する計算書である。

　表13-1の損益計算書では，製造業者の売上高はユーザーの購入原価と同じ価格にしてある。ユーザーの立場からすると，購入原価だけでなく，ライフサイクル・コストが最小になる製品を購入したい。そうなると，製造業者としてはユーザーのライフサイクル・コストが最小になるような製品を生産することの必要性を知覚するようになる。

表13-1　製造業者の損益計算書とユーザー・コスト計算書

製造業者の損益計算書 （単位：円）			ユーザー・コスト計算書 （単位：円）		
売上高		4,000,000	製品の購入原価		
製造販売の原価			購入対価	4,000,000	
開発費		800,000	付帯費用	200,000	4,200,000
製造原価		2,200,000	ユーザー・コスト		
販管費		400,000	運用コスト		400,000
製造業者の利益		600,000	保守コスト		260,000
販売後のコスト			処分原価		70,000
アフターサービス費		100,000	ライフサイクル・コスト		4,930,000
訴訟対策費		200,000			
PL保険料		50,000			
PLコスト差引後利益		250,000			

出典：著者作成

3　環境管理会計とCSR[6]戦略

　従来の環境会計とは違って，環境管理会計では，環境価値の観点からだけではなく，経済価値や社会価値を統合した**トリプルボトムライン**[7]の立場が尊重される。本項では，①現代の環境問題の特徴，②環境対策と費用効果計算書，③CSR会計計算書，④マテリアルフローコスト会計，⑤生物多様性の現代的意義，および⑥競争優位のCSR戦略について述べる。

(1)　現代の環境管理会計の特徴

　1960年代から1970年代にかけて，アメリカではラルフ・ネーダー，日本では宇井純らの告発以来，環境問題が社会的な問題として大きな話題になった。最近，再び環境問題が大きな課題になっている。では，最近の環境問題は従来の環境問題と何が異なるか。河野［2001, pp.44-46］は1960年代の公害問題（水俣病，イタイイタイ病，光化学スモッグによる呼吸器疾患など）と1990年代以降の環境問題（地球温暖化，オゾン層破壊，酸性雨，海洋汚染など）を区別す

るとともに，最近の環境問題の特徴として次の4つの特徴をあげている。

第1に，問題の対象領域が複数国ないし**地球規模**に及ぶ広域的問題にわたっている。そのため，広域的・国際的な対応が必要である。第2に，環境負荷物質の長期蓄積によって問題が発生しているため，**環境負荷物質**（ないしその排出物）の漸次の削減を要する長期的な活動・対応が必要となる。第3に，環境負荷物質とその被害（被害者）との間の**因果関係が不明確**である。そのため，公害問題で有効であった規制的方法だけではなく，各種の経済単位の自主的対応が必要となった。第4に，環境問題対策として，**環境マネジメントシステム**の構築・運営が必要とされている。

近年の環境会計を管理会計という側面からみると，以上に加えて，さらに2つの特徴がある。それは，第5に，外部不経済の問題としてではなく，トリプルボトムラインの側面からの研究が進んだ結果，**経済的効果の計算**が普及したこと，第6に，環境問題は，最近ではCSR，さらには**統合報告**がとくに重要な役割を果たすようになったことに大きな特徴が見出される。

(2) **環境対策と費用対効果計算書**

21世紀になると，数多くの日本企業が環境対策と費用効果計算書の作成と報告を実践するようになった。表13-2は，環境会計報告書の草分けともいえるIBMグループ全体の2002年の実績である。

表13-2　IBMグループの環境会計（1ドル120円で換算）

環境効果	286億円
環境経費	143億円
環境投資	62億円

出典：著者作成

(3) **CSR会計計算書**

環境管理会計の成果は，最近ではCSRの一環として報告されるようになった。IBMも2004年から環境報告書をCSR報告書の一環として発表している。

三井住友海上は，CSR会計計算書を発表している。社会責任活動のコストと効果を定量化した金融機関では，わが国で初めてのものである。公表されたCSR会計計算書［三井住友海上，2007］は，表13-3のとおりである。

表13-3　三井住友海上のCSR会計計算書

(2007年3月期，単位：億円)

活　　動	コスト	内部効果	外部効果
社会貢献・福祉活動	10	1	6
倫理・コンプライアンス	47	2	—
環境保全活動	52	△4	4
ＣＳＲ共通コスト	1	—	—
総　　計	110	△1	10

出典：三井住友海上［2007］の資料をもとに著者作成。

　三井住友海上の会計計算書は，伝統的な意味での"会計報告"とはいえない。環境会計それ自体でもない。しかし，環境価値，社会価値だけでなく，経済価値をも含むトリプルボトムラインを的確に表現している。企業の社会的な責任との関係を考えるとき，社会的責任活動というセグメント化された領域で可能な限り合理性をもった測定を実施し経営活動の結果を可視化する活動のもつ意味は極めて大である。今後の課題としては，環境報告書を独自にもつか，それとも統合報告（第2章参照）に集約するべきかといった問題がある。

(4)　マテリアルフローコスト会計

　環境管理会計の1つに，マテリアルフローコスト会計がある。マテリアルフローコスト会計は，歩留率を増加させ，工場でムダになった廃棄物を減らして環境負荷を低減させ，同時にコストも削減することを目的とする。伝統的な原価計算では異常な仕損じや減損は別途計算するものの，正常仕損じを可視化できなかった。対して，マテリアルフローコスト会計ではすべてのマテリアルロス（原材料の損失）を可視化することで，廃棄物を削減させる。

　中嶌・國部［2003, pp.12-20］は，日本企業へのマテリアルフローコスト会

計の適用を試みた。**田辺製薬**と**タキロン**では，投入された材料が一度で良品にならない部分（回収・リサイクル工程がないものとしてのマテリアルロス）を算定したところ，予想以上にマテリアルロスが発生していることを発見した。田辺製薬がこの環境会計手法の本格的な導入によってコスト低減を実現した。同様に，**キヤノン**，**積水化学工業**，**日東電工**，**島津製作所**など主要12社と中小企業が挑戦した［國部編，2008, pp.105-244］。このように環境保全と製造コストの低減（経済価値の増大）を両立させていることに，マテリアルフローコスト会計の1つの大きな特徴を見出すことができる。

富士通グループでは，業界で初めて，工場における省エネと化学物質管理の徹底，廃棄物質の削減など，環境負荷の低減を目指してグリーンプロセス活動を推進してきた。従来のゼロエミッションをはじめとする排出量抑制活動に加えて，製造プロセスそのものを見直すことで，各種の工程で使用される原材料の投入量の削減，石油系燃料・電気などの使用量の削減を図ることを目的としている［大野ほか，2003, pp.498-502］。活動にあたっては，原材料や化学物質など総投入物質量とエネルギー投入量やそれらの購入コストを測定し，富士通グループ独自のコストグリーン（CG）指標を開発した。その算定式は，下記［古賀，2004, pp.579-583］のとおりである。

　　CG指標＝（投入量／製品単位）×単価×環境影響度

環境影響度はコストダウンとグリーンプロセスのバランスを考慮して，CG指標をもとに施策アイテムの抽出・実行を行う。図13-7を参照されたい。

マテリアルフローコスト会計には，問題もある。1つは，富士通の担当者が指摘していたように，データ収集に手間がかかることと適用領域が限定されて

図13-7　環境影響度を5段階に分類

出典：著者作成。

いることである。いま1つは，コスト削減が強調されるあまり，環境面への影響の検討が不十分［國部ほか, 2010, p.269］になることにある。

(5) **生物多様性の現代的意義**

最近では，**生物多様性**（biodiversity, biological diversity）に貢献する環境作りが盛んになってきた。緑地面積，樹林，土壌，周辺緑地，水辺環境などで日本の大手企業も生態系保全の動きを本格化させている。評価手法として，「企業と生物多様性イニシアティブ」（JBIB）が策定されている。工場，オフィスなどについて，緑地比率など18項目を100点満点で評価する。

企業はなぜこのように生物多様性に関心をもたねばならないのか。それは2010年4月20日に沖合の石油掘削基地の爆発事故により，メキシコ湾の地域経済や生態系，ブリティッシュ・ペトロリアム（BP）の経営を危機に追い込み，BPの損害は少なくとも日本円にして2兆円であるといわれていることをみれば理解できよう。日本企業も蚊帳の外というわけにはいかない。ノンオペレータ権益を10％もつ三井石油開発は21.44億ドルの請求を受けたが，2011年5月にBPに対して10億6,500万ドルを支払い，同時に，当該鉱区の全権益をBPに譲渡，本事故に関与する当事者に対する請求権をBPに譲渡した。

サステナビリティ[8]の思想が広まった結果，コスト・マネジメントのためだけでなく経営戦略の策定にあたっても，企業は持続的発展を意識的に考慮した決定を行わなければならない。同時に，取締役会でも環境と社会問題は中心的な課題［Reputation Institute, 2010, p.5］として真剣に取り組むべきテーマになってきた。

(6) **競争優位のCSR戦略**

CSRを論じるときのアプローチには，これまで4つの立場がみられた。①道義的義務，②サステナビリティ，③事業継続のライセンス，④レピュテーションである。しかし，これらのアプローチでは，CSRの費用対効果を数値化できない以上，なぜ企業がCSRの向上に努力するのか，その根拠が脆弱である。

ポーターとクレイマー［Porter and Kramer, 2006, pp.78-92］は，このようにCSRの現状を批判するとともに，**戦略的CSR**を提唱する。

例で示そう。**トヨタ**のハイブリッドカー，プリウスは競争優位と環境保護を両立させる斬新な自動車開発の先駆けとなった。ハイブリッド・エンジン車は通常の自家用車に比べると，有害汚染物質CO_2の排出量が6割前後にまで減少し，燃費効率も倍以上にまで向上する。トヨタはプリウスによって，他社の機先を制した。他の多くのメーカーがトヨタのハイブリッド技術のライセンスを利用しているのは当然である。つまり，トヨタはCSRを戦略的に活用し，独自のポジションを築くことで，いまやハイブリッド技術の世界標準として確立する体制を敷くまでになってきた，とするのがポーター達の主張である。

ポーターとクレイマーが述べているように，戦略的CSRを推進して自社の競争力に繋がる競争環境に投資することで，社会と共有する価値を創造することが可能である。その戦略の策定は，今後は経営企画部の主要な議題になってくる。生み出される価値は，環境価値や社会価値だけでなく経済価値をも含む。文字通りトリプルボトムラインである。戦略的CSRの推進によって，企業の成功と社会の成功とが相互に補強しあう共生の関係が生まれてくる。

著者は，ポーターとクレイマーの提唱する戦略的CSRの有用性については賛同する。しかし，コーポレート・レピュテーション（corporate reputation；企業の評判）との関係についていえば，費用対効果の数値化は可能になりつつある。また，企業の倫理的な行動がステークホルダーの協力を呼び，サステナビリティが長期的視点からの経営に事業継続のライセンスを与える。結果，CSRはコーポレート・レピュテーションを維持・向上させる。レピュテーションの毀損を回避することによる企業の長期的な経済価値を向上させ，顧客価値，社会価値や組織価値を向上させるといった事実を過小評価してはならない。

3　日本的現場管理の手法とその特徴，変遷

原価管理を効果的に行うためには，作業現場を的確に把握し，現場から盛り上がる意欲を取り込んでいく必要がある。日本の企業は，過去においてその高い生産性が世界各国からの注目を集めてきたが，その一端は，現場に直結した管理が行われてきたことに求められる。以下では，在庫管理，設備管理，品質管理，リーン・マネジメント，方針管理について検討する。

1 在庫管理

1960年代初頭までに在庫管理の手法として注目されていたのは，アメリカから導入された**EOQ分析**（economic order quantity analysis；経済的発注量分析）であった。EOQ分析では，発注費と在庫維持費との交点で最適発注点が決まる。図13-8から明らかなように，EOQ分析では一定の在庫を保有していることが前提になる。

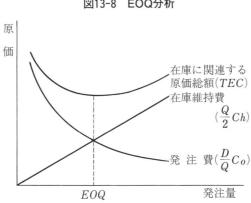

図13-8　EOQ分析

出典：著者作成。

図13-8は，在庫に関連する総費用（TEC）が，発注回数（D／Q）に単位当たり発注費（Co）を乗じて，それに，平均在庫数量（Q／2）に在庫維持費（Ch）を乗じたものを加えたものに等しいことを表している。EOQ分析によれば，在庫維持費と発注費が交差する経済的発注量（EOQ）の点で発注するのが最も経済的な発注量であることをわれわれに教えてくれる。しかし，この分析では，一定量の在庫を保有することが前提となる。

石油危機（1973年）を経験し，徹底的な原価低減が必要とされた日本企業の多くは，在庫をもつことは必要悪であり，在庫をできるだけゼロにしたいと考えた。このことは，企業にとって在庫維持費と発注費とのトレードオフを前提とするEOQ分析が，日本企業では余り意味をもたないことを意味する。

かんばん方式は，現場でのムダを排除するため，目で見てわかりやすい，かんばん（看板）を使って，必要なときに必要な量だけ，低コストで生産する方式である。EOQ分析がアメリカで生み出された技法で，一定の在庫をもつことを前提にするのに対し，かんばん方式はトヨタで開発され，在庫をゼロに抑えることを目的とすることで，両者には大きな違いがみられる。現在ではかんばん方式の優位性が明らかになり，世界的にその名が知られるようになった。

　かんばん方式では，組立作業に必要な1単位分の部品を入れた容器（箱）に，品番，前工程，後工程，生産時期・方法，運搬時期・場所・方法などを記したかんばんを設置しておく。各職場では，1箱の部品を使い切ると，それについていたかんばんをはずし，かんばんを容器に入れて前工程の職場へ送る。前工程では，かんばんによって指示された数の生産を行い，後工程へ返送する。

　後工程ではかんばんの記載数量しか引き取らないので，つくり過ぎが防止される。また，このかんばんは現物とともに動くので，かんばんを見るだけで作業が指示されるとともに，生産を急いでいることも明らかになって，余分な生産が排除される。以上から，かんばんによって作業のタイミングを図り，つくり過ぎを避け，自工程の能力を目で見て管理することができる。

　かんばん方式では，工程間の材料や仕掛品，業者間の在庫は"悪"だという思想に立つ。在庫を圧縮するため，次のことが行われる。

① 生産，販売のロットを少なくすることで，平均在庫量を減らす。
② リードタイムを圧縮することで，製品の製造サイクル内にある在庫を減らす。
③ 工程間の在庫を徹底的に削減する。

　アメリカで，かんばん方式は**ジャスト・イン・タイム**（just in time ; JIT）と呼ばれている。JITは，必要な在庫を"適時に"，必要な場所に提供するという含意がある。伝統的な在庫管理の方式であるEOQ分析では，後工程のニーズよりも，高い生産能力による大量生産を前提にした"**プッシュ**（押し出し）"方式を採用している。他方，JITでは，"**プル**（引っ張り）"方式を採用している。"プル"方式では，後工程など需要側のニーズを考慮し，必要な数量だけを生産し，作業水準に合わせて必要な量だけ次工程に送られる。それによって在庫を減少させ，効率的な生産が可能［門田, 1985, pp.13-73］になる。

2 設備管理ツールとしてのTPM

　1951年に，**東亜燃料工業**はアメリカから**PM**（preventive maintenance；予防保全）の思想を導入した。PMは故障してから直すという事後保全ではなく，故障する前に定期点検や定期保全による予防保全による画期的な技法であった。しかし，PMは保全専門家の集まりで，保全部門が行う保全であったので，全社員が保全活動を行うという思想をもった日本企業には適さなかった。

　1969年には日本電装（現・デンソー）で全員参加のPM，すなわち，**TPM**（total productive maintenance）が行われた。TPMに挑戦する企業は，PMサークルを設けて5Sに徹底的に挑戦する。5Sとは，**整理**，**整頓**，**清掃**，**清潔**，**躾**（しつけ）の頭文字である。これは工場管理の基礎である。PMにつくトータルのTには，次の3つの意味がある。生産保全のトータル，設備効率のトータル，全員参加のトータルである。TPMは社長から現場のオペレーターまで，全員参加の生産保全と設備効率化のための手法［岡本，1988，pp.88-96］である。

　神戸製鋼グループの稼ぎ頭になった**コベルコ建機**では，現場従業員の不満の解消も兼ねて，5悪の撲滅に取り組んでいる。5悪とは，①**手待ち**，②**歩く**，③**探す**，④**しゃがむ**，⑤**クレーンを使う**，という5つの"悪"である［神農，2010，p.53］。このように，現場に即した設備と作業の効率化を考案してその手法を適用していくことが肝要である。

　アメリカのPMとの関係であるが，アメリカではPMが保全部門中心の生産保全に発展していったのに対して，日本では全員参加のTPMを誕生させた。ここで，生産保全には，**予防保全**（PM）のほか，**改良保全**，**保全予防**（ロスを未然防止できる生産システムの設計），**事後保全**が含まれる。

　TQCとTPMの関係について，TQCは製品やサービスの生産・販売活動に適用される現場活動を効率化するためのツールである。一方，TPMは設備効率化のための技法である。TPMをTQCの展開として捉える見方もある。

3 日本の品質管理と欧米諸国の逆襲

　品質（quality）とは，「品物又はサービスが，使用目的を満たしているかどうかを決定するための評価の対象となる固有の性質・性能の全体」（JIS Z

8101) のことをいう。品質管理とは何か。品質管理には，広義・狭義の意味がある。

広義の品質管理（quality management；**品質マネジメント**）とは，ISO 9000シリーズで，「品質要求事項を満たすことに焦点を合わせた品質マネジメントの一部」であると定義づけている。**狭義の品質管理**（quality control）は，「品質保証行為の一部をなすもので，部品やシステムが決められた要求を満たしていることを前もって確認するための行為」と定義づけている。

品質を高める要因には，信頼性，安全性，機能・性能，バラつき，デザインなどがある。品質は，**設計品質**（設計者が目標として定められた品質）と，**適合品質**（製造によって製品に作り込まれ，市場に出た時の製品の実際の品質）とに区分される。設計品質が優れているからといって満足してはならない。顧客を満足させるためには，適合品質をも高めるために品質を作り込む努力がなされなければならない。

ユーザーの要求する品質は時代とともに変化する。そのため，品質管理とは何かを考えるとき，われわれには時代背景との関係で品質管理の内容を理解することが求められる。

(1) **QCからTQCを誕生させた日本企業経営者の努力**

米国の**QC**（quality control）に倣って，わが国で誕生した**TQC**（total quality control；**全社的品質管理**）では，検査だけではすぐれた品質管理は確保できないという日本の現場の人々の考えから，**全員参加**の総合的な品質管理に重点がおかれている。TQCでは9人前後のQCサークルが設けられ，生産に携わる人々から**自主的な改善提案**が出される。これによって無欠点（zero defects；**ZD**）ないしゼロディフェクト運動を通じて高品質の製品が低価格で生産される。

1980年代までは，TQCは日本における高生産性の秘訣の1つとして各国の注目を集めるようになった。ジュラン［Juran, 1993, pp.44-46］によると，日米の品質が逆転したのは1975年前後からで，この頃から日本が独自に開発したTQCが日本の企業に定着した。当初は製造業に普及し，1980年代になってから建設業，ホテル，ソフトハウス[9]などの非製造業者に普及していった。

(2) TQM，シックスシグマなどアメリカ産学官による逆襲

TQM（total quality management）[10]は，伝統的な経営管理実務を再構築することによって製品の品質と顧客満足を改善しようとする活動である。

TQMには顧客志向の品質，強い品質リーダーシップ，カイゼン[11]，事実・データ・分析に基づく活動，品質原価計算，および従業員の参加という特徴［櫻井1995, pp.29-45］が含まれる。日本のデミング賞[12]と同じように**マルコム・ボルドリッジ賞**（MB賞）[13]が設けられている。

MB賞は日本製品が高品質で世界の羨望の的になっていた1988年にアメリカで新設された。このことは，当時のアメリカには日本企業への強い対抗意思が潜んでいたとみてよい。これらの影響もあって，1996年になると，一方の日本企業では日本の強さの秘密であった日本で誕生したTQCをやめてTQMに切り替えるべきだとする**TQM宣言**［TQM委員会, 1998, pp.Ⅱ-Ⅴ］を発表した。これは日本の現場力の敗北宣言という見方もありえよう。

モトローラによって誕生し，1990年代になってGE社（ゼネラル・エレクトリック社）のウエルチ会長がGE Quality 2000としてGE社に多大な利益をもたらしたとされる**シックスシグマ**（Six Sigma）[14]を始める企業が出始めるなど，日米の品質管理戦争は再び日米逆転の兆しが見え始めた。伊藤［2005, p.7］は，1980年代の成功体験が忘れられず日本の工業製品がいまだに世界で上位に位置づけられていると信じている人々に次のように警告を鳴らしている。

「TQCからTQMへの意識改革，さらにはISO 9000シリーズや**TS16949**[15]に準拠した品質マネジメントシステムの構築が進んでいるという現実は，わが国の品質管理体制が明らかに転換を迫られていることを物語る証左といえよう」

(3) ISO9000シリーズ

1990年代になると，日本企業は**欧州**生まれの国際的な標準規格，ISO 9000シリーズに挑戦するようになった。ISO 9000シリーズは次の5つ，①規格の選択と使い方（ISO 9000），②外部品質保証（認証用規格），③設計―据付・付帯サービス（ISO 9001），製造―据付・付帯サービス（ISO 9002），④最終検査・試験（ISO 9003），⑤内部品質検査（ISO 9004）の規格から構成されている。**ISO 9000**シリーズが日本企業にもつ意味は3つある。

第1は，ISO 9000シリーズは日本のJIS（Japanese Industrial Standards；日本工業規格）に対する**国際規格**である。第2は，日本の品質管理が供給者の立場からつくられていたのに対し，ISO 9000シリーズは**購入者の立場**からする品質規格である。第3は，品質の方針が**顧客のニーズと期待**に応えることにあり，TQCのように製品や製造プロセスの継続的改善よりも，経営管理制度の改善やマニュアルの整備などに重点が向けられている。

以上の結果，1990年代の日本企業では，マニュアルの整備などによる品質のグローバル化が大いに進展した。

(4) 経営品質と日本経営品質賞

現代の日本で**経営品質**（Management Quality）の向上に真剣に取り組んでいる組織に，日本生産性本部がある。社会経済生産性本部[16]［2002, pp.2-4］では，経営品質の必要性について，次のように述べている。

「従来は，日本企業は品質こそが消費者のニーズに応える競争力の源であると考えてひたすら品質改善に力をそそぎ，製品の品質の優秀性を確立してきた。しかし最近では，グローバル化と世界市場での競争という現実に直面して，従来の競争優位が大きく揺らいできた。現代では製品の品質は製造部門，サービスの品質は第一線の担当者ということでは済まされなくなり，顧客や市場のニーズに的確に応えて競争に勝ち残るために，企業としての総合力の実現に向けて傾注しなければならない。この総合力こそが，顧客からみた価値であり，購入にあたって支払う価格の対象である。顧客が商品の購入にあたって判断基準になるような価値や，再び商品やサービスを購入したいと思い，知人にも薦めたいとする思いが顧客からの最終評価である。」

顧客の最終評価に影響を与えるすべての要素をクオリティと呼び，従来の狭い意味での品質と区別している。そして，高いクオリティを生み出すために必要な企業活動とそれを可能にする経営体制のことを経営品質と呼んでいる。

日本経営品質賞（Japan Quality Award；JQA）は，顧客・市場の求める価値を創り，長期にわたって競争力を維持できる体制づくりを支援すべく，日本生産性本部が中心になって，1995年12月に創設した賞［社会経済生産性本部, 2001, p.4］である。この賞では，卓越した経営品質（クオリティ）を発揮する

(5) 日本企業にとっての品質管理への取り組み

品質管理のアプローチの変遷という観点からすると，品質に関する中心的なテーマは次のような変遷をとげてきた。

①1960年代から1980年代までの製品や製造プロセスの品質，②1990年代の顧客満足のためのサービスの品質やグローバル・スタンダードに立脚した管理手法の標準化を求める品質，さらに③21世紀になると，日本の経営者は戦略的な立場から，経営そのものの品質の向上に重点を移行している。

それぞれのアプローチに対応して，日本企業の品質管理の主要な手法として，①1960年代から1980年代には米国から導入したQCを経た上でのTQC，②1990年代にはTQM（1996年創設）とISO9000シリーズ，③2000年以降は，TQMとISO9000を基礎にした日本経営品質賞（創設は1995年）が利用されてきている。表13-4は，この関係を描いている。

表13-4 品質概念の主要テーマの変遷

時代区分	主要な対象	主要な技法
1980年代まで	製品や製造プロセス	QC，TQC
1990年代	顧客サービスや管理の標準化	TQM，ISO9000
2000年以降	経営のクオリティ	日本経営品質賞

出典：著者作成。

(6) 日本企業の品質管理のあり方

実際に日本企業はどの品質を重視しているのかを検討しよう。調査［青木・櫻井，2003, pp.124-126］によれば，製品の品質，製造の品質，顧客サービスの質，経営の品質の順に重要度が高く，伝統的な品質概念に焦点が当てられている。では，日本企業はTQC，ISO，日本経営品質賞のどれを使っているのか。

TQCを実践している企業は減少傾向が認められ，導入計画中の企業は皆無である。ISOもまた，すでにISOを"卒業"したとする企業が多い。日本経営

品質賞は，将来これを実施しようとする企業が若干あるという結果であった。

　品質管理に関して，最後に指摘すべきことがある。それは，近年，日本製品の品質が確実に悪化の一途をたどっていることである。その原因の一部には，部品の共有化や分業化，安い生産費を求めて実施してきた海外生産の拡大といった要因もある。しかし，日本製品の品質悪化の根本的な原因は，コスト競争に打ち勝つために，高品質で使い勝手の良い製品・商品を顧客のために提供しようとする姿勢を失ってきたからであるといえる。大多数の日本の経営者が過去の成功体験をもち続けることで，品質の向上よりも目先の利益の増大を図ることにのみ目が向けられた結果であるといえよう。成長目覚ましい中国や韓国との戦いにおいて後塵を拝さないためには今後どんな努力が必要になってくるかを，産官学が真剣に検討する時期にきているといえよう。

4　リーン・マネジメント

　欧米では，日本語で贅肉を削ぎ落すことを意味する"リーン"という表現が使われている。元来がトヨタの生産方式から端を発した用語である。ライカー [Liker, 2004, pp.7-10] によれば，リーン生産方式，リーン・マネジメントの本質は思想であり，単なるツールやテクニックではないという。そのためもあり，リーン・マネジメントの専門家の数だけ異なったアプローチがあるといわれているほどである。ただ，リーン・システムはいずれもトヨタ生産方式で知られる各種のツールを使って，**ムダ・ムリ・ムラ**を排除 [Morgan and Liker, 2006, pp.74-75] し，終局的には財務業績の向上に結びつけることができる。

　リーンのツールには，数多くのものがある。典型的には，**かんばん方式**，**TPM**，**5S**（整理，整頓，清掃，標準化[17]，躾），**生産の平準化**，**自働化**，分析ツールとしての**標準作業**（文書化した作業手順書），**ポカヨケ**（ミスの予防装置であり，評価する方法）などである。リーン技法の中核は，ムダの排除にある。リーン・マネジメントには，これらの技法を統合したムダを排除する業務システムの体系化であることに共通の特徴がある。

　リーン生産方式は，1980年代のアメリカの生産性低下の時代に，大量生産と受注生産を同時に実現させるカスタマイゼーションの生産方式のもとでの生産工程におけるムダを排除し効率的な生産を実現することで，消費者の多様な嗜

好に対応するための新しい生産方式として提唱された。リーン生産方式は，トヨタ生産方式を研究し，それを一般化した表現である。**リーン・マネジメント**との違いについて，大西［2010, pp.217-218］は，リーン・マネジメントではプロセス・体系化に力点がおかれていることに特徴があると述べている。

　ライカーとマイヤー［Liker and Meier, 2005］によれば，トヨタ生産方式の創始者である大野耐一氏は，トヨタが顧客から注文を受けて製品を納入するまでの期間を，ムダを排除することで短縮するシステムを開発した。この結果がリーンなプロセスである。トヨタの効率的なプロセスは，開発，購買，販売，生産技術，企画までに浸透している。トヨタ生産方式で用いられるツールを統合した業務管理の方式を，リーン・マネジメントということが多い。

　コペンハーゲンのJETRO大西淳也所長（当時）の招聘を受けて2006年2月にデンマークの病院を訪問した折，デンマークの病院経営者がリーン・マネジメントの導入［大西, 2007, pp.13-26］に取り組んでいることを知り得た。

5　方針管理

　方針管理（policy management）は，PDCAのマネジメント・サイクルにしたがって方針を方策に展開し，管理するためのコスト・マネジメントの手法である。方針管理の具体的な実践のプロセスは，**方針展開**（policy deployment）にみられる。方針管理はTQCと目標管理の発展形として，1960年代に現場から誕生した日本固有の手法［日本品質管理学会, 1989, p.5］である。

(1)　方針管理の特徴

　TQM委員会［1998, p.68］によれば，方針管理の実施のステップは，Planで方針の策定と展開，Doで方策の実行，Checkで方策の実行状況のチェック，Actionで方策の変更と処置，次年度への反省からなる。ビジョンと戦略から導かれる**方針**は目標とそれを達成する方策からなる。**目標**とは将来に期待される結果であり，目標を達成するために選ばれた手段が**方策**である。

　方策は明確な改善計画である。方針管理では，管理目的を目標と称するのに対して，目標を達成するための手段のことを方策という。**PDCAのマネジメント・サイクル**に対応して，方針管理は図13-9で示すようなステップからなる。

図13-9 方針管理における実施のステップ

（サイクル）	（実施ステップ）	（担当箇所）
Plan	方針の策定 方針の展開	事業部長
Do	方策の実行	各部門長
Check	方策の実行状況のチェック	経営企画部
Action	方策の変更と処置 次年度への反省	関係部門長

出典：TQM委員会［1998］を参考にして著者作成。

(2) **方針管理と日常管理**

　方針管理は，各部門に与えられた日常業務を目標通りに達成するのに必要な日常管理と区別される。**日常管理**（daily management）では，方針管理で設定された目標値を達成するために，過去の計画を踏襲させ，良好な管理状況にある現状の維持と小改善を加えた計画をつくり，PDCAの管理サイクルをまわす［日本品質管理学会, 1989, p.53］ことになる。

　日常管理と違って，方針管理は重要度の高い基本的な管理が対象になる。日常管理と方針管理との関係は，一般に，日常管理が75~95％，方針管理が5~25％［日本品質管理学会, 1989, p.116］である。日常管理がベースになって，日常管理がしっかり行われてこそ方針管理が有効性を発揮する。日常管理が**維持の管理**であるのに対して，方針管理は**改善の管理**［高須, 1997, p.14］である。基本管理の対象は，改善方策を重点的に講じることによって管理項目の水準の目立った改善を期待したい項目である。基本管理，方針管理，日常管理の関係は，図13-10のようになる。

　方針管理では，基本管理項目のうち，とくに重点的な改善を全社の各部門や各職位の協力によって実施する。それには，目標の達成度を実施結果によって評価する結果系の管理項目ないし管理点が必要である。例えば，先に述べた例でいえば，経常利益，売上高，クレームの件数などがその典型である。

図13-10 基本管理，方針管理，日常管理の関係

出典：高須[1997]を参考に，著者作成。

　さらに，方針管理では目標を達成するための方策が策定される。先の例でいえば，原価低減が実施項目である。方策としては，具体的な改善の方法が立てられる。これらの要因系の管理項目を，点検点とか点検項目という。この関係は，表13-5のように表すことができる。

表13-5 管理項目における管理点と点検点

管理項目	特　徴	達成度かその方策か	プロセスか結果か
管理点	結果	目標の達成度	結果の判断
点検点	要因	方策	プロセスの管理

出所：高須[1997]を参考に，著者作成。

　日本企業で，方策は一般に，下位者から上位者に提案［高須，1997, pp.14-17］されることが多い。問題点や改善点は，担当責任者が最もよく認識しているからである。目標値の達成方法も，担当責任者の意見が最も尊重される。

(3) 三現主義 ── 方針管理の底流にある思想

　方針管理には，三現主義の思想が流れている。**三現主義**とは，机上の空論ではなく，実際に"**現場**"で"**現物**"を観察し，"**現実**"を認識した上で問題解決を図るという思想である。方針管理では，三現主義をもって上位者の心がけるべき点であるとして捉えられている［日本品質管理学会，1989, pp.97-98］。

　著者は会社勤務の折に，上司から1日のうち3分の1は現場を把握するよう

に指導を受けていたが,管理会計担当者はとくに心すべき思想である。
　現代のように情報システムが高度に発達して,工場が中国など海外におかれているときには,三現主義の実施は難しくなっている。朝から晩までパソコンに向かっているだけで仕事をすることができるようになった。しかし,経営の現場では可能な限り自分の眼で確認し,現場の意見に耳を傾け,現場を自分の眼で確認したうえで,判断をする習慣をつけることが肝要である。方針管理の底流に流れるこの三現主義を身につけることは,製造現場だけでなく,セールスマンやわれわれ研究者にとっても極めて重要なことである。

(4) 方針管理が日本企業についてもつ意義

　方針管理は,目標管理の日本的な発展形として,TQMのコア・マネジメントの1つとして行われてきた方法［長田編,1996,p.9］である。赤尾［1988,p.18］は,方針管理が「目標管理が結果しかみないこと,TQCでは現場管理の手法でしかないことから,これら2つの欠点を補うためにPDCAに基づく方針展開の手法として発展してきたもの」だとしている。最近ではバランスト・スコアカードとの戦略的な活用も検討がなされている。方針管理は英語で,Policy Management, Policy Deploymentなどと称される。
　方針管理の難点は,戦略が所与とされていることにある。そのため,1990年代の後半には,戦略との対応が検討［長田編,1996］された。しかし,執筆者がすべて工学系・理数系の専門家によって執筆されていることからか,読んでみても現代の戦略論に沿っているとは到底思われない。そこで,方針管理を活用するに当たっては,戦略的な活用をするためにバランスト・スコアカードを併用するなど,その活用には工夫を凝らすことが必要であると思われる。

6 現場力の弱体化と対策

　日本企業における「**現場力の弱体化**」について触れておかねばならない。1960年代から1970年代にかけては,現場の活力も大きな要因となって,日本は1980年代には世界に誇れる産業国家になりえた。それは,現場で働く労働者と経営陣の弛まぬ努力の賜物に他ならない。具体的には,TQC,TPM,かんばん方式,原価企画,(バランスト・スコアカードの基礎ともなった)方針管理,

（工場の自動化に伴う）FA，CIMの展開など，現場力を主体とした必死の努力が世界に先駆けた経営・経営手法を生み出し，それが原動力となって日本の国民所得を世界一にまで押し上げたのである。

　しかし，現在の状況を見ると，今後も世界に誇れる現場力を再び浮揚させるキッカケがつかめるか，甚だ心もとない。本章で読者は，過去の成功体験に酔っていても未来はない。現場力の復活なくして日本の再生はありえないと思えるからである。では，どのようにして現場力を高めることができるか。現状と対策を列挙してみたい。

　① **工場の海外展開**　いかに労働コストが安くても，必ず**マザー工場**を日本に残しておくこと。そこで，徹底的に現場力を高める実験を行う。また，日本企業が日本での事業展開が有利と判断できるように，少なくとも他のアジア諸国並みに法人税の引き下げを実施する。

　② **少子高齢化**　職種によっては，70歳を超えても若い人以上の仕事ができる。アメリカのように，年齢による差別をなくし，働きたい人間は働けるような職場にする。それは，健康保険制度の再生にも役立つ。

　③ **派遣労働者**　現行制度のもとでの派遣労働者には，過去に日本企業のお家芸であったQCサークルのような，すぐれた提案を求めることはできない。派遣労働者でも優秀な派遣者は，正規の社員に取り立てるなど，現場の労働者に夢と希望を与えて，現場力を高める必要がある。

　④ **外国人労働者の活用**　外国人労働者を単なる臨時の廉価な労働力として採用するのではなく，人選を厳しくするとともに，給料を日本人労働者と同じにして，日本企業に貢献できる"人財"として育成する。その他，優秀な外国人労働者が喜んで日本にくるようにあらゆる施策を実施する。

　⑤ **オフショア**　アジア諸国との賃金格差が存在する限り，オフショアを避けることはできない。しかし，仕様書までも海外企業に渡すことによって，早晩「庇を貸して母屋を取られる」リスクの存在を常に心して戦略的な対応がなされなければならない。このことは，ファブレス工場，EMS（electronics manufacturing services；電子機器の生産受託サービス）についても同じことがいえる。

　⑥ **アングロサクソン流の株主重視の追究**　多くの企業で，アメリカ・イ

ギリス企業に倣って，現在の日本ではあまりにも株主重視・従業員軽視の会社が多くなりすぎてはいないか。これでは現場力が弱体化するのは当然である。株主重視は必要ではある。しかし，アメリカでは株主重視の弊害が多くの研究者によって叫ばれてきた。残念ながら現在の日本では，新聞が株主重視を煽るだけでなく，株主重視の行き過ぎに警鐘を鳴らす研究者の発言がほとんど見られない。企業経営者だけでなく，研究者も，日本経済の持続的な発展には何が必要で何が阻害要因になるかを真剣に検討して，若い世代に夢を与えることが必要であると思われる。

　以上で見た通り，本書の2015年の第六版では現場力の弱体化と対策について指摘した。しかし，日本企業における品質軽視の傾向の結果は，現実のモノとして露呈され始めている。その1つが，データ改ざん，無資格検査である。

7　データ改ざん・無資格検査などによる日本企業の品質低下

　2017年に，日本を代表する優良企業（製造業）において，品質保証部によるデータ改ざんや無資格検査などの逸脱行為が相次いで発覚した。バブル崩壊までの日本企業では全く夢想だにしなかったような，品質をないがしろにした逸脱行為が，日産自動車，スバル（SUBARU），三菱自動車，三菱マテリアル（子会社），東レハイブリッドコード，旭化成，東洋ゴム工業などで次々と発覚した。これらの企業には，過去にデミング賞を受賞した日産自動車（1960年と，1995，1996年の事業所表彰），神戸製鋼所（1989年の事業所表彰）も含まれている。

　多くの企業では，事前に契約した品質基準を下回った場合でも，顧客の了承が得られれば出荷できる**トクサイ**（特別採用）制度を，現場では悪用していた。現場では，それが悪いという認識が全くなく，性善説で成り立っていた取引関係を逆手にとって，不正な製品を出荷していたということになる。現場でのコンプライアンスの意識に欠けていたということもできる。

　ある企業では，子会社が顧客に納入したタイヤの補強材など製品の検査データを不正に改ざんしていた。また，長年にわたって無資格の従業員による検査（無資格検査）が行われてきた企業も数多く発覚した。不正行為が行われた多くの企業では，現場の判断で実施されてきたが，なかには，「1％にも満たない僅かな誤差」だから許されると思っていたと説明した経営トップもいた。逸

脱行為をしていた企業の多くは，納期やコストを優先するあまり，製造現場での品質改善や顧客への説明や承認を得る手続きを省いていた。

8 品質低下がなぜ日本企業に目立ってきたのか

なぜ，品質軽視が日本企業に蔓延していたのか。日産自動車と神戸製鋼での調査を行った山崎ほか [2018, pp24-29] は，基本的には，必要な人員を確保できないまま，「コスト削減や増産ばかりを指示する経営層に対する現場の不満が噴出していた」からだとする。無資格者による完成検査軽視については，「車検制度の存在によって監督官庁としてのメンツを保ちたい国交省と，販売ネットワークを守りたい自動車メーカー。両者の都合が結果的に完成検査での不正を呼びこんだ」からだとしている。また，その背景には，製品の安全性には問題がないとする経営陣の「驕り」がある，ともいう。いずれも納得できる説明である。品質とコストは密接な関係がある。品質を必要以上に向上させようとすればコストが上昇する。コストを必要以上に削減しようとすれば，品質の低下を招く。品質とコストは常に両者をペヤーで考えなければならない。

品質軽視がコスト削減や経営陣の驕りだけで片付けられない課題もある。それは，企業が品質管理を専門とする経営者の育成が疎かにされたことによる日本製品の品質低下という現象である。つまり，1990年代から生産拠点が海外に移り始めたのに伴って，企業や学生の間で品質管理を追求する動きが乏しくなってきた。その結果，大学で品質管理全般を学べる研究体制が定着しなくなってきた。そのため，現時点では70歳代の品質管理専門家が多いものの，若手の品質管理専門家が払底している状況にある。工場の多くが海外に進出していることからすれば，日本での品質管理の専門家を海外への進出企業が欲しなくなるのは理解できる。しかし，企業は当面の利益だけでなく，将来のために，必要な品質管理の専門家を育てる必要がある。

日科技連の賛助会員は，1991年には1924社であったが，2017年には686社に減少している。日本HR協会による改善実績調査の結果では，1997年には約114万人（2686万件）あった提案件数は，2016年には約37万人（528万件）と，約5分の1に減少した [山崎ほか, 2018, pp.24-29]。かっては日本企業が独占していた日科技連のデミング賞は，2016年では3社中2社が日本企業であった。

しかし，2017年には，デミング大賞はタイの会社（SCG Logistics Management），デミング賞はインド企業の2社（Ashok LeylandとCEAT）がデミング賞を受賞し，日本の受賞企業はナシであった。このような事実は，品質への熱意と実力において，いまやアジア各国は完全に日本を凌駕しているといえる。さらに中国は，高品質ではなくても価格を安くして，日本企業を脅かす存在になりつつある［山崎ほか，2018, pp.27］。

このような惨状の一端は，社員教育の低さにも明白に現れている。人材サービスのランスタッドが実施した世界33カ国の社員教育では，スキルアップに向けた研修の受講など，勤務先からのスキルアップ支援（世界66.0%，日本41.2%），自己負担での実施意識（世界67.7%，日本42.2%）のいずれにおいても，世界で最下位であった［ランスタッド，2017/11/17］。現代の日本企業が，社員の再教育をないがしろにしている実態が，白日の下に晒されたことになる。国内総生産（GDP）の伸び率を見ても，2000年から2020年までの20年間の伸び率は，1位はインド，2位は中国で，中国は大躍進して日本を抜いて大きく引き離している。日本のこの20年間のGDPの伸び率は，悲しいかな，1.0倍でしかなかった。

9　日本企業の現状をいかに分析すべきであるか

それでは，このような日本の現状をいかに分析すべきであるか。現状の見方に関しては，賛否両論がある。まず，現状を是とする見解からみていこう。

モノ作りの管理の権威として知られている藤本隆宏氏［日経，2017/11/28］は，このような日本の現状分析とその対策に次のような提言をしている。

現状の分析では，品質不良が最近になってにわかに発生したのではなく，長期間続いていた逸脱行為が最近になって発覚したのだから，当然，逸脱行為＝品質不良と見るべきではない，と主張する。

藤本氏によれば，守るべきルーチンを守らない逸脱行為は，組織能力の毀損である。原因系の逸脱行為に関しては，①発生，②継続，③発覚を峻別した原因分析と，品質不良が顧客や社会に及ぼす影響の分析の必要性を説いている。藤本氏は結論として，「今回の逸脱発覚は日本の現場力が落ちた証左」だとする指摘はその論理的根拠に乏しいと断定している。

品質管理の権威である長田洋［日経，2017/11/29］は，藤本氏とは全く対立する見解から，以下のように述べている。

一連の不正はいずれも検査工程で起こった。その背景には，製造工程と同様に，検査工程にもコストダウンの要求が強まり，加えて，資格者数にも制限があり，人手不足から**非資格者に検査を任せた**ことにある。その結果，モノ作りにおけるカイゼン力の低下につながったとする。そして長田氏は，今後の課題として，モノ作りの現場ではいまやAIなどの技術革新による第4次産業革命に即した品質第一の新たな品質管理体制を構築すべきであると提言する。

以上，2017年の暮れに発覚した法令を無視したデータの改竄や無資格者検査をどう評価するかについては，論者によってニュアンスの全く異なる見解と対立する意見がある。残念なことに，品質不良の問題は2018年の秋になってもまだ続いている。そこで最後に，著書の見解を簡潔に述べておこう。

多くの日本企業は厳しい国際競争のなかでコストカットを余儀なくされており，1980年代に見られた**社員教育も大幅に縮小**した。顧客に優れた製品を提供することよりも，コストカットによって少しでも利益を増大させようとする姿勢が目立ってきた。その結果，現場力が大きく失われてきている。近年の偽装や改竄は，著者にはその当然の帰結であると考えられる。

企業は今日の株主[18]のためだけではなく，企業の将来に発展に備えて，従業員の働きやすい職場の提供，真の顧客満足を図るとともに，社員教育にはもっと力を入れるべきである。米国では，1980年代にモノ作りよりも株主利益の追求に走りすぎたがために，日本企業に大きく後れを取った苦い経験がある。現在の日本企業では，当時とは逆に，最近の「ガバナンスコード」に見られるように，株主重視こそがROEを高め企業のガバナンスが高まるといった誤った見解も見受けられる。現在，一部の企業で見られるように，顧客，従業員への配慮をないがしろにして，皮相的な株主重視が強調され過ぎたことが現在の品質不良を招いた根本的な原因であると思われてならない。

過去においては日本企業の優れた特徴であった，株主だけでなく顧客，従業員，取引先，社会と共存しようとする社会の実現に向けて，再び日本企業の優れた特徴を生かした経営が求められている日がくることを期待したい。

注

1) 原価低減（cost reduction）は，原価計画とほぼ同義で用いられることが少なくない。しかし，原価低減というときには，原価計画以上にコストを引き下げる意図が込められている。実務でコストダウンといった表現が使われることがある。コストダウンは学問的にはあまり用いられることはないが，コスト引き下げの強い意味が込められている。

2) 原価標準と標準原価とは違う。原価標準というときには，製品の製造に必要な単位当たり原価のことをいう。

3) フィードバックは，元来が，結果を原因側に戻すことを意味する。ここでは，過去の業績を検討して，将来の計画設定に活かすように代替的な方法を探索することをいう。ホーングレン他［Horngren, et al., 1994, p.10］によれば，フィードバックには，目標の変更，代替的方法の探索，意思決定のための方法の変更，予測，業務プロセスの変更，報酬制度の変更が含まれるという。

4) シェアードサービスとは，企業のいくつかの場所で行われている経理・人事などの間接的な業務を，シェアードサービス・センターという組織に集約した組織のことをいう。園田［2006, pp.51-84］によれば，シェアードサービスには，①業務の集中化，②業務の見直し，③業務の標準化という3つの特徴があるという。

5) 日本経済新聞（2014年6月15日朝刊）は，上場企業全体の2/3にあたる約2300社で外国人持ち株比率が高まり，結果，外国人保有比率が30％程度に増えた模様だという。2012年末は28％であった。

6) CSR（corporate social responsibility）は，一般に企業の社会的責任と訳されている。しかし，岡本［2018, pp.12-14］によれば，（広義の）CSRと（狭義の）社会的責任は同じではないという。古くから使われてきた社会的責任が狭義の社会的責任であり，従業員，地域社会（例；公害問題対処）がメインターゲットであった。他方，広義のCSRといえば，企業の社会的影響力が格段に大きくなってきており，顧客，ユーザー，株主，地域社会などのステークホルダーにも配慮した企業経営が求められているという。広義のCSRでは，ガバナンス情報の開示，社会貢献，文化貢献なども含められる。両者を混同しがちであるが，同意できる見解である。

7) CSRは，エルキントン［Elkington, 2004, pp.1-17］によって，経済価値，環境価値，社会価値からなると特徴づけられた。なぜトリプルボトムラインと呼ばれるかは，トリプル（triple；3つの）の，当期純利益のように大切なモノ（bottom line）は，①経済価値を高めるだけではなく，環境に配慮して②環境価値を高め，③社会価値も重要視すべきであるという意味である。

8) サステナビリティ（sustainability）の定義は多岐にわたるが，サステナビリテ

ィといえば一般に，環境，社会，経済の観点から企業が持続可能な社会にするという考え方をいう。サステナビリティの主張によれば，企業は環境，社会，経済に与える影響を考慮して事業を遂行すべきだということになる。

9) ソフトハウスは，ユーザーが手作りを好む日本的な環境のなかで1980年代に拡がっていった。メインフレームと呼ばれる富士通，日立，NECなどは，コンピュータに組み込むソフトを手作りで制作した。これを組み込みソフトという。加えて，ソフトウェアのユーザー企業である新日鉄，パナソニック，東芝といった会社も，パッケージソフトを活用する代わりに，自社に合ったソフトを自らが制作することになった。それらの会社は特殊な技術が必要とされるソフトウェアの制作を自社で行うことがなく，ソフトウェアを開発・維持する子会社を数多く作り，ソフト開発にあたらせた。

10) 日本企業固有のTQCとアメリカで展開されたTQMはどこが違うか［櫻井，1995, pp.29-43］。第1に，TQMでは，徹底した顧客満足が標榜されている。第2に，TQMでは，データと科学性重視の姿勢である。例えば，TQMでは品質原価計算など，科学的な品質管理が行われる。第3に，TQMはコントロール（統制）ではなく，マネジメント（管理）である。第4に，TQCで主要な役割を果たした，QCサークルは取り上げられていない。

11) カイゼンは，日本企業で行われている"改善"の意味を込めた表現である。劇的な変化をもたらす革新とは違って，カイゼンというときには，小さな提案活動の積み重ねが含意されている。

12) デミング賞（Deming Prize）はTQMの進歩に貢献のあった民間団体と個人に授与される賞。トヨタ（1970），日本電気（1973），新日鉄（1975），…など多くの著名企業が受賞している。

13) マルコム・ボルドリッジ賞（MB賞）は，1987年のレーガン政権のもとで，アメリカの競争力の向上を目的として導入された。ゼロックス（1988），ＩＢＭ（1990）…など多くの著名企業が受賞している。評価基準は2年に1回改訂されている。ＨＰの"Criteria for Performance Excellence Framework and Structure"によれば，2013-2014の評価基準は，本文で示したとおりである。

14) 品質管理の手法。1980年代にモトローラによって開発された。GEのウェルチ会長がシックスシグマで大成功を収めた手法でもある。トップダウンの手法として，統計学の手法を用いて，得られたリターンを数値化することに特徴がある。

15) ISO/TS16949は，自動車産業に属する製造業おける品質マネジメントの規格（技術仕様）である。2018年現在，最新版としては，ISO/TS1649：2009が発行されている。

16) 戦後の日本経済の再生と発展に大きな役割を果たした日本生産性本部は，一時

は社会経済生産性本部に名称が変更されたが，2009年に日本生産性本部に戻された。

17）米国では，「清潔」に代えて「標準化」としている。

18）近年の株主重視の傾向は，アングロサクソン系の経営が信奉されてきた結果，株主からのプレッシャーが急速に高まったためでもある。それはそれなりに日本の経営に優れた影響を及ぼしている面があるとは思われるが，それも行き過ぎると悪影響がでてくる。逆に，従業員が相変わらずないがしろにされている一因には，組合の組織率が低下したことによって，株主重視とは逆の傾向が顕在化し始めているように思われてならない。

参考文献

Elkington, John, Enter the Triple Bottom Line, in *The Triple Bottom Line, Does it All Add up?*, edited by Adrian Henriques and Julie Richardson, Harthscan, 2004.（大江宏・小山良訳『トリプルボトムライン：3つの計算書は統合できる』創成社，2007年）。

Horngren, Charles T., George Foster and Srikant M. Datar, *Cost Accounting, A Managerial Emphasis*, Annotated Instructor's ed., 8th ed., 1994.

Juran, Joseph M, "Made in U. S. A.：A Renaissance in Quality," *Harvard Business Review*, July-August, 1993.

Liker, Jeffrey K., *The Toyota Way, 14 Management Principles from the World's Greatest Manufacturer*, McGraw-Hill, 2004.（稲垣公夫訳『ザ・トヨタウェイ』日経BP社，2004年，pp.50-63）。

Liker, Jeffrey K. and David Meier, *The Toyota Way, A Practical Guide for Implementing TOYOTA's 4Ps*, McGraw-Hill, 2005.（稲垣公夫訳『ザ・トヨタウェイ実践編（上）』日経BP社，2005年，p.27, pp.39-61）。

Morgan, James M. and Jeffrey K. Liker, *The Toyota Product Development System, Integrating People, Process, and Technology*, Productivity Press, 2006.（稲垣公夫訳『トヨタ製品開発システム』日経BP社，2007年）。

Porter, Michel E. and Mark R. Kramer, Strategy and Society: The Link Between Competitive Advantage and Corporate Social Responsibility, *Harvard Business Review*, Dec. 2006.（村井裕「競争優位のCSR戦略」『Diamond ハーバード・ビジネス・レビュー』2008年1月号, pp.36-52）。

Reputation Institute, *Reputation Intelligence—In this Issue Why CSR Matters to Corporate Reputation—*, Volume2・Issue 1, Spring 2010.

青木章通・櫻井通晴「戦略，業績評価および経営品質に関する日本企業の経営行動：

バランスト・スコアカードに関する郵送調査の分析」『東京経大学会誌』第236号, 2003年。

赤尾洋二『方針管理活用の実際』日本規格協会, 1988年。

伊藤嘉博『品質コストマネジメントシステムの構築と戦略的運用』日科技連, 2005年。

大野秀樹・小泉元・工藤孝「グリーンプロセス」『FUJITSU』Vol.54, No.6, 2003年11月号。

大西淳也「デンマークにおける病院経営の漸新的改革—リーン・マネジメント（トヨタ生産方式）の展開を中心に—」『PRI Discussion Paper Series（No. 07A-07)』2007年4月。

大西淳也『公的組織の管理会計』同文舘出版, 2010年。

岡本 清「TPMにおける保全費の予算管理」, 岡本清・宮本匡章・櫻井通晴編著『ハイテク会計—ハイテク環境に対応した環境変化に対応した新会計システムの構築—』同友館, 1988年。

岡本大輔『社会的責任とCSRは違う！』千倉書房, 2018年。

長田洋編著・内田章・長島牧人（飯塚悦功監修）『TQM時代の 戦略的方針管理』日科技連, 1996年。

梶原武久『品質コストの管理会計』中央経済社, 2008年。

神農将史「現場力　コベルコ建機（建設機械の製造販売）—不満減らして業績改善」『日経ビジネス』2010年12月6日号。

河野正男『環境会計—理論と実践—』中央経済社, 2001年。

古賀剛志「グリーンプロセス活動」（特集 国際的化学物質規制への対応）『環境管理』産業環境管理協会, Vol.40, No.6, 2004年。

國部克彦編著『実践マテリアルフローコスト会計』産業環境管理協会, 2008年。

國部克彦・大西靖・東田明・堀口真司「環境管理会計—マテリアルフロー分析を中心にした国際比較—」, 加登豊・松尾貴巳・梶原武久編著『管理会計研究のフロンティア』中央経済社, 2010年。

櫻井通晴『企業環境の変化と管理会計：CIM構築』同文舘出版, 1991年。

櫻井通晴「わが国管理会計システムの実態：CIM企業の実態調査分析」『専修経営学論集』第55号, 1992年10月。

櫻井通晴「トータル・クォリティマネジメントの日本企業へのインパクト：アメリカ企業の反撃とTQMの確立」『専修経営学論集』第60号, 1995年2月。

社会経済生産性本部編『2001年度版　日本経営品質賞とは何か』生産性出版, 2001年。

社会経済生産性本部編『2002年度版　日本経営品質賞とは何か』生産性出版, 2002年。

園田智昭『シェアードサービスの管理会計』中央経済社, 2006年。

高須 久『方針管理の進め方—方針書の作成から展開方法—』日本規格協会, 1997年。

通商産業省産業構造審議会編『利益計画と統制組織』日刊工業新聞社, 1969年。
TQM委員会編著『TQM　21世紀の総合「質」経営』日科技連出版社, 1998年。
中嶌道靖・國部克彦「管理会計におけるマテリアルフローコスト会計の位置付け」
　『原価計算研究』日本原価計算研究学会, Vol.27 No.2, 2003年。
日本品質管理学会 方針管理事例研究会『方針管理運営の手引き』1989年。（引用に
　あたっては，明らかな表現の間違いなどは訂正して表現を変えたところもある）。
三井住友海上『CSR　Report 2004—企業の社会的責任—』2004年。（2007年度のデ
　ータは，同社ホームページ）。
門田安弘『トヨタシステム：トヨタ式生産管理システム』講談社, 1985年。
山崎良平・小笠原啓・小平和良「甦れ！ニッポンの品質」『日経ビジネス』2018年
　1月8日号

第14章

販売促進費, 物流費, 本社費の管理

1 営業費管理会計の重要性

　販売費・一般管理費を総称して, 一般に**営業費**（distribution cost）という。営業費とは, 販売活動や一般管理活動のような, 商品企画から生産・販売を経て現金化されるまでの営業活動の実施に際して発生するすべての価値犠牲を意味する。最近では, 営業費のなかでもとくに**マーケティング・コスト**（marketing cost）[1]に, 経営者の関心が高まっている。

1 営業費管理の意義

　企業が提供する製品およびサービスのうち, 製造原価の占める割合は, 営業費に比べてその重要度においても金額からしても大である。そのため, 管理会計における管理の焦点は製造原価におかれ, 営業活動効率化の機会をみすみす見過ごすことも少なくなかった。しかし, 近年の経済のソフト化・サービス化の進展に伴い, 営業費が総原価に占める割合が相対的に増大してきた。そのため, 営業費の効率的・効果的適用に経営者の注目が集まるようになってきた。
　今後, 経営を効率化していくためには, 原価削減の宝庫とまでいわれてきた販売促進費, 物流費, および一般管理費を効果的に管理していくことの必要性が高まってきた。営業費管理の目的は, 以下に見出すことができる。
　(1) 製造原価に比べて, 営業費には本格的な原価引下げの努力が遅れている。逆にいえば, その分だけ経営効率化の余地が残されているといえる。
　(2) 原価構成や原価態様に関する情報をもとにした営業費の責任区分別分析を行うことにより, 利益管理に役立てられる。
　(3) 営業費についての十分な情報提供により, 価格決定や顧客差別化に役立てることができる。このことが顧客満足にも役立つ。

2 営業費管理の特質

　営業費管理の重要性は近年ますます認識されてはきたが，営業費を現実に管理しようとすると，種々の困難に直面する。営業費管理を効果的に実施するには，営業費の特質を十分に理解しておく必要がある。

(1) 営業活動は**努力と成果**（インプットとアウトプット）との間に，製造原価ほどの比例的関係がみられない。また，純粋な変動費が少ない。そのため，標準原価計算など，科学的管理の方法の適用が困難である。

(2) 営業活動では**心理的要因や環境要因**が大きく作用する。そのため，製造原価において適用されているような機械的管理ではほとんど効果がない。物流費では効率の向上が図られねばならないが，販売促進費の管理においては，効率よりも効果性ないし有効性が重視されなければならない。

(3) 営業費には，広告費や交際費のように売上高獲得のために発生した**販売促進費**，運賃のように獲得された売上を実現するための**物流費**，および**一般管理費**のように売上高との関係が見出しにくい原価がある。

(4) 製造原価管理の主目的は原価引き下げにある。営業費管理に関していえば，物流費では**効率向上と原価引き下げ**が主目的になるが，販売促進費管理の主目的は原価の絶対額の引き下げではなく，売上収益との関係で**顧客満足と利益を増大**させるなど，効率より効果性重視の経営が求められる。

3 営業費管理のための原価分類

　営業費を適切に管理するためには，管理目的のための原価分類が必要である。本書では，営業費を顧客の購買意欲を喚起し販売促進に要する**販売促進費**，獲得された注文を履行するために発生する**物流費**，および売上との関係が見出しにくい**一般管理費**の3つに分類する。図14-1を参照されたい。

図14-1　販売促進費，物流費，一般管理費の関係

出典：著者作成。

2　販売促進費の管理

　販売促進費（promotional cost）は，売上高を増大させるために発生する。物流費とは違って，生産活動や製造原価との関係は希薄である。販売促進費を特徴づければ，経営者の方針の結果発生するポリシー・コストの性格をもつ。また，原価引き下げよりも，売上収益との関係で管理を行うのがよい。それゆえ，管理の責任体制も，**利益センター**としてもつことが重要になる。

1　販売促進費管理の要点

　販売促進費は，従来は**注文獲得費**といわれていた。具体的には，広告宣伝費，交際費，販売員コミッション，およびリベートなど売上高を増大させる活動に関連した原価である。販売促進費には売上高を獲得するために発生する原価だということに共通の特徴を見出すことができる。

　販売促進費の管理は，他の原価とは違った固有の特徴がある。すなわち，原価の削減ではなく，支出金額当たりの成果を極大化することに管理の焦点がおかれる。そのためには，原価低減を収益との関係で検討し，企業価値の増大に努める必要がある。効果性重視の経営が必要だということである。ここに，管理責任が利益センターにおかれるゆえんがある。

　販売促進費を管理するためには，その前提として，販売促進活動の分析がなされなければならない。販売促進活動を分析するにあたり，主要なポイントは次の3つにおかれる。

(1)　販売促進活動の努力は，企業収益を向上させるのに最大の潜在性をもつセグメント（製品系列，販売拠点など）に向けられるべきである。

(2)　収益性との関係で，販売促進のための**最適の組み合わせ**，あるいは販売拠点で用いられるべき活動の種類が決定されるべきである。

(3)　販売拠点内における最適の支出水準が決定されなければならない。その水準は，増分収益が増分原価を上回り，**貢献利益**の最も大きな販売促進活動が選択されることになる。

2 販売促進費管理における割当型予算

　販売促進費の効果は，所与の原価との関係で，いかに多くの売上目標と顧客満足を達成できたかによって測定される。したがって，物流費のように執行段階で能率管理をするよりも，**計画段階で管理**するのが効果的である。

　販売促進費の管理のために用いられるツールの柱が，**割当型予算**である。すなわち，予算期間に対する企業の計画に基づいて，各部門に割り当てるやり方で予算を編成し，その予算をもとに管理していく。予算割当額の決定に使われる指標には，過去の経験，競争会社の状況，特別の（新製品の導入，新市場の開発などの）目的，テスト（広告費の変更や販売員の削減など）の成果，および会社の支出限度額などがある。

3 販売促進費管理と貢献利益法

　販売拠点の売上高が会社全体の利益にどれだけ大きな影響を及ぼすかの測定は，**貢献利益法**によるのがよい。表14-1は，販売促進費当たりでの収益性を極大化するためのモデルである。

　表14-1で，事業部A，B，Cについて，過去の実績が表されている。売上高から標準変動費を控除して，限界利益が算定される。次に，管理可能固定費に対する貢献利益を算定する。この貢献利益は企業利益に対する各販売拠点の潜在的利益を明らかにし，販売努力の向けられるべき方向を明らかにする。

　貢献利益からポリシー・コストの性質をもつ広告費などの販売促進費を差し引いた利益が販売拠点別利益であり，この利益が当該事業部の営業利益を表す。ポリシー・コストの金額は，短期的には所与である。つまり，売上高が変化しても，売上増加の結果として広告費などのポリシー・コストは増加しない。

　販売促進費の収益性を表す全般的な尺度は，平均販売促進収益性指数で表現される。しかし，意思決定にとってより重要なのは，平均業績よりも増分業績である。このような理由から，増分販売促進収益性指数が計算される。この例では，前期から当期にいたる販売促進費の変化の結果が分析される。

　以上の損益計算書をもとに，収益性の少ない事業部から，収益性の高い事業部に販売努力を向けるなどの経営行動をとることが可能になる。

表14-1 販売促進費収益性の分析表

		A事業部	B事業部	C事業部
1.	売上高	80,000	70,000	100,000
2.	標準変動費			
	製造変動原価	40,000	14,000	50,000
	物流費	10,000	6,000	20,000
	限界利益①	30,000	50,000	30,000
3.	管理可能固定費			
	製造原価	4,000	10,000	2,000
	物流費	2,000	4,000	4,000
	貢献利益	24,000	36,000	24,000
4.	販売促進費			
	広告費	10,000	4,000	8,000
	直接販売費	8,000	20,000	16,000
	価格促進費*1)	1,000	2,000	2,000
	販売拠点別利益	5,000	10,000	−2,000
5.	平均販売促進収益性指数（①/4）	1.58	1.92	1.15
6.	増分変動標準限界利益*2)	10,000	−10,000	20,000
7.	増分特定販売促進費*3)	4,000	−4,000	10,000
8.	増分販売促進収益性指数（6/7）	2.5	2.5	2

(注) *1) 価格促進費は、リベートや数量割引などの販売促進費をいう。
　　 *2) この増分変動標準限界利益は、分析される期間の前期との対比で示された利益の金額である。
　　 *3) この増分特定販売促進費は、分析される期間の前期との対比で示された費用の金額である。
出典：著者作成。

4 顧客収益性分析と顧客満足の視点

顧客収益性の分析に関連して、顧客の視点には、全く異なった2つの見方がある。1つは、企業の収益性を高める立場から顧客を分析する見方である。いま1つは、顧客満足の立場からする視点である。両者は明確に識別されるべきである。デイとウェンズリー［Day and Wensley, 1988, pp.1-20］は前者を**競争者中心**（competitor-centered）、後者を**顧客志向**（customer-focused）と呼んでいる。両者とも顧客満足を目標にしているが、前者は収益性向上に焦点が

当てられていることで，後者と区別される。著者は，企業の立場からする分析を顧客収益性分析，後者を顧客満足分析と称して区別してきた。

「クジラ曲線」〔Kaplan and Cooper, 1998, pp.162-163〕という分析がある。ABC (activity-based costing) を用いて顧客の収益性を分析すると，事業活動に関する一般的な「20／80ルール」，すなわち累積製品の20％が事業単位の全売上高の80％を生み出しているという経験則が発見されるから，収益性の低い製品の販売から撤退すべきだとするものである。これは典型的な**顧客収益性分析**である。図14-2を参照されたい[2]。

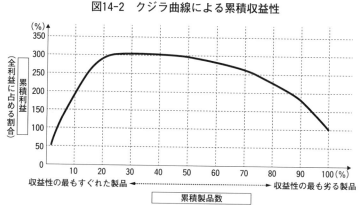

図14-2 クジラ曲線による累積収益性

出典：Kaplan and Cooper〔1998, pp.162-163〕。

図14-2は累積的な収益性が製品との関連で描かれており，収益性の最もすぐれた製品から収益性の最も劣る製品までが横軸にランクづけされている。収益性の最もすぐれた上位20％の製品が，ビジネス・ユニットの全利益の約300％を生み出している。残り80％の製品は利益にほとんど貢献していないか損失をもたらしており，あわせて利益の200％を食いつぶしている。結果として，そのビジネス・ユニットの利益は100％になる。

管理会計専門の研究者は，一般に顧客の視点のなかで**顧客収益性**を高める方法を検討してきた。キャプランとナラーヤナン〔Kaplan and Narayanan, 2001, pp.5-15〕は顧客の視点の重要性を説いているが，そこでの主要な論点は，企

業の顧客収益性をいかにして高めるかにある。マックネアほか［McNair et al., 2001］は,「コスト・マネジメントは歴史的に, 製品の収益性を評価するための内部ツールとして用いられてきた。そもそも顧客が考慮されるときは, 相対的な収益性が検討される」べきであると述べている。この見解は企業の収益性を高めるという立場から顧客をみていることに特徴がある。

　他方, マーケティングの世界では, 顧客満足を扱った研究が多い。その1つの課題に顧客エクイティをいかにして高めていくかが近年の論点になっているが, そこでは, 顧客獲得, 顧客維持, 追加販売の観点より, 顧客満足の立場から売上高や収益性を高めていくかが議論の中心［Blattberg et al., 2001, p.70］になる。そこにある思想は, いかにして顧客を満足させるかである。

　以上から, 今後の販売促進費の管理においては, 顧客収益性分析だけではなく, 顧客満足分析の立場から顧客の満足を図ることで企業価値の増大を図ることも必要である。

5　サービス提供原価が高い顧客と低い顧客の管理

　顧客管理を実施する上で, サービス提供原価が高い顧客と低い顧客を, 実現された純利益との関係で分析することによって, 企業利益の増大に役立てることができる。図14-3［Shapiro, et al., 1987, p.104］を参照されたい。

　図14-3で, 縦軸は, 顧客への販売によって実現された純利益を表している。純利益は, 純売上高（売上高から売上値引・割引高を差し引いた売上高）から製造原価を差し引いた金額である。横軸のサービス提供原価は, 顧客へ提供したサービスにかかった原価を表している。ここでサービス提供原価には, 広告宣伝費, 顧客支援の技術費, 物流費, 管理費などが含まれる。

　左下の象限を参照されたい。ウォルマート[3]のような顧客は, 低価格を要求するので純利益は低いが, 特別なサービス提供の要求もないので, サービス提供原価も安くなる。**左上の象限**について, いずれかといえば受け身であった顧客が, サプライヤーとの協業を通じて, これまで以上に良質で廉価な製品をユーザーに適時に提供すれば, 純利益を高める（左下から左上の象限に移行させる）ことができる。企業は, 利益が高くサービス提供原価が低い顧客を大切に維持していく必要がある。このような顧客は競争業者によって奪われるリスク

図14-3　顧客のサービス提供原価と純利益との収益性分析

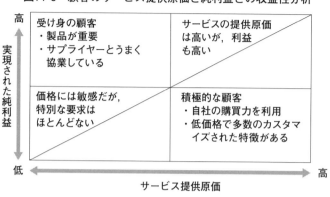

出典：Shapiro, et al. [1987, p.104] をもとに著者作成。

があるので，この隠れた利益をもたらす顧客のロイヤリティを維持できるように，割引などのインセンティブを提供することが必要になる。

右上の象限にある顧客もまた，サービス提供原価は高いものの，製品が高く売れることで，企業にとってはありがたい顧客である。この顧客も，必要に応じて，顧客維持のための方策を実行する。

右下の象限にある顧客は純利益が低く，サービス提供原価は高い。最も課題が多い顧客であるといえる。このような顧客に対しては，キャプランとクーパー［Kaplan and Cooper, 1998, pp.193-194］は，ABCに基づく活動明細表の作成を推奨している。

活動明細表（bill of activities；活動別に，費目，活動ドライバーレート，原価，金額を示した表）を作成することによって，コストがかかって非効率な活動を炙り出すことで，懸案事項のプロセスを改善する。活動明細表の分析によって，サービス提供原価の上昇する原因が顧客の注文の方法にあることがしばしば明らかになる。そのような場合には，注文の仕方を変更する。また，注文の頻度を分析することによって，ロジスティックスの問題点や配送方法の問題点を浮かび上がらせる。このような改善活動によって，顧客を上方（純利益を上げる象限）に移動させることが必要となる。

6 販売促進費の管理 ── 交際費,広告宣伝費,PR

典型的な販売促進費は,交際費と広告宣伝費である。加えて,広告の効果がみえなくなってきたこともあり,近年では**パブリックリレーションズ**(public relations;PR)の必要性が高まってきた。

(1) 交際費の管理

交際費は複合費として把握される勘定であり,接待,供応,慰安,贈答などに支出された交際費である。費目は,旅費,交通費,接待目的の消耗品費,通信費,雑費などからなる。広告宣伝費のように不特定多数の消費者に対するのとは違って,交際費は特定少数の担当者に対する販売促進費である。

交際費は各企業ともその管理の方法にいろいろ工夫しているが,企業が用いている最も一般的な方法は,次のとおりである。

① 稟議により事前承認をとる ② あらかじめ個人枠を決めておく
③ 社内金券制度 ④ 結果について精算や報告を求めない渡し切り制度

それぞれ長所とともに短所がある。交際費予算はしばしば金額の多寡だけ問題にされるが,最も重要なことは,いかに効果をあげたかである。

たとえ少額ではあっても,相手の趣味・趣向にあわせ,誠意を尽くす接待を行えば,十分な販売促進効果を期待することもできよう。交際費の使途について,スタッフによる二重統制を実施することも,交際費の効果的利用を促すという目的のためには効果的である。

(2) 広告宣伝費

広告宣伝費は割当型予算によって管理するのが望ましいとされるが,次の2つの難しい課題がある。広告費効果の測定と,広告費予算の配分である。

第1は,広告費支出とその売上への反映について,①時間的ズレ(タイムラグ)が生じる。また,②会社全体を対象にしたイメージ広告の効果測定もまた測定には困難が伴う。ただ,特定の売上増大を意図した広告費は,一定の限界を承知したうえで,式14-1で表されるような広告費効率の測定が工夫されるべきである。

$$広告費効率 = \frac{広告費効果の金額}{広告費} \qquad (14\text{-}1)$$

　広告費効果としては，売上金額や利益のほか，認知度，イメージの向上などを用いることもできる。その際注意すべきことは，認知度やイメージが高いことは，必ずしも売上高の増大に直結するわけではないということである。
　第2は，予算配分は，とかく力関係で決まりがちであり，公正さを保つことがむずかしい。広告費予算の総額の抑さえ方としては，次のような基準がある。
① 売上高の一定比率　② 同業者や競争業者の広告費
③ 過去の広告費額　　④ 資金の制約
　以上の問題を解決するには，広告費については割当型予算ではなく，予算による計画，統制機能を高める［木村, 2012, pp.98-99］とともに，中期経営計画を活用して戦略的にプロジェクト別管理がなされる必要がある。

(3)　パブリックリレーションズ (public relations；PR)
　広告費を大量に投入して，認知率を高めることで売り上げを上げるといった単純な戦略では顧客は動いてくれない時代になった。この現象は**広告の飽和化** (ad saturation) として知られている。そこで，現代の多くの企業は，PR活動に比重を移している。一般的にいえば，**広告宣伝**は各ビジネス・ユニットで商品や製品別に行うのに対して，**PR**は本社で実施されることに特徴がある。
　広告の目的は，特定の商品やサービスの購買を勧めることにある。これに対して，PRでは，消費者だけでなく一般大衆，株主，従業員，仕入れ先などステークホルダーを対象にして，テレビ，ラジオなど**マスメディア**を通じてコミュニケーションを図る。その目的は，ステークホルダーの会社に対する見方や行動を変え，信頼関係を構築していくことにある。
　最近急速に企業が取り入れてきたPRのツールに，ツイッター，フェイスブック，ラインなどの**ソーシャルメディア**を使ったPR活動がある。マスメディアとは違って，コストを大幅に低減することができる。ただ問題は，ＰＲへの投資額とそのＰＲ効果の関係がハッキリしないことにある。

7 PR効果の測定

　PRが企業でアカウンタビリティを高めるとともに効果を上げるためには，PRが高い効果をあげていることを実証する必要がある。そのため，日本とは違って，欧米では数多くの測定法が提案されてきた。しかし，特定の顧客を対象にした広告宣伝とは違って，PR効果を測定することは困難である。デュムケ［Dümke, 2007, pp.28-32］は，4つのPR効果の測定法を紹介している。同書で紹介されている測定法のうちケチャム（Ketchum）が考案したPR測定のアプローチ[4]を紹介する。この方法は2段階のプロセスからなる。

① 事前に予め定義づけてある特定の明確な目的と目標を設定する。
② どの程度までPRの目的と目標を達成できたかを決定するために，会社にとって重要な測定水準を調査する。

　図14-4は，ケチャムのアイディアをもとにデュムケの作成になる効果測定尺度である。本書全体の流れのなかで，著者が表現を変えたところもある。

図14-4　PRの効果測定―ケチャムの効果測定尺度

ケチャムの効果測定尺度		
レベル1　　基礎レベル 測定尺度；　アウトプット	レベル2　　中間レベル 測定尺度；　達成度	レベル3　　高度なレベル 測定尺度；　成果
メディアの選定　　印象 目標とする対象	受容　　認識　　理解　　記憶	知識の変化　態度の変化 行為の変化

出典：Dümke［2007, pp.28-32］をもとに著者が加筆・修正。

　レベル1では，**PRのアウトプット**（output）を測定するための基礎レベルである。企業がメディアから受け取る情報の範囲を測定する。具体的には，メディアの選定，印象，目標とする特定の対象がメディアから受けるであろう情報を予測する。このレベルの測定には，例えば，コンテンツ分析，セグメンテーション分析，および一般の人々の意見を聴取することなどが行われる。

　レベル2では，**PRの達成度**（outgrowths）を測定する中間レベルである。

達成度の測定では，目標とする顧客に伝達したメッセージが受領されているか，そのメッセージに注意が払われているか，メッセージを理解しているか，そのメッセージを何らかの形で所持しているかを測定する。このレベルの測定には，例えば，詳細なインタビュー，質問調査，検証モデルなどが行われる。

　レベル3では，PRの成果（outcome）を測定する高度なレベルである。このレベルでは，PR活動が会社，その製品/サービスに関して人々がどのように行動するかについての見解の変化を導いたかを決定するために，知識の変化，態度の変化，および行為の変化を測定する。このレベルの測定では，事前と事後の研究，データの多変量解析，および実証的な研究が行われる。

　ケチャムのPR効果の測定法は，計数的な測定ではなく，"成果（outcome）の測定"である。わが国でも，日本パブリックリレーションズ協会理事・事務局長（当時）の青田浩治氏［2003, pp.2-3］は，PR活動の戦略性をいかに高めるかという課題は実務の世界における普遍的なテーマであるが，ゴールをどれだけ明確に設定できるか，イメージできるかが効果測定の前提にある課題であって，成果の形については立場や部門のミッションによって考え方が異なると述べている。貨幣数値での表現が困難なだけでなく，仮に貨幣数値で導かれるにしてもそれは信頼性に疑問があるために，青田氏は成果での測定を提唱しているのであろう。では，PR効果の成果はどのように測定するのか。

　電通のPR・IRプランニング部長の兼坂京子氏（当時）［2003, p.12］は，PR効果を測定する際に，従来のような，記事の露出量だけに主眼をおくのではなく，質を見ていくこと，つまりはパブリシティを量と質の両面から測定することで，PR活動を"plan-do-see"のサイクルで検証すべきだとしている。換言すれば，PRが企業価値の向上にどれだけ貢献したのかという視点での効果測定が求められるべきだと述べている。そして効果測定の機軸は「レピュテーション」，つまり企業の評判をどう評価するかにあるといい，RQ（Reputation Quotient；レピュテーション指数[5]）調査が活用されるべきだとしている。

3　物流費の管理

　物流費（physical distribution cost）は，売上や生産の結果として発生し，

売上高や生産量との関連性がある程度認められる原価である。売上を増大させる販売促進費とは対照的な関係にある。販売促進費とは異なり、利益センターではなく、**原価センター**における管理（原価引き下げ）が重要である。

1 物流費管理の要点

物流費とは**物的流通費**のことで、**注文履行費**ともいわれる。広義で、物流費には保管費、輸送費、包装費および荷役費などが含まれる。一部の包装費にみられるように、物流費には営業費だけでなく製造原価要素も含まれる。物流費は反復的で、ある程度は標準化が可能だという意味で、製造原価に類似する。

企業の物流費の原価管理システムは、一般に、製造原価のように経常的な会計システムのなかには含まれていない。しかし、効果的な原価管理を行うためには、製造原価と同じように機能別の原価センターを定め、この原価センターに責任会計の概念を導入する必要がある。さらに、第19章で述べる**サプライチェーン・マネジメント**の一環として管理されることも必要である。

物流費への**標準原価計算の適用**について述べよう。まず、原価センターごとの測定単位を、例えば、運賃や保管費については処理製品の重量や個数、包装費については、包装数量といったように定める。次いで、標準原価を設定する。その際、直接製造原価の標準設定とは違って、製造間接費に似た方法で、原価を固定費と変動費に区分して変動予算を活用して標準原価を設定する。すなわち、1時間当たりの標準作業率に個数や時間などの測定単位を乗じてそれに固定費を加えて、次のように標準原価を算定する。

標準原価＝変動的標準作業率×測定単位＋固定費

要するに、物流費に標準原価計算が適用可能であるとはいっても、現実には変動予算を活用した、そのもとでの標準原価計算の適用だということである。

2 物流費効率化とVE、ABC/ABM

物流費は、売上や生産の結果として発生し、売上高や生産高との関連で発生する。研究開発費や広告宣伝費が売上を上げるためのポリシー・コストであるのに対して、獲得した売上との関係で発生する物流費は**オペレーティング・コ**

ストに属する。また，販売促進費とは違って，原価センターが管理単位になる。物流費効率化のためには，VEの実施を通じて知恵を絞り，ムダの排除と効率性の追求に取り組んだ事例がある。**セブン-イレブン**（現・セブン＆アイ・ホールディングス）の共同配送化［宇野沢，1994, pp.68-73］による物流機能の集約化や，**花王**［松本，1994, pp.75-81］による製品の小型化・濃縮化，商品アイテムの絞り込み，販売機能との連携，顧客との相互メリットの追求，物流設備の開発・整備などは，その具体的な工夫の成果である。

物流費への**ABC/ABM**（activity-based costing/management）の適用もまた効果的である。西澤［1994, pp.60-67］によれば，物流原価の把握のためには物流ABCが，物流効率化のためには物流ABMが必要であるという。

物流ABMでは，活動分析によってムダを発見し，ロジスティクス上の改善（例；輸送方法の変更），アウトソーシングの活用，ピッキング（仕分け作業）上の工夫などを行うことでコスト低減を図る努力が必要である。

物流は原価センターで管理するのが一般的である。しかし，モチベーションを高めるには，物流管理センターを**利益センター**としてもち，企業価値を創造する組織としてもつことがより効果性重視の経営に適っている。

3 具体的な物流費（輸送費，保管費，包装費）の管理

物流費管理の中心的な費目は，輸送費，保管費および包装費にある。これらの費目の管理においていかなる点に留意すべきかを述べよう。

(1) 輸送費の管理

輸送費（transportation cost）は，製品をある場所から他の場所に輸送するのに要するコストである。営業用の輸送費と自社の輸送費（自家輸送費）からなる。輸送費の管理にはABC/ABMが効果的［西澤，2003, pp.66-70］である。

著者が学部卒業後の入社2年目に経験した輸送費管理において行った原価低減活動は，現在以上に有利な輸送手段がないかの検討であった。当時は地方と東京の輸送では地方からの輸送量が多い。そのため，東京からの空車をみつけて廉価での輸送を行う方策を検討した。トラックとコンテナ，A社とB社の原価比較といったように，代替的な輸送手段，原価とサービスなども検討した。

自社の輸送手段をもっているときには，輸送効率算定のため，原価を固定費と変動費に分けて原価分析を行う。自社の輸送手段をもつべきか否かの検討においては，自社所有の場合は，運転手の給料，保険料，ガレージ代，修繕費，ガソリン代，タイヤなどの消耗品費，自動車の減価償却費等が固定費と変動費に分けて計算されなければならない。外部の輸送手段によるときは，輸送トン当たり運賃，走行距離当たり運賃を，トン数，走行距離に乗じて輸送費を見積もり，内部・外部のいずれが有利かを検討する。外部の輸送業者によるとき，それらのコストは基本的には変動費である。したがって，図14-5のような損益分岐点分析の活用を工夫することもできる。

図14-5　輸送手段決定の優劣分岐点分析

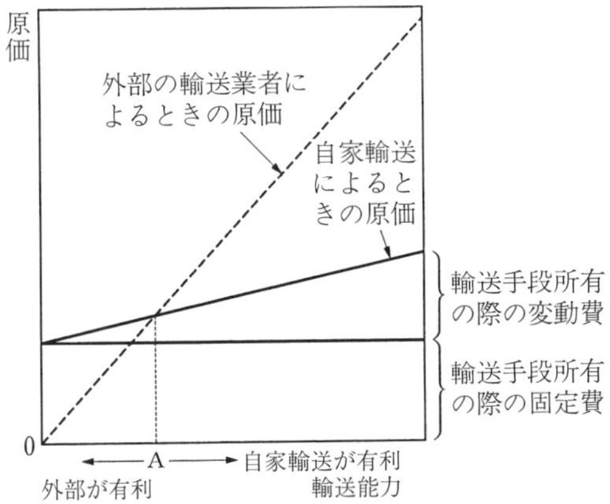

出典：著者作成。

A点を境にして，それ以上に輸送が見込まれるのであれば自家輸送を活用すべきである。他方，A点より少ない輸送量であれば，外部の輸送が有利である。

(2) 保管費の管理

保管手段としては，外部の倉庫業者に依頼する場合と，自家倉庫を利用する場合とがある。前者からは保管料，後者は複合費としての**保管費**（storage cost）が発生する。倉庫業者には，保管料を支払う。最近は昔とは違って，た

くさんの在庫を抱えて経営を行うのではなく、最小限の在庫をもって経営を行うが**かんばん方式**の活用により、在庫を減らそうとする企業が多くなった。

自家倉庫によるとき、最近は、自動搬送設備と結合した自動倉庫の活用が一般的である。企業によっては自動倉庫を設置しても、それが必ずしも十分に活用されず、設備能力が余りすぎていることがある。倉庫の自動化も、十分に経済計算を行い、収益性を考えたうえでなされるべきである。自家倉庫の管理に関して、標準原価を活用した管理が適用されることがある。その際、原価を固定費と変動費に区分して、変動予算を併用した標準原価計算が活用される。

(3) 包装費の管理

包装費（packing cost）は、販売包装費と輸送包装費からなる。**販売包装費**は消費者の手元にわたるまでの包装関係費用で、これは（商品の一部を構成するから）製造原価、または販売費の一部として扱われる。

輸送包装費は、具体的には製品を輸送、荷役、保管するための包装費である。これらは木製やプラスチック製の容器、段ボール箱などの材料費、包装にかかる人件費、およびその他の経費からなる。

包装費は変動費とされるものも多い。それらは標準直接材料費と同じように、包装材料を費目別に管理、分析する。包装直接労務費についても、標準原価計算の原理を活用して単位当たりの人件費の削減に努力することができる。ただし、状況によっては、分析を簡素化することもできる。

少額の包装費についても、理論的には固定費と変動費とに分けて分析すべきであるが、単に予算と実績との差異分析で済ますこともある。

4 宅配業者が直面する管理会計上の課題

ヤマト運輸が1976年に**クロネコヤマトの宅急便**を始めてから40年以上を経た現在、数多くの宅配業者が宅配に参入しているに至っている。現時点での宅配業者は、米国勢のアマゾンをはじめとして、日本勢ではヤマト運輸、佐川急便、楽天、日本郵便、セブン＆アイなど、異業種を含めた数多くの業者が宅配業界に参入して激しい競争が繰り広げられている。

最近ではとくに、物流サービスは**配送スピード**と**送料**が熾烈な競争の焦点に

なってきた。それに伴って，貨物量の飛躍的な増加と人手不足の慢性化によって宅配業界の現場が限界に達してきたといえる。労働問題の表面化によって，1つの大きな社会問題として顕在化したのが宅配便最大手であるヤマト運輸である。これらの問題の現状と課題については，角井［2017］，二階堂・緒方［2018］が詳しく論じている。

現状で見る限り，宅配問題において論じるべき**管理会計上の課題**には少なくとも3つのテーマがある。第1は，価格戦略である。第2は物流拠点設置の有無である。第3は，宅配事業へのIT（AIを含む）の活用である。

第1に，日本の業者のなかではトップを走る**ヤマト運輸の価格戦略**を検討しよう。ヤマト運輸の荷物は9割が法人客である。法人の大口取引先に対する送料の割引率が年々増加していたため，ヤマト運輸の平均送料（収益）が年々低下していった。加えて，配達先の家人が不在のための再配送（費用）の割合が年を追うごとに大幅に増加してきた。このため，従業員の労働強化が顕在化するとともに，収益性が悪化してきた。

会社側は，常態化していたサービス残業などが残る現場の声に応えて，未払残業代の支払いや労働時間の改善に踏み切らざるをえなくなった。その結果として，「社員の労働環境を改善するため」［二階堂・緒方, 2018, p.18］の料金値上げに踏み切ったのである。もし仮に景気上昇による物流量の増加と人手不足といった急激な変化を見誤ったために追い込まれた結果であったとすると，それは真の意味での価格戦略といえるかが問われなければならない。

エブリデイ・ロープライス（everyday low price；EDLP）は，嘗てはウォルマートの代名詞であったが，いまやアマゾンで検索ロボットを用いて競合他社のネット通販の販売価格を調べ，価格を即座に修正するという**アマゾンの価格戦略**が今後の本来の意味での宅配業者の価格戦略の1つとして位置づけられる。日本の宅配業者は過当競争に明け暮れしているだけでなく，本来の意味での価格戦略にもっと目を向ける必要があろう。

第2の**物流拠点**に関しては，ウォルマートでは新規出店するときには必ず物流拠点を設置してから店舗網を広げていき，まず7店舗分の供給力から始めるのが定石である。一定の商圏内に地域集中出店をすれば店舗配送の密度が高まるので，移動距離や配送時間の短縮化などによって物流効率が高まる。アマゾ

ンもまた，国内13カ所の物流拠点に商品在庫を集約し，自社で商品を管理して顧客に届ける戦略を取ってきた［角井, 2017, p.69］。物流拠点を作るのには多額の設備投資が必要になるという課題はあるものの，一旦物流拠点を設置すれば，長期的に見て運用コストの低減と利便性が高まる。

　逆に**楽天**は，アマゾンのような物流拠点を設置しないという戦略を選択している。楽天は受注のためのプラットフォームとしてのみ機能し，モールの出店者みずからが商品を顧客に発送するのを原則としている。過去，楽天も全国8拠点体制の物流網を構築しようとしたが，短期的には採算が取れないという理由から現在の体制に落ち着いたといわれている。その結果，アマゾンでは自社の物流拠点を用いて配送をコントロールできるのに対して，楽天の配送は出店者任せということになる。ただ，楽天はアマゾンとは異なり，物流拠点を通さずに出店者から直接消費者に配達することから，鮮度が勝負の旬の果物などではそれなりの利点があるといえよう。

　第3に，宅配業者による**AI**（artificial intelligent；人工知能）や**IoT**（internet of things；モノのインターネット）を含む，ITの活用について考察しよう。

　現時点で見る限りにおいて，宅配業者のなかで最もIT化の進んでいるのがアマゾンである。アマゾンでは，2017年からアマゾンのサイトやアプリから受注し，最短4時間で消費者に配送するシステムを構築し，先行していたイトーヨーカ堂や西友のネットスーパーを凌駕するに至っている。

　米国では，スピーカー型音声アシスタント端末のアマゾンエコーに人の言葉（音声）を認識して応答もできる**AI**，**アレクサ**［角井, 2017, pp.40-43］が搭載されている。また，海外の物流拠点で導入されてきたアマゾン**ロボティクス**が，アマゾンジャパンの物流拠点に導入されている。**アマゾンのクラウド事業**の世界シェアは33.8%であり，IBM，グーグルの2社合計のシェア（30.8%）を上回っている［角井, 2017, p.49］。

　アマゾンが新たに仕掛けているのはAIだけではない。宮田［2018, pp.48-49］によれば，2017年からアマゾンが米国において始めている**IoT**の活用は**アマゾンキー**（Amazon Key）と呼ばれており，ユーザーは事前に専用のカメラと鍵を購入してスマートフォンと連携させるだけでサービスが利用できる。アマゾンキーを使えば配達員が自宅のドアの鍵を開けて荷物をおいてくれるため，

有料会員の利用者ならば配達業者から確実に荷物を受け取ることができる。他人が家屋に入ってくることについては，室内のクラウドカメラの録画が犯罪防止に役立てられる。同様のサービスはウォルマートもテスト的に展開している。IoTの活用によって配送社の負担を大幅に軽減することが期待されている。

以上みた通り，日本の宅配業者もアマゾンやウォルマートに倣ってAIやIoTなど最先端のIT技術を駆使して経営の効率化を図ることが望まれる。

4　一般管理費の管理

一般管理費は，一般管理業務の遂行に関して発生する価値犠牲額である。役員・職員の給料，旅費・交通費，通信費，事務用品費，会議費，減価償却費などからなる。一般管理の仕事は主として本社の管理業務として行われるものであって，その効果を測定するのに標準を設けるような性質の原価ではない。以下では，一般管理費管理の要点の他，ホワイトカラーの生産性向上と一般管理費の管理に役立つ企業内部の分析を述べる。

1　一般管理費管理の要点

一般管理費は，次の2つの理由から，いずれかといえば販売促進費に近い性格を有する。したがって，販売促進費の管理に類似した方法で管理される。
(1) 一般管理費のうち，販売管理に関連する費用は，広告費，交際費などの販売促進費に付随して発生する費用が少なくない。
(2) 一般管理費は，予算期間中は固定費的性格をもつ。

以上の性質から，一般管理費は予算によって管理するのが一般的である。とはいえ，販売促進費のように経営者のポリシーによって決まるのではなく，過去のデータから決められた固定費である。そのため，割当型予算や変動予算ではなく，**固定予算**によって管理する。

2　ホワイトカラーの生産性向上

管理者，事務職など管理に関連した人件費が，近年，飛躍的に増加した。その理由は，バブルの最盛期に，"人が仕事を創る"といった安易な考えで人員

確保に奔走した結果，ホワイトカラー層が肥大化してしまった側面も無視しえない。管理サービスの生産性測定が困難であるため，人員整理（リストラ）の対象にはなっても，管理対象とはされにくかったこともあろう。

リストラに関連してわが国で一般に行われてきたホワイトカラーの生産性向上の方策は，概ね次のとおりであった。

(1) 本社事務部門の営業部への**人員の配転**。長年，本社のスタッフとして働いてきた人が営業に異動になっても，簡単には職種，職能に転換して実戦力になるとはいえない。下手をすると，本社経費を営業部経費に付け替えたにすぎないということになりかねない。

(2) 合理化や合理的な制度の活用による**人員の削減**。早期優遇退職制度や独立支援制度で人員を削減しても，肝心の中核となる優秀な人材が流出してしまうこともある。リストラで最初に自らの意志で会社を去っていくのは，一般的には，どの会社でも必要とされる優秀な社員である。

(3) **アウトソーシング**の促進。新規の要員が必要なときに，業務の外注化が進められることもある。戦略的な視点からなされるのであれば，外部の人的資源の活用という意味ですぐれているが，外部の人的資源の能力を適切に評価する力がないと，かえってコスト高を招くことになりかねない。ビジネスの主体がアウトソーシング先に奪われることもある。

以上，リストラの処方箋は必ずしも予期した成果をあげてきたとはいえない。むしろ，企業の長期的発展を阻害する側面すらあったように思われる。では，どんな対策が採られるべきであるか。

第1に，従来の機能別組織に代えて，**フラット型組織**にする。例えば，プロセスを幅広く定義して，開発，設計，製造，マーケティングを含むものとし，その上に上級マネジャーをおく組織は，従来に比較してフラットな組織になる。フラット型組織への改革は，中間管理職のあり方や事務職の仕事の方法の改善につながっていく。そのためには，伝統的な会計制度（例えば，責任会計制度）のあり方も再検討［櫻井，1998, pp.174-177］されるべきである。

従来の縦割り的な組織形態を横断的に見直しプロセス指向の全く新しい組織を構築して経営効率化に取り組んだケースとして，**日本IBM**［向井，1993,

pp.28-31]がある。日本IBMでは,業務活動の分析から始め,製品開発や製品の市場投入などのビジネスプロセスを市場調査,製品企画,製品開発などのサブプロセスに分解し,さらに競合他社分析,技術動向分析などのアクティビティ分析を行って,ホワイトカラーの効率性を高めた。

　第2に,勤務時間や場所を労働者の裁量にゆだねる**労働裁量制度**の導入も,研究職などでは効果的である。在宅でも電子メールのやり取りで社内連絡にも困ることなく,社内資料もある程度まではパソコンを使って取り寄せることができる組織(small office home office;**SOHO**)が有効である。研究開発,情報処理,デザイナーなどの他,最近では在宅のテレワークが盛んである。

　第3に,**シェアード・サービス**の導入がある。財務・経理,労務・人事機能などは,社内に取り込むのではなく,独立した1つの企業単位にすることによって,数社の関係会社の機能を1社で果たすことができるようになり,経営の効率化が促進される。シェアード・サービスを原価センターとして行うのではなく,利益センターとして運営することによって,すぐれた人材の育成と専門性の蓄積も可能になる。その典型的な成功事例を**NTTビジネスアソシエ**にみることができる。NTTビジネスアソシエは持ち株会社への移行に合わせて経理,労務・人事機能を独立の会社とし,そこにはNTTグループだけでなく他の企業からの業務も受注して成功裏に運営が行われている。

　第4に,**ITを活用した事務の合理化**がある。電子メールを企業に導入して伝統的な報告書の削減に努めている企業が常識化している。さらに,既存の経路検索ソフトなどを活用して,業務を効率化している。加えて,ITを活用した業務の効率化では,売掛金回収,買掛金支払,旅費の精算,人事・給与支払制度を重点的に1つひとつ解決していくことが望まれる。最近では,クラウドのバックオフィスへの活用が盛んになってきた。加えて,ソーシャルメディアを戦略的に活用することも行われるようになってきた。

　ソーシャルメディアは,マーケティング,PR,リスクマネジメント,内部監査などで活用の場が広がってきた。とりわけ,内部監査とレピュテーションリスク・マネジメントへの活用が有望である。いずれも戦略的な立場からの適用が期待できる[櫻井,2013,pp.1-12]。

　第5に,テレワークがある。**テレワーク**は,テレ(tele;遠距離の)とワー

ク（work；働く）の造語で，情報通信技術（ICT）を活用した，場所や時間にとらわれない勤務形態のことである。国土交通省のテレワーク人口実態調査［国土交通省, 2018, p.3］によれば，聊か分かりにくい結果ではあるが，第一段階調査では有効サンプル数4万人のうちテレワーカー（になりうるワーカー；著者注）は6,180人，第二段階調査（テレワーク制度がある雇用型）では，第一段階調査回答者（テレワーク制度等がある4,612サンプル）のうち，2,595人がテレワーカーであるという。

3 一般管理費の分析

　事務合理化によって，一般管理部門の人員を削減することができる。一般管理費の主要な原価項目は人件費であるから，人員の削減は固定費である一般管理費の削減につながる。

　販売費を一般管理費から切り離すことは，事実上困難である。そこで，一般管理費は販売費と合わせて，売上高販管費率として分析される。**売上高販管費率**とは，企業の売上高に占める販売費と一般管理費の比率のことである。式14-2で算定される。

$$売上高販管費率 = \frac{販売費 + 一般管理費}{売上高} \times 100 \qquad (14\text{-}2)$$

　一般管理部門の人員が適正か否かは，一般管理部門の労働生産性を算定するとよい。一般管理部門の人員増大は企業全体の生産性を引き下げるので，その効果を測定するためには，式14-3のように，一般管理部門の**労働生産性**[6]を測定する。分子の付加価値額には，一般に，人件費が用いられる。

$$労働生産性 = \frac{付加価値額}{一般管理部門の社員数} \qquad (14\text{-}3)$$

　算定された労働生産性が妥当か否かは，ベンチマーキングによって確認できる。**ベンチマーキング**（benchmarking）とは，最も手ごわい競争業者または同一産業内外でのリーダーと目されている製品，サービスなどのベストプラクティス（最良のやり方）を基準（ベンチマーク）として，すぐれた実務を取り

入れる継続的なプロセスのことをいう。ベンチマーキングの対象には，品質，コスト，納期，商品開発期間，顧客満足度，仕事のやり方などがある。

　事務合理化の特徴は，単に機械的な事務作業の合理化によって効率を高めることだけではなく，**創造的業務**を果たすことにある。このため，合理化の効果測定にあたっては，合理化によってどのような便益が得られるかをも測定項目に含める必要がある。

5　営業費分析と損益計算書の様式

　経営管理目的のために行われる販売費，一般管理費の分析のことは，一般に，**営業費分析**（distribution cost analysis）といわれる。営業費分析とは，販売地域，顧客階層，製品系列（これらを総称してセグメントという）別の収益性と管理業績を測定・評価し，もって営業活動を効率的に遂行することを目的とする分析をいう。営業費分析は，損益計算書の形式をどのような形でもつかによって，全部原価法，貢献利益法，およびABCに区分される。

1　営業費分析における全部原価法

　全部原価法（full-cost approach）とは，製品系列，顧客，販売地域など特定セグメントの売上高から製造原価，販売費および一般管理費を賦課または配賦の方法で控除し，純利益（営業利益まででとどめることもある）を計算・報告する方法である。純利益法ということもある。

　全部原価法は，セグメント別売上高には直接費，間接費の如何を問わず，すべての原価をセグメントに負担させるべきであるという，全部原価計算の論理を前提にしている。この方法にあっては，直接費は特定のセグメントに賦課するとともに，間接費は公正な配賦基準に基づいて配賦計算される。信頼しうる配賦基準が見出しえない場合には，次善の配賦基準が選択される。仮に，配賦が恣意的な基準に基づいてなされなければならないときには，それによって得られた原価の信頼性が低下する。

　全部原価法は，財務諸表作成の必要性から作られたデータをもとに容易に営業費分析に適用できる。そのため，データの入手が比較的簡単である。しかも，

全部の原価を回収しようという視点に立つから,長期価格決定に適用する場合には,安全性に富むと考えられている。

その反面,配賦にともなう恣意性を完全に排除できない限り,情報利用者にとって真に有益で信頼性のある情報を提供できない。そのうえ,全部原価法では特定セグメントに対するすべての原価を回収する能力がなければ,企業全体の利益に貢献しえないかのような誤解を与える。それゆえ,全部原価法は経営意思決定には不向きである。もちろん,全部原価法が経営意思決定に不向きであるからといって,企業は全部原価を回収できてはじめて安定した経営ができるのであるから,全部原価を知ることは企業にとって重要な意味があり,それを全面否定することは正しくない。このような見方からすれば,日本の80%前後の企業が全部原価法を採用しているということは,当然であるともいえる。これを具体的な数値例でみてみよう。

【設 例】

次の資料をもとに,全部原価法で事業部別の損益計算書を作成しなさい。ただし,本社費は従業員数によって配賦する。

資 料

	事務器事業部	家電製品事業部	本 社
売 上 高	10,000個(売価43万円)	31,000個(売価20万円)	
製造単位原価			
直接材料費	6万円	5万円	
直接労務費	5万円	2万円	
製造間接費	12万円	4万円	
販売費,一般管理費			
物 流 費	63,000万円	87,000万円	
販売促進費	30,000万円	51,000万円	
営業管理費	41,000万円	76,000万円	
本社費(共通的費用)			90,000万円
従業員数	460人	540人	

〔解　答〕

事業部別損益計算書（全部原価法）

（単位：万円）

	事務器事業部	家電製品事業部	合　計
売　上　高	430,000	620,000	1,050,000
売　上　原　価	230,000	341,000	571,000
売上総利益	200,000	279,000	479,000
販売費，一般管理費			
物　流　費	63,000	87,000	150,000
販売促進費	30,000	51,000	81,000
営業管理費	41,000	76,000	117,000
本　社　費	41,400	48,600	90,000
営業利益	24,600	16,400	41,000

本社費（共通的費用）の配賦
　事務器事業部　　　　90,000万円×(460/1,000)＝41,400万円
　家電製品事業部　　　90,000万円×(540/1,000)＝48,600万円

2　営業費分析における貢献利益法

　貢献利益法（contribution margin approach）とは，特定セグメントに対する共通費を配賦することなく，これを貢献利益など総益から一括して控除しようとする方法のことをいい，**総益法**ともいわれる。貢献利益法において共通費の配賦がなされないのは，未配賦の原価の回収を無視しているからではなく，セグメント別売上高が費用の回収と利益の獲得にいかほど貢献しているかを測定しようとしているためである。

　貢献利益法は，原価を配賦した結果は経営意思決定への活用が困難になるという多くの会計理論家の思考に合致している。その反面，貢献利益の概念が一般に理解しにくいとされることや，最終の利益が知りえないなどの欠点がある。

【設　例】
　前問をもとに，貢献利益法によって損益計算書を作成しなさい。

〔解　答〕

事業部別損益計算書（貢献利益法）

(単位：万円)

	事務器事業部	家電製品事業部	合　計
売　上　高	430,000	620,000	1,050,000
売　上　原　価	230,000	341,000	571,000
売上総利益	200,000	279,000	479,000
販売費，一般管理費			
物　流　費	63,000	87,000	150,000
販売促進費	30,000	51,000	81,000
営業管理費	41,000	76,000	117,000
貢　献　利　益	66,000	65,000	131,000
本社費			90,000
営　業　利　益			41,000

3　営業費分析へのABCの適用

　営業費を製品や顧客などのセグメントに適切に負担させるためには，営業費を発生させた原因との関係で適切に原価を割り当てる必要がある。伝統的な原価計算と比較して，ABCでは人数，売上といった操業度関連の配賦基準だけではなく，活動を基準にした原価作用因に基づく原価の割り当てが行われる。そのため，製品戦略に効果的である。

【設　例】

　次の資料1，2の情報をもとに，営業費の顧客別原価割り当てを行い，損益計算書を作成しなさい。ただし，ABCの適用において，原価作用因の算定に手数がかかることにABCの難点がある。

資　料1

	A　社	B　社	C　社
売　上　高	535,400円	591,300円	744,600円
売　上　原　価	435,700円	475,600円	643,200円

資　料 2

販売の諸活動と原価作用因, レート

摘　要	原価作用因	A社	B社	C社	総数	総費用	レート
受注処理費用	処理時間	300	400	200	900	4,500円	5円
運送費							
定期輸送	回数	20	16	24	60	12,000円	200円
緊急輸送	回数	3	5	4	12	6,000円	500円
販売促進費							
商談	商談時間	10	18	22	50	55,000円	1,100円
訪問費用	訪問回数	4	6	3	13	32,500円	2,500円
販売管理費	品目数	11	20	14	45	45,000円	1,000円
交際費	意思決定変数	23	12	30	65	26,000円	400円
顧客管理費							
情報処理	伝票枚数	60	30	50	140	4,200円	30円
債権管理	売掛金回転期間	750	450	800	2,000	12,000円	6円
管理業務	販売員数	4	5	3	12	36,000円	3,000円

[解答]

顧客別損益計算書

	A社	B社	C社
売上高	535,400円	591,300円	744,600円
売上原価	435,700円	475,600円	643,200円
売上総利益	99,700円	115,700円	101,400円
営業費			
受注処理費用	1,500円	2,000円	1,000円
運送費			
定期輸送	4,000円	3,200円	4,800円
緊急輸送	1,500円	2,500円	2,000円
販売促進費			
商談	11,000円	19,800円	24,200円
訪問費用	10,000円	15,000円	7,500円
販売管理費	11,000円	20,000円	14,000円

交 際 費	9,200円	4,800円	12,000円
顧客管理費			
情 報 処 理	1,800円	900円	1,500円
債 権 管 理	4,500円	2,700円	4,800円
管 理 業 務	12,000円	15,000円	9,000円
営 業 費 計	(66,500円)	(85,900円)	(80,800円)
営 業 利 益	33,200円	29,800円	20,600円

　顧客別損益計算書で，営業費は受注処理費用，運送費，販売促進費，顧客管理費からなると仮定されている。受注処理費用は処理時間，運送費は輸送回数を原価作用因として割り当てられる。販売促進費のうち，商談費用はそれに費やした時間，訪問費用は回数，セールスマンの管理費は品目数，交際費は訪問回数や売上見込額などの決定変数によって割り当てられる。顧客管理費はそれぞれ，伝票枚数，売掛金回転期間，従業員数によって原価が割り当てられる。企業によっては，不良債権額，違算処理，売掛金額などを債権管理費の原価作用因とすることもある。

4　IFRSによって変わる販売促進費管理の方法

　日本企業では，販売促進費は注文獲得のための販売活動から生じるコストであるという解釈から，販売促進費は販売費の一費目として位置づけられてきた。「原価計算基準」でも「販売費および一般管理費の要素は，この分類基準によって，例えば，広告宣伝費，出荷輸送費，倉庫費，掛売集金費，販売事務費，企画費，技術研究費，経理費，重役費等にこれを分類する」として，広告宣伝費などの販売促進費を販売費および一般管理費に含めている。
　IFRSでは，収益の測定に関して，「収益は受領したまたは受領すべき対価の公正価値によって測定しなければならない」（IAS 18.9）とするとともに，「取引から生じる収益の金額は，通常，企業と資産の買い手またはその利用者の間で決定される。収益の額は，企業が許容した業者間割引（trade discount）およびリベートを勘案して，受領したまたは受領すべき対価の公正価値で測定する」（IAS 18.10）としている。リベートは一般に，代金の一部を報奨金や謝礼

金などとして支払者に戻すこと，または割り戻しを意味する。

　販売促進費のなかでも，広告宣伝費などはIFRSでも従来どおり，販売費として扱われる。広告費と売上高とは直接的な関係が見出されないからである。しかし，家電製品の販売促進のために値引きをすることがある。あるいは，**NTTドコモ，au，ソフトバンク**などではインセンティブと称して，端末1台いくらといったように販売奨励金を携帯のメーカーに支払っている。このような場合の値引きは，販売促進費ではなく売上からの控除項目と解釈するのが理論的である。IFRSは，このような販売促進費は費用ではなく，売上からの控除項目としている。

　日本の会計基準として検討すべき課題は，伝統的な会計基準のように売り上げを実質よりも大きく見せても販売奨励金がいくらであったかを明示することに意味があるのか。それともIFRSのように売り上げを純額で示すべきであるか（その場合にも，いくらの販売奨励金を支出したかの明示が求められることになるであろう）。今後の議論が望まれる。

5　営業費管理と企業価値の創造

　営業費管理会計では，物流費，販売促進費およびホワイトカラーの生産性の領域においてとくに，効率を高めるべき点がまだまだ多く残されている。そこで，営業費管理において効率を第一に考えた経営が行われる必要がある。同時に，販売促進の活動において**顧客の立場**からするPRを目指したり，物流において交通渋滞の原因とならないように地域社会との共生を図ったり，物流ABCの実施において従業員の疲弊に配慮するなど，顧客，地域社会，従業員などステークホルダーの合意のもとで営業費の管理が行われる必要がある。

　ステークホルダーを念頭においた管理を行うためには，営業費を**セグメント**別に区分して**測定**することで経営を**可視化**することが望まれる。その際に留意すべきことは，効率の向上だけではなく，顧客を中心にした**効果性重視の経営**の立場から，企業価値の創造を柱にして経営努力をする必要があるということである。

注

1）マーケティング・コストというときには，販売促進費と物流費を含むが，一般管理費はマーケティング・コストには含まれない。

2）クジラ曲線の活用方法について，累積製品の20%が80%の利益を生み出しているから，後の80の製品は，「選択と集中」の原理に従って，生産・販売を中止すべきであるか。GE社のジャック・ウェルチ会長兼最高経営責任者（1981-2001）は，「世界で1位か2位になれない事業から撤退」すると宣言した。逆に，ウェルチが高く評価した横河電機の美川英二元社長は終身雇用を最重視している。最近では日本社会も変化してきたとはいえ，顧客と社員を最重視する大多数の日本の経営者にとって，キャプラン・クーパーやウェルチの戦略はそのままでは日本企業に妥当するとは思えない。武田薬品工業㈱は，主要ドメインには属さない化学（2006年に売却し，現在は三井化学ポリウレタン）と農薬（2007年に住友化学に株式を譲渡し，現在は住友武田農薬）を切り離した。その結果，雇用と顧客は確保した。しかし一方，医薬品事業では高い収益を上げている日本化薬㈱が医薬品（医薬品の売上高比率は32%）以外の事業を切り離すことは，現時点ではありえないであろう。なぜなら，旧事業（機能化学品の売上高比率は46%）が仮に収益性が低くても，固定費の回収が確保されている限り，旧事業を切り離すことは企業全体の収益を引き下げる可能性が大きいからである。

3）フィッシャー他［Fisher, et al, 2017］は，ウォルマートがカニバリ（共食い）の典型的なパターンを辿り，1968年から1988年の20年間にかけて，成長は完全に失速していると述べている。その結果，ウォルマートの2011〜2015年の平均株主総利回りはわずか7.5%と，米国企業では"不調グループ"に位置づけされている。ただ，フォーチュンの売上高番付を見ると，2018年の売上高では，世界で第1位に位置している。

4）ケチャムの効果測定尺度のほか，PRツールキット（PR協会の提案になる5段階アプローチ），広告価値等価額（AVE，広告費の効果を利益で表示する試み。利益では表現できないとする意見が多い），メディア・コンテンツ分析（コミュニケーション活動のアウトプットの効果測定。顧客の価値をあげることが目的であるから，本末転倒だとする意見が多い）が提示されている。

5）Reputation Instituteは，レピュテーション指標の研究を進めてきた。その結果，2005年には，「RQ」に代わって，コーポレート・レピュテーションを追跡し分析することを意図した「RepTrak®」システムを開発した。現在では，レピュテーション指標といえば，「RepTrak®」が含意される［櫻井, 2011, pp.140-147］。

6）労働生産性は一般に，生産量÷作業時間で算定される。日本では，長期にわたって付加価値労働生産性が活用されてきた。付加価値（value added）とは，企

業活動によって一定期間に新たに付け加えられた価値のことである。ステークホルダーとしての投資家，従業員，債権者，賃貸者，政府に対して，配当金，給料，利子，家賃，法人税等が支払われる。付加価値概念は，企業がこれらのステークホルダーにいかほど貢献したかを明らかにする。付加価値の算定には，加算法か控除法が用いられる。付加価値算定の一般的な算式は下記のとおりである。

　加算法；粗付加価値額＝当期純利益＋人件費＋金融費用＋賃借料＋租税公課＋減価償却費

　控除法；付加価値額＝売上高－（直接材料費＋買入部品費＋外注工賃＋補助材料費）

付加価値労働生産性は労働生産性ともいわれ，付加価値をアウトプット，従業員数をインプットとして算定される。労働生産性は，通常，次式で表される。

　労働生産性＝付加価値額÷従業員数

参考文献

Blattberg, Robert C., Gary Getz and Jacquelyn S. Thomas, *Customer Equity, Building and Managing Relationships as Valuable Assets*, Harvard Business School Press, 2001.（小川孔輔・小野譲司監訳『顧客資産のマネジメント―カスタマー・エクイティの構築―』ダイヤモンド社，2002年, p.79）。

Day, George S. and Robin Wensley, Assessing Advantage: A Framework for Diagnosing Competitive Superiority, *Journal of Marketing*, Vol.52（2），April 1988.

Dümke, Riccarda, *Corporate Reputation−Why Does it Matter?−, How Communication Experts Handle Corporate Reputation Management in Europe*, VDM Verlag Dr. Müller, 2007.

Fisher, Marshall, Vishal Gaur and Herb Kleinberger, Curing the Addiction to Growth, *Harvard Business Review*, January−February 2017.（マーシャル・フィッシャー，ビシャル・フィッシャー，ハーブ・クラインバーガー著「小売業界から高利益率を維持する施策を学ぶ―「成長」から「成熟」への戦略分岐点―」『DIAMONDハーバード・ビジネスレビュー』2018年4月号, pp.69-82）。

Kaplan, Robert S. and V. G. Narayanan, Measuring and Managing Customer Profitability, *Journal of Cost Management*, September/October 2001.

Kaplan, Robert S. and Robin Cooper, *Cost & Effect, Using Cost Systems to Drive Profitability and Performance*, Harvard Business Press, 1998.（櫻井通晴訳『コスト戦略と業績管理の統合システム』ダイヤモンド社，1998年, pp.204-207, pp.244-246）。

McNair, C. J., Lidija Polutnik and Riccardo Silvi, Customer Value：A New Kind of Cost Management, *The Journal of Corporate Accounting and Finance*, March/April 2001, p.12.

Shapiro, Benson P., V. K. Rangan, R. T Moriarty and E. B. Ross, Manage Customers for Profits (Not Just Sales), *Harvard Business Review*, September–October, 1987.

青田浩治「PR効果と成果—"属人性"を下支えする"科学性";PR効果測定の本格的な議論に向けて—」『PR105』日本パブリックリレーションズ協会報, Autumn 2003年。

宇野沢守哉「セブンイレブンの物流リエンジニアリング作戦」『企業会計』Vol.46, No.2, 1994年。

角井亮一『物流大激突—アマゾンに挑む宅配ネット通販—』SBクリエイティブ株式会社, 2017年。

兼坂京子「最新PR効果測定を考える『電通レピュテーション・プログラム』と『PR－DiaLog』開発の取り組みについて」『PR105』日本パブリックリレーションズ協会報, Autumn 2003年。

木村麻子「ブランド・マネジメントにおける管理会計情報の役割の検討」『原価計算研究』日本原価計算研究学会, Vol.36, No.2, 2012年。

国土交通省 都市局 都市政策課 都市政策室「平成29年度 テレワーク人口実態調査—調査結果の概要—」2018年3月。

櫻井通晴『新版 間接費の管理—ABC/ABMによる効果性重視の経営—』中央経済社, 1998年。

櫻井通晴『コーポレート・レピュテーションの測定と管理』同文舘出版, 2011年。

櫻井通晴「ソーシャルメディアの内部監査—戦略的レピュテーションリスク・マネジメント—」『月刊 監査研究』内部監査協会, 第39巻 第9号, 2013年。

二階堂遼馬・緒方欽一「物流危機は終わらない」『週刊 東洋経済』第6809号, 2018年8月25日。

西澤脩「物流ABMによる物流リエンジニアリング」『企業会計』Vol.46, No.2, 1994年。

西澤脩『物流活動の会計と管理』白桃書房, 2003年。

松本忠雄「花王の物流リエンジニアリング」『企業会計』Vol.46, No.2, 1994年。

宮田啓友「カギはIoTとシェアリング—ここまで進んでいる! 世界の物流イノベーション—」『週刊 東洋経済』第6809号, 2018年8月25日。

向井三貴「ホワイトカラーの生産性を考える—BPRで業務分析・組織変革を考える—」『企業と人材』1993年11月20日。

第4部　経営意思決定のための管理会計

　管理会計には，経営者が将来の経営計画や経営戦略を策定・実行する過程で各種の意思決定を必要とする情報を提供するという役割がある。会計学上の意思決定としては，財務会計では投資家による投資意思決定，管理会計では経営者による意思決定が主要なテーマになる。第4部では，経営者による意思決定，ないし経営意思決定への管理会計の役立ちが主要なテーマとされる。

　経営意思決定のためには，過去の原価データは将来の予測の基礎にはなりえても，過去の原価そのままでは意思決定に役立たない。意思決定のためには，機会原価，増分原価，差額原価といった意思決定のための原価が必要となる。意思決定では業務上の意思決定と戦略的意思決定に区分されるが，第15章では，業務上の意思決定問題を考察する。それらはプロダクト・ミックスの意思決定，線形計画法，意思決定とリスクなどである。

　アメリカで資本支出予算には，設備投資計画，意思決定の問題，および予算／資金計画という3つの側面がある。これらの問題のうち，第16章では，設備投資の経済性計算を中心的なテーマとして考察している。経営財務論ではなく，管理会計の立場から日本企業が活用すべき手法という観点から，このテーマが考察されていることに特徴がある。個別問題では，経済性評価の方法のほか，リスクマネジメント，工場自動化と設備投資の採算計算とプロジェクト・コントロールの問題を考察する。

　価格決定に関しては，ミクロ経済学，マーケティングからの成果を取り入れながら，管理会計の立場から戦略的・戦術的価格決定の問題を考察している。第17章では，これら3つの学問領域を統合した価格決定の実践的な理論モデルを考察する。価格決定には科学というよりはアートとでもいえる側面がある。そこで最後に，実務の立場から見た価格決定の理論を加えて，目標価格の決定，独占価格と寡占価格，スライドダウン価格，再販制度，公共調達に関する価格決定などについて述べ，価格決定の現実に迫る試みを行う。最後に，レベニューマネジメントの管理会計上の意義を明らかにする。

第15章

経営意思決定会計

1 意思決定会計の意義と区分

　企業の経営過程には，上は会社の取締役会が行う最高にして広範囲にわたる代替案の選択から，下は現場の作業員によるごく小さな決定に至るまで，あらゆる未来活動の選択的事項の決定が含まれる。組織の経営者は種々の代替案のなかから最も妥当な方策を選択する。経営者の行う代替案のなかからの選択のことを，われわれは経営意思決定という。

1 意思決定とそのプロセス

　ビジネスの世界で，**意思決定**（decision making）は，広義で，経営管理を行うことと同義で用いられることがある。やや狭い意味で，意思決定とは，**代替案のなかからの選択**（alternative choice；代替案の選択）のことをいう。本書では，意思決定を後者の意味で用いる。意思決定のプロセスは種々の観点から区分できる。本書では，そのプロセスを次の5段階に区分する。
(1) 問題の識別と明確化
(2) 問題解決のための諸代替案の探索と列挙
(3) 諸代替案の計量化ないし意思決定モデルの作成
(4) 諸代替案の評価
(5) 経営者による裁決

　以上の意思決定プロセスは，意思決定のためにはいずれも欠かすことができない。しかし，管理会計担当者が適切な意思決定をするうえでとくに重要なものは，(3)と(4)である。すなわち，管理会計担当者は他部門の協力を得て，意思決定に必要な問題の識別と明確化および代替案の探索と列挙を行った後，自らが意思決定モデルを作成し，数値を当てはめ，諸代替案の評価を行う。

2　意思決定のプロセスと情報の活用

　経営意思決定のための会計情報としては，見積原価情報とビジネスの予測情報が提供される。その際，少なくとも3つの注意すべき事項がある。

　(1)　**将来の原価情報の必要性**　　原価情報としては，将来への予測の基礎として実際原価データが用いられる。しかし，実際原価それ自体は，意思決定のためには限界がある。過去ではなく，将来の情報が必要である。

　(2)　**正確性より目的適合性**　　意思決定のためのデータは，できる限り，正確であることが望ましい。しかし，正確ではあるが目的への適合性を失ったデータは，ラフではあっても的確な情報よりもはるかに劣る。例えば，半導体設備の建設計画で，一定の条件における自社の正確な売上予測342億円は，競争会社の参入をも加味した予測値である300億円よりも有用性が劣る。

　(3)　**計量的・定性的データ**　　意思決定は計量的データだけでなされるのではない。仮に工場の建設計画案であれば，労働組合の反対，地域住民の反対運動，環境への影響などの定性的データは計量的データ以上に重要性をもつ。図15-1は，意思決定に至るプロセスを図解している。

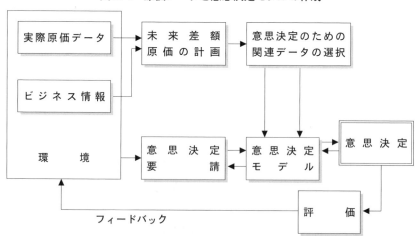

図15-1　原価データと意思決定モデルの作成

出典：AAA〔1969, p.44〕とHorngren et al.〔1999, p.168〕をもとに著者作成。

図15-1［American Accounting Association, 1969, p.44；Horngren et al., 1999, p.168］で，会計システムから実際原価データが提供される。ビジネス情報としては，価格指標，産業統計，競争状況などが会計システムとは別の情報源から提供される。企業内外の環境を勘案して，意思決定への要請が何であるかを慎重に検討する。意思決定を行うための関連データの助けを借りて，意思決定モデルを作成する。意思決定モデルをもとに経営者による意思決定を行う。最終結果に評価が下され，次の意思決定のためにフィードバックされる。

3 意思決定会計の区分

意思決定を行うのは企業経営者だけではない。投資家もまた，最も有利な株式投資を行うために，意思決定を行う。投資家の行う**投資意思決定**も経営財務論や財務会計上の問題としては重要ではあるが，管理会計にとって重要な意思決定は経営者の行う経営上の意思決定，すなわち**経営意思決定**である。

経営意思決定のための会計は種々の観点から区分できる。例えば，生産意思決定と販売意思決定，新製品開発，設備投資，研究開発の区分などである。しかし，管理会計にとって最も重要な区分は，経営構造の変革をともなわない業務的意思決定と，経営の基本構造の変革をもたらす戦略的意思決定との区分である。それゆえ，本書では経営意思決定を，以下のように区分する。

(1) 業務的意思決定
(2) 戦略的意思決定

業務的意思決定（operating decision-making）は，戦略的意思決定に比較して比較的重要性の少ない，また意思決定を下したあとでもしばしば比較的容易に変更が可能な選択的意思決定である。戦略的意思決定に比較すると防御的な性格をもち，戦術的意思決定ということもできる。業務的意思決定は通常短期的な意思決定であるため金利への考慮は不要であるが，意思決定のために必要となる種々の原価概念を考慮しなければならない。

戦略的意思決定（strategic decision-making）は，経営の基本構造の変革に関する意思決定であり，しかもその効果が長期に及ぶ。そのため，例えば設備投資の経済計算においては，貨幣の時間価値を考慮しなければ妥当な分析はできない。本書で戦略的意思決定は，章を改めて次章で考察する。

2　増分分析の意義と留意点

代替案選択の計量的分析においては，ある代替案の採択によって収益または原価がどれだけ増加または減少するかが問題となり，どの代替案を選択しても変わらない収益または原価は代替案の評価に含めない。意思決定のための変動値のみについての分析のことを，**増分分析**(ましぶんぶんせき)（incremental analysis）という。収益と原価の差額分析であることから，差額収益原価分析ともいわれる。

1　増分分析の意義

増分分析では，代替案の採択が収益の額や投資の額に変化をもたらすことがなく原価のみに変化を与える性質のものであれば，増分原価だけを計算し，代替案のうち，いずれが最も有利な案であるかを分析する。一方，代替案の採択が収益と原価の双方に影響をもたらせば，増分収益から増分原価を差し引いて増分利益を計算し，代替案の選択を行う。式15-1を参照されたい。

$$増分利益 = 増分収益 - 増分原価 \qquad (15\text{-}1)$$

例えば，夜間授業のない大学で夜間の市民講座を開くにあたり，市民講座の経済性を検討することになった。増分収益は，参加者からの受講料である。増分原価には，外部から招聘した講師の講師料，専任教授の場合は講座担当による追加支出額，市民講座専任の事務員給料，照明・暖房費，資料作成費などが含まれる。開講の意思決定には，増分収益から増分原価を差し引いた**増分利益**がプラスかマイナスかが，意思決定のための有力な判断資料となる。

2　配賦問題と意思決定

意思決定会計における分析法には増分分析が重要であるのに対し，一般に原価計算制度における会計手続によって作成される原価情報は増分分析を曖昧にする。原価計算制度に基づく会計手続のうちで，増分分析にとって最も障害になるのは，製造間接費と共通費の配賦である。

製造間接費と共通費の配賦手続が増分分析にとって不適当であるのは，製造間接費の配賦率の計算や共通費の配賦計算が全体の製造間接費の平均値に基づいているからである。製造間接費の配賦率は，諸条件のうち変化に応じて原価がいかに変化するかを示そうとしたものではない。それゆえ，意思決定のためには，製造間接費の配賦率や共通費の増分分析への利用は避けるべきである。

先の市民講座の開講についていえば，開講か否かの意思決定に，他の教室や本部建物や共通費の配賦額を含めてはならないということである。

3 増分分析における減価償却費

資産を新たに取得する場合の増分減価償却費は，増分分析において無視してはならない。ここで**増分減価償却費**とは，法定の手続に従って計算された減価償却費ではなく，支出がなされたときの現金支出額としての増分原価と，除却時に現金収入額として経済命数の尽きた時点での見積処分価値との差である。増分分析では，この両者の差額が，全期間の増分減価償却費となる。

一方，すでに会社が所有する設備について認識される減価償却費は，**埋没原価**（意思決定に関連しない原価）である。それゆえ，意思決定に関連させてはならない。先の市民講座の例でいえば，空いた教室を使ってもキャッシュ・フローに変化がないから，建物の減価償却費を原価に含めてはならない。

減価償却費に関連した概念として，設備に関する諸事実の会計上の処理を一般化すれば，次のようになる。

(1) **旧設備の帳簿価額**　　**埋没原価**となる。その理由は，これは過去に支出済みの原価であり，将来の意思決定にとって関連がないからである。

(2) **旧設備の処分価値**　　関連原価ないし**機会原価**となる。その理由は，諸代替案によって異なると予想される未来原価だからである。ただし，ここで処分価値とは，法律上規定されている残存価額とは異なる。

(3) **旧設備の除却損益**　　旧設備の除却損益は旧設備の帳簿価額から処分価額を差し引いたものであるから，当然，その結果としての除却損は意思決定に何ら関係がない。ただし，除却損の発生により税金支払が減り，それが意思決定に影響するようなときには，**関連原価**になりうる。

(4) **新設備の購入原価**　　現金流出額であるから，**関連原価**である。

3　意思決定のための原価

　意思決定のための原価は，**特殊原価**（special costs）とも呼ばれる。特殊原価は制度上の会計原則に従ってはいないし，また従う必要もない。それは特定の状況において用いられる特殊（定）目的の原価であり，原価計算制度における原価の一般概念とは異なり，個別的で普遍的適用性がない。

1　意思決定のための原価概念

　企業の会計制度において収集されそこから提供される原価は，過去の原価記録から導かれる。原価計算制度における原価の本質は，「支出原価」という本質をもつ。**支出原価**は過去の貨幣支出を直接・間接に結びつけて捉えた概念であり，財務諸表作成という目的には最も有用な概念である。

　他方，意思決定は未来に向かってなされるから，過去の貨幣支出に直結した実際原価は将来の意思決定にとっては不向きである。それゆえ，財務諸表の作成のために用いられる原価が意思決定のための基礎資料となることはあっても，実際原価データをそのままの形で意思決定に用いることは妥当ではない。「**異なる目的には異なる原価**」[1] が用いられるべきである。

2　意思決定に用いられる原価の種類

　意思決定は，将来の経営活動に対してなされる。それゆえ，意思決定のための原価は，すべて代替案別に異なる**未来原価**（future cost）という共通の特徴をもつ。機会原価と増分原価が最も重要な意思決定原価である。

(1)　機　会　原　価

　機会原価（opportunity cost）とは，諸代替案のうちの1つを受け入れ，他を断念した結果失われる利益のことをいう。例えば，ある会社の販売員が勤務中に休息のために喫茶店で時間をつぶすことによる機会原価は，彼が得意先を訪問しないことにより失われる増分利益である。

　機会原価は断念した機会の利益であるが，それには会計上の利益だけでなく，

計量化は可能ではあるが会計上の利益とはならない**便益**（benefit）も含まれる。ここで便益とは，決算上の利益ではないが計量化が可能な計算上の"利益"である。便益は一般に機会原価として計算される。

機会原価は，現実の貨幣支出と結びつけて理解される支出原価概念とは異なり，財務会計機構には組み込まれない。機会原価を，失われる最大利益と，得られる最大の利益との差額として捉えることがある。機会原価はまた，失われる"利益"ではなく，失われる"収益"と解されることもある。

機会原価は，代替案を比較する際には，必ず暗黙のうちに含まれる。機会原価はいまや，単なる原価の定義をこえて，意思決定へのアプローチを説明してくれる概念であり，意思決定において欠かせない概念になっている。

(2) 増分原価

増分原価（incremental cost）は，意思決定の結果変化する原価である。代替案を計量的に評価するには，増分収益から増分原価を差し引いた増分利益をもって意思決定を行う。意思決定のための情報としては代替的活動コース間の差額が問題となるため，増分原価は差額原価と本質的に異なるところはない。

差額原価（differential cost）とは，経営活動の変化の結果生じる原価の変動値を意味する。変動値には，増分だけでなく減分原価が含まれる。典型的な差額原価は変動費である［Dearden, 1973, p.7］。

ホーングレンは，関連原価の語を好んで用いている。**関連原価**（relevant cost）とは，代替案ごとに異なる期待未来原価［Horngren, et al., 1994, p.388］のことをいう。関連原価は，増分原価や差額原価とほぼ同義と解してよい。

【設　例】

S大学では，神田校舎の空教室を利用して，夜7時から9時まで，一般人を対象にした管理会計講座を開講すべく検討を始めた。計5回で，受講料は2万円。受講者は50名を見込んでいる。講師にはS大学の有名教授があたる。講師謝礼は給与とは別に30万円（3回分），ポスターの作成費用は30万円，資料代・光熱費他には10万円を予定した。事務職員の増員は必要がない。以上をもとに，講座を始めた場合の採算はどうかを測定して下さい。

〔解　答〕

増分収益	受講料	2万円/人×50人		100万円
増分原価	講師謝金		30万円	
	広告宣伝費		30万円	
	資料代・光熱費他		10万円	70万円
増分利益				30万円

空室の活用であるから，減価償却費を計上する必要はない。事務職員の配賦も不要である。清掃費，雑費などは無視できるほどわずかである。経営陣にとって最大の関心事は，予定通り受講生が集まるか否かである。受講生の集客に問題がない限り，採算は十分にある。

(3) 埋没原価

埋没原価（sunk cost）とは，意思決定にとって関係のない原価をいう。意思決定において，原価の一部または全部を考慮外におき，増分原価として取り扱わないとき，それが埋没原価とされる。増分原価とは違って，埋没原価は意思決定に関係のない原価である。

過去において資産に投下された投資額の一部または全部が，ある意思決定の結果，回収できないことがある。その意思決定の結果回収不能となる原価は，典型的な埋没原価である。例えば，油井に対して投下された投資額は，当該油井からの石油採掘を中止した場合には，埋没原価になる。ただ，埋没原価を回収不能の原価であると定義するだけでは，完全な定義づけとはいえない。

業務的意思決定において，他に転用のきかない減価償却費は埋没原価である。他方，設備投資意思決定において，設備の取り替えが問題とされている場合には，埋没原価は旧設備の除却損（旧設備の帳簿価額と処分価額との差）である。変動費は典型的には増分原価であるが，埋没原価にもなりうる。

【設　例】

夜間の空室を利用して管理会計講座を始めるという先の例で，次の質問に答えなさい。問1　増分原価は何で，いくらか。問2　この講座を行わないことによる機会原価はいくらか。問3　埋没原価は何か。

〔解　答〕

　問１の増分原価は，講師謝金，広告宣伝費，資料代・光熱費他で，70万円である。問２の機会原価は，増分利益の30万円だけでなく，すぐれた講師による講座開講をしなかったために失われるPR効果である。100万円かもしれない。20万円かもしれない。この問題では金額測定は無理である。問３の埋没原価は，減価償却費と事務職員の人件費の配賦額である。

4　業務的意思決定の事例

　業務的意思決定には，各種の事例がある。以下本節で取り上げる３つのケースは，典型的な業務的意思決定の事例である。ただし，プロダクト・ミックス（製品組合わせ）の事例は，その重要性に鑑みて，節を改めて考察する。

1　加工か販売か

　機会原価の応用例を，**加工か販売か**（process or sell）の事例で例示しよう。ある半製品をそのまま販売することもできるが，加工したうえで完成品にして販売することもできるものと仮定する。経営者は半製品のまま販売する場合と，完成品にして販売する場合の貢献利益を比較する。その際，半製品の販売から得られる収益は，加工して完成品にしてから販売する場合の機会原価となる。

【設　例】

　A社は化学品のメーカーである。半製品の単位当たり見積製造原価は70円で，予定売価は100円である。加工を加えて完成品にして販売するためには，追加加工費が40円かかるが予定売価は160円で販売できる。予定生産・販売量はいずれの場合でも1,000個である。以上のデータから，半製品のまま販売すべきか，それとも加工して完成品で販売すべきか。

〔解　答〕

　加工を加えて完成品として販売する場合には，利益が増加する。それゆえ，完成品で販売すべきである。次頁の計算を参照されたい。

完成品の売上高（160円×1,000）			160,000円
差引： 加工費（ 40円×1,000）	40,000円		
半製品売上高（100円×1,000）	100,000円		140,000円
増分利益			20,000円

上の計算で，半製品売上高は，加工を加えて完成品で販売した場合の機会原価である。企業は計画どおり，加工・販売を行ったものとする。その際の損益（増分利益）は次のようになる。

完成品の売上高		160,000円
差引：追加加工費	40,000円	
半製品加工費	70,000円	110,000円
増分利益		50,000円

2 自製か購入か

　意思決定問題でしばしば取り上げられる典型的な問題に，会社の組立製品の部品を自製するのと外部から購入するのと，企業にとっていずれが有利かという問題がある。いわゆる，**自製か購入か**（make or buy）の意思決定である。

　原価比較の段階では，外部からの購入が有利であるとの判定がなされた場合でも，供給の確実性，引渡しの継続性，製品の品質保持といった問題など非計量的要素が介入するために，結局は自家製造することに決定されるかもしれない。それにもかかわらず，経済性の評価は，判定のすべてではないにしても意思決定に際しての主要な判定基準にはなりうる。

　自製か購入かの意思決定においても，現有設備での決定と，設備投資を伴うものとがある。以下では，現有設備での決定を取り上げる。この種の意思決定に必要な情報には，(1)予算に基づいて全部原価で比較する方法と，(2)増分原価による方法の2つがある。(1)の方法は原価全体を知りうるという長所はあるものの，それだけ余計に労力がかかるし，またかえって意思決定を誤りに導きやすい。したがって，(2)の増分原価による方法がより実践的である。

【設 例】

家電部品の1個当たりの購入原価が10,000円で,その部品を自社で生産すると,製造原価が以下のとおり13,000円かかる。固定費がすべて他に転用のきかない機械の減価償却費からなるものとする。以上のデータをもとに,他の業者から購入すべきか否かを判断してみよう。

資 料

原価要素	製造原価
直接材料費	4,000円
直接労務費	2,500円
変動製造間接費	1,000円
固定製造間接費	5,500円
製造原価計	13,000円

〔解 答〕

一見すると,自製よりも購入のほうが3,000円(13,000円−10,000円)だけ有利のようにみえる。しかし,固定製造間接費はすべて他に転用がきかない特殊機械の減価償却費である。それゆえ,固定製造間接費の5,500円は埋没原価になる。以上から,当該部品の自製により2,500円(10,000円−7,500円)の利益が生じるから,自製すべきだという結論になる。

この例で,機械や建物などの固定資産が他の有益な用途に転用できるとすれば,その機会原価を計算して計算要素に含めなければならない。そのような計算には,平均単位原価ではなく,増分原価によるのが適切である。

意思決定問題は,意思決定の結果原価だけに影響が現われるものと,原価だけでなく収益にもその効果が現われるものとがある。自製か外注かの意思決定は,方法変更や経済的発注量分析などと並んで,主として原価にその影響が現われる意思決定の典型的な事例である。しかし,短期的には有利であっても企業全体にわたる長期の収益性を低下させていることがある。そこで,今後は長

期にわたる企業全体の収益性への影響も検討すべきである。

　自製か購入かの意思決定は，以上でみたように，従来の管理会計では短期的な視点からのみ検討がなされてきた。しかし，自製か購入かの意思決定問題は本質的には**アウトソーシング**（outsourcing；外部資源の利用を目的とした委託業務）の問題の1つとして考察すべきである。

　海外での外部資源の利用のことは，**オフショア**（off-shore）といわれている。オフショアでは，対象国との給与格差が大きければそれだけオフショアの効果が大である。しかしその反面，オフショアにはカントリーリスクに加えて，数年したら「庇を貸して母屋を取られる」リスクがある[2]。

　そのように考えるならば，アウトソーシングもオフショアも，コア・コンピタンス（企業にとっての強み）が何かを慎重に検討したうえで企業の長期的な視点から意思決定がなされなければならないということになる。

3　新製品の追加または旧製品の廃棄

　新製品の追加または旧製品の廃棄（add or drop）で，新製品追加の問題が生じるのは，有望な新製品が企業にとって検討対象とされているときである。

　新製品は現有設備で追加しうる場合と，設備拡張が必要となる場合とがある。現有設備での新製品の追加または旧製品の廃棄という問題についての意思決定でとくに注意すべきことは，次の4点である。

(1) 新製品追加の意思決定においてしばしば犯す誤りは，財務諸表作成目的で計算された原価から平均単位原価を計算し，それをもって決定を下すことである。製造間接費や本社費の配賦額を含む平均原価をもって意思決定を下すことは，しばしば誤った結論を導くことになる。

(2) 新製品の追加ではなく旧製品の廃棄が問題となるケースは，会計上の損益計算書などで常に赤字が示されている場合である。このような場合には，廃棄の意思決定を下すことによって排除しうる原価，すなわち，回避可能原価を関連原価として検討の対象にすべきである。旧製品廃棄の決定により，旧製品の生産に使用されていた設備の処分によって固定費が減少する場合を除いては，関連原価は変動費と分離可能固定費だけである。伝統的な会計理論に基づく減価償却費を関連原価のなかに含めてはならない。

(3) ある企業が現有設備のままで新製品を追加しうる能力をもっていると仮定すると，その意思決定では，増分原価だけを考慮する必要がある。その場合の増分原価には，新製品の追加によって増加する変動費だけではなく，新製品の追加によって発生が予測される固定費も含ませなければならない。
(4) 経営上の意思決定が，ある製品を廃棄して他の製品をそれに代替させることであれば，その意思決定では増分原価だけでなく機会原価をも明示的に考慮しなければならない。それによって企業全体の収益への影響が明示されるからである。例えば，A製品の廃棄とA製品の代替品としてのB製品の販売を決定するとき，A製品の廃棄により2,000万円の利益が失われ，B製品の販売により7,000万円の利益が予想されるときには，両者を合わせて検討する必要がある。この場合，増分利益は7,000万円，機会原価は2,000万円ということになろう。

以下で示すのは，旧製品廃棄の意思決定に関する計算例である。このような計算においては，限界利益だけではなく貢献利益を計算することにより，より有用な情報を提供しうる。

【設　例】

浅草工業（株）は，革製品の生産と販売を行っている。取扱製品は靴，カバン，ベルトの3種類である。財務担当の重役である貴殿は，来期の予算資料をもとに，分析に適するように経営企画室長に固定費，変動費に区分した損益計算書を作成してもらった。次の資料がそれである。

損 益 計 算 書

浅草工業　　　　　　　　　　　　　　　　　　　（単位：万円）

損益項目	合計	靴	カバン	ベルト
売上高	5,700	3,000	2,400	300
変動費	4,260	2,400	1,680	180
限界利益	1,440	600	720	120
固定費				
回避可能	795	450	300	45
回避不能	540	180	300	60
営業利益	105	−30	120	15

損益計算書の資料によれば，靴の生産・販売は完全な赤字である。この損益計算書の数値を見たカバン，ベルト担当の課長は，揃って，靴の生産，販売を止めるべきではないかと経営会議の席上で発言した。経営企画室長として会議に参加していた貴殿は，この課長の提案に対していかに対応すべきであるか。

〔解　答〕

靴の生産を止めたからといって，回避不能の固定費180万円は共通固定費であるので，排除できない。すなわち，回避不能固定費は埋没原価である。したがって，共通固定費を配賦してはいけなかったのである。正しい分析を行うためには，次のような損益計算書を作成すべきである。

損 益 計 算 書

浅草工業　　　　　　　　　　　　　　　　　　　　　　（単位：万円）

損益項目	合計	靴	カバン	ベルト
売上高	5,700	3,000	2,400	300
変動費	4,260	2,400	1,680	180
限界利益	1,440	600	720	120
個別固定費	795	450	300	45
貢献利益	645	150	420	75
共通固定費	540			
営業利益	105			

この種の問題では，貢献利益を計算し，貢献利益がプラスであれば生産・販売を継続すべきだとの結論を出すべきである。その理由として，経営企画部長は次のように述べるべきである。

靴の貢献利益は150万円であるので，靴の生産は継続すべきである。靴の貢献利益150万円の意味についてであるが，靴の生産・販売は企業に損失をもたらすようにみえても，現実には共通固定費の回収に150万円だけ貢献しているのである。

5 プロダクト・ミックスの意思決定とLP

　プロダクトミックス（product mix；製品組み合わせ）とは，企業が生産・販売している製品の組み合わせのことをいう。企業がプロダクトミックスを検討するには，通常，ライン別（製品の種類，価格，品質，顧客など），およびアイテム別（サイズ，カラーなど）に区分して検討する。他方，マーケティング・ミックス（marketing mix；販売組み合わせ）という場合には，マーケティング上の戦略として，市場から望ましい反応を得るために，価格，品質，ブランディング，物流などを考慮して最適な組み合わせをしたものである。プロダクトミックスもセールスミックスも，管理会計上における意思決定問題としては，「組み合わせの決定」という共通の特徴を有する。本節では，プロダクトミックスとセールスミックスに関わる意思決定上の問題を検討する。

1　2製品，販売上の1つの制約条件下での組合せ

　銀座産業（株）では，主要な販売製品は2種類ある。両製品の販売価格と原価資料が次のとおりであったとする。生産・販売量はいずれも合計で10,000個までは販売できるが，それを超えて生産はできないとすると，いずれの製品を生産，販売すべきであるか。

損益データ	製品A	製品B
販売価格	100万円	80万円
単位あたり変動費	50万円	60万円
売上数量	4,000個	6,000個
固定費（年間）	……………………180,000万円	

　この場合の意思決定では，固定費が埋没原価になる。経営意思決定においては，**単位当たりの限界利益**が大きいものから販売すべきである。その決定のために，意思決定に適した現状の損益計算書を作成してみよう。

損益計算書

銀座産業　　　　　　　　　　　　　　　　　　　　（単位：万円）

損益項目	合計	製品A	製品B
売上高	880,000	400,000	480,000
変動費	560,000	200,000	360,000
限界利益	320,000	200,000	120,000
（限界利益率）	(36%)	(50%)	(25%)
固定費	180,000		
営業利益	140,000		

　単位当たり限界利益は，製品Aが50万円（100万円－50万円），製品Bが20万円（80万円－60万円）で，製品Aのほうが大である。その結果，製品Aを10,000個生産すべきだということになる。その場合の損益は，次の計算のように320,000万円になる。

　　売上高　　　　－　　（変動費＋固定費）　　　　＝　　営業利益
　1,000,000万円　－　（500,000万円＋180,000万円）　＝　320,000万円

2　2製品，生産上の1つの制約条件下での組合せ

　先の例で，製品A，Bの生産には機械生産が必要であるが，設備の機械作業時間に制約があるものとする。生産上の制約は20,000時間で，製品A，Bの1個の生産に必要な作業時間は次のとおりである。販売上の制約条件はない。

	製品A	製品B
必要作業時間（製品単位当たり）	10時間	2時間

　以上の条件から，どの製品を生産するのが最も良いか。これを解くため，条件を整理しよう。

損益項目	製品A	製品B
販売価格	100万円	80万円
単位当たり変動費	50万円	60万円
単位当たり限界利益	50万円	20万円
必要作業時間	10時間	2時間
機械時間当たり限界利益	50/10＝5 万円／時間	20/2＝10 万円／時間

このケースでは，**機械時間当たりの限界利益**が最大になる製品を生産すべきである。上記の計算のとおり，製品Aについては5万円／時間，製品Bについては10万円／時間であるので，製品Bを生産すべきであるという結論になる。その結果，生産・販売量は10,000個（20,000時間÷2時間／個）であり，その場合の利益は，次の計算のとおり，20,000万円になる。

売上高	－	（変動費＋固定費）	＝	利益
800,000万円	－	（600,000万円＋180,000万円）	＝	20,000万円

参考までに，製品Aのみ生産・販売したときの利益は，次の計算のとおり，80,000万円の損失になる。

売上高	－	（変動費＋固定費）	＝	利益
200,000万円	－	（100,000万円＋180,000万円）	＝	－80,000万円

3　2製品，販売・生産上の多くの制約条件下での組合せ

先の例では，販売条件が除かれていた。生産・販売条件があるときには，どのようにして解いたらよいか。

例えば，先の生産条件に加えて，販売条件として，製品Bについては8,000個が販売限度という条件がつけられたとしよう。このようなときには，**線形計画**

法（linear programming；リニア・プログラミング，LP）が役立つ。一般にその解法は，図解法かシンプレックス表のいずれかによるが，変数が2つのときには，図解法によって解くことができる。

A，Bそれぞれ10時間，2時間で，生産上の制約は全体で20,000時間を超えることがないから，製品Aの生産量をA，製品Bの生産量をBとすれば，式15-2のようになる。

$$\text{生産上の制約} \qquad 10A + 2B \leq 20{,}000 \qquad (15\text{-}2)$$

販売上の制約は，B製品は8,000個を超えることができないとするもので，この条件は式15-3のように表すことができる。

$$\text{販売上の制約} \qquad B \leq 8{,}000 \qquad (15\text{-}3)$$

問題は，以上の制約条件のもとで利益を最大にすることである。製品Aと製品Bの限界利益がそれぞれ50万円と20万円であるから，目的関数として，式15-4が導かれる。

$$\text{目的関数} \qquad Z = 50A + 20B \qquad (15\text{-}4)$$

なお，生産・販売量が負ということはありえないから，AもBも負ということはありえない。したがって，式15-5の非負条件が加えられる。

$$\text{非負条件} \qquad A \geq 0, \ B \geq 0 \qquad (15\text{-}5)$$

当面の問題では，2つの制約条件と非負条件のすべてを満足させる可能解は，図15-2における斜線の領域内（可能域）にある。われわれが求める最適解は，可能解の内，$Z = 50A + 20B$の値を最大にする数値である。

多角形上で定義される線形関数の最大値は，その端点にある。それゆえ，最適解は，各端点における目的関数の値を計算し，そのうち最大のものを求めれ

ばよい。この問題では，端点 a，b，c，d における座標の交点の目的関数を計算し，限界利益を算出する。

c点において，A＝400個，B＝8,000個のときに最大値をとる。このことは，限界利益を最大にする生産，販売量は，A＝400個，B＝8,000個で，そのときの限界利益が180,000万円になることを示している。

最適解は，端点を1つひとつ計算しないでも，目的関数の値をZとおき，

$$50A + 20B = Z$$

として，Kの値を増しながら直線を平行移動させ，この直線と多角形abcdとが共有点をもつ，ぎりぎりの限界を捜すことにより最適解を求めることもできる。この直線は，図15-2では，点線（勾配は $-5/2$）で示されている。

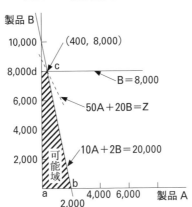

図15-2 線形計画法と図解法

端点	変数		目的関数の値
	A	B	50A ＋ 20B
a	0	0	50× 0＋20× 0＝0
b	20,000	0	50×2,000＋20× 0＝100,000
c	400	8,000	50× 400＋20×8,000＝180,000
d	0	8,000	50× 0＋20×8,000＝160,000

4 多品種,多数の制約条件下での組合せ

多数の製品,多数の制約条件があるときは,図解法で解くことは無理である。そこで,解法にはシンプレックス法を用いるとよい。シンプレックス法では,次のような一般式で表される。

目的関数　Max. $Z = C_1X_1 + C_2X_2 + \cdots\cdots + C_nX_n$
制約条件　$A_{11}X_1 + A_{12}X_2 + \cdots\cdots + A_{1n}X_n \leqq B_1$
　　　　　$A_{21}X_1 + A_{22}X_2 + \cdots\cdots + A_{2n}X_n \leqq B_2$
　　　　　　　　　　　$\vdots$　　　　　　　$\vdots$
　　　　　　　　　　　$\vdots$　　　　　　　$\vdots$
　　　　　$A_{m1}X_1 + A_{m2}X_2 + \cdots\cdots + A_{mn}X_n \leqq B_m$
非負条件　$X_1, X_2, \cdots\cdots X_m \geqq 0$

上記の一般式を使って,先の問題を定式化しよう。なお,ここで製品AをX_1,製品BをX_2とする。

目的関数　Max.　$Z = 50X_1 + 20X_2$
制約条件　　　　$10X_1 + 2X_2 \leqq 20,000$
　　　　　　　　　　　　$X_2 \leqq 8,000$
非負条件　　　　$X_1, X_2 \geqq 0$

線形計画法の問題をシンプレックス法で解くためには,制約条件式にスラック変数(s;資源の余裕能力を表す)を加えて,制約条件式の不等式を次のように等式に直す必要がある。

目的関数　Max.　$Z = 50X_1 + 20X_2$
制約条件　　　　$10X_1 + 2X_2 + s_1 \leqq 20,000$
　　　　　　　　　　　$X_2 + s_2 \leqq 8,000$
非負条件　　　　$X_1, X_2 \geqq 0$

この問題をシンプレックス法で解くと，表15-1のようになる。

表15-1 シンプレックス表

	C_i ↓	基底変数	C_j → b_i	50 X_1	20 X_2	0 s_1	0 s_2	θ	計算プロセス
初期値タブロー	0	s_1	20,000	⑩	2	1	0	2,000	①
	0	s_2	8,000	0	1	0	1	∞	②
			Z_j	0	0	0	0		
			$Z_j - C_j$	−50	−20	0	0	0	
第2タブロー	50	X_1	2,000	1	0.2	0.1	0	10,000	③ = ① ÷ 10
	0	s_2	8,000	0	①	0	1	8,000	④ = ②
			Z_j	50	10	5	0		
			$Z_j - C_j$	0	−10	5	0	100,000	
第3タブロー	50	X_1	400	1	0	0.1	−0.2		⑤ = ③ − ⑥ ÷ 5
	20	X_2	8,000	0	1	0	1		⑥ = ④
			Z_j	50	20	5	10		
			$Z_j - C_j$	0	0	5	10	180,000	

表15-1で，C_jは，生産・販売したときの各製品の単位当たり限界利益を表す。また，$Z_j - C_j$（シンプレックス判定基準行）は，X_1を基底変数のなかに採用しなかったために失われる利益を表す。b（基底可能解）は，基底解（制約条件式の数と同数の変数を除いた他の変数を0とおいて得られる解）のうち，実行可能な解をいう。

初期値タブローは，製品A，Bを全く生産・販売せず，資源を全部残している場合を表す。図15-2との関係では，a点（0，0）である。この点で，利益（Z）は当然ゼロである。これは初期値タブローでは0と示してある。このケースから出発して，第2，第3タブローとだんだんZの値を大きくするよう，計画値を改善していく。$Z_j - C_j$には負の値（−50と−20）があるので，第2タブローへ進む。

ピボット・エレメントについて説明しよう。初期値タブローの$Z_j - C_j$から製品Aを1個生産・販売すると50万円，製品Bについては20万円の利益が増加することがわかる。製品Aのほうが効率がいいので，X_1（負の値，つまり失われる利益の最も大きい50万円）を選択する。ピボット・エレメントの選択で，負の値で絶対値の大きいほうを選んだのは，そのためである。製品Aを選択した

ことを，縦長の破線で囲んである。製品Aをいくらまで生産，販売することができるか。この計算を θ で行ってある。生産は，設備能力に制約があり，2,000個である。販売能力の限界は∞（無限）である。値の最も小さいほうが実行可能であり，これは横長の破線で囲ってある。両方の破線で囲まれたところをピボット・エレメントと呼ぶ。

第2タブローでは，初期値タブローのピボット・エレメントに対応するところが1になるように，①行目を10で割って③行目を求める。④行目について，基底に取り込まれない値（③行目の1の下）を0にしなければならないが，既に0になっているので，②行目の値がそのまま④行目の値になる。図15-2との関係では，横軸に，第2タブローはb点（2,000, 0）を選択・計算したことになる。$Z_j - C_j$ には，まだ負の値（-10）があるから，最適解とはいえない。

第3タブローも第2タブローと同じ要領で計算していく。ピボット・エレメントはすでに1であるから，⑥=④である。ただ，⑥行目では④行目の s_2 を追い出し，基底変数を X_2 にして，C_i を20に変える。⑤行目では，⑥行目の1に対応するところをゼロにするため，計算プロセスにあるようなやり方で計算する。その結果，$Z_j - C_j$ の行に負の値がないということは，それ以上は生産・販売しても利益増は見込めないことを意味する。それが最適の生産・販売計画値であり，最終タブローである。

以上から，製品Aを400個，製品Bを8,000個生産，販売すると，180,000万円（50万円×400+20万円×8,000）の限界利益になることを求めることができた。

図15-2との関係を各タブローと対応させてみよう。シンプレックス表は，初期値タブローではa点（0, 0）から，第2タブローのb点（2,000, 0）を経て，第3タブローのc点（400, 8,000）へと各端点を移動していったのである。

シンプレックス表の第3タブローにおいて，シンプレックス判定基準行（一番下の行）の値は，次のようになっていた。

$Z_j - C_j$　　0　　0　　5　　10　　180,000

また，スラック変数（s_1 と s_2）のところを抜き出すと，次のようになっていた。括弧内では，それぞれの意味を付しておいた。

s_1 ……………… 5（1単位当たりの限界利益）
s_2 ……………… 10（1単位当たりの限界利益）

このs_1とs_2は，**シャドウ・プライス**（shadow price）とか帰属価格と呼ばれている。シャドウ・プライスは各工程の作業を1単位遊休させる（s_1を1増やす）ことによって減少する利益を表す。また逆に，各工程の作業を1単位増やすことによって増加する利益を表す。つまり，第1工程の能力をもう1単位増やすと，1単位について利益が5万円増え，第2工程の能力をもう1単位増やすと利益は10万円増えることを意味する。最適解で，限界利益は180,000万円であったが，それはこれらの資源（ここでは第1，第2工程の能力）の総シャドウ・プライスに等しい。すなわち，

第1工程…… 5万円×20,000＝100,000万円
第2工程……10万円× 8,000＝ 80,000万円
合計　　　　　　　　　　　180,000万円

以上のように，シャドウ・プライスはまた，シンプレックス法の計算結果の検証にも用いることができる。

シンプレックス法でこの種の問題が簡単に解ければそれにこしたことはないが，管理会計では，解法それ自体が問題ではなく，大事なのは経営への応用である。解き方に興味のある読者は，櫻井［1981, pp.460-474］を参照されたい。

6　意思決定とリスク

企業経営では，リスクを避けることができない。リスクは一般に，危険，損失，その他の望ましくない結果であると定義［Collier et al., 2007, p.5］づけられる。リスクが大きければ，一般に多くの収益がもたらされる反面，失敗すれば大きな損失を被ることを覚悟しなければならない。経営にとって必要なことは，可能な限りマイナスのリスクを予測し回避することである。

1 不確実性下の意思決定

　意思決定は，多数の代替案のなかから1つの案を選択する過程である。その過程で意思決定者は将来の事象についての見積もりを基礎にして決定を下す。意思決定は確実性の仮定のもとで行われることも，また不確実性の仮定のもとでなされることもある。確実性下の意思決定では，事象の発生について，各活動コースについてただ1つの利得関係（ペイオフ関係）が仮定されている。
　不確実性下の意思決定では，事象発生の可能性は1つ以上存在し，それぞれが異なる利得関係を表す。そこでの問題は，諸代替案のうちで最善の方策を探索することである。広義で不確実性というとき，それにはリスクと狭義の不確実性という2つの概念が含まれる。
　リスクとは，将来生起する自然の状態（意思決定者がコントロールできない経済環境）が2個以上存在し，意思決定者は過去の経験などから各自然の状態が発生する確率分布を知りうる場合をいう。他方，狭義の不確実性とは，将来生起する自然の状態が2個以上存在し，各々の生起する確率分布を知りえない場合をいう。不確実性下の意思決定というとき，通常はリスクを数量的に処理しうる（前者の）意思決定をいう。

2 期待値によるリスクの検討

　リスクにおける意思決定の1つの方法は，確率分布に対する期待値を計算し，意思決定の助けとするものである。期待値による意思決定とは，事象が発生する確率をpとするとき，起こりうる事象をそれぞれの確率に応じて考慮した利得の期待値を比較し，それが最大になるようにする選択行動をいう。

【設　例】
　65億円の投資案として，プロジェクトAとプロジェクトBがある。両者の利得表が次のように与えられているとき，いずれのプロジェクトが有利かを検討しなさい。

プロジェクトA，Bの利得表

事象	景気下降	景気横這	景気上昇
プロジェクト			
A	30 億円	60 億円	110 億円
B	40 億円	62 億円	80 億円
確　　率	0.1	0.5	0.4

〔解　答〕

プロジェクトAは，

　　期待値＝0.1（30億円）＋0.5（60億円）＋0.4（110億円）

　　　　　＝77億円

プロジェクトBは，

　　期待値＝0.1（40億円）＋0.5（62億円）＋0.4（80億円）

　　　　　＝67億円

となり，プロジェクトAが有利である。それゆえ，期待値だけから判断すれば，経営者は迷わずにプロジェクトAを選ぶであろう。利得表は次のようになる。

期待値をともなう利得表

事　象 確　率	景気下降 0.1	景気横這 0.5	景気上昇 0.4	期待値
プロジェクト				
A	30 億円	60 億円	110 億円	77 億円
B	40 億円	62 億円	80 億円	67 億円

3　分散によるリスクの検討

　期待値基準によるリスクの考慮は，意思決定問題への接近に１つの解答を与えうる。しかし，プロジェクトAとプロジェクトBの期待現金流入額から，プロジェクトA，Bのうちいずれかが絶対的に有利だといえないかもしれない。

　人間は，リスクに全く無関心でもリスクを好んでいるわけでもなく，むしろ

リスクを回避する性質をもっている。すなわち，収益性は大きいほど好む反面，リスクは小さいほど好ましいとするのが人間の一般的特性である。このことに注目すれば，リスク測定の尺度として，われわれは分散を考えつく。

期待値だけで結論を下すことは問題を過度に単純化している。それゆえ，経営者は確率分布の助けを借りて，期待値のみによる不確実性の考慮を補足する必要がある。さもなければ，経営者は意思決定を誤ることになるからである。

先の例で，プロジェクトＡとプロジェクトＢの確率分布を比較すると，プロジェクトＢの方が分散が小さい。したがって，期待値ではプロジェクトＡの方が大であっても，リスクを回避する性向が強い人間は，プロジェクトＢを選択することになるかもしれない。

不確実性下の意思決定において，この情報提供に適合するのが標準偏差である。標準偏差は，式15-6で表される。

$$\sigma = \sqrt{(E_1-\overline{E})^2 p_1 + (E_2-\overline{E})^2 p_2 + \cdots\cdots + (E_n-\overline{E})^2 p_n}$$
$$= \sqrt{\sum_{i=1}^{n}(E_i-\overline{E})^2 p_i} \qquad (15\text{-}6)$$

ただし，p＝確率，$\overline{E}$＝期待値とする。

4 期待効用

単純な期待値の計算では，意思決定者の主観的選好尺度が全く考慮されていない。異なる個人は異なる効用関数をもち，また，同一人でも異なる効用関数をもつ。それゆえ，不確実性下の意思決定では，行動結果に対する意思決定者の主観的な選好尺度を与える効用関数を用いるべきである。

リスク中立者の効用関数は線形（直線）で描かれる。しかし，一般に人間はリスク回避型であり，図15-3のような曲線として描かれる。ただし，効用と金額は仮の数値を記載してある。

プロジェクトAとBの利得表

投資A （％は確率）	投資B （％は利率）
3,000億円の20％………600億円	500億円の4％…………20億円
－400億円の80％……－320億円	

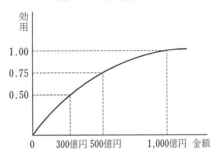

図15-3　効用関数

　例えば，神田氏に，500億円の国内の投資機会A，Bがあったとする。投資Aでは，成功すれば3,000億円の利益が20％の確率で見込まれる。失敗した場合には，400億円の損失になる。投資Bは債券投資（確定利子率は4％）20億円の利益が見込まれている。神田氏はいずれを採用するか。

　神田氏は多少リスク回避的な性質の人であるが，期待値600億円を得ることの効用Uの係数は0.8であるとする。その場合の期待効用は，160億円（600×0.8－320）になろう。投資Bの20億円と比較すれば，投資Aがすぐれているから，投資Aを選択するであろう。

　一方，彼の友人の新橋氏は相当リスク回避的な性質をもっている。新橋氏については，効用Uの係数が0.3であるとすれば，A，Bのいずれを選択するか。投資Aの期待効用を計算すると，△140億円（600×0.3－320）の損失になる。それゆえ，新橋氏は投資Aではなく投資Bを選択し，確実な利子が得られる20億円を獲得することになろう。

【設　例】
　ある意思決定者が50億円の資本で，石油採掘の意思決定に直面していると仮

定しよう。40％の確率で石油採堀に成功する可能性があり，成功の暁には200億円の利益が見込まれているものとする。一方，失敗のときには投下資本の50億円は全く回収不能になると仮定されている。期待値はいくらになるか。また，この意思決定者の効用の係数を0.3とすると，投資をすべきか否かを判定しなさい。

〔解　答〕

このような場合の期待値の計算は以下のようになり，採堀が50億円の有利との結論が得られる。

プロジェクトA，Bの利得表

	石油採堀成功	石油採堀失敗
確　率	40％	60％
利　益	200億円	－50億円

採掘の期待値＝0.4(200億円)＋0.6(－50億円)＝50億円
不採掘の期待値＝0

一方，期待効用を計算すると，6億円の損失になり，この投資をすべきではないということになる。その計算は，次のとおりである。

期待効用＝0.4（200億円×0.3）＋0.6（－50億円）
　　　　＝－6億円

期待値の計算で有利であるとの結論が示されたにしても，経営者によっては期待値の結果とは異なった態度を示すことがある。各代替案に対する魅力は財務状況のいかんにかかっており，仮に50億円の損失が企業を倒産に追い込むようなときには，期待値の結果だけで採堀の最終的意思決定を下すことはない。一方，潤沢な資金を有する経営者は，迷わず投資を決定するかもしれない。要するに，このことは最終的意思決定が個人の選好（効用）によってなされることを示している。すなわち，期待値は効用価値によって補足されなければなら

ない。

なお，不確実性下における生産・販売量の決定に関しては，普段から実例に近い形で訓練しておく必要がある。関心のある読者には，櫻井［2014, pp.462-465］を参照されたい。

注

1) Different costs for different purposesは，経済学者であるJohn Maurice Clarkによる著書，*Studies in the Economics of Overhead Costs*（1923）で記述された。「異なる目的には異なる原価」を現代風に解釈すれば，原価は，財務諸表の作成には支出原価，コスト・コントロールには標準原価，利益計画には見積原価や予算原価，経営意思決定には増分原価や機会原価などの特殊原価が用いられるべきだとする見解である。
2) 伊丹［2018, pp.56-57］は，一時期は飛ぶ鳥を落とす勢いであった日本の家電産業の凋落の原因を，自らのコストダウンのために大規模にやり始めていた生産の海外委託，そして設計の海外委託であったと述べている。

   どんな仕事にせよ，アウトソースするとなると，その仕事を自分がやらなくなるのだから，現場学習を失うことになる。加えて，製品の設計という新製品開発の肝となるような仕事までアウトソースすると，この不都合な真実が現実のものとなる，という。伊丹の指摘する通りである。国益を害するという意味でも，誠に残念でならない。

参考文献

American Accounting Association, Report of Committee on Managerial Decision Models, *Supplement to Volume XLIV of the Accounting Review*, Vol.XLIV, 1969, Vol.44, p.48.

Collier, Paul M., Anthony J. Berry and Gary T. Burke, *Risk and Management Accounting, Best Practice Guidelines for Enterprise-wide Internal Control Procedures*, CIMA Publishing, 2007.

Dearden, John, *Cost Accounting and Financial Control Systems*, Addison-Wesley Publishing Company, 1973.（この文献では，変動費が差額原価の近似値だと述べている）。

Horngren, Charles T., *Introduction to Management Accounting*, 4th ed., Prentice Hall, 1978, pp.84-85.

Horngren, Charles T., George Foster and Srikant M. Datar, *Cost Accounting, a*

Managerial Emphasis, 8th ed., 1994.
Horngren, Charles T., Gary L. Sunden and William O. Stratton, *Introduction to Management Accounting*, 11th ed., Prentice Hall, 1999. (渡邊俊輔監訳『マネジメントアカウンティング』TAC出版, 2000年, p.116)。
伊丹敬之『なぜ戦略の落し穴にはまるのか』日本経済新聞出版社, 2018。
櫻井通晴『経営原価計算論―新しい原価計算体系の探究―[増補版]』中央経済社, 1981年。
櫻井通晴『原価計算』同文舘出版, 2014年。

第16章
戦略的意思決定と設備投資意思決定

1　設備投資意思決定の意義

　近年の企業環境の構造的変化は，日本の多くの経営者が従来経験してきた変化に比べて，質的に異なってきた。強力なライバルとしての中国などアジア諸国の台頭，海外生産による国内産業の空洞化，ナレッジエコノミーの出現，経済のソフト化・サービス化の進展，労働力の高齢化と若年労働者不足，消費者意識の変化などがその要因になっている。日本企業は，これらの変化にいかに対応していくべきかが問われている。経営者は的確な戦略的意思決定を行って，構造的変化に対応した設備投資計画を立案・実施していく必要がある。

1　経営戦略の意義

　戦略とは，企業の行動指針となる一連の意思決定ルールをいい，環境に適応させて目標を達成するための方策を意味する。戦略は，**組織と環境**とを結ぶ役割を果たす。経営戦略とは，組織成員に対して，環境とのかかわりにおいて会社が進むべき基本的方向性や方策を示す行動パターンである。

　企業の活動は経営者1人が行うのではなく，組織成員全員によって行われる。経営者は種々の戦略を策定することで，組織成員に対して基本的な方向づけを行い，方策を示すとともに組織成員による戦略の創発が行われる。

　環境は内部環境と外部環境とに区分することができる。**内部環境**は，企業が有する（自社の技術力を含む）ヒト，モノ，カネ，情報という経営資源に関係する。**外部環境**は，市場環境と技術環境とに区分される。市場環境は企業が提供する製品・サービスの販売に関係する。一方，企業の有する技術環境は製品・サービスの企業間競争に関係する。市場環境では顧客と競争企業が，技術環境では競争企業の技術力と原材料などの経営資源が戦略の焦点となる。

2 戦略的意思決定における管理会計の役割

戦略的意思決定(strategic decision making)は,設備投資計画,市場拡張戦略,M&A(mergers & acquisitions；合併と買収)など,企業の経営構造を変革させる意思決定である。戦略的意思決定は,企業環境にかかわらせた経営構造の変革をともなう随時的な意思決定である。戦略的意思決定の焦点は,環境と企業全体のあるべき相互関係について,その基本的関係を探索,評価,選択するプロセスにおかれる。

企業の最高経営者が戦略的意思決定を行う際に,経営者は種々の情報を必要とする。それらの情報には,次のものがある。

(1) 内部,外部の環境に関する的確な情報。具体的には,利用可能な資金,自社の技術力,生産能力,競争会社の状況,顧客の動向など。

(2) 競争会社への影響と市場の反応。例えば,新製品の導入が競争会社に及ぼす影響,予想される市場の反応などの情報が必要である。

(3) 過去の類似環境について,対応の方法,実績,かかわり方。過去に類似の事業へのかかわりがあれば,その損益状況や企業での反応などを事前に調査しておく。

(4) 目標水準と予想される成果との関係。ある戦略的意思決定を下すことで,いかなる成果が予測されるか,とくに損益への影響はどうかなど,可能な限り成果を計量的に表現する。

経営者は,以上の情報をもとに環境の構造的変化を認識し,成長の機会と衰退の脅威を摘出する。そのうえで,自社の経営能力,資源配分のあり方,潜在的能力などの評価に基づいて,意思決定を行う。管理会計担当者は,経営者が行う戦略的意思決定に必要な計量的・定性的情報を経営者に提供する。

ノースコット[Northcott, 1998, p.4, p.7]は,投資決定には2つの重要な側面があるという。1つは,設備投資意思決定が個々の企業の業務遂行能力に多大な影響を及ぼす。いま1つは,個々の企業の投資決定は国民経済全体にも影響を及ぼす。従来のわが国の投資決定の議論では,企業レベルでの議論に終始してきたが,日本国内での投資活動の低迷が深刻な課題になるにつれて,地域社会や国民経済への影響にも十分な配慮が望まれるようになった[1]。

本章では，戦略的意思決定のうちでも，企業が行う設備投資意思決定に議論を限定する。とくに，管理会計の関与の必要性が高い設備投資意思決定を中心に考察する。

3　設備投資意思決定とその区分

資本予算（capital budgeting）は資本支出予算ともいわれ，企業の主要な投資プロジェクトの識別，評価，採択および資金調達をするプロセスをいう。生産設備の拡張，機械の購入，新しい情報技術の導入，事務用建物の改築などはすべて資本予算に関する意思決定である。

資本予算には3つの主要な課題がある。①**設備投資計画**（investment justification），②意思決定／戦略，③予算／資金の計画である。これら3つの課題のうち，意思決定／戦略の課題は第15章と第18章に譲り，予算／資金の主要な課題（自己金融かフリー・キャッシュフローか）は第3章と第7章に譲る。本章では，①の設備投資計画を中心に考察する。

設備投資意思決定は，設備に対する資本支出の計画に関係する。投資とは資本支出と同義であり，その経済的効果が長期にわたる支出のことをいう。設備投資意思決定では，資本予算の一環としてその検討が行われる。

設備投資意思決定は投資目的から，収益・利益向上を目的とした新規投資対原価節約が主目標になる取替投資，収益向上を目的とした拡張投資対コスト低減を狙った合理化投資，製品投資対サービス・ソフト投資，戦略投資対公害防止投資などに区分される［Bierman and Smidt, 1975, pp.83-84］。計算手続きからは，設備投資が原価節約を意図してなされたか，それとも将来の収益・利益増大をねらった拡張投資であるかの区分が有用である。

4　設備投資モデルの決定と実行のプロセス

設備投資では，ビジョンに基づく戦略をもとに，潜在的な投資機会を探索する。選定された案件の定義づけ，提案部署を中心にして第一次の審査を行う。経営企画部に回されて詳細な分析を行い，トップの承認を得る。設備投資が実行される過程でモニタリングが行われて，実行された設備投資に関して事後監査が実施される。監査の結果は，将来に向けてフィードバックされる。

設備投資モデルの決定プロセスは，企業によって異なる。図16-1は，ノースコット［Northcott, 1998, p.10］を参考に，典型的な設備投資モデルの決定プロセスを簡潔に描いたものである。

図16-1　設備投資モデルの決定と実行のプロセス

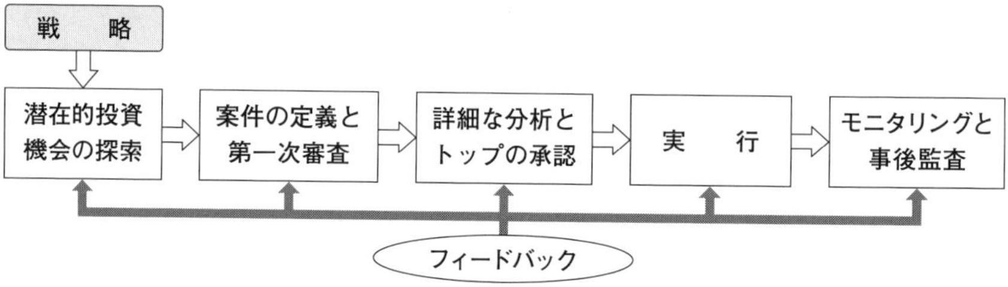

```
                    戦　略
                      │
                      ▼
┌────────┐  ┌────────┐  ┌────────┐  ┌────────┐  ┌────────┐
│潜在的投資│→│案件の定義と│→│詳細な分析と│→│ 実　行 │→│モニタリングと│
│機会の探索│  │第一次審査 │  │トップの承認│  │        │  │事後監査   │
└────────┘  └────────┘  └────────┘  └────────┘  └────────┘
     ▲            ▲            ▲            ▲            │
     │            │            │            │            │
     └────────────┴──── フィードバック ────┴────────────┘
```

出典：Northcott［1998, p.10］をもとに著者作成。

図16-1で示したとおり，設備投資は通常，潜在的投資機会の認識と探索から始められ，案件の定義づけと第1次審査，詳細な分析とトップによる承認を経たうえで実行に移され，投資のモニタリングが行われ，事後監査が行われる。

5　設備投資意思決定の特徴

設備投資意思決定は，設備に対する資本支出の意思決定である。財務会計の世界では，公準として企業実体，貨幣的評価，継続企業（会計期間）の概念が知られている。管理会計の範疇に属する設備投資意思決定では，会計公準は次のように修正される。

(1) **企業実体**（例；東芝，三菱重工業，NTTドコモ）そのものを対象にするのではなく，設備投資プロジェクトそれ自体が会計上の実体になる。設備投資プロジェクトは，**プロジェクト実体**の一種である。
(2) 意思決定のためには，発生主義会計の産物である収益，費用の概念ではなく，税引後の**将来の現金流出入額**（cash flow；キャッシュ・フロー）に基づいて評価を行うのが望ましい。
(3) 会計期間は1年ではなく，プロジェクトが存続する限り，**長期**にわたる。また，一定期間内にプロジェクトが終了するという仮定が設けられる。

2 設備投資意思決定における基礎概念

　設備投資意思決定では，設備投資計画案の採用にともなう投資額と利益の増加額が評価の対象となる。また，設備投資計画では将来の利益や原価が対象とされるから，将来の増分収益や増分原価が基本的概念とされる。利益もまた増分利益で表される。増分利益は原則として償却前の税引後利益を指し，発生主義に基づく会計上の利益ではなく，キャッシュ・フローでの測定が優れている。また，長期にわたるので，貨幣の時間価値への考慮が重視される。

1　設備投資計画案とキャッシュ・フロー

　キャッシュ・フローは，次の3つのものからなる。すなわち，原投資額（正味の現金投資額，必要資本支出額），年々の増分利益，および処分時の正味増分キャッシュ・フローである。

(1) 原投資額

　設備投資計画案を実現するために必要な正味キャッシュ・アウトフローのことである。例外的には，正味キャッシュ・アウトフローがそのまま原投資額を意味しないこともある。例えば，現在一時的に使用していない建物をそのまま用いる場合には，この建物の再調達原価[2]が原投資額となる。

(2) 年々の増分利益

　設備の経済命数にわたって得られる年々の正味キャッシュ・インフローである。**増分利益**は費用削減による節約額または売上高の増大によって得られる。増分利益は，設備投資計画案によって生じた収益が，これによって発生した業務費を超える額で，しかも税引後の利益またはキャッシュ・フローである。

(3) 処分時の正味増分キャッシュ・フロー

　経済命数の終了時に，プロジェクトの残存資産を処分することによって生じる**正味キャッシュ・フロー**である。経済命数よりも計画対象期間が短い時，そ

の見積処分価値をいかに処理するかの問題である。一般には，**ターミナルバリュー**（terminal value：見積処分価値）の問題として提起される。

このように，計画期間の終了時に機械や設備などに見積処分価値がある場合には，計算上，①見積処分価値を原投資額から差し引くか，それとも②営業上のキャッシュ・フローに含めて計算するかが問題になる。理論的には種々の主張があるが，実務的には多くの日本企業では②の処理（機械や設備の処分価値を計画対象期間の最終年度に加算する）を行っている。

2　経済命数，減価償却費

設備投資計画案では，対象とする計画期間として財務会計上の減価償却費に関する法定耐用年数を用いるのは妥当ではない。なぜなら，法定耐用年数は実際に設備が使える年数ではなく，法律で決められた期間だからである。

設備投資案の経済計算においては，計画期間中に正味キャッシュ・インフローを生み出す期間が採用される。この期間の長さを，**経済命数**（economic life）という。

設備投資計画案をキャッシュ・フローで検討する場合，設備投資計画案の原価のなかに，減価償却費を含めてはならない。その理由は，年々の増分原価に減価償却費を含めたのでは，同じ資本支出額がキャッシュフローと減価償却費で二重に計算されるからである。

取替投資の経済計算において，**旧設備の減価償却費**は，次のように処理する。

(1) 旧設備がそのまま使用される場合には，設備の残存命数の**実現可能価額**に基づいて評価する。
(2) 旧設備が除去されて他の用途に用いられる場合には，**見積処分価値**（法定手続による残存価額ではない）を用いる。
(3) 旧設備が廃棄されて他の用途に用いられない場合には，税節約額を考慮外におく限り，償却残額は**埋没原価**として処理する。

3　現在価値概念と利子算出表

現在受け取る貨幣額は，将来受け取る同一の貨幣額と同じ価値ではなく，一般には高い価値をもつ。例えば，現在所持している10,000円は，1年後，5年

後に受け取る10,000円よりも価値が高い。物価変動を考慮外におけば、現在の貨幣価値と、将来における価値とは利子相当額だけ価値が異なる。設備投資意思決定では、現在価値の算定が必要になる。

計算の便宜上、利子率を仮に10％としよう。毎年10,000円ずつ受け取る貨幣額の現在価値（将来受け取る貨幣額を、現在の価値に引き直したもの）を算出すると、表16-1のようになる。

表16-1　1万円（利子率10％）の現在価値の計算

年	キャッシュ・フロー		係　　数		現在価値
1	10,000 円	×	$1/(1+0.1)$	=	9,091 円
2	10,000 円	×	$1/(1+0.1)^2$	=	8,264 円
3	10,000 円	×	$1/(1+0.1)^3$	=	7,513 円
4	10,000 円	×	$1/(1+0.1)^4$	=	6,830 円
5	10,000 円	×	$1/(1+0.1)^5$	=	6,209 円
合計					37,907 円

現在価値（Pv）と**将来価値**（Fv）との関係を一般式で表そう。利子率をr、年数をnとすると、現在価値を従属変数として、現在価値を計算するための一般式を導くことができる。式16-1を参照されたい。

$$Pv = Fv \times 1/(1+r)^n \qquad (16\text{-}1)$$

将来価値を現在価値に変換する過程のことを割引といい、現在価値はまた割引価値ともいわれる[3]。ここで利子率は割引率になる。例えば、割引率を10％とすれば、1年目の複利現価は、9,091円、2年目のそれは8,264円である。

式16-1におけるrの値は、複利現価表（巻末の［付録1］参照）によればたやすく得ることができる。**終価法**といってプロジェクトの終了時に合わせた計算を行うケースもありうるが、通常はプロジェクトの終了時の確定が困難である。

年々のキャッシュ・インフローが毎年同一で、同じ額のキャッシュ・インフローがあると仮定される場合、各年度の複利現価表の累計である年金現価の現在価値の合計額を算出することができる。5年後までの現在価値合計37,907円は、

年金現価表(巻末の［付録2］参照)で10%の欄から読みとればよい。

4 資本コスト

資本コスト(cost of capital)とは，資本の利用から生じる価値犠牲のことをいう。将来の収益・費用を現在価値に引き直す**割引率**または**切捨率**の働きをする。設備投資意思決定では，投資から得られる利益率が切捨率としての資本コストより大であるか否かによって，投資案の採否が決定される。

企業が設備投資を行うためには，各種の源泉(銀行借入，社債発行，新株発行，増資，留保利益など)から資金を調達しなければならない。これらの資金にはいずれもコストをともなうから，調達資金を投資するには，少なくともそのコストだけは利益をあげなければならない。すなわち，資本コストは企業の**最低必要利益率**(最低希望利益率)を表す。

資本コストは，当初に説明した利子率のような資金源泉別の個別資本コストと，**加重平均資本コスト**(weighted average cost of capital ; WACC)ないし通称ワック[4]とに区別される。資金を調達したときにはプロジェクト別の資金源泉がわかるが，年が経てばプロジェクトごとの資金調達源泉を識別するのは困難になるし，長期的には企業の財務構造が変化する。さらに，企業は加重平均資本コスト以上の収益性の獲得が必要とされるから，設備投資意思決定には一般に加重平均資本コストが用いられる。

資本コストは実際支払い額(支払資本コスト)ではなく，実質資本コストで測定する。普通株式の資本コストでは，経営財務論では**CAPM**(capital asset pricing model)[5]が用いられるべきだとされる。下記の設例では，配当には実質的に1割を充てると仮定した。

加重平均資本コストは，当該企業の資本を構成する資本源泉ごとの資本コストを，各資本源泉の金額の総資本額中に占める割合によってウェイト付けして，平均して計算する。例をもって加重平均資本コストの計算を示そう。

【設 例】

次の事例から，加重平均資本コストを計算しなさい。ただし，借入金80億円，社債40億円，資本金60億円，内部留保20億円。税引前借入金利4%，税引前社

債金利2％，配当10％，内部留保には機会原価6％として計算する。実効税率は40％とする。

〔解　答〕

資本源泉	金額（億円）	資本構成（％）		個別資本コスト[注]（％）		WACC（％）
借 入 金	80	40	×	2.4	=	0.96
社　　債	40	20	×	1.2	=	0.24
資 本 金	60	30	×	10.0	=	3.00
留保利益	20	10	×	6.0	=	0.60
合　　計	200	100				4.80

（注）　税引後借入コスト　4％×(1−0.4％)＝2.4％　　　税引後社債コスト　2％×(1−0.4)＝1.2％

　以上から，リスクが加味されていない加重平均資本コストは，4.8％と計算された。リスクを0.2％とすれば，資本コストは5％になる。

　上記の設例で，負債の資金調達では支払金利が約定されているから負債資本のコストの測定は容易である。また，支払手形や買掛金など企業間信用から得られた資本には資本コストはかからない。

　内部留保は，実際に金利を支払うわけではないのに，なぜ資本コストを6％として計算しているのか。その理由は，他の目的に投資したら得られるであろう利益を犠牲にして当該目的に投資をするのであるから，その失われた利益を機会原価として計算に含めるのである。

　経営者の立場からすると理解が困難であるが，株主の立場からすれば，借入金であろうと法定資本であろうと利益留保分であろうと資本に色がついているわけではないから，可能であれば配当金以上の利益を獲得して欲しいと考える。ただ著者は，近年のような低成長下におかれている日本企業では，実現可能な資本コスト（業種によって異なるが，例えば，5％）かそれ以下で良いのではないかと考えている。

　タックス・シールド（tax shield；法人税節約額）は，有利子負債には税額の低減効果があるので，税金を支払っている企業では法人税節約額を計算する

必要がある。

資本コスト5％を設備投資の切捨率としている企業に対して，ある銀行が利益率3％のプロジェクトを提案してきたとする。同時に，その投資に必要な資金の一部（企業全体の資金の10％に相当する）について，特別に2％の金利で良いといってくれている。回収までに10年の歳月がかかるものとする。企業はこの提案を受け入れるべきであるか。この2％という借入金利子は，**限界資本コスト**[6]である。

判断の難しい決定であるが，理論的には資本に色をつけることはできないし，数年先には資本構成も変化する。企業全体の業績も変動する可能性がある。ゆえに，この投資は引き受けるべきではないということになる。ただ，企業の状況によっては理論だけでは割り切れないものもある。

3 設備投資の経済性計算

設備投資の代表的な経済性計算法には，原価比較法，投資利益率法，回収期間法，内部利益率法および現在価値法がある[7]。内部利益率法と現在価値法では貨幣の時間価値を考慮するDCF（discounted cash flow；割引キャッシュ・フロー）法が行われる。一方，原価比較法，回収期間法でも，貨幣の時間価値を計算することもある。具体的には，原価比較法で貨幣の時間価値を含めた資本回収費を計算する方法がある。回収期間法でも，日本では貨幣の時間価値を考慮した回収期間法を採用している企業が相当数ある。以上の方法のうち，理論的に最も妥当とされている方法は正味現在価値法である。しかし，最も人気が高いのは，米国では内部利益率法，日本では回収期間法である。複数の評価法を用いている企業も少なくない。

1 原価比較法

原価比較法とは，2つ以上の代替案を比較して，その原価の低い投資案を採択する方法である。理解しやすく計算が簡単であるという利点をもつ。原価比較法は，代替案の比較において一定の年額原価を計算し，年額原価の小さい案を採択するところから，**年額原価**（annual cost）**法**ともいわれる。年額原価は，

式16-2のように資本回収費と操業費とからなる。

$$年額原価 = 資本回収費 + 操業費 \qquad (16\text{-}2)$$

資本回収費の計算では，利子率を考慮しないで減価償却費のみをもって資本回収費とする計算が行われることがある。しかし，最低必要利益率としての利子を考慮しないから，妥当性を欠く。

理論的には，投下資本に資本回収係数を乗じた値として求める。資本回収係数は，年金現価係数（巻末の［付録2］参照）の逆数である。

操業費は運転費ともいわれる。労務費，動力費，維持費など機械・設備を稼働させるのに必要な原価をいう。年額で計算が行われる。

【設　例】

400億円を投資して機械・設備の取替投資を計画している。年々の操業費は90億円である。経済命数は4年である。減価償却は定額法により，資本コストを8％とすると，年額原価はいくらになるか。残存価値はゼロである。

資本回収費を，(1)減価償却費として，また(2)資本回収係数として年額原価を求めなさい。

〔解　答〕

(1) $\quad 年額原価 = \dfrac{400億円}{4年} + 90億円 = 190億円$

(2) $\quad 年額原価 = 400億円 \times \dfrac{1}{3.3121} + 90億円 = 211億円$

原価比較法は，投資案の原価だけを比較してその優劣を決定するから，企業では効果が原価面だけに現われる取替投資案や，**地方自治体**などのプロジェクトの評価には適する。他方，拡張投資のようにその効果が収益と原価の両方に現われるプロジェクトの場合には，妥当な評価法とはいえない。

2 投資利益率法

投資利益率(return on investment；ROI)法とは，プロジェクトの経済命数にわたって得られる平均利益と投資額との関係比率を求め，これによって設備投資計画案を評価する方法である。資本利益率法，単純投下資本利益率法，会計的利益率法などとも呼ばれる。損益計算書や貸借対照表を用いる測定方法に類似しているので，財務諸表法と称されることもある。

投資利益率の計算は，式16-3のとおり，年々の税引後の増分利益を分子とし，投資額を分母とする比率で求める。分母には，通常は総投資額が用いられる。分子の増分利益には，減価償却と税金を差し引いた後の利益が用いられる。

$$投資利益率 = \frac{年々の税引後増分利益}{総投資額} \times 100 \qquad (16\text{-}3)$$

投資利益率法において，分母に総投資額の代わりに平均投資額を用いた平均投資利益率を求めることもある。その理由は，設備に投下された資本は毎年減価償却の手続きによって回収されるから，投資の全期間を通じてみれば，投下資本の平均有高は原投資額の1／2とみなすことができるからである。

分子の**年々の税引後利益**は，増分キャッシュ・フローとの関係では，式16-4のような関係で表される。ただし，非現金支出費用は減価償却費のみであると仮定した。

$$年々の税引後利益 = 年々の増分キャッシュ・フロー - 減価償却費 \qquad (16\text{-}4)$$

残存価額がある場合には，残存価額を原投資額の減少分と考えることのほか，キャッシュ・フローの増加として扱うこともある。キャッシュ・フローの増加として扱う場合には，理論的には，上式に残存価額の年平均額を加算する。

【設　例】

200億円の投資を行い，5年間にわたって30億円の税引後利益があるとき，

投資利益率はいくらになるか。ただし，残存価値はゼロである。

〔解　答〕

$$投資利益率 = \frac{30億円}{200億円} \times 100 = 15\%$$

投資利益率法には，次の利点がある。(1)収益性を考慮するという点で，原価比較法よりはすぐれている。(1)決算上の利益と整合性がある。(3)計算が簡便である。しかし，投資利益率法には次の欠点がある。
(1) キャッシュ・フローの**時間的要素を無視**している。ただし，キャッシュ・フロー投資利益率法（88-89頁参照）によれば，その欠点はなくなる。
(2) 発生主義会計の手続きから得られる資料をもとに評価するので，減価償却費などの**埋没原価**を無批判のうちに原価項目に含めてしまう。
(3) 投資利益率法では，ある支出額を**資本的支出**とするか**収益的支出**とするかで結論が大幅に違ってくる。例えば，研究開発費，広告宣伝費への投資などは，資本的支出とも考えうる。

投資利益率法は，一般に馴染みがあって会計データとの整合性があることから，過去において日本では数多くの企業によって使われていた。著者も1960年代の初頭に，企業において設備投資の経済性計算を目的として，企業において投資利益率を活用したことがある。

1960年代の初頭から欧米で用いられるようになった現在価値法が日本企業で一般に用いられるようになったのは，1960年代の後半からであった。

投資利益率法は公表財務諸表のデータとの整合性がある。そのため，現在でも投資利益率を使って設備投資の経済性計算をしている企業をみかけることもある。しかし，投資利益率法には上述の欠点があるから，投資利益率法を単独で設備投資意思決定に用いることは，信頼できる尺度たりえないといえる。

3　回収期間法

回収期間（payback, payback period）**法**は，当初の投資額を回収するのに要する期間を計算し，回収期間が短い方を有利とする評価法である。回収期間

の計算に含められるのは、会計上の利益ではなく、キャッシュ・フローである。

回収期間法は、収益性よりも財務流動性ないし安全性に重点をおいた計算法であるといわれている[8]。回収期間の短いものほど投資の流動性が高く、逆に回収期間の長いものほど不確実性や危険にさらされると考えられるから、できるだけ短期に投資額を回収できるものをもってすぐれた投資案であるとする。年々のキャッシュ・フローが均一である場合には、回収期間は式16-5で計算される。

$$回収期間 = \frac{原投資額}{年々のキャッシュ・フロー} \tag{16-5}$$

上記で、非現金支出費用を減価償却費のみと仮定した場合、年々のキャッシュ・フローは式16-6のように計算される。式16-4との関係では、式16-4の年々の増分キャッシュ・フローを左辺に移行したものといえる。

$$年々の増分キャッシュ・フロー = 年々の税引後利益 + 減価償却費 \tag{16-6}$$

【設 例】
半導体工場建設のため、900億円の支出を要する投資案を計画した。計画案によると、4年間にわたって毎年300億円のキャッシュ・フローが見込まれている。回収期間は何年か。

〔解 答〕
　　回収期間　　　900億円÷300億円／年＝3年

回収期間法の長所は、次の4つに集約できよう。第1に、発生主義的な収益・費用概念ではなく、キャッシュ・フローで計算する。それゆえ、投資利益率法の欠点の1つである計算の恣意性が除かれる。第2に、安全性（資金繰りに対する関係）が重視される。第3に、回収が早いということは、一般に、収益性

が高いことを意味する。第4に，計算が簡単でしかもわかりやすい。

回収期間法には，次のような**欠点**がある。第1に，キャッシュ・フローの時間的要素を考慮に入れていない。第2に，回収後の収益性を無視している。

以上のような理由から，回収期間法は貨幣の時間価値を計算する方法に比べて理論的に劣るとされている。それにもかかわらず，回収期間法は多くの日本企業で利用されてきた。それはなぜか。1つには，競争が激しく変化が激しかった戦後の日本企業では，投資額の早期回収が望まれたからである。**回収期間法がとられる条件**としては，次のことが考えられる。

(1) 販売予測の正確性が高くなく，暫定的判定が必要なとき
(2) 資金状況が投資の選択に重大な影響を与えているとき
(3) プロジェクトのリスクが極めて高いとき

前述のとおり，回収期間が短いことは収益性が高いことを意味しており，回収期間法があながち収益性を無視しているとはいいきれない。さらに，大企業では過去において，また中小企業では現在でも日本企業は欧米諸国に比べて設備投資に必要な資金を銀行に依存せざるをえないことが多い。一方，銀行とすれば，一定の期間内に返済が予定できるプロジェクトには安心して貸し付けることができる。このようなことから，回収期間法は借入金に多くを依存している企業にとっては，信頼できる評価法だということになる。

戦略的な立場から回収期間法の利点を指摘する意見もある。伊丹・青木［2016, pp.206-217］は，回収期間法では，初期投資を回収した後の期間の予測の精度が問題にならないこと，および平均利益の計算期間を短く設定することで投資利益率において将来予測の歪みを避けることができると同様，回収期間法では将来の予測データの信頼性という観点からも一定の合理性が認められるという。

以上，企業規模にもよるが，わが国企業の全体で見ると，その約半数ないしそれ以上の企業が何らかの形で回収期間法を使用してきたといってよい。

割引回収期間法

回収期間法の計算に貨幣の時間価値を含める企業がある。**割引回収期間法**（discounted payback period；DPP）といわれる。その場合の回収期間は，次の設例のように計算される。

【設　例】

前例で，資本コストを12%として貨幣の時間価値を含めた回収期間を計算すると，回収期間は何年になるか。

〔解　答〕

以下の計算のように，3年11カ月ほどかかる。

年度	キャッシュ・フロー	複利原価	現在価値	累積的価値
0	−900	1	−900	−900
1	300	0.8929	268	−632
2	300	0.7972	239	−393
3	300	0.7118	214	−179
4	300	0.6355	191	12

　銀行借入が多い日本企業では，支払利息を考慮するために回収期間法で資本コストを含めた計算をするというのには，それなりの説得力がある。

　計算要素に貨幣の時間価値を含めるべきか否かは，回収期間法をどう考えるかによって異なる。回収期間法は，多くの場合，中小企業で行われる投資評価法であるから，回収期間法は正しい評価法に向けた第一歩だとする見解［Northcott, 1998, p.50］がある。他方，回収期間法では通常，割引計算を行わない点にその特徴ないし欠点があるという意見もある。なお，割引回収期間法を用いた場合でも，回収後のキャッシュ・フローを無視しているという欠点を克服することはできない。

　回収期間法の計算要素に資本コストを含めると回収期間が長くなるから，計算結果は保守的な結論が導かれる。日本企業で貨幣の時間価値を含めた回収期間法をとる企業が多いのは，企業だけでなく銀行にとってもリスク対応策としてこの方法をとる方が好都合といった側面も無視できないであろう。

4　内部利益率法

　内部利益率法（internal rate of return；IRR）は，期間調整利益率法，利益割引率法などとも呼ばれる。現金流入の時間的要素を考慮していることから，次に述べる現在価値法とともにDCF法に属する。

内部利益率法では，各プロジェクトの内部利益率を算出し，この利益率によって各プロジェクトの評価を行う。投資額と現金流入の現在価値の合計が等しくなる割引率が内部利益率となる。内部利益率が資本コストよりも大であれば，その投資は有利であると判断される。

　内部利益率とは，投資計画案から得られるキャッシュ・フローの現在価値が投資額と等しくなる割引率である。内部利益率は，一定の投資計画案に関する一連の正味キャッシュ・フローを割り引いた結果がゼロになる割引率である。計算は年々のキャッシュ・フローが等しい場合と等しくない場合とでは，計算法が以下のとおり異なる。

A　年々のキャッシュ・フローが等しくない場合

(1) キャッシュ・アウトフローと，予想される各年度のキャッシュ・インフローの一覧表を作成し，各年度の正味キャッシュ・フローを算定する。

(2) 回収額が当初の投資額と同額になる割引率を求める。この割引率は，通常，試行錯誤的に求めなければならない。まず，任意に選んだ1つの割引率を用いて，投資からもたらされるキャッシュ・フローの現在価値を計算する。次に，そうして得られた現在価値を投資額と比較する。もし現在価値が原投資額の数値よりも高ければ，さらに高い割引率を適用してその計算をやり直す。

　逆に，現在価値が原投資額より低ければ，割引率を下げてその手続きを繰り返す。これを投資から得られるキャッシュ・フローの現在価値がその原投資額にほぼ等しくなるまで繰り返す。両者が等しくなる割引率が，内部利益率である。

　なお，割引率を求めるには，現在では表計算ソフトの普及によって比較的簡単にパソコンで求めることができるようになった。

B　年々のキャッシュ・フローが等しい場合

(1) 原投資額を年々のキャッシュ・フローで割る。これは年金現価率の係数を表し，結果的に回収期間と同じである。

原投資額÷年々のキャッシュ・フロー＝年金現価率の係数

(2) 年金現価表（巻末付録２）から，(1)で求めた率と等しい利子率を求める。これが内部利益率である。

【設　例】
2,126億円の投資によって700億円ずつ４年間にわたってキャッシュ・フローが見込まれる投資案がある。資本コストを５％とするとき，内部利益率法を用いてこの投資を行うべきか否かを判断しなさい。

〔解　答〕
2,126億円／700億円＝3

年度	キャッシュ・フロー		現価係数		現在価値
0	−2,126		1		−2,126
1	700	×	0.8929	=	625
2	700	×	0.7972	=	558
3	700	×	0.7118	=	498
4	700	×	0.6355	=	445
合計					0

４年で年金現価が３に近いところを年金現価表で探すと，約12％になる。資本コストの５％より大であるから，この投資は行うべきである。

内部利益率法の長所は，キャッシュ・フローの時間的要素を考慮に含めていることにある。他方，**内部利益率法の欠点**には，次のものがある［櫻井，1981, pp.647-652］。①内部利益率で再投資されるという前提で計算が行われるので，相互排他的投資の正しい順位づけができない，②利益率がマイナスで表されることがある，③２つ以上の利益率が算出されることがある，④投資規模を考慮に含められない。

いくつかの欠点があるにしても，現在のところ内部利益率法を絶対的に否定

する根拠はない。内部利益率法の支持者からの反批判もあり,アメリカでは最もポピュラーな評価法の1つである[9]。内部利益率法は現在価値法と並んで,理論的には最も有力な設備投資の評価法の1つとされている。

5 現在価値法

現在価値(present value;PV)**法**は現価法ともいわれ,内部利益率法と同じくDCF法の範疇に属する。現在価値法では,資本コストを定めて回収額の現在価値を決め,これが原投資額より大きいかどうかで判断を行う。両者の差額としての正味現在価値が正であれば投資案は採用され,負の場合には拒否される。式16-7を参照されたい。

正味現在価値=キャッシュ・フローの現在価値合計-原投資額　(16-7)
　　正味現在価値>0……プロジェクトを採用
　　正味現在価値<0……プロジェクトを拒否

正味現在価値の大小により優劣を決める方法のことを,**正味現在価値**(net present value;NPV)**法**という。現在価値法の計算手続は次のとおりである。
(1) キャッシュ・アウトフローと,将来における各年度のすべてのキャッシュ・インフローとの差額を一覧表にする。
(2) 選択された資本コストを用いて,各年度のキャッシュ・フローを現在価値に割り引く。所与の資本コストでの割引率の選択は,1円当たりの現在価値を示した複利現価表(巻末付録1)を利用する。
(3) 各年度のキャッシュ・フローを原投資額と比較し,投資案を評価する。年々のキャッシュ・フローが等しいときには,**年金現価表**(巻末付録2)を用いる。

現在価値法では,正味現在価値の大小が投資案の判定基準となる。しかし,正味現在価値は絶対額であるから,投資額に対する資本効率はわからない。
投資額の異なる複数の代替案からの選択であるような場合には,絶対額だけではなく比率をもって補足するほうがよい。投資の資金効率を明らかにするために,投資額の現在価値を分母とし,設備投資からもたらされる利益の現在価

値を分子とする指標を**現在価値指数法**（present value index）とか収益性指数といい，次の式16-8で示される。

$$現在価値指数 = \frac{キャッシュ・フローの現在価値合計}{原投資額} \times 100 \quad (16\text{-}8)$$

現在価値指数を利用する場合には，単独の投資案の評価において100％以下の指数である計画案は，資本コストが利益率を超過するから望ましくないと判定される。

【設　例】
　総投資額6,000億円，キャッシュ・インフローは1年目1,900億円，2年目2,300億円，3年目2,700億円である。資本コストを6％とすると，この投資をすべきか否か。ただし，評価は正味現在価値法と現在価値指数法による。

〔解　答〕

現在価値法による投資案の計算表

（単位：億円）

年度	キャッシュ・フロー		現価係数		現在価値
0	−6,000億円	×	1	=	−6,000
1	1,900億円	×	0.9434	=	1,792
2	2,300億円	×	0.8900	=	2,047
3	2,700億円	×	0.8396	=	2,267
正味現在価値					106

（注）年度のゼロ（0）は，現在時点を表す。

　正味現在価値は，106億円（6,106億円−6,000億円）となる。現在価値指数は101.8％（6,106÷6,000×100）となる。以上の計算結果から，この投資案は実施されるべきだということになる。

　現在価値法には，現在価値に割り引く資本コストの決定に問題がある。内部利益率法と同じく完全市場を前提としているなどといった批判もある。

現在価値法はDCF法が共通的に有する利点に加え，手計算を前提にする限り，内部利益率法のように試行錯誤的で面倒な計算手続（ExcelのIRR関数を使えば簡単に計算できる）を必要としない。資本コストが一般に他の投資機会が存する場合の利益率を示すから，内部利益率法とは違って相互排他的代替案の合理的な区別がなしうる，などの長所がある。このような理由から，現在価値法は各種の評価法のうちでは理論的に最もすぐれているとする意見が多い。

6 内部利益率法と正味現在価値法の比較

内部利益率法を正味現在価値法と比較すると，①再投資の仮定，②プロジェクトの規模，③1つの内部利益率の確保，④投資の延期時の評価，⑤資本配分の仮定について内部利益率法に問題がある。詳細は別著［櫻井, 1981, pp.647-652］に譲り，以下では，簡潔に両者の優劣を比較してみよう。

(1) 再投資の仮定

内部利益率では，得られるであろう利益率で再投資されるという仮定によっている。例えば，ある投資案において，5％の資本コストの資金を使って9％の内部利益率が得られるとすると，その利益率9％で再投資されると仮定されている。他方，正味現在価値法では資本コストの5％で再投資されると仮定されている。では，いずれが妥当であるか。

現実には，回収された資金が同一の収益率で別のプロジェクトに再投資されることは稀でしかない。資本コストを上回る投資案があればそのプロジェクトに資金を回し，より低い資本コストの資金を外部から借り入れるのが一般的である。このような理由から，再投資の過程に関しては，内部利益率法よりは正味現在価値法の仮定の方が適切であるといえよう。

(2) プロジェクトの規模

内部利益率法では，プロジェクトの規模は考慮されない。投資案X，Yの原投資額をそれぞれ10億円，30億円とし，簡略化のために，現金流入額を1年目のみと仮定して，13億円，36億円とし，資本コストを10％と仮定しよう。内部利益率と正味現在価値は次のように計算される。

(単位：億円)

投資案	原投資額	現金流入額	内部利益率（％）	正味現在価値
X	−10	13	30*1)	約 1.8*2)
Y	−30	36	20	約 2.7*2)

*1) 13×0.7692＝9.9996≒10　　*2) 13×0.9091＝11.8　　11.8−10＝1.8
　　36×0.8333＝29.999≒30　　　　36×0.9091＝32.7　　32.7−30＝2.7

　内部利益率法によれば，X案がすぐれている。逆に，正味現在価値法によれば，Y案がすぐれている。軽々な判断はできないが，仮にXとYの差額を増分投資Zとすると，次のように計算される。

(単位：億円)

投資案	原投資額	現金流入額	内部利益率（％）	正味現在価値
Z	−20	23	15*1)	約 0.9*2)

*1) 23×0.8696＝20(15％の現在価値)　　*2) 23×0.9091＝20.91　≒0.9(1年後の現在価値)

　計算結果は，他にXと同じ程度に有利な投資機会がない限り，内部利益率のみの決定が誤った意思決定に導く可能性があることを示唆している。
　なお，内部利益率の計算で，0.7692は試行錯誤の計算を繰り返した結果から，30％の値（巻末の［付録1］の複利現価表を参照）が最も近いことを見つけた数値である。また，0.8333は20％の値（前記の複利現価表を参照）として見つけた数値である。

(3)　1つの内部利益率の確保

　正味現在価値法によれば，すべて正か負の値で表される。一方，内部利益率法によるときには，将来の投資から得られる現金流入額が正と負の現金流入額を含むときには，内部利益率法では2つ以上の利益率が計算されることがある。例示として，次頁の〔設例〕を検討してみよう。内部利益率法では次頁のケースのように，2つの値のうちどちらを選ぶべきかで迷うことになる。
　この説例では，内部利益率は10％と30％の2つの数値で表されている。これが現在価値法によれば，10％と30％を除けばすべてが正か負の数値で表されるから，評価に当たって判断に迷うことはない。

(単位：億円)

0年度	1年度	2年度	内部利益率（％）※
－100	240	－143	10％と30％

※内部利益率の計算		10％		30％	
0年度	－100×1＝	－100	－100×1＝	－100	
1年度	240×0.9091＝	218	240×0.7692＝	185	
2年度	－143×0.8264＝	－118	－143×0.5917＝	－85	
合　計		0		0	

(4) 投資の延期時の評価

　投資決定を一定時期だけ延期すると，正味現在価値法ではその分だけ不利になる。他方，内部利益率法では上記の内部利益率の計算で明らかなように，利益率は同じである。稼働が遅れれば，それだけ企業に損失をもたらす。正味現在価値法では，その結果が明示される。

(5) 資本配分

　投資基準を満たすプロジェクトの実施に必要とされる資金が，投資に利用できる資金を上回っているときには，資本配分の問題が生じる。一般に，プロジェクトを順位づけして有利なものから選択していく。内部利益率法と正味現在価値法を比較すると，内部利益率法は正味現在価値法よりも劣る。そのため，試行錯誤法によることもある。しかし，多数の代替案から最善の案を選択しようとするときには試行錯誤法の実行は困難である。複雑なプロジェクトの決定には，線形計画法（LP）による資本配分が提案されている。

【設　例】

　投資案A，Bがあり，その計算資料は次のとおり示されている。以下の資料から，①内部利益率法，②正味現在価値法によってプロジェクトの順位づけを行いなさい。ただし，資本コストは8％とし，1万円未満は四捨五入する。

(単位：万円)

プロジェクト	経済命数	年々の現金流入額	投資額
A	5年	1,000	2,745
B	10年	1,000	4,192

〔解　答〕

① 内部利益率法

(単位：万円)

プロジェクト	年々の現金流入額	投資額	利益率	順位
A	1,000	2,745*1)	24%	1
B	1,000	4,192*2)	20%	2

*1) $1,000 \times 2.7454 = 2,745$　*2) $1,000 \times 4.1925 = 4,192$

② 正味現在価値法

(単位：万円)

プロジェクト	年々の現金流入額	現在価値	投資額	正味現在価値	順位
A	1,000	3,993*1)	2,745	1,248	2
B	1,000	6,710*2)	4,192	2,518	1

*1) $1,000 \times 3.9927 = 3,993$　*2) $1,000 \times 6.7101 = 6,710$

　先の例で，投資案Aは内部利益率法ではBよりも順位（利益率）が高くなっている。その理由は，Aでは24％の利益率で再投資されるという仮定に基づいているからである。他方，正味現在価値法では資本コストと等しい8％の希望利益率でしか再投資されないと仮定されている。

7　設備投資意思決定における税金問題

　設備投資の意思決定において最も重要度の高い税金は，**法人税**である。欧米の主要国には，法人税を引き下げて他国からの投資を増やそうとしている国も少なくない。法人課税の実効税率は先進諸国のなかでは日本が極めて高く，大企業では約35％～40％である[10]。

　除却資産の未償却帳簿残高は埋没原価であるから，その数字を意思決定の計算項目には含めない。しかし税への効果では税引きされる費用となるので，未償却帳簿残高は計算要素に含める。同様に，旧設備の処分価額もまた固定資産売却損益が税金の支払額に影響を与えるから，それも計算要素に含める。

【設 例】

当社では新規の拡張投資を計画している。原投資額は3,000億円である。計画案によると，今後5年間にわたり，年々の売上高は2,400億円，減価償却費は600億円，減価償却費を除いた費用は1,200億円，実効税率は40％とする。経済命数は耐用年数と同じで，5年である。

以上の資料から，年々のキャッシュ・フローを計算し，次に回収期間と正味現在価値を計算して，投資を実施すべきか否かを判定しなさい。なお，回収期間の判断基準は3年，資本コストは8％である。

〔解 答〕

見積損益計算書

売上高		2,400 億円
差引：現金支出費用	1,200 億円	
減価償却費	600 億円	1,800 億円
税引前利益		600 億円
法人税等（40％）		240 億円
税引後利益		360 億円

以上の見積損益計算書から，年々のキャッシュ・フローは，次のいずれかの方法で計算される。

キャッシュ・フロー＝税引後利益＋減価償却費＝360億円＋600億円
$$=960億円$$
$$=売上高－現金費用－法人税＝2,400億円－1,200億円$$
$$-240億円＝960億円$$

年々の増分キャッシュ・フローは，960億円と計算された。自己金融としての計算結果と売上収益からキャッシュ・アウトフローを差し引いた計算結果が等しくなることも確認できた。そこで，以上のデータから，回収期間と正味現在価値を計算する。

次の計算にみるように，回収期間法（3,000億円÷960億円/年＝3.125年）に

よれば不利（3年より0.125年オーバー），正味現在価値法によれば有利（正味現在価値は＋833億円[11]）という結論になる。2つの結論のうちいずれの結果を重視するかは，事業の性格によって判断する。

正味現在価値

（単位：億円）

年度	キャッシュ・フロー	年金現価係数	現在価値
0	−3,000	1	−3,000
1−5	960	3.9927	3,833
正味現在価値			833

一般論としていえば，流行と技術の変化が激しく早期の資金回収を望む企業は回収期間法を優先させたいと考える。他方，投資効率を重視して長期的に収益性を上げたい企業は正味現在価値法の結果を優先させるであろう。

8 DCF法の意義の高まりと今後の設備投資評価のあり方

設備投資意思決定において，1980年代までの日本企業では，主として回収期間法が用いられていた。当時の日本企業が回収期間法を好んで用いてきてDCF法の利用が少なかったのには，少なくとも3つの理由がある。

第1は，日本企業は主として**金融機関**からの間接金融と自己金融（内部留保と減価償却費）に頼ってきた。金融機関は収益率や投資効率よりも，貸与した資金が確実に返済されることを望む。資金が確実にかつ迅速に返済されることを確保できる評価法は，回収期間法である。

第2は，日本では欧米ほどには**株主を重視**しなかったこともあって，投資効率には比較的無関心であった。加えて，日本の経営者は株式配当や留保利益の機会原価など，資本コストの概念に馴染みが薄かった。

第3には，1960年代から1980年代にかけて，家電，精密機械，自動車などにおいて，日本企業は製品開発や**技術開発**において**世界をリード**する立場にあった。大企業はそのための資金需要を比較的容易に金融機関からの借り入れに頼ることできた。企業もまた，いかに迅速に投下資金を回収して次の投資に備えるかが最大の関心事であった。このような経済状況においては，DCF法を活

用することの必要性が高くはなかった。

しかし，バブル崩壊の1991年以降の日本の資金調達方法と投資行動はそれ以前とは劇的に変化した。それには2つの大きな変化がみられる。

1つは，企業は金融機関からの借入金を返済し**エクイティファイナンス**（株式投資に基づく資金調達）が支配的になった。その結果，株主重視の傾向が高まってきた。いま1つは，日本製の家電製品が世界を席巻していた時代とは様変わりし，新製品の開発で競い合って早く投資を行い，早く資金を回収するという伝統的な経営パターンが崩れ，**長期にわたって資金を確実に回収**しようとする投資行動を取る企業も多くなってきた。その結果，設備投資意思決定におけるDCF法の重要性が高まってきた。

このような経済・社会環境の変化は，わが国企業の設備投資意思決定の手法にも大きな変化をもたらしている。日本大学商学部の調査結果［川野，2014，p.77］（回答企業176社，複数回答で計153.5％）によれば，2001~2002年の調査では正味現在価値法が9.1％にしか過ぎなかったのが，2011~2012年の調査では，24.4％に増加している。内部利益率法を含めると，4割に近い38.6％に達しているのである。飛躍的な増加である。

現在価値法の活用方法にも，日本企業らしい工夫が見られる。**東芝**では，まず部分最適に陥るリスクを回避するために，個々の投資案件だけでなく，トータルで投資回収ができているかをチェックする。次に，大型案件については予算作成時に累積ベースで回収状況を確認し，将来計画についてはDCF法で現在価値を求めたうえで，投資の査定を行っている。これは，設備投資だけでなく，M&Aや出資などの投資においても同様［中村他，2013，p.188］である。

では，設備投資意思決定の手法は業績にも何らかの影響を及ぼしているのであろうか。篠田［2014(a)，pp.69-84］の実証研究によれば，正味現在価値法や内部利益率法といった洗練された評価方法を利用している企業は，わずか10％の水準ではあるものの，企業業績と正の関連性を有している（正味現在価値法を使っている企業の業績がすぐれている）という研究結果を得ている。洗練された手法を用いているから財務業績がよいのか，それとも財務業績がいいほどの企業だから洗練された手法を使っているかは明示的ではない。とはいえ，今後はこの研究結果を裏づけるさらなる研究が続けられることを期待したい。

篠田［2014(b), pp.116-129］はまた，日本企業の調査結果から，正味現在価値法では全経済命数にわたって得られるキャッシュ・フローの予測が困難であるという理由から，将来キャッシュ・フローの予測期間をあらかじめ3年から5年に限定している企業があることを発見した。この予測期間を限定した正味現在価値法は割引回収期間法と類似点がある。主要な相違点は，期間で判定する（割引回収期間法）か，金額で評価する（正味現在価値法）かにあるにすぎない。競争の激しいハイテク企業などでは，これからも，予測期間を限定した正味現在価値法の活用は，1つの福音になりうると思える。

IFRSは，投資家を重視した財務報告基準である。当然，インタンジブルズの評価が重要な課題として取り上げられ，のれんの減損などで将来キャッシュ・フローの現在価値計算の活用がなされる。

9　投資案件と設備投資評価方法の選択

対象とする投資案件によって設備投資の評価方法を変更させているか否かに関する2つの研究が注目される。1つは，戦略の種類によって設備投資の経済性評価方法がどのように変わっているかの研究である。いま1つは，対象とする投資案件と評価方法の関係性に関わる研究である。

(1) 戦略の種類と設備投資の評価方法

清水・田村［2010, pp.97-105］は，日本企業における設備投資マネジメントにおいて，戦略の種類によって設備投資の経済的評価法の利用がどう異なるかを研究している。その目的のため，戦略の種類別の設備予算を，実態調査の結果をもとに，防衛型，探索型，分析型，受身型に区分した。次に，戦略の種類―防衛，探索，分析―別に利用率の高い順に並べることで，次のことが発見された。

防衛型：回収期間法―正味現在価値法―割引回収期間法―内部利益率法・会計的利益率法

探索型：回収期間法―会計的利益率法―正味現在価値法―割引回収期間法―内部利益率法

分析型：回収期間法―会計的利益率法―正味現在価値法―内部利益率法―割引回収期間法

発見事項を要約すれば，次のとおりである。第1に，すべての戦略で最もよく用いられているのが，回収期間法である。しかし，防衛型での利用率では低く（70%），探索型と分析型では高い（81%）。第2に，会計的利益率法は探索型（50%）と分析型（42%）ではよく使われているが，防衛型で2番目に多いのは現在価値法である。第3に，防衛型では回収期間法が多い（70%）のに対して，探索型（31%）と分析型（26%）では現在価値法が多い。

(2) 対象とする投資案件と設備投資評価の方法

対象とする投資案件によって設備投資評価の方法を変える必要はないか。この課題に関しては，篠田［2010, pp.93-99］は仮説・検証型の先進的研究を行っている。その結果，篠田は，次のことを明らかにしている。

第1に，設備投資評価では回収期間法を重視している企業でも，**M&A関連投資**の評価では現在価値法や内部利益率法などのDCF法を用いている。**海外事業関連投資**の評価に際しても，DCF系の評価法が重視される。

第2に，通常はDCF法を用いている企業でも，**情報化関連投資**の評価の際には回収期間法を重視するといったように，評価方法を柔軟に変更している。

第3に，**新製品開発投入関連投資**と**研究開発関連投資**については，通常の投資評価方法と異なった明白な特徴は見られない。その理由として，篠田は，新製品開発投入関連投資と研究開発関連投資とでは投資の性格に類似の点が見られること，および新製品開発投入関連投資については会計的業績評価との整合性を重視する傾向が緩やかに見られるがゆえに，投資利益率法が一定程度まで認められるからではないかとしている。

4 リスクの評価とリアルオプション

設備投資プロジェクトでは，経営者はリスクにどのように対処しているか。回収期間の短縮，期待値，ディシジョン・ツリー，感度分析を活用して，企業経営者は設備投資から生じるリスクをどのように評価しているのか。また，リアルオプションとは何か。なぜリアルオプションが経営に必要なのか。

1 設備投資意思決定におけるリスク評価の方法

　設備投資におけるリスクに対応するため，日本企業の多くは，伝統的に，回収期間を短縮するとか，リスクの高い事業に回収期間法を適用したり，高い割引率を適用したりしてきた。期待値を計算するとか，ディシジョン・ツリーを描くとか，感度分析，ポートフォリオを組むこともある。

(1) 回収期間の短縮や回収期間法の適用

　回収期間法を企業が用いているのであれば，設備投資についてリスクを加味する最も簡単な方法としては，回収期間を短縮する。例えば，A社では回収期間を5年と決めているが，リスクが高い投資案件（例えば，半導体の設備投資）については回収期間を3年にするなどである。リスクの高い製品についてのみ回収期間法を適用［櫻井, 1991, pp.175-196］している企業もある。

(2) 高い割引率の適用

　割引キャッシュ・フロー（DCF）法を採用している場合，リスクの高いプロジェクトには高い割引率を適用し，より高い安全性を見込んだキャッシュ・フローの見積もりを前提にして設備投資の意思決定を行っている企業もある。その場合には，リスクの低いプロジェクトには低い割引率を適用する。

(3) 期待値による計算

　リスクに対応するために，企業はしばしばキャッシュ・フローの計算に期待値を適用する。仮に，200億円の投資（括弧内は確率）によって，A案では3年後に景気が良ければ270億円（60％），悪ければ160億円（40％），B案では5年後に景気が良ければ300億円（70％），悪ければ160億円（30％）のキャッシュ・フローが得られると予測された。

　上述のケースでは，平均的な1つの数値で確定するよりも，期待値で予測したほうが合理的である。資本コスト率を5％と仮定して，正味現在価値（NPV）法で計算（億円以下は四捨五入）すると，次のようにB案のほうがすぐれているという結論が得られる。

A案　(270億円×0.6＋160億円×0.4)×0.8638－200億円＝－5億円
B案　(300億円×0.7＋160億円×0.3)×0.7835－200億円＝　2億円

(4) ディシジョン・ツリーを描く

ディシジョン・ツリー (decision tree) を描けば，可視化して問題点の所在を明らかにすることができる。図16-2を参照されたい。

図16-2　ディシジョン・ツリー

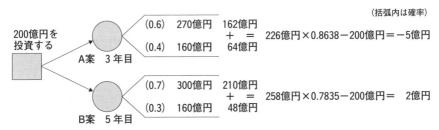

出典：著者作成。

(5) 感度分析を行う

計算要素の変数の1つを変えたらその結果はどうなるか。そのために行われる分析が**感度分析**（sensibility analysis）である。感度分析では，それの実行のためにエクセルによるWhat-if分析[12]が活用される。

上記の事例では，A案では景気が良くなる確率が60％と見積もられた。これはA案のプロジェクトチームの予測値であったが，AとBのプロジェクトチームとその上司が加わった全体会議では，専門機関から発表されたデータなどをもとに判断すると，3年後には景気が回復し，景気の良くなる確率は70％であろうということになった。そこで，A案もB案と同じように，景気の良くなる確率を70％とするとどうなるか。

A案　(270億円×0.7＋160億円×0.3)×0.8638－200億円＝5億円

What-if分析がよく行われるのは，収益予測と割引率の変更である。A案で景気が良くなる確率は70％でキャッシュ・フローだけが20億円増えて290億円と見積もられたら，A案の収益性はどうなるかを計算してみよう。

A案　（290億円×0.7＋160億円×0.3）×0.8638－200億円＝17億円

A案のキャッシュ・フローの予想が変われば，A案の収益性がB案よりもすぐれていることが判明した。What-if分析は，このように計算条件を変えることで結論がどう変わるかを可視化してくれる。

(6) ポートフォリオ・セレクション

高い投資収益性をもつ投資機会はリスクが高い（high risk, high return；ハイリスク・ハイリターン）のが普通である。逆に，収益性が低い投資のリスクは一般に低い。経営者の立場からすれば，資金を有利な数種の投資に分散投資してポートフォリオ（何種類かの投資の組合せを指す）を組んで，全体として高い収益性が得られるように計画する。

数個の設備投資案があって，全体のリスクを分散させて回避するために，ポートフォリオ・セレクションが行われる。リスク回避のための分散投資の考え方である。ただ，どんなに上手にポートフォリオを組んでも，経済全体の活動が沈滞しては万能薬とはなりえない。

2　リアルオプション

正味現在価値法では，金融機関への金利だけでなく株主への配当金や自己資本の機会原価を含む割引率で，将来のキャッシュ・フローを現在価値に割り引くことによってプロジェクトの現在価値を測定する。投資家は資本市場を利用して，現在および将来の価値を最大にしたいと思っている。その意味で，現在価値法は経営財務論が掲げる株主価値の最大化（表現を換えれば，株主の富の最大化）という企業目的［Trigeorgis, 1996, p.25］と整合性がある。

伝統的な正味現在価値法でリスクに対応するには，将来のキャッシュ・フローの期待値を測定し，それをリスク調整済みの加重平均資本コストで割り引い

て現在価値を計算する。この伝統的な方法では，リスクの大きさが割引率に反映される。リスクが大きいほど高い割引率が用いられる。その結果，同じ期待キャッシュ・フローであれば，リスクが大きいほどプロジェクトの現在価値は小さくなる。リアルオプションを適用すれば，リスクの環境が結果的に有利に働く場合にだけ，**柔軟性**（flexibility）**の権利**（real option）を行使し，その有利な状況を最大限に利用する。逆に，状況が不利な場合には，柔軟性の権利を放棄することによって，状況の悪化を阻止することができる。企業が経営の柔軟性をもって，将来の市場の変化やライバルの行動に柔軟に対応し将来の変化に順応することは，設備投資計画から得られる企業価値をより大きなものにする。リアルオプションを適用することで，経営者は当初の決定を適宜に変更して予測しうる損失を限定し，期待できる利益を大きくすることができる。

　企業経営の柔軟性のことは，ファイナンシャルオプションとの対比において，**リアルオプション**と呼ばれている。リアルオプションには，設備投資を延期する，成長させる，プロジェクトの規模を縮小・中止する，廃棄するなどのオプションがある。数値を含めた計算例は，専門の研究成果に譲りたいと思う。

　管理会計の領域のものでは，小林［2003, pp.219-261］によるすぐれた著書がある。電気通信産業の事例は岩田［2007, pp.131-133］が参考になる。

5　FA，CIM設備投資の採算計算

　FAやCIMなど工場自動化設備の採算計算においては，従来型の投資に比べて，単なる省力化にとどまらず，品質向上，納期短縮化，在庫削減，床面積の削減，危険な仕事からの解放など，計量化が困難な効果を評価する必要がある。コスト面でも研究開発やソフトウェアへの投資が設備投資の相当部分を占めるようになった。そこで，工場自動化投資の採算計算では，これら**無形の効果やコスト**をいかに計算要素として評価するかが重要な課題になってくる。

1　工場自動化の3つのレベル

　工場自動化は，日本では2度経験してきた。第1は，**1960年代のプロセス・オートメーション**である。これは大型の鉄鋼や化学プラントの自動化であって，

いわゆる装置工業の自動化を意味する。第2が**ファクトリー・オートメーション（FA）**で，1970年代から80年代にかけて産業用ロボットの発展とともに進展した**加工組立型産業**を中心とした工場自動化である。この意味での自動化には，3つのレベルがある。FMS，FA，CIMである。

FMS（flexible manufacturing system）は，産業用ロボットとNC工作機械を中心に，自動搬送システム，自動倉庫システム，自動保守点検システムからなり，コンピュータ中央管理システムで制御されたシステムである。

FA（factory automation）は，FMSにCAD／CAM／CAE（コンピュータ支援設計／コンピュータ支援製造／コンピュータ支援エンジニアリング），および工場の**OA**（office automation）を加えたシステムである。CIMを含む工場自動化を意味する用語として日本生まれの英語で，FAの語が用いられる。本書では，FAを固有の狭い意味で用いる。

CIM（computer-integrated manufacturing）は，FMSのような"自動化の島"から抜け出した統合システムを意味し，「ネットワーク技術により販売・技術・生産をコンピュータで統合し，高度な経営戦略として，経営の効率化を達成しようとする統合システム」［櫻井，1991, pp.175-196］である。現在，工場自動化といえば，CIMが含意される。

2　工場自動化の特徴

工場自動化は，伝統的な設備投資の自動化とは違ったいくつかの特徴がある。これらを5つにまとめてみよう。

第1に，設備投資の目的が**省力化**だけでなく，**品質向上**，**納期短縮**，**在庫削減**など多様な目的におかれている。それゆえ，CIM投資の評価にあたっては，これらの効果をいかに計量的に把握できるかが評価の決め手になる。

第2に，間接的な利益や無形の便益や効果性が多い。**便益**（benefit）とは，利益のように会計上の利益ではないが，計量化しようとすれば計算できる効果である。後述する効果性とは違って，計量化が可能である。

第3に，**戦略的な価値**をもつものが多く，プロジェクト担当者，営業，製造，工学，情報システム，生産管理などの**諸部門との協調**が必要である。

第4に，得られる効果が利用方法によって大きく異なってくる。そのため，

有効な情報をいかに収集するかの能力が自動化設備を効率的に駆使できるか否かの大きな決定要因となる。

第5に，CIMは終わりなき投資である。技術革新の激しい時代には，新技術の出現によって投資を実施して短期のうちに新規投資を行わねばならない。そのため，CIM投資はしばしば**ミニ投資**になる傾向にある。

3 工場自動化の効果の見積もり

自動化設備投資の評価においては，自動化設備の利用によって得られる効果からコストを差し引いて自動化投資の利益が算定される。**工場自動化の効果**は自動化の程度によって異なる。自動化の程度に従ってレベル1（伝統的設備），

表16-2 工場自動化のレベルと利益・便益・効果性

投資対象	レベル1（伝統的設備）	レベル2（FA）	レベル3（CIM）
対　象	工場，設備	工場，設備 ソフト	工場，設備 ソフト ネットワーク
利　益	労務費削減 省エネ	労務費削減 省エネ 仕損じの減少	労務費削減 省エネ 仕損じの減少 在庫圧縮
便　益	危険な作業の減少	危険・苛酷な作業の減少 サポート機能増大 保守・監視・企画・設計増大 床面積の削減	サポート減少 床面積の削減 納期短縮化
効果性		品質向上（少） 弾力性（少）	品質向上（大） 弾力性（大） 顧客サービス 人材確保 学習効果 競争優位

出典：著者作成。

レベル2（FA），レベル3（CIM）に区分すると，表16-2のようになる。

得られる**利益**は，労務費削減，省エネ，仕損じの減少，在庫削減その他からなる。得られる**便益**は，危険な作業の減少，床面積の削減などからなる。便益の算定では，機会原価として算定される。**効果性**は，品質向上，弾力性，在庫削減，学習効果，競争優位など，金額での評価が困難なものが更に多くなる。

4　CIM設備のコストの見積もり

自動化のために必要となるコストのなかには，機械設備の減価償却費，ユーティリティ（電気，ガスなど），機械設備の据付費など計量可能なコストだけでなく，社内訓練費，システム監理費といった計量化に困難がともなうコストも含まれる。

CIM投資の評価においては，効果の測定に比較すると，コストの測定においては，計量化が比較的容易である。インフラ整備のためのコストも計算要素に含める必要がある。一般的にいえば，伝統的な設備と比較すると，CIM設備のコストの見積においては，ソフトウェアのコストや教育訓練の費用などが多く発生することが見込まれる。表16-3はCIM設備の典型的なコストである。

表16-3　CIM設備のコスト

1　計量可能なコスト	2　計量困難なコスト
機械設備の減価償却費	社内訓練費
機械設備の利子	システム管理の費用
労務費	インフラの整備
ユーティリティ	
保守・修繕費	
据付費	
追加購入のハードとソフト	
コンサルタントの費用	

出典：著者作成。

5　CIM投資の採算計算モデル

伝統的設備との対比において，CIM投資でどこが変わるかを明らかにしよう。

CIM投資の採算計算では，CIM投資から得られる効果から，CIM投資にかかるコストを差し引いて利益が算定される。CIMによる効果は，直接的利益，間接的利益，無形の利益に区分して計算する。採算計算のアイディアは，ハウエルとソーシー［Howell and Soucy（a），1987，pp.42-48，Howell and Soucy（b），1987，pp.26-32］，およびキャプラン［Kaplan，1986，pp.87-95］を参考にした。

次頁の表16-4は，説明の便宜上，仮定の数値をもとに，伝統的設備との対比において，CIM設備の採算計算表を示したものである。表の数値と対比しながらCIM投資の採算計算のポイントを検討していただきたい。

(1) 直接的利益（会計上の利益）

直接的利益は，会計上の利益として算定する。直接工の減少についてみてみると，伝統的設備では70人の作業員を必要とする。これをCIM化すれば，直接工は5人に減少する。1人当たりの年収は400万円／年として計算した。省エネは，ミニ投資と省エネ努力を通して達成できる。

仕損じの減少は，歩留まりの増加として表される。比率で表せば，歩留まりは90％から97％に増加した。歩留まり1％の増加は，理論的に4,000万円に相当すると計算した。CIMが直ちに在庫の減少をもたらすわけではないが，かんばん方式の採用と相俟って，在庫の減少をもたらした。技術者により，在庫1単位の減少について，年間で100万円のコスト削減効果，ないし利益が得られると試算されている。

(2) 間接的利益（便益）

間接的利益の多くは，機会原価として算定される。CIMにより危険な作業の減少が図られる。とくに，危険手当や保険金の減少がCIMの効果として計上されよう。他方，企画・設計，保守，ソフト開発といった支援業務は，CIM化によって増加する。とくに，保守要員が大幅に増加する。CIM化にともなうIT関連のコスト増加要因を無視してはならない。

ミニ投資化することによる床面積の削減や納期の削減もまたCIMの効果になる。床面積の削減効果は地価や建物価額を見積もって算出する。納期の短縮は，CIM構築の最も大きな効果の1つである。これらは，決算上の利益ではなく，

表16-4 CIM投資の採算計算表

(単位;百万円)

利益の項目	伝統的設備		CIM設備	
直接的利益				
直接工の減少	70　@4	280	5　@4	20
省エネ		10		4
仕損じの減少	10%　@40	400	3%　@40	120
在庫の削減				
仕掛品	60個　@1	60	5個　@1	5
製品	30個　@1	30	2個　@1	2
（小計）		(780)		(151)
間接的利益				
危険作業の減少				
危険手当		5		1
関連作業の増加				
企画・設計	2　@7	14	3　@7	21
保　　守	2　@10	20	2　@10	20
ソフト開発	1　@6	6	7　@6	42
床面積の削減	12,000m²	40	3,000m²	10
納期の短縮化	2	30	1	15
（小計）		(115)		(109)
（有形の利益の合計）		(895)		(260)
無形の利益				
弾力性				
（バックアップ）				
品質向上				
競争上の有利性				
学習効果				
（無形の利益の合計）		α		$\alpha+\beta$
合　　　計		$895+\alpha$		$260+\alpha+\beta$

(注) 1. 伝統的設備では895百万円の原価が節約されて，α の無形の利益が得られた。CIM設備では，260百万円の原価で済み，$\alpha+\beta$ の利益が得られる。したがって，CIM投資による増分利益は555百万円 (775-220) の原価節約額とβ ($\alpha+\beta-\alpha$) になる。
　2. 無形の利益はCIM投資において多く得られるが，上記では示していない。伝統的設備でもある程度 (α) 得られるが，CIM設備ではさらに (β) 相当の利益が得られる。

出典：著者作成。

計算上の利益である**便益**（benefit）による効果である。

この採算計算では，運転資金の減少など計量可能な要素だけを取り上げた。しかしそれだけでなく，現実には，顧客ニーズを満足させるという無形の利益も無視されてはならない。

(3) 無形の利益（効果性）

無形の利益は，効果性として表現されるCIMの効果である。CIMにより変種変量生産が可能になる。そのため，ある設備が故障しても，別の設備で故障した機械が生産していた製品を代替生産できる。その結果，バックアップ設備をもつ必要がなくなる。

品質向上は，仕損じ率の向上などのように計量化できる効果と，計量化の困難な効果とがある。品質向上による信頼性やコーポレート・レピュテーションの向上が考えられる。ここでは，計量化の困難な要素を検討する。

競争上の優位性は，以上の無形の利益が総合的に競争上の利点になる。これらはいずれも計量化は困難であるがトップにその存在を知らしめることが大切な要素である。

学習効果は，CIMを成功させるために，FAの経験を経ることが大切なステップになったと同様，将来のさらなる自動化に向けてのステップになる。

6 プロジェクト・コントロール

設備投資プロジェクトは，投資案の評価のために資本予算が編成された後，編成された資本予算はトップ・マネジメントによって承認される。資本予算が承認されると，承認された予算に基づいて設備投資が実施される。実施された設備投資計画は，事後的にコントロールが行われることになる。すなわち，プロジェクトの実施状況に応じて，プロジェクト・コントロールの中核としての，進捗度統制と事後監査が行われる。

1 進捗度統制と事後監査

進捗度統制について，資本支出の予算額は資本支出の実際額と対比されて初めて意味をもつ。そこで，資本支出の予算額を実際額と対比し，実際の資本支出額との差を示すコントロールのための報告書が必要である。この報告書の作成によって，投資計画案の進捗度を測定し，計画案の進捗状況を測定することができる。また，資金の非効率的な使用や不正を未然に防ぐことができる。

プロジェクト・コントロールの焦点は，事後監査にある。投資活動の**事後監査**（post-investment audit）の目的は，設備投資プロジェクトが計画どおり実施できたかを検証することである。そのため，事後監査では，①承認された計画と資本支出額が適合しているか，②資本支出額が適正であるか，③将来の投資決定に有用な情報を提供することを検証する必要がある。とくに留意すべきことは，投資意思決定で楽観的な見積もりを行って，企業に多大な損害を及ぼしていないかを検証すること［Horngren, et al., 2000, p.767］である。事後監査の結果は将来の活動の**フィードバック**に活かされる。

事後監査は，できるだけ早い機会に実施すべきである。なぜなら，計画開始後1～2年後に行われる事後監査は，プロジェクトを継続すべきかの意思決定や誤った見積もりの手続き変更に役立つからである。加えて，ノースコット［Northcott, 1998, p.20］によれば，事後監査には時間と費用がかかるから，事後監査から生じる費用便益のトレードオフ関係を考慮すべきであるという。具体的には，リスクが大きくて，企業に多大な影響を及ぼす戦略的な投資に限定して，事後監査を行うべきである。

2 設備投資の採算計算と評価のあり方

わが国の主要企業はこれまで，設備投資の計画から実施までは熱心な経営管理を行っても，その後のコントロールと監査をないがしろにする傾向がみられた。日本企業の場合，ローテーションが頻繁に行われるため，計画時に投資決定をした担当者が移動してしまったなどで責任を負うべき人が存しなくなってしまうなど，日本的な経営に帰すべき特殊の状況にあったからである。

1990年代の初めに，NTTの委員会でも設備投資計画が検討されたことがある。

その折も，担当者のローテーションによる責任の所在が議論されたことがあった。この問題は，設備投資プロジェクトに関連して，日本企業に共通する，解決策の見つかりにくい課題の1つである。

事後統制を実施することは，2つの意味で企業にとってプラス要因になる。1つは，事後統制を実施することが財務業績を向上させる効果がある。篠田[2014a, pp.69-84]は，実証研究の結果，事後統制の実施が企業業績の向上をもたらすこと，および事後統制の活用には，DCF法など洗練された評価方法の利用による企業業績の向上の効果を高めるという交互作用もあることを確認した。いま1つは，事後統制は経営の可視化に貢献する。すなわち，事後統制が経営を可視化させ，ひいては効果性重視の経営につながり，企業の存続と維持をより強固なものとすることが期待できるからである。

注

1) 国内工場への投資は，国内の雇用を創出し，好景気を生み出す源泉にもなる。であれば，アメリカで1980年代に実施したレーガン大統領による投資減税なども日本でも真剣に取り上げる必要がある。著者は，20数年前に経済産業省にIT投資減税の実施を提案し，3年間にわたって6,000億円（総額1兆8,000億円）の減税を実現していただいたことがある。
2) 再調達原価は，現在所有している資産と同じ資産を再調達する場合に要する原価を意味する。企業会計基準第9号（2006年制定，改正2008年）「棚卸資産の評価に関する会計基準」によれば，再調達原価とは，「購買市場と売却市場とが区別される場合における購買市場の時価に，購入に付随する費用を加算したもの」と定義づけている。
3) 読者が義務教育の時代から馴染んできた複利計算と，ここで述べる割引計算の違いを明らかにしておこう。キャッシュ・フローの将来価値をF_v，キャッシュ・フローの現在価値をP_v，nはn乗（キャッシュ・フローが起こる年次）。rは必要利益率と仮定しよう。複利計算と割引計算は，次のように計算される。

複利計算	$F_v = P_v \times (1+r)^n$
割引計算	$P_v = \dfrac{F_v}{(1+r)^n}$

4) ある企業の取締役会では，加重平均資本コストのことを，ワックと表現していた。常勤監査役の1人が，最初の役員会でソッと教えてくれたことがある。後で

わかったことであるが，多くの企業でワックの表現が使われている。
5）CAPM（capital asset pricing model；資本資産価格モデル）は，市場均衡下における株式の期待収益（リターン）算出のモデルである。riを個々の株式のリターン，rfをリスクフリーレート（リスクのない資産のリターン），rmを株式市場におけるリスクプレミアムを表し，市場全体の株価収益率の変動に対して，当該株式の収益率の変動割合をβとすると，CAPMの算式は，ri＝rf＋β（rm-rf）で表される。

　加重平均資本コストを計算して資本コストとする方法には財務論の立場からすれば理論的な欠点がある。その理由は，リスクを考慮しないので，利益率が高い（が，リスクの高い）案件を不適切に採用し，利益率が低い（が，リスクの低い）案件を却下することがあることにある。しかし，洗練されたCAPMにも同様に問題となる実務上の難点［Northcott, 1998, p.171］がある。その理由の1つは，ベータ値のリスク指標を，特定の投資案件について正確に求めることが困難なことにある。
6）ここで限界資本コストとは，追加的な投資を行うときに必要とされる追加的な資本コストを意味する。
7）わが国およびアメリカの設備投資計画の評価法として，主要な調査結果は次のようになる。

各種設備投資評価法活用企業の趨勢

評価法		津曲[1972]		キム他[1981]		櫻井[1991]		篠田[2011]		清水[2016]	
	数・比率	会社	比率	会社	比率	会社	比率	会社	比率	会社	比率
1	年額原価法	26	9	—	—	15	8	—	—	—	—
2	投資利益率法	101	33	10	8	67	37	37	18	4	6
3	回収期間法	155	51	15	12	95	52	92	43	39	60
4	内部利益率法	24	8	37	49	10	6	33	15	7	11
5	現在価値法	27	9	26	19	9	5	48	23	5	8
6	その他	113	37	12	12	43	24	1	1	10	15
	合計	446	147	100	100	239	132	211	100	65	100

資料
① 津曲調査（津曲直躬・松本穣治編著『わが国の企業予算』日本生産性本部，1972年，p.237）では，回答企業307社。複数回答。"その他"で今後利用したい方法は，収益性指数法15％，原価比較法14％，新MAPI法7％である。
② 柴田典男・熊田靖久調査（「わが国企業の予算制度」『企業会計』Vol.44, No.4, 1988年，p.8）によれば，東証第一部回答企業355中（調査対象は745社）では，実施していない企業が12％，回収期間法が63％，投資利益率法19％，内部利益率法12％，現在価値法11％，その他7％であった。複数回答。ただし，比率のみで実数は発表されていない。そのた

③ Kim, Suk H. and Edward J. Farragher, Current Capital Budgeting Practices, *Management Accounting*, June 1981, p.28.
④ 櫻井調査（櫻井通晴『企業環境の変化と管理会計』同文舘出版，1991年，p.324）では，回答企業は187社。複数回答。
⑤ 表には含めていないが，清水ほかの調査は，清水信匡他 [2007, pp.105-111] による。リッカートスケールで4以上。回収率18％。調査結果は，投資利益率（2社，3％），回収期間法（59社，79％），内部利益率法（5社，6％），現在価値法（9社，12％）であった。
⑥ 篠田 [2011, p.65] 調査では，リアルオプションの調査項目がおかれていたものの，実施企業はゼロであった。この篠田調査では多面的な角度からの調査が実施されているが，本調査では図表4の最も重視している投資決定の評価方法に基づく調査結果である。なお，回収期間法は単純回収期間法，割引回収期間法，割増回収期間法に区分されているが，この表では一括して回収期間法とした。
⑦ 清水 [2016, p.3] 調査で，会計的利益率法は，投資利益率法に含めた。上記の他には，損益分岐点法（4社，6.2％）シナリオ法（1社，1.5％）が調査項目におかれていた。
⑧ 回収期間法は，欧米文献では一般に，収益性を無視するといった欠点があげられている。しかし，収益性が低ければ回収期間も長くなるわけで，収益性が高いということは回収期間も短いことを意味する。さらに，回収期間逆数法（payback reciprocal）の議論［櫻井，1981, pp.640-641］からも分かるように，回収期間の逆数は，一定の条件下では，内部利益率法の計算結果とほぼ同じ値を得ることができることからも明らかなように，回収期間法でも収益性を無視しているわけではないのである。
⑨ キム・ファラガー [Kim and Farragher, 1981, p.28] の調査結果は，6）の調査結果を参照されたい。他の詳細な調査データは別著に譲るが，内部利益率法の活用を最も低く見ているハウエルほか [Howell, et al., 1987] の調査でも，内部利益率法と現在価値法は，69％と64％（いずれも複数回答）と，内部利益率法が多かった。
　アメリカで内部利益率法の人気が高い理由として，ハンセンとモウエン [Hansen and Mowen, 2011, p.926] は2つの推論をしている。1つは，内部利益率は経営者にとって安心のできる評価法であることにある。いま1つは，経営者は投資によって獲得できる真のまたは実際の利益率だと考えているからではないかと推論している。
⑩ 実効税率の算定は，費用扱いされる事業税の税率の算定などが含まれるほか，近年は法人税の税率が年々低下していることもあり，正確に表現することは困難である。さらに加えて，安部内閣は2014年6月，実効税率を数年間で20％台に引き下げる「骨太の方針」を発表している。一方，国税庁のHPで年度別の税率も参照できる。以上から，実効税率が何パーセントかをここで明示するのは妥当ではないかもしれない。
⑪ この場合の資本コストには税額が考慮されていない。税額を考慮するときには，キャッシュ・フローに合わせる。その理由は，当期純利益はマイナスの企業もあり，税金を考慮するのが絶対的に正しいとはいえないと思われるからである。税金を考慮すると，税引後では4.8，正味現在価値は1,179になる。
⑫ What-if分析は，1つの不確定要素が変化したとき，結果がどう変化するかを調べる分析手法である。

参考文献

Bierman, Harold, Jr. and Seymour Smidt, *The Capital Budgeting Decision, Eco-*

nomic Analysis and Financing of Investment Projects, 4th ed., Macmillan Publishing Co. Inc., 1975.

Hansen, Don R. and Maryanne M. Mowen, *Cornerstones of Cost Accounting*, 2nd ed., South-Western, 2011.

Horngren, Charles T., George Foster and Srikant M. Datar, *Cost Accounting, A Managerial Emphasis*, 10th ed., Prentice Hall, 2000.

Howell, Robert A. and Stephen R. Soucy, Capital Investment in the New Manufacturing Environment, *Management Accounting*, Vol.69, No.2, 1987, pp.42-48.

Howell, Robert A., James Brown, Stephen R. Soucy and Allen H. Seed Ⅲ, *Management Accounting in the New Manufacturing Environment*, Joint Study by NAA & CAM-I, NAA, 1987.

Kaplan, Robert S., Must CIM be Justified by Faith Alone?, *Harvard Business Review*, Vol.64, No2, 1986, pp.87-95.

Kim, Suk H. and Edward J. Farragher, Current Capital Budgeting Practices, *Management Accounting*, 63（12）1981.

Northcott, Deryl, *Capital Investment Decision-Making*, Academic Press, 1992年（上總康行監訳『戦略的投資決定と管理会計』中央経済社, 2010年, p.4, p.11, p.21）。

Trigeorgis, Leonos, *Real Option—Managerial Flexibility and Strategy in Real Allocation—*, MIT Press, 1996.（川口有一郎（翻訳主幹）ほか訳『リアルオプション』エコノミスト社, 2001年, p.31）。

伊丹敬之・青木康晴『現場が動き出す会計―人はなぜ測定されると行動を変えるのか―』日本経済新聞出版社, 2016年。

岩田弘尚「戦略論と資本予算」，櫻井通晴・伊藤和憲編著『企業価値創造の管理会計』同文舘出版, 2007年。

川野克典「日本企業の管理会計・原価計算の現状と課題」『商学研究』第30号, 2014年。

小林啓孝『デリバティブとリアル・オプション；MBAビジネス金融工学』中央経済社, 2003年。

櫻井通晴『経営原価計算論［増補版］―新しい原価計算体系の追求―』中央経済社, 1981年。

櫻井通晴『企業環境の変化と管理会計―CIM構築―』同文舘出版, 1991年。

中村博之・諸藤裕美・望月信幸・小川哲彦「全体最適達成に向けた管理会計への変容―東芝の事例―」『管理会計の変革―情報ニーズの拡張による理論と実践の進展』中央経済社, 2013年。

篠田朝也「わが国企業の投資経済性評価の多様性と柔軟性」『原価計算研究』

Vol.34 No.2, 2010年。

篠田朝也「日本企業における資本予算実務―上場企業を対象とした調査データの報告―」『経済学研究』61(1-2), 2011年。

篠田朝也(a)「洗練された資本予算実務と企業業績の関連性」『管理会計学』第22巻,第1号, 2014年。

篠田朝也(b)「予測期間を限定した正味現在価値法―割引回収期間法との同質性―」『産業經理』Vol.74 No.2, 2014年。

清水信匡・加登豊・坂口順也・河合隆治「設備投資マネジメントの実態調査」『企業会計』Vol.59, No.8, 2007年。

清水信匡・田村晶子「日本企業における設備投資マネジメント―戦略タイプと設備投資予算・経済性評価技法―」『企業会計』Vol.62 No.11, 2010年。

清水信匡・田村晶子「日本企業の投資評価技法の多様性―原価比較法と損益分岐点法を中心として―」『*Merko Journal of Management Accounting Research*』vol.8, issue 2, 2016年。

第17章

戦略的・戦術的価格決定

1 経済学における価格決定モデル

　経営意思決定のうちで，**価格意思決定**（pricing decision；以下，価格決定という）は，戦略的判断を要する意思決定問題の1つである。理論的な価格決定を行うには，ビジョン，企業の方針，経営戦略，原価，消費者需要，競争，法律上の影響，消費者心理および社会的責任といったような，あらゆる要因を考慮しなければならない。

1　経営者と価格決定

　市場に市価が完全に浸透している場合には，高い価格で売ろうとしても高価格の製品は市場で受け入れられないから，市価よりも低い価格で売るほかは価格決定の余地はほとんどない。農産物がその1つの例である[1]。品質を同一と仮定すれば，企業がなしうる価格決定の余地は，価格決定という言葉の広い意味で，どれだけ多く生産するかでしかない。製品によっては価格が所与で，経営者には原価引下げしか余地が残されていない場合もある。

　農産物のような極端な場合を除けば，意思決定者は通常何らかの形で価格をコントロールできる。それゆえ，経営者は一定の需要のもとで，生産量との関係で変化する価格決定のための情報を必要としている。管理会計上の価格決定の主たる課題は，市場の状況をもとに，生産量と販売量との関係において，いかなる価格を設定すべきかの問題に帰着する。

　価格決定問題へのアプローチとしては，現在，(1)経済モデル，(2)会計モデル，(3)マーケティング・モデル，および(4)統計的アプローチが知られている。これら4つのうち，(4)は現在ではまだ理論的に固まっていない面も多く残されている。そこで，本書では，(1)(2)(3)を直接の考察対象とする。

2 需要と価格

経済学において，分析の前提は**利潤極大化**におかれている。**経済モデル**によれば，最善の価格は総収入と総費用との差が最大となる価格である。製品の市場価格は製品の需要曲線と供給曲線との交点で決まる。例えば，市場における需要と価格との関係は，図17-1のように描くことができる。

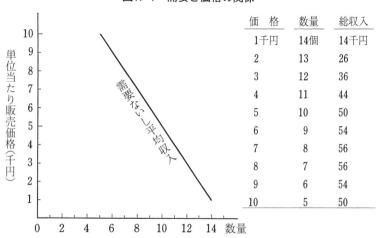

図17-1 需要と価格の関係

価　格	数量	総収入
1千円	14個	14千円
2	13	26
3	12	36
4	11	44
5	10	50
6	9	54
7	8	56
8	7	56
9	6	54
10	5	50

縦軸には単位当たり販売価格を，横軸には異なった価格で売れる数量を描く。需要ないし**平均収入曲線**は，価格と数量との関数関係で示される。例えば，価格を3千円にすれば12個売れ，総収入は36千円となる。価格を5千円にすれば総収入は50千円になる。需要曲線は非線型の場合がありうるが，図17-1では単純化のために線型と仮定した。

価格を P，数量を Q としてこの需要関数の関係を定式化すれば，上図の関係は式17-1で表しうる。

$$Q = 15 - P \qquad (17\text{-}1)$$

このような**需要関数**は明快ではある。しかし，実務的には需要関数の決定は容易ではない。なぜなら，現実には正確な需要関数をほとんど知りえないからである。さらに，仮に正確な需要関数を知りえたにしても，それだけでは価格決定の問題がすべて解決されたことにはならない。すなわち，図17-1から，価格7千円か8千円のいずれかが収入を極大にすることが明らかになったにしても，経済学で極大化すべき企業の目的は，収益ではなく利益だからである。

3　価格，生産量の決定

収入（会計学では，収益という）だけでなく利益の額を知るためには，製品のコストにも目を向けなければならない。固定費は操業度に関して固定的であるから，限界利益が極大化されるところが利益極大化の得られる点である。それゆえ，経済モデルに関する限り，変動費が関連原価となる。

コスト要素を含めた場合，企業は需要曲線を既知としたうえで，限界収入が限界費用と等しいところで価格を設定するのを最適とする。この条件が当てはまる価格が，企業に極大利潤をもたらす点である。この点を図解すると，図17-2のようになる。

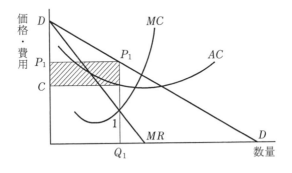

図17-2　経済理論における価格決定

縦軸に価格と費用を金額で示し，横軸には数量を示す。DD線は**需要曲線**（平均収入曲線）で，これは既知と仮定されている。MRは**限界収入曲線**で，生産量を1単位追加することによって得られる付加的収入を表す。MCは**限界費用**

曲線で，生産量を1単位増加することによって増加する付加的費用である。ACは一定の範囲内における製品の**平均費用曲線**である。交差点$MR = MC$（点1）から，縦軸に上方に沿って線を引き，需要曲線と交差したところに**最適価格**（P_1）を発見することができる。この点における利潤（会計学では利益）は，平均費用との対比によって決定することができる。斜線の部分は利潤を表す。価格をP_1以上につけてもそれ以下につけても，利潤はP_1点よりは小となる。かくして，P_1は企業利潤を極大化する最適価格になる。

前掲のモデルの思考は基本的にはいかなる競争状況においても妥当するものの，先のモデルがそのままの形で妥当するのは独占ないし独占的競争の場合に限られる。**寡占**（オリゴポリー）[2]においては，図17-3のような**屈折需要曲線**が描かれる。

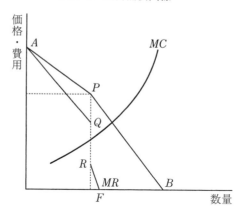

図17-3　屈折需要曲線

図17-3で，需要曲線はAPBで示され，現行価格の高さに応じるP点で需要曲線は1つの屈折点をもつ。この需要曲線に対応する限界収入曲線は，APに対応するAQとPBに対応するRFとの2つの部分からなる。すなわち，この図は需要曲線と限界収入曲線は既存の価格Pにおいて"屈折"し，価格引下げによって売上数量を増大しようという試みは，限界収入を大幅に減少させることを示している。かくして図17-3は，限界費用曲線MCがこの不連続区間を通過し

ている限り，価格 P の高さに維持するのが最も有利であることを示している。

屈折需要曲線の理論は，たしかに価格硬直性の現象に対して1つの解明を与える。しかし，現行価格の高さそのものを説明しえない。また，オリゴポリストが「価格主導者」と見なされうる場合には妥当しないなど，一般的な価格決定理論としては限界［熊谷, 1964, pp.113-114］がある。

4 経済モデルの限界

経済モデルは，価格決定の理論モデルとしてはすぐれている。その反面，経済モデルには2つの基本的な欠点がある。それは，(1)モデル自体が単純化されすぎて，現実に適用できないことと，(2)利潤極大化という非現実的な企業目標を前提にしていることである。

単純化という面に関していえば，現実には，経済学で想定しているような収入曲線を明確に経営者が把握することは困難である。収益は価格以外の多くの要因によって決定されるからである。

経済モデルでは，明示的または暗示的に**利潤極大化**が前提とされている。ところが，現実の経営は利潤極大化よりもしばしば**適正利益**の確保を目的としている。この利潤極大化という前提条件からも，経済モデルがそのまま現実の経営に適用されるとはいいがたい。

経済モデルでは，需要の要因を考慮している。加えて，完全競争だけでなく独占や寡占価格も考慮されているなどで，会計モデルよりもすぐれているとされている。しかし，一般論としての需要は考慮されても，現実に存在する顧客の立場が考慮されていない。しかも，収入曲線の仮定，利潤極大化仮説，需要曲線の仮定において，経済モデルは現実の経営への適用を困難にしている。例えば，現実の経営においては，販売量の増大は経済モデルで仮定されているように価格だけでなく，広告活動のように販売促進の努力によっても大きく左右されるはずであり，経済モデルではこれらへの配慮に欠ける。

極めて現実的な意味では，価格決定は科学というよりは**アート**（art）である［DeCoster and Shafer, 1976, p.253］。経済学は，これに現実には適用が困難な理論的基盤を与えているといえよう。一方，会計モデルは，現実の企業への適用可能性という点で，経済モデルを補い代替的に活用されうる潜在的可能

性を有する。そこで以下では，会計モデルによる価格決定法を考察する。

2 会計モデルによる価格決定（全部原価法）

価格政策（pricing policy）とは，製品の価格決定に対する経営者の態度の表明である。長期の価格政策という場合は，希望利益率，会社の成長，マーケット・シェアなどと矛盾しない範囲内で目標利益の達成を図ることをいう。他方，**価格決定**（pricing decision）といえば，狭義では短期的で個別的な価格意思決定を意味する。価格政策，競争状況，原価，品質，設備の利用度，会社の目的，ブランド，心理的要因などが，重要な要因として価格決定に影響を与える。

1 価格決定問題への会計モデルの特徴

価格決定に関して，経済モデルと会計モデルとでは，その基礎概念に相違がみられる。会計モデルに基づく価格決定を考察するには，経済と会計モデルにおける用語の使用法の際立った相違点を明確に理解しておく必要がある。

第1に，経済モデルでは，**総収入曲線**は右下りの，そして**総費用曲線**は右上りの曲線として描かれる。対して，会計学では総収益・総費用はいずれも曲線ではなく，右上がりの直線で表される。

第2に，経済モデルで**限界費用**は数量1単位増加したときに増加する総費用の増分を意味する。対して，会計モデルでは**限界原価**は，変動費を指す。

第3に，経済モデルにおける**限界収入**は，追加販売量によって得られる総収入の増分を意味する。対して，会計モデルにおける**限界利益**とは，増分ではなく，売上高と変動費の差額である。

第4に，経済モデルで**平均費用**（AC；または単位費用）は総費用（TC）を産出量（q）で除して算出でき，$AC=TC/q$で表しうる。一方，会計モデルでは平均費用という概念は用いられない。会計モデルでは**単位原価**（unit cost）と表現される。

会計モデルにおいては，価格決定において原価の果たす役割が大である。とくに戦前および戦時中には，原価計算において価格決定が重要な地位を与えら

れていた。戦後は，その地位が著しく減少している。とはいえ，公共料金や防衛装備品価格の算定だけでなく競争価格の算定においても，価格決定は原価計算や管理会計において相変わらず重要な役割を果たしている。

会計モデルにおいて，原価を基礎にして価格に関する意思決定を行うには各種の方法[3)]がある。その典型的な方法を体系づければ，全部原価法と部分原価法に区分される。全部原価法から考察する。

2 全部原価法

全部原価法（full cost pricing）とは，販売を意図している製品または用役の単位当たり全部原価を計算し，これに一定の利益を加算して価格を決定する計算法のことをいう。**コスト・プラス法**（cost plus profit pricing；原価加算法）は全部原価法適用の1形態である。ここでいう全部原価とは，製造原価に販売費および一般管理費を加算した原価，すなわち**総原価**のことをいう。販売価格ないし価格は，式17-2または式17-3で算定される。

$$価格 = 総原価 + 利益 \quad (17\text{-}2)$$
$$= （製造原価 + 販売費 + 一般管理費） + 利益 \quad (17\text{-}3)$$

支払利息は，現行の日本の「原価計算基準」を前提とする限り，原価には含まれない。しかし，**IFRS**では，「適格資産（qualifying assets）の取得，建設，生産に直接跡付けできる借入費用は，その資産の原価を構成する」（IAS 23.1）としている。つまり，支払利息でも適格資産の生産に係わるのであれば，IFRSでは原価に算入することを求めている。適格資産とは，意図した利用または販売をするためには長期の期間を要する資産をいう。建物の建設などに限定され，通常の生産活動によって生じる利子は含まれない。

全部原価法は最も伝統的な価格決定法の1つで，企業の価格決定において重要な役割を果たしている。経済学において，限界費用に基づく価格形成原則に対する意味で「**フルコスト・プリンシプル**」というとき，フルコスト・プライシングは通常，全部原価法と同一の基準に立つ。全部原価に加算すべき利益の決定法に関して，次の4つの諸方法―(1)総原価法，(2)加工費法，(3)目標投資利

益率法,(4)売上利益率法——が知られている。

3 総原価法

総原価に加算すべき利益に関連して,総原価に一定の利益を加えて決定する総原価法が,会計モデルにおける価格決定の一般的な方法として知られている。総原価法では,まず目標とすべき**マークアップ**(markup;利幅)**率**を算定し,これを当該製品(または用役)の総原価に乗じ,そのようにして算定された利益に総原価を加算して,式17-4のように価格を算定する。

$$価格 = 総原価 + (総原価 \times マークアップ率) \qquad (17\text{-}4)$$

総原価法はその適用が簡単で,しかも長期的には総原価の回収を図りうる。そのため,企業にとって簡単でしかも安全性に叶った会計情報を提供できると考えられている。総原価法は,電力料金算定のための**総括原価方式**をはじめ,日本の多くの公益企業や防衛産業によって活用されている。

しかし,加算すべき利益をいずれにすべきかについて確定的な基準がなく,利益率のつけ方にも問題があること,需要の価格弾力性を無視しており,競争関係を考慮しないなどの理由から批判も多い。要するに,この方法は19世紀的経済理論の修正的方法として特徴づけられており,現代の多くのエコノミストたちは,長期的分析手法の短期的な問題への誤った適用であると主張している。会計学者からも,原価の配賦法によって過度に影響を受けることや,総原価を回収しない価格を拒否することなどにおいて,批判を受けている。

実際原価計算を基礎に原価が計算され,製造間接費が実際配賦率によって決定されていて,総原価法によって導かれる価格を競争価格として用いようとしている場合には,とくに不合理なものとなる。このことを設例で示そう。

【設 例】

A社は全部原価に目標利益率の30％を乗じて利益を算定し,それに全部原価を加算して販売価格を算定している。生産量と販売量は等しいと仮定されている。生産・販売実績が1万個のとき,価格はいくらに設定されるか。また,景

気低迷による需要の落ち込みにより生産，販売量が8千個に減少したとき，価格はいくらになるか。ただし，原価実績は，次の資料のとおりである。

資　料

原価要素	総　　額	単位原価（1万個）
製造原価	1,000,000円	100円
変動製造原価	400,000	40
固定製造原価	600,000	60
販　売　費	200,000	20
変動販売費	120,000	12
固定販売費	80,000	8
一般管理費	100,000	10
総原価	1,300,000円	130円

〔解　答〕

1万個のときの単位原価　1,300,000円／10,000個＝130円／個
　　　　　販売価格　130円／個＋(130円／個×0.3)＝169円／個
8千個のときの単位原価
　　製造原価　　変動製造原価　40　(円)
　　　　　　　　固定製造原価　75　(600,000円／8,000個)
　　販売費　　　変動販売費　　12
　　　　　　　　固定販売費　　10　(80,000円／8,000個)
　　一般管理費　　　　　　　 12.5 (100,000円／8,000個)
　　単位原価　　　　　　　　149.5円

以上から，1万個のときの販売価格は169円であるが，8,000個のときの販売価格は，固定費負担が単位原価を押し上げるので，次のように約194円と上昇することがわかる。

　　販売価格　　149.5円＋(149.5円×0.3)＝194.35円／個

この設例では，景気が低迷したために生産量が減少し，製造原価が上昇した場合，本来であれば，需要が低迷しているのだから売価を引き下げなければならない。しかし，総原価法によると，原価が上がると逆に売価が上がることになる。競争状況を考えるとき，これは極めて不合理である。

総原価法は大量生産の利点を示唆している。また，総原価の回収を図っているから安全性に適した価格の算定結果が得られる。しかしその反面，景気が低迷して生産・販売量が低いときこそ価格を引き下げたいという経営者の意図に反し，価格引き下げの弾力性を阻害する。

製造間接費を予定率によって配賦計算すれば，操業度に基づく価格決定の影響を相当程度まで排除できる。それでもなお，固定費が配賦計算されているから，製品別の利益への貢献度を知りえない。また，固定費・変動費が区分されていないから，C-V-P関係を簡単には知りえないといった限界もある。しかも，操業度のとり方のいかんが原価に重大な影響を与えるなど，全部原価法がもつ欠点を完全に取り払ったとはいえない。

以上，総原価法は企業における価格決定実践にも広く用いられ，またそれなりの利点を有しているものの，自由競争を前提とした企業での競争価格の決定のためには，妥当な価格決定法とはいえない。

4 加工費法

総原価法では，総原価に占める直接材料費の構成が高い製品も加工費の占める比率が高い製品も，一律に同一の利益率を加算して価格を決定する。しかし，総原価法は一般に加工費の高い製品の方が付加価値が高く，したがって，高い価格がつけられるべきであるという認識には合致しない。一般常識からすれば，加工が加えられれば，それだけ余分に利益が加算されるべきだと考えられる。

加工費法（conversion cost pricing）によれば，製品に付加されるべき利益を当該製品の総原価ではなく，そのうちに含まれる加工費を基礎にして計算する。すなわち，その計算は次に示すように，目標とすべき**マークアップ率**を加工費に乗じ，それに総原価を加算して式17-5のように算定する。

$$\text{価格} = \text{総原価} + (\text{加工費} \times \text{マークアップ率}) \tag{17-5}$$

加工費法もなお総原価に利益を加算するという点では，総原価法の範疇に属する。しかし，総原価に加算すべき利益を総原価ではなく加工費を基礎にして算定する点において，総原価法とは区別される。これを設例で例示しよう。

【設　例】

神田工業（株）ではA，B製品を取り扱っている。総原価法と加工費法で，価格を決定しなさい。ただし，総原価法によるとき，利益率は20％，加工費法のときには，加工費のみの利益率を50％で計算する。

資　料

原　価　要　素	A製品単位原価	B製品単位原価
直接材料費	30円	70円
加　工　費	70	30
販売費・一般管理費	20	20
総　原　価	120円	120円

〔解　答〕

価格決定法	A製品	B製品
総原価法	120円×(1+0.2)=144円	120円×(1+0.2)=144円
加工費法	120円+70円×0.5=155円	120円+30円×0.5=135円

総原価法によるときは，いずれでも同じ結果の144円になる。加工費法によるときには，付加価値が高いと想定できるA製品に高い価格がつけられる。A製品155円に対して，B製品は135円で，両製品の差は20円になる。

加工費だけに利益を付加するという欠点を克服するため，加工費だけでなく直接材料費にも加工費とは異なった低い利益率を加算して販売価格を決定すべきだとする見解がある。この場合の価格は，式17-6のように算定される。

価格＝総原価＋(直接材料費×直接材料費加算率)＋(加工費×加工費加算率)

(17-6)

利益は直接材料費の大小ではなく，原材料を加工して製品に転換させる努力とリスクに比例して稼得されるべきであるという見解に立てば，総原価に付加すべき利益は加工費だけを基礎にすべきである。しかし，加工費が多くの利益を稼得すべきであるという理論は必ずしも一般に認められているわけではなく，正常な状態では直接材料費を付加した総原価をもって利益を計算すべきであるとする見解が支配的である。

5 目標投資利益率法

投資利益率法に基づく典型的な方法の1つは，**目標投資利益率法**（target return on investment pricing method）である。この価格決定法では，標準操業度に基づく価格決定が行われる。ここで標準操業度は，将来において生産されると予期される生産量に基づいて決められる。式17-7で決定される。

$$価格 = 変動費 + \frac{固定費}{標準操業度} + 投資額 \times \frac{目標投資利益率}{標準操業度} \qquad (17\text{-}7)$$

上式で，変動費は単位当たり変動費である。標準操業度は，長期にわたる標準生産量と呼びかえてもよい。投資額は，当該製品の生産に使用した投資額である。原価には製造原価と販売費・一般管理費が含まれる。

目標投資利益率法の目的は，景気変動や季節的変動を避けることにある。つまり，この価格決定法によれば，多少の景気変動があっても長期的に安定した投資利益率を確保することができる。

【設 例】
次の資料をもとに，目標投資利益率法に基づいて，価格を決定しなさい。

資 料

単位当たり変動費	8円/個
固定費	400,000円
標準操業度（個）	200,000個

| 目標投資利益率 | 15% |
| 投下資本 | 1,000,000円 |

〔解 答〕

$$\text{価格} = 8\,\text{円}/\text{個} + \frac{400,000\,\text{円}}{200,000\,\text{個}} + 1,000,000\,\text{円} \times \frac{0.15}{200,000\,\text{個}} = 10.75\,\text{円}/\text{個}$$

投資利益率法は，市場価格が存在しない防衛装備品の**契約価格算定方式**において，投資利益率のバリエーションである**自己資本利益率**や**経営資本利益率**が活用されてきた[4]。しかし，競争価格のための利益算定には，投資利益率法にも次に述べるような留意点がある。

第1に，市場の競争状況とは無関係に，**企業の論理**（都合）のみで価格が決定される。そのため，独占的な支配力をもつ企業では投資利益率法を採用することが合理性をもつ。しかし，競争が激しい企業では競争に負けてしまう。わが国の主要企業をみても，過去，光学機械など独占的な市場をもつ企業では投資利益率法が用いられていたのに対して，自動車産業や家電産業など競争が熾烈な産業では売上利益率法は用いられていても投資利益率法を活用する企業は少ない。この点に関連して，アメリカ自動車産業の事例を紹介しよう。

石油危機直後の1974～1975年にかけて，自動車の売上高は25％も減少した。しかし目標利益率として投資利益率法を採用していたため，価格を引き下げることができなかった。逆に，当時アメリカ自動車産業の経営者は1台当たり平均で1,000ドルの値上げをした［Monroe, 1979, p.126］。このように，マーケットインではなくプロダクトアウト[5]の姿勢をとったことが日本の自動車企業に小型車で大きく追い上げられる最大の理由の1つであるとされている。

第2に，投資利益率法（自己資本利益率法，総資本利益率法を含む）について，わが国では，日本生産性本部中小企業原価計算委員会から発表された『適正利益計算基準』（1964年）[6]の他には，とくに契約原価算定のための原価計算の基準がない。他方，アメリカでは**原価計算基準審議会**（Cost Accounting Standards Board；CASB）によって制定された「原価計算基準」が国防製品の価格設定を中心に適用されている。

原価計算基準審議会は1970年から1980年までの間に積極的に19の基準を制定した。しかし，1980年代以降にはその活動をほぼ停止した。その経緯は別著［櫻井，2017, pp.87-88］に譲るとして，その真の理由は，原価計算基準だけでは契約価格，原価，利益の算定に関する課題に対応できなくなってきたからである。1983年以降は**連邦調達規則**（Federal Acquisition Requirements；FAR）と**国防連邦調達規則-補足**（Defense Federal Acquisition Regulation-Supplement）が，原価計算基準に代って実質的な役割を果たすことになる。

　第3に，投資利益率は大企業と中小企業とで異なる。また，収益性の高い企業（例；医薬品）と低い企業（例；造船業）とがある。そのため，投資利益率に基づいて決定した価格に妥当性をもたせることが絶対に公正だとはいえない。なお，日本の防衛省では，旧軍の規則と1962年に制定された「原価計算基準」をもとにして制定されている「調達物品等の予定価格の算定基準に関する訓令」（略称，「訓令」）によっており，投資利益率の変形である**経営資本利益率**が活用されている[7]。

6　売上（高）利益率法

　売上利益率法も投資利益率法と同様，一般に目標利益率を用いて利益額を算定し，それに全部原価を加算して価格を決定する。投資利益率法と異なっているのは，目標利益率に売上利益率を用いることである。

　目標売上利益は価格に売上利益率を乗じて算定するのであるが，その売価が不明であるから，単純に総原価に売価×売上利益率を加算して算定するというわけにはいかない。ここで売上利益率[8]とは，売上に対する利益率のことをいう。目標販売価格（算式では"価格"と表示）は式17-13で算定される。

$$利益 = 価格 - 総原価 \tag{17-8}$$

$$売上利益率 = 利益／価格 \tag{17-9}$$

それゆえ，式17-8を式17-9に代入して，

$$売上利益率 = （価格 - 総原価）／価格 \tag{17-10}$$

したがって，式17-11が算定される。

$$売上利益率 = 1 - \frac{総原価}{価格} \tag{17-11}$$

また,式17-11から1を左辺に移項した後,両辺に－1を掛けて,

$$1 - 売上利益率 = \frac{総原価}{価格} \tag{17-12}$$

以上から,価格は式17-13のように算定される。

$$価格 = \frac{総原価}{1 - 売上利益率} \tag{17-13}$$

【設 例】

A製品の総原価が800万円,売上利益率(マークアップ率)が20％であるとき,目標販売価格はいくらになるか。

〔解 答〕

$$目標販売価格 = \frac{8,000,000円}{1 - 0.2}$$

$$= 10,000,000円$$

売上利益率法は投資効率を考慮していないために,理論的には投資利益率法に比べて著しく劣る価格決定の方法であるとされる。しかし,競争状況に応じて目標利益率としての売上利益率を変化させることで,後述する全部原価法の欠点である競争状況を加味して,戦略的な活用を図ることができる。原価企画における目標利益の算定にも,売上利益率が好んで用いられる。以上から,日本では売上利益率法が多くの企業によって採用［櫻井, 1986, p.18］されてきた。

以上,総原価法,加工費法,目標投資利益率法,売上利益率法という全部原価に基礎をおく価格決定法は,典型的な会計モデルに基づく価格決定法である。いずれの方法も全部原価を基礎にしているという共通の特徴をもつ。

需要を加味した算定が可能である売上利益率法を除けば,全部原価法は需要と供給,需要の価格弾力性,競争状況,価格と操業度の関係など市場の諸要因

を無視しているという理由から，経済学者から批判されている。それにもかかわらず，全部原価法は企業で広く採用されている。その理由は次の4点にある。
(1) 現実には，経済理論で描かれているような需要曲線は知りえないので，経営者は簡単に求められる総原価により，価格の近似値を知ろうとする。
(2) 全部原価は，少なくとも価格の下限を示すと考えている経営者の信念に合致する。
(3) 全部原価によれば，同種企業の原価との対比が可能となり，競争業者の原価の合理的な見積もりの基礎になりうる。
(4) 信頼しうる原価データが，会計制度から簡単に入手できる。

　株主重視の傾向が最近のわが国では強まっている。そのような企業の一部では，EVA（economic value added；経済的付加価値）を指向する傾向が強い。業績評価にEVAを用いている企業は，価格決定にもEVAを用いるべきであるか。理論的にみて整合性だけを考えれば，価格決定にもEVAを活用すべきだということになる。しかし，EVAには2つの問題点がある。

　第1は，EVAをもとに価格決定の情報を提供することは，プロダクトアウトの思想の適用である。競争という意味からの妥当性が問われねばならない。

　第2は，EVAでは，経常利益などと比較すると，総原価＋金利の他に，①配当，②留保利益の機会原価，および③税金が含まれることになるから，価格は他社製品に比べて極めて割高になることを心しなければならない。

3　会計モデルによる価格決定（部分原価法）

　全部原価法によって価格決定をする場合には，原価は単位変動費に平均単位固定費を加算して決定され，仮定された一定の操業度のもとで生産される全部の数量に対して1つの価格がつけられる。全部原価法の最大の欠点は，追加生産が行われる場合には，追加生産から生じる原価が変動費と追加固定費にすぎないという事実を無視していることにある。その結果，全部原価法によって得られた原価資料をそのまま意思決定に用いることは，誤った方向に導く可能性がある。そのため，追加生産のための価格決定には，経済学の限界原理を活用した(1)直接原価計算法や，(2)増分分析法が主張されている。

1 直接原価計算法

価格決定法としての**直接原価計算法**（pricing based on direct costing）では，原価を固定費と変動費に区分し，変動費をもって直接原価と称し，主に短期的な価格決定に役立てようとする。価格決定のためには，変動費である直接原価のみを価格決定の基礎データとする。直接原価には変動製造原価だけではなく，変動販売費も含められる。

直接原価計算法では限界利益概念が活用される。そのため，C-V-P関係（原価・操業度・利益関係）に基づく目標利益達成のための販売価格が容易に決定できる。

【設 例】

国内での販売価格は29万円／個，原価は固定費9万円／個，変動費18万円／個である。海外から同製品を5,000個，単位当たり20万円／個の追加注文が入った。しかし，販売部長は総原価の27万円／個を下回るという理由から，この追加注文を拒否した。生産・販売能力に余裕はある。この決定は正しいか。

〔解 答〕

正しくない。なぜなら，直接原価計算法によって計算すると，

(20万円－18万円)×5,000＝10,000万円

となり，1億円の利益があるから，生産能力の余裕がある限りこの追加注文は引き受けるべきだということになる。ただし，原価分析の視点からすれば注文を引き受けるべきであると判定されたにしても，それが海外市場を混乱させると判断されるようなときにはとくに，この注文を引き受けるべきではない。

直接原価計算法によれば，変動費以下での販売価格を持続させることができないという意味から，変動製造原価と変動販管費の合計額は販売価格の価格下限を示す。直接原価計算法は，固定費に変動が少ない短期価格決定にとって有用である。長期価格決定にも直接原価計算が有用であるという見解がある。しかし，長期には設備の取り替えも行われ，固定費・変動費の構成も変わるのが

常である。多品種少量生産が一般化した企業では，支援のための固定費が大幅に増加する。これらのコストを固定費だからという理由で長期の価格決定において考慮外の期間費用として扱うことには無理がある。

2　増分分析法

増分分析法（incremental approach）は，販売される製品等の増分収益と増分原価を計算し，これを基礎に短期価格決定に役立てようとする方法である。

全部原価法をもとに販売価格を決定している企業では，総原価を回収しない価格での注文であれば，それを拒否する傾向がある。他方，増分分析法では，総原価を回収しない場合でも，当該注文に関連する増分原価以上の額を回収する価格である限り，当該注文を引き受けるほうが企業の利益を増加（あるいは減少）させることを経営者に認識させることができる。

増分分析法も直接原価計算法も限界分析思考に立脚する。しかしながら，増分原価には固定費も含まれるという点で，直接原価計算法とは区別される。

【設　例】

先の例で，海外からの受注には，特別仕様のために200,000,000円の機械を購入する必要があるという。それでも受注すべきか。

〔解　答〕

以下の計算から明らかなように，購入すべきではない。

増分収益	200,000円×5,000		1,000,000,000円
増分原価	変動費	900,000,000円	
	個別固定費	200,000,000円	1,100,000,000円
	増分利益		－100,000,000円

3　会計モデルの限界と価格決定における考慮事項

原価は価格決定の出発点ではあるが，現実の価格は原価だけで決定されるのではなく，原価以外の外的要因によっても影響を受ける。この関係を単純に原

価だけの問題として割り切ってしまっているところに，会計モデルの限界がある。価格決定に及ぼす原価以外の要因としては，次のものがある。

(1) 消費者需要

価格決定において，原価以外の要因として最初に考慮されなければならないのは，消費者需要である。価格と消費者需要の関係を明らかにする経済原則は，需要の法則と需要の価格弾力性の2つからなる。

需要の法則は，価格は高いよりも低いほうがより多くの商品が購入（販売）されるという前提に立つ。この法則はあらゆる場合に妥当するわけではないにしても，一般法則として需要の法則に考慮を払うことは極めて重要である。

需要の価格弾力性とは，価格の変化にともなって変化する特定製品の需要量のことをいい，価格の変化率に対する需要の変化率の比として測定される。需要の価格弾力性概念により，販売者は価格の変化が需要にいかなる影響を与えるかを知ることができる。価格をわずかに切り下げただけで売上高が大幅に増加する場合には，需要は弾力的である。他方，売上増大のために価格を大幅に切り下げなければならない場合には，需要は非弾力的である。需要の価格弾力性が大であるときは，小であるときに比してC-V-P関係の活用が重要性を増す。

(2) 競争状況

競争状況もまた価格決定に重要な影響を与える。**完全競争市場**では企業が自己の意思で価格決定を行ったり，売上数量を増大させる余地が限定されている。現実の市場は多かれ少なかれ**不完全競争市場**であり，価格は需要の要因のみによって決定されるのではなく，原価の果たす役割が大である。不完全競争市場においても，それが寡占であるか独占であるかにより，原価の果たす役割は異なってくる。例えば，独占においては，純理論的には，競争者を恐れることなく，自由に価格を設定することができる。

(3) 企業目的

企業目的も，価格政策を通じて価格決定に影響を与える。**企業目的**を目標利益率の確保，利益極大化目的，非利益志向目的（成長，市場占有率の拡大，現

第4部　経営意思決定のための管理会計

状の維持など），企業価値の増大に区分した場合，これら目的のいずれの企業目的を選択するかで，価格は異なったものとなる。価格決定への基本方針が企業の全般的目的と合致するからである。

(4) 消費者の効用

消費者の効用も価格決定に影響を与える。例えば，新幹線の料金は在来線よりも人件費などを考えれば原価面からは安くあるべきであるが，現実にははるかに高い。その理由の１つは，乗客に満足感（効用）を与えるからである。

(5) 企業の社会的責任

企業の社会的責任も価格決定にあたっての大きな考慮事項になっている。すなわち，価格決定にあたり，企業は価格が社会全体に与える影響を考慮しなければならない。一般に，この要因は，当該企業が社会に多大な影響を及ぼしているときに問題になる。一企業の利潤追求のため，社会にとって害になると思われるような価格決定をすることは許されなくなってきている。

電話料金，電力料金，鉄鋼価格，石油価格，私鉄運賃などは国民生活に多大な影響があるがゆえに，企業の社会的責任が強く要求される。公害防止設備などの公害関係諸費用を安易に価格に転嫁してはならない。

(6) ブランド，コーポレート・レピュテーション

ブランド力は，価格決定に大きな影響を与える。ルイ・ヴィトン，エルメス，シャネルなどは，その高いブランド力によって高い評価が与えられている。最近では，コーポレート・レピュテーションの高い企業は，プレミアム価格をつけて販売することができることも明らかになってきた。

以上のほか，価格決定は産業の性質，製品の特質，経済状況，当該企業の財政状態，流通機構，政府の法的規制など種々の要因によって影響を受ける。

価格決定は以上のように，原価以外の種々の外的要因によって影響を受ける。その意味で，原価を基礎に価格決定機構を説明しようとする会計モデル（原価計算モデル）には限界がある。それにもかかわらず，あらゆる場合に価格が原

価以外の要因によって決定されるわけでないことは，販売価格があらゆる場合に原価を基礎として決定されるのではないのと同様である。

4　価格戦略の選択

価格戦略は，特定の目的，その目的を達成するための特定のアプローチ，およびそのアプローチを実行する活動計画からなる。価格戦略を明確に策定していれば，目的の達成がより完全に，かつ低コストで実行できる。もちろん価格戦略は万能薬ではなく，状況に即して選択されるべきである。価格戦略選択のテーマは，マーケティングの領域において議論されてきた課題である。主要な価格戦略［Montgomery, 1988, pp.29-34］は，次のとおりである。

1　すくい上げ価格と浸透価格

新製品の価格決定における**すくい上げ価格**（skimming pricing）戦略とは，市場の利益をすくい上げるほど高い水準で，製品またはサービスの価格を決定する戦略である。すくい上げ価格が妥当するのは，次の場合である。

(1) 短期に競争で敗北する危険がほとんどない場合に，妥当な戦略となる。例えば，特許，高い参入コスト，追随が困難な新技術の導入などの参入障壁が存在するときに適する。

(2) 製品の独創性が高いために競争力が抜群で，しかも価格が比較的非弾力的であるとき。(1)とは，独創性の高さで区別される。

(3) 生産が立ち上がるまで，需要が限定されているとき。安い価格で次々と新しい需要が掘り起こされるときには，妥当な戦略とはいえない。

(4) 企業の戦略として，開発費を早く回収したいとき。

すくい上げ価格戦略をとるときに留意すべきことは，最終消費者が製品またはサービスにどのように反応するかである。とりわけ，潜在的な顧客が高い価格でも喜んで購入することを確認する必要がある。

すくい上げ価格の変形が，**スライドダウン価格**（slide-down pricing）戦略である。スライドダウン価格では，価格は長期的に下方にスライドさせていく。ただし，製品またはサービスが大多数の潜在的購買者にとって魅力を増してい

く場合には,すくい上げ価格戦略をとっていくのがよい。

浸透価格(penetration pricing)戦略はすくい上げ価格の対極にある戦略である。浸透価格とは,市場への参入を図ったり,既存市場でのマーケット・シェアを拡げるために,低い価格を設定することである。この戦略は,次の条件が存在するときに成功裏にとりうる。

(1) できるだけ早い時期に,市場での地位を確立したいとき。
(2) 競争者の市場への参入を挫きたいとき。
(3) 低価格政策をとっても,競争業者が対抗措置をとらないとき。
(4) マーケット・シェアを極力高めたいとき。量産効果が著しいような製品戦略に,この浸透価格が適しているといえよう。

理論的に,すくい上げ価格と浸透価格のいずれがすぐれていると断定することはできない。しかし,わが国の多くのハイテク企業では,新製品には高い価格をつけて創業者利得を得て,競争業者が参入してきたときには次の新製品を発売する戦略をとることが多かった。その理由の1つに,企業が可能な限り早い時期に開発費を回収すべきだとする考え方がある。ただ,航空エンジンなどのように相当長い期間使用に耐えうるような製品は,最初に売り出すときには安い価格で販売し,その後に開発費を回収する戦略を取るということである。

2 需要の価格弾力性と弾力的価格決定

需要の価格弾力性を応用した価格決定(elasticity pricing)戦略とは,価格弾力性概念を応用した価格戦略である。すなわち,特定の顧客または市場で認知された消費者の価格への反応をみて,状況に応じて製品またはサービスの価格を高くしたり低くしたり設定する。この戦略は,次の条件が存在するときにとりうる。

(1) 価格を引き下げれば,購入量の増大という形で市場が反応すると思われるとき。
(2) 価格を引き上げても,購入量はほとんどまたは全く減少しないという形で市場が反応すると思われるとき。

製品またはサービスの販売がその価値に著しく依存しているときには,顧客は高い価値に対して高い価格を支払おうとする。そこで,そのような場合には,

高い価格を設定する。

弾力的価格決定（flexible pricing）の方法を使うことで，状況が変化したときや競争条件や市場の状況に適合した価格決定を行うことができる。この戦略がとられるのは，次のような場合である。
(1) 重要な競争上の挑戦を受けている。
(2) 相手企業の浸透価格決定によって大きな打撃を受け始めている。
(3) 需要水準が変化してきている。

3 追随価格

追随価格（follow pricing）とは，当該産業界のプライス・リーダーに追随して，製品やサービスの価格を設定する戦略である。追随価格戦略をとる業者は，**プライス・テイカー**と呼ばれる。企業がこの戦略をとるとき，常に競争価格の変化に気を配っていなければならない。追随価格戦略が適するのは，次のケースにおいてである。
(1) 中小企業であって，業界は少数のプライス・リーダーによって支配されている。
(2) 業界のプライス・リーダーは，価格の変化にすばやく反応する。
(3) 製品またはサービスは，他の製品またはサービスから差別化されない。

4 セグメント別価格

セグメント別価格（segment pricing）戦略とは，同一製品であっても市場が異なれば，異なった価格をつける戦略である。この戦略は，わずかに異なる製品またはサービスの違いがあっても，異なった価格で購入するほど購入者が異なった行動をとるときに重視される。

この戦略の適用が適正かつ合法であると仮定すれば，価格の差別化は「すきま産業」（niches；ニッチ産業）の差別化に利用することができる。セグメント別価格戦略は，次の条件があるときに適用しやすい。
(1) ある製品またはサービスは，市場によって異なる有用性をもつ。
(2) 製品またはサービスは，色々な地域ごとのニーズに合わせて変えることができる。

5 再販制度と価格

わが国特有の価格制度としては，**再販制度**（再販売価格維持制度）がある。これは協定価格の一種で，メーカーが指示した卸価格または小売価格をいう。

価格競争の結果生じる値崩れ現象が及ぼす経営上の最大の問題は，メーカーと流通業者の利益の確保を困難にすることである。そこで，特定のメーカーから流通業者が商品を仕入れて他に転売（再販売）する際に，価格の維持を図るために建値を維持する戦略をとることがある。これが再販制度である。

再販制度は，メーカーや流通業者には利益を及ぼす。しかし，再販制度により，多数の一般市民が量販方式による流通近代化の阻害や，販売市場でのブランド間の競争の阻害，あるいは再販価格のために商品の価格が引き下げられないなどの弊害がある。

以上のように，不公平な取引を強要するため，再販制度は国民生活への影響が大である。そこで，書籍，新聞，雑誌，CD，一部の医薬品など公正取引委員会が指定した特定の商品を除いては，独占禁止法が適用されて自由な競争を促している。

6 その他 ─ せり売買，フェイズアウト・プライシング，ロングテール

価格戦略としては，以上の他，魚，野菜，果物，骨董品，美術品などに適用される"**せり売買**"（auction；競り売り）がある。東京であれば，築地魚市場では，公平・公正・公開を原則に，せり売買または入札によって価格が決定されるのが，有名であった。

また，早晩市場から消え去る商品に高い価格が段階的に適用される**フェイズアウト・プライシング**（phase-out pricing）がある。加えて，最近ではインターネット・オークションの価格決定などもある。

さらに，インターネット上の現象として，**ロングテール**（long tail）現象が見られる。ネット販売では膨大な商品を低コストで販売することができる。そのため，ニッチ商品（例えば，絶版になった著書でも1冊何万円もする商品）をたくさん販売することによって，多大な利益をあげることができるようになった。

最近のマーケティングの常識では、セブンイレブンなどでは売れ筋商品を品ぞろえすることで大量の商品を低価格で販売する。対して、ネット販売で活用されるロングテール戦略では、ニッチで多品種の小量の商品を高い価格で販売することで多大な利益を得ることができることに特徴がある。

5　現実の価格決定の類型と会計モデルの適用

現実の価格決定モデルには各種のタイプがあり、価格決定のタイプが異なるごとに各々に用いられる価格決定方式が異なる。本節では、下記の順序に従って現実の価格決定問題への会計モデルの適用を考察する。

(1)確定価格契約と原価加算契約、(2)短期価格決定と長期価格政策、(3)導入期、成長期、成熟期、衰退期の価格決定、(4)新製品と既存製品の価格決定、(5)完全独占的製品と完全競争的製品の価格決定、(6)公共調達に関する価格決定と契約形態。

1　確定価格契約と原価加算契約

請負契約においては、価格決定の契約には確定価格契約と原価加算契約とがある。**確定価格契約**（fixed price contract）では、原価のいかんにかかわらず、市場価格等に従った一定の契約価格が定められる。契約は一般に確定価格によって取り決められる。確定価格契約では、価格は原価だけでなく種々の要因を考慮に入れて決定される。

原価加算契約（cost-plus-contract；コスト・プラス契約）では、原価に一定の利益が加算されて価格が決定される。このような契約がなされるのは、新製品の受注、長期請負工事、軍需品などで参考にすべき市場価格がない場合や、受注者が事前に原価を見積もることが困難なことがあるからである。原価加算契約に基づく価格決定は、一般に、次の4つのステップを通じて行われる。

第1のステップでは、製品の生産に必要な労働用役、原材料、設備等を見積もる。併せて、それらの経営資源が調達可能であることを確認する。

第2のステップでは、原価を見積もる。標準原価表があれば科学的な見積もりが可能である。原価加算契約によるときには、契約条件の範囲内で契約履行

に関連して発生した合理的な原価に一定の利益を加算して価格を決定する。

契約原価は製造原価に販売費・一般管理費を加えた総原価によって計算し，原則として利子は"原価"には加算されない。とはいえ，契約企業にとって利子は何らかの形で回収せねばならない資本コストである。

国防省では，連邦調達規則によって，資本コストとしての利子は非原価ではあるが許容原価として回収される。他方，防衛省では，利子はいまやグローバルスタンダードになっている資本コストとして説明するのではなく，利子が総原価，利益と同列に扱われ，裸価格［櫻井，2017, p.60］の１つとして回収されることになる。具体的には，防衛省の「調達物品の予定価格の算定基準に関する訓令」において，総原価に支払利子と利益を加えたものを裸価格と呼び，それに梱包費および輸送費を加えたのを計算価格と呼称している[9]。

米国の原価計算基準審議会［CASB, 1973, p.173］が制定した「原価計算基準」では，標準原価が用いられるときにも契約完了時には実際原価に修正されるべきであるとされている。価格決定に直接原価が用いられることはない。

IFRSでは，請負契約は固定価格契約と原価加算契約に区分している（IAS 11.6）。契約の内容が工事契約の場合，①特定の契約に直接的に係る原価，②契約活動に全般的に帰属し当該契約に配賦できる原価，および③契約条件いかんによって，顧客に負担させうるその他の原価が含まれる（IAS 11.16）。つまり，一般管理費・販売費や研究開発費，遊休の工場設備の減価償却費は契約原価に含めることができる（IAS 11.20）。工事契約の収益と費用の認識については，**工事進行基準**による。つまり，工事契約のアウトカム（成果）について信頼をもって見積もることができる限り，工事契約に係る収益と原価は報告期間末の契約活動の進捗度に応じて認識しなければならない（IAS 11.22）。ただし，契約原価が契約収益を上回ることが判明したときには，予測される損失を直ちに費用として認識しなければならない（IAS 11.36）。

第３のステップは，目標利益の決定である。総原価に加算されるべき利益に関連して，原価加算方式には次のような種類がある。

(1) **原価プラス一定率利益契約**（cost-plus-percentage contract：**CPP**）

この契約では，受注者に対して原価を補償し，これに一定の利益率を乗じて計算した利益を加えて価格が定められる。受注者にとって，原価が高くなれば

それだけ加算すべき利益も多くなるから，受注者は原価節約に努力しようというインセンティブを失う。それゆえ，受注者が無差別に原価を高めうるような計算制度のもとでは，発注者にとって潜在的な危険がある。そのため，現在では，純粋な意味での原価プラス一定率利益契約はほとんどみられなくなった。

(2) **原価プラス確定利益契約** (cost-plus-fixed-fee contract；**CPFF**)

この契約では，受注者に対して原価に一定額の確定利益を加算して価格が決定される。利益の額は製品1個当たり何円とか，投資利益率を参考にして定められる。利益が原価によって左右されることはないから，(1)の方式の欠点を防ぎうる。ただし，確定された利益は，一度確定されると原価のいかんにかかわらず，変わることはない。

(3) **奨励式原価補償契約** (incentive contract)

奨励式原価補償契約は，原価を補償し，利益については契約当初に設定した目標原価と実際原価とを比較して調整を行う原価補償契約である。すなわち，契約当初に目標原価，目標利益，そして最高利益および最低利益を定めておき，契約完了時に，実際原価が目標原価よりも少なければ利益を目標利益以上にし，逆の場合には目標利益より少なくなるように調整する。アーンド・バリュー・マネジメント（Earned Value Management; EVM）[10]は，原価加算契約にインセンティブ・システムを加味した奨励式原価補償契約の一種である。

原価加算契約としては，以上3つの代表的方法のほか，(4)制限条項付原価補償契約，(5)実費補償契約などもある。

(4) **制限条項付原価補償契約**は，受注者に対して原価に利益を加算して支払う場合，支払額に一定の制限額を設ける契約で，原価プラス確定利益契約の一変形であるともいえる。

(5) **実費補償契約**は，原価が補償されるだけで，利益は一切支払われない売買契約である。

第4のステップは，市場の状況を勘案したうえでの実際販売価格の決定である。仮に，競争製品が目標価格よりもはるかに低い価格で販売されているようなときには，実際の価格も目標価格よりも低くつけられなければならないことになろう。逆の場合には，高い価格が許容されることもある。このように，合理的な価格は現実の市場状況に照らしたうえで決定される。

原価を基準にした価格決定の方式は，防衛産業だけでなく宇宙航空研究開発機構（JAXA），建築業など相当多数産業の企業によって採用されている。この方式によれば，次の利点がある。①不確実性を回避できる，②企業存続にとって欠かせない価格を決定しうる，③競争業者の長期価格目標を予測しうる，④価格決定の権限を下位の経営者に委譲できる。そのため，原価加算方式は安全な価格決定方式であることが知られており，これらのことが原価加算方式の価格決定を支えていると考えられている。

2　短期価格決定と長期価格政策

当座の契約とか，1か月から1年にわたる販売方針に従った価格決定が，短期価格決定である。短期価格決定は一般に設備投資をともなわず，業務的意思決定の性格を有する。**短期価格決定**のためには，限界利益または貢献利益が重要な意義をもつことが少なくない。

長期価格政策は，5年ないし10年といったような長期にわたる方針として価格が設定される。長期価格政策は一般に経営構造の変革をともなう価格決定を含む。長期的には販売費・一般管理費を含むすべての原価が回収されなければならないし，製造間接費の配賦計算に関わる季節的変動も長期的には平準化されるから，短期的には増分分析法が活用されることがあるにしても，長期価格政策には全部原価の回収が図れるような価格決定法が活用されるべきである。

長期的にはすべての原価を回収して，投下資本の回収額に適切な利益を加算した価格が設定される。その意味では，長期価格政策には少なくとも総原価が確保されるべきであるとするのが，一般の常識にも合致する。

3　導入期，成長期，成熟期，衰退期の価格決定

標準製品の基本的特徴は，導入期，成長期，成熟期，衰退期というライフサイクルを描く。以下では，この分類基準をもとに，製品のライフサイクルと価格決定との関係を考察する。導入期から衰退期までのライフサイクルを売上高，製品マージンを中心に図示すれば，図17-4［Monroe, 1979］のようになる。

導入期においては，新製品の価格決定には広範な弾力性があり，最初の価格決定が製品のイメージに影響を及ぼすから，導入期の価格決定は企業にとって

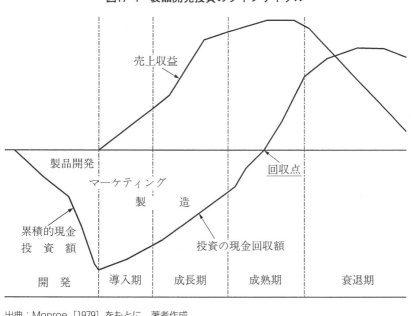

図17-4 製品開発投資のライフサイクル

出典：Monroe [1979] をもとに，著者作成。

重要な意味をもつ。この段階の価格決定では原価の果たす役割は大である。例えば，新製品のために費した開発費は固定費の性格をもつから，単位当たりいくら負担させるかが重要な問題になる。新製品を発売した当初には，一般に製品の単位原価は高くなり，生産効率は悪い。そのため，全部原価に利益を加算して価格を決定しようとすると，顧客を逃してしまう怖れがある。新製品には，しばしば創業者利益が見込まれるが，仮に創業者利益を見込めないようなときには，価格を低めに設定し，売上促進を図る（浸透価格戦略を採る）こともある。

成長期になると，多くの競争会社が市場に参加してくる。この段階になると市価が確立され，価格決定における自由裁量の範囲が狭められてくる。次第に生産効率は上昇し，単位原価は減少してくる。この段階での価格決定の中心は，会社が樹立した目標利益の額を生み出すのに十分な売上高を確保できる価格の選択である。

成熟期になると，顧客は価格の相違に敏感になってくる。どのブランドでも品質に違いがなくなってくるが，顧客の選択はほとんど価格をもとに行うようになってくる。そのため，この段階では原価低減を図り，競争会社よりも低価格での販売が重要になる。

衰退期になると，変動費の確保が企業にとって重要性をおびてくる。その理由は，設備や開発費の償却は終わっているので，変動費だけの回収で最低補償価格となりうるからである。この段階における意思決定問題は，生産量の決定と次の設備の投資意思決定に集中する。

4 新製品と既存製品の価格決定

この分類基準は，元来，製品のライフサイクルを基準にした分類であるともいえる。その意味では，導入期，成長期，成熟期および衰退期という製品のライフサイクルと，本項での記述は極めて深い関係にある。

新製品の価格決定では，(1)価格の変化に対する売上数量の変化，(2)他社が満足しうる競争製品を生産しうるか否か，の２つの要因を考慮する必要がある。新製品は一般に需要の価格弾力性が低い。そのため，新製品は最初のうちは高い価格をつけて，その後徐々に値下げしていく。テレビや電卓などには新規の売り出し中にその新奇さのゆえに，相当高い価格がつけられたことなどがその例である。逆に，潜在市場が大で，競争会社の製品売り出しや代替品の出現が比較的早いと見込まれている場合には，最初に高い価格をつけるのは必ずしも妥当ではない。最初に低い価格をつけて市場に売り込み，その後，順次に高い価格をつける。図17-4では，このパターンを前提にして作図してある。

既存製品の価格決定は，標準製品と受注製品とで異なるパターンを示す。まず，標準製品の価格決定は競争の影響を直接受け，原価が価格を決定することは短期的には稀でしかない。そこでは需要供給の法則が働き，販売価格は売上数量に影響を与える。価格の引き下げは他の条件を所与とする限り，売上数量の増大をもたらす。逆に価格の引き上げは売上数量の減少をもたらす。一般には，価格が先行して，所与の価格に引き合わせるためにはどこまで原価を引き下げるべきかということで，コスト競争力が価格の決定要因になる。

5 完全独占的製品と完全競争的製品の価格決定

会計学でこれまであまり顧みられることのなかった問題の1つに，価格決定と競争状況の関係の究明がある。現代の自由経済社会において，実際には競争状況が価格決定に多大の影響を与えていることから，価格決定問題を検討するうえで競争状況を全く無視し続けることは許されない。

価格決定における競争状況を考察するためには，会計学は経済学の成果を積極的に導入しなければならない。経済学的アプローチを借りて競争状況を考察するには，競争状況の関係を，①完全独占的製品と，②完全競争的製品に区分し，さらにその中間的性質のものとして，③不完全競争市場における競争的製品を識別することができる。

完全独占的製品では，企業は価格決定を独自に行いうるから，原価計算によって提供される情報は重要な要素になる。潜在的競争を除けば，完全独占企業は現実の競争者を恐れることなく自由に価格を設定することができる。とはいえ，あまり高い価格をつけることは新規参入の誘引となるから，短期的には高い価格がつけられるにしても，通常は長期的には適正利益が得られるような価格を設定する。このような場合に利用される原価情報は増分原価ではなく全部原価である。電気，ガスなどの公益事業の製品も独占的製品に属する。

完全競争的製品の場合には，企業は自主的に価格を決定できる立場にはなく，価格は所与として受け入れなければならない。価格は，個々の企業によってではなく，市場の需給関係によって決定され，個々の企業の原価情報は価格決定に支配的な影響を与えることができない。完全競争市場における製品の場合に，価格は企業の全部原価情報によって決定されるというよりも，原価と利益との関係でどこに操業度を決定するかが重要な問題になる。そこでは変動費や限界利益情報が重要性をもち，企業の利益計画のなかで価格が決定される。

現実の企業は完全独占や完全競争下におかれていることは稀でしかなく，その中間としての不完全競争市場にある。例えば，**寡占企業**の製品は，通常は全部原価を基準にして価格がつけられる。だが，ひとたび寡占企業が競争業者をしめ出そうとするときには，価格を限界原価に近いところまで引き下げるかもしれない。これは競争業者の価格引き下げという対抗措置を受けることを予想

してなされる。

6　公共調達に関する価格決定と契約形態

　省庁，地方自治体，独立行政法人など公的機関の調達品に関しては，競争性や透明性を確保することが必要である。公的機関の調達品は，競争契約と随意契約とがある。競争契約が望ましいことはいうまでもない。
　競争契約は，一般競争契約と指名競争契約とに区分される。**一般競争契約**は広く一般に公告して競争に出す契約形態である。**指名競争契約**では，価格の上限を決め，複数の業者を指名し，指名された者だけの間で価格競争をさせて最も有利な条件を提供する相手方と契約する。**随意契約**は，任意に適当と思われる業者を選んで結ぶ契約である。随意契約が適用できるのは，①法令で決められているもの，②競争にだすことが不利であるとき，③他に入札者がいないとき，④防衛装備品，⑤緊急を要するときに限定される。
　受注者の決定方式にあたって，競争契約の場合は，最低価格落札方式と総合評価落札方式とがある。**最低価格落札方式**では，最低価格をもって入札した業者を自動的に契約の相手方として決定する。**総合評価落札方式**は，入札価格に加え，性能，機能，技術等をあらかじめ公表された審査基準に基づいて総合的に評価して受注者を決定する。随意契約のときには，単純随意契約（特命契約ともいう）のように法令などにより明確に特定されている契約があるが，望ましくは，企画競争か契約事前確認公募によることになっている。**企画競争**は応募者複数の公募で，あらかじめ公表された審査基準に基づいて，審査委員会で特定の業者を選定する。**契約事前確認公募**は，他に業者がいないことを確認したうえで行われる公募である。研究開発などを委託するには，特殊な技術や設備等が不可欠であり，特定の応募者を選定する。

7　レベニューマネジメント

　需要が集中する季節・時間帯は価格を割高にして需要を抑制し，需要が減少する季節時間帯は割安にして需要を喚起する。現在，レベニューマネジメント（revenue management）は，主としてホテル業界の宿泊料金，航空運賃の算定などに導入されている収益管理の手法である。

ホテル業界では，観光地ではウイークデイの宿泊料金を値下げし，金・土曜日や休日は大幅に値上げすることで利益を確保することがしばしば行われている。**航空運賃**では，夏休みなどでは料金をダイナミックに変えて利益を確保する。早期割引もある。これらは現在，レベニューマネジメントの中心的なテーマとして議論されるようになった。

　レベニューマネジメントとは，「変化する需要予測をもとに，販売量と価格を調整することによって収益を最適化する方法」のことをいう。言い換えるならば，レベニューマネジメントは，需要に応じて販売価格と販売数量を変えることで企業利益の最大化を目指す手法であるともいえる。著者の経験では，1983年から1984年にかけて，しばしば宿泊した米国のピッツバーグにあるビジネスホテルでの宿泊料金が，ウイークデイには100ドルであるのが，日曜日には50ドルになることを知って，可能な限り日曜日に宿泊しようとした経験がある。それが，著者にとってのレベニューマネジメントを知った原点である。

　管理会計におけるレベニューマネジメントの研究は，当初，顧客別収益性分析のための**イールド・マネジメント**として始まったといってよい。

　青木［2006, pp.147-165］は，イールド・マネジメントを顧客別収益性分析に統合することにより，短期的な視点に陥りがちなイールド・マネジメントをより長期的な視点から考察した。さらに続いて青木［2008, pp.75-84］では，サービス産業におけるイールド・マネジメントを顧客価値管理に結びつけることによって，イールド・マネジメント，ロイヤリティ・マネジメントおよび顧客価値の管理の統合によるサービス産業の収益性管理の意義を明らかにした。

　レベニューマネジメントの中心的な産業は，航空機とホテル産業である。青木・植竹［2016, pp.15-26］は，航空機の利用に伴うエリアの宿泊業界における収益性管理手法の実態を調査した。この調査は，飛行機の利用が多い北海道と沖縄を調査したもので，経年的にレベニューマネジメントを実施しているホテルが増加していること，および約４割のホテルでシステムとして収益管理が実施されていることなどを明らかにした。植竹・青木［2017, p.15-25］はさらに，インタビュー調査に基づいて，ホテルにおけるレベニューマネジメントにレピュテーションが及ぼす影響を調査した。その結果，ほとんどのホテルでは口コミとその対応が購買行動に大きな影響を及ぼしていることを明らかにした。

加えて，レベニューマネジメントがホテルのレピュテーションの向上にも大きく寄与していることも明らかにした。

レベニューマネジメントは，宿泊料金や航空運賃にのみ適用されているわけではない。東日本大震災を契機として，北九州スマートコミュニティ創造事業で**ダイナミック・プライシング**（dynamic pricing）が活用されたことによって，一躍，注目を集めた。北九州市の電力料金に適用されたこのダイナミック・プライシングもまた，広い意味ではレベニューマネジメントの一環として位置づけることができると考えられる。

北九州市のダイナミック・プライシングの目的は，「主に**電力**供給側のニーズにより，個々の需要家の経済合理性に基づく動機づけを行うことで，省エネ，ピークカット，ピークシフトなどの行動を促し，効率的安定的なエネルギー需給の体制構築を目指す」［北九州スマートコミュニティ創造協議会, 2011年, p.5］。電力の需給状況に応じて，インセンティブを含むダイナミック・プライシングを実施することで，安定的な電力の供給を行うことが意図された。

なお，レベニューマネジメントは主に管理会計の立場から研究が行われてきたが，原価計算の立場からの研究も始まっている。片岡［2015, p.92］は，「どの製品（原価計算対象）によって，どのようにして収益を獲得するのかという視点からも同時に検討し，企業が持続的に収益性を改善できるようにすることが肝要」という立場から，レベニューマネジメントと収益性分析にチャレンジしている。片岡［2015, pp.95］ではとくに，販売価格の差別化，製品やサービスに対する顧客需要への影響までも研究領域に含めていることも注目される。

なお，新幹線でも，ビッグデータを使って座席予約の需要を予測することで空席が目立てば特急料金を安く促して利用を促すという構想が大宮駅で実証実験が始まっている［日本経済新聞 電子版, 2018年12月3日］。これはまさに，AI（人工知能）のレベニューマネジメントへの応用でもある。

注

1）経済学の常識では，米などの農産物は価格決定の余地はないと説かれてきた。しかし，最近のわが国では，コシヒカリ，ササニシキ，ひとめぼれ，といった高品質のお米が出回ってきた。他の農産物でも，差別化が盛んになってきた。

2）寡占（oligopoly）は，製品・サービスが少数の供給者によって支配されている

状況をいう。1社であれば独占，2社は複占，少数であれば寡占となる。自動車，鉄鋼，石油精製，ガラス製品製造などは，比較的わずかな製造業者がいて，新たな参入者には参入障壁が横たわっているのが普通である。

3）会計モデルに限って，日本企業における価格決定の方法は，著者の調査によれば，次のとおりである。

わが国の価格決定の方法

長期短期の別 価格決定法	短期価格決定		長期価格決定	
	会社数	比率	会社数	比率
全部原価プラス利益法	108(社)	35(%)	116(社)	36(%)
加工費法	28	9	28	9
投資利益率法	12	4	16	5
売上利益率法	143	46	155	48
その他	4	1	0	0
無回答	14	5	6	2
合　　計	309(社)	100%	321(社)	100%

資料：櫻井通晴「わが国の価格決定に関する実証的研究」『専修経営学論集』第42号，1986年9月，p.18.（上場第1部の全製造業を対象に調査，740社の経理部長のうち，394社が回答（回収率は53%），調査は1985年9月）。

4）防衛庁訓令第35号「調達物品の予定価格の算定基準に関する訓令」の第3章第10節は，利益（第74条〜第79条）に関する条項である。結論をいえば，防衛装備品の調達価格の算定における利益の算定方式は，従来の自己資本利益率から，現在では当該事業の**経営資本利益率**に移行している。また，契約履行難易度調整係数は単なるコスト・プラス方式ではなく，生産等の**難易度を加味した決定方式**でもある。

　その計算プロセスを理解することは極めて難解であるが，可能な限り，分かりやすい表現で表せば，次のようになろう。**利益**の額は，利益＝総原価×利益率で計算する（第74条）。**利益率**は，利益率＝基準利益率×契約履行難易度調整計数で計算する（第75条）。**基準利益率**は，基準利益率＝標準利益率×事業特性調整計数（第76条第1項）。**標準利益率**は，標準利益率＝（標準営業利益－標準経営資本×標準金利）／標準総原価×100（第76条 第2項）。**標準経営資本**の範囲は，総資産のうち，経営資本に直接関連するものとする（第76条 第3項）。**事業特性調整係数**は，事業特性調整係数＝標準経営資本回転率／（（標準経営資本回転

＋当該事業の経営資本回転率）÷2）（第76条 第4項）。**標準経営資本回転率**は，標準経営資本回転率＝標準総原価／標準経営資本×100（第76条 第5項）。

　契約履行難易度調整計数は，当該調達物品等の契約履行上の難易度を考慮して定める（第77条）。**利益率**は，第76条の規定により難いときには，事業特性調整計数に必要な調整を加えることができる（第78条）。第39条に，一般管理費及び販売費，利子並びに利益は，これらを包括して**総利益**とする（第3項）と規定されている。加えて，その次の項では，「製造間接費，一般管理費及び販売費，利子並びに利益は，これらを包括して総利益とみなすことができるとされる。この場合における製造原価は，製造直接費とする」（第4項）という規定がある。この第39条の規定により**包括利益の計算**を行った場合には，そこで用いられた製造間接費率，一般管理費率及び販売費率，利子率又は利益率を包括した率をもって計算するものとする（第78条）。なお，第39条の第3項と第4項は，総利益に2つの定義をあたえている。

　一般管理費及び販売費，利子並びに利益は，これらを包括して総利益とするとしているところや総利益に2つの定義を与えているところなどは，原価計算の専門家にとっても理解が難解であると思われる。詳細は，櫻井［2017, pp.60-61］を参照されたい。

5）マーケティングでは，良いモノを作れば売れるといった企業の論理で商品開発や生産を行うアプローチのことを，プロダクトアウト（product out），顧客のニーズを優先し，顧客の視点で商品の企画・開発を行う方式を，マーケットイン（market in）と称する。

6）日本生産性本部の『適正利益計算基準』は，中西寅雄を委員長として，鍋島達，松本雅男，諸井勝之助，青木茂男，岡本清，山口達良，石塚博司といった，当時のわが国での最高の研究者によって作成された。この基準の作成にあたっては，その"はしがき"で防衛庁陸上幕僚監部等が絶大な協力を果たしたと記されている。同書では，現代の契約価格算定の高い水準からなる諸概念が紹介されているにも拘わらず，その後の防衛省ではこの研究成果が殆ど生かされていないのは，誠に残念でならない。

7）投資利益率は，具体的には総資本利益率，総資産利益率，経営資本利益率，自己資本利益率などが想定されるが，「訓令」では自己資本利益率に代えて，現在では経営資本利益率が使われている。しかし，経営資本利益率による場合でも，投資利益率がもつ欠点はそのまま残る。そのため，現行の「訓令」では，①契約難易度調整係数，②事業特性調整係数を用いて，利益率を調整する他，③超過利益返納条項付契約（契約業者に超過利益が生じた場合には，当該超過利益を国に返納させる制度），④作業効率化促進制度（現在の設備や工程に変更を加えない

で作業効率を効率化させる制度。2004年に制定された制度は2013年，2015年に変更されている。業界の反発があったからである）。⑤インセンティブ契約制度（企業努力でコストの低減が実現した場合には，低減額の一部を企業に付与する制度。ただ，実際の活用例は，1999年から2007年までわずか2例に留まっている）。原価計算と管理会計に精通した読者でも，「訓令」を理解するのは至難の業である。利益の計算に関わる「訓令」の解説は，櫻井［2017, pp.21-29］を参照されたい。
8）売上利益率は，売上高利益率ともいう。その他，窪田［1987, pp.110-112］では，売上利益率のことを外掛けの値入率と表現している。
9）防衛庁［2007］の「訓令」は，現代の原価計算理論や経営財務の理論に精通した研究者にとっても，理解が難しい用語と内容からなる。
10）EVMとは，プログラムのパフォーマンスと進捗度を客観的な方法で測定するための手法である。建設業を中心に活用されている。詳細は櫻井［2017, pp.262-298］を参照されたい。

参考文献

CASB (Cost Accounting Standards Board), Standards Rules and Regulations, Part 407, Use of Standard Costs for Direct Material and Direct Labor, 1973.

DeCoster, Don T. and Eldon L. Schafer, *Management Accounting, A decision Emphasis*, A Wiley/Hamilton, 1976.

Monroe, Kent B., *Pricing ; Making Profitable Decisions*, McGraw-Hill, 1979.

Montgomery, Stephen L., *Profitable Pricing Strategies*, McGraw-Hill, 1988.

青木章通「キャパシティ制約型サービス産業における収益管理―イールド・マネジメントと顧客収益性分析との統合―」『専修経営学論集』No.83, 2006年。

青木章通「サービス産業におけるイールド・マネジメントと顧客価値管理との関係」『原価計算研究』Vol.32 No.1, 2008年。

青木章通・植竹朋文「航空機の利用を伴うエリアの宿泊業界における収益管理手法の変遷」『専修マネジメント・ジャーナル』Vol.6 No.1, 2016年。《https://www.nikkei.com/article/DGXMZO38461370T01C18A2X13000/?fbclid=IwAR1a-Hgl-Sg2THyjDCiL4eb-JFIAwzB0HENYmcACcDbo2WYTm4v37zJSKp8》

植竹朋文・青木章通「ホテルにおけるレベニューマネジメントにレピュテーションが及ぼす影響―インタビュー調査に基づく検討―」『専修マネジメント・ジャーナル』Vol.7 No.1, 2017年。

片岡洋一「レベニューマネジメントと収益性分析」『會計』167巻1号, 2015年。

北九州スマートコミュニティ創造協議会「北九州スマートコミュニティ創造事業」次世代エネルギー・社会システム協議会, 2011年6月23日。

窪田千貫『価格戦略―競争価格の決め方と値下げ防止対策』同文舘出版, 1987年。
熊谷尚夫『近代経済学』日本評論社, 1964年。
櫻井通晴「わが国の価格決定に関する実証的研究―アメリカ・カナダ企業との対比において―」『専修経営学論集』第42号, 1986年。
櫻井通晴『契約価格, 原価, 利益―管理会計の視点による防衛装備品の効率的・効果的な開発と生産―』同文舘出版, 2017年。
防衛庁訓令第35号「調達物品等の予定価格に算定基準に関する訓令」2007年8月27日省訓第138号。

第5部　戦略策定のための管理会計

　日本企業はこれまで一貫してモノづくりにこだわりをもち，良いモノを安くつくることで世界に誇れる製品とサービスを提供して，TQC，かんばん方式，リーン・マネジメント，原価企画など，原価管理や品質管理の手法を編み出して，1980年代までに世界第2位（現在は3位）の経済大国としての地位を築いてきた。

　しかし，韓国や中国など，アジアの国々からの廉価で高品質な製品の提供によって，日本の過去の強みと栄光は急速に陰りを見せてきた。今後の日本企業に必要なことは，廉価で高品質の製品とサービスを提供するための業務効率の向上に努力することはもちろんのこと，知的創造力の有効な活用によって戦略的な経営を行っていくことである。

　第18章では，管理会計において日増しに重要性が増してきた経営戦略について，日本企業にとって必要な経営戦略のあり方を考察する。具体的には，競争戦略，創発戦略，資源ベースの戦略論を中心にして議論を展開する。戦略策定のための手法としては，SWOT分析，製品のライフサイクル，PPM，競争ポジションの評価，価値連鎖分析，サプライチェーン・マネジメント，アウトソーシング，EMS，シェアード・サービス，SLAについて検討する。理論的な面では，戦略的管理会計の潜在的な可能性も検討する。

　戦略を中期経営計画に統合させて戦略的な経営を行っていくためには，バランスト・スコアカードの活用が効果的である。第19章では，バランスト・スコアカードの意義と活用方法について述べる。バランスト・スコアカードは，株主や金融機関との関係で財務の視点，顧客関係，業務改善では内部ビジネス・プロセス，従業員のための学習と成長といった総合的な観点から，戦略マップを用いてビジョンと戦略の効果的な策定と実行を確保するとともに，業績評価システムとして，また経営の品質向上に資するなど，経営の諸目的に役立ちうる。戦略的マネジメント・システムとしての活用方法も考察する。

　従来，企業価値の大部分は有形資産によって創造されていたが，近年では半分か，それ以上の企業価値が無形の資産によって創造されるようになってきた。インタンジブルズ（無形の資産）は，戦略によって価値創造の大きさが決定される。インタンジブルズは，バランスト・スコアカードによって管理するのが適している。第20章では，インタンジブルズとコーポレート・レピュテーション（企業の評判）の企業価値への影響を考察する。

第18章

経営戦略の管理会計への役立ち

1 経営戦略の意義と必要性

　1980年代までの日本企業の強みは，高品質の製品を低価格で提供することにあった。そのため，管理会計の主要な役割は，策定された戦略をいかに実行するかに力点がおかれていた。しかし，1991年のバブル崩壊以降，とくに2000年以降の日本企業は，人件費の安いアジアを中心とする海外への工場進出，米国に並ぶほどの強い経済競争力をもつに至った中国の出現などによって，業務効率の改善だけでは日本企業の発展を図れなくなってきた。いまや日本企業は適切な経営戦略に基づく経営の重要性が日増しに高まってきている。

1　経営戦略とは何か

　経営戦略とは何か。**戦略**（strategy）という言葉は，元来は，軍事用語として使われていた。経営学で最初に戦略問題を問いかけたのは，ドラッカーであった。1960年代になって，チャンドラーは戦略問題にチャレンジし，戦略をもって「企業の基本的長期目標と目的の決定，とるべきコースの採択，および目標遂行に必要な資源の配分」［Chandler, 1962, p.13］であると定義づけた。
　戦略では，「企業とその環境との関係」に焦点がおかれる。アンゾフ［Ansoff, 1965, p.5］が指摘しているように，経営戦略は内外の**環境**との適応を図りながら企業の内部資源と技術力を企業目的の達成に結集させる。戦略は一般に，企業目的を達成するためのシナリオないし目的達成のやり方に関係する。戦略の策定においては，組織のミッションやビジョンに沿って，一定の成果を達成するための計画が設定される。戦略を戦術と比較すると，戦略の方がはるかに長期的・大局的である。
　ドラッカーとチャンドラーのアイディアを統合して発展させたのが，アンド

リューズである。つまり，戦略は，「会社はどんな事業に属しているか，あるいは，どんな事業に属すべきか，または，どんな種類の会社なのか，あるいはどんな種類の会社であるべきかを明確化するように表明された会社の主要な目的，意図，あるいは目標ならびにこれらの目標を達成するための基本的な方針と計画などからなる構図である」［Andrews, 1971, p.28］としている。

　アンドリューズは，戦略の概念に企業の目的や目標を含めている。しかし，企業目的の設定は戦略と切り離すべき［Hofer and Schendel, 1978, p.5］である。なぜなら，企業目的の設定は，戦略策定とは全く異なる手順で設定されるからである。

　チャンドラーにしてもアンドリューズにしてもいずれも，戦略はトップ自らがトップ直属の経営企画室によって意図された計画的戦略として策定されることを前提にしている。また，戦略をガイドラインとか，構図のような行為の道筋として捉えていることに，これらの論者にみられる共通の特色がある。

　以上でみたとおり，一方では，戦略は目的達成のための計画であると定義づけられる。戦略策定の機能は，意図された戦略を明確にし，戦略の達成に必要な政策の策定を支援する。そのプロセスは，究極的には戦略的ポジションの探索に帰着する。他方では，戦略は時とともに進化する行動のパターンとみなされる。そのため，「戦略の正確な定義などは，幻想でしかない」［Chapman, 2005, p.11］という意見も現れる。では，戦略の定義づけが困難なのはなぜなのか。

2　戦略のもつ5つのP

　戦略の定義は，論者の数と同じほど存在する。戦略の概念が論者によって大きく異なるのは，戦略にはいくつかの顔（側面）があるからである。ミンツバーグは，戦略には5つのPがあるとして，戦略のもつ多面性を説明している。ミンツバーグの著書［Mintzberg et al., 1998, pp.9-15］を参考にして，以下で，典型的な側面を5つのP—計画，パターン，ポジション，パースペクティブ，策略—から，戦略の多面性とその性質を述べる。

　戦略は，**計画**（Plan）の側面をもつ。言い換えれば，戦略は将来の指針や行動計画である。この見方は，現在でも多くの経営者の支持を得ている。しかし，

過去の行動をみると，戦略は意図した計画に従うだけではなく，しばしば一貫した行動のパターン（行為にみられる一貫性）をとる。つまり，戦略は**パターン**（Pattern）として捉えることができる。

企業は計画に基づく戦略を展開するとともに，過去の実績から一定のパターンを見出す。前者を「意図された戦略」，後者を「実現された戦略」という。完璧に実現されることを意図した戦略を計画的戦略と呼ぶのに対して，実現された戦略は最初から明確に意図されたものだけではなく行動の1つひとつが集積されて，学習する過程で戦略の一貫性やパターンが形成されることもある。形成された戦略は，現場の人々から創発された戦略であり，それは**創発戦略**（emerging strategy）と呼ばれる。戦略はトップによって計画的に策定されると同時に，ミドルやロワーから創発的に形成される。

ポーターにとって戦略とは，他社とは異なる一連の業務活動をともなった，独自性のある価値の高い**ポジション**（Position）を創造すること［Porter, 1996, pp.61-78］を意味する。ポジショニング学派の人々にとって，戦略は特定の市場において特定の製品を位置づけることに関連している。

戦略を基本理念に関連づけて，**パースペクティブ**（Perspective；ものの見方）であると捉える人々もいる。パースペクティブとしての戦略は，組織の内部で経営者が何を意図しているかをみるだけでなく，企業の外部環境をいろいろな角度から見渡すことである。

戦略は**策略**（Ploy）の側面をもっている。つまり，戦略には，敵あるいは競争相手の裏をかこうとする特別な策略ないし計画の意味がある。トロイの木馬は，あまりにも有名な策略である。ただ，策略が企業の取るべき健全な経営戦略なのかに関しては議論があろう。

サイモンズ［Simons, 2000, p.27］は，5つのPから策略を外して4つのPとしている。パースペクティブを外して，計画，パターン，ポジションの3つを重視する見解もあろう[1]。

以上の戦略に対する見方のうち，1980年代から1990年代にかけて最も多くの経営者からの支持を受けた見解が，マイケル・ポーター等によるポジションからの見方（**ポジショニング・スクール**）［Mintzberg et al., 1998］であった。そこでまず，ポーターのいう競争優位の戦略をみてみよう。

3 競争優位の戦略

企業の収益性は，産業構造だけでなく，業界内で自社をポジショニング（位置づけ）するうえで，いかなる経営戦略をとるかによって影響を受ける。マイケル・ポーター [Porter, 1985, pp.11-26] によれば，企業の事業戦略を推進するうえで，**競争戦略**（competitive strategy）には，基本的にコスト・リーダーシップと差別化の2つがある。さらに，業界内ですぐれた業績をあげるには，コスト・リーダーシップと差別化に加えて，集中戦略が必要である。図18-1は，コスト・リーダーシップと差別化の関係を表している。

図18-1 競争優位を獲得するための戦略

		競争優位	
		低コスト	差別化
競争の幅	広い目標	1．コスト・リーダーシップ	2．差別化
	狭い目標	3A．コスト集中	3B．差別化集中

出典：Porter [1985, pp.11-26].

(1) コスト・リーダーシップ

競合する他社より低コストを実現し，業界内でコスト・リーダーになることで競争優位を確立しようとする戦略である。同一の価格・サービスと品質で**コスト・リーダーシップ**（cost leadership）を確立すれば，規模の経済や範囲の経済による利益の確保が可能になる。コスト・リーダーシップを達成するためには，厳格なコスト管理が必要である。さらに，効率的な生産設備のプラントに投資し，製造原価を低減させ，経営をスリム化することが必要となる。

(2) 差別化戦略

差別化によって，競争業者よりも競争優位に立つ戦略である。**差別化戦略**（differentiation strategy）をとる企業は，顧客によって高く評価される属性をもつ製品の提供に焦点を当てる。その属性には，品質，信頼性，アフターサー

ビス，製品の入手の容易さ，製品のフレキシビリティなどが含まれる。

差別化の手段としては，4Pが知られている。第1は**製品**（Product）で，製品の品質や機能によって差別化する。第2は**価格**（Price）で，価格で他社と差別化する。第3は**流通**（Place；立地）で，流通業などの出店では重要な差別化戦略となる。第4は**販売促進**（Promotion）である。広告宣伝の成否が化粧品の販売をはじめすべての事業において大きな販売戦略になる。

(3) **集中戦略**

競争優位のための基本戦略には，コスト・リーダーシップと差別化のほか，集中戦略がある。**集中戦略**（focus strategy）は，狭いセグメントにおけるコスト集中（図18-1の3Aを参照）か，または差別化集中（図18-1の3Bを参照）を狙おうとする戦略である。ただ，実際問題としては，多くの企業は差別化戦略と低コスト・低価格戦略を組み合わせて経営を行っている。

企業がコスト戦略，差別化戦略のいずれかを採用したからといって，ただそれだけで企業に競争優位の源泉が生まれるわけではない。戦略の基盤になっている**コア・コンピタンス**（core competence）に資源を集中的に投入しつつ，競争戦略をとっていくことが必要になる。

4　日本企業の経営戦略への取り組み

経営戦略への関心は，一般に，次に述べる2つの要因の高まり［Ansoff, 1988, p.75］から起こる。それは，環境の変化と企業の内的な要因である。

第1は，環境の変化が戦略への関心を高める。つまり，過去との非連続と断続が経営戦略の必要性を高める。第2は，企業が挑戦課題，脅威，機会の変化に適応するにあたり，自社の目的だけでは戦略的な方向転換を導く意思決定ルールとして不十分になってきたとき，戦略転換の必要性が高まる。つまり，人件費の安いアジアに対する国際競争力の喪失にともなう産業の空洞化，国境のボーダレス化，為替の激変，ゼロサム・ゲームのもとでの競争激化など，日本企業が戦略的な方向転換をこれほど必要とする状況はいまだかつてなかったという意味で，2000年以降の日本企業は戦略的な方向転換を必要としている。

現在の多くの日本企業は，まさに上で述べた2つの点において，経営戦略を必要とする状況にあるといえる。

翻って，管理会計がこのような状況に対応すべく戦略的な要請に十分に応えてきたかというと，戦略的管理会計や戦略的コスト・マネジメントなどにおいてわが国でも理論的な研究が着実に進展しているものの，いまだ十分とはいえない。経営者の意識が戦略志向に傾いてきたことから，管理会計としても，そのような経営者のニーズに応えていくことが必要である。

5 業務効率化の限界と経営戦略の必要性

　過去，日本企業が得意としてきたのは，高品質のモノ作りと業務効率の絶えざる改善であった。TQCによる品質向上，原価企画による直接材料費の削減など，日本企業は1970~80年代にわたって，欧米に対して品質とコストの比較優位性を確保することができた。

　コスト・リーダーシップは，ポーター [Porter, 1996, pp.61-78] も指摘しているように，競争相手よりもしっかりと原価低減活動に取り組めば，比較的簡単にコスト優位を確保できる。加えて，個々の業務活動だけでなく，企業全体としてコスト優位と差別化に取り組むことによって，企業の競争優位を確保することができる。しかし，業務の効率化のみに頼る競争は，競争の制限以外には止めようもない消耗戦に突き進み，共倒れになる可能性を秘めている。

　業務効率の絶えざる改善は，日本企業にとって今後とも企業の成長と発展に欠かすことはできない。しかし，日本企業にとってそれだけでは不十分になってきた。アジアでの強力なライバルの出現により，経済成長が止まり，企業間競争がこれだけ激化している現在および将来のわが国企業では，業務効率の改善だけに邁進していたのでは，将来の展望はみえてこない。

　戦略の本質は，競争戦略を達成するための業務活動 [Porter, 1996, p.64] にある。競争優位を確保するには，少なくともライバルとは違う戦略が必要である。工業製品とは違って，収穫逓増の法則の働くソフト開発では，伝統的な組織でいかに業務効率を上げても，独創性あるソフトは生み出されない。

　家電メーカーが従来とは全く性質の異なる領域に進出するときには，生産効率を上げるだけでなく，戦略的にどこで生産すべきかが経営にとって重要な課題になってきた。賛否の議論があるにせよ，ソニーが設計，生産に特化したEMS（Electronics Manufacturing Services；電子機器の生産受託サービス）

に進出したのも，典型的な戦略の1つである。現時点における業務改善のための戦略的な課題の1つは，RPA（Robotic Process Automation；ロボティック・プロセスオートメーション，AI（Artificial Intelligence；人工知能），IoT（Internet of Things；モノのインターネット）をいかに経営に活かすかである。

2 計画的戦略と創発戦略

　ビジョンは，企業のおかれた競争的なポジションや企業環境を勘案したうえで示した，将来に対する挑戦的な目標である。戦略は，ビジョンに従って，企業の主要目的を遂行するために樹立される「企業の将来に関する意思決定のパターン（一貫した行動の型）」である。

1　意図された構想と実現されたパターン

　戦略を，パターンないし経時的に一貫した行動の型であるとする主張がある。例えば，ホーファーとシェンデルは，戦略を「組織がその目的を達成する方法を示すような，現在ならびに予定した資源展開と環境との相互作用の基本的なパターン」[Hofer and Schendel, 1978, p.25]であると述べている。つまり，戦略は資源展開と環境との相互作用の基本的なパターンであるとした。

　戦略がパターンであることを明確に説明づけているのは，ミンツバーグである。ミンツバーグは戦略を工芸的に練り上げていく陶芸品になぞらえて，戦略を「組織の将来に関する意思決定の**パターン**である」[Mintzberg, 1987, pp.66-75]としている。つまり，戦略は企画され，実現される（あるいはされない）が，それは過去のパターン（実現された戦略）をみれば分かる。とはいえ，計画が必ずパターンを生み出すとはいえない。知らず知らずのうちにパターンが明らかになることもある。

　例えば，セールスの現場では，セールスマンが顧客を訪問する。販売している製品に完全には納得できず，セールスマンと顧客が協力して，製品の改善を考えていく。セールスマンは自社に帰り，この改善を行う。2，3回改善を試みたあと，ついに満足すべき製品にまで仕上げる。新製品ができあがり，さらには新しい市場が開発されてくる。結果，企業全体として戦略の方向転換を促

すことになる。組織が硬直化した大企業においてセールスマンは戦略の策定に参加することはないが、優れた会社では戦略はこのような過程を経て形成されるのだとミンツバーグはいう。

戦略は策定される場合もあれば、次第に形成される場合もある。言い換えれば、戦略は状況変化に即して形成されることもあるし、戦略の立案から戦略の実行段階へと連続するプロセスを経て、論理的に策定されることもある。

パターンとしての戦略づくりは、意図された構想に対して、実現された戦略である。トップで立案された戦略が**意図された戦略**であるのに対して、現場の人たちがその戦略プランと市場の動向を加味して現場との擦り合わせを行ったうえで実現された戦略が、**創発戦略**である。戦略が最初から用意されているのではなく、競争状況、市場環境などに直面してしだいに形成されるところから、プロセス型戦略［奥村，1987, pp.50-65］と呼ぶこともある。つまり、経営戦略は最初から一定の意図をもって策定するだけでなく、戦略を実行する過程で創発戦略として形成されるのである。

経営に創発戦略を有効に生かしうるのは、診断的コントロールシステムよりは、**インタラクティブ・コントロールシステム**（interactive control systems；相互作用的コントロールシステム）である。また、シングルループの学習プロセスより、**ダブルループの学習プロセス**の方が優れている。

2 診断的コントロールシステム

診断的コントロールシステム（diagnostic control systems）は、当初に意図した戦略を実行するシステムである。そのシステムは、プロセスのインプットとアウトプットを測定し、アウトプットの成果と対比できる基準をもち、是正措置がとれる能力をもつ。診断的コントロールシステムは、組織の成果を監視する。したがって、当初に計画した戦略を実行するための不可欠のレバー（梃子）となる［Simons, 1995, pp.59-90］。

管理会計では、コスト・センターとしての**予算統制**や**標準原価計算**は典型的な診断的コントロールシステムに立脚している。サイモンズは利益計画や予算管理は診断的コントロールシステムによく使われると述べている。米国ではそのとおりであろう。しかし、著者の企業での体験によれば、予算編成の過程で

は現場での対話を繰り返したことから，少なくとも当時の日本型の予算編成の実務は参加型の**学習プロセス**に基づいていた。以上，典型的な日本企業での予算管理は主に**シングルループの学習プロセス**を前提にした，コントロール・システムとして実施されていたといえる[2]。図18-2を参照されたい。

図18-2　シングルループの学習プロセス

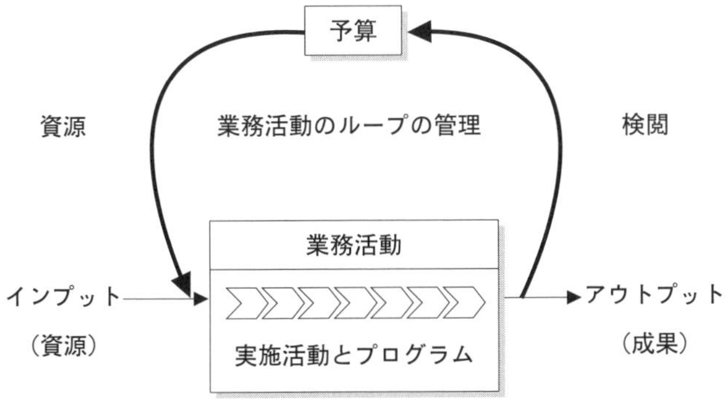

出典：Kaplan and Norton［2001, p.274］．

　予算管理は自己充足的なコントロールと学習ループに役立つ。予算管理では実施項目とプログラムに従って業務活動に必要な資源を配分し，インプット（資源）をアウトプット（成果）と対比して業績の目標値を明示する。経営者は実施活動を通じて予算に照らして業務活動の業績を見直し，月末には差異を測定し，必要に応じて是正措置をとる。

　診断的コントロールシステムは，ダイナミックで激変している世界では限界がある。その理由は，通常は，多くの企業では予算システムに戦略を管理するプロセスが付与されていないからである。

3　インタラクティブ・コントロールシステム

　予算と業務活動の管理を戦略の管理と統合するには，インタラクティブ・コントロールシステムが有効である。なぜなら，インタラクティブ・コントロールシステムは，ボトム・アップ方式の創発戦略を導きやすいからである。その

理由は，サイモンズが明らかにしているように，診断的コントロールシステムが当初に意図した戦略の実行に対する調整と監視を目的としているのに対して，インタラクティブ・コントロールシステムは，当初から意図された戦略だけでなく，現場での行動の結果をもとにした組織学習を通じて得られた新しい戦略を創発［Simons, 1995 pp.91-124］するのに適しているからである。

創発戦略は，ミンツバーグによって提唱された考え方であり，戦略を策定する段階では意図されていなかった戦略である。戦略とは行動の一貫性を示すパターンであると定義づけられ，意図された戦略と創発戦略とに区分される。創発戦略は現場の第一線の管理者ないし担当者から提案される行動や戦略で，それらに一貫性やパターンが生まれ，最終的には企業の目的を達成するのに最適と思われる戦略が生み出されるプロセス［Mintzberg et al., 1998］である。つまり，創発戦略は当初から構想されたものではなく，陶芸品のように次第に戦略として練り上げられていくのである。

創発戦略では学習が強調され，さまざまな活動を通じて，重要なポイントが何であるかが理解される。組織能力が高いほどすぐれた創発戦略が発案されることが明らかになるにつれて，組織学習への道が拓かれてきた。

ホンダなど日本を代表する企業が現場力を発揮することで現場から種々の創発戦略が生み出されたような事態が次々と現れることが期待される。

4 ダブルループの学習プロセス

戦略を実現する進捗状況をモニターし，必要に応じて是正措置がとれるシステムとしては，**ダブルループの学習プロセス**が有効である。ダブルループの学習プロセスをもつことによって，業務活動を戦略と連携させることができるようになるからである。

そこでは，戦略を管理するための学習／コントロール・プロセスと業務のコントロール・プロセスとをリンクさせる戦略的な組織学習のプロセスが必要となる。戦略的マネジメント・システムでは，経営システムを効果的に機能させるために3つの方法が必要となる。

① 戦略と予算管理との連携
② 経営戦略会議と連動したループ

③ テスト・学習・適応

図18-3は，ダブルループの学習プロセスに関するキャプランとノートン［Kaplan and Norton, 2001, p.275］のバランスト・スコアカードの提案をもとに作成3)したものである。図18-3と図18-2を対比して，両プロセスの違いを読み取って欲しい。

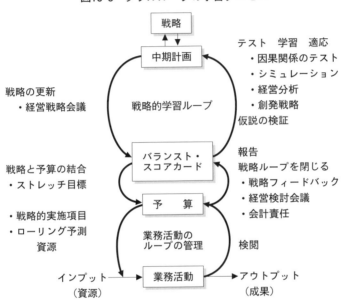

図18-3　ダブルループの学習プロセス

出典：Kaplan and Norton［2001, p.275］をもとに著者作成。

キャプランとノートンの提案では，最上部に"戦略"がおかれている。しかし，管理会計との関係では，戦略に換えて中期経営計画を充て，策定された戦略を実行するプロセスとした。その理由は，戦略は中期計画を通じて具現化されるからである。また，戦略の更新には，わが国では経営戦略会議の審議と承認が必要となる。戦略の策定にあたっては，戦略マップの活用が有効である。

次章の図19-7で紹介しているバランスト・スコアカードの評価モデルは，中期経営計画と予算をリンクさせるのに有効である。

戦略はトップによって策定されるにしても，現実に発生している問題を熟知しているのは現場の管理者であるから，ミドルやロワーから戦略が創発されるのがよい。事実，日本企業の実務においても，ビジョンはトップから提示するにしても，戦略はミドルやロワーから提案されるのが最も戦略成功例が多い［方針管理事例研究会, 1989, p.56］とされてきた。

3　管理会計における経営戦略上の諸問題

　伝統的管理会計では，戦略の策定を所与としたうえで，マネジメント・コントロールを内容とする戦略の実行が管理会計の課題だとされてきた。キャプランの著書『戦略バランスト・スコアカード』（2001年）ですら，戦略の策定は経営学の課題であるとして，戦略の実行に焦点をおいた記述を行っていた。キャプランが管理会計の課題として戦略の策定の課題に真剣に取り組み始めたのは，著書『戦略マップ』（2004年）以降のことであった。

1　戦略策定と実行のプロセス

　戦略のマネジメントは，概念的には，戦略の策定から実行にいたる合理的なプロセスとして説明するのが理解しやすいであろう。戦略の策定は戦略の形成に関連した経営者の活動であるのに対して，戦略の実行は選択された戦略に基づいて行動することに関連している。

　戦略策定のプロセスは，企業における戦略策定の1つの特殊な問題解決のプロセスである。ホーファーとシェンデル［Hofer and Schendel, 1978, p.48］によれば，戦略策定のプロセスは，次の7つのステップからなる。戦略の識別，環境分析，資源分析，ギャップ分析，戦略代替案の識別，戦略の評価，戦略の選択である。そのプロセスを彼らの見解に沿って図解すれば，図18-4（ホーファーとシェンデルをもとに作成）のようになる。

　戦略を戦略の策定と実行に区分したとき，戦略の実行はアンソニーのいうマネジメント・コントロールと同義と解することができるのか。策定された戦略は実行の途中で変更されることがあり，必ずしも常に当初に意図したとおりに実行されるとは限らない。実現された戦略は計画された戦略から展開されるこ

3 管理会計における経営戦略上の諸問題

図18-4 戦略策定のプロセスの一般的なモデル

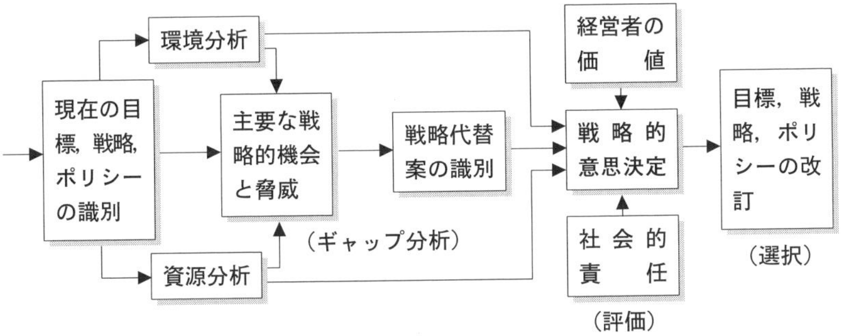

出典：Hofer and Schendel [1978, p.48].

ともあるし，漸進的に行われることもある。そのことから新江 [2005, pp.5-7] は，戦略の策定と実行を明確に区分することは妥当ではないと主張する。たしかに，サイモンズのいうインタラクティブ・コントロールシステムの利用によって創発される戦略（創発戦略）の存在を考えるとき，戦略の策定と実行を明確に区分することは決して生産的であるとは思われない。

戦略策定のプロセス・モデルは，それが企業戦略か事業戦略かで大きく異なる。それゆえ，経営戦略は**企業戦略**（企業レベルの戦略），**事業戦略**（事業レベルの戦略），および必要があれば，**機能戦略**（機能レベルの戦略）に区分する。本書では，企業戦略と事業戦略を中心に考察する。

2 戦略的意思決定と戦略

意思決定という観点からすると，企業の課題は，企業の目的達成を最適化するような方法で，資源転換プロセスを構築・指揮することであるといえる。そのためには，個々に独立した多種多様な意思決定が必要になる。

① 戦略的意思決定，管理的意思決定，日常業務的意思決定

総合的な意思決定の過程をアンゾフ [Ansoff, 1988, p.5] は，戦略的意思決定，管理的意思決定，日常業務的意思決定からなるとした。アンゾフの管理的意思決定と日常業務的意思決定を，本書では業務的意思決定と呼んでいる。

戦略的意思決定は，次の課題の解決を志向する。自社の現在の目的・目標は

何か，多角化を志向すべきか，志向すべきだとすればその対象はどこにおくべきか，どの程度積極的に行うべきか，現在の製品・市場の地位をどんな方法で開発・開拓すべきかなどである。戦略的意思決定は，非反復的，トップ・ダウン，部分的な情報不足の状況で行われるといった特徴をもつ。

② 戦略的意思決定と戦略

戦略的意思決定は，戦略とどのような関係にあるのか。アンドリューズ［Andrews, 1971, p.13］は両者の違いを，戦略的意思決定が企業の長期的な発展にかかわりをもつのに対して，戦略は必然的に未来に向かって自らを投影し，未来を計画するものであるとしている。一方，アンゾフのように，戦略を意思決定そのものと区別されたところの，意思決定のルールあるいはガイドラインであるとする見解もある。

以上，われわれは戦略的意思決定に対する戦略の特徴を，意思決定とは区別されたところの，意思決定を行うためのガイドラインあるいはパターンであることに求めたいと思う。ただ，加護野［1997, pp.16-18, p.21］によれば，この戦略的意思決定を他の意思決定から区分することの意味はしだいに薄れてきて，企業戦略と事業戦略の区分にとって代わられてきたという。

3 戦略的管理会計

米国では，戦略的管理会計が真剣に議論されたことはほとんど見かけない[4]。例えば，キャプラン［Kaplan, 1983, pp.390-418］は，戦略的管理会計を，競争的製品戦略など戦略的ポジショニングと同意義で用いている。

戦略的管理会計[5]（strategic management accounting）が議論されてきたのは，主としてイギリスである。戦略管理会計と表現されることもある。戦略的管理会計のテーマが正面から取り上げられたのは，1980年代になってからである。その内容は，論者によって大きく異なる。

戦略的管理会計の用語を限定的な意味で最も頻繁に利用しているのが，シモンズとブロムウィッチである。シモンズ［Simmonds, 1981, pp.26-29］は事業戦略の策定と監視のため，競争業者の原価と種々の操業度に関する情報収集を目的として，戦略的管理会計の必要性を主張した。

ブロムウィッチ［Bromwich, 1989, 1990, pp.27-46］は，初期の段階で戦略的管理会計の問題を提起した。ブロムウィッチの主張点は，次の3点にある。

第1は，戦略的意思決定に関するかぎり，製品がもつ属性についての情報のはっきりした必要性が確認できる。そのためブロムウィッチは，**属性原価計算**（attribute costing）を主張した。

第2に，管理会計担当者は**戦略の策定と監視**において，重要な役割を果たしうる。戦略の監視の役割の1つとして，競争業者の原価構造を解明し分析することが期待される。以上から，ディクソンとスミス［Dixon and Smith, 1995, pp.144-145］は，ブロムウィッチが管理会計の領域で"戦略的管理会計を導入すべき十分な理由がある"と結論づけた，と述べることで戦略的管理会計を正当化している。

第3に，戦略的管理会計は外部，つまり製品・顧客・競争者に関する**最終製品市場**に焦点を当てて会計情報を提供する特定のアプローチであるとした。

イギリスにおける学界での戦略的管理会計議論の高まりを反映して，1982年に，CIMA［1996, p.38］は戦略的管理会計を次のように定義づけた。以下は，1980年代を代表するイギリスでの戦略的管理会計についての定義である。

「**戦略的管理会計**とは，事業戦略に関する管理会計データの提供と分析である。とくに，企業の総資源に関する真実のコストと価格の相対的な水準と傾向，操業度，マーケット・シェア，キャッシュ・フロー，需要に関する事業戦略が取り上げられる。」

戦略的管理会計の必要性やその内容は，ブロムウィッチやビマーニの主張がたいへん示唆に富む。しかし，著者には彼ら［Bromwich and Bhimani, 1994, pp.128-153］の戦略的管理会計は，市場の原価分析を強調しすぎているように思われてならない。今後，管理会計はM&Aやシナジー戦略などをも含めて，企業戦略と事業戦略の策定と実行に有効な情報を提供すべきではなかろうか。

著者はむしろ，ディクソンとスミスによる戦略的管理会計の見解を支持したい。彼らは，戦略的管理会計が，「戦略の評価プロセスを支援するために，企業の内部活動，競争業者の内部活動，現在と将来の市場のトレンドに関する情報を提供し分析すること」［Dixon and Smith, 1995, p.143］であるという。

1980年代の戦略的管理会計は，ハリス［Harris, 1998, p.v］が指摘している

ように，主として市場の原価分析との関連で議論が進められてきた。シャンクとゴビンダラジャンのバリューチェーン・アナリシスはその典型である。

しかし，戦略的管理会計はキャプランの戦略マップにみられるように，戦略の策定にも向けられなければならない。そのため，CIMAは1996年には従来の定義を下記のように改めた。

「戦略的管理会計とは，非財務情報と内部生成の情報だけでなく，企業にとっては外部の要因に関連した情報に焦点をおく管理会計の一形態である」

戦略的管理会計で提供される情報の内容には，意図された戦略策定のための情報だけでなく，創発的な戦略の形成に役立つ情報をも含む。戦略の策定と戦略の実行を区分することが困難であるという意味では，戦略的管理会計の役割は戦略の策定と実行に役立つ情報提供であって，戦略の実行の段階で利用されるのは，主としてマネジメント・コントロールに関する情報である。

戦略的管理会計の意味について，小林［1994, p.99］が指摘しているように，「戦略的管理会計とは，経営戦略の形成・実行過程に会計情報を利用するという状況における管理会計を指すのであり，管理会計を戦略的に利用するという意味では用いられていない」のである。それゆえ，著者は，戦略的管理会計[5]をもって「経営者が必要とする戦略の策定と実行に関わる情報を提供することを目的とする管理会計の一領域」であると位置づけたい。

戦略的管理会計を管理会計が扱うようになった歴史を概観的に展望しよう。管理会計は伝統的に，経営計画とコントロールのための会計を中心として発展してきた。経営意思決定のための会計が管理会計で議論されるようになったのは1960年代からである。そして経営戦略の策定と実行のための会計が管理会計で考察されるようになったのは1980年代以降のことである。

著者は，本書では主として英国で独自に展開されてきた戦略的管理会計をもって管理会計の一領域と位置づけ，戦略の策定と実行を管理会計のなかでいかに議論すべきかの問題提起の1つと理解したい。戦略的管理会計は，戦略を管理する会計である。しかし，戦略的管理会計は環境管理会計とか病院管理会計のように特定の管理会計領域とは違って，管理会計の一領域の問題として扱うべきである。以上から，著者は戦略管理会計ではなく，戦略的管理会計の表現を用いてきたのである。

4　戦略的マネジメント・コントロール

　伝統的な管理会計でも，戦略が論じられることはあった。1960年代に提唱された，アンソニーの**戦略的計画**（strategic planning）がそれである。戦略的マネジメント・コントロールを戦略論のなかでどう位置づけるべきかに関しては，少なくとも3つの論点がある。

　第1の論点は，戦略的マネジメントコントロール・システムと伝統的なマネジメントコントロール・システムとの異同である。伝統的管理会計理論は，過去において日本でも多くの支持者を得てきたアンソニー［Anthony, 1965, pp.16-18］の次の理論体系に立脚してきた。

(1)　**戦略的計画**　　組織の目的，目的の変更，目的達成に用いられる資源，および資源の取得・利用・処分に際して準拠すべき方針を決定するプロセスのことをいう。中長期経営計画は，典型的な戦略的計画である。

(2)　**マネジメント・コントロール**　　組織目的の達成のために，資源を効果的かつ効率的に取得・利用することを経営者が確保するプロセスのことをいう。予算管理は典型的なマネジメント・コントロールのツールである。

(3)　**オペレーショナル・コントロール**　　特定の課業が効果的かつ能率的に遂行されることを確保するプロセスのことをいう。生産管理や在庫管理は典型的なオペレーショナル・コントロールの課題である。

(注)　オペレーショナル・コントロールのことを，**課業**（**task**）コントロールということもある。しかし，ここでの対象は課業だけでなく，活動やプロセスも含むべきである。その意味では，これを（活動やプロセスと区別された意味での）課業コントロールと呼ぶのは，誤解を生みやすい表現だと思われる。

　伝統的な理論によれば，策定された戦略を所与としたうえで実行されるマネジメント・コントロールが戦略的マネジメント・コントロールであるとされる。しかしこの見解には，経営戦略の策定にはトップだけが関与し，現業のマネジメントはそれを受け入れるにすぎないという前提がある。

　トップによって策定された戦略だけが実行されるのであれば，戦略的マネジメント・コントロールは戦略に従ったマネジメント・コントロールであると解

される。しかし，戦略はトップだけが策定するだけではなく，戦略実行の過程で形成される戦略もある。であるとすると，戦略的マネジメントコントロール・システムは戦略をマネジメントするシステムでもなければならない。

アンソニーの見解を修正したのが，図18-5である[6]。トップ・マネジメントが戦略を策定する。戦略に従って，トップ・マネジメントの責任で戦略的計画が立案される。戦略的計画に従って，経営活動が実行（太い実線）される。計画作成の過程で組織の下部から種々の意見が具申（細い実線）される。ミドルまたはロワーから出された意見がトップによって承認されれば，戦略が変更されることもある。ミドル・マネジメントによってマネジメント・コントロールが実行される。点線は，現場やミドルから創発された戦略に関する情報の流れを描いている。オペレーショナル・コントロールは現場の課長などロワー・マネジメントによって実行される。

図18-5 戦略的マネジメント・コントロール

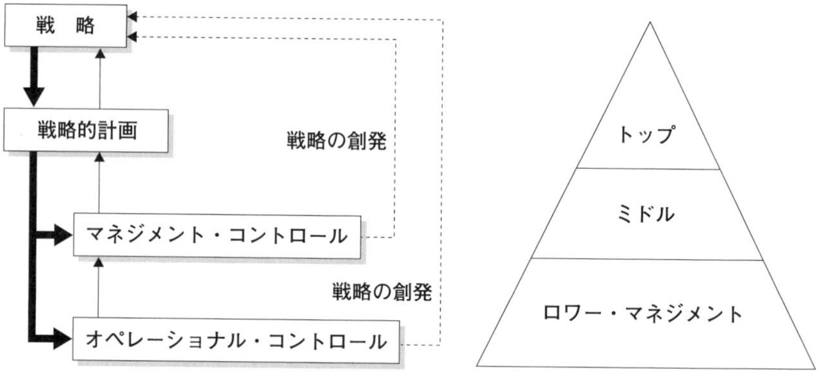

出典：Anthony [1965, p.22] をもとに著者作成。

第2の論点は，創発された戦略がミドルまたはロワー・マネジメントのレベルで実行されるのか，それとも中長期経営計画を通じてトップで承認されたうえで実行に移されるかである。

著者は，仮にミドルまたはロワーで戦略が創発されたにしても，それらは中長期経営計画を通じてトップの承認を得た後にマネジメント・コントロールの

システムを通じて主として予算管理を通じて実行されることになると考えている。図18-5もそのような前提に基づいて描かれている。

第3の論点は，"戦略的な"マネジメントコントロール・システムとしてはどんなシステムとしてもつのが望ましいかである。

キャプランとノートン［Kaplan and Norton, 2001, p.275］は，戦略と予算編成とを連携させるためにダブルループ学習のプロセス（図18-3を参照されたい）との結合を提案している。その提案によれば，バランスト・スコアカードの活用によって戦略を実現する進捗状況をモニターし，必要に応じて是正措置がとれるようにする。さらに，バランスト・スコアカードによるフィードバック・システムから入手される情報を用いて，戦略上の仮説を検討し，検証する。新しいアイディアが組織から創発されると，戦略はリアルタイムに新しい戦略を形成する。戦略を現場に落とし込むために，わが国では**方針管理**が成功裏に活用されてきた。これらの詳細については，次章のバランスト・スコアカードとの関連で説明する。

5　サイモンズの戦略論

戦略はこれまで，主として4つの意味で用いられてきた。それは，計画，行動のパターン，行動の位置づけ，全社的な視点［Mintzberg, 1987, pp.11-24］である。戦略を有効に実行するためには，これら4つのレバーをバランスよく操作する必要がある。サイモンズ［Simons, 1995, p.44（日）］によれば，経営者は従来，戦略形成（strategy formation）には多大な関心を寄せてきたものの，戦略実行プロセスのコントロールを看過しすぎたという。そこでサイモンズは，戦略をコントロールする統合的な理論を提供するとともに，その理論を実践に活かすためのコントロール・レバー[7]の解明に焦点を当てた研究を行った。

戦略をコントロールすることによって，経営者には無限の機会と有限の注意力，意図した戦略と創発戦略，利己心と組織への貢献願望についての内在的な緊張を緩和させることができる。その緊張緩和のための方策として，4つのシステムが基本的なコントロール・レバーとして活用される。その基本的なレバーとは，信条のシステム，境界のシステム，診断的コントロールシステム，およびインタラクティブ・コントロールシステムである。

信条のシステム（beliefs systems）は，事業戦略の実行に当たって，問題が生じた時に従業員がどのように対応すべきかを示すシステムである。ジョンソン・エンド・ジョンソンが「我が信条」とする企業理念をもっているが，これが信条のシステムの1つである。

境界のシステム（boundary systems）には2種類のシステムがある。1つは事業行動の倫理境界であり，企業行動の規範を課すことでリスクを回避するシステムである。いま1つは戦略的な事業境界である。これは，組織の戦略の履行を支えることで非生産的な活動を回避し，効果的・効率的な生産活動を行い，さらには経営資源の浪費というリスクを避けようとするものである。

診断的コントロールシステムとは，利益計画，予算，標準原価計算などといった，管理会計に直接関係するシステムである。これらはいずれも事前に設定された基準，基準からの乖離を分析しコントロールするためのシステムからなる。しかし，診断的コントロールシステムには，「創造性と革新に対する潜在的可能性を駆逐する」という負の側面をもつ。

インタラクティブ・コントロールシステムは，マネジャーが部下の意思決定行動に規則的・個人的に介入するために活用する公式のシステムである。診断的コントロールシステムが成果を監視するのに対して，インタラクティブ・コントロールシステムでは従業員をプロセスに参加させることに特徴がある。そのため，マネジャーは診断的コントロールシステムとの両者を併用することで，将来の予測情報の継続的な見直しと，それへの適切な対応が可能になる。さらに，組織にとってのアキレス腱の早期発見，組織学習による戦略の創発，ダブルループ型の学習の実現が可能になる。

以上，4つのコントロール・レバーという観点からサイモンズの戦略論の骨格を述べたのであるが，サイモンズが次に発表した著書［Simons, 2005］では，業績評価と会計システムに焦点を当てた研究が行われた。このサイモンズの研究は，その後の管理会計の体系論に少なからぬ影響を与えている。

例えば，アンソニー［Anthony, 1965］は，管理会計の体系を戦略的計画，マネジメント・コントロール，オペレーショナル・コントロールに区分することで戦略的計画からオペレーショナル・コントロールの実行に至るトップ・ダウン型のシステムとして体系づけた。これに対して，サイモンズでは**インタラ**

クティブ・コントロールという概念を挿入することで，上層部と現場との対話をベースにした概念を導入した。その結果として，マネジメント・コントロールやオペレーショナル・コントロールなどの戦略の実施段階においても，戦略を形成する仕組みが生まれることを明らかにした。

6 マネジメント・コントロール概念の変容と管理会計

1980年代以降，ABC/ABM，バランスト・スコアカード，原価企画の研究が盛んに行われるようになった結果，伝統的なマネジメント・コントロールの概念では新しい手法を説明することもそれらを導入することも難しくなってきた。その結果の1つとして，最近では欧州を中心に，パッケージとしてのマネジメントコントロール・システム（以下，「**パッケージとしてのMCS**」と称する）が多くの論者によって主張されるようになってきた。パッケージとしてのMCSとは，「単独で用いられるものではなく，各種のコントロール手段が総体として組織目標に貢献する」〔新江・伊藤，2010, p.151〕システムである。

パッケージとしてのMCSの1つの典型には，マルミとブラウン〔Malmi and Brown, 2008, pp.287-300〕の主張がある。その主旨は，文化によるコントロールなどの非財務情報を含めたマネジメントコントロール・システムをパッケージとして持つべきであるとすることにある。その結果，近年のマネジメントコントロール・システムでは，文化によるコントロールなどの非財務情報から離れては効果的な成果をあげることができないとする認識の高まりを明確に理論づけたことに，マルミとブラウンの顕著な特徴を見出すことができる。

マルミとブラウンは，パッケージに含めるべき内容には，①文化によるコントロールの他にも，②計画設定，③サイバネティック・コントロール，④報酬と報奨のコントロール，⑤管理コントロール・システムがあるという[8]。

パッケージとしてのMCSの主張は，正にその通りであり，当然ながらこの主張には数多くの賛同者がある。しかし，マルミとブラウンの体系論では，いくつかの解決すべき課題がないとはいえない。

第1は，マネジメント・コントロールをパッケージとしてもつことで，伝統的なマネジメント・コントロールが有していた責任会計制度との有機的な関係性が見失われる。その結果，会計情報との関係が見えにくくなる。

第2は，横田・金子［2014, p.13］が指摘しているように，組織文化は重要ではあるが，それを意図的に変革・構築することには困難が伴う。

第3は，バランスト・スコアカード，原価企画といった管理会計の手法をMCSの枠組みのなかで管理すべき問題なのか，それとも戦略の策定と実行の問題として解決すべき課題であるかを明らかにする必要がある。

このような解決を要する課題もあるが，パッケージとしてのMCSは，現代のマネジメント・コントロールを考察するときに解決しなければならない喫緊の研究課題の１つになってきていることは確かである。

4 経営戦略策定のための手法

経営戦略策定にあたり，管理会計は企業にとって有用な情報を提供する。経営戦略の策定に必要とされる管理会計情報としては，予想される売上高と利益，投資利益率，１株当たり利益，製品価格の算定，設備投資の経済性評価，自製か外注かの評価，アウトソーシングの経済性評価，新製品の収益性，プロダクト・ミックスの経済性検討，Ｍ＆Ａの経済性計算［CIMA, 1996］などである。ここに，戦略的管理会計が経営者に役立つ領域がある。それでは，管理会計ではいかなる方法で経営者に戦略情報を提供すべきであるか。

1 管理会計の主な対象は企業戦略と事業戦略

企業戦略（corporate strategy；全社戦略）は，企業の経営目的を達成するために，環境との適応において，企業を全体として適応させるための戦略である。企業戦略は，本社レベルでトップ・マネジメントによって決定される。どの事業を行い，どの事業を中止し，企業をどう組織化し，資金調達を行うかが問題となる。また，コア・コンピタンスを競争優位に変えるための資源集中の方法や全社レベルでの資金配分といった問題も企業戦略の重要な課題になる。

企業戦略のテーマとしては，全社ポートフォリオ分析（Product Portfolio Management; PPM），競争ポジションの評価，重要成功要因の識別，戦略ギャップ分析，主なギャップ縮小オプションの識別と評価，投資戦略の変更，競争ポジション戦略の変更など［Hofer and Schendel, 1978, pp.71-93］が考察さ

れる。その他にも，バリューチェーン・アナリシス，サプライチェーン・マネジメント，シェアード・サービスなども検討対象になろう。

　企業戦略の役割には，シナジー（synergy）効果を高めるとともに，アネルギー（anergy；シナジーの反対語）を抑制する役割もある。シナジー効果では部分の総和よりも全体が大きくなるが，アネルギーは部分の総和が全体より小さくなる現象をいう。具体的には，本社は，①複数の事業戦略の調整，②事業構成の決定と資源配分，③各事業への適切な人材配置などを通じて，アネルギーを抑制する。

　事業戦略（business strategy）ないし競争戦略は，各企業の事業単位に関係する。事業戦略では，個々の**戦略的事業単位**（strategic business unit；SBU）について市場と製品の範囲を決定し，事業ごとの目的や目標を明確にし，それらを達成するための方針を立案する。具体的には，個々の戦略的事業単位が特定の産業内で競争を行う方法と，戦略的事業単位が競争相手との関係において，ポジショニングを行う方法とに焦点がおかれている。

　事業戦略では，事業レベルでの戦略分析，事業レベルでの競争ポジション分析，事業レベルでの主要な機会と脅威の識別（**SWOT分析**），**感度分析**，市場分析，事業レベルでの産業分析，参入障壁，**経験曲線**，製品差別化，競争相手の分析，資源分析，事業資源プロフィールの評価，競争優位性の評価，投資戦略といったテーマ［Hofer and Schendel, 1978, pp.101-122］が考察される。（全社ではなく）**製品のポートフォリオ分析**，**製品ライフサイクルの分析**，事業別のアウトソーシング，**EMS**なども検討対象になろう。

　以上のうち，ポートフォリオ分析，重要成功要因分析，感度分析や経験曲線などはこれまでも管理会計でしばしば論じられてきた。管理会計のテーマには事業戦略との関係が多いが，だからといって，事業戦略に限定されるべきではない。企業戦略もまた，管理会計にとって重要な考察対象となりうる。

2 管理会計における戦略技法の活用方法

　管理会計が経営戦略との関係で取り上げるべき課題として，以下で著者はSWOT分析，競争ポジションの評価，製品ライフサイクル分析，ポートフォリオ分析とPPM，バリューチェーン・アナリシス，サプライチェーン・マネ

ジメント,アウトソーシング(次節で検討)の7つを主要な考察対象とする。

(1) SWOT分析

SWOT分析とは,戦略策定の過程で,組織体を取り巻く外部環境に潜む機会や脅威(Opportunities & Threats)を考慮したうえで,その組織の強みと弱み(Strengths & Weakness)を評価することをいう。図18-6は,アンドリューズのSWOT分析を改善した,ミンツバーグほか[Mintzberg et al., 1998, p.26]の基本モデルを参考にしてこの関係を図示したものである。

図18-6 SWOT 分析

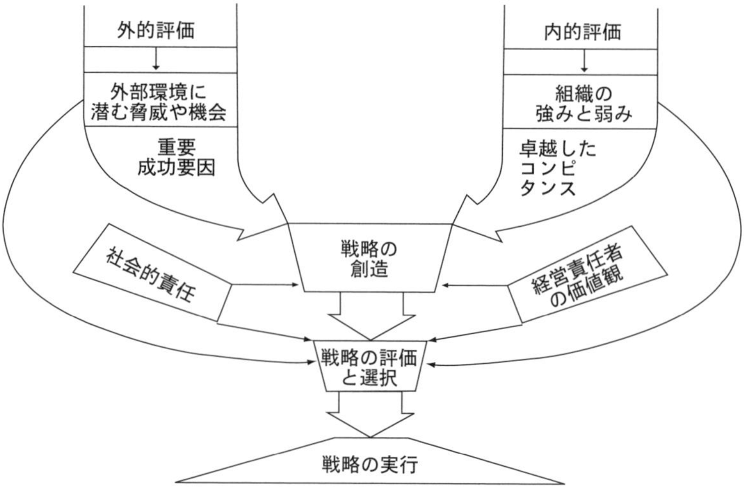

```
        外的評価                    内的評価
           ↓                          ↓
    外部環境に                    組織の
    潜む脅威や機会                強みと弱み
    
    重要                          卓越した
    成功要因                      コンピ
                                  タンス
    
    社会的責任    戦略の      経営責任者
                 創造         の価値観
                  ↓
              戦略の評価
              と選択
                  ↓
              戦略の実行
```

出典:Mintzberg et al. [1998, p.26].

SWOT分析では,外的評価と内的評価に重点がおかれる。外的評価においては,外部環境に潜む脅威や機会を捉える。外的状況との関係では,企業経営者は経済的変化,競争状況の変化,サプライヤーの変化,社会的変化,政治的変化,市場の変化などを評価する。同時に,外的な観点から見た重要成功要因が何であるかを明らかにする。

内的評価では,組織がもつ強みと弱みを明らかにする。内的状況との関係で

は，研究開発，マーケティング，情報システム，人事，生産活動，物流活動，財務など自社の卓越したコンピタンスが何であるかを明確にする。

SWOT分析は明快かつ簡潔に企業の強みと弱みを分析するのに適している。戦略が最高経営責任者によって，意図された計画として策定するのには適している。しかし，戦略の策定を学習プロセスではなく，コンセプト構想のプロセスとして位置づけていることには限界がある。また，「組織構造は戦略に従うべきであり，戦略によって決定されるべきものである」というチャンドラーの格言的考え方を取り入れている。だが現実には，組織構造と戦略は互いを支えるもの［Mintzberg et al., 1998］であって，一方的なプロセスではない。

企業は外的・内的評価において，管理会計情報を利用する。例えば，戦略に適切に対応することによって，売上高と利益を増加させる機会を適切に捉えることができる。逆に，戦略への適切な対応を誤れば，売上高や利益が減少する脅威がある。組織の強みを生かすことによって，企業は収益性を高めることができる。逆に，組織の弱みを認識し，コアでない事業をアウトソーシングすることによって，企業の収益性を高めることができる。

(2) 競争ポジションの評価

事業の競争ポジションを評価する1つの有力な指標は，マーケット・シェアである。しかし，マーケット・シェアだけでなく，事業の長期的な成長と潜在的な収益性をもっとよく評価できる尺度をもつことは，事業の戦略策定と業績管理のために必要である。競争ポジションの評価が必要となるのは，次の2つの理由からである。

第1に，**マーケット・シェアと収益性**との間には強い相関関係があることを示す多くの研究がなされてはいる。しかし，これは競争ポジションを示す1つの指標でしかない。第2に，**事業の性質**によって重要成功要因がそれぞれ異なっている。それゆえ，企業戦略において，支配的な市場ポジションをつくりだす資源と競争優位がどこにあるかを明確に理解できる指標が必要とされる。

競争優位を測定する要因としては，**CSF**（Critical Success Factor；主要成功要因）や**KPI**（Key Performance Indicator；重要業績指標）が用いられてきた。両者の明確な違いは，CSFは結果（ないし成果）を，KPIは結果を導くプ

ロセス（ないしパフォーマンス・ドライバー）を志向していることにある。CSFは，企業がその意思決定を通じて，ある産業内の企業の競争ポジションに大いに効果を及ぼす変数である。幼いころ，母から，結果は重要だが，その結果を導いた努力（プロセス）がもっと重要だと教えられたことがある。いま思えば，結果を導くプロセスがKPIで，結果がCSFであるともいえる。

非財務尺度のCSFとしては，顧客のロイヤルティ（リピート率），品質（不良品の削減，歩留まりの向上など），顧客サービス（顧客満足度），新製品の導入（導入件数，導入にかかった期間など），納期（納期の短縮）などである。表18-1は，ホーファーとシェンデル［Hofer and Schendel, 1978, p.76］による事業ごとに計算されたウェートづきの競争ポジションの順位表である。

表18-1 競争ポジションの順位表

主要成功要因	ウェート	評点	ウェート化された得点
マーケット・シェア	.10	5	.50
SBU成長率	×	3	—
製品ラインの幅	.05	4	.20
販売流通網の有効性	.20	4	.80
販売・主要会計項目の優位性	×	3	—
価格競争度	×	4	—
広告・販売促進の有効性	.05	4	.20
設備の立地と新しさ	.05	5	.25
生産能力と生産性	×	3	—
経験曲線効果	.15	4	.60
原材料費	.05	4	.20
付加価値	×	4	—
相対的品質	.15	4	.60
R&D優位性/ポジション	.05	4	.20
投下現金量	.10	5	.50
人材の能力	×	4	—
全般的イメージ	.05	5	.25
合計	1.00		4.30

出典：Hofer and Schendel［1978, p.76］．

CSFに付与されるウェートは，企業の競争ポジションの全般的な収益性，マーケット・シェアなどへの相対的な影響力を反映させる。評点では，5点を極めて強い競争ポジションに，1点を極めて弱い競争ポジションとする。ウェー

トづけされた順位は，マーケット・シェアだけの評価の順位と比較・対比して検討を加えるべきである。この競争ポジションの順位表を作成することで，自社のもつ実力を正当に評価し，SWOT分析に役立てることが可能になる。

(3) 製品のライフサイクル

製品のライフサイクルは，導入期，成長期，成熟期，衰退期という段階を経て市場から消えていく。それぞれの時期の特徴と，採るべき競争戦略を心得て，製品戦略を利益計画に活かしていく必要がある。

① 導　入　期

導入期には，需要量は少ないが競争企業も少ない。販売量がゆっくりと増加する。この段階では，あらゆる技術上の改良を加え，早く量産体制を確立し，高品質と低コストにより競争相手に打ち勝つ努力を行う。

価格戦略としては，最初に高い価格をつけて高級品イメージを持続させて創業者利得を得ようとする**"すくい上げ価格"**（skimming price）と，発売時から低価格を設定して販売数量の増大とマーケット・シェアの拡大を図ろうとする**"浸透価格"**（penetrating price）のいずれかが選ばれる。

② 成　長　期

成長前期では，需要量が急速に増加する。生産技術の革新と量産効果によって製造原価が急速に低下する。同時に，多数の企業が参入する結果，価格が急激に下落する。薄型テレビが好例である。開発者は創業者利得を手中にする。

成長後期になると，需要量は相変わらず増加するものの，増加率は減少する。そこで，この時期には，拡販による規模の経済を追求するよりも，工場での生産の合理化が利益の源泉になってくる。多数の企業が参入することによる価格競争，サービス，性能，機能の競争が激化し，競争に敗れた企業が淘汰されていく。iPodやスマートフォンは，成長後期にあると思える。この段階でとるべき競争戦略は，品質向上，サービス向上，販売経路の開拓などにより，差別化を図ることである。

③ 成　熟　期

成熟期になると，マーケット・シェアは安定し，利益率は緩やかに下降線をたどる。製品と生産方法の標準化が進み，顧客は製品の特性に熟知してくる。

市場には競争業者があふれ，競争は激化する。取替需要が需要の源泉になる。半導体（とくにLSI）はすでに成熟期に入っている。この段階で採るべき競争戦略は，一方では競争の激化と利益率の低減傾向に対応して原価引き下げに努力する。他方では，ユーザーのニーズに応じて新機能を付加して"新"製品を開発し，新たな市場を開拓する必要がある。

携帯電話は成熟商品であるが，スマートフォンなどの新機能を付けた新しい携帯電話が登場し，成長してきた。この段階では，顧客のニーズを即時に捉え，技術・生産に直結しうる情報システムを確立する必要が高まる。

④ 衰　退　期

衰退期には，需要が減退の一途をたどる。需要の減退を防ぐため，低価格で勝負する企業も現われる。その際，設備費がすでに回収済みであることが多いため，**直接原価計算**の活用により，変動費のみの回収だけでも受注する企業もでてくる。その結果，一定のキャッシュ・フローが確保される。

デジタルカメラは，スマホの普及によって，少なくとも現時点では衰退商品になりつつあるように思われる。競争戦略としては，製品の継続的な改善，新しい利用者の発見，既存製品の新用途の発見により，製品の活性化を図る。日本国内での生産と販売が流行・コストの両面で難しくなると，海外生産・販売を検討するようになる。それでも，新商品の出現によって活性化が困難であるときには，最後には撤退の戦略が重要になる。

以上，製品ライフサイクル全体の観点からみると，成長期には一般に売上収益は増大していく。成長期の初期には開発費負担が重くのしかかっており，後期に移行するにつれて赤字から次第に利益が増加する。成熟期になると利益が極大化する。その後利益が減少し続け，衰退期になると利益が最低になってくる。成熟期から衰退期にかけて設備投資額の回収が終わり，キャッシュ・フローが極大化される。ハイテク製品は導入期と成長期に比較して，成熟期と衰退期が短い。企業は，以上のような製品のライフサイクルを勘案したうえでの利益目標の達成を検討する必要がある。

(4) プロダクト・ポートフォリオとPPM

事業戦略では，**SBU**（strategic business unit；戦略的事業単位）における

資源配分の決定が重要である。SBUとは，戦略の策定と実行のために製品，市場，競争の３つの要因によって定義づけられる戦略的事業単位のことをいう。SBUは単独または複数の事業部，仮想の組織単位などの責任センターからなる。

SBUの策定過程で，戦略策定担当者が必要としている情報を体系的かつ明確な形で提供できる手法が，**PPM**（Product Portfolio Management；製品ポートフォリオ管理）である。図18-7を参照されたい。

図18-7　PPM（製品ポートフォリオ管理）

	高	低
高 市場成長率	花形	問題児
低	金のなる木	負け犬

相対的市場シェア

ボストン・コンサルティング・グループが開発したPPMは，図18-7で示すように，各事業単位を問題児，花形，金のなる木，負け犬の４つに分類し，理想的な事業構成，事業間の資金配分，基本戦略について示唆を与える。

問題児（question mark）事業：―高成長率，低シェア―キャッシュ・インフローをはるかに上回る投資額を早急に必要とする事業である。成長のために必要なキャッシュ・フローは大きいが，低シェアであるのでキャッシュ・インフローは少なく，資金不足になる。この事業では，必要な投資を行い，将来の花形事業に育成する努力が行われる。

花形（stars）事業：―高成長率，高シェア―シェアが大きいので大量のキャッシュ・インフローがあるものの，成長のための資金需要も大きな事業である。この事業では，シェアの維持拡大に努力すれば，成熟期には金のなる木になる。

金のなる木（cash cows）事業：―低成長率，高シェア―事業に再投資すべき金額をはるかに上回るキャッシュ・フローが生じる事業である。必要資金は

少ないがキャッシュ・インフローが大きいので，大量の余剰資金が発生する。この事業では，現在の地位を確保するための投資は必要であるが，過剰投資は戒めなければならない。

負け犬（dogs）事業：―低成長率，低シェア―キャッシュ・フローの再投資の必要性は低いが，キャッシュ・インフローも少なく，限界企業（ギリギリの採算ラインで営業している企業）では赤字の事業である。この事業では，新規投資を控えて必要不可欠の投資に留め，利益が回収できるまで事業を継続するか，撤退によって投下資金の回収を図るのがよい。

事業にも，人間と同じように，ライフサイクルがある。花形事業はやがて成長率が鈍化して金のなる木事業になる。金のなる木事業もまた，やがては市場規模が小さくなっていく。それゆえ，持続的発展を主要目的とする企業にとって理想的な事業構成とは，数個の金のなる木事業と花形事業をもち，将来の花形事業になりそうな問題児事業を育てていくことである。

(5) バリューチェーン・アナリシス

バリューチェーン（value chain；価値連鎖）を検討の対象とする目的は，ポーター［Porter, 1985］のいう競争優位のための2つの戦略（コスト・リーダーシップと差別化戦略）を達成することにある。バリューチェーンは，原材料やエネルギーの購入から製品またはサービスの最終消費者までの1組みの価値創造活動を意味する。バリューチェーン・アナリシス（value chain analysis；価値連鎖分析）は，バリューチェーンの分析によって，戦略的コスト・マネジメントに役立てようとする分析をいう。バリューチェーン・アナリシスは，企業内部と企業外部の関係で行われる。

① 企業内部のバリューチェーン

製造業の活動は，生産を中心とする主活動と，戦略の策定と全般管理からなる支援活動からなる。**主活動**は，設計や購買などのインプット活動，製造や検査などの生産活動，物流や顧客サービスなどのアウトプット活動からなる。

支援活動は，戦略を策定し，部門間の調整や計画設定とコントロールを実行するうえで企業にとって欠かすことができない。主活動のなかでは，最近は開発，設計など生産の上流段階でのコスト・マネジメントの必要性が高まってき

た。同時に，物流，顧客サービスなど下流でのコスト・マネジメントの意義もまた著しく高まってきている。企業内部の活動を機能とのバリューチェーンで図示すれば，図18-8のようになる。

図18-8 バリューチェーンの主要な要素

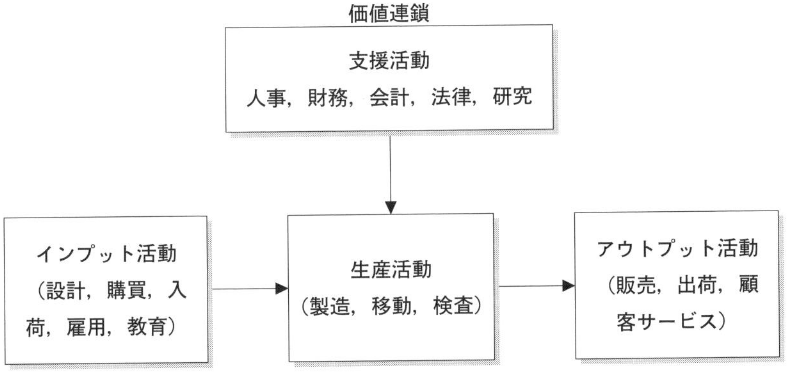

価値連鎖

```
         ┌──────────────────────┐
         │     支援活動          │
         │ 人事，財務，会計，法律，研究 │
         └──────────┬───────────┘
                    │
                    ▼
┌──────────┐   ┌──────────┐   ┌──────────┐
│ インプット活動 │   │  生産活動  │   │ アウトプット活動│
│（設計，購買，入│──▶│（製造，移動，│──▶│（販売，出荷，顧│
│ 荷，雇用，教育）│   │  検査）   │   │ 客サービス） │
└──────────┘   └──────────┘   └──────────┘
```

出典：Shank and Govindarajan〔1992, pp. 179-197〕をもとに著者作成。

② 企業外部のバリューチェーン

バリューチェーンは企業内部だけでなく，可能な限り，仕入先，協力企業，問屋，小売店との間など，企業外部との関係の分析も実施すべきである。たとえば，製紙会社は自社の製造原価を引き下げるだけでなく，パルプの原料である原木の購入原価で競争優位が得られなければ，規制緩和がこれだけ進んだ今日では，真の原価引き下げが達成できたとはいえない。

シャンク[9]とゴビンダラジャン［Shank and Govindarajan, 1992, pp. 179-197］は，購買活動から原価引き下げ努力をしても遅すぎるとして，サプライヤーや顧客など，外部とのバリューチェーンを分析するところに，バリューチェーン・アナリシスの意義を見出している。次頁の図18-9は，協力企業，仕入先，問屋，小売店の関係を図解した。この図から，原価低減の活動は，1企業だけで終結されるのではなく，サプライヤーとの関係では協力企業との関係まで，顧客との関係では中間卸売業者の関係まで分析し，バリューチェーンのなかで総合的な原価引き下げが必要であることが理解できよう。

図18-9 企業の対外的なバリューチェーン

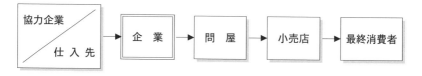

出典：Shank and Govindarajan［1992, pp. 179-197］をもとに著者作成。

　日本では，協力企業との関係でサプライヤーとのバリューチェーンはすぐれた関係を築いてきた。しかし，複雑な流通機構のために，仮に製造原価は安くても，最終消費者が入手する頃にはとてつもない金額になることすらある。従来は規制によって保護されていた産業の存在がこのような仕組みを構築してきた面があるが，今後はバリューチェーンでみたトータルの効率を高めるためにも，積極的に上流，下流のバリューチェーンを考えていく必要がある。

(6)　サプライチェーン・マネジメント
　サプライチェーン（supply chain）とは，原材料の調達から開発，製造，販売，配送に至る一連の業務のつながりをいう。サプライチェーンは，サプライヤー（供給業者），製造業者，卸売業者を経て小売業者から顧客に至る一連の業者の繋がり（連鎖）に関係する。**サプライチェーン・マネジメント**（supply chain management）とは，購買，製造，物流，マーケティングといった企業内の個々の機能だけでなく，サプライヤーから最終消費者に至る情報，物流，プロセス，キャッシュ・フローの流れを見直し，サプライチェーンのキャッシュ・フローを増大させようとするアプローチ［Ross, 1997, pp.7-16］である。
　サプライチェーン・マネジメントの最大の目的は，効率的な資材調達とスムーズな生産による資源の効率的な活用にある。在庫の削減と顧客へのリードタイム（納入期間）の短縮は，物流や調達コストを削減する。同時に，納入期間の短縮によって顧客サービスを強化するので，顧客満足を図ることもできる。
　プル型経営という意味では，ロジスティック・マネジメント（logistic management）とサプライチェーン・マネジメントとは類似概念である。一般には，企業内の材料と情報の流れに限定［Taylor, 1997, p.23］されるロジステ

ィック・マネジメントとの決定的な違いは，サプライチェーン・マネジメントが企業外との関係にも目を向けていることにあると解される。

　サプライチェーンには，連鎖のなかにボトルネック（隘路）がある。サプライチェーンの**スループット**（売上高－直接材料費）を最大にするためには，そのボトルネック（制約）を見つけ，制約工程のスループットを最大にすることが必要になる。このような視点からすると，サプライチェーン・マネジメントはロジスティック領域におけるキャッシュ・フロー経営を具現化する戦略思考［藤野，1998, p.15］であるといえる。それゆえ，サプライチェーン・マネジメントの推進には，発生主義に基づく利益概念から，キャッシュ・フロー経営への転換もまた必要になる。

　最後に，バリューチェーン・アナリシスとサプライチェーン・マネジメントの管理会計上の扱いに関して，付言しておくことがある。それは，バリューチェーン・アナリシスとサプライチェーン・マネジメントは管理会計で論じられるときには，**組織間管理会計**の課題として考察されるということである。組織間管理会計の問題が取り上げられるようになったのは，利益管理と原価管理のためであるが，経営戦略の立場からの考察も重要になってくると思われる。

5　資源ベースの戦略論とアウトソーシング

　競争優位の確保と維持のためには，企業の外部環境との関連における戦略的行動だけでなく，企業内部の独自資源や能力を高めることもまた大切である。持続的競争優位の源泉は，企業が所有する組織能力によって決定されるからである。平たくいえば，競争業者との差別化を図っただけでは競争優位には立てない。勝負は，どれだけ優秀な従業員，廉価で良質な原材料，豊富な資金，最新の情報システム，良好な協力会社をもつかにかかっている。

1　競争戦略から資源ベース・アプローチへ

　競争戦略論で大きな貢献をもたらしたポーターの戦略論では，参入障壁，代替製品・サービスからの脅威，買い手の交渉力，サプライヤーの交渉力，業界内での敵対関係の強さといった5つの競争的構造要因に対して防御できるポジ

ショニングのための企業行動が強調［Porter, 1998, p.22］された。企業の収益性がこれら5つの要因によって影響を受けるとしたのである。さらに，競争優位を確保し維持するために，産業特性が重視された。しかし，企業の持続的発展は，業種間の違いよりも同一業種内で大きな違いがあることが実証されてきた。

事実，1980年代に成功を収めた日本企業は，コスト・リーダーシップと差別化戦略のいずれかで競争優位を保持しているのではなく，同じ領域内での激しい競争が，短い製品サイクルのもとで激しい技術革新競争のなかで展開されてきた。このような過去の事実は，製品や市場の特性を分析するだけでなく，競争戦略の視点を企業内部の製品を生み出す開発力・技術力，経営者のリーダーシップなど経営資源に目を向けさせたのである。このような見解を代表するものに，**資源ベースの戦略論**（resource-based approach；リソースベースの戦略論）がある。

2 資源ベースの戦略論

コリスらによれば，資源は大きく分けて，①有形資産，②無形資産，③組織能力の3つ［Collis and Montgomery, 1998, pp.27-28］からなる。有形資産は不動産，生産設備，原材料などである。無形資産は，ブランド，コーポレート・レピュテーション，文化，技術上の知識，特許・著作権などの無形の資源からなる。組織能力は，インプットをアウトプットに変換するときに企業が活用する資産，人，プロセス，情報であるという。

資源ベースの戦略論の果たした最も大きな役割の1つに，現代では企業価値創造の相当部分を占めるに至った**インタンジブルズの測定と管理**に道を拓いたことがあげられる。この課題は，第20章で取り上げることにして，本章ではコア・コンピタンスの意義とアウトソーシング中心に述べることにする。

企業の競争力は，短期的には，既存製品のもつ価格／性能比から生み出される。しかし，より長期的には，競争優位は予想もしない製品を創造するコア・コンピタンスから生まれる。コア・コンピタンスの特定には，3つのテストを適用［Prahalad and Hamel, 1990, pp.83-84］することができる。

第1は，さまざまな市場への参入可能性である。第2は，最終製品がもたらす明確な顧客の利益に貢献しているかである。第3には，競争企業にとって模

倣が困難でなければならない。そのためには，資源の希少性が必要である。加えて，企業は組織能力を高めることが必要である。組織能力は，複雑な社会構造の相互作用のなかで生み出される。

　コア・コンピタンス（core compitance）とは，競合他社には真似のできないほど圧倒的なレベルの能力のことをいう。「多角化企業は大きな木にたとえられる。幹と大きな枝はコア製品であり，小枝はビジネス・ユニットである。葉，花，果実は最終製品といえよう。成長や生命の維持に必要な養分を補給し，安定をもたらすのが，コア・コンピタンスである」［Prahalad and Hamel, 1990, p.82］。

3　アウトソーシングの多様化とその管理

　アウトソーシング（outsourcing）は，契約に基づいて，特定の指定された機能と義務を果たすための業務委託（外部委託）である。アウトソーシングの発展形として，最近では電子機器の生産受託としてのEMS（製造アウトソーシング）や，既存の間接業務を独立させたシェアード・サービスがある。図18-10は，アウトソーシングの発展形態を描いたものである。

図18-10　アウトソーシングの発展形態

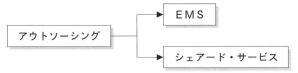

出典：著者作成。

(1)　アウトソーシングとは何か

　日本では，情報システムなどにおいて古くから業務委託が行われてきた。パウエル［Powel, 1990, pp.295-336］によれば，米国では日本の実務を研究した結果として，1980年代に戦略的アライアンス，リエンジニアリングと並んでアウトソーシングが誕生したのだという。

　1990年代になると，バブル崩壊による経済の低迷と中国からの安価で良質な

製品の流入によって，日本企業はどんなに徹底的な原価削減を行っても熾烈な競争に打ち勝つことが難しくなった。加えて，日本企業のグローバル化と会計ビッグバン，機関投資家の発言力増大といった要因によって，アウトソーシングによって戦略的な対応を図ろうとする企業が多く見られるようになった。

アウトソーシングとは何かについては，広狭を含めて多様な定義［情報サービス産業協会，1997，p.1］がみられる。本書では，アウトソーシングを次のように定義しておこう。

「**アウトソーシング**とは，サービスのユーザーが専門的知識をもつ外部の業者を，契約に基づいて活用することである。その関係はサービスのユーザーの企業環境にシームレスに統合されており，サービス提供者の専門的知識とコア・コンピテンスからユーザーが最大の利益を引き出すプロセスである。」

アウトソーシングの実施により，企業は外部資源を活用することによって戦略的な効果を得ることができる。具体的には，社内の資源を活用するよりも，①コストとリスクが軽減される。②専門的なサービスが得られる。③経営の効率化を図りうる。④経営の資源をコア・コンピタンスに集中できる。

アウトソーシングは，広い意味では一種の**外注**である。会計上も複合経費の外注費で処理する。外注の1つ，派遣でも契約に基づいて特定の指定された機能と義務を果たすために，民間企業を利用する。その意味では，派遣も本質的にはアウトソーシングの一種である。ただ，派遣された社員は，派遣先においてユーザーの指揮下に入って仕事をするだけで戦略的な決定を下しうる立場にはない。以上から，単なる派遣はアウトソーシングに含めない。

アウトソーシングは，**業務改善型アウトソーシング**と戦略的アウトソーシングに区分できる。業務改善型アウトソーシングの目的は，人件費の削減に焦点をおいたコスト削減と，資産のスリム化にある。対して，**戦略的アウトソーシング**は，専門的知識の活用と**QCD**（quality, cost, delivery；品質，コスト，納期）の達成にある。わが国が志向すべきは，戦略的アウトソーシングである。

アウトソーシングには次のような問題点がある。第1に，コア・コンピタンスを外部委託することで企業は将来に致命的な痛手を負う。それゆえ，アウトソーシングの対象はコア・コンピタンス以外の業務に限定すべきである。第2に，委託先のコントロールが効かないと，十分な成果を引き出すことができな

い。発注先はアウトソーシングの内容をよく理解し，常にアウトソーサーをコントロールしておく必要がある。第3に，契約が明確でないと，発注元から非現実的な期待を抱かれることがある。

(2) EMS

EMS（electronics manufacturing service）は，電子機器の製造受託サービスのことである。一般にEMSは，製品の製造業者に代わって製品の設計から試作，生産，発送，補修業務までを一括して受託するビジネスのことをいう。元来は，電子機器の製造業で始まった製造を請負うサービスのことをEMSといっていた。しかし，EMSはエレクトロニクス産業にとどまらず精密機械などの部品から素材，完成品の調達，設計，販売店への輸送，サプライチェーンの管理などにも拡がっている。その結果，EMSは現在では製造アウトソーシングとか，製造受託サービスと表現すべきものに変質している。

アウトソーシングは，日本では主として廉価な労働賃金を求めて行われる業務委託である。対して，EMSの主要目的は，資材調達，生産管理，品質管理までを外にだすことによる徹底した経営の効率化にある。製造業者にしても，所有する過剰設備（および過剰な従業員）をEMS企業に売却すれば，資産の圧縮が可能になり，経営の効率化に大きく貢献［藤坂, 2001, p.32］する。

製品のライフサイクルが短くなり，製品の需給の変動が激しくなった現代の電子機器製品を取り巻く企業環境では，安定的な生産を確保することが難しくなった。その結果，多数の製造業者から受ける特定の部品の生産に特化している企業のほうが安定的な生産の確保ができるだけでなく，専門的な技術や知識の蓄積，製品単位当たりの開発費の削減が可能になる。製造委託を依頼する企業の方でも，生産設備や棚卸資産をもつ必要がないので，身軽な経営ができる。買収した製造業者の製品だけでなく，他のメーカーの製品も生産することで，設備の稼働率をあげて生産性を高めることができる。金利などの資本コストを軽減することもできる［稲垣, 2001, pp.5-7］。このような理由から1990年代の後半以降，米国で電子機器の受託サービスが急速に広まってきた。日本では2000年を境に，EMSが急速に広まってきた。ソニーが工場をソレクトロンに売却したのをはじめ，NEC（退任した経営トップによるEMS実施への批判が

話題になった），パナソニックなども必要に応じてEMSを実施している。EMSでは，製造業者から委託された製造だけでなく，サプライチェーン構築などのサービスを行う総合的なサービス業に大きく変貌してきた。

　IT不況などが深刻になればなるほど，世界のメーカーはコスト競争力のあるEMS業者に生産を委託するようになる。しかし，EMSには十分な品質管理や納期管理ができないことや，日本の強みであった生産技術の蓄積ができないことなどの問題点がある。技術性に優位であることから安易に「庇を貸して母屋を取られる」ことのないようにくれぐれも心すべきである。

　伊丹［2018, pp.56-57］は，一時期は飛ぶ鳥を落とす勢いであった日本の家電産業の凋落の原因の１つについて，「自分たちのコストダウンのために大規模にやり始めていた生産の海外委託，そして設計の海外委託」にあったと述べている。さらに，「どんな仕事にせよ，それをアウトソースするとその仕事を自分でやらなくなるのだから，その仕事を通じての現場学習の機会を失う」ことになるのであるという。この見解には著者も全面的に同意する。

(3) シェアード・サービス

　1990年代の後半，連結経営の浸透とともに，わが国でもシェアード・サービスが多くの企業で導入されるようになってきた。シェアード・サービス（shared services）とは，企業グループまたは社内で分散されている業務（一般には間接業務）を，子会社または社内の部門に集中し，業務の標準化と見直しを行って，業務を行うアウトソーシングの発展形のことをいう。

　シェアード・サービスは複数の組織（事業部，事業所，営業所など）で行っているサービスを１か所に集中し，その効果もあって１つの独立した組織として複数のビジネス・パートナーにサービスを提供しようとする仕組みである。その主要な目的は，コストを低減させるだけでなく顧客サービスを大幅に向上させることにある。アウトソーシングは外部の専門業者への業務委託である。対して，シェアード・サービスでは，既存の経理部門や総務部門などの間接部門を企業から独立させて，１つの組織体（独立採算の組織）として運営されることになる。その結果，専門性が高まるので，シェアード・サービスではアウトソーシングに比べて，規模の経済性や資源の共有化が得られることなどによ

るコスト低減に役立つだけではなく，顧客満足度も向上する。

　シェアード・サービス組織は，組織内の部門を設けてコスト・センターとして実施することもあるが，最もその効果が期待できるのは，プロフィット・センターとして導入したときである。シェアード・サービスは，単一の企業にサービスを提供するだけではなく，他企業に対するサービスの提供も行う。提供されたサービスには，正当な対価が支払われる。

　シェアード・サービスの対象としては，一般会計，給与計算，固定資産管理など日常的で反復的な業務や財務諸表の作成，税務会計，教育や研修など，専門的なスキルを要する業務が適する。具体的な業務でいえば，情報処理業務，経理・財務業務，総務，人事などの業務が適する。他方，経営企画や内部監査，知的財産管理など，トップの戦略や意思決定と結びついた専門的な業務は，シェアード・サービスには馴染まない。

　具体的な事例で説明しよう。**西日本鉄道**では，1999年設立の西鉄アカウンティングサービス（NAS）と2002年設立の西鉄人事サービスをシェアード・サービスとして運営している。それぞれは全く別会社である。NASは，会計業務の高度化に対応させた専門的な会計要員の効果的な活用を目的に設立された。いわゆる，財務の業務は含まれない。西鉄人事サービスでは，人事・労務・厚生の比較的定型的なグループ人事情報を一元管理している。いずれもコスト・センターとして運営されていることに特徴がある。

　NTTでは，持ち株会社への移行にともなって経理部門と人事部門を独立させて，シェアード・サービスの組織とした。現在，長距離・海外通信事業のNTTコミュニケーションズ，東西ローカル通信会社の経理事務は**NTTビジネスアソシエ**が担当している。NTT以外の組織からも仕事を受けたこともある。

　シェアード・サービスを成功させるためには，コストを低減し，品質を高め，納期を遵守することが必要である。そのため，1件当たりの処理コスト，ミスの発生率，資料提出期限遵守率といったKPIを設ける。SLAも有効である。

4　契約の明確化とSLA

　アウトソーシングを実施するには，契約でサービス水準を決めていくことが後々のトラブルを防ぐうえで必要となる。**SLA**（service level agreement；サ

ービスレベル・アグリーメント）は，一般にはサービスの水準について，「サービスのプロバイダーとその顧客との間で交わされた契約書」[Grembergen et al., 2003, pp.56-58] のことをいう。

SLAには，社内，外部，グループの3種類のものがある。**社内SLA**はIT部門など，社内ITプロバイダーとマーケティング，財務，生産部門などの社内顧客との間の契約である。**外部SLA**は，外部サービス・プロバイダー（第三者）とユーザーである組織体との契約である。**グループSLA**は，自己の組織内のグループの業績を測定するために用いられる。

情報システムのアウトソーシングにおけるSLAでは，社内SLAを対象とする研究[後藤，1999, p.75] もある。社内SLAで，ムダの排除を目的としたコスト低減に焦点が当てられた，チャージバック・システム[櫻井，2006, pp.385-398] を利用している企業がSLAで品質保証を目的に行うのが良い。

情報サービスの行政アウトソーシングでは，SLAといえばITサービスを業とするプロバイダーなどのITアウトソーシング会社が顧客に提供するサービスや保証基準に関する契約が含意[総務省，2003, p.4] される。一方で，経済産業省が推進してきた「SLA導入ガイドライン」（座長；櫻井）では，SLAを次のように定義[情報処理推進機構，2004, p.7] づけている。

「ITサービスの提供者と受託者との間で，ITサービスの契約を締結する際に，提供するサービスの範囲，内容および前提となる諸事項をふまえたうえで，サービスの品質に対する要求水準を規定するとともに，規定した内容が適正に実現されるための運営ルールを，両者の合意として明文化したものである。」

SLAが経営上の価値を高めるには，SLAを経営管理に活かす必要がある。そのためにもたれるのが，**SLM**（service level management；サービスレベルマネジメント）である。SLMとは，SLAを締結しその合意内容が適正に実現されて状況に応じて柔軟に運用されるように，委託者と提供者の間で取り決められたSLA，運用の仕組みを構築・運用することをいう。

5 アウトソーシング等の管理会計へのインパクト

管理会計の主要テーマの1つである，**内製か外注か**（make or buy）の意思決定問題は，アウトソーシング戦略の1つと考えることができる。自製か外注

かの意思決定では，主にコストの側面に焦点が当てられていた。自製か外注かの意思決定では，変動費と個別固定費は増分原価として増分分析に含め，減価償却費や共通固定費などの意思決定に直接的には関係しない原価は意思決定に含ませない。自製か外注かの問題では，本書第15章で述べたとおり，コストの問題に焦点が当てられ，対象期間は，短期的な意思決定に限定される。

他方，**アウトソーシング**ではコストだけではなく戦略的な決定が必要である。その理由について，園田［1994, pp.130-133］は次の理由をあげている。第1に，部品を自製するか購入するかという問題は，企業の戦略と離れては存在しない。第2に，部品を自製するか購入するかという問題は，長期的に企業に影響を及ぼす。第3に，競争優位を保つためには，技術戦略が重要である。第4に，国外の業者は文化の違いから，品質の維持，納期の厳守，長期の安定した納品など，国内業者と比較して不安定な要因が多い。

最後に，アウトソーシングがもつ社会的な意味を考えてみたい。個別企業からみれば，アウトソーシングは戦略的にすぐれたコスト・カット（原価削減）の手段になりうる。しかし，社会全体からみるとアウトソーシングが正規社員の数を減少させ，将来の社会不安を引き起こす可能性を否定できない。とくに中国や台湾へのオフショアなどでは庇を貸して母屋を取られるという諺を引用して，注意を喚起したい。つまり，アウトソーシングは，個別企業の立場からだけでなく，社会全体の立場からの研究も必要になると思われる。

注

1) 戦略をどう捉えるかは，さまざまである。著者は，戦略は計画とは区別されるべきであるとは考えるが，戦略は多分に計画性を含んでいる。パターンとして戦略を捉えることも重要である。ポジショニングも戦略の重要な側面であると考えられる。
2) 1991年以降，長期にわたる不況を経験してきた日本企業では，現場と予算編成担当者とのキャッチボールは，従来に比べて減少傾向にあることが明らかにされている。
3) キャプランとノートンはアージリス（Argiris）のダブルループを改善して，学習プロセスを作成した。著者は，①最上部のStrategyを中期計画に変更するとともに，戦略を最上部においた。中期計画としたのは，バランスト・スコアカード，予算と対応させるためである。②戦略の更新には，日本では経営戦略会議が

活用されていることにあわせて，経営戦略会議を含めた．
4) 米国では，strategic management accountingの語を見かけないわけではない [Aly, 1995, p.143] が，真剣に議論されることはない．キャプランの著書を数冊翻訳したが，この語を見たことはない．戦略的管理会計の議論はイギリスでの議論であって，米国人は管理会計が戦略を扱うのは当然と考えているのではなかろうか．
5) 戦略的管理会計（strategic management accounting）は，戦略を管理する会計である．その意味では，戦略管理会計の訳語がピッタリする．それにもかかわらず，本書で戦略的管理会計と表現したのは，第1に，環境管理会計や病院管理会計といったような特定分野の管理会計の学問体系ではない．第2に，日本では戦略管理会計と称していながら，管理会計の全体系を扱う著書が多いが，それには多分に違和感がある．第3に，ブロミッチ，ディクソン，チャップマンなど主要な研究者が，strategyではなく，strategicの語を用いていることなどである．
6) アンソニーの管理会計フレームワーク（体系）では，戦略の策定は管理会計担当者にとって所与とされている．しかし，現時点で見る限り，典型的には戦略の策定は経営トップの名において経営企画部（経営戦略部）といった管理会計の担当組織によって担われている．であるとすれば，戦略の策定は管理会計担当者の重要な役割の1つとして位置づけられるべきであろう．
7) コントロール・レバーとは，意図した戦略を実行し，喫緊の戦略を導くためにマネジャーが用いる，信条のシステム，境界システム，診断的コントロールシステム，およびインタラクティブ・コントロールシステムのことをいう [Simons, 2000, p.768]．
8) マルミ＝ブラウン [2008] は，マネジメントコントロール・システムには財務数値だけでなく，文化，計画設定，コントロール，報酬と報奨，ガバナンス，組織構造などをパッケージで運用すべきだという提案をしている．図1を参照されたい．以下で，第7章（225頁）で述べた図7-5を深掘りする．

図1　マルミ＝ブラウンの提唱—パッケージとしてのMCS—

文化によるコントロール					
クラン		価値観		シンボル（理念，ビジョン）	
計画設定		サイバネティック・コントロール			報酬と報奨
長期計画　活動計画		予算	財務測定システム	非財務測定システム	混合測定システム	
アドミニストラティブ・コントロール					
ガバナンス構造		組織構造		方針と手続	

出典：Malmi and Brown [2008, p.291].

図1で，**文化による**コントロールはクランコントロール，価値によるコントロール，シンボル基準のコントロールという3種類の文化が重要である。サブカルチャーないし個々のグループの文化は，クランと呼ばれている。価値によるコントロールは従業員の行動に影響を及ぼす。理念やビジョンといったシンボル基準は，明確な文化を表現するために，目に見える形で表現されるのが望まれる。

　計画設定は，コントロールに先だって行われる事前のプロセスである。計画設定は従業員の行動を導く上で重要な役割を果たしてきた。長中期（経営）計画では，経営者は戦略的プロジェクトの具体的な実施計画を設定する。

　サイバネティック・コントロールとは，業績の標準を使ってフィードバックループが表示され，システムの業績を測定し，実績を標準と比較し，システムにおける不利差異に関する情報をフィードバックし，システムの行動を修正するプロセスである。サイバネティック・コントロールは，長い間，コントロールの概念との関連性をもち続けてきた。従業員の行動を目標に向けさせ，実績との差異に対してアカウンタビリティ（会計責任）を設定するには，サイバネティック・システムが必要となる。サイバネティック・システムには，予算，財務尺度，非財務尺度，および財務尺度と非財務尺度のデータが含まれる。

　報酬と報奨のコントロールは，個人とグループの目標と活動を，組織目標との整合性を図ることによって，個人とグループを動機づけ，業績を高めることに焦点が当てられる。報酬と報奨が公正に与えられるならば，明確な報酬と報奨制度がない場合に比べて，業績が高まるという基本的な認識がある。

　管理コントロール・システム（administrative control system）は，個人とグループを組織化し，行動をモニターし，タスクや行動の方法を明示するプロセスを通じて従業員の行動を導く。管理コントロールのシステムは，ガバナンス構造，組織構造，および方針と手続からなる。

9）シャンクに関しては，苦い思い出がある。ハーバード大学に滞在していた頃，親友のポール・スカーブローがボストン大学に研究室を与えてくれた。1989年の秋のことである。ボストン大学では，イギリスからホップウッドを招聘し，シャンクと櫻井の3名で，2日間にわたるセミナーで講演した。講師2人がセミナーをしているときに，いま1人が休むという形式であった。その折，シャンクはバリューチェーン・アナリシスを話した。受講者の1人が，シャンクの講演内容の感想を聞きにきた。そのとき，私は「管理会計は事業内の内容を検討すべきで，組織間管理会計といった問題は全く新しい試みで，管理会計がそこまで関与すべきかについては自信がない」と答えた。その夜，バーの片隅でシャンクと語り合って，自分の不勉強さを思い知らされたことが忘れられない。シャンクは決して

気取らない素晴らしい人物であった。弟子のゴビンダラジャンをベタ褒めしていた。シャンクの死亡を知ったのは、それからしばらく後のことであった。

参考文献

Aly, Ibrahim M., *Readings in Management Accounting: New Rules for New Games in Management and Service Organizations*, Kendall/Hunt, 1995.

Andrews, Kenneth R., *The Concept of Corporate Strategy*, Dow Joes Irwin, 1971. (山田一郎訳『経営戦略論』産業能率短期大学出版部, 1976年, p.15, pp.53-55)。

Ansoff, H. Igor, *Corporate Strategy: An Analytic Approach to Business Policy for Growth and Expansion*, McGraw-Hill, 1965.

Ansoff, H. Igor, *The New Corporate Strategy*, 1988. (中村元一・黒田哲彦訳『最新・経営戦略』産能大学出版部, 1989年, p.7)。

Anthony, Robert N., *Planning and Control Systems, A Framework for Analysis*, Graduate School of Business Administration, Harvard University, 1965. (高橋吉之助訳『経営管理システムの基礎』ダイヤモンド社, 1968年, pp.21-23)。

Bromwich, Michael, *Strategic Management Accounting*, R. J. Chambers Research Institute, 1989.

Bromwich, Michael, The Case for Strategic Management Accounting：The Role of Accounting Information for Strategy in Competitive Markets, *Accounting, Organization and Society*, 1990, vol.15, Issues 1-2.

Bromwich, Michael and Alnoor Bhimani, *Management Accounting, Pathways to Progress*, CIMA, 1994. (櫻井通晴監訳『現代の管理会計―革新と漸進―』同文舘出版, 1998年, pp.129-144)。

Chandler, Alfred D., *Strategy and Structure ; Chapters in the History of American Industrial Enterprise*, MIT Press, 1962. (三菱経済研究所訳『経営戦略と組織：米国企業の事業部制成立史』実業之日本社, 1967年, p.17)。

Chapman, Christopher S. *Controlling Strategy, Management, Accounting, and Performance Measurement*, Oxford University Press, 2005. (澤邉紀生・堀井悟志監訳『戦略をコントロールする－管理会計の可能性』中央経済社, 2008年, p.15)。

CIMA (Chartered Institute of Management Accountants), *Management Accounting Official Terminology*, CIMA Publishing, 1996.

Collis, David J. and Cynthia Montgomery, *Corporate Strategy, A Resource-Based Approach*, Irwin/McGraw-Hill, 1998.

Dixon, R. and Dr. Smith, Strategic Management Accounting, in *Readings in Management Accounting: New Rules for New Games in Manufacturing and Service*

Organizations, Edited by Ibrahim Aly, Kendall Hunt Publishing, 1995.

Gremgergen, Wim Van, Steven De Haes and Isabelle Amelinckx, Using COBIT and the Balanced Scorecard as Instruments for Service Level Management, *Information Systems Control Journal*, Volume 4, 2003.

Harris, David, *Strategic Management Accounting, Topical Issues*, 1998.

Hofer, Charles W. and Dan Schendel, *Strategy Formulation*：*Analytical Concepts*, West Publishing,1978.（奥村昭博・榊原清則・野中郁次郎訳『戦略策定―その理論と手法―』千倉書房, 1981年, p.30, pp.55-56, pp.79-205, pp.84-89）。

Kaplan, Robert S., Measuring Manufacturing Performance：A New Challenge to Management Accounting Research, *The Accounting Review*, Vol.59, No.3, 1983.

Kaplan, Robert S. and David P. Norton, *The Strategy-Focused Organization, How Balanced Scorecard Companies Thrive in the New Business Environment*, Harvard Business School Press, 2001.（櫻井通晴監訳『戦略バランスト・スコアカード』東洋経済新報社, 2001年, p.348）。

Malmi, Teemu and David A. Brown, Management Control System as a Package-Opportunities, Challenges and Research Directions, *Management Accounting Research*, Volume 19, 2008.

Mintzberg, Henry, Creating Strategy, *Harvard Business Review*, July-August, 1987.（編集部訳「戦略クラフティング」『DIAMONDハーバード・ビジネス・レビュー』January, 2003年, pp.72-85）。

Mintzberg, Henry, Bruce Ahlstrand and Joseph Lampel, *Strategy Safari, A Guided Tour Through the Wilds of Strategic Management*, Free Press, 1998, pp.9-15, p.35.（斉藤嘉則監訳『戦略サファリ：戦略マネジメント・ガイドブック』東洋経済新報社, 1999年, pp.10-17, p.27, pp.37-38）。

Porter, Michael E., *Competitive Advantage―Creating and Sustaining Superior Performance―*, The Free Press, 1985.（土岐坤・中辻萬治・小野寺武夫訳『競争優位の戦略―いかに高業績を持続させるか―』ダイヤモンド社, 1985年, pp.15-36）。

Porter, Michael E., What is Strategy, *Harvard Business Review*, November-December 1996.（中辻萬治訳「戦略の本質」『ハーバード・ビジネス・レビュー』1997年3月, p.11）。

Porter Michael E., *On Competition*, Harvard Business School Publishing, 1998.（竹内弘高訳『競争戦略論Ⅰ』ダイヤモンド社, 1999年, p.34）。

Powell, Walter W., Neither Market Nor Hierarchy：Network Forms of Organization, *Research in Organizational Behavior*, Vol. 12, 1990.

Prahalad, C. K. and Gary Hamel, The Core Competence of the Corporation, *Har-*

vard Business Review, May-June, 1990.（坂本義実訳「コア競争力の発見と開発：競争力分析と戦略的組織構造による」『DIAMONDハーバードビジネス』1990年, 9月号, pp.4-18）。

Ross, David Frederick, *Competing Through Supply Chain Management: Creating Market-Winning Strategies through Supply Chain Partnership*, Kluwer Academic Publishers, 1997.

Shank, John K. and Vijay Govindarajan, Strategic Cost Management：The Value Chain Perspective, *Journal of Management Accounting Research*, Fall 1992.

Simons, Robert, Levers of Control：*How Managers Use Innovative Control Systems to Drive Strategic Renewal*, Harvard Business School Press, 1995.（中村元一・黒田哲彦・浦島史惠訳『ハーバード流「21世紀経営」4つのコントロール・レバー』産能大学出版部, 1998年, pp.125-174, pp.133-135, pp.175-234）。

Simons, Robert, *Performance Measurement & Control Systems for Implementing Strategy, Text & Cases*, Prentice-Hall, 2000.（伊藤邦雄監訳『戦略評価の経営学：戦略の実行を支える業績評価と会計システム』ダイヤモンド社, 2003年）。

Simons, Robert, *Levers of Organization Design—How Managers Use Accountability Systems for Greater Performance and Commitment—*, Harvard Business Review Press, 2005.（谷武幸・窪田祐一・松尾貴巳・近藤隆史『戦略実現の組織デザイン』中央経済社, 2008年）。

Simmonds, Kenneth, Strategic Management Accounting, *Management Accounting*, April 1981.

Taylor, David, *Global Cases in Logistics and Supply Chain Management*, International Thomson Business Press, 1997.

新江　孝『戦略管理会計研究』同文舘出版, 2005年。

新江　孝・伊藤克容「マネジメント・コントロール概念の再検討―コントロール手段の多様化をめぐる問題を中心に―」『原価計算研究』Vol.34, No.1, 2010年。

伊丹敬之『なぜ戦略の落し穴にはまるのか』日本経済新聞出版社, 2018年。

稲垣公夫『EMS戦略：企業価値を高める製造アウトソーシング』ダイヤモンド社, 2001年。

奥村昭博「経営戦略プロセス論」『慶応経営論集』第7巻第1・2号, 1987年。

加護野忠雄「経営戦略の意味」『国民經濟雑誌』第175巻第4号, 1997年。

後藤英紀「バリュー上昇，そして本当のコスト圧縮への布石，サービスレベル・マネージメント」『コンピュートピア』No.6, 1999年。

小林啓孝「第4章　戦略的管理会計の"はじめに"」会計フロンティア研究会編『管理会計のフロンティア』中央経済社, 1994年。

櫻井通晴『ソフトウエア管理会計：IT戦略マネジメントの構築（第2版）』白桃書房, 2006年。
情報サービス産業協会 アウトソーシング調査委員会報告書『平成8年度 アウトソーシング市場の拡大に向けて』情報サービス産業協会, 1997年3月。
情報処理推進機構『情報システムに係る政府調達へのSLA導入ガイドライン』, 2004年3月。
総務省『公共ITにおけるアウトソーシングに関するガイドライン』2003年3月。ここでは，次のように定義づけられている。
園田智昭「第4章 戦略的管理会計の第4節 自製か購入かの意思決定」会計フロンティア研究会編『管理会計のフロンティア』中央経済社, 1994年。
藤坂浩司『EMSがメーカーを変える！―製造アウトソーシングで競争に勝つ―』日本実業出版社, 2001年。
藤野直明「サプライチェーン経営革命 その本質と企業戦略」ダイヤモンド・ハーバード・ビジネス編集部編『サプライチェーン理論と戦略：部分最適から「全体最適」の追求へ』ダイヤモンド社, 1998年。
方針管理事例研究会『方針管理運営の手引き』日本品質管理学会・方針管理事例研究会, 1989年。
横田絵里・金子晋也『マネジメント・コントロール：8つのケースから考える人と企業経営の方向性』有斐閣, 2014年。

第19章 バランスト・スコアカードによる戦略マネジメント

1 バランスト・スコアカードと企業価値の創造

　バランスト・スコアカードは，財務業績だけでなく，顧客関係，内部ビジネス・プロセスの改善，学習と成長といった総合的な視点から，戦略マップを用いてビジョンと戦略の効果的な策定と実行を確保するとともに，報酬に連動させた業績評価システムとして，また経営の品質向上に資するといった経営目的に役立てられる，戦略的マネジメント・システムである。

1 多様なステークホルダーを満足させる企業価値創造のシステム

　企業価値を最大化するためには，企業の戦略の策定と実行のシステム，成果連動型報酬制度および業績評価システムを，企業価値創造に役立つものにしなければならない。1990年代以降，欧米では企業価値創造のための業績評価指標としてEVAが多くの主要企業に導入された。わが国でも花王，ソニー，パナソニックなど日本を代表するエクセレント・カンパニーで導入されたことで，EVAは専門誌だけでなく新聞でも大きな話題を集めてきた。EVAは，本書の第23章で述べるように，主に株主価値の増大に役立つ評価指標である。

　他方，多様な**ステークホルダー**（stakeholders；利害関係者）を識別し，ステークホルダー・アプローチをとる戦略の策定・実行と業績評価のシステムがキャプランとノートンによって提唱された。それが，バランスト・スコアカード（Balanced Scorecard；BSC）である。

　1992年の発表当初，バランスト・スコアカードは主として，業績評価のツールとして提案された。しかし，その後の実務への導入過程において，戦略を策定し実行させ，経営品質を向上させるためのツールとしての役割が大きいことが明らかになってきた。わが国においては，エクセレント・カンパニーでバラ

ンスト・スコアカードを全面的に採用した企業——リコー，関西電力，富士ゼロックス，沖電気工業，パイオニア，日本フィリップス，キリンビールなど——が数多くあるが，部分的に導入した企業も多い。

今後も，戦略の策定と実行，成果連動型の業績評価，さらには経営の品質向上を実現させるシステムとして，バランスト・スコアカードを導入しようと計画している企業が数多くあることが，調査［櫻井，2008，pp.533-562］によって明らかにされている。

2　バランスト・スコアカードの経営への役立ち

バランスト・スコアカードには，種々の経営上の主要な役割がある。戦略の策定と実行，成果連動型の業績評価，経営品質の向上，その他である。これらの役割に共通するのは，企業価値の創造に役立つことである。

(1)　戦略の策定と実行のシステム

日本企業における経営戦略への役割期待が急速に高まってきた。戦略の策定は企業や事業の進むべき道を示すもので，グローバル化した経営環境のもとでの激しい競争社会にある現在の日本企業にとっては大きな意義がある。しかし，いかにすぐれた戦略を策定しても，策定された戦略が実行されない限り，経営への役割には限界がある。バランスト・スコアカードは，戦略を業務レベルにまで落とし込むことができる**戦略の策定と実行のシステム**なのである。

(2)　成果連動型の業績評価システム

日本的経営の核ともいえた終身雇用崩壊の兆しが現れてくるとともに，若者を中心とした日本人の価値観もまた変化してきた。その結果，従来の伝統的な日本企業の特徴の1つとなっていた，あいまいな業績評価や職能を基準にした給与制度を改善し，経営の現象を"**可視化**"できる経営上のツールを用いた新しいシステムを求める企業が多くなっている。バランスト・スコアカードは戦略とリンクさせて企業価値の創造に焦点をおいた客観的で公正な業績評価を行い，それに従った**成果連動型の報酬制度**として用いることができる。

(3) 経営品質向上のツール

経営そのものの品質を高めるために，新たな経営システムを求める企業が増えてきている。関西地区および中部地区の日本企業のなかには，**方針管理**を企業の経営管理に活用しているところが多い。これらの企業のなかには従来の方針管理に不満を抱き，それに代わる経営品質向上のためのシステムを求めてきた企業もある。このような企業は，方針管理を補完して**経営品質**を高めるために，バランスト・スコアカードを成功裏に活用することができる。

(4) その他の役割

以上のほか，バランスト・スコアカードには，社外との関係ではIR（investor relations），社内との関係では**コミュニケーションの円滑化**にも役立つ。そのほか，**IT投資の評価**[1]にも役立てることができる。加えて，最も無視してならないのは，次章で考察する**インタンジブルズ**への潜在的な役割である。

3　知的戦略の強化への役割

バランスト・スコアカードのもつ最大の潜在的な長所は，将来の企業価値創造の最大の要因となる，無形の資産ないし知的資産やコーポレート・レピュテーション（企業の評判）による価値創造のプロセスを，従来よりもすぐれた方法で戦略的に表現し，さらにそれを検証できることにある。

工業経済社会では，企業は原材料を購入して，機械・設備などの有形資産を使って原材料を製品に変換して価値を創造してきた。しかし，企業価値創造の機会は，現在では有形資産のマネジメントから無形の資産——ブランド，コーポレート・レピュテーション，顧客エクイティ，卓越した業務プロセス，ITとデータベース，従業員のスキルやモチベーションなど——を使った知識ベースの戦略マネジメントに移行してきた。

無形の資産が競争優位の主要な源泉になっている今日の経済では，知的資産とレピュテーション資産，およびそれらの資産を活かす価値創造のための戦略を記述し測定するツールが必要である。バランスト・スコアカードは，それらを可能にする戦略マネジメント・システムなのである。

2　バランスト・スコアカードとは何か

　バランスト・スコアカードは，総合的でバランスのとれた戦略マネジメント・システムである。戦略を策定・実行し，業績を評価し，経営の品質を向上するため，バランスト・スコアカードでは，4つの視点―①財務，②顧客，③内部ビジネス・プロセス，および④学習と成長―が設けられている。

1　バランスト・スコアカードにおける"バランス"とは

　バランスト・スコアカードがなぜ，"バランスト（均衡がとれた）・スコアカード（成績表）"[2]と呼ばれるのか。それは，バランスのとれた客観的なスコア（業務成績）のフレームワークだからである。バランスト・スコアカードで含意されている"バランス"には，少なくとも次の4つの意味がある。

　第1に，投資利益率（ROI）やEVAなどの財務指標のみの業績評価では，過去の，短期業績を強調しすぎる。これらの**財務指標**は株主の視点に立った事業の再編成には有効であるが，将来を見越した投資を回避する結果，過小投資に陥る危険性がある。バランスト・スコアカードでは，**過去・現在**の財務指標だけでなく，**将来の業績を高める非財務業績指標**もまた重視される。結果，株主と他のステークホルダーとのバランスも重視されることになる。

　第2に，**外部尺度**としては，財務と顧客の視点が設けられる。**内部尺度**としては，内部ビジネス・プロセスと学習と成長の視点が設けられる。これら外部尺度と内部尺度から，企業価値創造を目的とした検討が加えられる。

　第3に，わが国では古来から，「結果だけでなく，その結果を導いたプロセスが大切だ」といわれてきたが，バランスト・スコアカードでは，活動の結果としての**成果**（outcome）だけでなく，プロセスを表す**パフォーマンス・ドライバー**（performance driver）を活用する。成果は遅れて現れる**遅行指標**である。他方，パフォーマンス・ドライバーは成果に先立つ**先行指標**で，成果を生み出す推進要因になるため，戦略実行のための具体的な行動指標が選ばれる。

　第4に，バランスト・スコアカードでは，**定量的で客観的**な成果の測定だけでなく，**主観的**であったり**無形**であったりしても，何らかの判断をともなう定

性的なものを測定して，"見える化"することもまた可能になる。

2　4つの視点とその業績評価尺度

バランスト・スコアカードでは，ビジョンと戦略が中心となって，財務，顧客，内部ビジネス・プロセス，学習と成長という4つの視点から，定量的な業績評価尺度で企業の業績を評価する。4つの視点の関係は，図19-1のように描かれる。

図19-1　バランスト・スコアカードにおける4つの視点

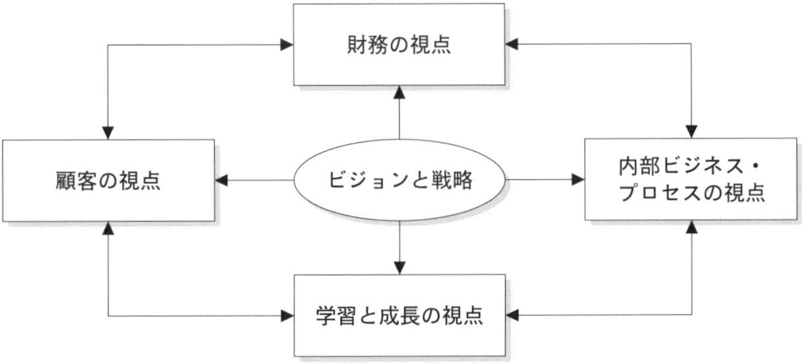

[図：中央に「ビジョンと戦略」を置き，上に「財務の視点」，左に「顧客の視点」，右に「内部ビジネス・プロセスの視点」，下に「学習と成長の視点」を配した図]

出典：Kaplan and Norton [1996, p.9].

(1) **財務の視点**　財務尺度は，過去の活動の経済的な成果を客観的に要約できる。ステークホルダーとの関係では株主や債権者のためにどのように行動すべきかの視点である。典型的な業績評価尺度には，次のものがある。

例：経常利益，投資利益率（ROI），残余利益，EVA，売上利益率，キャッシュ・フロー，売上高，売上高成長率

(2) **顧客の視点**　顧客と市場のセグメントを識別し，目標としているセグメントの業績を測定する。顧客には，外部顧客（エンドユーザとユーザー企業）の他，**内部顧客**（例；経理部にとっては営業部や製造部）も含まれる。

例；顧客満足度調査の結果，新規顧客の開拓，既存顧客のロイヤリティ（リピート率），顧客収益性，マーケット・シェア，価格，新製品からの売上比率，重要性の高い顧客シェア

(3) **内部ビジネス・プロセスの視点**　顧客満足に最大のインパクトを与え，財務目標を達成するための企業内部のビジネス・プロセスに焦点がおかれる。経営者がいかにビジネスと業務の改善を行ったかを定量的に示す。

　例；特許権取得件数，開発効率，サイクルタイム，仕損じ発生率，納期，落札率，事故率，やり直し作業，生産性向上率，単位原価，新製品導入率

(4) **学習と成長の視点**　すぐれた業績は，個々の従業員のスキルが高くなければ達成できない。企業の長期的な成長は，従業員，システム，手続きの改善によって可能になる。

　例；離職率，提案件数，改善率，ITリテラシーのレベル，ITの活用率，特許取得件数，資格の取得，社員教育の数

以上，4つの視点はそれぞれステークホルダーの立場—株主（銀行)[3]，顧客，経営者，従業員—を表している。さらに，4つの視点は並列ではなく，財務業績を中心とした（例；財務60％，顧客20％，内部ビジネス・プロセス15％，学習と成長5％のウエイトづけなど）評価体系でもある。4つの視点ではなく，環境の視点を1つ増やして5つの視点としたり，最も重要な視点として財務の視点を顧客の視点（病院では患者の視点）に代えることも可能である。

3　GE社の重要な結果指標

米国では，過去にもバランスト・スコアカードに類似する業績評価尺度の提案があった[4]。代表的な事例には，GE社の重要な結果指標と呼ばれる8つの業績評価尺度［Solomons, 1965, pp.284-286］—収益性，生産性，市場のポジション，製品リーダーシップ，人材開発，従業員の態度，公共責任，短期・長期目標のバランス—を用いた指標がある。

表19-1は，キャプランとノートンのモデルとの対比でGE社の指標を示している。財務の目標は収益性と表現されている。市場のポジションは顧客の視点，公共責任は政府やコミュニティなど顧客を含む広く社会に対する責任である。生産性と製品リーダーシップは内部ビジネス・プロセスの，人材開発と従業員の態度はキャプランとノートンのいう学習と成長の視点に関係する。

バランスト・スコアカードとGE社のモデルとの著しい相違点は，GE社のモ

表19-1 キャプランとノートンのモデルとGE社の重要な結果指標

視点	GE社の重要な結果指標
財務	収益性
顧客（社会）	市場のポジション　公共責任
内部	生産性　製品リーダーシップ
学習	人材開発　従業員の態度

出典：著者作成。

デルでは，①ステークホルダーの立場が明確に示されていないこと，②短期と長期の目標が明示されている点にある[5]。一方，キャプランとノートンのモデルでは，③顧客の視点だけが示されているものの，視点には社会的責任との関係が明示されていない。

4　バランスト・スコアカードにおける因果関係

バランスト・スコアカードに見られる特徴の1つは，因果関係である。キャプラン（談話のなかで）は，統計的な厳密性をもつわけではないが，明示的な因果関係が4つの視点の間にみられると著者に語っていた。

因果関係（cause-and-effect relationship）が存在するのは，事象Xが時間の経過のなかで事象Yに先行し，事象Xが発生すると必ずあるいは高い確率で事象Yが観察され，時間と空間のなかでXとYが互いに密接な関係［Nôrreklit, 2000］にあるときにおいてである。バランスト・スコアカードにおいて，実証可能性のレベルは一般に考えられているよりも低いものの，4つの視点—財務の視点，顧客の視点，内部ビジネス・プロセスの視点，学習と成長の視点—の間には明確な因果関係がある。図19-2との関係でその因果関係を説明しよう。図の下の（　）内は，4つの視点を示している。

図19-2で，財務の視点の1つとして営業利益が含められる。営業利益を高めるための最も一般的な方策は，売上高の増大である。顧客のロイヤリティが高まってリピート客が増えれば，他の条件に変化がない限り増大し，営業利益が増加する。リピート客を増やすには，顧客満足を図ることが必須である。バラ

図19-2 バランスト・スコアカードにおける因果関係

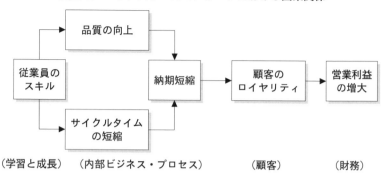

出典：Nôrreklit [2000] をもとに著者作成。

ンスト・スコアカードでは，これらは顧客の視点として表現されている。では，いかにして顧客満足を図るのか。

1つ重要な要因は，**QCD**（quality, cost, delivery；品質，コスト，納期）の達成である。つまり，顧客満足のためには品質を向上させて仕損じを減らし，原価を引き下げ，納期を短縮することが肝要である。それらの業務プロセスの改善は，内部ビジネス・プロセスの視点で表現される。品質向上やサイクルタイムの改善は，従業員の訓練とスキルの向上によって可能になる。自己啓発，社内研修，セミナーへの参加によって大きなヒントが得られることもある。これらは，学習と成長の視点で表される。

以上で説明した4つの視点の間に因果関係があるという見解については，疑問［Nôrreklit, 2000, p.70］も提示されている。たしかに，統計的な意味での因果関係はないかもしれない。しかし，4つの視点の間では，一般的に使用されている意味での緩やかな因果関係が存在することには間違いない。

5 遅行指標と先行指標

バランスト・スコアカードでは，成果とそのパフォーマンス・ドライバーとの間の目的-手段関係も可視化される。成果は企業が達成しようとしている効果であるのに対し，パフォーマンス・ドライバーは将来の成果に影響を与える要因である［Olve et al., 1997, p.18］。

成果は遅れて現れるので，**遅行指標**（lagging or lag indicators）といわれる。他方，パフォーマンス・ドライバーは，**先行指標**（leading indicators）である[Kaplan and Norton, 2001, pp.76-77]。

先の例（図19-2）でいえば，サイクルタイムや品質向上は先行指標であるのに対して，経常利益は典型的な遅行指標である。経常利益を増大させるためには，製造スキルを高める（例えば，歩留まりを減らす）必要がある。この場合，経常利益が成果（遅行指標の1つ）であるのに対して，製造スキルの向上はパフォーマンス・ドライバー（先行指標の1つ）である。

財務指標は一般に遅行指標になる。しかし，遅行指標と先行指標との関係は相対的である。例えば，社内教育を行うことでスタッフの生産性が高まれば，社内教育の回数と時間が先行指標で，スタッフの生産性向上が遅行指標になる。1つの指標でも，状況によって成果にもパフォーマンス・ドライバーにもなりうる。例えば，顧客満足の向上は販売部門にとっては成果であるかもしれないが，売上増加の目標にとってはパフォーマンス・ドライバーである。

3 戦略の策定と実行のためのマネジメント・システム

バランスト・スコアカードは，戦略の策定と実行のための戦略マネジメント・システムである。具体的には，戦略マップを活用して，ビジョンや戦略を中期経営計画や予算と連携させ，個々の業績評価尺度に落とし込んでいく。

1 ビジョン，戦略の個々の業績評価尺度への落とし込み

ビジョン，戦略，戦略目標を個々の業績評価尺度へと，どのように落とし込んでいったらよいのか。図19-3を参照されたい。**ビジョン**は企業のおかれた競争的なポジションや企業環境を勘案したうえで示した，将来に対する挑戦的な目標である。**戦略**は，組織目標を一定期間にどのように達成するかを示したパターンであり，ビジョンを実現するよう企業を誘導するのに役立つ。戦略上の目標は，企業がいつまでに何を達成するかを体系的に表示したものである。それを戦略上の目標として掲げたのが，**戦略目標**である。

当初に意図した事業戦略を成功させるために，達成または実行されなければ

ならない要因が，**主要成功要因**（critical success factor；CSF）である。売上高，棚卸資産回転率，利益額，資本利益率などは典型的なCSFである。CSFを達成するために，**パフォーマンス・ドライバー**がもたれる。そこから，**実施項目**（initiative）が導かれる。実施項目はアクション・プランともいわれ，ビジョンや戦略目標を達成するための具体的な活動計画である。

今後の日本企業にとっては，ビジョンに基づく戦略の策定と実行が必須である。戦略は目標を達成するための手段であるから，まず戦略目標を明示する必要がある。戦略目標は他企業から差別化された独自のもので，従業員を奮い立たせるものでなければならない。戦略目標に沿って成果尺度である主要成功要因を確定し，それを達成するための個々のパフォーマンス・ドライバーを確定する。パフォーマンス・ドライバーの指標として，一般に，**重要業績指標**（key performance indicator；**KPI**）がもたれる。さらに，その実現に必要なアクション・プランを決定する。

図19-3は典型的なケースである。個々の企業がこれと同じプロセスでビジョンや戦略を実施項目にまで落とし込む必要はない。例えば，沖電気工業では，ビジョン，戦略，視点，KSF（key success factor；CSFの別称で，業務革新，顧客，従業員，業務プロセス，収益という5つの視点によって表現している），

図19-3　バランスト・スコアカードによる戦略の落とし込み

出典：著者作成。

KPI（KSFを具現化する活動の指標）の順で，バランスト・スコアカードを構築している。図19-4がそれであるが，これはヨーロッパのオルブほか［Olve et al., 1997 p.88］の見解に近い。

図19-4でみるとおり，**沖電気工業**のバランスト・スコアカードは5つの部分から構成［三品, 2002, p.339；沖電気工業, 2000, 2002］されている。達成したいビジョン，ビジョンを実現するための戦略，5つの視点，視点で特定される**KSF**，およびKSFを具現化する活動を指標として測定する**KPI**である。ビジョンからKPIまでの情報の流れは，一般的なバランスト・スコアカードと異なるところはない。企業によっては，戦略と視点の間に戦略目標がもたれることもある。事業革新の視点が加えられていることにも特徴がある。

図19-4　沖電気における5つの視点

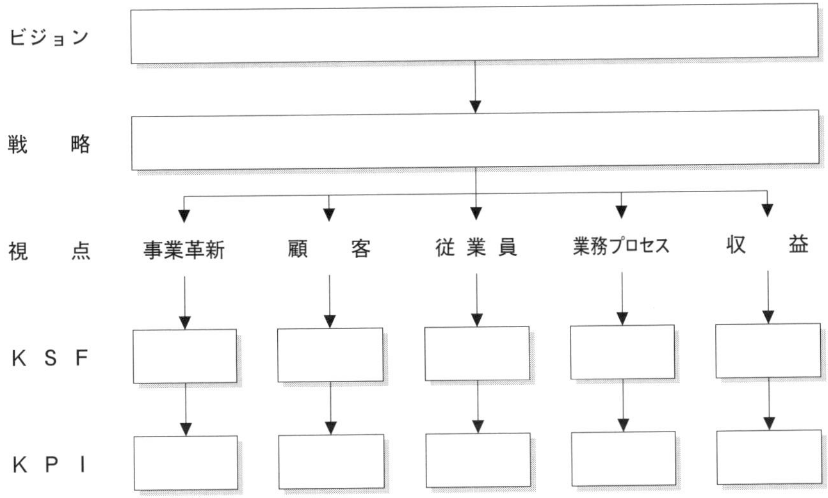

ビジョン	
戦略	
視点	事業革新／顧客／従業員／業務プロセス／収益
KSF	
KPI	

出典：沖電気の資料をもとに，著者作成。

2　戦略テーマ，戦略目標，目標値，実施項目

戦略を実行するための焦点の絞られたテーマのことは**戦略テーマ**（strategic themes）と呼ばれる。典型的な戦略テーマは，売上高増大，原価低減，資産

の効率的利用などである。戦略テーマは戦略を具体的に示したもので，企業が何を実行しなければならないかを明らかにする。戦略テーマでは，標的とする顧客に対して，長期（例；フランチャイズを構築する），中期（例；顧客価値を増大させる），短期（例；業務上の卓越性をもつ）の戦略目標をもつ。

表19-2 ［Norton, 2001, p.1］は，戦略テーマ（網掛けをしてある）との関係で戦略目標，目標値，実施項目を図示したものである。ある企業で能力の高い従業員の育成，新製品開発，革新的製品，売上高増大という製品リーダーシップ戦略テーマをもっていると仮定しよう。戦略目標がビジョンを実現するよう企業を誘導する目標であるのに対し，目標値は戦略目標を達成するために設けられた具体的な到達目標である。戦略テーマを達成するための目標（および目標値）を実現するために，実施項目がもたれる。実施項目は戦略を実行するための第1歩となる具体的な活動の役目を果たしている。

表19-2　戦略テーマ，戦略目標，目標値，実施項目

視点	戦略テーマ	戦略目標	目標値	実施項目
財務の視点	売上高増大	年々の売上伸び率	+25%	×
		新製品からの売上	30%	×
顧客の視点	革新的製品	顧客の定着率	80%	関係管理の実施
		顧客のシェア	40%	成果給の導入
内部の視点	新製品開発	市場への投入率	75%	見本市での出展
		市販の時期	9カ月	BPRの実施
学習の視点	能力の高い従業員	専門職の利用可能性	100%	教育・訓練
		優秀な職員の保持率	95%	給与制度の改革

出典：Norton［2001, p.1］を参考にして著者作成。

3　戦略マップ

戦略を策定するプロセスでは，科学というよりはアート[6]［Kaplan and Norton, 2000, p.176］の側面が大きな役割を占める。なぜなら，戦略策定のプ

ロセスでは将来にわたる未知の世界の予測や分析が行われるからである。しかし，戦略を記述するプロセスはアートであってはならない。

戦略マップ（strategy map）は，戦略を記述するための論理的で包括的なフレームワーク［Kaplan and Norton, 2001, p.10］である。戦略マップは，戦略テーマで何をすべきかについての因果関係を表す働きをする。戦略マップをもつことによって，組織体の求める成果がどうしたら得られるかについての仮説が提供される。戦略マップは，芸術という意味でのアートというよりは，戦略の仮説を検証するための技術ないしツールである。さらに，すべての組織体の構成単位と従業員が戦略を理解し，戦略への方向性を共有できる。

戦略は未来の不確実かつ未知の領域で企業の進むべき道を示す。これまで誰も経験したことのないポジションを描くから，戦略は一連の仮説をつなぎ合わせて構築される。戦略マップはこれらの仮説を科学的に検証し，必要があれば検証の結果から新しい戦略を再構築することができる。その意味で，戦略マップは，これまでは科学的な検証が難しいとされていた一連の仮説を可視化することによって戦略を検証するためのツールであるということができよう。

バランスト・スコアカードは，価値創造のプロセスと無形資産の重要な役割を明確に描き出すことによって，財務尺度だけからなるシステムの限界を克服する。それは，戦略マップのメカニズムによって，無形の資産を有形の成果に変換するプロセスが記述されるからである。図19-5は，戦略マップをつくるための一般的なテンプレート［Kaplan and Norton, 2001］である。

財務の視点は，新しい顧客の源泉（新製品・新サービスで革新をおこす）および既存の顧客との関係の拡張（顧客価値の向上）による成長を通じて実現される。生産性の向上は，原価構造の改善（リエンジニアリングなどの原価低減活動）と資産の効率的活用を通じて達成される。**株主価値の増大**はアメリカ企業では一般的であるが，日本企業なので企業価値の増大に変更した。

顧客の視点は戦略の中心であり，成長をいかに達成するかを定義づける。顧客価値提案は，新しい顧客あるいは既存の顧客ビジネスのシェアを向上させるための戦略を定義づける。ブランド力を高め，サービスを良くして顧客関係を良好にし，価格，品質，納期，機能／性能において他社よりもすぐれた商品を提供するにはいかなる戦略が必要かを検討する。この価値提案を明確に定義づ

図19-5 戦略マップのテンプレート

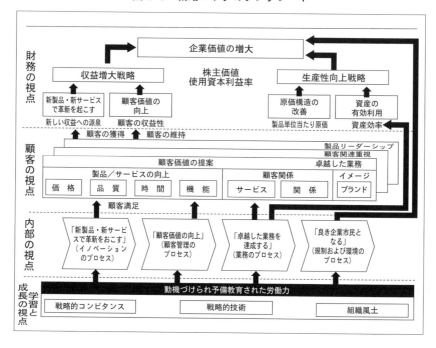

出典：Kaplan and Norton [2001, p.96；櫻井, p.132（翻訳書）] をもとに著者が加筆修正。

けることは，戦略マップを開発する際の最も重要なステップである。

内部（ビジネス・プロセス）の視点は，顧客への価値提案を支援するために習熟しなければならないビジネス・プロセスと特定の活動を定義づける。

他の視点と比較すると，学習と成長の視点は高い優先順位をもっており，学習と成長のプロセスや活動を支援するために必要なコンピタンス，テクノロジー，組織風土を定義づける。この視点では，従業員の動機づけに役立てられる。

4 中長期経営計画とバランスト・スコアカードの統合

従来の経営計画のやり方では，PDCA（Plan-Do-Check-Action）のマネジメント・サイクルに，ビジョンや戦略を効果的に成功裏に統合させることができなかった。バランスト・スコアカードを導入することによって，PDCAのサ

3　戦略の策定と実行のためのマネジメント・システム　651

図19-6　中期経営計画とバランスト・スコアカードの統合モデル

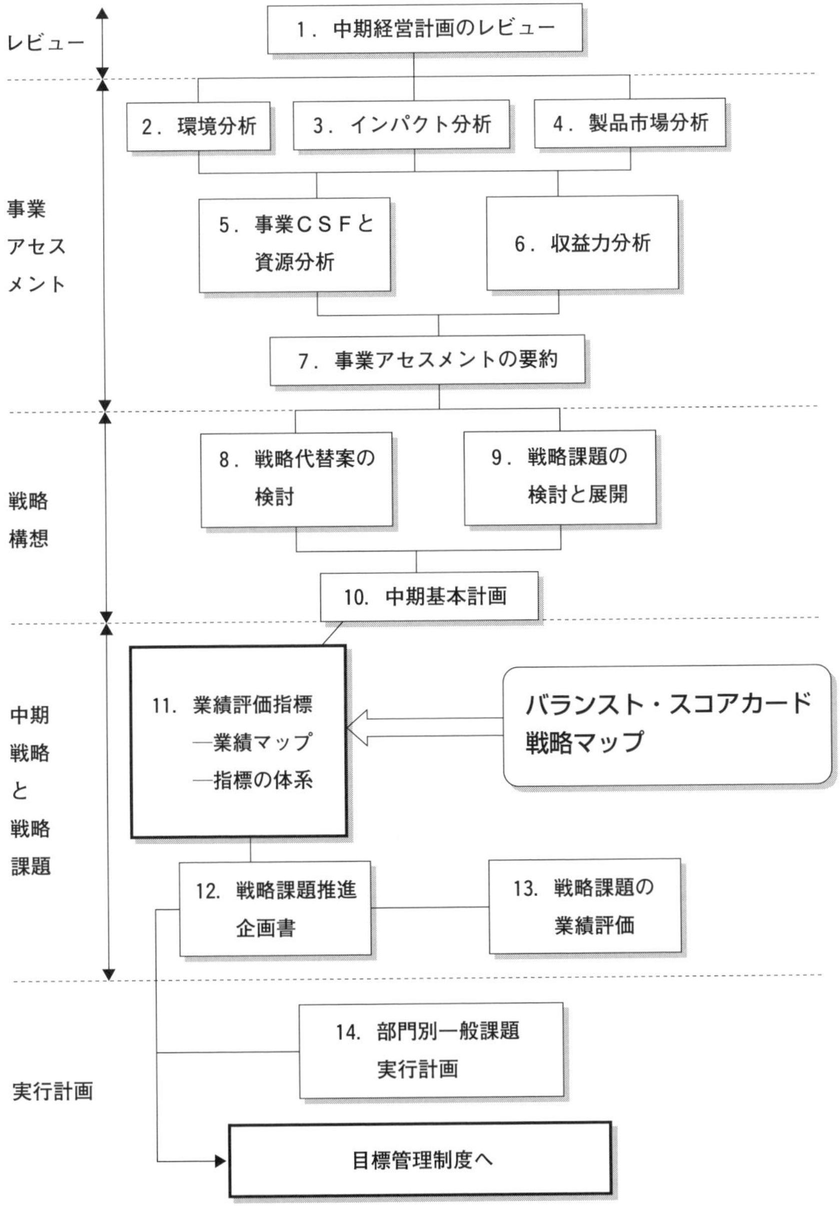

```
レビュー          ┌──────────────────────┐
                 │ 1．中期経営計画のレビュー │
                 └──────────────────────┘
                          │
          ┌───────────────┼───────────────┐
          ▼               ▼               ▼
      ┌────────┐    ┌──────────┐    ┌──────────┐
      │2．環境分析│    │3．インパクト分析│    │4．製品市場分析│
      └────────┘    └──────────┘    └──────────┘
事業            │               │               │
アセス          ▼                               ▼
メント    ┌──────────┐                   ┌──────────┐
         │5．事業CSFと│                   │6．収益力分析│
         │　資源分析  │                   └──────────┘
         └──────────┘
                  │               │
                  ▼               ▼
              ┌──────────────────────┐
              │ 7．事業アセスメントの要約 │
              └──────────────────────┘
                          │
              ┌───────────┴───────────┐
              ▼                       ▼
戦略      ┌──────────┐           ┌──────────┐
構想     │8．戦略代替案の│           │9．戦略課題の│
         │　検討      │           │　検討と展開│
         └──────────┘           └──────────┘
                  │                   │
                  └─────────┬─────────┘
                            ▼
                    ┌──────────────┐
                    │10．中期基本計画 │
                    └──────────────┘
                            │
中期              ┌──────────────────┐      ┌──────────────┐
戦略              │11．業績評価指標     │◄─────│バランスト・スコアカード│
と                │　─業績マップ       │      │戦略マップ      │
戦略              │　─指標の体系       │      └──────────────┘
課題              └──────────────────┘
                            │
              ┌─────────────┴─────┐
              ▼                   ▼
         ┌──────────┐       ┌──────────┐
         │12．戦略課題推進│       │13．戦略課題の│
         │　企画書     │       │　業績評価  │
         └──────────┘       └──────────┘
                  │
                  ▼
             ┌──────────────┐
             │14．部門別一般課題│
実行計画      │　実行計画     │
             └──────────────┘
                  │
                  ▼
             ┌──────────────┐
             │  目標管理制度へ │
             └──────────────┘
```

出典：企業（両毛システムズ）からの提供資料をもとに，著者が作成。

イクルにビジョンや戦略を効果的に統合することが可能になる。

　現代の経営では，戦略が創発しやすい環境を整備することも肝要である。中期経営計画でもまた，戦略を創発する環境がつくられ，戦略を実現する進捗状況をモニターし，必要に応じて是正措置がとられるシステムが求められる。創発戦略では学習が強調され，さまざまな活動を通じて何が最も重要であるかが理解される。このようなシステムにするためには，第18章で述べたダブルループの学習プロセス（図18-3参照）が必要になる。ダブルループの学習プロセスをもつことで，戦略と予算管理との連携が容易に図られることになる。

　中長期経営計画から目標管理までの経営システムのなかで，バランスト・スコアカードはどのように落としこまれるのか。図19-6は，両毛システムズのバランスト・スコアカードを含む中期経営計画の概要である。中期計画の全体を，レビュー，事業アセスメント，戦略構想，中期計画と戦略課題，実行計画に区分することができる。バランスト・スコアカードと戦略マップは，中期戦略と戦略課題に統合されていることに特徴がある。戦略マップは業績マップとも呼ばれていて，業績評価にも重点がおかれていることに留意されたい。

4　バランスト・スコアカードの業績評価への役立ち

　バランスト・スコアカードは，成果に連動させた業績評価にも用いられる。総合的な評価を行うという意味では，従来日本企業が実践してきた実務と異ならない。しかし，従来日本企業がとってきた総合的な評価は，裏を返せばファジーで，評価をしていないことに等しかったともいえる。合理的に個人の業績を報酬に連動させることも少なかった。バランスト・スコアカードによれば，4つの視点—財務の視点，顧客の視点，内部ビジネス・プロセスの視点，学習と成長の視点—を数値化して，定量的で総合的・客観的な評価が可能になる。

1　バランスト・スコアカードによる業績評価

　最も典型的なバランスト・スコアカードの評価モデルは，表19-3のとおりである。成果指標としてCSF，先行指標としてKPIを記載することもある。それぞれの視点のもとに5つの重要な評価指標が設けられている。評価指標は，多

表19-3 バランスト・スコアカードの評価モデル

視点	戦略目標	2019				2020	2021
		Q1	Q2	Q3	Q4		
財務の視点	経常利益 売上高増大 EVA増大 投資利益率 株価の上昇						
顧客の視点	顧客定着率 顧客獲得率 顧客満足度 クレーム数 環境保全活動						
内部プロセスの視点	新技術の開発 特許の取得数 製造方法発見 新製品の開発 ノウハウ獲得						
学習と成長の視点	社内教育の回数 IT教育への参加 組織学習 資格の取得 福祉制度の導入						

出典：著者作成。

すぎると戦略目標として十分な役割を果たしえなくなる。視点ごとに5つというのが妥当なところであろう。

　戦略目標は，可能な限り具体的な計数で表示されている数値であることが望まれる。実績では，該当年度は四半期毎に示されている。差し迫った問題があれば赤，危ない兆候があれば黄，問題がなければ青で表現すると，評価がわかりやすい。キャプランとノートンのバランスト・スコアカードには「人間行動についての想定が単純すぎる」［小林, 1998, p.404］ところがないとはいえない。それゆえ，活用面で工夫を図っていくことが必要になる。

　バランスト・スコアカードが業績評価システムとして推奨されるのは，財務

に偏重した企業はどうしても短期的な利益のみを追求し，企業の長期にわたる持続的な成長を忘れがちだからである。バランスト・スコアカードによれば，モービルの経験［Kaplan and Norton, 2001, pp.285-288］でみられたような，企業の全従業員をエキサイトさせて，その結果としてアメリカ史上最高の利益をあげることも可能である。バランスト・スコアカードは，著者の提唱する「効果性重視の経営」を支援するシステムとしても重視されるべきである。

2 目標管理制度とバランスト・スコアカードとのリンク

目標管理制度（management by objectives；MBO）は，組織体の上司と部下が協議して，従業員個々人が目標を設定し，その達成は従業員の自主性に委ねて業績評価をしていく管理制度である。目標管理は，もともと組織体と個人の協同関係に立脚している。目標管理は個人が事前に明示的な目標を設定し，その目標に従って日々の業務活動を行い，その結果を事後的に測定し，もって個人の業績を可視化する。

多くの日本企業（従業員5,000人以上の企業では，約7～8割）では目標管理を予算管理のなかで実施［厚生労働省, 2002, pp.5-31］することにより，伝統的な職能給の欠点を補うため，目標管理に重要な役割を付与してきた。バランスト・スコアカードを用いれば，戦略とリンクさせて企業価値の創造に焦点をおいた客観的で公正な業績評価を行い，目標管理を戦略と結合させた成果連動型の報酬制度として用いることができる。ただ，後述するように，目標管理は戦略とリンクしにくいという欠点があることに留意されたい。

バランスト・スコアカードは，戦略から導かれた目標を設定して経営を実施していくところに目標管理との著しい類似点を見出すことができる。例えば，ディネッシュとパーマー［Dinesh and Palmer, 1998, pp.363-369］は，目標管理の導入ステップにバランスト・スコアカードとの類似性を認めている。しかし同時に，参加型の目標設定による動機づけといった目標管理本来の考え方が理解されなかったために失敗した過去の轍を踏まないように，近代的な人間関係論に基づく行動モデルが必要だと指摘している。

キャプランとノートン［Kaplan and Norton, 2001, p.255］もまた，バランスト・スコアカードと目標管理との類似性を認めている。同時に，目標管理は「バ

ランスト・スコアカードを用いて戦略への方向づけを図ることとは異なる」と述べている。その理由として，目標管理システムにおける目標は各組織単位のくくりで設定されるため，視野の狭い職能別の考え方を強めてしまうことと，戦術的で部門目標と関連づけられた目標が設定されてしまう危険性が存在することの2つをあげている。

日本でも多くの企業では，目標管理を導入している。しかし，それらの多くの企業は，いくつかの問題点をかかえていることが指摘されている。問題点のなかでも最もしばしば指摘されているのは，次の3つである。①企業人から最も多く聞かれる批判は，上司によって評価基準が変わってしまう。これでは公平さに欠ける。さらに，②結果しか見ず，プロセスを軽視するからノルマ管理に陥ってしまい，戦略の創発などは到底できない。③当然のことながら，全社のビジョンや戦略に結びついていない目標が設定されることも少なくない。なぜなら，ビジョンや戦略，中期計画は経営企画部で作成されるが，目標管理の所管は一般に人事部だからである。

以上から，多くの先進的な日本企業は，両者を統合するシステムとして，バランスト・スコアカードに熱い期待を寄せているのである。

3 バランスト・スコアカードを報酬に結びつけることの効果

バランスト・スコアカードを報酬と結びつけることの効果は何か。キャプランとノートン［Kaplan and Norton, 2001, p.255］は，その効果は，①戦略の実行の促進と，②モチベーションの高揚にあるという。最近のわが国では，これら2つに加えて，③優秀な社員の確保が図られる効果もある。

第1は，戦略の実行に最も重要な業績評価尺度に，組織参加者の関心を向けることができる。これによって，戦略の実行が円滑に促進される。第2は，業績評価指標の達成度を報酬に結びつけることで，組織参加者のモチベーションを高めることができる。モチベーションが高まることによって，よりすぐれた業績を期待することができる。第3は，人材の流動化を前提にすれば，モチベーションの高揚により優秀な社員を確保できる。ただし，成果主義は21世紀の初頭には賛成者が多かったものの，最近ではアメリカ型市場原理主義への疑問と相まって，成果主義への批判も会社員のなかには顕在化している。

バランスト・スコアカードを報酬に結びつけることで上記の効果を最大限に発揮できるためには，報酬制度を従業員が納得していなければならない。しかもそれは，従業員にとって公平な評価でなくてはならない。業績評価にあたっては，人的関係による不公平や"えこひいき"は，極力排除されなければならない。報酬制度に納得感があり公平な成果給を適用するためには，適用にあたってはその留意点を事前に検討しておく必要がある。

4　成果給の適用における留意点

成果給は，その期に達成した成果という明確な事実に基づいて，報酬金額を変化させる制度のことをいう。ただ，一口に成果給といっても，達成水準の難易度，個人別とグループ別，適用しやすい領域と難しい領域，成果給の受け皿の有無によって，その効果は大きく異なってくる。

(1) **達成水準の難易度**　達成水準の難易度によって，評価基準は変えるべきである。達成が容易であれば低い評価を与え，達成が困難なほど高い目標を達成できればそれを達成した社員に十分に報いてやらなければならない。

(2) **個人別，グループ別，組織全体**への適用　業績が協働作業によって決定されるような場合には，成果給を個人の成果に基づいて評価するのは部分最適（全社的目標を犠牲にして，個人の目標を追求）に陥ったり，チームワークを害する行動をとるようになるから，妥当ではない。日本の製造業では，作業は個人単位ではなく，グループで行っている。そのような場合には，グループ別の報酬制度を適用するのが当然の帰結であろう。

(3) **適用可能な領域と難しい領域**　成長期にある製品は一般に激しいシェアの獲得競争が繰り広げられているので，成果を促すシステムである成果給が適する。その反面，成熟期の製品を扱う企業では高品質を維持しつつ，コスト削減を図らなければならない。これを安定させるには，熟練労働者が必要となる。そのため多額の教育訓練コストが投じられている。これらの従業員の退職を防ぐためには，成果給よりも職能給がすぐれている。

(4) **目標管理制度**を成果給の受け皿とする　バランスト・スコアカードでは，企業が必要とするビジョンや戦略から導かれた共通の評価基準を提供する。それゆえ，バランスト・スコアカードを業績評価と報酬に結びつけようとする

とき，形骸化してきた目標管理システムを活かす工夫が必要になる。

　適切なシステムに支えられた成果給は，日本企業にとって望ましいことではある。しかし，日本企業の現実を見ると，成果給の導入で成功している企業は決して多くはない。バランスト・スコアカードを日本で成功裏に展開するには，日本のサラリーマンの現状と課題をよく理解しておく必要がある[7]。

5　経営品質への役立ち

　バランスト・スコアカードを導入する動機として，欧米文献では，戦略実行と業績評価を目的とした事例が紹介され，主要目的がこの2つにあると理解されている。しかし，日本企業では，経営のクオリティ（品質）の向上を目指したバランスト・スコアカードの導入事例が多くみられる[8]。それには3つのタイプ，①社会経済生産性本部が主導する経営のクオリティの向上を目指す企業，②方針管理との関係でバランスト・スコアカードを導入する企業，および③上記の2つを勘案して独立の経営品質向上策をもっている企業がみられる。

1　経営品質とは何か

　品質（quality）は，適用領域によっても時代によっても競争状況によっても異なった意味をもつ。歴史的にみると，品質の概念は，製品とサービス，製造プロセスを中心とするものから，次第に，顧客志向，価値基準，さらには経営の品質へと，経営そのものの品質が問われるようになってきた。

　品質の概念は，時代とともに変化・拡大してきている。歴史的には，1960年代から1980年代までは，品質向上というと，当初は製品，次いで製造プロセスの品質向上に焦点をおいた伝統的な意味でのTQCが意味されていた。しかし，バブル崩壊後の1990年代になると，企業間競争の激化を反映して，顧客サービスを志向した品質向上，アドミニストレーションの標準化を含む品質向上に焦点がおかれるようになった［櫻井，2008，pp.278-270］。ISO9000シリーズの普及はこの意味での品質向上の重要性の高まりを反映している。

　バランスト・スコアカードはそれ自体でも経営の品質を向上させるが，他の品質プログラムとの併用によってさらにその効果を高めることができる。

2 日本経営品質賞と経営品質

　日本生産性本部（旧・社会経済生産性本部）で**日本経営品質賞**（Japan Quality Award；JQA）は，顧客の最終評価に影響を与えるすべての要素ないし総合力を経営品質と呼び，狭い意味での品質と区別［社会経済生産性本部, 2001, p.5］している。JQAは顧客・市場の求める価値を創り，長期にわたって競争力を維持できる体制づくりを支援すべく，日本生産性本部が中心になって1995年12月に創設された。卓越した経営品質を発揮する経営システムをもち，すぐれた成果をあげている企業を毎年1回表彰している。

　企業の経営品質の現状を一定の物差しで測定し，何が強みで，将来その強みをどう活かし，どう強化・改善すればよいかを明らかにするのが，経営品質賞とアセスメント基準の狙いである。日本経営品質賞のアセスメント基準は，従来は審査基準と呼ばれていたものであり，毎年，見直しが行われている。

　日本フィリップスの高橋経営企画部長（当時）［2001, p.103］は，バランスト・スコアカードと経営品質向上との関係について，次のように述べている。

　「バランスト・スコアカードは，一見するとなんの変哲もない目標管理の表のように見えるが，実は，この簡潔な一覧表の中には，経営品質向上を実現するビジネス・エクセレントモデルが凝縮されていることに気づくべきであろう。……つまり，経営品質向上推進を，ビジネス目標達成という側面からアプローチできるビジネスツールが，バランスト・スコアカードなのである。」

　日本経営品質賞は，企業外部の視点から経営の良否を判断するための基準である。企業内部での経営改革のためのバランスト・スコアカードに加えて外部評価を受けることは，独りよがりに陥らないための方策として大きな役割を果たしているとみることができる。

3 方針管理と経営品質

　方針管理（hoshin management）は，方針をPDCA（Plan-Do-Check-Action）のサイクルに従って方策に展開し，管理するツールである。方針管理には，実現可能性を考慮した方針（戦略）や目標の展開，目標達成の方策・手段への展開，実施過程におけるプロセス管理の原則の適用，年度末の反省（振

り返り）に大きな特徴［TQM委員会, 1998, p.68］がある。経営計画における方針管理は図19-7のように位置づけることができる［山田・伊藤, 2005, pp.47-57］。

図19-7で，経営の上層部が経営戦略をもとに策定した経営方針を全社に展開する目的で用いられる。方針展開は，経営トップによって策定された方針を事業部，部門，課…に展開するのに活用される。

方針管理は，経営品質の向上を通じて，バランスト・スコアカードの促進要因になる。例えば，**関西電力**では，方針管理が戦略展開マップとの親和性が高いことから，成功裏に従来の方針管理の欠点を補いつつ両者の統合を図っている。

関西電力では，バランスト・スコアカード（図ではBSCと表示）と方針管理が連動して活用されている。ただし，バランスト・スコアカードは戦略の策定と実行のために用いられているのに対して，方針管理は策定された戦略の実行

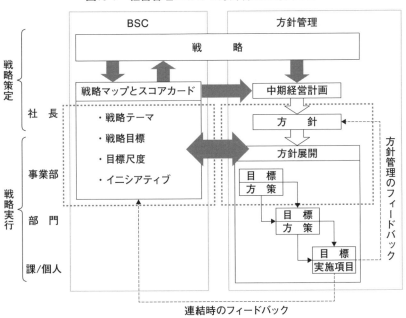

図19-7　経営管理における方針管理の方向づけ

出典：関西電力から提供された資料をもとに著者作成。

のために活用されていることに注意されたい。図19-7は，関西電力のBSCと方針管理の関係を表している。

4 バランスト・スコアカードによる経営品質の向上

バランスト・スコアカードは，それ自体が経営品質向上に直接に役立つだけでなく，方針管理を併せもつことで，バランスト・スコアカードによる経営品質のさらなる向上を図りうる。なぜなら，方針管理はPDCAのマネジメント・サイクルに落とし込むことが可能になるからである。

日本経営品質賞は，アメリカの**MB**（Malcolm Baldrige）**賞**や，ヨーロッパの**EFQM**（European Foundation for Quality Management）を参考にして作成された。いずれも業務プロセスの改善にターゲットはおかれているものの，顧客価値や革新能力など総合的な経営品質の向上が目標とされる。このような品質プログラムでは，経営の質を総合的に高めることはできる。しかし，経営方針や経営計画のシステムを改善することで，経営の質を高めようという発想はあまりない。経営品質を高めるには，日本独自のツールである方針管理をバランスト・スコアカードと併用するのが最も効果的である。

6 バランスト・スコアカードが有効な適用領域

バランスト・スコアカードは，戦略の策定と実行のシステムを欠き，曖昧な総合評価を実践してきた多くの日本企業にとって，有効な経営システムである。しかも，曖昧な基準ではなく，可視化できる定量的な基準によって戦略を実行し業績評価が可能なことに，日本企業への効果的な適用可能性が見出される。

1 すべての組織体への適用可能性

バランスト・スコアカードは，企業だけに適用できるのではない。ノースカロライナ州にある**シャーロット市**［櫻井，2002, pp.4-11］，**札幌市**，**福岡市**など政府や市町村にも適用が可能である。**デューク小児科病院**［情報サービス産業協会，2002, pp.109-128］や，多くの日本の病院のような医療機関や，UCLA（カリフォルニア大学ロスアンジェルス校）などの大学にも適用が可能である。要

するに，すべての組織体への適用が可能だということである。

2 会社全体かSBUへの適用か

バランスト・スコアカードは，大企業でも会社全体で導入することができる。しかし，大企業は通常，ビジョン，戦略が異なった事業部を有している。それゆえ，会社全体に統一的にバランスト・スコアカードを適用（本社バランスト・スコアカード）するだけでなく，**戦略的事業単位**（SBU）ごとにバランスト・スコアカードをもつことが大切である。バランスト・スコアカードはまた，1つの事業体だけではなく，サプライチェーン・マネジメントなど異なった企業間やシェアード・サービスのように，グループ企業にも適用できる。

3 客観的で公正な業績評価制度を求める企業

バランスト・スコアカードの特徴の1つは，企業の業績を全社的な視点から総合的に表示できることにある。企業の業績評価の方法は階層によって異なるべきであるが，バランスト・スコアカードでは財務だけでなく非財務を含めて戦略的な観点から総合的に業績を評価しうることにその顕著な特徴がある。バランスト・スコアカードを重視する傾向は，見方によれば，アメリカ企業に欠けているとされていた総合的評価を戦略的な立場から可視的に表現しようとしたものと評しえよう。

4 統合的な経営システムを望む企業

経営計画や方針管理は，経営企画部が主管している。他方，目標管理制度は報酬と連動した業績評価制度は人事部で主導されて，成果給に結びつけられている。TQCや経営品質向上の推進は品質管理部が主管する。このように組織が縦割り［柴山ほか，2001, pp.90-92］になっていて，各システムが統合されていない。このような企業には，バランスト・スコアカードが有効である。

5 統合報告へのバランスト・スコアカードの適用

バランスト・スコアカードは，統合報告書の可視化に大きく貢献する可能性を秘めている。それではバランスト・スコアカードが統合報告になぜ役立つの

か。伊藤［2016, p.27］によれば，国際統合報告評議会（International Integrated Reporting Council; IIRC）ではアウトプットや成果の可視化が要求されているのであるが，バランスト・スコアカードの先行指標や遅行指標はアウトプットや成果，および成果を実現するための手段である戦略的実施報告を実現する手段である戦略的実施項目までを可視化されているからであると述べている。西原［2018, pp.46-54］もまた，統合報告におけるインタンジブルズの価値創造プロセスの可視化に関して，三菱重工業，ローソン，野村総合研究所などの統合報告書を用いて具体的にその意義を明らかにしている。

6　長期的な企業価値の創造を望む企業

　日本固有の経営手法−目標管理も方針管理−も多くの利害関係者の立場を総合的に尊重する立場をとってはいるが，バランスト・スコアカードのように株主や企業価値創造に焦点を当てたアプローチを欠いている。ここに，伝統的な経営ツールとの基本的な違いがある。バランスト・スコアカードは，株主だけでなく，顧客，取引先，債権者，従業員・経営者の育成など，すべてのステークホルダーにとって有効である。

7　"効果性重視の経営"を指向する企業

　デュポン社の会長兼CEO（当時），ホリディ［Holliday, 2001, pp.159-163］が述べているように，「持続可能な成長」（sustainable growth）は，表現こそ違え，著者の思想とも通じる企業にとって最も大切な企業目標である。同氏が述べているように，創造力と科学技術を駆使して事業を拡大し，世界中の多くの人々のニーズに応えると同時に，事業活動と製品が生み出す環境負荷を軽減することが，今後の日本にも必要である。バランスト・スコアカードは，企業価値創造のための最もすぐれたシステムとして活用することができる。

　最後に，日本でのバランスト・スコアカードの利用状況について触れておこう。企業予算制度研究会［編］［2018, p.206］による調査では，有効回答数177社のうち，現在導入中が14社（7.9％），近い将来導入を検討中13社（7.3％）であった。バランスト・スコアカードを予算管理に反映させている企業が有効回

答数177社のうち8社であった。現在でも，自社の戦略を検討するには常に戦略マップを利用する経営企画部や営業職の中間管理職は少なくないが，2000年代初頭のバランスト・スコアカードの"ブーム"は過ぎ去ったといえる。とはいえ，着実にバランスト・スコアカードを経営に活用し続けている組織も少なくない。加えて，多くの病院がバランスト・スコアカードと戦略マップを活用している。それがバランスト・スコアカード利用の実態である。

バランスト・スコアカードが日本企業にとって最も適合している点は，企業の目的が株主のためだけでなく従業員，経営者，顧客，株主といったステークホルダーのために貢献すべくその構造が構築され，しかもそれを戦略マップで企業組織を構成する全参加者に分かりやすく理解させることができるところにある。今後とも多くの日本企業が真の日本的経営に根差した経営のツールとして利用されることを期待する。

注

1) IT投資の評価の方法については，櫻井通晴『バランスト・スコアカード―理論とケース・スタディ―［改訂版］』同文舘出版，2008, pp.149-167.を参照されたい。
2) Balanced Scorecardを日本語で何と表現するか。最初の論文が1992年に*Harvard Business Review*に掲載された時，櫻井研究室では「バランスド・スコアカード」（未公表）と訳出した。次に，2001年に著書*Strategy-Focused Organization*では，戦略「バランスト・スコアカード」と表現して，以後は一貫してこの表現を用いてきた。その他，英語が堪能なある研究者は，英語発音に近い「バランス スコアカード」と表現している。以上，カタカナではバランスド・スコアカード，バランスト・スコアカード，バランス スコアカードの表現がある。略称のBSCと表現されることも少なくない。
3) 米国では，最大の資本提供者は株主である。一方，日本では，過去においては銀行が資金調達のメインプレイヤーであった。現在ではエクイティ・ファイナンス（株式による資金調達）が多くなってきたが，中小の企業を中心に，まだまだ銀行がそれなりの役割を果たしているところも少なくない。
4) 本章では，GEの事例を掲載したが，著者は苦い経験をしている。岡本清一橋大学教授（当時）が委員長とする原価管理制度委員会で，NTTに相応しい業績評価制度の構築に参加した。完成されたシステムは優れた業績評価制度だと考えた。しかし，その業績評価制度は実務での長期的な利用がなされなかったようである。もし主要な指標の背後にバランスト・スコアカードのようなステークホル

ダーで裏打ちされたシステムであったらどうであったろうかと反省することがある。バランスト・スコアカードには財務の視点の背後に株主，顧客の視点の背後に社会を含む顧客，内部ビジネス・プロセスの視点の背後には経営者，学習と成長の視点には従業員を想定していること，これが重要な役割を果たしている。

5）表19-1でGEの短期・長期目標のバランスを掲示しなかったのは，キャプランのモデルでは長期・短期の収益性のバランスが明示されていないからである。

6）会計学をもって，art（技術，芸術；アート）だとする見解がある。アメリカ公認会計士協会（AICPA）の見解である。本書のp.9を参照されたい。ここでの見解は，1942年のAICPAの見解を踏まえたものである。

7）日本化薬の社長を経験した中村輝夫氏は，著者に，「日本の会社員は，ジェラシーの塊でもある」と述べたことがある。同期入社が大勢いて，少しでも低い評価が与えられると，通常では考えられない屈辱感を味わうといった経験は，会社勤めを経験した著者には非常によく理解できる言葉である。

　東京三菱銀行 米州本部（当時）でのバランスト・スコアカーカード導入の経緯の説明で，南雲岳彦氏から「アメリカでは，バランスト・スコアカードを業績評価に用いないと，アメリカ人は納得しない」とする趣旨の説明を受けた時には，同行した日本の経営者は日本との違いに一様に驚き，その説明を求めたのであった。日本企業でバランスト・スコアカードを導入するには，日米のこの心情の違いをよく理解しておく必要があると思う。著者の経験によれば，アメリカのサラリーマンは仮に年下の自分の上司になったとしても，日本人ほどにはジェラシーを感じないように思われる。

8）バランスト・スコアカードの目的に関しては，キャプラン・ノートンの見解と著者とでは，3つの見解の相違がある。第1は，キャプランはバランスト・スコアカードをもって，戦略実行のツールとしているが，著者は**戦略の策定と実行のツール**と定義づけている。第2は，キャプランはバランスト・スコアカードが戦略実行と業績評価に役立つとしているが，日本企業では，**経営品質の向上**を求めて導入する企業が多いとしている。第3は，キャプランは環境問題や社会貢献といった問題には比較的冷淡である。日本人の感覚ではどうしても違和感がある。日本のバランスト・スコアカードではそこを補充した実務が数多く見られる。

参考文献

Dinesh, D., and E. Palmer, Management by Objectives and the Balanced Scorecard : Will Rome Fall Again?, *Management Decision*, Vol.36 5/6, 1998.

Holliday, Chad, Sustainable Growth, the DuPont Way, *Harvard Business Review*, December 2001.（マクドナルド京子訳「デュポン：環境経営と株主価値は両立

する」『DIAMONDハーバード・ビジネス・レビュー』2001年, Vol. 79 Issue8)。

Kaplan, Robert S. and David P. Norton, *The Balanced Scorecard; Translating Strategy Introduction*, 1996, Harvard Business School Press, 1996.

Kaplan, Robert S. and David Norton, Having Trouble with Your Strategy? Then Map It, *Harvard Business Review*, September-October 2000.（伊藤嘉博監訳「バランスト・スコアカードの実践ツール：ストラテジー・マップ」『Diamond ハーバード・ビジネス・レビュー』2001年2月, p.41）。

Kaplan, Robert S. and David P. Norton, *The Strategy-Focused Organization—How Balanced Scorecard Companies Thrive in the New Business Environment—*, Harvard Business School Press, 2001.（櫻井通晴監訳『戦略バランスト・スコアカード』東洋経済新報社, 2001年)。

Norton, David P., *Building Strategy Maps: Testing the Hypothesis, Balanced Scorecard Report*, Harvard Business School Publishing, Vol. 3, No. 1, January-February 2001.

Nôrreklit, T., The Balance of the Balanced Scorecard; A Critical Analysis of its Assumptions, *Management Accounting Research*, 2000, Vol.11, No.1.

Olve, Nils-Göran, Jan Roy and Magnus Wetter, *Performance Drivers, A Practical Guide to Using the Balanced Scorecard*, Wiley, 1999, p.18, 69, 88, 107, pp.121-122.（吉川武男訳『戦略的バランス・スコアカード―競争力・成長力をつけるマネジメント・システム―』生産性出版, 2000年, pp.130-132）。

Solomons, David, *Divisional Performance: Measurement and Control*, Financial Executive Research Foundation, Inc., 1965.（本書は、1983年にリプリント版が出版されている。櫻井通晴・鳥居宏史監訳『事業部制の業績評価』東洋経済新報社, 2005年, pp.315-329）。

伊藤和憲「統合報告書に基づく価値創造プロセスの比較研究」『専修商学論集』第103号, 2016年。

企業予算制度研究会［編］『日本企業の予算管理の実態』中央経済社, 2018年。

沖電気工業株式会社 総合企画室『バランススコアカードの導入と運用―事例紹介―』沖電気工業株式会社, 2000年11月15日。

厚生労働省統計情報部「目標管理制度の実施状況」『月刊　人事労務』日本人事労務研究所, No.5, 2002年, p.5, pp.27-31。（5,000人以上の企業では約8割が導入。全産業では43.5％である）。

小林啓孝「管理会計変貌の視点」『會計』第153巻第3号, 1998年。

櫻井通晴「行政評価へのバランスト・スコアカードの適用」『企業会計』Vol.54, No.5, 2002年。

櫻井通晴『バランスト・スコアカード―理論とケース・スタディ―（改訂版）』同文舘出版, 2008年。

柴山慎一・正岡幸伸・森沢徹・藤中英雄『実践バランス・スコアカー：ケースでわかる日本企業の戦略推進ツール』日本経済新聞社, 2001年。

社会経済生産性本部編『日本経営品質賞とは何か 2001年度版』生産性出版, 2001年。

情報サービス産業協会 業績評価委員会（委員長；櫻井通晴），有吉一成「デューク大学小児科病院におけるバランスト・スコアカード導入状況」『バランスト・スコアカードによる戦略的経営の実践に関する調査研究―平成13年度 情報サービス企業における業績評価に関する研究―』情報サービス産業協会, 2002年。

高橋義郎「第5章　経営品質向上の実現としてのバランスト・スコアカード」，伊藤嘉博・小林啓孝編著『ネオ・バランストスコアカード経営』中央経済社, 2001年。

TQM委員会編著『TQM　21世紀の総合「質」経営』日科技連出版社, 1998年。

西原利昭『統合報告におけるインタンジブルズの情報開示と情報利用』専修大学出版局, 2018年。

三品政治「バランス・スコアカードの導入による経営マネジメント変革への取り組み」『日経ストラテジー』日経BP出版センター出版, 8月号, 2002年6月24日。

三品政治（沖電気工業株式会社　総合企画室）『沖電気工業㈱におけるバランススコアカードの活用方法について―櫻井への説明資料―』沖電気工業株式会社, 2002年7月17日。

山田義照・伊藤和憲「BSCと方針管理における役割期待とその関係―戦略プロセスとの関連を中心に―」『原価計算研究』Vol.29, No.1, 2005年。

第20章 インタンジブルズの戦略マネジメント

1 現代におけるインタンジブルズ管理の重要性

　工業経済社会では，企業は原材料を購入して機械・設備などの有形資産を使って原材料から製品を生産し，企業価値を創造してきた。しかし，現代の企業にあっては，多くの企業価値創造の機会は有形資産のマネジメントからブランド，ソフトウェア，卓越した業務プロセス，ＩＴ・ＡＩ（人工知能），従業員のスキルやモチベーションなど，無形の資産を使った知識主導型の戦略のマネジメントに移行してきた。その理由は，21世紀においては，企業が競争優位を確保するうえで無形の資産の有効活用が必須になってきたからである。

1　商品自体が無形物の複合体

　個人の価値観と嗜好が多様化した結果，現代の典型的な企業は，企業価値を創造する商品自体が無形物の複合体になってきた。その結果，アメリカ［Stewart, 1997, pp.53-165；Blair and Wallman, 2001, p.7；Kaplan and Norton, 2004, p.4］だけでなく，日本［伊藤・加賀谷，2001, pp.49-50；伊藤，2006, pp.15-16］でも，有形固定資産に比べて，インタンジブルズ（intangibles；無形の資産）によって生み出される企業価値が大幅に増加してきた。
　インタンジブルズの急速な増加の結果，管理会計研究の焦点は，いまや有形資産のマネジメントから，インタンジブルズを使った知識主導型の戦略的マネジメントに移行しつつある。

2　企業価値の創造が戦略によって決定づけられる

　インタンジブルズの価値は，過去において日本企業および日本の多くの管理会計研究者が得意としてきた原価低減による経営の効率化ではなく，ビジョン

や経営戦略，組織文化，日々の経営活動のあり方によって決定づけられる。そのため，インタンジブルズは知識創造型の組織を必要とし，戦略的な活用方法いかんによって企業価値の創造に多大な影響が及ぼされることになる。

具体的な事例をあげれば，従業員の価値を最大限に引き出すには，優秀な従業員を採用するとともに，従業員が能力を発揮できるような組織と教育訓練，従業員の能力を引き出す経営トップのリーダーシップ，従業員のサポートや企業と顧客をつなぐITの有効活用，問題解決を促す組織風土がすぐれていなければならない。しかし，どんなにインタンジブルズの管理が重要であるといっても，それを管理するツールがなければ，有効利用することができない。

3 戦略マップなどのマネジメント・ツール

管理会計担当者には，測定可能な経済価値だけでなく，伝統的な測定方法だと測定困難な社会価値や組織価値を高めることで，持続可能な企業価値の増大が求められるようになってきた。インタンジブルズ測定のツールとして，戦略マップやバランスト・スコアカードを使ってインタンジブルズを可視化し，すぐれた戦略を策定し実行することが可能になったことが大きい。

具体的には，新たな顧客価値提案をすることで売上高を増大するにはどんなアイディアでどのような手続きを使ったらよいかといったことも，戦略マップとバランスト・スコアカードを使って可視化することができるようになった。企業の評判を測定し可視化することで，どうしたら企業の評判を上げて財務業績を向上できるかも明らかになってきた［櫻井，2011, pp.235-484］。さらに，内部統制やリスクマネジメントの手法を使って，コーポレート・ガバナンスやコンプライアンスの欠陥を明らかにして，企業の不祥事の発生を未然に防ぐことも可能になってきた。

このように，日本企業をとりまく環境が変化しただけでなく，管理会計それ自体のインタンジブルズのマネジメントに果たす役割期待と，その対応能力（ツールの開発と発展）が飛躍的に増大してきた。そのことが，管理会計研究者に対してインタンジブルズのマネジメントに積極的に取り組むべき主要なチャレンジを与えたといえよう。

2 インタンジブルズとは何か

インタンジブルズを知的資本(ないし知的資産)との関係でどう位置づけるかに関して,2つの主要な潮流がある。1つは,スカンディア市場価値体系の流れを汲む欧州から発信された理論体系で,インタンジブルズを知的資本と同一視する。いま1つは,米国のブルッキングス研究所からの報告書とレピュテーション研究者による見解で,インタンジブルズは知的資産だけでなく,明確に,ブランドやコーポレート・レピュテーションを含める見解である。

1 インタンジブルズをもって知的資本だとする見解

インタンジブルズを知的資本とみる見解は,スウェーデンのスカンディアAFS社の役員(当時)のエドヴィンソンとジャーナリストのマローンを嚆矢とする研究に立脚している。エドヴィンソン氏らは3つのことを発見[Edvinsson and Malone, 1997, p.43]した。第1は,知的資本は財務情報を補足する。第2は,知的資本は市場価値と簿価との差額であり,「隠れた価値」を持つ。第3は,知的資本は貸借対照表の貸方側の問題である。

以上から,インタンジブルズをもって人的資本と構造資本からなる知的資本であるとした。この見解を展開してきたのが,スカンディア市場価値体系である。図20-1[Edvinsson and Malone, 1997, p.52]を参照されたい。

図20-1 スカンディア市場価値体系

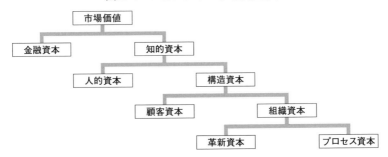

出典:Edvinsson and Malone [1997, p.52].

図20-1で，知的資本は人的資本と構造資本からなる。知的資本のうち，人的資本はその人が会社を去ればなくなってしまう。他方，構造資本は会社を去っても会社に残っている資本である。構造資本は顧客資本と組織資本（革新資本とプロセス資本）からなる。

知的資本をもって，企業価値の創造への役割を明示した論者の1人に，米国に拠点をおくコンサルタントのサリファン［Sullivan, 2000, pp.17-18］がいる。サリファンは，知的資本の主要な要素が，**人的資本**と"成文化された知識（codified knowledge）"からなるとした。この成文化された知識が**"知的資産"**である。また，知的資本には法的に保護された**知的財産**を含めている。図20-2を参照されたい。

図20-2 知的資本とその主要な構成要素

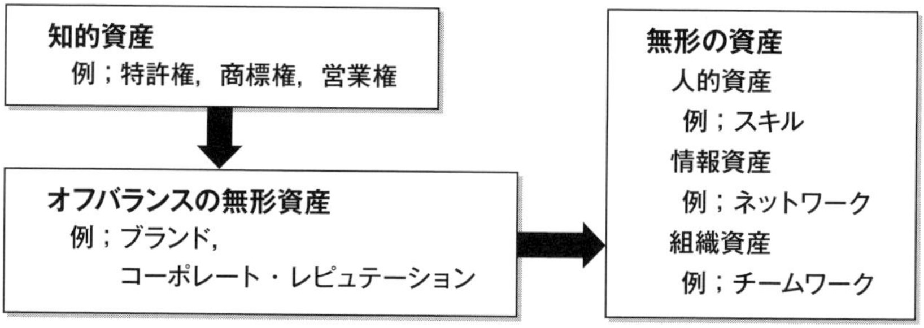

知的資産 例；特許権，商標権，営業権	無形の資産 人的資産 例；スキル 情報資産 例；ネットワーク 組織資産 例；チームワーク
オフバランスの無形資産 例；ブランド，コーポレート・レピュテーション	

出典：Sullivan［2000, pp.17-18］.

その他，知的資本を市場資産，人的中心資産，知的財産資産，インフラ構造資産に区分したブルッキングス［Brooking, 1996, pp.12-13］，知的資本を人的資本（スキル，ナレッジ），構造資本（パテント，プロセス，データベース，ネットワークなど），顧客資本（顧客とサプライヤーの関係性）に区分したスチュアート［Stewart, 2001, p.13］も，基本的には，インタンジブルズをもって知的資産[1]であるとする見解に属するといえよう。

スカンディア市場価値体系を起点とする知的資産についての以上の見解に関連して，欧州の研究者のなかでも，知的資本の位置づけに疑義を差し挟む研究者がいる。モーリツェン［Mouritsen, 2000, p.215］は，次のように述べている。

「知的資本は，企業の市場価値－簿価と定義づけられる。しかし，この定義は薄氷の上を歩む感がある。エドヴィンソンとマローンやスチュアートが知的資本の概念を説明しているが，それは説得力があるとはいえない。……彼らは単に，知的資本ではないものが何かを明らかにしているにすぎない。市場価値－簿価の残差には知的資産以外のものも含まれるはずである。それは，レピュテーション，ブランド，競争上のポジションである。」

モーリツェンの批判の要点は，市場価値－簿価の残差には知的資産だけでなく，コーポレート・レピュテーションやブランドも含まれるのではないかと指摘していることにある。常識的に考えても，市場価値が簿価よりも小さくなればインタンジブルズがマイナスになるし，株価が上昇すれば知的資産が自動的に増大すると考えることは，管理会計の立場からすると，理解しがたい。

2 「インタンジブルズの管理と報告のためのガイドライン」

スカンディア市場価値体系を骨格として，主に欧州における**知的資本**に関する論調を基礎にして作成された報告書が，MERITUMプロジェクト[2]による報告書「インタンジブルズの管理と報告のためのガイドライン―知的資本報告書―」(以下,「ガイドライン」と略称する)〔MERITUM Project, 2002〕である。

「ガイドライン」では，**インタンジブルズ**のことを，「物理的な実体はないが，以前になされた事象と取引（自己創設，購入，買収など）の結果として，企業によって管理される（少なくとも影響を受ける），将来の経済的利益が見込まれる非貨幣的資源」であると定義づけた。財務会計で無形資産（intangible assets）としてオンバランスされるためには**測定可能性**の属性をもち，**支配可能**で，かつ**分離可能性**がなければならない。しかし，インタンジブルズというときには，貸借対照表に計上されるか否かは問われないとしている。

「ガイドライン」では，**知的資本**のことを，「組織の人的・組織および関係資源（resources）の結合」であるとされている。では，知的資本を構成する人的資本，構造資本，関係資本とは何か[3]。

人的資本は，「企業を去る時に，その人間とともに持ち去られる知識」である。人的資本には，**知識**，スキル，人間の経験と能力が含まれる。知識は個人と会社の知識からなる。具体的には，革新能力，創造力，ノウハウ，備わった経験，

チームワークの能力，従業員の弾力性，曖昧さへの許容性，モチベーション，満足度，学習能力，ロイヤリティー，公式の訓練と教育が含まれる。

構造資本は，「作業日の終了時に企業に蓄積される知識」である。構造資本は会社固有の慣行，手続き，システム，文化，データベースなどからなる。具体的には，法的に保護されている知的財産の他，組織の弾力性，文書化のサービス，知識センター，ITの一般的な利用，組織学習能力などからなる。

関係資本は，「他の企業，顧客，サプライヤーまたは研究開発業パートナーといった外部の関係性と結びついたすべての資源」である。関係資本は，会社とステークホルダーとの関係およびステークホルダーが会社について抱いている見方ないし認識からなる。具体的には，イメージ，顧客ロイヤリティー，顧客満足，サプライヤーとの関係性の強さ，商業力，金融機関との交渉力，環境活動などが関係資本に含まれる。

日本の**産業構造審議会**が発表した「経営・知的資産委員会」中間報告書（案）[経済産業省(a), 2005]もまた，基本的にはスカンディア市場価値体系および「ガイドライン」に倣ったものであるといえる[4]。当然ながら，ほぼ4か月後に発表された「知的資産経営の開示ガイドライン」[経済産業省(b), 2005]も，「経営・知的資産委員会」中間報告書（案）の構想を基礎にしている。

以上，「ガイドライン」と図20-1のスカンディア市場価値体系との類似性を比較検討してほしい。同時に，「ガイドライン」では，スカンディア市場価値体系では見られなかった関係資本という資本概念が新たに使われていることに注目されたい。関係資本には，マーケティングだけでなく会計学でも重要な概念となってきた商品ブランド，コーポレート・ブランド，コーポレート・レピュテーションがこの範疇に含まれることになろう。しかし，今後の経営にとって重要性を高めるこれらの例示が見当たらないのが残念である。例示がないことの理由は，研究の焦点が知的資産に焦点がおかれているからではなかろうか。

3　インタンジブルズに知的資産とその他の資産の存在

欧州を中心として発信してきたインタンジブルズ研究とは違って，米国の学界や実務界では，インタンジブルズに知的資産以外のもの—ブランド・エクイティ，レピュテーション資産など—を包含させようとする傾向が見られる。た

だ。同じ米国でも，2つの潮流を認めることができる。

第1は，ブルッキングス研究所を中心とする研究で，会計学の影響を強く受けている見解である。ブルッキングス研究所の見解では，貸借対照表の貸方である知的資本ではなく，貸借対照表の借方を**知的資産**としている。

第2は，マネジメント，マーケティング，コミュニケーションの影響を強く受けている見解である。後者の典型的な見解は，フォンブランとファン・リールの見解に見ることができる。

(1) 米国のブルッキングス研究所を中心とする見解

米国では，21世紀の先進国における経済とビジネスの成功に最も重要な課題となってきたインタンジブルズに焦点を絞った研究が，ブルッキングス研究所を中心として行われた。ブルッキングス研究所の共同ディレクターであったブレアとウォールマンから，レフはインタンジブルズに関する先行研究とインタンジブルズに関する情報提供を依頼された。レフの報告書を参考にして執筆されたのが『インタンジブルズ─マネジメント，測定，報告─』[5]である。

レフ［Lev, 2001, p.5］は，インタンジブルズ，知的資産，知的資本の用語法に関して，学問の相違が用語法に影響を及ぼしていると見る。つまり，**インタンジブルズ**は会計学において，**知的資産**（knowledge assets）はエコノミストによって，**知的資本**（intellectual capital）は経営学と法律の領域で用いられるとしている。これらの用語はいずれも，本質的には同じ意味，「将来の便益に対する形のない請求権（nonphysical claim）」を意味するとしている。

レフが述べているように，専門領域によって，インタンジブルズの他，知的資本，知的資産が代替的に使われているということは，インタンジブルズの研究がこれまで，経済学，経営学，法学，マーケティング，会計学など隣接諸科学によって論じられてきたからであろう。しかし，本書のように，隣接諸科学で論じられているテーマを包括的に考察しようとする場合には，読者にとって特別の注意が必要になる。それゆえ読者には，当該用語がどの専門領域で論じられているかを意識して検討することが求められる。

レフは，インタンジブルズの構成要素について，革新関連・人的資源・組織インタンジブルズの3つからなるとしている。図20-3を参照されたい。

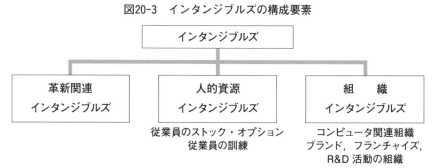

図20-3　インタンジブルズの構成要素

出典：Lev [2001, p.18] の図と説明をもとに，著者が加筆した。

　図20-3は，ブルッキングス研究所のタスク・フォースの見解となることはなかった。しかし，2つの意味でその後の議論に多大な影響を及ぼしたと見ることができる。1つは，インタンジブルズの概念が革新ないしイノベーションと深い関連性があることを明らかにしたことである。結果，レフの分類基準は，革新を情報資本に代えて，管理会計で人的資本，情報資本，組織資本に区分したキャプランの見解 [Kaplan and Norton, 2004, pp.125-126] に多大な影響を及ぼしたと思われる。いま1つは，レフの著書のなかで，ブランドやレピュテーションを明確な形でインタンジブルズの範疇に含めていることである。ただ，ブランドやレピュテーションを関係資本ではなく，組織資本に含めることの妥当性についてはさらなる検討が必要のように思われる。

　2年間にわたるブルッキングス研究所におけるタスク・フォースが審議・研究を行った成果として発表された報告書の内容が，ブレアとウォールマン [Blair and Wallman, 2001] による著書で明らかにされている。そこで次に，ブレアとウォールマンによって報告された「インタンジブルズに関するブルッキングス報告書」の見解を，会計学の観点から検討しよう。

　インタンジブルズとは何か。その具体的な事例に何が考えられるか。インタンジブルズは，「非物的なもの (nonphysical)」である。具体的には，知識，組織，制度，レピュテーション資産への投資がインタンジブルズを増大させる要因となる。以上から，インタンジブルズをもって，「財貨の生産かサービスの提供に貢献するか用いられるか，あるいはインタンジブルズの利用を管理す

る個人または企業が将来の生産的な便益を生み出すと期待される，無形のもの」[Blair and Wallman, 2001, pp.9-10] と定義づけている。

インタンジブルズと資産性との関係をどう見るべきか。まず，貸借対照表に計上されている（オンバランスの）資産は一般に，工場・設備といった有形資産，金融資産，および特許権，財産権，商標権，メーリングリストといった識別可能な無形資産からなる。**資産計上のための必要条件**としては，次の４つの条件に合致しなければならない。

(1) よく定義づけられ，売買対象となるほど他の資産と識別できること
(2) 企業が実効的に支配しており，それを別の主体に移転可能であること
(3) 提供される将来の経済的便益が，ある程度まで[6]予測可能であること
(4) その経済価値の減損を，ある程度まで[6]決定できること

資産であるための条件を以上のように定義づけたうえで，ブレアとウォールマン [Blair and Wallman, 2001, pp.51-56] は，資産性との関係で，インタンジブルズを次の３つに分類している。表20-1を参照されたい。

表20-1　インタンジブルズは３つに分類される

インタンジブルズの分類	インタンジブルズの例示
1）所有・販売が可能な資産	特許権，著作権，商標権などの知的財産
2）管理できるが，分離・販売はできない資産	開発中のR&D，企業秘密，レピュテーション資本，独占的な管理制度，ビジネス・プロセス
3）企業が全く支配できないインタンジブルズ	人的資本，コア・コンピタンス，組織資本，関係資本（財務会計では，資産とはいえない）

出典：Blair and Wallman [2001, pp.51-56] を参考に著者作成。

表20-1のインタンジブルズに関する３つの分類について，著者は，(1)には**オンバランスされる資産**を，(2)にはオフバランスであるが会計学において補足的な財務情報として提供されるべき**オフバランスの資産**を，(3)には将来の経済的便益ではあるが，財務会計では**資産性のすべての条件は満たしていない**インタンジブルズが例示されていると解釈できると思われる。このブレアとウォールマンの見解をサリファンと比較してみると，(1)は知的財産，(2)は狭義の知的資

産と呼称できるであろう。また，先に述べたキャプランとノートンがターゲットとしているインタンジブルズ（人的資本，情報資本，組織資本）は，(3)の意味でのインタンジブルズであるといえよう。

では，米国のブルッキングス研究所の報告書からなるブレアとウォールマンのインタンジブルズに関する見解は，エドヴィンソンのスカンディア市場価値体系をもとにした「ガイドライン」と比較して，どこが違うのか。

両者の最大の相違点は，「ガイドライン」ではインタンジブルズが知的資本とほぼ同義と捉えているのに対して，ブレアとウォールマンのインタンジブルズの見解では資産性との関係でインタンジブルズを3つのものに分類していることにある。その結果，ブランドやレピュテーションは，「ガイドライン」に示されたインタンジブルズの範疇には含めにくい。他方，米国のブレアとウォールマンによるインタンジブルズの見解では，それらのオフバランスの資産も明確にインタンジブルズの範疇に含められていることに特徴が見られる。

(2) **フォンブランとファン・リールのインタンジブルズに対する見解**

コーポレート・レピュテーション（corporate reputation；会社の評判）の研究は，米国のマネジメント研究者のフォンブラン（Charles J. Fombrun）とオランダのコーポレート・コミュニケーション研究者であるファン・リール（Cees van Riel）の2人がレピュテーション・インスティテュート（Reputation Institute；RI）を通じてリードしてきたといってよい。

その**フォンブランとファン・リール**［Fombrun and Van Riel, 2004, pp.32-33］は，企業において果たしている知的資本と，コーポレート・レピュテーションを念頭においたインタンジブルズの定義を行っている。彼らの見解では，公開市場における市場価値（market value）のうち，物的資本の取替価額と金融資本以外のものが，レピュテーション資本と知的資本からなると定義づけている。ただし，会計学者であるレフなどとは違って，インタンジブルズといった表現を用いる代わりに，**市場価値**の概念を活用して，公開企業の市場価値が物的資本，金融資本，レピュテーション資本および知的資本からなるとしている。物的資本，金融資本と知的資本，レピュテーション資本の関係は，フォンブランとファン・リールによって，図20-4のように描かれている。

2 インタンジブルズとは何か

図20-4 市場価値の構成要素とレピュテーション資本

```
                        市場価値
    ┌──────────┬──────────┬──────────┬──────────┐
  物的資本   金融資本    知的資本      レピュテーション資本
                      ┌────┴────┐   ┌────┴────┐
                   ユニークな ユニークな ブランド資産 ステーク
                    知識    スキル           ホルダー関係
```

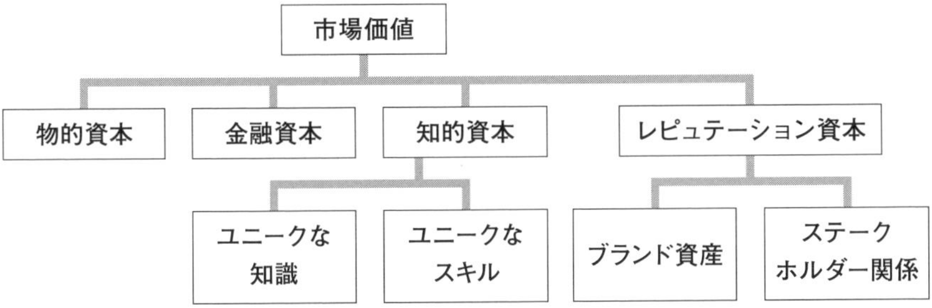

出典：Fombrun and Van Riel [2004, pp.32-33] を参考に，著者作成。

　図20-4で，市場価値は，取替価額で表された物的資本，金融資本，ユニークな知識とスキルからなる知的資本，ブランドとステークホルダー関係[7]からなるレピュテーション資本を含む。さらに，無形資産[8]がレピュテーション資本と知的資本からなるものと定義づけられている。式（20-1）を参照されたい。

$$\text{インタンジブルズ} = \text{レピュテーション資本} + \text{知的資本} \qquad (20\text{-}1)$$

　フォンブランとファン・リールは，コーポレート・レピュテーションの研究では世界で最も注目されている世界のリーダーである。エドヴィンソンとマローンは知的資本のことを"隠れた価値"と呼んだが，フォンブランとファン・リールがレピュテーション資本を"影の投資（shadow investment）"と呼んだのも1つの識見である。なぜなら，コーポレート・レピュテーションは結果として作られるものと考えるのではなく，意識的な投資活動によってレピュテーションを創造しようとする思想がその背後にあるからである。この種の投資活動のマネジメントは，今後の管理会計の主要な課題の1つになると思われる。

4　本書におけるインタンジブルズの位置づけ

　ブランドとコーポレート・レピュテーションは，スカンディア市場価値体系やMERITUMなどの欧州の研究者は知的資本に，米国の研究者・実務家はレピュテーション資産として位置づけている。では，これらは知的資本とレピュ

テーション資産のいずれに近い性質を有するのか。ブランドの高い商品といえば，一般に，外国ではシャネル，グッチ，エルメス，ブルガリ，ダンヒル，日本では醬油のキッコーマン，味の素と真珠のミキモトなどがすぐに思い浮かぶ。

日本企業の**味の素**を取りあげてみよう。味の素は1908年の池田菊苗博士によるグルタミン（日本人による10大発明の1つ）の発明から始まった。その意味で，これは極めて知的レベルの高い会社の商品であった。しかし，その後は，科学的な研究の成果というよりも優れた経営戦略，技術の改良と顧客による評価・口コミなどによってブランド・エクイティが高まっていったといえる。

世界のミキモトとして知られる**ミキモトの真珠**は，1893年に鳥羽の相島（おじま，現在のミキモト真珠島）で，世界で初めて半円真珠の養殖に成功し，その後，1905年に真円真珠の養殖に成功した。しかし，その後は技術の改良と世界の顧客による高い評価を背景にして，現在の地位を確立していったといえる。ミキモトもまた，高い科学研究の成果というよりも，その後の経営によってブランドが蓄積されていったと見るべきではないかと思われる。

いずれの企業も当初こそ知的な活用によってブランドが獲得されたのではあっても，その後の活動から見ると，ブランドは，知的活動の結果というよりも優れた戦略や経営方針，優秀な経営者や従業員の努力によって形成されてきたといえる。味の素，ミキモトの両ケースとも，ブランド資産が知的な努力によって大きく創造されたとは考えにくい。それゆえ，スカンディア市場価値体系で見られる第1の見解のように，インタンジブルズをもって知的資本と定義づけるのは多少無理があるように思われる。むしろ，第2のブルッキングス研究所やフォンブランとファン・リールの見解のように，インタンジブルズをもってブランドとレピュテーションに関連するインタンジブルズとかステークホルダー関係との関係で説明する方が説得力に富むように著者には思われる。

3 超過収益力のバリュー・ドライバーは何か

企業の帳簿上の資産価値を上回る超過収益力のバリュー・ドライバー[9]は何か。1980年代までの会計の世界では，企業がもつ超過収益力は，"のれん"と称されていた。1990年代になると，知財戦略の経営に果たす役割が高まり，サ

リファン［Sullivan, 2000, pp.3-22］がいみじくも指摘したように，超過収益力が知的資本からなるとする見解がビジネス界に彗星のごとく現れ，ビジネス界を席巻した。

2000年以降になると，超過収益力が，"インタンジブルズ"であるとする見解が現れた。現在では，経営や会計学の領域では，無形の資産のことは一般に，知的資産ともインタンジブルズとも表現されている。

1 知的収益力の本体は知的資産とレピュテーション

超過収益力を生み出すバリュー・ドライバーとして，サリファンはブランドが知的資産からなるとしている[10]。しかし，エルメス，シャネル，味の素，ミキモトなどのブランドが厳密な意味で，"知的"な資産であるかについては疑問があることは先に述べた。もちろん，味の素のように，会社設立の歴史を遡れば，ブランドは研究開発や技術力の賜物である場合も少なくない。しかし，現代において，味の素のブランドは，多分に優れた経営戦略，マネジメントコントロール・システム，経営活動などによって高められた結果であることも認めざるをえないであろう。

楽天がプロ野球に参入した効果を，財務業績との関係で考えてみよう。2003年12月期の売上高は約180億円であった。野球の球団への参入がメディアによって取り上げられ，大きくその名が知られた2004年12月期には，売上高が455億円と約2.5倍に増大し，経常利益は44億円から155億円へと3.5倍に増大した。このケースにおける財務業績の向上は，知的資産の増大というよりは企業の評判が高まったからだと解釈すべきであろう。このように考えると，超過収益力の源泉は，知的なインタンジブルズ（知的資産）だけでなく，ブランドやコーポレート・レピュテーションに関連するインタンジブルズによることも多いことが理解できよう。

換言すれば，研究開発によって技術革新やコスト低減活動で利益を増大させることも大切であるが，それに併せて，優れた商品を顧客に提供し，社会からも評価される経営活動をすることで顧客・社会から高い評価を受け，それによって商品や企業の評判を高める努力も必要ではないかということである。

2 管理会計の立場からするインタンジブルズの分類

　管理会計の立場から，インタンジブルズの研究テーマのなかで，将来の重点的な研究を最も必要とするバリュー・ドライバーには何が考えられるのか。この問題にアプローチするには，2つの範疇に区分して考察するのがよいと思われる。1つは知的なインタンジブルズで，いま1つはブランドとレピュテーションに関連するインタンジブルズである。図20-5を参照されたい。

図20-5　インタンジブルズに関する2つの範疇

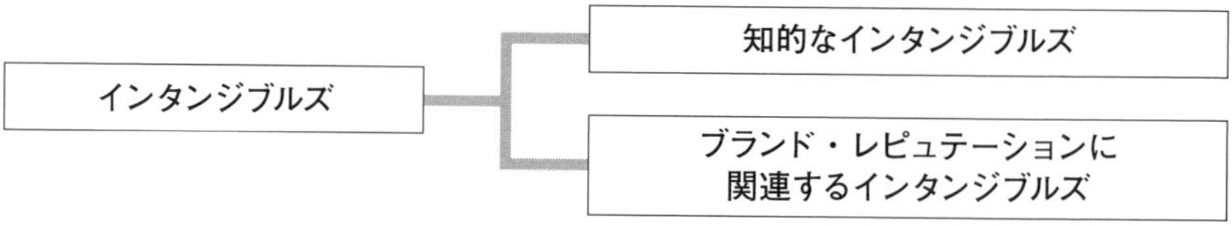

```
インタンジブルズ ─┬─ 知的なインタンジブルズ
                 └─ ブランド・レピュテーションに
                    関連するインタンジブルズ
```

出典：著者作成。

　以上から，インタンジブルズのバリュー・ドライバーを，知的なインタンジブルズとレピュテーションに関連するインタンジブルズに区分して，それぞれの研究について，管理会計の立場から著者の見解を述べたいと思う。

3 知的なインタンジブルズ

　管理会計で取り上げられてきた知的なインタンジブルズのバリュー・ドライバーとしては，(1)イノベーションと研究開発，(2)ソフトウェア[11]，(3)知的資産，(4)人的資産・情報資産・組織資産という，4つの切り口がある。これら4つの切り口のうち，本項では最初の3つを考察し，(4)は第4節で検討する。

(1) イノベーションと研究開発

　インタンジブルズは，イノベーション，独自のデザイン，人的資源の組み合わせなどによって生み出される無形の価値源泉である。**イノベーション**は，基本的に，インタンジブルズへの投資 [Lev, 2001, p.16] によって生み出される。イノベーションへの投資の数ある形態の1つが**研究開発**である。進行中の研究

開発は，ブルッキングス研究所の研究によれば，「支配可能であるが企業から分離して販売することができない資産」としてのインタンジブルズである。イノベーションと研究開発との関係は，研究開発をイノベーション・プロセスの1つとして位置づけることができよう。

日本企業における管理の焦点は，製造活動における原価低減活動から企画・設計や研究開発へと次第に源流に遡っており，近年ではいかに効果的にイノベーションを行い，研究開発を効率的・効果的に行うかに移行してきた。1980年代に大幅に研究が進展した原価企画は，開発段階における戦略的コストマネジメントの先駆けの1つとして評価できよう。

研究開発費の管理会計に関しては，研究者および実務家のすぐれた研究の蓄積がある[12]。研究開発費の管理は，ハードとソフトの有機的な一体管理が必要となろう。関連領域では，ナレッジマネジメントやプロセス・マネジメント，研究開発組織の研究の必要性も高まろう。管理会計との直接的な関係では，予算管理，中長期経営計画，研究開発の投資効果の測定と評価，業績評価システムの構築，研究開発組織，研究開発戦略などの研究が期待される。研究開発費の管理会計の詳細は本書の第26章を参照されたい。

(2) ソフトウェア（IT・AIの有効活用を含む）

ソフトウェアは有形であるという主張もあるから，インタンジブルズの研究は主に，ソフトウェアの無形の部分に焦点が当てられることになる。具体的には，管理会計では1980年代の半ばから**ソフトウェア原価計算**という形で日本独自の研究[13]が進められてきた。その結果，わが国における中心的なソフトウェア・ディベロッパーであるソフトハウスでは，調査対象の約3分の2の企業がソフトウェア原価計算を導入するまでに至っている。ユーザー企業のなかには，アメリカで開発されたチャージバックシステムを導入している企業も少なくない。これらの研究の詳細は，拙著『ソフトウェア原価計算［増訂版］』［櫻井, 1992, p.202］を参照されたい。

当面の管理会計の課題として議論と研究が進んでいるのは，ソフトウェア価格決定，IT投資の採算管理とマネジメント，ネットビジネスの経営戦略，ITスキル標準，ソフトウェアのアウトソーシングのための管理会計手法である

SLA (service level agreement；サービス水準の契約) などを含めたソフトウェア管理会計である。最近の研究の詳細は『ソフトウェア管理会計 [第2版]』[櫻井, 2006] を参照されたい。

　管理会計は今後ともソフトウェア関連の研究を多面的に深めていくとともに，インタンジブルズであるソフトウェアや情報システム，AIなど，IT関連のインタンジブルズをいかにして有効に活用すべきかが研究されていく必要がある。なお，AIの管理会計への適用については，本書の第25章を参照されたい。

(3) 知的資産

　知的財産の定義やその範囲については法的な規定や研究者の間で一定の合意があるが，先に欧米の主要な論者の見解を比較検討したとおり，知的資産とは何かについては多様な定義があり，完全な合意がなされてはいない。知的資本と知的資産の違いについてもまた明確で万人が納得する区分や定義はない。エドヴィンソンとマローン [Edvinsson and Malone, 1997, p.3] がいみじくも指摘しているように，知的資本は捉えどころがない定義のしにくい用語だと考えられてきたが，そのような状況はいまでも変わっていない。

　エドヴィンソンとマローンが主張する知的資産[14]の内容は，人的資産と構造資産（顧客資産＋組織資産 [イノベーション資産＋プロセス資産]）からなるとされる。日本では，財務会計からインタンジブルズにアプローチしようとする研究者・実務家に，この見解をとる者が多い。

　知的資産については，財務会計研究者，経営学者だけではなく，経済産業省も国の立場から産業構造審議会 [経済産業省(a)(b), 2005, pp.1-83] などを通じて研究を推進してきた。産業構造審議会「経営・知的資産小委員会」中間報告書（案）では，「知識経済下において，企業の超過収益力あるいは企業価値を生み出す源泉であり，有形でないものを総称して『知的資産』と呼ぶ」と定義づけている。産業構造審議会の見解も，先のエドヴィンソンとマローンの見解から多大な影響を受けていることから，ここでいう知的資産がほとんどすべてのインタンジブルズを包含するものと解していることは当然ともいえる。

　管理会計の研究者からするわが国の知的資産マネジメントの研究は，世界のレベルと比較してまだまだ遅れている[15]。知的資産のマネジメントに関する研

究は，将来の日本にとって貴重な貢献を果たしうる領域である。2011年12月には，「日本知的資産経営学会」(会長；古賀智敏)が設立された。日本企業が世界諸国と伍して競争優位を確保していくためには，管理会計による貢献が期待される研究領域の1つである。例えば淺田[2008, pp.49-68]は，インタンジブルズの日米比較を行った結論として，**日本型知識経営**は「有形財に知識が埋め込まれて価値を創造する」のに対して，**英米型知的経営**の場合には「情報財に一層の知識が埋め込まれて価値を創造する」特徴があるという。

日本企業はコンピュータ統合FAとして知られているCIMが世界的に競争優位に立っているが，これは産業用ロボットが組込ソフトの塊だからであり，逆に，ビジネスソフトでは日本企業がアメリカにほぼ完敗していることを考えると，淺田の見解は頷ける。なお，**3次元CAD**と**3Dプリンター**の出現によって，日本の工場自動化の技術の競争優位が失われつつあることは，第12章において原価企画との関係で述べたとおりである。

4 ブランド・レピュテーションに関連するインタンジブルズ

レピュテーションに関連するインタンジブルズとしては，(1)ブランド，(2)コーポレート・レピュテーションに区分して考察することができる。なお，MERITUMプロジェクトの「ガイドライン」が例示している"イメージ"は，インタンジブルズの1つだといえたにしても，少なくとも管理会計の対象にはなりえない[櫻井, 2005, pp.20-21]ように思われる。

(1) ブランド

ブランドは，知的資産の範疇で議論されることがある。たしかに，ブランドには知的な要素が含まれる。しかし，フォンブランとファン・リール[Fombrun and van Riel, 2004, pp.11-12]が述べているように，ブランドはレピュテーション資産の範疇のなかで考察するほうが論理的である。

ブランドというとき，われわれがプロダクト・ブランドないし商品ブランドのほか，コーポレート・ブランドを意味することがある。経済産業省企業法制研究会[2002, pp.8-9]によれば，**プロダクト・ブランド**とは「製品に付されたネーム，ロゴなどが源泉になってもたらす競争優位性」のことをいう。一方，

コーポレート・ブランドは「コーポレート・ネーム（会社名；著者挿入），コーポレート・ロゴなどが源泉となってもたらす競争優位の標章」と定義づけられている。ブランドというと，一般には，プロダクト・ブランドないし商品ブランドを含意するが，同時にその商品を生産した企業を想起する。その理由は，ブランド力の高い商品・サービスを提供するには，すぐれた技術力とケーパビリティをもつ組織力が備わっているとみなしうるからである。そのため，現実にはプロダクト・ブランドと，プロダクト・ブランドを背負った企業のブランドを含意するコーポレート・ブランドを明確に区分することは困難である。

コーポレート・ブランドとコーポレート・レピュテーションは何が違っているのか。コーポレート・ブランドの研究を進めている伊藤［2000, pp.65-75］が構想するコーポレート・ブランドと，著者が構想しているコーポレート・レピュテーションを対比させてみよう。表20-2を参照されたい。

表20-2　コーポレート・ブランドとコーポレート・レピュテーション

		コーポレート・ブランド	コーポレート・レピュテーション
1	影響要因	企業全体の製品・サービス	経営者・従業員の行為
2	特徴	遺産相続的	過去・現在の行為，将来の情報
3	焦点	ブランドの向上	良い評判の構築・維持，悪評の回避
4	管理	ブランド評価（CBバリュエータ）ビジネスモデル，企業広告	BSC戦略マップ・内部統制・全社的リスクマネジメント・レピュテーション評価・レピュテーション監査
5	ステークホルダー	ゴールデントライアングル　―顧客，株主，従業員―	全ステークホルダー　―経営者，株主も排除せず―
6	企業価値	経済価値中心（EVA®）	経済価値・社会価値・組織価値

出典：著者作成。

表20-2で，伊藤が構想しているコーポレート・ブランドは次の特徴を有している。①コーポレート・ブランドは経営者の行為ではなく，企業全体の製品・サービスを影響要因と捉えている。②その理由は，ブランドが相続遺産的な性格をもつためである。③焦点は，良い評判の構築・維持，悪評の回避というよりはブランドの向上・構築に当てられている。④ブランドの評価に，独自に日

本経済新聞社との共同で構築したCBバリュエーターを用いている。⑤ゴールデン・トライアングルと呼ぶ，株主，顧客，従業員のイメージを決定づける無形の個性であること，および⑥経済価値（EVA）を強調し，企業価値をもって欧米流に資本コストを上回るキャッシュフローであるとしている。

著者がコーポレート・ブランドを遺産相続的[16]と特徴づけたのは，コーポレート・レピュテーションのように経営者の努力によって比較的短期に向上させることができるのとは違って，コーポレート・ブランドを向上させるには長期にわたる努力が必要だからである。ステークホルダーというときに，経営者と株主は特別な意味でのステークホルダーとして位置づける見解がある。ここでは，そのような見解に配慮して，経営者，株主も排除しないとした。また，企業価値が経済価値，社会価値，組織価値からなるとするとき，顧客価値は社会価値に含められる。

過去，プロダクト・ブランドは，主としてマーケティングの領域で研究が行われてきたが，近年ではそれに加えて財務会計からの研究が成功裏に進んできた。そのためもあり，管理会計の有望なインタンジブルズの研究対象として最初に著者が考えついたのは，ブランドであった。しかし，①ブランドは相続遺産的な性格をもっているから，管理会計によるマネジメントが有効でない。②商品ブランドは直接のステークホルダーが顧客や生活者に限定されるが，コーポレート・レピュテーションの対象は多様なステークホルダーである。それゆえ，管理会計で有効なバランスト・スコアカードや戦略マップのようにステークホルダー・アプローチをとる手法の適用がブランドには効果的ではない。③財務会計で試みられてきたようなブランドのオンバランス[17]の試みは，管理会計では大きな課題とはならない。管理会計の課題は，"いかにオンバランスして投資家のニーズに応えるか"ではなく，"いかに優れたマネジメントを行って企業価値の創造を図るか"にあるからである。加えて，ブランドは，④管理会計を組織の上でサポートする経営企画部の主要な課題にもなりにくい。

以上から，管理会計にとって，ブランドの研究は財務会計ほどには実務や学界に貢献できる研究テーマとはなりにくい。管理会計では，ブランドよりはコーポレート・レピュテーションがより大きな意義をもつ。コーポレート・レピュテーションの如何が財務業績に直接的な影響を及ぼすからである[18]。

(2) コーポレート・レピュテーション

著者のコーポレート・レピュテーション研究は，管理会計との関係で人的資産，情報資産，組織資産という無形の資産に焦点をおいた研究を行ってきたキャプランとノートンの研究とは方向性が異なるようにみえるかもしれない[19]。しかし，著者が**コーポレート・レピュテーション**（corporate reputation；企業の評判）に着目して研究を進めてきたことは，インタンジブルズに着目したという点で，その方向性においてキャプラン達と大きな違いはみられない。

ソフトウェア原価計算，原価企画，ABC，バランスト・スコアカード研究の経験からすれば，日本の管理会計研究者が本格的にコーポレート・レピュテーションやレピュテーション・マネジメントの研究に関心をもち始めるのにはまだあと何年かはかかると思われる。しかし，経済価値だけでなく顧客価値，社会価値，組織価値の向上を主要な目標とするコーポレート・レピュテーションの研究は，今後わが国の企業に徐々に浸透していくものと信じている。そこで，このテーマに関しては，第5節で考察することにして，次に著者が構想する知的なインタンジブルズの管理会計からのマネジメントについて考察する。

4 知的なインタンジブルズの管理会計からするマネジメント

知的なインタンジブルズといっても，個々のバリュー・ドライバーによって管理方法は異なる。とはいえ，共通の特徴を抽出することは可能である。一連の著作のなかで，キャプランとノートンは，管理会計の立場からインタンジブルズを人的資産・情報資産・組織資産に区分して戦略的なマネジメントの方法論を探究し，具体的な管理の方法を提案している。以下ではこのアプローチを念頭において，知的なインタンジブルズのマネジメントについて考察する。

1 知的なインタンジブルズのマネジメントの特徴

知的なインタンジブルズのマネジメントには，有形固定資産のそれとは違ったいくつかの特徴がみられる。その特徴を4点に絞って，以下で述べる。

第1に，知的なインタンジブルズは単独ではほとんど価値をもたず，他のインタンジブルズや有形資産と結合してはじめて価値を創造する。例えば，島津

製作所で田中耕一氏がノーベル賞を受賞するほどの高い研究成果をあげえたのは，本人のすぐれた能力はもちろんのこと，卓越した同僚や先輩（人的資産）に恵まれたこと，貴重な情報（情報資産）を得ることができたこと，および卓越した研究環境（組織資産）に恵まれたからである。

これらのことは，管理会計からするインタンジブルズ研究は，人的資産，情報資産および組織資産との関係で研究することの重要性を示唆している。

第2に，企業価値の創造は状況（競争，価格，組織，時代背景，資源の保有状況など）と戦略によって決定される。武田薬品工業が2008年に，米バイオベンチャーのミレニアム・ファーマシューティカルズ（マサチューセッツ州）を約8,800億円の費用で買収したが，買収後の武田にブランドという形での企業価値をもたらすかは，状況と戦略によって決まってくる[20]。

このことは，管理会計からするインタンジブルズのマネジメントは，状況と戦略との関係で検討することの必要性を示唆している。

第3に，企業価値の創造が間接的である。つまり，努力が成果に直接的な影響を及ぼすことは少ない。製造業では，製品を生産・販売すれば比較的早く確実に利益が得られる。一方，知的なインタンジブルズの創造では，研究開発活動で典型的にみられるように，研究開発の努力が必ず直接的な開発成果をもたらすとはいえない。インタンジブルズとしての教育・訓練への投資もまたすぐに成果が表れるわけではない。教育・研究投資への企業価値創造のプロセスとして想定されるのは，①従業員の教育・訓練は製品やサービスの性能や品質を向上させる，②製品やサービスの品質が良くなれば顧客のロイヤリティーが高まる，③顧客のロイヤリティーが高まれば顧客が商品やサービスを購入してくれる，④売上高が高まれば利益が増大する，といった関係から成果が導かれる可能性が高まるにすぎない。

このことは，管理会計からするインタンジブルズの研究には，バランスト・スコアカードや戦略マップといった，努力と成果の関係を測定して可視化できる管理会計手法の開発と活用が極めて有用であることを示唆している。

第4に，製造業では製品とコストとの関係は比較的明確である。他方，インタンジブルズではコストと収益との対応関係は，企業価値の創造が間接的であることの結果ともいえるが，製造業ほど明白ではない。例えば，トヨタで一定

の材料と労働力を投入すればほぼ予定通りの製品を完成させることができる。しかし，武田薬品工業で新薬のための基礎研究に多額の資金を投入したからといって，それがそのまま収益増に結びつくとはいえない。また，製造業では一般に収穫逓減の法則が妥当するが，革新的なパッケージ・ソフトウェアやネットビジネスには収穫逓増の法則[21]が妥当する。マイクロソフトやグーグルの強さにみられるように，一番手だけがすべての市場を確保することもある。

これらのことは，管理会計において，創造される価値の測定や評価・分析方法について，新たな測定方法開発の必要性を示唆しているといえる。

2 キャプランとノートンによるインタンジブルズの分類

インタンジブルの本質的特徴について，キャプランたちはスチュワートの定義を引用して，インタンジブルズが「差別化による優位性を生み出すための，組織内に存在する知識」であり，また，「顧客のニーズを満たすための，企業内にいる従業員のケーパビリティ」でもあると述べている。

キャプランたちの主張するインタンジブルズには，特許権，著作権などの知的財産の他，従業員の知識，リーダーシップ，情報システムおよび作業プロセスなど，財務会計では資産の範疇には入らない多様な項目が含まれている。管理会計の立場から，キャプランとノートン［Kaplan and Norton, 2004, p.13］は，インタンジブルズを次のように整理している。

人的資産：従業員のスキル・才能・知識など
情報資産：データベース，情報システム，ネットワーク，ITインフラなど
組織資産：組織文化，リーダーシップ，従業員の方向づけ，チームワーク，
　　　　　　ナレッジマネジメントなど

この分類は，一見すると先にみたエドヴィンソンとマローンの見解と類似しているように見える。しかし，キャプランとノートンが対象としているインタンジブルズには，次の3つの特徴が見られる。第1に，戦略の焦点が上記の人的資産，情報資産，組織資産のマネジメントに当てられている。第2に，レピュテーション資産が除外されている。第3に，顧客は資産としてではなくステークホルダーの1つ（顧客の視点）として扱われ，企業価値創造の一要素として扱われている。

3 インタンジブルズ管理の留意点

インタンジブルズを有効に活用して最大の企業価値を創造するには，戦略への方向づけ［Kaplan and Norton, 2004, p.203］が必要である。人的資産，情報資産，組織資産を管理するうえでの留意点は，下記のとおりである。

人的資産
1．戦略的コンピテンシー：戦略が必要とする活動を実行するための，スキル，才能およびノウハウを有効に活用する。

情報資産
2．戦略的情報：戦略の支援に必要とされる情報システムとナレッジマネジメントのアプリケーションソフトおよびインフラを有効に利用する。

組織資産
3．組織文化：戦略の実行に必要とされる，従業員が共有すべきミッション，ビジョンおよびバリュー（value；価値観）が何であるかを明らかにして，インタンジブルズ戦略を策定し実行する。
4．リーダーシップ：組織を戦略に向かって活性化するため，全階層において有能なリーダーを配置する。
5．戦略への方向づけ：あらゆる組織階層で，個人目標やインセンティブを戦略に方向づける。
6．チームワーク：チームワークを良くすることで，戦略的な潜在能力をもつ知識資産やスタッフ資産を共有できるようにする。

4 インタンジブルズから最大の企業価値を創造するための方策

インタンジブルズから最大の価値を引き出すために必要なものは何か。その方策には，①戦略への方向づけ，②戦略的レディネスの整備，③シナジー効果，④測定尺度としてのアウトカムの活用があげられる。

① 戦略への方向づけ

インタンジブルズを活用して最大の企業価値を引き出すためには，**戦略への方向づけ**（alignment；アラインメント）［Kaplan and Norton, 2004］が必要である。同じ1つの会社でありながら個々の事業部の戦略がバラバラであるな

らば，意図した成果を得ることはできない。知財戦略では，とりわけ戦略への方向づけが必要である。加えて，インタンジブルズ活用の戦略が，ビジョン，事業戦略，研究開発戦略，知財戦略と有機的に統合されていなければならない。

② 戦略的レディネスの整備

戦略的レディネスとは，企業価値プロセスのための戦略の準備が整っている状態のことをいう。レディネスが万全といえるのは，①戦略的職務群の人的資産のケーパビリティ（能力）が戦略テーマに密接に方向づけられ，②卓越した業績を促進するために，情報資産が人的資本を補完する不可欠のインフラと戦略的ITアプリケーションを提供し，③組織文化，リーダーシップ，戦略への方向づけ，チームワークが，戦略の実行に必要とされる組織文化の変革を高めるときである。

③ シナジー効果

インタンジブルズの活用によるシナジー効果を創出する必要がある。例えば本社の役割について述べれば，「本社は戦略的ビジネスユニットの全体にわたって，人的資本と組織資本のための3つのプロセス，①リーダーシップの育成と組織開発，②人材育成，③知識共有の体制」[Kaplan and Norton, 2006, p.5]をつくることが必要である。また，全社レベルでのシナジー効果を享受することにより企業は最小のコストで，顧客に卓越した製品とサービスの価値提案を行い，より多くの企業価値を創造することができるようになる。

本質的に異なる戦略的ビジネスユニットと補助的な支援事業を連携させることで，式20-2で表されるような，全社シナジー価値とも呼べる追加的な価値源泉を得ることもできる。

$$全社価値創造＝顧客から得られる価値＋全社シナジー価値 \quad (20\text{-}2)$$

シナジー効果を創出する具体的な方策は，本社が調整することで製品やサービスのクロスセル（抱き合わせ販売や既存顧客への追加販売），共通の情報システムや研究開発をシェアード・サービスで共有することなどが実践される。本社の役割の1つとして，シナジー効果を減少させない努力も必要である。

伊藤［2007, p.57］によれば，アネルギー[22]を抑制する機能をもつことがコ

ーポレート・レピュテーションを落とさないためには必要であるという。具体的には，官僚制の回避，本社運営のコストの引き下げなどの方策がとられる。

本社の適切な決定によってシナジー効果を高めた例として，**YKKの社名変更**がある。現在のYKKの社名が旧社名の吉田工業のままであったなら，現在ほどにはグローバルな会社になっていなかったかもしれない。**松下電器産業**がパナソニックに社名変更したのは，世界戦略の展開においてシナジー効果を高めるにはこの呼称が不可欠だと判断したからであろう。

④ **アウトカム**

企業の行う製造活動やサービスの結果は，利益や収益によって測定できる。しかし，インタンジブルズでは，売上収益を含むデータの計量化が可能な成果だけでなく，新製品の開発，ノウハウや知識の習得，優秀な技術者の確保，自社商品の知名度の高まりといった定性的な達成度などの包括的な評価軸が必要となるものが多い。そのため，インタンジブルズの測定には，収益やアウトプットだけではなく，アウトカムによる測定の必要性が高まる。

アウトカム（outcome；成果）は，組織体が生み出す成果である。目標に対する達成度ともいえる。企業の主要目的が財務業績の向上におかれているのであれば，当期純利益，経常利益，投資利益率（ROI），EVAなどがアウトカムになる。企業の目的が利益だけでなく顧客の獲得や顧客満足にあるのであれば，市場占有率，顧客満足度，新規顧客の獲得数がアウトカムになる。従業員に関わるものとしては，従業員満足度，離職率，従業員の生産性が知られている。

アウトカムは最近，官公庁や病院などでも重視されるようになった。例えば独立行政法人の情報処理推進機構（略称，IPA）では，2000年前後から業績評価のために，アウトカム指標を用いている。IPAでは情報処理試験を毎年実施しているのであるが，情報処理試験の受験者数，合格者数をアウトカム指標として公表している。

国の公的機関では，道路渋滞による損失時間，交通事故発生率，騒音の環境基準，住宅に対する満足度などで測定され，単純な数値によるアウトプット指標とは区別される。

インタンジブルズから最大の企業価値を生み出すには，経済価値だけでなく顧客価値，社会価値，組織価値が測定できるシステムを構築する必要がある。

5 レピュテーションに関連するインタンジブルズ

コーポレート・レピュテーションを直訳すれば，会社の評判となる。現代のコーポレート・レピュテーションの定義には，3つの要素が含まれる必要がある。第1に，評判を形成するのはステークホルダーである。第2に，経営者および従業員による行為がコーポレート・レピュテーションを高め（低下させ）る。第3に，過去の行為だけでなく，現在と将来の予測情報もコーポレート・レピュテーションに影響を及ぼす。表20-2はブランドとの対比においてコーポレート・レピュテーションの特徴を明らかにしている。コーポレート・レピュテーションとは，「経営者および従業員による過去の行為の結果，および現在と将来の予測情報をもとに，企業を取り巻くさまざまなステークホルダーから導かれる持続可能な（sustainable）競争優位」と定義づけることができる。

1 コーポレート・レピュテーションと企業価値の向上

コーポレート・レピュテーションは企業に持続可能[23]な競争優位をもたらす。競争優位をもたらすためには，コーポレート・レピュテーションは企業価値を高めるインタンジブルズとして認識し測定することが必要である。

コーポレート・レピュテーションは，企業の内的な問題——組織構造，組織文化，ビジョン・戦略，リーダーシップ，ＣＩ（Corporate Identity），職場環境——を背景にして，経営者と従業員が，株主，顧客，債権者，一般生活者，メディア，サプライヤーなどの目に映った社会的事実の反映である。コーポレート・レピュテーションを高めることによって経済価値，顧客価値，社会価値，組織価値が高まり，企業価値を増大させる。

図20-6は，経済，顧客，社会，組織要因が，レピュテーション要因によってどのような仕組みによって企業価値の創造を図るかを明らかにしている。

コーポレート・レピュテーションを高めるには，図20-6の最下部，組織要因で示されているような従業員が満足できる職場を提供することが必要である。具体的には，公平な報酬，充実した福利厚生，公平な昇進の機会提供が求められる。加えて，リーダーシップが企業価値を高める。それには，すぐれた組織，

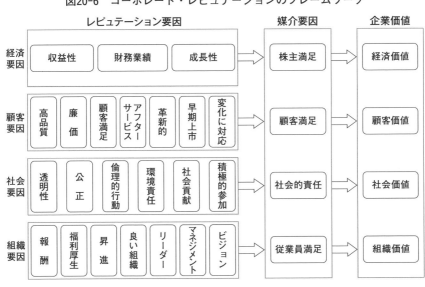

図20-6 コーポレート・レピュテーションのフレームワーク

出典：著者作成。

魅力的なリーダー，卓越したマネジメント，将来への明確なビジョンが必要である。これらはいずれも**組織価値**を高める。

企業には社会的責任が求められる。それには，オープンで高い透明性，倫理的な行動，公正な事業方法を通じてコーポレート・ガバナンスを高めることが必要である。加えて，環境責任，社会貢献活動の支援，社会への積極的な影響を発揮することが求められる。これらはいずれも**社会価値**を高める。

顧客を満足させる製品／サービスを提供することも必要である。高品質であることはいうに及ばず，価格に見合った価値ある製品を提供し，アフターサービスに努め，顧客ニーズを満足させることが重要である。さらに，革新的な製品／サービス，早期の上市，変化への適切な対応が求められる。これらはいずれも**顧客価値**を高め，社会価値や経済価値を高める。

企業の最終目標は財務業績を高めることにある。高い収益性，好業績，および高い成長の見込みはいずれも**経済価値**を高める。

2　CSRはレピュテーション・マネジメントに役立つ

　CSR（corporate social responsibility）は，ステークホルダーの立場から，**経済価値**だけでなく**社会価値**と**環境価値**をも高めることで，企業価値を増大させようとする活動である。CSRの目標は，**トリプルボトムライン**の達成にある。CSRでは，企業の行う経済活動に社会的な公正，コンプライアンス，地球環境の保護など環境対策を行わせるとともに，社会的貢献度の高い事業とサービスを地域社会に提供し，社会への貢献を果たすことが期待されている。

　CSRとコーポレート・レピュテーションとには，類似点だけでなく相違点もある。CSRと区別されるコーポレート・レピュテーションに特有の具体的な特徴としては，次の3点［櫻井, 2004, pp.13-23］をあげることができる。

　第1に，CSRが企業の経営者がとるべき社会的責任を取り扱うのに対して，コーポレート・レピュテーションは経営者の行う行為を評価するステークホルダーの視点に深く関係する。

　第2に，トリプルボトムラインのなかでは，CSRでは環境価値と社会価値が強調されるものの，経済価値の比重は相対的に低い。対して，コーポレート・レピュテーションでは，経済価値が相対的に重視される。

　第3に，欧米では，CSRをもってコーポレート・レピュテーションの一構成要素だとする見解が支配的である。CSRを専門にする論者からは異論があるであろうことは了解しているが，著者はCSRを逆に，レピュテーション・マネジメントのために不可欠な方策の1つとして位置づけたい。

3　レピュテーション・マネジメントの具体的な方策

　レピュテーション・マネジメントには，CSR[24]が有効である。CSRの他，次のような4つの領域——レピュテーションリスク・マネジメント，レピュテーション指標，レピュテーション監査，内部統制——の研究成果の活用もまたレピュテーションを高めるうえで有効である。

(1)　レピュテーションリスク・マネジメント

　評判を落としたことによる企業価値の毀損や倒産を避けるためには，**レピュ**

テーションリスクを明らかにして適切な管理を行うのが有効である。その領域としては、①コーポレート・ガバナンス、②コンプライアンス、③環境問題、④労働問題、⑤製品の安全性などが考えられる。

内部統制の制度化のきっかけになった、アメリカではエンロン社の破綻、日本では西武鉄道による有価証券報告書の"誤記載"などは、究極的には**コーポレート・ガバナンス**の問題から生じた事件である。最近では、大学でのガバナンス（ユニバーシティ・レピュテーション）が問題になってきている。日大のアメフト部問題、東京医科大学の裏口入学などの根本的原因は、すべてガバナンスの欠如によるものであり、ユニバーシティ・レピュテーションの低下は財務業績の低下を招いている[25]。一方、大蔵省解体の引き金になった大和銀行のニューヨーク支店の巨額損失や住友商事による従業員の銅の不正取引と巨額損失、顧客情報の漏洩、セクハラやパワハラは、**コンプライアンス**上の不祥事である。カネボウの解体は直接的には会計上の粉飾という形でコンプライアンス上の問題として起こったが、その根底には、コーポレート・ガバナンスの欠如にあるというのが大方の見方である。

環境問題は、古くは水俣病、イタイイタイ病などの公害問題、新しくは地球温暖化、オゾン層の破壊、酸性雨などの環境問題、産業廃棄物の不法投棄や土地汚染隠ぺい事件など、コンプライアンスと結びついた事件として発生している。**労働問題**では、下請企業による未成年者の"搾取工場"（海外工場における未成年者の労働力の搾取）によって、欧米ではナイキのコーポレート・レピュテーションが大幅に毀損された。日本の事例では、日亜化学の青色発光ダイオードの発見者でありノーベル賞の授賞者でもある中村修二氏が退職金を含む労働対価を不満として会社を提訴した事件がある。この事件によって、会社の知財戦略の重要性が再認識されたとともに、多くの日本企業に職務発見報酬制度の見直しのきっかけを与えることになった。

製品の安全性に関する問題は、2000年に明らかになった三菱自動車のリコール隠し事件、雪印乳業の不誠実な経営行動などがある。それに続く石屋製菓、ミートホープ、赤福、船場吉兆などの食品偽装表示の問題が多くの企業のレピュテーションを低下させ、財務業績を悪化させて企業価値を大幅に毀損させた。最近頻発している日本を代表する自動車会社の相次ぐ品質不正に係わる問題は

これがかつては世界で最高水準にあると謳われた日本であるかと思われるほど，目を覆いたくなる問題の1つに浮かび上がってきている。

レピュテーションリスクへの対応を誤ることがいかに企業価値を毀損させるかは，拙著［櫻井，2005, pp.175-224；櫻井，2008, pp.112-115］で論証した。

(2) レピュテーション指標

レピュテーション指標は，$Fortune$誌の"最も尊敬される企業"や$The\ Wall\ Street\ Journal$紙のRQ^{SM}調査，および現時点でグローバルスタンダードになっているRepTrak®といったレピュテーション指標を使って，企業のどこに問題があるかを可視化することで，自社の問題点を発見・解決する。

RepTrak®［van Riel and Fombrun, 2007, pp.253-257］では，情緒的アピールを高める要因として，好感度（feeling），賛美（admire），尊敬（esteem），信頼（trust）の次の4つをあげている。これがコーポレート・レピュテーション向上のための核となり，具体的な評価に当たって共通するレピュテーションの基礎となる。レピュテーションの評価では，7つの評価項目と23の属性を使用する。表20-3は，著者がvan Riel and Fombrun［2007, pp.255］の図表をもとに，表形式で作表し直したものである。

表20-3　「RepTrak®」の7つの評価項目と23の属性

評価項目	属性
製品／サービス	高品質，価格に見合った価値（value for money），アフターサービス，顧客ニーズの満足
革新性	革新的，早期の上市，変化への即応
財務業績	高い収益性，好業績，成長の見込み
リーダーシップ	すぐれた組織，魅力的なリーダー，卓越したマネジメント，将来への明確なビジョン
ガバナンス	オープンで高い透明性，倫理的な行動，公正な事業方法
市民性	環境責任，社会貢献活動の支援，社会への積極的な影響
職場	公平な従業員への報酬，従業員の福利厚生，公平な機会提供

「RepTrak®」の特徴を明らかにするために，経済価値，顧客価値，社会価値，組織価値の観点から再整理してみた。「ＲＱ」では情緒的アピールと呼ばれていた4つの要因（好感度，賛美，尊敬，信頼）は，評価事項の核として位置づけた。図20-7を参照されたい。

図20-7　企業価値から見たRepTrak®の特質

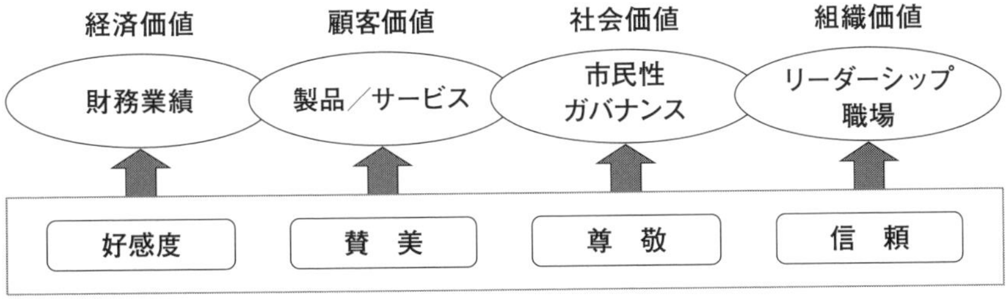

経済価値	顧客価値	社会価値	組織価値
財務業績	製品／サービス	市民性ガバナンス	リーダーシップ職場
↑	↑	↑	↑
好感度	賛美	尊敬	信頼

出典：著者作成。

(3) レピュテーション監査

レピュテーション監査を行って，株主，金融機関，顧客，従業員など，主要なステークホルダーが企業についてどのような印象をもっているかを調査することも，レピュテーション・マネジメントに役立つ。

レピュテーション監査（reputation audit）とは，企業のレピュテーションを識別，評価，活用する上で経営者を支援する組織的なプロセス［Fombrun, 1996, pp.11-12］のことをいう。レピュテーション監査は企業のレピュテーション・マネジメントを対象とした経営戦略と経営活動の監査であり，企業がレピュテーション情報を外部に提供するうえで，その信頼性を担保するための監査［櫻井, 2011, pp.395-410］である。

(4) 内部統制

内部統制を導入することで，会計監査，業務監査だけでなく，コーポレート・ガバナンスやコンプライアンスを強化し，コーポレート・レピュテーションを高めうる。アメリカのSOX法の日本版ともいえる「財務報告に係る内部統制の評価及び監査の基準」の原典となったCOSOでは，内部統制の目的は，①業

務の有効性と効率性，②財務報告への信頼性，③関連する法規への順守からなる。わが国の内部統制基準は，これに④資産の保全が加えられた。

従来の**日本の内部統制の概念**と大きく違ったのは，少なくとも2つある。1つは，③に関連する法令への順守，ないしコンプライアンスが明示的に内部統制に加えられたことである。いま1つは，会社法と金融商品取引法によって内部統制の実施が2008年度から企業に義務づけられたことである。

内部統制の実施は，コンプライアンスの徹底によってレピュテーションリスクを回避できるのに加え，経営の効率性と有効性を高めることによって経営力を高めうるという意味で，レピュテーション・マネジメントの実施にとって大きな意味をもっている。

注

1）スチュアートは，借方の知的資産の構成要素を貸方の人的資本，構造資本，顧客資本によって説明している。

2）MERITUMプロジェクトは，EU加盟国のデンマーク，フィンランド，フランス，ノルウェー，スペイン（コーディネーター），スウェーデンという6つの国の大学・研究機関の共同研究プロジェクトであり，その研究成果が本報告書である。

3）報告書では，知的資本が人的・組織・関係資源からなるといい，Box 1では，知的資本，構造資本，関係資本の説明をしている。ここで，著者を含め，読者は2つのことに混乱する。1つは，知的資本の説明では**資源**（resources）の語が使われているが，その後の説明（Box 1）では**資本**の語がつかわれていることである。いま1つは，本文では**組織資本**の専門用語が使われているが，その直後に記載されているBox1では，**構造資本**と表現されていることである。以下の本文では，すべての専門用語は原典を尊重した。

4）この委員会の委員の1人であった著者の「インタンジブルズをもって知的資産と解すると，ブランドやコーポレート・レピュテーションのようなインタンジブルズの重要な要素を正当に評価できないから，インタンジブルズでは知的資産と広義のレピュテーション資産を含めるべきではないか」とする意見は，委員会において退けられた。

5）原書のタイトルは，*Intangibles—Management, Measurement, and Reporting—* である。訳書では『ブランドの経営と会計—インタンジブルズ—』と変更されている。本書ではブランドの経営と会計を主題としているわけではない。そこで，

本書では，原書のタイトルを尊重して表現した。
6）"ある程度まで"は，reasonableの訳である。合理的と思われる程度まで，という意味である。
7）個別ブランドは，ステークホルダーのなかでも顧客に焦点が絞られる。他方，コーポレート・レピュテーションはマルチ・ステークホルダーによって創造される。このように見るならば，ステークホルダー関係は，コーポレート・レピュテーションを意味するとみてよかろう。
8）経営学者とコミュニケーション専門家であるフォンブランとファン・リールは無形資産（intangible assets）と表現しているが，資産性について厳密に考えようとする会計学の立場からすれば，無形資産というよりはインタンジブルズと表現すべきであろう。
9）論者によって異なるが，バリュー・ドライバー（value driver）は一般に，収益性，効率，成長性など事業の企業価値に大きな影響を及ぼしうる指標のことをいう。バリュー・ドライバーには，財務指標だけでなく顧客満足などのマーケティング指標もある。
10）サリファン［Sullivan, 2000, pp.17-18］は，ブランドを知的資本から抽出される価値であると位置づけている。この見解は，わが国でも多くの論者によって支持されている。
11）ここでソフトウェアは，コンピュータ・ソフトウェアを意味する。ソフトウェアは無形ではなく有形であるとする議論もある。また，資産性が認められるソフトウェアは無形固定資産に計上する。この種の議論については，櫻井［1992, pp.22-23 ; 1993, pp.5-23］を参照されたい。
12）管理会計に関連した研究者からの研究には，安達和夫，西澤脩，西村優子教授による研究が，実務家によるものとしては，原崎勇次，福井忠興，浦川卓也氏等による研究がとくに注目される。
13）日本では，委託・受託に基づくカスタムソフトの開発が，一般的である。これは欧米ではあまりみられない企業実践である。このことが，日本独自のソフトウェア原価計算を生み出した最大の要因である。ただ，カスタムソフトを制作することは日本の競争力を大きく強めることにはならないし，ソフトウェア原価計算はレガシー・システムのマネジメントに対してより効果的であるということを付言しておこう。
14）管理会計における管理対象には，貸借対照表の貸方側（資本）ではなく，その運用形態を表示する借方側（資産）からの見方が有効である。それゆえ，本研究では，知的資本に代えて知的資産の表現を用いることにしたのである。なお，サリファン［Sullivan, 2000, pp.17-18］は，知的資本の成文化された知識（codified

knowledge）が知的資産であるとしている。
15）管理会計にも関係する著書では，渡邊俊輔編［2002］，岡田依里［2003］，高橋琢磨［2005］は，数少ない総合的研究の成果である。
16）ブランド，コーポレート・ブランドとコーポレート・レピュテーションとの異同については，著書『コーポレート・レピュテーションー「会社の評判」をマネジメントするー』（中央経済社，2005年，pp.21-28）を参照されたい。以上の研究から，著者はコーポレート・レピュテーションにはブランドとは違って，遺産相続的な性格を有しないということに気づいたのである。評判は，ブランドとは違って，比較的早期に薄れていく。他方，確立したブランドは一朝一夕には消え去らない。商品ではグッチのカバン，大学では東京大学，鉄鋼生産では新日鉄住金は，古い歴史をもち，遺産相続に似た好感度（ブランド）をもっているといえる。
17）会計学では，バランスシート（balance sheet；貸借対照表）に計上される項目のことをオンバランスと表現している。逆に，貸借対照表に計上されていない項目のことは，オフバランスと称される。
18）会社だけでなく，最近では大学のレピュテーションが及ぼす財務的な影響の研究も必要になってきた。2018年に起きた日大アメフト部の相手チームへの暴力行為は，日大のレピュテーションに多大な財務的な影響を及ぼした。日大の第三者委員会では，①事件の根本的な原因（ガバナンスの欠如），②ユニバーシティ・レピュテーションが日大の財務業績に及ぼすインパクトとその金額の推定，③対策についても検討した。

　欧米では，会社の評判（レピュテーション）だけでなく，大学の評判（university reputation；ユニバーシティ・レピュテーション）の研究業績が数多く行われてきている。関心のある読者には，次の論文を推奨する。

　Chen, Chao and Moses Olabhele Esangbedo, Evaluating University Reputation based on Integral Linear Programming with Grey Possibility, *Mathematical Problems in Engineering*, 2018.

　Rindova, V. Williamson, 1., and A. Petkove, When is Reputation an Assets? Reflections on Theory and Methods in two Studies of Business Schools, *Journal of Management*, Vol.36 No.3, 2010

　なお，著者は10年以上も日大の商学部で非常勤講師を拝命していたことから委員をお断りし，参考人として意見を述べるにとどめた。
19）このことは，キャプランとノートンが，著書*Strategy-Focused Organization* ［Kaplan and Norton, 2001］や著書*Alignment*［Kaplan and Norton, 2006］においてインタンジブルズに言及していないということを意味しない。前者は戦略との関係で，後者はシナジー効果との関係で数多くの貴重な提言をしている。著書

*Alignment*では，コーポレート・ガバナンスと関連させて取締役会や投資家のアライメントにまで議論が展開されていることが注目されるところである。

20) 武田が2018年に，アイルランドのシャイアーを460ポンド（約6.8兆円）で買収する株主総会の決議に至った件については，本書第26章で簡潔にコメントする。

21) ある生産要素の投入量を追加的に増加していくとき，追加的に得られる産出量が増加するという法則。伝統的な経済学では収穫逓減の法則が妥当した。IT・サービスの非物質性とネットワーク効果により，ソフトウェアなどのIT産業では収穫逓増の原則が妥当する。なお，一口にITといっても，日本のソフトハウスが制作するカスタムソフトでは，収穫逓増の法則はあまりみられない。

22) Anergyはsynergyの逆で，創造されるべき価値が部分の合計以下に引き下げられることをいう。

23) 持続可能性（sustainability）の表現を最初に使ったのは，アメリカ大統領のTheodore Roosevelt（1910年8月21日）であった。持続可能性は現在各種の団体がこれを定義づけているが，その立場によって捉え方は大幅に異なる。著者は，「現在のニーズを満たすために，将来の世代の能力を損なうことなく現在のニーズを満たす発展の形態」とする見解が，本書の立場に合致すると考えている [Brady, 2005, pp.7-9]。

24) CSRは企業の社会的責任（social responsibility）と概念的に類似しているように思える。しかし，岡本［2018, pp.12-14］は，「社会的責任とCSRは違う！」と述べている。そして，両者の関係は，次の図のように描かれている。

狭義の社会的責任と広義のCSR（広義の社会的責任）

ステークホルダー	狭義の社会的責任	広義のCSR
従業員	雇用の維持	生活向上
株主・取引先	（安定的配当・取引）	ガバナンス情報の開示
地域社会	公害問題対処・納税	地域貢献
消費者・社会一般	（良いものを安く供給）	生活改善・社会貢献・文化支援
地球環境	該当せず	環境保護・サスティナビリティ

（注）岡本［2018, p.13］をもとに作成。（ ）は言わば，経済的責任。なお，広義のCSRはすべて"狭義の社会的責任を含む。

25) 注18で述べたとおり，日大アメフト部の第三者委員会の最終報告書では，問題の根本的原因はガバナンスの欠如にあるとする報告書を第三者委員会の委員長宛てに提出し，委員全員で拙稿をもとに議論した。

また，金融庁から依頼を受けて就任した東京医科大学では，監事（非常勤；2

年）と経営企画部長（非常勤；2年）の苦しい経験から，わずか4年で辞任している。辞任の理由は，当大学のガバナンスの欠如が著しく，自らの努力だけでは解決ができない問題が多すぎると考えたからに他ならない。守秘義務があるため詳細を述べることはできないが，金融庁から依頼された管理会計上の制度改革は在任期間中にほぼ達成することができた。それでも達成ができなかった課題も残されたが，東京医科大学の百周年記念（2016年11月19日）の折に著者の後任者がソッと駆け寄ってきて，「先生，先生が意図していた管理会計上の改革はすべて実現させましたよ」と伝えてくれた。ただし，裏口入学の実態については，その実態を把握してはいたものの，その改革の権限と責任は与えられていなかった。当時の状況については，臼井理事長（当時は学長）の前任者である伊藤理事長はこれらの事情のすべてを理解してくれていると思っていたため，伊藤理事長にのみ手紙を渡すとともに退任の理由を明確に説明し，他の理事や監事はもちろんのこと，理事会でも一切の説明をせずに（口を閉ざしたまま）退任した。今回の事件発覚を機に東京医科大学が素晴らしい大学に生まれ変わることを心より願う。

参考文献

Blair, Margaret M. and Steven M. H. Wallman, *Unseen Wealth, Report of the Brookings Task Force on Intangibles*, Brookings Institution Press, 2001.（広瀬義州ほか訳『ブランド価値評価入門—見えざる富の創造—』中央経済社, 2002年, p.2, pp.88-96）。

Brooking, Annie, *Intellectual Capital—Core Asset for the Third Millennium Enterprise—*, International Thomson Business Press, 1996.

Brady, A. and O. Kristjan, *The Sustainability Effect; Rethinking Corporate Reputation in the 21st Century*, Palgrave Macmilan, 2005。

Edvinsson, Leif and Michael S. Malone, *Intellectual Capital; Realizing Your Company's True Value by Finding Its Hidden Roots*, HarperBusiness, 1997.（高橋透訳『インテレクチュアル・キャピタル；知的資本，企業の知力を測るナレッジマネジメントの新財務指標』日本能率協会マネジメントセンター, 1999年）。

Fombrun, Charles J., *Reputation; Realizing Value from the Corporate Image*, Harvard Business School Press, 1996.

Fombrun, Charles, J.B.M. Cees and V. Riel, *Fame & Fortune, How Successful Companies Build Winning Reputations*, Prentice Hall, 2004, pp. 32-33.（電通レピュテーション・プロジェクトチーム訳『コーポレート・レピュテーション』東洋経済新報社, 2005年）。

Kaplan, Robert S. and David P. Norton, *The Strategy-Focused Organization—How*

Balanced Scorecard Companies Thrive in the New Business Environment—, Harvard Business School Press, 2001.（櫻井通晴監訳『戦略バランスト・スコアカード』東洋経済新報社, 2001年）.

Kaplan, Robert S. and David P. Norton, *Strategy Maps, Converting Intangible Assets into Tangible Outcomes*, Harvard Business School Press, 2004, pp.1-454.（櫻井通晴・伊藤和憲・長谷川惠一『戦略マップ；バランスト・スコアカードの新・戦略実行フレームワーク』ランダムハウス講談社, 2005年, pp.1-562。なお, 本書の復刻版が, 東洋経済新報社から2014年に出版されている。出版に当たっては, 全面的に見直して読みやすさを増している。）

Kaplan, Robert S. and David P. Norton, *Alignment-Using the Balanced Scorecard to Create Corporate Synergies*, Harvard Business School Press, 2006, pp.1-289.（櫻井通晴・伊藤和憲監訳『BSCによるシナジー効果―組織のアラインメントに向けて―』ランダムハウス講談社, 2007年, pp.1-368）

Lev, Baruch, *Intangibles, Management, Measurement, and Reporting*, Brookings Institution Press, 2001, pp.5-6, pp.18-19.（広瀬義州・桜井久勝監訳『ブランドの経営と会計；インタンジブルズ』東洋経済新報社, 2002年）.

MERITUM Project, *Guidelines for Managing and Reporting on Intangibles（Intellectual Capital Report）*, European Commission, 2002.

Mouritsen, Jan, Valuing Expressive Organizations: Intellectual Capital and the Visualization of Value Creation, in Schultz, M., M. J. Larsen and M. H. Larsen (Eds), *The Expressive Organization; Linking Identity, Reputation, and the Corporate Brand*, Oxford UK: University Press, 2000.

Riel, V., B. M. Cee and Charles J. Fombrun, *Essentials of Corporate Communication—Implementing Practices for Effective Reputation Management—*, Routledge, 2007.

Stewart, Thomas A., *Intellectual Capital—the New Wealth of Organizations—*, Nicholas Brealey Publishing, 1997.

Stewart, Thomas A., *The Wealth of Knowledge—Intellectual Capital and the Twenty-first Century Organization—*, Currency Books, 2001.（大川修二訳『知的資産構築』ランダムハウス講談社, 2004年）.

Sullivan, Patrick H., *Value-Driven Intellectual Capital; how to convert intangible corporate assets into market value*, John Wiley & Sons, 2000.（森田松太郎監修『知的経営の真髄―知的資本を市場価値に転換させる手法―』東洋経済新報社, 2002年, pp.14-34, p.30）。サリファンは, 知的資産という表現が1990年代に彗星のごとく現れたとしている。

淺田孝幸「知識経営の特質と無形資産の意義」『會計』第173巻第4号，2008年。
伊藤和憲『ケーススタディ 戦略の管理会計―新たなマネジメント・システムの構築―』中央経済社, 2007年。
伊藤邦雄『コーポレート・ブランド経営；個性が生み出す競争優位』日本経済新聞社, 2000年。
伊藤邦雄・加賀谷哲之「企業価値と無形資産経営；イノベーションが生み出す企業価値」『一橋ビジネスレビュー』2001年, Win.
伊藤邦雄編著『無形資産の会計』中央経済社, 2006年。
岡田依里『知財戦略経営』日本経済新聞社, 2003年。
岡本大輔『社会的責任とCSRは違う！』千倉書房, 2018年。
経済産業省企業法制研究会「ブランド価値評価研究会報告書」『企業会計8月号付録』2002年6月24日。
経済産業省 (a)『産業構造審議会　新成長政策部会　経営・知的資産小委員会』中間報告書, 2005年。
経済産業省 (b)『知的資産経営の開示ガイドライン』産業構造審議会・新成長政策部会，中間報告書(案), 2005年。
櫻井通晴他著（情報サービス産業協会編）『ソフトウェア原価計算―原価管理・価格決定・資産評価のために―［増訂版］』白桃書房, 1992年。
櫻井通晴編著『ソフトウェア会計　ソフトウェア会計実務指針「案」の解説と実際例』中央経済社, 1993年。
櫻井通晴「CSRとコーポレート・レピュテーション」『産業経理』Vol.64, No.3, 2004年。(研究者による論文としては，これがわが国での最初のものであった)。
櫻井通晴『コーポレート・レピュテーション―「会社の評判」をマネジメントする―』中央経済社, 2005年。
櫻井通晴『ソフトウェア管理会計―ＩＴ戦略マネジメントの構築―［第2版］』白桃書房, 2006年。
櫻井通晴『レピュテーション・マネジメント―内部統制，管理会計，監査による評判の管理―』中央経済社, 2008年。
櫻井通晴『コーポレート・レピュテーションの測定と管理―「企業の評判管理」の理論とケース・スタディ―』同文舘出版, 2011年。
高橋琢磨『知的資産戦略と企業会計』弘文堂, 2005年。
渡邊俊輔編著『知的財産―戦略・評価・会計―』東洋経済新報社, 2002年。

参考5

コーポレート・レピュテーションの国際会議に参加して

　第16回「コーポレート・レピュテーション，ブランド，アイデンティティおよび競争力」会議は，イタリアのミラノで，2012年5月30日から6月1日まで実施された。参加者は約300人であった。著者は昨年を除き，第12回から毎回報告してきたが，今回は報告しなかったので，他の報告者の報告を真剣に聴くことができた。日本からの参加者は，著者一人であった。

　報告で注目されたのは，ソーシャルメディアのレピュテーション・リスク管理（3件），レピュテーションの測定，レピュテーション経済におけるステークホルダーの役割などであった。事例報告では，著者もレピュテーション監査に参加したテトラパック（Tetra Pak），医薬品のノボ・ノルディスク（Novo Nordisk），バリラ（Barilla），RepTrak®活用の事例を報告したユニ・クレディット（UniCredit），設立当初からCSRのDNAが備わっていたとするフェレロ（Ferrero），技術と品質を評判確保の柱としているユナイテッド・テクノロジーズ（United Technologies）が注目された。

　組織面では，「コーポレート・エクセレンス（Corporate Excellence）」推進のために，Center for Reputation Leadershipがスペインで設立された。レピュテーション，ブランド，コミュニケーション，公的事項，測定，教育と訓練を統合したコンサルタントの組織である。フォンブラン，ファン・リール，ハッチ，シュルツ，フリーマンなど錚々たる顔ぶれがこの組織を支援している。報告者のアロザ氏に次の3つの質問をした。第1に，学習対象が拡がった結果として，ビジネスマンには過大な負担をかけないか。第2に，なぜCSRを除外したのか。第3に，バランスト・スコアカードとの統合の事例はあるのか。

　第1の質問に対しては，レピュテーションを核にして他は補完的関係で，第2については，CSRはレピュテーションの部分集合だと考えている，との回答であった。第3に対しては，逆に，日本での事例の有無を質問されたため，著者が行った病院での事例を紹介した。この新組織は，コーポレート・レピュテーションの新しい核になることが予想される。

第6部　管理会計の展開

　管理会計で最も大切なことは，企業価値を増大するためにセグメント別の事業を測定し，経営を可視化することである。それを最もよく具現化するのが事業部制である。第21章では，組織の活性化によって企業業績の向上を図りうる事業部制による業績評価会計を考察する。この章ではまた，投資利益率と経常利益の長短，本社費の配賦方法，社内振替価格についても考察する。

　熾烈なグローバルな国際競争は，日本企業において事業の選択と集中の必要性を高めた。持ち株会社，会社分割，カンパニー制，アメーバ経営などのミニ・プロフィット・センターをどう活用すべきか。第22章では，IFRSとの関係でグループ経営管理のあり方についても詳細に検討している。

　グローバル化の進展は，株主だけでなく顧客や従業員をも大切にする伝統的な日本固有の価値観のみで業績評価を行うことは許されなくなってきた。第23章では，日本企業での望ましいEVAの活用法を提案する。補論1ではROEの問題点を，補論2では日本の低い労働分配率を考察する。

　第24章では，インタンジブルズの1つであるIT投資戦略とITのコスト・マネジメントを考察する。とりわけ，IT投資評価，ソフトとネットワーク・ビジネスの価格決定，クラウドの現状と課題，ソーシャルメディアの戦略的利用に焦点を当てて現代のIT戦略を考察する。

　AI（人工知能）の管理会計への適用は，まさに始まろうとしている。第25章では，初めに管理会計担当者にとっての周辺領域—会計，内部監査，会計士監査—におけるAIの現状と課題を述べたうえで，管理会計におけるAIの適用領域を3つの分野（原価データの不正検知，予実管理・標準原価差異分析，中期経営計画）に分けて，AIの管理会計担当者にとっての課題を考察する。

　第26章では，研究開発費の管理会計を考察する。研究開発組織のあり方，研究開発費の戦略，中期研究開発費計画，予算管理，研究開発費の効果測定，IFRSとの関係で研究開発費の会計がどのように変わるか，また企業はどのように対応すべきかを，具体的なケースをあげて議論する。

第21章

事業部制による業績管理会計

1 わが国の事業部制組織

　アメリカのデュポン社[1]で1921年に初めて事業部制が採用されて以来,事業部制組織は分権管理の手法として多くの企業が採用してきた。事業部制では,企業の営利活動のセグメントを製品別,地域別,顧客別などに分割し,下位の階層の経営管理者に責任と権限が委譲される。事業部制における管理会計の主要な課題は,事業部管理者の業績管理にある。業績管理には,責任会計制度が有効である。

1　分権化と事業部制

　企業規模の拡大,組織の複雑化,競争の激化にともなって,経営組織内では経営管理上の責任・権限の下部委譲が生じる。その際,責任・権限の委譲の仕方には,2つの方法がある。
　1つは,生産,販売,財務,人事などの職能区分に基づいて委譲する方法である。これを職能別組織という。**職能別組織**では,職能の各管理単位には原価責任や収益責任を負わされるが,利益責任までも問われることはない。
　いま1つの方法が,**事業部制組織**（divisionalized organization）である。事業部制組織では,事業活動が事業部と称する製品別,地域別,顧客別などの単位に分割され,それぞれの事業部には独立採算を前提にして,生産,販売,財務などの職能が総合的に担当させられる。事業部長は事業部の全般的な管理責任を負っているので,原価引下げの責任や収益増大の責任を個別的に負うのではなく,事業の総合的な利益責任が問われることになる。すなわち,事業部は利益センターないし利益責任単位になる。
　職能別分権制も事業部制も,責任・権限の委譲ということでは同じ視点に立

脚する。職能別分権制との本質的な相違は，事業部制では"利益責任まで委譲すること"［Solomons, 1965, pp.161-164］にある。利益責任まで下部に委譲することにより，経営の一層の活性化が図られる。事業部制組織を職能別組織との対比で示すならば，図21-1のようになる。

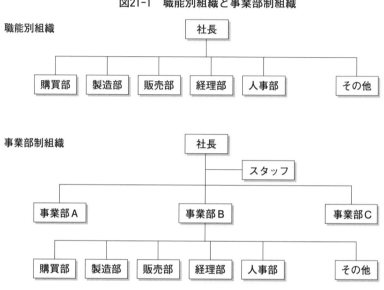

図21-1　職能別組織と事業部制組織

出典：著者作成。

　事業部制を最初に導入したのはデュポン社であるが，日本では1933年に**松下電器産業**（現・パナソニック）が独自の事業部制を導入し，今日まで多大な成果をあげてきた。経営多角化の動きが激しい企業間競争のなかで，一般にわが国での事業部制は1960年代以降に急速に各企業に普及し，現在では上場企業の半数以上の企業が事業部制を採用するに至っている。

　日本の事業部制の形態としては，製品別事業部制が最も多い。次いで，製品別・市場別などの混合形態，地域別事業部制，市場別事業部制がそれに続いている。各種の調査によれば，地域別事業部制は相対的に企業規模の小さい企業において採用する企業が多い。

事業部制が多くの企業によって採用されているのは，事業のセグメント別測定によって**経営が可視化**（見える化）できるからである。

2　職能別事業部制

日本では，**職能別事業部制**というユニークな組織が編みだされている。それは，市場に合せたB事業部と技術や製品に合せたA事業部という2種類の事業部をもち，市場への対応と技術への対応を調整しようとする組織である。この組織の本質的な特徴は，事業部間の情報の還流を活発化することで，戦略的な自主性と独自性を生みだすことにある。

日立製作所は，工場利益責任制という独自の組織を有していた。工場は商品開発と製造の利益責任をもち，それとは別にマーケティングに特化した事業部を持っていた[2]。**東芝**も同じである。**キヤノン**のように，製造会社とは別に，販売組織（キヤノンマーケティングジャパン）を持つ企業もある。

福井県の総合繊維メーカー，**セーレン**も工場は利益センターにしている。その理由として上總ほか［2008, p.50］は，①利益意識の醸成，②数量だけでなく金額による管理が可能，③利益という物差しは現場にもわかりやすい，④利益意識があってこそ経費削減意識が芽生えることをあげている。

日本でなぜこの種の職能別事業部制が存在するかについて，加護野［1993, pp.44-51］は，戦略的イニシアティブが得られるからだという。すなわち，事業部間の情報の還流を活発化させ，新しい製品のアイディアやコンセプトが至る所で創られる可能性が大きいからだとしている。この種の組織がもたれるのは，人間は"原価を削減せよ"というよりは"利益を増大させよう"というほうがより強く動機づけられるからである。

人間のこの一般的な特性を生かした経営を実践するためには，部門別の月次損益計算書を毎月作成して一定の階層以上の管理者に提示し，やる気を引き出す必要がある。損益計算書の作成にあたっては，次の事項に留意すべきである。

(1)　迅速な是正措置がとれるように，できるだけ迅速に報告書を発表する。
(2)　改善や投資活動の成果が見えやすいような損益計算書を作成する。
(3)　問題点の発見と是正措置の迅速な実施のために，必要に応じて委員会で損益計算書の内容を検討する。

職能別事業部制にも，次の欠点がないとはいえない。第1に，各事業部が互いに競争に晒される場合には，事業部長，部門管理者には過度な緊張が強いられる。第2に，過剰な市場志向性と，それがもたらす同質的な競争の激化が懸念される。第3に，内部問題に忙殺される可能性がある。

職能別事業部制は日本企業に固有であるかのように信じられてきたが，1965年に出版されたソロモンズの著書［Solomons, 1965, pp.161-166］において職能別事業部を**擬似プロフィット・センター**（fictitious profit center）としてもつことの是非が論じられている[3]。しかし，アメリカにおける事業部制会計に絶大な影響力をもっていたソロモンズは，販売事業部が製造事業部から市価よりも高い価格を支払って購入することの可能性などから「擬似利益責任システムでは何も達成できない。何ら利益を生まないからである」という理由をあげて，職能別事業部制にネガティブな態度を取っている。

キリンビールの京都工場で職能別事業部（擬似プロフィット・センターともいわれる）を採用した理由は，原価低減活動を数年間実施したところ従業員に継続的改善（TQC）活動に対する嫌気がさしたためである。職能別事業部制を採用することで，キリンビールの従業員は自らの貢献度を知ることができたことから，生産効率を大幅に改善することができるようになったという。

日本の管理会計研究では，次章で詳しく見るように，**京セラのアメーバ経営，住友電工のラインカンパニー制，セーレンのライン採算制組織**など，擬似プロフィット・センターに関するすぐれた研究成果が見られる。物流センターや中央研究所のプロフィット・センター化も多くの企業が行っている。これらの課題もまた，次の第22章における組織再編と分権化との関連で考察する。

3 事業部制の長所と短所

事業部制では，企業の基本方針の決定，巨額な資本投資の決定，トップの人事などの決定権限は一般に本社に残される。しかし，販売価格，売上数量，生産方法，採用人事などは事業部長に委ねられる。委譲の程度によっても異なるが，事業部制には数多くの長所がある。事業部制の長所を一言で表現すれば，事業部長に責任と権限を与えることで，経営者としての自覚をもたせて経営を活性化することにある。事業部制には具体的に，次の長所がある。

(1) 事業部長および事業部管理者は事業部に関する情報に精通することができるので，適切かつ迅速な意思決定を行うことができる。
(2) 利益責任を明確化することによって，事業部長に社長と同じような意識を与え，やる気を起こさせる。
(3) 意思決定責任を分散することによって，本社のトップ・マネジメントは，戦略的な意思決定に十分な時間を割くことができる。
(4) 事業部長が事業部の全般的な利益責任を負わされることになるので，将来，トップ・マネジメントになるための総合的な訓練の場が与えられる。
(5) 管理者の業績が明確になる。ただし，事業部の業績評価を効果的に運用するためには，**責任会計制度**の導入が効果的である。

事業部制には以上のような長所がある半面，運用を間違えれば，次のような欠点が現われることを留意すべきである。対策とともに検討してほしい。
(1) 業務の重複に適切な処置がなされないと，管理費用が余分にかかる。
　　対策；本部スタッフによる調整が必要。
(2) 事業部間の協調を欠くときは，ムダが生じ，分権化がうまくいかない。
　　対策；セクショナリズムによる部分最適化の排除。
(3) 責任会計制度が適切でないと，資源配分や業績評価が難しくなる。
　　対策；責任会計制度と業績評価制度の再検討が必要。

歴史的に，日本では経営多角化の程度が低かったため，アメリカと比較して事業部制の採用が少なかった。アメリカではM&Aで買収された企業は事業部として管理されたのに対して，日本の下請制度の存在は協力工場として存続させるほうが望ましかったからである。しかし，最近では日本でもM&Aが増加していることもあって，事業部制を採用する企業が増加傾向にある。

最近では，一方では**経営可視化**によるセグメンテーションのための事業部制の推進と，他方では**経営効率化**のために事業部を統合[4]する動きとがある。

2　事業部の業績評価

事業部の業績は，経営活動が企業価値創造に貢献できるように管理されるべきである。わが国における事業部の業績評価は，一般に，売上高，成長率，利

益額，投資利益率，残余利益，EVA，売上高利益率などの計数的指標を重視しながらも，それに組織文化，人材育成の成果，新製品開発力，技術力，管理能力，社会への貢献度など非計数的な要因を加味して行われてきた。

1 事業部制における責任会計

事業部制は高度に分権化された形態であり，事業部に大幅な権限を委譲することによって硬直しがちな大企業の欠点を排除しようとした組織である。権限の委譲は，責任の委譲をともなう。責任会計は部門責任者の責任・権限と結びついた会計システムとしてもたれる。それゆえ，責任会計では，典型的には経済価値（典型的には，投資利益率）を中心に考察されることになる。

2 投資利益率の有効性とデュポン・チャートシステム

アメリカ企業はこれまで，典型的には，**投資利益率**（＝利益／投資額×100）をもとに事業部業績の評価を行う企業が多かった。**投資センター**に立脚する投資利益率がすぐれた業績評価尺度であるとされるのは，それによって投資効率の良否が判断できるからにほかならない。このことは，次の簡単な設例によって理解できるであろう。

〔設　例〕

　X社では当期，ELディスプレイ事業部で200億円の利益をあげたが，LSI事業部での利益は400億円であった。利益の絶対額でみる場合には，IC事業部のほうがすぐれている。しかし，各事業部への投資額をみると，プラズマテレビ事業部では2,000億円，IC事業部では8,000億円であった。いずれの事業部の投資効率がすぐれているか。

〔解　答〕

プラズマテレビ事業部投資利益率　　　　IC事業部投資利益率

$$ROI = \frac{200}{2,000} \times 100 = 10\% \qquad ROI = \frac{400}{8,000} \times 100 = 5\%$$

企業は投資利益率を，投資効率を判定するためだけに活用しているわけでは

ない。投資利益率は，売上高利益率と資本回転率という2つの要素に区分できる。**売上高利益率**は売上高に対していくらの利益をあげたかという収益性の判定指標である。**資本回転率**は投下資本をいかに効率的に運用して売り上げをあげたかという投下資本の効率を見ることができる。

典型的なアメリカ企業は投資利益率を売上高利益率と資本回転率に区分して，具体的な資産項目との関係で管理を行ってきた。デュポン・チャートシステムとして知られている図21-2は，ソロモンズ［Solomons, 1965, p.153］を参考にして，売上収益性（売上高利益率）と資本の投資効率（資本回転率）に焦点をおいて表現した簡略版である。

図21-2 投資利益率の分解―デュポン・チャートシステム

```
                        ┌─ 売上高 ─┬─ 製造原価
          ┌─ 売上高利益率 ─┤ 利益    │        +
          │              │ ÷       ├─ 販促費
          │              └─ 費用 ──┤        +
投資利益率 ─┤                        ├─ 物流費
 （ROI）  │                        │        +
          │                        └─ 管理費
          │              ┌─ 売上高           ┌─ 現　金
          └─ 資本回転率 ─┤ ÷       ┌─ 運転資本┤   +
                        └─ 総資本 ─┤        ├─ 受取勘定
                                   │        │   +
                                   │        └─ 棚卸資産
                                   │   +
                                   └─ 固定資本
```

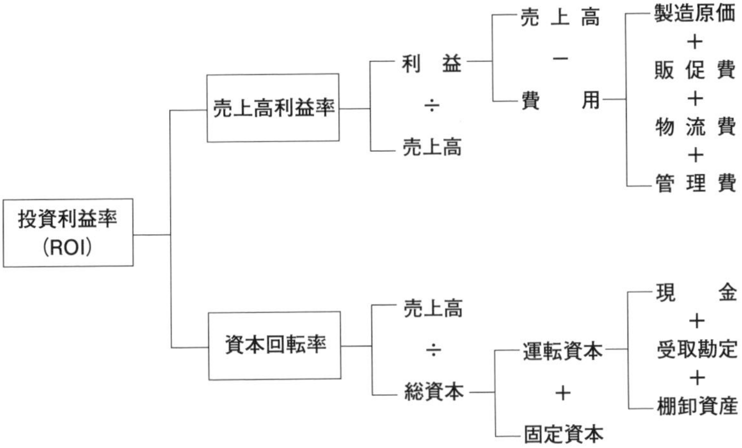

出典：Solomons［1965, p.153］を参考にして著者作成。

投資利益率には，数々の利点がある。しかし，投資利益率を強調しすぎると，事業部長は当面はコストがかかっても将来の見込みのある大型投資案件から手を引く危険性がある。なぜなら，分子の利益を増大することは簡単ではなくても，分母の投資額を減らすことは事業部長の権限の範囲内であるからである。

先の設例で，利益の絶対額ではIC事業部がすぐれているが，投資効率ではプラズマテレビ事業部のほうがすぐれている。では，事業部の利益業績はプラ

ズマテレビ事業部のほうが絶対にすぐれているかというと，必ずしもそうとはいえない。投資利益率には大きな落とし穴があるからである。仮説例で説明しよう。

3 投資利益率の落し穴（その1）—短期志向の経営

投資利益率は，経営上の目標である原価引下げ，利益増大，および投資効率の向上を総合的に表現できる上ですぐれている。しかし，事業部が投資利益率で評価されるようになると，事業部長は短期的な利益にのみとらわれるようになり，将来性のある投資に消極的になるという欠点がある。

【設　例】
100億円の投資額で20億円の利益を得ている事業部で，新たに100億円の投資機会があった。新プロジェクトから将来大きな利益が見込まれるものの，最初の3年間は10億円の追加利益しか見込まれない。この投資を行うべきか。

〔解　答〕
現状の投資利益率は20％（20/100×100）である。新規投資を行うと，投資利益率は下記のように，15％（30/200×100）に低下する。

　　現状　　　　　ROI ＝ 20/100×100 ＝ 20％
　　1－3年後　　　ROI ＝ 30/200×100 ＝ 15％

以上から，トップの意向が短期的な利益を志向していれば，投資利益率の結果から，新規投資を行わないのが事業部長の保身術からして妥当であろう。しかし，真に会社の将来を考えれば，新規投資を決断すべきであろう。

4 投資利益率の落し穴（その2）—事業部長の評価には不適

投資利益率の低下は配当率の低下につながり株主の利益を損ねるので，株主の力が大きく短期的な利益＝配当を要求する社会では，事業部長は将来を見越した投資を行えなかった。1980年代のアメリカで経済成長が遅れた理由の1つ

に，投資利益率を業績評価基準としたため，将来性のある新規の投資を積極的に行わなかったことがあげられる。

わが国の1960年代までの高度成長期には，企業は量的拡大を図ってきた。この時代には，資本コストとして金利しか考慮されない業績評価指標である経常利益がそれなりの合理性をもっていた。積極的な投資活動をすれば，インフレが企業にキャピタル・ゲイン（資本利得）をもたらしてくれた。しかし，資本構成が健全化し株主の発言力が大幅に高まった現在の日本企業では，従来の量的拡大を中心とする戦略に代えて，高い投資効率が求められてきている。資本コストに配当金や内部留保の資本コストも含める必要性も高まってきた。

以上の欠点を克服するためには日本企業はどう対処すべきか。1つの対策は，**事業部自体の業績評価**は投資利益率によって行うにしても，**事業部長の業績評価**は予算と実績との対比を基礎にすることである。事業部と事業部長の評価基準を区分することで，事業部長に積極的な投資活動ができる余地を与えることが可能になるからである。いま1つの対策は，経常利益，売上高利益率，残余利益など，企業にとって最適と思われる代替的な業績評価基準を見出して，投資利益率以外の評価基準を活用することである。

5 投資利益率の代替的な業績評価基準

アメリカの研究者が主張してきた事業部の業績評価基準は，残余利益である。経常利益からは配当と留保利益の資本コストが控除されていないという違いがあるが，**経常利益**は残余利益の類似概念だともいえる。

日本企業の事業部では，典型的には，アメリカの企業とは違って投資利益率ではなく，利子控除後である経常利益を用いて事業部の業績を評価してきた。日本企業はまた，売上高利益率を好んで用いてきたという特徴がある。そこで次に，残余利益との対比において，経常利益と売上高利益率の意義と課題を明らかにする。

(1) 経常利益

経常利益（ordinary income）は，企業の経常的損益を明らかにする業績評価の指標である。その主要目的は，経営者の責に負える損益を可視化すること

にある。税引前営業利益から営業外損益（営業外収益－営業外費用）を差し引いて算定する。式21-1を参照されたい。

経常利益＝税引前営業利益－営業外損益　　　　　　　　　　　　（21-1）

　経常利益で税引前営業利益が使われてきたのは，欧米諸国の経営者とは違って，税金についてコストとしての意識が低かったからである。営業外損益を税引前営業利益から差し引くのは，経営者に業績責任を負わせうる損益を算定することにある。営業外損益のなかには，主要な費目として金利が含まれている。営業利益から金利を差し引くのは，多くの企業が資金調達手段として**金融機関**からの融資に頼っていた時代には，銀行からの借入金利息を差し引くことが合理性を持っていたからである。日本の高度成長期には，企業はエクイティ・ファイナンスは容易ではなく，企業は金融機関からの借入金によることが多かったからである。このような経済環境の下で日本固有の主要な業績評価指標として使われてきたのが，経常利益である。

　戦後の日本企業にとって，バブル崩壊（1991年）に至る戦後の成長期には，銀行とともに業績評価の指標としての経常利益は日本経済を後押しする役割を果たしてきた。なぜなら，過小資本のなかで日本経済の発展を遂げるには，経常利益は比較的低い資本コストで積極的な投資活動を可能にできたからである。しかし，バブル崩壊以降，日本企業の資金調達方法は様変わりした。多くの日本企業は，金利負担の重圧から逃れるべく，借入金を返済して無借金経営を志向した。その結果，一時は17％前後まで低下した自己資本比率は，現在では40％を超えるまでに回復した。日本企業で長期間とられてきた**安定配当政策**（企業が株主に支払う配当を一定に保ち，安定した配当を続けること）も減少してきた。メインバンクの役割も低下した。このような状況から，日本企業の経営者に，借入金や配当金だけでなく，留保利益による機会原価を資本コストに含めるべきだとする見解が広まってきている。

(2) 売上高利益率

　わが国の企業では，事業部の業績評価に投資利益率ではなく売上高利益率を採用してきた企業が多い[5]。例えば，パナソニックは売上高利益率で事業部の

業績評価を行っていた企業として知られている。パナソニックでは設備投資の判定においても，予定売上高利益率が一定以上あることが条件とされていた時代もある。

売上高利益率（return on sales；売上利益率）は，利益の売上高に対する大きさを算定するための比率である。売上高利益率は，式21-2で算定されることからもわかるように，一定の売上高からどれほどの利幅が得られているかの分析，すなわち売上収益性が算定される。

$$売上高利益率 = \frac{利\quad 益}{売\quad 上\quad 高} \times 100 \qquad (21\text{-}2)$$

売上高利益率法の最大の欠点は，投資効率が無視されていることにある。表21-1で，売上高利益率だけをみたら，A事業部のほうがすぐれている。しかし，B事業部は売上高との関係で少ない資本で大きな利益を上げており，投資効率がよい。つまり，売上高利益率それ自体では投資効率の考慮が欠落している。

表21-1　売上高利益率，資本回転率，投資利益率

(単位：円)

事業部	A	B
売上高	40,000,000	400,000,000
総資産	20,000,000	20,000,000
純利益	4,000,000	8,000,000
売上高利益率	10％	2％
資本回転率	2回／年	20回／年
投資利益率	20％	40％

以上からすれば，総合的な収益性を表す投資利益率で経営判断すべきだということになる。それにもかかわらず，日本企業では投資利益率の採用は少なかった。それはなぜか。日本では現在でも売上高利益率を利益計画の目標利益として用いている企業が数多くある。売上高利益率は投資効率を考慮していないが，売上高利益率をとっていた優良会社は，他方で，個別資産管理の効果的な方法を採用しているところが多かった。

例えば、トヨタ自動車では原価企画に売上高利益率を用いるとともに、棚卸資産コストを引き下げるために"かんばん方式"を用いていた。松下電器産業（現・パナソニック）では、事業部の利益目標として売上高利益率を用いるとともに、借入金を減少するため（その後は投資効率を向上させるため）に"内部金利制度"（社内金利制度の"松下"での呼称）を用いていた。これらの企業では、図21-3のように、戦略的に売上高収益性の管理と、投資効率を向上させるための方策とを別々にもっていたと考えられる。

図21-3 売上収益性と投資効率の区分管理

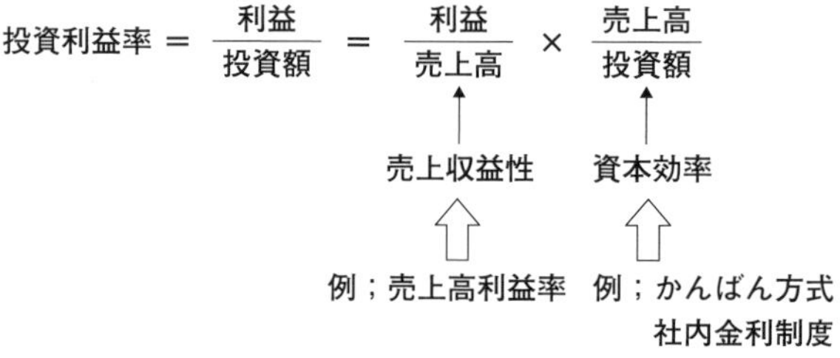

$$\text{投資利益率} = \frac{\text{利益}}{\text{投資額}} = \frac{\text{利益}}{\text{売上高}} \times \frac{\text{売上高}}{\text{投資額}}$$

　　　　　　　　　　　　売上収益性　　資本効率
　　　　　　　　　　　　　⇧　　　　　　⇧
　　　　　　　　　　例；売上高利益率　例；かんばん方式
　　　　　　　　　　　　　　　　　　　　社内金利制度

出典：著者作成。

貸借対照表で、基本的に借方の資産は、①現金・売上債権、②棚卸資産、③固定資産の3つに大別される。日本では売上債権の回収は概ね商慣習で決まる。固定資産も、最新機械・設備の導入を控えるなどして管理を強めすぎると、将来の収益性を悪化させる可能性がある。以上から、経営上の管理対象にすべき主な資産は、棚卸資産だということになる。

トヨタ自動車のような優良企業は、利益管理には売上高利益率を使用し、他方で資本の効率的な運用を図るために、かんばん方式を用いて棚卸資産の効率的な活用を図ってきた。**パナソニック**は、事業部の新規投資には一定以上の売上高利益率を要求するとともに、他方で事業部の投資効率を高めるために社内金利を課してきた。これらの経営管理の方式は、売上高収益性と投資効率の管理を切り離して行っていたからではないかと考えられる。

以上、売上高利益率は戦略的な業務遂行のためには効果的な評価ツールとなりうる。しかし、分権管理のシステムが売上高利益率だけで効果的に運営でき

ると考えてはならない。例えば，パナソニックでは，業績評価指標において，売上高利益率を含む利益と販売が最も重視されているが，キャッシュ・フローや社会貢献度といった指標も業績評価尺度として使われている。さらに，1999年からは，株主重視の経営を反映して，ROA（資産利益率）に代えてEVAのパナソニック版であるCCM（Capital Cost Management）を導入している。

パナソニックのCCMは，投資家が期待する利益を資本コストとして認識し，CCMを上回る収益の確保を目指す財務指標である。資本市場が期待する収益を数値で表した指標であるといえる。

(3) 残余利益

残余利益（residual income；RI）は，利益センターと投資センターとで用いられる業績評価の結合概念であるといえる。残余利益は，管理可能な事業部利益から資本コストを差し引いて算定される。式21-3を参照されたい。

$$\text{残余利益} = \text{管理可能利益} - \text{資本コスト} \tag{21-3}$$

残余利益は，資本コストを上回る正味の利益の超過額のことをいう。管理可能利益は，事業部長の業績測定を目的とするのであれば，事業部長にとっての管理可能な利益である。事業部の営業利益に相当する。一方，事業部自体の業績評価を目的にするのであれば，事業部純利益ということになる。ソロモンズによれば，「残余利益を計算するためには税引後利益から資本コストが控除されるが，この場合，資本コスト率も税引後」［Solomons, 1965, p.64］でなければならないと述べている。ただし，事業部長の業績評価尺度として事業部の税引後利益を採用することは，管理可能性の観点から望ましくないとも指摘している。そのため，ソロモンズの見解に従う限り，事業部長の業績評価のためには，資本コストも税引前の利益から差し引くのが望ましいということになる。

残余利益を用いているからといって，必ずしも事業部の規模ないし投資効率を無視しているわけではない。つまり，残余利益は投資センターの役割も果たしている。例えば，次の例のように，事業部X，Y，Zが25％の（税引前）投資利益率であったとしても，残余利益は大幅に異なることもある。なお，次の例で，希望利益率は15％と仮定している。表21-2を参照されたい。

表21-2　事業部の投資利益率と残余利益

(単位：千円)

事　業　部	X	Y	Z
事業部資産			
流動資産	40,000円	230,000円	300,000円
固定資産	60,000円	270,000円	700,000円
総　資　産	100,000円	500,000円	1,000,000円
流動負債	30,000円	200,000円	200,000円
希望利益率	(15%)	(15%)	(15%)
事業部営業利益	25,000円	125,000円	250,000円
残余利益	10,000円	50,000円	100,000円
法人税（40%）	10,000円	50,000円	100,000円

　表21-2から明らかなように，投資利益率では，投資規模のいかんにかかわらず，いずれの事業部も同じ25％の利益率（例えば事業部Xでは，25,000÷100,000×100＝25％，以下同様）である。しかし，資本コストは事業部資産に資本コスト率の15％を乗じて算定されているから，残余利益では投資規模をも考慮することができる。例えば事業部Xでは，残余利益は10,000千円（25,000－100,000×0.15＝10,000，以下同様）であるが，事業部Yでは50,000千円，事業部Zでは100,000千円になる。

　残余利益の利用は，最大の利益を生みだす事業部に焦点を向ける傾向がある。ただ，数回にわたる調査結果を総合すれば，アメリカでは残余利益だけを採用している企業は10％以下と非常に少ない。日本でも，純粋な意味での残余利益の利用は少ない。日本企業で残余利益の少なかった理由の１つは，配当や内部留保のコストを資本コストの構成要素として捉えようとする慣行が少なかったためである。

　日本には，社内金利制度が多くの企業で実践されている。事業部利益から社内金利を差し引いた利益は残余利益と類似の概念である。社内金利制度は残余利益の１つの変形として位置づけることもできなくはない。同様に，1990年代以降に欧米を始め日本企業でも採用されるようになってきたEVA（economic value added；経済的付加価値）は，本質的には社内金利制度，残余利益と大きくは異ならない。社内金利制度は第4節で，EVAは第23章で考察する。

3　本社費・共通費の事業部への配賦

　企業が事業部制を採用すれば，本社の権限が事業部に大幅に委譲され，各事業部は独立の**利益責任単位**（利益センター）となる。それでもなお，本社には本部権限が留保されている。中央研究所の費用，共同利用できる体育館や研修費といった共通費も発生する。そこで，事業部制では本社権限を発揮する上で発生する本社費，中央研究所，体育館，研修費といった共通費の各事業部への配賦が問題になる。

1　本社費・共通費の性格

　事業を運営するのに際して，企業では一般に総務部，経理部，人事部など本社機構で把握される**本社費**が発生する。中央研究所の費用，新入社員の研修費用，企業全体が共同で利用できる体育館の費用などの**共通費**も発生する。

　事業部は，これら本社費や共通費（以下，両者を併せて本社費と表現する）から有形・無形の便益を受けている。したがって，理論的に考えれば，事業部はこれらの費用を負担すべきである。そのため，事業部の利用高に基づいて負担させることのできる費用はもちろんのこと，それ以外の本社費でも，なんらかの基準を使って事業部に配賦させるべきだということになる。

　しかし，本社費は事業部以外の場で発生するコストであるから，事業部長には管理できない。事業部の業務と直接的な関係を見出すことも困難である。それゆえ，事業部長にそのコストの第一次的責任を負わせるのは酷である。

2　純利益か貢献利益か

　本社費の相応部分を事業部に負担させるには，純利益法による。純利益法の損益計算書では，本社費を何らかの基準に基づいて配賦する。仮定の数字で，売上高を基準にして本社費を配賦すると，表21-3（A）のようになる。

表21-3(A)　純利益法による損益計算書
(単位：円)

	全社損益	事業部A	事業部B
売 上 高	10,000,000	4,000,000	6,000,000
売 上 原 価	4,700,000	2,100,000	2,600,000
売 上 総 利 益	5,300,000	1,900,000	3,400,000
販売費・管理費	800,000	300,000	500,000
営 業 利 益	4,500,000	1,600,000	2,900,000
本 社 費	3,000,000	1,200,000	1,800,000
純 利 益	1,500,000	400,000	1,100,000

表21-3（A）において，事業部Aと事業部Bの本社費はそれぞれ120万円と180万円になっている。しかし，売上原価と販売費・管理費が変動費と固定費に区分されていないことに加えて，本社費が恣意的に配賦されているので，純利益法は事業部長の管理や業績評価への役立ちに限界がある。恣意的に配賦されているとされる理由は，事業部が**原価発生原因主義**（コストを発生させた原因）によるのではなく，売上高という**負担能力主義**（売上高が多ければ，費用負担を大きくさせる）を基準にして配賦されているからである。また，本社費の無駄を事業部に押しつけ，事業部長の管理意欲を失なわさせる結果になりかねない。そこで，本社費は事業部に配賦すべきではないとして，表21-3（B）のような貢献利益法による損益計算書が提案されている。

表21-3(B)　貢献利益法による損益計算書
(単位：円)

	全社損益	事業部A	事業部B
売 上 高	10,000,000	4,000,000	6,000,000
変 動 費	4,000,000	1,800,000	2,200,000
限 界 利 益	6,000,000	2,200,000	3,800,000
事業部固定費	1,500,000	600,000	900,000
貢 献 利 益	4,500,000	1,600,000	2,900,000
本 社 費	3,000,000		
純 利 益	1,500,000		

実態調査によれば，日本，アメリカ，イギリスいずれの国でも，事業部利益を貢献利益（売上高から変動費と事業部で個別的に発生する固定費を控除した利益）の算定でとどめている企業はわずかにすぎない。多くの企業は本社費を配賦し，純利益まで算定している。貢献利益法を採用している企業の比率は下記のとおりである。

　　アメリカ　11％（158社中18社：全米産業協議会，1963年）
　　イギリス　19％（調査対象企業273社；イギリス経営者協会，1974年）
　　日　　本　15％（215社中32社；谷調査，1985年）

浅田［1989, p.117］による，事業部長の業績評価基準に関する日米アンケートの興味深い調査結果がある。回答企業は日本が256社，アメリカが80社である。日本企業では，①売上高（117社），②本社費配賦後利益（74社），③売上高利益率（51社），④管理可能利益（48社）であった。一方，アメリカ企業では，①投資利益率（52社），②管理可能利益（34社），③本社費配賦後利益（26社），④売上高成長率（19社）であった。

日本では売上高が，アメリカでは投資利益率が圧倒的に多い。本社費配賦後利益を活用している企業は，日米でほぼ同比率であった。

それでは，なぜ日本，アメリカ，イギリス3カ国で多くの企業が本社費を配賦しているのであろうか。それには，次の3つの理由が考えられる。

第1に，配賦を行ってはじめて実質的な利益が算定できると考える経営者が多い。本社費の配賦によって本社の存在意義を認識させうるし，事業部利益によってのみ本社費を補填しうるという事実も明らかになる。

第2に，価格決定のために，原価を関係部門に配賦することが必要だと考える経営者が多い。配賦をしないと本社費の存在を忘れ，全部の原価が回収できなくなる恐れが生じ，その結果，経営上の意思決定を誤ることがある。

第3に，本社費が配賦されていれば，本社費の不必要なまでの増大を防ぐことができる。事業部は本社から監督と助言活動という意味でのサービスの提供を受けているが，事業部が本社から不必要なまでの監督や助言を受ければ，それに対して異議を申し立てることができる仕組みもつことが有効である。

要するに，配賦という方法はベストの方策ではないが，本社費を**一種の税金**と考えれば，事業部の存続に必要なコストであるといえよう。

3 本社費配賦の方法

　本社費を一括して事業部に配賦する方法（**一括配賦法**）は，日本の多くの企業で最も多く用いられている。その際，最もよく用いられる配賦基準は次の基準——売上高基準，投下資本基準，人数基準，公式法（売上高，資産，給料などの要素の加重平均値）——である。ABCが活用されるときもある。

　売上高基準としては，売上金額や売上数量が用いられる。売上高が多ければ，それだけ多くの本社費を負担できる。それゆえ，この基準によれば経済的な負担能力を基準にして配賦できる利点はある。しかし，たくさんの売上をあげると，それだけ本社費を負担しなければならない（負担能力主義による）ので，売上を増やそうという意欲を減殺する危険性がある。

　投下資本基準は，投下資本の多寡によって本社費を配賦しようとする方法である。本社費の多くが投下資本によって決定されるような場合には，投下資本基準を適用することが妥当である。売場面積が重要な要素となる流通業では，投下資本の代わりに売場面積が用いられることもある。

　人数基準は，本社費の相当部分が人数との関連で発生することや，人数を配賦基準とすることで事業部の人数を減らそうとする誘因が働くことから，わが国では最も多く用いられている。人数に代えて，その代理変数として人件費が用いられることもある。

　公式法は，以上述べた売上高，投下資本，人数（ないし給料）をウエイトづけした要素の加重平均値から本社費を配賦しようとする方法である。マサチューセッツ法ともいわれる。その変形もある。イトーヨーカ堂では，投下資本の代わりに売場面積を用いて，公式法で本社費を配賦している。その理由は，少ない敷地で最大の売上を上げるインセンティブが働くからである。

　本社費の多くは費用の発生原因を個別的に跡づけることが困難である。しかも，一括配賦法は簡単であることもあって，一括配賦法を採用する企業が圧倒的に多い。しかし，一括配賦法では配賦が恣意的になりすぎる。そのため，経理部の費用は従業員数，宣伝広告費は売上高，設備費は使用資本といった具合に，本社費の個々の費目を個別的に事業部に配賦（**個別配賦法**）している企業もある。しかし，本社費が多額なときは個別的に配賦する価値があるが，手数

がかかり，正確そうにみえて実際には恣意的になるという欠点がある。

　本社費のなかには，①総務部，経理部，人事部の費用のように全社的管理の費用で配賦の難しい費用のほか，②情報処理費や資材費（本社購入制度をとるとき）のように事業部が行うべき業務を本社が代行しているとみなしうるもの，および③研究開発費や広告宣伝費のように本社と事業部の両者の業務を行ううえで発生する費用とがある。そこで，①の費用と，②，③の費用のうち個別配賦が困難な共通費だけを事業部に配賦し，その他の費用で事業部に直接賦課できる費用は直課している企業もある。

　すべての費用を一括して配賦する一括配賦法に対して，個別的に配賦する方法を個別配賦法という。両方法を併用する方法を併用法という。

　ABC（Activity-Based Costing；活動基準原価計算）では，部門単位ではなく活動別に原価が配賦される。具体的な組織としては，課別に配賦するケースが見られる。日本を代表するある企業［安部，2004, p.150］が採用した配賦基準の一例をあげれば，表21-4のようになる。

　資材部では従来，材料購入高を基準にして配賦していた。ABCを活用するようになってからは，原価作用因を用いてより合理的な配賦を行い，課ごとに問題点を可視化することができるようになったという。表21-4で"活動"は，厳密に考えれば活動ではなく，"課"である。しかし，この会社はABCの考え方を応用することで，正確な原価を算定することに成功した。加えて，原価が活動別に割り付けられるので，原価管理にも役立てられる。一方，この配賦に対しては，正確性を追求するためにはコストがかかるという批判もある。

表21-4　第2資材部の配賦基準

従来基準	新基準	
	活　　動	原価作用因
材料購入高	1　発注・納期管理 2　価格交渉等 3　梱包・輸送 4　検査・品質管理 5　庫材品管理	材料手配書件数 材料購入高 荷造・運賃実績 検査票枚数 庫材消費実績

（注）活動と組織上の課とは一致している。
出典：安部［2004, p.150］。

4　社内資本金制度と社内金利制度

　事業部制を採用している日本企業のなかには，事業部から本社への社内金利（支払利息，配当金，留保利益）の支払いを行わせて，①資金の有効活用と②投下資本の有効活用を図ってきている企業がある。この仕組みが社内金利制度である。社内金利を算定するために，社内資本金制度がもたれる。

1　投資ベースの3つのタイプ

　社内金利制度では，事業部の使用資本に対して利子を課す。すなわち，使用資本に対して一定の金利（社内金利）を課し，この社内金利を事業部利益から控除した利益をもって業績評価基準とする制度が，社内金利制度である。渡辺［1996, p.82］によれば，資金の調達に要した実質金利を計算すべき投資ベースを何にするかによって，**3つのタイプ**があるという。資産タイプ，（社内）借入金タイプ，（社内）資本金タイプがそれである（図21-4参照）。

図21-4　投資ベースのタイプ

総資産	無利子負債	総資産	無利子負債	総資産	無利子負債
	正味使用資本		社内借入金		社内借入金
					社内資本金
			留保利益		留保利益
資産タイプ		（社内）借入金タイプ		（社内）資本金タイプ	

出典：渡辺［1996, p.82］。

　アメリカ企業が典型的に用いているのは，**資産タイプ**である。小倉［1995, p.57］が残余利益方式と呼んでいるのがこれである。総資産から買掛金や支払手形，未払金などの無利子負債を差し引いた，正味使用資本が用いられる。
　（社内）**借入金タイプ**は，事業部が必要とする資金は原則としてすべて本社

からの社内借入金として扱う。(社内)**資本金タイプ**は，社内借入金，社内資本金，留保利益ごと別々の資本コストを課そうとするものである。後者2つのタイプに共通するのは，事業部単位の留保利益を認めている点である。

2　社内金利制度の生成と発展

　社内金利制度は，挽［1996 (a), pp.86-98］によれば，誕生期，発展期前期，発展期後期に区分できるという。この区分を使って，社内金利制度の発展過程を辿っていこう。

　誕生期（1950～1964年）は，社内金利がはじめて導入されたとされる1950年から貿易自由化と資本自由化が本格化した1964年までである。通産省産業合理化審議会の答申「事業部制による利益管理」(1960年）では，社内金利制度は共通費の配賦のなかで論じられているが，これは誕生期の社内金利の特徴である。この時代における社内金利制度の主目的は，売上債権の過度の増大防止と早期回収，棚卸資産の圧縮など，資金管理に重点がおかれた。当時の社内金利制度では，**資産タイプ**であった。

　発展期前期（1964～1985年）は，高度成長期と安定成長期に属する。この時代に社内金利制度が電機産業に普及していった。高度成長期の典型的な日本企業は過小資本のなかで成長・発展のための資金を借入金に頼り，その設備投資によって得られた利益を原資として増資をして借入金を減らしていった。そのため，この時代の典型的な企業の最大の関心事は借入金の金利を抑制することにおかれた。この時代には，投資ベースは（社内）**借入金タイプ**が多くなっているが，それは借入金を抑制することに最大の目的がおかれたことにある。

　発展期後期（1985年以降）には，プラザ合意（1985年）以降の急激な円高とグローバルな企業間競争を受けて，事業構造の再構築を積極的に図ろうとする企業が増加した。同時に，1990年代後半になると過剰資本が大きな問題となり，投資効率の向上が社内金利制度に求められた。投資ベースとしては，（社内）**資本金タイプ**が多くなっているが，それは投資効率を追求することに最大の目的がおかれるようになったからである。最近では，カンパニー制を採用する企業も増え，社内資本金制度を導入する企業も多くなってきている。

3 社内金利の対象とその算定

社内金利の対象は，貸借対照表の貸方の側にある借入金，資本金，留保利益のすべてまたはその一部である。資産タイプでは**正味使用資本**（総資産から無利子負債を差し引いた金額），（社内）借入金タイプでは**借入金と留保利益**，（社内）資本金タイプでは**社内借入金，社内資本金，留保利益**が対象になる。表21-5は，挽［1996 (b), p.49］の研究（一部修正）になる"社内資本金制度を導入している企業における社内金利制度"において，どの対象に金利がかけられているかを明らかにしたものである。

表21-5　個別企業における資本別の金利の有無

企業名	借入金への金利	資本金への金利	留保利益への金利
パナソニック	かける	かける	かけない
日立製作所	かける	かける	かける
キヤノン	かける	かける	かけない
NEC	かける	かけない	かけない
横河電機	かける	かける	かけない（注）
富士電機	不明	かける	かけない

（注）原則は課さない。剰余金が資本金を上回ったときは，超過分を資本金の対象とし，資本金に編入させ，配当の対象［八木, 1994, p.31］にしている。なお，出典は挽［1996 (b)］。

借入金に金利を課すタイプの会社では，短期プライムレート，長期プライムレート，市中金利，実質支払い金利などをベースにして算定する。長期と短期のプライムレートの平均値をとることもある。

資本金に対しては，配当金が支払われる。例えば，かつてNECでは，1993年からそれまでの使用資本に対して一括して社内金利を課すという方式から（社内）借入金，（社内）資本金，累積利益に区分する方式に移行しているが，その際の配当金は税引後利益の30%とされている。

日本の多くの企業では，留保利益に資本コストを課すと経営者による利益増大へのインセンティブを失うという理由から，可能な限り留保利益には資本コストを課さない。株主の立場から，留保利益も当然のごとく機会原価としての

資本コストを課すアメリカ企業とは対照的である。日本企業のなかでも日立製作所のように留保利益にコストが課されている企業もある。これは資本の効率的利用という観点からすれば，望ましい措置であるといえる。

今後の課題を検討しよう。社内資本金タイプは社内借入金（金利），社内資本金（配当），留保利益（機会原価）のすべてに資本コストを課しているという意味で，（社内）資本金タイプの基本思想はEVAと異ならない。そのように考えると，近い将来の課題は，社内金利とEVAとの異同を検討することで新たな意味での社内金利制度を構築していくことであるといえよう。

4 社内金利と社内資本金制度のケーススタディ

現在では，わが国の事業部制を採用する企業の過半数が社内金利制度を採用するまでに社内資本金制度は発展してきた。社内金利・社内資本金制度は，初期に導入した企業，例えば，パナソニックとそれ以外の企業（例えば，横河電機）とでは，いくつかの相違点がみられる。

(1) パナソニックの社内金利・資本金制度

パナソニックは，戦後一貫して無借金の財務方針を貫いてきた会社である。以下ではパナソニックの社内資本金（パナソニックでは，**内部資本金**と呼称）制度のルール［樋野，1982，p.124］（改正点を一部修正）の要点を述べよう。

社内資本金は，次のように計算される。これは極めてユニークな算定方式である。社内金利として，事業部は月当たり社内資本金の1％を本部に支払う。

$$\text{社内資本金} = \text{標準運転資本} + \text{固定資本} - \text{引当金} \qquad (21\text{-}4)$$

式21-4で，標準運転資本は，パナソニックで最もユニークな制度の1つとして知られている標準貸借対照表から導かれる。現預金を除く流動資産から流動負債を差し引いた金額が標準運転資本である。事業部発足後，追加的に必要となる運転資本と固定資産への投資額は，事業部の自己資金で賄う。

本部費回収のため，事業部売上の3％を事業部が本部に支払う。事業部の純利益は，その60％を配当金と税金に見合うものとして本社に納付する。

事業部の資金が不足するときは，内部借入金として，本部から借り入れるこ

とができる。借り入れた資金は，一定期間後に本部に返却する。

(2) 横河電機の社内資本金制度

　プラザ合意（1985年）以降，多くの企業が社内資本金制度を加速度的に採用してきた。この時代に社内資本金制度を導入した企業の1つとして，1992年に導入した横河電機［八木, 1994, pp.30-31］の事例を紹介しよう。

　横河電機では，資金コストを認識させるため，社内資本金制度の他に社内借入金制度を有している。この制度では事業部借入金の増減は事業部の資金収支を反映している。また，戦略的投資については固定比率100％（固定資産／自己資本×100）を初期値として，増資と資本準備金で対応している。その理由は，戦略的投資といえども過剰投資にならないようなシステムにしておく必要があるからである。

　横河電機では，事業部のキャッシュ・フローを明確にしてビジネスの継続的な評価を目的に，社内税金制度と社内配当金制度を導入している。税金は税引前利益に対する税率で徴収される。配当金は資本金だけに課している。

　1990年代以降における社内金利制度の1つの特徴は，中長期経営計画など企業のマネジメント・システムと連動させていることである。横河電機の経営計画の体系は，長期ビジョン，中期事業計画・中期投資計画，短期事業計画・予算編成，月次決算，業績評価からなる。わが国の経営計画の体系としては典型的なものである。この経営計画のなかで，必要とされる社内金利を期待収益率として経営計画を設定していく。新規事業についても，既存事業と同じ収益性（ROI）を要求し，負担能力主義はとらない。その理由は，資源を新規事業に拡散させたままでは投資効率の悪化を常態化してしまうからである。

　以下では，パナソニックと横河電機の社内資本金制度の特徴を対比してみよう。パナソニックの社内資本金制度では，この制度を導入した時代背景から運転資本の管理が重視されており，その目的のために借入金を計上している。なお，パナソニックでは一時，これをCCM[6]に統合したこともある。一方，横河電機では，運転資本の管理のために借入金を計上するのではなく，長期的な観点からその早期返済を動機づけ［挽, 1996 (b), p.46］ている。横河電機の制

度は，投資効率を上げるための工夫を施した，社内金利制度と社内資本金制度の発展形態であると位置づけることができよう。

　将来の課題としては，日本型の管理会計制度としての社内金利制度を今後とも多少の修正を加えて発展させるべきか，それともそのバリエーションとして日本の社内金利制度と本質的に大きくはことならないEVAへの転換に踏み切るべきか，企業には重要な課題が提示されているといえる。

5　事業の選択と集中のための社内資本金制度

　わが国で最初に社内資本金制度を導入したのは，戦前の**三菱合資**であるとされている［渡辺, 1996, p.79］。1954年にパナソニックが内部資本金制度として導入したのが，戦後における最初の社内資本金制度である。

　社内金利制度をもっている企業でも，社内資本金制度をもたない場合ともつ場合とがある。社内資本金制度をもつには，①社内資本金をどう配分せるかという問題を解決しなければならないことのほか，②それなりの事務コスト（人件費）がかかるので，社内金利に比べると，社内資本金制度をもつ企業は必ずしも多くはない。

　社内資本金制度は，**三菱商事**や**住友商事**など，上位の総合商社での導入が進んでいる。ニチメン（**現・双日**）もまた，営業部門ごとに資本金を分配して独立採算性を高める社内資本金制度の導入を決めている。ニチメンの意図は他の商社などと同様，社内資本金制度の導入によって，不採算事業の選別など事業の選択と集中戦略に活用することにある。

　具体的には，鉄鋼・機械，エネルギー・化学，住・生活産業の3営業部門に対して，部門内の本部，部の規模や人員，関連する連結対象子会社の数に応じて疑似資本金を与える。その際，分配の原資を自己資本の全額とするか，一部だけを便宜的に分配するかといった問題や，部門別決算における利益処分の方法などで会社別の特徴をだすことができる。

　社内資本金制度を導入すれば，各営業部門内で，収益のある部門とない部門とがより明確に把握できる。田宮［1995, pp.54-55］によれば，社内資本金をもつことの最大の特徴は，各事業年度の損益が累積されることであるという。累積利益の分だけ借入金を減らすことができるし，事業部枠を定める基準の1

つとして累積利益を利用できるからである。そのため，社内資本金制度をもつことによって，部門ごとの業績が明確化されるから事業の選択と集中の意思決定に役立つ。加えて財務体質の向上に繋がり，撤退やテコ入れの必要な部門をハッキリさせることができるようになる。

最後に，IFRSとの関係を述べておこう。IFRSでは，現行の会計基準の収益費用アプローチに代えて，**資産負債アプローチ**[7]によって利益を導き出す。であるとすると，貸借対照表が重視されることが想定される。従来から社内資本金制度の重要性は多くの識者から指摘されていたことではあるが，今後，社内金利制度をとる多くの企業で社内資本金制度を採用することが予想される。

5 社内振替価格の設定

事業部制など独立採算制を採用する企業において，事業部間の社内振替取引が行われるときがある。ここで社内振替取引とは，ある事業部が同じ企業内の他の事業部を取引先として選択し，事業部間で行う取引のことである。社内振替取引は外部市場を経由しない取引であるから，価格の決定を市場に委ねることはできない。そのため，社内振替取引には**社内振替価格**（intracompany transfer pricing；以下，振替価格という）を設定しなければならない。振替価格としては，市価基準，原価基準，協定価格基準の3つの方式がある。これらの基準はいずれも絶対的に最適ということはなく，状況に応じて選択されるべきものである。

1 市価基準

市価基準（market price）は，事業部間で振り替えられる製品に市場価格（市価）が存在し，市価の情報が入手できる場合には，最も妥当な基準である。なぜなら，市価によれば，受入事業部は供給事業部の能率の良否によって影響を受けず，外部の仕入先から購入した場合と同じ価格になるため，独立会社と同じ条件で利益責任を負いうるからである。また，供給事業部は原価引下げに努力しなければならなくなるから，不断の原価引下げが図られる。

A事業部とB事業部に区分して、市価基準の仕組みを説明しよう。図21-5は、半導体の事業部の例である。

仮に、A事業部とB事業部は、市価の1,500円をもとに振替価格（工場仕切価格）を設定することで合意しているとしよう。A事業部での製造原価は、1,000円で、利益は500円である。A事業部が原価を低減すれば、それがそのままA事業部の利益になる。逆に、製造原価が市価以上に上昇すれば、1,500円でB事業部に販売することがむずかしくなる。そこで、A事業部で振替価格を値上げしようとすると、B事業部では他の企業から購入したいと考える。そのため、A事業部では、B事業部が他から購入することのないように、原価低減の努力をする。

図21-5　事業部間の取引と社内振替価格

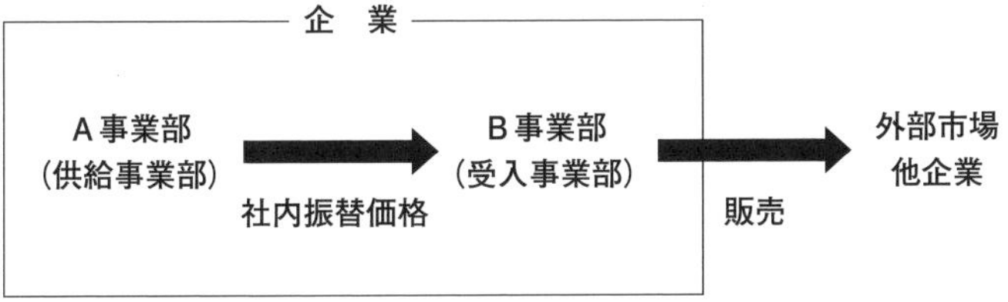

```
┌─────────── 企　業 ───────────┐
│                                │
│  A事業部  ──→  B事業部  │ ──→  外部市場
│ （供給事業部）  （受入事業部）│        他企業
│                                │
└────────────────────────────────┘
    社内振替価格              販売
```

出典：著者作成。

B事業部では、A事業部から購入した半導体をできるだけ高い価格で販売しようとする。いくらで売るかは、B事業部の責任で決定できる。B事業部での販売価格を仮に1,700円とすれば、B事業部の利益は200円になる。この関係を要約すれば、表21-6のようになる。

表21-6　振替価格と事業部利益

	A事業部	B事業部
売上高	1,500円	1,700円
原　価	1,000円	1,500円
利　益	500円	200円

企業全体の利益は，700円になる。振替価格を使うことで，利益がA事業部利益とB事業部利益とに区分されることになる。

事業部間取引では，外部取引と違って，広告宣伝費，交際費が発生しない。貸倒損失や集金費なども発生しない。輸送費や梱包費も廉価で済むこともあろう。そのため，これらの費用は市価から差し引くのが合理的である。

振替価格に市価を活用することの利点は数多くある。最も大きな利点は，利益責任が明確になるから，業績の測定と評価が合理的に行われることにある。具体的に言えば，各事業部の利益が可視化（見える化）される。原価低減のインセンティブが働く。製造上の課題（設備の老朽化・陳腐化，低操業度，管理上の稚拙さ）が浮き彫りにされる。各事業部の利益がいくらであるかで，各事業部の業績が的確に測定・評価される。それらのことが，経営効率を向上しようとする事業部のモチベーションを高め，利益の向上に貢献することになる。

市価基準にも，欠点がある。第1には，市価が存在しないことがある。仮に市価が存在しても，内部相互補助[8]の目的でコストを下回る場合には，市価をそのまま利用することは妥当ではない。第2に，わずかな価格差でも外部から購入するとなると，A事業部での量産効果を図りえない。その結果，企業全体からみるとマイナスの効果が生じる可能性がある。それは会社全体の目標整合性を失う典型的な事例である。それゆえ，外部から購入するか否かの決定にあたっては，本社の役割として，量産効果，品質，サービス，支払条件，配達の迅速さなどを総合的に検討して裁定者としての役割を発揮すべきである。

市価基準が適用できれば，一般的には，それが最も望ましい内部振替基準となる。しかし，半製品や特殊品のように適正な市価が存在しないなどの理由から市価基準が適用できないことがある。そのようなときには，原価基準や協定価格基準が適用されることになる。

2 原 価 基 準

原価基準（transfer pricing based on cost）は，一般に，競争的な外部市場が存在せず，正当な市価が得られないときに採用される。原価基準によるときも，原価そのものを基準にする場合と，原価に利益を加算して振替価格とする場合とがある。基準とされるべき原価としては，実際全部原価のほか，標準全

部原価,または限界原価のいずれかが用いられる。

実際全部原価によれば,全部原価の補償ができて安心感が増す。しかも客観性に富む。しかし,非能率を含む製品をB事業部でなぜ購入しなければならないかとの疑問が生じる。経営資源の効率的利用が図られない可能性と,短期の意思決定への役立ちに課題がある。

標準全部原価によれば,実際の全部原価による経営資源の非効率的利用という欠点を解決することができる。それゆえ,実際全部原価よりも標準全部原価基準による方がすぐれている。ただ,標準原価を設定するのがむずかしい業種もある。著者の経験によれば,通信事業者では何をもって標準とするかに関して常に議論が起こり,適切な標準原価を設定することができない。

限界原価(変動費)が用いられるのが効果的であるのは,生産能力に余力があるときである。しかし,長期に限界原価基準を活用すべきではない。限界原価基準を使い続けると,全部原価が回収できなくなる危険性があるからである。これが,限界原価を継続的に利用している企業が少ない理由である。

以上,**原価基準**は比較的多くの企業によって採用されているが,それは,次の理由による。①理解しやすい,②客観性がある,加えて,③コスト・プラス法によれば最終製品の価格決定に役立ちうる。しかし,実際原価基準では受入事業部は供給事業部の効率の良し悪しをそのまま受け入れることになるので,供給事業部の効率をあげようとする動機づけにならない。

標準全部原価プラス利益基準によればその欠点は克服できるが,そもそも標準原価が高ければ,受入事業部にとって望ましい振替価格とはいえない。

3 協定価格基準

協定価格基準(negotiated or bargained market price)は,準拠すべき客観的な社内振替基準が得られないときに,供給事業部と受入事業部とで協議して決定された価格である。市価基準や原価基準が一応得られても,それらの市価や原価をそのままの形で採用することが妥当でない場合において,協定価格が採られることも少なくない[9]。協定価格を設定する主体には,トップ・マネジメントによる裁定,協議のための第三者機関の設立などが考えられる。事務局は,本社のスタッフが担当する。協定価格基準が採られる条件として,外部市

場が存在しない場合に限定するべきか否かに関しては，議論がある。

協議をするにしても，市価か原価に基づかなければならない。この点に関して，鳥居［2014, p.229］は，「外部市場として唯一の信頼性があり両事業部とも納得できるような価格が得られる状況では，協議は必要ではない」と述べている。そのとおりである。それゆえ，協定価格基準が採用されるのは，一般的に，外部市場が存在しても情報の入手が難しい時であったり，外部への自由な売買が行われないような場合である。

協議は，時として両者がぶつかりあうことになる。そのような場合には，担当の役員は，両者の調停役を果たさなければならない。そのためもあって，厳密な意味での協定価格基準10)を採用している企業は必ずしも多くはない。

なお，外部からの購入市価の方が内部取引よりも安いときには，受入事業部は供給事業部から購入する必要はない。そのような場合には，受入事業部には理論的には**忌避宣言権**が付与される。とはいえ，会社の全体最適を犯すリスクもある。本社の役割は，セクショナリズムを排した的確な判断が求められる。

注

1) チャンドラー［Chandler, 1962, pp.105-112；三菱経済研究所訳，1967年，pp.131-139］は，1921年の組織改革によって事業部制組織を採用したと述べている。1921年9月28日に取締役会から発表された「デュポン社の従業員へ」の説明はその論拠になる。

2) 日立製作所は，長年，工場が利益責任をもつ工場プロフィットセンサー制度をもっていた。2009年からは製品別の社内カンパニーが利益責任をもつ制度に変えていた。しかし，いずれも一貫して製品中心の体制であった。2016年4月1日からは，フロントBUと呼ばれる，顧客と直接向き合って協創ビジネスやサービスを取に行く12の新組織に利益責任を移行させた。詳細は，北川［2016, p.15］を参照されたい。

3) 職能別事業部制は日本特有のものであって，アメリカでは存在しないかの印象をわれわれ研究者はもってきた（占部都美『事業部制と利益管理』白桃書房，1969年参照）。しかし，ソロモンズの1965年の著書では，職能別事業部制の存在を認め，いずれかといえばこれにネガティブな見解を与えている。アメリカにも職能別事業部制が存在していたし，その是非をめぐって議論がなされていたことをわれわれは謙虚に受け止めるべきだと思う。［David Solomons, 1965, 櫻井・鳥居訳, 2005, pp.217-222］。

4）事業部制などのセグメンテーションは，経営の可視化（実務では，見える化という）に役立つ。その反面，各事業部がバラバラに行動するようになると，企業全体としての統一的な戦略が取れないだけでなく，シナジー効果を図ることもできない。日本の事業部は本来の投資責任単位になっていないので，企業の投資効率を高めるために，1990年代から21世紀にかけて，ソニーのようにカンパニー制を導入する企業も数多くみられた。さらに，武田薬品工業のようにカンパニー制から分社制に移行する企業もある。事業部制を廃止して事業ドメイン制に移行するパナソニックのような事例もある（ドメイン制に移行されたのは2002年の中村邦夫社長による改革によってであるが，2013年には，製造に営業の意向が伝わらなかったためにプラズマテレビが失敗した轍を踏まないために，2013年には事業部制が復活した）。

5）1998年の調査［櫻井・伊藤，1998，p.115］では，業績評価には経常利益や営業利益などの期間利益は58％，売上高利益率27％，投資利益率5％であった。西澤調査［1995］では，売上高利益率29％，投資利益率9％であった。櫻井調査の対象企業は，一部上場企業，有効回答企業160社（送付476社，回収率は38％）であった。

6）CCM（キャピタル・コスト・マネジメント）は，パナソニックが独自に開発した経営管理指標で，事業利益から投下資本コストを差し引いた指標である。2000年3月期から使い始めたが，2015年4月に取りやめた。合理化にメドをつけ，中長期の成長を目指すためである。

7）IFRSでは，利益の測定は，資産・負債の定義から導かれる。将来キャッシュ・フローの予測という投資家の意思決定に適合する情報を提供するために，IFRSでは財政状態計算書（statement of financial position；貸借対照表と言い換えることもできる）における資産と負債の公正価値による測定により利益が算定される。

8）内部相互補助（cross-subsidization；クロスサブ）は，NTTではクロスサブと呼んでいる。自社の回線を通じて他企業に販売する電話料金は，自社の他の事業の振替価格と同じでなければならない。仮に他社よりも安い料金で提供されているのであれば，自社を内部補助していることになる。このように，ある企業が他の部門や事業体を犠牲にして自社を補助している関係があるとき，内部相互補助という。

9）市価基準によろうが原価基準によろうが，最終的には供給事業部と受入事業部が協議することになる。その意味では，市価基準も原価基準も協定価格と捉えることもできる。このような観点に立つ見解は，鳥居［2014, p.227］を参照されたい。

10）原価や時価を参考にするのではなく，最初から協議して価格を決定するという

意味での協定価格はあまり見られない。

参考文献

Chandler, A.D. Jr, *Strategy and Structure ; Chapters in the History of the Industrial Enterprise*, MIT Press, 1962.（三菱経済研究所訳『経営戦略と組織; 米国企業の事業部制成立史』実業之日本社, 1967年）。

Solomons, David, *Divisional Performance : Measurement and Control*, Richard D. Irwin, 1965.（櫻井通晴・鳥居宏史監訳『事業部制の業績評価』東洋経済新報社, 2005年, p.102）。

淺田孝幸「予算管理システムの日米企業比較について?」『企業会計』Vol.41, No.5, 1989年。

安部彰一「ABCの導入による本社費の配賦と管理」（櫻井通晴編著『ABCの基礎とケーススタディ（改訂版）』東洋経済新報社, 2004年, pp.142-158）。

小倉 昇「資本コスト管理の観点から見た事業部バランスシートの機能と限界について」『原価計算研究』Vol.19, No.1, 1995年。

加護野忠男「職能別事業部制と内部市場」『國民經濟雜誌』第167巻第2号, 1993年。

上總康行・足立洋・篠原巨司馬「総合繊維メーカー『セーレン』の戦略目標管理システム」『福井県立大学経済経営研究』第20号, 2008年。

北川賢一「日立, 工場・製品から顧客サービス中心へ ICT事業は横串, フロントBUに貢献」『NIKKEI COMPUTER』2016.

櫻井通晴・伊藤和憲「構造的不況下における管理会計制度」『専修経営学論集』第65号, 1998年1月。

田宮治雄「社会資本金制度の特徴と問題点」『企業会計』Vol.47, No.2, 1995年。

鳥居宏史『事業部制の業績測定』中央経済社, 2014年。

西澤 脩『日本企業の管理会計：主要229社の実態分析』中央経済社, 1995年。

挽 文子(a)「社内金利制度の発展と事業部B／S」『會計』第150巻第5号, 1996年。

挽 文子(b)「社内資本金制度の目的と機能」『原価計算研究』Vol.20, No.2, 1996年。

樋野正二『松下経理大学の本 ; 不況になぜ強いか』実業之日本社, 1982年。

八木和則「横河電機の管理会計システム」『JICPAジャーナル』No.465, 1994年。

渡辺康夫「カンパニー制からみた社内資本金制度」『産業経理』Vol.55, No.4, 1996年。

第22章

組織再編と分権化の管理会計

1 組織再編の経営上の意義

　日本企業にいま最も求められている管理会計上の要諦は，セグメント化された組織単位における業績を適切に測定・分析することによって，経営を可視化することである。組織再編と分権化は，企業価値の創造に役立つ。組織再編による事業の「選択と集中」には，持ち株会社，会社分割がある。組織を分権化して効率的に運営する方策には，カンパニー制，部門別・商品別業績評価，およびミニ・プロフィットセンターがある。最後に，IFRSがグループ経営の戦略に及ぼす影響を考察する。

1 組織再編の必要性

　バブル崩壊後の1994年前後から，わが国では組織再編が急増した。これは，企業がコア・コンピタンスに資源を集中し，多角化による経営資源利用の分散化と非効率化を防ごうという経営姿勢と，法制度の後押しがあったためである。組織再編を促す主要な要因としては，以下の基礎的な背景［第一勧銀総合研究所 産業・経営調査部, 2002, pp.3-6；末永, 2002, pp.4-12］がある。

　第1に，バブル崩壊後の経済の長期低迷がある。経済の成長期には，市場規模の拡大にともなって，売上高や利益を伸ばすことができた。しかし，低成長の持続によって，パイの取り合いが行われている。つまり，他社に対して競争優位をもつ中核事業には経営資源を集中するとともに，不採算事業を切り離したり整理したりすることで競争力を確保し，企業価値を創造しようとする。

　第2に，経済のグローバル化と国際的な組織再編の要請がある。従来，日本企業の特質として，不採算事業でも長期に育てようという組織風土があった。しかし，外国機関投資家の日本の証券市場への参入とコーポレート・ガバナン

ス意識の高まりによって，従来の日本の立場を保持することは困難になり，収益性の高い事業への経営資源の「選択と集中」が求められるようになった。

 第3に，独占禁止法，商法，会社法が改正・制定され，企業会計も含めて整備された。税制では，連結納税制度も制度化された。日本企業が国際財務報告基準（International Financial Reporting Standards; IFRS）にどう取り組むかという問題もある[1]。

2 独占禁止法，連結納税制度の整備

 バブル経済のなかで，1980年代までのわが国では，民間企業・公的部門を問わず，非効率な経営を行ってきた組織体が少なくなかった。しかし，経済が長期にわたって低迷し，経済のグローバル化が続くなかで，わが国の主要企業は企業価値の増大を目指して投資効率の低い事業を処分し，より投資効率の高い経営を行うことが企業に求められている。これを実行するためには，欧米に比べて遅れていた法整備を図ることが必須の要件となってきた。

 1997年には，低リスクで新規事業の育成・買収，不採算部門の売却を機動的に行えるように独占禁止法が改正され，**純粋持ち株会社**が解禁された。また，合併手続きを簡素化して，合併をスピーディかつ低コストで行えるようになった。さらに1999年には，持ち株会社の創設を円滑にするための**株式交換・株式移転制度**が創設された。経済界から熱望された会社分割が制度化されたのは，2000年の商法改正である。この**会社分割**の制度化によって，組織再編のための法制度が整備され，分社化が効率的に実施できるようになった。

 税制との関係では，法人税法の改正で**連結納税制度**が創設され，2003年度から，この制度が適用できるようになった。連結納税制度とは，企業グループをあたかも1つの法人であるかのようにみなして，法人税を課税する仕組みである。連結納税制度の導入によって，企業グループ内の個々の法人所得と欠損を通算して所得を計算することが可能となった。企業の事業部門が100％子会社として分社化された企業グループや，いわゆる純粋持ち株会社に所有される企業グループは統一的に運営され，実質的に1つの法人とみることができる。このような実態をもつ企業グループは，個々の法人を納税単位として課税するよりも，グループ全体を1つの納税単位として課税するほうが，その経済的実態

に即した適正な課税であるといえる。

以上の法制度の整備によって，グローバルな競争の激化という環境のなかで，企業がコーポレート・ガバナンスの実効性を高め，経営を効率化することで国際競争力の向上が図れるように法制度上の問題点を整備したのである。

3 組織再編の管理会計上の意義

企業組織の再編には，組織統合と会社分割がある。**合併・買収**（mergers and acquisitions；M&A）や**持ち株会社**は組織統合である。緩やかに，他企業との戦略的アライアンスを組んで組織を統合していくこともある。不採算部門の廃止あるいは資産売却のために行われる**営業譲渡**は，会社分割に属する。

組織再編の目的は，再編によって企業グループ全体の企業価値を増加させることにある。組織再編にあたっては，事業の評価・選別を行い，企業のコア・コンピタンスに資源を投入することで，事業の「**選択と集中**」を図る。組織再編が促されることで，連結経営が加速される。連結経営のもとでは，従来のような個別企業の業績だけではなく，子会社がグループ企業全体のためのシナジー効果を発揮し企業価値の創造にいかに貢献したかが重視される。

組織統合または会社分割される事業の評価・選別に適用される最も効果的な評価方法は，事業別のEVAやFCF（フリー・キャッシュフロー）の導入である。平岡［2003, pp.47-54］は，パナソニック電工の事例を用いて，組織再編のために事業別WACC（加重平均資本コスト），事業別EP（経済的利益），事業別FCF（フリー・キャッシュフロー）を算定すべきだとしている。しかし，平岡も指摘しているように，これらの指標は過去の業績は評価できても，それだけでは企業が将来も企業価値を創造し得るかどうかはわからない。

そこで山本［2003, p.59］は，組織再編に係る事業評価の方法として正味現在価値法と内部利益率法の活用を推奨している。一般には，将来の事業別キャッシュ・フローが明らかにして，当該事業によって得られる3年ないし5年先までのキャッシュ・フローを（ターミナルバリューで）見積もって，正味現在価値法によって事業の現在価値を計算し，その大小によって判定する。

企業の現実の意思決定においては，経営者は環境への適応行動をとることが多い。正味現在価値法それ自体では，環境の変化に対して柔軟な対応を視野に

入れた行動をとることができない。そこで小林 [2003 (a)；2003 (b), p.7] は，経営者側がこのような柔軟性を視野に入れて，さまざまな意思決定機会に適用できる方法として，リアルオプションによる方法を提唱している。リアルオプションによれば，さまざまな意思決定機会を投資に対するコールオプションやプットオプションの集まりとして捉え，金融オプションの考え方と計算方法を将来の組織再編の意思決定に適用することができるとしている。

　それでは，企業や事業の再編と分権化の方法にはどんなやり方があり，経営上の意義はどこにあって，管理会計システムはどのように変革されるのか。まず，パナソニックグループの事業再編を，管理会計との関連でみてみよう。

4　パナソニックグループの事業再編と管理会計システム

　パナソニックグループは，中期経営計画（2001~2003年度）である「創生21計画」のもとで，グループ5社を商法上の株式交換により2002年に完全子会社化（持株100％化）し，2003年からはパナソニック㈱を含めた各社間の事業再編を一斉に実施した。その狙いは，事業部制の底流に流れている経営権限の委譲（エンパワーメント）と，経営責任を徹底して強化しようとするもの [吉本, 2005, pp.64-76] であった。

　第1に，従来の商品別事業部制では細分化された経営単位による個別最適経営と，グループ連結最適経営のベクトルの不一致による課題が発生しつつあった。そのため，日本で最初に導入したことで輝かしい歴史をもつ**事業部制を発展的に解消**（実質的には廃止）させて，グループ内の事業を事業領域（ドメイン）別に区分して，経営資源の最適再配分を図った。

　第2に，生産と販売を区別した事業形態を廃止し，開発・生産・販売までの全機能を統一化した自主責任経営が実施できるようにした。これにより，生産は生産，営業は営業という機能別の壁がなくなった。

　このような事業再編は，管理会計制度の改編にも連動させている。主要な管理会計上の制度改革は，次の3つであった。

　第1に，本社が行う業績評価基準については，自主経営の徹底とエンパワーメントに実効性を付与するために，2つの指標に絞り込んだ。1つは資本収益性を表す**キャピタル・コスト・マネジメント**（CCM[2]；パナソニック版

EVA）である。いま1つは資本創出力を表すキャッシュ・フローという，資本市場とベクトルを合わせたグローバルな連結ベースの指標を採用した。

　第2に，本社に支払う**税金（上納金）の配当基準**を各社の連結自己資本に対する一定率とした。さらに，赤字でも徴収することにした。これにより，各事業ドメイン会社に課せられた，本社から預かった資本（＝自己資本）に対する収益責任が明確化され，同時に全社の収益性を向上させるための赤字事業の解消が加速されることを期待した。

　第3に，従来，**本社費の配賦**は売上高基準を採用していた。売上高を配賦基準とすると，売上努力をした事業にコストをかけることになって不合理である。そこで新制度では，各事業ドメイン会社に配賦される費用を，本社が提供するサービスに応じて決定することとした。

　以上の改革によって，パナソニックグループにおいて，事業ドメイン会社は従来の単独・国内中心のフィロソフィーを一掃し，グローバル連結重視の自主経営が展開されることを期待した。生産システムでは，伝統的なセル生産システムだけでなく，2005年からネクスト・セル生産プロジェクトを始めたほか，「IT革新なくして経営革新なし」のフレーズのもと，IT革新も推進した。さらに，FF式石油温風機事故というマイナス要因をプラスに転じて，優良会社に転換させる［櫻井，2011, pp.465-484］ことに成功した。

　パナソニックグループの改革は，成功を収めたかにみえた。しかし，2012年3月期には連結最終損益が再び7,721億円の赤字に陥った。そこで大坪文雄社長（当時）はパナソニック電工を吸収合併するとともに，三洋電機を事業統合した。大坪社長に代わって2012年6月に社長に就任した津賀一宏社長は，2013年4月1日に**事業部制復活**の宣言をした。中村改革では中央集権で戦略事業に資源を集中し，開発・営業・生産など機能別に人的資源を集約させたのに対して，津賀社長は開発・製造・販売の一体感を強め，顧客の視点に立った経営を取り戻すことにした。事業の重点も，巨額赤字の要因となったプラズマテレビから自動車や住宅関連事業への転換が発表されている。

　現在，企業の再編と分権化の方法には具体的にどんなやり方があり，経営上の意義はどこにあり，管理会計にはどんな役割を果たし得るのか。パナソニックの対応の結果は，管理会計研究者の立場からも大いなる期待を寄せていると

ころである。

2　持ち株会社の会計と管理

　日本企業を取り巻く環境をみると，アメリカや西洋先進国との競争激化，韓国や中国などのアジア諸国の顕著な経済成長，東欧圏の市場経済への移行などを背景に，日本企業はグローバルで熾烈な経済競争の時代を迎えている。この世界的規模の競争に打ち勝つためには，変化に迅速に対処できる経営組織が必要である。その1つが，**持ち株会社**（holding company）である。

1　持ち株会社の意義と組織形態

　持ち株会社には，2種類のものがある。1つは**事業持ち株会社**で，事業を営む会社である。ほとんどすべての大企業が，事業持ち株会社である。
　いま1つが，株式の所有によって他社を支配する**純粋持ち株会社**である。純粋持ち株会社は過去，戦前に軍部と結託した財閥解体との関係で，独占禁止法で禁止されていたものである。いまではそのおそれなしとして，金融ビッグバンの一環で1997年に解禁されたものである。純粋持ち株会社は，多数の会社の株式を全部あるいは支配可能な限度まで所有することによって，国内会社の事業活動を支配することを主たる目的とする会社である。**事業持ち株会社**が事業を営む会社であるのに対して，**純粋持ち株会社**は，株式によって支配することを目的とした会社である。以下で持ち株会社というとき，特別の断りがない限り純粋持ち株会社のことを指す。
　持ち株会社は，戦略的な経営によって，連結経営として組織再編を実施していくのに効果的である。持ち株会社を導入するには，後述するカンパニー制との関係も整理しておく必要がある。持ち株会社とカンパニー制との組織上の違いは，経営（持ち株会社）と事業（事業会社）とが制度的に区分［武藤，1996, pp.51-79；1997, pp.9-54］されていることにある。
　持ち株会社は法的に，「株式を保有することを唯一の主たる事業目的」とする会社である。その組織は，図22-1のようになる。

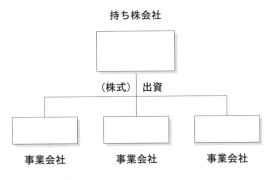

図22-1 持ち株会社の組織

出典：著者作成。

2 持ち株会社設立の目的

持ち株会社は自己の傘下にある事業子会社の収益性とリスク，社会的役割などを投資家的な視点から総合的に判断し，グループ企業の企業戦略を計画し実現していくために，必要な場合にM＆Aを実施できる立場にある。持ち株会社によって得られる利益は，次のとおりである。

(1) **経営効率化の推進**　リストラ，企業買収，合併，戦略的アライアンスなどによって，より効率的な経営が可能になる。しかも，合併などに比べると，合併後の事業会社間での社内融和に悩む必要が少なくなる。

(2) **新規事業の推進**　新規関連事業やベンチャー企業への進出やベンチャーへの出資は投資額の範囲にとどまるから，リスクを背負い込むカンパニー制などと比べると，リスクを回避することができる。

(3) **賃金・人事体系の整備**　事業部制では，賃金や人事体系を変えることは困難である。対して，持ち株会社では事業や経営内容に応じた経営システムの整備が可能になる。

(4) **コーポレート・ガバナンス**　企業は誰のものかと問われれば，株主，従業員，債権者，社会などがあげられるが，持ち株会社では株主の立場がこれまで以上に尊重される。

持ち株会社は，戦前の財閥と結びついてマイナス・イメージを連想すること

が少なくなかった。だからこそ、これまでは事業支配力の集中を理由として禁止されてきたのである。今後はそのような過ちを犯すことなく、持ち株会社の経営者が戦略的な意思決定の幅が大きく拡がる利点を生かして、健全な発展を促すためのあらゆる努力を行う必要がある。

3 持ち株会社の管理会計

持ち株会社では、株主の立場からする業績評価、当期純利益の活用、連結経営への移行、シェアード・サービスの導入、内部監査機能の強化面で特徴がみられる。連結納税制度のもとでは、タックス・マネジメントが課題になる。

(1) 株主の立場からする業績評価

持ち株会社は事業会社に対して株式による出資を行うことになるから、持ち株会社は株主の立場から事業会社を業績評価することになる。その結果、持ち株会社はEVAや自己資本利益率（return on equity；ROE）を使って事業会社の業績を評価するか、バランスト・スコアカードを使い、財務の視点として、EVAやROEが使われることが理想となろう。

IFRSとの関係では、当期純利益だけでなく、包括利益や総資産包括利益率にも注意が向けられることになろう。

(2) 経常利益ではなく当期純利益・包括利益の活用

日本の会社では、現在においてもなお経常利益が重視されている。しかし、株式の保有を主たる事業目的とする持ち株会社の立場からすると、経常利益を提示されても、株主という立場からする最終的な経営の判断材料にはならない。そこで持ち株会社では、経常利益ではなく、税引き後の当期純利益やROEの活用が増える。さらにまた、IFRSの浸透とともに、持ち株会社では包括利益が重視されることになる。

(3) 連結経営への移行

わが国では、連結キャッシュ・フロー計算書も連結経営も定着してきた。財務会計上の整備がなされたこともあって、管理会計の面でも持ち株会社は利益やキャッシュ・フローを、個別企業ではなく、連結の立場から検討することが多くなってきた。さらに、持ち株会社は連結経営の立場から、事業のポートフォリオや、戦略的なポジショニングを決定するようになってきた。

(4) シェアード・サービスの導入

持ち株会社になると，傘下にある事業会社を株主として支配することになる。持ち株会社の人数が多数いる場合は別として，例えば，NTTの持ち株会社のように200～300人前後の少人数になると，従来は本社が行っていた機能を分離することになる。その場合，人事や経理の機能は，シェアード・サービスとして独立採算（利益センター）または原価センターとして運営される。利益センターとして運営されている典型を，NTTの経理業務等を行っている，**NTTビジネスアソシエ**にみることができる。

(5) 内部監査機能の強化

持ち株会社に事業会社を統括する監査部門を設けることによって，傘下にある事業会社の戦略や業績評価が，持ち株会社のポートフォリオ戦略に合致しているかをチェックすることができるようになる。内部監査のチェック項目としては，収益性の検討だけでなく，顧客満足度の調査や，CSR（corporate social responsibility；企業の社会的責任）の実施状況の調査も含めることが多い。

最後に，持ち株会社の日本企業へのインパクトについて触れておこう。持ち株会社に移行した企業は，一般に不採算事業の売却や撤退がしやすくなる。そこで，このような企業は，これまで以上に持ち株会社を活用して経営の効率化が求められるようになろう。同時に，グローバル化の進展によって，海外企業との統合に持ち株会社を利用することも多くなってきた。

3　会社分割の管理会計上の意義

会社分割は，グループ内の事業をグループ外に放出することである。会社分割の経営上の意義は，非効率な事業の切離しによる経営の効率化にあり，管理会計上はセグメンテーションによる経営の可視化が促進されることにある。当然のことながら，経営を可視化するためには測定が必要である。

1　なぜ会社分割か

1980年代までの日本企業には，会社分割の必要性は極めて低かった。なぜな

ら，日本企業はそれまで右肩上がりの経済のもとで，市場の拡大と売上高の増大を戦略目標とする経営を行うことができたからである。

1990年代以降の日本企業では，バブル崩壊後の経済低迷のなかで，企業価値の増大を求める機関投資家の発言力が高まってきた。加えて，連結をベースにしたグループ経営が主流になってきたため，企業が不採算部門からの撤退や事業の売却を図り，自らの強みを発揮してグループ全体としての企業価値を高めるための経営が行われてきた。事業の分離・統合手続きが容易で，税制上の優遇措置（一定の条件のもとで，分社にともなう資産譲渡益の課税が繰り延べられる）なども，会社分割が多くの企業に受け入れられている理由である。

連結経営やグループ経営を推進し，経営の効率化を実現するには，不採算部門を切り離す必要がある。そのために活用されるのが，会社分割である。

2　会社分割の形態

会社分割によって営業を継承する会社が新しく設立される場合には**新設分割**になる。すでに存在している会社に吸収させる場合には，**吸収分割**となる。

すべての事業部門を新設した子会社に移転する場合には，持ち株会社への移行は新設分割になることが多い。その理由としては，事業部門を移転する場合には，受け皿として子会社を新設するからである。

持ち株会社への移行後，複数の従属会社の事業部門が重複する場合の再編成において，既存の会社に継承させる場合には，吸収分割になる。新会社を設立するならば，新設分割になる。新設分割では，分割によって新たに設立される会社（新設会社）が設立に際して発行する株式を，分割会社に割り当てる場合と，分割会社の株主に割り当てる場合とがある。前者を物的分割（分社型分割），後者を人的分割（分割型分割）という。

3　会社分割の管理会計

分割された会社に対する管理会計の役割期待の1つは，事業自体の業績評価である。いま1つは，分割された会社の経営者の業績評価である。一般論としては，事業の業績評価にはROIといった比率による評価がすぐれているが，経営者の評価には経常利益や当期純利益の予算・実績比較がすぐれているとされ

ている。しかし，アーサーアンダーセン（2002年に解散）のように両者を区別せず，事業価値評価の具体的な方法として，DCF法，純資産価額法，類似業種比準法［あさひ法律事務所・アーサーアンダーセン，2001, pp.280-288］を推奨しているところもある。そこで推奨されているのは以下の評価法である。

DCF法では，分割の対象となる事業から得られる将来のキャッシュ・フロー（と残存価値）を加重平均資本コストで割り引いた現在価値の合計額に，分割対象部門の事業活動以外に有している資産の価値を加え，そこから有利子負債の価値を控除したものを分割対象事業の評価額とする。

純資産価額法は，分割対象となる事業が保有する純資産によって事業を評価する方法である。純資産は，事業の財産を評価し，その総額から債務総額を差し引いて計算する。総資産，負債，純資産を簿価とするか時価とするかで，簿価純資産法と時価純資産法とに区別される。

類似業種比準法は，証券市場で公開されている類似業種の株価を参考にして事業価値を算定する方法である。この方法は，非上場の株式の評価を前提にしている。ただ，会社分割では，（会社全体の価値算定ではないので）株数や1株当たりという概念はない。したがって，類似企業の全体価値の指標と企業価値の比率と，分割対象となる事業の指標とを用いて事業価値を評価する。

現実の事業価値評価では，以上のDCF法，純資産価額法，類似業種比準法を組み合わせて行うことになろう。

会社分割において，税制の問題を無視することはできない。企業整備法制に応えて，2001年には大幅な税制改正が行われた。改正の趣旨は，企業の再編成を可能にし，企業の活力を十分に発揮することを目的としている。論点は，譲渡課税と課税の繰り延べに向けられている。

新設分割された会社は，親会社に対して子会社になる。アメリカでは一般に事業部制というとき，いわゆる事業部だけでなく子会社を含むことは，田中［1982, p.224］や挽［1999, pp.21-23］によって明らかにされてきた。ソロモンズ［Solomons, 1965, p.3］もまた，子会社と事業部制の本質的な区別をしていない。ただ，アメリカの事業部制は日本企業のそれとは違って，投資責任をともなった投資センターとしてもたれる。利益センター中心の典型的な日本の事業部制を，投資センターに変革する優れた組織上の改革の1つが，ソニーによ

って始められたカンパニー制であった。

4　カンパニー制

　分権化の方法として，従来は一般に，事業部制のような社内的な分権化と，関係会社や子会社などの社外的な分社制とがとられていた。コーポレート・カンパニー制（以下，カンパニー制）は，1つの会社のなかに擬似的に会社をつくる制度であり，事業部制の発展形態の1つとして位置づけることができよう。いわば，社内での分権化の方法がカンパニー制である。ソニーが1994年にカンパニー制を導入して以来，三菱ケミカル，日立製作所，ダイエー，その他がカンパニー制を採用したことで，カンパニー制は，一躍，経営者の注目を浴びることとなった。

1　カンパニー制の経営上の意義と特徴

　日本の事業部制は，アメリカ型の事業部とは違って，本社によるコントロールが強すぎるし，経営階層の重層化と管理の強化が目立ち，意思決定のスピードが遅いなどの欠点が指摘されてきた。カンパニー制は，これら日本の事業部制がもつ弊害や大企業病を解決する処方箋として提案された。
　カンパニー制はアメリカの事業部制を模倣したものとされる。**カンパニー制**は，「既存の事業部を疑似的に1個の会社とみなして管理する手法で，資産だけでなく負債・資本についても分割し，留保利益や欠損金の繰り越しまで計算し，本社費や金利，税額，配当金も負担する」［木村, 1995, p.62］制度である。
　著者は，従来の日本における多くの事業部制が投資の決定権限がなく，実質的に利益センターでしかなかったのに対して，投資センターで独自の資本を有し人事権もまた大幅に委譲された事業部制をカンパニー制と定義づけたい。

2　カンパニー制の特徴

　カンパニーは，製品別・地域別のいわば事業部である。組織的にみれば，事業部制組織で，事業部A，事業部B，事業部Cがあれば，それぞれカンパニーA，カンパニーB，カンパニーCに変わったにすぎない。カンパニーを別法人

とせず，同一企業内に留めている理由は，大企業のメリットである豊富な資源を有効活用しようとすることにある。カンパニーは，いってみれば，一種の疑似会社である。カンパニー制の特色は，次のとおりである。

(1) カンパニーは，**投資センター**になる。つまり，日本の多くの事業部と異なり，カンパニーが完全な投資責任までを負うことになる。

(2) カンパニーは，本社とは明確に区分された**独自の資本**を有する。それには，カンパニーが独自の貸借対照表だけでなく社内資本金をもつことが望ましい。また，カンパニー間の取引は，経済性原理に基づいて行う。

(3) カンパニーが投資センターで貸借対照表をもつということは，カンパニーでは**投資効率が重視**されることを意味する。しかも，銀行からの金利だけでなく，すべての自己資本の資本コストを差し引いた税引後の純利益が管理対象となる。

(4) 本社には，明確な形で，グループ企業の経営戦略の策定，業績評価，トップの人事，全社的財務戦略の**権限**がおかれることになる。

(5) カンパニーは，設備投資や高レベルの**人事責任**までもつ。

3 カンパニー制の業績評価

カンパニー制組織のあり方は多様である。一般には独立採算制が強く，損益計算書だけでなく**貸借対照表**を業績評価の柱として組み入れ［伏見・渡辺，1995, pp.56-57］ている。さらに，カンパニー制の利益管理では，**社内資本金**をもって，通常の会社のように利益処分や利益留保が行われる点［西澤，1995, pp.44-52］にも，その特質がみられる。カンパニーに損失が生じた場合には，本部はその補填を行わず，カンパニーに蓄積される。

累積赤字が巨額に達すれば，当然のこととして"社内倒産"が行われる。著者は，必須であるとはいえないにしても，カンパニー制における社内管理制度として，社内資本金制度が必要であると考えている。このような制度をもつことによって，カンパニーのプレジデントは緊張感をもって経営にあたり，すぐれた経営を期待することができるからである。資産・負債アプローチをとるIFRSが導入されれば，社内資本金制度の必要はさらに高まろう。

以上，カンパニー制の導入により，利益計画や資金計画はもとより，中長期

的な経営計画，設備投資計画，資本構造計画もカンパニーが独自に策定できるようになる。そのことによって，カンパニーの経営者に責任，権限を大幅に委譲できることになる。その結果，カンパニーの独立性が高まり，事業の効率的運営が期待される。

4 カンパニー制か分社化か

　法制度で会社分割が認められたことで，カンパニー制をとってきた数多くの企業が会社分割をすることになった。カンパニー制は会社分割など，もっと徹底した事業の再構築へのワンステップとして捉えることもできよう。横田［2003, pp.89-95］は，カンパニー制から別の組織形態へと組織変更した事例として，日本電気と武田薬品工業を，さらに富士ゼロックス［横田, 2004, pp.195-196］を考察している。

　日本電気（略称；NEC）は，2000年4月から3カンパニー（半導体，通信，コンピュータ）を導入した。しかし，2002年，半導体を分社化して2カンパニーとした。2003年4月には社内カンパニー制を廃止し，事業ラインを基本としたフラットな組織体制へ移行した。カンパニー制廃止の理由として横田は，「ITおよびネットワーク部門の事業は，カンパニーの独立性の強さがむしろ『壁』となってビジネスの流れに合わなくなってきた」ことをあげている。同時に，カンパニー制の経営上で果たしてきた意義について，カンパニー制の導入が選択と集中の新しい方向性を見極めるための判断プロセスとして，カンパニー制が果たした役割を高く評価している。

　武田薬品工業の事例に関して，1996年にカンパニー制を導入したものの，2001年からの事業再構築のもと，次々と実施された他社との合併や営業譲渡によって，社内カンパニーとしての意義が失われていった。結果，武田本体には，医薬事業とヘルスカンパニーのみが存在することになった。武田のこのような選択も，横田［2003, pp.89-95］によれば，各カンパニーの損益計算書，貸借対照表，キャッシュ・フロー計算書をはじめとして，管理会計のすぐれた仕組みと業績評価のシステムを導入したことで，「カンパニー制を選択していたからできた，事業再編の意思決定」だと評価している。

　富士ゼロックスがカンパニー制を廃止した理由として，横田［2004, p.195］

は，本体でのトップのかかわりが強くできる組織構造と，分社化による自律性の強化の2つをあげている。

東芝では，1999年に，事業部本部制からカンパニー制へと組織変更を行った。カンパニー制を導入して以降，コーポレートの下にカンパニーがおかれ，カンパニーのなかに事業部がおかれている。カンパニーとその中の事業部に対するコーポレートの管理統制を，直接ガバナンスと呼んでいる。各カンパニーと事業部は傘下に子会社を持っており，これら傘下の子会社に対する管理統制を間接ガバナンスと呼んでいる［中村ほか，2013, pp.181-183］。

東芝の製造子会社では，組織全体では利益が出ていないにもかかわらず，工場単位で見ると利益がでていることがある。このような個別最適の総和が全体最適につながらない事態を排除する必要がある。そこで，東芝では，スルー損益管理を実施している。スルー損益は，各事業の地域別，製品別などに管理会計上の損益を細分化して端から端まで通期の損益を見ようとするもの［櫻井・松永，2014, pp.53-62］である。

なお，不正会計の発覚などにより事業の構造改革を行っていた東芝は，1999年から導入・運用していた社内カンパニー制を2017年に分社化へと転換した。

分社化が法制上も容易になれば企業があえてカンパニー制としてとどめておく必要がない。著者には，カンパニーという**セグメント**単位での**測定**を行うことにより分社化が容易になり，**経営の可視化**が図られることに経営上の意義が見出しうるのではないかと考えている。

5　流通業における部門別・商品別業績評価

流通業の場合，かつて業績評価は部門別・商品別に行われていた。ITの発展も経営管理システムも未成熟であった時代には，商品を単位とする業績の評価が困難であったからである。しかし近年では，POS（point of sales）の発展と経営管理思考の発展により，より小さなセグメントでの業績評価が可能になった。その結果，流通業における管理単位は，クラス，MD（merchandising），商品単位など，従来に比べてより小さなセグメントに移行してきた。

1　業績評価の対象

　業績評価の対象は，一般には部門である。しかし，どこまでを評価単位とするかは，企業によってもまた評価目的によっても異なる。POSシステムのもとでみられる経営革新は，これらの**部門別業績評価システム**に加えて，クラス，MD，商品単位など商品を単位とした業績評価を可能にしたことにある。その結果，流通業では，事業部，店，部門，クラス（ブランド，用途），MDおよび商品単位などのセグメントに区分されるようになった。

2　部門別業績評価会計

　企業の業績評価は過去において，原則として**原価センター**である部門を単位にして行われてきた。それには次の理由があった。第1に，部門別に製品や商品または製品群を扱っている。第2に，業績管理は予算を通じて行われるが，予算管理の単位が部門である。第3に，部門には経営組織上の責任者である部長がいるので，有効な対策がとりやすい。このような理由から，業績評価単位として部門が最も望ましいと考えられてきたのである。

　流通業を例にして，聞き取り調査によって得た知見から，部門別業績評価を行ってきた2つの事例を紹介しよう。

①　高級品志向の百貨店（A社）

　日本を代表とする有数の百貨店であるA社は，日本における多くの老舗の百貨店と同様，基本的には事業部単位で業績を評価している。加えて，管理のためにMD単位を利益センターとして，予算・実績比較という形で業績評価を実施している。A社の業績評価は必ずしも厳しくはなく，各人の自覚を促す方式によっている。業績はMD単位で評価されているので，相当大きな店舗でも，食品部，衣料部など部門別に，平均すると店別に20の業績評価単位で行っている。業績評価のために，目標管理制度を導入している。

②　若者向け百貨店（B社）

　業績評価の単位は，課の段階まで下ろしている。ある東京の店では，21の業績評価単位をもっている。業績評価は予算・実績対比で行っている。A社と比較すると，業績評価は相当厳しく行っている。その理由は，評価の結果を人事

考課とつなげているからである。管理会計的にいえば，業績は本社費を配賦する前の第一次利益（本社配賦前利益の当社の呼称）で評価している。

以上，A社もB社も業績評価のためにいろいろな工夫を凝らしているが，いずれの企業も伝統的な意味での部門別業績評価システムの域をでていない。

3　商品別業績評価会計

技術革新は，固有の意味での部門ではなく，もっと細分化された単位での業績評価を可能にした。流通業では，POSの発達が商品別の管理を可能にした。POSをインターネットにつなげることによって，単位商品別の業績評価も可能になった。このことにより，POSをJIT（just-in-time；かんばん方式）の思想と結合させることで，手持ち在庫を減らしながら，売上高を増大させることも可能になった。

① 積極的な経営の百貨店（C社）の事例

積極的な経営で知られるC社は，セグメント別に粗利益の段階までの情報を提供している。ここでセグメントは，次の4つに区分されている。

第1は，DEPT（部門）までの積上げ情報で，店・本部組織，売場，MDである。この段階では，本社共通費までを差し引いた利益が算定される。

第2は，ブランドの積上げ情報で，ブランド分類，テイスト（エレガンス，スポーティなど）の評価である。この段階では，ブランド別の貢献利益までが算定される。

第3は，基本アイテムの積上げ情報で，商品，アイテムからなる。この段階では，粗利益（売上総利益）から営業費用を差し引いたユニット別の貢献利益が算定される。

第4は，詳細アイテムの積上げ情報で，紳士服でいえば，シングル・ダブル，無地・グレイチェックなどである。この段階では，粗利益がいつでもわかる状態にある。

以上の結果，C社は経営活動の結果を即座に是正措置に結びつけるための収益性の検討が可能になった。例えば，ダンヒルの商品を管理しようとするとき，同じダンヒルの商品でも，どこの店（新宿店，池袋店，渋谷店）の，どのMDの，どの商品（ネクタイ，背広，眼鏡）の，何色の商品の収益性がすぐれてい

るかなども分析・評価するようになった。

② 量販型の流通業者（D社）の事例

　D社の流通業者は，商品単位に近いところまで利益センターにして，そこでの業績評価を行っている。D社の業績評価単位は全国で数千店ある。1つの販売店単位では，平均すると60の利益センターをもっている。それゆえ，仮に，ある利益センターの利益が低下したことが判明すれば，即座にその原因が究明されて，是正措置がとられるようになっている。

　是正措置の内容には，発注の仕方を改善することで解決する案件が多い。流通業では発注方法が適切でないために，商品を陳腐化させたり足回りの悪い商品をたくさん抱えたりしていることが少なくない。D社の商品別業績評価会計は，経営の改善（発注方法のチェック）に向けられることに特徴がある。

　管理会計上のシステムという視点から考察すれば，C社もD社も商品別業績の評価を行っているわけで，両者には大きな違いはみられない。両者が違っているのは，経営への活用の仕方である。C社では業績評価の結果を人事考課に活かしているのに対して，D社では経営改善（例えば，発注の仕方を改善すること）に活かしているところに大きな違いをみることができる。

　C社とD社のいずれがすぐれているかを軽々に断定はできないが，長期的にみてD社の方がすぐれた業績をあげていることはたしかである。

4　DPPとPOS情報の結合

　利益センターにおける損益算定の基礎になっているのが，POS時代のブランド利益／コスト管理指標［田島，1989, p.166］としてのDPP（direct product profit；直接製品利益）である。**DPP**とは，流通業における直接コストの計算をベースにして把握される単品ベースの直接製品利益である。POSの普及にともなって，単品ごとの販売数量が把握できるようになり，その結果，仕入原価と結ぶことにより粗利益も単品ベースで計算できるようになった。

　単品ベースの損益データがなぜ経営に役立つのか。多くの経営上の役立ちが見込まれるのであるが，その1つに，売れ筋商品が容易に発見できることがあげられる。つまり，利益が減少する原因の1つは，発注の仕方に問題がある。言い換えれば，売れ筋商品を抱えていないことに問題がある。それゆえ，従来

は部門を中心とした原価センターであったのを,単位商品別の利益センターに代えることによって,顧客が何を求めているか,どこに問題があるかを迅速かつ的確に把握し,発注の仕方を変えることで収益性を増大することができるのである。これを見事な形で実現したのがセブン・イレブンであり,その親会社であるセブン&アイ・ホールディングスである。

以上,流通業でみられてきた業績評価制度の研究を通じて,わが国の業績評価が,従来の部門別業績評価に加えて,商品単位別の業績評価がなされている傾向を発見［大迫・櫻井,1991,pp.95-104］するとともに,その後の発展をみてきた。このシステムによって,売れ筋商品をいち早く発見し,商品戦略に活用している。これは百貨店より量販店に多くみられる。その理由は,競争が激しいことに加えて,この制度を導入することの効果が大きいからである。

企業間の競争力の差が生じるのは,「技術自体が悪いのではなく,……経営者にある」［Jaikumar, 1986, p.69］。POS自体はアメリカで開発されたのであるが,セブン&アイ・ホールディングスは単位商品別の利益センターの概念を中心にしてPOSをJITの思想と結びつけ,種々の経営革新を行ってきた。流通業でも企業間競争はますます激化している。日々進化する技術革新の成果を適切に利用することで,今後とも多くの企業が経営効率化に役立て,さらに企業価値創造の経営を実現することが期待される。

6 ミニ・プロフィットセンターと京セラのアメーバ経営

現代の経営で最も必要となるのは,可能な限り**セグメント化**し,**測定**することで経営の問題点を**可視化**(見える化)することである。また人間は,コストを引き下げろと命じられるよりも利益を上げるべく工夫せよと命じられるほうが動機づけられる。ミニ・プロフィットセンターは日本の経営のなかで誕生し[3],アメリカの研究者によって発見された,小組織単位による企業価値創造の方法である。

1 ミニ・プロフィットセンターとは

広義では,事業部制や日本企業に特有とされる職能別事業部制も,ミニ・プ

ロフィットセンター（micro-profit center；MPC）だといえなくはない。しかし，**ミニ・プロフィットセンター**とは，「従来から行われてきた小集団活動をベースに，損益という業績評価指標を通じて，組織学習活動の効果を向上させることを目的とした」［伊藤，2003, p.97］経営組織単位である。

　ミニ・プロフィットセンターでは，原価企画やTQMのようなツールを用いることはない。その特徴は，次の2つに集約できる。

　第1に，原価センターを利益センターに変換する。その結果，経営者は原価低減だけでなく利益獲得への強い意識が高まり，積極的に売上高を増やそうとする。この意味での利益センターは，**擬似利益センター**と呼ばれている。

　第2に，ミニ・プロフィットセンターと称されるためには，多数の自律的単位が設定される必要がある。自律的単位によって，環境の変化に迅速に適応できる能力が付与される。これをクーパーは，「真のミニ・プロフィットセンター」［Cooper, 1995, pp.278-327］と呼んでいる。擬似利益センターと**真のミニ・プロフィットセンター**の区分を，実質的にクーパーは，社外取引を行うほどに独立採算経営を行っているか否かに求めている[4]。

　1990年代に議論された**ミニ・プロフィットセンター**では多様なミニ・プロフィットセンターが提案された。主要なミニ・プロフィットセンターには，次の4つのタイプがある。

① **ラインカンパニー制**（住友電工グループ，NEC埼玉，Texas Eastman社の3Bプラント，オムロン，コニカミノルタホールディングスなど），
② **職場別利益管理制度**（ヒガシマル醤油，キリン京都工場など），
③ **グループ経営**（オリンパス光学など）［伊藤，2003, p.97］，およびセーレンの**ライン採算性組織**などがある。
④ 京セラのアメーバ経営とラインカンパニー制である。

2　住友電工ほかのラインカンパニー制

　菅本・伊藤［2003, pp.42-60］によって研究されてきた住友電工のラインカンパニー制の仕組みとその特徴を検討しよう。**住友電工のラインカンパニー制**は，①工場を少人数のグループに細分化し，②損益を総合的な指標とし，③ラインが主体となり，スタッフのサポートのもと，④事業体質改善を進め，⑤創

造的・主体的な人材の育成を図る仕組み［菅本（b），2003, pp.105-115］である。

NEC埼玉のラインカンパニー制［三矢，2000, p.236］でもみられるところであるが，住友電工のラインカンパニーでも，ラインのリーダーがラインカンパニーの社長になり，現場組織の単位は，住友電工では5～40人程度のグループからなる。制度の狙いは，現場の潜在能力を引き出す1つの手段であり，顧客関係を大事にし，業務を通じて自ら成長する学習環境とすることにある。

菅本によれば，**住友電工**では200～300人程度からなる工場が全国に点在していて，各工場の内部を掛（かかり）に分けて現場管理を行っている。この掛（5～40人）を会社に見立てて，掛の主任を"会長"，主任代理を"社長"と呼んでいる。この擬制された会長と社長のもとで，小グループの"商店"をつくり，班長クラスが"店長"になる。工場長や部長が"株主"，生産技術部のスタッフが"技術コンサルタント"と呼ばれている。

クーパーが紹介している**3Bプラント**では，マネジャーが全株主に模擬株式を発行して従業員が3B会社の社員になるように擬せられる［Cooper, 1995, p.67］。一方，住友電工では完全に1つの会社形態をとるなど，徹底した"会社"として捉えられていることに大きな特徴を見出すことができる。

従来は内部の組織が工程別に区分されていた。しかし，工程別に区分した結果，自班の能率優先という部分最適に走りがちであった。そこで，各カンパニーの内部を品種別に再編した。工程の区分を変更したという意味では，三矢が紹介しているNEC埼玉のラインカンパニー制も同じである。異なるのは，NEC埼玉では工程別から機種別管理に変更した点である。NEC埼玉では，携帯電話・PHSといった機種ごとに，20人前後が円形に並んだスパイダー（蜘蛛）ラインを組んでいる。これは機種別といっても品種別でもあり，発想に大きな違いがない。

住友電工のラインカンパニー制の3点セットと呼ばれている工場運営の方法を，菅本に従って考察しよう。3点セットは，トータルロス分析，プロフィット・システム，およびTO-DOリストである。

トータルロス（限界埋蔵金）分析は，従来の原価差異分析に代えて絶対金額によって，実際にどれだけのロスが生じているかを従業員に認識させる意識改革のシステムである。

プロフィット・システムは，全社的な管理会計制度である予定直接原価計算制度から集計されるデータを利用した利益算定の計算システムである。売上[5]，粗利，損益は次のように算定する。

売上＝予定材料費＋予定直接加工費＋予定間接費
　　＝予定材料費＋予定直接加工費＋（予定直接加工費×配賦率）
　　＝予定製造原価＋（予定直接加工費×配賦率）
粗利＝売上－予定材料費
経費＝実際経費
損益＝粗利－経費
　　＝粗利－（実際直接加工費＋実際間接費）

TO-DOリストでは，いつ・誰が・どのように改善すべきかを具体的に示して，そこから期待される目標効果金額を必ず記入することが8ラインに求められる。検討項目には，①線速アップ・高稼働率化，②工数の低減，③作業事故（不良）の低減，④有形ロスの低減，⑤経費の削減などがある。TO-DOリストは業績検討会で報告され，目標管理制度と連動させている。

以上，住友電工のラインカンパニー制は，企業価値創造を意識したセグメンテーションを徹底化した擬似利益センターのシステムとして特徴づけられる。そこで次に，足立ほかによって明らかにされたセーレンのライン採算性組織を見てみよう。

3　セーレンのライン採算制組織

セーレン株式会社は東京と福井に本社をおく総合繊維メーカーである。従業員数は連結で6,062名，連結売上高は約979億円（2014年9月期）。足立ほか［2011, pp.3-12］によれば，製品別事業部制がとられている。セーレンでは，全社的に目標管理制度が行われており，この制度のなかで各管理階層別の会計目標が設定されている。目標の達成度は賞与や昇進等に反映されている。

セーレンでは，工場は利益センターとして位置づけられている［足立・篠原, 2008, pp.73-80］。目標管理制度のなかで設定される工場利益目標に基づいた損

益管理が行われる。工場利益は生産高（営業部門に対する検査高ベースの売上高）から工場経費（工場内の管理部門の費用も含む）を差し引いて求められる。実績は月次で決算数値のデータベースを変換して測定され，目標値と比較されて経営会議に報告される。この工場利益では五ゲン主義（原理・原則・現場・現物・現実）の実践に貢献［川田，2007，pp.46-47］している。

　セーレンの利益指標である**工場利益**は，次のように計算されている［足立ほか，2011，pp.3-13］。

　　　工場利益＝生産高－加工費－本社・事業部間接費

　生産高とは，工場から営業部への売上（ただし，一部は社外売上）を指す。直接材料費は営業部の負担コストであり，工場で発生するコストは製品の加工費に相当する。そして，生産高から加工費，および本社・事業部の間接部門配賦額を控除した残余が工場利益とされている。アメーバ経営とは違って，セーレンでは時間概念はなく，利益額そのもので評価される。営業部の利益概念である営業利益は，以下のように算定される。

　　　営業利益＝売上－直接材料費－生産高－販売費－本社・事業部間接費

　以上のように，セーレンでは営業部が直接材料費について責任を負う点にその特徴をみることができる。さらに，工場と営業部の両方に忌避宣言権が与えられているため，営業部が他社の工場に加工作業を発注したり，工場が他社から委託加工業務を受注することも可能である。

　工場全員が効率的に仕事をするためには，工場全体がロスなく効率的に働けるような計画を立案し，この計画をもとに1人ひとりがなすべきことを作業指図として明確に指示することが求められる。五ゲン主義に基づく**整流生産管理**では，工場の全工程にわたって各工程の作業順序や作業時間まで考慮した生産日程計画を作成し，これに基づく作業指図が行われる。仮にトラブルが発生した時には，「**見つけましたね運動**」などの全員参加経営の仕組みによって再発防止策をとることになる。

セーレンは，1980年代には瀕死の状態にあった会社を，川田達男社長の強力なリーダーシップの下で不死鳥のごとく蘇らせた。現代日本のまさに会社経営のベストプラクティスであるといえる。上總ほか［2008, pp.31-55］を参照することで，なぜ著者がベストプラクティスと評したかが理解できよう。

4　京セラのアメーバ経営

アメーバ経営の特徴は，アメーバ経営をはじめとするミニ・プロフィットセンターの研究ですぐれた成果を発表してきた三矢［三矢ほか，1999；pp.12-29；三矢（a），2003］等の研究からすると，その組織と運用法にある。組織については，リーダーの意思によって，工程や機械別（製造の場合），販売拠点や担当商品別（営業の場合）といったように，組織を自由に細分化できる。係や班に相当する平均10名（数名から数十名まで）の組織までが，アメーバと呼ばれる独立採算に基づく利益センターになっている。

アメーバは公式の組織であって，タスクフォースのような特定のプロジェクトのために時限的に編成されるものや，QCサークルのように公式組織の補完的なチーム型組織ではない。京セラの社員数が13,000人（1990年代中葉）に対して，アメーバの数は1,200であった。町工場や商店のようなもので，リーダーはいわば中小企業の経営者として"自分の食いぶちを稼ぐ"必要がある。

運用法についてみると，アメーバは，1つの会社のように，社内のマーケットで自分たちが生み出した財貨やサービスを販売する。社内で売買される販売価格は，コスト・プラス方式ではなくアメーバ同士の交渉によって決定される。製造現場では，前工程のアメーバが後工程のアメーバに対して中間生産物を販売する。内部取引で発生した売上から生産にかかったコストを差し引いて，前工程のアメーバの利益が算定される。

京セラでは，工程の1つひとつがアメーバとして独立している。アメーバ間では，流れていくモノについては，原価ではなく，話し合いで売価が決定される。各工程は，採算責任をもつアメーバである。アメーバは上流工程からモノを買い，下流工程のアメーバに売る。これは，社内売・社内買と呼ばれている。このように，**アメーバ経営**では，営業と接する工程だけでなく，全工程でマーケットを意識した生産や販売が行われることになる。

管理会計のシステムは，可能な限り単純で，会計の知識がない者でも簡単に使える**時間当たり採算**がとられている。時間当たり採算のとり方については，三矢(a)[2003]が歴史的な流れのなかで述べており，製造部門と営業部門で算定方法が異なる。

　　製造部門の時間当たり採算＝差引売上高÷総時間　　　　　　　(22-1)

式22-1で，差引売上高はアメーバの儲けである。差引売上高は，総生産からそのアメーバで使った経費を引いて求める。三矢（a）[2003]によれば，これは一般にいう付加価値に近いものだという。総生産は，総出荷－社内買で求められる。総出荷は，社外出荷＋社内売で求められる。経費は，アメーバが期間内に使ったトータルの費用のことで，いわば必要経費のことである。

　　営業部門の時間当たり採算＝差引収益÷総時間　　　　　　　　(22-2)

営業はあくまでも手数料収入を稼ぐという考え方から，式22-2で，差引収益は総収益－経費で求め，総収益は売上金額×口銭率で求められる。時間当たり採算は，会計の専門的知識をもたないリーダーが，自らの手で採算計算ができる仕組みになっている。

アメーバでは，社内のアメーバが供給する部品であっても，社外にもっと安くてすぐれた部品があればそれを買うことができる。社内だからといって保護するようなことはない。社外からの購買だけでなく社外にもっと有利な販売先があれば販売する。つまり，各アメーバには多大の自律性が認められていて，クーパー[Cooper, 1995, pp.65-78]がいうところの自律的な単位になっており，真のミニ・プロフィットセンターとして位置づけている。

京セラが子会社化した複写機メーカー，**京セラミタドキュメントソリューションズ**（旧・京セラミタ）が10年間の会社更生計画を7年前倒しで終了した。異例のスピードで再建を果たした上で再建の武器になったのが小集団ごとに採算性を徹底追求する京セラ独自のアメーバ方式であったとされている。ライン生産に代わって1人の作業者が完成までに責任をもつ**セル生産方式**を導入した

工場では，生産効率が三田工業時代に比べて2.3倍に向上した。京セラミタを見事に再建した社長（当時）の西口泰夫氏は，アメーバ経営を評して，「価値ある新規事業を絶えず生み出し育てるクリエーター」であると述べている。

最後に，京セラのアメーバ経営における京セラフィロソフィーについて述べておきたい。ミニ・プロフィットセンターについて，これまでは技術の問題として述べてきたが，アメーバ経営学研究会［編］『アメーバ経営学―理論と実証―』［アメーバ経営学術研究会(編), 2010］では，そのフィロソフィーについても分析が加えられている。その特徴とは，日本の多くの企業が「**顧客**」を経営理念の中心に位置づけてきたのに対し，京セラフィロソフィーでは「**従業員**」を中心において，価値判断の基礎としている［澤邉, 2010, p.93］。

以上，カンパニー制にせよ，はたまたアメーバ経営にしても，組織再編と分権化の主たる目的の1つは，分権化（**セグメント化**）された組織単位における業績の**測定**を通じて経営を**可視化**することで企業価値を増大させることにある。アメーバ経営はこの特質をすべて満たしているといえる。

5　京セラのアメーバ経営の飛躍的発展と現状

アメーバ経営は，京セラの発展を導いた稲盛和夫氏が「従業員の物心両面の幸せを探求する」という経営理念をもとに発展を導いた経営の方式である。京セラのアメーバ経営は，いまや，いわば管理会計研究において時代の寵児にすらなってきたといっても過言ではないであろう。

京セラのアメーバ経営の現状と本質を明らかにするのには，現時点では次に述べる4冊の著書が非常に参考になる。

第1は，先に述べた『アメーバ経営学―理論と実証―』［アメーバ経営学術研究会, 2010］である。秀逸な執筆者を揃えたこの著書によって，読者はアメーバ経営学を深くにまで理解することが可能になるであろう。

第2は，アメーバ経営学術研究会『アメーバ経営の進化―理論と実践―』［アメーバ経営学術研究会, 2017］である。この著書によって，京セラのアメーバ経営は当初のミニ・プロフィットセンターという性格から，日本航空再建への貢献（稲盛和夫，近藤大輔・三矢裕，上總康行，太田嘉仁が4つの章で論述）を中心に，京セラのアメーバ経営がより深い意味を持つ経営哲学を含み，製造

業だけでなくホテルなどのサービス業，病院などの異業種にも適用可能であることが明らかにされた。

　第3は，庵谷［2018］の『アメーバ経営と管理会計』である。その特徴は，京セラのアメーバ経営を，①時間当たり採算，予実（実）管理システム，社内売買システムといったアメーバ経営特有の特徴と本質を明らかにしただけでなく，②ホテルの2社へのアメーバ経営の適用事例，および③京セラのフィロソフィーについて，管理会計の著書としては相当突っ込んで論述されている労作である。個別企業には自分の眼で何度も確認した上で記述されていることで，重みのある著作となっている。とくにホテルの事例は，ホテル関係者にとって大いに参考になるのではないかと推察される。ただ，この著書では，内容に若干の重複と京セラのアメーバ経営への一方的な礼賛が気になるところである。

　第4に，潮［2013］の『アメーバ経営の管理会計システム』は，単なるアメーバ経営の紹介に留まるだけではなく，アメーバ経営のフィロソフィーに内在する矛盾にまでも論述した著書として位置づけることができるであろう。本書の特徴として特筆すべきことは，米国の管理会計の歴史的研究から導かれた結論として，①アメーバ経営の本質を「管理会計のユビキタス化」として特徴づけたこと，および②クーパー，三矢，谷から始まり現在までの研究者の果たしてきた貢献を極めて丁寧に，かつ的確に分析・評価していることにある。

　アメーバ経営に関心をもつ読者には，以上の4冊を熟読することは，大いに参考になること必定である。ただ，著書・論文を読むだけでなく，日本航空の役員によるアメーバ経営の講演を2度にわたって聞かせて頂き，その素晴らしさに心から感動を覚えたのではあるものの，京セラのアメーバ経営の全てに納得できたわけではない。いつの日か，著者が抱いてきた次の3つの素朴な疑問に応えてくれる著書・論文の出版を心から希求する。

　第1は，時間当たり採算制度を採用している京セラのアメーバ経営では，従業員は常に厳しい目標の下での緊張感のなかで働くことになる。その結果，なかにはそのことを疑問に感じる従業員がいないとはいえないのではないかと思われる。一定の勤務時間のなかでとはいえ，人間には常に緊張のなかで仕事に励むことがどのような工夫によって可能になるのであろうか。万一，入社後の脱落者があれば，それにはいかなる対策が用意されているのか。

第２に，京セラのアメーバ経営には，京セラフィロソフィーがセットで提供されている。稲盛氏の説く「６つの精進」，「経営12カ条」［庵谷, 2018, pp.40-41］はとくにすべての人間にとって最も大切な教えであると思う。著者自身もまた，毎日をこのようなフィロソフィーをもって人生を歩みたいと考えている。とはいえ，人間の生き方は各人それぞれである。従業員のなかにはほぼ強制される"思想の研修"［庵谷, 2018, pp.191-204］には批判的な者がいるかもしれない。そのような従業員に会社はどのように接しているのであろうか。

　第３に，日本企業には，伝統的に株主よりも従業員，顧客などのステークホルダーを重視する社風がある。残念なことではあるが，最近の会社には社員を重視する風潮が従来に比べて目に見えて減少しているように著者には思える。京セラのアメーバ経営で社員を重視しようとしていることは，株主のみが重視されようとしている現代社会にあっては，高く評価したいと思う。しかし，その反面，逆に顧客満足が疎かにされないかという心配もある[6]。

　さらにいま１つ，是非とも検討を加えていただきたいことがある。著者の理解では，管理会計の観点から見る限り，京セラのアメーバ経営は本質的に，嘗て日本が得意としてきたコストカットの手法が軸になっている。一方，JALと対立軸にあるのはANAである。西村［2018, pp.84-99］が紹介しているのは，単なるOperator（オペレーター）からCo-creator（共同開発者）を目指して顧客の安全性と利便性を徹底的に追求することで快進撃を突き進んでいるANAの顧客中心の経営戦略である。

　JALは，コストカットが一段落した後，顧客中心の戦略を用意しているのか。管理会計研究者の一人として，最も気になるところである。

　アメーバ経営の更なる発展を心より期待するがゆえに，以上３つの疑問と併せてANAの今後の経営戦略のあり方のご検討をお願いしたい。日本が世界に誇るアメーバ経営の更なる発展を心から祈念する。

7　IFRSの導入がグループ経営の戦略に及ぼす影響

　多くの日本企業はいま多額のキャッシュ・フローを抱えているものの，自社内では適切な投資先がみつからない。そこで，M&Aを目的とした他企業への

投資によって企業価値を高めようとする。その結果，グループ経営をどう管理するかが喫緊の課題になってきている。IFRSはグループ経営を目指す企業にとって会計処理統一化の絶好のチャンスにもなる。以下では，グループ経営と企業結合，連結子会社に対する投資，特別目的事業体への投資，および関連会社に対する投資について，IFRSに関連して必要な戦略的投資活動と，IFRSが日本企業に及ぼす影響について検討する。

1　企業グループと企業結合

　企業結合（business combinations）とは，取得企業が1つまたは複数の事業に対する支配を獲得する取引などの事象である。**支配**とは，企業結合から便益を得るために，財務方針および経営方針を左右する権限をいう。事業に関連しない取得の取引は，企業結合ではなく単なる資産の取得である。

　IFRSでは，「企業は**取得法**（acquisition method）を適用して企業結合を会計処理しなければならない」（IFRS 3.4）。IFRS第3号の改正前にはパーチェス法と呼ばれていたが，実際にはパーチェス（購入）取引によらず，契約のみで企業結合が成立することがあるため，取得法という用語に変更したものである。

　企業結合で取得した無形資産は，取得日の**公正価値**で測定される（IAS 38.35）。活発な市場があれば市場価格（マーケット・アプローチ）による。それが可能でなく複製または取り替えが可能なときには，物価指数にスライドさせた原価や再調達原価（コスト・アプローチ）による。必要に応じて，将来キャッシュ・フローの現在価値（インカム・アプローチ）によって評価する。

　日本の企業会計基準第21号「企業結合に関する会計基準」（2013年9月13日改正）では，「取得原価が，受け入れた資産及び引き受けた負債に配分された純額を上回る場合には，その超過額はのれん」（第31項）として会計処理し，のれんは「資産に計上し，20年以内にその効果が及ぶ期間にわたって，定額法その他の合理的な方法により規則的に償却する」（第32項）。他方，IFRSでは，企業合同で生じた無形資産は耐用年数が確定可能なときには償却するが，確定できないときには償却は認められず，毎期**減損テスト**をしなければならない。

　個人的な感想を述べることが許されるのであれば，著者は次のように考えて

いる。資産計上を認めるか否かに関しては，日本基準のように資産計上も認められるべきであると考える。しかし，償却期間の20年は長すぎる。10年または7年での償却が認められるべきであると考える。この結論は，過去の会社員時代での経験[7]や，西田社長時代に行った東芝の米国子会社への投資の失敗［櫻井,2014, pp.53-62］が現在の東芝の苦境の元凶であり，東芝のケースでは米国のFAS（米国の子会社では即時償却）と日本の会計基準（資産計上が認められ20年で償却）との違いによって大きく影響を受けていることから導いた自分なりの結論である。

減損テストは，管理会計の立場からすると，従来に比べて事務コストは増加する。しかしその反面，グループ経営にとっては，経営の実態を毎期可視化して，業績不振があればその実態を直視する良い機会になる。ただ問題は，適正な評価額がいくらかが誰にもわからないことにある。減損の評価が粉飾のために使われるのであれば，それは逆に経営にとってマイナス要因になる。

2　連結子会社に対する投資

従来，わが国では連結の範囲を決定する基準として，持ち株基準がとられてきた。**持ち株基準**とは，形式的に議決権の過半数の所有があるか否かで連結の範囲を決定する基準である。

IFRSでは，過半数所有の他に，事実上の支配がなされている場合にも子会社になる。持ち株基準との対比で，**支配力基準**という。IFRSで子会社には，①被投資企業に対するパワー，②被投資企業への関与から生じる変動リターンに対するエクスポージャーまたは権利，および③投資企業のリターンの金額に影響を及ぼすために被投資会社に対するパワーを用いる能力が含められる場合のみ支配している（IFRS 10.7）といえる。パワーとは，被投資企業のリターンその他に重要な影響を及ぼす活動を指示する能力のことをいう。

日本でも，**企業会計基準第22号**「連結財務諸表に関する会計基準」（1998年・最終改正は2013年9月13日）において，IFRSへのコンバージェンスを目的として，議決権の過半数を自己の計算において所有している企業の他，事実上でその会社を支配していると考えられる条件を列記し，**支配力基準**に基づいて子会社であると規定している（第7項）。連結財務諸表にはすべての子会社が開

示されることになり，連結子会社に対する投資責任が明確化された。管理会計から見ると，この基準は経営を可視化するためのいい機会を提供していると考えられる。

3 特別目的事業体に対する投資

特別目的事業体（special purpose entity；SPE）は，SPEは限定的かつ明確な目的を達成するために設立された事業体である（SIC 12.1）。企業と特別目的事業体との間の関係が支配と被支配関係にある場合には，そのSPEを連結しなければならない。

SPEのうち法人格を有するものが，**エンロン社倒産の一因**ともなった特別目的会社（special purpose company；SPC）である。日本でも，病院などの公的機関で民間の資金を活用して病棟を建設するために**PFI**（private finance initiative；プライベート・ファイナンス・イニシアティブ）を実施するため，**SPC**を使って多くの公的な病棟が建設されたことがある。しかし，そのいくつかは別会社として運営されている結果，SPCの無責任な経営によって，最終的な責任は本体の病院が取らされることになり，多くの病院が苦境にあえぐ羽目になったことで日本では広く知られることになった。

IFRSでは，企業などの組織体がこのようなSPEを実質的に支配しているときには，法的な形式によることなく，そのSPEは子会社ではないが当該企業に連結される（SIC 12.8）。そこで，この基準のもつ意味を考えてみよう。

ある大学病院での建設計画で，外部のコンサルタントからPFIを実施する計画とともにSPCを設立する案が持ち込まれたことがある。当時のSPC[8]では仮に当該SPCが実質的に破綻していても，現実に破綻までに至らない限り大学病院の財政には影響がない。しかし，一旦SPCが破綻するとすべての責任は病院にかかってくる。そのため，著者は他の多くの組織体が苦境に陥っている事実を理事会で説明することでPFIを阻止しようと努力したことがある。

IFRSのこの基準があれば，SPCの損益が毎期親会社の知るところとなるため，問題点を事前にキャッチできる。その結果，本体の経営の悪化を防ぐことが可能になる。日本でも適切な基準や対策がとられ始めているが，IFRSのような基準がもたれることは，企業だけでなく日本の組織一般に対してもつ意義は実

に大きいと考えられる。

4 関連会社への投資

関連会社（associates）とは，一般に，資本参加や役員の派遣などによって他の会社から支配される会社のうち，子会社以外の会社のことをいう。IFRSでは，関連会社への投資の会計および開示には持分法が適用される（IAS 28.13）。**持分法**（equity method）とは，最初に投資を原価で認識し，その後は被投資会社の純資産に対する投資企業の持分の変動に応じて投資額を修正する方法である（IAS 28.2）。

日本でも，**企業会計基準第16号**「持分法に関する会計基準」（2008年）において，持分法の会計処理基準が定められた。関連会社か否かの判断を行うときには，投資会社が被投資企業の議決権の20％以上をもつ（**議決権基準**）か，議決権を20％もたなくても，（金融商品取引法では15％以上20％未満の）被投資企業の意思決定機関に対して実質的に重要な影響力をもつかが考慮される。この基準の管理会計上の意義は，従来のように関連会社を通じて利用されることもあった利益操作の途を断つという意味で，健全な日本の企業グループ経営への道を開くものと評しえよう。

5 買収した企業の減損の扱いと経営・管理会計へのインパクト

買収した企業について減損会計を適用する場合には，回収可能価額を測定するために，売却費用控除後の公正価値か使用価値のいずれか高い金額を用いる（IAS 36.18）。その場合，将来キャッシュ・フローの予測では，経営者が承認した財務予算／予測データを用いる（IAS 36.33）。これらの資料の作成は，所管のグループと共同で管理会計担当者も担当することになろう。

減損の結果を包括利益[9]で表示することは，連結企業としては買収した企業のシナジー効果，情報システムの統合，業務プロセスの効率化などを通じて，グループ経営が必要性を高めることになる。その理由は，IFRSに基づく連結会社では持分法の適用が原則になるので，連結子会社や関連会社の業績はただちに親会社の業績に跳ね返ってくるからである。そのため，管理会計を担当する経営企画部やグループ管理室の責任者には今後，グループ経営への関与が大

いに期待されることになろう。

　グループ経営の会計とマネジメントが経営に及ぼす影響については，IFRSによれば，グループ全体で企業価値を創造していこうとする傾向を強める。IFRSは連結財務諸表の会計観として，シングルカンパニー・モデルをとっている。これは**経済的単一体説**に基づく考え方であり，IFRSにおける連結決算の基本概念である。このモデルでは，企業グループ全体を単一の事業体とみる。そのため，企業は単体だけでなくグループ企業の経営にも強く関与することになる。そのような事態に備えて，グループ会社にはこれまで以上にシナジー効果を高めるとともに，グループ会社のガバナンスを強化する必要がある。

　以上，日本の主要企業の営業利益の大半を海外から稼ぎ出している昨今では，海外を含む子会社・関係会社のマネジメントを疎かにすることはできなくなってきている。問題点を早期に発見するには，手のかかる仕事ではあるが，経営の**可視化**は不可欠である。可視化のためには**セグメント**（グループ会社）別の損益を**測定**する必要がある。その意味で，IFRSの導入は日本企業にとってグループ経営を見直す良い機会が提供されるようになると評しうる。

　最後に，短い文章のなかで組織再編と分権化の管理会計のテーマを論じ尽くすことは難しい。企業価値を創造する概念・手法など，組織再編と分権化の問題にさらに関心を抱く読者は，櫻井編著〔2005〕を参照されたい。

注

1）日本でのIFRS採用企業は，2019年3月期採用予定を含めて見ると，162社になった。2019年3月期での新規採用予定企業のなかには，京セラ，三菱重工業，日本電信電話，NTTドコモ，エヌ・ティ・ティ・データ，日本ハム，三菱電機，豊田合成などが含まれている。

2）CCMは2000年3月からパナソニックによって独自に開発した経営管理指標である。資本コストを投下資産コストとして事業部ごとの資産に投資家が期待する収益率を乗じて算出する。事業利益（営業利益＋受取配当金−支払利息）から投下資産コストを差し引いて算出する。EVAに極めて近い考え方である。なお，2015年には収益率を事業部ごとに改めて，資産効率の改善に繋げている。

3）三矢(b)〔2003〕は，ミニ・プロフィットセンターがアメリカ人であるクーパーによって発見され，日本企業のなかにミニ・プロフィットセンターという実務

があることがわかってきたものの，これまでの研究だけでミニ・プロフィットセンターが日本独自のシステムであると断定するのは時期尚早であるという。

4）外部取引の有無をもって擬似利益センターと真の利益センターの区分としたクーパー［Cooper, 1995, pp.86-100］の定義づけに対して，三矢(b)［2003］は太洋工業と京セラを並列で扱うことの疑問をもとに，この分類基準に異議を唱えている。ミニ・プロフィットセンターの組織要件として，①全員参加，②組織のカルチャー，③トップ・マネジメントとプロモーターのコミットメント，④成功体験の蓄積をあげ，一方，管理会計の要件としては，①理解の容易性，②成果の確認，③共通言語，④情報のタイムリネス，⑤水平的インタラクション促進，⑥マーケット情報共有，⑦垂直的インタラクションなどにまとめている。定義づけにはこれらの要件が非常に参考になる。

5）ここで売上は，社内売り上げのことである。菅本の論文のなかでは，菅本(a)［2003］が最も詳細に説明が行われている。ここで売上とは，社内売り上げのことを指す。基本的には，現有の生産管理システムと全社的な管理会計制度である予定直接原価計算制度から集計されるデータが利用されている。予定間接費は，ラインカンパニー制の特徴の1つである損益増大の法則に基づいた考え方から，加工量，すなわちここでいう予定直接加工費に比例して発生するものとしている。また，配賦率とは，過去の直接加工費と間接費の比率の平均値を適用している。

6）リストラも一段落して，日本航空へのアメーバ経営の導入がほぼ定着した頃のことである。著書が搭乗した往復の米国への航空機では，従来と比較して，ビジネスクラスでの食事，サービスの著しい低下に驚かされた。キャビンアテンダントの方の話だと，人員減少により，以前のようなサービスはできなくなったと聞いた。なお，著者はJALが大好きで，この30年ほどJAL以外には搭乗していないほどのJALのファンである。

7）1960年代の初頭には，繰延資産計上が認められていた。著者が勤務していた会社では，ドイツのヘンケル社から導入した新素材の大型投資に（実質的に）失敗した。著者と公認会計士の見解は即時費用化であった。しかし会社は，最終的に長期前払費用での資産計上を決定した。当然のことながら，資産計上した5年間は会計上の大きな損失は可視化されなかったが，数年後に会社の会計上の財務業績は大幅に悪化した。

8）SPCは，組織が資金を調達する目的で設立する特別目的の会社。この制度は1998年に成立した。しかし，例えば病院などで資金に不足があるときには，外部の資金を導入して当該病院経営の一切をSPCに委ねる。滋賀県（近江八幡市立総合医療センター），高知県（高知医療センター）の病院などで，SPCの乱脈経営で病院経営が破たんするといった事件も起きた。なお，2011年には当時の法律は

9）包括利益とは，特定期間の財務諸表において認識された純資産の変動額のうち，当該企業の純資産に対する持分所有者との直接的な取引によらない部分のことをいう。企業会計基準第25号「包括利益の表示に関する会計基準」を参照されたい。

参考文献

Cooper, Robin, *When Lean Enterprises Collide, Competing Through Confrontation*, Harvard Business School Press, 1995. 第13章で擬似利益センターを，第14章で真の利益センターを述べている。

Jaikumar, Ramchandran, Postindustrial Manufacturing, *Harvard Business Review*, November-December 1986.

Solomons, David, *Divisional Performance: Measurement and Control*, Markus Wiener Publishing, 1965.（櫻井通晴・鳥居宏史監訳『事業部制の業績評価』東洋経済新報社，2005年，p.23）。

あさひ法律事務所・アーサーアンダーセン編『会社分割のすべて―平成13年企業組織再編税制に対応―（全面改訂）』中央経済社，2001年。

アメーバ経営学術研究会編『アメーバ経営学―理論と実証―』KCCSマネジメントコンサルティング，2010年。

アメーバ経営学術研究会編『アメーバ経営の進化―理論と実践―』中央経済社，2017年。

足立洋・篠原巨司馬「セーレンの経営改革」『メルコ管理会計研究』メルコ学術振興財団，Vol.1, Issue 1, 2008年。

足立洋・篠原巨司馬・潮清孝「プロフィットセンター化されたライン部門の利益創出メカニズム―セーレンの事例―」『メルコ管理会計研究』メルコ学術振興財団，Vol.4, Issue 1, 2011年。

伊藤克容「ミニ・プロフィットセンターの意義と設計方法―理論的考察を中心に―」『企業価値と組織再編の管理会計に関する研究』日本会計研究学会　特別委員会報告書，2003年9月，p.97。

潮　清孝『アメーバ経営の管理会計システム』中央経済社，2013年。

大迫充弘・櫻井通晴「流通業の管理会計」『玉川大学工学部紀要』No.26, 1991年。

庵谷治男『事例研究 アメーバ経営と管理会計』中央経済社，2018年。

上總康行・足立　洋・篠原巨司馬「総合繊維メーカー『セーレン』の戦略目標管理システム」『福井県立大学経済経営研究』第20号，2008年。

川田達男『社長が語る「整流」と「五ゲン主義」』セーレン株式会社，2007年。

木村幾也「カンパニー制を基礎とした連結経営管理―住友商事の「連結業績管理制

度」を中心に─」『企業会計』Vol.47, No.2, 1995年。
小林啓孝(a)『デリバティブとリアル・オプション─MBAビジネス工学─』中央経済社, 2003年。
小林啓孝(b)「ターゲット企業評価の方法」『事業再編支援の管理会計の研究』日本会計研究学会, 第2年度（平成15年度）最終報告書, 2003年。
櫻井通晴編著『企業再編と分権化の管理会計─企業価値を高める再生の手法─』中央経済社, 2005年。
櫻井通晴『コーポレート・レピュテーションの測定と管理─「企業の評判」の理論とケース・スタディ─』同文舘出版, 2011年。
櫻井通晴・松永靖弘「対談；東芝の管理会計から学ぶもの」『企業会計』Vol.66 No.8, 2014年。
澤邉紀生「賢慮を生み出すアメーバ経営─経営理念を体現した管理会計の仕組み─」アメーバ経営学術研究会編『アメーバ経営学─理論と実証─』KCCSマネジメントコンサルティング発行（発売は丸善）, 2010年。
末永英男編著『連結経営と組織再編』税務経理協会, 2002年。
菅本栄造(a)「ミニ・プロフィットセンターの組織と管理」『企業価値と組織再編の管理会計に関する研究』日本会計研究学会　特別委員会報告書（委員長；門田安弘）, 2003年9月。
菅本栄造(b)「わが国製造企業の業績管理会計─住友電気工業（株）グループのラインカンパニー制のケース─」『会計学研究』第29号, 専修大学会計学研究所, 2003年。
菅本栄造・伊藤克容「括りの小さな擬似プロフィットセンターと管理会計─事例研究：住友電工グループのラインカンパニー制─」『産業経理』第62巻　第4号, 2003年。
第一勧銀総合研究所・経営調査部『組織再編の実務』東洋経済新報社, 2002年。
田島義博編著『インストア・マーチャンダイジング─流通情報化と小売経営革新─』ビジネス社, 1989年。
田中隆雄『管理会計発達史─アメリカ巨大製造会社における管理会計の成立─』森山書店, 1982年, p.224。
中村博之・諸藤裕美・望月信幸・小川哲彦「全体最適達成に向けた管理会計への変容─東芝の事例─」『管理会計の変革─情報ニーズの拡張による理論と実務の進展─』中央経済社, 2013年。
西澤　脩「カンパニー制による社内分社会計」『企業会計』Vol.47, No.2, 1995年。
西村　剛「新世代機導入による経営システムのイノベーション─OperatorからCo-creatorへの挑戦─」『HITOTSUBASHI BUSINESS EVIEW』Spr., 2018。

挽　文子「分権的組織における管理会計の再構築（1）」『一橋論叢』第122巻第5号，1999年11月。
平岡秀福「事業評価のための事業別セグメント情報—松下電工の公開財務データを参考に—」『企業価値と組織再編の管理会計に関する研究』日本会計研究学会特別委員会中間報告書，2003年9月。
伏見多美雄・渡辺康夫「マネジメント・コントロール・システムとしての事業部制とカンパニー制」『慶應経営論叢』第13巻第1号，1995年。
三矢裕・谷武幸・加護野忠男『アメーバ経営が会社を変える』ダイヤモンド社，1999年。
三矢　裕「NEC埼玉におけるラインカンパニー制」（谷武幸・岩淵吉秀編著『競争優位の管理会計』）中央経済社，2000年。
三矢　裕(a)『アメーバ経営論—ミニ・プロフィットセンターのメカニズムと導入—』東洋経済新報社，2003年。
三矢　裕(b)「ミニ・プロフィットセンター研究のレビュー　—課題と展望—」『會計』第164巻第2号，2003年。
武藤泰明「持株会社組織のメリットと課題」ダイヤモンド・ハーバード・ビジネス編集部編『持株会社の原理と経営戦略—「自律」と「分権」を促す組織デザインx—』ダイヤモンド社，1996年。
武藤泰明『すぐ分かる持ち株会社のすべて—日本の経営はこう変わる—』日本経済新聞社，1997年。
山本達司「企業組織再編成のための経営手法と業績管理システム」『事業再編支援の管理会計の研究』日本会計研究学会，第2年度（平成15年度）最終報告書（委員長；小林啓孝），2003年。
横田絵理「事業部制・カンパニー制の戦略とマネジメント—組織の自立化と統合の視点からの考察—」『企業価値と組織再編の管理会計に関する研究』日本会計研究学会特別委員会　中間報告書，2003年9月。
横田絵理「事業部制・カンパニー制・分社制の戦略とマネジメント—組織の自立化の視点からの考察—」『企業価値と組織再編の管理会計に関する研究』日本会計研究学会特別委員会　最終報告書，2004年9月。
吉本哲也「松下電器における事業部制の解体」，櫻井通晴編著『企業再編と分権化の管理会計』中央経済社，2005年。

第23章

EVAによる経営効率の向上

1 EVAの経営上の意義

　EVA（Economic Value Added；経済的付加価値）は，1990年代の前半，G.ベネット・スチュワート（EVA Dimensions LLC会長，CEO）によって発表された業績評価の指標である。本質的には，GEが開発し，デービッド・ソロモンズ［Solomons, 1965］によって多くの米国企業に広められたRI（residual income; 残余利益）と大きく異なるところはない。EVAは経営効率の向上を通じて企業価値を創造しようとする業績評価のための指標である。税引後の営業利益から加重平均資本コストを差し引いて算定される。EVAでは，税金を一種のコストとみなしていることのほか，資本コストとして銀行に支払われる借入金の金利だけでなく，株主への配当金，内部留保に対する期待収益率を見込んだ資本コストを差し引いた経済的利益であることが，日本の経営者が好んで使用し続けてきた経常利益とは異なる。EVAは，株主価値の増大に役立つことも特徴の1つである。

1　日本企業にとってのEVAの意義

　従来，日本企業の多くは，業績評価指標として経常利益を用いてきた。1990年代後半に行った調査［櫻井・伊藤, 1998, pp.115-119］では，上場企業の58％の企業が主要な業績評価指標として経常利益などの期間利益を用いていた。
　銀行からの借入金が調達資金の主要部分を占めているとき，銀行への支払利子を控除した後の利益である経常利益を用いることは，銀行などの金融機関にとって好都合である。それは，経常利益がプラスでありさえすれば，貸付金の金利が間違いなく支払ってもらえることが確認できるからである。
　しかし，経常利益を用いて業績評価指標や目標利益としているときには，株

主への配当金や留保利益の資本コストが考慮されていないので，企業は投資効率の向上を忘れがちである．投資効率を無視すると過剰投資に陥り，企業の収益性が低下する．

　この過剰投資の問題を解決するために，株主の力が強い米国企業では業績評価基準として**自己資本利益率**（return on equity；ROE）などのROI関連の指標[1]を用いてきた．ROIによれば投資効率が明らかになる．しかし，分子の利益を一定とすれば，分母の投資額を減らすことでROIを高めうる．その結果，過少投資のゆえに高いROIを誇る企業では，資本コストを上回る投資案件があっても，現在のROIよりも低いという理由だけで却下される可能性が生じる．これは直近の利益を欲する株主にとっては好都合ではあっても，持続的発展を期待する従業員など，他のステークホルダーにとっては望ましくない．

　米国では過去，個人投資家が株式を購入していた．個人投資家は一般に多少のリスクがあっても高いROIを好む．1980年代の後半になると，401K[2]の影響から，個人投資家に代わって機関投資家が主要な資本提供者になった．強大な資金提供者であるカリフォルニア州職員退職年金基金（The California Public Employees Retirement System; カルパース）などの機関投資家は，個人が定年後に受け取るべき資金を安全かつ有利に運用する責任を負っている．それゆえ，投資行動は慎重にポートフォリオを考慮して資金の持続的な増大を図る必要がある．EVAは，以上のような背景のなかで登場したのである．

2　経常利益への批判とEVAへの関心の高まり

　日本企業の多くが，経常利益を主要な財務尺度として用いてきたのはなぜか．損益計算書をそのまま利用できるから追加的な事務コストがかからないし，経常利益なら多くの人から理解されやすい．RIもまた，EVAのように残余利益[3]の一種である．1990年以前には株主の力が弱かったから高配当の必要性が低かったし，経営効率の向上もいまほど必要でもなかった．加えて，日本には新規事業を立ち上げてパイそのものを拡大する余地が大きかったから，事業の発展という目的に役立つ経常利益を大多数の日本企業が用いてきたことには，それなりの合理的な理由があった．

　日本企業の経営者が経常利益の妥当性に疑問を抱くようになったのは，バブ

ルが崩壊した1991年以降のことである。これには，5つの主要な要因がある。

第1は，グローバルな競争の激化によって，日本企業にも効率的な経営が求められてきた。これは株主重視のEVAを重視せよという声に繋がっている。

第2は，証券市場における海外からの機関投資家のプレゼンスの増大は，日本の企業もまた株主重視という，アングロサクソン流のグローバル・スタンダードに従わなければならない状況をつくりだしている。

第3に，企業間競争が激化して経営が難しくなるにつれて，事業部長に対して，業績評価と連動した報酬制度の構築を求める声が高まりつつある。

第4に，銀行の不良債権処理，貸し渋りに端を発して，企業の銀行離れが定着しつつある。とりわけ，潤沢な借入資金と積極的な事業展開によって事業を発展させてきた，株式会社そごうの崩壊（2005年にはセブン&アイ・ホールディングスの傘下に下る）など，相次ぐ企業倒産が自己資金充実の必要性を認識させるとともに，業績評価指標再検討の必要性を経営者に自覚させた。

第5に，銀行のプレゼンス低下の裏返しとして，自己資本充実のため，エクイティファイナンス[4]による資金調達が増加した。その結果，自己資本の増加が株主志向の業績評価基準の採用を促している。

以上の要因が複雑にからまりながら，EVAへの関心が高まってきた。それでは，そもそもEVAとは何なのか。また，EVAと類似する業績評価指標—経常利益，残余利益，社内金利—とはどのような違いがあるのか。

2　EVAとは何か——算式，株主価値，個別か共通の資本コストか

EVAは，税引後営業利益から資本コストを差し引いた残余の利益である。EVAの特徴は，RIを土台にしてそれに現代の経営財務論を結合させて展開された，**株主価値の向上を明確に意識**した指標である。

1　EVAの算式上の特徴は何か

EVAは，式23-1のように，税引後営業利益から税引後の加重平均資本コストを差し引いて算定される残余利益である。EVAのもつ日本の経常利益との違いは，①営業利益は税引後営業利益である，②コストには，金利，配当金，

留保利益が含まれる，③加重平均資本コストが使われていることにある。

$$\text{EVA} = \text{税引後営業利益} - \text{加重平均資本コスト} \qquad (23\text{-}1)$$

式23-1で，税引後営業利益（net operating profit after-tax；**NOPAT**）のことは"ノーパット"ともいわれる。資本コストとしては，加重平均資本コスト（weighted average cost of capital；**WACC**）[5]が使われる。実務では"ワック"とも呼ばれる。支払手形や買掛金など，企業間取引から生じる（支払をともなわないが実質的には生じる）計算上の金利は，資本コストの計算には含めない。式23-1は，式23-2のように表すことができる。

$$\text{EVA} = \text{税引後営業利益} - \{\text{加重平均資本コスト率} \times (\text{総資産} - \text{無利子負債})\}$$
$$(23\text{-}2)$$

EVAにおける税引後営業利益は，会計上の数字をキャッシュ・フローに近づける形で（在庫の評価方法，営業権の償却，研究開発費の繰延など）が調整される。したがって，EVAでは会計数値ではなく経済価値を表す数値が用いられる。経済的付加価値と命名されたのはそのためである。ただ，現実には経済価値への厳密な調整をしている日本企業は多くはない。

EVAはRIと同じように，**一種の残余利益**であるとともに，資本コストを超える超過利益である。この超過利益の現在価値合計のことは，**MVA**（market value added；市場付加価値）と呼ばれている。

スターン・スチュアート社が提唱したMVAは，企業の市場価値と投下資本との差，企業に投下した資源を超える価値［Stewart, 1991, p.153］の尺度である。換言すれば，MVAは増資あるいは利益留保などの形で積み上げてきた資本に対して，株式の時価総額がどの程度上回っているかを表す。また，MVAは会社のすべての過去と計画中の資本プロジェクトの正味現在価値の評価額であるとされる。式23-2と式23-3を参照されたい。

$$\text{MVA} = \text{株式時価総額} - \text{純資産} \qquad (23\text{-}3)$$

MVAに期首資本を加えたものが株主価値［Black et al., 2001, p.74］である。米国企業がEVAを業績評価尺度としてもつことの最大の意義は，EVAが株主

価値やMVAと連動していることにある。

2　EVAは株主価値の向上に役立つ

　EVAによれば，税引後の利益の数値からリスク調整後の資本コストを差し引くことによって，株主が処分できる利益を測定する。それゆえ，EVAは株主にとって好都合な指標であるとともに，経常利益を用いることによって陥りがちな過剰投資を防ぎ，ROIを用いることによる過少投資という問題を同時に解決できる。換言すれば，EVAは株主価値を創造するという意味で，株主にとっての企業の成功を最もよく反映する業績評価指標であるといってよい。

　EVAは営業利益から資本コストを差し引いた残余利益である〔Stewart, 1991, pp.153-154〕。EVAは，図23-1の算式で算定される税引後営業利益から資本コスト（加重平均資本コスト）を差し引いた利益である。EVAの算式自体からみる限りにおいて，基本的には，GE社が長期にわたって経営に用いていたRIと大きな違いはみられない。

図23-1　EVAの算定プロセス

売上高	××××
営業費用	××××
営業利益（EBIT；利子・税引き前利益）	××××
税金	××××
税引後営業利益	××××
資本コスト（投下資本×資本コスト率）	××××
EVA	××××

　EVAは，いかにしたら増大させることができるのか。図23-1との関係でいえば，EVAを増大させるには，①売上高の増大，②営業費用の削減，③未利用の生産設備の廃棄と有効利用，④加重平均資本コストを上回るプロジェクトへの投資，⑤資本コストを引き下げるべく低コストの資金調達手段の活用などによって実現させることができる。

3 資本コストは共通の資本コストか個別資本コストによるべきか

　株主は，企業に対して投資額に対する最大のリターン（配当金と株価の値上がりによるキャピタルゲイン）を要求する。資本に色はつけられないから，株主は共通の資本に対して一定以上の収益をあげるよう要求する。資本の論理を貫くためには，共通の資本コストによるべきであろう。他方，経営者ないし管理会計の立場からすると，事業の性格から，要求される資本コストが事業によって異なる資本コストを設定したいと願う。資本コストをめぐる管理会計上の論点の1つに，共通の資本コストによるべきか，それとも事業の種類によって異なる資本コストをもつべきかがある。

　ソニー，**花王**，**パナソニック**などではいずれも共通の資本コストが用いられていたことがある。資本コストを仮に5％[6]とすれば，それは株主が期待する期待収益率でもある。米国の機関投資家による保有株式数が極めて高い水準に達する世界的企業が，一定水準以上の期待収益率を要求する株主・投資家（主として機関投資家）の要求によって多大な影響を受けている事実は容易に理解できよう。他方，同じ1つの企業であっても，事業部のなかに収益性の高い事業部と収益性の低い事業部があって，両者を並存させながら企業の存続を図っていきたいとする企業では，経営者は差別的な資本コストを適用したいと考えるであろう。化学会社も製薬会社も，製薬事業とその他の化学事業とを並存させていることがある。

　日本化薬は化学メーカーでありながら，高収益率が見込まれる医薬事業を行っている。**武田薬品工業**（以下，武田）は逆に，製薬会社でありながら，化学品や農薬を扱っていた。医薬事業は製品開発までに高いリスクをともなった研究開発費がかかるものの，開発された製品の収益性でみると，製薬事業と化学事業・農薬は収益率には大きな違いがある。

　米国流の経営財務論の立場からすれば，各事業に差別的な資本コストを要求するのは現実的ではないかもしれない。株主は共通の資本コスト以上の利益を要求するので，戦略的な意思決定には武田が共通の資本コスト率を採用するであろうことは容易に想像できる。他方，株主だけでなく多様なステークホルダーを意識した経営が求められる管理会計では，事業の性質や競争状況などを勘

案した戦略が望ましいこともあろう。

「選択と集中」をとる企業では，収益性の低い事業を再構築して収益性の低い事業から撤退するリストラ策をとるのには合理的な理由がある。化学品と農薬事業を切り離した**武田**がその典型である。このような場合には，企業は，例えば，5％とか7％といった共通の資本コストによるべきである。

高い収益性を誇る事業だけでなく，収益性の低い事業でも長期的に育て上げていこうという経営者の戦略であれば，差別的な資本コストを採用するのが合理的である。**三菱商事**の戦略がそれである。

三菱重工業にとって，短期的視点からすれば造船事業は期待収益率の低い事業である。株主の立場からは，事業を切り離すべきだと主張するかもしれない。しかし，世界的に超一流とされる造船技術の継承，将来の発展の可能性，事業のポートフォリオ，国防産業の育成などを総合的に勘案すれば，造船事業には差別的に低い資本コスト（例えば，2％）を適用することも，経営戦略からはそれなりの合理性をもつといえる。

3　EVAは経常利益，RIとどこが違うのか

1980年代までの米国企業では，業績評価指標として理論的にはRIがすぐれているとされながらも，実務ではROIが大多数（80％前後）の企業で用いられてきた。他方，日本企業ではROIが理論的にすぐれているとされながらも，時代によって違いがあるにせよ，多くの企業が経常利益を活用してきている。それでは，なぜ日本の多くの企業がEVAを導入するようになったのか。

1　RIがなぜROIよりすぐれているのか

RIとは，ソロモンズ［Solomons, 1965, p.117］によれば，管理可能利益から資本コストを差し引いた利益である。ソロモンズは，財務報告には税引後営業利益，管理会計のためには税引前利益を用いるべきであると主張した。世界で最初に残余利益を活用した企業は，**GE社**である。設例で，ROIとRIの違いを明らかにしよう。

【設　例】

　Y社はA，B，2つの事業部を有している。A，Bいずれの事業部の投下資本も20,000,000円である。税引後営業利益はAが3,000,000円，Bは1,600,000円である。A事業部とB事業部では，追加投資案を検討している。A事業部の追加投資額は5,000,000円でその追加投資からの予想営業利益は500,000円，B事業部の追加投資額も5,000,000円であるが，その予想営業利益は800,000円であった。資本コストは6％である。以上の資料をもとに，ROIとRIを計算してみよう。

〔解　答〕

項　　目	現 状 の 収 益 性		追加投資の後の収益性	
	事業部A	事業部B	事業部A	事業部B
①投下資本	20,000,000	20,000,000	25,000,000	25,000,000
②税引後営業利益	3,000,000	1,600,000	3,500,000	2,400,000
③ROI＝②／①	15％	8％	14％	9.6％
④資本コスト6％	1,200,000	1,200,000	1,500,000	1,500,000
⑤RI＝②－④	1,800,000	400,000	2,000,000	900,000

　あなたが事業部Aの事業部長であるとすると，追加投資をするであろうか。Y社でROIで事業部長の業績を評価するならば，事業部Aの事業部長はROIが下がる追加投資をすることはない。なぜなら，追加投資をすれば，ROIは15％から14％に低下するからである。逆に，事業部Bの事業部長は追加投資によってROIが8％から9.6％に高まるから，追加投資をするであろう。

　RIによって追加投資の評価を行ったら，事業部Aは200,000円，事業部Bは500,000円だけ利益が増加する。したがって，Y社の業績評価がRIによって行われているとすれば，両事業部長は追加投資に踏み切るであろう。

　以上から，RIによればROIよりは全体最適に通じる妥当な意思決定ができる。また，ROIによれば過少投資に陥る危険性があることも理解できよう。

2　経常利益や残余利益ではなく，なぜEVAか

　RIの概念は，ROIよりは理論的にはすぐれている。それにもかかわらず，大

多数の米国企業の経営者はROIを使い続けてきた。なぜか。経常利益とRI，RIとEVAの違いを明らかにしながら，その理由を明らかにしよう。

(1) **経常利益とRI**

経常利益は，営業利益から（営業外費用－営業外収益）を差し引いて算定される。営業外損益には多様な費目が含まれているが，資本コストという面に限定すると，（支払利息－受取利息）ということになる。金額的に大きくない金利以外の要素を外せば，経常利益は式23-4のように表すことができよう。

$$経常利益 \fallingdotseq 営業利益 - （支払利息 - 受取利息） \quad (23\text{-}4)$$

経常利益を企業の主要な業績評価基準とすると，次の利点がある。①損益計算書から容易にデータを入手することができる。②経常的な事業活動によって得られる利益がわかる。③金利支払額が確保できるから，金融機関にとって好都合である。

他方，経常利益には次の欠点がある。①投資効率を軽視している。②税引前の利益を経営上で前提にしているという経営のスタンスは，企業の社会的責任を軽視しているという批判の余地がある。③自己資本比率が上昇し株主の発言力が高まるにつれて，経常利益は配当金と留保利益に対する資本コストを無視しているという理由から，株主無視の誇り（そしり）をまぬかれない。

高度成長期では過大な投資をしても得られた株価の上昇というキャピタルゲインによって回収できた。しかし，低成長の時代で株主の立場を重視しなければならなくなった現代においては，経常利益がもつ合理的な理由が次第に失われつつある。

(2) **RIとEVA**

RIもEVAも営業利益から加重平均資本コストを差し引いた残余利益である。単純にいえば，EVAはRIをより精緻化した業績評価指標である。EVAとRIとの相違点を，ホーングレンほか［Horngren et al., 1997, p.937］を参考にして特徴づければ，次の3点において顕著である。

第1は，財務会計・管理会計の区別なく，税引後の営業利益が用いられる。

これは，税金をコストとみるか利益（からの控除項目）とみるかにかかわる問題でもある。ソロモンズもRIの計算において，財務会計上は税引後の営業利益を用いるべきだとしながらも，管理可能性の観点からは，管理会計では税引前利益が用いられるべきだとしている。

第2は，加重平均資本コストの計算において，利子は税法上で費用処理される。そのため，EVAの計算では，控除される税金相当分を差し引いた正味の計算上の金利が用いられる。RIでは，このような配慮は明確にはなされていない。

第3に，投資額は総資産から無利子負債を差し引いて算定される。その結果，税引後の加重平均資本コスト率が乗じられるのは，調達面からみると，長期資金のみとなる。長期資金は，式23-5や式23-6のように，固定資産に正味運転資本を加算して求められる。

$$総資産 - 流動負債 = 固定資産 + 流動資産 - 無利子負債 \quad (23\text{-}5)$$
$$= 固定資産 + 正味運転資本 \quad (23\text{-}6)$$

EVAを業績評価尺度としてもつことの最大の意義は，EVAが企業価値と連動していることにある。株主が期待する利益を評価基準にしている点で，株主重視の指標だから，株主価値と連動するともいえる。EVAを高めるには経営効率の向上が必要であるため，経営者はリストラやリエンジニアリングなど効率の向上に努力するようになる。

4　社内金利制度とEVAとは両立が可能か

社内金利制度は，パナソニックが事業部管理のために独自で考案した内部金利制度を基礎にしている。日本企業で社内金利制度を導入している企業が数多く[7]ある。とりわけ，カンパニー制では投資責任が問われるから，通常，社内資本金制度と社内金利を導入する。このような会社がEVAを導入しようとするときに直面する問題が，社内金利との関係である。

1 カンパニー制と社内金利制度

三菱商事や**住友商事**など，上位の総合商社でもカンパニー制に合わせた社内資本金制度の導入が進んでいる。

ニチメン（現・双日）もまた，営業部門ごとに資本金を分配して独立採算性を高める社内資本金制度の導入を決めた。例えば，ニチメンでは，社内資本金制度の導入によって，不採算事業の選別など事業の選択と集中戦略に活用した。具体的には，鉄鋼・機械，エネルギー・化学，住・生活産業の3営業部門に対して，部門内の本部，部の規模や人員，関連する連結対象子会社の数に応じて疑似資本金を与える。その際，分配の原資を自己資本の全額とするか，一部だけを便宜的に分配するかといった問題や，部門別決算における利益処分の方法などで会社別の特徴を出すことができる。

社内資本金制度を導入すれば，各営業部門内で，高い収益を誇る部門と低い収益性の部門とがより明確に把握できる。そのため，部門ごとの業績が明確化され，撤退やテコ入れの必要な部門をハッキリさせることができるようになる。IFRSでは，損益計算書よりも貸借対照表が重視されることからしても，社内資本金制度は時代の潮流に乗っているともいえる。

2 EVAと社内金利制度との関係

社内金利制度を採用している企業がEVAを採用するとき，EVAとの関係をどう調整するか。社内金利制度が定着している企業でEVAを導入することは，少なくとも4つの側面—社内金利の目的，資本コストの面からする計算メカニズムの検討，法人税の扱い，経済価値への調整—からの検討が必要になろう。

第1に，社内金利制度の目的は，その誕生期においてこそ，借入金金利の削減を主目的としていた[8]。しかし，近年（発展期後期以降）の社内金利制度の主要目的はEVAと同じで，投資効率の向上におかれている。各種の調査結果を勘案すると，この種の社内金利制度を導入している日本企業は，社内金利制度を導入している企業のほぼ1/3に相当する。

以上から，投資効率の向上を目的として社内金利制度を導入している企業は，導入の目的との関係では，全く問題なく両目的を連動させうる。

第2に，資本コストの面から，投資ベースとの関係で計算メカニズムを検討しよう。EVAでは，正味使用資本に加重平均資本コストが課される。対して，社内金利制度では，投資ベースが①資産タイプ，②（社内）借入金タイプ，③（社内）資本金タイプ（本書第21章のp.728の3つのタイプの投資ベースを参照）かによって異なる。3つの投資ベースのうち，①の資産タイプはEVAと異ならない。したがって，資産タイプをとる企業でEVAを社内金利制度と統合しても，格別の問題は生じない。②と③のタイプについては，個別資本ごとに異なった資本コストを課すから，EVAとは計算上の論理が全く異なる。

日米でこのような見解の相違が生じる理由には，2つの解釈が可能である。1つは，日本の経営者のほうがきめ細かな対応をしているからだとする。いま1つは，日米の社会・経済的な違いを反映しているとみる。つまり，資本（株主）の論理か，経営の論理のいずれを貫くかの相違であるとみることができる。

EVAで均一の加重平均資本コスト率を乗じているのは，米国の企業では株主の視点から経営が行われているからである。EVAだけでなく，残余利益であっても，結論は同じである。すなわち，株主の立場ないし資本の論理からすれば，借入金であろうと資本金であろうと，あるいは留保利益であろうと，資本として使用する限り同じ働きをする。つまり，資本に色がついているわけではない。であるとすれば，株主が期待する最低希望収益率として，加重平均した資本コストを使用資本に課すのが当然だとする見解が成り立つ。

他方，欧米と比較して株主の力が強くない日本企業では，経営者の視点から経営が行われてきた。経営者には，資本構成を細分化して資本金には安定配当を行い，借入金の選択において最適な資本源泉を選択し，できるだけ廉価な資本コストで経営を行っていくことが求められてきた。留保利益についても，経営者へのモチベーションに留意して，留保利益に金利を課すことが動機づけにならないと判断されるときには，金利ゼロにするといった配慮を行う。資本コストについてこのような対応を行ってきたのは，日本企業では経営者ないし経営の論理が貫かれている企業が多いからである。以上みたとおり，RIとEVAが社内金利制度と比較していずれがすぐれているかではなく，問題はそれぞれの評価指標を生み出した社会・経済的背景を理解することが必要である。

第3に，法人税の扱いに関して，EVAでは，税引後営業利益から加重平均

資本コストを差し引く。他方，社内金利制度では，通常は明示的に事業部利益から税金は差し引かれない。このような日米の差がなぜ生じるのか。それは，米国の経営者の多くが税金を一種のコストとみなしているのに対して，従来，日本の多くの経営者は，税金を利益から支弁されるものと考えていたからである。ただし，最近の日本の経営者は徐々に米国型に移行しつつある。

第4に，社内金利制度とは違って，EVAでは，利益は研究開発費，建設仮勘定，引当金などで調整されて，経済的利益に引き直される。

5 EVAが適する企業と利用上の留意点

米国企業においてEVAが普及してきたことは，先進的な米国企業がROIの欠点を認識し，利益の絶対額への回帰傾向を暗示するといえる。経常利益，RI，EVAの間には，広い意味での残余利益であるという意味で共通する特徴がある。しかし，相違点もある。EVAでは税引後営業利益を用いていることや，差し引かれるべき資本コストにも相違がみられることである。

1 EVAが適する企業

EVAは成長産業には適さない業績評価の基準だとする批判や，減価償却費を計算要素に含めているのでEVAには恣意性が介在する（定率法や定額法といった会計方法や耐用年数の見積もりなどで，会計方針の影響を受ける）といった批判もある。しかし総じていえば，欧米では好意的に受け止められている。欧米企業の経営者にとって，EVAの最もすぐれた点は，EVAが株主価値と連動していることにある。EVAに適するのは次の特徴をもつ企業である。

(1) 事業再編を必要とする企業

EVAがもつ株主価値アプローチが，資本の非効率的利用に経営者の注意を向けることができる。具体的には，EVAを戦略的ビジネス・ユニット（SBU）にまで降ろすことによって，加重平均資本コストよりも低い利益しか獲得していないSBUから事業を撤退させることで，企業価値を創造することができる。その意味では，事業の撤退戦略を必要とする企業は，EVAは最も適したツー

ルである。例えば，花王がEVAの導入によって最も大きな効果があったのは，収益性の低い情報部品の事業から撤退するための戦略への適用であった。

(2) 資本構成のあり方

EVAの算定式から明らかなように，加重平均資本コストの計算には株主への配当金や留保利益が含まれる。過去，日本企業では資本構成（自己資本/総資本×100）が極度に低下していた。現在でこそ，日本企業の資本構成は30～40％（大企業では40～45％）にまで回復しているが，1975年前後には17％前後であった。資本市場が欧米ほどには発達していなかった時代には，企業が必要とする資金は間接金融として銀行から調達してきたからである。

EVAでは自己資本コストを税引後の営業利益から差し引くから，EVAが最も適合する日本企業は，自己資本が資金調達の多くを占める企業である。例えば，借入金が少ない花王ではEVAを利用することには合理的な理由がある。逆に，資本構成という面だけからすると，多くの資金を借入金と社債で調達している東京電力[9]でEVAを利用することは，経営効率化を目的とする場合を除けば，合理的な理由はない。もちろん，電力会社であっても借入金や社債過多の経営を脱却して自己資本を増加させることは必要である。

(3) 資本の効率的利用

EVAは資源の効率的利用を促す。なぜなら，企業価値を悪化させている事業では，EVAがマイナスになるからである。それゆえ，成果給をとろうとしている企業にとって，EVAは最適の方法である。例えば，ベンチャービジネスの旗手であったインテリジェントウェイブ（IWI）は借入金がゼロに近く，パッケージソフトの業界では最高の利益率を誇っていたときにEVA導入を検討したことがある[10]。EVAを部門別に導入すれば部門経営者の業績を上昇させることが期待できる。逆に，収益性の劣る企業がEVAを導入すれば，EVAは常に赤字になるから，経営者のモチベーションを低下させる。

2　EVAの留意点

経営の効率化を目指した経営を行っている日本企業は少なくない。そのよう

な日本企業もまた，株主重視の業績評価の指標たるEVAに切り替えるべきであるか。日本企業へのEVA導入の留意点を述べる。

(1) 株主重視の指標

EVAは，繰り返し述べてきたとおり，株主の立場からする業績評価指標として最適である。加えて，いずれかといえば，成熟した産業における大企業でEVAのもつ価値を発揮できる。それゆえ，経営の目標を株主重視においている企業においては，EVAを利用することには合理的な理由がある。しかし，企業が株主だけではなく，従業員，経営者，金融機関などステークホルダーを重視している会社では，EVAの適用は合理的な理由を見出し得ない。また，さらなる大きな発展が期待されている企業では，従業員を鼓舞できて，顧客満足に繋がる業績評価指針が選ばれるのには合理的な理由がある。

従業員の努力を引き出したいのであれば，花王のように，賞与とEVAとの連動関係［藤森，1999, p.43］などにも工夫を加えるとか，ステークホルダーの立場からの評価が可能なバランスト・スコアカード（Balanced Scorecard; BSC）との併用が推奨される。花王にとっても，事業のリストラが一通り終了すれば，EVAにこだわる必要性もなくなる。

(2) 自己資本の多い企業

著者がブリティッシュ・テレコム（当時）を訪問したとき，BTの担当者はEVAを採用した理由として借入金がほとんどないことをあげていた。逆に，日本の中小企業のように借入金の多い企業で，評価基準のみを少数の株主のためだけにEVAに変えることの意味があるとは思われない。

(3) 資本市場の非効率性

米国のように資本市場が効率的であるときには，EVAが株価に反映されるから，すぐれた業績評価尺度になりえよう。しかし，わが国の資本市場が従来のように非効率である限りにおいて，単なる米国企業の模倣は，必ずしも意図した結果をもたらさない。ただ，この要因は大きく変化しており，日本の資本市場はより効率的になったとする意見もある。

(4) 日本企業の低い収益性

投資効率が低い現在の日本では、EVAを計算すると、マイナスになる日本企業が続出するという計算メカニズム上の問題点もある。1990年代の後半に行われた試算では、花王やパナソニックのような優良企業を別にすれば、日本航空、三菱商事、キリンホールディングス、新日鐵住金、ダイエー、いすゞ、住友商事、旭硝子、藤沢薬品（現・アステラス製薬）など日本を代表する優良企業において、EVAが赤字になると算定されたことがある。内部での議論はあったものの、最終的にはNTTがEVAを用いなかった1つの理由は、そのためであると理解している[11]。

(5) 正味運転資本についての合意

資本コストの計算に正味運転資本（流動資産－無利子負債）の考え方が使われている。運転資本が何であるかについては、①流動資産総額、②正味運転資本、③現金・現金同等物という3つの考え方がある。理論的には正味運転資本がすぐれている。しかし、わが国で運転資本というとき、③の現金・現金同等物という考え方をとる実務家が多い。それゆえ、資本コストの計算には、日本の状況に合わせて弾力的に適用すべきである。事実、日本企業でスターン・スチュアートの提唱したEVAをそのままの形で使っているところは決して多くはなく、多くの日本企業は名称を変えた修正版を使用している。

(6) 経営者が新規の投資や従業員の待遇改善にネガティブになりがち

EVAの採用によって経営が後ろ向きになる可能性がある。1998年にヒューレット・パッカード社を訪問したとき、EVAの利用により経営がすばらしくなったという話を聞いた。一方、同社の日本社員からの話では、「企業の業績は良くなったが、赤字事業部の切り離しなど過激なリストラのため、従業員や取引先および地域住民は大変な状態」という声も聞かれた。

(7) 成熟産業に適する

EVAは、成熟産業にとっては妥当な評価尺度となりうる。なぜなら、株主への配当も十分に支払えないような収益性の低い成熟企業にとって、経営効率

化の必要性を明確に示唆しうるからである。逆に，EVAの使用は，研究開発費の減額によって成長産業の芽を摘む可能性がある。そのため，成長産業やベンチャービジネスなど，将来の発展に期待を寄せる産業には適さない。

要するに，EVAは株主の立場からする経営効率化のためのすぐれた業績評価指標である。しかし，キャプランとノートン [Kaplan and Norton, 2001, p.379] が指摘しているように，EVAは株主価値と連動しているものの，知識ベースの競争社会で非財務業績までも測定しないことは競争上不利である。

コーポレート・ガバナンスのための具体的な企業システムの変革は株式持合制度，メインバンク制，終身雇用，年功序列制の解消などからなるが，この結果が企業経営における株主利益の最優先化，従業員の立場の弱体化をもたらし，必然的に株主以外のステークホルダーの企業経営における地位の弱体化をともなうとすれば，EVAそれ自体では，必ずしも企業の将来の経営活力を高めることはできない。さらに著者の主張してきた効果性重視の経営に合致しない。

EVAのもつ問題点を克服する方法の1つに，EVAとBSCとの統合がある。そこで最後に，EVAとBSCの統合システムを提案したい。

6 EVAとBSCの統合システム

BSCにおける財務の視点では，売上高の増大，経常利益の増大，ROIの向上などに並んで，EVAを用いることによって，経常利益を用いることによる過剰投資と，ROIを用いることによる過少投資の誤りを避けることができる。企業価値の創造にも役立つ。

1 なぜ統合システムか

企業がEVAだけを用いている企業の経営者は，EVAを高めるためにリスクが低く短期的にEVAが得られる投資プロジェクトを優先する傾向がある。最も典型的な活動が，すぐにでも効果が現れる原価削減と過剰設備の削減（リストラ）である。逆に，リスクの高い新製品の開発や顧客との長期的な友好関係の構築といったように，長期にわたる努力が必要な活動は後回しにしがちであ

る。このような理由から，EVAだけを主要な業績評価尺度にしている経営者は，短期的な効果がすぐに現れるリストラには積極的になっても，長期の視点に立って将来の収益を増大させる，多額の資金投入を避けようとする傾向がある。

EVAは，純粋な企業価値創造のための財務モデルである。したがって，EVAにはBSCのようにビジョンや戦略と結びつけて売上高を伸ばしていこうといった発想はない。BSCによれば，売上高のドライバーが何であるかを明確に定義づけ，論理的で可視的な形で売上高の増大を図っていくことができる。

具体的には，目標とする顧客が誰であるかを可視化して，顧客への価値提案を行い，顧客との関係を改善するための内部ビジネス・プロセスを改善し，必要となる従業員とシステムへのインフラ投資を行うことで売上高の増大を論理的に計画できる。BSCのフレームワークのなかでEVAを用いれば，短期に売上高を増大させるのと長期的な視点から売上高の増大を図るのといずれが良いかの論理的な選択を行うことが可能になる。そのことが，将来を踏まえた企業価値の創造に役立つ。関西電力のPCAを例にとって説明しよう。

2　PCA（関西電力版EVA）による資本効率の向上

PCAは，資産コスト差引後利益（profit after cost of assets）のことで，関西電力版EVA［彌園，2002，2003，pp.66-71］とでもいえる。なぜ資本コストではなく資産コストとしたか。それを一言でいえば，過去において不要な資産をつくりすぎたからである。

(1)　何がEVAと異なるか

過大投資を抑制するためには，資産効率の向上を意図した独自の収益性指標が必要である。関西電力版EVAであるPCAの算定式は，式23-7のとおりである。

$$PCA = 税引後事業利益 - 資産コスト \qquad (23-7)$$

式23-7で，税引後事業利益は，収益性向上への取り組みを表す。他方，資産コストは，資産効率向上への取り組みを意味している。以上からPCAは収益力向上と高効率経営の推進を狙いとしたもので，資本市場から求められる必要最低利益を資産コストとして認識し，資産コストを満たしたうえで，期中に創

出された付加価値を示す指標であることが明らかとなろう。

資産コストの算定式では，加重平均資本コスト（負債コストと株主資本コストの加重平均値）のうち，投下資本に対応する資本コストのみを資本に対するコストとする。資産コスト率の算定式は，式23-8のようになる。

$$資産コスト率 = 加重平均資本コスト率 \times 投下資本 / 総資産 \qquad (23\text{-}8)$$

資産コストの計算によると，EVAで用いられる加重平均資本コスト（WACC）よりも低い数値になるが，投下資本（資産）の効率に目を向けることが可能になる。以上，PCAの算定過程を図示すれば，図23-2のようになる。

図23-2　PCAの算定プロセス

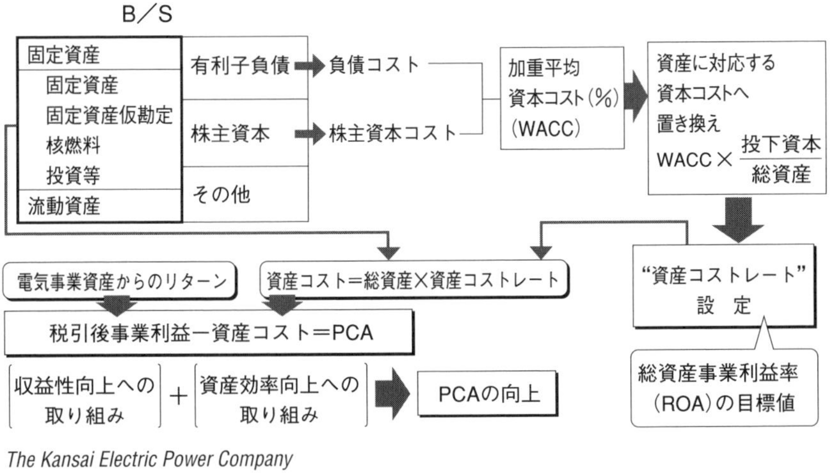

The Kansai Electric Power Company

出典：関西電力作成の資料。

EVAは，一般に，株主重視の指標であるとされる。他方，関西電力のPCAは資産の有効利用に焦点があるにしても，決して株主重視ではない。PCAについての関西電力の解釈もまた，PCAがすべてのステークホルダーのために役立つ企業価値創造のための指標として位置づけられている。

株主重視でないことは，バランスト・スコアカードの枠組みのなかでPCA

が用いられていることで株主の立場（財務の視点）だけでなく，顧客（お客様の視点），サプライヤー（内部ビジネス・プロセス），従業員（学習と成長の視点）といったステークホルダーが尊重されていることが理解できる。従来は収益性，公益性，成長性がトレードオフの関係であったが，バランスト・スコアカードを活用することで，これらがバランスをもって活用されるようになった。詳細は，櫻井［2008, pp.481-485］を参照されたい。

(2) PCAの特徴

関西電力では，結果としてのPCAだけに注目しているわけではない。売上高は顧客との関係が反映される。その意味ではプロダクトアウトの思想ではない。売上原価は，原材料や機械設備など外部の供給業者との関係から多大な影響を受ける。人件費は従業員との関係で決定される。法人税等は国や地方自治体との関係で規定される。株主と銀行等債権者との関係は，債権者への金利と株主へのリターンで密接な関係がある。さらに，事業別の売上高から各種のステークホルダーへの支払額（費用として算定される）を差し引いた利益がPCAである。関西電力のPCAには，次の4つの特徴がある。

第1に，関西電力の自己資本比率は2002年の21％から2008年には27％へと是正されてきたが，他の産業と比較すると相変わらず低い[11]。過去の過剰投資への反省を踏まえて，資産効率の向上を主要な目的としている。

第2に，加重平均資本コストは抽象的な概念であるから，現場での実感が薄い。対して，資産コストであれば現場への説得力も増すし，実効性がある。

第3に，加重平均資本コストを用いると，日本の相当数の企業のEVAが赤字になる。収益性が低い事業から撤退すべきだとの意見もありえようが，日本の多くの企業がGEのウェルチ会長（当時）のように，業界第1，2位でなければ撤退するという戦略を出せば，日本から事業そのものが消えてしまう。PCAでは投下資本の効率を重視しているから，総資産のうち事業別の投下資産のコストだけを算式に含めている。そのため，EVAの欠点の1つを除去し得る。

以上，日本企業の経営者は，関西電力の例でみたように，欧米流の経営システムを自社に適合した形で活用している。ここに，日本の経営者のすぐれた特

徴を見出すことができる。

注

1）投資利益率（ROI）関連の指標には，ROEやROAがある。違いは，次のとおりである。ROI＝利益／投資額×100，ROE＝利益／自己資本×100，ROA＝利益／総資産×100である。

2）日本の年金制度には，3種類のものがある。第1は，20歳以上の全国民が加入する国民年金である。第2が，会社員・公務員が加入する厚生年金保険，および自営業者が加入する国民年金基金がある。国家公務員等は2015年以降，厚生年金に一元化された。第3は，従業員を対象として企業が独自に運営する企業年金制度である。これらに加えて，個人の積み立てを行う確定拠出年金（401k）が制度化されている。

3）Residual income（残余利益）については種々の意味で用いられるから，注意が必要である。管理会計研究者にとって，残余利益といえば，ソロモンズによって提唱されたGE社のresidual income［Solomons, 1965, pp.60-67］を意味する。しかし，EVAを提唱したスターン・スチュアートも営業利益から資本コストを差し引いているという意味で，EVAを残余利益であるとした。この論理からいえば，経常利益もまた，営業利益から資本コストの一部である金利その他を差し引いた残余の利益であるという意味で，残余利益の一種であるともいえる。

4）エクイティファイナンス（equity finance）は，株主資本の増加を齎す資金調達のこと。将来的に返済義務を負うデットファイナンス（debt finance）と対立する概念である。

5）対立する概念に，限界資本コストがある。仮に加重平均資本コスト6％と設定している企業が，銀行から収益率4％のプロジェクトの紹介を受けたとする。銀行はこのプロジェクトについては，特別に年2.5％の金利で資金を提供してくれるという。結果，このプロジェクトの利益率は，1.5％（4％－2.5％）となる。この2.5％の金利の資本コストが，限界資本コストである。経営者の視点からすれば，限界資本コストが収益率を上回るから，このプロジェクトを遂行すべきだということになりそうであるが，株主の視点からすれば，収益率4％では企業が目標とする希望利益率6％に達しないから，このプロジェクトは採用すべきでないということになる。

6）資本コスト率を5％と決めた上記企業の1社のトップにその後の推移を尋ねたことがある。5％はなかなか難しいですね，という返事であった。

7）事業部制を採用していない企業では，社内金利を導入している企業は回答企業10社中1社にすぎなかったが，事業部制を採用している企業では，回答企業89社

中で39社であった。電気（14社），化学（9社）が最も多かった［櫻井・伊藤，1998, p.115, 119］。
8）事業部制を論じている第21章の第2節を参照されたい。日本における社内金利の歴史的発展過程は第4節で述べている。
9）東京電力では，2003年には自己資本比率が15％であったが，2008年には19.4％にまで是正された。電気事業審議会の最後の会議で，著者は参考人として参加していた勝俣恒久副社長（当時）と委員に，資本構成を是正する努力をするようにお願いした。
10）IWI社の安達一彦社長（当時）から，EVAの導入の可否を含めた内容での講演を依頼されたことがある。著者の結論は，発展著しいIWIではEVAの導入は見送るべきだとの論点に立った内容の講演を行った。事実，その後，事業は大きく発展していった。
11）直近の2018年3月期の自己資本比率（連結）は，20.8％，2017年19.3％，2016年15.9％，2014年は15.3％である。

参考文献

Black, Andrew, Philip Wright and John Davies, *In search of Shareholder Value-Managing the Drivers of Performance*, 2nd ed., Price Water House Coopers, 2001.（井出正介監訳『株主価値追求の経営―キャッシュフローによる経営革新―』東洋経済新報社，1998年, p.61）。

Horngren, Charles, George Foster and Srikant M. Dater, *Cost Accounting―A Managerial Emphasis―*, Prentice Hall, 1997.

Kaplan, Robert S. and David P. Norton, *The Strategy-Focused Organization―How Balanced Scorecard Companies Thrive in the New Business Environment―*, Harvard Business School Press, 2001.（櫻井通晴監訳『戦略バランスト・スコアカード』東洋経済新報社，2001年, p.475）。

Solomons, David, *Divisional Performance: Measurement and Control*, Financial Executives Research Foundation, Inc., 1965.（櫻井通晴・鳥居宏史監訳『事業部制の業績評価』東洋経済新報社，2005年, pp.100-105, p.122）。

Stewart Ⅲ, G. Bennett, *The Quest for Value,―The EVAtm Management Guide―*, HarperBusiness, 1991.（河田剛・長掛良介・須藤亜里訳『EVA（経済的付加価値）創造の経営』東洋経済新報社，1998年, pp.166-167）。

櫻井通晴・伊藤和憲「構造的不況下における管理会計制度」『専修経営学論集』第65号，1998年。調査対象は上場第1部企業の6業種，476社，回収181社（回収率38％），利益目標では76％。

櫻井通晴『バランスト・スコアカード-理論とケース・スタディ（改訂版）』同文舘出版, 2008年。
藤森裕司「株式市場からみたEVA」『企業会計』Vol.51, No.12, 1999年。
彌園豊一「関西電力におけるBSCを活用した経営革新への取り組み」関西電力株式会社, 2002年2月21日, pp.1-21。
彌園豊一「関西電力における経営管理システム改革とBSC」『企業会計』Vol.55, No.5, 2003年。（この文献には，関西電力のバランスト・スコアカードのすばらしい実例の一端が掲載されている）。

補論1　コーポレートガバナンス・コードの制定とROEの活用

　金融庁と東京証券取引所とが取り纏めたコーポレートガバナンス・コードは，2016年6月から適用された。その理論的な支柱になったのが，「**伊藤レポート**」である。

　2014年8月に公表された「伊藤レポート」では，日本企業の経営者はROE（Return on Equity；自己資本利益率，株主資本利益率）を「**最低限8％を上回るROEを達成することに各企業はコミットすべき**」と提言している。以下では，この「伊藤レポート」の提言に従って日本企業がROE 8％を上回るROEを企業の目標に用いることが，日本企業の持続的発展にとって福音となるのか，それとも日本企業の経営にひずみを齎すかを考察する。

　ROEとは，株主が拠出した自己資本で企業がどれだけ利益を上げたかに関する指標である。**ROE＝利益／自己資本×100**で算定される。米国など他の先進諸国に比べると，日本企業のROEはたしかに米国など先進諸国に比べて低いことは事実である。

　最初の伊藤レポートの発表から5年後の2017年10月に発表された「**伊藤レポート2.0**」では，日本の経営者を「投資家との面談で指標や数値を約束しても自社の中でそれを一貫性をもって展開しない」と痛烈に批判している。それでは，「伊藤レポート」に従わなかった経営者が多くみられた真の原因はどこにあるのか。それには次のことが考えられる。

① 日本の経営者も，株主を重視すべきことは十分に理解している。しかし，諸外国とは違って，日本には「三方良し」の思想が浸透している。そのため，日本の経営者には株主だけを優遇するのではなく，顧客や従業員などのステークホルダーを大切にする思想が根付いている。

② 日本企業のROIやROEが欧米先進国と比較して低いのは株主を無視しているからではなく，とくにここ10年ほどの日本の先端技術の水準が欧米先進諸国と比較して大きく立ち遅れているため，欧米のように高い利益を含む価格をつけることが難しいからである。

③ 海の幸を除けば，日本では米国などとは違って，石油などの天然資源に

恵まれていないため輸入に頼らざるを得ないことから，原材料費がコスト高になる。
④ 過去20年間，日本の国民総生産はわずか1.06％しか増加していない。つまり，この20年間，配分すべきパイが全く増えていない[1]ので，株主への配当を増やすためには，従業員への給料，設備投資額，中長期の研究開発費，広告宣伝費，社内教育研究費の抑制が必要となる。

モノいう外国人投資家による要求が日増しに増加してきた現在，東京証券取引所と金融庁が先頭に立って米国流のROEを高めるべく努力していることはそれなりに評価できる。伊藤レポート2.0［2017, p.35］が胸を張って述べているように，2008年には2.98％であったROEは「2009年以降改善傾向にあり，最近は7～8％の水準」で推移する結果が得られた。しかし，日本企業がROE指標を活用したからといって，株主には満足できる結果が得られたとしても，ただそれだけで優れた企業統治の向上に直性結びつくとは到底思われない。逆に，日本企業がROEの活用を検討する際には，ROEを経営指標として掲げることによる次のような5つの反作用が現れる可能性に留意すべきである。

第1は，企業が稼得する付加価値を一定とする限りにおいて，付加価値のうちで株主の取り分を増やすことは，ステークホルダーのうち企業にとって重要な役割が期待されている**従業員への配分額**[2]を相対的に減少させる。

第2は，経営指標としてROEをもったからといって企業利益を増加させることはない。逆に，例えばトヨタは，世界的に知られている原価企画の活用でROEやROA（return on assets；総資産利益率）を用いるのではなく，顧客に顔が向いている売上利益率を用いている。それにもかかわらず，トヨタの収益力は世界的に高く評価されている。その理由は，**トヨタの経営が顧客志向**であり，また**従業員の一人一人が経営改善に前向き**に取り組んでいるからである。売上利益率は顧客志向の指標であり，現場管理者の段階では売上利益率や営業利益を目標にして世界に誇る優れた経営を行ってきた。

第3に，ROE経営では，過小資本のゆえに高いROEを誇る企業では，資本コストを上回る投資案件があっても，現在のROEよりも低いという理由だけでその案件が却下される可能性がある。

ROEを高めることは直近の利益（従って配当）を欲する株主にとっては好都合ではあっても，持続的発展を期待する従業員や廉価で高品質の商品を求める顧客など，株主以外のステークホルダーにとっては望ましいことではない。なお，**EVA**によれば，分子・分母の関係ではなくEVA＝税引後営業利益－加重平均資本コストで算出されるので，ROEのような心配はない。

　第4に，ROEはここ数年で大幅に改善した。その反面，「伊藤レポート2.0」[2017, p.15-19]でも指摘されているように，①研究開発投資の伸びは他国に比べて鈍化している。その研究開発投資も，中長期的な研究開発（12.8％）よりは短期的な研究開発（43.8％）が増加している。②人材投資がフランス，ドイツ，イタリア，イギリス，アメリカとは大幅に劣る。人材投資の額は，なんとこれらの国の1／4以下である。なお，日本での人材投資は1998年以降毎年減少を続け，現在では1998年当時の1／3以下でしかない。

　第5に，企業が主要な経営指標として**株主志向のROE**をもつことは，将来大きくは成長が見込めない成熟した大企業には大きな歪みにはならないかもしれない。しかし，これまで日本が誇ってきた顧客に満足を与えうる廉価で優れた製品・商品の提供と，企業の発展に尽くしてくれる優れた従業員を必要としている**成長過程にある中堅・中小の企業**ではとくに，経営指標としてROEをもつことは将来の成長の芽を摘むリスクがある。なぜなら，成長過程にある企業によるROEの活用は，積極的な設備投資，研究開発投資，広告宣伝費を行うことによってROEの低下を恐れることで将来の成長の芽を摘む危険性があるからである。

　大手企業であっても，更なる成長を続けたいと欲している企業は，株主による過度なROE要求に応じるべきではない。柳澤[2018, pp.140-141]によれば，ANAホールディングスは2017年度には売上高（12％増の19,717億円）だけでなく，純利益もまた増加（46％増の1,438億円）した。2018年6月に開かれた株主総会において，株主の1人から，ROEが15.1％から9.9％に降下したことに対して厳しい質問がでた。これに対してANAは，東京五輪やインバウンド，空港発着枠の拡大というチャンスがあるのだから，資金を寝かすのではなく投資して着実に成長するという経営方針を貫くために「決して財務レバレッジを駆使してROEを引き上げるつもりはない」（関係者）と回答したのだという。

研究者もまた，ROE経営に諸手をあげて賛同しているわけではない。手島［2015, pp.22-25］は，経営学の立場から，企業統治のためのROE導入に正面から反対の意向を示している。その理由にあげているのは，次の3点である。第1は，割り算の罠にはまりかねないこと，つまり分母（投資額）を小さくしてROIを高く見せることで縮小再生産の罠にはまる。第2に，投資家の利害が絡んでいる。これは，ROA[3]やROI（資本利益率）にもみられる特徴である。第3に，経営の短期主義を助長させる。

　伊藤レポートの執筆責任者である伊藤［2002, p.viii］ですら，EVAの翻訳書の"訳者まえがき"で述べているように，ROEには3つの限界があることをあげ，企業はROEではなくEVAを活用すべきだとしている。

　「第1に，ROEの計算式の分子は会計上の利益であり，会計政策の影響を受けてしまう。第2に，ROEの計算式の分子からは資本コストが控除されていない。第3に，ROIは比率指標であり，創造された価値額を表していないため，企業が縮小均衡に陥るリスクを伴う。」

　伊藤邦雄教授との対談のなかで，鈴木智英［伊藤×鈴木, 2018, p.24］は，カルフォルニア大学（バークレー校の）レブ教授の所説を中心に投資家保護の必要性を強調する伊藤教授に対して，次のように反論している。

　「アメリカと日本において，会計の有用性の意味も，投資家の存在の重要性も異なる」。日本では「従業員とか日本の政府財政であるとか，その他のステークホルダー重視」される。また，日本社会のクオリティが高いのは「単に利益を創出するというよりは，消費者あるいは従業員と向き合った会計なりマネジメントが徹底されている」からである。

　以上，政府が積極的に進めてきた企業統治改革は，米国流のトップダウン型の内部統制の強化と株主重視には役立つかもしれない。しかし，このことはこれまでに日本が世界に誇ってきた優れたボトムアップ経営，顧客を志向した経営，および世界に誇れる製品を送り出してきたモノ作りの実践者である現場作業員を含む従業員に，悪しき影響を及ぼす可能性があるという事実を認識すべきである。

　「伊藤レポート2.0」では，投資家が希望する，"ROE指標にこだわった経営を実践しない多くの日本の経営者を評して，「ダブルスタンダード経営」（端的

に言えば，二枚舌経営）と呼んでいる。著者には，逆に，このダブルスタンダード経営こそが，日本企業を危機に晒さないために現時点でなしうる経営者の賢い生き方（生活の知恵）ではないかとさえ思えるのである。同時に，ROEによる米国型の企業統治方式を日本企業に半ば強制的に導入させることは，これまで日本企業のもっていた強みを失わせる危険性が十分にあることを，東京証券取引所と金融庁および一部の研究者は，しっかりと理解すべきである。

注

1) 参考3（本書の第5章, p.162）を参照されたい。
2) 補論2の「日本の低い労働分配率の現状と課題」を参照されたい。
3) 1980年代の米国の数多くの管理会計研究者は，ROIの活用が米国経済の成長の芽を摘むことを懸念した。櫻井［1983, pp.50-57］を参照。

参考文献

Stern Joel M. and John S. Shiely with Irwin Ross, The EVA Challenge: Implementing Rights, Inc., 2001.（伊藤邦雄訳『EVA―価値創造への企業変革―』日本経済新聞社, 2002年。日本語訳の"訳者まえがき" p.ⅷ）。

伊藤レポート2.0「持続的成長に向けた長期投資（RGS・無形資産投資）研究会報告書」2017年10月26日。《http://www.meti.go.jp/press/2017/10/20171026001/20171026001-1.pdf》。

伊藤邦雄×鈴木智英「果たして『会計の再生は可能か』」『企業会計』Vol.70 No.12, 2018年。

櫻井通晴「資本利益率（ROI）とわが国の経済成長」『企業会計』Vol.35 No.10, 1983年。

手島直樹『ROEが奪う競争力―「ファイナンス理論」の誤解が経営を壊す―』日本経済新聞出版社, 2015年。

柳澤里佳「財務で会社を読む―ANAホールディングス―」『週刊ダイヤモンド』2018年7月28日。

補論2　日本の低い労働分配率の現状と課題

　平成30年9月3日に公表された年次別法人企業統計調査によると，法人企業全体の経常利益は前年度比11.4％増の84兆円となり，5年連続で過去最高額を更新し，企業の利益剰余金（内部留保）も過去最高の446兆円を記録した。他方，企業の設備投資に直接関連する有形固定資産の増加は最近10年間で見てもわずかに16.3兆円にとどまっている。このことから，日本企業が経常利益の増加により利益剰余金（内部留保）を積み上げる一方で，国内投資には慎重になっている構図が窺える。

　他方，労働分配率（＝人件費／付加価値×100）を見ると，2017年度（財務省「法人企業統計調査」）では66.2％と43年ぶりの低水準である。労働分配率を規模別にみると，規模が小さい企業ほど労働分配率が高い。例えば2017年度で見ると，資本金1億円未満の企業は75.8％であるが資本金10億円以上の企業では51.7％と低い。労働生産性と実質賃金の推移を比較すると，2001年の賃金を100とした比較では，2010年の製造業では労働生産性が実質賃金を40％前後も上回っている。総務省『消費者物価指数』と厚生労働省『毎月勤労統計』によると，1990年以降，実質賃金は概ねマイナスの傾向が続いている。

　日本で労働分配率が低いのには，次の要因が考えられる。第1に，米国流の株主重視の流れにともなう配当性向の上昇が相対的に賃金の上昇を抑制している，第2に，労働組合加入率の低下にともなう労働組合の弱体化，第3に，海外の低賃金の国への工場の進出とそれにともなう国内製造業の空洞化（最新鋭の設備は東南アジアを中心とする海外で新設し，国内の"マザー工場"では旧設備を活用している），第4に，国内で優れた投資先が見つからないために余剰資金を手元に残しておいて，将来の国内投資，海外投資および合併・買収（M&A）のための資金として備えておく。

謝辞；本稿の作成に当たっては，財務省 財務総合政策研究所調査統計部の若松寛氏より最新の統計資料を提供いただいた。

参考6

経常利益，残余利益，EVAの関係

比率で表される投資利益率（ROI）とは違って，経常利益，残余利益，EVA（経済的付加価値）は，いずれも営業上の利益からの残余の利益である。その算式をまとめると，下記の式のようになる。

経常利益＝税引前営業利益−（営業外費用−営業外収益） (23-9)
残余利益＝税引前管理可能利益−資本コスト（管理会計） (23-10)
　　　　税引後管理可能利益−資本コスト（財務会計） (23-11)
EVA　＝税引後営業利益−加重平均資本コスト (23-12)

式23-9で，税金（法人税）はコストの一部とは考えられていない。これは日本の伝統的な経営者の見解を代表している。最近の若い経営者は，税金はコストであると考える人々が年々増加傾向にある。営業外費用と営業外収益のうち，最も主要な項目は金利である。銀行などの金融機関にとって，非常時には金利だけは確保しようという銀行優位の見解が見え隠れする。最近では，株主の発言力が大きくなり，資本コストとして金利だけしか考慮されない経常利益には批判的な意見もある。

式23-10，23-11で，管理可能利益は実質的に営業利益を指すと解されている。資本コスト（加重平均資本コスト）は金利だけでなく，配当金および留保利益の機会原価としての計算上のコストを含む。ソロモンズは，管理会計では税引前，財務会計では税引後の営業利益によるべきだとしている。最近では，税金も管理可能という見解もある。

式23-12では，税引後営業利益から加重平均資本コストを差し引いて算定している。加重平均資本コストには，債権者に対する金利だけでなく，株主に対する配当金，および留保利益の機会原価も含まれる。税金も，企業が支払うべきコストだとする欧米人の支配的見解が計算式に現れている。

第24章
IT投資戦略とコスト・マネジメント

1 ソフトウェア原価計算

　日本では，1970年代から現代に至るまで，**経済のソフト化・サービス化**の洗礼を受けてその経済構造は大きく変化してきた。原価計算はこれまで製造業を主要な対象として構築されてきたが，経済のソフト化とサービス化の本格化時代を迎えているいまでは，ソフトウェア産業へも原価計算が適用されるようになった。本節では，ソフトウェア産業における原価計算を考察する。

1　受託開発ソフトウェアを前提にしたソフトウェア原価計算

　わが国のソフトウェア業は，サービス業の一種と考えられがちである。しかし，**受託開発**ソフトウェア製作の活動は製造業と著しく類似している。そのため，1990年前後には，わが国のソフトハウスの約3分の2の企業がソフトウェア原価計算を実施していた。受託開発ソフトウェアの原価計算は，プロジェクト別の個別原価計算［櫻井, 2006, pp.20-39］として実施される。なぜなら，個々のプロジェクトごとにソフトウェアが開発されるからである。

　受託開発ソフトウェアの計算手続きは，製造指図書として，プロジェクト別の指図書を用いる。作業時間の把握は作業時間報告書（作業票）を使って，15分単位で時間記録をとる。賃率はスキルのレベルを7から12段階に区分して職場別に予定賃率で計算する。実際作業時間に職場別の予定賃率を乗じて人件費を計算する。外注費は支払伝票から直接，製造指図書に賦課する。製造間接費は部門別に予定配賦する。製造間接費の予定配賦の方法は，製造原価と異なるところはない［櫻井, 1987, pp.33-78］。

　以上の計算から人件費，外注費，製造間接費を合計してプロジェクト別の製

造原価を計算する。工業生産物の原価計算との対比において，ソフトウェア原価計算には，次の6つの特徴がある[1]。

(1) 原価計算対象はソフトウェアである

「原価計算基準」（以下，「基準」）が前提としている原価計算対象（給付）は，製品を主体とするアウトプットである。ソフトウェアは一般に工業製品とは違って，抽象的で無形の生産物であると考えられている[2]。すなわち，原価計算対象の実質的な内容は，無形の情報を生み出す**知的生産物**である。また，原価計算単位は，顧客，契約またはジョブである。

(2) インプット・アウトプットの関係が不明確である

原価計算は，アウトプット（産出高）をインプット（原価財）との関係で測定する手法であるともいえる。工業生産ではインプットとアウトプットの関係が比較的明確である。例えば，自動車の生産において，ボディの鋼材を100台分投入すれば，ほぼ間違いなく100台の自動車が生産される。

ソフトウェアの開発は労働者の質（スキルの差）によって大きな影響を受ける。そのため，質の高いわずかな労働用役の投入によって高い価値のソフトウェアが開発されることがある反面，多くのSE（システムエンジニア）を動員してもほとんど成果が得られないこともある。つまり，アウトプットとしての給付量はインプットとしての原価財の投入量との間に，工業生産物にみられるほどの比例的関係を見出すことが困難である。

(3) 原価要素のなかでは労務費が多い

製造業では，材料費が突出して多いことに原価構造の特徴を見出すことができる。カスタムソフトの開発が盛んであった1980年代の後半に有価証券報告書をもとに上場企業での平均値を計算したところでは，業種によって多少の違いはあるが，工業製品の原価は材料費63％，労務費12％，経費25％であった。

他方，ソフトウェアの開発費は表24-1で示したとおり，製造業でいう意味での材料費はなく，主に労務費と経費からなる。

表24-1　工業製品とソフトウェアの原価構造

原価要素	工業製品	ソフトウェア
材料費	63%	―
労務費	12%	60%
経　費	25%	40%

出典：著者作成。

具体的にいえば，ソフトウェア開発費の原価構造は労務費が最も多く，製造原価の60%前後を占める。一般に，材料費はDVD，USBメモリー，CD-ROMなど消耗品を除いてはわずかでしかなく，経費が40%前後である。

外注加工賃は形態別には経費に属する（「基準」10）が，本質的には労務費であるため，表24-1では外注加工賃を労務費に含めている。材料費を大項目で表示している企業もあるが，通常は製造業とは違って経費で処理しても問題がないほど些少でしかない。

(4) 個別原価計算が行われる

工業製品には，連続生産される製品と，個別生産される製品とがある。一般に，個別生産される製品には個別原価計算が適用される。工業生産では仕掛品が有形であるから，期末仕掛品数量の確定が比較的容易である。

他方，ソフトウェアでは不特定多数の顧客のために開発される汎用のパッケージソフトと，特定の顧客のために製作されるカスタムソフトとがある。マスターの開発においては，いずれの開発においても繰り返しの連続生産ではなく，個別生産されるという特徴をもつ。しかも，ソフトウェアの開発工程では，仕掛品は不可視である。そのため，製造指図書によって原価の額を金額として把握しない限り，仕掛品原価の算定はできない。以上の理由から，複製を除き，受託ソフトウェアの開発には個別原価計算が適用される。

(5) 研究開発よりは建物や土木の建築工事と類似する

ソフトウェアの開発には，本質的に，一度限りの革新的で研究開発的な要素

の強いプロジェクトもある。米国企業の経営者はパッケージソフトの活用を好む。他方，日本のユーザーは多少高くてもいずれかといえばカスタムソフトの利用を好む。その結果，日本ではカスタムソフトの開発と利用が多くなる[3]。わが国における大多数のカスタムソフトの開発（受託ソフトの開発）は，建築や土木で見られるような請負工事と類似する。

(6) 上場企業では原価計算が必須

ソフトウェア開発で生じた仕掛品は，製品原価性をもつ。公開義務のないIT企業では，税法との関係から期間費用での処理を望む。しかし，上場しているソフトハウスでは，ソフトウェア原価計算を行って，仕掛品，製品原価を計算して**製造原価明細書**を開示することが必要であり，現になされてきた（ただし，内閣府令第19号「財務諸表の用語，様式及び作成方法に関する規則等の一部を改正する内閣府令」（平成26年3月26日）で，連結財務諸表作成会社がセグメント情報を注記している場合には，製造原価明細書の開示が免除されている）。

2 汎用パッケージソフトウェアの原価計算

汎用パッケージソフトウェアを開発・販売する企業では，マスターを開発するソフトウェアには多大の開発費がかかるが，その後は量産体制でパッケージソフトウェアを複製していく。マスターの開発費は研究開発費である。しかし，その後のパッケージソフトウェアを複製するための原価は製造原価として処理される。

例で説明しよう。**ピー・シー・エー株式会社**（以下，PCA）はパソコン用ソフトウェアの制作[4]・販売業者で，その性格上極めて高い労働集約的産業である。制作・販売されるソフトウェアは汎用のパッケージソフトであり，制作されたソフトウェアはＣＤ－ＲＯＭなどの媒体にコピーされ，製品化される。

PCAのソフトウェア関連のコストは，基本的に，①全く新規のソフトウェアの研究開発費，②ソフトウェアの開発費用，③ソフトウェアのコピー・梱包費用からなる。以下では，3種類の原価計算を紹介しよう。

(1) 全く新規のソフトウェアの研究開発費

　研究開発を担当する部門は，新規製品の企画，調査，研究を行い，テストプログラムを作成している。そこで発生した費用は，財務会計と管理会計で処理方法を変えている。**財務会計**では，全く新規のソフトウェアの研究開発費は販売費及び一般管理費の部で期間費用として費用化している。ただし，価格決定や原価管理のためには製品の原価が分からなければならない。そこで，**管理会計**では，プロジェクト別に原価計算を行い，プロジェクト別にいくらの原価がかかっているかを明らかにしている。

(2) ソフトウェアの開発費用

　財務会計上，機能強化や保守のためにかかったソフトウェアの開発費はすべて当期の期間費用とし，資産としては認識しない。他方，管理会計目的のためには適切な利益管理をし，また適正な売価を決定するために原価集計を行っている。ただし，損益計算書上では，売上原価として処理する。その目的のために，以下の事項を明確にしている。

　A　原価集計単位，B　プログラム作業区分，C　研究開発部門作業との区分，D　製造間接費の配賦基準，E　原価計算方法

　原価集計の方法は，費目別に集計した原価要素を直接費と間接費に区分している。それをプロジェクト別に集計する。業務日報をつけ，業務日報からプロジェクト別に人件費を計算し，直接費の賦課や間接費の配賦計算を行う。財務会計的な意味での開発費の原価計算は行っていない。

(3) コピー・梱包費用の原価計算

　コピー・梱包費用については，財務会計上の原価計算を行っている。PCA会計ではコピーと梱包の部門とがあり，そこでパッケージを自社製造している。製品は**OS**（operating system；基本ソフト）や媒体などの違いにより多品種になるので，組別総合原価計算を採用している。

　パソコンソフト産業の競争力を高める上で，原価管理は欠かせない。しかし，原価削減と効率化だけを目指した経営では，パソコンソフト産業に長期的な競争力は生まれてこない。パソコンソフト業者がグローバルに活躍するためには，

すぐれた製品を迅速かつ次々とグローバル市場に投入し，一定のプレゼンスを勝ち取りうる**独創性**（ないし創造性）と**スピード感**に溢れる経営が要請される。

3　ソフトウェア開発業者の製造原価明細書

製造原価明細書（報告書）の作成方法については，櫻井他［1992, pp.51-80］を参照されたい。ただしその開示に関しては，先に述べたとおり，連結財務諸表上のセグメント情報を注記している場合には製造原価明細書の作成を要しない。この改正は，IFRSを踏まえ，単体開示等の簡素化を図るために行ったものである。

2　IT投資の評価とコスト・マネジメント

過去，投資評価といえば，その評価対象は設備投資の経済計算が中心的課題であった。しかし，ITへの投資額が増加した現在では，管理会計の投資評価対象にはIT投資の評価を実施することの必要性が高まってきている。

1　ITの発展とC／Sシステムの登場

コンピュータが1950年代のように**電子計算機**ではなく，電子データ処理（EDP）システムだと理解されるようになったのは1960年代以降のことである。1964年にビジネス・コンピュータ，IBM360が登場してから間もなく，**経営情報システム**（MIS）が一種の流行語になった。1970年代になると，**意思決定支援システム**（DSS）が登場した。1980年代には，**戦略情報システム**（SIS）が当初はヤマト運輸，花王，セブンイレブン（当時）などで活用され，その後数多くの日本企業がSISの導入を図った。

1980年代までは伝統的な情報システムである集中処理の方式で，図24-1に示すとおり，COBOL, FORTRAN, PL／1（ピーエルワン）などの言語を用いてホストコンピュータのソフトウェアを開発し，すべての情報処理を行っていた。日本では1993年前後から，基幹業務は汎用コンピュータによって行い，情報系の業務処理は分散処理によって行うようになった。これが**C／Sシステム**である。図24-1を参照されたい。

図24-1 伝統的なシステムとC／Sシステム

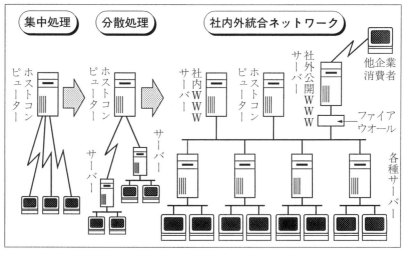

出典：一般化されたC／Sシステムの図解を参考にして，著者が作成。

2 C／Sシステムのアーキテクチャー

C／Sシステムは，1993年前後からわが国企業で一般化した。当時の分散処理方式では，サーバごとに処理機能を振り分け，クライアントがもっているパソコンからの要求に応える仕組みをとっている。社内外統合ネットワークの基盤となっているのがLANであり，ネットワークに結ばれたコンピュータのパワーと資産を共有するネットワーク・コンピューティングである。C／Sシステムの中核的役割を果たしているのがサーバとしてのワークステーションである。パソコンの性能向上の結果，PCサーバも普及した。インターネットでは，WWW（world wide web）が活用された。

C／Sシステムのメリットは，ITシステムのコスト低減にもあるが，それ以上に，LANによる情報の共有と活用効果，および利用者が自由に情報処理できるユーザー・フレンドリーなシステムであることが大きかった。

3　IT投資の評価とマネジメント

　C／Sシステムの出現はカスタムソフト開発の必要性を減少させた。パッケージソフトの利用が増加し，クライアント自らが情報処理を行う環境になってきた。このような環境変化に対応して，IT投資の評価とそのマネジメントコントロール・システム構築の必要性が高まってきた。

　C／SシステムにおけるIT投資の評価方式を検討するには，それが伝統的な評価方法とどこが異なるかを明らかにしておく必要がある。評価における基礎条件の変化は，次の3つにまとめることができる。

　第1に，**レガシー・システム**では，情報システムの主要な目的は人的資源の節約におかれた。しかし，C／Sシステムの下では，経営資源の活用手段としてIT投資がなされることが多くなってきた。その結果，IT投資によって得られる**戦略的効果**を測定できるシステムが必要とされてきた。

　第2に，**システムの価値**が従来のようにシステムの稼働ではなく，利用方法によって大きく左右されるようになった。それゆえ，その効果の測定もまたシステムの稼働ではなく，**得られる効果**によって測定できる評価システムが必要になった。

　第3に，**IT投資の主要な目的**は，人件費の節約というよりも，業務改革や競争優位の確保にある。そのため，IT投資の評価では，経済的効果だけでなく，戦略的効果をいかに測定するかが重要な課題となる。

4　IT投資評価の基本的なアプローチ

　IT投資の採算計算は中期経営計画において行われる。採算計算はIT投資によって得られる効果と，それに要したコストを対比して行われる。著者がとるIT投資の採算計算のフレームワークは，IT投資から得られる効果とIT投資に費されると予測される費用からなる。

　図24-2［櫻井, 1996, p.15；櫻井, 2006, pp.85-143］は，情報サービス産業協会の研究会，NTTデータでの委員会での討議を経て構築したフレームワークである。

図24-2 IT投資の採算計算のフレームワーク

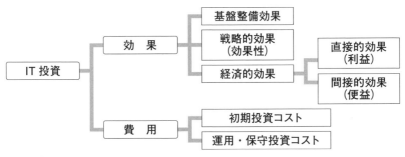

出典：著者作成。

(1) 効　果

IT投資から得られる効果は，基盤整備効果，戦略的効果，経済的効果に区分して評価する。

① **基盤整備効果**　基盤整備効果の測定は電話線やネットワークに類似するので，ネットワーク構築をビジネスとする電話会社やプロバイダーは基盤整備効果を算定する。しかし，ユーザー企業の場合には，ネットワークの構築は電話の設置に類似する。電話を設置したからといって，利益が増えるわけではない。まさにインフラである。それゆえ，特定のプロジェクトに関連づけて効果を測定することは困難である。

② **戦略的効果**　戦略的効果が得られる有用性を，**効果性**（effectiveness；有効性）という。戦略的効果の計量化は困難である。例をあげて説明しよう。クロネコヤマトの宅急便で開発された荷物追跡システムは，開発企業に多大な競争優位をもたらした。しかし，その競争優位が何年継続するかを明確に予測するのはむずかしい。さらに，競争会社がいつ参入するかによっても超過利益の金額が変わる。効果性の測定方法には，①東京都が試みたような点数評価，②バランスト・スコアカードと戦略マップを活用した戦略的効果の測定，および③戦略的効果の記述によって説明する方法がある［櫻井, 2006, pp.85-143］。

③ **経済的効果**　経済的効果は，2種類のものからなる。利益と便益である。利益による効果は，IT投資による利益への直接的な影響である。**便**

益（benefit；ベネフィット）とは，計量化は可能であるが会計上の利益としては表せない効果である。

便益の獲得効果は，IT投資によって企業の資源の活用に間接的な影響を及ぼす効果をいう。例をあげて説明しよう。1993年に，三洋電機（現・パナソニック）は館林工場でC／Sシステムの導入とともにABCによる業務の分析を行った。結果，約1,000人の従業員のうち252人が過剰であると判定され，その過剰人員を，近隣の工場に移動させた。その金額は年間約10億円（400万円×252人）と計算された。決算上の利益としては現れないが計数的に測定可能な数値，これが便益である。

(2) 費 用

費用は，初期投資コストと運用・保守コストに区分して計上する。ハードウェアとソフトウェアなどのコストを見積もり，これに人件費，ネットワークのコスト，移行コスト，アプリケーションの運用費その他を加えて，導入による総費用を算定する。

(3) IT投資の正味の効果

効果から費用を差し引いたものが，IT投資を行うことによる正味の効果である。これに計量化されなかった戦略的効果と基盤整備効果を加味して，トップによる最終的評価を行う。

最終的評価においては，会計数値だけでなく，定性的な要素を点数で評価するなど，総合的な視点から判断されるべきである。

5 情報システム化投資の採算計算表

情報システム化投資の採算計算において，具体的にはいかなる項目を検討対象とすべきか。それは，効果では基盤整備効果，戦略的効果，経済的効果に区分して評価することと，費用では初期投資と運用・保守に区分して評価することである。表24-2では，情報システム化投資の採算計算において考慮すべき項目を，効果と費用との対比において表示した。

表24-2 情報システム化投資の採算計算における評価項目

効果
基盤整備効果
ネットワークの構築
戦略的効果
競争優位の達成度
顧客満足（CS）の実現レベル
業務改善効果（経済的効果として算定できないもの）
意思決定への支援効果
サービス向上効果
意識改革の効果
環境改善効果
情報共有効果
経済的効果
収益の向上
売上高の増大
その他収益の獲得
便益（ベネフィット）の獲得
業務改善効果
人員削減効果
原材料低減効果
経費削減効果
納期短縮効果
品質向上効果
費用
初期投資コスト
ハードウェアの導入・設置コスト
購入費用
設置費用
ソフトウェアのコスト
基本ソフトの購入費用
パッケージソフトの購入費用
アプリケーションの開発費
ネットワークのコスト
移行コスト（汎用機から小型機へ）
教育訓練費
電源増設
その他
運用・保守コスト
人件費
アプリケーションのバージョンアップ
アプリケーションの保守
データ入力
資源管理費
ハードウェアのレンタル費用
保守契約料（年額）
外注経費
設備費用
消耗品費
その他諸経費
差引　情報システム化投資を行うことによる正味の効果

出典：著者作成。

6　ネットワークやコミュニケーション技術の導入効果

　IT投資では今後，ネットワークやコミュニケーション技術の導入効果の測定も考察対象に含めなければならない。このテーマに関連して，スプロールとキースラー［Sproull and Kiesler, 1992］は，技術発展の二段階説を提唱し，コミュニケーション技術に例を引いて，次のように説明している。図24-3を参照されたい。

図24-3　コミュニケーション技術発展の二段階説

出典：Sproull and Kiesler［1992］をもとに著者作成。

　コミュニケーション技術の**第一段階の効果**は，予測できる効果である。それらは経費削減計算，付加価値分析などで測定が可能である。例えば，留守番電話の導入は，電話交換手，受付係，秘書の何人が削減できるか（経費削減計算）が測定できる。仮に，解雇が不可能なら，こうした仕事から開放された。人々が新しい仕事につくことで生み出される機会原価を計算できる。ただ，ここで注意すべきことは，第1に，教育訓練や新しい方式への転換など，新技術導入の準備にかけるコストを低く見積もる危険性がある。第2に，新しい技術では，古いことを効率良く行うのではなく，古い技術ではできなかったことを可能にすることが見過ごされる危険性がある。このような困難はあるが，IT投資は一般に，この第一段階の効果だけを考えてなされることが少なくない。

　コミュニケーション技術の**第二段階の効果**は，人々が新しい技術によって従来とは違うことに目を向け，従来とは違う人々と知り合い，従来とは違う形でかかわりあうことから生じる。従来とは違う人々と知り合うこと（社会的接触

の変化）によって，誰を知っていて，その人々のことをどのように感じるかが変わる。従来とは違う形でかかわること（相互依存関係の変化）によって，取引方法，規則，役割，手続き，仕事，部門もまた変化する。社会的な役割が変化すると，それに従って，人々の関心，社会的な関係も変化する。

例をあげて説明しよう。**鉄道**は都市間の交通をスピードアップした（第一段階の効果）だけでなく，人々の関心の持ち方と社会的接触（第二段階の効果）にも大きな影響を与えた。**タイプライター**は印刷物の活字のように文字を手軽に作成するために発明された（第一段階の効果）。しかし，企業での事務作業のやり方が根本的に変化したことが，予期せぬ変化を招いた（第二段階の効果）。タイプライターは若い女性のあこがれの職場をつくり出した。また，新しい技術によって事務の範囲が広がり，大量の書類を生み出したのだという。

スプロールとキースラーのアプローチは主にコミュニケーションとネットワークの影響を考察しているが，以下で述べるeメールについては，著者自身が経験したことである。eメールを当初は簡単にコミュニケーションがとれるツール程度に考えていた（第一段階の効果）。しかし，しばらくすると，まだ会ったことのない人と会話できるなど組織や社会の変化がみられてきた（第二段階の効果）。

もしかすると，eメールと類似の影響は，iPad（タブレット型端末），iPhone（スマートフォン），ソーシャルメディア（social networking service; SNS）が及ぼすビジネスにも等しく妥当する可能性ある。

以上から，情報システムの投資効率では，第一段階での効果だけでなく第二段階の効果の存在もまた無視してはならないということになる。

7　ERP活用の投資評価

ERP（Enterprise Resource Planning）システムは，共通の経営機能を遂行するための統合ビジネス・アプリケーション［Martin et al., 1999, pp.191-192］である。統合される機能には，在庫管理，財務会計，買掛金管理，売掛金管理，発注管理，MRP（Material Requirements Planning），人事管理などがある。

(1) ERPパッケージの意義

　ERPパッケージは，受注から納品までの全オペレーションだけではなく，会計，財務，マーケティングなどを含む統合パッケージである。システムはC／Sシステムに立脚しており，全世界レベルでの導入が進んでいる。一般に，パッケージは外部のベンダーから購入する。現在ではERPの業者は数多くあるが，SAPのR3のERPパッケージは一企業内での基幹業務の最適化を目指している。また，ERPはサプライチェーン・マネジメントと統合して，企業間連携をも視野に入れた展開が行われている。

(2) ERPの特徴

　ERPには，多くの特徴がある。そのなかでも注目されるのは，全社レベルでの業務の統合，最新のITの活用，リエンジニアリングの促進，開発期間短縮と開発費の低減，グローバリゼーションへの対応などである。
　ERPが統合パッケージと称されるのは，関連する業務部門間での自動更新機能をもつからである。関連業務には在庫管理，財務会計，買掛金管理，売掛金管理，発注管理，MRP，人事管理などが含まれ，ERPはこれらの業務を幅広く総合的に支援する。ERPは通貨，会計基準，業務処理など多国籍企業で通用するシステムを提供し世界的な利用が進んでいるので，グローバリゼーションに対応できる。日本の総合商社が早くからERPを導入したのはそのためもある。

(3) ERP導入の問題点とその対策

　ERPには各種の効果が見込まれている。問題は，その効果をいかに引き出すかである。ERPの問題点とその対策を見てみよう。
　第1は，ERPはその性質上，企業の戦略，組織，社風に独自の論理の展開を強制［Davenport, 1998］する。日本企業には経営へのきめ細かい対応を求める文化があるため，ERP活用の当初は欧米や中国に比べて導入比率は低かった。しかし，現在では状況が一変し，多くの日本企業がERPを導入するに至っている。それには下記の理由がある。
　①中小企業にも適用可能なソフトが数多く発売されていること，②クラウドERPの活用が可能になっていること，③汎用ERPだけでなく，業種別のERP（製

造業，建設業など）が数多く発売されていること，④業者間での競争もあって低価格での導入が可能であるといった利点も見られること，などである。

　第2に，元来，ERPはリエンジニアリングなど業務改革や業務革新を同時に実施するシステムであった。しかし現在では，多様な目的に適用できるERPが発売されていることは既に述べたとおりである。

　第3に，ERPはパッケージソフトではある。ERP導入の当初には，導入に相当のカスタマイゼーションのためのコンサルテーションが必要になった。しかし，この問題も現在では相当程度まで解決されてきている。

　第4に，日本の文化に関係する。"CIOオブ・ザ・イヤー2004"に選ばれたトヨタ自動車の天野［2005, p.169］によれば，「パッケージを入れればいいとする人がたくさんいますが，違うと思う。"服に体を合わせるのか，体に服を合わせるのか"，この中間がいま求められている」と述べている。

　IT投資判断のポイントは，TCO（total cost of ownership；所有にかかわる総コスト）での決定と日本の組織文化を総合的に考慮することにある。

(4) ERP導入の現状と課題

　日本企業のERPの導入状況と導入企業の満足度はどうか。ERP研究推進フォーラム［2014, pp.130-189］によるとERPの元祖であるSAPシェアが最も多く，SAP Business Suite（R/3を含む），38.0％であった。次いでOracle E-Business Suite, 9.0％…と，数多くの企業が続いていた。

　利用効果が高い製品の用途や機能についてみると，IFRSへの対応が最も多く（満足度；64.8％），GRC（ガバナンス，リスク管理，コンプライアンス；64.3％），グローバル対応機能（58.0％），他システムとの連携の容易さ（44.2％）と続いている。業種別の満足度では，金融業（満足度；100.0％），流通業（66.7％），情報サービス業（55.3％）と続き，サービス業（29.8％）は最下位であった。問題点（採用しない理由）は，投資効果がみ合わない（35.6％）が最も多く，自社の業務・商慣習が特殊（32.2％），自社開発の方針（25.6％）などとなっている。ただ，この調査は2014年の調査である。ERPの躍進的な発展と普及状況を考えると，現時点ではさらに大きな進展を遂げていると想定される。

　以上から，ERPは，「組織に合わせてITシステムを構築する」という伝統的

に見られた日本企業の組織風土を,「ソフトに合わせて**組織を構築し直す**」といった組織文化に変更しつつあるともいえる。

3 インターネット・ビジネスにおける価格決定

　汎用コンピュータの環境（レガシー・システム）の下では，受託ソフトウェアの価格はステップ数に基づいてコスト・プラス方式で決定されていた。それがC／Sシステムの下でのパッケージソフトウェアの価格は，ユーザーの数によって価格が決定されるようになった。それでは，インターネット・ビジネスにおける価格決定においては，何が価格決定の決定要因になるのか。本節では，インターネット・ビジネスでの価格決定のあり方を考察する。

1　情報の価格決定要素

　本来，情報の価格は容れ物ないし媒体ではなく，情報がもつコンテンツ（contents；情報の中身）によって決定されるべきである。すなわち，情報のもつ内容が読者にどれだけの知識を与えるか（書籍のケース），聴き手にどれだけの楽しみを与えるか（音楽のケース），企業経営者にどれだけの業務改革などの成果を与えるか（ビジネス・ソフトのケース）によって価格が決定されるべきである。ところが，情報の価格は情報のコンテンツではなく，そのパッケージないし容れ物によってきまるとする主張がある。

　アメリカの社会学者マーク・ポスター［Poster, 1990］は，「消費者たちは書籍の製造に対して支払っていたのであって，公共図書館でただで利用できるその中の情報には支払わない……情報はそれが出荷される『パッケージ』と分離できないものであり，このパッケージに価格票」がついているのだと述べている。レコードの録音についても，対価が支払われるのはディスクであって，そこに収録されている曲ではない。ディスクはどんな曲でもほぼ同じ価格である。

　事実，書籍の価格は，制作費（製版代と製本代など）と発行部数によって決定され，コンテンツのみによって価格が決定されるのではない。CDの価格も全く同じで，コンテンツではなく容れ物の価格によって決められる。情報の価格が情報そのものではなく容れ物のコストによって決定されるとすると，その

製造・伝達にほとんど追加費用がかからず（変動費がゼロで）生成できるデジタル技術によるインターネット上の情報の価格はゼロということになる。もちろん回線を敷設するのにかかる固定費は負担しなければならない。このように考えるならば，世界的な規模で多数のユーザーに転送されインターネットからダウンロードしたソフトウェアの価格は，理論的にみれば限りなくゼロに近づく。そのようにして得られた情報の価格をゼロとしてもよいのであろうか。

そもそも商品の価格は，当該商品からユーザーが得る便益や効果性によって決まるべきである。同様の論理で，情報は容れ物や媒体ではなく，コンテンツの内容によって決定されるべきである。音楽やソフトウェアが簡単かつコストゼロでダウンロードできるからといって，価格もゼロということにはならないはずである。音楽を制作するには，制作費や著作権など相当なコストがかかっているわけで，対価なしということにならない。

2 インターネットでの情報の価値と価格

インターネットでのソフトの価格決定は，本質的に"情報"の価格決定と大きな違いがない。回線敷設のコストは固定費である。インターネットの世界では，従業員を雇い入れ，事務所を設立（または賃借）し，回線を敷設するなどのための固定費が発生する。しかし，回線に接続したからといって，業者にとって追加的な変動費はほとんどかからない［国領，1999，pp.60-61］。言い換えれば，インターネットの世界では，業者にとって変動費はゼロである。それゆえ，日本企業が得意としてきた変動費管理の余地はない。

通信コストは距離と無関係なはずである。市内の第三者にメールを送る場合でも，アメリカやインドに送る場合でさえ，どこに送信しても送信コストは距離と関係がない。いったんデジタル財をネットワーク上のライブラリーに登録すれば，世界中どこからでも低料金でアクセスできる。

ネットワークでは情報の複製，保存，伝達にほとんどコストがかからず，変動費がゼロに限りなく近い。つまり，低価格にすれば需要の増加が見込まれる限り，比較的低額に料金を設定して広範囲にわたる多数のユーザーにサービスを提供することにより膨大な利益が得られることを意味する。逆に，原価低減活動に一所懸命努力しても，それが利益に貢献する割合は少ない。

3 収穫逓増の法則

　工業化社会では，古典派経済学でよく知られた**収穫逓減の法則**が働く。つまり，生産のために資本と労働を追加的に投下しても，資源の投下が一定の範囲を超えると，生産量は逓減的な割合でしか増加しない。

　一方，ネットワーク・ビジネスでは，サービスが普及すればするほど当該製品の価値が高まるという意味で，**収穫逓増の法則**が働く。収穫逓増の法則とは，特定の生産要素の追加的投入を行うと投入量以上に生産量を逓増的に増加させるという法則性である。それゆえ，特定のネットワーク・サービスを普及させるには，集中的に広告費をかけて需要を増加させるという戦略も有効である。

4 クラウドと投資効果の評価

　クラウドコンピューティング（cloud computing）という表現は，グーグル社のCEOエリック・シュミット［Schmidt, 2006］が*The Economist*誌の特別号"The World in 2007"で提唱した言葉からきている。略称のクラウドは英語で"雲（cloud）"のことである。ネットの向こう側を雲となぞらえて，ITのユーザーは雲のなかで何が起こっているかを知らなくても，コンピュータの利便性を享受できるという意味が込められている。

1 クラウドとは何か

　クラウドコンピューティング（以下，**クラウド**）とは，「高度なスケーラビリティ（scalability；拡張性）をもち，技術的に有力なサービスが提供できて，インターネットを通じて必要に応じて使用できる手段」［Pearson and Charlesworth, 2009, p.131］のことをいう。NIST［2011］は，クラウドを下記のように定義づけている。

　「クラウド・コンピュータとは，利用者からの要求に応じてネットワークにアクセスできる，共有のコンフィグレーション可能なコンピューティング・リソース（例えば，ネットワーク，サーバ，ストレージ，アプリケーション，サービス）のモデルである。クラウドは，迅速に提供でき，ユーザーは最小の経

営努力またはサービス・プロバイダーの協力を得て使用できる。」

2　クラウドのサービスモデルと提供対象

　クラウドの分類では，構成対象からみてサービスモデルによる分類と，サービス提供対象からの分類とがある。NISTの定義と城田［2009, pp.28-34］を参考に，3つのサービスモデルと4つのサービスの提供対象について，以下で考察する。

(1)　サービスモデルに基づく分類

　SaaS（software as a service）は，ユーザー間で最も浸透しているクラウドで，アプリケーション・ソフトウェアをインターネットで提供するモデルである。グーグル・アップス（Google Apps）やセールスフォース・ドットコムのCRM/顧客管理などがそれである。

　PaaS（platform as a service）は，インターネット経由のアプリケーション実行用のプラットフォーム機能を提供する。ユーザーが自分のアプリケーションを配置して使用できる。業者ではセールスフォース・ドットコムの"フォース・ドット・コム（Force.com）"プラットフォーム，グーグルの"グーグル・アップエンジン（Google App. Engine）"などが最もよく知られている。

　IaaS（infrastructure as a service）またはHaaS（hardware as a service）は，インターネットを通じて，ITの稼働に必要な機材や回線などの基盤（インフラストラクチャー）を遠隔から利用できるようにしたサービスである。当初提唱された用語はHaaSであったが，現在ではIaaSに変わりつつある。業者ではアマゾンの"アマゾンEC2（Amazon EC2）"や，"アマゾンS3（Amazon S3）"がよく知られている。日本のIaaSの業者としては，ソフトバンクテレコムによるホワイトクラウド，富士通によるオンデマンド仮想システム・サービスや，KVH IaaSなどがある［栗原・鳥越, 2010, pp.13-31］。

　以上，クラウドの主要な市場はその大半が米国の業者によって占められている。近年におけるクラウドの果たしているビジネス上の意義を考えると，極めて残念なことである。

　表24-3は，クラウドの種類，特徴および典型的なシステムを描いている。

表24-3 構成要素からみたクラウドの分類

種類	特徴	典型的なシステム
SaaS	アプリをサービスとして提供	セールスフォース・ドットコム
PaaS	アプリを稼働させる基盤を提供	グーグルの"アップエンジン"
IaaS	インフラをサービスとして提供	アマゾンEC2

出典：栗原・鳥越［2010, pp.13-31］をもとに著者作成。

(2) **サービスの提供対象に基づく分類**

サービスの提供対象からすると，プライベートクラウド，コミュニティクラウド，パブリッククラウド，ハイブリッドクラウドがある。**プライベートクラウド**のインフラは，特定の組織のために運用される。その管理は当該組織あるいは第三者によって行われる。**パブリッククラウド**は，不特定多数のユーザーや大規模な業界団体などに提供され，対象となるサービスを販売する組織によって所有される。**コミュニティクラウド**のインフラはいくつかの組織によって共有され，ミッション，セキュリティ要件，経営方針，法令順守などを共有する特定のコミュニティを支援する。管理は，当該組織または第三者によって管理される。**ハイブリッドクラウド**は，プライベートクラウド，パブリッククラウド，コミュニティクラウドから2つ以上を組み合わせたクラウドである。

3 クラウドの技術的特徴と管理会計上の特徴

クラウドには**技術的な特徴**がある。その特徴は，次の5つに纏めることができる。それは，①機器の所有が不要，②サーバは気にしなくてよい，③スケーラビリティ，④データが"雲"のなかにある，⑤大型の投資が不要。

第1の特徴は，機器の"所有"ではなく，サービスの"利用"にある。それゆえ，極めて廉価でサービスを利用できることにある。

第2に，ユーザーはサーバの存在を気にせずにインターネットを利用してIT技術を活用できる。

第3に，高度なスケーラビリティ（拡張性）がある。つまり，所有とは違ってサービスの利用であるから，キャパシティに気を使わなくてもよい。

第4に，データは"雲"の中にあるから，ユーザーは計算処理について知る必要がない。

第5に，技術的にみて，大規模な初期投資がなくても，ユーザーにとっては必要に応じてITを活用できる。このうえなく便利なITの利用であるといえる。

クラウドの**管理会計上の特徴**は，次の3つに纏めることができる。それは，①低コスト，②短期の導入期間，③柔軟性にある。

第1は，コスト面での利点である。個人での所有とは違って共同利用であるから，IT投資のコストがかからない。この背景には，仮想化技術の進展がある。

第2は，導入期間を短縮できる。なぜか。それは，1つには自らがシステムの開発をする必要がないからである。

第3に，柔軟性がある。課金は，従量課金である。ここで従量課金とは，利用した時間などに応じて支払う方式である。

4　クラウドの適用事例

クラウドは日々進化していることを前提にして，2010年時点でのユーザーの事例として，損保ジャパン（現 損保ジャパン日本興亜），キリンビール［清嶋, 2010, pp.30-39］，および三菱UFJフィナンシャル・グループ［栗原・鳥越, 2010, p.17］をみていこう。

(1) 損保ジャパン日本興亜

損保ジャパン日本興和は，2009年からセールスフォース・ドットコムのクラウドサービスを利用した。コールセンターのオペレータ向けシステムなどに導入し始め，現在では，セールスフォースのクラウドで運用している。

損保ジャパン日本興亜のクラウドは，パブリッククラウドである。つまり，サーバの運用やデータの管理自体をインターネットの向こう側でセールスフォースが運営するデータセンターに委ねている。クラウドのシステムはPT-Rで，PT-Rは代理店向けのポータルサイトのSOMPOJ-NETの画面上に表示されるToDoリストと，お知らせを損保ジャパン日本興亜と代理店で双方向にやり取りするというシンプルな機能に特化したものである。

利用料金は年間で数億円であるが，自社で通常の業務を行う場合に比較する

と，3割以上の節約になる。一般にクラウドでは，電気代や土地代などが安価な海外の最適地にデータセンターをおいたほうが安い。代理店担当者のログインはアメリカにあるセールスフォースのサーバであるが，対応状況はシンガポールにあるサーバで処理されている。

(2) キリンビール

キリンビールは，2009年4月に，クラウドの新システムである商品情報システムを稼働させた。現時点では，キリンビールが製造・販売するビールの画像・荷姿，包装材料，原材料の産地，アレルギー情報，製造工程など商品に対応する情報を商品別に一元管理している。さらに，キリンビバレッジ，メルシャンなどのグループ会社でも共用できるように，プライベートクラウドとして構築されている。目的は，中国産の毒入りギョーザ事件で増えた小売店や代理店からの問い合わせに対して，すぐに検索して対応できるようにするためである。

(3) 三菱UFJフィナンシャル・グループ

三菱UFJフィナンシャル・グループ（MUFG）は，自前のインフラでIaaSを整備した。MUFGの子会社である三菱UFJインフォーメーションテクノロジーは，パナソニック電工と同じく，イージェネラ製のサーバやPAR製のストレージを利用して，IaaS環境を構築してグループ会社向けに仮想マシンを貸し出すサービスを展開している。三菱UFJインフォーメーションテクノロジーがIaaSを構築した目的の1つは，システム開発や実行環境を迅速に手配することにあった。同社では独自のフレームワークに基づいて開発基盤をIaaSに実装し，PaaSとしても提供している。さらに，OSSをベースに社内SNSやポータル，ミニブログ，プロジェクト管理などのアプリケーションを次々に開発してIaaSに載せ，SaaSの拡充を図っている。

以上3つの事例は2010年当時のケースである。クラウドの利用は日進月歩で進化している。それは，低コストで利便性が高いから多くの企業，多くの適用業務に活用されるようになったからである。

5　クラウドの問題点

　クラウドを活用するうえで最も課題となるのが，セキュリティの確保とサービスの可用性（システムが継続して稼働できる能力）である。過去にもグーグル，セールスフォース，アマゾンなどで数時間から十数時間にわたる数多くの障害事例があった。中田［2011, pp.51-57］によれば，クラウドのトラブルは数多くあるという。

　IaaSの代表格である**Amazon EC2**で，2011年4月に過去最大規模の障害が発生した。規模は小さくても，同様の比較的大きな障害は，グーグルの電子メールSaaS"**Gmail**"にも2011年2月に発生している。マイクロソフトのSaaS"ホットメール"での障害では，日本のユーザー向けに日本で運用するサーバ（2010年10月）で一時的に約10万人のユーザーがメールを利用できなくなり，159万人のアカウントで一部メールが消失してしまった。

　以上から中田［2011, pp.56-57］は，ストレージ障害，仮想マシンの障害，DC（データセンター）設備障害の3つの障害を想定して障害予防策を講じるべきだとしている。

6　クラウドの将来と投資効果

　クラウドの活用は，近い将来必ず増加するというのがほぼ定説である。例えば，**日本情報システム・ユーザー協会**（通称，JUAS）［2010, p.11］は，パブリッククラウドのコンシューマサービス（例：ネット販売，ポータルサイト）はクラウドに移行すると予想している。同協会の2013年度調査［2014, p.19］では，パブリッククラウドの導入が前年の11.1%から13年度は19.4%に増加したことを伝えている。基幹系でも受発注，物流，顧客管理などで企業がクラウドを活用するようになるなど，バックオフィスへの導入も多くなっている。

　先に述べた通り，クラウドには信頼性に懸念がある。それにもかかわらず現時点では，その導入数は予想を超えて大幅に増加している。ユーザーは廉価なITを強く求めており，クラウドの信頼性が高まるとともに，将来はさらに大きく業界が発展する可能性が大である。

5　ソーシャルメディアの戦略的活用

インターネットの発展は，メディア上の便利さを倍加させた。しかし同時に，組織も資源も持たない個人が，いとも簡単に，ターゲットとする企業のコーポレート・レピュテーション（企業の評判）を大きく毀損させることができるようになった。逆に，ソーシャルメディアを戦略的に活用すれば，企業に膨大な利益をもたらしうる。そのため，企業はレピュテーションリスクの存在を念頭においたソーシャルメディアの戦略的な経営が求められるようになった。

1　ソーシャルメディアとは何か－産業メディアとの違い

ソーシャルメディアは，新聞，テレビ，映画などの産業メディアと異なり，一人で誰とでも利用できるし，双方向のコミュニケーションが可能になる。産業メディアないしマスメディアは，新聞の発行やテレビの放映など一般的に情報を発信する際には膨大な資源を必要とする。他方，ソーシャルメディアはきわめて安い価格で意図した企業目的を達成できる。

図24-4はソーシャルメディアが2000年代初頭から産業メディアと併存しながらも急速に発展してきたことをポンチ絵的に表している。

図24-4　産業メディアとソーシャルメディア

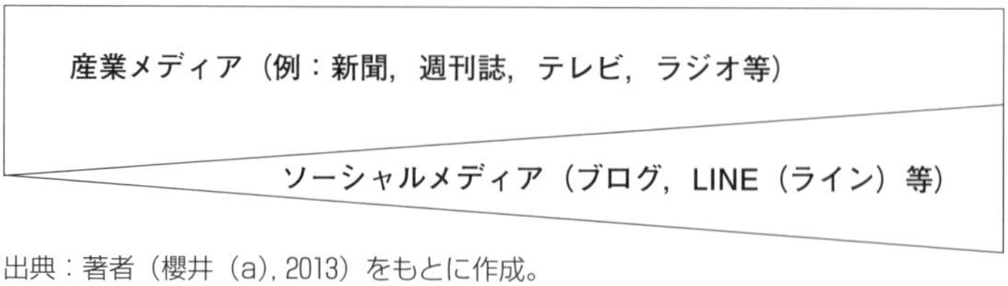

産業メディア（例：新聞，週刊誌，テレビ，ラジオ等）
ソーシャルメディア（ブログ，LINE（ライン）等）

出典：著者（櫻井（a），2013）をもとに作成。

ソーシャルメディアは企業価値の創造に貢献する。しかし同時に企業にとって大きなリスク要因にもなる。大企業は正面から攻撃してくる批判にはそれなりの対策を立てることができる。しかし，ソーシャルメディアへの対応を間違えると，ネットを通じて経営者が不意を突かれ，対策を考える暇もないままず

るずると財務業績を悪化させることも数多くみられるようになった。原発再開やらせメールの九州電力[5]、後述するソニーによるやらせプレイステーション・ポータブル（PSP）絶賛のファンサイトなどがその典型例である。

　以上のような現象は、今後とも日本企業で数多く現出すると予測できる。このような現実に対する対応策としては、企業がサイバーセキュリティ対策、およびコーポレート・レピュテーションの毀損回避の対応策を早急に準備すべきことを示唆している。

2　ソーシャルメディアの種類と目的

　INSEADローランド・ベルガー講座教授ドゥッタ［Dutta, 2010, pp.128-129］は、企業の戦略的な活用という観点から、ソーシャルメディアを捉えている。具体的には、個人／職業上（professional）、私的／公的に区分して、それぞれの特徴を明らかにしている。表24-4は、ドゥッタを参考にして作成したものである。

表24-4　ソーシャルメディアの種類と目的

種　　類	個人的／私的	職業上／私的	個人的／公的	職業上／公的
対人関係	家族と友人	職場の同僚	社　　会	職業上の同僚等
ソーシャルメディアの例	フェイスブック、LINE（ライン）	社内SNS例；ヤマー[6]	ブログ、ユーチューブ、ツイッター	リンクトイン、ツイッター
目的（例示）	絆を深める人脈の確保	協働、生産性と効率の向上	他人のアイデア活用	新しい機会発見自己啓発

出典：Dutta［2010, pp.128-129］をもとに、日本での普及度を加味して著者作成。

3　戦略的レピュテーションリスク・マネジメントの領域

　アウラ［Aula, 2010, p.44］は、研究者がソーシャルメディアを取り上げている2つの領域—コーポレート・コミュニケーションと、戦略的レピュテーション—を示唆している。しかし実際には、主に4つの分野—マーケティング、コミュニケーション、IT、戦略的レピュテーションリスク・マネジメント—においても活発な研究が行われてきた。

第1は**マーケティング**からのアプローチである。例えば，ベリナートとクラーク［Berinato and Clark, 2010, p.34］がツイッターをもって「消費者がつぶやきのなかで，何を読み，どんな情報を共有し，何をメモっているかを明らかにし，トレンドを解明するのに役立つ。マーケターはツイッターからこれらの洞察を得ることができる。…」と述べている。

第2は，**コミュニケーション**の立場からするアプローチである。担当組織はＩＲが多い。ファン・リール［Van Riel, 2012］がソーシャルメディアに種々の提案をしているのは，コミュニケーションが彼の専門領域だからである。

第3は，**IT**からのアプローチである。代表的な研究成果の1つが，先に紹介したISACAの「ソーシャルメディア：企業が得る便益，セキュリティ，ガバナンス，保証の観点」［ISACA, 2010］である。そこでは，ソーシャルメディアのデータ漏洩，マルウェア[7]の伝播，プライバシーの侵害といった情報リスクやガバナンスに対応した研究が行われている。

第4は，**リスクマネジメント**からのアプローチである。なかでも，戦略的レピュテーションリスク・マネジメントからの研究が最も有力な研究領域になってきた。内部監査に関する著書［Scott and Jacka, 2011］や論文では，リスクマネジメントの観点から考察することができよう［櫻井(b), 2013］。

ソーシャルメディアの研究では，これら4つのアプローチのいずれもが重要である。しかし本書では，**戦略的レピュテーションリスク・マネジメント**の立場からソーシャルメディアを考察する。

4　戦略的レピュテーションリスク・マネジメントに何が必要か
　　　― 測定基準の明確化と監視体制の整備 ―

戦略的レピュテーションリスク・マネジメントは，具体的なアクション・プランに結びつけなければ画餅に終わってしまう。ソーシャルメディアのアクション・プランにおいては，測定基準の明確化と監視体制の整備が必要である。

(1) 測定基準の明確化

ソーシャルメディアをもって，単におしゃべりのツールであると考えるのは間違いである。企業は，顧客からのクレーム処理，顧客の購買意思決定の支援，

顧客価値提案のツールとして戦略的に活用することが求められる。それには，会社としての測定基準の明確化［Jacka and Scott, 2011, p.55］が必要である。

(2) 監視体制の整備

内部監査の立場からすると，監視（monitoring）が不可欠である。ジャッカとスコット［Jacka and Scott, 2011, p.56］もまた継続的にモニターするため，プロセスと手続きをしっかり実施することが必要だとしている。監視という側面からすると，ソーシャルメディアで最も有望な方法の1つは戦略的レピュテーションリスクからのアプローチである。

監視という言葉から得られる負のイメージを嫌って，ソーシャルメディアでは監視ではなく，顧客の話に"耳を傾ける"（listen）ことが重要だとする主張もある。カーペン［Kerpen, 2011, pp.16-18］によれば，顧客や見込み顧客からの声を聞くには，タダで使える方法があるから，それらを使って顧客の声に耳を傾けることが必要だと述べている。検事の立場ではなく，相談に乗ってあげる弁護士の立場から顧客の声を聞いてあげることが重要である。では，監視と"耳を傾ける"ことのいずれが重視されるべきであるか。著者は，企業の立場からいえば，どちらかではなく両者が重要だと考える。「会社は監視すべきであり，顧客のコメントに耳を傾けるべきである。ソーシャルメディアではいずれも最も大切なこと」［Rodd, 2012, p.1］だからである。

5 ソーシャルメディアによるレピュテーション毀損の典型的事例

イギリスの事例（BP）と日本の事例（ソニー）を紹介することで，コーポレート・レピュテーションと財務業績に及ぼす影響を検討したい。

(1) ブリティッシュ・ペトリアムのメキシコ湾原油流出事故

レピュテーションは企業の業績にプラスの影響を及ぼすだけではなく，レピュテーションの毀損が財務業績を悪化させる。ソーシャルメディアは企業にとってレピュテーションの新たな支援者にも刺客にもなりうる。ゲインズ－ロス［Gaines-Ross, 2008, p.18］はブログとツイッターによるレピュテーションの毀損に警告を発していたが，それが事実となった事件が続発した。

2010年に起きたブリティッシュ・ペトリアム（以下，BP）によるメキシコ湾原油流出事故は，ディープ・ウォーター・ホライズンの爆発によるものであった。この事故は，BPに対するノンオペレータ権益を10％もつ三井石油開発に対して10.65億ドルに上る損失［櫻井，2011, p.380］を与えた。メキシコ湾原油流出事故の爆発のあと，リロイ・スティック（偽名）[8]と称する人物が，BPグローバル広報部の代表者になりすまして，この事故の顛末をツイッターでツイートし始めた。このスティックなる人物は，広報部のランチ・メニューといった他愛のない話を呟いた。これを数万人がフォローした。そのフォロワーの数は，BPが発表した公式の見解よりもはるかに多かったとされている。

BPがこれだけ叩かれたのには，それなりの背景があった。エクレスとスコット［Eccles and Scott, 2007, p.107］は，2010年に先立つBPのレピュテーションに及ぼした影響を2003年から2006年にかけて追跡している。それによれば，2003年から2004年にかけて，肯定的報道と否定的報道の比率は2対1で肯定的であった。テキサスシティ精油所の爆発，ロシアでの脱税容疑，欧州での人員削減によって，マスコミの報道は肯定・否定が半々になった。2006年のブルドー湾油田の原油漏れ後は否定的報道が肯定的報道を上回った。つまり，コーポレート・レピュテーションは，経営者と従業員が行っている日々の経営活動によって影響を受ける。

ゲインズ-ロス［Gaines-Ross, 2008, pp.120-121］がいみじくも述べているように，批判者はもはや大きな組織や資源を必要としない。BPが懸命に原油流出を食い止め，レピュテーションを回復しようとしているときに，"スティック"と称する人物は，この安上がりなソーシャルメディアという方法を通じてアメリカ国民の怒りの油に火を焚きつけていたのである。

(2) ソニーによる"やらせ"の発覚とレピュテーションの毀損

ブログによるマーケティング戦略が珍しかった2005年のクリスマス商戦が近づいてきた頃のことである。ソニーによる「ウォークマン体験日記」がブログで掲載された。プロモーションの対象はウォークマンAシリーズであった。アップル社のiPodに市場を席巻されたソニーが，携帯音楽プレイヤーの元祖として威信をかけて投入された商品であった。ブログの立ち上げ直後から批判が多

かったが，案の状，やらせが発覚し，わずか3日間で閉鎖された［小林, 2011, pp.56-57］。日本での「炎上」[9]の後に，アメリカでもやらせが発覚し，ブログが閉鎖に追い込まれた。以下では海外文献によってこの事件を考察する。

ソニーはクリスマス商戦に向けて，代理店に依頼して，個人が作成したように見えるブログと映像を作り，ブログとユーチューブ映像を作成し，最新のプレイステーション・ポータブル（PSP）を宣伝した。しかし，ソニーによるやらせらしいという噂が流れると，アメリカでも批判が殺到した。やらせ事件が発覚したのは，2006年のクリスマス商戦を前にSomethingAwfulフォーラムの"Babylonian"なる人物がユーチューブに素人ラップビデオとして投稿されていた"Cousin Pete Wants a PSP for Xmas Too!"［Barwise and Meehan, 2010, p.84］を見かけたことによる。ソニーはやらせを認め，映像を削除してブログを通じて謝罪した。この大失敗によって，クリスマス・シーズンの出荷台数は前年を75％も下回った。

このやらせは，海外で日本企業として最も高いレピュテーションの評価をあげていたソニーのコーポレート・レピュテーションを大きく毀損しただけでなく，ソニーの財務業績を大幅に悪化させたのである。

以上，この事件はソーシャルメディアがソニーだけでなく今後とも多くの日本企業の**コーポレート・レピュテーションの毀損**を齎す可能性があることを示唆している。記して日本企業はこの種の事件の再発防止に留意すべきである。

注

1) 詳細に関心のある読者は，汎用コンピュータを中心とする原価計算については櫻井通晴編著『ソフトウェア原価計算』白桃書房, 1987年, pp.33-80を，汎用コンピュータだけでなくパッケージソフトやネットビジネスの計算を含めた管理に関しては，櫻井通晴『ソフトウェア管理会計［第2版］』白桃書房, 2006年を参照されたい。
2) 受託開発で製作されるカスタムソフトは，無形ではなく有形だとする見解もある。米国では，日本の消費税に相当する売上高税（sales tax）は有形のものだけに課税されるが，ソフトウェアが無形であるとする州（無税）と有形であるとする州（有税）がある。なお，売上高税は州ごとに税率も異なることに留意されたい。
3) ニューヨークで，NAA（当時：現在のIMA）専務理事（当時）のキング氏と

面談したときのことである．同氏は話のなかで，受託ソフトの開発はsuicide（自殺行為）と同じだと述べていたのには驚かされた．同様の発言は，シアトルにあるボーイング社のソフトウェア子会社を訪問した時，同社のCFOが，「技術者には，コストが高いカスタムソフトの開発を避けるように指示するのだが，彼らはなかなかそれに従わず，カスタムソフトの開発が相変わらず多くて困る」と述べていたのが印象的であった．

4）本書では，工業製品には製造，受託ソフトウェア（カスタムソフト）の開発には"製作"，パッケージソフトウェア（パッケージソフト）の開発には"制作"の語を与えている．

5）九州電力の「やらせメール事件」とは，2011年6月，玄海原子力発電所の運転再開に向けた"やらせ"の事件である．九州電力が，関係会社の社員らに，運転再開を支持するメールを送付させた．

6）ヤマー（yammer）は，企業向けに2008年からアメリカで始められた，"企業向けに作られたツイッター"であるといえる．日本でも2009年から導入されている．

7）ウイルスなど悪意のあるソフトウェア．

8）後になってから，この男がコメディアンの卵であるジョシュ・シンプソンであることが判明した．

9）「炎上」（flaming）は，ソーシャルメディアにおいて，想定外の批判，中傷，非難などのコメントがサイトに殺到することである．

参考文献

Aula, Pekka, Social Media, Reputation Risk and Ambient Publicity Management, *Strategy & Leadership*, Vol.38, No.6, 2010.

Berinato, Scott and Jeff Clark, Six Ways to Find Value in Twitter's Noise, *Harvard Business Review*, June 2010.（「『つぶやき』は無料の消費者データ」『DIAMONDハーバード・ビジネス』2011年4月, pp.53-54）．

Barwise, Patric and Sean Meehan, The One Thing You Must Get Right When Building a Brand, *Harvard Business Review*, December 2010.（編集部訳「ソーシャル・メディアは，顧客理解のツール」『DIAMONDハーバード・ビジネス』2011年4月, pp.100-108）．

Davenport, Thomas H., Putting the Enterprise into the Enterprise System, *Harvard Business Review*, July/August, 1998, pp.121-131.（長友恵子訳「既製のERPを効果的に活用する法」『DIAMOND ハーバード・ビジネス』ダイヤモンド社，No.11, 1998年, pp.74-87）．

Dutta, Soumitra, What's Your Personal Social Media Strategy?, *Harvard Business Review*, November, 2010.（編集部訳「ソーシャル・メディアはリーダーの必須科目」『DIAMONDハーバード・ビジネス』2011年4月, pp.52-60）。

Eccles, Robert G., Scott C. Newquist and Roland Schatz, Reputation and Its Risks, *Harvard Business Review*, February 2007.（スコフィールド素子訳「レピュテーションを管理するフレームワーク―いかに風評リスクをコントロールするか―」『DIAMONDハーバード・ビジネス』2008年1月, pp.20-33）。

Gaines-Ross, Leslie, *Corporate Reputation―12 Steps to Safeguarding and Recovering Reputation―*, John Wiley & Sons, 2008.

ISACA, Social Media: Business Benefits and Security, Governance and Assurance Perspectives, Emerging Technology White Paper, On-line, 2010, pp.1-10.

Jacka, J. Michael and Peter R. Scott, The Whole World's Talking, *Internal Auditor*, June, 2011.

Kerpen, Dave, Likeable Social Media―*How to Delight Your Customers, Create an Irresistible Brand, and Be Generally Amazing on Facebook (and other Social Networks)*―, McGraw Hill, 2011.

Martin, E. Wainright, Carol V. Brown, Daniel W. DeHayes, Jeffrey A. Hoffer and William C. Perkins, *Managing Information Technology―What Managers Need to Know―*, 3rd. ed., Prentice Hall, 1999.

NIST（National Institute of Standards and Technology；アメリカ国立技術研究所）, The NIST Definition of Cloud Computing (Draft) by Peter Mell and Timothy Grance, NIST Special Publication 800-145, January 2011.

Pearson, Siani and Andrew Charlesworth, "Accountability as a Way Forward for Privacy Protection in the Cloud," in Cloud Computing by Martin Gilje Jaatum, Gansen Zhao and Chunming Rond (Eds.), First International Conference, CloudCom Proceedings, December 2009.

Poster, Mark, *The Mode of Information; Poststructuralism and Social Context*, Polity Press, 1990.（室井尚・吉岡洋訳『情報様式論―ポスト構造主義の社会理論―』岩波書店, 1991年, p.143）。

Rodd, Zolkos, Rules of Engagement: How Social Media Alters Reputation Risk, *Business Insurance*, Vol. 46, Issue 18, 2012. 4. 30.

Scott, Peter R. and J. Mike Jacka, *Auditing Social Media, A Governance and Risk Guide*, The Institute of Internal Auditors, 2011.（櫻井通晴・伊藤和憲・吉武一監訳『ソーシャルメディア戦略―ガバナンス，リスク，内部監査―』日本内部監査協会, 2013年）。

Schmidt, Eric, Don't Bet Against the Internet, in "Special edition on The World" in *The Economist*, November 2006.（日本ではこの特別号を所有する大学図書館は同志社大学のみとされているが，現実にはこの号を所持する大学はない。現在，Economist社から取り寄せるべく，発注過程である。論文はＨＰから入手した）。

Sproull, Lee and Sera Kiesler, *Connections : New Ways of Working in the Networked Organization*, MIT Press, 1992.（加藤丈夫訳『コネクションズ：電子ネットワークで変わる社会』アスキー，1993年，pp.14-22）。

Van Riel and B.M. Cees, *The Alignment Factor—Leveraging the Power of Total Stakeholder Support—*, Routledge, 2012.

天野吉和「最新リポート２ CIOオブ・ザ・イヤー2004 トヨタ自動車の天野氏に―グローバルでの調整力やコスト感覚を評価―」『日経情報ストラテジー』2005年３月，p.169。

ERP研究推進フォーラム・IT Leaders／インプレス『ユーザーアンケート調査報告書 2014 ERP市場の最新動向―ERPの20年を振り返って，ERPの現状と今後を考える―』2014年８月。

清嶋直樹「どこまできる？　クラウドの威力」『日経情報ストラテジー』2010年６月。

栗原雅・鳥越武史「IaaS本格活用期へ」『IT Leaders』2010年７月。

國領二郎『オープン・アーキテクチャ戦略―ネットワーク時代の協働モデル―』ダイヤモンド社，1999年。

小林直樹『ソーシャルメディア炎上事件簿―Twitter, Facebook, ネット動画―』日経ＢＰ社，2011年。

櫻井通晴他著『ソフトウェア原価計算―原価管理・価格決定・資産管理のために―』白桃書房，1987年。

櫻井通晴他著（情報サービス産業協会編）『ソフトウェア原価計算［増訂版］―原価管理・価格決定・資産管理のために―』白桃書房，1992年。

櫻井通晴（委員長）ほか『ダウンサイジングに対応した原価管理の調査研究』情報サービス産業協会，1996年３月。（「ダウンサイジングに対応した原価管理の調査研究」委員会報告書，報告書のp.151がIT投資の評価を論じている）。

櫻井通晴『ソフトウェア管理会計―IT戦略マネジメントの構築―［第２版］』白桃書房，2006年。

櫻井通晴『コーポレート・レピュテーションの測定と管理―「企業の評判管理の理論とケース・スタディ」―』同文舘出版，2011年。

櫻井通晴(a)「ソーシャルメディアの戦略的レピュテーションリスク・マネジメント」『経理研究』中央大学経理研究所，No.56/Winter, 2013年。

櫻井通晴(b)「ソーシャルメディアの内部監査―戦略的レピュテーションリスク・

マネジメント─」『監査研究』第39巻, 第9号, 2013年。
城田真琴『クラウドの衝撃─IT史上最大の創造的破壊が始まった─』東洋経済新報社, 2009年。
中田　敦「クラウドのトラブル─Amazonの事例に見る三つの予防策─」『日経コンピュータ』788, 2011年。
日本情報システム・ユーザー協会『第16回 企業IT動向調査（09年度調査）』2010年4月9日。
日本情報システム・ユーザー協会『第20回 企業IT動向調査2014年（13年度調査）』2014年4月9日。

第25章

AIの管理会計への適用

1　AIが現代の会計と管理会計において果たす役割

　人工知能（artificial intelligence；AI）は，AIロボット，AIスピーカー，自動翻訳機，AI搭載自動車など，日常生活だけでなくビジネスにも多大な影響を及ぼしている。AIは，まさに新たな産業革命をもたらす可能性を秘めているといってよい。それでは，AIは経理部や経営企画部の仕事にいかなる影響を及ぼすか。また，管理会計担当者はAIに対して現時点でいかなる研究や事前の準備（学習を含む）が必要となるのか。本章執筆の目的は，会計，監査との関係でAIの管理会計への適用上の諸問題を明らかにしようとするものである。

　AIの急速な進歩がビジネス，会計実践や理論までをも変革する可能性が明確になってきた現在，管理会計担当者はAIの現状と課題を正しく認識して将来に備えておくことの必要性が日々高まってきた。本章では，AIの管理会計に及ぼす影響の研究を，AIを情報技術（Information Technology；IT）の発展形の1つとして捉えている。その理由は，AIはクラウドなどITと密接なかかわりのなかで発展してきたからである。

　本章では，まず初めにAIとは何かを明らかにする。続いて，現代のAI（第三世代のAI）で決定的な重要性をもつ機械学習（machine learning）と深層学習（deep learning；ディープラーニング）の意義を明らかにする。次いで，AIのクラウド会計ソフトへの適用，AIの会計士監査と内部監査への適用の現状を考察する。そのうえで，管理会計にAIがすぐにでも適用できる領域，いまだ適用には至っていないが適用可能性の高い領域，および近い将来に適用が見込まれる領域における課題を議論する。そして最後に，以上を踏まえて，管理会計担当者は現在何をなすべきかを提案する。

2　人工知能（AI）とは何か

　AIとは何かについては，依拠する専門分野と論者によって人工知能に関する見解が異なる。そのためもあって，AIには数多くの定義が存在する。情報通信白書（平成28年版）［総務省, 2016, p.234］は，国内の主要な研究者による12ものAIの定義をあげている[1]。

　なぜAIには数多くの定義が存在するのか。その理由の1つは，AIの主要な研究テーマには推論・探索の他，基礎分野では機械学習，ディープラーニング，応用分野では画像認識，音声認識，自然言語処理など研究テーマが数多くあり，AIでは適用事例ごとに複数の研究成果を組み合わせて活用しているので，AIの簡潔な定義を難しくしていることによる。いま1つは，AIの歴史を振り返ると，AIには内容の大きく異なる3つのブームがあり，それぞれの内容が異なっているにもかかわらず，それらを一括してAIと呼称していることによる。

　第一次AIブームは，1950年代後半から1960年代に現れた。この時代にコンピュータによる探索と推論が可能になり，特定の問題に対しては解が提示できるようになった。**第二次AIブーム**が現れたのは1980年代である。**エキスパートシステム**によってコンピュータが必要な情報を識別して，当該分野ではエキスパート（熟練者，専門家）のように振る舞うことができた[2]。現在でも，アマゾンのレコメンドシステムなどに活用されているものの，AI自らの判断ではなく，人間が教えなければならないといった限界もある。

　第三次AIブームが，2000年代以降現在まで続いているAIである。AIが知識を習得する**機械学習**が，それに続いて，AIが自ら学習する**ディープラーニング**の実務への適用が続いている。第三次AIブームにおいて最も重要な役割を果たしているのは，機械学習とディープラーニングである。機械学習は，なすべき作業について，人間から指示を受けなくても，機械が自らその作業の処理能力を高め続けていける能力をもっている。ブリニョルフソンとマカフィー［Brynjolfsson and Mcafee, 2018, pp.51-52］によれば，機械学習がAIにとって重要性をもつのは，2つの理由からであるという。1つは，知ってはいるが明確に言葉で説明できないことをAIが可視化したことである。別の言い方をす

れば，所与のデータから，パターンや経験則をコンピュータが自動的に認識し，新たなデータに対しても解答を導き出すということである。いま1つの理由は，機械学習にはこれまでにはない非常に高い能力をもっていることである。

現在のAIを決定的にしたのは，2006年にジェフリー・ヒントン（Geoffrey Hinton）によって，従来の機械学習の能力を上回る，ニューラルネットワーク（neural network, 神経回路網：NN）によるディープラーニングが発表されたことにある。その後，2012年の画像認識に関する国際会議において，そのディープラーニングが従来とは比較にならないほどの高い認識率を示した。

このディープラーニングの出現によって，第三次のAIブームが到来したというのが定説になっている。

以上は，世界におけるAIの動向である。それでは，日本の現状はどのような状況にあるのか。武田［2017, p.11］は，実務家の立場から，第三次AIブーム以降の日本における人工知能の動向について，次のように述べている。日本では，あいまいな形ではあるが2012年頃からAIという用語が使われるようになってきた。2013〜2014年になると，AIが一般化してきた。産業においても人工知能をどう使うかについて考え始めたのが2015年前後からである。

会計の領域では，わが国で会計士監査における不正検知のために活用が始まったのは，2017年以降である。クラウド会計ソフトは，現時点ではビッグデータの活用ができない現時点ではAIとはいえないが，近い将来ビッグデータが十分に活用できるようになれば，AIの適用領域の1つに加えることができよう。

なお，AIというと，一般には汎用人工知能（汎用AI）をイメージしがちであるが，現在では適用領域に焦点を絞った形の**特化型人工知能**が使われている。

3 機械学習と深層学習（ディープラーニング）の意義

機械学習とは何か。機械学習とは，大量のデータを用いて機械を訓練し，予測や意思決定を行うアルゴリズムの総称［植野, 2017, p6］である。機械学習と呼称されるのは，人間がプログラムで教えるのではなく，**機械**自らが**学習**することによる。大野［2017, pp.39］は，機械学習で用いられるベイズ統計における学習の本質は，**推理**[3]にあるという。例示すれば，名探偵の明智小五郎が，

「AだからB，BだからC…」と，推理しながら次々と解を謎解きしていく方法である。端的にいえば，機械学習とは，与えられたデータ（教師データ）を忠実に再現する主体的な真実を求めること，それが機械学習における学習である。

　2012年，ディープラーニングが従来とは比較にならないほどの高い認識率を示したことで，その高度なAI技術活用が注目されるに至った。ただ，一概にディープラーニングといっても，実際にはいくつかの異なる方法論の集まりであって，問題に応じてそれらが使い分けられている［岡谷, 2015, p.5］。

　機械学習とディープラーニングの違いはどこにあるのか。機械学習は，人間が教えたとおりに，調整を繰り返しながら，与えられたデータを忠実に再現する関数を求めるという意味での学習である。一方，ディープラーニングにおける学習では，アルゴリズム自身が，どこを調整すべきかをAI自らが判断して更新していく**自律的な学習**である。この自律学習によって，機械学習にはできなかった画像，動画，音声，言語のデータ学習が可能になり，医療やビジネスの世界で体得しているような数々の革新が生み出されてきているのである。

　機械学習のうち，**教師あり学習**には営業可否の予測が，**教師なし学習**には異常検知や教師あり学習につなげる前処理が，**強化学習**としては，ロボットの歩行パターンの生成ができるようになることがあげられる。強化学習は，予測ではなく，データからどういう意思決定をするかを学習する。強化学習では連続した一連の行動を通じて最も多くのリターンが得られる方策が選ばれる。ディープラーニングでの手法例をみると，教師あり学習ではCNN（Conventional Neural Network），教師なし学習ではAuto Encoder，強化学習ではDeep Q-Networkがある［高橋, 2017, pp.6-8］。ディープラーニングはパターン認識，レコメンド，異常値検出など，応用可能性が広い。

　俗にAIといっても，上で述べたような違いがあるから，AIをビジネスで活用するうえで忘れてならないことは，AIを何のために活用するのかという問題意識を明確に自覚してAIを活用することである。

　ディープラーニングは，機械学習を基礎原理として発達した応用技術であるニューラルネットワークが進化して誕生したものである。人間の脳とニューラルネットワークとには大きな違いがあるが，ニューラルネットワークは人間の脳を模倣しているとされる。隠れ層の処理を何層も重ねて画像の特徴を抽出し

ていく畳み込みニューラルネットワークを用いて,ディープラーニングでは,画像,映像,言語,音声といった非構造化データを処理していくことができる。ディープラーニングの応用可能性は広い。なかでも,株価暴落の兆候を予測する上で,ディープラーニングは現在では大きな役割を発揮している。

4　AIの会計,会計士監査,内部監査への適用と課題

　AIの会計への適用が最も進んでいるのは,会計士監査とクラウド会計ソフトである。ただし,中小企業の会計処理の一端を担っているクラウド会計ソフトについては,それがAIの活用といえるか否かについては議論がある。監査というときには,外部の公認会計士による会計士監査と,企業内部のスタッフによって行われる内部監査が含意される。AIの活用面では,会計士監査が先行している。以下,本節では,クラウド会計ソフト,会計士監査,内部監査へのAI活用の現状と課題[櫻井,2018,pp.2-13]を明らかにする。

1　クラウド会計ソフトへのAIの活用

　日本の中小企業の間でAIの**会計処理効率化**への活用が最も期待されているIT活用の具体例には,2018年の時点で見る限り,クラウド会計ソフトがある。

　クラウド会計ソフト[4]とは,購入したソフトをパソコンなどの端末にインストールして利用するのではなく,インターネット経由で事業者のサーバに表示して利用する会計ソフト[佐々木・木村,2017,p.47]である。クラウド会計ソフトでは,インターネット経由でサービスを利用する。そのため,ブラウザでの操作が基本になる。利用環境は,PCだけでなくスマホやタブレット端末などのデバイスでも操作が可能である。利用者は通常,一定の月額・年額の利用権を購入する。

　クラウド会計ソフトでAIが活用されているか否かについては,賛否両論がある。ネガティブな意見からみていこう。国立情報学研究所教授の山田[2016,p.23]は,「単にクラウドサービスなどによるIT化やコンピュータ化による自動化と,AI化との区別」を明確にすべきだとしている。また,原[2016,p.31]は,クラウド会計ソフトが現時点でAIを活用しているという見解を明確に否

定している。原が否定的な見解をとるのは，次の理由からである。

クラウド会計ソフトは，ビッグデータに基づいて大量のデータによる処理が可能になった暁には，近い将来，AI本来の機能を発揮することが見込まれる。しかし，現時点で見る限りにおいて，クラウド会計ソフトが従来は人間が行ってきた科目の特定と仕訳の作成作業を自動化しているだけであれば，それはあたかもAIが行っているような振る舞いをするにすぎない。仮に単に仕訳の自動化だけの処理に留まるのであれば，クラウド会計ソフトでは，第1に，予め設定されたルールの範囲内で，自動化された振る舞い（仕訳の自動化）をするにとどまる。第2に，クラウド会計ソフトの対象は定型業務（取引業務の自動化）に限定されており，クラウド会計ソフト自らが自律的に判断したり，処理したりすることはない。その意味では，少なくとも現時点でクラウド会計ソフトをもってAIが活用されているというのは正しくない，という。

それでは，以上でみたような2つのクラウド会計ソフトに対する見解に対して，われわれはクラウド会計ソフトに対してどのように考えるべきであるか。

freee株式会社は，2016年5月20日付けで，クラウド会計ソフトの自動仕訳に関する人工知能について特許権（特許第5936284）を取得［片桐, 2017, p.51］した。現在ではこの特許技術を適用して，「クラウド会計ソフトfreee」を強化した自動仕訳機能「仕訳登録AI」を同年6月から販売している。またfreee株式会社は，2016年6月27日，研究開発機関「スモールビジネスAIラボ」を創設することで，精度の高いAIを開発した[5]。

日本国内でのクラウド会計ソフトの現状は，以上のとおりである。そこで次に，海外でクラウド会計ソフトはどのように評価されているのかを検討しよう。

ニードルマン［Needleman, 2018］は，クラウド会計ソフト（cloud-based accounting software）の現状と課題をより深く認識すべく，8社のベンダーを聞き取り調査した。その結果，近い将来には少なくとも2つの領域で新たな展開がみられると結論づけている。

第1は，**ビッグデータ**へのアクセスである。つまり，会計担当者とそのクライアントが会計と財務に含まれるデータを探索することができるようになるため，ビッグデータが蓄積されるに従って，クラウド会計ソフトによって企業は現在よりもはるかにすぐれた意思決定ができるようになる。

第2は，機械学習の発展によって，クラウド会計ソフトは，①会計担当者の仕事の負荷（作業量）を減少させるだけでなく，②データの収集とそのデータがもつ意味を効率的かつ効果的に会計担当者に理解させ，さらに③会計担当者の時間をアドバイス的な仕事に振り向けることができるようになる。

以上から，われわれは現時点で次のように結論づけたい。すなわち，日本では「クラウド会計ソフトfreee」の普及および海外での調査から明らかになったように，現時点ではクラウド会計ソフトが実践上でAIとして活用されているとはいえない。しかし，クラウド会計ソフトにはAIが活用されていないという現時点での判断は，将来にわたってクラウド会計ソフトにAIが活用されることの可能性を否定するものではない。その理由は，クラウド会計によって集められた大量のビッグデータは高い精度の予測や分類によって人間の能力を補完・拡張できるからである［佐々木・木村，2017, p.47］。

2　会計士監査へのAIの活用

AIを会計士監査の業務に活用することが可能か。この問題に関してもまた，賛否両論がある。山田［2016, p.25］は，「監査業務については，その多くが人間の主観的，直感的判断を必要とすることから，その処理手続きはプログラムとして記述しにくいため，AIの不得意なタスクであり，代替は難しいと考えられる」という理由から，AIの会計士監査の適用には否定的である。

しかし，AIを適用しようとしている監査業務の多くは，数値の妥当性の判断と**不正検知**にある。この不正検知というスポットに焦点を当てることで，機械学習に基づく会計士監査へのAIの適用が可能になる。

事実，米国の主要な会計事務所（ビッグ4）では，いまやAIの最先端の技術を使って監査の仕事を強化している［Sun and Vasarhelyi, 2017, p.24］。ただし，会計事務所によって進捗状況に大きな違いがある。

コキナとダベンポート［Kokina and Davenport, 2017, pp.119-120］によれば，米国の4大会計事務所のうち，**KPMG**はIBMのWatosonを利用し，先進的な技術であるMcLaren Applied Technologiesの活用を模索している[6]。**Deloitte**はKira Systemsとパートナーシップでドキュメントのレビュー，契約，リース，雇用契約，伝票などを検査している。**Deloitte**はまた，データの統合

と構築への機械学習の利用を開発中である。ビッグ4のうち，PwCとEYは，2016年の調査時点では，高いレベルのインテリジェンスと認識能力をもつには至っていない，とコキナ他は述べている。

以上が米国でのAIの監査へのAI適用の状況である。それでは次に，日本での監査法人でのAIの活用状況はどのような状況あるかをみてみよう。日本では最も早くからAIの監査への活用に取り組んできたEYのメンバーファーム，**EY新日本有限責任監査法人**（以下，新日本）は，著者が新日本を訪問した2018年6月5日現在[7]でのAIの会計監査への実施状況は次の通りであった。

新日本では，マクロレベルとミクロレベルの2つのアプローチによってAIを活用している。**マクロレベルのアプローチ**では，上場企業の公開情報を幅広く収集し，機械学習を用いて重要な虚偽表示や有価証券報告書の訂正を予測する。予測のために構築されたモデルは**不正会計予測モデル**と呼ばれ，過去の事例から訂正が生じた財務諸表の特徴を見つける（学習する）ことで類似の財務諸表を発見する。新日本では，この不正会計予測モデルを2016年7月から品質管理の目的で活用している。

ミクロレベルのアプローチでは，被監査会社の仕訳（総勘定元帳）や補助元帳などの非公開の内部データを利用し，機械学習を用いて異常取引を検出する。仕訳データから勘定科目間の変動パターンを学習し，不自然な会計計上を検出するアルゴリズムを開発した。新日本では，このミクロレベルの方法を2017年10月から運用している。

EYと新日本との協力関係についても触れておこう。監査に利用するソフトウェアやシステムなどは，EYグローバルにおいて世界中で利用するものが開発されている。例えば，会計データの集計や可視化などのアナリティクスを行うソフトウェアは，EYグローバルで開発されたものを日本でも利用している。しかし，不正会計の検出のためにAIを活用するといったコンセプトのソフトウェア開発は日本が先行している。一方で，欧米を中心としたEYグローバルでは，契約書を読み込み理解し，会計処理の判断に役立てるというようなソフトウェアの開発をはじめ，AI活用の取り組みを数年前より行っている。

新日本では，AIとは異なる技術で，**RPA**（Robotic Process Automation）を利用した定型的作業の自動化や，ブロックチェーンの活用にも取り組んでい

る。ただ，現時点で見る限りではRPAはホワイトカラーの単純な間接業務を自動化する**業務効率化の技術**であり，AIとは全く異なる範疇のIT技術であることに留意されたい。とはいえ，現在では産業用ロボットをAIが自在に操る時代である。そのことを考えれば，近い将来においてRPAがAIによって自在に活用される日がくることは，十分に予見できることである。

PwCあらた有限責任監査法人（以下，PwCあらた）は，2018年4月16のプレスリリースにおいて，AIが会計データから異常仕訳を自動的に抽出する「AI会計仕訳検証システム」を開発し，4月から試験運用を開始したことを公表した。著者がPwCあらたを訪問したのはその2日後（4月18日）のことであるが，訪問時[8]において同法人は，以下のことを明らかにしてくれた。

PwCあらたは2016年10月にAI監査研究所を開設し，当該法人が独自での方法で取引の異常検知のシステムを開発した。AI会計仕訳検証システムは，PwCあらたのデータ監査ツール"Halo for Journals"の仕訳データの全件を対象に，機械学習によって一定の法則性を読み取り，個々の仕訳がそれに合致するかを評価することによって膨大なデータを網羅的かつ効率的に分析し，誤謬や不正の可能性を重点的に検出するだけでなく，人間では想定できなかったリスクや課題を浮かび上がらせることを狙いとしている。

新日本とPwCあらたの事例で見たように，従来の監査業務では相当な時間をかけて人間が不正を検出する作業を行っていた業務を，当研究所独自の方法によりAIの機械学習の機能を使って短時間で実施（AI監査研究所の研究所長辻村和之氏談）できるようになった。このことは，人手不足に悩む日本の監査業界にとって大きな福音になるであろうことは間違いない。

なお，バロン［Baron, 2017, p.42］は，KPMGが行っている**コグニティブテクノロジー**（cognitive technology）[9]を活用した会計監査から税務までへのAI適用の将来性に強い期待を表明している。加えて，米国公認会計士協会（AICPA）とラトガース・ビジネススクールは監査へのコグニティブテクノロジー推進のための研究助成を行っているなど，コグニティブテクノロジーの今後の会計への展開に大いなる期待を寄せている。

決して見過ごしてはならないことであるが，AIを実用化するためには，会計士監査ではビッグデータ[10]を活用する目的で**データ・アナリティクス**（data analytics)[11]の活用が必須となるということである。コキナとダベンポート［Kokina and Davenport, 2017, pp.115-121］は、ビッグデータの必要性について、次のように述べている。

　一部の会計処理および会計士監査の領域では、データ・アナリティクスとAIによって根本的な変化を受けている。なかでも、会計の領域でAIが最も適合するのが会計士監査への適用である。その理由は、監査で会社の財務・非財務データについての洞察を得るために、大量の構造的・非構造的データからなる**ビッグデータ**[12]をもとにしたデータ・アナリティクスがAIを活用するのに適しているからである。ビッグデータ、アナリティクス、AIの三者の関係は、図25-1に示すとおりである。

図25-1　ビッグデータ、アナリティクス、AIの関係

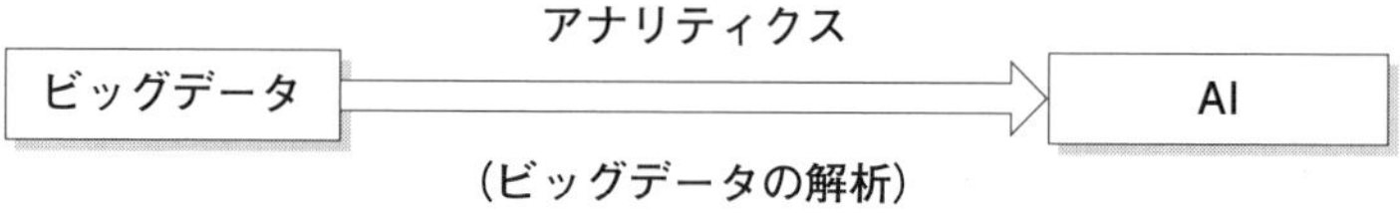

ビッグデータ → アナリティクス（ビッグデータの解析）→ AI

出典：著者作成。

　わが国で、会計士監査において**機械学習**による異常検知によって非合法的な不正の検出を提唱・実行してきたのは、市原・首藤［2017, pp.55-63］である。AI活用の理由は次のとおりである。公認会計士は、職業柄、クライアントの取引や仕訳などに関する膨大な量にわたるデータを扱っている。膨大なデータから不正の可能性の高い異常なデータを抽出するのは、決して容易な仕事ではない。一方、企業経営者はステークホルダーに財務諸表をよく見せたいという願望から、利益調整を行いたいとする欲求がある。利益調整自体は合法的な利益の調整とされているものの、不正な"利益調整"も少なくない。以上から両氏は、機械学習による異常検知により不正を自動的に検知することで、いままで想定していなかったパターンの不正を発見することの高い可能性を指摘している。

　一企業だけではなく、多数の企業のデータが蓄積されるようになれば、AIに対してより多くの事象や事例を学習する機会が増大し、異常項目を識別する

精度が向上する。そのことにより，斉藤［2017, p.43］が指摘するのは，AIによって期末や期中の監査を待たずにリアルタイムで不正や誤謬の検出が可能になる。AI活用の結果，監査の手法も，現在の試査を用いた監査からAIによる精査に進化する可能性もある。

以上，第三世代のAIの急速な発展を受けいれて，監査業務を取り巻く環境は，単純な証憑突合といった作業については伝統的なITに代えて，機械学習を中心とするAIに置き換えられる時代がすでに到来しているということができよう。

日本公認会計士協会の常務理事，手塚［2017, p.33］は，AIではできない公認会計士の仕事については，「①創造的で，②人と人とのコミュニケーションが必要で，③非定型的な業務」であるという。しかし，手塚氏は公認会計士の仕事はかなり創造的な要素を含むので，他の"士"業に比べてもAIによって代替される仕事の比率は低いし，そのスピードも遅いであろうと予測している。

3 内部監査へのAIの適用

公表財務諸表の監査を主眼とする会計士監査の領域では，ここ数年の間にAIの活用が着々と進んでいることをみた。一方，企業の業務と会計の監査を主眼とする内部監査では，AIの研究と活用状況はどのレベルまで進展しているのか。

結論を先取りすれば，AIの業務への活用という面では，内部監査でのAIの活用事例は見られない。内部監査人協会（The Institute of Internal Auditors; IIA，本部・米国）の立場は，会計士監査とは違って，内部監査部門へのAIの活用よりも，社内の他部門でのAI活用に関わる戦略，リスク，ガバナンス，データの品質保証，外部監査との連携，コンプライアンス（compliance）などに活動の焦点が向けられている。

マッカラム［McCollum, 2017, pp.24-29］は，AIが及ぼす影響と内部監査人に関わる課題として，雇用への影響，倫理，プライバシーとセキュリティ，内部監査人に必要とされる知識，ガバナンスをあげている。とくに注目すべきことは，次の3点である。

第1に，AIに基づく監査は今後とも飛躍的な発展を遂げる。それゆえ，内部監査人は機械学習とAIのアプリケーションの健全性を確認する必要がある。

第2に，機械学習は常識に欠けるから，人間ではあり得ないような誤りを犯す。それゆえ，機械学習を意思決定に活用するにあたり，機械学習での計算結果をそのまま活用するのは，必ずしも賢明ではない。

第3に，内部監査人は，不正行為の発見とコンプライアンスといった領域にAIを活用すべきである。

マッカラムによるコラムの論調に呼応するかのように，近い将来のAIの発展に備えて，内部監査人が現時点でなすべき準備等を明らかにした報告書が発表された。2017年に，IIAから発表された「人工知能―内部監査の専門家が考慮すべきこと」[IIA, 2017] と題する3つのPartからなる報告書（以下，「**AI報告書**」）がそれである。AIの内部監査への適用に関する詳細は櫻井［2018, pp.2-13］で考察しているので，本章では3つの報告書のもつ意義をそれぞれ1つだけに限定してごく簡潔に述べておこう。

報告書のPart Ⅰでは，AIにおける内部監査人の役割，AIの及ぼすリスクと機会，内部監査人のためのAIのフレームワークなど［IIA, PartⅠ, 2017, pp.51-59］を述べている。Part Ⅱでは，AIにおいて果たすべき内部監査人の役割はAIが企業価値の創造に及ぼす影響を評価すること［IIA, PartⅡ, 2017, pp.40-51］に限定すべきであるとしている。そしてPart Ⅲでは，内部監査でのビッグデータの有効活用に関連して，内部監査人がデータ・アナリティクスの重要性を認識すべきであることを指摘している［IIA, PartⅢ, 2017, pp.18-23］。

5　AIの管理会計への適用と課題

AIの管理会計への適用は，2018年の段階では，日本でのAIの適用可能性に関する研究が始まったばかりである。将来への展望も完全には描き切れていない状況にある。本節では，①AIの適用が現時点で成功裏に実施できる適用領域―AIのもつ機械学習の不正検知機能への適用―，②予実管理と標準原価差異分析へのAI適用の可能性，③近い将来には適用が確実に見込める領域―コグニティブテクノロジーへの適用―について述べ，そのうえで，管理会計担当者が将来に備えて何をなすべきかを考察する。

1　AIの不正検知機能を活用した契約原価データへの適用

　契約価格と利益算定のための原価データと予定価格，利益の妥当性の検証作業は非常に手数がかかる難しい仕事である。防衛省をはじめとして日本では政府調達の多くは原価加算契約に基づいている［櫻井, 2017, pp.20-38］。幸いにして，AIには機械学習による不正検知の機能が備わっている。原価データの不正検知機能を活用してAIを適用することによって，管理会計では次の効果が得られる。

　第1に，適正な原価データが得られることで，公正・適切な利益が算定できる。第2に，不正防止に役立つ。第3に，検証作業の効率化が達成できる。第4に，費用対効果の観点から見て効果的である。第5に，付随的な効果として，不正の早期発見によるレピュテーション・リスクの減少が期待できる。

　管理会計の観点からすると，AIのもつ不正検知機能を必要とする領域には，現時点で見る限り，防衛省の原価データがある。そこで，2018年6月15日，南関東防衛局の堀地徹局長とともに，防衛大学校でのAI研究者，佐藤浩准教授と久保正男准教授のお2人にお会い頂き，AIによる防衛省の原価データの不正検知の実施可能性を議論した。その結果，両教授からは過去のビッグデータが揃っている限りにおいて，不正検知の実施が極めて有効であることの確証を得ることができた。

　契約原価データの不正検知に関しては，その適用領域を何も防衛省に限定する必要はない。この研究は他の官公庁の公共事業の契約原価の検証や，民間企業における造船建造などへの原価データの検証にも適用範囲が広がっていく可能性を秘めている。

2　予実管理，標準原価差異分析へのAIの適用

　予算管理は，予算編成と予算統制からなる。予算編成では，利益計画に基づいて年次の予算が編成される。編成された予算は，週次，月次，四半期，年次など必要に応じて予算と実績が比較検討される。実務界で**予実管理**というときには，このような形で予算と実績とを管理・分析することを意味する。

　予算編成においても，売上を阻害する諸要因と売上に寄与する要因をAIで

スコア化すれば，確度の高い売上予測を行うことが可能である。また，予実管理へのAIの活用は有望な適用領域の1つである。なぜなら，過去のビッグデータが蓄積されている限りにおいて，異常値を発見することで差異分析の精度を上げうるからである。

AIは予実管理に対してだけではなく，**標準原価計算**への適用にも有効である。標準原価計算では，予算管理とは異なって可能な限り現場の能力を引き出す目的で，想定よりも努力水準を見越した若干厳しい原価が設定されるのが一般的である。他方，予算管理では現実の姿に近い数値が用いられることに留意されたい。差異分析の方法でも，予算管理の差異分析と標準原価差異分析とでは異なると点が多々あるので注意が必要である。

3 中長期経営計画と設備投資意思決定へのAIの適用

将来予測と意思決定には，コグニティブテクノロジーが有効である。コグニティブテクノロジーでは，ディープラーニングを活用してコンピュータが自ら学習し，考え，膨大な情報源から大量のデータを統合・分析する。ダベンポートとロナンキ［Davenport and Ronanki, 2018, pp.110-113］もまた，優れた意思決定のために，コグニティブテクノロジー活用の必要性を指摘している。

売上予測の精度の向上とともに，AIの適用分野として有望な領域の1つとして，**中長期経営計画**の策定・設定に関し過去のビッグデータの適用が可能な領域に関して次年度以降の売上収益と原価構造を予測することが可能になろう。もともと金融業においては，フィンテックとの関連で，統計学やAIを駆使して大量の数値データを分析し，運用やリスク管理に役立ててきた歴史があり，現在ではテキストデータのディープラーニングに基づく解析［山本, 2018, pp.36-40］が行われるようになった。

設備投資意思決定においては，将来の需要予測，商品の消費者動向，市場の変化，自社の技術水準を総合的に判断しなければならない。それらの予測にAIのディープラーニングを活用したコグニティブテクノロジーを活用することで，投資意思決定にとって貴重な情報を提供することができる。

ただし，コグニティブテクノロジーを活用する際に留意すべきことがある。第1に，AIで予測できるだけのビッグデータが揃っていることが前提である。

第2に，設備投資の期間が長期になればそれだけ精度が下がることを心得ておく必要がある。第3に，設備投資意思決定でも，AIを適用する必要性が高いのは新規投資であって，取替投資ではAI適用の必要性もその効果も違ってくるので留意が必要である。第4に，設備投資意思決定では役員会などにおいてなぜ投資の決断をしたかの説明が必要であるが，AIは人間に比べて説明力に劣ることを了解しておく必要がある。

6　AI適用に向けてのビッグデータ，データ・アナリティクスの役割

　AIを実用化するためには，ビッグデータを活用する目的で**データ・アナリティクス**（data analytics）の活用が必須となる。コキナとダベンポート［Kokina and Davenport, 2017, pp.115-121］は，次のように述べている。

　一部の会計処理および会計士監査の領域では，データ・アナリティクスとAIによって根本的な変化が生じている。なかでも，会計の領域でAIが最も適合するのが会計士監査への適用である。その理由は，監査で会社の財務・非財務データについての洞察を得るために，大量の構造的・非構造的データからなる**ビッグデータ**をもとにしたデータ・アナリティクスが，AIを活用するのに適しているからである。

　エプスタイン［Epstein, 2018, p.p.31］によれば，AIは最も発展が著しいIT技術であり，ほぼすべての産業にわたって現在の仕事の仕方を変更させ，生産性を急速に増大させる。それゆえ，管理会計担当者は，次の4つの対応が必要であると述べている。

　第1に，管理会計担当者は，新技術と社会の変化に対応すべくAIの知見を深めること。第2に，AIの新たなトレンドにキャッチアップしていくことである。第3に，会計士監査，ファイナンスの領域に見られる劇的な変化を研究することで管理会計担当者が現在何をなすべきかを常に検討しておくこと。そして最後に，新たな状況への対応は，いま直ちに実施することが肝要である。

　エプスタインの提言は，まさにその通りである。それでは，管理会計担当者は具体的にいま何をしなければならないか。最後に，日本の**管理会計担当者が現時点でなすべき事項**を2点にまとめて指摘する。

第1は，管理会計担当者は，AIの本格的な適用に備えて，AI，クラウド，IoT，およびデータ・アナリティクスに関する基礎知識を習得しておくこと。

第2に，AIの適用を必要とする仕事に何があるかを特定すること。現実にAIを適用すべきか否かは企業の業態，企業規模などの要因によって異なるので断定的な表現は慎まねばならないが，AIの適用が経営にとって必要であることが明らかになれば，人間とAIとの共存期間を設けて，その共存期間内にAI適用のメリットとデメリットを綿密に検討する。

最後に，AIの管理会計への適用は，あくまで自社にとって中長期的にAI効果が費用を上回ることを確認したうえで実行さることを推奨したい。

まとめ

本章の主目的は，AIの管理会計への適用の実態と管理会計担当者がそれに備えて現在何をなすべきかを明らかにすることにある。その目的のため，まず初めにAIとは何かを明らかにした。次に，機械学習とディープラーニングがAIでいかなる役割を果たしているかを述べた。そのうえで，AIが果たしている会計，会計士監査，内部監査の現状を対比できるような形で管理会計への適用の状況と適用上の課題を考察した。

その結果，クラウド会計ソフトは現時点ではAIの適用とはいえないにしてもビッグデータが活用できるようになればAIの会計への適用といえることをみた。会計士監査では，日本でも2017年からAIの機械学習を活用した監査が既に始まっていることを明らかにした。しかし，内部監査の領域では，一歩引いて，AI戦略，AIのリスク，コーポレート・ガバナンスに及ぼす影響，外部監査との連携，コンプライアンス基準に準拠しているかの検討に活動の焦点を置くべきであることをみた。管理会計のAI適用を主目的とする本章で他の領域―クラウド会計ソフト，会計監査，内部監査―までも述べたのは，管理会計担当者は実質的にそれらの関連領域でのAI活用の動向も十分に把握しておく必要があるということの他，欧米だけでなく日本でも，AIの管理会計への適用に関する研究はまさに始まったばかりでしかないという2つの理由による。

AIの管理会計への適用に関しては，理論的には専門家も認めている防衛省

における原価データの不正検知機能への機械学習の適用とその課題を述べた。さらに，近い将来の課題として，建設業への適用，防衛省以外の省庁への高いAIの適用可能性を示唆した。近い将来においてAIの適用がほぼ確実に認められる予実管理，標準原価差異分析，中長期経営計画，設備投資意思決定への適用を考察した。とはいえ，AIはいまや日進月歩の勢いで発展している。本章の記述はあくまでも本稿を執筆している2018年の状況を元にした記述であって，AIのビジネスへの適用範囲はさらに拡がっていく可能性を秘めていることを付記しておきたい。

　最後に，管理会計へのAI適用に向けて管理会計担当者が現在なすべきこととして，ビッグデータを活用するためのアナリティクス3.0の理解と適用の必要性，および管理会計担当者が将来に備えて現在なすべきことに関して日本の経営者に向けた著者のメッセージを伝えた。

注

1) 著者はAIの技術面からの専門家ではない。とはいえ，読者のためには，著者自らが本書でAIをどのような立場から論じているかを明らかにする必要があろう。著者は本書において，AIを次のように定義づけている。
　「AIとは，人工的に作られた知能をもち，与えられたデータをもとに，求められた解を導くことができるシステムのこと」である。
2) エキスパートシステムの会計監査への適用については，菊池［1987, pp.97-111］による優れた研究がある。当時AIでは，一部の監査法人でのエキスパートシステムの適用が試みられた。残念ながらその試みは不発に終わったのであるが，菊池教授はその理由を，ご自身もエキスパートシステムを試みたうえで，開発と運用コストが膨大になりすぎることをあげている。エキスパートシステムの経営分析（企業評価）への適用については，岡本［2004, pp.5-91］が挑戦している。経営分析や企業評価の研究では，先見性のある研究成果の1つとして高く評価されるべきであろう。なお，岡本［2004, pp.145-186］は当時の研究水準に基づくニューラルネットワークを使用し，店舗経営力評価モデルの構築にもチャレンジしている。いずれの研究も，会計学と経営分析の領域で高く評価されるべき研究である。
3) 推理とは，Aである場合にBの確率は？　との問いに答えることである。ここで推理とは，正確に表現すれば，統計的推論というべきであろう。
4) クラウド会計ソフトという名称は，freee株式会社が2013年に発売を始めた頃からの商品名である。クラウド型会計ソフトとも呼称している。なお，特許広報

では，クラウドコンピューティングによる会計処理という表現が行われている。
5）2018年9月11日に，freee社の原幹監査役（公認会計士）とプロダクトマネジャー 高木悟氏（公認会計士）とお会いいただいた。その折に，同社による2つの新たな事業上の展開を確認することができた。第1には，AIの銀行融資が着実に進んでおり，日本の殆どすべての銀行ではfreee社のAI活用による銀行融資制度を活用しているとのことである。第2は，AIの予実管理への適用に関わるソフトを本年度にも発売するということである。
6）その後の交渉によって，現在はMcLaren Applied Technologiesとの関係は解消されている。
7）当日は，常務理事（片倉正美氏），Digital Audit推進部 部長（加藤信彦氏），品質管理本部 不正リスク対策部シニアマネージャー（市原直通氏）がAIの説明に当たってくれ，企画本部 広報担当の長谷川氏がすべての連絡を行ってくれた。新日本有限責任監査法人と4氏には衷心より感謝している。
8）以下の内容は，2018年4月27日にPwCあらた有限責任監査法人のAI監査研究所 研究所長の辻村所長と同研究所のシニアマネージャーの伊藤公一氏を訪問した際に頂戴したプレスリリースと聞き取り調査の内容をもとにしている。当日説明に当たってくれた辻村氏と伊藤氏には，心より感謝の意を表したい。
9）コグニティブテクノロジー（cognitive technology）は，コンピュータモデルで人間の思考プロセスをシミュレートする技術と定義づけられる［Baron, 2017, p.42］。なお，バロンは文中で，コグニティブコンピューティング（cognitive computing）の語を与えているが，本書で述べているのは，IBMが商標として用いているコグニティブ・コンピューティング（Watsonの自然言語処理チャットボット，インテリジェントエージェント，機械学習からなる）に限定されない。そこで，本書ではこれにコグニティブテクノロジーの語を与えた。
10）Davenportの著書Big Data @ Workの監訳者の小林氏は，監修者まえがきのなかで，ダベンポートがビッグデータについて，嘗て「ビッグデータ」という表現に違和感をもったという趣旨の発言をしていたと述べている［Davenport, 2014］。この違和感は，著者も同じように感じたところである。ビッグデータがAIにとって必須の条件になったことで，著者にとっても「ビッグデータ」の経営上の意義が納得できるものとなった。
11）データ・アナリティクスの英語analyticsは，分析論とか解析学を意味する。データ・アナリティクスは，アナリティクスともいわれる。
12）ビッグデータには，構造化データ（顧客データや業務データ）の他，非構造化データ（ソーシャルメディア，ニュース記事など）が含まれる。非構造化データは，全データの約8割を占めているとされる。AIはアルゴリズムで動き，アル

ゴリズムはビッグデータに支えられている。それゆえ，企業はAIに着手する前に，ビッグデータの蓄積を図らなければならない。ビッグデータは，「石油に代わる21世紀で最大の資源」になりつつある，といえる。一方，クラウドは，現代のビジネスでは，ビッグデータを蓄積するために必要不可欠になってきた。

参考文献

- Baron, Jon, Cognitive Computing is the Future―From Audits to Tax, Smarter Machines will Change Everything―, *Accounting Today*, September 2017.
- Brynjolfsson, Erik and Andrew Mcafee, The Business of Artificial Intelligence, *Harvard Business Review*, 2018 (digital articls).（倉田幸信訳「人工知能が汎用技術になる日―認知と知覚の飛躍的な進歩―」『Diamondハーバード・ビジネス・レビュー』2018年1月号）.
- Davenport, Thomas H., *Big Data at work―Dispelling the Myths, Uncovering the Opportunities―*, 2014, Harvard Business School Publishing Corporation, 2014.（小林啓倫監訳『データ・アナリティクス3.0』日経BP社，2014年）.
- Davenport, Thomas H. and Rajeev Ronanki, Artificial Intelligence for the Real World, *Harvard Business Review*, January-February, 2018.
- Epstein, Marc J., Adapting For Digital Survival, *Strategic Finance*, February 2018.
- IIA (The Institute of Internal Auditors), *Global Perspectives and Insights―The IIA's Artificial Intelligence Auditing Framework―*, AI PartⅠ, 2017.（堺咲子訳「人工知能―内部監査の専門家が考慮すべきこと―（特別版-AI第1部）」『月刊監査研究』No.531, 2018年2月号）.
- IIA (The Institute of Internal Auditors), *Global Perspectives and Insights―The IIA'S Artificial Intelligence Auditing Framework―*, AI PartⅡ, 2017.（堺咲子訳「人工知能―内部監査の専門家が考慮すべきこと―（特別版-AI第2部）」『月刊監査研究』No.532, 2018年3月号）.
- IIA (The Institute of Internal Auditors), *Global Perspectives and Insights―The IIA'S Artificial Intelligence Auditing Framework―*, AI PartⅢ, 2017.（堺咲子訳「人工知能―内部監査の専門家が考慮すべきこと―（特別版-AI第3部）」『月刊監査研究』No.533, 2018年4月号）.
- Kokina, Julia and Thomas H. Davenport, The Emergence of Artificial Intelligence: How Automation is Changing Auditing, *Journal of Emerging Technologies in Accounting*, American Accounting Association, Vol.14 No.1, 2017.
- McCollum, Tim, Audit in an Age of Intelligent Machines, *Internal Auditor*, December 2017.

Needleman, Ted, Cloud Accounting Just Gets Better, *Accounting Today*, January 2018.

Sun, Ting and Miklos A. Vasarhelyi, Deep Learning and the Future of Auditing, How an Evolving Technology Could Transform Analysis and Improve Judgement, *The CPA Journal*, June 2017.

市原直通・首藤昭信「FinTec×監査の現状：AIで見抜く不正会計」『企業会計』2017年, Vol.69 No.6。

植野　剛「機械学習とは何か？」『証券アナリストジャーナル』2017年．55巻8号。

大野　治『日本型"AI"ビジネスモデル』日刊工業新聞社, 2017年。

岡谷貴之『深層学習』講談社, 2015年。

岡本大輔『AIによる企業評価─人工知能を活かした知識モデル─』中央経済社, 2004年。

片桐秀樹「会計監査・業務監査に及ぼす影響」『商務法務』No.399, 2017年。

菊池和聖「人工知能と会計的判断─エキスパート・システムの概要─」『會計』第132巻 第2号, 1987年。

斉藤賢爾「衰退する貨幣経済─FinTecは経済の意味を変える─」『企業会計』Vol.69 No6, 2017年。

櫻井通晴『契約価格，原価，利益─管理会計の視点による防衛装備品の効率的・効果的な開発と生産─』同文舘出版, 2017年。

櫻井通晴「人工知能（AI）が会計と会計士監査，内部監査に及ぼす影響」『月刊 監査研究』No.535, 2018年。

佐々木大輔・木村康宏「FinTech×会計の現状：クラウド会計の将来」『企業会計』Vol.69 No.6, 2017年。

総務省『平成28年版 情報通信白書─ITC白書─』日経印刷, 2016年。

髙橋怜士「AI（Artificial Intelligence／人工知能)」情報サービス産業協会『情報サービス産業白書』2017年。

武田秀樹「人工知能がビジネスの現場を変える─人工知能の現状と未来─」『Business Research』1079, 2017年。

手塚正彦「税理士・公認会計士の将来─監査は非定型的な仕事，AIで代替可能な業務は幅広い─」『エコノミスト』2017年11月28日。

原　幹「経理業務：自動化を促す会計システムの進化」『企業会計』Vol.68 No.7, 2016年。

山田誠二「AIができること・難しいこと」『企業会計』Vol.68 No,7, 2016年。

山本祐樹「AIによる景況感の指数化─テキストデータのディープラーニングによる解析─」『経済セミナー』No.699, 2017年。

第26章

研究開発費の管理会計

1　研究開発費管理の意義

　日本企業が今後とも持続的発展を続けていくためには，絶えざるイノベーションによって斬新的な研究開発を行い，世界に先駆けた製品とサービスを提供し続けていかなければならない。通信・情報技術（ICT），半導体，ハイテク，医療，AIなどの導入技術および自主技術開発力の強化，基礎研究の必要性増大といった研究開発の重要性が日々高まってきているからである。しかし，現実には長期的な経済の停滞を経験してきた日本では，1980年代までのような技術開発の積極的な姿勢が見られない。本章では，効果性重視による企業価値創造という視点から，企業の研究開発費管理の現状と課題を検討する。

1　研究開発効率化の重要性

　1960年代から1970年代の初め頃までは，日本企業は海外への輸出によって経済力を強化してきた。基本技術や新しい独創的な技術は，米国からの技術導入によって行ってきた。そのため，日本企業は主として米国市場ですでに実証されている商品事業の分野で大型設備を導入して規模の経済を享受することにより，低コストと高品質を武器にして世界市場で競争することができた。

　1980年代になると，日本企業は米国で研究開発された製品に関して，良質で安価な生産に成功し，各種の領域で米国企業を凌駕するようになった。その結果，米国は日本を強力な競争相手と認定するようになり，1970年代までのように研究開発の成果を安易に日本に移転しなくなった。一方，生産コストの主要部分を占める給与水準は，この時期には世界一を争う水準にまで上昇した。

　1990年代初めのバブル崩壊によって日本企業は急速に国際競争力を失っていった。加えて，多くの日本企業が最も多くの半導体や家電製品などの生産を移

転した韓国と中国に家電製品を中心とする主導権を奪われた。日本の家電企業は「製品の設計という新製品の肝となるような仕事までアウトソース」［伊丹, 2018, p.57］した。その結果として，日本企業が真に世界に誇れる産業はトヨタを中心とする自動車産業だけとなり，急激な円高，韓国・中国の著しい躍進を背景にして，日本国内にあった工場は次々と海外に工場の移転を余儀なくされていった。その基本的な構造は，残念ながら現在でも続いている。

21世紀以降のわが国企業は，これまで以上に高い付加価値をもつ革新的な新製品を生み出す必要性が高まってきた。しかし現実には，国内に生産現場をもたない日本企業が従来のように現場から次々と提案される革新的な製品開発を行うことは極めて難しくなってきている。加えて，今後の発展が期待されているAIの研究では，米国，中国に大きく後れをとっている。

幸いにして日本企業の多くは内部留保をため込んできた[1]。そのため込んだ内部留保をただ寝かしておくだけでなく有効活用することが，今後日本企業が世界で従来の地位を保ち，更なる発展を続けていくために，いまや必須の条件になってきたといえよう。トヨタが米国を中心にしたAIの主要拠点を買収・資本提供しているのは，AIの研究水準を世界レベルにまで高めるための1つの方策である。

日本企業は買収や資本参加だけでなく，日本企業自らが，持続的発展のための基礎研究と開発に着目して，余剰資金を研究開発に投入することが必要になってきたといえる。

2　研究開発活動の区分

研究開発費（research & development cost；R＆Dコスト）とは，新製品・新技術の研究開発に関する原価のことである。研究開発費は，その性質からして，一般に，研究（基礎研究，応用研究）と開発に関するコストに区分される。

(1) 研　究
① **基礎研究**　　基礎研究は，将来のシーズとなる科学的知識を増やすために行われる。基礎研究は実務への応用ではなく，医薬品，バイオなど，研究中のテーマについて，より深い知識や理解を求めるために行われる。

② **応用研究**　応用研究は，テクノロジー，材料，工程，方法，装置または技術について，科学的発見または改善の潜在性を十分に引き出し，現在の技術水準を引き上げることを目的とした研究である。

(2) **基礎研究と開発**

開発とは，潜在的なニーズのある新製品またはサービスの設計，テストまたは評価における科学的・技術的知識，ないし既存の製品またはサービスにおける改善の組織的な利用である。

基礎研究では，一般に目的意識が希薄で，研究期間が長い。医薬品，バイオテクノロジー，IT，半導体，通信機器などで基礎研究の必要性が大である。開発と比べると企業における基礎研究への投下資金は少ないが，業種別に見れば，医薬品の他，素材産業の化学，繊維，窯業，土石製品などでは基礎研究が従来から重視されてきた。最近では，自動車産業で，自動車のエンジンの低燃費化や環境性能向上を目指した基礎研究の意義が高まってきている。

開発は，基礎研究の対極にある。開発では，目的意識が明白で，短い期間で利益と直接結びつく効果が得られやすい。業種としては，自動車などの輸送用機械，技術開発の激しい精密機械，テレビなどの電気機器，金属製品などにおいて開発が重視される。例えば，自動車産業におけるAIの開発だと，基礎研究で米国と中国に大きく後れを取っている現代の日本の主要な企業のなかでは，例えばトヨタは，前述したとおり，米国のAI研究の拠点に多額の資金を投入して資金投与または買収することによって次々とAI開発のための拠点を作りつつある。

テーマの選択について，基礎研究（Rb）では研究者が比較的自由にテーマを選択できるのに対して，開発（Rd）だと自由度が少ない。応用研究では両者の中間で，任意のテーマが選択［丸山, 1992］される。

工数から得られる成果をR（人×年）とすると，基礎研究では長期間かけての研究が肝要である。他方，開発では，式26-1のように，定められた目標を達成するために，できるだけ短期に研究を完了させることが望ましい。

$$R_d(10人 \times 1年) > R_b(1人 \times 10年) \qquad (26\text{-}1)$$

3　研究開発費の会計基準

　研究開発費に関する現行の会計基準は，1998年に大蔵省（現・金融庁）の企業会計審議会によって制定された。「研究開発費に係る会計基準の設定に関する意見書」（以下，「意見書」）がそれである。この「意見書」では，米国の会計基準（FAS No.2）の，「研究開発費は，すべて発生時に費用処理しなければならない」（1974年制定）に倣って研究開発費の費用処理が明確に規定された。日本の現行の「意見書」では，研究開発費を研究と開発に区分して，次のように定義づけている。

　研究とは，「新しい知識の発見を目的とした計画的な調査および探求」をいい，従来にはない製品やサービスに関する発想を生み出すための活動である。製造現場の品質管理活動や，既存のデザインの変更，あるいは既存の製品に手を加えた程度では研究とはいわない。

　開発とは，「新しい製品・サービス・生産方法についての計画もしくは設計または既存の製品等を著しく改良するための計画もしくは設計として，研究の成果その他の知識を具体化すること」である。

　"研究・開発"の典型例は，日本公認会計士協会による会計制度委員会報告第12号「研究開発費及びソフトウェアの会計処理に関する実務指針」（1999年3月31日制定）に列挙されている。

　過去，試験研究費や開発費は任意で費用または繰延資産（長期前払資産）で処理されていた。しかし，このような任意の会計処理では企業間の比較可能性を担保するためには妥当ではない。そこで現行基準では，研究開発費は，「発生時には将来の収益を獲得できるか否か不明であり，また，研究開発計画が進行し，将来の収益の獲得期待が高まったとしても，依然としてその獲得が確実であるとはいえない」という理由から，研究開発費は「すべて発生時に費用として処理しなければならない」とされた。

　1998年の「基準」の管理会計への影響について，3つの点から製造原価，中小企業，ソフト開発業者へのキャッシュ・フローと経営への影響を検討しよう。

　第1に，「基準」の注2では，「費用として処理する方法には，一般管理費として処理する方法と当期製造費用として処理する方法がある」として，研究開

発費を製造費用に含めて処理することを認めた。過去，多くの日本企業では開発費を製造原価で処理してきたのは，費用を収益と対応させて管理することこそが管理会計的にも効果的であったからである。「基準」があえて仕掛品や製品など棚卸資産への計上につながる製造費用での処理を認めたのは，欧米とは違ってわが国特有の事情（研究開発活動が現場密着型で行われてきたことや製造活動に関連していること）を追認したものと解しうる。

 第2に，研究開発活動は短期的にはキャッシュ・フローの減少につながるため，キャッシュ・フローを過度に重視する企業では，研究開発費を減少させる傾向が高まる。とりわけ，資金的に余裕のない中小企業（ソフトウェア産業では，資産計上を好む中小企業と，当期に費用処理することにより納税額の抑制を好む大企業では明確な違い［櫻井，1993, p.320］がみられた）では，1998年の「基準」では資産への計上の道を塞いだことが，中長期的にみると研究開発活動の減少につながった側面を無視することはできない[2]。

 第3に，この基準のソフトウェア業界へのマイナスのインパクトである。ソフトウェア開発には，パッケージソフトと委託開発ソフトとがある。パッケージソフトの開発は，研究開発的な要素が強い。他方，請負工事に類似する委託開発に基づくソフトの開発についてもすべて費用処理というのは日本企業の実態無視も甚だしいといわざるを得ない[3]。

4 IFRSによる研究開発費の会計

 国際会計基準（IAS）第38号では，研究開発費は無形資産の1つとして扱われている。無形資産たりうるためには，3つの条件を満たす必要がある。それは，①**支配**（資産から生じる将来の経済的便益を獲得する力を有し，かつ他者による便益の利用を制限する能力を有すること），②**将来の経済的便益**，③**識別可能性**（分離可能かつ法的な権利に起因すること）を有することである。例えばルノーでは，開発費は無形資産として資産計上されている。償却期間は7年の定額法である。

 米国には日本のような意味での中小企業は必ずしも多くはない。一方，中小企業を多く抱えるヨーロッパの影響の強い国では，日本[4]に似て，研究費は即時費用化（IAS 38，発効日は1999年1月1日）を求めながらも，開発費につ

いては厳密な条件のもとで無形資産への計上を認めることが国益にも合致する。IFRSの意義は，理論的な側面からだけでなく，欧州における産業政策とも密接に関連しているのではないかと思われる。

日本の「原価計算基準」(以下，「基準」)とIFRSとを比較すると，両者の間には2つの点で大きな違いが見られる。

第1は，コンピュータが殆ど全く使われなかった時代（1962年；IBM360の発売は1964年）に制定された「基準」ではITが前提になっていなかったのに対して，IFRSではITの活用が前提にされている［櫻井, 2012, pp.239-256］。

第2は，研究開発費が現代ほどの重要性をもたなかった時代に制定された「基準」では，研究開発費に関して，技術研究費について「新製品又は新技術の開拓等の費用であって企業全般に関するものは，販売費及び一般管理費と区別し別個の項目として記載することができる」(「基準」39)とされているに過ぎない。少なくともわが国の「基準」は現代の実践規範には全くなりえていない。

IFRSの基準によれば，研究費は将来の経済的便益を創出する可能性が低いから従来通り費用として処理するものの，開発費は一定の条件が満たされる限り無形資産に計上されることになる。その条件とは，①使用・売却が可能な無形資産を完成させる技術的実施可能性があること，②無形資産を完成させて使用・売却する意図をもつこと，③無形資産を完成させて使用・売却する能力をもつこと，④将来の経済的便益を引き出す方法を特定していること，⑤無形資産の開発を完了させて使用・売却するのに必要な技術・財務などの資源が利用できること，⑥無形資産を開発中にかかった費用を信頼できる方法で測定する能力をもつこと，である (IAS 38.57)。

現実の企業活動では，研究局面と開発局面の活動が同時に進行しているような場合もある。IFRSは，そのような場合には，そのプロジェクトで発生した支出は研究局面で発生したものとして費用処理する (IAS 38.53) ことを要求している。これらの規程も，実態に即した，現代の社会において極めて現実的な解決策であるといえよう。

緒方［2015, p.86］もまた，米国の会計基準（FASB）に従って研究開発費の発生時点において即時に費用化するのではなく，国際財務報告基準（IFRS）のように一定の条件のもとでは資産計上させることの方が「バランスのとれた」

基準であるとして，IFRSの基準を高く評価している。その理由として挙げているのは，次のとおりである。研究開発費は将来の収益獲得に有益であるが，不確実性の高い基礎研究の段階では資産計上を認めず，基礎研究が終了して開発段階に移行すれば近い将来の獲得が確実視される。そのような段階に至ったコストは資産計上するのが理にかなっているというのである。

IFRSには長所だけでなく負の側面もある。IFRSが求めるように一定の条件を満たす開発費を資産計上することになると，計算手続きなどで企業の負担がいままで以上に増える。アンケート調査［森田ほか，2011，pp.90-91］では，負担増になると回答した企業は，約60％であった。この調査結果は，日本企業では「基準」変更によって得られる投資家の便宜よりもバックオフィスのコスト増に敏感な企業が多いことを表している。

2　研究開発費管理への管理会計の貢献

研究開発費の会計管理を厳しくすれば自由な発想に基づく研究がしにくくなる。逆に，会計管理を甘くしすぎれば人，金，時間の無駄が生じる。研究開発費を会計の厳しい管理対象にすべきか否かは，研究開発費を聖域化すべきだとする意見と，管理を強化して効率を高めるべきだとする相対立する2つの意見がある。結局は，適切な費用管理，投資管理の両方が必要であるといえよう。

1　研究開発費の増大と管理会計についての誤解

費用管理をすべきでないとする議論には説得力があり，しかも費用管理だけでなく，投資管理として研究開発費を管理すべきだとする主張は基本的に正しい。しかし，それらの議論は，しばしば次の2つの事実を見過ごしている。

(1)　研究開発費の飛躍的増大という事実

研究開発投資における近年の著しい傾向が少なくとも3つの側面でみられる。第1に，日本企業の多くは研究開発資源をコア技術に選択・集中してきた。第2に，世界のなかで今後とも相対的に高賃金・ハイコストの日本企業が生き残るには高付加価値型の経営を目指すことになるが，そのためには研究開発投資

が必須である。第３に，世界との比較では，自動車産業では研究開発をリードし，情報・電気・電子では熾烈な戦いのなかで苦戦し，製薬では先進国に比べて見劣りがする。そのためもあり，武田製薬は外国の製薬会社を買収した[5]。

1960年代，外国からの技術導入が比較的簡単に行えた当時，企業の研究開発活動は少なく，研究開発費も金額的にわずかにすぎなかった。1973年のオイルショックを経て，人々の価値観が多様化し，多品種少量生産が経済の主体的な役割を果たすようになると，企業における研究開発の役割が増大した。図26-1を参照されたい。

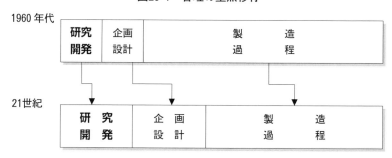

図26-1 管理の重点移行

出典：著者作成。

売上高研究開発費率をみると，1965年の0.4％に対して，1991年の1.8％まで，四半世紀の間［辻，1993, p.86］に4.5倍も増加した。最近のデータをGDP（Gross Domestic Product; 国民総生産）比でみると，リーマンショックをようやく抜け出し，2013年には3.75％に達した[6]。

(2) 管理会計の役割 ― 効果性重視と最適な資源配分

研究開発費の管理会計は，単なる費用の抑制と管理ではなく，限られた研究費から最大の効果をあげるために研究費の最適な資源配分を行い，研究者が喜んで研究に没頭できる環境をつくることである。

米国でも日本と同様，研究開発費に管理が加えられる傾向にあった。しかし現在では，管理の強化は創造性と生産性の潜在的な損失とのバランスを勘案す

べきであるとする見解［Gambino and Gartenberg, 1979, p.8］が支配的である。つまり，研究開発費の管理においてはとくに，本書の第2章で述べたように，効率性の追求だけではなく企業の持続的発展を目指した効果性重視の立場が尊重されなければならない。

研究開発費管理の目的は，経営の活力を損ねないような研究開発費に対する会計上の管理を行うことで，"創造性"の高い研究［原崎, 1999, p.117；浦川, 1996, pp.189-213］を"効率的"かつ"効果的"に行うことである。

2 研究開発費の性質と管理の方法

研究開発費は費用であるとともに，一種の投資の性格をもっている。それゆえ，研究開発費を管理という観点から捉えれば，研究開発費の管理には基本的に，費用管理の側面と投資管理の側面がある。

(1) 費用管理の側面

研究開発費は，マネジド・コストである。マネジド・コストは，**ポリシー・コスト**（policy cost；経営方針によって決定する原価）の本質をもつ。そのことは，研究開発費を経営方針に従って管理することの重要性を示唆している。

研究開発費を個別の費用管理という側面からみると，研究者の給料，設備の減価償却費のほか，試験研究材料費，研究所の諸経費（例えば，図書費，通信費，事務費，水道光熱費，消耗品費），その他諸経費（例えば，旅費・交通費）など種々の原価要素からなる。経費には旅費，賃借料，減価償却費などのように特定の原価要素単独で経費となる単純経費のほか，材料費，労務費，経費が複合された複合経費があるが，研究開発費は典型的な複合経費である。

研究開発費のうちで最も多いのが，人件費と減価償却費である。**日本板硝子**［永島, 1992, p.509］では，これらの費目が研究費総額の65％を占める。その他にも，人数にスライドする厚生費や交通費などの経費がかなりある。研究員の自由になる研究費は研究費総額の20％にも満たないとされている。

費用管理の方法は，費目によって異なる。それゆえ，費用の集計や管理にあたっては，研究開発費として一括的にプロジェクト別管理が行われるにしても，組織の最小の単位では，個々の原価要素別の集計・管理が必要である。

管理会計の立場からみると，開発費はとくにライフサイクル・マネジメントの観点から製品原価として把握することが，原価管理のためにも，適切な価格算定のためにも，また採算管理のためにも望ましい。

基礎研究費は，全社的なコストとして配賦せざるをえないことは，国の内外を問わず [Brimson, 1991, p.194] 妥当する。しかし，新製品開発や新製造工程の開発費については，一般管理費として当期の費用で処理したりするよりも製品系列に直課する方が経営上望ましいと考える経営者が多い。例えば，**日産自動車** [加藤, 1990, p.64] では，開発費をモデル・サイクルの定額の形で製品系列別に直課している。そのことにより，開発費を製品との関係で効果的に管理することができるようにすることにその狙いがある。

(2) 投資管理の側面

研究開発には，設備投資と同様，投資の性格がある。それゆえ，経営管理の観点からは研究開発支出はその期で費消してしまうのではなく，研究開発投資として管理していく必要がある。研究開発投資としての管理に適するのは，プロジェクト別の採算管理である。プロジェクト別の採算管理では，投資額と当該投資から得られる収益との比較によって投資評価を行う。

投資額の算定では，研究開発に費やされた費用を集計すればよい。他方，研究開発投資から得られる成果には，決算上の報告利益と直接結びついている財務会計上の**利益**（profit）だけでなく，決算上の利益とは結びついていないが機会原価として算定され，数値で表しうる**便益**（benefit），および無形の成果として測定される**効果性**（effectiveness；イメージの向上，ブランドの確立など計量化の困難な効果）がある。研究開発費の投資評価では，プロジェクト別に利益，便益，効果性に分けて分析するのが望ましい。

3　わが国における研究開発費の管理会計

管理会計の立場から行われる研究開発費の管理の方式は，一般に，まずビジョンに従って企業の戦略的な立場から中長期経営計画を策定する。次に，策定された中長期経営計画に従って年次の予算編成において研究開発の計画目標を計画する。具体的な研究開発費の管理は予算管理を通じて行っていく。

予算管理では，研究費を基礎研究費と開発費とに区分して予算を編成する。基礎研究費の予算編成では，通常，売上高の一定比率（例えば，売上高の１％）を予算に計上する。他方，開発費はポリシー・コストとして位置づけ，顧客のニーズや技術の変化などを見極めたうえで，**割当型予算**として管理する。

中長期経営計画では，**日立製作所**の事例では，全社研究（新事業研究と基幹事業の次世代技術）と依頼研究（事業部からの新製品開発計画）とに区分して計画を策定する［水石，1997，p.42］。**全社研究**は将来の布石として研究所が発案するテーマであり，一般に５年以上に亘る研究計画である。他方，事業部から受ける**依頼研究**は，原則として５年以内である。

研究開発費の**予算管理**においては，高橋［1993, pp.pp.26-28］が述べているように，ステージ別，テーマ別，事業別に区分して予算で管理する。ステージ別管理では，①探索（探索の第１段階は基礎研究），および事業化が見えてきた以降の，②デベロップ段階の２つに区分する。**昭和電工**では，事業別予算管理は事業部別に管理している。

日本の研究開発戦略に係る管理会計の実態が，西村［2007, pp.117-145］のアンケート調査によって明らかにされている。その調査結果によれば，①研究開発予算は，ほぼすべての会社では研究・開発拠点別に編成されている，②研究プロジェクトの投資決定は技術的優位性・顧客ニーズの適合度，新規事業分野への進出の可能性をもとになされている，③製品開発プロジェクトでは顧客ニーズとの適合度だけでなく，投資利益率法，回収期間法，およびDCF法が活用されていること，が明らかにされた。

最近の研究開発管理の関心は，M&A，インタンジブルズ，企業価値への影響に移行してきている。ただし，鈴木・小倉［2007, p.84］は，実証研究の結果をもとに，「M&Aによる研究開発から経営上のパフォーマンス及び財務指標の改善効果に対する影響はいずれも否定」的であったという結論を導いている。

インタンジブルズの研究開発との関係では，西村［2004, pp.107-121］は，**ダウ・ケミカル**の事例を基に，研究開発と知的資産との間には強い関連性があることを明らかにしている。緒方［2015, pp.39-59］は，研究開発投資が無形資産の形成に及ぼす効果が存在することを時系列的に分析している。

研究開発投資が**企業価値**に及ぼす効果については，西村［2003, pp.43-55］による研究がある。西村の研究では，研究開発投資プロジェクトへのインプット，中間的成果である技術知識ストックおよび研究開発投資から得られる最終的成果のいずれかが，企業価値にプラスの影響を及ぼしていることを明らかにしている。

2006年から2007年にかけて多岐にわたって実施した研究開発戦略に関する管理会計のアンケート調査の結果［西村, 2007, pp.117-145］によれば，数多くの日本企業の実態が明らかにされている。そのなかでも，企業で最も関心の高いと思われる項目に絞って，その結果を明らかにしよう。

(1) 製品開発プロジェクト投資の評価で重視している非財務指標は，①顧客ニーズとの適合度，②製品化後の販売可能性，③技術的優位性である。

(2) 製品開発プロジェクト投資の評価手法では，①投下資本利益率法，②投資回収期間，③DCF法である。2000年当時と比較して大きな変化は，DCF法が多くなったことと，投下資本利益率法（ROI）が増加したことである。投下資本利益率法が増加した理由としては，基礎研究は短期的にはROIを低下させるので，投資家への説明に投下資本利益率の算定が必要であるということも考えうる。

(3) 研究従事者や製品開発従事者の業績評価は，①スケジュール達成度，②各フェイズの進捗度，③特許権の出願・登録件数などであり，回答者の9割が業績評価を実施していると回答している。

(4) プロジェクト投資の評価基準は，①技術的優位性，②新規事業分野への進出の可能性，③技術的成功の可能性，その他である。

3 研究開発組織のあり方

伝統的な日本の経営管理組織を研究開発組織としてみると，効率的・効果的な研究に適しているとはいえない。研究開発組織は，可能な限り研究の成果が本人の業績に的確に反映できるような組織として構築される必要がある。なぜなら，会社によって研究が認められているという満足感と安心感をもってはじめて，研究者はすぐれた研究に邁進できるからである。

1　プロフィット・センター型組織の構築

　研究開発組織の研究員のモチベーションの向上を目指す場合，中央研究所や事業部の研究開発組織は可能な限り研究の成果が個人の業績に反映される組織としてもたれるのが望ましい。そのためには，研究組織をプロフィット・センター（利益センター）としてもつのがよい。新しいビジネスを育てるにも，既存の組織の枠組みでは効果的でない。新規事業を築きあげるには独立採算制や事業部制の採用が望ましい。2003年から**三菱化学**（現三菱ケミカル）が始めたように，分社化もまた検討されるべきである。これから育てていこうとするビジネスは，独立させるほうが経営者のモチベーションが違ってくるからである。

　具体的には，特定の事業部に所属した研究所の開発のようにビジネスに直結した研究に対し，研究の成果を事業部に販売する形でプロフィット・センターを導入する。他方，中央研究所で行われる基礎研究は短期的な利益とは結びつかないので，長期の視点から構築された業績評価システムに従って本社に販売する形をとるのがよい。評価にあたっては，ある企業の場合だと，基礎研究を**3P**（paper, patent, performance；論文，特許，研究成果）で評価している。

　プロフィット・センター型組織は，可能な限り垂直統合のシステムが望ましい。研究開発がそれ自体で完結しているのではなく，研究開発から生産，流通，販売までを一貫したシステムとしてもつ必要があるからである。

2　研究開発組織の形態

　研究開発組織としては，ピラミッド型組織，フラット型組織，スタッフ・リーダー型組織，およびマトリックス型組織のいずれかが選ばれる。組織の選択にあたっては，研究対象（例；基礎研究，応用研究，開発），経営方針（研究に個人の自発性をもたせるか否か），産業の種類（例；製薬会社，石油精製会社）などを勘案して決定する。

　日本企業で最も一般的な経営組織は，**ピラミッド型組織**である。これは，部―課―係という縦の階層で結ばれている組織である。その長所は，図26-2からわかるように，命令系統が明確［江崎, 1992, pp.13-15］であることにある。その半面，変化への柔軟な対応という点で難がある。また，個々の担当者の個

図26-2 ピラミッド型組織

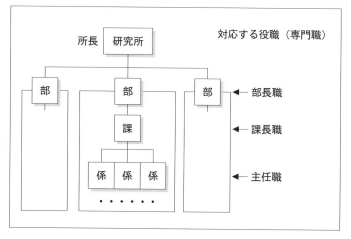

出典:江崎 [1992, pp.13-15] をもとに作成。

性や特性をフルに発揮することが困難でもある。さらに,個別的な職務には精通できても,全般的な視野に欠ける場合が少なくない。

基礎研究を行う中央研究所の研究にはピラミッド型組織はそぐわない。しかし,既存の製品や技術に関する近未来の技術開発にあたる開発研究所では,ピラミッド型組織の長所を取り入れた組織を工夫することも必要となろう。

フラット型組織によれば,図26-3で示されているように,職制上の部長職が排除されることになる。そのため,個人の独創性を尊重しながら少人数で効率的な基礎研究を行うことができるようになる。一般に,基礎研究のように個々の担当者が命令を与えられなくても自らで研究テーマを探し出し,自己の研究に喜びを感じながら遂行する仕事[丸山,1992, pp.17-19]に適する。

多くの専門分野の研究者がかかわる大規模な研究開発では,フラット型組織ではプロジェクト全体の管理を効果的に実施することがむずかしくなる。そこで,個々の研究者には自主的な研究が可能であると同時に,それらをまとめて管理できるような組織をもつ必要が生じる。

パナソニックで採用している**スタッフ・リーダー型組織**[江崎,1992 pp.13-15]は,以上の問題点を解決した組織である。この組織をスタッフ・リーダー

図26-3　フラット型組織

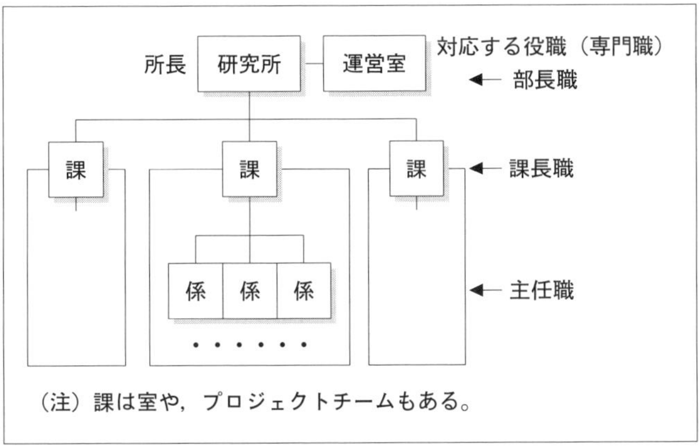

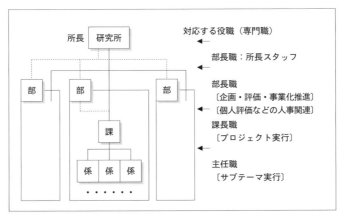

出典：丸山〔1992, pp.17-19〕をもとに作成。

型と名付けた理由を江崎氏は,「部長は部のリーダーであるが同時に,所長に対してスタッフ的な機能を果たすから」だと述べている。

この種の組織では,図26-4で示されているように,従来のピラミッド構造をもちながら,部長と課長の役割を権限ではなく機能で区別している。

図26-4　スタッフ・リーダー型組織

出典：江崎〔1992 pp.13-15〕をもとに作成。

スタッフ・リーダー型組織は，課長の上に部長職を設けている。そして，部長職には企画・評価・事業化推進の役割を付与し，さらに人事評価関連の仕事を課している。そのため，所長は日常業務から開放されて，戦略的な決定に専念できる。他方で，課長は自らに与えられたプロジェクトの実行という任務の遂行にあたって，大いに自主性を発揮することができる。部長が必要とするときには，課長と協議のうえで，部員をプロジェクトに加えることも可能になる。なお，主任は課長から与えられたサブテーマを実行する。図26-4で，部は開発グループ，課はプロジェクトと，パナソニックでは呼ばれている。

3 マトリックス組織

ピラミッド型組織もフラット型組織もいずれも，機能別に縦割り組織になっている。しかし，研究開発で重要なことは，縦割りだけでなく組織をまたがる横割りの連携が可能にする組織である。**マトリックス組織**は職能別組織とプロジェクトチームの混合の組織である。そのため，ラインだけでなくヨコの連係プレーができて，異なったさまざまな才能を生かすことができるようになる。そこで，図26-5のようなマトリックス組織が有効な組織とされる。

図26-5　マトリックス組織

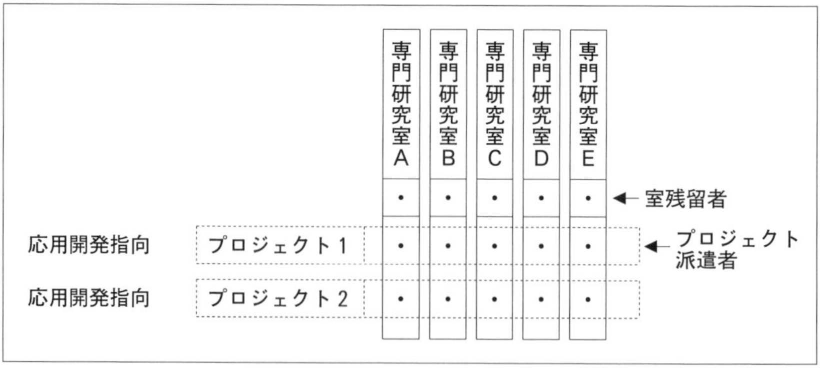

		専門研究室A	専門研究室B	専門研究室C	専門研究室D	専門研究室E	
		・	・	・	・	・	← 室残留者
応用開発指向	プロジェクト1	・	・	・	・	・	← プロジェクト派遣者
応用開発指向	プロジェクト2	・	・	・	・	・	

出典：江崎［1992, pp.13-15］をもとに作成。

商品開発になると，研究所の枠を越えて，事業部の開発，設計，品質管理，

商品企画，販売，購買などとの連携が必須になる。なぜなら，事業部から生産や販売に関する生きた情報を受け取り，消費者のニーズに合わせた生産可能な商品を開発していくことが必須だからである。このような場合には，マトリックス組織が適合する。

マトリックス組織の問題点は，研究員がプロジェクトのリーダーと研究室長のいずれの命令に従うかの迷いが生じることにある。その解決策としては，プロジェクトリーダーの指示を優先させるルールを確立［江崎，1992, pp.13-15］させておくことである。ただ，その際に専門研究室員としてのアイデンティティを喪失しないための手段として，日常業務はプロジェクト別に行うとともに，専門的能力向上のために専門研究室と接触させる必要がある。

4　オープン・イノベーション

研究開発は，イノベーションへの投資の数ある形態の1つである。イノベーションと研究開発との関係は，研究開発をイノベーションの成果の1つと位置づけることができよう。では，研究開発組織はアイデアや技術の創造からイノベーションまでを単独の組織で担うべきであるか。それとも，自社技術だけでなく外部組織のアイデアや知識・技術を組み合わせて，革新的な研究開発を行う考え方を選択すべきかが問題となる。

研究開発を単独の組織で行う**クローズド・イノベーション**では，アイデアや知識，技術が社外に流出することはない。これに対して，**オープン・イノベーション**（open innovation）では貴重なアイデアが社内・社外を問わず生まれ，そのアイデアが社内だけでなく社外からも市場にでていく。要するに，オープン・イノベーションでは，チェスブロー［Chesbrough, 2006, p. x x vi］がクローズド・イノベーションとの対比表の冒頭で述べているように，内部のアイデアだけでなく外部のアイデアを用いて外部市場に販売するというアプローチを用いることにその特徴がある。

ゼロックスや**IBM**は，伝統的な企業モデル（クローズド・イノベーション）のなかで，成功をおさめた典型的な企業である。**NTT**もその同類といえるかもしれない。しかし，現代のような技術の囲い込みが困難になり，研究開発費への投資に多額の資金が必要になり，いわゆるITギーク（IT geek）が素晴らし

いアイデアを生み出すことができる世の中では，社外の優れたアイデアを自社の技術と結合させて，新技術の研究開発を行う方がより効果的である。

その典型的な事例に，武石［2012, pp.16-26］があげている，積極的に外部企業の買収を活用してきた**シスコシステム**，自社のマイクロプロセッサと補完的な関係にある技術・製品を供給する外部の補完業者と連携してイノベーションを図ってきた**インテル**その他がある。

オープン・イノベーションの概念はアメリカで提唱されたものではある。しかし，日本で最も誰にでも理解できる典型例は，**ユニクロ**が東レと共同開発したヒートテックではなかろうか。いま1つの典型例は，**トヨタと系列会社**との関係性にみることができる。オープン・イノベーションの最大の問題点は，社内に蓄積されたノウハウや知識・技術が社外に流出することである。ただ，ユニクロと東レは業種が異なることによって，技術流失を防いでいる。トヨタとその系列会社の関係には，「ケイレツ的組織構造でも新しい技術導入にはまだクローズド過ぎる」［米倉, 2012, p.10］側面はあるが，技術流出を防ぎながら他社のアイデアや技術を共同開発することで長い付き合いを保っているパートナー企業や系列会社は，日本的な形でのオープン・イノベーションの1つの好例であろう。

ヘトカー［Hoetker, 2012, p.48］が述べているように，オープン・イノベーションが普及すればベンチャー企業と既存企業が様々な分野で協力できるようになり，競争力を高めることが期待できる。著者はかつて，通商産業省機械情報産業局「ソフトウェア・ベンダー資金調達環境研究会」の委員長として，ベンチャー企業の企業と業容拡大に努力したことがある。情報処理推進課の課長補佐であった村上敬亮氏［1998, p.28］が「市場の変化に対応して柔軟に合従連衡が組めるような事業システム」の必要性を強調してきたのは，まさに両者のウイン・ウイン関係になるからであった。

4　戦略的中長期経営計画における研究開発費の位置づけ

研究開発は，企業にとって戦略的な重要性をもつ。それゆえ，研究開発投資は一種の研究開発プロジェクトとして，戦略的な中長期経営計画のなかでもた

れる必要がある。すなわち，研究開発計画は，企業の将来を見据えた中長期的視野からの検討がなされなければならない。

1 戦略的中長期経営計画の重要性

中長期経営計画では，一般に，社会，経済環境の予測，将来のあるべき姿についてのビジョンの策定，各事業分野での販売と生産の見通し，各部門別の中期計画と計画具体化のためのアクション・プラン作成というステップで研究開発計画が立案される。現状における技術レベルを市場のニーズ，新製品の開発にどのように結びつけていくかが検討され，その結果をアクション・プランに折り込んでいく。また，戦略的な立場から研究費の総枠のガイドラインが決められ，研究費の総枠は，中長期経営計画の期間にわたって設定される。それでは，なぜ研究開発計画を戦略的な中長期経営計画のもとで行う必要があるのか。

第1の理由は，唐津［1988, p.162］が指摘するように，「開発という仕事はトップの意思として行うのでなければなかなかうまくいかない」からである。トップの意思を表明する経営上のツールは，戦略的な長期・中期の経営計画をおいて他には見出しえないからであるといえる。

第2の理由は，研究開発に投じ得る資金には限りがあるため，企業のどの事業に対して優先的に資源投入するかが企業にとって重要だからである。中長期経営計画の策定によって優先的に進出すべき領域，伸ばすべき製品に対して重点的に資源配分し，企業全体のパイを有効に活用することが重要だからである。もちろん，**バランスト・スコアカード**の活用によってより戦略的な資源配分を図ることも有効である。

2 経営戦略に基づく研究開発

戦略の策定にあたっては，その研究が現事業の改良，現事業の革新，新製品や新事業の開発，新規分野のいずれに属するかを分析する。そのうえで，**ポートフォリオ・マネジメント**の立場から，短期的に成果のでるものと長期にわたる研究，既存のものと新規の研究に区分して研究方針を決定する。

経営戦略策定の過程で，経営資源の重点的な配分が検討される。また，新規事業，優先事業，既存事業の整合性が図られる。的確な資源配分のために，

NCRでは,表26-1のような資源配分表[Hafter and Sparks, 1986, p.55]を用いている。中期経営計画および長期ビジョンのなかで,どこに重点的に研究開発のための資金を配分するかが示されている。当該事業部ではR＆Dポートフォリオのリスクに対して,比較的長期的な視野から資源の配分を考えている。

表26-1　A事業部R&D支出の配分表（%）

R&Dの種類	2012年	2013年	2014年	2015年以降	合計
新規市場での新規事業	10	10	10	5	35
現存市場での新規事業	15	5	5		25
現存市場での取替製品	15	15			30
現存市場の製品機能強化	5				5
高度生産技術				5	5
合計	45	30	15	10	100

出典：Hafter and Sparks [1986, p.55] の資源配分表による。

3　プロジェクト別の中長期経営計画

　基礎研究のように,プロジェクトと研究開発費との関係を明確に関係づけることがむずかしい研究もある。このような基礎研究費は,長期ビジョンのなかで総額で管理するとか,戦略的中長期経営計画で管理していくのがよい。
　一方,企業における研究費の大部分を占める開発は,具体的に開発プロジェクトごとに,製品開発計画との関連で中期経営計画のなかで検討するのが一般的である。中期経営計画では,製品の開発計画を中心にして,個々のプロジェクトについて,**プロジェクト・マネジャー（PM）**が中心になって計画（一般に3年）を樹立する。そこでは,PMが開発計画から設備投資計画,販売計画までを立案し,PMが中心になって開発を進めていく。
　経営戦略に基づく長期研究開発計画も中期研究開発計画も,いずれもトップ・マネジメントの意思の表明であることに共通の特徴がある。これを部門活動として具体的な実施活動の計画に移すのが予算管理である。

4 経営戦略，中期計画と予算編成

研究開発本部の中期研究開発計画は，長期ビジョンと経営戦略を勘案して，研究開発本部長の基本的な考え方を受けて作成する。図26-6は，研究開発費の経営戦略，長期経営計画と予算編成の関係である。

図26-6 経営戦略，中長期経営計画，予算編成

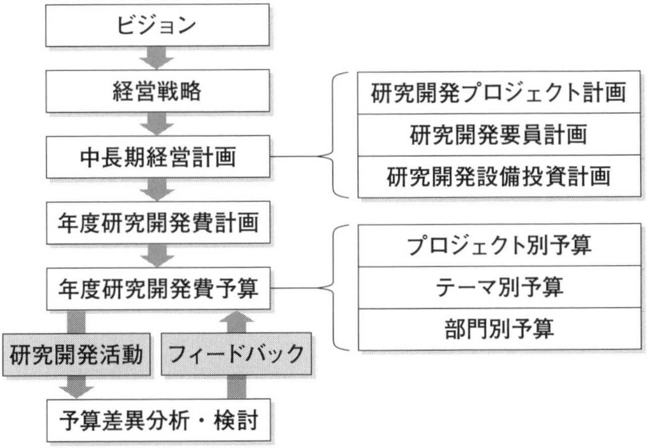

```
ビジョン
  ↓
経営戦略 ─┬─ 研究開発プロジェクト計画
  ↓      ├─ 研究開発要員計画
中長期経営計画 ┴─ 研究開発設備投資計画
  ↓
年度研究開発費計画
  ↓
年度研究開発費予算 ─┬─ プロジェクト別予算
  ↓               ├─ テーマ別予算
研究開発活動  フィードバック   部門別予算
  ↓          ↑
予算差異分析・検討
```

出典：著者作成。

中期研究開発計画は，研究開発プロジェクト計画，研究開発要員計画，および研究開発設備投資計画を内容とする。計画では，企業の指向すべき事業，分野，製品との整合性，研究開発戦略の視点が明確に表明される必要があるとされてきた。多くの企業ではビジョンのすぐ下に経営戦略が位置づけられるが，典型的にはビジョンが中長期研究開発計画（研究開発プロジェクト計画，研究開発要員計画，研究開発設備投資計画からなる）に直結されている。

中長期研究開発計画を受けて，利益計画の一環として年度ごとの研究開発費計画が作成される。年度研究開発費計画をもとに年度別の研究開発費予算が編成される。研究開発費は予算によって直接的に管理される。

研究開発費予算は，研究開発計画を母体として，研究開発各部門からプロジ

ェクト別予算案，テーマ別予算案，部門別経費予算案，および必要に応じて年度別の設備投資予算案が予算担当部門に提出される。年度別の研究開発予算をもとに，研究開発活動が行われる。研究開発費の予算統制では，年度別予算と実績とが対比されて，予算差異分析が行われる。その結果は次年度の予算編成のために，フィードバックされる。

5 研究開発費の予算管理

中長期経営計画が経営戦略に基づくトップの意思の表明であるのに対して，予算管理はトップの意思と現場の部門管理者の意向とを擦り合わせる場である。予算編成によって，トップの戦略が部門別に具体化する。研究開発費の管理の中核は，予算管理 [Gambino and Gartenberg, 1979, p.8] にある。

1 研究開発費予算の策定アプローチ

研究開発費予算を策定するアプローチには，次の3つの方式がある。トップダウン方式，ボトムアップ方式，および折衷方式である。

トップダウン方式は，トップが一方的に予算管理部門に予算を割り当てるやり方である。逆に，**ボトムアップ方式**は，研究開発者がテーマ別に計画を樹立し，その計画に従って予算が配分される。**折衷方式**は，トップの大枠の方針に基づいて研究開発担当者が予算を具申するという方式をとる。

企業における研究開発は企業目的に照らして行われるから，研究開発費予算もまたトップの経営判断に基づいて決定される必要がある。したがって，原則的にはトップダウン方式に従って，割当型予算としてもたれる。

研究開発費予算は，一般に，割当型予算である。しかし，中期計画として表明された経営戦略がトップ・マネジメントの意思の表明であるのに対して，予算編成が部門の意向を反映させて，ボトムアップの形で現場の意向をトップの方針と擦り合わせるプロセスであることを無視してはならない。つまり，現実には折衷方式が望ましいということである。例えば，**東芝**［田中, 1991, p.93］では，中期経営計画を受けて，主計部が中心になって研究開発費予算の基本方針案を策定するが，この案の作成にあたっては研究開発費についての技術企画

部からのヒアリングを行い，トップの経営戦略との調整を行う。このトップの戦略と現場の意向との擦り合わせの過程が，研究者の現場の意向を反映させて研究上のモチベーションを高めるうえで不可欠である。

以上，研究開発費予算の編成過程では，トップ・マネジメントの意思の表明として重点配分の形で各部門に割り当てられる側面を無視しえない。しかし，喜んで研究に励むためには，研究者の希望も叶えられなければならない。

2　研究開発費予算の決定方法

研究開発費予算の決定は，総枠の決定方法と，個々のプロジェクト別決定方法とでは，決定の方法を異にする。また，研究が基礎研究か，開発であるかによっても異なる。

(1)　総枠の決定方法

研究開発費の総枠を決定する方法としては，売上高や経常利益を基準に決定する方法がある。その他，競争会社の研究開発費を参考にする方法，経営者の主観的判断による方法などがある。現実には，以上のうちいずれか1つの方法で決めるというよりも，資金の制約を考慮しながら研究の性質，業界の特性，競争状況，損益状況などを勘案しながら，戦略的な観点から決定するのが普通である。具体的には，経営方針をもとに決定された利益計画（事業計画）と研究開発本部から提出された研究開発費の必要額とを戦略的に調整して，売上高比率や競争会社の研究費の趨勢をみながら最終的な総枠が決定されることになろう。

売上高に対する研究開発費の比率としては，業界で大きな違いがみられる。平均値でみると，石油精製や印刷業は，わずか0.2％程度である。逆に，医薬品や電気，通信業では高く，4～5％を超えている。食品工業では1.2％程度である。一般に，技術競争の激しい業界，および新製品が次々と開発されてライフサイクルの短い製品を扱っている業界では，研究開発費比率が高い。

研究開発費が経営戦略の反映であるといっても，開発とは違って基礎研究費を科学的に決定することは必ずしも容易ではない。そのため，基礎研究費は売上高の一定比率（例えば，売上高の1％），あるいは研究費総額の一定比率（例

えば，研究開発費総額の10%），競争企業の研究開発費の額，経常利益などを参考にして決定される。

　売上高の一定比率で研究開発費を決定する方法は，理論的な基準ではない。そのため，「売上高比率はあくまで参考データであり，個々の企業の経営戦略，とくに中長期経営計画上の経営戦略と，短期目標のバランス」［原崎, 1988, pp.26-43］で決めるべきであるという意見がある。開発については，たしかにそのとおりである。しかし，基礎研究については，他に理論的な基準が見出しえない。売上高基準も，企業間比較［Kaplan and Atkinson, 1989, p.532］や事業部間での資源配分にあたって，1つの目安にはなりうると思われる。

(2) プロジェクト別決定方法

　研究開発費のうち，開発や一部の応用研究については，プロジェクト・マネジャーがプロジェクト別に予算請求をする。研究部長はプロジェクト全体の資金配分の立場から諸プロジェクトの調整を行い，その結果をトップが戦略的な立場から査定する。ただし，新製品開発などの工業化に直結した研究は，経営戦略を反映してプロジェクト別に経営トップの判断によって予算を決定することが望ましいこともある。

　テーマ案の評価にあたっては，総合評価による。ある**乳業会社**［古山, 1991, p.21］では，テーマ別評価として，研究所要期間（4年，2〜3年，1年），技術力（なし，対応可能，現有技術），成功の可能性（小，中，大），独創性（小，中，大），技術の波及性（小，中，大），ニーズ（小，中，大），新規事業の開拓（現行，拡大，新規）に区分して，総合評価を行っている。**日本製鋼所**［藤森, 1991, p.38］でもまた，適合性，独創性，広がり（将来性，市場性，成長性），事業性，成功可能性を総合して判断している。どの企業も，なんらかの形で総合評価表を作成することが多くなってきた。

3　プロジェクト別研究開発費予算

　予算管理といえば一般に，責任会計に基づく部門予算が考えられる。部門予算の重要性は，決して無視されてはならない。しかしそれと同時に，開発およ

び大型システムの設計については，戦略的なプロジェクト別予算管理の適用が必要である。研究費は，人件費，研究材料費，固定資産投資額（費用としては減価償却費），および諸経費からなるが，プロジェクト別予算は，一般に，予算総額のなかから自由裁量費的な原価要素のみを対象に設定する。

　予算管理責任者にはプロジェクト・マネジャーがあたる。予算編成後の事業年度の途中で発生する新しいプロジェクトについても，プロジェクト・マネジャーが別枠として設けられている予算請求を行う。研究成果の評価もまた，開発に限っていえば，プロジェクト・マネジャーが行うのが効果的である。

　研究費予算も，材料費の何％削減，諸経費の何％削減といった画一的で安易な対策をすることにより，いわば予算統制的な感覚で予算管理が行われることがある。しかし，これでは研究従事者の反発をかい，研究開発効率の低下や研究遅延の口実を与えるだけでしかない。予算管理のもつこのような欠点を避けるためにも，プロジェクト別予算管理の実施は不可欠である。

4　ゼロベース予算

　プロジェクト別予算の実施を定着させるためには，**ゼロベース予算**（zero base budgeting；ZBB）の思考を導入するのが有効である。**PPBS**（planning—programming—budgeting system）[7]もゼロベース予算も，当初は研究開発費管理の手法として開発［Gibson, 1981, p.252］された。PPBSの企業への適用可能性に否定的見解が強い現在，今後企業においてプログラム予算として期待されるのは，ゼロベース予算の思考方法である。

　ゼロベース予算は，企業の諸活動を目的志向のプログラムに分類し，各活動別に費用予算を編成するプログラム予算の一種である。ゼロベース予算では，個々の責任中心点の活動を一連のディシジョン・パッケージに区分し，下位の管理者から提案された各パッケージに順位づけを行い，それらをまとめあげる，という活動からなる。経営管理者は，ディシジョン・パッケージをもとに経営の諸活動をプログラム別に評価し，限られた経営資源に対して競合関係にある他の諸活動との比較・順位づけを行い，承認か却下かの決定を下す。

　パッケージの順位づけにおいては，費用効果分析が行われる。**費用効果分析**とは，後述するように，プロジェクトの直接的・間接的な効果と費用を評価し

て，プロジェクトの望ましさを推定する実際的な方法である。ゼロベース予算の効果は，研究開発費をゼロから査定をすることによって研究開発投資の無駄を発見し，効率的な研究開発費管理の機会をもちうるからである。状況によっては，企業でも活用可能な手法であると評しうる。

5　予算の運用と弾力性

　企業予算が国家予算と異なる1つの側面は，企業予算が予算の天井を示すのではなく，必要に応じて弾力的に予算変更がなされ予算の流用が認められるなど，**弾力性**があることにある。企業にとって死活的な重要性をもつ研究開発費予算を，プロジェクト・マネジャーが期の途中で使いきったからといって，そのテーマを途中で打ち切るべきではない。研究開発の進捗度や成功の可能性，あるいは将来の収益性などをにらみながら，予算の弾力的運用が可能となる資金的な裏づけが与えられることもある。

　予算の運用にあたり，個々の研究テーマごとのコントロールは，原則としてプロジェクト・マネジャーのもとでの研究当事者の自主管理に委ねるべきである。また，支出が予算と比較して多少の変動があったにしても，正当な理由がある限り，認められるべきである。ただ，研究テーマごとの進捗状況については，利益計画の達成状況の把握と資金管理のために，担当者から予算の消化状況について報告を受ける必要がある。ただし，その報告の目的は費用管理ではなく，問題点の的確な把握と迅速な是正措置におかれることになろう。

　技術革新が早く経営の不透明な企業にあっては，予算の弾力的運用のため，事態の変化に即応できる管理会計の体制を用意しておく必要がある。そのためには，予算総枠のなかで最適な資源配分ができるように，**予算流用**が効果的かつ弾力的になされることが望ましい。例えば**日本電気**では，研究所長がもつ予算のうち10％を占める自由裁量の予算のなかから資源配分がなされる［河野，1987, p.36］という。研究所の創造性を高めるためには，このような"密造酒的"な研究も，制度上確保しておくことが必要である。

　資生堂では，研究テーマ別の予算実績管理および伝票照会システムをもって，研究開発費を管理［東久保・米山, 1992, pp.454-456］している。研究テーマ別予算実績管理では，月次予算の入力，修正などが個々の項目について実績がわ

かるようにされている。実際の入力作業は，リーダーが行う。このデータは本社の管理会計システムにも連動している。一方，伝票照会システムでは，研究員が発伝した内容を経理や購買担当者が端末に入力する。この集計値が各研究テーマの実績となり，研究テーマ別予算実績管理システムへと連動されている。

6 研究開発費の評価

　基礎研究では，いかに"**創造**"性の高い研究ができるかが重視される。逆に，開発ではいかに"**効率**"良く開発できるかで勝負が決まる。以上から，基礎研究ではいかに創造性があるかの視点からする定性的な評価が，開発では効率性も加味した経済性の評価がなされることになる。

1　研究開発費の評価における焦点

　基礎研究は，純粋基礎研究（実用目的を全く意識しない研究）と，目的基礎研究（技術を実用化するうえで用いられる基礎的な研究）とに区分できる。

　純粋基礎研究は効率性と相容れないし，短期的な評価を行うことも妥当ではない。基礎研究を担ってきた公的研究機関等において長期にわたって初めて可能となる独創的な基礎研究が疎かにされないことが重要である。そのため，純粋基礎研究は予算管理などでの評価対象にされることはまれでしかない。直接の評価対象となるのは，目的基礎研究と応用研究である。

　目的基礎研究であってもその研究は知的な創造活動からなり，研究成果が生み出されるまでには長い年月にわたる努力が必要とされる。一定の成果が生み出される不確実性も高いため，経済性による評価は困難である。そのため，評価にあたっては経済的な評価は避けて，定性的な評価によることになろう。具体的には，事業の将来性，事業化による特許・ノウハウ取得の可能性，研究が及ぼす波及効果，企業のイメージへの影響などを総合的に判断して評価する。基礎研究の成果を学会での発表論文数で評価することなども1つの方法ではあるが，可能な限り，基礎研究は論文の数だけではなく質（レフリー制のあるジャーナルへの掲載件数など）も併せて評価される必要がある。

　応用研究といえども，研究であるからには基礎研究と同様に非定型的な創造

活動である。ただ，応用研究になると，具体的な製品のイメージが形成されてくる。それゆえ，新製品の市場性，予定販売量，競争会社の参入の可能性などを計量的に測定することが可能である。ただ，応用研究でも定性的な評価が相当程度加わることになる。具体的には，創造性，企業への貢献度，努力度，至難度，研究成果の利用度［福井，1995, p.208］を評価基準に加えるなどの工夫が必要になる。**コニカミノルタ**[8]の［PHOTO賞］（Personality, High speed, Originality, Technique, Observation）のように，総合的な視点からの評価も必要になる。

　開発では，商業ベースに基づいた経済性の評価が中心になる。新規開発商品の売上高見込み，自社の占めるマーケット・シェア，リスク，投入資源としての人件費，設備関係費用，諸経費などを見積もる。研究開発費の効果測定というとき，その測定対象は主に開発におかれることになる。

2　事前評価，中間評価，事後評価

　事前評価では，計画の概要，需要動向，技術比較，事業化のスケジュール，開発費予算，経済性予測などについて評価される。費用管理というよりも，研究開発投資の1つとしてプロジェクト別に評価する。採算計算の方法としては，欧米では一般にDCF法やROIが好まれる。

　わが国における研究開発費の評価においては，経営目的や事業目的に照らして行われる事前評価が重視される傾向にある。なぜなら，事後ではすでになされた研究開発活動を是正することができないからである。また，せっかく良い研究がなされたにしても，経営戦略との関係で事業目的に合致しない研究であれば，無価値で終わることすらありうるからである。

　事前評価を投資計画会議で行っている企業もある。**三井東圧化学**（現・三井化学）［企業経営協会編，1970, pp.170-173］は，個々人が4ランクの格付けを行って，それを集約して全体を把握し，研究開発計画の問題点を浮彫りにしている。ランク付けは，A（問題なし），B（やや問題あり），C（問題多し），D（検討に値せず）に区分し，これをもとにプロジェクト自体のランクをA，B，C段階で行い，経営会議の資料としている。

　リョービ［淀川，1992, pp.522-528］は，事前評価，中間評価，事後評価のう

ち，事前評価が最も重要だとしている。同社では，新規性，生産額，研究開発費用，研究者数などの評価基準を設け，それを数値化してレーダーチャートに表して，事前評価を行っている。評価では担当者が1次評価を行い，監督者，管理者がそれを参考にして第2，3次評価を行い，最終的には研究部としてまとめていく。担当者自らが評価を行うので，担当者レベルでも技術，市場の先見性を含め，マーケティング的感覚が培われることになる。

中間評価では，段階ごとに報告書をまとめ，研究の進捗度のチェック，研究方向の検討，および必要に応じて継続か中止かの検討を行う。研究部で，月1回は月例研究会として報告することが必要である。中間評価では，研究部全体だけでなく，研究者個人の中間評価も行われる。評価にあたっては，目標や予算との対比で実績を示し，将来の研究の方向性も検討する。また，目標による自己管理を柱とし，あまり厳格な評価を下さないことが肝要である。

事後評価では，研究成果の計量的および定性的な評価・分析に重点がおかれる。わが国では一般に，予算割当ては極めて厳格に行われても，その使途についてはほとんどチェックがなされないことが多い。しかし，研究開発費の評価でも，事後評価は極めて重要である。

3　費用効果分析

　企業の研究開発費と，それから生じた研究開発の成果の間には，有意な関係があるのか。インプット変数である研究開発費は媒介変数である技術知識ストックとして蓄積され，どのようにアウトプット変数として研究開発の成果として生み出されるか（図26-7参照）。

図26-7　研究開発費と研究成果の関係

出典：著者作成。

　欧米での研究［Clark and Griliches, 1984, pp.396-397］によれば，インプッ

ト変数としては前年度の（全社レベルの基礎研究を除く）研究開発費集約度，アウトプット変数としては売上高の増加率を用いて測定した結果，研究開発費と売上高との間には長期にわたって有意な関係があることを検証した。

他方，研究開発費とは違って，広告宣伝費などの販売費については当年度の利益に影響を及ぼすことも検証している。

日本における研究では，西村［2001, pp.183-189］は，生産力に関するインプット変数としては資本設備と労働力を，販売力に関しては広告・販売促進を用い，媒介変数には技術知識ストックを使い，アウトプット変数としては売上高または営業利益を用いて実証分析を行った。その結果，**応用・開発研究**では研究開発費と売上高との間で有意な関係があることが実証された。しかし，**営業利益**との関係では，有意な関係はみられなかった。また，研究開発費と売上高との関係ではタイムラグがみられるが，医薬品では6年，繊維は5年，電気機械と自動車は3年と推定されるタイムラグがみられた。

研究開発費の成果は，事前・事後に，費用効果分析によって測定することができる。測定は，関係式26-2のように，インプット変数（研究開発費），アウトプット変数（研究開発成果）の関係として算定される。

$$\text{研究開発費効率} = \text{研究開発成果} / \text{研究開発費} \qquad (26\text{-}2)$$

費用効果分析は共通の評価基準で行っても無理がある。なぜなら，研究テーマには，基礎研究のように研究開発費と財務的な研究成果との間に相関関係を見出すことが困難なものから，開発のように売上高とある程度まで明確な成果が追跡できるものとがある。また，技術の成果（例えば，新製造技術の研究）を期待するものから，事業としての成果（例えば，商品化に重点のある新製品の開発）を期待してなされる研究があるなど，目的が異なるからである。

一般に，開発では売上高との相関関係がみられるのに対して，基礎研究では特許出願件数，発明数，文献引用件数，学会発表件数などの非財務数値と有意な関係にある。

4 費用効果分析における研究成果の測定

費用効果分析では，費用の測定は比較的容易である。問題となるのは，研究

成果の測定である。研究成果の測定は利益（直接的利益）だけでなく，便益（間接的利益）や効果性（無形の成果）に区分して行うべきである。

以下では，研究成果を金額で利益として直接算定できるものを研究開発の直接的利益，間接的に金額で測定することができる便益を研究開発の間接的利益，金額での測定が不可能なものを研究開発の無形の成果（効果）として考察する。

(1) 研究開発の直接的利益

研究開発の成果を**利益**で表示できるものには，売上収益，ロイヤリティ収入，製造工程の改良による原価低減などがある。開発の成果は一般に比較的容易に金額表示できる。他方，基礎研究では，研究開発の成果を金額で表示することは困難である。

(2) 研究開発の間接的利益

開発では，研究による直接の利益の他，会計上の利益として算定すれば算定が可能な**便益**が得られる。それには，品質向上，床面積の削減，納期短縮化などがある。間接的利益の測定は，CIM投資の経済的評価法［櫻井，1991，pp.175-196］[9]の応用として行うことができる。

(3) 研究開発の無形の成果

研究開発の成果を金額では表現できないが，企業に無形の成果，ないし効果性をもたらすものとして，多くのものがある。研究開発の効果性には，新製品の開発成功による企業イメージの向上，人材確保，競争優位，研究開発完成件数，工業所有権申請件数，研究論文数，学会発表数などの増加，シナジー効果などがある。いずれも貨幣で表現することが困難であり，貨幣による測定対象にはなりえないが，計数化できるものは可能な限り可視化する。

5 費用効果分析のケース・スタディ

費用効果分析は，現在，各社が最も悩んでいる問題の1つである。そこで，以下では，3つのケースを通じて費用効果分析の方法を検討する。

(1) 三井東圧化学（現・三井化学）

研究テーマ別の**経済性を評価**する方法として，**三井東圧化学**［古賀, 1992, p.439］では研究開発効率を算定している。研究開発効率は，研究開発成果の事業化にともなう総収入（税引後利益＋償却費）を総投資（研究開発支出累計額＋事業化投資額）で割った値として算出する。ただし，総収入，総投資いずれも10％の割引率で現在価値に割り引き，いわゆるDCF法によって算定している。

(2) 竹中技術研究所

研究テーマ別の評価を客観的に測定するために，**定量的評価法**が実施される。その中心が経済的評価法である。**経済的評価法**は，「もし当社に研究所がなければ，会社はノウハウを買わなければならない」［内田, 1992, pp.297-303］という考え方から，企業目的の観点から，金額による評価を実施している。表26-2を参照されたい。

表26-2　成果評価の算定法

```
成果評価額（T）＝B＋P＝B＋P₁＋P₂
    B：ベースメリット　知識の蓄積，人材の育成等研究開発の残存価値
    P：プロポーショナルメリット　研究開発の結果生じる価値
    P₁：研究開発終了時点までにすでに顕在したP
    P₂：研究開発終了以後に想定されるP
B＝m×E×Q
    m：投入研究費
    E：その研究テーマの遂行効率指数（理想的に遂行されたとき　1.0）
    Q：その研究テーマの技術水準指数（世界のトップレベルのとき　1.0）
Pに関して検討する評価項目
    1．営業支援効果        2．コストダウン効果
    3．補償予防効果        4．ロイヤルティ収入
    5．受託研究収益*       6．外注費用削減効果*
    7．ノウハウ取得効果*   8．プログラム取得効果*
    9．PR効果*
    *印はP₁のみ
```

出典：内田［1992, pp.297-303］。

表26-2で、アウトプットたる評価額と、予想される投入研究費とから費用効果を測定し、研究投資効果率として、研究評価項目の1つとしている。

研究テーマが所定の成果を上げた場合には、その成果を、「研究開発成果評価書」を使って経済的に評価している。研究開発成果は、ベースメリット(B)とプロポーショナルメリット(P)の和として算定される。

ベースメリット(B)とは、いわゆるスクラップ効果のことをいう。すなわち、たとえ研究開発が失敗した場合でも、その研究開発テーマを手掛けたことで、知識の蓄積と人材の育成など研究開発の残存価額が次の研究の布石になると考え、その価値を金額換算する。人件費を含む投入研究費に遂行効率（例えば、1.0−0.3）、技術水準指数（例えば、1.0−0.1）を乗じて算定する。

プロポーショナルメリット（P）は、研究開発中にすでに顕在化した価値 P_1、研究開発終了後に想定される価値 P_2 に分けて分析する。企画、設計、生産関連のテーマは実用化しやすく、確定的な価値を算定しやすいから、P_1 が設けられた。これは委託テーマに多い。一方、研究所独自のテーマの多くは先取りであるため、P_2 での評価が多い。

(3) テルモ

テルモ［阿部,1992,pp.392-395］では、研究開発に対する投資とその成果との対比により評価を行う**経済的手法**と、いくつかの評価項目について評点をつけ、その大小によって評価を行う**評点法**を採用している。経済的手法としては、デュポン社で用いられている**リターン・オン・リサーチ・インデックス法**をもとにした式26-3を用いている。

$$研究開発指標（Ⅰ）=\frac{新製品該当期間の売上予想額^{(1)}\times 利益率^{(2)}}{研究開発総費用予想額^{(3)}} \quad (26\text{-}3)$$

(1) 新製品該当期間とは、各商品のライフサイクルの長短によって決定される数値であり、通常3～5年としている。
(2) 利益率は、製造原価、販売予定価格などにより算出するものであり、営業利益の売上高に対する割合である。
(3) 間接部門経費を含めた研究開発にかかると予想される総費用のことである。

研究開発指標（Ⅰ）が大きければ大きいほど，優秀なテーマといえる。ただ，この指標は比率によるので，利益の絶対額の大きな研究開発テーマで指標値が小さいものへの投資機会を逃すおそれがある。そこで，式26-4で示した研究開発指標（Ⅱ）をも併用して研究開発投資の効果を分析している。

$$\text{研究開発指標（Ⅱ）} = \text{新製品該当期間の売上予想額} \times \text{利益率} - \text{研究開発総費用予想額} \quad (26\text{-}4)$$

基盤技術の確立や開発技術の製品評価などの開発には，経済性評価の指標を適用することは困難である。また，製品開発を目的とするテーマでも，経済性だけでなく，他の要素（特許，他社の状況，販売体制など）も総合的に評価する必要がある。そこで，基礎・基盤技術と製造開発については，表26-3のような評点法を用いた評価法を採用しているのである。

表26-3 評点法（加算法）による評価法

評価項目	基礎・基盤技術用	点数	製造開発用	点数
独創性	画期的で他に類似のものがない	30	画期的で他に類似のものがない	30
	他の類似のものがあるが勝っている	25	他に類似のものがあるが勝っている	25
	他の類似のものと同等である	20	他の類似のものと同等である	20
	他の類似のものと比較して同等以下である	15	他の類似のものと比較して同等以下である	15
技術蓄積	高いレベルで多くの技術蓄積がある	20	高いレベルで多くの技術蓄積がある	15
	多くの技術蓄積がある	15	多くの技術蓄積がある	12
	一般（普通）レベルである	10	一般（普通）レベルである	8
	技術蓄積が少ない	5	技術蓄積が少ない	3
技術の発展性	世界的技術として発展性がある	20		
	国内学会レベルとして発展性あり	15		
	国内通常レベルとして発展性あり	10		
	影響力をもつ可能性は少ない	5		
製品レベル			機能性付与，小型化等で国際的に通用する差別化ができた	15
			機能性付与，小型化等で差別化ができた	12
			差別化の程度は余り多くない	8
			他と同等のレベルである	3

項目	基準	点	基準	点
貢献度	研究成果が高度な製品開発に貢献	20		
	研究成果が製品開発に貢献	15		
	研究成果が製品開発に応用され貢献	10		
	研究成果が製品開発に応用されるか未定	5		
波及効果			企業イメージの高揚，他製品の売上貢献等の波及効果が非常に大きい	10
			波及効果が大きい	8
			波及効果がある	6
			波及効果はほとんどない	4
計画との差異	予定どおり，またはそれ以上である	10	予定どおり，またはそれ以上である	10
	やや遅れ気味である（1〜3カ月程度）	8	やや遅れ気味である（1〜3カ月程度）	8
	遅れている（4カ月〜1年程度）	6	遅れている（4カ月〜1年程度）	6
	かなり遅れている（1〜2年程度）	4	かなり遅れている（1〜2年程度）	4
	非常に遅れている（2年以上）	2	非常に遅れている（2年以上）	2
経済的指標（I）			3以上	10
			1.5〜3以内	8
			1〜1.5以内	6
			0.8〜1.0以内	4
			0.8以下	2
経済的指標（II）			10億円以上	10
			5〜10億円以内	8
			2〜5億円	6
			0〜2億円	4
			0以下	2
		32〜100		31〜100

　以上，3社の費用効果分析をみた。**三井東圧化学**は研究テーマ別に貨幣での測定を基軸とした評価である。**竹中技術研究所**は金額だけではなく，技術水準，シナジー効果なども含めた数値による評価によっている。**テルモ**は金額評価に加えて総合評価を行っている。

　各評価法には一長一短があり，いずれが企業にとって最大の企業価値を創造するかは評しがたい。費用効果分析では，自社に適合した分析方法を工夫していくことが望まれる。

6　研究開発費管理における効果性重視の経営

　研究開発で最も大切なことは，"創造力"のあふれる研究を"効果的"かつ"効率的"に行うことである。そこで最後に，研究開発管理における若干の留意事項を述べておきたい。

(1) ニーズとシーズ

　研究開発の効果としては，開発は顧客のニーズ（必要性）に基づいてなされるため成果が比較的短期的に現われるのに対して，基礎研究はシーズ（種）を求める研究が一般的であるため，成果が短期的には現われない傾向がある。特定の基礎研究による大きな波及効果が得られることもある。それゆえ，研究開発費の評価においては，短期的な利益だけで最終的な経営判断がなされてはならない。

　とくに基礎研究の評価においては，研究の波及効果や資源，人材，技術，設備，情報などの経営資源がいかに効果的に活用されているか，どれほど次のシーズの育成に貢献したかなど，総合的な観点からの評価が必要である。

(2) 弾力的な評価の必要性

　研究開発費の評価は，支出が予算を上回（下回）ったか否かで評価されるべきではない。開発段階別に，きめこまかな管理が必要である。例えば，研究開発活動においては，予算の実施段階において事前の計画と異なる事態が発生することが多いため，計数的な効率性の評価尺度をもちにくい。

　研究の開発段階で管理の方式も異なる。例えば，**探索段階**ではテーマ名も登録されていないことも多く，闇研究が多くある。それゆえ，管理はそれぞれの主任研究員に委ねられていて，経理では費目の把握が難しい。そこで，費用管理よりも技術進捗度が重要となる。他方，**開発段階**で，サンプル販売などで売上高が伸びてくると，パイロットプラントへの投資，カタログづくり，展示会への出品など資源投資額が増えてくる。そこで，採算計算を中心とした成果の測定が，必要かつ有用になる。

(3) 投資効率と効果性・創造性

研究開発といえども，研究開発への投資効率が求められる。**投資効率**は，研究開発への投資と成果との関係（アウトプット／インプット）で求められる。

効果性は，逆に，投資額を一定として最大の効果を生み出すことを狙う考え方である。計画値よりも投資額を増やしてでも，より多くの成果を，しかも少しでも早く市場に出すほうが結果的には研究開発の投資効率が高まることが少なくない。ナレッジエコノミーの現代においては，創造性が重視される。21世紀はスピードの経済と効率性にこだわることによる機会損失（例；効率性を優先しすぎて肝心の独創的な研究を見過ごすこと）にも留意すべきである。

(4) 行動尺度（プロセス）と達成尺度（成果）による報酬

昔からしばしば，結果はもちろん大事であるが，「結果よりもプロセスを重視することはもっと大切」なこともある。では，結果とプロセスのバランスをどのようにとればよいのか。

同じ研究職であっても，基礎研究に携わる研究者には長期的成果に基づいた評価を行うが，開発に携わる研究者には比較的短期な成果に基づく評価制度をもつ必要がある。研究開発から得られた直接的な成果だけでなく，将来の収益増大や次の研究にも結びつく可能性の高い研究の成果をも加味すべきである。

以上から，研究の発展可能性や波及効果の可能性を含めた広い意味での研究成果に支払われる給与制度が望ましい。図26-8はこの関係を示している。

図26-8　成果給におけるプロセスの成果に対する報酬

出典：著者作成。

最後に，研究者への給与体系について付け加えておきたい。典型的な日本企業の報酬体系は，職位や学歴，潜在的能力，勤続年数，資格，年功，適応能力など，総合的な要因によって決定されてきた。しかし，独創性やスピードの経済が要請される現代の先端的なIT産業，AI（人工知能）の研究，eビジネス

の関連産業，研究開発型の産業，クリエイティブな産業では，従来の方式では優れた人材を獲得することが難しくなってきた。このような現実の社会の動向を勘案するとき，成果に基づく報酬体系への転換が喫緊の課題であると考える。

21世紀の経営においては，企業に貢献した研究者には十分に報いられるような業績評価・報酬制度を構築する必要がある。それが効果性重視の経営を実現し，企業価値を高めるためにも必要だと考えられるからである。

注

1）平成28年度別「法人企業統計調査結果からみた企業動向」［若松寛, 2017, p.3］によると，平成29年9月1日に公表された法人企業全体の経常利益は前年度比9.9％増の75.0兆円で，4年連続で過去最高額であった。また，企業の利益の蓄積である利益剰余金（内部留保）も406.2兆円と過去最高額を記録した。

2）ソフトウェア業者は，決して財務状況が優れている企業ばかりではない。そのような業者にとって，研究開発活動の即時費用化は損益計算書上での財務状況を悪化させる。そのため，即時費用化は，典型的な数多くのソフトウェア開発業者の損益計算上の財務状況を悪化させる。

3）ソフトウェアの研究開発費に関する限り，FASBに倣って研究費だけでなく開発費の資産計上を禁じた日本の会計基準と比較すると，2つの理由から，IFRSの合理的な側面が浮かび上がる。1つは，開発費に関して，原則的には費用処理が合理的である［櫻井, 1999, pp.4-8］が，IFRSは厳密な条件のもとでソフトウェア開発費の資産計上を認めている。いま1つは，現行の日本の会計基準における無形資産の償却期間20年が妥当であるかについては大いに疑問である。ルノーのように7年とか10年といった償却期間が現実的ではある。著者は，超大型案件を除けば，10年が妥当ではないかと考えている。

4）大蔵省による1998年の「研究開発費に係る会計基準の設定に関する意見書」は，ソフトウェアの基準に関しては，米国のFASBの第86条基準，*Accounting for the Costs of Computer Software to be Sold, Lease, or Otherwise Marketed*, 1985.に倣ったものである。パッケージソフトが開発の主体である米国では，上中流の工程別原価（システム調査・分析から基本設計，詳細設計まで）を研究開発費（期間費用）として処理するのが理論的に最も妥当である。大蔵省の委員会では，この規定をそのまま日本にも移植することを意図したといえる。しかし，日本のソフト開発の多くは委託開発によっており，単なる米国の模倣は種々の問題を惹起する。詳しくは，櫻井［2006, pp.24-26］を参照されたい。櫻井［1999］の見解に対しては，大蔵省出身の関西国際大学教授の小谷［2000, pp.56-62］がすべての

開発費の費用化に賛意（資産化に反対）を表明している。なお，IFRSでは厳格な条件をつけて資産計上の道を拓いたのは，すでに述べたとおりである。
5) 武田が新薬開発と米国国内の販路に強みをもつアイルランドのシャイアーを460ポンド（約6.8兆円）で買収したのは，5年程度で特許切れを迎える薬が多く，その間に新薬候補が見つからなかったことを考えた上での決断であったのであろう。しかし，「江戸時代に誕生した老舗の薬問屋」のイメージの強い武田が，経営者の外国人社長と外国人取締役（執行役員14人のうち2／3以上が外国人）が主体の会社に変貌（武田が創業家を離れたのは2003年）して，成功に導けるかに関しては疑問がなくはない。それにしても，優秀な社員を抱えている武田が自らの手での新薬開発が不安視されている事態には，研究者の研究のあり方だけでなく，日本の研究開発に関わる厚生労働省のあり方を含め，再検討の余地がある。
6) リーマンブラザーズ破綻前の2008年には，3.84％であった。G8に中国・韓国を加えGDP比率の順位は，韓国（4.36）が第1位，第2位が日本，第3位がドイツ，第4位が米国であった。日韓の順位が逆転したのは，2011年からである。それ以降，日韓のGDP比の差は開きつつある。
7) 1963年度の国防予算の効率的な予算配分のために，マクナマラ国防長官が導入した計画・プログラミング・予算のシステム，事業計画における目標明確化などを掲げた政策。
8) 現在では，コニカミノルタ フォト・プレミオ 年度賞という名称に変更されている。
9) CIM投資の評価におけるポイントは2つある。1つは，自動化のレベルに応じて，伝統的レベル，FMS，およびCIMに区分して，その対象，直接利益，間接利益，無形の利益に区分する。いま1つは，CIM投資によって得られる利益を，労務費削減，省エネ，在庫削減，品質向上，床面積の削減，納期短縮化，弾力性の向上，危険・危険作業の減少，人材確保，学習効果に区分して検討することである。

参考文献

Brimson, James A., *Activity Accounting—An Activity-Based Costing Approach—*, John Wiley & Sons, 1991.

Chesbrough, Henry William, *Open Innovation, The New Imperative for Creating and Profiting from Technology*, Harvard Business School Press 2006.（2003年版の訳は，大前恵一朗訳『Open Innovation―ハーバード流イノベーション戦略のすべて―』産業能率大学出版部，2004年）．

Clark, K. B. and Z. Griliches, Productivity Growth and R&D at the Business Level

Results from the PIMS Data Base, in Griliches, Zvi (ed.), *R & D, Patents and Productivity*, The University of Chicago Press, 1984.

Gambino, Anthony J. and Morris Gartenberg, *Industrial R & D Management*, National Association of Accountants, 1979.

Gibson, John E., *Managing Research and Development*, John Wiley & Sons, 1981.

Hafter, Richard A. and Robert C. Sparks, Can You Evaluate Your R & D Spending?, *Management Accounting*, January 1986.

Hoetker, Glenn, Using Open Innovation to Leverage Japan's Strengths「オープン・イノベーションで日本の強みを活かす」(『一橋ビジネスレビュー』60巻 2 号, Aut. 2012年)。

Kaplan, Robert S. and Anthony A. Atkinson, *Advanced Management Accounting*, 2nd ed., Prentice Hall, 1989.

阿部衞, 月刊「研究開発マネジメント」編集部編『研究開発費の戦略的運用ハンドブック』アーバンプロデュース出版部, 1992年。

伊丹敬之『なぜ戦略の落とし穴にはまるのか―無意味な経営計画はこうして量産される―』日本経済新聞出版社, 2018年。

内田博人, 月刊「研究開発マネジメント」編集部編『研究開発費の戦略的運用ハンドブック』アーバンプロデュース出版部, 1992年。

浦川卓也『市場創造の研究開発マネジメント―「R&D生産性」をどう高めるか―』ダイヤモンド社, 1996年。

江崎豪彌「研究開発組織の再構築のために」『研究開発マネジメント』Vol.2, 1992年 3 月。

緒方 勇「日本の製造業企業の広告宣伝投資と研究開発投資が無形資産形成に与える効果の時系列分析」『管理会計学』第14巻 第 1 号, 2005年。

緒方 勇「研究開発投資の積極性が成功率, タイムラグ, および減価償却率に与える影響についての研究」『ビジネス&アカウンティングレビュー』No.16, 2015年。

加藤 実「わが社の管理会計システム―日産自動車―」『企業会計』Vol.42, No.10, 1990年。

唐津 一「経理と研究・開発」芦野健編『研究・開発[改訂版]』日本規格協会, 1988年。

企業経営協会編『研究開発計画と管理―実例と解説』中央経済社, 1970年, pp.183-184。(三井東圧化学, 担当；森匡介, pp.174-191), (科研化学, 担当；藤田重男, pp.158-173)。

河野豊弘『新製品開発戦略―市場・技術・社内の壁をどう破るか―』ダイヤモンド社, 1987年。

古賀芳秋，月刊「研究開発マネジメント」編集部編『研究開発費の戦略的運用ハンドブック』アーバンプロデュース出版部, 1992年。

小谷　融「研究開発費・ソフトウェア会計」『企業会計』Vol.52, No.1, 2000年。

櫻井通晴『企業環境の変化と管理会計―CIM構築―』同文舘出版, 1991年。

櫻井通晴編著『ソフトウェア会計―ソフトウェア会計実務指針「案」の解説と実際例―』中央経済社, 1993年。

櫻井通晴「ソフトウェア会計の基準化は何をもたらすのか―日本企業に及ぼすインパクト―」『経理情報』1999年7月1日。

櫻井通晴『ソフトウェア管理会計―IT戦略マネジメントの構築―（第2版）』白桃書房, 2006年.

櫻井通晴「IFRSが管理会計の理論と実務に及ぼす影響」『會計』181（2）, 2012年。

鈴木浩三・小倉昇「M&Aと提携が財務業績に及ぼす影響―コスト低減の視点を交えた企業間関係の効果測定―」『管理会計学』第15巻 第2号, 2007年。

武石　彰「オープン・イノベーション―成功のメカニズムと課題―」『一橋ビジネスレビュー』60巻 2号, Aut. 2012年。

高橋順一「昭和電工における 研究開発投資と予算配分・評価・管理体制の実際」『Business Research』1993年8月。

田中隆雄編著『現代の管理会計システム―フィールドスタディ』中央経済社, 1991年。

辻　正雄，日本会計研究学会特別委員会『新しい企業環境における原価管理システムのあり方』日本会計研究学会第52回大会，於神戸商科大学, 1993年9月30日。

東久保和雄・米山俊夫，月刊「研究開発マネジメント」編集部編『研究開発費の戦略的運用ハンドブック』アーバンプロデュース出版部, 1992年。

永島英二，月刊「研究開発マネジメント」編集部編『研究開発費の戦略的運用ハンドブック』アーバンプロデュース出版部, 1992年。

西村優子『研究開発戦略の会計情報』白桃書房, 2001年。

西村優子「研究開発投資と企業価値―コスト・ベネフィット分析の視点から―」『管理会計学』第11巻 第2号, 2003年。

西村優子「研究開発戦略に係る知的資産と管理会計情報」『経営論集』第62号, 2004年。

西村優子「研究開発費戦略に係る管理会計―郵送質問調査に基づいて―」『青山経営論集』第42巻 第3号, 2007年。

原崎勇次『全員参加の研究開発マネジメント』日刊工業新聞社, 1989年。

福井忠興『実践R&Dマネジメント』中央経済社, 1995年。

藤森　隆「日本製鋼所では「研究開発費」をこのように決めている」『研究開発マネジメント』Vol.1, No.2, 1991年4月。

古山淳三「雪印乳業の「研究開発費」の決め方と管理」『研究開発マネジメント』Vol.1, No.2, 1991年4月。

丸山瑛一「民間企業の基礎研究はどうあるべきか」『研究開発マネジメント』Vol.2, 1992年5月。

水石賢一「日立製作所における R&D中長期研究開発計画の策定と実行への組織・方策」『Business Research』1997年12月。

村上敬亮「ベンチャー企業 成長戦略への指針」,櫻井通晴・延原誠一編著『ベンチャー企業 成長戦略への指針』コンピュータ・ニュース社, 1998年。

森田桂宏・岸牧人・伊藤龍峰・片岡洋人「IFRSの適用に関するアンケート結果の概要（2）」『企業会計』Vol.63, No.8, 2011年。

淀川正進, 月刊「研究開発マネジメント」編集部編『研究開発費の戦略的運用ハンドブック』アーバンプロデュース出版部, 1992年。

米倉誠一郎「オープン・イノベーションの考え方」『一橋ビジネスレビュー』60巻2号, Aut. 2012年。

若松 寛「平成28年度年次別 法人企業統計調査 結果と調査からみた企業動向」『ファイナンス』2017年11月号《https://www.mof.go.jp/public_relations/finance/201711/201711c.pdf》。

参考7

IFRSにおける研究開発費の会計処理（一部は要約）

研究開発	研　　究	開　　発
定　義	研究とは，新規の科学的または技術的な知識と理解を得る目的で実施される独創的で計画的な調査・研究をいう。(IAS 38.8)	開発とは，商業生産または使用前の，新規または著しく改良された材料，装置，製品，工程，システムまたはサービスによる生産の計画，または設計のための研究成果または他の知識の応用をいう。(IAS 38.8)
会計処理	研究（または内部プロジェクトの研究局面）から生じた無形資産は，認識してはならない。研究（または内部プロジェクトの研究局面）に費やされた支出は，発生時に費用として認識しなければならない。(IAS 38.54)	開発（または内部プロジェクトの開発局面）から生じた無形資産は，企業が次のすべての条件を立証できる場合に限り認識しなければならない。条件は次のとおりである。(a)技術上の実施可能性，(b)使用・販売に関する企業の意図，(c)使用・売却できる能力，(d)将来の経済的便益を生み出す方法の立証，(e)生産・販売に必要な技術・財務その他資源の利用可能性，(f)信頼できる方法で測定する能力 (IAS 38.57)
例　示	(a)新知識の獲得，(b)研究成果または他の知識の応用面の探索，(c)代替的な材料，装置，製品，工程，システム，サービスの探索，(d)同上に関する代替的手法の定式化・設計・評価・最終的な選択 (IAS 38.56)	(a)試作品とモデルの設計，建設，テスト，(b)新技術を含む工具，冶具，鋳型，金型の設計，(c)商業生産を行うには十分な採算が見込めない規模のパイロット・プラントの設計・建築・運用，(d)材料，装置，製品，工程，システム，サービスに関して選択した代替的手法についての設計・建設・テスト (IAS 38.59)

[付録1]　複利現価表

$$\frac{1}{(1+r)^n}$$

n\r	1%	2%	3%	4%	5%	6%	7%	8%	9%	10%
1	0.9901	0.9804	0.9709	0.9615	0.9524	0.9434	0.9346	0.9259	0.9174	0.9091
2	0.9803	0.9612	0.9426	0.9246	0.9070	0.8900	0.8734	0.8573	0.8417	0.8264
3	0.9706	0.9423	0.9151	0.8890	0.8638	0.8396	0.8163	0.7938	0.7722	0.7513
4	0.9610	0.9238	0.8885	0.8548	0.8227	0.7921	0.7629	0.7350	0.7084	0.6830
5	0.9515	0.9057	0.8626	0.8219	0.7835	0.7473	0.7130	0.6806	0.6499	0.6209
6	0.9420	0.8880	0.8375	0.7903	0.7462	0.7050	0.6663	0.6302	0.5963	0.5645
7	0.9327	0.8706	0.8131	0.7599	0.7107	0.6651	0.6227	0.5835	0.5470	0.5132
8	0.9235	0.8535	0.7894	0.7307	0.6768	0.6274	0.5820	0.5403	0.5019	0.4665
9	0.9143	0.8368	0.7664	0.7026	0.6446	0.5919	0.5439	0.5002	0.4604	0.4241
10	0.9053	0.8203	0.7441	0.6756	0.6139	0.5584	0.5083	0.4632	0.4224	0.3855

n\r	11%	12%	13%	14%	15%	16%	17%	18%	19%	20%
1	0.9009	0.8929	0.8850	0.8772	0.8696	0.8621	0.8547	0.8475	0.8403	0.8333
2	0.8116	0.7972	0.7831	0.7695	0.7561	0.7432	0.7305	0.7182	0.7062	0.6944
3	0.7312	0.7118	0.6931	0.6750	0.6575	0.6407	0.6244	0.6086	0.5934	0.5787
4	0.6587	0.6355	0.6133	0.5921	0.5718	0.5523	0.5337	0.5158	0.4987	0.4823
5	0.5935	0.5674	0.5428	0.5194	0.4972	0.4761	0.4561	0.4371	0.4190	0.4019
6	0.5346	0.5066	0.4803	0.4556	0.4323	0.4104	0.3898	0.3704	0.3521	0.3349
7	0.4817	0.4523	0.4251	0.3996	0.3759	0.3538	0.3332	0.3139	0.2959	0.2791
8	0.4339	0.4039	0.3762	0.3506	0.3269	0.3050	0.2848	0.2660	0.2487	0.2326
9	0.3909	0.3606	0.3329	0.3075	0.2843	0.2630	0.2434	0.2255	0.2090	0.1938
10	0.3522	0.3220	0.2946	0.2697	0.2472	0.2267	0.2080	0.1911	0.1756	0.1615

n\r	21%	22%	23%	24%	25%	26%	27%	28%	29%	30%
1	0.8264	0.8197	0.8130	0.8065	0.8000	0.7937	0.7874	0.7813	0.7752	0.7692
2	0.6830	0.6719	0.6610	0.6504	0.6400	0.6299	0.6200	0.6104	0.6009	0.5917
3	0.5645	0.5507	0.5374	0.5245	0.5120	0.4999	0.4882	0.4768	0.4658	0.4552
4	0.4665	0.4514	0.4369	0.4230	0.4096	0.3968	0.3844	0.3725	0.3611	0.3501
5	0.3855	0.3700	0.3552	0.3411	0.3277	0.3149	0.3027	0.2910	0.2799	0.2693
6	0.3186	0.3033	0.2888	0.2751	0.2621	0.2499	0.2383	0.2274	0.2170	0.2072
7	0.2633	0.2486	0.2348	0.2218	0.2097	0.1983	0.1877	0.1776	0.1682	0.1594
8	0.2176	0.2038	0.1909	0.1789	0.1678	0.1574	0.1478	0.1388	0.1304	0.1226
9	0.1799	0.1670	0.1552	0.1443	0.1342	0.1249	0.1164	0.1084	0.1011	0.0943
10	0.1486	0.1369	0.1262	0.1164	0.1074	0.0992	0.0916	0.0847	0.0784	0.0725

n\r	31%	32%	33%	34%	35%	36%	37%	38%	39%	40%
1	0.7634	0.7576	0.7519	0.7463	0.7407	0.7353	0.7299	0.7246	0.7194	0.7143
2	0.5827	0.5739	0.5653	0.5569	0.5487	0.5407	0.5328	0.5251	0.5176	0.5102
3	0.4448	0.4348	0.4251	0.4156	0.4064	0.3975	0.3889	0.3805	0.3724	0.3644
4	0.3396	0.3294	0.3196	0.3102	0.3011	0.2923	0.2839	0.2757	0.2679	0.2603
5	0.2592	0.2495	0.2403	0.2315	0.2230	0.2149	0.2072	0.1998	0.1927	0.1859
6	0.1979	0.1890	0.1807	0.1727	0.1652	0.1580	0.1512	0.1448	0.1386	0.1328
7	0.1510	0.1432	0.1358	0.1289	0.1224	0.1162	0.1104	0.1049	0.0997	0.0949
8	0.1153	0.1085	0.1021	0.0962	0.0906	0.0854	0.0806	0.0760	0.0718	0.0678
9	0.0880	0.0822	0.0768	0.0718	0.0671	0.0628	0.0588	0.0551	0.0516	0.0484
10	0.0672	0.0623	0.0577	0.0536	0.0497	0.0462	0.0429	0.0399	0.0371	0.0346

[付録2] 年金現価表

$$\frac{(1+r)^n - 1}{r(1+r)^n}$$

n\r	1%	2%	3%	4%	5%	6%	7%	8%	9%	10%
1	0.9901	0.9804	0.9709	0.9615	0.9524	0.9434	0.9346	0.9259	0.9174	0.9091
2	1.9704	1.9416	1.9135	1.8861	1.8594	1.8334	1.8080	1.7833	1.7591	1.7355
3	2.9410	2.8839	2.8286	2.7751	2.7232	2.6730	2.6243	2.5771	2.5313	2.4869
4	3.9020	3.8077	3.7171	3.6299	3.5460	3.4651	3.3872	3.3121	3.2397	3.1699
5	4.8534	4.7135	4.5797	4.4518	4.3295	4.2124	4.1002	3.9927	3.8897	3.7908
6	5.7955	5.6014	5.4172	5.2421	5.0757	4.9173	4.7665	4.6229	4.4859	4.3553
7	6.7282	6.4720	6.2303	6.0021	5.7864	5.5824	5.3893	5.2064	5.0330	4.8684
8	7.6517	7.3255	7.0197	6.7327	6.4632	6.2098	5.9713	5.7466	5.5348	5.3349
9	8.5660	8.1622	7.7861	7.4353	7.1078	6.8017	6.5152	6.2469	5.9952	5.7590
10	9.4713	8.9826	8.5302	8.1109	7.7217	7.3601	7.0236	6.7101	6.4177	6.1446

n\r	11%	12%	13%	14%	15%	16%	17%	18%	19%	20%
1	0.9009	0.8929	0.8850	0.8772	0.8696	0.8621	0.8547	0.8475	0.8403	0.8333
2	1.7125	1.6901	1.6681	1.6467	1.6257	1.6052	1.5852	1.5656	1.5465	1.5278
3	2.4437	2.4018	2.3612	2.3216	2.2832	2.2459	2.2096	2.1743	2.1399	2.1065
4	3.1024	3.0373	2.9745	2.9137	2.8550	2.7982	2.7432	2.6901	2.6386	2.5887
5	3.6959	3.6048	3.5172	3.4331	3.3522	3.2743	3.1993	3.1272	3.0576	2.9906
6	4.2305	4.1114	3.9975	3.8887	3.7845	3.6847	3.5892	3.4976	3.4098	3.3255
7	4.7122	4.5638	4.4226	4.2883	4.1604	4.0386	3.9224	3.8115	3.7057	3.6046
8	5.1461	4.9676	4.7988	4.6389	4.4873	4.3436	4.2072	4.0776	3.9544	3.8372
9	5.5370	5.3282	5.1317	4.9464	4.7716	4.6065	4.4506	4.3030	4.1633	4.0310
10	5.8892	5.6502	5.4262	5.2161	5.0188	4.8332	4.6586	4.4941	4.3389	4.1925

n\r	21%	22%	23%	24%	25%	26%	27%	28%	29%	30%
1	0.8264	0.8197	0.8130	0.8065	0.8000	0.7937	0.7874	0.7813	0.7752	0.7692
2	1.5095	1.4915	1.4740	1.4568	1.4400	1.4235	1.4074	1.3916	1.3761	1.3609
3	2.0739	2.0422	2.0114	1.9813	1.9520	1.9234	1.8956	1.8684	1.8420	1.8161
4	2.5404	2.4936	2.4483	2.4043	2.3616	2.3202	2.2800	2.2410	2.2031	2.1662
5	2.9260	2.8636	2.8035	2.7454	2.6893	2.6351	2.5827	2.5320	2.4830	2.4356
6	3.2446	3.1669	3.0923	3.0205	2.9514	2.8850	2.8210	2.7594	2.7000	2.6427
7	3.5079	3.4155	3.3270	3.2423	3.1611	3.0833	3.0087	2.9370	2.8682	2.8021
8	3.7256	3.6193	3.5179	3.4212	3.3289	3.2407	3.1564	3.0758	2.9986	2.9247
9	3.9054	3.7863	3.6731	3.5655	3.4631	3.3657	3.2728	3.1842	3.0997	3.0190
10	4.0541	3.9232	3.7993	3.6819	3.5705	3.4648	3.3644	3.2689	3.1781	3.0915

n\r	31%	32%	33%	34%	35%	36%	37%	38%	39%	40%
1	0.7634	0.7576	0.7519	0.7463	0.7407	0.7353	0.7299	0.7246	0.7194	0.7143
2	1.3461	1.3315	1.3172	1.3032	1.2894	1.2760	1.2627	1.2497	1.2370	1.2245
3	1.7909	1.7663	1.7423	1.7188	1.6959	1.6735	1.6516	1.6302	1.6093	1.5889
4	2.1305	2.0957	2.0618	2.0290	1.9969	1.9658	1.9355	1.9060	1.8772	1.8492
5	2.3897	2.3452	2.3021	2.2604	2.2200	2.1807	2.1427	2.1058	2.0699	2.0352
6	2.5875	2.5342	2.4828	2.4331	2.3852	2.3388	2.2939	2.2506	2.2086	2.1680
7	2.7386	2.6775	2.6187	2.5620	2.5075	2.4550	2.4043	2.3555	2.3083	2.2628
8	2.8539	2.7860	2.7208	2.6582	2.5982	2.5404	2.4849	2.4315	2.3801	2.3306
9	2.9419	2.8681	2.7976	2.7300	2.6653	2.6033	2.5437	2.4866	2.4317	2.3790
10	3.0091	2.9304	2.8553	2.7836	2.7150	2.6495	2.5867	2.5265	2.4689	2.4136

索　引

【数字・欧文】

0 Look VE ……………………………344
1st Look VE …………………………344
1株当たり利益 ………………………152
2nd Look　VE ………………………345
3C ………………………………………168
3P ………………………………………875
401K ……………………………………780
4P ………………………………………168
5S …………………………………419, 424
5悪 ………………………………………419
5つのP …………………………………590
ABB ………………………………382, 388
ABC …………………………369, 387, 727
ABC／ABM …………………………452
ABM …………………………358, 374, 387
　　業務的―― …………………………381
　　戦略的―― …………………………381
AI ……………………………………456, 843
AIブーム ………………………………844
AI報告書 ………………………………854
ANA ……………………………………768
B／S ……………………………………134
C／Sシステム …………………………814
CAM-I …………………………………325
CAPM …………………………………510
CASB ……………………………561, 574
CE ………………………………………331
CGMA ……………………………12, 28
CI ………………………………………692
CIM ……………………………………536
CIM設備のコスト ……………………538
CIM投資の採算計算 …………………538
COSO ……………………………………18
CSF ………………………………613, 646
　　非財務尺度の―― …………………614
CSR ………………………411, 694, 749
　　戦略的―― …………………………415
CSR会計計算書 ………………………412
C-V-P分析 ……………………………239
DCF(法) …………………………512, 751
Deloitte …………………………………849
DPP ……………………………………517
EBITDA …………………………………89
EDLP …………………………………455
EFQM …………………………………660
EMS ………………………………611, 625
EOQ分析 ………………………………417
ERP ……………………………………821
　　――の特徴 …………………………822
ERP導入の現状 ………………………823
ERP導入の問題点 ……………………822
ERPパッケージ ………………………822
EVA ………………………………779, 782
　　――の留意点 ………………………792
　　――関西電力版―― ………………344
EY新日本有限責任監査法人 …………850
FA ………………………………………536
FAR ……………………………………562
FMS ……………………………………536
GE社 ……………………………………785
IaaS ……………………………………827
IAS ……………………………………867
IE(法) ……………………………259, 324
IFRS ……………12, 135, 178, 210, 299,
　　　　　　　　301, 312, 466, 555, 770
　　――の基準 …………………………868
IRP ……………………………………518
ISO9000シリーズ ……………………421
IT投資 ……………………………639, 816
　　――の主要な目的 …………………816
　　――の評価 …………………………639
JAL ……………………………………768
JIS ………………………………………422
JIT …………………………290, 327, 418
JQA ……………………………………422
J-SOX法 …………………………………18
KPI ………………………………183, 613, 646
KPMG …………………………………849
KSF ……………………………………646
loT ………………………………………456
LP ………………………………………490
M＆A ……………………………84, 743
M／S比率 ………………………………252
MB賞 …………………………………660
MCS ………………………224, 225, 609
MERITUMプロジェクト ……………671
MRP ……………………………………821
MVA ……………………………………782
NOPAT ………………………………782
NPV ……………………………………521
OA ………………………………………536
P／L ……………………………………132
PaaS ……………………………………827
PBR ……………………………………153
PCA ……………………………………796
PDCA …………………6, 298, 650, 658
PER ……………………………………152

PFI	251, 771
PHOTO賞	890
PL	410
PM	419, 882
PPM	84, 168, 616, 617
PR	447, 448
──のアウトプット	449
──の成果	450
──の達成度	449
PR測定のアプローチ	449
PV	521
PwCあらた有限責任監査法人	851
QC	420
QCD	357, 624, 644
RI	785
──とEVA	787
ROA	137
ROE	780
ROI	60, 136, 137
SaaS	827
SBU	616
SLA	627, 628
──グループ	628
──社内	628
SOX法	18
SPC	251, 771
SPE	771
SWOT分析	611, 612
TOC	284
TPM	419, 424
TQC	407, 420
TQM	327, 407, 421
ＴＱＭ委員会	425
TQM宣言	421
VE	327, 342, 344, 345
VEアイデア提案	346
VE実施提案	346
VE提案	346
WACC	782
Watoson	849
What-if 分析	533
ZD	420

【ア行】

アウトカム	691
アウトソーシング	621, 623, 624
アクティビティ・コスト	279
後入先出法	117
アマゾンの価格戦略	455
アメーバ	764
アメーバ経営	764
アラインメント	689

粗利益率	138
安全余裕率	252
イールド・マネジメント	581
委員会設置会社	16
遺産相続的	685
維持	326
──の管理	426
一括配賦法	726
一般管理費	440, 457
──の分析	460
一般競争契約	580
イノベーション	680
依頼研究	873
インタラクティブ・コントロールシステム	596, 597, 608
インタレストカバレッジ	146
インタレストカバレッジ・レシオ	146
インタンジブルズ	51, 116, 667, 669, 671, 673
──の構成要素	674
──の測定と管理	622
──の分類	675
──の例示	675
インタンジブルズ型経済	117
インパクト分析	168
ウォルマート	445
売上総利益率	138
売上高基準	726
売上高成長性	150
売上高販管費率	460
売上(高)利益率	138, 177, 562, 718
営業譲渡	743
営業損益計算	132
営業費	439
営業費分析	461
英米型知的経営	683
エクイティファイナンス	781
エブリデイ・ロープライス	455
エンロン社倒産	771
応用研究	865, 889
オープン・イノベーション	879
オフショア	429
オペレーション・コントロール	605
オペレーティング・コスト	281, 451
オンバランス	685

【カ行】

会計	9
会社分割	742, 749, 754

か

回収期間法	515
改善	326
――の管理	426
外注	624
回転率	139
開発	865, 866
開発段階のVE	344
外部SLA	628
外部環境	503
外部失敗原価	405
改良保全	419
価格	593
価格決定	554
価格差異	304
価格政策	554
科学的管理法	309
課業（task）	393, 605
学習曲線	303
学習効果	341, 541
学習プロセス	597
革新	326
確定価格契約	573
隠れた価値	669, 677
影の投資	677
加工か販売か	481
加工組立型産業	350
加工費	102
――の配賦	121
加工費法	558
加工比率	121
可視化	407
加重平均資本コスト	61, 130, 510
寡占	552
価値	342
価値連鎖分析	618
活動	370, 392
活動基準管理	374
活動基準予算	228, 382
活動作用因	369, 373
活動分析	375
活動明細表	446
合併・買収	40, 743
金のなる木事業	617
ガバナンス	853
株価収益率	152
株価純資産倍率	153, 154
株式交換・株式移転制度	742
株主価値	131
――の向上	783
――の増大	649
株主資本	136
株主総会	15
借入金	730
借入金タイプ	728
環境	589
環境管理会計	411
環境分析	168
環境マネジメントシステム	412
環境問題	695
関係資本	672
関西電力版EVA	796
勘定合って，銭足らず	76
勘定科目法	257
勘定組織	265
間接的利益	539
間接費	102
間接法	79, 80
感度分析	250, 611
カンパニー制	752, 789
かんばん方式	290
管理会計	8, 11, 172
――の役割	11
管理可能費	101
管理的意思決定	601
関連会社	772
関連原価	477
関連原価説	274

き

機械学習	845
機会原価	477, 478
機械時間当たりの限界利益	489
機会損失	104
期間計画	8, 170
期間原価	101
期間利益額	177
企業価値	39, 874
――の創造	5, 39
企業結合	769
企業実体	13, 506
企業戦略	601, 610
企業の社会的責任	568
企業目的	567
企業予算	199, 201
擬似プロフィット・センター	58, 712
技術発展の二段階説	820
技術費用センター	57
「基準」	114, 122
基準標準原価	300
基礎研究	864, 865
基礎研究と開発	865
期待効用	498
期待値	496
貴重価値	343
機能	342, 392

機能戦略	601	経営意思決定	7, 475
機能別分類	102	経営企画室	23
基盤整備効果	817	経営原価計算	98
忌避宣言権	738	経営資本利益率	137
基本予算	214	経営者	6
機密保持	27	——の役割	6
キャッシュ・フロー投資利益率	88	経営戦略	883
キャッチボール	232	経営統制	54
キャパシティ・コスト	279	経営能力費	279
吸収分割	750	経営品質	422, 657
旧設備	477, 508	経営分析	129, 136
——の減価償却費	508	経営理念	165
——の除却損益	477	経営を可視化	118
——の処分価値	477	計画	590
——の帳簿価額	477	計画設定	8, 202, 226
給付	97	経験曲線	303
境界のシステム	608	経済命数	508
狭義の品質管理	420	経済価値	43, 44
教師あり学習	846	経済性	48, 49
業績評価	203	経済的効果	817
京セラのアメーバ経営	764	経済的データ	10
京セラミタドキュメントソリューションズ	765	経済的発注量分析	417
競争契約	580	経済的付加価値	779
競争者中心	443	経済のソフト化・サービス化	115
競争上の優位性	541	経済モデル	550
競争戦略	592	経常損益計算	132
競争ポジション	613, 614	経常予算編成	209
——の順位表	614	経常利益	60, 177, 717
——の評価	613	——とRI	787
競争優位の戦略	592	経常利益伸び率	151
共通費	723	継続企業	13
協定価格基準	737	経理部	23
業務改善型アウトソーシング	624	決算短信	232
業務監査	17	原価	103
業務的ABM	381	原価計算	97, 402
業務的意思決定	475	限界原価	737
業務費用	285	原価維持	326, 328
業務レバレッジ	254	原価維持活動	341
共有価値	53	限界資本コスト	512
		限界収入曲線	551
クラウド	826	限界費用	554
——の管理会計上の特徴	829	限界費用曲線	551
——の将来	831	限界利益	239
——の問題点	831	機械時間当たりの——	489
クラウド会計ソフト	847	限界利益型貢献利益	282
クラウドコンピューティング	826	原価改善	326, 327
クラウド事業	456	原価加算契約	573
グループSLA	628	原価管理	120
クローズド・イノベーション	879	原価企画	319, 326
黒字倒産	76	原価基準	736, 737
クロネコヤマトの宅急便	454	原価計算基準	114, 274
訓令	121	原価計算基準審議会	561, 574

原価計算制度	104
原価計算対象	371, 376, 810
原価作用因	372
原価作用因分析	375
原価償却費	86
原価センター	54
原価測定の視点	376
原価低減	323
原価統制	297, 401, 402
原価発生原因主義	724
原価比較法	512
原価プラス一定率利益契約	574
原価プラス確定利益契約	575
研究	864, 866
研究開発	893
——の間接的利益	893
——の直接的利益	893
——の無形の成果	893
研究・開発	866
研究開発指標（Ⅰ）	895
研究開発指標（Ⅱ）	896
研究開発費	864
——の会計基準	866
研究開発費管理	863
研究開発費効率	892
現金収支予算	211
現在価値	509
現在価値法	521
現実的標準原価	300
現状改善型目標	184
減損テスト	769
建築工事	811
原投資額	507
現場力の弱体化	428
コア・コンピタンス	623
工学的方法	259
効果	820
効果性	48, 49, 537
効果性重視	870
——の経営	396, 467, 662
交換価値	343
広義の品質管理	420
工業利益	763
貢献利益	239, 281
貢献利益法	442, 463
広告宣伝	448
広告宣伝費	447
広告の飽和化	448
交際費の管理	447
公式法	726
工事進行基準	574

工場支援レベルの活動	378
工場自動化	536
——の効果	537
工場自動化投資	535
構造資本	672
高低点法	257
行動尺度（プロセス）と達成尺度（成果）による報酬	899
効率	49
効率性	48
コーポレート・ガバナンス	15
コーポレート・カンパニー制	752
コーポレート・レピュテーション	686, 692
コーポレートガバナンス・コード	16
顧客価値	43, 44, 693
顧客志向	443
顧客収益性	444
顧客収益性指標	185
顧客収益性分析	444
顧客満足関連指標	185
顧客満足の罠	186
顧客ロイヤリティ	184
国際会計基準	867
国際統合報告評議会	52
コグニティブテクノロジー	851, 856
国防連邦調達規則－補足	562
コスト・コントロール	297, 401, 402
コスト・センター	54
コスト・テーブル	337
コスト・プラス法	114
コスト・プランニング	325
コスト・マネジメント	401
コスト・リーダーシップ	592
コスト価値	343
コスト決定曲線	321
固定製造間接費	118
固定長期適合率	145
固定費	100, 245, 256
固定比率	145
コピー・梱包費用の原価計算	813
個別原価計算	105, 811
個別固定費控除型貢献利益	282
コミテッド・コスト	280
ころがし予算	207
コントロール・レバー	607
コンバージェンス	12
コンプライアンス	28, 40, 853

【サ行】

最小二乗法	259
再調達原価	507
最低価格落札方式	580

最低必要利益率……………………510
最適価格…………………………552
再投資の仮定……………………523
サイバネティック・コントロール……226
再販制度…………………………572
財務………………………………9
　──の安全性……………………140
財務会計……………………11, 75, 172
　──の役割………………………11
財務諸表……………………………11, 132
財務諸表分析……………………129, 136
財務部……………………………23
財務レバレッジ…………………144, 254
差額原価…………………………479
差額原価方式……………………341
差額見積…………………………340
作業時間差異……………………305
策略………………………………591
サステナビリティ………………415
サプライチェーン・マネジメント……620
差別化戦略………………………592
作用因……………………………372
参加的予算管理…………………221
産業構造審議会…………………672
産業メディア……………………832
酸性試験比率……………………143
散布図表法………………………258
残余利益……………………61, 721, 780
三現主義…………………………427

シェアード・サービス…………626, 749
シェアード・サービス組織……627
仕掛品……………………………108
市価基準…………………………734
時間当たり採算…………………765
識別可能性………………………867
事業セグメント…………………13
事業戦略……………………601, 611
事業の性質………………………613
事業部自体の業績評価…………717
事業部制…………………………709
事業部制組織………………20, 709
事業部長の業績評価……………717
事業持ち株会社…………………746
資金繰計画表……………………211
資金計算書………………………81
資金予算……………204, 211, 212, 505
資源作用因…………………369, 372
資源消費のモデル………………373
資源ベースの戦略論………621, 622
事後監査…………………………542
自己資本利益率……………56, 137, 780

事後評価……………………349, 891
事後保全…………………………419
資産………………………………285
資産コスト差引後利益…………796
資産コスト率……………………797
資産タイプ………………………728
資産負債アプローチ……………734
市場価値…………………………677
市場志向…………………………323
市場付加価値……………………782
システムの価値…………………816
システムの創発…………………354
自製か購入か……………………482
事前評価…………………………890
死蔵品……………………………142
シックスシグマ…………………421
実行予算……………………214, 229
実際全部原価……………………737
実施項目…………………………646
実費補償契約……………………575
シナジー…………………………611
シナジー効果……………………690
支配………………………………867
支配力基準………………………770
自発的原価………………………405
支払能力の分析…………………140
支払利息…………………………555
資本回収費………………………513
資本回転率………………………139
資本金……………………………136
資本効率…………………………139
資本コスト………………………510
資本生産性………………………148
資本支出予算……………………204
資本市場の非効率性……………793
資本的支出………………………515
資本配分…………………………525
資本利益率………………………137
指名競争契約……………………580
社会価値……………………43, 44, 693
社会原価…………………………100
社会的使命………………………165
ジャスト・イン・タイム………418
シャドウ・プライス……………495
社内SLA…………………………628
社内金利…………………………731
社内金利制度………………728, 788
社内資本金利制度…………731, 733
社内振替価格……………………734
収益性……………………………613
収益センター……………………58
収益的支出………………………515

索　引　915

収穫逓減の法則	50, 826
収穫逓増の法則	51, 826
終価法	509
自由裁量費用センター	57
習熟曲線	303
集中戦略	593
柔軟性の権利	535
重要(な)業績指標	183, 646
主管	331
主査	331
受託開発	809
取得法	769
需要関数	551
需要曲線	551
主要成功要因	646
需要と価格	550
純益修正法	211
準固定費	100
純資産	136
純資産価額法	751
純粋基礎研究	889
純粋持ち株会社	742, 746
純損益計算	132
準変動費	100
使用価値	343
商人開発	355
承認図	355
承認図メーカー	355
消費者需要	567
商品化段階のVE	344
商品企画段階のVE	344
商品貢献利益	335
商品別業績評価会計	757
情報資産	688
情報の価格決定要素	824
正味運転資本	141
正味現在価値法	41, 130, 521
正味使用資本	730
将来価値	509
将来の経済的便益	867
将来の現金流出入額	506
省力化	536
奨励式原価補償契約	575
初期値タブロー	493
職能別事業部制	711
職能別組織	19
処分時の正味増分キャッシュ・フロー	507
自律的な学習	846
シングルループの学習プロセス	597
人口知能	843
真実の原価	299, 312
信条のシステム	608

新製品開発計画	331
新製品の追加または旧製品の廃棄	484
新設備の購入原価	477
新設分割	750
深層学習	845
診断的コントロール・システム	222, 596, 608
進捗度統制	542
人的資産	688
人的資本	670, 671
浸透価格	570, 615
新日本	850
シンプレックス法	492
随意契約	580
衰退期	616
推理	846
数量差異	304
すくい上げ価格	569, 615
スタッフ・リーダー型組織	876
スチュワードシップ	12
ステークホルダー	637
スピードの経済	49
スライドダウン価格	569
スループット	285, 621
スループット会計	284
スループット原価計算	284
成果	640
成果給	656
成果評価の算定法	894
制限条項付原価補償契約	575
生産移行活動	349
生産性	147
誠実性	27
成熟期	615
正常操業圏	257
正常操業度	108
正常標準原価	300
製造間接費	106
製造原価	102
製造原価明細書	812, 814
製造指図書	105
製造段階のVE	345
製造直接費	102
製造費用の差異分析	216
製造物責任	410
製造量差異	216
成長期	615
成長後期	615
成長性	150
税引後営業利益	782
税引後目標利益	249

製品 …………………………………………593
　——の安全性 …………………………695
　——のポートフォリオ分析 …………611
　——のライフサイクル …………………615
製品開発委員会 ……………………………329
製品原価 ………………………………101, 265
製品支援レベルの活動 ……………………377
製品別原価計算 ……………………………105
製品ポートフォリオ管理 …………………617
製品ライフサイクルの分析 ………………611
生物多様性 …………………………………415
制約理論 ……………………………………284
整理, 整頓, 清掃, 清潔, 躾 ………………419
セーレンのライン採算制組織 ……………762
責任会計 …………………… 54, 226, 384, 714
責任会計制度 …………………………82, 231
責任センター ………………………………54
セグメント …………………………………281
セグメント・マージン ……………………281
セグメント・マージン型貢献利益 ………283
セグメント別価格 …………………………571
セグメント別計算 …………………………118
是正措置 ……………………………………7
設計段階のVE ………………………………345
設計品質 ……………………………………420
絶対値原価方式 ……………………………341
折衷方式 ……………………………………884
設備投資 ……………………………………505
設備投資意思決定 ……………………505, 856
設備投資モデル ……………………………506
設備投資率 …………………………………148
せり売買 ……………………………………572
ゼロディフィクト …………………………420
ゼロベース予算 ……………………………887
線形計画法 …………………………………489
先行指標 ………………………………181, 645
全社の品質管理 ……………………………420
選択と集中 ……………………………741, 743
全部原価計算 …………………………263, 264
全部原価法 ……………………………461, 555
専門的能力 …………………………………27
戦略 ……………………………503, 589, 645
　——の本質 ……………………………594
　——への方向づけ ……………………689
戦略策定と実行のプロセス ………………600
戦略的ABM …………………………………381
戦略的CSR …………………………………415
戦略的アウトソーシング …………………624
戦略的意思決定 ……………475, 504, 601, 602
戦略的管理会計 ……………………… 602-604
戦略的計画 …………………………………605
戦略的効果 …………………………………817

戦略的コスト・マネジメント ……321, 326, 404
戦略的事業単位 ……………………………611
戦略的マネジメント・コントロール …605, 606
戦略的レディネス …………………………690
戦略的レピュテーションリスク・マネジメント
　…………………………………………834
戦略マップ …………………………………648
戦略目標 ………………………………645, 653
操業度 ………………………………………100
総原価法 ……………………………………556
総合原価計算 ………………………………108
総合的利益管理 ……………………………322
総合評価落札方式 …………………………580
総資産回転率 ………………………………139
総資産利益率 …………………………56, 137
総収入曲線 …………………………………554
装置産業 ……………………………………350
創発(型)戦略 ………………223, 591, 596, 598
総費用曲線 …………………………………554
純粋の決定方法 ……………………………885
ソーシャルメディア …………………459, 832
　——の種類と目的 ……………………833
属性原価計算 ………………………………603
測定と伝達 ………………………………10, 407
組織価値 ………………………………43, 44, 693
組織間管理会計 ……………………………621
組織再編 ………………………………741, 743
組織資産 ……………………………………688
組織スラック ………………………………221
組織と環境 …………………………………503
組織文化 ………………………………218, 226
ソフトウェア ………………………………681
　——の開発費用 ………………………813
ソフトウェア原価管理 ……………………352
ソフトウェア原価計算 ………………681, 809
ソフト化・サービス化型経済 ……………117
損益計算書 …………………………………132
損益分岐点図表 ……………………………240
損益分岐点分析 ……………………………239
損益予算 ……………………………………204

【タ行】

第一段階の効果 ……………………………820
貸借対照表 …………………………………134
ダイナミック・プライシング ……………582
第二段階の効果 ……………………………820
貸与図 ………………………………………355
貸与図メーカー ……………………………355
多元的な企業目的 …………………………175
タスク ………………………………………393
タックス・シールド ………………………511

索引　917

脱予算管理……228
棚卸資産……142
多品種少量生産……351
ダブルループの学習プロセス……596, 598, 599
単位当たりの限界利益……487
単位レベルの活動……377
短期価格決定……576
短期支払能力……142
段取費……373
弾力性……229
弾力的価格決定……571

遅行指標……181, 645
知識創造型の人材……193
知的財産……682
知的資産……673
知的資本……669-671, 673
中間評価……891
中期経営計画……166, 331
中期計画……883
中性費用……103
中長期経営計画……166, 652, 856, 873, 881
注文履行費……451
長期価格決定……576
長期ビジョン……166
調整……202
　　――と伝達……203
超直接原価計算……284
超過収益力……679
直接原価計算……263, 264, 275, 616
直接原価制度……82
直接的利益……539
直接法……79, 80
直接費……102
直接労務費……289
勅許グローバル管理会計担当者……28
賃料差異……305

追随価格……571
作り込み……407
積上げ法……338

テアダウン……347
ディープラーニング……846
データ・アナリティクス……852, 857
データ改ざん……430
適合品質……420
適正利益……553
デザイン・イン……355
デュポン・チャートシステム……714
テレワーク……459

投下資本基準……726
動機づけ……203, 218
統計的方法……257
統合法……339
統合報告……52, 169, 662
当座資産……142
当座標準原価……300
投資意思決定……475
投資管理……872
投資センター……56
投資利益率……56, 60, 136, 176, 248, 716
統制……8, 202
導入期……615
トクサイ……430
特殊原価……478
特殊原価調査……104
特別目的会社……771
特別目的事業体……771
特化型人口知能……845
トップ・マネジメント……20
トップダウン方式……884
トップダウン予算……205
取締役会……15
トリプルボトムライン……694
努力と成果……440

【ナ行】

内製か外注か……628
内部環境……503
内部監査……17
内部監査課……23
内部監査機能……749
内部監査人協会……853
内部牽制組織……17
内部失敗原価……405
内部相互補助……736
内部統制……18, 697
内部統制組織……17
内部利益率法……518
内部留保……511
成行原価……333

ニーズとシーズ……898
日常管理……426
日常業務的意思決定……601
日本型知識経営……683
日本経営品質賞……422, 658
日本工業規格……422
日本版SOX法……18
人数基準……726

年額原価法……512

年々の税引後利益··················514
年々の増分利益·····················507

能率··49
ノーパッド·····································782
のれん··135

【ハ行】

パースペクティブ··························591
バイスプレジデント·························21
配賦······································102, 106
配賦基準··106
ハイブリッドクラウド·················828
パターン································591, 595
パッケージとしてのMCS··········224, 225, 609
発生主義··75
パッチレベルの活動······················377
花形事業·······································617
パフォーマンス・ドライバー······640, 646
パブリックリレーションズ··········447, 448
バランスト・スコアカード···········637, 881
バリュー・ドライバー····················42
バリューチェーン····················618, 619
バリューチェーン・アナリシス···618
範囲の経済····································46
販売促進·······································593
販売促進費·····························440, 441
販売促進費管理····························442

非現金支出費用·····························86
非財務業績····································181
非財務業績指標····························182
非財務尺度のCSF··························614
ビジネスの言語·····························9
非自発的原価································405
ビジョン································165, 595
ビッグデータ·························852, 857
非付加価値活動····························375
ピボット・エレメント···················493
費用··103
評価原価·······································405
費用管理·······································871
費用効果分析·······················891, 892
標準原価計算··············275, 297, 596
標準原価差異分析························855
標準原価の設定····························310
標準製造間接費····························302
標準全部原価·······························737
標準全部原価プラス利益基準·····737
標準直接原価計算························274
標準直接労務費····························302
費用センター·································57

費用対効果計算書·······················412
評点法（加算法）による評価法···896
費用別原価計算····························105
ビヨンド・バジェッティング·······228
ピラミッド型組織························875
品質····································419, 657
品質管理·······································420
品質，コスト，納期····················644
品質・コスト・デリバリー·········357
品質軽視······································431
品質原価······································405
品質原価計算·······························405
品質向上······································541

フェイズアウト・プライシング····572
賦課···································102, 106
付加価値······························147, 148
付加価値活動·······························375
付加価値労働生産制····················147
不確実性下の意思決定·················496
付加原価······································103
複数予算······································231
　──の編成······························229
負債··135
不正検知·······························849, 855
負担能力主義·······························724
"プッシュ（押し出し）"方式·····418
物的設備費··································280
物的流通費··································451
物流拠点······································455
物流費·································440, 450
部門別業績評価会計····················756
部門別業績評価システム············756
部門別原価計算····························105
部門別配賦法·······························369
プライベートクラウド·················828
ブラック・ボックス方式·············354
フラット型組織····················458, 876
ブランド·······································638
フリー・キャッシュフロー···········87
フルコスト・プリンシプル········555
プル（引っ張り）方式·········324, 418
プロジェクト・マネジャー·········882
プロジェクト計画···························8
プロジェクトの規模····················523
プロジェクト別決定方法············886
プロジェクト別研究開発予算·····886
プロセス原価計算························392
プロダクト・ポートフォリオ······616
プロダクト・ポートフォリオ・マネジメント
··168
プロダクト・マネジャー············331

索　引　919

プロダクトアウト ……………………………114
プロダクト型経済モデル ……………………117
プロダクトミックス …………………………487
プロフィット・センター ……………………55
プロポーショナルメリット …………………895
分散 ……………………………………………497

平均収入曲線 …………………………………550
平均費用 ………………………………………554
平均費用曲線 …………………………………552
ベースメリット ………………………………895
ベネフィット …………………………………818
便益 …………………………………536, 537, 817
ベンチマーキング型目標 ……………………184
変動（弾力性）予算 ……………213, 229, 231
変動費 ……………………………100, 245, 256
変動費用 ………………………………………256

防衛省 …………………………………………855
包括利益 ………………………………………772
報酬 ………………………………………220, 226
報奨 ……………………………………………226
方針管理 ……………………………………425, 658
法人税 …………………………………………249
方針展開 ………………………………………425
包装費 …………………………………………454
ポートフォリオ・マネジメント ……………881
ポカヨケ ………………………………………424
保管費 …………………………………………453
ポジショニング・スクール …………………591
ポジション ……………………………………591
保全予防 ………………………………………419
ボトムアップ方式 ……………………………884
ボトムアップ予算 ……………………………205
ボトムライン …………………………………133
ポリシー・コスト ……………………………281
ホワイトカラーの生産性 ………………387, 457
本社費 …………………………………………723
本社費・共通費 ………………………………723
本社費配賦の方法 …………………………726, 745

【マ行】

マークアップ …………………………………556
マーケット・シェア …………………………613
マーケットイン ………………………………114
マーケティング・コスト ……………………439
埋没原価 ……………………………………477, 480
マイルストーン型目標 ………………………184
負け犬事業 ……………………………………618
増分原価 ………………………………………479
増分減価償却費 ………………………………477
増分分析（法） ……………………………476, 566

マテリアルフローコスト会計 ………………413
マトリックス組織 ……………………………878
マネジド・コスト ……………………………281
マネジメント・コントロール ………8, 54, 605
マネジメントコントロール・システム
　　　　　　　　　　　　　……200, 201, 224
マルコム・ボルドリッジ賞 …………………421
見える化 ………………………………………118
ミキモトの真珠 ………………………………678
見つけましたね運動 …………………………763
ミドル・マネジメント ………………………20
ミニ・プロフィットセンター ………………759
未来原価 ………………………………………478
未来原価回避説 ………………………………274

無形の利益 ……………………………………541
無資格検査 ……………………………………430
ムダ・ムリ・ムラ ……………………………424

目的基礎研究 …………………………………889
目的適合性 ……………………………………474
目標管理 ………………………189, 193, 221
目標管理制度 ……………169, 654, 656, 756
目標原価 ………………………………………334
　――の設定 …………………………………347
目標整合性 ……………………………………220
目標利益 ………………………………………174
目標利益売上高 ………………………………246
持ち株会社 …………………………………743, 746
持ち株基準 ……………………………………770
持分法 …………………………………………772
問題児事業 ……………………………………617

【ヤ行】

ヤマト運輸の価格戦略 ………………………455

輸送費 …………………………………………452
輸送包装費 ……………………………………454

要員計画 ………………………………………281
予算 ……………………………………………203
　――の運用と弾力性 ………………………888
　――の体系 …………………………………204
　――の流用 …………………………229, 231
予算委員会 ……………………………………208
予算管理 …………………202, 213, 873, 884
　参加的―― …………………………………221
予算差異分析 ………………………………215, 217
予算統制 ……………………………………213, 596
予算編成 ………………………………………883
　――のアプローチ …………………………205

予実管理………………………………856
予防原価………………………………405
予防保全………………………………419

【ラ行】

ライフサイクル………………………408
ライフサイクル・コスティング……408
ラインカンパニー制…………………760
ラインとスタッフ………………………20

リアルオプション……………………534
リーン・マネジメント………………424
リーン生産方式………………………424
利益……………………………………537
　──の極大化………………………175
利益計画……………………170, 199, 231
利益図表………………………………240
利益責任単位……………………55, 723
利益センター……………………55, 723
リエンジニアリング…………………392
利害関係者……………………………637
利潤極大化……………………5, 550, 553
リスク……………………………496, 853
理想標準原価…………………………300
リニア・プログラミング……………490
流通……………………………………593
流通業における管理単位……………755
流動性…………………………………140
流動比率………………………………140

留保利益…………………………………86
量産効果………………………………341
稟議……………………………………212

類似業種比準法………………………751

レート…………………………………288
レガシー・システム…………………816
レピュテーション指標………………696
レベニューマネジメント……………580
連結キャッシュ・フロー計算書………78
連結納税制度…………………………742
連邦調達規則…………………………562

労働裁量制度…………………………459
労働生産性……………………147, 148, 460
労働装備率……………………………148
労働分配率……………………………148
労働問題………………………………695
ローリング予算…………………229, 231
ロワー・マネジメント…………………20
ロングテール…………………………572

【ワ行】

割当型予算………………………442, 873
割付法…………………………………338
割引回収期間法………………………517
割引キャッシュ・フロー……………512

《著者紹介》

櫻井　通晴（さくらい　みちはる）
現職：専修大学名誉教授。商学博士。
略歴：早稲田大学大学院商学研究科博士課程修了，ハーバード大学ビジネススクール・フルブライト上級客員研究員(89-90)。ロンドン大学大学院(LSE)客員教授(97)，放送大学客員教授(90-94)，早稲田大学商学研究科・アジア太平洋研究科非常勤講師(99-06)，日本原価計算研究学会会長(01-03)，日本学術振興会専門研究員(03-05)，公認会計士第二次試験(92-95)・第三次試験委員(98-00)，電気事業審議会委員(99)，産業構造審議会委員(06)，ＮＴＴドコモ監査役(04-07)，東京医科大学監事(07-09) 等を歴任。
受賞歴：日本会計研究学会賞(78)・太田賞(99)，日本公認会計士協会学術賞(82)，経営科学文献賞(92)，日本内部監査協会青木賞(97)，日本原価計算研究学会賞(09)，日本管理会計学会文献賞(11) を受賞。
最近の主要著書：『契約価格，原価，利益』(同文舘出版, 17)，編著『ケース管理会計』(中央経済社, 17)，『原価計算』(同文舘出版, 14)，共監訳『ソーシャルメディア戦略』(日本内部監査協会, 13)，編著『インタンジブルズの管理会計』(中央経済社, 12)，『コーポレート・レピュテーションの測定と管理』(同文舘出版, 11)，『管理会計 基礎編』(同文舘出版, 10)，『レピュテーション・マネジメント』(中央経済社, 08)，『バランスト・スコアカード 改訂版』(同文舘出版, 08)，編著『企業価値創造の管理会計』(同文舘出版, 07)，『ソフトウエア管理会計 第2版』(白桃書房, 06)，『コーポレート・レピュテーション』(中央経済社, 05)，編著『企業価値創造のためのABCとバランスト・スコアカード』(同文舘出版, 02)，『新版 間接費の管理』(中央経済社, 98)，『企業環境の変化と管理会計』(同文舘出版, 91)，『原価計算《理論と計算》』(税務経理協会, 83)，『経営原価計算論 増補版』(中央経済社, 81) 等。

1997年2月5日	初　版　発　行	
1999年1月25日	初 版 6 刷 発 行	
2000年2月2日	第　二　版　発　行	
2003年4月15日	第二版 7 刷発行	
2004年4月10日	第　三　版　発　行	
2008年5月15日	第三版 6 刷発行	
2009年4月10日	第　四　版　発　行	
2010年11月25日	第四版 3 刷発行	
2012年7月10日	第　五　版　発　行	
2014年5月8日	第五版 3 刷発行	
2015年6月6日	第　六　版　発　行	
2017年11月30日	第六版 3 刷発行	
2019年3月1日	第　七　版　発　行	
2025年3月5日	第七版 9 刷発行	《検印省略》
		略称―管理会計〔七〕

管　理　会　計
〔第七版〕

著　者　　櫻　井　通　晴
発行者　　中　島　豊　彦

発行所　同文舘出版株式会社

東京都千代田区神田神保町1-41　〒101-0051
営業(03)3294-1801　編集(03)3294-1803
振替 00100-8-42935　https://www.dobunkan.co.jp

©M.SAKURAI　　　　　　　　　　　　　製版　一企画
　　　　　　　　　　　　　　　　　印刷・製本　萩原印刷
Printed in Japan 2019
ISBN978-4-495-16147-7

JCOPY〈出版者著作権管理機構 委託出版物〉
本書の無断複製は著作権法上での例外を除き禁じられています。複製される場合は，そのつど事前に，出版者著作権管理機構（電話 03-5244-5088, FAX 03-5244-5089, e-mail: info@jcopy.or.jp）の許諾を得てください。

本書とともに《好評発売中》

管理会計
基礎編

〔内容〕
著者の大著『管理会計』の基礎編として，ビジネスパーソンにとって不可欠な必須概念と新しい体系論をコンパクトに解説。管理会計の基礎学習に最適！

櫻井通晴 著

A 5 判・272頁
税込2,750円（本体2,500円）
2010年 6 月発行

原価計算

〔内容〕
経営者・経理担当者必須の原価計算の理論と手続を体系的・包括的に詳解。各章末に本文を検証・捕捉できる演習問題を豊富に掲載し，原価計算学習書として最適！

櫻井通晴 著

A 5 判・624頁
税込5,060円（本体4,600円）
2014年 1 月発行

コーポレート・レピュテーションの測定と管理
―「企業の評判管理」の理論とケース・スタディ―

〔内容〕
賞賛される優良企業になるには，いま何をすべきか！？
「企業の評判」を管理する理論体系を構築し，ケース・スタディを用いてその理論体系の妥当性を検証。

櫻井通晴 著

A 5 判・528頁
税込5,830円（本体5,300円）
2011年 2 月発行

契約価格，原価，利益
―管理会計の視点による防衛装備品の効率的・効果的な開発と生産―

〔内容〕
国と民間企業の契約に基づく原価の見積方法について，防衛装備品のケースを中心に両者にとってウィン・ウィンになるよりよい方法をロジカルに探求した労作！

櫻井通晴 著

A 5 判・380頁
税込5,280円（本体4,800円）
2017年11月発行

同文舘出版株式会社